W0085704

HANNS KNEIFEL

Darius der Große – König der Perser

BASTEI LÜBBE TASCHENBUCH
Band 14465

Erste Auflage: Januar 2001

Vollständige Taschenbuchausgabe

Bastei Lübbe Taschenbücher ist ein Imprint
der Verlagsgruppe Lübbe

© 1998 by Schneekluth. Ein Verlagsimprint der Weltbild GmbH Augsburg
Lizenzausgabe: Verlagsgruppe Lübbe GmbH & Co. KG,
Bergisch Gladbach
Titelillustration: Übernahme Hauptmann & Kampa
Umschlaggestaltung: Manfred Peters
Satz: hanseatenSatz-bremen, Bremen
Druck und Verarbeitung: Ebner Ulm
Printed in Germany
ISBN 3-404-14465-1

Sie finden uns im Internet unter
http://www.luebbe.de

Der Preis dieses Bandes versteht sich einschließlich
der gesetzlichen Mehrwertsteuer.

Inhalt

Drittes Buch: König der Könige
Die Jahre Zwanzig bis Sechsunddreißig (502-486 v. Chr.)

ERSTES BUCH

Ferner Glanz

Die Jahre Eins bis Sieben
(522-515 v.Chr.)

NACH DEM WILLEN DES ALLWEISEN HERRN AHURA MAZDÂH,
IM SCHATTEN SEINER SCHWINGEN, HABE ICH BESCHLOSSEN,
MIT WENIGEN MÄNNERN DEN MAGIER GAUMÂTA
ZU ERSCHLAGEN UND ZU KÖPFEN MITSAMT SEINEN
VORNEHMSTEN GEFOLGSLEUTEN. DER HIMMEL GAB MIR
DIESES ZEICHEN: SIEBEN PAAR HABICHTE JAGTEN UND
TÖTETEN EIN GEIERPAAR, UND DAS TRUG SICH IN DER
ABENDDÄMMERUNG ZU.

(Inschrift der goldenen Thronwand im Palast zu Pâthragada)

Nacht der Köpfe

Neunzig Tage und eine halbe Nacht nach dem Tod des Großkönigs Kambushya durch giftschwärenden Wundbrand schoben sich wieder die stillen Bilder der Glücksverheißung in Dariuvahushs Gedanken. Er zuckte zusammen, sein Atem stockte; er stieß mit der Schulter gegen Großfürst Hutanas Köcher und fluchte leise. Unruhig bewegten sich die Männer hinter ihm, das Metall der Waffen klirrte leise. Sie duckten sich in den Böen des Sandsturms, der vom Gebirge herunterfauchte und die Haut von den Knochen zu schmirgeln drohte, in der Schwärze eines Torbogens. Die glimmende Fackel stank. Riesengroß, gelbrot wie polierte Bronze, stand der Vollmond über den östlichen Bergen; in seinem Licht sahen Treppen, Rampen, Mauern und Plätze der Sommerresidenz Sikajahuvati aus wie von dünnem Blut überzogen. Mitternacht war vorbei, das Heulen des Sturms schwieg einige Atemzüge lang. »Ihre Müdigkeit ist jetzt am größten.« Dariuvahush deutete mit der Lanzenspitze auf die niedrigen Zinnen der Burg inmitten der Kiesfläche. Nur in wenigen Nischen der Masse aus Mauern und Dächern flackerten spitze Flammen. »Kommt jetzt. Wir töten sie alle, bei Ahura Mazdâh!«
»Im Schatten seiner Schwingen. Du hast recht. Die beste Stunde«, sagte Fürst Bagabuchsa leise. »Schnell, sauber, mitleidlos. Die Vogelzeichen waren mehr als deutlich.«
»Mitleid?« Gaubarva spuckte aus. »Mit Gaumâta dem Ohrenlosen? Dem falschen Bruder des toten Königs? Los, zum Tor!«
Hutana hielt die Fackel in den Sturm, bis sie aufflammte und lange Funken sprühte. Dariuvahush hob mit der Linken die Lanze und tastete nach den Griffen der Dolche, deren Spitzen einen dicken Giftüberzug trugen. Altfürst Gaubarva, Sohn des Mardunya, der Vater von Dariuvahushs Frau, legte die Hand auf seine Schulter und knurrte auffordernd. Entschlossen trat Dariuvahush ins Mondlicht und ging aufgerichtet, mit weiten Schritten, auf das Tor der Burgmauer zu. Nacheinander folgten die Fürsten Vinda-

farnâh, Ardimanish, Bagabuchsa, Vidarna, Hutana und Gaubarva; sechs grimmig schweigende Männer, Fürsten und Nachfahren von Fürsten, deren nächtliches Ziel Gaumâtas Tod war.

Die Sohlen der Halbstiefel knirschten auf dem Sand, den der Sturm in der kleinen Gebirgsstadt verteilt hatte. Alle Bewohner schienen zu schlafen; wenn der Thronräuber schon schlief, dann in den Armen seiner babylonischen Dirnen.

Dariuvahushs Mitverschworene, Edle der ältesten Familien der Kshatrapie Pârsa, machten schnellere Schritte, bis die Sieben eine Reihe bildeten. Der Sturm riß Funken und Rauch aus den Fackeln in den Händen der Torwächter, peitschte die Enden der Gewänder und die Mantelsäume gegen die Waden und Oberarme und zerrte an den Kopfbändern. Der Schweiß in Dariuvahushs Achselhöhlen und zwischen seinen Schulterblättern war eisig kalt; er versuchte, sich und die Freunde mit den Augen jener zwei Dutzend Krieger zu sehen, die aus den Räumen neben den schweren Torflügeln am Ende der Rampe hervorgekommen waren. Er streckte die Lanze vor, drehte den Schaft und deutete mit dem goldenen Granatapfel auf den Palastwächter.

»Öffnet uns das Tor.« Er zwang sich dazu, ruhig zu sprechen; in den sieben Jahren als Speerträger an König Kambushyas rechter Seite hatte er gelernt, sich bis zur Reglosigkeit zu beherrschen. »Der Herrscher Gaumâta hat uns rufen lassen – zu wenig üblicher Zeit, wie ich glaube.«

Der graubärtige Wächter musterte die Sieben; er sah hochgewachsene Männer mit dunklem Haar, gekräuselten Bärten, scharf ausrasiert, mit goldgesäumten Kleidern und Waffen, deren matter Glanz bewies, daß sie ebenso gepflegt wie benutzt wurden, und einen Älteren mit weißem Haar und Bart. Der goldene Granatapfel an Dariuvahushs Lanze zeigte ihm den hohen Rang des Mannes; er wußte, daß Dariuvahush der Sohn des Kshatrapan war. Die Edlen dufteten nach wertvollen Salben und Ölen, an ihren Handgelenken und Oberarmen schimmerten goldene Reife. Der Wächter nickte langsam und streckte den Arm aus.

»Öffnet die Riegel. Laßt die Herren und den Tausendführer hinein«, sagte er. »Gaumâta wird wissen, was er will.«

Drei Bewaffnete rannten in die Wachstube und durch den schmalen Eingang zur Rückfront des Tores. Dariuvahushs Begleiter schwiegen, die Hände unter den Umhängen und an den Waffen. Dariuvahush hatte das Heer, das sich aufzulösen begann, und einige der zehn Tausendschaften der »Unsterblichen« in geschlossener Gruppe aus der Wüste von Abr Nahr ins Kernreich zurückgeführt; daß vielleicht die Hälfte jener Gruppe, deren Lanzen silberne Knäufe trugen, in der Stadt lagerte, wußten auch die Palastwachen. Ein Ruf ertönte, bronzene Riegel knarrten, ein Sturmstoß, der fahle Sandschleier über die Szene stäubte, schob den rechten Torflügel nach innen. Mondlicht und ein Dutzend gelber Lichtfächer aus Mauernischen zeigten einen leeren Innenhof, über dessen Kalksteinplatten zwischen den Eichenstämmen braune Staubwirbel tanzten. Das Tor dröhnte zu, als die Sieben auf die breite Treppe zugingen. Ihre Schritte wurden schneller; schließlich hasteten sie über die obersten Stufen. Vindafarnâh strich über die Bogensehne. Dariuvahush wandte sich um und ließ einige Herzschläge lang seinen Blick über die Stadt, die Straße und das augenverwirrende Durcheinander aus Mondlicht, Schatten und winzigen Inseln von Helligkeit gleiten. Er kannte jeden Raum innerhalb der Palastmauern; kantige, ineinander geschachtelte Bauten, durch Treppen, gedeckte Rampen und Plattenwege getrennt oder miteinander verbunden.

»Vorsicht. Gaumâtas Verschnittene, die bartlosen Wallache. Bewaffnet!« stieß Ardimanish, der Sohn des Fürsten Vahauka, hervor und zog einen Pfeil aus dem Köcher. »Ich kenne die Hodenlosen und die anderen Magier. Gleich ...«

Ein Hund bellte. Die Sieben warfen lautlos ihre Mäntel ab. Eine heisere Stimme schrie Warnungen. Oberhalb der Treppe, zwischen Brüstung und Wand, unter dem vorspringenden Dach, öffneten sich Türen. Schwere Vorhänge schwangen hin und her, bartlose Männer in langen Gewändern sprangen aus den Zimmern, Schwerter, Dolche und vergoldete Kampfäxte in den Fäusten. Ein Verschnittener begann zu fluchen und zu schreien. Hutana deutete nach rechts und winkte, Bagabuchsa zog Ardimanish mit sich nach links, und Dariuvahush stürmte geradeaus. Von der Brüstung aus schrie einer der Wächter der inneren Burg schrill zu den Torwachen hinunter:

»Er schläft! Er hat es euch verboten!« Vindafarnâhs Pfeil traf den Schreienden unterhalb der Halsgrube. Er gurgelte noch: »Sie wollen ihn umbringen ...«

Gestalten rannten und sprangen hin und her. Dolche und Schwertschneiden blitzten, Sohlen raschelten auf der Sandschicht, Schatten bewegten sich im Licht aus den Türöffnungen, Stimmen fluchten, ächzten und stöhnten; sonnentrockene Lehmziegel zerbarsten unter Schwerthieben. Ein Kopf rollte langsam kreiselnd über das Mosaikpflaster. Dariuvahush schlug seine schulterlange Kopfhaube, den Bashlyq zurück, wirbelte seine Lanze herum, stach nach links; der Schaft mit goldenem Knauf und hochgeschliffener Schneide war schnell wie seine Hände. Achtzehn lange Jahre hatte er ununterbrochen geübt. Seine Waffe tötete fast ebenso schnell wie seine Gedanken, schnitt waagrecht durch die Luft, trennte einen Kopf vom Rumpf, fuhr in einen Brustkorb, schlug eine Hand ab, die einen Dolch umklammert hielt, und zerfetzte einen Vorhang. Die Sehnen von Vinderfarnâhs und Ardimanishs Bögen schlugen gegen den Armschutz, die Pfeile heulten durchs Halbdunkel; ein Geschoß fuhr einem Verschnittenen ins Auge und trat zwei Handbreit im Nacken aus. Schwere Körper stürzten zu Boden und fielen blutend über die Brüstung. Dariuvahush wirbelte herum, rutschte im Brei aus Sand und Blut aus, fing sich wieder.

»Hinter mir her«, rief er. »Jetzt geht's zum Ohrenlosen!«

Er trat eine schwere Tür auf und rannte, die Lanze vorgestreckt, in den breiten Korridor hinein. Alle zwei Schritte brannten Öllampen zu beiden Seiten in goldverkleideten Aussparungen, spiegelten sich im matt schimmernden Boden und beleuchteten die Köpfe königlicher Stiere, Adler und Löwen. Bagabuchsa zerrte das Kurzschwert aus einem zuckenden Körper, sprang als letzter in den Korridor und schmetterte die Tür in die Widerlager. Das Dröhnen rumpelte durch die ausgestorbenen Räume und Säulengänge. Mit der Faust schlug er den Bronzeriegel in die Zuhaltung, rammte den Sperrbalken in die Vertiefung und hastete hinter den anderen her.

»Du sagst«, rief Gaubarva gedämpft, »du findest dich hier zurecht? Wo ist der Verdammte?«

»Bleibt hinter mir! Geradeaus, zum weißen Aufgang.«

Dariuvahush hatte das Ende des breiten Ganges erreicht und wuchtete eine geschnitzte, goldbeschlagene Doppeltür auf. Sie öffnete sich zu einem Innengarten, der im gesprenkelten Schatten mächtiger Eichenäste lag. Der Sturm riß sie aus Dariuvahushs Hand; die Türknäufe krachten gegen die Wand. Von der Mitte des Hofes, zwischen zwei steingefaßten Brunnenteichen, führte die Rampe aufwärts. Eine Reihe weißer Säulen, hinter denen Öl-flämmchen flackerten, zeigten die Eingänge zu den Wohnräumen des Herrschers. Im Korridor war es scheinbar ruhig gewesen; als die Eindringlinge die Stufen hinunterstoben und über die freie Fläche rannten, hörten sie den Lärm innerhalb und außerhalb der Palastmauern. Dariuvahush deutete mit der blutigen Lanzenspitze auf die Türen hinter den Säulen.

»Rechts sind die Schlafgemächer. Sie sollten eigentlich bewacht sein.«

Hinter ihnen hämmerten dumpfe Schläge durch die Nacht. Metall klirrte, Stimmen schrien durcheinander: Flüche, Totenklagen, schrilles Trauertrillern, Schritte, Hundegekläff und das Wiehern der königlichen Gespannpferde; eine Trompete röchelte. Die Angreifer rannten zu den Säulen, vorbei an zwei geschlossenen Türen und auf die dritte zu. Herbstlaub fegte raschelnd über die Fläche und bildete dreieckige Haufen in den Winkeln. Dariuvahush brauchte sich nicht zu erinnern: Länger als sechs Jahre war er, einer der tausend goldenen Unsterblichen, kaum jemals weiter vom düsteren Kambushya entfernt gewesen, als seine Lanze reichte; bisweilen auch hier in der Sommerburg. Vidarna und Hutana rüttelten wütend, aber vergeblich am Türknauf.

»Verriegelt«, sagte Dariavahush hart. »Aufbrechen. Mit den Schwertern.«

Er sprang zur Seite. Hutana und Vidarna zogen die Schwerter und rammten die Spitzen in den Spalt zwischen Rahmen und Tür. Lange Späne brachen knisternd aus dem Kantbalken. Von innen ertönte ein schmetterndes Krachen. Plötzlich scharrte ein Riegel, die Tür schwang lautlos nach innen. Im letzten Augenblick riß Dariuvahush die Lanzenspitze zur Seite. Das schwache Licht ließ ihn Bagapâta mit dem krummen Rücken erkennen, den uralten

Leibkämmerer des Kurusch, des Großkönigs und Vaters des Kambushya; der grauhaarige Verschnittene flüsterte stockend:

»Auf dich hab ich gewartet, Herr ... er ist nicht allein. Die babairische Darabonâ und die Schwarze teilen sein Lager. Bitte, verschont die Frauen, Herr Dariuvahush.«

Ardimanish und Vindafarnâh zwängten sich an Bagapâta vorbei. Ein kurzer Gang führte in den halbdunklen Schlafraum, dessen Decke und Wände sich in der Schwärze verloren. Ein Pokal klirrte zu Boden; erschreckte, mühsam unterdrückte Schreie kamen aus der vagen Düsternis. Ein Mann fluchte, etwas schlug zu Boden und zerbrach knisternd, wie Holz. Die Eindringlinge stürmten schweigend vorwärts. Um ein Lager in der Mitte des Raumes standen im weiten Kreis mehr als zwei Dutzend goldene Öllampen und brannten mit spitzen Flämmchen. Auf dem Rand des Lagers saß reglos eine schlanke Schwarzhäutige, kaum fünfzehn Jahre jung und ungewöhnlich schön, mit schweren Brüsten, und starrte die eindringenden Männer an. Ihr Körper war voller weißer Linien, Kreise und Spiralen, auf denen Goldstaub glitzerte. Die ältere Babirush-Dirne war aufgesprungen und versuchte sich erst hinter einem Scherensessel zu verbergen; sie kroch wimmernd über den Boden und flüchtete in die dunkle Seitenkammer. Gaumâta, nackt und von der Goldstaubfarbe der Schwarzen gestriemt, hielt ein hakenförmiges Bruchstück eines Sessels in den Händen und schrie:

»Ihr werdet mich nicht umbringen.« Er blickte wild um sich und schien Dariuvahush zu erkennen. Sein Haar, über beiden Ohren zum Zopf straff in den Nacken gezogen, war schweißnaß. »Du nicht, Dariush! Und du auch nicht, Gaubarva! Ich bin der König!«

Dariuvahush schwieg, wirbelte die Lanze in der Hand und hielt in der Linken den Nadeldolch. Vindafarnâh zog die Bogensehne bis zum Kinn aus und jagte, ein Dutzend Schritte weit, einen Pfeil ins Dunkel. Gaumâta, dessen dichtes, schwarzes Haar überall am Körper klebte, sprang hin und her und schwang das Sesselbruchstück wie eine langschäftige Kampfkeule. Er sprang auf Gaubarva zu; der Pfeil summte an seiner Schulter vorbei und bohrte sich durch den schweren Zierteppich in die Wand. Die

Schwarze saß da wie gelähmt und atmete keuchend; nur ihre Augen gingen blitzschnell hin und her. Es roch nach heißem und kaltem Schweiß, Knoblauch und schwelendem Weihrauchharz, trocknendem Blut und verschüttetem Würzwein.

Die Sieben hatten entlang der Wände, ebenso im Dunkel wie Gaumâta, einen Dreiviertelkreis gebildet. Hutana schleuderte einen vergifteten Dolch nach Gaumâta, Ardimanishs Bogensehne schlug gegen den Armschutz; die Pfeilspitze schlitzte Gaumâtas linke Schulter bis auf den Knochen auf. Er schrie und hieb nach Bagabuchsa, der an der Schwarzen vorbei aufs Lager gesprungen war, Dolch und Kurzschwert in den Händen. Hutana glitt auf Gaumâta zu, stolperte gegen eine Lampe und fluchte, als das heiße Öl seine Schienbeine traf, sich auf dem Mosaikboden ausbreitete und zu brennen begann. Gaumâta sprang vor und hieb nach Vindafarnâhs Kopf. Vindafarnâh sprang zurück, aber das gezackte Holz traf ihn an der Stirn und riß die Haut über das Auge hinweg bis zum Jochbein tief auf. Er brüllte, stach blitzschnell mit dem Dolch zu und traf Gaumâtas Oberarm. Einige Atemzüge lang erhellten die Flammen den Raum und blendeten Gaumâta und die Angreifer. Gaubarva hatte sich von hinten an ihn herangeschlichen, hielt ihn mit dem linken Arm umklammert und hieb ihm den Dolch zwischen Schlüsselbein und Schulter in die Brust. Gaumâta ächzte, senkte den Kopf, sprang schreiend zurück und rammte Gaubarva mit aller Wucht gegen die Wand. Dariuvahush näherte sich entlang des Lagers und bohrte die Doppelschneide der Lanze in die Brust des Ohrenlosen, der mit aller Kraft versuchte, sich aus Gaubarvas Umklammerung zu lösen und mit dem Unterarm das Lanzenblatt wegschlug; es drang unterhalb der Rippen in seinen Magen. Noch wirkte das Dolchgift nicht. Gaumâta, aus tiefen Wunden blutend, taumelte schwer und schrie:

»Warum?« Er spreizte die Beine und torkelte auf Dariuvahush zu. »Ich war besser und weiser als der verblödete Bruder. Die Zeit ... war überreif. Ihr alle ... habt ... furchtbaren Fehler ...«

Als Ardimanishs Pfeil Gaumâtas Herz traf, stach Vinderfarnâh die Spitze des Schwertes tief die Leber des Ohrenlosen. Er blieb stehen, stöhnte und senkte den Kopf; Dariuvahush hob die Lanze, zielte, stellte die geschliffene Schneide senkrecht und trennte mit einem einzigen sausenden Hieb Gaumâtas Kopf vom Rumpf. Aus dem Hals, wie aus der Gurgel eines Opferstieres, pulsierten zwei unterarmlange Blutstrahlen. Das Haar verrutschte, anstelle des rechten Ohres zeigte sich die gräßliche Narbe. Der Körper schien kleiner und schmächtiger zu werden, verlor die Starre, sank auf der Stelle in sich zusammen. Die Frau aus Babairu stand im Durchgang zur Kammer und kreischte ohrenbetäubend. Vidarna schlug ihr den Handrücken mit aller Kraft ins Gesicht; das schädelsprengende Geräusch riß ab. Der bärtige, schwarzhaarige Kopf kreiselte und rollte durch Blut und brennendes Öl. Der Zopfknoten löste sich; auch an der Stelle des anderen Ohres zeigte sich wulstig vernarbte Haut. Gaubarva hielt den Schädel mit der Innenseite des Stiefels auf, trat behutsam auf die Stirn und sagte leise:

»Es ist deine Nacht, Freund und Gatte meiner Tochter. Nimm deine Lanze, hierher! – und dann: Mehr Fackeln! Köpfe auf die Zinnen! Sieg und Wein! Und Weiber!«

Das weiße Haar und der weiße Bart des Fünfzigjährigen schienen im Halbdunkel zu leuchten. Dariuvahush holte tief Luft und packte den Lanzenschaft fester. Der falsche Bruder des Kambushya war vom Thron gestürzt; für Freudenfeiern blieb keine Zeit.

»Alles andere bereden wir im Sonnenlicht, bei Ahura Mazdâh!« Ardimanish schob den Pfeil zurück in den Köcher. »Den uralten Verschnittenen, allerdings, solltest du ehren, Freund.«

Dariuvahush schüttelte bejahend den Kopf. Mit einer harten Bewegung des rechten Arms stach er die Lanzenspitze in das blutende, löchrige Rund unter dem Kinn und hob den tropfenden Schädel schräg in die Höhe. Hutana rannte in den Verbindungsgang, raffte eine Armvoll metallgefaßter Fackeln aus der Vorratsnische, kam zurück und entzündete sie an einer Öllampe. Dariuvahush sah sich um, starrte fünf Atemzüge lang die Schwarze an, nahm eine Fackel und senkte die Lanze. Die Frau sagte einige Worte in rômetischer Sprache, hob die Brüste und bewegte die Zunge langsam über ihre Lippen. Dariuvahush grinste und glaubte, seinen Schweiß tropfen zu hören; er schüttelte sich und sagte in erzwungener Ruhe, zuerst in Rômetisch, dann in Pârsa:

»Ich komme zurück; wasch den Flitter ab. – Dank euch, meine Freunde! Schnell! Zur Großen Treppe. Die Nachricht von Gaumâtas Tod muß sich rascher verbreiten als jene, die uns in der Wüste erreicht hat.«

»Wenn sie seinen Kopf sehen, werden sie sich nicht wehren«, sagte Bagabuchsa. »In fünf Stunden geht die Sonne auf. Mit Ahura Mazdâhs Hilfe ist gelungen, was wir uns geschworen haben.«

Dariuvahush schloß wie betäubt die Augen. Alle Geräusche, alle Halbdunkelbilder, die zitternden, mandelförmigen Flammen, die Waffen, deren Metall dort glänzte, wo das Blut und die weißlichen Fasern noch nicht getrocknet waren, zogen sich in die Bedeutungslosigkeit zurück.

1. Der Feuerturm von Hagmatâna

Dariuvahush fühlte sich wie innerhalb der Schale eines riesigen Eies, durch dessen Sprünge und Löcher er spähte. Abermals trennte ihn von der Wirklichkeit eine jäh aufeinanderfolgende Reihe farbensprühender Bilder; fremde Welten, nie gesehene Landschaften, als ob er wie der Falke hoch über ihnen flöge, im Strahlenglanz einer Sonne fern und hoch jenseits der Reichsgrenzen: Er spürte die kühle Ruhe des ehrgeizigen Verstandes und das Glied, das unvermittelt anschwoll und sich zu versteifen begann. Die Zeit schien mit gräßlichem Klirren anzuhalten, und die Wirklichkeit löschte jäh das kühle, schöne Bild auf: Die weißgelben Tropfen aus dem Schädel Gaumâtas schlugen auf den Boden, unbegreiflich laut, mit dem nachhallenden Dröhnen von Mauerquadern. Empfindungen tief aus seinem Innern überwältigten Dariuvahush. Über sich, auf einer strahlend weißen Fläche, glaubte er Keilschriftzeilen zu sehen.

DIES DENKE ICH, DARIUVAHUSH, DEN DIE YAUNISCHEN SÖLDNER MEINER HEERE DAREIOS NENNEN, KAMBUSHYA NENNEN SIE KAMBYSES UND DESSEN VATER KURUSCH KYROS. KAMBUSHYAS BRUDER BARDIYA, VON DERSELBEN MUTTER UND DEMSELBEN VATER, IHN ERSCHLUG KAMBUSHYA. ALS ER IHN ERSCHLUG, WUSSTE DAS VOLK NICHTS DAVON. DANACH ZOG KAMBUSHYA NACH MUDRAYIA, DAS DIE YAUNIER AIGYPTOS UND KUSHIYA NENNEN. DAS VOLK WURDE FALSCH UND DIE LÜGE VIELFÄLTIG IN DEN LÄNDERN. NACHHER KAM GAUMÂTA ODER SMERDIS NACH SIKAJAHUVATI UND EMPÖRTE SICH. ZWEI SIEBENTAGE DES MONDES VIXANA VERGINGEN, ALS ER VOM BERG ARAKADRI KAM UND DAS VOLK BELOG. »ICH BIN BARDIYA, KURUSCHS SOHN, DES KAMBUSHYAS BRUDER!« DA WURDEN ALLE MENSCHEN SEINE BUNDESGENOSSEN. DIE LÄNDER GINGEN ZU IHM ÜBER. EIN ZEHNTAG DES MONDES GARMAPADA WAR VORBEI, DA BEMÄCHTIGTE DER MAGIER GAUMÂTA SICH DES THRONES DES KÖNIGREICHES; DANACH STARB KAMBUSHYA EINES NATÜRLICHEN TODES.

Er kam blinzelnd nach einem Dutzend Atemzügen in die Wirklichkeit zurück, blickte unsicher in die Gesichter der Mitverschworenen und sagte:

»Dies war Gaumâtas Ende und das vieler seiner Magier.« Selbst seine Stimme kam ihm fremd vor; hohl, ohne Überzeugung, bedeutungsarm. »Und es ist der Anfang von etwas Neuem. Dieses Neue ...«, er zögerte, hob die Schultern. »Es wird den Namen eines von uns Sieben tragen. Gehen wir.«

Der kalte Sandsturm, ein nächtlicher Stiefsohn des abendlichen Berggewitters, war vorübergegangen und wütete wetterleuchtend im Südosten. Dariuvahush, die Lanze mit dem aufgespießten Kopf in der rechten Hand, eine hochauf lodernde Fackel in der Linken, ging an der Spitze. Zu dritt nebeneinander, jeder mit zwei Fackeln, folgten die Freunde. Um sie herum im Halbdunkel, jenseits der Grenze aus grellem Licht, bewegten sich Palastdiener, Sklavinnen, bartlose Verschnittene, Frauen aus dem linken Teil des Palastes, Wächter, Krieger, Pferdeknechte und Küchensklaven. Sie sahen schweigend zu, wie die Eindringlinge den Weg, den sie gekommen waren, bis zur Plattform oberhalb der Treppe gingen. Gaumâtas Kopf, mit weit aufgerissenen Augen, schwankte auf der Lanzenspitze. Die Männer waren von getrocknetem Blut in Tropfen, Streifen und Flecken gezeichnet. Das verkrustende Blut der Kopfwunde teilte Vindafarnâhs Gesicht in eine helle und eine rostrote Hälfte. Die Flammen von dreizehn Fackeln verbreiteten eine verstörende Helligkeit, als Dariuvahush auf der obersten Stufe stehenblieb und ins Dunkel und zu einer Menschenmenge hinunterbrüllte, die mehr zu erahnen als zu sehen war:

»Unser toter König, Sohn des zweiten Kurusch, hat uns auf dem Weg durch Abr Nahrs Wüstenei gestanden, daß er aus Furcht um den Thron Pârsas seinen Bruder Bardiya getötet hat. Der Gaumâta, ein Magier, dem Bardiya ähnlich wie ein Wachtelei dem anderen, hat sich mit Hilfe von Priestern des Thrones aller Kshatrapien bemächtigt; ihm halfen die Anbeter des abscheulichen Götzen Mithra. Jeder von euch hat miterlebt, daß Gaumâta alle töten ließ, die Bardiya kannten. Ich brachte das Heer aus Abr Nahr zurück. Meine Freunde haben den Thronräuber getötet und seinen verräterischen Magiern, den Rauschjauchetrinkern, den Feinden Ahura Mazdâhs die Köpfe abgeschlagen.«

Der volle Mond, weiß und viel kleiner als vor Stunden, stand hoch im Südwesten, der Sternenhimmel war wolkenlos. Dariuvahush vermochte nicht zu erkennen, ob unter ihm sechzig, dreihundertsechzig oder tausendzweihundert Menschen in der Dunkelheit zuhörten. Er sah Dutzende Lanzenspitzen im Mondlicht blitzen; die Krieger waren ausnahmslos Pârsa. Das Murmeln, von Unsicherheit gedämpft, klang nach tausend Zuhörern; einige Schreie wurden laut, setzten sich fort:

»Bringt sie alle um! Tod den Magiern!«

»Schlagt ihnen die Köpfe ab!« Das Geschrei wurde lauter. »Jedem Magier!« Einzelne Männer schoben sich durch die Menge und hasteten mit flackernden Fackeln davon. Dariuvahush wartete, nickte seinen Freunden zu, holte tief Luft und schrie:

»Wir sind sieben Edle aus alten Großfürstentümern, die aus Besorgnis um das Reich handelten. Binnen weniger Tage wird Pârsa wieder einen König haben. Geht in eure Häuser, schlaft tief und gut. Ich, Dariuvahush, Sohn des Kshatrapan Vishtâspa, der ein Sohn des Rshâma und Enkel des Aryâramna ist, habe den Bruder Kambushyas gerächt. Seht – die Köpfe der Magier!«

Er wandte den Kopf nach rechts, nach links, stierte ins narbige Antlitz des Herbstmondes; er vermochte es kaum zu glauben: so viele Köpfe der Magier, der verschnittenen Angehörigen des Gaumâta-Trosses – auf mehr als zweieinhalb Dutzend Speeren und Lanzen steckten, deutlich zu erkennen im Licht der Fackeln, abgeschlagene oder abgeschnittene Köpfe; von mehr Magiern, als er und seine Freunde im ersten Ansturm getötet hatten. Mit weit offenen, blicklosen Augen schienen sie zukünftiges Grauen zu sehen. »Wie ich, meine Freunde, und all die zehnmal tausend Unsterblichen sagten: Die Zeit war überreif.« Wieder suchte er die Blicke seiner Mitverschworenen. Der Leibdiener Bagapâta stand hinter ihm. Alle blickten ihn zustimmend an; um ihre Lippen spielte ein karges Lächeln, das von äußerster Anspannung sprach. Er fühlte kalte Schwäche in den Knien. »Was euch Gaumâta leichtfertig versprach, würde das Reich zugrunde richten, binnen kurzer Zeit. Der Erwählte, der unserem Großkönig auf den Thron zu Pâthragada oder Pârseï folgt, wird das Land wieder festigen und die Grenzen weit zum Rand der Welt hinausschieben – was die Magier zerstörten, alle Feuertürme Ahura Mazdâhs, werde ich wieder aufbauen. Ich, ein Hazarapati, Anführer von tausend Unsterblichen mit goldenen Granatäpfeln an den Lanzenschäften.«

Er hob die Lanze. Gaumâtas Kopf schob sich in den dunklen Bereich außerhalb der Flammen. Dumpfes Schweigen breitete sich aus, als sich die Menschengruppen vor dem Tor, unterhalb der Palastmauer, zögernd zerstreuten. Dariuvahush reichte die Lanze Gaubarva, senkte den Arm mit der Fackel und sagte:

»Der schäbige Rest der Nacht gehört mir. Wir treffen uns bei Sonnenaufgang auf der Treppe. Zurück nach Hagmatâna und Pâthragada.«

Gaubarva warf schnalzend den Kopf zurück, löschte eine Fackel und brummte: »Ja. Ich reite zu den Unsterblichen und bereite unsere Fahrt vor. Sie werden hier sein, wenn wir sie brauchen. Viele stehen dort unten.« Er rammte den Schaft der Fackel in eine ausbröselnde Mauerfuge, packte nacheinander die Handgelenke der fünf Männer und sagte leise:

»Wir haben gesiegt. Kein Widerstand in der Stadt. Alles ist längst beredet worden – nach dem Willen des Allweisen werden wir handeln, wenn unsere Köpfe wieder klar sind.«

»Und du?« Vindafarnâh funkelte Dariuvahush an und grinste in verhaltener Gelöstheit. »Die Schwarze? Trink nicht zuviel. Wir brauchen morgen deinen klaren Kopf ebenso wie unsere Köpfe.«

Dariuvahush legte ihm die Hände auf die Schultern, trat zwei Schritte zurück und hob wie im Schwur die Hand zu den Sternen. »Du kennst mich besser als andere. Ich werde wenig trinken – vertrauen wir dem Falken-Geier-Zeichen von gestern: Es wird alles so, wie wir es an weinlosen Abenden ausgemacht haben; alles geht Schritt um Schritt.«

Er verabschiedete sich von seinen Mitverschworenen und ging zu Bagapâta, das Schwert schlagbereit in der Rechten. Gaubarva folgte ihm und schien ihm etwas Wichtiges mitteilen zu wollen.

»Der Troß und die Frauen sind in Pâthragada, in Kambushyas Palast«, sagte Dariuvahush zu Bagapâta. »Ich schicke dir einen

Wagen und Bewaffnete. Du wirst in Hagmatâna und Pâthragada der Leibdiener des neuen Königs bleiben, treuer Diener zweier oder dreier Könige.«

Der Greis verbeugte sich und richtete sich schwer atmend auf.

»Ja, Herr. Also sind auch die Gewänder und die Krone dort? Gib mir einen Unsterblichen mit, der meine Anordnungen durchsetzt, bitte. Es ist alles so seltsam und überaus verwirrend.«

»Ich werde früher in Hagmatâna sein als du und deine Diener und Sklaven. Man wird dir und Aspat Shanâh gehorchen, augenblicklich, in allem.«

»Danke, Herr.« Bagapâta deutete vage, mit zitternden Fingern, zum inneren Palast. »Alles ist vortrefflich bereitet.«

Langsam gingen Dariuvahush und Gaubarva im knirschenden Flugsand die Treppe hinunter. Einige Atemzüge lang schwiegen sie, dann sagte Gaubarva:

»Ich bin noch nicht zu alt, um zu kämpfen, Sohn.« Gaubarva lachte leise. »Aber alt genug, um vieles zu vergessen. Darum erzähl ich es dir jetzt: Haben wir je über den Mondblinden geredet?«

Dariuvahush hob den Kopf und schnalzte leise mit der Zunge. »Nein. Nie. Wer ist dieser ... Mondblinde?«

»Er lebt im Palast zu Babairu. Er sagt, er sei aus Mudrayia und dreihundert Winter alt. Blind wie eine schlafende Bilchmaus. Er behauptet, in der Nacht der verschwundenen Mondsichel sähe er mehr, schärfer und weiter als jeder Sehende. Malmarduk, sagte er, ist nur einer seiner Namen. Eine sechsjährige Sklavin führt ihn herum und füttert ihn, und ich füttere sie beide.« Er lachte tief in der Kehle. »Ein seltsames Pärchen, sag ich dir. Er trägt einen schwarzen yaunischen Chiton und einen Mantel, den er Himation nennt; das Geschenk eines Königs. Ich hab's geprüft: Er ist wahrhaftig blind und stößt gegen Säulen und faule Sklaven, aber seine Augen sind wie Eingänge zu Irrgärten der Zukunft! Ein paar Nächte, bevor ich deinem Boten hierher folgte, o Mann meiner liebreizenden Tochter, redete Malmarduk lange mit mir; in mehr als vier Sprachen.« Gaubarvas Stimme sank zu einem beschwörenden Murmeln herab. »Er sagte: Ein junger König wird sein, mit goldenen Augen und schönen, kräftigen Händen.

Lange wird er das Reich regieren, aber seine Ruhmesstraße ist steinig, reich an Dorn und Dürre, und jedem Sieg folgen drei Schlachten, sagte er, und das sehe ich, o Kshatrapan, wenn die Finsternis die Mondsichel geschluckt hat. Sonderbarliche Freunde werden ihn sechsmal sechs Jahre begleiten. Seine Leidenschaft wird schwarz in den Nächten und wie Milch an den Tagen sein. Er wird seinen besten Vertrauten töten müssen, ein Fremder wird seine Wunde heilen; von fern wird er seinen Feind betrachten, an den ihn unverstehbare Liebe und Haß binden: das ewige Meer Wadj Wer, Thalassa. Es wird ihm mehr antun, als er je seinen Feinden antun kann. Aber seine Worte wird man in die Flanken der Berge hämmern, bevor sein Bart weiß ist wie deiner, o Herr Gaubarva. Dies war seine Rede, Dariush.«

Dariuvahush starrte, den Klang der schwer begreifbaren Worte in den Ohren, seine Hände auf der schartigen Terrassenbrüstung, Gaubarva an. Er zwang sich zur Ruhe, spürte den Herzschlag wieder bis in die Schläfen und holte tief Luft. Er flüsterte:

»Die Leidenschaft der Schwarzhäutigen werd ich erleben – oder auch nicht. Über alles andere muß ich nachdenken. Die Welt in der Nachthälfte unseres Herzens ist voller Seltsamkeiten; deshalb meine Träume von kühler Sonnenluft, o Vater der schönen Rytabâma.«

Er küßte Gaubarva auf die Wangen, wandte sich ab und hielt nach drei Schritten an.

»Wenn ich König werden soll, muß ich mich selbst in Pâthragada krönen. Denn da ist niemand, der mich krönen kann – außer Ahura Mazdâh.«

Gaubarva hob den Kopf und tätschelte Dariuvahushs Wange.

»Auch darüber reden wir im grellen Licht täglicher Erkenntnisse. Geh endlich ficken, Söhnchen.«

Bagapâta hatte in der kurzen Zeit die sieben Mäntel aufgehoben und zusammengefaltet und sämtliche Spuren des tödlichen Kampfes beseitigen lassen; Weinpokale, ein yaunischer Mischkrug und Schalen voller Leckerbissen standen auf Tischen neben dem Lager, dessen Kissen und Laken ausgewechselt worden waren. Fenster und Türen waren geöffnet; es roch nach Wasser und Reinigungssand. Das heiße Myrrhenwasser in den Eisenbehältern über den Holzkohlenschalen summte. Man hatte Farbe und Goldstaub von der Haut der Dunkelhäutigen abgewaschen; sie wartete duftend, eine halb geöffnete Blüte in den Fingern, mit untergeschlagenen Beinen in der Mitte des Lagers. Als Dariuvahush eintrat, zog sie die Knie in die Höhe und rieb aufreizend die langen braunen Schenkel aneinander.

Dariuvahush ging auf sie zu; ein neuerlicher kalter Windstoß schmetterte mehrere Türen in seinem Rücken zu und löschte die Hälfte der Lämpchen.

Von Nisaja im Osten brauchten die acht Gespanne, deren Pferde in dreistündigem Abstand gewechselt wurden, auf der uralten Heeresstraße elf Stunden bis zur Königsstraße. Die Wagenlenker vermieden es geschickt, die Tiere auf dem gewundenen Doppelpfad bergab und bergauf zuschanden zu hetzen; viele kurze Pausen an Brunnen unterbrachen die hastige Fahrt. Zu Pferde und auf langsameren Wagen folgten Dariuvahushs Freunde und Vertraute, ausgesuchte junge Männer aus dem Heeresteil der tausend silbernen Speerträger; das Ziel war Hagmatâna. Todmüde, durstig und staubverkrustet, voller blauer Flecken und mit zitternden Muskeln saßen die Lenker am Tisch der Edlen, tranken gähnend gemischten Wein und heiße Brühe. Vindafarnâh trug eine frische Binde; das einzig saubere Stück Stoff an diesem Tisch. Die Wunde schien zu schmerzen: Er schüttete schweigend viel ungemischten Wein in seine Kehle. Gaubarva sagte fast feierlich: »Wir sind in drei Tagen in Hagmatâna, in weiteren fünf, sechs Tagen könnten wir im Palast von Pâthragada sein. Wo werden wir über den neuen König entscheiden, über den Nachfolger? Ich will nicht auf Kambushyas Thron sitzen, Dariush.«

»Mit Kambushya ist die Blutlinie ausgestorben, wie jedermann weiß«, sagte ein Wagenlenker und wischte sein Gesicht mit einem nassen Tuch ab. Er blinzelte und gähnte. Die Wagenbesatzungen waren die einzigen Gäste in der Kurierstation. »Der Edle Gaubarva ist Kshatrapan von Babirush und Abr Nahr. Ich weiß, daß er es bleiben will, bis ihn ein Jüngerer ersetzen kann.«

»Wenn es sein muß.« Gaubarva kratzte sich Staub und Strohstückchen aus dem schweißverklebten Bart. Von Gaubarvas

Tochter Rytabâma, die alle Rauchjshma, die Strahlende, nannten, hatte Dariuvahush drei Söhne; er hatte seine Familie nach Tameri-Mudrayia mitgenommen, im auseinanderlaufenden Heerzug Kambushyas nach dessen Tod nach Pâthragada gebracht und dort in fragwürdiger Sicherheit zurückgelassen, als sie zum Sommerpalast Gaumâtas gefahren waren.

»Du, Sohn des Vishtâspa, bist der Würdigste.« Bagabuchsa winkte dem Schanksklaven. »Oder sollen wir mit dem Los entscheiden, wer Thronfolger wird?«

»Darüber reden wir in Hagmatâna. Zwanzig Länder haben Kurusch und Kambushya Tribut geleistet.« Der Schanksklave brachte aufgebackenes Brot, gewürztes yaunisches Öl, Obst und einen Krug Wein. Er sagte leise: »Die Herren; auch wir warten auf Boten. Das Badewasser ist bald heiß, in einer halben Stunde, sagt der Wirt.«

Dariuvahush nickte und warf ihm das schmutzige Tuch zu. »Der Thronraub dieser Magier hat unsere Herrschaft erschüttert. Wegen Gaumâta hat sich Kambushya aus Mudrayia in solcher Eile zurückgezogen. Dieser Bote und einige andere – ich hoffe nur, es sind nicht zu viele – werden schlimme Nachrichten bringen.«

Vindafarnâh sagte: »Die Kshatrapien Uvja oder Elam und Babairu-Babirush? Kushiya und Mudrayia? Aufstand des Volkes? Rebellion? Wir müssen ihnen zuvorkommen.«

»Der Magier ist tot. Wenn der Thronfolger feststeht«, sagte Ardimanish, »werden sich einige mächtige Kshatrapane vom Reich lossagen. Darauf kannst du warten, Dariush, so sicher wie auf den Sonnenuntergang.«

Dariuvahush starrte die verrußten Deckenbalken an, schluckte einen Bissen Brot herunter und spülte mit verdünntem Wein nach. Er spürte die Erschöpfung bis in die Zehennägel. Seine Stimme war flach; er sagte heiser: »Kambushya ließ seine Frauen und deren Troß in Huza zurück, im Frauenhaus. Ich werde mich, wenn ich den Thron besteige, mit den Töchtern des Kurusch vermählen; der Frauenpalast wird sich rasch füllen. So binde ich einige alte Geschlechter an den Thron.«

»Mit Hutaûtha und Rtastunâ, der Grünäugigen? Sie ist fast noch ein Kind.« Vidarna stutzte und zuckte mit den Schultern. Dariuvahush grinste mühsam, deutete auf die wartenden Badesklaven und stand ächzend auf.

»Auch sie wird älter«, sagte er. Hutaûtha war mit dem Magier Gaumâta verheiratet gewesen. »Und um den Frieden zu erhalten, nehme ich auch Parmush zu mir, Kambushyas Bruder-Tochter, die Waise.«

»Und um meine Familie zu ehren und auch mein Fürstentum mit dem Thron zu verbinden, gebe ich dir meine Tochter Faidumâ. Aber – zuerst das Wichtigste.« Fürst Hutana stemmte sich in die Höhe und warf dabei zwei leere Becher um. Er lachte knarrend. »Hoffentlich kannst du alle Namen auswendig lernen und verwechselst keine. Es wird wenig Schlaf geben heute nacht – unsere Knochen schmerzen, und du, Dariush, träumst von – wie vielen? – sieben Frauen.«

»Fünf sind's bisher gerade«, sagte Dariuvahush mit kratziger Stimme. »Ich träume von der Faust, die unser Reich zusammenhält. Und mehr als fünf Stunden Schlaf haben wir nicht.«

Einige Männer lagen schnarchend auf den Unterarmen, zwischen Essensresten und halbleeren Bechern. Dariuvahush und seine Begleiter ließen sich entkleiden, stiegen in die Badebecken und säuberten sich; das warme Wasser vertiefte ihre Müdigkeit. Sklaven schleppten sechs schnarchende Gespannlenker zu ihren Lagern. Als Dariuvahushs Kopf das Lager berührte, schlief er ein wie von einem Schwerthieb gefällt.

Es schienen keine zehn Atemzüge vergangen zu sein, bis ihn endlich jemand wachgerüttelt hatte, am Rand eines blutigen Traumes. Er sah Bagabuchsa, graugesichtig und blinzelnd über sich, und hinter ihm einen Sklaven, der die gereinigten Stiefel und Kleider trug. Dariuvahush wusch seine Unterarme, dann das Gesicht, und ging in die Schankstube. Die Kurierstation roch nach kaltem Rauch und kochendem Kräutersud. Hufgetrappel, Wiehern und knarrende Radnaben zeigten an, daß die rasende Fahrt in wenigen Augenblicken weitergehen würde.

Die uralte »Straße der elf Tage« des Kurusch nach Hagmatâna und weiter nach Huza und Pâthragada führte, oft zwischen mehrfachen Reihen von Fruchtbäumen und schattenspendenden

Baumriesen, entlang abgeernteter Felder und Weiden mit vergilbtem Gras in weiten Windungen, bergauf und bergab, stets nach Süden. Die Gespanne der Verschwörer rasselten in so großem Abstand hintereinander, daß die Staubwolken und die hochgewirbelten Kiesel den nachfolgenden Lenker nicht allzu häufig ins Gesicht trafen. Die Hufe trommelten eine Parasange nach der anderen hinter sich, Wanderer, Reiter, hoch bepackte Esel und Maultiere, kleine Karawanen wichen an die Ränder aus; einige blaubekittelte Männer fluchten verhalten hinter den Gespannen her.

Dariuvahush saß auf dem breiten Ledergurt hinter dem Lenker. Jedes Schlagloch und jede Bodenwelle erschütterte den bronzebeschlagenen Wagenkorb, rüttelte das Gepäck und die Waffen durch und hämmerte den Schmerz bis unter die Stirn der Männer. Im Kreischen der Felgen und dem Hufschlag war jedes Reden unmöglich; es war, als ob jeder Schlag, der die Felge traf, eine Erinnerung losrüttelte.

Vor fünf Jahren war König Kambushya mit dem Heer und vielen Schiffen nach Mudrayia aufgebrochen; gegen die milde Herrschaft des Großen Kurusch hatte sich dort der junge Pharao Psammetik aufgelehnt, nachdem dessen Vater Ahmose – »Iach-Mesiu, der Mondgeborene, Chemu-Ib-Rê« und »Besitzer der Rê-Stärke« – gestorben war. Der Karer Phanes, Befehlshaber der hellenischen Leibwächter des alten Pharao, den Psammetik aus dem Land jagte, und Udja-Horresnet, Oberster der pharaonischen Schiffsverbände, hatten Kambushya geholfen, so daß das Heer die Wüste durchqueren konnte, stets mit Wasser versorgt. Die eigenen Schiffe und jene des hilfreichen Polykrates von Samos konnten die Festung Pelusion im Ostteil des Mündungsdreiecks einnehmen. Auf dem siegreichen Vormarsch nach Men-Nefer leistete nur die Priesterstadt Iunu, das Nördliche Om, von den Hellenen mit Heliopolis gleichgesetzt, hartnäckigen Widerstand. Der neue Pharao, der dritte Psammetik – »Rê mit lebendigem Ka, Mann des Gottes Metjeq« – verschanzte sich im Weißen Palast zu Men-Nefer; nach zehntägigem, wütendem Kampf siegte Kambushyas Heer. Die Beute an Sklaven und Kostbarkeiten überstieg jede Vorstellung. Während Kambushya die wiedereroberte Kshatrapie Mudrayia seiner Verwaltung unterstellte – Udja-Horresnet half ihm –, ließ er den Mathematiker und »Philosophen« Pythagoras, der wie viele andere vor Polykrates von Samos geflüchtet war und in Mudrayia seine Arbeit fortsetzte, nach Babairu bringen. In Men-Nefer traf er, Dariuvahush, den jungen Syloson, den Bruder des Polykrates, von Samos verbannt: Er schenkte Dariuvahush einen Purpurmantel. Während Kambushya stromaufwärts, über die ersten Hapischnellen hinauf, in den heißen Süden zog, um die kleinen Königreiche von Kushiya zu unterwerfen, rebellierte der dritte Psammetik, setzte sich die weißrote Doppelkrone beider mudrayischer Länder auf und begann den Aufstand gegen Kambushyas Herrschaft. Fast zur gleichen Zeit starb auch Rauchjshma, von den Hellenen *Roxane* genannt, Kambushyas Schwester-Gattin, bei einer Fehlgeburt. Das Pârsa-Heer zog in verlustreichen Märschen stromabwärts und schlug den Aufstand blutig nieder; Psammetik wurde hingerichtet, die Macht der Tempel gebrochen. Udja-Horresnet, von Kambushya zum einflußreichen »Reichsarzt Mudrayias« ernannt, fürchtete um sein Leben – da traf die Nachricht vom Gegenkönig Gaumâta dem Ohrenlosen ein. Er war das Oberhaupt der Magierpriester, die gegen den neuen Glauben an Ahura Mazdâh aufbegehrten. Und: Gaumâta kannte Kambushyas finsteres Geheimnis: den Mord am eigenen Bruder Bardiya, auch Brydiya genannt. Der König ernannte den Pârsa Aryâvanda zum Kshatrapan, sammelte sein Heer und zog durch Abr Nahrs Wüsten zurück ins Kernreich; als er nach der selbstverschuldeten Verwundung qualvoll starb, hatte ihm selbst Udja-Horresnet nicht helfen können. Im riesigen Heer folgte Horresnet den Unsterblichen und Dariuvahush ins Kernreich.

Hufgetrappel und ein trillernder Ruf schreckten Dariuvahush auf: Ein Meldereiter stob links an ihnen vorbei und grüßte; er hatte die Lanzen der Unsterblichen erkannt. Nach endlosen eineinhalb Stunden stieß der Lenker des ersten Gespanns, in dem Fürst Ardimanish saß, ein lautes Trillern aus und deutete nach rechts.

»Endlich. Eine Tränke.«

Dariuvahush lockerte den Griff seiner Hände an den Seilen, mit

denen das Ersatzrad, Werkzeug, Lanzenköcher und Gepäck festgeknotet waren und die das Herausfallen aus dem offenen Heck
verhinderten. Bisher hatte er die Berghänge im Westen und Süden, das herbstliche Land der langgezogenen Ebenen, Arbeiter,
Herden und Ziehbrunnen betrachtet, ohne all das wirklich zu sehen. In seinen Gedanken hatte er jeden Tag seit Kambushyas Tod
ein zweites, drittes Mal begrübelt, sich an jedes Geschehnis, jeden Zwischenfall erinnert und dessen Bedeutung geprüft: Längst
waren die Nachrichten von Kambushyas Tod, dem langsamen
Zerfall des Heeres und Trosses, dem Thronraub des falschen
Bardiya und der Zerstörung vieler heiliger Ahura-Mazdâh-Feuer-
türme selbst in den Grenzländern des Reiches bekannt. Jeder
Großkönig hatte vielleicht dreimal sieben ungewisse Feinde:
Einundzwanzig Kshatrapane.
Jetzt rasten, schnell wie Stürme, die letzten Neuigkeiten von Sikajahuvati aus in alle Richtungen: Gaumâta war nicht Kambushyas Bruder: tot! Von Dariuvahush geköpft! Selbst König Kambushya hatte einundzwanzig kleinere Länder als Mada und Pârsa,
mit mehr als einem Dutzend verschiedener Sprachen und drei
unterschiedlichen Schriften, nur mit Mühe, Härte und List beherrschen können. Was würde geschehen? Welche Nachrichten
erwarteten ihn und die Freunde im Palast zu Hagmatâna? Wie
viele Kshatrapien verweigerten schon jetzt, ohne daß es im Palast bekannt war, den Gehorsam? Die Pferde fielen aus dem Galopp in Trab, schließlich in Schritt; der Wagenlenker sprang über
das rechte Rad aus dem Wagen und führte die Tiere zu der langen, steingefaßten Tränke, dicht neben den Pferden von Ardimanishs Wagen. Das dritte Gespann rasselte heran.
Die Lenker zogen die Trensen aus den schaumbedeckten Mäulern der Pferde, gossen mit Ledereimern kaltes Wasser über die
Leiber der Tiere, die augenblicklich zu dampfen begannen; während die Zugtiere soffen, reinigten die Lenker Augen, Ohren, den
Hals und sahen die Hufe nach. Neben Ardimanish steckte Dariuvahush den Kopf in den Trog, hielt die Luft an, kam langsam
wieder in die Höhe und ließ das Wasser, milchig vom Staub, aus
dem Haar rinnen. Schmutzige Brühe tropfte aus dem dampfenden Fell der vier Pferde, die Ardimanishs Lenker vom Trog weg-

führte. Er hängte ihnen die Beutel voll gehäckseltem Heu, Korn und Gras um die Hälse; die Ledersäcke waren in der Botenherberge gefüllt worden. Die Tiere prusteten und fraßen. Dariuvahush legte den Arm um Ardimanishs Schultern, schob und zog ihn zum Brunnen und wand ein Holzschaff voll Wasser hoch. Sie spülten den Mund, spuckten aus und wuschen die Gesichter. Sie tranken gierig, dann sagte Dariuvahush:

»Du kennst mich lange genug, Ardiman. Zu euch bin ich ehrlich. Wir haben den ersten Schritt getan. Wenn wir mit den nächsten Schritten durchkommen –, wenn ich etwas zu sagen habe – werd ich euch alle mit Belohnungen und Auszeichnungen überhäufen. Meine Versprechen, meine Eide; ich halte sie, ich hasse die Lüge. Dein ehrlicher Rat als Freund: Soll ich es wagen? Soll ich mich selbst gefährden und vielleicht so werden wie Kambushya, der mißgelaunte Schatten des Kurusch? So grausam?« Er lachte heiser und spuckte aus. »Indes: Meine Brüder sind von anderer Art. In Hagmatâna entscheidet's sich. Jeder Tag, an dem der Thron leersteht, kostet das Reich einen blutigen Kriegszug. Soll ich, mit eurer Hilfe und der vieler Unsterblicher, die Stufen zum Thron hinaufklettern?«

Ardimanish, zwei Jahre älter als er, starrte ihn wortlos an, düster, abwägend, als sähe er den endgültigen Hieb, der ein abenteuerliches Leben mit einem überschaubaren Maß an Verantwortung beendete. Er zuckte mit den Schultern, sein Blick verlor sich aus Dariuvahushs Augen und faßte eine Gruppe weißer Häuser, von der Mauer und den Gewächsen eines Pairidaezas umgeben, eine Parasange weit im Ackerland, unter dem hellen Himmel des Morgens.

»Nach der Linie des Blutes bist du ohne Zweifel der Einzige. Sohn des Kshatrapan! Schwiegervater Gaubarva – er hat seine schwierige Aufgabe, und ich ... warum fragst du? Wir haben tausend Stunden darüber gesprochen! Ich will den Thron nicht, um keinen Preis. Ich würde nicht wollen, daß meine Freunde zwölf Schritt vor mir den Boden küssen und die Hand vor den Mund halten müssen, weil sie nach Knoblauch, saurem Wein und gärenden Erbsenbrei stinken.«

Ardimanish sah zu, wie die restlichen Gespanne zum Trog fuhren, blickte zu den fressenden Pferden, hob die Schultern. »Sitzt du auf dem Thron, mit deinen fünf oder sieben Weibern und zwölf Dutzend Beischläferinnen, wird es mir gutgehen. Dank unserer oft beschworenen Eide.« Er lachte hart. »Wenn du uns Fürsten nicht alle Rechte zurückgibst, rasier ich meinen Bart und fang an, mit hoher Stimme zu fisteln. Dann jagen mich, den Mitverschwörer Ardimanish, deine verärgerten Unsterblichen.«

»Diese Entscheidung, Ardiman – ist sie wirklich so einfach?«

»Ja. Für mich. Weil: Wenn du König bist, Herrscher über zwei Dutzend Länder, wirst du in den Wolken schweben wie der Große Kurusch. Du wirst kein Mensch mehr sein, sie werden dich zum Gott machen. Du wirst Gott sein! Jeder deiner Fürze wird gezählt und niedergeschrieben wie ein Jahrzehntsturm. Die Vorstellung, zusehen zu müssen, wie jeden Tag ein Vorkoster in Qualen verendet, reizt mich schwerlich zur wahrer Fröhlichkeit.«

Er lachte kurz, drehte sich weg, ging zehn Schritte und schlug mit genußvollem Stöhnen sein Wasser in einen Distelbusch ab. Dariuvahush blieb auf dem Brunnenrand sitzen. Jedes zweite Wort seines Freundes hallte in seinem schmerzenden Schädel nach wie ein Keulenhieb auf einen Schild. Er ging zum Wagen, holte Binden, Lederschnüre, Salbe und Wundkraut aus dem Lederbeutel und blieb vor Vindafarnâh stehen. Er tippte sacht an dessen Stirn und sagte:

»Weich deine Binde ein. Du blutest wie ein abgestochener Hammel.«

Er löste ein wenig später die triefende Binde, ließ sie zu Boden fallen, tupfte die gezackten Risse trocken und öffnete die Salbendose. Das Weiße im Augapfel war blutrot, die Haut um Vindafarnâhs Auge rot, blau und schwarz, die Wunde blutete durch den gelblichen Brei der Salbe. Ein Wagenlenker brachte einen prallen Weinschlauch. Vindafarnâh setzte sich in den Wagenkorb; sorgfältig preßte Dariuvahush die Wundränder gegeneinander, wikkelte Binden um die Stirn und über das nasse Haar und schlang behutsam zwei Knoten in die gekreuzten Lederschnüre.

»Der Schädel schmerzt wie nach einem Siebentagerausch.«

Vindafarnâh deutete an seine Stirn und grunzte unwillig. »Danke, Freund. Der Wein hilft, aber bald fall ich besoffen aus dem Karren.«

Dariuvahush schlug ihm vorsichtig auf die Schulter und brummte grinsend: »Bei solch jungen, kräftigen Kerlen wie uns heilt alles schneller, als uns lieb ist.«

Weiter. Schneller, in Staubfahnen, durch hochgerissene Steinsplitterchen, entlang des Grabens neben der Straße, der zweite hastige Pferdewechsel um Mittag, heißer Sud, der stinkende Abtritt, die kurze Wonne des Badewassers. Noch immer keine Botschaft, weder eine gute noch auch nur die erwartete schlechte, warmes Fladenbrot mit einem scharf gewürzten, fein gehackten Gemenge aus Hammelfleisch, Käse, Pistazien und gemahlenen Nüssen. Die Wagenlenker schienen allesamt erfahrene Pferdemeister zu sein, obwohl sie ein paar Jahre jünger waren als Dariuvahush. Sie führten die langen Zügel mit den Fingern und Bewegungen aus dem Handgelenk: Die vier Zugpferde galoppierten nebeneinander, als wären sie ein Tier mit sechzehn Läufen. Weiter. Ohne Halt an Felshängen voller Spalten in Licht und Schatten entlang, unter kreisenden Geiern und rüttelnden Falken. Die Sonne hoch über den Köpfen, die stinkenden Fürze der Pferde, denen der Schweiß über die Flanken sickerte, knarrendes Leder, Peitschengeknall, die unbarmherzige Straße, deren Rillen, Rinnen und Löcher die Zähne lockerten und die Haarwurzeln in feurigen Schmerz tauchten; die Flut hämmernder und bohrender Gedanken. Dariuvahush stöhnte: Unzählige Wirbel, Schleier und Verknotungen in seinen Gedanken und keine Lösung, keine innere Stimme, die einen Weg vernunftgetränkter Lösungen vorgab, selbst so roh und rüttelnd wie die Königsstraße. Überschätzte er sich selbst ohne Maß, wie der Ohrenlose, oder war er wirklich der Beste, Einzige; gut und listig genug, dieses gigantische Reich mit dem duftenden Tuch des Wohlwollens und bronzener Faust zu regieren? Ganz allein? So, als wäre jedes Wort, lange bedacht, Gesetz für Hunderttausende?

Konnte er es besser als Kambushya?

Nur acht Jahre hatte Ahura Mazdâh dem Kambushya vergönnt. Sechsundneunzig Monde nur! Würde er, Dariuvahush, mehr Zeit haben? Er brauchte mehr Monde und Jahre! Er kannte viele offensichtliche Fehler, die Kambushya gemacht hatte. Plötzlich erinnerte er sich an seinen Vater und dessen gelassene Wortspiele guter Ratschläge, seine Gemessenheit, seine wirkliche Beliebtheit bei jedermann bis hinunter zum blinden Teppichknüpfersklaven.

Es gab nur einen Versuch. Keinen zweiten! Ahura Mazdâhs Feuerstrahl berührte jeden Menschen nur einmal. Auch Gaumâtas seltsame, abstoßende Götter hatten den Thronräuber nur ein einziges Mal geschützt – bis zu jener Blutnacht, die schon aus Dariuvahushs Gedächtnis gesickert war wie schwarzer Honig aus einer Wabe.

Ich bin älter als neunundzwanzig Sommer. Selbst wenn ich nur einen Versuch habe, mich meine Freunde und der Gott Ahura Mazdâh nur einmal mit dem Lichtstrahl des Glücks berühren, wenn ihr ferner Glanz mich umschmeichelt – ist es das wert?

»Ja!« hörte er sich sagen. »Vielleicht.«

Weiter. In großer Hast. Er kannte schlimmere Strapazen. Abermals Pferdewechsel. Die Wagenlenker, ebenfalls »Unsterbliche«, sahen aus wie staubverkrustete Halbtote. Sie stanken alle wie Kanalsklaven. Dann: hastiges Essen, ein warmes Bad, das die Müdigkeit zum schmerzlichen Erlebnis machte, vom Schlaf beendet wie von einem Fausthieb; Schlaf, der seinen Namen nicht verdiente. Im Zwielicht des Vormorgens in der Gaststube heißer Sud, mit Wein, Honig und Quellwasser vermischt. Hinaus, auf den Wagen, festgeklammert im Knarren, Felgengekreisch und den Hufschlagwirbeln, im Peitschenknallen, auf stinkenden, feuchten Lederriemen, die sich zu verfärben begannen wie Vindafarnâhs Binden; weiter nach Süden, durch abgeerntetes, umgepflügtes Land, in der letzten Ahnung des sehr späten Sommers, auf Hagmatâna in der Kshatrapie Uvja zu.

In Mudrayia, am südlichen Ende des Mündungsdreiecks, in der Hauptstadt Men-Nefer: Die mächtigen Stufen des Ptah-Tempels waren noch sonnenheiß. Gordios, der karische Söldner, lehnte den Rücken gegen eine Säule und betrachtete eine Zeitlang das Treiben auf dem Platz; am frühen Abend versammelten sich die

Bewohner Men-Nefers vor der Weißen Mauer und dem Palast. Das Mädchen, das den Blinden führte, brachte einen schlaffen Weinschlauch und grün glasierte Tonschalen. Der Lärm auf dem weiten Platz nahm zu. Gordios wartete, bis der Blinde im weißen Chiton die erste Schale geleert hatte, dann sagte er:

»Und wie nennst du dich hier in Mudrayia, Mondblinder?«

»Sie sagen Pi-Nachet, wenn sie mich meinen.« Er deutete auf die weiße Mondscheibe über den Dünenkämmen, die sich rot zu färben begannen. »Du bist einer der Hellenen, die Aryâvanda, den Kshatrapan Mudrayias bewachen, nicht wahr?«

»So ist es, Alter. Und du siehst ferne Dinge und Geschehnisse, obwohl dein Augenlicht erloschen ist?«

»Auch nahe Geschehnisse; aber nur in Nächten, in denen die Mondsichel von der Nacht aufgefressen wird. Darum sagt man: der Mondblinde.«

Das junge, schmächtige Mädchen setzte sich neben Pi-Nachet, klapperte mit den Schalen und lehnte den Kopf gegen seine Knie. Es kicherte, richtete einen durchdringenden Blick aus strahlend grünen Augen auf Gordios und sagte:

»Und ... er hat den neuen König der Länder gesehen. Zweimal. Einmal hier auf dem Markt und vor zwei Siebentagen, bei Nicht-Mond.«

Gordios zuckte zusammen und starrte das Ende des Binsenspans an, mit dem er zwischen seinen gelben Zähnen gestochert hatte. Er beäugte Pi-Nachet von der Seite, beugte sich vor und sah in die erloschenen Augäpfel. Er schüttelte sich und grunzte einen Fluch, dann sagte er in fehlerlosem Mudrayisch:

»Der neue König? Mondblinder! Was weißt du von den Nachrichten des Königsboten, den wir erwarten?«

»Ich weiß, daß der Hazarapati Dariuvahush oder, für euch, Dareios, den Magier Gaumâta im fernen Pârsa töten wird. Oder schon getötet hat. Dareios' Vater ist ein mächtiger Kshatrapan, der über ein kleines Reichsland herrscht. Seine Freunde werden unzweifelhaft seinem Sohn helfen, denn Gaumâtas Macht stützt sich auf die Priester des Mithra und das einfache Volk. Die Fürsten werden auf dem Thron keinen einfachen Priester dulden, sondern nur einen Nachkommen des Kyros.«

»Das ist wahr; Kurusch war der Größte«, murmelte der Söldner. Der Mondblinde legte den Kopf in den Nacken und schien die rötlichen Sonnenstrahlen auf seinem Gesicht zu spüren. Seine nächsten Worte waren lauter und sicherer.

»Dariuvahush stand neben mir, drüben am Palasteingang. Er und Syloson von Samos redeten miteinander. Ich hab ihn gespürt, kenn seine Gedanken und sein Wesen.«

»Und das alles weißt du? Wie kannst du das sehen? Träumst du das?« sagte Gordios in abfälligem Ton. Er vermochte nicht zu glauben, was er hörte. Pi-Nachet breitete die Arme aus.

»Es kommt in gewissen Nächten über mich.« Er verzog sein rômetisch geschminktes Gesicht in unzählige Falten. »Ich sehe Traumbilder. Aber ich vergesse sie nicht, so wie man seine Träume vergißt. Ich sage dir, o Söldner: Dareios wird ein großer Verwalter-König, der alles sieht und kaum je etwas vergißt, was er sah, hörte und verstand.«

»Pi-Nachet kann nichts dafür«, rief das Mädchen und füllte die einfachen Schalen. Ein flüchtiger Sonnenstrahl ließ ihr hellbraunes Haar aufleuchten. »Er sieht es in seinem armen, alten Kopf. Liegt da wie einer, der stirbt. Der Mond sagt ihm alles, obwohl er verschwunden ist. Dann zuckt und murmelt er, und sein Mund ist voll Schaum.«

»Du kennst Dareios? Oder glaubst ihn zu kennen?«

»Vielleicht besser als er sich selbst.« Pi-Nachets Hand hielt überraschend ruhig die halbgefüllte Trinkschale. »Er hat drei Jahrzehnte Zeit gehabt, alles zu erlernen, auf die harte Weise, im sauren Schatten des Kambyses. Wenn er sich einmal entschieden hat, bleibt er hart wie die Steine, auf denen wir sitzen. Er wird lange herrschen, aber er ist nicht der große Kyros. Kein kriegerischer Eroberer. Ein gerechter, weitblickender Herrscher. Er wird kämpfen wie eine rasende Löwin, wenn es sein muß, nicht weniger grausam als Kambyses. Verrat wird er bestrafen wie ein Krieger. Ich hab ihn lachen hören; ein gutes Lachen. Die Frauen werden seine Nähe suchen. Jeder Fürst, jeder unbedeutende Stammesälteste wird ihm seine schönste Tochter schenken – jeder will, wie die Frauen selbst, daß sie vom König geschwängert werden: Es bedeutet, mit dem Herrn im Palast verwandt zu sein.«

Eine kalte Hand schien sich zwischen Gordios' Schultern zu legen. Die Härchen seiner Unterarme stellten sich auf. Seit Kambushya mit dem Heer in furchtbarer Eile nach Pârsa aufgebrochen war, überschlugen sich Gerüchte und abenteuerliche Mutmaßungen. Der Söldner legte die Hand auf die knochige Schulter des Mondblinden und murmelte:

»Bist du sicher? Wie gewiß kann ich sein, daß alles so zutreffen wird?«

»Ich weiß es selbst nicht, o tapferer Hellene. Es sind göttliche Traumbilder, die über mich kommen. Können Götter irren?« Ein Schwarm buntgefiederter Enten flatterte über den Platz und fiel lärmend im Uferschilf ein. Die Finger des Mondblinden tasteten nach der Schale. »Kambyses ist tot. Du wirst vom Siegelhalter besoldet, bald wird Dareios dein König sein; das Reich braucht Krieger und Söldner. Kämpfe und Schlachten, bald, voll kalter Grausamkeit, hab ich gesehen, o Gordios! Jeder Sieg wird Dareios eine Wunde zufügen, tief in seinem Herzen. Er wird die Narben bis zu seinem fernen Tod nicht vergessen. Nie tut er etwas Unbesonnenes. Wer ihn zum Freund hat, den haben die Götter gesegnet: Mudrayias tausend Götter, Babirushs Marduk oder Ahura Mazdâh. Seine Feinde vernichtet Dareios, aber jene Narben machen ihn einsam. Schritt auf Schritt weicht er der Anhäufung von Menschen aus und will sich doch nicht von ihnen trennen.«

Gordios' Ächzen unterbrach ihn. Das Mädchen hatte die Schalen auf die nächsthöhere Stufe gestellt und halb mit gemischtem Wein gefüllt. Der Mondblinde hob langsam die Schultern und blickte ins Nirgendwo. Gordios suchte nach Worten; plötzlich schmeckte der Wein wie Essig mit Kupferspänen. Leise redete der Mondblinde weiter. Seine Worte klangen endgültig.

»Herrscher kommen und gehen. Meist bleibt von ihnen nicht mehr als von dir und mir, o Karer. Von Dareios wird vieles bleiben; und sehr lange ... flüstern Traumgötter in Götterträumen.«

Er leerte die Schale, senkte den Kopf und schien einschlafen zu wollen. Das Kind legte in einer seltsamen Gebärde beide Zeigefinger an die Lippen und zwinkerte. Mühsam stemmte sich Gordios in die Höhe, sah auf die sonnenverbrannten Schultern, das dünne weiße Haar und den sehnigen Nacken des Mondblinden hinunter und nickte dem Mädchen zu. Er flüsterte:

»Ich muß in den Palast. Seid ihr morgen wieder hier?«

»Weiß ich nicht«, wisperte sie. »Pi-Nachet will nach Babairu wandern. Dort war er Gast des Kshatrapan Gaubarva. Er sagt, daß ihn Marduk dorthin gerufen hat.«

»Morgen abend suche ich euch hier«, flüsterte Gordios und ging auf Zehenspitzen die Stufen hinunter. »Ich bring auch besseren Wein.«

Die Kleine nickte. Gordios ging mitten durch die Menschenmenge über den Platz und zu den Wachen am Tor des Weißen Palasts. Am nächsten Abend, die Finger im Henkel eines »Irep«-Kruges, wartete er vergeblich zwischen den Tempelsäulen. Einen Siebentag später traf der Königsbote aus Hagmatâna ein und berichtete vom Tod des Magiers Gaumâta.

Dariuvahush schwankte vor Erschöpfung. Jedes Geräusch traf ihn mit spitzem Schmerz. Endlich, am frühen Nachmittag, führte die breite Straße entlang der westlichen Berge zur niedrigen Mauer und zum Doppeltor der Stadt. Vertraute Anblicke: Zelte derjenigen Angehörigen des Kambushya-Heeres, die ihren langen Marsch hier beendet und damit bewiesen hatten, daß sie sich für den unbekannten oder vermuteten Nachfolger Kambushyas entschieden hatten und in steigender Unruhe auf eine Entscheidung, einen Namen warteten. Die Gespanne preschten geradeaus, durch die weit geöffneten Tore und über die Arkadiane zum Palast. In dieser Stadt, die ebenso wichtig war wie Huza und Pâthragada, kannte fast jeder den Sohn des Vishtâspa; Knechte und Sklaven kümmerten sich um die Gespanne und führten die Männer ins Gästehaus, das einen Steinwurf vom Palastvorplatz zwischen niedrigen Eichen stand. Auch hier war Dariuvahush kaum ein Raum fremd; er breitete die Arme aus und sagte, als die Freunde lendenlahm auf ihn zuschlurften:

»Jetzt warten sie im Palast und in der Stadt auf jemanden, der den Boten zuhört. Überall wird Verwirrung sein. In sechs Stunden treffen wir uns dort drüben, hinter den Säulen mit den Kupferbändern.« Er schwankte, unterdrückte ein Gähnen und nahm sich zusammen; er suchte jedes weitere Wort wie ein Sandkorn in einer riesigen Düne. »Essen, trinken, schöne Sklavinnen. Morgen wissen wir mehr, vielleicht alles. Hört euch um – das Reich wartet auf unwiderrufliche Entscheidungen.«

»Wir wissen es. Wessen Entscheidungen auch immer gelten werden«, sagte Gaubarva in erzwungener Ruhe, packte Hutana und Bagabuchsa an den Handgelenken und zog sie mit sich.

Er brauchte Ruhe und guten Schlaf, bevor er klare Gedanken fassen konnte, obwohl die Stunden viel zu schnell dahinflogen; seit Gaumâtas Tod hatte er nicht ein Wort auf die ledernen Seiten des Erinnerns geschrieben. Dariuvahush setzte sich mit knirschendem Rückgrat im Schatten des Vordachs auf die gemauerte Bank, lehnte sich gegen die Wand und spürte, wie sich die schmerzenden Muskeln von den Zehen bis in die Oberschenkel entspannten. Er atmete ruhig und vergaß das Menschengewimmel um sich herum, er fühlte, wie er in einen Wachtraum hineinglitt und dieser in den Alptraum mündete – in einen von jenem Dutzend furchtbarer Schreckensträume, die nur ihm gehörten wie die aufblitzenden Sonnenträume ferner Landschaften, in denen er ausruhen konnte:

Er und Lanzenträger Sykashta folgen im Mondlicht dem breiten Pfad, der ins schroffe Gewirr der Felsen, Schründe und Höhlen hineinführt. Die sommernächtliche Hitze, in der sie bisher geschwitzt haben, weicht der Kälte zwischen den Steinmassen, auf denen gelb leuchtende Moosflächen wuchern wie Geschwüre. Hinter dem Hügel meckert eine wilde Ziege. Die Luft trieft von Feuchtigkeit; von dem Spalt, hinter dem vage Helligkeit flackert, weht modriger Gestank heran. Es riecht nach Aas, nach kaltem Rauch, nach Todesangst und etwas, das Dariuvahush nicht kennt; stechend scharf und gleichermaßen erregend. Er greift nach einer triefenden Felskante, wendet sich halb um und sagt:

»Ich glaube, ich fürchte mich. Was willst du mir wirklich zeigen, Sykashta? Was sollen wir hier?«

Sein älterer Freund, wie er ein Krieger, ausgebildeter Lanzenträger im Gefolge des Kambushya, hebt die Hand und legt den Finger auf die Lippen.

»Sei still. Sie dürfen uns nicht sehen oder hören.«

Ein dumpfes Brüllen kommt zwischen den Felsen hervor; es scheint, als würde ein riesiges Tier gequält. Der hallende Schrei bricht in einem Gemenge undeutbarer Geräusche ab.

»Was war das?«

»Der Stier, den sie opfern. Bleib neben mir im Dunkeln. Und wenn dir ein Priester etwas zu trinken gibt – trink keinen Tropfen! Hörst du?«

Dariuvahush, seit einer Handvoll Tagen siebzehn Jahre alt und »Heerläufer«, also Kârataka-Anwärter auf die Lanze mit silbernem Knauf, nickt schweigend und folgt Sykashta. Er fühlt seinen Herzschlag bis in die Schläfen. Die jungen Krieger tragen nur Dolch und Kurzschwert an den breiten Gürteln. Der Weg ist schmaler und feuchter geworden und liegt matt glänzend im Mondlicht. Fliegen und Käfer summen unter den tief hängenden Ästen; zwischen dem nassen Herbstlaub leuchten fahle Pilze. Eine Eule streicht fast lautlos über ihre Köpfe hinweg, als sie die letzten Felsen umrunden und auf dem Platz vor einem Höhleneingang stehenbleiben.

»Woher hast du gewußt, daß sie hier ...«, flüstert Dariuvahush. Sykashta hält ihm die Hand vor den Mund, deutet auf die Höhle und wispert in sein Ohr:

»Eine Lagerdirne hat es einigen von uns erzählt. Die Priester suchen Anhänger ... Gläubige aus dem Heer. Nach links!«

Dariuvahush weiß kaum etwas über den Dienst am Gott Mithra. Da Kurusch den Heiligen Rausch verboten hat, das »Haumavargâ-Schwelgen«, dem sich Priester und Anhänger einen Siebentag lang ununterbrochen hingaben, wagt niemand aus der Umgebung des Königs, eine Opfernacht zu besuchen – die in jedem Fall an einem geheim gehaltenen Ort stattfand. Im Schutz mannsgroßer Felsbrocken und Gestrüpp mit triefenden Blättern schleichen Sykashta und Dariuvahush auf den dunklen Teil des Höhleneinganges zu; über ihren Köpfen schwirren Fledermäuse lautlos durch die Düsternis. Vielleicht zwei Dutzend Schritte weit in der Tiefe der Höhlung, in einer

Sandfläche und auf einem Kreis wuchtiger Steinblöcke, stehen brennende Fackeln und Schalen, aus denen Ölflammen lodern. Ein Stier mit zugeschnürtem Maul ist mit armdicken Seilen zwischen zwei Steinsäulen festgebunden; ihr oberer Teil verschmilzt mit der dunklen Höhlendecke. Von einer dritten Felssäule, wie eine Tafel geformt, starren unzählige gemeißelte Augen auf den Steinkreis; aus den Seiten der Platte wachsen Ohren hervor. Die Pupillen und das Innere der Ohren glänzen in schwarzer und feuerroter Farbe. Sie stellen die Symbole des tausendäugigen, tausendohrigen Mithra dar; über der Stirn glänzt eine Goldscheibe, das Zeichen der Sonne. Drei Männer mit kahlen Köpfen, bloßen Füßen und in gelben Gewändern stehen am Rand des Steinkreises und haben die Säume ihrer Kleidung hochgerafft. Sie halten ihre Glieder zwischen den Fingern und urinieren gemeinsam in einen schlanken Krug. Dariuvahush starrt in Sykashtas Augen. Sein Freund wispert, leiser als das Knistern der Fackelflammen:

»Sud aus getrockneten Giftpilzen. Wachsen irgendwo im Norden, in Parthien, nicht bei uns. Sie trinken Sud, das Rauschhauma bleibt acht, neun Tage im Körper. Also auch in ihrem stinkenden Urin; sie mischen ihn mit Wein, trinken ihn immer wieder.«

Sykashta zieht eine Grimasse. Dariuvahush schüttelt sich schaudernd und duckt sich zwischen die schroffen Steine. Mehr als zweieinhalb Dutzend Menschen bewegen sich in der weiträumigen Höhle, darunter drei oder vier Frauen. Im Steinkreis sind Späne und Kloben zu einem spitzen Kegel geschichtet. Von zwei Seiten nähern sich Männer mit Fackeln, die sie an den Ölflammen angezündet haben, dem Holzstoß und entzünden mit feierlichen Gesten das Feuer. Dünner Rauch breitet sich wie kalter Nebel auf dem Höhlenboden aus, und im Hintergrund mischen Priester Wein oder Sud in einem Krug, trinken und reichen das Gefäß weiter. Fünf jüngere Männer sitzen in einer Reihe nebeneinander im Sand, haben die Augen geschlossen und wiegen die Oberkörper vor und zurück; aus den Kehlen der Halbbetäubten kommt offensichtlich das auf- und abschwellende Summen, das die Höhle erfüllt. Der Stier scharrt mit den Vorderfüßen, zieht krampfhaft den Bauch ein, schlägt aus und reißt den Schädel in die Höhe, als ein Priester ihn am baumelnden weißen Hodensack packt und ihn zusammenpreßt; aus den Nüstern fauchen zwei Wölkchen winziger Tropfen.

Dariuvahush schüttelt den Kopf und tastet nach dem Dolch. Hin und wieder wirft einer der Männer einen prüfenden Blick zum Eingang, aber die Versammelten scheinen nicht zu erwarten, daß jemand wagt, den Ritus zu stören; die Höhle und die menschenleere Umgebung der Schlucht sind drei Parasangen von der nächsten Siedlung entfernt. Zwei Männer setzen sich dicht an das Feuer, dessen Flammen zögernd an den Kloben hochlecken. Der Rauch über dem Sand wird dichter und trägt mehr Gerüche aus der Höhle zu den jungen Kriegern. Fast unmerklich langsam bilden die Versammelten eine Reihe. Jeder scheint aus dem Krug getrunken zu haben, der dreimal nachgefüllt worden ist. Die Frauen, Dariuvahush zählt fünf, schütteln ihr aschebestäubtes Haar auseinander und entblößen bereitwillig die weißen Brüste, als ob sie unhörbaren Befehlen gehorchen. Alle Mithra-Anbeter beginnen, das Feuer und das Opfertier in einem langsamen Schreittanz zu umkreisen. Das Summen, unterbrochen von dumpfem Trillern, wird lauter, eine mächtige Baumtrommel schlägt unsichtbar im nachtdunklen Hintergrund der Höhle einen dröhnenden Takt, und drei Gestalten in weißen, bodenlangen Mänteln, die ihre Füße verbergen, schwarze Stiermasken auf Kopf und Schultern, nähern sich feierlich dem Feuer, das nun hoch aufzüngelt und dessen Rauch durch eine Öffnung der Höhlendecke abzieht.

»Sie sehen aus, wie sie sich den Mithra vorstellen«, flüstert der Krieger. »Bald werden sie alle berauscht sein. So hat man's mir erzählt.«

Dariuvahush spürt, wie sich Kälte zwischen seinen Schulterblättern ausbreitet. Das Herz schlägt lauter als die Trommel, Schweiß rinnt in die Brauen und tropft aus den Achselhöhlen. Erst jetzt erkennt er, daß ausnahmslos jeder der Feiernden unverhältnismäßig reich sein muß: An den Fingern funkeln Ringe mit kostbaren Steinen, breite Goldreifen liegen um die

Handgelenke, an den Hälsen schaukeln daumendicke Goldketten. Zwischen den schweren Brüsten der Frauen hängen goldene und silberne Tropfen und solche aus edlen Steinen wie Weinreben. Zweimal, dreimal umkreisen die Versammelten das lodernde Feuer, dann stimmen sie einen leiernden Gesang an, dessen wenige verständliche Worte die Sinne betäuben und den Zuhörer willenlos machen.

Die Gestalten unter den Stiermasken ziehen unter den schwingenden Mänteln seltsame Waffen oder Werkzeuge hervor, halb Schwert, halb Sichel, fast armlang, mit geschliffenen dünnen Klingen, die wie Silber glänzen und mit breiten Goldbändern gefaßt sind. Der braun und gelb gefleckte Stier reißt den Kopf hin und her, sein mächtiges Gehörn fährt durch die Luft, als sich ein Priester aus dem Stand mit einem Satz auf den Rücken des Tieres schwingt und die Kastriersichel steil in die Luft stößt. Der Gesang, das Summen und die Trommelschläge schwellen an, die Flammen wirbeln, und Funkenschauer stieben zur Decke. Dariuvahush hebt die Hände; seine Finger zittern wie im Fieber. Sein Freund stiert reglos auf das Bild, das sich ihnen darbietet wie eine Legende aus unvorstellbarer Urzeit. Aus dem Boden unter der Höhle, aus den Eingeweiden der Welt scheint die Uralte Mächtige Böse Bestie im Takt ihres erderschütternden Herzschlages ihren Atem in die Höhlennacht heraufzudünsten. Ein abgründiger Ritus stinkender Finsternis dringt mit der hoffnungslosen Ausschließlichkeit mächtiger Beben, Mondfinsternisse, Sonnenverfinsterungen, furchtbarer Überschwemmungen und Hagelschlägen auf blühende Ebenen aus den steinernen Eingeweiden des Berges.

Die Gesichter der Priester, der Frauen und der Schüler des Kultes verlieren ihr eigenes Aussehen, scheinen zu zerfließen, werden ausdruckslos und wesenlos. Dann geschieht das Opfer, erschreckend in seiner rüden Unmittelbarkeit.

Dariuvahush hört sich ächzen. Sein Herzschlag stockt. Die Weißgekleideten bewegen sich ein wenig schneller, das summende Lallen der Anbeter verlangsamt die kreiselnden Schritte. Der Trommelschläger wechselt den Takt. Der Priester, der auf dem Rücken des Stieres sitzt, langt nach vorn und hakt roh die Finger in die nassen Nüstern des Tieres, zieht den Kopf in die Höhe; die schlenkernde Wamme strafft sich, der Stier keilt aus, reißt mit den Spalthufen tiefe Furchen in den Sand, schüttelt das Gehörn. Der Priester hinter der Kruppe, deren Muskeln hektisch zucken, weicht den Hufschlägen tänzelnd aus, reißt den Schwanz in die Höhe, knetet mit unbewegter Miene den Hodensack des Opfertieres. Während der Stier buckelt, seinen Hinterleib hin und her und in die Höhe wirft, grauenvolle Laute ausstößt, trennt der Priester die Hoden mit einem einzigen Schnitt der Halbsichel ab; der dritte Priester zieht die haarfeine Schneide durch die Kehle. Die Läufe des Tieres zukken schneller, es bäumt sich auf, ein Blutstrom löscht die Hälfte des Feuers; der mächtige Körper bricht zusammen, von den Seilen um den Hals halb aufrecht gehalten. Der Priester springt vom Nacken herunter, der andere wirft den blutenden Hodensack in die Flammen, ein wuchtiger Hieb trennt zischend den Hals des Stieres vom Körper. Die Augen des Tieres brechen; Dariuvahush glaubt aus dem Blick sinnlosen Schmerz, Unverständnis und einen Rest sklavischen Vertrauens in die Opferer erkennen zu können; sein Magen beginnt zu krampfen.

Der gestenreiche Schreittanz der Versammelten geht weiter. Drei Mithrapriester öffnen mit geschäftsmäßiger Behendigkeit den Bauch des Opfertieres und weiden es aus; der Rauch, der Gestank des Gekröses, der grüne Brei aus einem der Mägen, der in den Sand schwemmt, der stechende, essigbittere Ruch des Urins, den einige Priester unbewegten Gesichts mit obszönem Plätschern in einen Krug entlassen, die schmetternden Trommelhiebe, die Blutströme, der Kot des Tieres, der beginnende Wahnsinn, der aus den Gesichtern spricht – die Höhle ist nahezu taghell –, bringen Dariuvahush in die Wirklichkeit seines kleinen, kaum begreifenden Verstandes zurück. Auf seiner Zunge brennt säuerlich metallischer Brechreiz; er steht schwankend auf und murmelt:

»Ich hab genug gesehen. Zuviel gesehen, Sykashta.«
»Bleib. Noch nicht vorbei. Wir lernen, indem wir zusehen. Nicht mehr lange.«

»Ich verstehe nichts. Mir ist übel. Ich möchte sterben.«

»Stirbt sich schwer, Lanzenträger. Bald gehen wir ...«

Hinter den schwarzen Knochenhöhlen der Stiermasken glimmt hin und wieder ein Auge auf. Die Frauen stolzieren aus dem Schreitkreis mit einer Selbstverständlichkeit zum Opfertier hin, die nicht einer bizarren Würde entbehrt. Ihre Gesichter sind leer. Nein, nicht leer; sie befinden sich in einer fremden Welt; sie sind vom Gott Mithra, Ahriman oder der Anahitra erfüllt. Er besitzt sie. Sie haben sich ihm überantwortet, sie gehören ihm, mehr als ein Sklave seinem Herrn je gehören kann. Die erste Frau hebt mit beiden Händen ihre Brüste, knetet sie und kneift die Spitzen und setzt sich auf den Rücken des Opfertieres, das mit leerer Leibeshöhle auf der Seite liegt. Ein Priester wirft seinen blutgetränkten Mantel ab, entknotet bedächtig sein Schamtuch und entblößt sein hoch aufgerecktes Glied; er packt die Backen der Frau und dringt ebenso selbstverständlich in ihren Schoß ein, wie er die Kehle des Stieres bis hinauf zum Rückgrat aufgetrennt hat. Das Gesicht des Opferpriesters ist starr, zeigt keine Regung; er hält die Augen geschlossen. Die Frau schreit und kreischt ekstatisch, weit jenseits von Zärtlichkeit oder Leidenschaft; der Gott wütet in, auf und über ihr. Der Priester jault Unverständliches, als er sich ergießt.

Dariuvahush wendet sich ab, steht auf, taumelt rückwärts. Freund Sykashta nimmt sein Handgelenk und zieht ihn zurück in die Deckung. Er stolpert, von seinem Freund halb gezogen, halb gestützt, den Pfad hangabwärts. Nach drei Dutzend Schritten bleibt er stehen, krümmt sich zuckend und packt zwei schorfige Wurzeln oder Strünke. Er übergibt sich keuchend, schnappt nach Luft, naß von eiskaltem Schweiß, würgt ein zweites Mal und sieht weiße Wirbel und blutrote Kreise vor seinen Augen; schließlich versteht er mit Mühe, was Sykashta sagt:

»Daß es so grausig ist, hab ich nicht gewußt. Komm. Ich bring dich ins Lager. Jetzt weißt du, warum Kurusch die Magier, den Kult, all das, warum er es verboten und viele Magier hat köpfen lassen.«

»Es war ... furchtbar!«

Sie tasten sich weiter, suchen im schwindenden Mondlicht den Pfad und erreichen das Lager und ihr Zelt erst weit nach Mitternacht. Niemand hält sie auf. Dariuvahush braucht länger als einen Siebentag, um zu begreifen, was er in dieser Nacht gesehen hat. Erst nach einem Mond weicht sein Abscheu einer Kette mehr oder weniger klarer Überlegungen. Er beginnt langsam die Klugheit des Zweiten Kurusch und, weitaus später, die weniger große Klugheit des Zweiten Kambushya richtig einzuschätzen: Ein Gott, der diese Art Opferungen und Anbetung verlangt, kann nicht sein Gott sein.

2. Risse im Marmor

Er rang nach Luft; mühsam blinzelte er sich in die Wirklichkeit zurück. Vor ihm standen vier junge Männer, die er fast augenblicklich erkannte: Krieger wie er, Unsterbliche mit silbernen Lanzenknäufen. Einer hatte ihn in der dunklen Ecke gesehen und wachgerüttelt. Leise, mit pelzigen Lippen, sagte Dariuvahush: »Wir haben mit Gaumâta eine zweite Gefahr für Pârsa und Mada beseitigt: die Magier.«
Die dritte Gefährdung, die das Reich zerreißen konnte, drohte unverändert: Gaumâta hatte völlige Abgabenfreiheit befohlen und den Zwang zum Kriegsdienst in allen Kshatrapien aufgehoben. »In einigen Monden wird es keine nächtlichen Stieropferungen mehr geben, kaum einen Priester, der es wagt, Rauschjauche zu trinken.«
»Du hast Gaumâta getötet. Nur das zählt!« Sie zogen ihn in die Höhe und begleiteten ihn in den Schlafsaal. »Und heut nacht sollst du uns sagen, wie es weitergeht.«
»Wenn ich es wüßte«, stotterte er, mehr schlafend als wach, »würde ich es euch erklären. Laßt mich ausruhen ... ich bin halbtot. Wir treffen uns ... später.«
Er wußte nicht, daß er fast sieben Stunden wie ein Toter geschlafen hatte. Aber als sie ihn mitten in der Nacht abholten und zum Versammlungssaal brachten, ungewaschen, mit wucherndem Bart, in klebrig-verschwitzter Kleidung, erkannte er neben sich am Kopfteil des riesigen Tischvierecks seinen Schwiegervater und alle Mitverschworenen. Er leerte eine große Schale lauwarmer Brühe, blinzelte um sich, kaute auf heißen Brotfladen, in deren Teig Fleischbröckchen eingebacken waren, stürzte einen Becher ungemischten Weines hinunter und begriff, daß jeder der Fünfhundert in diesem Saal darauf wartete, daß er redete und ihnen sagte, wie es nach dem Tod Kambushyas und dem Totschlag an Gaumâta weitergehen solle.
Seine Hände umklammerten den Schaft des Weinpokals. Unzäh-

lige unausgegorene Gedanken schwirrten hinter seiner Stirn. Er holte tief Luft und rief in das Gewirr aus Ölflämmchen, Gesichtern, funkelnden Lanzenblättern, Waffenteilen und blakenden Fackeln hinein:

»Gaubarva, Vater meiner Gattin, Kshatrapan von Babairu und Abr Nahr, die Edlen Hutana, Vidarna und Bagabuchsa drangen mit mir in den Sommerpalast ein. Mit uns kämpften mutig wie Löwen die Edlen Vindafarnâh und Ardimanish; jeder im Kernreich kennt ihre ehrwürdigen Familien! Sieben sind wir, und ich köpfte den Magier Gaumâta. Vindafarnâh wurde schwer verletzt; vielleicht verliert er sein linkes Auge. Dies geschah am zehnten Tag des Gartenhege-Mondes.«

Die Männer riefen durcheinander, schlugen auf die Schwertscheiden und hämmerten die Enden der Lanzen gegen den Boden. Dariuvahush zwang sich dazu, jedes weitere Wort gründlich abzuwägen. Er begriff, daß sie ihn als einen der Ihren erkannten, und wartete, bis nur noch Gemurmel zu hören war.

»Daß ich euch und das Heer aus der Wüste von Abr Nahr zurückgeführt habe, wißt ihr besser als jeder andere. Der Thron des Zweiten Kurusch und des Zweiten Kambushya ist verwaist. In der Ebene bei Pâthragada wird schon jetzt nach meinem Befehl unserem toten König ein prachtvolles Grabmal errichtet. Ich sage euch: Jeder von uns Sieben ist würdig, den Thron zu besteigen ...«

Aus dem Murmeln wurde Geschrei, einzelne grobe Rufe ertönten, einige Krieger überschrien sich gegenseitig. Die Versammlung tobte. Metall klirrte, ein Krug barst mit trockenem Knall. Worte und Namen schwirrten durcheinander.

»Dein Großvater ist Arshâma, der Starkheld. Dein Vater, der Kshatrapan Vishtâspa, hat Pârsa nicht regiert. Aber er ist Heerführer des Kambushya gewesen. Die Blutlinie!«

»Auch du stammst vom Hachâmanish ab!«

»Jede Stunde zählt! Entscheide dich!«

»Ihr Sieben – werdet euch einig! Bald!«

Die Unruhe nahm zu. Dariuvahush suchte die Blicke Gaubarvas und Ardimanishs. Beide grinsten kühl und verneinten; sie warfen die Köpfe zurück und schnalzten laut mit der Zunge. Vindafarnâh hatte die Arme vor der Brust verschränkt und schwieg; sein Gesicht war verkniffen. Die Krieger in der Nähe der Tische und jene, die sich hinter ihnen drängten, schwiegen plötzlich. Aus dem Brummen und Murmeln vieler Versammelter war eine unwirklich lastende Stille entstanden. Die Luft unter den Deckenbalken schien zu zittern. Dariuvahushs Kehle war wie ausgedörrt. Er hob die Hand und trank hastig.

»Bei Ahura Mazdâh! Im Schatten seiner Schwingen!« Seine Stimme gehorchte ihm wieder. »Freunde! Wir haben miteinander alles beredet. Ob ein König aller Länder besser sei als die Herrschaft eines klugen Rates alter Männer. Oder eine Versammlung aller Kshatrapane im Palast zu Pâthragada. Zuletzt kamen wir überein, in qualvoller Entschiedenheit, daß ein einziger König für das Reich das Beste ist; es entspricht der Lebensweise von uns Pârsa.«

Aus dem seltsamen Summen, das Boden und Decke erschütterte, wurde trillerndes Geschrei; mächtiger Lärm brach aus. Niemand verstand mehr sein eigenes Brüllen. Hände und Fäuste fuchtelten durch die stickige Luft. Zehn Atemzüge später bildete sich im Hintergrund des Saales ein Chor, gleichzeitig hämmerten die Lanzenenden den Takt zu einem durchdringenden Ruf, der sich durch die Reihen fortsetzte:

»Ein ... König ... ein ... König ...!«

»König Dariuvahush ...!«

Vindafarnâh und Bagabuchsa, der Sohn des Datuvahya, hoben die Schultern und fingerten ratlos in den Bärten. Die Mauern und der Boden des Saales bebten, während sich Dariuvahush zurücklehnte und die Hände auf Hutanas und Bagabuchsas Unterarme legte. Es war nicht daran zu denken, weiterzureden. Vindafarnâh stand auf, hob die Arme und winkte; es dauerte lange, bis das rhythmische Gebrüll aufhörte.

»Also ein König! Ein König herrscht nicht nur kraft seiner eigenen Macht oder deshalb, weil er zum Gott wird, sobald er die Herrschaft übernimmt. Wenn die großen Fürsten und das Volk des Kernlandes ihn wollen, wird er ein weiser und gerechter König sein. Aber es haben einzelne Kshatrapane selbst gegen Kurusch und Kambushya rebelliert und sich von ihm losgesagt. Ich sage, daß Dariuvahush ein guter König sein wird; alles hat er von seinem Großvater, von Kambushya und Vater Vishtâspa gelernt. Wir werden ihn beraten, das schwören wir. Spreche ich für euch. Freunde?« Wieder bejahten die Edlen, und die Krieger stimmten brüllend zu. Dariuvahush starrte Vindafarnâh an, dachte an seinen gleichnamigen Bruder und dessen Sohn, seinen Neffen, der ebenfalls Vindafarnâh hieß, und rief:

»Du willst auch, daß ich allein alle Verantwortung übernehme?«

»Nichts anderes. Nachher schlag ich dir eine andere Art der Wahl vor.« Vindafarnâh lachte laut. »Sie wollen dich – alle. Siehst du die Platte dort?«

Er zeigte auf eine glänzende Marmorplatte auf einem bronzenen, vergoldeten Dreibein. Eine Feuerschale, deren Kohlen längst verbrannt waren, stand darauf. Bagabuchsa stemmte sich hoch, ging zum Tischchen und zog langsam das Schwert; alle konnten zusehen, wie er die Schale zur Seite schob. Sie klirrte zu Boden, er hob das Schwert wie einen Dolch und brüllte:

»Du warst mutig genug, den Magier zu köpfen.« Er stach mit aller Kraft zu. Die Schwertspitze klirrte senkrecht auf die Platte herunter, bohrte sich halb fingerbreit in den Stein, der knisternd in langen Sprüngen auseinanderbrach; das Gitterwerk des Dreifußes verhinderte, daß die Bruchstücke zu Boden fielen. »Seht her! Das ist unser Reich! Schon jetzt beginnt es auseinanderzubrechen, schon heute tun sich Risse auf zwischen uns und den Kshatrapien. Es eilt, Dariuvahush!«

»Gebt mir Zeit bis morgen mittag!« schrie Dariuvahush. »Ich weiß, daß ich es kann. Ich weiß aber nicht, tief in meinem Herzen, ob ich die Macht will. Denn –«, er hob den Arm, es wurde stiller im überhitzten Saal, »denn wenn ich König aller Länder bin, kann ich nicht mehr sein und reden wie ihr; kein Freund, Unsterblicher, Träger des goldenen Lanzenknaufs, der mit euch in einem Sandloch schläft. Dann bin ich ... was bin ich eigentlich? Der Mächtigste, vom Troß abhängig, von tausend Dienern und Verschnittenen umwimmelt, ohne Lanze ...« Er deutete auf Vindafarnâh und rief: »Aber mit Vindafarnâh als meinem Bogenträger zur Rechten.«

Vindafarnâh berührte mit den Schwurfingern die Binde über

dem Auge und der Stirn. Die Wunde hatte sich wieder geöffnet; ein blutiger Kreis zeichnete sich auf dem schmutzigen Weiß ab. Dann lachte der Fürst, schüttelte als Zeichen der Zustimmung den Kopf und legte die Hand auf die Brust. Dariuvahush zeigte mit ausgestrecktem Arm auf Gaubarva: »Und mit meinem Speerträger Gaubarva! Und die vier Edlen Hutana, Vidarna, Bagabignas Sohn, Bagabuchsa und Ardimanish werde ich mit ebenso würdigen Auszeichnungen schmücken und mit anderen Ehrungen überhäufen.« Er stand auf und schwang sich, einer plötzlichen Eingebung gehorchend, auf den Tisch. Eine Tonschale kollerte durch die Weinpfütze über die Kante und zersplitterte klirrend auf dem Boden. Dariuvahush brüllte durch den Lärm: »Laßt mir Zeit bis morgen. Wartet vor dem kleinen Palast. Mit meinen Freunden reite ich zum Adjana-Feuerturm, vor Mittag noch, in guter Ruhe. Sie werden mir raten, ein letztes Mal als ihrem jungen Freund. Dann werde ich entschieden haben.«

»Den Turm haben die Magier zerstört. Und das Feuer haben sie gelöscht!« donnerte Dâdreshish, ein kleiner, breitschultriger Hundertschaftführer in der ersten Reihe. Dariuvahush nickte langsam.

»Einverstanden, o Dariuvahush«, rief Bagabuchsa. »Zu große Eile schadet immer. Heut nacht fällt das Reich nicht weiter auseinander.«

»Geht schlafen.« Dariuvahush schlenkerte mit den Beinen. Er lächelte matt und fuhr zusammen, als ein halb armlanges Bruchstück der Marmorplatte auf dem Steinboden zerschellte. Seine Sicherheit nahm zu. »Was auch geschieht – morgen mittag herrscht wieder ein König über unser mächtiges, reiches Land. Und jetzt – gönnt mir guten Schlaf. Wir schaffen es!«

Bagabuchsa faßte Dariuvahush am Oberarm und sagte in sein Ohr: »Das laute Geschrei des Schicksals läßt dir keine andere Wahl, König von morgen. Wir dachten mit einiger Belustigung an eine andere Wahl: Wessen Gaul morgen früh zuerst wiehert, der setzt seinen breiten Arsch in die Felle des Goldthrons. Das nur, damit wir ein letztes Mal zusammen lachen können, Goldlanzenträger!«

»Wenn ich zum König bestimmt werde – ich will euch gern versprechen, daß wir immer zusammen lachen, fluchen oder saufen. Ihr kennt mich: Es fällt mir schwer, ein Halbgott zu sein. Oder anders: Ich vermag es mir nicht vorzustellen, euch und eine Handvoll anderer aus der Höhe eines kreisenden Adlers anzublicken. Denk an Men-Nefer! An den hellenischen Purpurmantel und die Bier-Räusche. An samenraubende Verwüstungen, die wir tausend Tage lang unter lächelnden Lautenspielerinnen angerichtet haben.«

»Ich denke daran, Dariush. *Dir* wird es bald schwer fallen, dich daran zu erinnern.«

Zwei oder drei Dutzend Unsterbliche begleiteten sie zu den Schlafräumen. Dariuvahush ließ sich weit vor Sonnenaufgang wecken, badete, wurde vom Salbmeister eingeölt, gewalkt und geknetet, ließ sich ankleiden, den Bart schaben und die Spitzen abbrennen, aß und trank wenig, als Mittelpunkt wimmelnder Betriebsamkeit von der Außenwelt abgeschnitten durch das lautlose Gewusel von Sklaven, Dienern, Helfern, Kleidermeistern und vielen anderen, die in ihm – Blitze schienen wahrhaftig langsamer zu sein als geflüsterte Gerüchte! – schon den Herrscher von morgen sahen. Vier Stunden nach der Dämmerung trat er blinzelnd, wohlige Schwäche im ganzen Körper, im Hof vor den Stallungen in die schneidende Helligkeit des Vormittags. Er zählte fünfzehn Pferde, meist Hengste, mit königlichem Zaumzeug, Reitdecken und ledernen Wülsten über den mit Bronzenieten beschlagenen Riemen und Schnallen, an deren Enden skythische Schlingen aus Riedgeflecht und geflochtenen Schnüren hingen.

Acht königliche Reiter standen schweigend neben ihren Pferden und schmetterten die Fäuste gegen die Brust, als Dariuvahush auf das Pferd zuging, neben dem der alte, zuverlässige Pferdemeister Vaibâra stand; ihm waren alle Wagen- und Reitpferde des Kambushya anvertraut. Ein breitbrüstiger Rapphengst mit weißer Blesse tänzelte unruhig im Sand. Dariuvahush blickte sich um, bemerkte die Stille, sah in die angespannten Gesichter der bewaffneten Begleiter und erinnerte sich an Bagabuchsas Worte.

»Herr. Dein Pferd ist bereit. Der beste Schwarze, hart zugeritten.

Eines Königs würdig«, sagte Vaibâra. Die Yaunier nannten ihn Oibares, entsann sich Dariuvahush; er unterdrückte, wie Vaibâra, mühsam ein Grinsen. »Steig auf.«

»Danke«, sagte er und hob den Arm, als seine Freunde aus dem Haus kamen. Als die Sechs bei ihren Pferden standen und warteten, daß er aufsaß, ging Vaibâra zum Kopf des weißen Hengstes, streichelte dessen Nüstern und tat, als ordne er die Riemen des Zaumzeugs. Das Tier riß den Kopf in die Höhe, schien in Vaibâras behandschuhte Hände beißen zu wollen und wieherte grell und brünstig; es war kaum zu beruhigen. Gaubarva fing zu lachen an und rief:

»Das ging schnell, Dariush! Deiner hat zuerst gewiehert!«

»Ich hab es deutlich gehört«, sagte Dariuvahush, stellte den linken Stiefel in den Bügel und schwang sich auf den Rücken des Tieres. »Die Yaunier würden sagen: Ein abwegiges Orakel!«

»Wie dem auch sei«, rief Gaubarva. »Orakel. Wahlwette. Gotteszeichen. Zeigt uns den Weg zum Pairidaeza, zu den Feuerturmtrümmern!«

Dariuvahush nickte Vaibâra zu, zügelte mit aller Kraft den Hengst und ritt langsam hinter den drei Bewaffneten her, die durch den Sand des Platzes voraustrabten, durch das Tor und in die herbstliche Landschaft unter dem mitleidlosen Licht der Sonne aus einem wolkenlosen Himmel. Er hob sich in den Bügeln, setzte sich zurecht und duckte sich unter dem ersten Ansturm der Selbstzweifel, der Furcht vor der Last des Königtums und seines Trotzes; er glaubte, die gewaltige Aufgabe bewältigen zu können. Durch leeres, meist ebenes Land, entlang karg bewachsener Berghänge, umbrochener Äcker und Weiden voller Vieh ritten sie, das Gebirge im Rücken, nach Osten, zum Feuerturm des Ahura Mazdâh, auf dessen Plattform einst hungrige Geier die Körper der Verstorbenen gefressen hatten und auf dessen Altar reines Feuer gelodert hatte, bis die Magier die Ordnung der Quader zerstört hatten.

Auf halbem Weg überholten die Reiter eine Reihe schwerer Gespanne, von je zwei Paar Ochsen gezogen. Die Krieger wichen aus, zügelten die Pferde und ritten langsamer hintereinander. Die

Ladung bestand aus Balken und Bohlen, Seilbündeln und vielem Werkzeug, aus zusammengerollten Zeltwänden und Stangen. Auf dem ersten Gefährt saßen mehr als ein Dutzend Männer. Dariuvahush ritt hart an den ersten der schaukelnden Wagen heran, beugte sich hinunter und rief:

»Wohin geht es, Fuhrmann?«

Neben dem Lenker saß ein vielleicht achtundzwanzigjähriger Mann, so alt wie er selbst, mit kurzem, hellbraunem Haar und blauen Augen. Er verbeugte sich tief und sagte:

»Zum Toten- und Feuerturm, Herr. Wir sollen ihn wieder aufbauen und schön bemeißeln.«

Der junge Handwerker, offensichtlich von Yauna oder einer der Inseln, vielleicht ein Thraker, sprach Pârsa mit der harten Betonung der yaunischen Karer. Dariuvahush ließ das Pferd im Schritt gehen und grinste; in weichem Ionisch sagte er:

»Der große Kurusch hat den Feuerturm den Gläubigen von Hagmatâna geweiht. Dort soll das heilige Feuer, das alles reinigt, unauslöschbar bewahrt werden. Gaumâtas Magier haben ihn zerstört. Wer gab euch den Befehl, ihn wieder aufzurichten?«

»Wir wissen, daß der neue König unzählige Magier geköpft hat, Herr«, sagte der Ionier und deutete auf das Werkzeug. Er war überrascht, seine eigene Sprache zu hören. »Gestern nacht kamen Unsterbliche mit goldenen Lanzenknäufen, und jetzt ... wir haben schon in Huza und in Parsagadai – Pâthragada – am Palast gebaut. Der neue König hat's befohlen, sagten sie.«

»Der neue König also. Wie heißt du, Steinmetz?«

»Proktokrites, Herr, und ich bin Baumeister.« Reiter und Gespanne bewegten sich durch die Schatten der Pappeln und die gleißenden Lichtbahnen. Die Pferde wurden unruhig. Dariuvahush winkte den drei Reitern, die weiter voraus warteten, und lockerte den Zügel. Er sagte lachend:

»Gebt euch Mühe, dann wird euch, glaub ich, der neue König gebührend belohnen.«

Der Hengst bäumte sich auf und sprang in den Galopp. Vindafarnâh und die anderen folgten und preschten in langer Reihe an den hoch beladenen Gespannen vorbei, auf die Mauer zu, die das große Waldgebiet des Pairidaeza gegen die Bergflanken, die

Schlängelstraße und trockenen Grasweiden abgrenzte. Vindafarnâh und Gaubarva, dessen weißes Haar im Wind flog, holten
auf; Gaubarva rief:
»Schon haben die Gerüchte die Wahrheit weit überholt, Dariush!
Der neue König!« Er lachte und klatschte die Hand auf die
schweißige Kruppe des Hengstes. »Selbst yaunische Baumeister
sind schon klüger als wir.«
Die Straße und die Doppelreihe der Pappeln und Platanen gabel-
ten sich. Die Lanzenreiter galoppierten auf dem linken Weg
weiter, zum Tor des Jagdgartens; rechts führte die Straße eine
Parasange weit zum Rand der Schotterwüste und zu den Trümmern des Feuerbewahrturmes. Als die Wächter das Blitzen der
Lanzenspitzen sahen, öffneten sie das Doppeltor aus dicken Bohlen und hoben grüßend die Arme. Schweigend standen die Reiter
in den Bügeln und galoppierten auf die hallenartigen Gassen aus
Laubwerk zu; lautlos segelten einzelne welke Blätter aus den
Kronen. Einige Atemzüge später wurde der Hufschlag auf dem
weichen Untergrund fast unhörbar, und die Pferde fielen von
selbst in Trab. Kühler Herbstduft und dünne, warme Luftströ-
mungen durchzogen die Zwischenräume im Bewuchs des alten
Waldes. Späte Bienen summten durchdringend, ein Sperberpärchen rüttelte über dem See. Dariuvahush zog den rechten Fuß
aus dem Bügel, winkelte das Bein vor dem Hals des Pferdes ab
und sagte abschätzig zu Vidarna:
»Gerüchte, wie Gaubarva sagt, sind sogar schneller als die nahe
Zukunft. Wenn schon die Ionier vom neuen König wissen – wie
viele Kshatrapane haben es längst erfahren?«
Auf der alten Königsstraße zwischen Huza und Sardeïs brauchten die berittenen Boten nur sieben Tage und Nächte für die
Strecke von 450 Parasangen; nur ein wenig langsamer verbreiteten sich Nachrichten und Befehle auf der weitaus älteren Heeresstraße, die in unzähligen Windungen von Osten durch Hagmatâna nach Westen führte, durch die Enge der »Götterstätte«
Bagastâna. Jedes Gerücht war offensichtlich dreimal schneller
als ein Bote. Längst mußte in Sardeïs, Hyrkanien oder Babairu
der Tod Gaumâtas bekannt sein.
Die Reiter versammelten sich um Dariuvahush; im Schritt ritten

sie tiefer in den gesprenkelten, von Herbstfaltern durchgaukelten Halbschatten hinein.

»Die Feuer der Aufstände werden an den Grenzen lodern. Wenn sich nicht schon jetzt einige Kshatrapane losgesagt haben, so wagen sie's in einigen Siebentagen«, sagte Ardimanish und zog den Kopf zwischen die Schultern. »Daran ist Gaumâta schuld, der ihnen allen die Abgaben und Steuern für tausend Tage schenkte.«

»Sie werden übermütig; alles geht viel zu schnell!« Babâdhush, der Anführer von einer Tausendschaft Lanzenträger, hob die Faust. »Die Aufständischen horten und sammeln Silber und Gold in ihren Palästen: königliches Gold. Du bist mit uns zu diesem ruhigen Ort geritten, um zu erfahren, was die Unsterblichen denken? Oder jedenfalls die meisten?«

»Auch das wollte ich wissen.« Dariuvahush nickte. »Wir sind sieben, die den Gaumâta erschlugen. Sieben ist die heilige Zahl; und aus einem sehr gewichtigen Grund – jeder von uns ist des Thrones würdig –, muß ich wissen, ob ihr mich zum Thron drängt.«

»Ich dränge dich nicht, aber du weißt, daß ich den Mann meiner Tochter im Palast sehen will, mit mir als Lanzenträger«, sagte Gaubarva in endgültigem Tonfall. »Meine eigenen Machtgelüste kann ich bequem, wie bisher, in zwei Kshatrapien befriedigen.«

»Ich werde dein Bogenträger sein. So war es ausgemacht.« Vindafarnâh zupfte an seinem Verband und verzog das Gesicht. »Und dieser gewichtige Grund? Nenn ihn uns, Dariush.«

»Später. Vidarna: Willst du die fragwürdige Auszeichnung eines Obersten Heerführers haben? Kshatrapan in Arminia? Ihr alle: Zu allen Stunden des Tages, an allen Tagen des Jahres habt ihr Zutritt zum Thron – außer, wenn der König eine Frau beschläft. Oder willst du den Thron?«

Vidarna schnalzte, riß den Kopf nach hinten und lächelte wissend. »Ich glaube nicht, daß ich den Strapazen des äußersten Wohllebens gewachsen bin. Horch auf das Raunen des Hachâmanish-Blutes in deinen Adern.«

»Davon hab ich bisher wenig gehört.«

»Denk an die Marmorplatte. Die Stunden rasen dahin.«

Die Reiter folgten einem breiten Sandpfad, überquerten den Bach, gerieten in einen Schwarm bösartig summender Fliegen und scheuchten raschelnde Tiere aus dem Gebüsch. Ein Rudel Gazellen stob in weiten Sätzen durch feuchtes Laub davon. In den Baumkronen zeterten Vögel; zwei Pferde scheuten vor einer Schlange, die vor ihnen über den Weg kroch. In der Mitte des großen, umfriedeten Waldbezirks kreuzten sich zwei Bäche im rechten Winkel. Dariuvahush deutete auf Ardimanish.

»Von dir weiß ich, daß du lieber in deinem Pairidaeza jagst. Wenn ich dich brauche – wirst du kommen und dem Reich helfen, indem du mir hilfst?«

»Bei meiner Ehre. Unverzüglich.« Ardimanish schüttelte heftig bejahend den Kopf. »Das steht fest, seit wir uns gegen Gaumâta verschworen haben.«

»Überdies hat dein Hengst uns den Gefallen getan und hat gewiehert, als wären wir brünstige Stuten.« Bagabuchsa klopfte den Hals seines Reittieres und blinzelte, als auf der kleinen Lichtung die Sonnenstrahlen sein Gesicht trafen. »Im Ernst: Der Thron gebührt dem Enkel des Aryâramna. Der König erwirbt, sitzt er einmal auf dem goldenen Sessel, unendlich tiefe Weisheit. In dieser Weisheit wirst du für meine Familie eine geeignete Auszeichnung finden.«

»Ich zweifle nicht einen Atemzug lang daran«, sagte Dariuvahush laut, »daß der König sehr bald mehr Vertraute, ehrliche Männer, Heerführer und Kämpfer brauchen wird, als er in seiner Umgebung finden kann, gleichgültig, wie weise er ist.«

»Ich wiederhole Vidarnas Worte«, sagte Hutana. »Alle Völker des Reiches werden auf dich sehen. Dir hab ich meine schöne Tochter versprochen und werde deine Schwester zur Frau nehmen, du folgst der Linie des Blutes, stammst aus den Lenden des großen Hachâmanish; dein Großvater ist ebenso der Sohn des Tshaishpish wie der Erste Kurusch. Allein deswegen gibt es keinen anderen. Du solltest nicht länger zögern, Dariush.«

Dariuvahush starrte Hutana, der vielleicht sieben Jahre älter war als er, schweigend an, die Lippen aufeinandergepreßt. Einige Reiter waren abgestiegen und hielten die Pferde am Kopfgeschirr. Jenseits der Lichtung begann eine breite Straße, die zum kleinen See und dem hölzernen Jagdhaus führte. Drei Reiter trabten langsam darauf zu. Dariuvahushs Blick glitt zur Seite, erfaßte die zuckenden Ohren des Pferdes, richtete sich auf das Dach des Häuschens.

»Es ist, als kröche schwarzes Elend vom Herzen zu meinem Kopf«, sagte er. »Dieser überaus gewichtige Grund, von dem ich sprach, ist das Opfer, das ich bringen muß: Binnen eines Tages wird Dariuvahush zu einem Zwitterwesen, das nicht mehr zu euch gehört und noch kein allweiser König ist. Dann bin ich euch für immer entfremdet – euch und der Welt, in der ich aufgewachsen bin.«

»Das ist der Brauch, dem sich auch der König beugen muß, Sohn«, sagte Gaubarva und trat die Absätze gegen die Flanken des Pferdes. Der Hengst trabte an. »Du hast es gewußt, als die Falken die Geier jagten. Aber – ich, dem du vertrauen kannst wie dir selbst, ich werde dich mit eherner Hand auf dem Boden der Wirklichkeit halten.«

»Ich hab es geahnt. Ich wäre ohne zuverlässige Freunde bald nicht mehr König.« Dariuvahush folgte den Lanzenreitern zum Jagdhaus und glitt neben der steinernen Einfassung des Sees vom Pferderücken. »Jetzt fühle ich es. Jetzt bitte ich euch noch um eure Hilfe, morgen befehle ich. Ich suche tief in mir nach dem heiligen Wissen, der Auserwählte zu sein. Morgen bin ich König vieler Länder und gehorche nur den Befehlen, die ich mir selbst gebe. Werden sie gut genug sein?«

»Du wirst die besten Berater des Reiches haben.« Hutana löste die Trense aus dem Maul des Pferdes und sah zu, wie es zu saufen begann. »Wann wirst du deine Furcht vor der Größe besiegt haben?«

Dariuvahush kauerte auf der Bank aus weißem Stein nieder und versuchte die ineinander verlaufenden Ringe auf der Wasseroberfläche zu zählen. An zwei Stellen mündete der kunstvoll aufgestaute und umgeleitete Bach in den See, an zwei Stellen gegenüber strömte das Wasser hinaus. In der Strömung schlängelten sich silbrige Fische. Sonnenlicht warf eine schmale, weißgoldene Bahn auf den Teich. Gaubarva setzte sich neben Dariuvahush und wartete, bis ihnen ein Reiter gefüllte Becher reichte. Der rote Wein roch nach Sand und Hitze. Dariuvahush trank und fühlte die Stärke des Weins; er sagte kurz:

»In vier Stunden. Oder fünf oder sieben.«

»Du wirst als König ein Leben führen wie alle Menschen, mit Lust und Schmerzen; zugleich auf einem hohen Berg, den kaum jemand erklimmen darf.« Gaubarva legte seine Hand auf Dariuvahushs Unterarm, schwenkte den Wein im Becher und fing einen flirrenden Sonnenstrahl ein, dessen flüchtiger Widerschein ihre Gesichter tiefrot färbte. Leise sagte er: »Schmerzen, Freude, Blut, Liebe und Verrat, herrliche Tage zum Leben, schauerliche Nächte voller Selbstzweifel und ständig die unbeantwortbare Frage, ob du noch ein Mensch bist oder schon ein Halbgott, ein Gott; jüngerer Bruder des Ahura Mazdâh oder in unsäglichen Schmerzen wie Kambushya. Du siehst: In Wirklichkeit wirst du sein und bleiben wie wir. Wenn du's vergißt, wiederhole ich diese Worte. Notfalls bis zum Überdruß.«

»Werde ich wirklich viel einsamer sein, mein Vater?«

»Nicht anders als Kurusch oder Kambushya. Vielleicht wird deine Einsamkeit inmitten vieler Menschen anders sein als meine oder die des Königs, der am Wundbrand verfaulte.« Er blinzelte, ein Tropfen Wein sickerte in seinen Bart. »Götter verfaulen nicht, Sohn, aber Könige können qualvoll sterben.«

»Ich hab es miterlebt. Ich weiß.« Dariuvahush hob dem Lanzenreiter Vahumisa den Becher entgegen, wartete, bis er gefüllt war, und stand auf.

»Also, Freunde!« Er hob den Becher über den Kopf. »Ich habe mich entschlossen. Meine Furcht ist vergangen. Im Palast werde ich anfangen, zu tun, was ich vermag. Ihr müßt mir helfen, sonst bin ich verloren.« Er leerte den Holzbecher und warf ihn Vahumisa zu. »In ein paar Stunden bin ich König der Länder; dann ist mein Wort Dâtam, königliches Gesetz.«

»In ein paar Stunden wirst du eine gewaltige Herausforderung angenommen haben, Sohn.«

Von allen Seiten kamen die Männer auf ihn zu, stießen die Becher aneinander und packten sein Handgelenk. Gaubarva küßte ihn auf den Mund. Dariuvahush drehte sich einmal herum, blickte in zufriedene Gesichter, sah die Zustimmung in den Augen der Männer und sagte leise:

»Reiten wir zum Feuerturm, dann nach Hagmatâna. Wahrscheinlich warten Ärger, Aufruhr und unbedeutende Feierlichkeiten auf mich.«

Dariuvahush ging zum Rand des Teiches und griff nach dem Zügel. Sein Pferd weidete am Rand des Gebüschs; er hängte die Trense ein, hob die Zügel über den Hals des Tieres und zog sich auf den Rücken. In seinem Inneren herrschten seltsame Kälte und eine Leere, die ihn entsetzte; er mußte allein sein mit Schreibleder, Tusche und Griffel, seine Gedanken ordnen, die sich umeinander wanden wie kranke Schlangen. Er stieß dem Hengst die Hacken in die Flanken und rief über die Schulter:

»Zum Turm. Dann in den Palast. Und nachher fang ich an, König zu sein.«

Das kantige, hohe Bauwerk, jetzt eine Ruine, erhob sich mitten in einer vollkommen kreisförmigen Insel aus Pappeln, Kastanien und Krüppeleichen auf der Trennlinie zwischen der leeren Wüstenebene und dem Rand einer abgeweideten Fläche, deren Gras sonnenverbrannt war. Die Arbeiter und Handwerker hatten ihre Wagen zur Hälfte abgeladen und damit begonnen, ihr Lager aufzubauen. Am Rand des Bachlaufes, außerhalb des Pairidaeza, weideten die Zugochsen. Dariuvahush sprengte bis zum Fuß der verwüsteten Treppe, hielt den Hengst an und sah sich um.

»Ich werde nicht jeden Magier finden und töten lassen können«, rief er, während er zu Boden sprang. »Aber wir wissen, daß sie sich unmäßig bereichert haben. Für diese Frevel werden sie bezahlen!«

Die Brüstung der Feuerplattform war aus den Fugen gerissen und heruntergestürzt worden. Zwischen den Quadern lagen weiße Knochen und zersplitterte Totenschädel. Die Stufen ins Innere des Gebäudes aus weißem Stein waren nach rechts und links gekippt; viele Ecken und Kanten der Steinblöcke trugen tiefe Kerben und Scharten. An den übrigen, mehr als zwanzig Ellen aufragenden Außenflächen sahen die Reiter in den auseinandergesprengten Fugen die Spuren von Werkzeugen. In unerreichbarer Höhe kreisten zwei Geier. Zwischen den Baumstämmen lagen Seilbündel und Balken der Handwerker.

»Sie haben längst vom Tod Gaumâtas erfahren.« Hutana ließ sein Pferd hochsteigen und auf der Hinterhand drehen. »Sie verstecken sich. Du wirst es schwer haben, sie zu finden.«

»Die Leute in Sikajahuvati und die Speerträger haben sie schnell gefunden und ihnen die Hälse durchgeschnitten«, sagte Ardimanish und ritt zu Proktokrites, der schwitzend ein Bündel bronzener und eiserner Werkzeuge herbeischleppte und scheppernd fallen ließ. Dariuvahush folgte ihm. »Wie lange, Yaunier, werdet ihr brauchen?«

»Fünf oder sechs Zehntage, Herr.«

»Wenn du Arbeiter, Silber oder andere Hilfe brauchst, komm zum Palast in Hagmatâna«, sagte Dariuvahush. Der Yaunier war bartlos; seine Augen im schmalen Gesicht verrieten Klugheit und Erfahrung. Er hob seine schwieligen Hände; die Gelenke, Unterarme und Schultern starrten von Muskeln. Er hörte Dariuvahush aufmerksam zu. »Überall im Land haben die Magier unsere Feuerbewahrtürme und Altäre zerstört.«

»Du wirst uns loben, Herr, wenn wir hier fertig sind.«

»Ich hab eure feine Arbeit in Pâthragada und Huza gesehen, im Palast des Kurusch und des Kambushya.« Dariuvahush nickte dem Yaunier zu und wendete sein Pferd. »Zum Palast! In den Thronsaal!«

Eine Stunde nach dem höchsten Stand der Sonnenscheibe am leuchtend blauen Himmel galoppierten Dariuvahush und seine Freunde, umringt von den Lanzenreitern, durch zwei Drittel der Stadt auf die Palasttreppe zu. Eine dichtgedrängte Menge Stadtbewohner und Krieger der Unsterblichen-Garde wartete zu beiden Seiten der hundertvierundvierzig weißen Stufen; jede folgende nur drei Fingerbreit über der letzten. Dariuvahush zügelte den Hengst hart vor der untersten Stufe und überlegte einige Herzschläge lang, die Treppe hinaufzugaloppieren; er sprang zu Boden und wartete, bis Vindafarnâh und Gaubarva neben ihm standen. Er nickte ihnen zu und begann die Stufen hochzusteigen; er wußte ebenso gut wie jeder Wartende, was dieser Augenblick bedeutete.

Als er seinen Fuß auf die fünfte Stufe setzte, beruhigte sich die lärmende Menschenmenge. Die Luft war unbewegt wie im Inneren eines Grabes; Totenstille herrschte im späten Sonnenglast. Das Flüstern, Zischeln, Raunen, Murmeln und Reden nahm zu, als er die zwölfte Stufe verließ, in einigem Abstand gefolgt von Gaubarva und Vindafarnâh. Er zählte die Schritte; auf der neunundvierzigsten Stufe drehte er sich um und hob langsam die Arme. Aus dem Stimmengebrodel erwuchs ein anschwellendes, kaum zu deutendes Geräusch, dessen Lautstärke sich steigerte, als er jene Geste vollzog, die den Wartenden seinen Entschluß bewies.

Er spürte den Ansturm des Lärms, sah die fein gemeißelten Löwen, Stiere und Adlerköpfe der seitlichen Rampen, sah das Leuchten in den Augen der Freunde, und übergangslos, während er, ohne bewußt zu denken, die Stufen zählte, senkte sich die Kühle seines fernen Wunschbildes auf ihn wie milder Regen aus hohen Wolken; er holte tief Luft und stieg lächelnd weiter.

Eine Plattform, die zu schweben scheint, spiegelt sich in seiner Vorstellung, in der kühlen Luft der Hochebene, einen Stundenlauf vom kleinen Palast seines Vaters und der Stelle, an der sein Vater sein Grab errichten will, am Fuß schroffer, halb bewaldeter Berge. Ein Hort des Friedens nach den Kämpfen, aus denen er narbenbedeckt zurückkehrt. Ein Pairidaeza aus weißen Treppen, schattenlosen Plätzen, kleinen Wäldern voller Schmetterlinge und Singvögel über einer zierlichen steinernen Rampe, gekrönt von lanzenschlanken Säulen, die sich im Firmament der Zederndächer verlieren, und langen Wänden voller herrlicher Bilder, wie er sie in den Tempeln und Palästen entlang des Hapi-Stroms gesehen hat. Sie schildern sein Riesenreich; über ihnen steht geschrieben:

ICH, DARIUVAHUSH, TUE STETS, WAS ICH VERMAG. ZU MEINER ZEIT IST ES DAS BESTE, DAS DIE WELT KENNT. VIELLEICHT IST ES IM ANTLITZ DER EWIGKEIT NICHT GUT GENUG: ICH, KÖNIG DER KÖNIGE, WERDE HERRSCHEN BIS ZUM RAND DER WELT UND DARÜBER HINAUS IN DEN

GOLDENEN STÄDTEN DES OSTENS. GERECHT BIN ICH ZU JEDEM IM GROSSEN REICH. DENEN, DIE MEINE FREUNDE SIND, GEBE ICH LACHEND DIE PRÄCHTIGSTEN AUSZEICHNUNGEN.

Seine Knie und die Waden begannen zu schmerzen. Er senkte den Kopf und bemerkte, daß er auf der obersten Stufe stand. Noch ein Schritt trennte ihn von der kleinen Plattform, den Säulen und dem offenen Portal vor ungewissen Innenräumen, aus denen ihm ein fremdartiger Geruch entgegenkam. Er blieb stehen, blickte an Vindafarnâh, Gaubarva und den anderen vorbei auf den Palastvorplatz und zuckte zusammen, als er begriff, was er sah: Unzählige Menschen, klein wie Käfer und Ameisen, unbedeutend aus dieser Höhe; sein Volk! So würde es bleiben bis zu seinem letzten Atemzug. Sein Selbstopfer hatte er schweigend vollzogen. Es gab kein Zurück. Wenn er in wenigen Stunden aus dem Palast hinausschritt, war er nicht mehr Anführer von tausend, sondern König einer Welt, von der er wenig mehr als Städte, Heerstraßen, Kampffelder, Kriegerzelte und die leuchtenden Tempel und Städte am Hapi kannte, dem die Yaunier und Karer den Namen *Neilos* gegeben hatten. Er ging weiter; eine Schar Sklavinnen, Diener, Verschnittene umringte ihn, und er war froh, als er Bagapâta erkannte, den grauhaarigen Diener des Kurusch, der ihm die Riegel der Tür zum Schlafgemach des Magiers Gaumâta geöffnet hatte.

In den Saal der kalten, warmen und heißen Bäder flutete Sonnenlicht in schrägen Balken und spiegelte die winzigen Wellen der Becken gegen eine Wand weißer Kacheln, von denen die Farben herrlicher Bilder strahlten: Ranken, seltene Tiere, würdig schreitende Menschen. Dariuvahush und seine Freunde ließen sich entkleiden, gingen über Marmorstufen ins erste Becken hinein, von den Sklaven gefolgt; auf dem duftenden Wasser schwammen rote und weiße Blütenblätter. Rauhe Bürsten, schaumiges Öl, Messerchen und elfenbeinerne Striegel raschelten und blitzten: Von den Zehen bis zu den Haarspitzen genossen die Männer die Wohltaten der Finger, Bürsten und Tücher. Das Haar und die Bärte wurden gekürzt, Hals, Wangen und Nacken ausrasiert. Dariuvahush sagte leise zum Bartscherer:

»Entferne die Haare zwischen den Brauen.« Er legte den Finger an die Nasenwurzel. »Mach die Brauen schmaler, schneid das Buschige weg.«

Der Badesklave starrte ihn verständnislos an. »Warum, Herr?«

»Danach werde ich freundlicher aussehen.« Dariuvahush grinste. »Ihr sollt denken, ihr habt einen fröhlichen König.« Der Sklave gehorchte; sanft glitt die Schneide über die Haut. Ein kahlköpfiger Kushite knetete und walkte die öltriefenden Arme, Schultern und Schenkel, kreidiger Brei und faserige Hölzchen reinigten die Zähne. Ärzte aus Mudrayia versorgten die vielen Prellungen, Schnitte und die eiternde Wunde in Vindafarnâhs Gesicht. Schließlich lagen sie schwitzend, in dicke, weiße Tücher gewickelt, hinter schweren Vorhängen in einer dunklen Kammer.

Dariuvahush hatte tief in sich hineingehorcht und seine Gedanken gesammelt. Er zog das Schamtuch zwischen den Beinen hindurch und verknotete es. Von einer polierten Silberfläche starrte ihm sein neues Spiegelbild entgegen: Er schien jünger, sein Gesicht hatte einen Teil der düsteren Strenge verloren, der nur noch daumenbreite Bart verlieh ihm einen entschlossenen, fordernden Ausdruck. Er lächelte. Die Feierlichkeiten würden ihn kaum ablenken; in den folgenden Stunden mußte er unaufschiebbare Entscheidungen treffen. Wenn er die königlichen Gewänder trug, würden seine Befehle die Bedeutung von Gottesworten haben.

Kambushyas Diener geleiteten ihn schweigend in die Ankleidehalle und halfen ihm in ein ärmelloses, wadenlanges weißes Leinengewand mit goldenen und purpurnen Streifen und Säumen, legten den Stoffgürtel um seine Hüften und schlangen den schwierigen Knoten. Über seine Füße schoben sie weiche Schuhe aus dünnem rotem Leder und schlossen die dreifachen Nesteln. Schwere goldene Reife umschlossen beide Handgelenke, zwei Goldketten mit fingerdicken Gliedern legten sich um seinen Hals. Auf seinen Schultern lag der schwere, fast bodenlange Königsmantel aus rotem Goldstoff mit schneeweißen Streifen über der Brust; zwei Bildnisse waren eingestickt; goldene, flügelschlagende Falken, die einander zornig angriffen. Dariuvahush setzte sich selbst das rotweiße Diadem auf und wartete, bis dessen Schleife geknotet war und die Bänder in den Nacken fielen.

»Es wird heute wenig geschehen«, sagte er laut. Die Palastdiener erschraken; bisher hatte Dariuvahush alles schweigend über sich ergehen lassen. »Aber ich werde kaum Zeit haben, mich im Palast verwöhnen zu lassen. Nachher will ich mit allen wichtigen Männer im Thronsaal reden: Schickt Boten zu ihnen. Denn: Vieles werde ich ändern.«

Die Diener verharrten unschlüssig; der alte Leibdiener lächelte Dariuvahush an, ließ sich mit leisem Ächzen auf ein Knie nieder und berührte mit der Stirn den Boden. Er sagte leise, mit überraschend fester Stimme:

»König Dariuvahush – alles, was du befiehlst, wird geschehen. Es ist überaus verwirrend; so, als hätte die Welt nie einen Gaumâta gesehen.«

Nacheinander kamen die Freunde in frischen Gewändern, nach Salbölen duftend, in den Saal. Sie schienen Dariuvahush auf den ersten Blick fremd: Vindafarnâh trug einen schmaleren Verband über Auge und Stirn. Dariuvahush grinste und wartete, bis sie vor ihm knieten; ihr Anblick war ungewohnt wie sein königlicher Aufzug. Die Bilder auf einigen Spiegelflächen verschoben sich in gebrochenen Farben ineinander.

»Steht endlich auf«, sagte er heiser. »Begleitet mich nach draußen. Dann brauch ich euren Rat im Thronsaal. Vier Siebentage, einen ganzen Mond lang.«

»Geh voraus, König der Länder«, sagte Gaubarva. »Wir folgen. In gebotenem Abstand.«

Dienerinnen oder Sklavinnen huschten auf nackten Sohlen über die Felle und Teppiche der Korridore und Saaleingänge. Innerhalb weniger Stunden hatte sich Kambushyas alter Palast mit Hunderten von Dienern und Sklaven bevölkert. Sie zündeten Öllämpchen auf Sockeln und in Nischen an, ölgefüllte metallene Fackeln, deren Schäfte von bronzenen Händen gehalten wurden. Dariuvahush ging mit weiten Schritten zum äußeren Palasttor und schirmte die Augen mit der Hand ab: Die feuerrote Sonne stand zwei Handbreit über den Wipfeln der Bäume, den Bergschroffen und den Tortürmen Hagmatânas und überschüttete Stadt und Umland, Palastsäulen und Treppenstufen mit blutigem Glanz. Dariuvahush blieb eine Elle vor der obersten Stufe stehen und erkannte blinzelnd, daß sich der Platz bis tief in die Gassen hinein gefüllt hatte. Zwischen zahllosen Köpfen, die Männer um eine Elle überragend, sah er funkelnde Lanzenspitzen. Er breitete die Arme aus, holte tief Luft und rief:

»König Kambushya starb auf dem Rückzug in Abr Nahr. Die wenigen Monde des Magiers Gaumâta sind ausgelöscht, seine Herrschaft ist vergessen.« Vielleicht zweitausend Menschen starrten zu ihm herauf; atemlose Stille hatte sich ausgebreitet, und schwache Echos folgten seinen Worten. »Viel Volk hat ihm gehorcht! Ich, Dariuvahush, Sohn des Vishtâspa, König der Länder, werde das Reich gerecht und mit starker Hand regieren und vergrößern, weit über die Grenzländer hinaus. Was Gaumâta den Fürsten wegnahm und dem Land befahl, gilt nicht mehr. Ihr werdet bald erfahren, welche Gesetze ich ändere. Allen Lanzenträgern, allen Unsterblichen, die dem König treu geblieben sind, sage ich: Sammelt euch bei den Anführern der Zehnschaften, Hundertschaften und Tausendschaften. Schärft die Waffen – bald wird es Arbeit für euch geben. Ich selbst führe euch an!«

Er senkte die Arme und legte sie dicht an die Hüften. Der Lärm aus unzähligen Kehlen war laut wie Donner und brach ebenso unvermittelt aus. Langgezogene Jubeltriller zerteilten das Gebrüll, das Stampfen der Füße und das Händeklatschen. Er kannte dies alles, hatte es an Kambushyas Seite miterlebt, und es war dennoch befremdlich und dazu geeignet, ihn zu verstören. Hinter Dariuvahush standen die Freunde in einer Reihe und lächelten in sich hinein, als ob sie selbst für diese laute Zustimmung verantwortlich wären. Noch einmal sog er die heiße Luft, von seltsamen Gerüchen und Staub geschwängert, tief in die Lungen und hob die Arme. Die Menschenmenge hörte zu schreien auf. Er rief:

»Mein Vater, der Kshatrapan, stammt aus den Lenden des Großen Kurusch. Acht Könige waren vor mir. Ich bin der neunte. Von Kambushya habe ich gelernt, wie ein Unsterblicher zu kämpfen und als König zu regieren. Wenn mir Ahura Mazdâh ein langes Leben schenkt, werde ich unserem Reich viele Kshatrapien hinzufügen. Eines aber sage ich:

Verrat, Abfall und Verstoß gegen meine Gesetze bestrafe ich mit der äußersten Härte, die zu ersinnen ist. Jedermann wird zufrieden und geschützt sein innerhalb der Grenzen, die ich sicher machen werde wie nie zuvor.«

Wieder erschütterte der Lärm die Mauern. Dariuvahush ließ die Arme sinken, wandte sich um und legte sie um die Schultern Gaubarvas und Bagabuchsas. Vom Leibdiener Bagapâta gefolgt, gingen sie durch Säle und breite Korridore in den Thronsaal. Dariuvahush setzte sich auf das seidenweiche Tigerfell des goldstarrenden Thronsessels und legte die Hände auf die goldenen Löwenköpfe der Armlehnen.

»Setzt euch zu mir!« Er holte zu einer umfassenden Geste aus. Der Saal begann sich mit Lanzenträgern und Männern zu füllen, die aussahen, als wären sie einfache Bewohner der Stadt. »Hört zu und gebt mir richtige Ratschläge.«

Er winkte. Ein schmächtiger Mann näherte sich dem Thron, blieb zwölf Schritte vor der Kante der Erhöhung stehen, hob die Hand vor die Lippen und sagte:

»König Dariuvahush. Ich komme aus Uvja. Oder Susa, wie die yaunischen Söldner sagen. In der Stadt hat ein Mann, der Assina der Hagere heißt, die Macht an sich gerissen; den Kshatrapan hat er eingekerkert. Das Volk ist unentschieden, aber die meisten gehorchen dem Assina.«

Dariuvahushs Blick ruhte auf dem schmalen Gesicht des Mannes; einer der »Unbestechlichen, Auge und Ohr des Königs«, einst von Kurusch ersonnen. Er trug die Kleidung der Uvjader, und die Hand, die er vor den Mund hielt, hob und senkte sich, während er redete.

»Der König dankt dir«, sagte Dariuvahush. »Sprich mit ihm, Vidarna. Ich entsende sechs Gespanne Bewaffnete und zwölf Reiter. Ein Schreiber her!«

Bagapâta löste die Finger aus seinem Bart und winkte. Zwei Sklaven schleppten einen niedrigen Tisch herbei, auf dem weiche Tontafeln und wachsbedeckte Holzbrettchen unter feuchten Tüchern lagen. Ein Schreiber setzte sich auf einen kniehohen Schemel und hob den Kopf.

»Schreib!« sagte Dariuvahush, während sich Vidarna aus der Gruppe der Berater löste und neben dem Kundschafter stehenblieb. »An den Mann, der da sagt: Ich bin jetzt König in Uvja. Ich, König Dariuvahush, sende einen Herold in die Stadt Huza und befehle: Man soll Assina den Hageren in Fesseln nach Hagmatâna schicken; hier werde ich ihn strafen. Nichts verzeiht der neue König der dreiundzwanzig Länder weniger als Hochverrat.«

Er sah in Gaubarvas kluges Gesicht; der Bogenträger nickte mit kaum wahrnehmbarem Lächeln. Dariuvahush hob die Hand und schloß: »Fahrt und reitet vor Morgengrauen los, meine Tapferen. Fahrt schnell! Sorge dafür, Freund Vidarna, daß Lanzenreiter und Gespanne alles bekommen, was sie brauchen. Und du«, er deutete auf den Kundschafter, »wie ist dein Name?«

»Asparta, o König.«

»Schreib: Der Kundschafter Asparta hat dem König am ersten Tag der Herrschaft geholfen; er wird belohnt, wenn der König im Palast zu Pâthragada weilt. Geh mit ihnen, Asparta, und berichte mir.«

Der Thronsaal wurde von einer großen Zahl Öllampen und ölgefüllter Fackeln in Wandhaltern erhellt. Trotzdem vermochte Dariuvahush in achtungsvollem Abstand von den Stufen des Podiums keine einzelnen Gesichter und Männer zu erkennen, sondern nur eine dichtgedrängte Menschenmenge. Die Männer standen reglos da, mit dem rechten Arm nach unten und die Handfläche nach hinten gedreht. Als sich ein zweiter Mann, allen Anzeichen nach auch ein Kundschafter, in seine Nähe wagte, hob er den Kopf und sagte leise, mit rauher Stimme und kratzendem Schmerz in der Kehle:

»Du kommst von Babirush, Auge und Ohr des Königs? Ich seh's an deiner Kleidung.«

Hinter ihm stöhnte Gaubarva leise auf. Der Kundschafter fiel auf die Knie, senkte den Kopf, wagte schließlich den König anzusehen und hob die rechte Hand vor sein Gesicht.

»Rede, Mann. Wie heißt du?«

»Shandara, o König der Länder.«

»Sag mir, was du weißt.« Dariuvahushs Finger zeigte auf einen hellhäutigen Pârsa, seine Hand machte die Bewegung des Trinkens. Als der Kundschafter zu sprechen begann, brachten lautlose Sklaven Pokale und Weinkrüge auf silbernen Platten und teilten sie aus.

»Ein Mann aus Babairu mit Namen Nidintu-Bel, Sohn des Aniri, hat den Namen Nebocho Donosor, andere sagen: Nabukadnezar, angenommen und behauptet, er sei der Sohn des Königs Naboned.«

Dariuvahush erschrak und hoffte, daß niemand seine Regung gesehen habe; Großkönig Kurusch hatte Naboned entthront und verbannt. Der Kundschafter sprach weiter. »Nidintu-Bel hat die Herrschaft an sich gebracht, ganz Babirush fiel von unserem Reich ab und lief zu ihm über.«

Dariuvahush starrte den schwarzroten Spiegel des Weines im Pokal an, als wäre er vergiftet, hob mühsam den Kopf und hörte sich sagen: »Auch Shandara wird angemessen belohnt werden, ich schwör's. Einschreiben in die Liste der Königswohltäter!«

Er trank, erhob sich mit schwachen Knien aus den Fellen und dem goldbestickten Stoff des Thrones und sprach mit Mühe weiter:

»Man soll Boten zu allen Städten und Sammelstellen schicken, entlang des Weges nach Babirush. Ich selbst werde mit einem Heer gegen Nidintu-Bel ziehen und ihn vernichten. Gaubarva, Lanzenträger! Du wirst deinem König mit Wissen und List helfen müssen. In einem Mond, im Winter, wenn niemand an Krieg denkt, bin ich wieder einer der Euren, ihr Unsterblichen!«

Gaubarva verneigte sich tief. Niemand sprach. Das aufgeregte Atmen der Versammelten verstärkte sich zu einem auf- und abschwellenden Zischen. Dann stampften die Lanzenträger mit den Enden der Waffen auf den Boden; nur Führer von Hundertschaften und wenige Anführer von Tausendschaften befanden sich in Hagmatâna.

»Treibt binnen zwei Siebentagen die Zugtiere zusammen, rüstet Troß und alles, was zu Kriegszeiten nötig ist. Gaubarva wird mich nicht begleiten; hier wird seine Klugheit gebraucht. Dir, Vindafarnâh, leihe ich die Macht: Wirst du mich hier vertreten, in tausend Fragen und Notwendigkeiten?«

Er setzte sich wieder und leerte den Pokal. Auf seinen Wink hin mischten die Palastsklaven kaltes Quellwasser in den schweren

Wein. Vindafarnâh berührte die Stirnbinde mit drei Fingern und sagte unüberhörbar deutlich:

»Bis zu deinem Sieg, König und Freund, an dem ich am wenigsten zweifle. Beschütze mit deinen Waffen die Kshatrapie unseres weißhaarigen, rüstigen Gaubarva.«

»Das will ich tun.«

Dariuvahush ging, den Pokal in der Hand, die Stufen hinunter und blieb in der Mitte der Versammelten stehen. Er versuchte, im zitternden Halbdunkel die Gesichter zu unterscheiden, aber er sah nur den funkelnden Widerschein der Flammen in vielen Augen. Er hob das schwere, silberne Trinkgefäß und legte sich jedes Wort zurecht, ehe er es aussprach:

»Ich wollte im kalten Winter meines ersten Jahres alles tun, um für das Reich den schönsten Frühling vieler Jahre zu schaffen. Ihr seht, was daraus geworden ist. Meine Wut ist unermeßlich. So großzügig, wie ich belohne, so grausam werde ich strafen. Ich werde euch anführen, meine tapferen Unsterblichen – wir werden siegen. Von Kambushya hab ich kämpfen gelernt. Geht jetzt, schlaft – wir ziehen bald zum Idiglat und zum Buranun!«

Er hob den Pokal, senkte ihn feierlich und ließ einen dünnen Strahl zu Boden rinnen. »Für meinen Gott. Dann hetzen wir nach Westen; dorthin, woher die Mutter meiner Kinder stammt; alles andere ist unwichtig. Gaubarva! Vidarna! Boten und Kundschafter in alle Richtungen, in alle Kshatrapien! Sofort. Sonst zerfällt das Reich. Und ich wäre ein unwesentlicher König über ein abgeerntetes Hirsefeld! Bei Ahura Mazdâh!«

»Im Schatten seiner Schwingen.«

Er drehte sich um, ohne die Wirkung seiner Worte abzuwarten. Als er neben dem Thron stand, näherte sich ihm der alte Leibdiener und flüsterte:

»Die Schwarzhäutige aus Kushiya, König, deren Haut angenehm riecht, wartet auf dich. Sie hat gesagt, daß vor dir noch kein Mann, der ihre Sprache redet, ihre Leidenschaft so umfassend erkannt hat. Alles ist verwirrend seltsam: Ich führ dich zu ihr. Willst du? Die stillen Winkel auch dieses Palastes kenne ich; oder magst du allein schlafen und dich grämlichen Träumen widmen?«

Dariuvahush schüttelte sich kurz. Der Falkenmantel glitt raschelnd von seinen Schultern. Diener sprangen hinzu und fingen die schweren Goldsäume auf. Er richtete seinen Blick auf das zerknitterte Antlitz des Alten und sagte nach einigen Atemzügen ebenso leise:

»Noch fällt es mir schwer, zu verstehen, daß jeder königliche Befehl augenblicklich befolgt wird. Bring sie später zu mir! Und lade zuvor meine sechs Freunde ein. Laß Dâdreshish, Babâdhush, Bagabuchsa, Sykashta und Vahumisa holen. Und Tachmaspâda, zum Essen, Reden und Trinken. Gibt es hier noch Musikanten? Nichts Lautes, alter, zuverlässiger Bagapâta. Bald wird dir Aspat Shânah helfen, mein Vertrauter.«

»Ich hab verstanden, König: Nichts Schrilles, Aufdringliches; du bist ein ganz anderer Mann als Kambushya. Sehr viel ähnlicher dem Kurusch.«

»Das hör ich gern. Bring mir, was ich in der ersten Königsnacht brauche. Nicht einmal der Allweise ahnt, wie oft ich noch in einem Palastbett schlafen darf.«

»Es ist undenkbar, daß auch Pârsa, Mada oder Abr Nahr vom Reich abfallen!« Gaubarva hob schnalzend den Kopf und machte eine beschwörende Geste; der Pokal in seiner Hand schwankte. »Also die beiden Kernlande, die keinen Tribut zu leisten brauchen; unsere Heimat! Du wirst sehen, König, daß dein Zug nach Babirush alle Kshatrapane in Furcht und Schrecken versetzen wird.«

Ein Dutzend Glutschalen und ebenso viele lodernde Ölflammen umgaben die Runde der Zwölf. Sie saßen in eisernen Scherenstühlen, über die Gazellen- und Luchsfelle gebreitet waren, auf dem windgeschützten Teil der Terrasse unter mächtigen, raschelnden Platanenästen. Fast unsichtbar hinter einem Öllämpchen hockte ein Schreiber an seinem Pult. Einige Türen der Palastflanke waren weit geöffnet; Harfenklänge, eine hauchzart geblasene Najflöte, leise pochende Handtrommeln und das metallene Spiel eines Saitenbretts drangen aus einem der vielen Räume, die im Dunkel lagen, ins Freie. Aus Fragen, Antworten, Rede und Gegenrede waren die ersten wichtigen Beschlüsse entstanden; wenn Dariuvahush die Hand hob, stichelte der Schreiber Buchstaben, Wörter und Zahlen.

Der Aufstand des Magiers Gaumâta hatte sich auf die Blaukittel gestützt, auf Bauern und Handwerker, nicht auf die Fürsten, deren Besitz und Macht dadurch stark eingeschränkt worden war. Vindafarnâh war Angehöriger einer ehrgeizigen adeligen Familie, die sich einst für mächtig genug gehalten hatte, Kurusch die Gefolgschaft zu verweigern. Hutana kam aus dem königlichen Geschlecht der Hachâmanish, auch Gaubarva, Kshatrapan von Babirush, entstammte einer uralten Fürstenfamilie, ebenfalls Vidarna. Den Edlen Bagabuchsa hatte Kurusch selbst als Kshatrapan nach Arabaya geschickt. Dariuvahush und seine Freunde vertraten dank ihrer Herkunft die Stämme des alten Adels. In erzwungener Ruhe sagte der König:
»Schreibt! An die Fürsten in den Ländern und an ihre Söhne, die meist zu den Unsterblichen zählen: Auch wegen der Unersättlichkeit mancher Fürsten, die ihre Untergebenen ausgebeutet haben, vermochte Gaumâta soviel Erfolg auf sich zu ziehen. Ich, der König, werde den Fürsten die alten Rechte zurückgeben. Aber weder die Freiheit aller Pârsa-Edlen noch die große Zahl der Sklaven, fremden Handwerker und Söldner darf uns täuschen: Grund der Aufstände sind Unzufriedenheit, Neid und Mißgunst, zu großer Reichtum und die Willkür mancher Fürsten und zu große Armut der einfachen Menschen. Schreibt! Ich, König Dariuvahush, werde Gesetze für jedermann machen und unbarmherzig dafür sorgen, daß jedermann sie kennt und befolgt. Das ist der Befehl des Königs!«

Der Winter war nicht mehr fern. In jeder Siedlung sollten Sklaven, Arbeiter, Bauern, Handwerker und Aufseher neue, unterirdische Wasserfassungen bauen und die vorhandenen erweitern, ausbauen, reinigen und, wenn sie an der Oberfläche verliefen, so gut wie möglich abdecken. Für jede Siedlung des gesamten Inneren Reiches war ein einziger Mann, ein Angehöriger der Edlen Familie, dem das Land gehörte, verantwortlich und durfte einen geringen Teil der Abgaben, die er nach Pâthragada zu bringen hatte, für Wasserführungen und das Anlegen von Gärten verwenden, in denen man Schößlinge von Büschen und Bäumen zog. Mit den Arbeiten sollte sofort begonnen werden: So lautete der Befehl des Königs.

Die Königsgarde der zehntausend Unsterblichen hatte sich in jeder größeren Stadt Pârsas zu sammeln. Ihren Namen verdankte sie Kambushya und dem Umstand, daß für jeden Krieger, der schwer verwundet wurde oder starb, längst ein Nachfolger bereit stand; ihre Zahl – Befehl des Königs! – durfte sich niemals wieder verringern, desgleichen nicht die Güte ihrer Ausbildung, ihrer Waffen und des Trosses. Die Gliederung wurde nicht verändert: zehn, hundert, tausend, zehntausend, mit den Anführern der Zehnschaften, Hundertschaften und Tausendschaften; jene Männer mit der größten Erfahrung trugen den Titel Hazarapati. Bis der König anders entschied, blieben Huza, Hagmatâna und Pâthragada gleichberechtigte Residenzstädte; die erste Aufgabe der Garde und der Kriegsverpflichteten bestand darin, die Gattinnen und zukünftigen Gattinnen des Königs mitsamt ihrem Hofstaat, allen Handwerkern und sämtlichem Besitz nach Pâthragada zu bringen. Diese Reisen und Umzüge sollten Leibdiener Bagapâta und der Kämmerer des Palasts von Huza leiten, Aspat Shanâh, ein Sohn des wichtigsten Vertrauten Kambushyas, ebenfalls Krieger im Heer; noch während dieses Winters. Der Edle Vidarna vertrat den König gegenüber dem Heer; jedem seiner Befehle war zu gehorchen, als habe ihn Dariuvahush selbst ausgesprochen oder schreiben lassen. Aus den Männern – ausnahmslos Söhne Edler Familien –, die mit goldenen Lanzenknäufen ausgezeichnet worden waren, wurden für jede größere Siedlung kluge, ältere Anführer ausgesucht, die an der Seite eines jeden Kshatrapan standen, sein Tun schweigend betrachteten, zwar über Teile des Heeres geboten, aber Dariuvahush verpflichtet waren; weitere Augen und Ohren des Königs. Ein Verstoß gegen diese Treuepflicht bedeutete Hochverrat und wurde mit dem Einziehen allen Besitzes bestraft, der Versklavung der Familie, mit Blendung, dem Abschneiden von Nase und Ohren, vielleicht auch mit Kastration; in jedem Fall mit Pfählen. Treue, bedeutete Dariuvahush dem Schreiber, belohnte der König durch Schenkungen und Auszeichnungen in überfließender Großzügigkeit. Dies alles galt ab sofort: des Königs Befehl.

Bisher waren im Reich zwei Schriften geschrieben worden; daß in zwei Dutzend Kshatrapien unterschiedliche Sprachen galten, besagte wenig. Innerhalb eines Jahres – Befehl des Königs! – sollten die Schreiber eine einzige, leicht zu schreibende und zu lesende, weniger umständlich-aufwendige Schrift erfinden; je mehr Menschen sie schreiben, lesen und verstehen konnten, desto leichter waren die ausgedehnten Weiten des Reiches zu verwalten, und obwohl es viele Jahre dauern mochte, bis sich die Keilschrift des Königs in die hintersten Winkel des Grenzlandes hinein verbreitete, sollten alle Bewohner des Großreiches zweifelsfrei erkennen können, welche geschriebenen Befehle, Gesetze und Botschaften galten. Das Ziel des Königs waren große Wälder, fruchtbare Weiden, Äcker und Gärten, genügend Wasser für jedermann, breite und gute Straßen, sicher gegen Räuber, von Kriegern geschützt, mit Brunnen und Karawansereien, große Herden gesunder Rinder, Schafe und Ziegen, Lastkamele und Pferde. Eines nicht zu fernen Tages sollten alle verwirrenden Maßstäbe des Tauschhandels durch gemünztes Metall ersetzt werden – aber dies war nicht dringend. Schon im nächsten Sommer würden vertrauenswürdige Männer in allen Kshatrapien die Höhe der Abgaben und des Tributes schätzen und bestimmen, wieviel Silber und Gold jeder Kshatrapan in Pâthragada abliefern mußte; das Unterschreiten der Schätzungen, deren Höhe der König bestätigte oder veränderte, galt als Hochverrat: Die Strafen waren Abschneiden von Ohren, Nasen und Gemächt sowie Pfählung. Dies befahl der König.

Binnen eines Mondes würden die Schreiber Abschriften der Befehle und Dâtam-Gesetze anfertigen, sie dem König und seinen Ratgebern vorlesen; Gelegenheit, Unstimmigkeiten zu bereinigen, Unnützes zu streichen oder allzu Hartes auszugleichen. Dann würden berittene Boten die gebrannten Tontafeln oder

Wachstäfelchen zu jedem Kshatrapan bringen. Schon jetzt hatte eine Schar reitender und rennender Boten Hagmatâna in alle Richtungen verlassen; Befehle, die Dariuvahush für besonders wichtig hielt, waren zu ihren Empfängern unterwegs. Mit einer Handbewegung entließ er den Schreiber.

Aus den Gassen der Stadt kamen Pferdewiehern und kaum unterdrücktes Lärmen: Die Gespanne und Lanzenreiter des königlichen Boten rüsteten sich aus, obwohl es weit nach Mitternacht war. Ölflämmchen tauchten die Palastterrasse in unruhiges Licht. In kostbaren Bechern dampfte der gewärmte Würzwein. Nachtwind spielte mit den Wipfeln der Bäume jenseits der Brüstung. Dariuvahush zog den wollenen Umhang über die Knie und hob langsam die Schultern.

»Die Risse im Marmor! Daß Babairu und die Kshatrapie sich auflehnen – daran habe ich niemals gedacht. Ich hätte es besser wissen müssen.« Er seufzte, schmeckte seinen weinsauren Atem und betrachtete die zuckenden Schatten der Gefäße auf dem niedrigen Tisch. »Das Jahr Eins des Dariuvahush beginnt also mit Kampf.«

»Das letzte Jahr Kambushyas und das Jahr des Gaumâta endeten mit Tod«, sagte Vindafarnâh scharf, hinter den Fingern vor seinem Bart. »Wenn alle Boten zurückgekommen sind – abgehetzt, in deinem Jahr Eins, aber mit zuverlässigen Nachrichten, wie ich hoffe! – kennen wir die Stärke der Truppen unserer Feinde.«

»Zehntausend Unsterbliche sind dir sicher«, sagte Bagabuchsa. »Aber: verteilt auf ein Dutzend weit voneinander entfernter Orte.«

»Boten werden sie zusammenrufen. Und alle anderen, die dem König zum Kriegsdienst verpflichtet sind.« Ardimanish deutete nach Westen. Dâdreshish, Tachmaspâda und Vahumisa hörten schweigend zu. Der schwindende Mond schwebte honiggelb über den Berggipfeln wie ein aufgeschnittenes Ei über einer schartigen Steinsäge.

»Entlang meines Heeresweges nach Babirush sollen sie sich bereithalten«, sagte Dariuvahush, hob den Kopf und blinzelte die silbrigen Unterseiten des Blattwerks an. »Bei Kambushya haben wir nicht nur zu kämpfen gelernt, sondern auch, wie ein schlagkräftiges Heer zusammenzustellen ist.«

»Du wirst es brauchen, o König.« Hutana hob die Faust. Vidarna leerte das Trinkgefäß und stellte es klirrend zwischen die leeren Schalen und Näpfe. »So nötig wie die ruhigen Nächte vor deinem Aufbruch.«

Dariuvahush legte die Hände auf die goldenen Löwenköpfe der Armlehnen, stemmte sich hoch und sagte mit kühlem Lächeln: »Meine Nacht soll wohlig, warm und unruhig sein. Und wenn's nur die Träume sind.« Er spreizte die Hände und hob sie zu den Schultern. Die polierten Steine in den Ringen schimmerten; er starrte sie an und schien die Finger zu zählen. Die Freunde, in den Rang von Bogenträgern, Lanzenträgern, Tausendführern und Beratern erhoben, standen auf und hielten sich an den Lehnen der Sitze fest. »Ich danke euch für die Stunden und die hundert Ratschläge. Ahura Mazdâh soll unseren Schlaf schützen.«

»Im Schatten seiner Schwingen!«

Er winkte und klatschte in die Hände. Gaubarva verneigte sich. Diener kamen aus dem dunklen Teil der Terrasse, zündeten ihre Fackeln an den Ölflammen an und geleiteten die Männer nacheinander zum Säulengang, der zur Treppe führte. Bedächtig ging Dariuvahush zu seinem Schlafraum. Bei jedem Schritt schienen unsichtbare Hände eine Ölflamme in seinem Rücken zu löschen und ein Flämmchen im nachtschwarzen Schlafraum anzuzünden. Als er über die Schwelle ging, umgeben von kaum spürbaren Bewegungen halb unsichtbarer Palastsklaven, glitten die dünnen Vorhänge zu. Türen, deren Einsätze aus durchbrochenen Schnitzereien bestanden, schlossen sich lautlos. Der Zedernholzgeruch des Raumes umfing ihn; auf dem weißen Laken des Bettes, die vergoldeten Äste, Ranken und Blätter des Kopfendes im Rücken, saß mit untergeschlagenen Beinen in einem Gewand aus hauchdünnem Leinen, von den Mudrayianern *Byssos* genannt, die Dunkelhäutige aus Kushiya. Sie blickte ihn mit den uralten Augen der großen Sphinx an, der in unbestimmte Fernen starrte. Dariuvahush sah Wein, Wasser und einen Krug voll Kräutersud, Becher und Schalen mit Nüssen, Feigen, Pistazien, Datteln und

Granatäpfeln auf dem niedrigen Tisch, blieb stehen und sagte leise in ihrer Sprache:

»Deinen Körper kenn ich schon; wie heißt du?«

Er dachte an das verwüstete Schlafgemach des Gaumâta und daran, daß sie reglos dagesessen war, wie eine dunkle Statue im Sand, als wisse sie, daß ihr mitten im Kämpfen und Töten nichts geschehen würde; was unterschied sie wirklich von Rytabâma? Er tauchte die Hände ins warme Wasser und trocknete sie mit einem weichen Tuch ab.

»Ich bin Nefermerit, o König. Das heißt: Die schöne Liebenswerte.« Sie zeigte beim Lächeln schneeweiße Zähne. »König Kambushya hat mich von Mudrayia mitgebracht, aus Men-Nefer, und Gaumâta stahl mich ihm.«

In den Ecken des Raumes glühten Öfen, auf denen wassergefüllte Kupferschalen standen. Dariuvahush sah in die großen Augen der Kushiyatin, deren Weiß von vielen Äderchen durchzogen war, betrachtete ihr rückenlanges Haar und die weißen Tonperlen, eingeflochten in die spiraligen Locken. Er setzte sich neben sie, legte die Hand auf ihren warmen Schenkel und sagte leise:

»Ich ließ dich aus Gaumâtas Frauenhaus holen. Jetzt bist du im Palast und wirst mich durch die Nächte begleiten.« Er streifte das Gewand von ihrer Schulter und stieß mit dem Handrücken ans Ohrgehänge, das schwer zu pendeln begann. Er nahm Nefermerits rechte Brust in die Hand, schloß die Augen und sagte leise, stockend:

»Seit langen Jahren sah ich, dem Kambushya stets eine Armeslänge nah, wie der König lebt. Es war, als wäre er ein Gott. Selbst Ameisen und Fledermäuse gehorchten seinen Wünschen, die, kaum ausgedacht, zu Befehlen wurden. Jetzt bin ich König. Trotzdem weiß ich, daß kein Befehl meine Träume wahr werden läßt.«

»Herr«, sagte Nefermerit zögernd. »Davon versteh ich wenig oder nichts. Mit mir verbringst du die Nacht. Sie wird leidenschaftlich sein; ich tu, was ich am besten kann.« Ihre Stimme war wie ihre dunkle Haut; Dariuvahush dachte an Mehltau auf überreifen Trauben. »Laß mich dir helfen.«

»Du hilfst mir, wenn du gut zuhörst.« Dariuvahush trat die Stiefel von seinen Füßen. »Hilf mir. Willst du zurück nach Kushiya?«

Sie schnalzte und warf den Kopf in den Nacken. Die Tonperlen klickten. Sie streifte den Mantel von seinen Schultern und legte ihn gefaltet über den Sessel.

»Aus den heißen, sandigen Einöden jenseits der Hapischnellen bin ich in die Kühle des Hohen Landes Pârsa gekommen. Laß mich hier bleiben, König, am Rand deines Glanzes.«

Ihre Finger nestelten an seiner schweren, goldenen Gürtelschnalle und den Schnüren des Untergewandes. Sie stand auf, ließ lächelnd das Byssoskleid bis zu den Hüften rutschen und wartete, bis Dariuvahush sich auf dem Ruhelager ausgestreckt hatte. Ein Ölflämmchen flackerte, erlosch und sonderte einen langen hellgrauen Rauchfaden ab, der zum wispernden Luftstrom und den halb geschlossenen Windmuscheln emporkletterte.

Nefermerit hob die Arme. Die glatten Achselhöhlen dufteten nach Narde, Weihrauch und Kinnamon. Mit raschen Griffen zog sie die Nadeln der klirrenden Gehänge aus den Ohrläppchen. Dariuvahush verschränkte die Unterarme hinter dem Kopf und bewunderte das Muskelspiel unter der glatten Haut; bei jedem Versuch, sie mit jenen Frauen oder Gattinnen zu vergleichen, die er in den Armen gehalten und geschwängert hatte, verwirrten sich seine Gedanken. Die silberfarbenen Lidstriche der Frau, die sich bis zu den Schläfen zogen, lösten sich salbenglänzend auf. Nefermerit kniete neben Dariuvahush, kreuzte die Arme vor den vollen Brüsten und ließ sich neben ihm nieder.

»Tu, o König, was du tun willst. Reden, trinken, meinen Körper berühren, schlafen ...«

»Misch uns gewürzten Wein. Viel Wasser«, sagte er.

Sie stand auf, das hauchdünne Gewand glitt über ihre Knöchel. Während sie leise und geschickt mit Bechern, Weinkrug und Mischkrug hantierte, verlosch ein zweites Flämmchen. Dariuvahush löste den Blick von ihrem breithüftigen, langbeinigen Körper und starrte in die Finsternis zwischen den Deckenbalken. Er schloß die Augen; langsam kreisten Gedankenbilder unter den schwer gewordenen Lidern. Er glitt in einen jener Zustände zwischen Wachen und Schlaf, wo alle Gedanken, die beim Erwachen davonzuckten wie Blitze, unbarmherzige Schärfe annahmen. Plötzlich, an einem glühenden Sommertag, haben sie gesagt: Nun ist er fünf Jahre alt und muß den ummauerten großen Garten des Pairidaeza und den Palast des Vaters verlassen; den prächtigen Gutshof des Kshatrapan Vishtâspa. An jeden Mond der folgenden vierundzwanzig Jahre erinnert er sich, als sei es gestern gewesen: Sein Vater hat ihn, entgegen aller Gepflogenheiten, schon als Zweijährigen aus dem Frauenhaus Rhodogûnes geholt, und nun lernt er unausgesetzt. Sie zwingen ihn zu rennen, in eiskaltem Wasser zu schwimmen, er muß hungern, bogenschießen, beide Keilschriften lesen und schreiben, die von Babirush und die von Uvja. Die Tage bestehen aus dem Aufstehen drei Stunden vor Sonnenaufgang, Reiten ohne Reitfell und Fußringe, Schwertkampf, Messer- und Dolchwurf. Er hat hunderttausendmal gute und schlechte Dolche, Speere und Lanzen in jeder Körperhaltung auf jedes vorstellbare Ziel geschleudert, rennend, reitend oder im Kampfwagen stehend. Diejenigen, die ihn und die anderen Knaben ausbilden, sind unbarmherzige Verschnittene, fistelnd und lispelnd; er nimmt an wilden Jagden teil, während derer er hundertmal denkt, er und die anderen – zukünftige Unsterbliche – wären das Jagdwild des Kambushya. Neun Jahre später, mit vierzehn, kommt er unter das lastende Joch königlicher Erzieher. Großvater Aryâramna, Mutter und Vater sieht er zweimal binnen siebenhundert Tagen. Er ist grauenhaft allein während des Unterrichts durch Lehrer, an deren Namen er sich zu erinnern sträubt: Einer der vier unterweist ihn in den Glaubensgeboten des Zarathushtra: Gerechtigkeit! Wahrheit! Frei sein von Begierden! Mut und Tapferkeit! Sein Vater hat ihn nicht wie einen niedrigen Sklaven behandelt; er liebt Vater Vishtâspa noch immer. Dann schlägt endgültig die Kampfaxt des Lebens zu: Er ist fünfzehn, als er in die unmittelbare Nähe Kambushyas gezerrt wird. Das Leben des Jugendlichen endet wie mit einem endgültigen Hieb. Alle vorstellbaren Arbeiten, zwei endlose Jahre lang, vom Graben unterirdischer Wasserzuführungen bis hin zum Putzen kupferner Kessel der Palastküchen, lernt er kennen; er hat Herden gehütet, Sängern und Musikern gelauscht, Legenden auswendig gelernt. Er ist Kârataka, Heerläufer: Blind gehorcht er allen Befehlen und gerät, wegen des hohen Namens seiner Familie, an die Seite des mürrischen Königs, des stets unzufriedenen Kambushya. Das Leben wird gleichermaßen härter, einfacher, leichter und begreifenswerter: Er ist einer von zehnmal tausend Unsterblichen und begleitet, einen silbernen Knauf an der vier Ellen langen Lanze aus Kirschbaumholz und mehrfach kaltgeschmiedetem Eisen, den Sohn des Zweiten Kurusch, einen Hochkönig, der auf bizarre Art ganz anders ist als der Vater, als alle Legenden, die sich um die Taten des Kurusch ranken. Ein Königssohn, dem es nie gelungen ist, aus dem Schatten des übermächtigen Vaters herauszutreten. Dariuvahush zieht mit Kambushyas Heer den langen Weg nach Men-Nefer im Land Mudrayia – dorther kommt Nefermerit – und erlebt dort die glücklichste Zeit seines Lebens.

3. Hochverrat

Zwei Stunden vor der Morgendämmerung: Dariuvahush lag mit gespreizten Beinen da, streichelte und knetete Nefermerits Brüste, saugte an den aufgerichteten Spitzen und hörte sich keuchen, sah ihren Körper auf seinen Schenkeln knien und sein Glied, als sie sich behutsam, warm, weich und feucht auf die glühende Spitze senkte, ihn gleitend in sich aufnahm und ihren Oberkörper, tief in der Brust summend und stöhnend, nach vorn beugte. Sie biß ihn und küßte ihn gierig, schwankte auf seinen Schenkeln nach hinten und auf ihn zu, mit halbgeschlossenen Augen unerreichbare Fernen erspähend, die hellrosa Innenseiten der Hände auf seinen verschwitzten Schultern. Endlich ergoß er sich ächzend, sein Körper zitterte und zuckte bis in die Zehenspitzen; dieser Teil der Nacht war unvergeßlich besser und leidenschaftlicher als die hastige halbe Nacht nach dem Köpfen des Gaumâta und alle Nächte mit Rytabâma-Rauchjshma. Nefermerit sank schweißbedeckt auf seine Brust und streckte sich leise atmend neben ihm aus. Nach einer Weile tastete Dariuvahush nach einem Becher, richtete sich halb auf und trank gierig. Nachdem sich sein heißer Atem beruhigt hatte, flüsterte er:

»Woher kommt es, daß deine Leidenschaft mich rasend macht, daß ich erschöpfter und zufriedener bin als in anderen Nächten? Als ich mit anderen Frauen Söhne oder bedeutungslose Töchter zeugte?«

»Ich weiß es nicht, König Dariuvahush. Wirklich nicht. Weißt du, daß du gestöhnt und geschrien hast in deinem Halbtraum?«

»Nein.« Er nahm den kalten Silberpokal aus ihren Fingern, trank, schnappte nach Luft und murmelte: »Ich habe geschlafen? Wirklich?«

»Wie ein Kind, König, mit zwei Fingern im Mund und der Hand auf dem Gemächt. Oder zwischen meinen Schenkeln. Drei Stunden, dann wird es hell. Ruh dich aus; selbst ich weiß es: Du hast einen harten Tag vor dir.«

Er leerte den Pokal. Der Wein war fast bis zur Unkenntlichkeit verdünnt; er schmeckte kaum die Würzkräuter. Schlaflosigkeit, die furchtbarste Strafe Ahura Mazdâhs, der langsame Tod der Helden, suchte ihn bisweilen heim, aber nicht in dieser Nacht; er sagte:

»Bagapâta wird mich wecken. Bald bin ich mit Troß und unzähligen Kriegern auf dem Kriegszug gegen Babirush; sag dem alten Verschnittenen, ob du mich begleiten willst. Wenn nicht, dann bleib hier in Hagmatâna.«

»Ich weiß nicht, o König nächtlicher Leidenschaft, was ich dir antworten soll.«

Dariuvahush gähnte, seine Kiefer knackten. Er schirmte seine Augen gegen das Flackern der letzten Öllämpchen ab und murmelte: »Dann antworte mir, wenn du es weißt.«

Zehn Gespanne führten den Zug an; als der Wagen, in dem Dariuvahush stand, durch das Stadttor von Hagmatâna rasselte, winkten die Menschen, riefen den Kriegern aufmunternde Worte zu und schwenkten bunte Tücher. In langen Reihen folgten schwer bepackte Krieger mit ihren Waffen, zwischen den Gruppen mahlten die breiten Felgen der von Ochsen gezogenen Wagen, auf denen Zelte, Werkzeug, Seilbündel und Futtersäcke festgezurrt waren. Zehnschaften fanden sich zusammen, zehn solcher Grüppchen gliederten sich zu Hundertschaften und weiter zur Tausendschaft; Lanzenreiter, Bogenschützen, Schwertkämpfer, Krieger mit Kampfäxten und Wurflanzen. Der Troß der Unsterblichen, auf Kamele gepackt und auf Wagen verladen, folgte den Lanzenträgern; über zehntausend Unsterbliche konnte Dariuvahush hier nicht verfügen, denn das Heer Kambushyas hatte sich in alle Kshatrapien zerstreut. Im letzten Drittel des Heerzuges, der die ganze Breite der Straße füllte, zogen stämmige Maultiere das zerlegte, alte Kriegszelt des Königs mitsamt den Truhen, Wannen, Öfen und Vorräten. Länger als eineinhalb Stunden schien der Zug aus der Residenzstadt, der »Stätte des Versammelns«, und ihrer Umgebung Menschen, Reiter, Zugtiere und Wagen herauszusaugen, die sich auf der Königsstraße zu einem Band aus vielen Gestalten gliederten.

Die Berggipfel zur linken Seite lagen im gelben Sonnenlicht. Aus den Ahornwäldern an den Hängen stieg dünner Nebel auf; die Luft war klar und morgendlich kalt. Fallwind wehte gelbe Staubschleier nach Osten und erleichterte das Atmen und Marschieren. Eine dichte Staubwolke senkte sich hinter den Schlachttieren am Zugende. Die Straße durch die Kshatrapie Mada verlief in Windungen, drei Parasangen nach den letzten Häusern, deren Dächer zwischen den Wipfeln der Buchen hinter den Pairidaezamauern hervorsahen. Das nächste Ziel waren die Paßhöhen bei Bagastâna; die königliche Garde der Unsterblichen würde erst in Babairu vollzählig sein.

Berittene Königsboten hatten die Siedlungen und die Kshatrapane auf dem langen Weg nach Babirush und Babairu erreicht: Jede Provinz, durch die sich der Heerzug wälzte, mußte seit den Heerzügen des Kurusch den König und seinen Troß beherbergen, hatte die Krieger zu versorgen und auszurüsten, die Zugtiere auf saftige Weiden zu treiben und jene Männer zusammenzurufen, die zum Kriegsdienst verpflichtet waren, in Mada, Athura und in Babirush. Dariuvahush hob den Arm und deutete nach rechts: Die ersten drei Gespanne verließen die Straße, wendeten und stellten sich einen Steinwurf weit neben deren Rand auf, so daß Dariuvahush den Zug an sich vorbeikriechen sah; er grüßte mit erhobenem Arm die Krieger, die ihre Lanzen schüttelten. Nach einiger Zeit setzte er sich, holte tief Luft und schloß die Augen. Die Wagen fuhren langsam auf Feldwegen zurück zum Palast.

Auch die lange Fahrt zur Krönung nach Pâthragada in Mada, begleitet von vierundzwanzig Dutzend berittener Lanzenträger, beginnt er zu vergessen; aus fast allen Kshatrapien sind Gäste, Freunde und Vertraute in den Palast Kambushyas gekommen, den einst Kurusch errichten ließ. Das Frauenhaus ist überfüllt, aber der alte Bagapâta und Aspat Shanâh bringen rasch vollkommene Ordnung in das Durcheinander. Der Vater hat nicht kommen können, aber er schikt Dariuvahushs Brüder Rtafarnâh und Rtapâna; ein inniges, tränenreiches Wiedersehen. Sie berichten, daß Mutter Rhodogûne gesund ist und ihm alle ihre Liebe sendet, ebenso wie Großvater Aryâramna und seine Schwestern. Es gibt keinen lebenden König mehr, der ihn krönen könnte, und so setzt er sich die Krone des Kambushya selbst auf. Und er wird verwirrt von zahllosen Reden und Berichten der königlichen Kundschafter, der »Augen und Ohren« des Herrschers, von Beschwörungen, Lobpreisungen und Bitten; er schläft, trunken von Wein, vom vielen Reden und wirbelnden Gedanken, nur wenige Stunden. Er vergißt, jeder Frau in der Stadt ein Goldstück geben zu lassen; der Brauch geht zurück auf einen blutigen Sieg des Kurusch. Gaubarvas Tochter wartet auf ihn, er weiß es, aber er läßt sich zuerst zu Hutaûtha führen.

Er hat Kambushyas leibliche Schwester, zugleich dessen zweiunddreißigjährige Witwe, nie gesehen; nur die Verschnittenen berichten von ihrer reifen Schönheit. Sie ist allein, als er in ihr Schlafgemach tritt, steht reglos vor ihm, in halb durchsichtige Gewänder aus schneeweißem Byssos gehüllt. Auf ihrer weißen Haut sieht er die dunkelroten Linien, Ranken und Blumen unzählbar vieler Hennapünktchen. Ihr Haar riecht nach spätem Frühling. Einige Augenblicke lang denkt er an Nefermerit, hebt die Trinkschale aus Hutaûthas Händen und hört erstaunt, was sie ihm sagt. Ihr Körper ist weich, ihre Haut glatt, als scheue sie die Sonne; wortlos, fast willenlos, gehorcht sie seinen Händen. Als er sie zum erstenmal besitzen will, verrät ihn sein Körper. Er trinkt Wein, beruhigt sich und denkt wieder an Nefermerit. Bis zum Morgen nimmt er Hutaûtha zweimal, aber er erfährt nicht, ob sie ihre Leidenschaftlichkeit spielt, ob sein Schwitzen und Keuchen und seine zitternden Schenkel ihm zeigen, daß das Verlangen nur von ihm ausgegangen ist. Als die Dämmerung alle Schatten auflöst, verführt ihn Hutaûtha lächelnd und hält ihn mit weichen Armen und Schenkeln in sich fest, noch lange, nachdem er seinen Samen in ihrem heißen Schoß verloren hat. Er verliert sich nicht in ihr wie in Nefermerit, nicht einmal in Gedanken. Als er seine Hände gewaschen und abgetrocknet hat, nimmt sie ihm das weiche Tuch ab, riecht daran und flüstert, daß sie wisse, von ihm schwanger zu sein, mit einer Tochter. Er geht, müde und verwirrt.

In den Tagen, die voll sind von Namen, Schreibern, langen Listen, bekannten und fremden Männern, Waffen und Aufregung, findet Dariuvahush nur wenig Zeit, mit Rytabâma, Rtastunâ und Parmush zu reden; mit Faidumâ wechselt er nur wenige Worte. Eine Nacht voll mäßiger Leidenschaft verbringt er mit der schweigsamen Mutter seiner Söhne, ehe er mit Troß und Lanzenreitern wieder nach Hagmatâna aufbricht.

Parasange um Parasange kroch inmitten träge brodelnder Staubwolken die tausendköpfige, waffenblitzende Schlange nach Westen, begleitet von malmenden Geräuschen aus Schritten, Hufgetrappel, Felgenknirschen, Knarren und Befehlen, Schreien, Staub, fliegendurchsurrtem Gestank, Gelächter und Flüchen. Nach einiger Zeit lösten sich die Gespanne und die Reiter der Leibgarde aus der Gesamtheit des Zuges, der Abstand zwischen ihnen und den Marschierenden vergrößerte sich. Erst bei der abendlichen Rast würden alle Teile des Heeres wieder vereint sein.

Das Heer wuchs dank vorausgeschickter Boten an jedem Haltepunkt, während jedes Aufenthaltes, und wurde besser ausgerüstet; die Entfernung zwischen den Raststellen zurückzulegen, dauerte von Tag zu Tag länger. Berittene Boten hetzten heran und stoben mit neuen Befehlen davon, auch jetzt, als Anführer Tachmaspâda unterhalb einer schroffen Felswand nahe Bagastâna den Arm hob, weiter als einen Siebentag vom Rand des Hochlandes entfernt. »Halt!« rief er, schob die Ärmel des Mantels aus Leopardenfell zurück und klappte die Holztäfelchen auseinander. Die hellen Flächen waren mit schwarz gefärbtem Wachs bedeckt; zahllose winzige Keilschriftzeichen wurden darauf sichtbar. Die Gespanne rückten knarrend auf, vielleicht drei Dutzend berittene Unsterbliche versammelten sich um Tachmaspâda. Er kratzte sich schweißverklebten Staub aus dem Bart und fuhr mit den

Fingerspitzen über die zweifache Stirnnarbe. »Eine Nachricht, die den König sicherer macht und euch nicht schmerzt. Aus Huza in Uvja; von unserem König. Die Stadtbewohner haben Assina gefangengenommen und senden ihn in Ketten nach Hagmatâna.« Die Lanzenreiter lachten roh, schrien, schüttelten die Waffen, die Wagenlenker hämmerten die silbernen Peitschenknäufe gegen die Wagenkörbe. Ein Tausendschaftführer rief: »Was wird der König mit ihm anfangen?«

Tachmaspâda grinste kalt und heftete seinen Blick auf die Felswand, hundert Ellen über dem Eichengebüsch am Straßenrand. »Anfangen? Er wird ihn beenden! Welche Strafen stehen seit Kurusch und Kambushya auf Hochverrat?«

»Ohrenabschneiden und Pfählen!«

»Das ist so. Bei Ahura Mazdâh!«

»Im Schatten seiner Schwingen«, riefen die Reiter und rissen an den Zügeln. »Hochverrat, o Anführer!«

Tachmaspâda deutete auf die steile Felswand und sagte: »Assina aus Uvja wird sich bald in starrer Haltung als überwundener Gegner zu Füßen Dariuvahushs wiederfinden.« Er klatschte in die Hände, deutete auf die leere Straße und rief: »Weiter! Zu Nidintu-Bel und seinen Hochverrätern!«

Die Kundschafter sprengten voraus. Die Nachmittagssonne, vor der sie ihre Augen abschirmten, blendete und ließ die Lanzenspitzen funkeln. Tachmaspâda setzte sich neben den Wagenlenker und drehte den Kopf. Bis die Krümmung der Straße die Aussicht verdeckte, starrte er die Felsen an, die die Bewohner dieses kargen Landes seit langer Zeit »Berg der Götter« nannten.

PROKTOKRITES AUS CHIOS,
Baumeister der Könige Kambushya und Dariuvahush, an Nauarchos Skylax von Karyanda in Karien, Kapitän des Schiffes *Atem des Boreas*

Gruß, dichte Planken und stets ein windvolles Segel, alter Freund. Der Umstand, daß die Götter im großräumigen Reich meiner Brotherren aufrührerischen Satrapen – in ihrer Sprache

Xsathrapavane – kein langes Leben erlauben, ist sicherlich auch
dir bekannt, o Buchtenaufspürer und Beschreiber von Kaps,
Riffen und verderblichen Untiefen. Zuerst beseitigte Dareios –
Dariuvahush – mit sechs eng befreundeten Edlen den Magierkö-
nig Smerdis, der in achaimenidischer Sprache Gaumâta heißt,
schlug ihm, seinen Verschnittenen-Wachen und vielen anderen
Mithra-Götzenanbetern die Köpfe ab. Daraufhin, und abermals
wundert mich die Schnelligkeit selbst unbedeutender Gerüchte,
schien es für die Leute von Pârsa und Mada nichts Wichtigeres
zu geben, als allen Magiern, die sich nicht schnell genug in
Baumkronen oder Höhlen versteckten, überall im Kernreich
nachzustellen: Es gab ein allgemeines Abhacken von Magier-
köpfen. Sie sagten, es sei für sie wie eine Erntefeier. Mich und
andere ionische Steinmetzen mit unseren Helfern und dem
Pârsa-Aufseher rief ein Vertrauter des Dareios nach Hagmatâna
– *Ekbatana*. Von dort, wo wir neben einem ummauerten *paradeisos* – Pairidaeza nennen die Meder ihre großen, fruchtbaren
Gärten – einen Turm instand setzen und die Quader kunstvoll
bemeißeln werden, schreibe ich; auf dem Weg dorthin überholten uns Reiter, die wahrhaft königlich aussahen. Einer von ihnen
redete in flüssigem Ionisch und in einer Weise mit mir, als sei er
mehr und größer als die anderen; einen Tag später erfuhr ich,
daß es der neue König Dareios war. Und vor einer Stunde war in
Ekbatana zu hören, daß Assina aus Huza-*Susa* in Uvja-*Elam*, ein
weiterer Hochverräter, von den eigenen Leuten gefangen und in
Fesseln nach Ekbatana gebracht worden ist; ihm drohen nach
hiesigem Brauch zunächst das Abschneiden von Zunge, Nase
und – unbeschadet anderer Quälereien – der Ohren und darauf
folgendes Pfählen.
Wußtest du schon, daß die Pârsa, wenn sie »Ja« meinen, den
Kopf schütteln; wollen sie »Nein« sagen, werfen sie den Kopf
in den Nacken und schnalzen mit der Zunge. Sie hassen auch
die Farbe Weiß bei allen Tieren und töten sie deswegen;
fürwahr seltsame Bräuche. König Dareios redete mit uns, als
wären wir edle Pârsa; er ist nicht älter als drei Jahrzehnte und
eine Handbreit größer als die Männer, die ihn begleiteten: Ich
schätze, es sind drei Ellen und zwei Handbreit. Sein gelocktes

Haar und der Bart, kürzer als die Bärte und die kräuselige
Behaarung der Köpfe der anderen, glänzen schwarz wie die
Brauen; gänzlich anders als auf meinem Behältnis der Gedan-
ken. Er hat die harmonischen Bewegungen und den schnellen
Blick eines Kriegers, aus dem wenig Milde spricht. Seine
Augen blitzen wie die eines Bergfalken; sie sind wie dunkles
Gold oder Bronze. Seine Hände fielen mir auf: kräftig, mit
schlanken Fingern ohne Ringe, mit kurzen Nägeln. Obwohl
seine Begleitung ihm ehrerbietige Bewunderung entgegen-
brachte, schien es, als sei er kaum von großköniglichem
Machtbewußtsein durchdrungen. Er war freundlich zu mir,
dem einfachen Schüler des Theodoros von Samos. Ich glaube,
er wird mehr Paläste bauen als König Kambyses. Und noch
etwas hat man mir erzählt: Die Freunde des Dareios haben
untereinander scherzhaft ein Omen betrieben; die delphische
Pythia hätte sich einen Lungenriß erlacht darob: Wessen Pferd
beim Ausritt als erstes wiehert, derjenige solle König werden.
Oibares aber, sein Pferdemeister, steckte zuvor seine Hand in
die nasse Scheide einer rossigen Stute und streichelte daraufhin die Nüstern von Dareios' schwarzem Hengst; dieser
begann sofort brünftig zu wiehern, und so verdanke also
Dareios sein Königtum einem Pferdeorakel. Eine schöne
Geschichte, sage ich, feinsinnig erdacht, auch wenn sie nicht
die reine Wahrheit sein sollte.
Dareios aber schickte ein angemessen großes Heer nach Babylon, wo er bald den zweiten Hochverräter besiegen und in
Ketten nach Ekbatana führen wird; jedermann hier glaubt das.
Was Smerdis-*Gaumâta* befohlen hat, löscht Dareios mit neuen
Gesetzen – in Wirklichkeit die alten, gewohnten Gesetze –
wieder aus. Sein Stellvertreter Vindafarnâh, oder *Intaphernes*,
sagt man im Volk, hätte selbst König werden wollen; er sei ein
Mann von verzehrendem Ehrgeiz. Mögen die Götter und sein
höchster Gott Ahura Mazdâh dem Dareios ein langes Leben
gewähren, dann geht es dem Volk gut und auch den ionischen
Künstlern, Wissenschaftlern und Handwerkern, die er trefflich
mit gehacktem, fein gewogenem Silber entlohnt. Man sagt,
Dareios hasse jede Lüge, und er werde sein Reich vergrößern, so

wie es Kurusch-*Kyros* unternommen hat – vielleicht braucht er
dazu auch die Dienste eines Aufspürers von Meeres-Geheimnis-
sen; einem Erfahrenen wie dir.

Ich sende diesen Papyrus aus Hagmatâna im Hochland; die
Pârsa sagen, es läge dreitausend Ellen höher als die bewegte
Ebene Thalassas, unseres Meeres. Von Sardeïs und Bargylia aus
wird der Brief den Weg nach Karyanda oder in einen jener
Häfen finden, in denen dein Schiff anlegt. Ist es noch die *Atem
des Boreas*, von der du mir geschrieben hast?

Gleichwohl: Die Briefreiter des Dareios sind schnell, und der
Papyrus kann in sieben Tagen in Sardeïs sein. Bis zu dir braucht
er zweifellos länger. Dennoch, o Freund: Gedenke der guten
Reden, die wir geführt haben, bevor sich unsere Wege trennten,
und schreibe mir ein wenig über die Welt, die sich jenseits der
Grenzlande jenes Reiches erstreckt, in dem ich weißen und
grauen Stein meißelnd verschönere, und die du besser kennst als
ein anderer.

Abermals Grüße, Gedeihlichkeit und wohligen Unterschlupf vor
den Winterstürmen. Ich, Proktokrites von Chios, richte den
Feuerturm von Hagmatâna wieder auf und grabe mit meinen
Meißeln schöne Muster in kalkige Quader. Gruß und Wohlergehen, o Freund Skylax.

Der kalte Wind im Mond der Wolfsjagd zerrte an Gaubarvas und
Dariuvahushs Mänteln und biß in ihren Augen. Staubfahnen lösten sich an den Hängen des Gebirges und prasselten zwischen
die Baumkronen der Hügelwälder. Der große Platz vor dem Palasttor und an drei Seiten der Palastmauer war menschenleer.
Mitunter glaubte Dariuvahush, das Lallen und Stöhnen des Assina vom unteren Palasttor her hören zu können. Einzelne Böen
winselten um die Kanten und Winkel der Dachbrüstung und fegten die Worte vom Mund Dariuvahushs.

»Du sagst, es gibt keinen Widerstand gegen die neue Sprache der
Verwaltung? Obwohl die Kshatrapane nur meine Absicht kennen, aber noch nicht ein Wort gelesen haben?«

»Du hast den Bau von fünfhundert ›langen‹ Parasangen guter
Straßen befohlen; jeder sieht die Notwendigkeit ein. Hundertelf

Karawansereien und Häuser für den Pferdewechsel der Boten und die Kamele deiner Reiter stehen allein zwischen Sardeïs und Huza. Also verstehen die Kshatrapane auch bald, daß jeder Vertraute des Königs diejenige Sprache kennen muß, die alle verwenden.« Gaubarva zog die Schultern hoch und verkroch sich in den hohen Mantelsaum. Eine Staubwolke hüllte für wenige Atemzüge das Stadtor ein, das am Ende der baumbestandenen Straße weit vor den ersten Gärten und Häusern aufragte. »Überdies wird dein neues Reichspârsa leichter auf das Schreibleder und die Papyri der Mudrayier zu schreiben sein.«

Ihre Blicke ruhten auf den vielen Mauern der Siedlung. Hagmatâna war im Gegensatz zu Huza, Pâthragada und anderen Städten noch nicht von uneinnehmbaren Mauern umgeben, wie sie den Palast schützten, sondern bestand aus Gärten schwellenden Grüns, in deren Mitte Wohnhäuser, Nebengebäude und kotstarrende Taubentürme standen. Niedrige Abschnitte von Stadtmauern und Grenzmäuerchen, Zwischenräume und Tore bildeten breite Straßen mit unregelmäßigen Rändern und zittrig verlaufende Gassen. Gaubarva zeigte auf die feuchten Erdhügel entlang der Straßen und der Ränder des Stadtplatzes, aus denen fünf Ellen hohe Maulbeerbäume, Platanenschößlinge und Pappeln an stützenden Hölzern wuchsen; vielleicht tausend in Abständen von zehn Mannslängen.

»Vieles vermögen wir Pârsa leicht einzusehen«, sagte Dariuvahush. »Wir lieben Schatten im Sommer. Und Früchte an jungen Bäumen. Und Bestrafung für Lügenkönige.«

»Wann wirst du Assina strafen?«

»Farnaka, der Tagwächter, wartet. Er ist bereit. Am zweiten Tag des Ofenhege-Mondes reise ich nach Babirush, zum Heer.«

»Zuvor wird Assina sterben?«

Dariuvahush nickte. Assina der Hagere in Huza hatte nicht geglaubt, daß seine eigenen Untertanen ihn nach wenigen Tagen vom Thron zerren und in Ketten legen würden; Nidintu-Bel im ummauerten Babairu erwartete keinen Angriff in den kältesten Monden des Jahres. Zwei der zwanzig Länder, aus denen der große Kurusch das Reich zusammengefügt hatte, wollten den Tribut schuldig bleiben, ohne den das Reich unregierbar wurde. Dariuvahush wandte sich zur Treppe.

»Ich hab lange nachgedacht«, rief er gegen den Sturm, der dünne Wellen aus Sand auf dem Dach zu Figuren zusammenwehte, die sich ständig veränderten. »Ich glaube, daß ich im Besitz der Wahrheit bin. Aber es wird schwer sein, sie anderen mitzuteilen. Drei Jahre lang hat Kambushya in Mudrayia gekämpft, hat ebensolange Abgaben eingefordert und Krieger ausgehoben – nur deswegen konnte Gaumâta den Thron erobern. Er hatte nicht nur die begeisterte Unterstützung der Mithra-Priester!«

»Einen Fehler von dieser Bedeutung durfte nur Kambushya machen.« Gaubarva schlug klatschend mit der Hand auf die Brüstung. »Du darfst ihn nicht wiederholen; ich werde dich, wenn nötig, jeden Tag daran erinnern.«

»Vielleicht kenne ich nicht jeden Fehler des toten Königs. Diejenigen, die er beging, wiederhole ich nicht. Verlaß dich darauf, o Freund.« Dariuvahush schüttelte sich. »Alle Kshatrapien werde ich neu ordnen. Jedem Kshatrapan stelle ich einen unbestechlichen Befehlshaber der Krieger zur Seite, einen bewährten Unsterblichen. Die Länder werde ich unterteilen, denn wenn sich viele Lügenkönige für Herrscher halten und gegen das Reich stellen, sind sie einzeln leichter zu besiegen.«

Gaubarva folgte ihm die Stufen hinunter und rief:

»Willst du, daß ich mit dir nach Babairu reise?«

Dariuvahush wartete mit der Antwort, bis sie jenseits der schweren Ledervorhänge in der Wärme des Korridors standen. »Nein. Bleib hier. Hilf Vindafarnâh und Vidarna. Ich brauche Männer von unbestechlicher Zuverlässigkeit, wenn ich die Stadt mit den dicken Mauern angreife. Boten, das Heer, meine Befehle, die gute Ordnung, den Tribut der Länder – das alles und tausend andere wichtige Kleinigkeiten mußt du überblicken und ordnen.«

»Ich werde es so gewissenhaft tun, als säße ich noch mitten in Babirush, o König.«

Dariuvahush schüttelte den Kopf. »Das weiß ich. Du und Vindafarnâh.«

In den Ländern östlich des langgezogenen Gebirges, das Mada und Pârsa im Westen und Süden vom Meer und den Ländern Abr Nahr und Babirush trennte und fast gänzlich abschloß, waren im kalten Mond der Ofenhege, dem »berüchtigten« und dem

»schrecklichen« Mond, alle Felder bestellt, das Heu in den Scheunen und nur wenige Herden auf den Winterweiden. Bauern und deren Familien, Kriegsgefangene, Sklaven und viele Handwerker arbeiteten während dieser Zeit an Mauern, Brücken, Straßen und Häusern, gruben neue Brunnen und hielten die alten, unterirdischen Wasserzuführungen instand. Die Aufsicht darüber und sämtliche Verpflichtungen mußten stufenweise bis zum letzten Mann, der ein Werkzeug benutzte, weitergegeben und sichergestellt werden. Dariuvahush wußte aus seinen Jahren bei Kambushya, daß die Drohung, der König würde durch die Kshatrapie ziehen, jeden Mann zur gewissenhaften Eile antrieb. Er legte Gaubarva die Hände auf die Schultern und sah ihm in die Augen. »Ihr habt mich gedrängt und geschoben. Nun bin ich König: Spätestens bei Kambushya hab ich gelernt, entweder alles gut, gründlich, schnell und unwiderruflich zu tun – oder es ganz zu lassen und keinen Gedanken mehr daran zu verschwenden.«
Gaubarva hob die Hand an den Mund; trotzdem sah Dariuvahush sein kühles, halbverstecktes Lächeln. »Wie ein Verdurstender das Wasser rauschen hört, hör ich deine Worte, König Dariush. Es tut einem alten Mann gut, der sich noch an König Kurusch erinnert, mitanzusehen, wie du Dinge tust. Möge Ahura Mazdâh dir viele Jahre schenken; du sollst erleben, daß aus allen Schößlingen mächtige Bäume geworden sind.«

Im Mittelpunkt des Platzes hatten die Handwerker ein Podest aus Balken und Brettern gezimmert, zu dem von beiden Seiten Treppen hinaufführten. Das Holz, mit Kalkbrühe angestrichen, wirkte erschreckend fremdartig in der Leere des sandigen Feldes. In der Mitte des Podests stand eine Art Stuhl mit hoher Lehne und ohne Sitzfläche; statt ihrer ragte ein weißer, zugespitzter Holzpfahl senkrecht auf, drei Ellen lang und knapp unterarmdick. Der Tag war kühl, fast windstill; die Sonne des späten Vormittags blendete in den Pfützen eines dünnen Regens, der vor einer Stunde aufgehört hatte. Plötzlich begann hinter den Palastmauern ein Trommler, einen abgehackten Wirbel auf Kesselpauken zu schlagen, der über die Stadt rollte und Taubenschwärme aufscheuchte. Eine Gruppe Palastdiener schleppte zwei schwere, goldfunkelnde Sessel aus dem Palast und stellte sie auf den untersten Treppenabsatz. Der Abstand zwischen ihnen und dem Podest war geringer als fünfundsiebzig Ellen. Von den Unterkünften der Palastgarde marschierten zwanzig Zehnergruppen zum Platz, mit Schwertern, Lanzen und großen Rundschilden.

In der Stadt verließen viele Bewohner ihre Häuser, warteten auf Nachbarn, gingen ohne Eile zum Platz, während die Schläge der Kesselpauken unverändert dröhnten; jedermann wußte, welches Schauspiel sie erwartete. Es gab wenige Menschen in Hagmatâna, die den Lügenkönig von Huza noch nicht gesehen und gehört hatten. Er war seit sieben Tagen mit Stricken und dünnen Eisenketten an ein Palasttor gefesselt.

Tagwächter Farnaka, der Vollstrecker der Urteile, einst Statthalter des Kambushya in Uruk, folgte mit seinen Gehilfen den Kriegern; er und seine Männer hatten die Hinrichtungswerkzeuge geschultert und bogen, kurz bevor sie das Podest erreichten, zusammen mit zwei Zehnschaften nach rechts ab und näherten sich dem Tor. Dariuvahush hatte Farnaka an den Königshof geholt. Er war von den schnellen Augen und der Fähigkeit des Mannes beeindruckt, blitzschnell das Notwendige und Richtige zu tun und dessen Ausführung zu überprüfen. Scharfes Summen und eine undeutliche, wenig menschlich klingende Stimme wurden lauter. Die Krieger stellten sich, die Lanzenenden auf dem Boden, hinter Farnakas Helfern auf. Vor ihnen, in einer fliegenbedeckten Lache aus gestocktem Blut, seinem eigenen Urin und Kot, mit dreckigen, von eiternden Wunden übersäten Beinen, stand Assina. Unterhalb der Knie waren seine Füße blau vor Kälte; Haupthaar und Bart waren verfilzt, die Haut voller Vogelkot, Blut und Schleim. Trotz der Verstümmelungen lebte er noch, obwohl sein Gesicht, die Schultern und die Brust blutige Spuren von Vogelschnäbeln zeigten. Metallisch schillernde Fliegen umsummten ihn und krabbelten über seinen Körper; ein leerer Wasserkrug und eine schartige Tonschale lagen einige Schritte entfernt im Sand.

»Bald hast du es hinter dir, du Schakal«, sagte Farnaka laut. Assina schien aus dem düsteren Zwischenreich, in dem er sich seit Tagen aufhielt, in die Gegenwart zurückzukehren. Sein linkes

Auge starrte Farnaka aus einer schwarzen Höhlung heraus an. »Obwohl ich noch nie einen solch räudigen Schakal wie dich gesehen hab.«

Farnaka hatte vor sechs Tagen die weißglühende Spitze eines Dolches dem rechten Auge Assinas genähert. Das Auge war verkocht, die Augenhöhle, die Brauen und ein Teil des Haares waren abgesengt. Die Haut war voller eiternder und nässender Brandblasen. Assina hatte sich die Lippen blutig gebissen und atmete röchelnd durch den aufgerissenen Mund; von den blanken Knochen und Knorpeln des Nasenrestes, durch den Atemluft zischte, zog sich eine breite Blutbahn bis zum Schamhaar. Mit bedächtigen Bewegungen streiften der Tagwächter und seine Männer lederne Handschuhe über.

»Macht die Ketten los. Werft ihn auf die Trage«, sagte Farnaka.

Die abgeschnittenen Ohren und die Nase, die Farnaka in den Sand geworfen hatte, waren die Beute von Aasvögeln oder streunenden Hunden geworden. Trotz der schwarzen Blutkrusten, in denen das Haar festgebacken war, schien Assina zu verstehen, was um ihn herum vorging; aus seiner Mundhöhle kamen undeutliche Worte, die ebenso verstümmelt waren wie die Zunge; Farnaka und die Umstehenden erinnerten sich an den Schrei Assinas, als der Dolch, ein zweites Mal glühend gemacht, das zukkende Fleisch zerschnitten und die Wunde versiegelt hatte. Die Ketten klirrten, als die Helfer die Bronzenägel aus den Bohlen hebelten.

»Was willst du uns sagen?« Farnakas Stimme blieb gleichgültig. Ein junger Krieger drehte sich um, krümmte sich und begann sich würgend und hustend zu erbrechen. Zwei Lanzenträger lachten heiser und leise. Als die ausgemergelten Arme Assinas mitsamt den Ketten herunterfielen und der Körper in der Kotlache zusammensackte, sahen alle, daß kleine Wunden, Striemen und Geschwüre fast die gesamte Haut bedeckten; sein Glied und die Hoden waren im blutverkrusteten Gekräusel kaum zu sehen.

»Sag ... dem ... Dariu ... vausch ...«

»Das kannst du ihm selber sagen. Er wird zusehen, wie du stirbst; wenigstens einige Zeit lang«, sagte Farnaka und winkte. Ein Helfer reichte ihm einen großen Becher, mit starkem Wein gefüllt. Farnaka hatte Assina aus Huza nicht gekannt, er war ihm völlig gleichgültig; trotzdem hatte er lindernde Pflanzenauszüge hineingemischt: Wermut, Mohnseim und Sylphion. Die Männer wuchteten den kraftlosen Körper in die Höhe, rissen den Kopf nach hinten, und Farnaka hielt den Rand des Bechers an die blutenden Lippen. Assina holte mit einem unbeschreiblichen Geräusch Luft, schluckte und trank langsam, in kleinen Schlucken, immer hastiger; er trank zwei Becher aus und entleerte unvermittelt seine Blase. Der Urin rann über die Wunden und den Schorf seiner Schenkel. Er schien es nicht zu spüren, auch nicht die Schmerzen, als vier Gehilfen ihn auf eine hölzerne Trage fallen ließen, sie aufhoben und von den Kriegern begleitet zum Podium trugen.

Farnaka sah sich schweigend um. Die Trommeln donnerten in unverändert langsamen Takt. Der Platz begann sich zu füllen. Noch standen die Bewohner, einzeln und in wachsenden Gruppen, vor den breiten Streifen aus nassem Erdreich, in das entlang der Platzränder Gras eingesät worden war. Der König wollte einen großen, grünen Platz haben, auf dem er im Baumschatten spazieren konnte, wenn die neue Weide von Schafen kurzgefressen worden war. Er blieb neben der Holztreppe stehen, als die Helfer Assina hinauftrugen, neben dem Sitz von der Liege kippten und die Ketten lösten. Sie zogen Seilschlingen um seine Knöchel und Handgelenke, hielten mit ihnen den Körper ausgestreckt und warteten bewegungslos.

Unverändert dröhnten die straffen Kalbfelle über den Bronzekesseln. Am Mittagshimmel erschienen in großer Höhe die sichelförmigen Schattenrisse kreisender Geier. Die Taubenschwärme flüchteten, alle zwei Atemzüge mit klatschenden Flügelschlägen die Richtung ihres Fluges ändernd, vor einem Falkenpärchen. Von der Bergspitze löste sich zögernd eine langgestreckte Wolke und schien auf den Palast zu zeigen. Die Menschenmenge war größer geworden und näherte sich langsam dem Podium, das jetzt, nach einigen leisen, scharfen Kommandos, von der Palastgarde umstellt wurde. Hinter den Mauern kläfften Hunde; ein Esel plärrte, als würde ihm das Fell abgezogen. Farnaka, der auf der untersten Holzstufe stand, sah, wie sich die Köpfe drehten und die Blicke hoben: Hinter der Brüstung einiger Palastdächer erschienen Männer in ledernen Hosen und kurzen, schwarzen Umhängen. Sie hoben riesige Muschelschalen hoch, schienen in die bronzenen Mundstücke zu beißen und warteten; nach einem rasenden Beckenwirbel, der jäh abriß, gaben die Meeresmuscheln dunkle und lang hallende Töne von sich. Sieben klagende Stöße, so laut, als solle man sie auch in Huza hören, erschütterten die Luft über Hagmatâna. Beide Flügel des vergoldeten Palasttores am oberen Ende der hundertvierundvierzig Stufen öffneten sich weit und geräuschlos. König Dariuvahush trat ins Sonnenlicht, gefolgt von den sechs Edlen, hob den rechten Arm und begann die Stufen hinunterzuschreiten. Ihm folgten die Kämmerer, der Oberste Schreiber, einige Verschnittene aus dem Palast, andere Edle, die erst seit wenigen Tagen in Hagmatâna zu Gast waren, der Oberste der königlichen Boten; König Dariuvahush trug den Mantel aus Streifen von Gepardenfell und golddurchwirkter weißer Wolle. Er ging schweigend bis zum untersten Treppenabsatz und stellte sich vor den linken Sessel; der rechte blieb leer. Eine bedeutungsvolle Geste: Niemand war gegenwärtig würdig genug, zu seiner Rechten sitzen zu dürfen. Über seinem Kopf spannten Diener den Sonnenschirm mit den sieben Speichen auf. Inzwischen hatte sich der Platz gefüllt, die Menschen standen Kopf an Kopf, murmelten und bildeten eine schiebende, drängende Masse, die bis weit in die Nebengassen reichte und vor den waagrecht gehaltenen Lanzen der Unsterblichen endete, zehn Ellen von den Kanten des Podiums entfernt. Dariuvahush hob wieder den Arm. Abermals heulten die Rufe aus den schillernden Meeresmuscheln. Dann breitete sich atemlose Stille aus.

»Unter meiner Herrschaft soll das Reich blühen und wachsen!« Dariuvahushs Stimme schien bis zur Stadtgrenze zu reichen, obwohl er nicht brüllte. »Der Große Kurusch hat das Reich gegründet. Ich bin der neunte nach acht großen Königen. Jeder Kshatrapan schwor dem König Treue und Gefolgschaft. Assina aus Huza in Uvja brach diesen Schwur und fügte dadurch Mada und Pârsa schweren Schaden zu. Ich und die Richter haben das Urteil gefällt und seinen Gürtel mit den Fingern berührt – seht zu, wie der

König den Hochverrat kleiner Lügenkönige straft. Assina stirbt, aller Würden entkleidet, ehrlos und auf grausame Weise.«

Farnaka spürte, daß sich die Härchen an seinen Unterarmen aufrichteten. Ihn schauderte; der Augenblick dehnte sich in furchtbarer Bedeutung. Einige Herzschläge lang fuhr, wie der Klang der Muschelhörner über den Dächern, eine schwarze Erkenntnis durch seine Gedanken. Er hatte, wie jeder Mensch des Reiches, den Befehlen eines jeden Großkönigs zu gehorchen, aber hier und jetzt sprach und handelte ein wahrer Herrscher. Jedes Wort war Gesetz; jedermann mußte erkennen, daß Dariuvahush an das glaubte, was er sagte, daß er in die Tat umsetzte, worüber er redete. Die folgenden Worte des Königs konnten niemanden mehr überraschen.

»Assina ist gestraft worden und stirbt. Nicht der König ist grausam, sondern die ewigen Gesetze sind's. Jedermann innerhalb der Grenzen des Reiches kann sicher sein: Es gilt Dâtam, mein Gesetz, das gut ist, weil es uralt ist und, wie die Lehre vom Gott Ahura Mazdâh, ebenso für den König gilt. Viele Boten bringen die Nachricht in jede Kshatrapie: So stirbt jeder, der sich gegen unser großes, herrliches Reich versündigt! Tod dem Lügenkönig.«

Wieder ein Aufheulen der Hörner; ein Laut, der aus einer fremden Welt zu stammen schien. Farnaka stieg die Stufen hinauf, stellte sich mit verschränkten Armen in eine Ecke des Podestes und sagte: »Wir bringen es hinter uns. Hebt ihn auf seinen letzten Sitz.«

Die Prozedur schien fast alltäglich, so geschäftsmäßig handelten seine Gehilfen. Sie rissen Assina auf die Füße, fesselten die Arme an den Rumpf und an die Oberschenkel und wickelten Lederschnüre um Knie und Fußgelenke. Sie zerrten ihn zum Sitz und stemmten ihn mit dem Bauch neben der Rückenlehne in die Höhe. Die Seile spannten sich wieder; die weiße Spitze des Pfahles schien zu zittern, als sie sich in Assinas After bohrte, darin verschwand; Assina stieß einen gellenden Schrei aus, der über den Platz hallte, sich an den Mauern brach und von der weißgrauen Wolke geschluckt wurde, die auf die Sonnenscheibe zuglitt. Assina hing kreischend eine Elle über dem Sitz in der Luft.

Blut strömte in schwachen Stößen aus seinem Körper. Die vier Seile hingen naß und schwer durch. Einige Herzschläge lang schwebte er, wie eine seltsame Erscheinung, zitternd und zuckend, mit weit aufgerissenem Mund, sinnlose, unverständliche Lautfetzen ausstoßend, auf dem Pfahl. Dann riß oder zerbrach etwas in seinem Körper, zwischen Brust und Rückgrat, und er fiel ruckend eine halbe Elle tiefer.

Farnaka starrte in Assinas verwüstetes, kaum noch menschenähnliches Gesicht. Dies war die vierte Pfählung, die er leitete; die erste unter Dariuvahush. Die hölzerne Spitze grub sich bei jedem Zittern des Mannes, dessen Sterben einige Stunden lang dauern würde, ein oder zwei Fingerbreit höher, dem Nacken entgegen. Farnaka sah zu, wie seine Gehilfen die Seilenden an Zapfen der Plattform verknoteten und nacheinander die Stufen hinuntergingen. Sein Blick richtete sich auf die Palasttreppe.

Dariuvahush saß regungslos da, stützte das Kinn in die Handfläche, betrachtete mit scheinbar kaltem Blick den Sterbenden. Es war, als wöge er Grausamkeiten, Sitten und Gesetze, Verstoß und Strafe, Vorstellungen eines Riesenreiches gegenüber einzelnen Schicksalen, Ursachen und Wirkungen gegeneinander ab. Farnaka, der sich als königlicher Henker begriff, zuckte mit den Schultern und verließ das Podium. Er würde niemals verstehen können, warum sich Männer selbst dazu benutzten, eine Macht zu stürzen, sie beseitigen zu wollen, die tausendmal stärker war als jeder einzelne: Hatten sie alle Rauschjauche getrunken?

Wieder sackte Assinas Körper, feucht und schwer, eine Handbreit tiefer. Dariuvahush hatte, vom Schirmträger gefolgt, seinen Sitz verlassen und stieg die Stufen zum oberen Palasttor hinauf. Farnaka verstand: Für Dariuvahush und ihn waren Tötungen dieser Art nichts anderes als blitzende Messerschneiden am Hals eines Lammes, das nach einiger Zeit über der Glut des Herdfeuers gebraten wurde. Dennoch wartete er im Fackelschein bis kurz vor Mitternacht, bis Assina zweifelsfrei tot war; er hatte bis zu seinem Tode kaum geschrien.

4. Die Worte des Schreibleders

Die Palasthandwerker von Hagmatâna, unter ihnen Karer, Yaunier und Schmuckschmiede aus Mudrayia, hatten für Dariuvahush eine unterarmlange Truhe geschaffen; Hebony-Schwarz-
holz, mit vergoldeten Bronzeecken und Kantenleisten eingefaßt.
Der Deckel war durch zwei goldene Löwenköpfe gesichert, in
denen sich Schlösser verbargen. Dariuvahush drückte mit beiden
Zeige- und Mittelfingern auf die Edelsteinaugen der Köpfe, ein
vierfaches Schnappen ertönte, die Löwengesichter klappten nach
oben. Im Licht der Öllämpchen hob Dariuvahush den Deckel an,
kippte ihn und sah im größten der vier Fächer vielleicht zwei
Dutzend eng gerollte weiße Schreibleder, deren Kanten mit
kunstvoller Stickerei aus Silber- und Goldfäden verziert waren.
Er rollte ein Schreibleder auf, beschwerte die Enden mit einem
Stierfigürchen aus Gold, einem Pferd, einem Türmchen und dem
Tuschedöschen und wählte einen Griffel aus Elefantenzahn aus,
mit einem Einsatz aus weichem Holz. Dariuvahush war allein;
die Ruhe der frühen Nacht erfüllte die Räume zwischen den dik-
ken Lehmziegelmauern des Palasts. »Endlich: Ruhe, Stille –
Schweigen«, flüsterte er, schüttelte und öffnete das Tuschgefäß.
»Warum kommen die guten Schreibworte immer nur im Pairidaeza des Herzens, wenn niemand um mich herum ist?«
Er senkte den Kopf und glaubte zu fühlen, wie aus dem bienen-
gleichen Schwarm seiner Gedanken einzelne Gedankentierchen,
schwer von Blütenstaub, zum Flugloch summten; ohne zu überlegen begann er zu schreiben. Kleine Vierecke, zusammengesetzt
aus winzigen, pfeilspitzenähnlichen Dreiecken erschienen wie
ohne sein Zutun auf dem glatten, weißen Leder.

Zu vieles, das ich nicht weiß! Was ich weiß oder fest zu wissen
glaube, schreibe ich, und dies sind auch die Wegmarken meiner
jungen Herrschaft: Erkenntnisse, Gesetze und Erfahrungen der
Menschen, Regeln, die ein Gott wie Ahura Mazdâh gegeben hat,

viel weiser als sein Verkünder Zarathushtra. Ich glaube unverrückbar, bin sicher, daß die Tötung des Gaumâta ebenso rechtens war wie meine Erhebung zum König. Jene sechs Freunde, deren Familien einst fast alles Land in Pârsa und viel Land in Mada gehörte, stimmten zu und halfen: Sie vertreten Pârsa und Mada und Babirush und Abr Nahr. Sie sind ehrlich, zuverlässig, meines Vertrauens würdig. Auch Vindafarnâh. Sie werden mich – dies weiß ich so sicher, wie ich ihnen vertraue – nie enttäuschen. Ebenso jene auserlesene Schar der Hundert- und Tausendführer: Dâdreshish, Babâdhush, Bagabuchsa, Vahumisa, Tachmaspâda, Hamarâdha, Satâspa und Sykashta, Rtavardhya und einige andere. Wir kämpften Seite an Seite, jeder hat jedem mehr als einmal das Leben gerettet, wir schleppten uns durch die Wüste von Abr Nahr, und ich werde jeden von ihnen zum mächtigen Fürsten machen. Im Heer des Kambushya haben wir gegenseitiges Vertrauen und die Fähigkeit erworben, überall dort zu überleben, zu kämpfen und zu töten, wo andere es nicht vermögen. Diese Männer, auch wenn es nur zwei Dutzend sind, werden die Fundamente und Säulen sein, auf denen das Reich Dariuvahushs sich gründet; ich will, daß ich König der Könige und aller Lande genannt werde.

Bis heute und hierher habe ich es geschafft. Nach der Köpfung des Gaumâta ist alles anders geworden. Ich bin König. Zaudern und zögern darf ich in den Nächten; allein. Spreche ich einem anderen Menschen gegenüber nur ein Wort, so ist es ein königlicher Befehl. Diese Überlegung muß mir stets gegenwärtig sein: Nach außen sind Zweifel nicht erlaubt, denn sie sind gleichbedeutend mit meiner Schwäche. Ich bin der König. Ich darf weder Unentschlossenheit noch Schwäche zeigen. Meine Befehle müssen klar sein wie Quellwasser und unwiderruflich wie der Sonnenuntergang. Bevor ich befehle, muß ich lange nachdenken, denn ich darf mein eigenes Wort – das Dâtam – nicht brechen. Ich herrsche über das einzige und daher größte Reich der Welt. Ratlosigkeit bedeutet sichtbare Schwäche. Es ist gleichgültig – mir ist es nicht gleichgültig! –, ob ich Dâtam flüsternd, brüllend oder mit ausgesuchter Grausamkeit durchsetze: Gesetze, Maße, Längen, Hohlmaße oder die Pflicht, Abgaben und Tribut zu ent-

richten, gelten für jeden Sterblichen im Reich. Auch für mich; auf
verschrobene Weise. Macht zu haben ist herrlich, diese Macht
anzuwenden ist schwierig. Ich muß noch lernen, damit richtig
umzugehen; Gaubarva wird mir stets dabei helfen.

Dariuvahush legte den Griffel zwischen die goldenen Zinnen des
Türmchens, lehnte sich zurück und starrte in die Dunkelheit des
Raumes. Leuchter, Truhen, Wandteppiche und Sessel blieben undeutliche Schemen. Er begann zu verstehen: Der selbstauferlegte
Zwang, Gedanken und Überlegungen zu fassen, zu bündeln und
in wenig ausschweifenden Worten niederzuschreiben, schuf unerwartete, aber willkommene Klarheit. Er las die letzten Wortrei-
hen und begann sich an wirkliche Geschehnisse zu erinnern: Er
und eine Gruppe magerer, verwahrloster Hundertführer, die auf
mürrischen Kamelen und ausgemergelten Pferden den Zug des
Heeres sicherten, trotz der furchtbaren Nachricht vom verlorenen
Heer, mit dem stinkenden Leichnam Kambushyas auf einem
Kampfwagen, in einer Waffentruhe voller Salz, Sand und Natron
ausgestreckt; alles schleppte sich taumelnd der nächsten Wasserstelle zu. Damals war nichts mehr zu sehen gewesen von der ge-
messenen Feierlichkeit, die man den Pârsa nachsagte: Er, Dariuvahush, hatte im hastigen Rückzug dafür gesorgt, daß auf dem
furchtbaren Weg kein einziger Schutzbefohlener starb. Die
Flämmchen zitterten in einem plötzlichen Windhauch von der
Decke; zögernd griff er nach dem Schreibstift, faßte seine Gedanken zusammen wie die Zügel eines Vierergespanns und
schrieb bedächtig weiter.

Vater Vishtâspa schrieb mir, daß ich mich auf seine Hilfe, bis zum
letzten Atemzug, ebenso verlassen kann wie auf die meiner Brü-
der Rtafarnâh und Rtapâna und auf die Liebe meiner Mutter
Rhodogûne und meiner Schwestern. Was die Kshatrapien Pârt-
hara und Hyrkanien angeht, von Vishtâspa meisterlich verwaltet,
brauche ich keine Sorgen zu haben: Sie werden nicht vom Reich
abfallen. Sicherlich ist das helle Bild, das ich oft zwischen Wa-
chen und Schlafen sehe, das Bild aller Kshatrapien, ein guter,
wenn nicht der beste Teil meiner Erinnerungen an Vaters Palast

und sein Pairidaeza. Und an meine erste Liebe, die mich verwirrt
und bereichert hat – vor mehr als fünfzehn Jahren. Niemals habe
ich später dieses einzigartige Gefühl in mir wiedergefunden; we-
der bei den biegsamen Sklavinnen und Harfenistinnen in Men-
Nefer noch in Gaubarvas Palast, als ich seine Tochter Rytabâma
– die ich Rauchjshma, die dunkel Leuchtende nannte – zur Mut-
ter meiner Söhne erwählte. Alle Frauen, die ich seit meinen er-
sten Liebesnächten genommen habe, sahen in mir einen Mann
mit mehr Macht, als ich hatte, und mit viel mehr Bedeutung. Sie
forderten mehr, als sie selbst geben konnten. Bis auf Nefermerit,
wie mir scheint, denn sie ist ein Nichts, das sich seiner Bedeu-
tungslosigkeit bewußt ist, und diese Einsicht bringt sie dazu, zu
erahnen, was meine Leidenschaft steigert, und nichts zu fordern
als den Abglanz von ein wenig Zartheit. Viele werden dich für ein
Ungeheuer halten, hat Gaubarva gesagt, in einem der vielen Ge-
spräche von Freund zu Freund, und du wirst bisweilen wie ein
Ungeheuer handeln müssen; das Reich aus vielen Ländern for-
dert Grausamkeit ebenso wie Milde, Strenge und Heiterkeit,
Frühling und bitterer Winter. Habe ich wirklich die Unschuld
verloren, als aus mir, dem Hazarapati, der König wurde? Trotz
der Unsicherheit in meinem ersten Jahr werde ich ein bewußtes
Leben führen, das von Macht, Kraft und lügenloser Gerechtigkeit
bestimmt sein wird.

Er nahm einen Schluck aus dem Weinbecher und wartete, bis die
Tusche auf dem Leder und in den weichen Holzfasern des Sti-
chels getrocknet war, ehe er das Leder zusammenrollte und ins
leere Fach legte; Tuschdose und Eckgewichte stapelte er sorgsam
in das Seitenkästchen der Truhe. Viermal glitten knackend die
verborgenen Metallstäbe des Schlosses ineinander; Dariuvahush
tauchte den Docht eines Lämpchens ins aufsummende Öl und
stand auf. Als er auf die Tür zuging, öffnete sie sich lautlos, ohne
daß er jemanden sah.
Während er durch stille, von wenigen Flämmchen kaum erhellte
Abschnitte der Korridore zum Schlafgemach ging, fühlte sich
Dariuvahush von vielen Augenpaaren beobachtet. Er wußte: In
Wirklichkeit starrte niemand hinter ihm her. Während einiger

Schritte war ihm, als schreite er neben sich selbst. Seine Fingerspitzen juckten, er trug den leichten, dunklen Mantel aus gemusterten Fellen des Kragenbärs. Einst hatte der Palast dem Kurusch gehört, dann, umgebaut und vergrößert, dem Kambushya, nun war es seiner. Aus jedem Ding von einigem Wert flüsterte ein Jahrhundert der Vorbesitzer; nichts hatte er mitgebracht und hinzugefügt außer sich selbst. Diese gemauerte Unwichtigkeit verließ er in zwei Tagen, dem Heer nachhetzend. Er blieb vor der breiten Tür stehen, holte tief Luft und schob die Tür auf. Nefermerit lag im Halbschlaf auf den weißen Leinentüchern zwischen den Säulen an den Ecken des riesigen Lagers, das schon dem zweiten Kurusch zur lustvollen Ruhe gedient hatte.

Schweigend ging Dariuvahush zum Ofen, tauchte die Handgelenke tief ins warme, duftende Wasser und erwartete, als er sie herauszog, blutrote Tropfen an den Fingerspitzen zu sehen. Er trocknete sich ab; das Tuch blieb weiß. Er setzte sich, die wohlige Wärme der Glutkörbe spürend, in den hochlehnigen Sessel. Die massigen Palastmauern schienen ihm uralte Geheimnisse zuzuflüstern, die er nicht verstand. Er betrachtete in der wispernden Stille den Körper der Frau aus Kushiya; für ihn ein Gefäß der Wollust. Plötzlich zogen, ohne daß er es wollte, die Namen und Gestalten der Frauen vom Schreibleder in seine Vorstellungen, deren Leidenschaft er geteilt hatte oder teilen würde: Rytabâma, Gaubarvas Tochter, Mutter dreier Söhne, und all jene, die gierig darauf warteten, daß er sie besaß und schwängerte, um den Schatten seiner Macht und Bedeutung auf sie zu senken: Hutaûtha, Rtastunâ und Parmush, die Tochter Hutanas, Faidumâ, die er nur einmal gesehen hatte; in Pâthragada wartete eine unbekannte Anzahl Frauen aus dem Frauenpalast des Kambushya. Alle Kshatrapane würden dem König zugleich mit dem Tribut Sklavinnen, Sklaven, Handwerker, die schönsten jungen Frauen im Goldschmuck und mit Ebenholztruhen voller Gewänder senden, jedes Jahr mit Karawanen behäbiger Kamele – mit tausend Frauen konnte er tausend Kinder zeugen; fünfhundert Söhne, von denen jeder nach zwei Jahrzehnten in ätzender Machtgeilheit darauf warten würde, den Vater zu entthronen. Er keuchte; ihm schwindelte.

Er zerrte die roten Schuhe von den Füßen, warf einen Blick auf den Tisch voller Leckerbissen, Krüge, Becher und langstieliger Pokale. Die Wahnsinnsfahrt zu seinem Kriegszelt am Idiglat begann in zwei Tagen: Er mußte siegen!

Er zog sich aus, streckte sich neben der Kushiytin aus, legte die Hände auf ihre prallen Brüste und streichelte mit den Fingerkuppen die rauhen schwarzen Spitzen. Nefermerit seufzte, halb im Schlaf, öffnete die Augen und sah ihn an, als sei er ein Fremder, der Zwillingsbruder des Mannes, für den sie mit gespreizten Schenkeln seufzend ihre Leidenschaftlichkeit verströmte; sie richtete sich auf und flüsterte:

»Endlich berührst du mich, o König. Ich hab von deinen Kämpfen und Siegen geträumt. Und von dieser Nacht. Du hast den Lügenkönig getötet?«

»Töten lassen«, sagte er leise. »Ich hab unübersehbare Zeichen gesetzt. Hoffentlich. Vielleicht spricht es sich herum. Trotz meiner zahlreichen Sorgengedanken bin ich zu dir gekommen.«

»Nichts verlange ich von dir, König. Ich erwarte wenig; wer bin ich, daß ich etwas fordern dürfte?« Sie nahm seine Hand und legte sie auf ihre Scheide. »Eine wohlfeile Beischläferin, eine Dienerin deiner Lust.«

Seine Finger glitten über die glatten Innenseiten der Schenkel, zwischen seinen Lippen wurden die Spitzen ihrer Brüste prall wie schwarze yaunische Oliven. Er glaubte einzuschlafen und wachte wenige Atemzüge oder Stunden später auf, griff nach ihr und bedeutete ihr, vor ihm niederzukauern. Als er mit aufgerecktem Glied hinter ihr kniete, die schweren, schwankenden Brüste in den Händen, die Hüften schiebend und stoßend, versuchte er seine und ihre Lust zu genießen, bis zum erschöpfenden Ende; vorübergehend gelang es ihm, die Bilder der Pfählung Assinas zu unterdrücken, wenn auch nicht zu vergessen. Es war seltsam, mit einer Frau – keiner Pârsa-Frau, sondern einer unbedeutenden Sklavin! – in der Abgeschiedenheit der Leidenschaft und im Dunklen, über Gedanken zu sprechen, die ihn quälten. Zwei Dutzend lange Atemzüge später setzte er sich auf, ging zum Wasserkessel und wusch oft und lange, bis es ihm auffiel, Gemächt, Hände und Unterarme bis zum Ellenbogen. Er kehrte zum Lager zurück und sagte:

»Übermorgen verlasse ich Hagmatâna. Du willst nicht mit mir kommen?«

»Du fährst nach Babirush, König der Leidenschaft, um zu siegen. Dabei wäre ich die schlechteste Gefährtin. Laß mich hier warten, o König. Mein Schicksal ist mit deinen Siegen verbunden. Aber ich glaube, daß du mir eine Bedeutung zumißt, der ich nicht gerecht werden kann –«, sie küßte hingebungsvoll die Spitze seines Gliedes und ließ die Fingerspitzen durch sein Haargekräusel und über die schrumpfenden Hoden gleiten, »denn eine wie ich ist Staub unter deinen Sohlen.«

»Du und wenige andere sind Gefährten der ersten Siebentage«, sagte er leise. »Ich vergesse nichts. Niemals. Ich lasse Sorge dafür tragen, daß du ein gutes Leben haben wirst. Bei Ahura Mazdâh!«

Dariuvahush lächelte, sein Glied schwoll und reckte sich. Nefermerit schmiegte sich an ihn und wisperte stockend, während sie ihre Lippen von seinem Bauch löste:

»Im Schatten deiner Schwingen. Mögen sie stets so leidenschaftlich flattern.«

Der alte Verschnittene forschte in ihrem Gesicht. Es waren, unbeschadet seines Alters, Blicke von tiefer Erfahrung, fast von grausamer Kälte. Das Schweigen zwischen ihnen schien endlos zu dauern; schließlich seufzte Nefermerit, wischte die fettige Paste der Lidstriche aus ihren Augenwinkeln und sagte:

»Du bist viermal älter als ich. Oder fünfmal, o greiser Bagapâta. Der neue König, der mich wohl vier dutzendmal besaß, sucht mit aller Kraft, der Asche des Gewöhnlichen zu entsteigen?«

Bagapâta, wie sie vom Hals bis zu den Zehen in einen dicken weißen Wollmantel gehüllt, hob die Schultern. Er dachte lange nach, ehe er mit heller, heiserer Stimme antwortete:

»Überaus seltsam und verwirrend! Er versucht es, zweifellos. Nichts weiß ich wirklich, Fürstin nächtlicher Ausschweifungen. Aber indem ich rede, fasse ich meine verschwommenen Eindrücke zusammen: Ihm, dem Sohn des Kshatrapan, bedeuten Frauen wenig. Sie sind Mütter seiner Söhne oder fügsame Gespielinnen seiner Kriegerlenden. Das Ziel seiner Träume und die Freundschaft guter Männer bedeuten ihm viel, womöglich alles; mehr als jede Frau. Ein richtiger Mannskerl, nicht wahr? Er wuchs entbehrungsreich und hart auf, als Pârsa-Kämpfer und Krieger. Die wahre Schönheit und Leichtigkeit – die er vielleicht nie erreichen wird! – sie ist versteckt in seinem Inneren.«

»Seine tiefgoldenen Augen!« flüsterte Nefermerit. »Sie leuchten im Dunkeln. Sie haben mich geprüft, ihr Blick durchdrang mich, sie haben mich gebannt wie bei keinem anderen Mann.«

»Du auch? Auch du? Sehr verwirrend. Es geht vielen so; nicht allen. Nur Freunde können wirklich verstehen, ohne reden zu müssen. Wie sie handeln, das ist wichtig.«

Der Verschnittene und Nefermerit saßen vor den offenen Türen des königlichen Schlafgemachs. Kalter Wind strich von den Bergen herunter und wehte den verdünnten Rauch von tausend Herdfeuern über die Gebäudemasse des Palastes nach Osten. Vor ihnen und über ihnen funkelte der göttliche Sternenhimmel. Der volle Mond kroch durch die Sternbilder, hinter ihnen flackerten Öllichter.

»Nicht allen mag es so scheinen, Bagapâta, aber mir. Was soll ich tun? Er hat gesagt, er würde dafür sorgen, daß es mir gutgeht.«

»Geht's dir schlecht? Hat er dich etwa geschwängert? Du liegst fast jede Nacht bei ihm.«

Sie legte vier Finger auf das schmale, knochige Handgelenk des Leibdieners und schüttelte den Kopf. »Ich kam als Sklavin nach Men-Nefer, das die Söldner Memphis nennen. Dort, im kleinen Palast, lehrten mich die Frauen, wie ich Lust und Leidenschaft fördere und nicht schwanger werde. Ich hatte, ehe man mich dem Kambushya schenkte, einige Liebhaber; von ihnen lernte ich alles; sie zu befriedigen und zu verachten. Ich verachte Dariuvahush nicht. Er ist wie ein neugieriges Kind, das stets leidenschaftlich gab und wenig zurückerhielt; stark, aber unsicher – obwohl er den Lügenkönig grausam pfählen ließ.«

»Auch hierin fügt er sich herkömmlichen Bräuchen. Ich kenn sie von Kurusch und Kambushya. Nur wenn du nicht spielst, kannst du das Spiel, den Kampf zwischen zwei Menschen gewinnen.«

Der Alte wandte ihr sein faltendurchzogenes Gesicht zu. Er sah aus wie ein seltenes, uraltes Tier, das sich aus fernen Landen hierher verirrt hatte. Er umschloß ihre Finger warm mit seiner ledertrockenen Hand und redete leise weiter:

»Ein Rat, von Frau zu Frau.« Er kicherte. »Entweder scheitert er bald, oder er scheitert nie. Er hat die Kraft von vielen, weiß selber nicht, wie stark er ist. Gaubarva sagt: Er ist alle Männer; ich versteh's noch nicht. Er ist der beste Krieger-Freund seiner Krieger-Freunde; versuch also, sein Freund zu bleiben, Gefährtin bestimmter Nächte. Als Sohn des Kshatrapan kennt er goldenen Überfluß. Im Heer des düsteren Kambushya lernte er völlige Entsagung; er vermag zwischen seinen Kriegern im kalten Schlamm zu schlafen. Sehr seltsam!«

Bagapâta machte eine Pause und schnippte mit trockenen Fingern; aus dem dunklen Hintergrund füllten Diener die Pokale mit Würzwein auf, weder zu heiß noch zu kalt. Er nahm einen langen Schluck.

»Er wird anders sein als die acht Könige vor ihm. Noch einmal: Frauen sind Glitzerstaub unter seinen Sohlen. Freunde aber, denen er vertraut, sollten nichts fordern; er gibt ihnen mit vollen Händen. Denk daran, liebste Freundin: Verlang von ihm nicht mehr, als er geben kann. Sei sein Freund – dann wirst du ihn, wenn dir daran liegt, überleben.«

»Dir, alter verschnittener Bagapâta, kann ich's sagen ...«

Er hob kichernd das Trinkgefäß und unterbrach ihre Rede.

»... in meiner Jugend, eh' sie mich um meine Hoden vermindert haben, hab ich's beträchtlich getrieben; für viel zu kurze Zeit, indes. Erschreck nicht einen Urgroßvater mit der Prallheit deines schwarzen Leibes! Nichts, was du kannst, ist mir fremd: Allen habe ich zugesehen, manchmal zusehen müssen ...« Er schien nachzudenken, dann lachte er tonlos. »Wenn der König die Risse im Marmor, das Abfallen etlicher Kshatrapien, die Untreue der Krieger von Mada und andere Widrigkeiten überlebt, wird er so mächtig wie der erste Kurusch.«

»Und indem er so mächtig wird, entfernt er sich von unsereinem?«

Der Verschnittene warf dreimal schnalzend den Kopf in den Nakken. »Ja. Zwangsläufig. Alle Lande werden ihm die schönsten Frauen in den Palast schicken; seine Auswahl wird grenzenlos sein. Er wird die Menge leicht handhaben. Was könntest du dagegensetzen?«

»Meine Leidenschaft. Und nun, da ich's weiß: Meine verständige Freundschaft. Die Frauen liegen da, sagt er, und nehmen; ich gebe, teile aus. Oh! Sein Körper! Schlank, beweglich wie ein silberflirrender Gedanke. Seine Haut ist weich, braun vom Sommer in Abr Nahr ... und seine Finger! Seine Hände. Noch jetzt kann ich sie spüren.«

»Das alltägliche Betreiben einer Erfahrenen.« Wieder kicherte Bagapâta, diesmal viel verhaltener; er leerte den Pokal und schwenkte ihn schweigend in der Höhe. »Gute Hände, scheint's. Alles, was fraulich in mir ist, freut sich: Du willst also bei uns Pârsa, neben, unter und auf Dariush überleben?«

»Soll ich mich etwa jetzt und hier entleiben?«

»Es wäre schändliche Verschwendung, überdies sinnlos. Mein Rat: Fordere nichts, gib ihm die unerschütterliche Sicherheit, sein Freund oder seine Freundin zu sein, ihn nicht zu verraten ...«

»Wie könnte ich das? Mir genügt es, auf seine Weise geliebt zu werden. Schön bin ich selbst; er verbirgt, was von gebieterischer Bedeutung ist.«

Sie lehnte sich zurück und schloß die Augen. Nach dem Tod Gaumâtas, der sie in dieser schicksalsträchtigen Nacht auf sein Lager befohlen hatte und vom Geköpftwerden daran gehindert worden war, sie zu besitzen, war Dariuvahush schweigend über sie gekommen: als machtvoller Sieger, schnell, geradlinig und roh wie ein Bock, der ein dickfelliges Schaf besprang und danach irrenden Blicks weiterrannte; noch erfüllt von Blut, Kampf und Mord, strotzend und geil. Als er danach in einen kurzen, hitzigen Schlaf fiel, hatte sie ihn betrachtet und in seinem verkrampften Antlitz nach Dingen gesucht, die sie zu verstehen vermochte: scheinbare Sicherheit, verhaltenen Trotz, Verletzbarkeit wie bei einem geprügelten Kind, ungebärdigen Willen und die Kraft von zehn Männern, die er nicht in einer einzigen Anstrengung, sondern über lange Zeit hinweg entfalten würde – so erkannte sie den neuen König Dariuvahush, den die ewigen Götter an ihre Seite – sie kicherte wieder – und zwischen ihre Schenkel, Lenden, Brüste und Lippen gebracht hatten. Sie sah das undeutliche Bild ihres Gesichts im Wein des Pokals und sagte: »Wenn ich es denn vermag, wenn Ahura Mazdâh, sein Gott, und die hundert Götter des Hapilandes mir helfen – so will ich versuchen, seine Freundin zu bleiben.«

»Du hast kluge Dinge gesagt. Bleib klug; du tust gut daran, Schönste. Versuche, ihn zu verstehen. Ich meine das Verstehen zwischen Wörtern und jenseits der Worte.«

»Wie kann ich das, wenn ich dreizehn Schritte vor ihm auf dem Boden kauern muß?«

Bagapâtas Kichern wurde schriller; er verschluckte sich und setzte den Pokal an seine faltigen Lippen. Er hustete, krümmte sich und sagte atemlos: »Die Frau in mir lacht. Seine Leidenschaft wird, denke ich, diesen Abstand rasch bis auf Haaresbreite verringern!«

Im Schimmer des kristallflirrenden Götterweges zwischen den Sternen flammte ein sterbender Sternsplitter auf; in lautlos klirrender Bahn, als hätten Ahura Mazdâh und die Götter des Hapilandes eine unsichtbare Richtlatte am Nachthimmel angelegt.

Einen Siebentag und eine Nacht lang galoppierten die Zugpferde, kreischten Felgen auf Kies und Sand, polterten die Räder über die Steine der Königsstraße. Die Gespanne, von hundert berittenen Unsterblichen und schwer bewaffneten Kamelreitern begleitet, wechselten die Reittiere häufiger als sonst; Dariuvahush saß neben dem Wagenlenker auf breiten Lederkissen, den wollenen Bashlyq, aus dessen silberbestickten Säumen nur das Gesicht hervorsah, auf den Schultern und in den Mantel aus Gazellenfell gehüllt. Im Morgengrauen waren die königlichen Gespanne von Hagmatâna aufgebrochen und bis spät in die Nacht gefahren, im Licht von Fackelreitern, die eine Kette bis zur nächsten Karawanserei bildeten. Von Turm zu Turm der Rasthäuser qualmten am Tag Rauchsignale; wenn die Sonne aus dem Nebel hervorkam, blitzten Kupferspiegel, und nachts gaben die Posten und Wächter die Nachrichten mit lodernden Feuern weiter. Eine Stunde nach Sonnenaufgang, unweit des Dorfes Bagastâna, hob Dariuvahush den Arm und rief:

»Halt an, Dâdreshish!«

Der Wagenlenker stemmte sich gegen die schweren Lederriemen, die Pferde fielen aus dem Galopp in den Trab und hielten an. Dariuvahush deutete auf die zerklüftete Felswand, die neben der Straße aufragte, und sagte:

»Heute bin ich das dritte Mal hier an der Stätte der Götter vorbeigefahren.« Vom Westen, aus der Tiefebene jenseits der Paßhöhen, wehte ein warmer Windstoß in die Gesichter der Krieger. Die Pferde schwitzten und dampften. »Wenn ich den Nidintu-Bel besiege und Babirush wieder eine Reichskshatrapie ist, werde ich dort im Fels meine Taten einmeißeln lassen. Jeder soll sie sehen, wenn er auf der Straße geht oder fährt. Weiter!«

Anführer Dâdreshish klatschte die Zügel auf die Pferderücken und setzte sich zurecht. Die Reiter trabten an. Dariuvahush unterdrückte das Bedürfnis, sich auszustrecken oder wenigstens anzulehnen, ergriff die bronzenen Haltegriffe und gähnte. Er wußte so genau, als habe er beim Aufrichten des Lagers zugesehen, was ihn am östlichen Ufer des Idiglat erwartete: Sein Kriegszelt, umgeben von den Zelten der Krieger; das Lager von einem Wall aus Wagen und Palisaden geschützt, Lagergassen und Kampfgerät bis hinunter zum Flußufer, Feuer und Glutkörbe und große Haufen aufgeblasener Ziegenhäute. Eine doppelte Kette bewaffneter Krieger würde an den Seiten des Weges stehen, denn die Reiter auf Rennkamelen hatten den Anführer Tachmaspâda längst benachrichtigt. Warmes Badewasser wartete dort, Essen, Würzwein und auch ein tiefer Schluck aus dem Becher des Schlafes; die Wagen rasselten weiter, von den treuesten Kriegern des Königs bewacht.

Dariuvahush spähte durch den Vorhangspalt. Tachmaspâda und Dâdreshish standen vor dem Eingang und blickten über Zeltdächer und die Schneiden der Speere, die zu spitzen Kegeln zwischen den Zelten zusammengestellt waren, durch den Rauch der frühen Feuer und über die Köpfe der Pferde hinunter zum Ufer. Er zog mit beiden Händen den ledernen Vorhang auseinander und trat zwischen die Anführer. Sie gingen drei Schritte zur Seite, verbeugten sich tief und zogen die Kinnsäume ihrer Bashlyqs hoch. Dariuvahush musterte das Lager und den breiten Fluß, des-

sen Wellen sich in bedrohlicher Schnelligkeit nach Süden bewegten.

»Wie viele Krieger haben sich versammelt?« Er deutete auf wenige Zelte, Kampfwagen und den Pferdepferch weiter flußabwärts, auf dem gegenüberliegenden Ufer. »Ich weiß, sie sind bereit. Dein Lager, Tachmaspâda, ist das Werk eines guten
Kriegsführers.«

»Danke, König«, sagte Tachmaspâda ruhig, als habe er das Lob
erwartet. Er strich mit zwei Fingern über den Rücken seiner Falkennase. »Zusammen mit denen, die dich begleitet haben, sind es
fast sechsmal tausend.«

»Was wißt ihr vom Heer des Lügenkönigs?«

»Er hat vielleicht tausend oder eineinhalbtausend mehr als wir.
Aber sie werden uns nicht standhalten.«

»Wir haben Überläufer gefangen. Kundschafter haben gesagt,
daß sein Heer, nun, daß viele Männer deinen Zorn fürchten. Sie
fürchten noch mehr unseren Sieg.« Dâdreshish strich über seine
kahle Stirn und lachte. »Nidintu-Bel wird nicht von sich aus angreifen.«

»Aber ich werde angreifen. Entschlossen und zur rechten Zeit.
Aber nicht jetzt. Hast du die Überquerung versucht?«

»Weiter oben, König, wo der Fluß eine, manchmal zwei Ellen
flacher ist. Dort sind drei Inseln.«

Dariuvahush nickte. Auch diesen Fluß hatte er schon zweimal
überquert, auf Kambushyas dreijährigem Kriegszug. Er legte die
Hände in Handschuhen aus rotem Leder auf die Schultern der
Männer, schüttelte sie und sagte, als habe er lange überlegt:

»Der große Kurusch würde so vorgehen: Hier rüsten wir scheinbar mit aller Kraft für den Übergang. Die Hälfte der Männer soll
sich ausruhen und wenig essen; mit vollem Darm kämpft sich's
schlecht.« Er deutete nach rechts. »Ein Teil der Reiter, auch die
Kamelreiter, ziehen sich laut und fluchend auf der Heerstraße zurück, um Mittag, wo jeder sie hören und sehen kann. Nachts
überqueren wir den Idiglat und greifen an, sobald die Nacht zu
Ende ist. Wie Kurusch mache ich es.«

»Wir haben verstanden. Dann werden wir siegen, o König«, sagte Dâdreshish kalt.

Eine Stunde später, als sich vielleicht zweihundert Kamelreiter ausrüsteten und Maultiere an ein Dutzend Wagen geschirrt wurden, fingen andere Männer an, die prallen Häute an viereckige Gestelle zu binden, die sie in den Fluß schoben. Die Strömung riß sie augenblicklich mit, aber an langen Seilen zerrten die Krieger die Schwimmkörper zurück. Ein Reiter, wie sein Pferd mit Seilen gesichert, wagte sich in die Strömung und schaffte es, bis in die Flußmitte vorzudringen, ehe das Tier den Boden unter den Füßen verlor. Das Pferd riß den Kopf in die Höhe und versuchte zu schwimmen; das Tier und der Reiter wurden zurückgezogen. Dariuvahush nickte zufrieden und wußte, daß seine Reiterei, auch wenn die Tiere weit abgetrieben wurden, den Idiglat überqueren konnte, wenn er es befahl.

Die Hälfte der Kamelreiter mit Waffen und Schilden entfernte sich aus dem Lager. Ein Dutzend Zelte wurde abgebrochen und verladen; einige Wagen, von Maultieren gezogen, knarrten zurück nach Osten, wo sie hinter einem Stück Land verschwanden, ein mit dürren Tamarisken bewaldetes Trockental. Während der Arbeiten ließ Dariuvahush die feindlichen Kundschafter am anderen Ufer von Schleuderern mit faustgroßen Steinen und Tonkugeln beschießen; der Fluß strömte hier breiter als zwei Pfeilschüsse. Es dauerte bis Mittag, bis drei Dutzend schwimmende Plattformen zusammengefügt waren. Auf ihnen konnten jeweils fünfzehn bis zwanzig Bewaffnete übersetzen; sie mußten paddeln oder mit Stangen staken. Einige Reiter des Lügenkönigs Nidintu-Bel, der Dariuvahush an der scheinbar einzigen Furt erwartet hatte, preschten in sicherer Entfernung näher und sahen zu, wie Teile des Heeres den Übergang versuchten. Nach einer Stunde warfen sie die Pferde herum und ritten flußabwärts davon.

Dariuvahush ging von Zelt zu Zelt, verneigte sich knapp vor dem goldglänzenden Feldzeichen des Reiches, grüßte die Zehnschaftführer, prüfte die Kettenhemden der Krieger und die Schärfe der Speerschneiden, beriet mit den Anführern der Hundertschaften, in welcher Reihenfolge sie ihre Männer nach Anbruch der Dunkelheit flußaufwärts führen sollten; in den Wintermonden hatten die Tage die zwölf kürzesten Stunden. Dariuvahush spürte, wie ihn jeder Schritt, jedes Wort zurückbrachte in die Zeit, als er im Heer des Kambushya gekämpft hatte. Viele Männer kannte er bei ihren Namen, besonders jene aus der Schar der Hundertführer. Eine Stunde nach Mittag sagte er:

»Zäumt drei Pferde auf. Und gebt mir ein Dutzend berittene Bogenschützen mit.«

»Wohin willst du reiten, König?« sagte der Anführer der Reiterei. »Flußaufwärts? Zu unserem Übergang?«

»So ist es. Der König muß alles wissen.«

Er trank verdünnten Wein, der stechend schmeckte; das leicht schweflige Wasser war vom Idiglat. Ein Kârataka verschränkte seine Hände, um ihm in die Bügel und auf den Rücken des braunen Hengstes zu helfen. Die Bogenschützen warteten am östlichen Ausgang des Lagers. Dariuvahush hoffte, daß niemand aus dem Heer des Lügenkönigs sehen konnte, wohin sie ritten. Sie galoppierten auf der staubigen Straße durch das öde, gelbbraune Schwemmland in den Schutz des Hohlwegs und hielten an. Ein Reiter grub seinem Pferd die Hacken in die Flanken und trieb es den Hang hinauf; unter den wirbelnden Hufen lösten sich große Brocken krümeliger, unfruchtbarer Lehmerde und zerbrachen stäubend am Straßenrand. Dariuvahush und die Anführer folgten und ritten in einen schmaleren Hohlweg hinein, der sich in zwei Pfeilschüssen Abstand neben dem Fluß nordwärts schlängelte. Die Männer waren gezwungen, hintereinander zu reiten.

»Vergiß nicht, Tachmaspâda! In der Nacht müssen Feuer brennen, Männer sollen mit Fackeln herumgehen. Die anderen müssen glauben, daß wir schlafen. Diesen Weg können wir nachts nicht benutzen.«

»Alles ist bedacht, König«, rief der Anführer und duckte sich unter den fliegenden Lehmbrocken. Der Hohlweg wurde zu einer flachen Spalte im Schwemmgrund und krümmte sich nach links. Die Reiter stoben auf eine ebene Fläche hinaus, weitab des Lagers, unsichtbar für die Männer des Lügenkönigs. Die große, rote Sonne blendete sie, als sie langsamer über einen sanft abfallenden, von Rissen übersäten Hang ritten und dem Rauschen des Flusses folgten.

Das kleine Winterhochwasser des Idiglat hatte noch nicht begonnen. Dariuvahush hielt an, schirmte die Augen mit der flachen Hand und sagte laut:

»Da, drei Inseln und ein flacher Hang. Das erleichtert den Übergang. Aber zwischen den Inseln ist die Strömung reißender und das Wasser tiefer.«

»Dann werden wir nachts die schwimmenden Gestelle bis hierher ziehen müssen.«

Die Umgebung war trostlos, ohne einen grünen Halm. Hoch über ihnen zogen Geier ihre Kreise. Außer dem Plätschern des Wassers und dem Schnauben der Pferde waren nur das Summen der Fliegen und vereinzeltes Grillengezirp zu hören. Dariuvahush ritt bis ans Wasser heran, das an dieser Stelle ebenso getrübt war wie am Fuß des Kriegslagers. Er wartete, bis Tachmaspâda neben ihm anhielt, nahm ihm die Lanze aus der Hand und glitt vom Pferderücken. Er senkte die Lanze, die Spitze nach oben, in die reißende Strömung und bückte sich, kniete schließlich, als er auf Widerstand stieß und das Ende der Waffe den Boden berührte. Er sprang auf, schüttelte die Lanze und warf sie dem Anführer zu.

»An dieser Stelle wagen wir es. Zurück zum Lager; die Sonne steht schon tief.«

Sie ritten durch bitter ätzenden Staub zum Ende des Hohlweges, wo sie ein berittener Bote erwartete, die lederne Tasche mit Bogen und Pfeilen auf dem Rücken. Dariuvahush richtete sich auf, klopfte den Hals des Hengstes und sagte:

»Im Mondlicht und sehr leise werdet ihr bis zum Ende des Hohlweges gehen. Führt eure Tiere am Zügel. Wartet auf die Krieger mit den Schwimmgestellen. Schirrt die besten Pferde an sieben schwere Wagen. Kein Feuer, keine Fackeln!«

»Ich habe verstanden, König. Wer gibt das Zeichen, daß wir angreifen sollen?«

Dariuvahush lachte rauh. »Ich selbst, wer sonst?«

Er hob die Hand, der Bogenschütze wendete sein Pferd und ritt an. Dariuvahush winkte seinen Reitern und trabte in die entgegengesetzte Richtung; während er schweigend ritt und sich sein Körper den Bewegungen des Tieres zwischen seinen Schenkeln anglich, dachte er an jeden Schritt des bevorstehenden Kampfes. Er zwang sich zu äußerster Gewissenhaftigkeit, bedachte jede

Einzelheit, suchte nach Fehlern und stieg zufrieden lächelnd vor seinem Zelt vom Pferd; ihm war, als bereite er einen Sieg für Kambushya vor. Ein Diener ergriff die Zügel und führte das Tier weg. Dariuvahush sagte leise:

»Habt ihr noch Fragen? Ich will bis Mittnacht schlafen. Den Angriff auf dem anderen Ufer führe ich.«

Die Reiter waren zugleich mit ihm abgesessen. Sie verbeugten sich und schlugen die Fäuste an die Brust. Tachmaspâda sagte:

»Keine Fragen mehr, o König! Vertrau uns.«

»Das tu ich, und deswegen werde ich ruhig schlafen.«

Diener rissen den Ledervorhang des Eingangs auf. Dariuvahush ging zwischen den Zedernholzstangen hindurch, die breite Kupferreifen trugen und von einem vergoldeten Widderkopf gekrönt wurden. Kambushyas großes, mehrfach abgeteiltes Kriegszelt, dachte er, war an einigen Stellen alt und zerschlissen, wenig prunkvoll; auch dies hatte Zeit, bis er wieder in Pâthragada war und beginnen konnte, neben notwendigen Dingen auch Nebensächliches zu planen. Er ließ sich ausziehen und zog die vorgewärmten Tücher und Felle bis zum Kinn, ehe er laut gähnend die Augen schloß.

Er liegt auf dem Rücken, die Hand umschließt das schlaffe Glied; aus dem Wunsch, sich an Nefermerits schwellenden Körper, an ihre leidenschaftlichen Bewegungen zu erinnern, werden undeutliche Vorstellungen im dunklen Schlafraum des Zeltes. Voller Verwunderung sagt er sich, daß er sie in Hagmatâna fast jede Nacht besessen hat; an ihren unreinen Tagen hat sie ihn, sein königliches Zeugungsglied, mit Lippen, Zunge und Mund befriedigt. So viele Nächte. Zu viele Nächte. Er entsinnt sich; er weiß es: So oft und lange ist er noch niemals bei einer Frau gelegen. Es muß die königliche Macht sein, die ihn so begehrenswert hat werden lassen. Nicht einmal damals, als die weißhäutige Vorsteherin des väterlichen Frauenhauses ihn zum erstenmal verführt und mit ihrer dunklen, sinnverwirrenden Stimme gesagt hat, daß sie nichts anderes kennt als die Liebe zu ihm, dem Vierzehnjährigen. Aus dem Nachdenken über die Dunkelhäutige

– was sehen die Augen des großen Sphinx in der aufgehenden Sonne und in der Ferne? – und die Weißhäutige entsteht wieder das Bild des kleinen Palastes, des Elternhauses im lieblichen Pairidaeza, am Fuß der Berge und zugleich über dem äußersten Rand der fruchtbar gemachten Ebene. Dort, wo in der klaren Luft der Blick ungehindert weit geht, in strahlender Tageshelligkeit, die jedes Denken und Fühlen leicht macht wie den Vogelflug, ist er aufgewachsen. Dort entsteht in seiner Vorstellung ein Bauwerk, schöner als alles andere, prächtiger und feiner als alles Vorstellbare; der Ort, an dem sein Leben jene Leichtigkeit und Ruhe haben wird, die Ahura Mazdâh verheißt. Nicht als Greis wird er sein Pairidaeza bauen, sondern als mächtiger, junger König. Als er versucht, sich zwischen schlanken weißen Säulen zu sehen, fallen Schatten der Wirklichkeit auf das Bild, und er schläft ein und träumt einen trostlosen Traum.

5. Babirushs Palmenhaine

Ein Geräusch, das so spät nachts nicht zum Kriegslager gehörte, schien Dariuvahush geweckt zu haben. Er blinzelte ins Ölflämmchen, zuckte mit den Schultern und begann sich anzukleiden. Als er den Bashlyq aus Kettengewebe, Leder und Stoff von den Schultern der Puppe hob, begann er zu lachen. Zwei Diener stürzten zwischen ledernen Vorhängen hervor und warfen sich zu Boden.

»Euer König«, sagte er grinsend, »war in Gedanken wieder im Heer des Kambushya. Da haben wir uns allein angekleidet. Bringt meine Waffen; ich brauche ein Pferd.«

Sie halfen ihm, den Schutz, der den Kopf umhüllte und weit auf die Schultern herunterrasselte, anzulegen. Er fuhr unter den Bart und schob ihn über den Ledersaum, dann spreizte er die Arme ab und ließ sich den Gurt umschnallen, zog prüfend das Schwert und die Dolche und steckte die Handschuhe in den Gürtel. Ein Diener reichte ihm einen silbernen Becher; Dariuvahush roch heißen Würzwein und trank einige Schlucke, nickte den Männern zu und ging in den Vorraum. Der Diener hängte ihm den Schild auf den Rücken und schloß die Schnalle des breiten Riemens. Aus dem hölzernen Gestell wählte er eine Lanze und zwei kürzere eiserne Wurfspeere, zog bedächtig die Handschuhe an und trat vor das Zelt.

Beide Anführer warteten. Tachmaspâdas zweifache Stirnnarbe schien zu glimmen, seine Falkennase stach unnatürlich weiß aus dem Gesicht hervor. Er hielt Dariuvahushs Braunen am Zügel. Das Tier trug über dem Hals und dem Körper einen dünnen Kettenpanzer. Ein Kârataka rannte herbei, half Dariuvahush aufzusteigen und reichte ihm Speere und Lanze. Tachmaspâda sagte leise, aber mit flacher Stimme:

»Führ uns an, König. Alles ist so, wie du befohlen hast.«

Dariuvahush schüttelte zustimmend den Kopf, gab die Zügel frei und ritt im Licht verglimmender Feuer und des Mondes durch die breite Lagergasse in nördliche Richtung; flußaufwärts. Im flachen Land, das sich im Mondlicht unendlich weit zu erstrekken schien, heulten streunende Schakale das Nachtgestirn an.

Nach sechzig Atemzügen hatten sich ihre Augen an das silbrig gefleckte Halbdunkel gewöhnt: Der Teil des Heeres, der am Vortag scheinbar das Lager geräumt hatte, mehr als ein Drittel der Bewaffneten, wartete am anderen Ufer. Im schwachen Licht hatten die Krieger ihre Tiere einzeln über den Uferhang geführt, über die schwankenden Schwimmgestelle, auf die man Lehm gepackt hatte, auf die trockenen Inseln, über das scharf rauschende Wasser. Es blieb genug Zeit; als die Pferde feuchten Boden unter den Hufen spürten, zogen sie, ohne zu scheuen, die schweren Kampfwagen über die schwimmenden Brücken. Die Krieger versuchten, indem sie sich an den Seiten aufstellten, das Schwanken zu verhindern; nur wenige Männer fielen ins Wasser, klammerten sich an die Spanntaue oder trieben fluchend davon.
Dariuvahush wartete, bis ein Viertel seiner Krieger den Fluß überquert hatte. Der Idiglat war hier nicht breiter als die Entfernung, die eine Schleuderkugel zurücklegte. Er rutschte vom Pferderücken, redete dem Hengst beruhigend zu und führte ihn über den Hang, über vier Schwimmbrücken, die sich bewegten, als gehe er über dicken Sumpfboden, über die Inseln, deren trockener Lehm, Gips und Sand zu einer pulvrigen Gasse zertrampelt war. Die Nacht war windstill; jedes Wort, jeden Laut, jedes Geräusch mußte man bis nach Babairu hören können.
Auf der versteppten, leeren Ebene des westlichen Ufers zog sich Dariuvahush auf den Rücken des Hengstes und ritt, ohne den Zügel zu berühren, auf das Kampfzeichen zu. Der goldene Löwenkopf über den Adlerschwingen glänzte im fahlen Mischlicht. Dariuvahush hob den Arm und wartete, bis ihn alle Zehnschaftführer anstarrten.
»Langsam!« sagte er. »Viele von euch kennen das Land: voller Löcher, Gräben, alter Kanäle, Schwemmholz. Wir folgen dem Fluß nach Süden, auf Zazannu und Babairu zu. Wir werden im Morgenlicht auf Nidintu-Bel treffen. Die Kamelreiter nach vorn! Dahinter wir, die Lanzenreiter. Bogenschützen zwischen uns und

um die Wagen, ebenso die Schleuderer.« Er deutete mit der Lanze und den Speeren auf den unsichtbaren Gegner. »Ihr drei mit den Hörnern: Bleibt in meiner Nähe!«

»Wir gehorchen, o König.«

Er ritt zehn Ellen und hielt vor den Kampfwagen an.

»Ein Wagenlenker und zwei Bogenschützen in jedem Wagen. Wenn ich das Signal gebe, peitscht die Pferde. Galopp. Fahrt so, daß ihr die Krieger des Lügenkönigs in den Fluß abdrängt. Noch etwas ...«, er hob seine Stimme. »Wir brauchen Gefangene, die später hier eine feine Brücke bauen! Entweder ihr entwaffnet sie völlig, oder ihr tötet sie.« Er winkte. Langsam setzten sich Reiter, Fußkämpfer und Wagen in Bewegung. Die Kundschafter vor den Kamelreitern suchten den besten Weg; es war ein Land, das die Männer stolpern und fallen ließ und die Läufe der Tiere brach. Zur linken Hand glänzte Mondlicht auf der Rinne, in der jetzt der Idiglat lief; bei Hochwasser überflutete er das Land und schwemmte den gelben Staubbrei des grauenhaft öden Landes mit. Die Tausende, aufgeteilt in Blöcke und Raupen, sieben Mann breit, waren eine wogende, stoßende Masse aus unterschiedlichem Grau, durchmischt von gelegentlichen Lichtblitzen auf Waffenschneiden. Sie kamen an der Stelle vorbei, an der auf dem östlichen Ufer das Lager aufgebaut war; Dariuvahush wußte, daß Späher das Lager beobachteten – Zelte, Feuer und wandernde Posten wirkten, als läge alles in tiefem Schlaf. Er lenkte das Reittier nach rechts, winkte einigen Lanzenreitern, ihn zu begleiten, und ritt aus der Masse der Krieger hinaus. Am Horizont glaubte er vor den zinnenbewehrten Mauern Babairus die Kanäle, die Felder und Haine aus Dattelpalmen zu sehen: Vorstellungen eines erträumten Sieges.

»Drei schnelle Tagesritte bis zur Ummauerten«, sagte er. »Ich glaube, wenn wir sie überrennen, werden sie sich in die nächste Stadt flüchten: Zazannu. Auf halbem Weg nach Babairu.«

Der Mond schien dem Horizont entgegenzutaumeln, die ersten Sterne erloschen. Die Kälte des Wüstenmorgens nahm zu. Mehr als zwei Stunden lang schritt und fuhr das Heer über das versteppte Land. Fast unmerklich begann sich der Boden unter den Füßen und Hufen zu verändern; alle Geräusche wurden leiser.

Das Mondlicht schwand dahin. Die ersten dürren Grasbüschel waren mehr zu spüren als zu sehen, dann ahnten die Krieger einen gesäuberten, wassergefüllten Stichkanal, umgepflügte Äkker, winzige Brücken über schmale Kanäle. Einige Bäume, kleine Palmenhaine, ein paar Brunnen – man hatte sie vom Lager aus gesehen: Dariuvahush war sicher, daß sich dahinter der Hauptteil des gegnerischen Heeres verbarg. Breite Streifen abgefressener Weiden lagen vor ihnen; das Gehen, Reiten und Fahren wurde leichter. Und leiser. Dariusvahush sah sich um.

Die Signalbläser ritten hinter ihm. Er trabte auf Babâdhush und Tachmaspâda zu, die er als erste in den Keilen der Lanzenreiter erkannte.

»Ihr beide«, rief er unterdrückt, »brecht durch, geradeaus, und dann schlagt sie zur Seite. Ich bin immer bei den Kampfwagen. Die Bedeutung der Signale brauche ich euch wohl nicht mehr zu erklären, ihr Unsterblichen?«

»Nein, o König.« Tashmaspâda riß den Kopf in den Nacken und stieß nach dem Schnalzlaut ein schroffes Lachen aus. »Bei Kambushya haben wir sie alle auswendig, im Schlaf und rückwärts gelernt.«

»Das will ich meinen. Ich auch.« Dariuvahush grinste. »Es dauert nicht mehr lange. Trommler – bereit?«

»Bereit, Herr!«

Je ein Kârataka führte einen vielleicht gehörgeschädigten, jedenfalls gutmütigen Rennochsen, der an den Flanken zwei riesige Trommeln aus Holz, Bronze und Kalbfell und zwischen ihnen einen Bogenschützen mit zwei halb armlangen Schlegeln trug. Drei Kesselpauken-Ochsen folgten den Muschelhornbläsern, und diese ließen Dariuvahush nicht aus den Augen. Die letzten Sterne verschwanden, der Mond versank endgültig hinter einem Tafelberg, der nicht höher als zwanzig Ellen aus der Ebene herausragte. Gegen den wolkenlosen Himmel des südlichen Horizonts zeichneten sich, kaum zu sehen, reglose Baumkronen ab. Als sich Dariuvahush umwandte, sah er die gigantische Staubwolke, die seinem Heer folgte und sich in der Windstille scheinbar eine Parasange hoch in den eisigen Morgen erhob. Nur wenige Atemzüge noch, sagte er sich, und dann würde sie in den ersten Sonnenstrahlen aufleuchten wie polierte Bronze. Wieder heulten Schakale, weit entfernt zur rechten, und als jaulende Antwort zur linken Seite. Als er wieder nach vorn starrte, sah er, daß sein Plan bisher gut gewesen war: einige Feuer, winzige, matte Glutkreise, Zeltwände, undeutliche Gestalten – er packte den Zügel, warf das Pferd herum, hämmerte ihm die Fersen in die Flanken und war mit zehn Galoppsprüngen bei den Trommlern.

»Fangt an!« raunte er und hob das Speerbündel über seinen Kopf. »Und dann ihr, Bläser! Angriff!«

Der älteste der bogentragenden Trommler hob beide Schlegel, nickte nach rechts, nach links, wirbelte die faustgroßen Schlegelenden über den Kopf und zählte:

»Fünf, vier, schneller Doppelschlag, zwei – eins!«

Im gleichen Augenblick trafen die Schlegel das hart gespannte Fell. Rechts, links, Doppelschlag. Schneller als der Herzschlag eines Mannes. Sechs große Instrumente, deren Schall eine Parasange weit trug, hämmerten dröhnend los: Es klang nicht nur wie ein Schlag, es war ein einziger Ton von sechs Trommeln. Die Bläser husteten, holten tief Luft und achteten auf Dariuvahush. Nach dreimal sieben Taktfolgen senkte er das Speerbündel, brüllte: *»Jetzt!«* und sprengte zu den Kampfgespannen hinüber.

Fast zugleich mit den ersten Sonnenstrahlen, von denen die Staubwolke getroffen wurde und aufleuchtete, als brenne abendlicher Dunst über Erdpechteichen, strömten langgezogene Töne über die Ebene. Niemals zuvor hatten die Wasservögel, das wenige weidende Vieh und die Menschen solche Laute gehört: Dröhnend, hallend-klagend, inmitten des unverändert krachenden, gleichmäßig erschreckenden Rhythmus' – jedes Schallen traf nicht die Ohren, sondern schien wie eine Faust schmerzend in den Magen zu rammen. Erschreckt schwiegen die frühen Grillen, Vogelschwärme flatterten auf und stoben, ehe sie sich vereinigten, in alle Richtungen davon, Schafherden rannten blökend ziellos hierhin und dorthin; das Heulen der Schakale riß jäh ab. Fast gleichzeitig beschleunigte sich das Vordringen der Königstruppen: Atemholen, langsamer, dann schneller werdender Lauf, aus dem Schritt der Pferde wurde Trab, die geprügelten Kamele warfen ihre großen Hufe schneller und weiter, und drei Heeresspitzen bildeten sich innerhalb von hundert Atemzügen heraus. Die Kamelreiter schwenkten nach rechts, ritten auf einer Dammstraße in schnellem Trab paarweise nebeneinander und drangen von Westen auf das Lager Nidintu-Bels ein.

Schneller, mit schärferem Kampfgeschrei! Schleuderer und Schwertkämpfer begannen zu rennen. Tonkugeln und Schleudersteine heulten durch die Luft, zerfetzten Baumrinde und zerplatzten, wo sie trafen. Ausgesuchte Krieger aus Paishyâchvada, aus dem östlichen Pârsa, bildeten die erste Kampfreihe. Sie schwangen bronzene Keulen und warfen eiserne Lanzen. Die Tamarisken- und Palmenwälder wurden deutlicher sichtbar. Im gegnerischen Lager begann sich Unordnung auszubreiten, als Dariuvahush neben den Kampfgespannen dahingaloppierte, im Lärmen der Pauken und Hörner, dem Geschrei, im Trampeln unzähliger Füße und Hufe und im Mahlen der Felgen. Die halbe Parasange zwischen dem letzten Stichkanal, dem dornigen Buschwerk und den kniehohen, dürren Palmensetzlingen genügte Dariuvahushs Heer, sich in einer Genauigkeit zu formieren, als zöge man Kohlestriche auf einer Marmorplatte.

Nach links, vom Flußufer weg, rannten Männer. Die Kamelreiter schossen ihre Pfeile mit der kalten Sicherheit zukünftiger Sieger ab; mit den mörderischen Pfeilspitzen aus Shibirgan. Die Lanzenreiter hinter ihnen fanden wenige Gegner, kaum lohnende Ziele. Männer rannten brüllend hin und her und wurden von dem Steinhagel niedergemäht. Die Hörner schwiegen jetzt, aber ununterbrochen begleitete der donnernde Schall im Takt den Vorstoß. Die vorpreschenden Reiter fächerten sich auf, und hinter ihnen kamen die Kampfgespanne aus Pârsa im gestreckten Galopp herangefahren. Die Bogenschützen, deren Leibgurte mit dünnen Seilen an den Haltegriffen festgeknotet waren, schossen nach rechts, nach links oder geradeaus; meist trafen ihre Geschosse tödlich. Die Gespanne bildeten eine Art heranwalzende Mauer, vor der jedermann flüchtete. Viele Krieger rannten, stolperten oder sprangen in den Fluß, und wer zögerte, wurde von seinem Nachbarn mitgerissen. Im Zickzack fegten Kamelreiter, Lanzenreiter und Gespanne zwischen den Wurzeln und Stämmen der Bäume vorwärts, durch die Hütten und Zelte des Lagers, das sich jenseits des Wäldchens fortsetzte; fünf Ellen hinter dem vordersten Gespann ritt, weit vorgebeugt, Dariuvahush. Er hielt Zügel, Lanze, Speere und Schild in der Hand und am linken Unterarm und holte mit dem rechten Arm weit aus, eine Wurflanze balancierend.

»Wo bist du, verfluchter Lügenkönig«, hörte er sich schreien. Rechts und links von ihm starben Männer, kreischten Verwundete, wagten verzweifelte Krieger Ausfälle, rannten und flüchteten kopflos. Ein Zelt brannte mit wipfelan knatternden Flammen. Sein Hengst trat auf den Brustkorb eines Gefallenen, sprang zur Seite, drohte ihn abzuwerfen; Dariuvahush sah, daß ein Bogenschütze auf Tachmaspâda zielte, und schleuderte wütend den Wurfspeer. Er nagelte den Schützen an einen Tamariskenstamm; Dariuvahush, inmitten eines Kreises von Lanzenreitern, galoppierte weiter. Hinter sich wußte er die Gespanne, aus deren Wagenkörben in Herzschlag-Abständen die Pfeile summend und heulend abgefeuert wurden. Vor ihm, vor den Spitzen des Heeres, herrschte Chaos, das sich nur langsam gliederte. Einige Reiter schienen nach Süden zu flüchten, in kopfloser Todesangst rannten Krieger in den Fluß.

Unverändert, in tödlichem Gleichmaß, dröhnten die Kesselpauken, unterbrochen nur vom Kreischen der Sterbenden oder jener, denen die Felgen Brustkörbe, Schenkel oder andere Gliedmaßen zermalmten. Es stank nach dem Schweiß der Tierleiber, kaltem Rauch oder schwelenden Bränden zerstäubter Glutkreise, nach Gekröse, Blut, erhitzt tropfendem Hundefett aus Achslagern, faulenden Datteln und tausend anderen Dingen. Dariuvahush zog den Zügel hart durch; der Hengst bäumte sich auf und drohte ihn trotz der skythischen Fußbügel abzuwerfen. Er riß Kopf und Hals des Tieres herum und erkannte, daß sein Heer halbwegs auf der südlichen Seite des Hains herausdrängte. Ein Zelt und einige Flechtwerkhütten brannten mit knatternden Flammen. Reiter und Fußvolk hasteten, weit vor ihm, in Richtung Zazannu. Und noch immer: das furcherregende Dröhnen der Trommeln.

Zwischen knorrigen Tamariskenwurzeln schnellte sich ein Krieger in der Kleidung Babairus in die Höhe, warf einen Dolch und sprang, das Schwert in der Hand, auf Dariuvahush zu. Er griff hinter den Rand des Schildes, packte den zweiten Wurfspeer, riß das Pferd herum und schleuderte die Waffe mit aller Kraft auf den Angreifer. Die Doppelschneide, handlang und in Wellen geschliffen, bohrte sich eine Handbreit über dem Nabel zwischen Leder, Bronzeschuppen und Gürtel in den Körper des Mannes, ließ ihn drei Schritte rückwärts taumeln und prellte ihn mit dem Rücken und weit ausgebreiteten Armen in den feuchten Sand. Hinter und vor ihm, zu beiden Seiten, ächzten, fluchten und schrien die Krieger; Metall knirschte auf Holz, schnitt in Leder, in Fleisch, klirrte gegen Metall und brach mit häßlichen Geräuschen. In den Wellen des Idiglat kreischten und gurgelten Krieger in Todesangst, von den nassen Gewändern in die Tiefe gezogen und von der Strömung mitgerissen.

»Weiter. Holt sie ein! Dann nach Babairu«, schrie Dariuvahush durch den Lärm. Das kalte Gefühl der Wut, des Hasses, das seit dem Erwachen in seinem Magen genistet hatte, war vergangen; er spürte nichts mehr außer dem Siegeswillen und der Überzeugung, unverwundbar, untötbar und in den nächsten Jahren unsterblich zu sein. Nidintu-Bel war zweifellos im Schutz seiner Leibwachen geflüchtet, als die madischen Kamelreiter zwischen dem Buschwerk und vor dem Wald erschienen waren. Dariuvahush galoppierte weiter. Weit vor ihm flüchteten Teile des gegnerischen Heeres.

Um ihn herum drangen seine Krieger vor. Er erkannte die Waffen und Farben der vielen Pârsa und der Mada-Krieger, die Lanzenspitzen der Unsterblichen, die wie eine lebende Mauer in gerader Linie, kaum schmaler als eine halbe Parasange, durch den Hain flutete, Männer tötete, entwaffnete, zur Seite trieb, schrie, fluchte und brüllend Schritt um Schritt vorwärts trampelte.

»Alle, die noch schnell auf den Füßen sind, sind meine Unsterblichen«, sagte er und galoppierte auf das Ufer des Idiglat zu. Das Fell des Hengstes tropfte, schwarz von Schweiß. »Ich hab gesiegt – aber ganz genau weiß ich das erst am Abend.«

Die Muschelhörner schwiegen. Morgenlicht überflutete die Ebene und erzeugte im Palmenhain unzählige lange Schatten, in denen sich sechs- oder siebentausend Körper rasend schnell bewegten. Dariuvahush ritt auf die leeren Felder hinaus, suchte nach Nidintu-Bel, galoppierte nach Süden, gefolgt von einem Kârataka mit dem königlichen Feldzeichen, sah den Hauptteil des gegnerischen Heeres in wilder Flucht und sein Heer, das ohne sonderliche Hast zwischen dem leeren Land und dem ausgewaschenen Flußufer vordrang; sie hatten zu kämpfen, zu siegen gelernt und den Sieg gründlich zu sichern. In einem weiten Bogen galoppierte er, ein dutzendmal im Sprung über Kanäle setzend – in diesem Landstrich hatte er Gaubarva kennengelernt und ihn zum Freund gewonnen! –, bis er die Gespanne erreicht hatte. Heeresläufer ersetzten die leeren Pfeilköcher der Bogenschützen durch gefüllte. Dariuvahush schrie:

»Keine Toten? Keine Verwundeten? Haben wir bisher gesiegt?«

»O Herr!« brüllte ein Wagenlenker. »Nicht einmal ein Pferd hat sich den Huf verstaucht.«

Er glaubte es nicht. Die flüchtenden Teile des gegnerischen Heeres rannten schneller als die Kamele der eigenen Vorhut. Dariuvahush ließ das Signal zum Sammeln blasen. Sein Kampfzeichen, der Löwenkopf über dem Adler, war durch das verwüstete Lager getragen worden; die gespreizten Schwingen funkelten auf einem Hügel, der seinen Namen nicht verdiente; zehn Ellen hoch. Aber dort schienen sich schon seine vorausgeeilten Krieger zu versammeln. Er hob Schild und Lanze und rief:

»Wir haben gesiegt. Aber wir sind noch nicht in der Stadt! Folgt mir. Schützt euch – die Schilde hoch!«

Er trabte langsam weiter, sah sich um, versuchte jede Einzelheit, jede Kleinigkeit zu sehen, auch die gegnerischen Krieger, die ihre Kameraden aus dem Fluß zu ziehen versuchten: Kein Feind mehr, der ihm Sorgen machte. Gefangene wurden aus dem Wald getrieben; unter den Trümmern brennender Hütten schrien Verwundete. Die Hundertschaftführer meldeten achtzehn eigene Tote und drei Dutzend Leichtverletzte. Zwei Stunden nach Sonnenaufgang glitten schweißüberströmt Tachmaspâda und Babâdhush von den Pferderücken, knieten im gelben Lehmstaub nieder, und der jüngere Anführer sagte erschöpft:

»O König. Wir haben gewußt, daß sie vor uns davonrennen.«

»Noch sind wir nicht in Babairu. Laßt das Lager plündern und die brennenden Dattelpalmen löschen. Versorgt unsere Toten. Wir gehen weiter, nach Zazannu. Aber viel langsamer.«

»Aber, Herr, unser Lager? Dein Zelt?«

»Das holen wir, nachdem wir gesiegt haben.« Ein Heeresläufer brachte Trinkschläuche und Holzbecher und schenkte kalten Sud und verdünnten Wein aus. Die Männer tranken gierig, dann deutete Dariuvahush mit der Lanze auf das Feldzeichen. Hartes Sonnenlicht funkelte auf den goldenen Ringen der Schäftung. »Wir sammeln uns dort.«

»In einer halben Stunde sind die Krieger bei dir, König.«

Dariuvahush trabte zum Hügel, den zertrampelten Hang hinauf, und hielt den Hengst neben dem Zeichen an. Die Menge der Krieger, die sich um den Hügel versammelt hatte, begann sich zu ordnen; sie scharten sich um die Karren, auf denen der Troß Essen, Waffen, Trinkschläuche und Krüge herangebracht hatte. Am Horizont, hinter den Vierecken zahlloser Felder und langen Palmenreihen sah Dariuvahush die Mauern der kleinen Stadt und die Staubwolken, die von den Füßen der letzten Flüchtenden stammten. Die Kamelreiter, deren Tiere nicht zu saufen brauchten, verließen geordnet und langsam das Durcheinander.

»O Hazarapati Tachmaspâda«, sagte Dariuvahush langsam. »Wenn unsere Krieger nachher noch zum Kampf fähig sein sollen, dürfen wir nicht rennen. Fünf Parasangen? Was sagst du?«

»Vielleicht sechs lange Parasangen bis zu den Mauern, Herr. Willst du nachts angreifen?«

»Nein. Aber wir können, nachdem wir sie umzingelt haben, dafür sorgen, daß niemand in der Stadt Schlaf findet.«

»Dann solltest du das Signal geben, o König.«

Dariuvahush winkte einen Kârataka heran, gab seine Befehle und ließ Tachmaspâda die Zügel des Pferdes packen. Der Tausendführer leitete den Hengst den Hügel hinunter, zu den Kampfwagen, grüßte und stieg in den Wagenkasten. Die Bläser holten Luft und gaben das abgehackte Signal für »Sammeln und Weitergehen!« Die Pferde zogen an; auf einer Dammstraße, zwischen Kanälen und unter dürren, raschelnden Palmenwedeln, fuhren sie auf Zazannus ferne Stadtmauer zu. Gefangene trugen die Leichen der eigenen Krieger, denen sie den Schmuck und sämtliche

Waffen abgenommen hatten, zu einem Graben und schaufelten trockene Lehmerde über die Körper. Die Toten aus Dariuvahushs Heer lagen starr in Reihen auf dem kleinen Tafelberg; ihre nackten Körper warteten auf ein Grab. Geier und andere Aasvögel kreisten über der lehmigen Ebene. Auf einem hastig errichteten Altar loderte ein Feuer, in dessen reinigenden Flammen die letzten Lebensfunken der Krieger vergingen oder zu den dünnen weißen Morgenwolken aufstiegen. Dariuvahush sah, winzig wie Heuschrecken, viele Bewohner der Stadt in die Felder und Haine flüchten. Sie trugen ihre Habe auf den Schultern und rannten aus den Stadttoren; seit den ersten Monden in Kambushyas Heer wußte er, daß das einfache Volk, das die Krieger ernährte, unter den Kriegen am meisten litt.

Ein Lanzenreiter, der Dariuvahushs Pferd mit sich führte, ritt hinter dem Kampfwagen her, in dem Dariuvahush neben Tachmaspâda stand. Außerhalb der Reichweite eines Pfeilschusses, trotzdem mit halb erhobenem Rundschild, fuhren sie entlang der Mauern Zazannus. Sie waren weder gepflegt noch uneinnehmbar hoch oder besonders wuchtig; die Stadt vermochte sich bestenfalls gegen plündernde Räuberbanden zu verteidigen. Auf den Wällen, Dächern und hinter bröckelnden Zinnen standen Nidintu-Bels Krieger, einige Dutzend Rauchsäulen drehten sich schräg in den Himmel. Der Ring um Zazannu hatte sich geschlossen. Dariuvahushs Heer, verstärkt durch einige hundert Männer, Proviantwagen, Lasttiere und Lagerwachen, hatte kein Lager aufgeschlagen; die Tiere weideten auf den Feldern der Einheimischen. Die Männer hatten sich um wenige Feuer versammelt und schliefen auf trockenen Dattelfächern, Decken und Mänteln. Noch zwei Stunden bis zum Einbruch der Nacht. Dariuvahush nickte in die Richtung des Stadttores, eines von vieren in jeder Richtung; er sagte heiser:

»Seit meinem ersten Kampf weiß ich's: Die Männer mit zu großem Ehrgeiz, die vom Glanz der Macht träumen, gehorchen keinen Gesetzen, nicht einmal den Geboten Ahura Mazdâhs. Deswegen verachte ich sie. Noch mehr als unter Dürre, Überschwemmungen, Sandsturm und Heuschrecken leiden die einfachen Menschen unter dem Wahn solcher Lügenkönige.«

»Wir werden uns nicht am Volk vergreifen, König Dariuvahush. Könnte ich dir versichern, daß dir jeder einzelne Unsterbliche treu ist – ich würd's gern laut aussprechen.«

»Meine Garde. Alle Unsterblichen von Pârsa und Mada.« Der Wagen schwankte mit polternder Achse durch einen ausgetrockneten Graben. »Wenn wir Babairu besitzen, haben wir blitzschnell zwei Aufstände niedergeschlagen. Ich werde nur einen Teil der Krieger, die für Nidintu-Bel gekämpft haben, ins Heer aufnehmen können.«

»Das wissen auch deine Getreuen.« Tachmaspâda grinste. »Wenn du aber Leute von hier weit im Osten kämpfen läßt, werden sie siegen. Zumindest werden sie wie die Besessenen kämpfen.«

»Ja. Aber ich fürchte die mächtigen Mauern Babairus.«

Langsam beendeten sie die Umfahrung der Mauern. Das Städtchen war nicht groß; es schien von Kriegern überzuquellen. Dariuvahush sah sich um. Alle zwölf Schritte vor dem Kreis seiner Krieger stand ein Posten und starrte im schwindenden Licht zur Stadt. Ein Teil des Heeres lagerte unter den Palmen, Granatapfelbäumen und Pappeln entlang der Straße in den Süden der Schwemmebene. Die rote Sonne versuchte vergebens, auf den grünspanigen Bronzebeschlägen der schmalen Torflügel trügerischen Glanz hervorzurufen.

»Zu meinem Zelt«, sagte Dariuvahush. »Wenn der Lügenkönig einen Ausfall wagt, dann nicht in der Abenddämmerung.«

Er sah auf dem Weg zu den hochgekippten Wagen, die nicht nur als Sichtschutz dienten, daß die Schützen und die Bläser bereit waren und daß die mächtigen Kesselpauken in einer Reihe auf hölzernen Dreibeinen standen. Er warf den Kopf in den Nacken, schnalzte und ließ sich ächzend in den fellbespannten Sessel fallen. Seine Diener lösten die Knoten der hochgeschnürten Kampfstiefel.

Mehr als ein Drittel von Dariuvahushs Heer schlief. In den Ohren der erschöpften Männer steckten Wachspfropfen. Eine Stunde nach Anbruch der Nacht hatten die Trommler damit begonnen, weitab der Feuer und Fackeln auf ihren Instrumenten einen langsamen Takt zu schlagen, dessen Dröhnen seither die raucherfüllte Dunkelheit beherrschte; den fremden Kriegern mußte es erscheinen, als täte ein lautes, müdes Herz seine letzten, wilden Schläge. Dumpfer Widerhall kam von den Mauern und Hauswänden. In unterschiedlich langen Abständen schossen die Bogenschützen Brandpfeile nach Zazannu hinein; immer wieder fanden die Flammen Nahrung. Ein Dach brannte, die Verteidiger rannten umher und versuchten zu löschen, und viele wurden von zufällig umherschwirrenden Steinen oder Tonkugeln getroffen. Dreimal in einer Stunde, stets an einer anderen Stelle im Dunkel, ertönten die Muschelhörner, die seit Kurusch zur Ausrüstung der königlichen Garden gehörten; selbst Dariuvahush wachte auf und zuckte jedesmal zusammen, wenn die Töne durch die Nacht jaulten und gurgelten.

Er hätte nicht zulassen dürfen, daß auch Schwiegervater Gaubarva die Stadt und die Kshatrapie Babirush verließ, um mit den besten Männern seiner Palastgarde ihm, Dariuvahush, gegen den Magier zu helfen. Aber er brauchte ihn im madischen Hagmatâna; er war ihm unentbehrlich geworden. Er sah in der Pause zwischen zwei Teilen eines abgrundtiefen, kurzen Schlafes vor sich Freund Gaubarva, wie er an einem Arbeitstisch von monströser Länge und Breite saß, zwischen einem Dutzend Ölflammen aus langhalsigen Lampen; das billigste Öl von der Sardeïsküste, das mit pechschwarzen Rußfäden verbrannte. Der Tisch war von gekalkten Schreibledern bedeckt, in Krügen staken straff gewickelte Papyrusrollen aus Mudrayia; der Weißhaarige schrieb, rechnete, strich durch, malte Pfeile auf die Karte des Reiches mit allen Kshatrapien, rote und schwarze Pfeile, stichelte Zahlen daneben und nahm hin und wieder einen Schluck starken, karischen Weines aus der silbernen Trinkschale, deren Stiel aus zwei spielenden Delphinoi bestand; so nannten die Ionier jene großen Fische, die Dariuvahush noch nie hatte sehen dürfen. Wenn er Babairu zurückerobert hatte, würde er einen jungen Getreuen zum neuen Kshatrapan ernennen – einen Mann, der unerschütterlich im Schatten von Ahura Mazdâhs Schwingen stand. Seine Augenlider wurden schwer wie Stein; es gelang Dariuvahush wieder, einen tiefen Schluck aus dem Becher des Schlafes zu nehmen.

Wirre Schreie, ein Trommelwirbel, Waffengeklirr und grelles, schmerzvolles Wiehern: Mit drei langen Schritten war Dariuvahush gähnend und blinzelnd vor dem Zelt. Als sich seine Augen an die Dunkelheit gewöhnt hatten, die von Flammen, Fackeln und Brandpfeilen durchzogen war, sah er eine Gruppe von vielleicht zwei Dutzend Lanzenreitern aus den weit aufgerissenen Flügeln des Südtores hervorgaloppieren. Er wandte den Kopf. Am äußersten rechten Blickrand nahm er einige Gespanne wahr, die nach Süden ratterten, von Lanzenreitern und Bogenschützen begleitet. Die Lenker peitschten die Pferde. Schwerter klirrten, Lanzenspitzen funkelten rötlich; in das Mahlen der Felgen und den rasenden Hufschlag mischte sich das Heulen von Pfeilen, Poltern von Schilden, kreischendes Schmerzgebrüll. Das letzte Gespann voller lanzentragender Männer verschwand in der Dunkelheit; ein Körper wirbelte in die Höhe und fiel aus dem Wagenkasten. Die Pferde der flüchtenden Krieger zertrampelten ihn. Nidintu-Bel war geflohen.

Dariuvahushs Krieger kämpften zu beiden Seiten der Straße gegen die Reiter. Pferde überschlugen sich kreischend, Schilde wirbelten durchs Halbdunkel; kaum einem Reiter glückte es, unverwundet in der Nacht zu verschwinden. Nur kaltes Mondlicht zeigte zwischen den Schatten der Bäume das hellere Band der sandigen Straße. Dariuvahush senkte den Kopf, holte tief Luft und streckte den Arm senkrecht in die Höhe.

»Hört auf!« rief er. »Laßt unsere Krieger weiterschlafen. Wacht über sie. Alle anderen gehen in die Stadt. Laßt die Frauen in Ruhe! Wer plündert, wird getötet! Ein Tag Rast für uns alle! Sammelt die Beute ein! Nehmt die Lügenkönig-Krieger gefangen: Wer sich wehrt, wird gefesselt. Wir brauchen Männer für den Sturm auf die hohen Mauern. Ich schlafe im Zelt und bin im Morgengrauen in Zazannu. Und hört endlich auf zu trommeln!«

Ungefähr hundert ältere, verwundete Krieger des Nidintu-Bel wurden unter Bewachung von Dariuvahushs Leichtverwundeten in der Stadt zurückgelassen. Sie würden den Bewohnern, die sich zögernd zurückwagten, beim Aufbau und später bei der täglichen Arbeit helfen. Jeder einzelne war gebrandmarkt worden: Entdeckte man ihn im Kampf gegen Dariuvahush, würde er verstümmelt oder getötet werden. Die Königsboten hatten längst das Paß-Ende der Heeresstraße erreicht: Dariuvahushs gesamtes Lager und der Troß wurden über den Idiglat geschafft und waren in gewohnter Langsamkeit auf dem Weg hierher und weiter nach Babairu, das drei oder vier langsame Tagesmärsche entfernt war. Alle anderen Krieger des Lügenkönigs, wenig oder schwer verwundet, waren entwaffnet. Über neunhundert waren es, darunter vielleicht hundertfünfzig yaunische Söldner und vier Dutzend vom karischen »Meeresvolk«; jeder einzelne wurde befragt, schwur seine Eide, erhielt seine Waffen zurück und kam so in Dariuvahushs Heer. Die Stadtbewohner, die erkannt hatten, daß Dariuvahush der neue König des bisherigen Kshatrapan war, kochten für das Heer und verwöhnten die Männer mit Dattelwein und Bier. Die Hundertführer zählten ihre leidlich ausgeschlafenen Männer und stellten die Ordnung des bevorstehenden Marsches wieder her; es gab Waffen, Zugtiere, Pferde und Pfeile im Überfluß. Tachmaspâda und Babâdhush ließen viele Männer verhören und erfuhren bruchstückweise die Geschichte des Aufruhrs. Jeder im Heer wußte: Im Morgengrauen des übernächsten Tages begann der Zug auf Babairu. Nidintu-Bel hatte zwei Tage Vorsprung; Zeit genug, alles für die Verteidigung der uralten, riesengroßen Stadt zu tun.

Fast alle Krieger, die innerhalb der Stadtmauern rasteten, stanken. Es war unmöglich, jedem Krieger ein Bad zu bereiten. Für Dariuvahush hatte die Witwe des »Siebentel-Hüters«, des Herrn über einen Teil der Kshatrapie, den Nidintu-Bel erschlagen hatte, das wenig prächtige Haus geräumt. Auch die Hazarapati Tachmaspâda, Dâdreshish und Babâdhush waren nicht frei von Mund- und Körpergerüchen, als sie Dariuvahush gegenüber am niedrigen Tisch hockten. Sie hatten die Bashlyqs abgelegt und ihre Waffen im Eingangsraum zurückgelassen; die Frau bediente sie still mit Wein, Fladenbrot, Datteln, Kichererbsenbrei und Ziegenkäse.

»Jede Stunde lerne ich etwas Neues«, sagte Dariuvahush und hob den schartigen Tonbecher. »Über die Gastfreundschaft nicht nur dieses Hauses. Über die Notwendigkeit, daß sich jene Macht-Träumer gegenseitig überwachen müssen. Daß es niemals genug ›Augen und Ohren des Königs‹ geben kann.«

Er hob den Becher. Sie tranken schweigend, und Babâdhush sagte leise: »Was immer jene Seh- und Lauschorgane aufspüren, o König, ist sicherlich wichtig. Aber dein Reich ist riesengroß.«

»Vom äußersten Osten bis zum hintersten Westen braucht eine Nachricht bei schönem Wetter, wenn niemand die Läufer und Reiter stört, neunundzwanzig volle Tage, sagt man.« Dariuvahush griff nach dem Krug. Er hatte ein warmes Bad, Kneten, Striegeln und frische Gewänder genießen dürfen und spürte nagenden Hunger. Er zerriß einen Brotfladen und tauchte ihn ins Würzöl. »Nichts, was wir tun können, läßt Entfernungen schrumpfen oder beschleunigt die Boten. Wenn ich mein Heer habe, viele Krieger, die stets bereit sind, werden wir viel schneller von Ort zu Ort reiten und fahren!« Irgendwo im Norden walzte jetzt der Troß der Ochsenwagen mit vielem heran, was das Heer dringend brauchte. Undeutlich drang, zugleich mit stauberfüllten kalten Windstößen, der Lärm des Heeres durch die winzigen Fenster und die Vorhänge aus Wollstoff. Tachmaspâda setzte den Becher ab und griff nach den mit Honignüssen gefüllten Datteln. »Du wirst wie Kurusch und Kambushya weiterhin die Kshatrapane und die Verantwortlichen selbst auswählen, König?«

»Und einen Unbestechlichen, der alle Rechnungen und Schreiber falkenäugig überwacht und mir berichtet.« Dariuvahush nickte; er sprach seine Überlegungen aus, die er während langer Ritte und Fahrten gewälzt hatte. Das Schreibleder, in dem die »Wohltäter des Königs« eingetragen wurden, lag noch ungeöffnet in Dariuvahushs Reisetruhe. »Und ihn wird ein königlicher Bote mit allen Vollmachten überwachen. Er kommt über ihn, ohne je vorher Boten geschickt zu haben.«

»Recht so«, sagte Babâdhush. »Dâtam. Des Königs Gesetz. Um es einzuführen, aufzuschreiben und durchzusetzen, müssen wir die Tore und die Mauern Babairus stürmen.«

»Und dies, ihr Hazarapati«, sagte Dariuvahush leise, »wird weitaus schwerer sein als das Erstürmen Zazannus durch verwitterte, offene Stadttore.«

»Wir wissen es.« Tachmaspâda senkte den Kopf und murmelte einen Fluch. »Wir kennen die Stadt deines Schwiegervaters, o König.«

»Ich kenne sie besser.«

Je mehr sich das Heer der Großen Uralten Stadt näherte, desto größer wurden die Haine der Dattelpalmen, desto breiter die Dämme und Kanäle; Schafherden weideten auf den grünen Böschungen. Unzählige Menschen arbeiteten, als sei nichts geschehen, bei Rinderherden, auf den Feldern und an Ziehbrunnen und Schleusenbauwerken. Dariuvahushs Krieger fuhren und ritten auf zwei breiten Dammstraßen, auf der dritten folgten Fußkämpfer und Troß. Die Bewohner Babairus starrten schweigend den Heerzug an und richteten dann die Blicke auf die Mauern, hinter deren kantigen Zinnen Nidintu-Bels Krieger standen und über die Kanäle und Flußumleitungen hinweg die drei Teile des Heeres musterten; in der Ferne und am Fuß der zwanzig Ellen breiten Mauern, auf deren Kronen Viergespanne aneinander vorbeifahren konnten, wirkten sie wie lange Reihen farbiger Ameisen. Dariuvahush ritt hinter den Gespannen und sah, wie in quälender Langsamkeit die Mauern scheinbar anwuchsen. Er wußte, daß auch ein weitaus größeres, viel besser ausgerüstetes Heer die Stadt nur nach jahrelanger Belagerung einnehmen konnte; nicht zuletzt hatte dafür Gaubarva gesorgt, der Vater seiner Frau. Er hob den Arm. Ein Kârataka ritt auf ihn zu.

»Reite zu Aspat Shanâh und sag ihm: Der König befiehlt, das Lager im Osten aufzuschlagen. Zwischen dem Kanal und der Mauer mit dem Idiglattor.«

»Ich eile, o König.« Der Reiter riß sein Pferd herum und sprengte davon. Dariuvahush lenkte den Hengst mit Knien und leisen, scharfen Zurufen, noch immer weit außerhalb der Reichweite eines jeden Geschosses, auf die nördliche Mauer zu. Sie ragte uneinnehmbar hoch auf, scheinbar gespickt von Speerwerfern, Schleuderern und Bogenschützen; das hohe, bronzebeschlagene Ninive-Tor war von kantigen Türmen umgeben. Dort drängten sich bewaffnete Verteidiger. Dariuvahush erinnerte sich aller Befestigungen; er zuckte mit den Schultern und sagte sich, daß der Lügenkönig mit seinen besten Kriegern Gaubarvas Palast besetzt und alles, was Gaubarva gehörte, übernommen hatte; einschließlich der vollen Schatztruhen, des Frauenhauses und des Tributs an Silber und Gold. Zwei Drittel der Menschen, die innerhalb der Mauern lebten, gehorchten notgedrungen demjenigen, der die größere Anzahl Krieger und Waffen befehligte. So scharf wie er die Mauern und das Tor beobachtete, so durchdringend starrten auch die Krieger herunter und versuchten abzuschätzen, ob das kleine Heer des Königs die Stadt einnehmen konnte. Einige Männer deuteten lachend auf die Krieger, machten niederträchtige Gesten und schrien Beschimpfungen, die niemand genau verstand. Dariuvahush hielt den Hengst an und ließ eine Reihe von Kampfwagen und Kamelreiter an sich vorbeiziehen.

»Warum ausgerechnet Babairu?« Er stöhnte. »Eher wirft ein Maultier Junge, als daß ich mit meinen wenigen Männern hier eindringen könnte!«

Zuerst das Lager, dachte er. Dann versammle ich die Klügsten und berate mit ihnen. Ich kenne den Palast, die Tore und die Mauern der Stadt, aber keinen geheimen Eingang. Er rief einige Boten zu sich und befahl, daß sich Heer und Troß aufteilen sollten: Ein Viertel sollte vor jedem Tor lagern, zu beiden Seiten der Straße und außerhalb der Reichweite der Pfeile und Schleudersteine. Sein Zelt sollte auf dem Westufer des Buranun aufgeschlagen werden, am Ende der mächtigen Flußbrücke zum Bel-Marduk-Tor. Er ritt in den Schatten der Palmen und sah zu, wie sich der Heerzug teilte und der östlichen und westlichen Straße folgte; Babairu, von der berichtet wurde, sie sei die älteste Stadt der Welt, würde er nur mit einer List zurückerobern können; ihm fehlte alles zu einer langen Belagerung.

Seit vier Tagen und Nächten konnte kein Bewohner Babairus die Stadt verlassen, und keiner kam herein. Ein kalter Simanui wehte; so nannten die Leute von Babirush den Westwind über der riesenhaften Schwemmlandebene zwischen den Horizonten. Innerhalb der Mauern und im weiten Umkreis herrschte seltsame Ruhe. Die Krieger trieben den Tribut als Brot, Schlachtvieh, Bier und Datteln im Umland ein, in winzigen Dörfchen, einzelnen Gehöften und kleinen Landgütern. Die Rinderfelle ließ man an der Sonne trocknen; die Sklaven warfen sie zu klappernden Stapeln aufeinander. Dariuvahushs Heer übte in den Lagergassen in voller Bewaffnung; die Anführer der vier Heeresteile warteten fieberhaft auf einen Ausfall des Nidintu-Bel. Zwei ionische Söldner und ein Pârsa, Dariuvahushs Abgesandter, waren unbehelligt bis zum Marduk-Tor gekommen, und der weißbärtige Heeressprecher hatte die Botschaft des Königs mit hallender Stimme zu den Mauerkronen hinauf vorgelesen:

»Wenn Nidintu-Bel, des Hochverrates schuldig, die Stadttore öffnet, wird der König aller Länder ihn und seine Vertrauten milde strafen: Sie werden ans Ufer des Meeres verbannt, ihr Leben wird geschont. Zehn Jahre, wenn es denn sein muß, wird Babairu umzingelt und belagert, und dann wird der Zorn des Königs niemanden verschonen in der Stadt. Wenn während der drei Tage Bedenkzeit die Tore geöffnet werden, wird König Dariuvahush seine Großmut zeigen.«

Einige Krieger auf den klobigen Tortürmen antworteten mit Gelächter und Verwünschungen, als die Abgesandten weiterritten und die Botschaft vor jedem Tor wiederholten. Inzwischen hatten Heeressklaven, Handwerker und Bauern aus der Umgebung große Dattelpalmen und Akazien gefällt und achtbeinige Plattformen gezimmert, die wie ungefüge Tische aussahen. Sie standen aneinandergereiht am Rand der Straße bis zu der Stelle, an der gezielte Pfeile sie treffen konnten. Seit Dariuvahush im Gefolge Kambushyas in Men-Nefer gesehen hatte, wie priesterliche Handwerker ein Doppeltor im Tempelturm eingebaut hatten, wußte er, wie es gewaltsam zu öffnen war. Aber Babairu am Buranun war nicht Men-Nefer am Hapi.

Die Bauern hatten sich vor Dariuvahush auf die Knie geworfen, denn jeder umgeschlagene Dattelbaum bedeutete einen unersetzlichen Verlust. Die Zehnschaftführer brüllten sie an und sagten, sie sollten zu Nidintu-Bel gehen und sich um Ersatz bemühen; er säße auf den Truhen voller Silber und Gold des Kshatrapan.

Der Wind wehte feinen braunen Staub über die Mauern, die Sonne wanderte über den Winterhimmel, und die Zeit kroch langsamer als eine Kröte. Von den Troßwagen wurde Belagerungsgerät abgeladen; es war beängstigend wenig für Mauern von solch einzigartiger Länge und Höhe. Manchmal schlug der Wind um und brachte die Gerüche der Herdfeuer Babairus bis in Dariuvahushs Zelt. Nidintu-Bel hatte Dariuvahush keiner Antwort gewürdigt. Hinter den Mauern blieb es merkwürdig still.

Zwischen Hagmatâna und dem staubbedeckten Königszelt vor den Mauern galoppierten Kurierreiter auf den Heeresstraßen, brachten und empfingen Botschaften; bis zur Stunde schien es in keiner der anderen Kshatrapien Aufstände oder offenen Verrat gegeben zu haben. Der Edle Vishtâna, der nächste Kshatrapan, ein Pârsa-Hazarapati, der an Dariuvahushs Seite gekämpft hatte und den er über Babirush einsetzen würde, war auf dem Weg hierher; mit ihm ritten Schreiber, Vertraute des Königs und fünfhundert Mada-Krieger mit geschliffenen Lanzen. Babâdhush und Tachmaspâda hatten ihren Kriegern und Heereshandwerkern den Plan des Königs erklärt; noch immer glaubten viele, daß sich Nidintu-Bel vor dem Ende der Frist ergeben würde.

In der Nacht, nach der die Schonfrist unwiderruflich endet, liegt Dariuvahush schlaflos im abgetrennten, dunklen Raum des Zeltes. Durch die aufgefaltete Klappe des Rauchabzugs sieht er einige Sterne; aus dem unordentlich gewickelten Knäuel seiner Gedanken ziehen die Stunden drei Fäden, die sich oft miteinander und gegeneinander verdrehen: Er denkt an Nefermerit, seinen Vater und die Bedeutung, die das Land Pârsa und der Gott Ahura Mazdâh für ihn haben. Die junge Braunhäutige erregt seine Gedanken und befriedigt ihn mit ihrem wunderbaren Körper; bisher ist er der Fordernde gewesen, der in den weißen Körpern Rauchjshmas und der anderen Leidenschaft erzeugt hat, ohne daß sie zurückgeben, was er verströmt. Der weißhaarige Vater mit leiser, bestimmter Rede erklärt, daß sicherlich nicht jeder Pârsa schon durch Geburt auserwählt ist, aber daß nur Pârsa und Mada, die Reichs-Kernländer seit Kurusch, die Wahrheit, Gerechtigkeit und Klugheit vertreten; der Gott Zarathushtras aber ist es, der sie lehrt, zwischen Licht und Nacht, Hell und Dunkel, Wahrheit und Lüge zu unterscheiden und sie fähig macht, gegen Finsternis und Lüge zu kämpfen; Ahura Mazdâh, so strahlend, daß er blendet, wenn man zu lange zu ihm aufblickt. Sein Vater lehrt ihn schon in frühen Jahren, die Götter fremder Völker nicht zu verachten und die Welt außerhalb des Pairidaeza zu begreifen, jenseits der weißen Lehmziegelmauer; aus solchen Ziegeln sind auch die verfluchten Tortürme der Großen Stadt. O Nefermerit aus dem Land am Neilos, wo er, Dariuvahush, das erste und einzige Mal das endlose, unvergeßliche Meer gesehen hat! Das Große Grüne Wadj Wer; er wünscht, daß sie bei ihm liege, aber schon die Gedanken an ihren Körper lenken ihn von den Befehlen ab, die er im Morgengrauen geben muß. Die Gedankenfasern und die Erinnerung an das Meer, an Nefermerit, der Gottesbegriff und die Furcht, morgen zu versagen, winden sich umeinander und verknoten sich. Dariuvahush glaubt, daß er im Schatten von Ahura Mazdâhs Schwingen ist, denkt an Kampf und Blut, steht auf und wäscht sich lange die Hände; erst dann vermag er einzuschlafen.

Eingerahmt von Kanälen und dem breiten Fluß, die im Mondlicht glänzten wie altes Silber, reckte die riesige Stadt Babairu ihre hohen, langen Mauern als dunkelgraue Schattenrisse gegen den Himmel, an dem die Sterne erloschen. Winzige Lichter wanderten auf den Mauerkronen, verschwanden hinter den Zinnen, tauchten in den Zwischenräumen wieder auf, schimmerten und funkelten auf Waffenmetall. Sklaven schleppten triefendnasse Felle herbei und legten sie auf die Balkenreihen der Belagerungsgeräte. Schon bevor sich zu beiden Seiten des gewaltigen Bildes der Horizont zu färben begann, liefen Krieger und Sklaven aus dem Lager, verbargen sich unter den Plattformen, packten deren Füße und stemmten die Holzgebilde hoch. Fast unhörbar verließen sie mit ihrer schweren Last die Brücke und näherten sich dem Tor; sie setzten die Tische dicht davor an den Torturmmauern ab. Erst als das vierte Paar krachend gegen die Mauer kippte, wurden die Wachen aufmerksam. Pfeile und Wurfspeere flogen durch das Halbdunkel. Vom hintersten Paar der Stützen ringelten sich dicke Seile in die Richtung des Lagers.

Wie ungefüge, tropfende Rätselwesen, die von vierzig oder mehr Fußpaaren bewegt wurden, krochen die schwankenden Belagerungstische auf die Stadt zu, bis sie schließlich einen hölzernen Korridor bildeten, der sich einen Steinwurf vor dem Tor gabelte und entlang der Mauern bis zu den unsichtbaren Torangeln reichte. Die ersten Brandpfeile heulten im Zwielicht von den Mauern und erloschen im nassen Leder der Häute. Als die ersten Sonnenstrahlen zuckten und ihr kalter Glanz die Ebene und die Palmenhaine traf, blieb der Koloß der Stadt eine kantige schwarze Masse von erdrückender Größe. Aus dem Lager kamen Schmiede, Steinkundige, Brückenbauer und Helfer mit schwerem Werkzeug und Trinkschläuchen; in mäßiger Eile liefen sie im Schutz der Balkendächer zu den Toren und trieben mit wuchtigen Schlägen eiserne Meißel in die Mauerecken zwischen den riesigen Halbtoren und den Steinfundamenten der Wände.

Dariuvahush, von Tachmaspâda und Babâdhush gefolgt, bestieg den Beobachtungsturm. Einige Dutzend Reiter, die Pferde am Zaumzeug führend, sammelten sich zwischen den Gespannen am Ende der Buranun-Brücke, zwischen Lanzenträgern, Bogenschützen mit riesigen Standschilden und den Schleuderern. Ihr Murmeln, das Klappern der Trinkbecher und das dumpfe Wiehern der Pferde wurde unterbrochen durch die klirrenden Schläge der Bronzehämmer auf die Meißel. Ab und zu dröhnte, wenn ein Hammer abglitt, ein Torflügel wie eine gigantische Trommel; der Ton zitterte mehrere Herzschläge lang durch die kalte Luft.

»O König«, sagte Tachmaspâda leise, »wenn es wirkt, wird man jahrelang an allen Lagerfeuern von dieser Belagerung reden.«

»Wenn es nicht wirkt, wird man mich mondelang auslachen«, sagte Dariuvahush. Er versuchte zu erkennen, was am Tor vor sich ging, und meinte mit unruhiger Stimme:

»Du bist sicher, Babâdhush, daß Nidintu-Bel auf keiner Straße durchbrechen kann?«

»Jeder, der kämpfen kann, ist bereit. An allen Toren, Herr. Die besten Hundertführer und die schnellsten Boten warten nur darauf.«

Zuerst schossen die Verteidiger Brandpfeile und warfen brennende, ölgetränkte Schilfbündel auf die Belagerungsplattformen. Die Flammen erloschen, aber Rauch und Gestank machten den Männern zu schaffen. Nur langsam wich das morgendliche Zwielicht in der Schlucht des Bel-Marduk-Tores. Sklaven bildeten eine Kette und reichten wassergefüllte Eimer vom Buranunufer bis zum Tor weiter; die letzten gossen das Wasser in große Löcher der Lehmziegelmauer, um sie aufzuweichen. Die Eimer wanderten, mit Steinbrocken und zerbrochenen Lehmziegeln gefüllt, den gesamten Weg zurück und wurden in den träge strömenden Fluß geleert, in dem der Unrat der Stadt schwamm.

Von der Höhe der Tortürme flogen Speere; sie blieben zitternd im Holz stecken. Es gab keine deutlichen Ziele, nur flüchtige Bewegungen, undeutliche Schemen und dazwischen das leere Pflaster der Brückenstraße. Die Reste der Binsenbündel schwelten stinkend. Dariuvahush hob den Arm: Sechs Trommler begannen in gleichmäßigem, verstörendem Takt die Kesselpauken zu schlagen. Mit jedem Atemzug, in den kurzen Pausen dennoch deutlich zu hören, nahmen Unruhe und Lärmen jenseits der Mauern zu. Die Treiber tränkten die Ochsen und zwangen sie paarweise in die Nackenjoche. Ketten klirrten. Die Mauern warfen den Hall der Pauken zurück; mittlerweile waren es drei Dutzend Männer, unter deren Meißeln, kaum kürzer als eine Elle, die Fundamentsteine und die sonnentrockenen Lehmziegel barsten. Die klirrenden Hammerschläge bildeten einen zweiten, unregelmäßigen Takt. Sechs Mauerkundige rissen Brocken um Brocken an jenen Stellen aus dem Boden, wo sich die armdicken Bronzezapfen der Tore in den Löchern mächtiger Findlingssteine drehten; Splitter und Absprengsel surrten umher. An hundert Stellen rann gelber Lehmbrei aus den Fugen. Die Schmiede und Brückenbauer wußten, daß die Mauersockel zwanzig und mehr Ellen dick waren und daß es ein Jahr dauern würde, einen Durchgang zu schaffen oder sie zu erschüttern. Aber es war wichtig, sie dort zu zermürben und aufzuweichen, wo die unteren Torangeln verankert waren.

Brüllend warfen die Verteidiger Steine und Mauerbrocken auf die Arbeiter. Die Lehmziegelwürfel zerplatzten nach einem Fall von fünfzig Ellen zu ätzendem Staub, unter dem Aufprall der

Steine knarrten und ächzten die frischen Palmenbohlen, die Felle wurden zerfetzt, und auf den Plattformen bildete sich eine dicke Schicht, die nach und nach die Wucht eines jeden Geschosses dämpfte. Bisweilen lösten sich die Männer ab, die jene wuchtigen Hämmer schwangen oder die Meißel hielten. Ins Dröhnen der großen Beckentrommeln mischten sich der Schall und der Widerhall der Schläge, die einen der beiden Torflügel trafen. Zwischen den Stützen der Plattformen breitete sich bis zum Anfang der Brücke knöcheltief dünner Lehmbrei aus.

Tachmaspâda löste blinzelnd seinen Blick von der Lichtflut, die über die Mauerkanten brandete, und sah Dariuvahush von der Seite an. Er flüsterte heiser und wiederholte seine Worte etwas lauter:

»Herr! Dein Gesicht! Du siehst aus wie der Fluch des Kurusch!« Dariuvahush starrte ihn an, als habe er nicht verstanden. Er nahm einen Schluck lau gewordenen Würzweins und sagte: »O Mann aus Mada!« Er glaubte eine Stimme zu hören, die nicht seine eigene war. »Kambushya hätte geschrien, daß ihn jeder am anderen Ende der baalverfluchten Stadt gehört hätte, hätte seine Krieger die Leitern hochpeitschen lassen – ihr wißt, wie wir gekämpft haben! Was würde es nützen? Mein Heer ist viel zu klein gegenüber diesem Gebirge von einer Stadt!« Er zog den Kragen aus Leopardenfell eng zusammen und schnippte mit den Fingern; ein Kârataka füllte die grünglasierten Tonbecher. »Jetzt versuchen wir ein Kinderspiel. Wenn die Tore fallen – wenn, sage ich –, ist die Stadt offen, aber bis zum Palast ist es weit. Mein kleines Heer soll nicht im Kampf Haus um Haus vermindert werden – nicht alle Bewohner sind Feiglinge. Deswegen hat jeder Hundertführer eine Beschreibung des Weges. Den Palast, die vielen Gänge und Säle; ich kenne sie. Und eine böse Ahnung sagt mir, daß Assina und Nidintu-Bel zwar die ersten, aber nicht die einzigen Lügenkönige sind.«

Die Männer sahen einander in die Augen, schüttelten zustimmend langsam die Köpfe, schwiegen. Miteinander, aber in verschiedenen Heeresteilen kämpfend, hatten sie Kambushyas Zug und Rückzug aus Mudrayia erlebt. Nichts am grausigen Geschäft des Krieges war ihnen fremd; ihre Körper waren voller Narben.

Nun aber, Dariuvahush hatte es auf der Fahrt nach Gaumâtas Köpfung bedacht, gehorchten sie nicht mehr den Befehlen, sondern gaben sie. Von ihm erwarteten alle – er selbst nicht weniger! –, daß es die richtigen Befehle waren – jene, die zum Sieg führten. Plötzlich lachte er; das Lachen klang bitter: Auf den Thron zu klettern war leicht, unangefochten auf dem Tigerfell zu sitzen war das Schwerste; das Reich war ebenso riesig wie der Ehrgeiz der Abtrünnigen.

»Es gilt, zu siegen und das alles zu überleben.« Er stöhnte und warf einen langen Blick auf das mühsam geordnete Gewimmel dieses Heeresteiles, der einen Ausbruch Nidintu-Bels erwartete. »Die Hämmerer und Meißler haben gesagt, sie werden zwei Stunden nach Mittag fertig sein.« Babâdhush schien sich bewußt zu sein, daß er redete, weil er sich sonst vor dem Scheitern fürchten würde. »Was wirst du tun, wenn sie's erst um Mittnacht schaffen?«

»Warten und nachdenken, o Freund.«

»Und wenn ... wenn wir ihn besiegen?« Tachmaspâda hob die Hand und grüßte zwei Hundertführer, die zum Holzgerüst heraufstarrten. »Bleibst du, Herrscher – bleiben wir alle in Babairu?«

»Ja. Sie ist die schönste, reichste, größte und prachtvollste Stadt der Welt. Hier traf ich meine erste Gattin. Babairu aber ist der schlammigste, stinkendste Pfuhl, wenn ein Lügenkönig die Stadt regiert.«

Dariuvahush setzte sich, lehnte die Schultern im Gazellenledermantel ans schorfige Holz und schloß die Augen. Das malmende Gemenge aller Geräusche ließ ihn erst jetzt schläfrig werden; nachts hatte er den Schlaf vergebens herbeigeflucht.

Die seltsamen Windungen des Kampfes glichen einem Irrgarten, einem Gebilde, das die Yaunier *labyrinthos* nannten: Viele Bewohner Babairus und der Umgebung wurden in die Kämpfe einbezogen, an anderen gingen die blutigen Wirrnisse vorbei. Wie beim Stamm und Wurzelwerk eines Baumes: Die Axt traf stets das Holz unter der Borke, nie die Wurzeln, und das Astwerk erst, nachdem der Baum gefallen war. Schon im Gespräch mit seinem Vater, vor fünfzehn Jahren, hatte es Dariuvahush erkannt: Die

Hochfahrenheit der Herrschenden wäre nicht denkbar, wenn nicht Hunderte oder Tausende für deren Wohlleben schufteten und schwitzten; würde ein König seine nächste Mahlzeit selbst ernten oder erjagen müssen, bliebe er Bauer oder Hirte sein Leben lang. Er seufzte, richtete den Blick auf Mauern, Tortürme, Belagerungsplattformen und die Brücke, deren Brüstungen sich von beiden Seiten her scheinbar auf den Mittelpunkt des lärmenden, klirrenden und staubenden Geschehens richteten. Er fühlte es ebenso wie jeder einzelne Krieger: Wieder einmal schien die Zeit langsamer als sonst zu vergehen.

Als die Schatten kurz wurden, nahm Dariuvahush einem Lanzenkämpfer den Schild ab, ließ sich die doppelschneidige Kampfaxt holen und rannte, obwohl ihn jedermann zurückzuhalten versuchte, auf die Öffnung des nächstgelegenen Balkengebildes zu. Er stieß die Männer mit den Wasser- oder geröllgefüllten Eimern zur Seite und hastete im Schutz der Plattformen, auf die ein ständiger Hagel aller vorstellbaren Geschosse niederging, bis zur Ecke des rechten Torflügels. Die verschwitzten, staubbedeckten, hämmernden Männer erkannten ihn nicht; er blieb, ebenso staubbedeckt, zwischen den vordersten Meißelhaltern stehen und betrachtete den Boden, den unzählige Wassergüsse freigeschwemmt hatten.

Eine Elle tief war der Stein, dessen Oberfläche annähernd tafelförmig war, aufgerissen. Der oberarmdicke Bronzedorn des Zapfens, der sich in der zylindrischen Vertiefung des Steins drehte, lag bloß. Man konnte ein dickes Seil darum legen. Vier, fünf Ellen höher, rechts, war die Mauer aufgebrochen, die Kanten weggeschwemmt; die Hälfte des Bronzeflügels, der tief in die seitliche Mauer hineinreichte, war von den Eisenspitzen der geschliffenen Meißel zerhackt. Dariuvahush packte einen Meißelhalter an der Schulter und rief:

»Wirst du das Metall in einer Stunde durchgeschlagen haben?«

Unablässig krachten und prasselten Steine und Mauerbrocken auf das Dach, das zwei Ellen hoch mit Schutt bedeckt war. Der Mann wandte den Kopf, stierte ihn aus tränenden, roten Augen an, stieß einen Fluch aus und rief:

»Beiß es selbst durch, und schleif den Meißel an deinem Arsch, Zehnführer!«

»Bin Hundertführer!« rief Dariuvahush grinsend. »Mein Arsch ist nicht rauh genug. Ich sorge dafür, daß dicke Seile kommen. Wenn alles vorbei ist, melde dich bei deinem König. Damit du bei den Königswohltätern aufgeschrieben wirst. Pârsa oder Mada?«

»Dümmling! Hier, wo's kracht und stinkt, schuften nur Pârsa! Wer sonst?«

»Wußte ich es doch.« Dariuvahush lachte und schlug dem Meißelhalter und dem Hammerträger auf die Schultern; zwischen den Schweißbahnen staubte es hellbraun. »Macht weiter so!«

Er bahnte sich den Weg bis zur Verbindung der Bohlendächer, betrachtete schweigend die Ergebnisse von sieben oder acht Stunden ununterbrochener Arbeit und rannte im Schutz der hölzernen Korridore über die Brücke. Tachmaspâda und Babâdhush, umgeben von Lanzenkriegern, blickten ihm besorgt entgegen. Er sagte:

»Seile nach vorn! Große, sichere Schlingen. Und dann müssen die Ochsen ziehen und zerren. Kommt! Ich sag euch, wie wir es machen. Wenn sie nicht ganz blöde sind«, er zeigte mit dem Dorn der Kampfaxt zu den Mauerkronen, »ahnen sie, was wir vorhaben. Wir müssen ihr Erschrecken ausnützen.« »Willst du selbst, o Herr ...?«

»Ich muß!« Er riß schnalzend den Kopf hoch. »Blitzschnell durch die halbe Stadt, auf der Prozessionsstraße zum Palast. Ich und zweihundert Unsterbliche: Zweiergespanne, Lanzenreiter, außen Bogenschützen mit drei vollen Köchern. Haben wir den Palast, haben wir alles.«

»Bei Ahura Mazdâh!«

Jeder einzelne Schritt eines jeden Befehls wurde mit äußerster Genauigkeit und ohne Hast befolgt: Um die senkrechten Bronzezapfen wickelten die Brückenbauer armdicke Seile, deren Schlingen verknotet wurden. Ein zweites Seil führte zum letzten Waagscheit der Ochsengespanne, wurde darumgewickelt und mit rohen Knoten befestigt. Während das Hämmern, Meißeln, Löcherschlagen und Wässern weiterging, ebenso wie die Versuche der Verteidiger, den kaum zwanzig Ellen breiten Raum zwischen den Mauern der äußeren Tortürme mit heißem Wasser und kochendem, loderndem Öl freizukämpfen, von Brandpfeilen entzündet, zogen tappend die Ochsengespanne an. Jeweils fünf Paare waren hintereinander eingeschirrt und mit Eisenketten verbunden. Klirrend strafften sich in quälender Langsamkeit die Ketten, die Seile hoben sich aus dem Lehmbrei, knarrend und tropfenschleudernd zogen sich, scheinbar sinnlos, die halb mannsgroßen Schleifen und Knoten zusammen, und unverändert schlugen die Trommeln, die Hämmer auf Meißel, Metall auf Stein auf Metall auf knirschenden Trockenlehm: Der Zug setzte sich unaufhaltsam vom zweiten Drittel der Brücke in knarzenden Schritten bis zu den Drehzapfen fort, und schließlich, wohl eine halbe Stunde später, liefen die ersten Sklaven mit den Ledereimern unter den vordersten Dächern – sie glichen jetzt langgestreckten, schuttübersäten und schwelenden Hügeln – zum Lager zurück und hockten sich erschöpft nieder. Dariuvahush winkte den Muschelhorn-Bläsern.

Der schaurig quarrende Laut, wie ein Schrei aus der Vergangenheit, war das Signal, das gleichermaßen die Mauern erschütterte und gewaltiges Geschrei im Lager auslöste. Die Ochsentreiber peitschten die Tiere und stachen die Spitzen der Treiberstöcke in die Kruppen und unter die Schwänze der Rinder, die ihre Spalthufe in den Boden stemmten und anzogen. Die Seile gaben nie gehörte Geräusche von sich, strafften und dehnten sich und standen schließlich starr wie Metallstäbe. Die Zugkraft ergriff die Zapfen am untersten Teil der Torflügel.

»Wenn mein Plan aufgeht«, schrie Dariuvahush durch die Geräuschwogen, »wagen sie jetzt einen Ausfall. Wir lassen sie kommen, lassen sie durch. Dann fahren, reiten und rennen wir zum Palast. Die andere Hälfte ...«

»... öffnet das Kish-Tor von innen«, rief Babâdhush. Dariuvahush nickte und hielt den Atem an, zugleich mit mehr als eineinhalbtausend Angehörigen des Heeres und vielen Bauern und Fischern, die hohläugig am Ufer des Buranun warteten.

Die Gespanne zogen die Zapfen aus der Tiefe des Angelsteines auf der roh gemeißelten, von Lehmbrei bedeckten Bahn, die wie

Öl wirkte, schräg herauf; gleichzeitig hoben sie die Torhälften aus den Angeln und zerrten die durchtrennten Schäfte der Dorne aus dem knirschend auseinanderbrechenden Mauerwerk heraus. Die Torhälften gerieten knarrend aus der Senkrechten, schürften und kratzten mit den Unterkanten über den Boden; zwischen ihnen erschien ein schmaler Spalt, der sich verbreitete. Hinter den massigen Hälften ertönten Brechen, Klirren, Prasseln und ein Laut, der wie ein Aufschrei oder lautes Stöhnen aus hunderttausend Kehlen klang. Dann, immer schneller, vergrößerte sich der Spalt, entfernten sich die Unterkanten der Tore vom Turm, senkten sich die Oberkanten, vergrößerte sich die Schräglage der riesigen, schmalen Platten. Mauerwerk splitterte, brach und zerstäubte an sechs Stellen.

Dariuvahush packte die Handgelenke der zwei Hazarapati und hob den Kopf. Er fühlte, daß er vor Wut zitterte.

»Wer den innersten Palastsaal erreicht, hat alles Furchtbare hinter sich. Ich vertraue den Kriegern, die ihr befehligt, o Freunde.«

»Für dich würden sie sterben, König!« schrie Tachmaspâda. Die Längskanten und die Oberkanten der Tore, von denen jeder gesagt hatte, sie wären unerstürmbar, rissen polternd und dröhnend, lauter als die Riesentrommeln, mannsgroße Lücken und Sprünge in die Mauern, sanken in gelben Staubwolken herunter, wurden weitergezogen und schlugen plötzlich mit erderschütterndem Dröhnen flach auf den Boden, zertrümmerten die Kanten einiger Belagerungsgeräte, wirbelten abermals eine mächtige Wolke aus Sand, Staub, zermahlenem Lehm, Asche und anderem Abfall hoch; dann glitten sie langsam wie breite Bretter über die lehmverschleimte Brückenstraße. Sie schoben einen Teil des Schutts auseinander, so daß eine schmale Gasse entstand, dann kippte der rechte Torflügel über die Böschung und rutschte halb in den Fluß. Die wartenden Krieger begannen wie wild zu schreien und hämmerten die Waffen gegen die Schilde. Dariuvahush zog sich in einen Kampfwagen, den nur ein Zweiergespann zog; auf der Brücke hatten zwei Vierergespanne nebeneinander keinen Platz.

»Denkt an alles, was ich euch gesagt habe!« brüllte er und hob die Doppelaxt und die Lanze. »Tachma! Babâd! Mit mir!«

Drei Gespanne ruckten an, schlingerten zwischen zur Seite springenden Sklaven und Kriegern, schräg stehenden Belagerungsplattformen, Ochsengespannen und Mauerbrocken auf die klaffende Öffnung zu. Binnen weniger Atemzüge bildete sich ein gestaffelter Stoßkeil: Außen ritten Bogenschützen, an denen sich rennende Schleuderer festhielten, neben und hinter ihnen Lanzenreiter, Unsterbliche, dann Zweier- und Vierergespanne in der Mitte. Und zwischen ihnen Dariuvahush, der versuchte, alle Bedrohungen gleichzeitig zu sehen, um sich dagegen wehren zu können.

Er hob den Schild und blickte schnell rechts und links hinauf zu den Mauerkronen im Sonnenlicht, das über ihre welligen, weißen Flanken herunterstrahlte. Die Räder sprangen und polterten über Steinbrocken, Seile, reglose Körper, Waffen und Schilde, knirschten auf Sand. Die Wagen wichen weit nach beiden Richtungen aus; als sein Gespann die hallende Schlucht zwischen den hochragenden Wänden der inneren Toranlage durchfuhr, stieß Dariuvahush einen langen, trillernden Schrei aus.

6. Der Mondblinde

Mauern und Zinnen glitten an Dariuvahush vorbei, rechts und links öffneten sich Gassen, schwirrten Pfeile. Männer, denen er nicht ansah, ob sie zu Nidintu-Bel gehörten, nur vom Dach ihres Hauses zaghaft herunterspähten oder ihm einen Pfeil zwischen die Schulterblätter schossen, verschwanden hinter den Brüstungen; er hob den Schild und versuchte, seine Gegner auszuspähen. Die Hufe klapperten auf Sand, Steinen und unratübersäten Pflasterplatten, die Bronzefelgen kreischten. Pfeile seiner Bogenschützen schnitten durch Rauch und Staub nach links und rechts aufwärts, Tonkugeln platzten, kantige Steinbrocken rissen trichterförmige Löcher aus blauen, weißen, dunkelroten und gelben Mauerwänden, hinter denen Kinder kreischten und Frauen jammerten. Ein großer schwarzer Vogel fiel mit zuckenden Schwingen zwischen die Hufe der Pferde. Teile der Stadt zeigten sich als Ausschnitte eines wirbelnden Bildes: einzelne Bäume, Torbögen über den Quergassen, winselnde Hunde, deren Gliedmaßen zerschmettert waren, Flammen und Rauch kleiner Brände. Der Weg der Eindringlinge war voller Geschrei und fauchender Pfeile: Dâdreshish, den Kopf gebeugt, die Zügel in beiden Händen, mit den Knien die Stöße des Streitwagens abfedernd, lenkte die galoppierenden Pferde in die palmengesäumte Arkadiane. Es war wie im beginnenden, heißen Rausch. Die breite Prachtstraße schien leer zu sein wie ein Stück Wüste. Die schützenden Kreise um das Königsgespann richteten sich in Keilform aus, ohne langsamer zu werden.

»Links, das Tor neben dem Tempel!« schrie Dariuvahush und sagte sich, daß er tausende Krieger auf den Mauern hinter sich gelassen hatte, ohne daß ein Speer geworfen worden war; schon die überhastete Flucht Nidintu-Bels aus Zazannu, dem Städtchen am Idiglat, war ein deutliches Zeichen gewesen, daß die Zahl seiner Anhänger kleiner war, als Dariuvahush befürchtet hatte. Dâdreshish zerrte an den Zügeln. Die Gespanne wurden langsamer.

Fünfhundert Krieger rannten, hasteten, keuchten neben ihm auf die Marduksockel der Säulen zu, hinter denen sich der Große Platz ausbreitete. Hinter ihnen drängte der Rest seines Heeresteils in die Stadt. Dariuvahushs verzweifelte Gedanken richteten sich auf diese Gruppen – sie mußten die Stadt durchqueren und drei Tore freikämpfen.

Am Ende der Prachtstraße, an der Südmauer des Tempelplatzes, bogen die Gespanne nach links und ratterten dem Ishtar-Tor entgegen. Vielleicht hundert Galoppsprünge weiter, hinter den Gebäuden eines uralten Stadtteils, näherte sich Dariuvahush der niedrigen Mauer der Südlichen Burg. Das alte Palastgebäude war an drei Seiten von einem Garten voller großer Bäume umgeben und lehnte mit dem nördlichen Teil an der Stadtmauer. Als Babâdhush, dessen Gespann die kleine Truppe anführte, die Krieger auf den Treppenstufen hinter der Mauer und am Tor sah, riß er den Arm in die Höhe und schrie:

»Bogenschützen! Hierher! Hier haben sie sich verschanzt!« Keuchend versammelten sich die Fußkämpfer um die Reiter und die Gespanne. Dariuvahush fluchte und deutete mit der Lanzenspitze zur Brüstung des obersten Daches.

»Der Palast ist groß, voller Winkel, Treppen und Gänge«, rief er. »Dort können sich tausend Krieger verstecken. Hier ist Nidintu-Bel mit seinen Vertrauten! Ob ich auf unsere Verstärkung warten soll?«

Einige Atemzüge lang rührte sich niemand. Dann ritten einige Bogenschützen an, galoppierten tief über die Hälse der Tiere gebückt zur Mauer und richteten sich auf, zogen die Bogensehnen bis zum Kinn aus und jagten ihre Geschosse dicht über die Mauerkante. Gleichzeitig zerfetzten Steine und Kugeln der Schleuderer die Blätter und Äste, trieben einige Dutzend Verteidiger in den Schutz der Brüstungen und zerplatzten an den Säulen aus farbigen Kacheln. Langsam hob Dariuvahush den Schild und starrte das Tor an: dicke Bohlen, zehn Schritte lang und sechs Ellen hoch, oben mit Lanzenspitzen gespickt. Ein Wurfspeer flog in gerader Bahn zwischen den Ästen hindurch und heftete einen Verteidiger an einen Baumstamm. Dariuvahush knurrte:

»Ahura Mazdâh! Meine Tapferen – sie sind nicht zu halten.« Er holte tief Luft, bezwang seine Angst und fürchtete sich trotzdem davor, diesen Teil des Kampfes zu verlieren und zu viele seiner Krieger opfern zu müssen. Die Lanzenreiter trabten in engen Kreisen um den Kampfwagen, in dem er stand, und warteten darauf, daß er ihnen befahl, den Palast zu stürmen. Die Bogenschützen ächzten, die Sehnen schlugen gegen die ledernen und bronzenen Armschutze, die Lederriemen der Schleuderer surrten über ihren Köpfen durch die Luft; durch das unaufhörliche Krachen und Knattern der Geschosse hörte sich Dariuvahush rufen:

»Die Hälfte bleibt und kämpft hier vor den Mauern. Rammt das Tor auf, wenn ihr könnt. Lanzenträger, Schwertkämpfer und die mit den Äxten – kommt mit mir! Ich kenne einen Seiteneingang.«

Seine Krieger umstanden die Mauer an drei Seiten. Die Gespanne brachen durch die Ringe der Reiter und fuhren nach links, entlang der Mauer bis zu einem dreieckigen Platz, an dessen Rand hohe Palmen standen. Dariuvahush ließ Babâdhush bis zum hintersten Winkel fahren, an eine Stelle, an der glatte, tiefrote Hausmauern in die Stadtmauer übergingen. Am Ende einer schmalen Rampe, halb verborgen durch die Dicke der Lehmziegelwand, sahen die heranstürmenden Männer eine glatte, eisenbedeckte Holzfläche ohne Griffe oder Knauf. Dariuvahush schob die Kampfaxt in den Gürtel und rief: »Brecht sie auf.«

Die Krieger schlugen auf die Mauer ein. Nur zwei fanden genügend Bewegungsfreiheit; sie behinderten sich trotzdem gegenseitig. Der staubtrockene Lehm bröckelte, faustgroße Stücke brachen aus der Mauer, ein Riß erschien und klaffte nach einem Dutzend weiterer, wütender Hiebe bis zum Boden. Die Krieger warfen sich gegen die Bronzeschuppen auf dem Holz; die Mauerkante löste sich knirschend auf, und die Tür schlug schwer gegen die Wand. Dariuvahush sprang vor.

»Der Gang führt zu den Vorratskammern. Von dort bring ich euch in die oberen Säle und Gänge.«

Die Schwertkämpfer drangen ein. Nach einigen Schritten hatten sich die Augen an die Dunkelheit gewöhnt. Dariuvahush folgte ihnen; sie mußten die Lanzen senken, deren Spitzen die gerundete Decke ritzten. Vielleicht fünf Dutzend Unsterbliche hasteten hinter ihm, vor ihm Babâdhush und zehn oder fünfzehn Männer. Muffige Luft, gemischt mit dem Geruch sauren Weins, faulenden Früchten und den stechenden Ausdünstungen des feuchten Bodens, schlug ihnen entgegen und machte das Atmen schwer. Durch fast völlige Dunkelheit tasteten sie sich vorwärts und kamen in ein Gewölbe, durch dessen Mauerlöcher unter der Decke schwache Helligkeit drang. Dariuvahush rannte an den Kriegern vorbei, zu einer Treppe, lief mit stoßbereiter Lanze die Stufen hinauf; weit vor ihnen, im Sonnenlicht, das durch Gewölbeausschnitte fiel, war Kampflärm zu hören. Dariuvahush hielt die Männer auf, als sie in einen breiten Quergang kamen; hier schien der Palast ausgestorben zu sein.

»Seid leise. Tötet jeden. Treibt sie aus dem Palast. Schont die Diener und Sklaven; es sind Gaubarvas Untertanen. Vielleicht ist das Nordtor offen, dann haben wir sie umzingelt. Zehn Unsterbliche kommen mit mir.« Er deutete nach rechts und links, auf hohe, von Vorhängen verschlossene Durchgänge. »Dort hindurch, und ihr seid in den Sälen.«

Er nickte Babâdhush zu, war mit wenigen Schritten an einem Vorhang, riß ihn auf und blickte in eine große Kammer, in der sich Frauen, Verschnittene und Diener schweigend und verängstigt zusammendrängten; vielleicht erkannten einige ihn noch wieder. Er rannte zwischen ihnen hindurch, auf das Doppelsäulentor zu und in einen Saal hinein. Bewaffnete standen am anderen Ende des Raumes und sahen in den Garten hinaus. Einige Männer schossen Pfeile und schleuderten Lanzen; sie kehrten den Eindringlingen den Rücken zu. Die Krieger rannten auseinander, bildeten eine Kampfreihe und senkten die Lanzen, dann stürzten sie sich auf die Verteidiger. Drei Schritte, bevor sie die Männer in der Kleidung von Babairu erreichten, stießen sie laute Schreie aus. Dariuvahushs Lanze zuckte nach vorn, die Spitze bohrte sich in den Nacken eines Mannes; er stemmte den Fuß in den Rücken des Zusammenbrechenden und riß die blutige Doppelspitze heraus, wirbelte die Lanze herum und zog sie in einen waagrechten, zischenden Schlag. Der Angreifer hinter einem Unsterblichen, der ungedeckt war, starb, als die Schneide den Hals bis zu den Wirbelknochen durchtrennte. Babâdhush kämpfte gegen zwei Verteidiger, duckte sich, ließ einen Schwerthieb vom Schild abprallen und rammte die Lanze in den Unterleib des Gegners. Der Saal hallte wider vom Kampfgeschrei, an einem Dutzend Stellen breiteten sich Blutlachen aus. Die Lanzen der Unsterblichen zuckten vor, durchschnitten die Luft, trennten Gliedmaßen ab. Tödliche Wirbel von Waffen und Gestalten fegten durch die Halle, sterbende Verteidiger stolperten zwischen den Säulen hindurch und brachen auf den Treppenstufen zusammen. Der Lärm von den Plätzen, aus dem Garten und von der Haupttreppe sagte Dariuvahush, daß Hunderte Männer gegeneinander kämpften. Einige Dutzend Atemzüge später war der Kampf vorbei; die Königskrieger, blutbespritzt vom Kopf bis zu den Halbstiefeln, holten tief Luft, drängten sich aneinander und folgten Dariuvahush, der an der Säulenreihe entlangrannte und anhielt, ehe er in den Hauptsaal eindrang. Er sprang auf eine kleine, menschenleere Terrasse und spähte hinunter. Das Ninive-Tor war erobert und geöffnet worden, denn ein breiter Strom seiner Krieger rannte auf das halb zertrümmerte, weit aufgerissene Tor des Gartens zu.

»Meine Krieger sind eingedrungen«, rief er. »Wir sind in der Überzahl.«

»Nicht im Thronsaal des Kshatrapan«, sagte Dâdreshish grimmig. »Diesmal sind sie nicht zu überraschen.«

Am anderen Ende des prunkvoll eingerichteten Saales und zwischen den stämmigen Säulen, um die breite Goldbänder liefen, warteten Verteidiger mit gezogenen Schwertern und großen Rundschilden. Die Angreifer verteilten sich, bildeten Zweiergruppen und griffen einzelne Verteidiger an. Wieder bohrten sich Lanzenblätter in die Stellen der Körper, die nicht geschützt waren; als die Verwundeten die Schilde sinken ließen, traf sie der tödliche Stich oder ein Hieb, der ihre Körper mehr als eine Handbreit tief aufschlitzte und zertrennte. Die Unsterblichen kämpften schnell und unbarmherzig, mit schrillen Schreien, wichen blitzschnell geschleuderten Schwertern und Dolchen aus und trieben die entsetzten Männer des Nidintu-Bel zum offenen Saaleingang zurück. Sie wehrten sich verzweifelt. Die Kampfschreie der Männer aus Dariuvahushs Garde hallten durch die Korridore des

Palasts, kamen von der Prunktreppe, von den Dächern und aus dem Garten. Schritt um Schritt zogen sich die Verteidiger in den Großen Hof zurück, der sich inmitten der Gebäude drei Mannshöhen über dem Boden ausdehnte. Dariuvahush sprang im schwirrenden Lanzenhagel in den Schutz einer Säule und rief:

»Wer von euch erkennt Nidintu-Bel? Mir ist er fremd!«

Hinter ihm sammelten sich die Lanzenträger zu einem neuen Vorstoß und hoben die Schultern, warfen die Köpfe in den Nakken; Babâdhush sagte mit kaltem Lächeln:

»Niemand, Herr, kennt ihn. Aber er wird sich verraten, auf dem Palmenhof.«

Dariuvahush senkte die Lanze und sprang blinzelnd ins grelle Licht, das auf kalkigen Mauern und Stufen blendete und zahllose farbige Fliesen aufleuchten ließ. Überall breiteten sich unter reglosen Körpern Blutlachen aus. Waffen und Schilde lagen verstreut, in den Mauern steckten Pfeile und abgebrochene Wurfspeere, schmale Blutrinnsale, von Fliegen umwimmelt, begannen auf den Stufen zu stocken. Die Unsterblichen hasteten zwischen den Toten und dem Blut die Stufen aufwärts. Aus drei Richtungen strömten andere Krieger heran, schrien und schwenkten Lanzen, Schwerter und Kampfäxte, rannten durch die mächtigen Bogengänge und drangen zwischen Säulen und den Stämmen der Bäume vor. Keuchend und schweißüberströmt unter dem schweren Bashlyq erreichte Dariuvahush die Terrasse, die sieben Stufen höher lag als der Große Hof. Er blieb stehen, starrte schweigend die Menschenmenge an und spürte, wie sich seine Spannung löste: Sie hatten gesiegt. Einige Krieger erkannten die Goldverzierungen auf seinem blutbespritzten Rundschild und jubelten ihm zu.

Mehr als zweihundert Krieger in Babairu-Kleidung drängten sich im viereckigen Hof zu einem Kreis zusammen, dessen Mitte leer war bis auf drei Männer. Mehrere Reihen Unsterblicher, Bogenschützen mit Pfeilen auf den Sehnen und Krieger mit blutigen Kampfäxten standen an allen Seiten des Vierecks; zahllose Lanzen richteten sich auf die Eingekesselten. Ein bösartig klingendes Summen, unterbrochen vom Füßescharren und Waffenklirren, erfüllte den Platz zwischen Bäumen, Mauern und Säulen;

viele Männer redeten leise miteinander. Plötzlich stellte Dariuvahush die Lanze senkrecht, ließ den Schild sinken und rief:
»Ich, Dariuvahush, König der Länder, habe trotz meines kleinen
Heeres gesiegt. Entwaffnet alle Anhänger des Nidintu-Bel. Er
und seine engsten Vertrauten sollen nackt auf den Stufen des Pa-
lasttempels gefesselt werden, an einem Torflügel, sieben Tage
lang. Die Strafe für Hochverrat ist ihnen sicher. Die anderen bleiben im Kerker, bis ich mich an sie erinnere.«
Langsam hob er den Arm und drehte den Kopf. Seine Blicke
suchten nach bekannten Gesichtern.
»Mein Heer bricht die Lager und mein Kriegszelt ab und zieht in
die Stadt. Niemand plündert. Wer vergewaltigt, wird getötet, wer
plündert oder stiehlt, wird gepeitscht. Ich und meine Vertrauten
wohnen im Palast Gaubarvas, des alten Kshatrapan, der jetzt in
Hagmatâna ist. Alle Tore bleiben geöffnet. Das Volk wird mir
alle Verräter und Lügner ausliefern. Viele Namen, meine Tapferen, werde ich auf die Rolle der Königswohltäter schreiben lassen nach diesen Tagen der Siege!«
Er hob die Arme; seine Krieger lärmten und stießen Siegestriller
aus. Er genoß einige Atemzüge lang das Bild der Krieger des Lügenkönigs, die ihre Waffen fallenließen. Sein Blick ruhte auf den
Männern im innersten Kreis, denen sich niemand zu nähern wagte. Er wandte sich ab und sagte zu Tachmaspâda und Babâdhush:
»Wir haben keine Zeit zu verlieren. Ich bin im Thronsaal –
schickt mir den Obersten Kammerdiener des Palasts, dann meinen Aspat Shanâh, und, in ein paar Stunden, nach der Dämmerung, die wichtigsten Männer der Stadt.«
Sie verneigten sich, die Hände auf der Brust. Handschuhe und
Ledergewand waren voll trockener Blutspritzer. Mit weiten
Schritten ging Dariuvahush die Treppe hinunter. Eine flüchtige
Erinnerung an die unbeschwerten Monde im Palast, damals, in
scheinbar unbestimmter Vergangenheit, zuckte durch seinen
Kopf: Hier hatte er Gaubarvas Freundschaft erworben und zum
erstenmal, halb enttäuscht, bei dessen Tochter gelegen. Als er
durch die Doppeltür des Thronsaales ging und stehenblieb, weil
er nur verschwimmende Umrisse erkennen konnte, lenkte ihn
eine flüchtige Bewegung ab. Er machte drei Schritte und drehte

sich halb herum; aus dem Halbdunkel schälten sich die Umrisse zweier Gestalten.

An der Wand, vor einem zerschlissenen Teppich, der an faustgroßen, vergoldeten Bronzenägeln hing, lehnte ein Kind, ein mageres, schmalgesichtiges Mädchen, nicht älter als sieben, acht Sommer. Sie blickte ihn aus großen, grünen, strahlenden Augen an; ihr hellbraunes Haar war kürzer als drei Fingerbreit. Sie trug ein weißes yaunisches Hemdkleid, einen Chiton mit blauem Saum. Neben ihr, auf einem Hocker, saß ein Greis mit alterslosem Gesicht, in ein ähnliches, aber schwarzes Kleidungsstück gehüllt. Die dunklen Augen sahen an ihm vorbei, durch ihn hindurch, waren von etwas Grauem überzogen wie von Steinstaub. Die Erinnerung traf Dariuvahush wie ein Fausthieb. Er sagte leise, stockend:

»Malmarduk der Blinde. Geduldeter Gast in Gaubarvas Palast!«

»Und selbst von Nidintu-Bel geduldet, o Herr. Was trieb dich hierher? Rede, damit ich versuchen kann, zu erkennen, wer du bist.«

»Wer ist die Kleine? Deine Tochter?«

»Ich bin Llach Esis, Herr. Er fand mich irgendwo auf dem Pfad meines Lebens.« Sie lispelte. »Er redet mit mir, lehrt mich. Und ich führ ihn an den viermal sieben Tagen des Mondes umher. Bist du der Sohn vom Herrn Gaubarva?«

»Nein. Und am neunundzwanzigsten Tag?«

Dariuvahush blickte zwischen dem Greis und dem Kind hin und her, und jeder Blick schien ihm zu sagen, daß dieses Paar etwas verkörperte, das unnennbar weit jenseits seiner Erfahrungen und Erkenntnisse war; er schüttelte sich und machte eine ungeduldige Gebärde. Llach Esis flüsterte:

»Dann zeigt Malmarduk mir, was ich gesehen haben muß, wenn ich erwachsen werden will. Das ist viel: ungemein Farbiges, sehr Gewöhnliches und erhaben Unverständliches, Herr. Wer bist du?«

»Ich bin derjenige, der jetzt ein paar Monde lang bestimmt, was im Palast, der Stadt und Babirush zu geschehen hat. Und darum hab ich keine Zeit, lange mit euch zu reden; bleibt meine Gäste und fragt nach Dariuvahush, wenn ihr etwas braucht.«

Er wandte sich um und ging zum Thron; nach drei Schritten hörte er ihren gemurmelten Dank. Schweigende Sklaven näherten sich. Er übergab ihnen die Waffen, den breiten Schwertgurt, ließ sich den Bashlyq von Kopf und Schultern ziehen und befahl ihnen, was unumstößlich wichtig war für die nächsten Stunden. Dann setzte er sich auf die oberste Stufe der Thronplattform, streckte die Beine aus und erlebte, Blick um Blick, in winzigen Schritten, wie ihn die Vergangenheit und deren Bedeutung einzuholen begannen.

Irgendwo hinter den Mauern erhoben sich schwer deutbarer Lärm, ungewohnte Geräusche und klare Kommandos. Er glaubte ein kaum hörbares Wispern wahrzunehmen, das aus den uralten Mauern zu kommen schien. Weit außerhalb des Palastes ketteten seine Krieger den Lügenkönig an Zedernholzbalken; der Tagwächter Farnaka machte seine Dolche glühend. Waren rasende Fahrten, vernichtende Kämpfe und all die gewöhnlichen Grausamkeiten der Preis dafür, daß es nach Kambushya niemanden gab, der es wagte, das Riesenreich des Kurusch zu beherrschen – außer ihm?

Er sah sich um. In der scheinbar menschenleeren Halle, die nach Zedernholz, Surwa-Balsam, verschweltem Weihrauch und schwarzem Dattelwein duftete, sah er über einem Glutkorb einen Wasserkessel. Er ging dreißig Schritte weit, zog gedankenlos die blutstarren Handschuhe aus und tauchte seine Hände bis zur Mitte der Unterarme ins Wasser. Es war erschreckend heiß; er zischte durch die Zähne und schleuderte die Tropfen von den Fingern. Eine junge Sklavin huschte auf bloßen Sohlen herbei und reichte ihm ein weißes Tuch, das nach Myrrhe duftete.

Ein Siebentag später: Das Leben in Babairu ging scheinbar so weiter wie seit Jahrhunderten. Boten auf Pferden und Rennkamelen waren längst zu allen Vertrauten unterwegs. Viele Spuren des Gemetzels waren beseitigt, das gesamte Heer lagerte innerhalb der Mauern, ebenso die Schreiber, Boten, Hundertschaftführer und der umfangreiche Troß; für siebenundneunzig von hundert Bewohnern der Stadt und des weiten, reichen Umlandes hatte sich nichts im täglichen Leben geändert. Ein Flügel des Bel-

Marduk-Tores war zum Esangilatempel geschafft und querkant aufgerichtet worden: Acht nackte, zungen- und ohrenlose Männer, deren Fesseln und Ketten mit Bronzenägeln an der rohhölzernen Torinnenseite eingeschlagen waren, wanden sich, wenn sie bei Bewußtsein waren, im stechenden Licht der Wintersonne. Dariuvahush begann zwei Stunden vor Sonnenaufgang zu reden, zu befehlen, zu arbeiten und hörte frühestens eine Stunde nach der kurzen, abendlichen Dämmerung auf: Der Name eines jeden Mannes, der durch Tapferkeit aufgefallen war, wurde in die Königswohltäter-Rolle eingeschrieben. Auf ihn warteten Landschenkungen, silberne und goldene Geschenke – und ein gesteigertes Maß an Verantwortung dem König gegenüber.

Die mondlose Nacht glitt in ihre zweite Hälfte, ein Windhauch blähte wispernd den Vorhang. Shurmaras Hände glitten über Dariuvahushs Haut und krampften sich in seine Schultern; als er den Schmerz der Fingernägel spürte und die Frau zitterte und leise schrie, ergoß er sich und versuchte sich einige Atemzüge später schweißüberströmt aus der Umklammerung ihrer Schenkel zu lösen. Zwischen den dicken Mauern des Kshatrapanpalasts schienen das schwere Atmen Shurmaras und Dariuvahushs, das Knistern der Glut in den Feuerschalen und das Tropfen der Wasseruhr die einzigen Laute zu sein, aber als Dariuvahush auf den Fellen zum Wasserkessel ging, die sich über mehrfache Lagen geflochtener Palmwedel ausbreiteten, hörte er jemanden stöhnen und keuchen, und langsam näherte er sich, während er Finger und Handgelenke trockenrieb, den Terrassentüren. Er zog den purpurnen Mantel von der Lehne des Scherenstuhls und wickelte ihn eng um seine Schultern. Eine Erinnerung blitzte auf: an den jungen Syloson in Men-Nefer, den verbannten Bruder des Fürsten Polykrates von Samos, der ihm diesen goldgesäumten Leinenumhang geschenkt hatte. Die Laute von draußen klangen, als stürbe ein Geschundener. In Dariuvahushs Magen klumpte sich eine harte Kugel zusammen, als er den Vorhang zur Seite schob und die Tür öffnete. Babairu lag wie ausgestorben unter dem gewalttätigen, wolkenlosen Sternenhimmel. An einigen Dutzend Stellen schienen sich Sterne an Mauern und auf Terrassen zu

spiegeln: Öllampen und Fackeln der reglosen Wachen. Dariuvahush beugte sich über die Brüstung, hob lauschend den Kopf,
und als sich seine Augen an die Dunkelheit gewöhnt hatten, erkannte er eine dunkel gekleidete Gestalt auf den untersten Stufen
der Treppe. Er ging ins Schlafgemach zurück, zog den Dolch aus
der Gürtelscheide und lief auf nackten Sohlen die Stufen hinunter. Zögernd, in ein Leinentuch gewickelt, folgte ihm Shurmara.
Sternenlicht spiegelte sich in den erloschenen Augen des Mondblinden. Malmarduk lag am Ende der Treppe auf dem Rücken,
das Gesicht dem Kristallschleier zwischen den Gestirnen zugewandt. Er zitterte, und aus seiner Kehle drangen gequälte Laute.
Er schien das Tappen der Füße zu hören oder die Gegenwart Dariuvahushs zu erahnen, richtete sich halb auf den Ellenbogen auf
und ächzte:
»Kein anderer wacht in diesen Stunden. Außer dir und mir, König.« Er sprach leise, aber vollkommen klar. »Bist du es, o Herrscher? Ich hab dich schon einmal gefühlt – in Men-Nefer.«
»Ja.« Dariuvahush sah weißen Schaum in Malmarduks Mundwinkeln trocknen. Die Finger und die Knie des Mondblinden zitterten fiebrig. »Ich sitz neben dir. Was siehst du – in der mondlosen Nacht?«
»Furchtbare Geschehnisse in der Zukunft, König! Der Mondgott
Sin spricht zu mir. Heut ist die achtzehnte Nacht des Pflügemondes. Ich taste tief in den Boden des Pârsalandes, Herr, und fühle
den tiefen Spalt, an dem drei unsichtbare Länder zusammenstö
ßen. Mitten in deiner Heimat, wenn der Nachtschatten den Mond
frißt! Mächtige Wasserströme tief unter den Ebenen! Die große
Stierschlange, der mächtige Schlangenstier hält seinen Schwanz
in den Zähnen und spannt mächtige Muskeln.« Er holte röchelnd
Luft; Dariuvahush verstand jedes Wort, erkannte aber keinen
Sinn. Die Frau blieb hinter ihm stehen und legte einige Atemzüge später die Hand auf Dariuvahushs Schulter. Stoßweise redete
Malmarduk weiter.
»Dreimal sieben Monde oder Jahre schläft der Schlangenstier
und hält seinen Schweif fest zwischen seinen Kiefern. Er
schlingt sich wie eine Kette um drei Kshatrapien der Tiefe. Die
Nacht des Erwachens wird kommen, wenn Schwäche die Große

Bestie packt. Die Kette wird reißen. Deine Welt wird beben, o König, die Erde zittert, das Nachtgestirn erblindet, die Mauern stürzen, und alle Säulen brechen. Dann wird einen Siebentag lang die Tiefenschlange zittern und sich recken, bevor sie wieder einschläft. Und die Ecken der unsichtbaren Kshatrapien stoßen künftig gegeneinander an den Schründen des Spaltes, der bis in den Bauch der Welt hinabreicht.«

Auch Shurmaras warme Hand auf Dariuvahushs Schulter zitterte. Malmarduk schwieg und atmete schwer. Ohne sich umzudrehen, sagte Dariuvahush scharf: »Hol ihm einen Becher Wein.« Ihre Schritte entfernten sich. Dariuvahush saß starr da, blickte zu den winzigen Lichtern am Esangilatempel hinüber und forschte in Malmarduks faltigem Gesicht. Mondgott Sin, einer von Babirushs uralten Göttern, hatte zu Malmarduk gesprochen? Eines seiner Gesichte? Eine Prophezeiung, die sich nach einundzwanzig Jahren erfüllen würde? Shurmara kauerte sich neben den Mondblinden, legte dessen Hand um den Becher und führte ihn an den Mund des Alten. Malmarduk leerte das Gefäß in langen, gierigen Schlucken, dann stand er stöhnend auf.

»Wo bin ich?« murmelte er. »Llach Esis? Wo ist sie? Ich spüre euch – wer seid ihr?«

»Der König.« Dariuvahushs Kehle schien halb zugeschnürt. »Du hast mit Mondgott Sins merkwürdigen Worten üble Geschehnisse vorhergesagt – wir reden darüber, am hellen Tag, wenn wir die ersten Schrecken fortgeschlafen haben.«

»Bei Marduk! Ich weiß nicht, o Herr, was ich gesagt hab.«

»Ich weiß es genau«, sagte Dariuvahush und hob den Arm. Eine Doppelwache, die mit halb gesenkten Lanzen nähergekommen war, blieb fünfzehn Schritte entfernt stehen. »Und ich erinnere mich an jedes Wort.«

Er nickte, nahm Shurmaras Handgelenk und stieg die Stufen zum Schlafgemach hinauf. Sie schloß die Tür und schob den Vorhang dicht zusammen. Dariuvahush blieb zwischen zwei Glutkörben stehen, genoß die trockene Wärme und blickte in das Gesicht der Frau. Der Knoten in seinem Magen hatte sich in eine Steinkugel verwandelt. Shurmara ließ das Laken von den weißen Schultern gleiten und flüsterte:

»Er hat schlecht geträumt, o König. Laß dich nicht von seinem wirren Reden erschrecken. Du hast mich für die nächtliche Lust kommen lassen – es ist noch viel schöne Zeit bis zum Morgen.« Sie wiegte sich in den Hüften, streckte sich zwischen den Kissen und Tüchern des Lagers aus und rieb lächelnd die Knie aneinander. Dariuvahush füllte die Trinkschalen mit Würzwein, setzte sich neben die Frau und sah in die große, ruhige Flamme des Öllichts. Unter seinen Sohlen fühlte er die weichen Härchen des Fells und darunter die Platten des Bodens, und tief unter ihnen glaubte er das Erzittern des schlafenden Schlangenstiers zu spüren.

Dariuvahush schlief meist, als habe man ihn betäubt; mitten in den Nächten wachte er auf, zwang sich zu den Waschungen seiner Hände und Handgelenke und kehrte zum Schlaflager zurück. Gaubarva und Nidintu-Bel hatten ein gefülltes Frauenhaus zurückgelassen: Entweder forderte er Shurmaras Leidenschaft oder die anderer weißhäutiger Beischläferinnen von der Insel Dilmun; er suchte schwerhüftige Frauen mit hellbrauner Haut und schwarzen Brustspitzen aus, mit haarloser Scham und flutendem dunklem Haargekräusel. Schweigend, gesichtslos, teilten sie in manchen Nächten für knappe Stunden sein Lager und gaben stöhnend und wimmernd vor, von seiner unersättlichen Gier übermannt worden zu sein: Sie waren fügsam, gehorchten seinen Fingern und seinem Glied, spreizten die Schenkel, hoben ihm die zitternden Kruppen entgegen, sanken scheinbar ermattet auf die Laken und warteten demütig, bis er sie wieder zu nehmen geruhte. Am Morgen des achten Tages entschloß er sich, in den folgenden Nächten wieder allein zu schlafen, hilflos den Träumen von der zerstörerischen Stierschlange und vom auseinandergebrochenen Reich ausgeliefert.

Er schlief die wenigen Stunden traumlos bis zum Mittag, dann weckte ihn Aspat Shanâh und sagte in vorwurfsvollem Ton: »Es ist ernst, o König. Nach dem Morgenmahl warten Boten mit schlimmen Botschaften. Und Vishtâna, der neue Kshatrapan, dessen helfende Gegenwart du erhoffst, ist noch immer nicht da.«

Die Nachrichten eines jeden Boten waren wie vergiftete Nadeldolche, die ausschließlich auf ihn gerichtet waren. Die Abscheu-
lichkeiten offenbarten sich in deutlichen Zeichen auf Tontafeln
oder Wachstäfelchen: Pârsa, das Kernland des Reiches, war abgefallen!
Ein Magier des Mithra-Kults namens Vahyazdhâta, der sich
ebenfalls Brydiya nannte und hinkte, beanspruchte die Herrschaft über die Hälfte des Kernreiches. Uvja mit der Hauptstadt
Huza verweigerte dem neuen König binnen kurzer Zeit zum
zweitenmal Tribute, Heeresfolge und Gehorsam. In Mada, mit
den Landesteilen Armina im Norden und der Provinz Asagarta,
erstürmte ein Mithra-Magier namens Fravartish der Trinker den
Thron; er gab sich als Sohn des Königs Uvaxshtra aus. Abr Nahr,
östlich des Meeres und im Westen von Babirush, war abgefallen,
selbst Thatguyia im fast unerreichbaren fernen Osten, jenseits
der Wüsten; desgleichen zum zweitenmal Mudrayia, das Land
am Hapistrom! Parthien! Margush! Und zuletzt Tigrakhauga.
Neun Kshatrapien! Wenn sich die Lügenkönige miteinander verbündeten, waren er und das Reich endgültig verloren. Es war
Dariuvahush, als versänke er in jener endlos tiefen Erdspalte;
alle seine mühsam unterdrückten Ängste, um eine nächtliche
Furcht vermehrt, die er mit aller Kraft zu vergessen versuchte,
waren binnen eines halben Tages zurückgekommen. Er ließ
Schreiber und Kundschafter holen. Sein Troß schleppte in einer
Lederumhüllung sechs dünne Holztafeln mit sich, mit ledernen
Scharnieren verbunden und auseinanderzuklappen; nun lagen sie
vor ihm ausgebreitet und zeigten im Norden, Osten, Süden und
Westen in Schriftblöcken sämtliche Kshatrapien, deren Namen in
etlichen Sprachen, ebenso die Hauptstädte und die – meist unge-
naue – Länge der Straßen. Dariuvahush las von Bergpässen, Oasen und Kshatrapanen. Lange beriet er sich mit Tachmaspâda,
Babâdhush und Dâdreshish. Als Dariuvahush fühlte, daß er sich
von den unüberschaubaren Schrecken der Nachrichten erholt
hatte, nach einem Tag und einer alptraumhaften Nacht, gab er
seine Anordnungen und Befehle, von denen er glaubte, daß sie
befolgt werden konnten:

Zunächst mußte der Bagastâna-Idiglat-Paß, über den der Zugang nach Babirush, Arabaya und Abr Nahr überwacht werden konnte, gesichert werden. Dariuvahush beauftragte damit den Freund Vidarna; wenn die Aufrührer aus Mada den Paß inzwischen besetzt hielten, erwuchs dem Helfer beim Köpfen Gaumâtas eine kaum zu lösende Aufgabe. Dâdreshish, fast gleichen Namens mit seinem Tausendführer, seit Kambushyas Herrschaft Kshatrapan von Bakhtra, der Hauptstadt Bakhtrishs im fernen Osten, war ihm treu geblieben; er mußte augenblicklich Truppen zusammenziehen und ausrüsten und zu Vivâna nach Haruhawati senden, den die verräterischen Pârsa zweifellos angreifen würden. Jeweils drei berittene Boten in einigen Stunden Abstand verließen die Stadt, weil die gleichlautenden Nachrichten unter allen Umständen die treuen Kshatrapane erreichen mußten. Dâdreshish sollte ausharren und sein kleines Heer nicht gegen Margush führen, denn jener Schöne Frâda schien, nach allem, was Dariuvahush wußte, nicht mächtig genug zu sein; auch der zweite falsche Brydiya selbst war in Pârsa geblieben.

Von Osten drohten Uvja und die Nomaden von Asagarta, von Norden her griffen Abr Nahr und Armina an; wenn der Lügenkönig Fravartish der Trinker aus Mada dem viel zu kleinen Heer Dariuvahushs den Heeresweg zurück zum Hochland des Kernreiches versperrte, vermochte Dariuvahush selbst in Hagmatâna, Pâthragada oder Huza nicht einzugreifen und den Aufruhr niederzuschlagen. Allein deswegen mußte Dâdreshish in Eilmärschen zum Paß ziehen und ihn besetzen. Reiter auf grunzenden Rennkamelen stoben aus dem Palasthof und trugen Botschaften an den Pârsa Vahumisa: Er mußte ein Heer, so mächtig wie nur gerade möglich, nach Abr Nahr in Marsch setzen.

Thatguyia, Uvja selbst und Pârsa mußte Dariuvahush für einige Zeit vergessen; er dachte zunächst daran, zwei Monde oder länger in der Stadt zu verbringen, Söldner anzuwerben und das Heer so auszurüsten, daß es Entfernungen schneller zurücklegen konnte. Als der letzte der vierunddreißig verkleideten Königsboten die Stadt verlassen hatte, entließ Dariuvahush seine erschöpften Hazarapati und ging schweigend in sein Schlafgemach. Er glaubte, endlose Kolonnen aus Kriegern zu sehen, die kreuz und quer durch das Reich wanderten, und in seinen Ohren dröhnte das Stampfen ihrer Schritte, das Mahlen ungezählter Räder; mit hastigen Handbewegungen scheuchte er Diener und Sklaven weg, bevor er im Schlafraum seine Hände, Handgelenke und Unterarme zu waschen begann und Aspat Shanâh rief, um Shurmara holen zu lassen.

»Seit zwei Nächten wächst der Sichelmond wieder. Welche unglaublichen Geschehnisse haben deine blinden Augen gesehen, Malmarduk? Hat der Mondgott wieder mit dir geflüstert?«
Malmarduk schüttelte den Kopf. Dariuvahush hatte Aspat Shanâh prüfen lassen, ob der Blinde nicht doch einen Rest seines Sehvermögens besaß. Er beobachtete erstaunt, mit welcher Selbstverständlichkeit die Greisenfinger die Trinkschale und den Krug auf dem niedrigen Tisch ertasteten. Der Blinde sagte leise:
»Man hat mir gesagt, Herr, daß du der neue König bist. Ich hab das viele Gewisper gehört, wie damals, als noch Gaubarva im Palast weilte: Du hast große Sorgen, nicht wahr?«
»Bei Ahura Mazdâh! Mehr Sorgen als ein alter Hund Flöhe.«
»Dir ergeht es, o König, wie einer Herde junger Böcke. Sie kämpfen, solange sie nicht wissen, wer der Stärkste ist. Durch Hörnerkampf finden sie's heraus. Erst wenn du allen anderen die Hörner abgebrochen hast, werden sie Ruhe geben. Wann wirst du Nidintu-Bel hinrichten lassen?«
»Morgen.«
»Er hat sich außerhalb des Dâtam gestellt, des königlichen Gesetzes. Ich hab's oft so erlebt. Aber ich sah auch, daß Verräter die rechtmäßigen Könige erwürgt haben.«
Sie redeten in der Rômetsprache; Malmarduk gebrauchte sie geläufiger als Dariuvahush; es war, als sei der Mondblinde mit ihr aufgewachsen. Malmarduk hob die Schale und trank. Im Licht der Flammen wirkten seine Pupillen wie ölige Holzasche; er richtete den Blick an die Stelle, an der Dariuvahush saß und redete. Er roch am Würzwein, nahm einen langen Schluck und sagte:
»Gaubarva, der Vater meiner Frau, der Kshatrapan, der dich in seinem Palast beherbergt hat so wie ich heute – nun, er hat mir

erzählt, daß du Gesichte hattest und alles vorausgesehen hast. Wo ist die kleine Llach Esis?«

»Irgendwo in der Stadt. Sie sammelt Gerüchte für mich.« Malmarduk setzte die Schale sicher zwischen dem Krug und dem dreiflammigen Lämpchen ab. Er lehnte sich gegen die teppichbehängte Wand des leeren Thronsaals. »O König. Die Dinge sind älter als du und ich zusammen, unermeßlich viel älter. Immer wieder hab ich's erlebt, es wurde mir vorgelesen, ich hab's gehört: Diese Gesetzmäßigkeit ist jenseits meiner Gesichte. Ein wenig weiß ich von dir, König Dariuvahush. Willst herrschen wie der Große Kurusch. Die Größe, die Macht, die du anstrebst, ist allen zuwider, allen, die kleiner sind als deine Reichsgedanken. Ob du der Edelste unter der Sonne bist – nur du kannst darüber urteilen.«

Dariuvahush nickte, besann sich und murmelte: »So ist es.« Er erinnerte sich an die Worte seines Vaters: *In einem Sandsturm ist es bis zum Erbrechen bedeutungslos, nach Wasser zu rufen.* Er murmelte: »Du sagst, daß du dreihundert Jahre alt bist, Mondblinder?«

»Man sagt es von mir.« Malmarduk kicherte. »Ich hab so viel erlebt, daß es für fünfhundert Jahre reicht.«

»Was war vor fünfhundert Jahren?«

»Das Gleiche wie gestern und morgen. Nur etwas anders.« Malmarduk hob die Arme zur Zedernholzdecke. »Mächtige steigen auf und vergehen. Reiche entstehen und schwinden. Kleine Ameisen-Menschen erleben das dröhnende Vorbeischreiten der Mächtigen wie Wind, Regen oder Dürre; ob sie für Chakaura schuften, den die Yauna-Ionier Sesostris nennen, oder für Kurusch oder für dich, Herr. Aber für dich werden sie gern schuften.«

»Warum dies? Wer ist Chakaura?«

»Weil sie erkannt haben, daß du der Beste bist. So wie einer von ihnen. Chakaura? Ein Gottkönig, der vor tausend Jahren das Land Tameri regierte, das ihr Pârsa Mudrayia nennt.« Malmarduk leerte die Schale und stand leise ächzend auf. »So mächtig wie Kurusch. Oder wie du, wenn du erst gesiegt haben wirst.«

»Deine Träume? Deine Gesichte beim verschwundenen Mond! Werde ich siegen?«

»Nur wenn du kämpfst wie nie zuvor in deinem Leben, o König. Ich darf schlafen, in den Winkeln deines Palasts?«

»Wenn du schlafen kannst«, sagte Dariuvahush leise. »Bleib hier und hilf mir siegen, wenn du kannst.«

Malmarduk nickte langsam. Er war kein Pârsa; es bedeutete Zustimmung. Dariuvahush sah zu, wie er die Arme ausstreckte und auf den Teppichen zur Treppe ging. Mit der Sicherheit eines Sehenden tappte er die Stufen abwärts, ins Dunkel, wohin ihm Dariuvahush nicht folgen wollte.

Ohne daß er es wußte, trafen im Abstand von vielleicht drei Stunden nachts zwei erschöpfte Boten ein, ein Kamelreiter und ein berittener Bogenschütze. Dariuvahush kniete auf dem Lager, hielt die Hüften Sheheras gepackt und blickte auf ihren langen Rücken, auf die dünne Schweißbahn zwischen ihren zuckenden Schultern und dem Nacken; stöhnend lag die Frau auf den Unterarmen und warf den Kopf hin und her. Ihr blauschwarzes Haar flog und wirbelte über das Laken, sie griff keuchend nach seiner Hand und preßte sie um ihre Brust, ihre Hüften hoben und senkten sich fiebrig. In dem Augenblick höchster Lust hörte Dariuvahush in einer Klarheit, die ihn erschreckt zusammenzucken ließ, aus dem Vorraum das Klingen eines Schlages auf die Bronzeröhre, die an einer Kordel von der Decke hing. Aspat Shanâh, dachte er, mit einer unaufschiebbaren Nachricht. Er schüttelte den Kopf und wartete, bis sich die junge Frau unter ihm murmelnd ausstreckte. Er griff nach einem Stück Tuch, knotete es um seine Hüften und ging zur Tür, öffnete sie. Eine Hand reichte ein feuchtes Schreibleder-Röllchen durch den Spalt.

»Sei bedankt«, murmelte Dariuvahush, kauerte sich neben den Lampenflämmchen auf die Kante des Lagers und löste das Band. Die Siegel waren von Gaubarva und Vindafarnâh. Shehera legte die Arme um seine Brust, spähte über seine Schulter; er bezweifelte, daß sie lesen konnte, was er lesen mußte:

Freund! König Dariuvahush! König der Könige! In Asagarta in der Kshatrapie Mada hat es einen Aufstand gegen dich und das Reich gegeben. Ein Lügenkönig namens Tshissan Tachma, der von sich behauptet, Sohn des Königs Kyaxares zu sein, be-

herrscht jetzt das Land. Wir haben den Kriegern an den Grenzen Verstärkung geschickt und warten auf deine Befehle. Noch ist keine Gefahr. Bestimme du, was zu geschehen hat – im Schatten von Ahura Mazdâhs Schwingen. Gaubarva schrieb und siegelte die Botschaft.

Dariuvahush begriff. Er erstarrte, der Schweiß auf seiner Haut verwandelte sich in Rauhreif. Ohne sich zu bewegen, sagte er: »Bring uns Wein, Shehera. Misch Mohnseim hinein. Ich muß schlafen können, trotz der bösen Nachricht aus meinem Land. Vielleicht zeigt mir ein Traum, was ich tun kann – von Tag zu Tag vermehrt sich die Zahl meiner Feinde.«

Sie schob sich auf den Knien vom Lager. Nach einer Weile stand Dariuvahush auf, und nachdem er sein Gemächt gewaschen hatte, tauchte er die Hände ins Wasser, genoß dessen duftende Wärme und rieb mit dem Tuch die Haut so lange, bis sie zu glühen schien.

Einen Zehntag nach dieser Nacht, an einem der fünfzehn namenlosen Hinzufügungs-Tage des Schaltjahres, standen entlang der Mauern der Arkadiane in Doppelreihen die Zelte, in denen seit zwei Tagen große Teile des Heeres schliefen. Nidintu-Bel und seine Vertrauten waren qualvoll durch zugespitzte Pfähle mitten auf dem Esangila-Tempelplatz hingerichtet worden. In den Ställen der Stadt scharrten Maultiere und Pferde mit den Hufen. Das Silber aus Gaubarvas Truhen zog viele Söldner an, die durch Eide verpflichtet, mit Waffen aus Dariuvahushs Heer ausgestattet und von den Hundertführern ausgebildet wurden. Babairus Bevölkerung stöhnte unter der Last, fast neunmal tausend Krieger zu ernähren; Dariuvahush ließ durch seine kundschaftenden Augen und Ohren und durch sprachkundige Hundertführer verbreiten, sie hätten es einfacher und weniger kostspielig haben können, wenn sie Nidintu-Bel gleich erschlagen oder aus der Stadt getrieben hätten. Die Hundertführer ließen, da die Stadt von Bewaffneten schier barst, Teile des Lagers außerhalb der Mauern errichten; die Tausendführer taten auf Befehl des Königs, als stünden der Aufbruch und die furchtbare Schlacht unmittelbar bevor.

DAS VERKÜNDET DARIUVAHUSH DER KÖNIG: WÄHREND ICH IN BABAIRU WEILTE, FIELEN DIE REICHSLANDE VON MIR AB: PÂRSA, ZUM ZWEITEN- MAL AUCH MADA, ABR NAHR, MUDRAYIA, PÂRTHARA, MARGUSH, THAT- GUYIA UND SAKA HAUMAVARGA: DAS HEER AUS PÂRSA- UND MADA- KRIEGERN, DAS ICH BEI MIR HATTE, WAR NUR GERING AN ZAHL. DER ZWEITE FALSCHE BRYDIYA IM LAND YUTYÂ NENNT SICH SOHN DES KU- RUSCH: DA FIELEN VIELE UNSTERBLICHE AUS PÂRSA VON MIR AB UND GINGEN ZU IHM ÜBER. ER WURDE KÖNIG IN PÂRSA.

Nach einem Siebentag trafen fast gleichzeitig zwei Königsboten im Palast ein. Jeder Hundertführer wußte es, und Dariuvahush erinnerte sich, daß auch Kambushya trotz etlicher neu angelegter Straßen nicht anders hatte rechnen können: die Ausdehnung des Reiches, die Widrigkeiten des Winters und des Sommers, der Zustand der Straße und zahlreiche Zufälle brachten es mit sich, daß manche Boten für geringere Entfernungen mehr Zeit brauchten als andere für weitaus größere. Die Botschaften bedeuteten: Kshatrapan Vivâna in Haruhawati kämpfte dort gegen ein Heer der Pârsa, wich nicht zurück, konnte aber wegen der Übermacht der Gegner nicht nach Pârsa vorrücken. Aber Hazarapati Vidirna, Dariuvahushs Freund, hatte, auf der Königsstraße am Paß westlich von Bagastâna, bei Bakhtaran, das Heer der Mada geschlagen und zurückgetrieben; der Lügenkönig Fravartish der Trinker hatte sein Heer nicht selbst angeführt. Bei Bakhtaran würde Vidarna warten, ließ er ausrichten, bis Dariuvahush selbst käme.
Der Paß zwischen der Tiefebene von Babirush und dem Pârsa-Hochland war also gesichert! Die Nachricht des dritten Reiters, dessen heiser gurgelndes Rennkamel am Palasttor mit zuckenden Läufen verendete, kam vom Pârsa-Tausendführer Vahumisa: Ein großes Heer der Armina im Norden, in Izalâ am Oberlauf des Buranun, war geschlagen worden – der Norden Babirushs bedeutete für Dariuvahush keine Gefahr mehr. Er betrachtete schweigend die großen Holztafeln voller Schriftzeichen und Zahlen und wünschte sich zum hundertstenmal, das Reich nur einmal mit dem Auge des Adlers sehen zu können; einige Nächte lang würde er daraufhin ruhiger schlafen können.

Tausendführer Tachmaspâda deutete auf den einzelnen Reiter, der zwischen den wenigen Zelten, hochbeladenen Wagen und Kriegern, die zur Seite sprangen, sein schweißnasses Pferd hindurchlenkte; das Tier, dessen Hals und Brust ebenso wie die Kleidung des Reiters voll Schaum waren, galoppierte mit letzter Kraft. Die Flügel des Nordtores standen weit offen. Dariuvahush schüttelte den Kopf und sagte:

»Ein Bote. Einer von vielen.«

Der zweite Teil des Babairu-Heeres, durch Söldner verstärkt, stand kurz vor dem Aufbruch. Der langsame Teil mitsamt dem Troß und Dariuvahushs Kriegszelt sollte sich einige Tage vor den Reitern und Kampfwagen auf den bekannten Straßen zum Paß in Bewegung setzen, bevor sich Dariuvahush endgültig entschied. Kalter Westwind schleppte über die Vierecke der grünen Felder und Weiden feinen Staub bis hinauf zum Torturm; beide Männer trugen dicke, wollene Bashlyqs und fröstelten trotz der knöchellangen ledernen Hosen. Der Reiter galoppierte langsam durch das Tor und schrie undeutliche Worte. Dariuvahush ging zur gegenüberliegenden Brüstung, starrte nach unten und rief:

»Wer schickt dich, Bote?«

Der Reiter zügelte das Pferd, rutschte vom Rücken und knickte, als seine Füße den Boden berührten, in den Knien ein. Er zog sich an der Mähne des zitternden Tieres mühsam hoch, hob den Kopf, streckte den Arm aus und holte tief Luft.

»Ich hab Botschaft von Vivâna in Haruhawati. Er hat gesiegt, Mann!«

»Gib deine Tafeln ab. Laß sie zu mir heraufbringen!«

»Ich geb sie nur dem König selbst.«

Dariuvahush lachte kurz. »Ich bin der König. Glaub's mir.«

Einige Dutzend Atemzüge später überreichte ihm ein keuchend atmender Krieger die umschnürte, gesiegelte Nachricht. Er klappte die Holztäfelchen auseinander und las vor:

Für Dariuvahush, meinen König, von Kshatrapan Vivâna: Es ist mir mit der Hilfe Ahura Mazdâhs geglückt, am ersten Tag des Pflügemondes bei Ganduma das Pârsa-Heer zu schlagen. Der Hazarapati ist mit einigen Kriegern geflüchtet und kam zu mei-

nem Lehenssitz, der Burg Rshâda. Ich habe ihn mit schnellen Lanzenreitern verfolgt und mitsamt allen Gefolgsleuten erschlagen; es waren Männer aus vornehmen Familien. Sende mir Nachricht, o König: Was soll ich nun unternehmen?

»Warten«, sagte Dariuvahush leise. »Der gute, tapfere Vivâna! Haruhawati ist wieder in meiner Hand.«

»Wenigstens vorübergehend.« Tachmaspâda wartete, bis Dariuvahush an ihm vorbei zur Turmtreppe ging. »Aber Vivâna wird selbst wissen, wie er seine Kshatrapie zu regieren hat.«

»Nun muß ich Fravartish den Trinker, den Mada, bekämpfen, und Vahyazdhâta den Hinkenden aus Pârsa auch.«

Langsam stieg Dariuvahush die Stufen hinunter. »Soll ich auf Vishtâna warten und ihn hier prunkvoll selbst einsetzen – es ist das Beste, glaube ich.«

»Ja. Je gewaltiger du in Babairu aufstampfst, König, desto mehr werden sie Vishtâna fürchten. Denk an die vielen Buckelrinder Babirushs, an die Silbertalente, das viele Korn, Datteln und die Stoffballen und Gewänder.« Tachmaspâda winkte ein Gespann heran; sie schwangen sich in den Wagenkorb. »Und daran, was du geschworen hast.«

»Daran denke ich.« Dariuvahush klopfte dem Gespannführer auf die Schulter. »Niemals wieder darf sich Babirush vom Reich lossagen! Fahr los!«

Zum drittenmal las Dariuvahush die Schrift auf beiden Seiten des Klapptäfelchens: Einige Siebentage nach dem Jahresbeginn Nourouz hatte ein Pârsa mit Namen Ummanish – sein wahrer Name war Martiya gewesen – die wenigen Krieger der königlichen Garde und den Siebentel-Verwalter entmachtet. In der Hauptstadt Huza, dem vorläufigen Endpunkt der alten Königsstraße, drei oder vier Kuriertage von Pâthragada entfernt, herrschte also König Ummanish; daß Dariuvahush den Lügenkönig Assina aus der Kshatrapie Uvja in Hagmatâna hatte pfählen lassen, schien weder König Ummanish noch seine neuen Untertanen beeindruckt zu haben. Für ihn, Dariuvahush, und sein Heer war Uvja in diesen Tagen so fern, als läge es am Rand der Welt; es war sinnlos, Botschaften zu verschicken, denn es gab niemanden, der gegen den Lügenkönig Ummanish ziehen

konnte. Dariuvahush starrte die ameisenkleinen Schriftzeichen
an, bis sie vor seinen Augen verschwammen: Er schwor dem
Volk von Uvja einzigartig grausame Rache.

Am ersten Tag des Mondes der Kornsaat, nachdem Vishtâna als
Kshatrapan von Babirush und Abr Nahr eingesetzt und mit so
vielen Kriegern ausgerüstet worden war, wie er zur eigenen Sicherheit und zur Herrschaft über die Stadt brauchte, in der ersten
Wärme des Frühlings, führte Aspat Shanâh den blinden Malmarduk in den Saal. Llach Esis hielt eine Falte seines schwarzen
Chiton in der linken Hand. Dariuvahush musterte sie; mit dem
weichen, hellbraunen Haar und den leuchtend grünen Augen
würde sie dereinst eine Schönheit werden. Vishtâna musterte das
Paar mit verständnislosem Lächeln. Dariuvahush schob Papyrusrollen, Schreibzeug und Becher zur Seite, die zwischen leerge-
brannten Öllampen die Tischplatte bedeckten. Als er zu reden begann, heftete sich der scheinbar umherirrende Blick des Alten
auf sein Gesicht.
»Gaubarva, mein Schwiegervater, hat gut von dir gesprochen,
Malmarduk.« Dariuvahush lehnte sich im Scherenstuhl zurück.
Die Schreiber hoben die Köpfe. »Ich erinnere mich gern an die
wenigen Stunden, in denen wir über längst verschwundene Jahrhunderte geredet haben, und an die Botschaft deiner nächtlichen
Mondgott-Gesichte werde ich mich stets mit Schaudern erinnern
müssen.«
»Ich erkenne deine Stimme, o König«, sagte Malmarduk in der
Sprache der Stadt. »Daß du überhaupt an mich denkst, ehrt
mich.«
»Du hörst viel, sagst du, und ehe die Mondsichel wieder erscheint, siehst du Dinge, die auch dein König zu sehen wünscht.
Bleib also in Babairu oder wandere frei im Reich umher; von
Zeit zu Zeit werde ich dich rufen lassen.« Er winkte. Ein Schreiber hob ein eng zusammengerolltes Schreibleder hoch, das Dariuvahush selbst gesiegelt hatte. »Jeder, der mein Siegel erkennt,
wird dir helfen. Dir und der Kleinen. Jeder Kshatrapan, jeder,
den du fragst, wird dich zu mir bringen.«
»Ich weiß nicht, König Dariuvahush, wie ich dein Wohlwollen

verdient habe. Nur eines sage ich: Du wirst jeden Tag kämpfen müssen und ein großer König werden.« Malmarduk verbeugte sich, das Kind ahmte die Bewegung ungeschickt nach. »Das flüstern die Götterträume. Ich ...«

»Vielleicht brauche ich dein seltsames Wissen, sehender Blinder«, sagte Dariuvahush und lachte leise. »Wenn nicht morgen, dann in einigen Monden. Es gibt so vieles, das nur Dreihundertjährige wissen können. Gib ihm das gesiegelte Schreibleder.«

Der Schreiber ging um das Pult herum, hob Malmarduks rechte Hand hoch und drückte ihm das Röllchen in die Finger. Dariuvahush schüttelte den Kopf; der Schreiber packte den Blinden am Oberarm, drehte ihn behutsam herum und raunte einige Worte in sein Ohr. Während Malmarduk an Aspat Shanâh vorbeiging, versuchte er eine Verbeugung, und Dariuvahush verstand noch:

»Ich danke dir, König. Deine Großzügigkeit ...«

Die Tür drehte sich in den gefetteten Angeln und schloß sich mit leisem Knacken. Dariuvahush sah Vishtânas Augen und murmelte:

»Hätte ich einige Monde vorher gewußt, was Nidintu-Bel plante, hätte es keine Kämpfe, keine beschwerlichen Reisen und keine verletzten und toten Männer gegeben. Wem kann ein Blinder schaden? Mir kann er, vielleicht, eines Tages nützlich sein.«

Dariuvahushs Blicke kehrten vom reglosen Körper der Frau und den zerwühlten Laken zurück; er blinzelte im Flackerschein der Öllampen und tauchte den Stichel behutsam ins Tuschdöschen. Er las ein viertes Mal, was er geschrieben hatte, nachdem ihn die Schwarzhaarige befriedigt hatte, und schrieb zögernd weiter.

... ebenso wie die Sonne und den Blitz verehren wir das Feuer. Niemand weiß, wo es versteckt ist, wenn es nicht lodert, und deshalb sind Blitz, Sonne, Feuer und Flammen eines der Zeichen des Ahura Mazdâh. Seit jeher, so erzählte auch der Mondblinde, haben sich Menschen in allen Ländern der Welt ihre Götter geschaffen, oder die Götter waren vor den Menschen in der Welt, und so sage ich: Von allen Göttern, die ich zu kennen glaube und von denen ich gehört habe, ist Ahura Mazdâh der wahre, wirkli-

*che Gott von uns Pârsa. Er ließ uns durch die Stimme
Zarathushtras sagen, daß die Lüge Widerspiel der Wahrheit ist
und daher die größte, furchtbarste Gesetzesverletzung des Menschen gegen sich selbst und seine Wahrheitspflicht. Wer lügt, beschädigt seine eigene Würde. Wer lügt und gegen seine Erzie-
hung zur Wahrheit sündigt, läuft gleichsam zu den Barbaren
über oder zu den Trinkern der Rauschjauche – und dadurch verläßt er unwiderruflich das Volk der Pârsa. Ich, der König, habe
Ahura Mazdâh zu meinem Gott gemacht, obwohl ich längst nicht
jedes Wort seiner Stimme, des Zarathushtra, gehört und verstanden habe. Aber mein Vater und Schwiegervater Gaubarva haben
selbst gehört, was Zarathushtra predigte. Werden wir es durch-
halten können, unser Leben lang, uns an diese Richtsätze zu halten? Ich, Freunde aus Kambushyas Heer, Heerführer und zukünftige Kshatrapane. Männer wie Tachmaspâda, Dâdreshish
oder Babâdhush?*

Er kannte dieses Hervortreten der Gedanken, Vorstellungen und
Bilder, der Geschehnisse und einzelner Menschen aus dem Gewölk der Undeutlichkeiten: Jetzt erst, als kämen sie aus dem
Halbdunkel der Schlafstätte hervor, die nach einem Dutzend verschiedener Dinge roch, zielte sein innerer Blick auf seine Freunde: Dâdreshish, knapp zwei Jahre jünger, mehr als eine Handbreit kleiner als er, gedrungen und schnell wie eine Sandkatze,
ein verwegener Kämpfer, dessen Körper von vielen Narben gezeichnet war; über den Brauen, bis weit zum Nacken, war sein
Haar verschwunden; viel Grau striemte schon seinen Bart. Seinen Abscheu vor Last- und Reitkamelen, ebenso groß wie sein
Hang zum schwarzen Bier Mudrayias, dem *Henket,* teilten Tachmaspâda und Babâdhush, obwohl Tachma bisweilen, wenn es
unumgänglich war, fluchend auf Kamelen ritt. Tachmaspâda, der
Hakennasige, ein hagerer Mada in Dariuvahushs Alter, der nach
Pferd, Leder und Wein roch, mit schmalen Augen und ungewohnt kurzem Haupthaar, den Bart voller Wacholderöl meist zu
drei lächerlichen Zopfstummeln geflochten; die zwei Stirnnarben
wurden im Zorn fahlweiß, aber auch, wenn er grinste oder zwinkerte – in drei Sprachen verführte er mit seiner überzeugenden

Männlichkeit und dem weißen Lächeln jede Frau. Dariuvahush kannte keinen anderen Mann, der zwei volle Tage und Nächte ohne Schlaf auskam. Die Jahre, in denen er und jene drei – und eine Handvoll anderer Unsterblicher – in eisigen Wüstennächten um winzige Lagerfeuer gesessen waren, zählten ebenso zu Dariuvahushs scharfen, ungetrübten Erinnerungen wie die Tage in Men-Nefer, die leisen Jagden im Hapischilf, die heitere Leidenschaft der Tänzerinnen und Musikantinnen, das seltsame Mantelgeschenk des Syloson von Samos und die kolossalen Bauwerke in Mudrayia.

Und die vierundzwanzig Arten Henket-Bier! Fahrten im federleichten Kampfwagen, den der langohrige Babâdhush, kaum größer als ein durchschnittlicher Mudrayianer, ebenso meisterhaft lenkte wie ein schweres Pârsa-Kampfwagengespann. Babâdhush, mit der Schulternarbe des Pfeiles, der Dariuvahush gegolten hatte! Der Hazarapati, mit stets vorbildlich gestutztem Haar, wild wuchernden Brauen und dem Bart, der im breiten Gesicht klebte, als wäre er auf der wohlgeschabten, bräunlichen Haut aufgemalt. Der schwere, schaukelnde Ring im linken Ohrläppchen und die barbarischen Bänder aus Bronze, Gold und Leder über den Handgelenken gehörten zu seinem unveränderlichen Aussehen wie die breite, gekerbte Nase.

Dariuvahush lächelte mit geschlossenen Augen, seufzte und hob den Kopf. Shehera murmelte im Schlaf und bewegte sich, einige Flämmchen flackerten. Er wartete, bis sich das weiche Holz voll Tusche gesogen hatte, und schrieb weiter:

Ich und meine Freunde, jene, denen ich so sicher bin wie sie mir, wir haben uns längst entschieden. Auch wenn unser Tun unvollkommen ist, auch wenn wir gegen zwei Dutzend Lügenkönige kämpfen müßten, jahrelang auf Straßen, durch Wüsten, von einer Wasserstelle zur anderen unterwegs – wenig großköniglich und härter als in Kambushyas Heer! –, wir hassen die Unwahrheit, hassen die Verstöße gegen Gesetze, die seit Kurusch gelten, sind nachsichtig gegen Kleine, Arme, Unwissende und von grausamer Härte gegen Lügenkönige und deren Anhänger, denn wir haben in unseren Gedanken und unseren Vorstellungen ein einziges, flammend feuerhelles Bild: Ein großes Reich, Wohlstand und Würde des täglichen Lebens, ein Ziel jenseits des lodernden Feuer-Elements, geläutert durch Ahura Mazdâhs Flammen; ein Pairidaeza mit Gesetzen, die ich ausspreche und die für jeden gelten. Wenn meine Schwarzträume, meine Schlaflosigkeit, mein inneres Zittern vor jeder Entscheidung, meine scheinbare Größe und Stärke, die, obwohl von Unsicherheit gespeist, an mir zehren, wenn dies der Preis dafür sein sollte – und ich ahne, daß es so ist! –, dann ist es dies alles wert.

Seit ich die Tore und Mauern Babairus gestürmt habe, weiß ich es: Wenn das strahlende Bild am Horizont verschwindet, wenn Lüge, Unordnung, Gesetzesbruch und barbarisches Tun überhandnehmen, wenn jenes Gute, Sinnvolle vergeht, das uns die Väter lehrten, werden alle Kshatrapien des Großen Kurusch zurückfallen in graue Staubwirbel einer lichtlosen Vergangenheit.

Kambushya, dem solcherlei Gedanken fremder waren als der Saum des Himmels, biß, wütete und schlug um sich wie ein Löwe, den die Jäger gestellt haben; er war ohne Freude, ohne Freunde.

Mögen wir alle im Schatten von Ahura Mazdâhs Schwingen lächelnd und des Zieles bewußt kämpfen! Das Ausruhen danach wird sein wie Sonnenhelle, kühler Wind und langer Traum. Davor aber ragt ein Wall: Tausend Kämpfe warten auf uns.

Er wartete, nahm die Figürchen von den Ecken, rollte das Schreibleder zusammen und verschloß, als die Tusche am Griffel getrocknet war, die kostbare Truhe. Zwei Lämpchen waren erloschen und kühlten knackend. Dariuvahush zog den Knoten des Tuches um seine Hüften straff, wusch Hände und Handgelenke und ging über Matten, Teppiche und Felle zum Lager. Er blieb stehen, als seine Knie die weiche Kante des Bettes berührten, und blickte hinunter auf den nackten Körper. Zählte eine Stunde, eine Nacht, in der er eine Frau besaß, die sich ihm demütig unterwarf, zu seinen kleinen Siegen, fragte er sich, als er spürte, daß ihn der ausgestreckte Körper zu erregen begann? Er setzte sich, seine Fingerkuppen wanderten über die Haut der aufgereckten Hüfte, er schob die andere Hand zwischen die schweren Brüste und wollte, daß Shehera ihren Traum verließ und die Augen öffnete. Ein Nachtfalter mit bräunlichen Flügeln umkreiste die Ölflammen und stürzte aufsummend ins kochende Öl; Shehera erschauerte, schob die Hand unter den Kopf und holte tief Luft.

Drei Tage danach, auf der Straße nach Zazannu und zum Paß jenseits der Idiglat-Furten, drehte sich Dariuvahush um. Über den grünenden Kronen zahlloser Dattelpalmen, mitten im Land aus Wäldchen, Kanälen, Schöpfbrunnen, jungen Saaten und grellgrünen Vierecken, hinter Hecken an den Dämmen und Straßenrändern, breiteten sich die Mauern der Stadt aus; das Bild, das in der flirrenden Luft zitterte und bebte, erhob sich kaum noch über die Linie des Horizonts. Kamele und Pferde trabten rechts und links an dem Wagen vorbei, der einige Speerlängen weit zurückgefallen war. Dariuvahush nahm das Bild Babairus tief in sich auf, erwiderte den Blick des Lenkers und setzte sich in den Lederkissen zurecht. Das Land zeigte ihm den schwellenden Reichtum Babirushs, gerade als er gezwungen war, die Kshatrapie zu verlassen und in Mada die Entscheidung zu erzwingen. Die fünfhundert Männer, die ihn während der langen Fahrt nach Mada begleiteten, würden die Strecke ebenso schnell hinter sich bringen wie er, nur mit kurzen Aufenthalten. Einen Zehntag vor ihnen zog Tausendführer »Dreiauge« Rtavardhya mit einem Mada-Heerteil und den letzten treuen Pârsa-Kriegern auf der Königsstraße nach Hagmatâna; abermals einen Siebentag vor ihm wälzte sich der schwerfällige Troß in die gleiche Richtung.

7. Die Hilfe Ahura Mazdâhs

Während sich auf einem breiten, gut ausgebauten Teil der Königsstraße alle Geräusche zu dumpfem, gleichmäßigem Mahlen ver-
mischten und verdichteten, spürte Dariuvahush, daß er im Winkel des Wagenkorbes auf den Kissen unaufhaltsam einzuschlafen
drohte; bei der letzten Rast hatte er zu viel Wein getrunken. Er
glaubte eine Stunde jener sonderbar tiefen Klarheit zu erleben,
die er stets vor dem Versinken in gräßliche Träume erlitt, und
wußte, daß diese Träume seine geheimen Ängste spiegelten;
auch die mühsam unterdrückte Furcht vor jener fernen Nacht, in
der sich der Mond über dem bebenden Land verfinsterte. Jene
Furcht, über die er mit niemandem sprechen konnte und an die
zu denken er sich selber verbot: Sie gipfelte in der einzigen Großen Frage, ob er wirklich die Kraft besaß, mit der Königsmacht
richtig umzugehen, so wie es alle sagten, die König Kurusch gekannt hatten. Aus den Ländereien einzelner Fürsten hatte Kurusch die großen Kshatrapien entstehen lassen; ohne viel Blut-
vergießen. Kambushya vergrößerte ihre Anzahl und teilte die
Verantwortung den »Siebentel-Hütern« der Bruchstücke zu. Nun
dachten einzelne Männer in neun Kshatrapien in maßlosem Ehrgeiz an gefüllte Schatztruhen, an die Last der Tribute und die
Schönheiten in den Frauenhäusern; das Volk war so blöde, sie
gewähren zu lassen, obwohl der dümmste Sklave wissen mußte,
daß binnen weniger Monde ein königliches Heer die Lügenkönige überrennen, sie erschlagen und abermals die Masse des Volkes leiden lassen würde.
Er, Dariuvahush, hatte gelernt, schnell und erbarmungslos zu
kämpfen. Er war der beste Hazarapati, den sich ein Heer wünschen konnte: Babairu war der vorläufig letzte Beweis. Einige
hundert Männer, Träger silberner Lanzenknäufe, mit denen er
Seite an Seite gekämpft hatte, fast allesamt Fürstensöhne – es
waren die zukünftigen, unbestechlichen Heerführer, Kshatrapane, Königsboten; kampfgewohnt und wahrheitsliebend wie er!

Glieder einer Kette, die das Reich unzerreißbar umschlingen würde! Er hatte noch nicht einmal die Königspaläste in Pâthragada in Besitz genommen, im ersten Jahr seiner Herrschaft; er hetzte durchs Land, kämpfte mit zu wenigen Kriegern. Aber er hatte gesiegt. Die Tagträume von seinem weißen Pairidaeza und der steingewordenen Schönheit in klarer Luft unter hellem Himmel hatten sich wie Nebel aufgelöst. Der Schutzwall aus Freunden, anderen Lanzenkämpfern, väterlichen Ratgebern und eigener Gewißheit, den er noch in Hagmatâna mit körperlicher Eindringlichkeit gespürt hatte, war aufgebrochen. Er fühlte sich verlassen; völlig allein.

»Für die langen Jahre deines Königtums gehört alles dir, o Dariuvahush. Alle Menschen sind deine Bandake; Sklaven, Diener, Untergebene, gehorsame Freunde. Du bist wie ein Gott, deine Wünsche und Befehle sind unangreifbar. Glaub mir! Du wirst siegen.«

Tachmaspâda spuckte aus und machte einige Schritte durch knöcheltiefes Gras. Die Weiden um den Brunnentrog, an dem die Zugpferde soffen, waren weniger grün als jene in Babirush. Dariuvahush hob beide Hände bis zur Schulter und lachte bitter: »So unangreifbar, daß wir durch die Landschaft rasen müssen, um Fürstensöhne, die sich unterdrückt fühlen, zu bekämpfen und zu enthaupten! Der König der Könige schwingt, wie früher, die geschliffene Lanze!«

»Wir, deine Mit-Lanzenschwinger, haben es schwerer als du.«

»Was sagst du? Schwerer? Wie das?«

»Ja. Wir kämpfen neben dir und sollten eigentlich in deiner Nähe vor Ehrfurcht erstarren. Das verurteilt uns alle zum Tode, o König.«

»Du und ihr alle«, sagte Dariuvahush laut, »ihr redet erlesenen Unrat. Wenn ich je in Pâthragada meinen dicken Hintern auf den Thron setze, als König der Könige, nachdem die letzte Schlacht geschlagen wurde – dann sollt ihr, meinetwegen, eure Ehrfurcht zeigen. Keine Stunde früher.«

»Heißt das, königlicher Lanzenträger, daß wir weiterhin an deiner Seite, ohne Gedanken an unseren üblen Mundgeruch und deine herrscherliche Größe, für das Wesentliche kämpfen, das wir von Kurusch und Kambushya kennen?«

»Das heißt es, Lanzenträger!« Dariuvahush zog eine Grimasse; er spürte ein Gefühl der Wärme auf den Schultern und am Hals, fühlte seinen harten Herzschlag bis in die Schläfen, aber ein Rest der alten Furcht blieb; keiner konnte sie ihm nehmen. Ihm gelang ein zuversichtliches Lächeln. »Sei gewiß: Ich brauche eure ehrliche, ständige Freundschaft. Euren kämpferischen Mut. Ihr untersteht ebenso dem Dâtam wie ich. Wir müssen den großen Riß in der Mauer des Reiches schließen – und das wird Jahre dauern, ob wir gewinnen oder nicht.«

»Wir werden gewinnen, König. So oder so.«

»Woher nimmst du diese verdammte Gewißheit, Tachma?«

»Du bist der Bessere, Dariush. Und weil das so ist, werden dir alle guten, treuen Männer gehorchen. Ich ebenso wie Dâdreshish, Babâdhush und all die anderen. Sei zuversichtlich, König.«

»Unter uns: Es fällt mir schwer und zusehends schwerer.«

»Uns allen erginge es nicht anders. Das Einfachste war, den Gaumâta zu enthaupten. Alles, was folgte, ist unvergleichlich schwieriger und kostet Zeit, die wir für Besseres brauchen.«

Der Wagenlenker führte die Zugpferde zur Seite und befestigte die Trensen. Dariuvahush nahm Tachmaspâda am Oberarm und schob ihn zu den wartenden Gespannen. Er sagte leise:

»Wir werden in Mada die Entscheidung treffen. Wie du sagst: So oder so. Fravartish den Trinker lasse ich pfählen, wie die anderen.«

»Und dann, König? Du bist wirklich ein König für alle.«

Der Griff von Dariuvahushs Fingern in den Oberarmmuskeln Tachmaspâdas wurde härter. Dariuvahush spürte den Krampf im Handrücken und sagte leise, mit einer Stimme, die scharf war wie eine Klinge: »Für alle also. Gut! Dann werde ich im Norden, Osten, Süden und Westen auf die Lügenkönige herunterfahren wie ein weißer Adler der furchtbaren Rachsucht. Und wenn sie tot und verflucht sind für alle Zeiten, werde ich meine lanzenschwingenden Freunde mit Würden und goldenen Auszeichnungen überschütten. Und danach zeige ich dem ganzen Reich, an einer Stelle, an der jeder vorbeikommt, wie ein König die Verräter bestraft.«

»Im Fels von Bagastâna, nicht wahr?«

»An keiner anderen Stelle. Woher weißt du ...?« Dariuvahush
zog sich in den Wagenkorb. Tachmaspâda zuckte mit den Schultern und sagte:

»Wäre ich König, hätte ich auch keine andere Stelle ausgesucht.
Fahren wir weiter, König?«

Dariuvahush deutete nach Süden. »Weiter. Nach Hagmatâna.«
Er wußte, daß sich im grausigen Geschäft des Krieges bestimmte
Regeln herausgebildet hatten. Jeder, der kämpfen mußte, unterwarf sich ihnen. Wer sie brach, verlor die Schlacht oder blendete,
verwirrte den Feind. Anstatt mit allen verfügbaren Kriegern gegen Fravartish den Trinker zu ziehen, hatte er, weil er den Mada-
Truppen nicht trauen konnte, den Pârsa-Kriegern den Vormarsch
befohlen: Fravartish war ein Mada. Gegen die abgefallenen Pârsa
aber konnte er die Mada-Truppen einsetzen. Also bestand der
Heeresteil, den er anführte, aus Pârsa-Kriegern, meist jenen Gnadenlosen aus Payshyachvada mit ihren Keulen und Eisenspeeren,
abgesehen von seinen Freunden. Dariuvahush wartete auf Boten,
seine kleine Truppe hatte bisher weder den Troß noch Hazarapati
Rtavardhya eingeholt; niemand wußte genau, wo sich das vor-
ausgeschickte Heer befand. Die von Reitern begleitete Fahrt, die
weder Menschen noch Tiere schonte, ging weiter.

Die Wärme des Frühlings hatte längst das Hochland erreicht;
auch die östlichen Hänge der Alvândberge, die Buchen- und Eichenwälder und die Weiden, die von grasenden Schafen gesprenkelt waren, zeigten helles Grün. Wolken taumelten über die Gipfel nach Osten; wenige Regengüsse hatten das Land in dünnen,
trügerischen Glanz getaucht. Die Sonnenhitze trieb fahle Nebel-
bänke zwischen den Gewächsen hervor. Aus der Gruppe der Wagen, vielleicht sieben Parasangen vor Hagmatâna, löste sich
Dariuvahushs Gespann mit leise mahlenden Felgen. Hufschläge
pochten im feuchten Sand der Straße. Ein einzelner Reiter auf
einem Rappen mit heller Blesse und weißer Mähne, voller
Schaumflocken und ebenso dreckbespritzt wie Dariuvahush
und sein Gefolge, galoppierte winkend auf das kleine Heer zu.
Dariuvahush hob den Arm und sagte scharf:

»Langsamer, Tachma. Anhalten.«

Als der Reiter näherkam, erkannte Dariuvahush einen Bogen-schützen in verdreckter Pârsa-Kleidung. Er parierte den Hengst durch, glitt zu Boden und lief schwankend auf den Wagen zu, breitete die Arme aus und rief:

»Ihr müßt mich zum König bringen. Ich hab eine wichtige Bot-schaft, nichts Geschriebenes.«

»Kommst du von Hazarapati Rtavardhya?« Dariuvahush stieg vom Wagen und ging auf den Boten zu, der ihn nicht erkannte unter der Schicht aus Schweiß, Staub und Schmutz. Der Reiter hob schnalzend den Kopf und sagte schwer atmend:

»Fravartish der Trinker wartet zwischen Bagastâna und Hag-matâna. Beim Dorf Kundrusch im Norden, mit einem großen Heer.« Er wies nach Nordosten. »Mehr als zwanzigtausend Krie-ger, sagen sie. An der Heerstraße.«

»Auf wen wartet er? Oder worauf?« sagte Dariuvahush. Er schloß die Augen und ächzte. Das Pferd wurde unruhig und tän-zelte. »Zwanzigtausend?«

»Zwanzigmal tausend! Auf den König, der aus Babirush kommt, und den er vernichtend schlagen wird, sagt er. Tausendführer Satâspa kommt aus Hagmatâna, hinter mir her, mit zweitausend Kriegern.«

»Hast du den Troß und die Fußtruppen des Babirush-Heeres ge-sehen?«

»Viele von ihnen. Sie warten auf der Königsstraße.«

Dariuvahush drehte sich um, winkte einige seiner Reiter heran und sagte: »Reitet mit diesem Boten zu unserem Heer und zum Troß. Sie sollen auf der Königsstraße hierher kommen; sofort, in Eilmärschen. Wir sammeln uns und ziehen nach Kundrusch. Der Trinker soll bekommen, was er will.«

Ein Gespannführer reichte Dariuvahush ein tropfendes Tuch. Er reinigte sein Gesicht und die Hände und musterte die Gesichter der Krieger. Der Bote blickte unsicher zwischen dem Wagenlen-ker und Dariuvahush hin und her. Tachmaspâda faltete das Tuch zusammen, wrang es aus und sagte in schneidendem Ton:

»Du sprichst mit König Dariuvahush, Meldereiter. Steig auf dein Pferd und tu, was er befohlen hat.«

Der Bote verbeugte sich verwirrt, zog sich auf den Rücken des Hengstes, dessen nasses Fell dampfte, und wartete auf die Reiter. Einige Atemzüge später stoben sieben Reiter in rasendem Galopp nach Süden, zur nächsten Karawanenherberge. Dariuvahush lehnte sich an das dreckverschmierte Rad des Wagens und starrte in die Seitentäler des Gebirges hinein, nach Norden, in die Richtung von Kundrusch. Er entsann sich undeutlich an den Namen und die Größe der Siedlung, die von Kornfeldern, Schafweiden und Granatapfelhainen umgeben war.

»Ahura Mazdâh ist mein Zeuge.« Dariuvahush spürte ein Brennen tief in der Kehle. Seine Stimme klang, als reibe man Steine gegeneinander. »Er hat zwanzigtausend Krieger. Mit viel Glück kann ich zwölftausend um mich versammeln. Wir werden wie die Löwen kämpfen müssen. Wir kehren um, ohne Hast, und warten in sicherer Entfernung von diesem Dorf.«

Er schwang sich in den Wagen. Tachmaspâda lenkte das Gespann von der Straße, umfuhr die wartenden Krieger und Reiter und setzte sich wieder an die Spitze des Zuges. Dariuvahush stand neben dem Lenker, verschränkte die Arme vor der Brust und blickte die unregelmäßige Kette der Berggipfel an. Seine Gedanken waren schwarz und gallebitter. Er versuchte herauszufinden, woher Fravartish so viele Anhänger, Krieger und Söldner zusammengerufen hatte; mit dem Silber und Gold aus den Truhen der Kshatrapie allein konnte er zwar viele Söldner entlohnen, aber sie zu finden und zu versammeln, war der weitaus schwierigere Teil. Gab es so viele Männer in Mada, die den neuen König so sehr haßten, daß sie sich Fravartish anschlossen?

Seit undenkbaren Zeiten hatten Nomaden und deren Herden, durchziehende Völker, unzählbar viele Pferde, Ochsen, Maultiere, Esel, Kamele und Wagen der Händlerkarawanen und Krieger die Straße geschaffen, verbreitert und den Boden festgestampft. Sie mündete nordwestlich von Hagmatâna in die Königsstraße zwischen Sardeïs und Huza. Dort hatte Kurusch der Große eine mächtige weiße Säule aufgestellt. Die Heeresstraße begann im fernen Land des Sonnenaufganges, nördlich der Kshatrapie Paropamesadae; sie lief in weiten Windungen und Umwegen zum Südufer des Blau-Meeres, und schon Kambushyas Kshatrapane hatten damit begonnen, an Wasserstellen, Pässen und in Oasen viele Mauern und Häuser für Karawanenherbergen zu bauen. Schwiegervater Gaubarva und Dariuvahush hatten vor wenigen Monden in Hagmatâna befohlen, die Heeresstraße ebenso gut auszubauen wie den Königsweg. An der Stelle, erinnerte er sich, wo das Kundrusch-Tal sich mit der Straße traf, verbreitete es sich wie ein Dreieck; ein Bach schlängelte sich durch das gesamte Tal.

Am Abend, bei der letzten Herberge vor Bagastâna, traf sein kleines Heer mit vielleicht neunhundert Bewaffneten zusammen, die Gaubarva in der Umgebung von Hagmatâna eingesammelt hatte. Nach einem flüchtigen Bad, während eines hastigen Essens und eines Kruges Würzwein, am größten Tisch der Herberge, hob er den Kopf und versuchte ein kühnes Lächeln.

»Ich will mit ein paar Ortskundigen reden«, sagte er. »Wenn meine Kundschafter zurückgekommen sind, auch wenn's mitten in der Nacht ist – weckt mich!«

Wenn ich Fravartish den Trinker besiege, kann ich jeden anderen besiegen, dachte er und hoffte, das Maß seiner Selbstzweifel richtig einzuschätzen. »Meine Krieger sind mutiger, aber viel weniger zahlreich. Also müssen wir listenreicher kämpfen. Sucht gute Pferde aus: Bei Sonnenaufgang reitet ihr mit mir zum Tal. Ich muß das Heer meines Feindes sehen.«

Durch tiefes Verneigen stimmten seine wenigen Tausendführer und die Hundertführer zu; sie drängten sich um seinen Tisch. Nach kurzer Zeit schob Tachmaspâda vier Bogenschützen zwischen den unruhigen Anführern hindurch. Dariuvahush hob die Hände, deutete auf den Krug und sagte:

»Setzt euch. Trinkt. Haltet euch nicht mit Ehrbezeugungen auf – ich brauch euren Rat, ihr Edlen: wenn ihr eure Standschilde schultert, Essen und einen Trinkschlauch tragt, zwei oder drei prallgefüllte Köcher, und in äußerster Unsichtbarkeit bleibt – glaubt ihr, nachts die Berghänge entlang des Tales besetzen zu können?«

Die Bogenschützen sahen einander unschlüssig an, dann hob ein junger Mann, dessen Bart grau und weiß gesprenkelt war, die rechte Hand.

»Herr!« sagte er schnarrend. »König! Ich bin Anführer Rashurda. Was du verlangst, tun wir. Aber wenn du auf der Ebene zwischen den Berghängen kämpfst, müssen wir eindeutige Befehle haben. Wenn deine Gegner die Hänge hinaufrennen, töten wir sie. Aber wenn wir hinunterklettern, wissen wir denn, daß unsere Pfeile die Richtigen treffen?«

»Wenn ich dafür sorge, daß ihr die Richtigen trefft?«

»Dann töten wir sie, die Mada mit den roten Rundschilden. Nicht alle, aber die meisten.«

»Ich will nur wissen, ob ihr es euch zutraut. Morgen reite ich zum Tal; seid ihr morgen nach Mittag bereit?«

»Wir sind schon jetzt bereit, o König!«

»Füllt eure Köcher, sammelt die Schilde, wartet auf meinen Befehl. Auf wie viele gute Bogenschützen kann ich mich übermorgen verlassen?«

Der Graubärtige machte eine unbestimmte Bewegung. »Es sind vielleicht zweitausend. Eher weniger als mehr.«

Dariuvahushs Zeigefinger zielte zwischen seine Augen; er sagte nach kurzer Überlegung: »Gegen drei oder vier Krieger des Fravartish habe ich zwei Krieger, vielleicht ein paar weniger. Wir müssen siegen, Freunde! Wenn sie uns besiegen und mich töten, hat das Reich binnen eines Mondes ein Dutzend Könige, die einander bekämpfen; alles, woran wir glauben, wofür wir kämpfen, versinkt im Schlamm der Bedeutungslosigkeit. Rüstet euch aus, schlaft, wartet auf meinen Befehl: Spätestens übermorgen zwingen wir Fravartish den entscheidenden Kampf auf.« Sein Blick traf die rotgeränderten Augen seiner Unsterblichen. »Ich werde mit meiner Lanze an eurer Seite kämpfen. Geht jetzt und schlaft. Niemals haben Unausgeschlafene gesiegt!«

Er wartete, bis sich die Menge zerstreut hatte. Tachmaspâda, Dâdreshish und Babâdhush, seine engsten Vertrauten, setzten sich an den Tisch und hoben die leeren Trinkschalen der Schankmagd entgegen. Dariuvahushs Finger kratzten über die Bartstoppeln an seinem Hals; schließlich murmelte er unschlüssig:

»Vielleicht bringen sie mich um. Wenn ihr überlebt, flüchtet zu meinem Vater. Wenn wir siegen – ich weiß, daß wir siegen müssen! –, wird es ein Gemetzel, eine Schlächterei. Als ich Gaumâta köpfte, ahnte ich nicht, daß ein Jahr der Kriege beginnen würde. Aber – ich bring es zum guten Ende! Bei Ahura Mazdâh!«

»Und im Schatten seiner Schwingen«, antwortete Tachmaspâda düster.

Auf Ziegenpfaden, kaum breiter als eine Elle, waren sie Dariuvahush auf dem Osthang des schroffen Hügels gefolgt, der die Talmündung im Westen abschloß. Das Fell der Pferde dampfte in der Mittagssonne, die Reiter keuchten kaum leiser als die Tiere. Dariuvahush wandte den Kopf: Weit rechts erkannte er den Lauf der Straße. Die sieben Reiter verhielten zwischen dem schütteren Laub von Krüppeleichen, die den Hang bis zur Grenze der Schafweide bedeckten. Zur linken Hand breitete sich an beiden Seiten des Bächleins Fravartishs Lager aus: Dariuvahush sah Hunderte kleiner Zelte, Wagen, Hütten aus Flechtwerk und viele Feuer, deren Rauch senkrecht zum fahlblauen Himmel aufstieg. Fast in der Mitte des langgestreckten Tales, das völlig eben und unterschiedlich breit dalag, umstanden vielleicht zwei Dutzend weiße Zelte in Kreisen und achtungsvollem Abstand ein einzelnes dunkelrotes Zelt, dessen Spannseile sich weiß wie ein Spinnennetz nach allen Richtungen erstreckten. Dariuvahush zog die Zügel straff und sagte leise:

»Wir müssen von der Straße aus angreifen. Glaubt ihr, daß sie uns gesehen haben?«

»Nein, König«, erwiderte Dâdreshish und riß schnalzend den Kopf in den Nacken. »Sonst hätten uns längst ihre Lanzenreiter angegriffen. Ich sage: ein Keil durch die Mitte. Schneller Rückzug. Fußtruppen um die Reiter und die Wagen herum, dann rennen sie in die Todespfeile deiner Bogenschützen. Dort vorn«, er deutete auf einen breiten Streifen aus Sand und Kies, »können sie durchbrechen, wenn sie genug Pferde und Wagen haben. Wenn wir diesen Weg, scheinbar, frei lassen, rennt der Trinker Fravartish in unsere weit offene Falle.«

Dariuvahush schüttelte den Kopf und betrachtete zwischen den wild zuckenden Ohren des Hengstes das ausgedehnte Lager des

Feindes, sah viele Pferde in umzäunten Gevierten, ungefähr dreißig Kampfwagen, unzählige Männer, die in Haufen und Gruppen
um die Bauerngehöfte lagerten. Sonnenstrahlen blitzten auf Waffenmetall und roten Schilden. Unter Baumkronen mit hellem
Blattwerk gab es schemenhafte Bewegungen; er dachte an die
Anzahl der Anhänger des Lügenkönigs und schüttelte sich.

»Wir werden vor Sonnenaufgang angreifen. Wie in Zazannu,
aber ohne Trommeln und Hörner. Wir stoßen, Reiter und Wagen,
zum Mittelpunkt vor, schlagen wild um uns und ziehen uns in
den Eichenwald dort unten zurück. Erst beim zweiten Angriff,
breit wie ein Sandsturm, kommen die Fußkämpfer mit uns. Morgen oder übermorgen?«

Es war der fünfzehnte Tag im Mond des Vollfrühlings. Babâdhush deutete auf Rashurda und sagte nach langem Nachdenken:
»Laß uns einen Tag für das Heranschleichen, o König. Am sieb-
zehnten Tag des Mondes fallen wir über sie her. Wahrscheinlich
stoßen noch etliche Gruppen zu uns, die mit dir kämpfen werden.«

Dariuvahushs Blicke glitten über die versammelten Krieger hin,
maßen das Tal in voller Länge, suchten nach Senken, Schlupf-
winkeln, Verstecken und Fluchtwinkeln. Er fragte sich, warum es
hier nicht von Kundschaftern wimmelte, an einer Stelle von
solch unübersehbarer Wichtigkeit, und er fand die einzig mögli-
che Antwort: Der Trinker Fravartish, den er nie getroffen hatte
und nicht kannte, war kein Unsterblicher; er hatte nicht im Heer
Kambushyas gekämpft. Er riß am Zügel und lenkte das breitbrü-
stige Reittier die Schlangenlinien des Pfades hinunter.

»Wahrscheinlich? Das mag sein oder nicht.« Er setzte sich zwischen den ledernen Wülsten zurecht und sah zu, wie ihm die
Heerführer folgten. Er deutete auf Rashurda, den Obersten Bogenschützen. »Es ist wichtig, daß euch morgen nacht niemand
hört oder sieht. Nur so können wir siegen. Sonst schlachten sie
uns ab!«

Nicht anders hatte sich damals Kambushya gefühlt, als er erfuhr,
daß sein Heer in der endlosen Wüste Mudrayias spurlos verschwunden war: In den wenigen Stunden Schlaf, in denen er wie

ein Ertrinkender versank, suchten ihn grauenhafte Gesichte
heim: Malmarduk der Mondblinde schrie ihm Unverständliches
zu, er würgte Nefermerit, erstach im Beben der Mauern seinen
jüngeren Bruder, schändete die zarthäutige Rtastunâ, tötete sieben Krieger, die er nicht erkannte, und wurde verwundet, raste
hinter durchgehenden Pferden im Kampfwagen dahin und schoß
Dutzende Pfeile ab, die nicht trafen; er schlief wie betäubt bis
zum Mittag des nächsten Tages und taumelte, als er zur Gaststube hinunterging und dem stechenden Geruch frischen Kräuter-
suds folgte. Langsam, als befreie er sich aus einem Sumpf aus
Erdpech, kam er zu sich. Ein Lanzenreiter verneigte sich und
sagte dumpf hinter dem Kettengewebe des Bashlyq hervor:
»Eineinhalb tausend Bogenschützen wandern, hoffentlich unsichtbar, auf Hirtenpfaden zu den Plätzen, die du ihnen zugewie-
sen hast, König.«
Dariuvahush schüttelte den Kopf, zwang sich, den heißen Sud zu
trinken und hob den Kopf. Stechende Schmerzen gruben im Nakken und in der linken Schulter. Tachmaspâda, vom Kopf bis zu
den Schenkeln in die lederne, durch eiserne Schuppen und Kettengewebe verstärkte Halbrüstung gekleidet, wedelte mit den
schweren Handschuhen. »Väterchen Gaubarva hat uns vierundzwanzig schwere Gespanne mit ausgesuchten Kriegern geschickt.«
»Gut so! Habt ihr Kundschafter des Fravartish gesehen, gefangengenommen, verhört?«
»Nein. Sie fahren auf der Heeresstraße hin und her, als gehöre ihnen das Land.«
Dariuvahush leerte den Becher, ging zum Windfang und sah
nach dem Stand der Sonne. Er drehte sich um und sagte schroff:
»Wir brechen in zwei Stunden auf und greifen im Morgengrauen
an. Ohne Trommeln und Bläser; lautlos wie jene Dämonen, die
mich nachts heimsuchen.«

Hundertführer Rashurda wußte, daß er mit seinen sechsundzwan-
zig Sommern ein erfahrener, narbenbedeckter Krieger war.
Nachdem die Reiter sie abgesetzt hatten, waren er und seine
Männer nach einer beschwerlichen Kletterei im Mondlicht stun-

denlang auf der rechten Seite des langgezogenen Tales zu den besten Verstecken vorgestoßen; die Ränder des feindlichen Lagers waren drei, vier Pfeilschüsse weit entfernt. Während der Wanderung über Ziegenpfade, durch Gebüsch und tropfende Eichenwälder hatten sie in die Ränder der fast mannshohen Standschilde Zweige und Blattwerk geflochten. Jeder Bogenschütze trug zwei prall gefüllte Köcher, einen Wasserschlauch und einige Handvoll Essen. Jeweils siebenhundert Männer verbargen sich, zwei Stunden vor der Morgendämmerung, rechts und links an der Grenze der Hügelwälder und beobachteten die Wachen, die das Lager Fravartishs umkreisten. Wenige Fackeln blakten, am jenseitigen Ausgang des Tales kläffte ein Hunderudel; in den Nestern hoch über den Köpfen der Männer regten sich Vögel. Rashurda dachte schweigend darüber nach, ob er irgendeine Kleinigkeit vergessen hatte und ob alle seine Männer sich richtig verhalten würden. Langsam zog er den Bogen, der von seinen Zehen bis zur Brust reichte, aus dem ovalen Köcherfutteral und strich über den Griff und die geschweiften Schenkel. Die Haarsehne war um das obere Ende gewickelt; er schob die Waffe unter seinen Mantel, um die Schichten aus Holz, Sehnen, Horn und erstarrtem Leim zu wärmen. Rashurda versuchte mit den Blicken die Dunkelheit zu durchdringen und entlang des Hanges seine Männer zu erkennen. Er konnte keinen von ihnen sehen, also waren sie auch für die Krieger des Fravartish unsichtbar. Er sah nach dem Stand des Mondes, nickte zufrieden und fuhr fort, seine Waffe zu kneten. Die Stunden krochen dahin; der fahlweiße Mond zeigte wandernd die verstreichende Zeit und verschwand endlich hinter dem Berg.

Über dem Horizont stand ein einziger Stern. Hinter den Bergzakken begann sich der Himmel zu färben, als sich vom breiten Ausgang des Tales her, aus der Richtung der hohen Sandsteinsäule, ein leises Geräusch näherte, zusammengesetzt aus dem rasenden Hufschlag vieler galoppierender Pferde, dem knatternden Poltern hochgewirbelter Erdbrocken und Steine und dem Schleifen von Felgen. Einige Wächter wurden unruhig, die Lichtkreise ihrer Fackeln schwankten; scharfe Rufe ertönten aus unterschiedlichen Richtungen. Rashurda schlug den Mantel zurück, schnippte dreimal mit den Fingern und krümmte, die Schlaufe der Sehne in der rechten Hand, den Bogen zwischen linkem Knöchel und rechtem Außenknie. Er hängte die Sehne ein, und an den undeutlichen Lauten, die sich nach rechts und links fortsetzten, hörte er, daß die anderen Bogenschützen sich ebenso vorbereiteten. Er zog vier Pfeile aus dem Köcher, steckte drei Geschosse quer zwischen die Zähne und legte den letzten Pfeil auf die Sehne. Er wartete, sah rechts und links einige seiner Männer, die sich hinter den Standschilden aufrichteten, und während sich die Berge schärfer gegen den östlichen Himmel abzeichneten, wurden die Geräusche lauter und deutlicher. Von dem Versteck am Hang sahen die Bogenschützen die Aufregung im Lager und die vordersten Kampfwagen. Dariuvahush hatte die meisten Wagen mit nur drei Pferden bespannen lassen. In rasendem Galopp, gefolgt von bewaffneten Reitern, näherte sich der Angriffskeil der Gespanne im Zwielicht des sehr frühen Morgens. Plötzlich tauchten hinter den Wänden der Wagen glimmende Fackeln auf, die Flammen wuchsen und loderten, und als Rashurda nach dreißig Schritten sein erstes Ziel erkannte und die Bogensehne bis zum Ohr auszog, wirbelten einige auflodernde Fackeln durch die Luft und trafen Zelte und Flechtwerkhütten.

Es dauerte nur wenige Atemzüge, bis die Wachen zu brüllen begannen. Pfeile heulten scheinbar aus dem Nichts und trafen ihre Ziele; von beiden Seiten des Tales schoben sich viereckige Flächen herunter, die im Morgengrauen aussahen wie Büsche. Schreiende Männer verloren ihre Waffen und brachen zusammen, starben zuckend im taufeuchten Gras. Wie ein gewaltiger Keil wühlten sich mehr als hundert Gespanne geradeaus durch das Lager, rammten Zelte zur Seite, ließen die Hütten zersplittern; aus den Wagenkörben schwirrte ein Pfeil nach dem anderen. Wurfspeere fauchten nach rechts und links, als die Spitze des Keils sich zur Seite bog, durch das aufspritzende Wasser des Bachbettes rasselte und auf den gegenüberliegenden Hang zufuhr. Das Zelt des Lügenkönigs ging in Flammen auf. Die Lanzenreiter schleuderten ihre letzten Wurfspeere, hoben dann die Schilde und senkten die langen Lanzen.

Rennende Krieger lösten sich aus dem Wirrwarr zwischen den Zelten und brachten sich vor den Gespannen und Reitern in Sicherheit. Sie rannten auf die Bogenschützen zu, die bedächtig in zwei langen Ketten aus dem Wald und über die Hügelweiden abstiegen; fast jeder zweite ihrer Pfeile war tödlich. Rashurda stemmte den Fuß gegen einen Steinbrocken, zog den nächsten Pfeil aus dem Hüftköcher und setzte ihn auf die Sehne. Im dritten Gespann sah er König Dariuvahush, der den letzten Wurfspeer aus der Halterung zog, hochwarf, weit ausholte und schleuderte; ein Krieger, der den Pferden in die Zügel fallen wollte, taumelte rückwärts, ließ Schwert und Schild fallen und umklammerte den Schaft des Geschosses, das aus seinem Rücken herausragte. Dann blitzte die Schneide des Speeres auf, der in der Hand des Königs ein eigenes Leben zu bekommen schien: Die herunterzuckende Doppelschneide köpfte den Krieger.

Plötzlich riß das Gebrüll ab. Hornsignale röhrten. Schauerliche Echos erklangen von den Felswänden. Die Reiter und die Gespanne des Königs hatten den Schwenk beendet und zogen sich zum Eingang des Tals zurück. Vor ihnen öffnete sich in der Masse der Fußkämpfer inmitten der Staubwolken eine breite Lücke, durch die Dariuvahushs Kampfgruppen hindurchpreschten, ohne langsamer zu werden. Die Öffnung schloß sich, die Fußkämpfer rückten langsam vor und füllten die ganze Breite des Tales aus, von den östlichen bis zu den westlichen Hängen. Rashurda blieb stehen, sah sich um und erkannte, daß sich Fravartishs Krieger zu sammeln begannen; an ein, zwei Dutzend Stellen scharten sich bewaffnete Männer um ihre Anführer, klumpten sich inmitten des halb zerstörten, brennenden Lagers. Der nächste Blick zeigte ihm Dariuvahushs Reiterei, die sich in zwei Gruppen aufspaltete und hinter dem Wall der heranflutenden Fußkämpfer auf die Ränder des Tals zutrabte; in den ersten Sonnenstrahlen, die waagrecht über den Boden zuckten, funkelten die zahllosen Metallteile und Speerschneiden.

Die Schleuderer in Dariuvahushs Heer wirbelten die langen Riemen über ihren Köpfen. Die Luft war erfüllt von schwirrenden Steingeschossen, Pfeilen und Wurfspeeren, vom Stampfen zahlloser Füße, von Geschrei und Wiehern. Das malmende Rauschen und Klirren zwischen den Hügeln schwoll an, wurde leiser, brandete wieder auf und riß nicht mehr ab. Bogenschützen und Schleuderer im Lager des Lügenkönigs strömten auf die anrükkenden Krieger zu und begannen sich zu wehren, bildeten eine löchrige, von roten Schilden gesprenkelte Verteidigungslinie, die sich rasch zu füllen begann. Einige Dutzend Atemzüge später sah Rashurda, daß sich die Mauer der hohen Standschilde zu schließen begann. Er nickte, zog einen Pfeil aus dem Köcher und winkte seinen Männern. Sie blieben in der Deckung, schützten sich mit den Standschilden und drangen nicht mehr weiter vor, denn aus halber Höhe der Hügelkette behielten sie den Blick über den Rand des Lagers. Er senkte den Arm, setzte den Pfeil ein und suchte ruhig sein nächstes Ziel.

Mit jedem weiteren Atemzug veränderten sich die Bewegungen der Heeresteile im Tal und zeigten viele Stellen, an denen Mann gegen Mann kämpfte. Grelles Sonnenlicht sickerte über die Berge und die Wälder der Hügel ins Tal; die erbitterte Gegenwehr des Rebellen-Heeres wuchs stetig, als Dariuvahushs Fußkämpfer den Rand des Lagers erreicht hatten und rücksichtslos angriffen. Wieder brüllten die Hörner auf. An den Rändern des Heeres sprangen die Krieger zur Seite, öffneten ihre Reihen für zwei Durchlässe und rissen ihre Waffen hoch, als Reiter und Gespanne hindurchrasten; Dariuvahush schien alles, was Hufe und Räder hatte, zu diesem Angriff einzusetzen. Gedeckt durch die Schilde griffen die Stoßkeile entlang der Lagergrenzen an. Rashurda schüttelte sich verwirrt: Einige Atemzüge lang dachte er daran, daß sich in dem langgezogenen Tal vielleicht fünfunddreißigmal tausend Männer gegeneinander und umeinander drängten. Seine Bogenschützen zählten zum kleineren Heer.

Die ersten Fußkämpfer des Königs waren bis zu den schwelenden Resten des Zeltes im Mittelpunkt des Lagers vorgedrungen. Rashurda vermochte nicht zu erkennen, an welcher Stelle der Kämpfe sich Fravartish der Trinker aufhielt. Ein Schleuderstein schlug schwer in seinen Schild und brach eine Ecke heraus; Blattfetzen und Holzsplitter trafen Rashurdas Gesicht. Er schüttelte sich, setzte die knöcherne Nock des Pfeils auf die Haarsehne und suchte sein Ziel. Ohne die Bedeutung dessen zu erkennen, was er zwischen den wütenden Kämpfen der Krieger sah, nahm Rashurda scheinbar bizarre Ereignisse wahr: Ein Brandpfeil hatte einen strohgedeckten Taubenturm in Flammen aufgehen lassen. Brennende Vögel mit qualmendem Gefieder stoben aus den Öffnungen und flatterten in alle Richtungen davon; hin und wieder fiel taumelnd und zuckend ein halbverkohlter Vogel aus der Luft. Ein Hund, von Pferdehufen oder einem Wagenrad getroffen, krallte die Vorderpfoten in den Boden und zog seinen halb zermalmten, gelähmten Körper hinter sich her. Sein Gedärm schleifte in einer Blutspur. Er verkroch sich unter einen Busch; von den Ästen naher Bäume stürzten schwarze Aasvögel durch das zuckende Blattwerk. Wieder bohrte sich ein Pfeil zwischen die Schulterblätter eines Kriegers und tötete ihn.

Überall herrschte völliges Durcheinander, an zahllosen Stellen stachen und schlugen Bewaffnete aufeinander ein, die Pfeile von Rashurdas Bogenschützen fanden ihre Ziele im Getümmel der Verteidiger, die sich zurückzogen, um sich zu neuen Angriffen zu sammeln. Rauch und Staubwolken verwirrten und verschleierten an vielen Stellen die Sicht auf das Getümmel. Aus dem wilden, andauernden Geräusch lösten sich einzelne Schreie: hier ein Gellen, dort trillerndes Heulen, wütendes Brüllen vom anderen Ende. Die Stoßkeile der Reiter und Wagen hinterließen breite Schneisen des Todes, Verwundete krochen über den Boden oder wankten zur Seite, und in quälender Langsamkeit schloß sich Fravartishs Heer zu einem riesengroßen Kreis zusammen, dessen Ränder sich verformten wie flüssiges Wachs, zurückzogen, an anderer Stelle ausbuchteten, um die Reste der Zelte fluteten und durch den Bach schoben, in dem Trümmer, Gliedmaßen und undeutbare Dinge schwammen. An einigen Stellen schäumte das Wasser blutrot.

Dariuvahushs Gespanne brachen an zwei Stellen in den Kreis ein, spalteten breite Teile davon nach den Seiten ab und richteten blutige Verwüstungen an. Ein oder zwei Dutzend Dorfbewohner duckten sich hinter einer Mauer mit breiten Rußspuren. Fravartishs Krieger wehrten sich mit der gleichen Entschlossenheit, mit der Dariuvahushs Männer angriffen. Die Gespanne hatten eine halbe Stunde nach dem ersten Zusammenprall eine lange Reihe gebildet und umfuhren kämpfend die Schlachtordnung der Verteidiger; von Zeit zu Zeit rannten Kârataka mit gefüllten Köchern und gebündelten Wurfspeeren heran und rüsteten die Krieger aus. Zweimal brachen Tausende Krieger aus dem Kreis aus, stürzten sich auf die Zugpferde und erstachen sie, spalteten die Kampfreihe und griffen im Rücken der Reiterei an. Fußkämpfer rannten auf sie zu und vertrieben sie in wütenden Einzelkämpfen.

Zwei oder drei Stunden lang wogte der Kampf unentschieden. Dariuvahushs Ärzte schleppten Verwundete oder Tote an den Dorfrand. Fravartishs Heer hatte sich entlang des Bachlaufs und zwischen den Häusern und Ställen in die Länge gezogen. Im Inneren der wogenden Masse aus Kriegern entstand nach und nach ein freier Raum, ein leeres Oval, vielleicht fünfzig Ellen lang, das während des Kampfes langsam bachaufwärts wanderte. Als es ein großes, flaches Gebäude erreicht hatte und einige Vorratshäuser umschloß, brachen aus dem Halbdunkel zwischen den Stützsäulen des Daches nacheinander mehr als ein Dutzend Gespanne hervor. Es waren leichte Wagen, von jeweils einem Paar Pferden gezogen; vier oder fünf Männer standen in jedem Wagenkorb.

Rashurda konnte nicht genau erkennen, was in der Mitte des Dorfes geschah. Aber er sah, daß sich das Oval an einem seiner Kopfenden spaltete, um die Gespanne und einzelne Reiter durchzulassen. Seine Männer riefen ihm von links und rechts Warnungen zu, aber die Häuser waren für einen gezielten Schuß viel zu weit entfernt. Er zählte siebzehn Wagen und etliche Lanzenreiter, die in scharfem Galopp durch eine gewundene Gasse zum offenen Talausgang preschten.

»Fravartish flieht!« schrie er. »Es kann nichts anderes bedeuten!«

Niemand hörte ihn. Noch bevor die ersten Wagen den Dorfrand erreicht hatten, wagten die eingeschlossenen Krieger an drei Stellen massive Ausfälle. Sie stürzten sich wie rasende Selbstmörder auf die Angreifer, trieben sie zurück und verhalfen den Wagen zu freiem Platz. Die Bogenschützen auf den Hügelflanken vermochten vielleicht eine drittel Parasange weit die schmale Dorfstraße einzusehen, die sich zwischen Bäumen und Lehmziegelhäusern nach Norden wand, ein Stück dem Bachlauf folgte und dann in die Wäldchen aus Fruchtbäumen einmündete. Rashurda holte tief Luft und deutete mit dem Bogen auf seinen linken Nachbarn.

»Sag es weiter«, brüllte er, so laut er konnte. »Fravartish und seine Anführer flüchten!«

Er hörte, wie sich der Schrei fortsetzte, wie die Nachricht zuerst die Verletzten am Rand des Schlachtfeldes erreichte und schließlich von Verteidigern und Angreifern verstanden wurde. Er hob den Kopf, sah erstaunt, fast ungläubig, daß die Sonne ihren höchsten Stand erreicht hatte und das Tal gnadenlos ausleuchtete und mit Hitze überschüttete. Die unbewegte Luft schien zu kochen; träge erhoben und senkten sich die Staubwolken. Über dem Tal kreisten lautlose Geier, Milane und Adler. Auf vielen Bäumen hockten dicht nebeneinander Rabenvögel und äugten auf das Gewimmel und die Fliegenschwärme.

Der Schall aller Geräusche setzte sich scharf und ungehindert bis zu den Waldrändern fort, auch das Hufgetrappel und die scharrenden Laute der Felgen auf Sand und Stein.

»Fravartish ist geflohen!«

Der Kampflärm hörte binnen weniger Atemzüge auf, sämtliche Bewegungen erstarrten nach und nach. Die Krieger auf beiden Seiten ließen die Waffen sinken, zogen sich mit schleppenden Schritten, die ihre Erschöpfung erkennen ließen, zu ihren eigenen Leuten zurück und bildeten unregelmäßige Gruppen um die Hundertführer. Nur die Ärzte aus Mudrayia und ihre Helfer schleppten weiterhin Leichtverwundete und Schwerverletzte an den Rand des Kampffeldes. Das Schlachten ist vorbei, dachte Rashurda und nickte verwirrt. Eine Handvoll Lanzenreiter und zwei Gespanne galoppierten auf der Dorfstraße auf die Wagen zu, mit denen Dariuvahushs Heer die Ersatzwaffen herangebracht hatte; einige Wagen waren voll mit Strohbündeln, auf denen Verwundete lagen. Als sich der größte Teil der Krieger getrennt hatte, sahen Rashurda und seine Bogenschützen auf dem verwüsteten Land, das die wenigen Gebäude Kundruschs umgab, einige hundert reglose Körper liegen; die fliegenumsummten Blutlachen unter ihnen begannen zu trocknen.

»Legt die Waffen nieder!« Rashurda erkannte Dariuvahushs Stimme. »Alle Unsterblichen und Hundertführer zu mir, ins Lager!«

Rashurda hob schnalzend den Kopf, schob den Pfeil in den Köcher zurück und winkte seinen Männern mit beiden Armen. Er riß die Zweige und das Laub vom Schild und hängte ihn über den Rücken, dann bahnte er sich einen Weg durch Disteln, wuchernde Gräser und dornige Ranken.

Graugesichtige Männer mit schartigen Waffen umstanden blutbespritzt und schwitzend den Wagen, dessen schaumbedeckte, zitternde Pferde ausgeschirrt und weggeführt wurden. Der Schweiß zeichnete schmale Bahnen in den Staub auf der Haut der Krieger, ebenso wie auf den Fellen der Pferde. Heeresläufer schleppten Wasserkrüge und Becher voll verdünntem Wein herbei. Rashurda erkannte den hageren Heerführer Tachmaspâda und den kleineren Dâdreshish trotz ihrer zerfetzten Kampfkleidung. Dariuvahush warf den triefenden, zerrissenen Bashlyq und das nasse Tuch, mit dem er Gesicht und Hände gereinigt hatte, einem Kârataka zu und sah sich blinzelnd um.

»Wer kennt die Straßen, auf denen der Trinker und seine Vertrauten geflüchtet sind?« Dariuvahushs Stimme war flach; heillose Wut schien ihn innerlich zu verbrennen. »Wohin wird er fahren? Wer gibt ihm Schutz? Wer weiß es?« Zögernd hob Rashurda den Arm. »Auf der alten Heeresstraße nach Râga, o Herr. Ein paar von meinen Männern kennen hier jeden Ziegenpfad.«

»Wie viele waren es? Wer hat sie deutlich genug gesehen?«

»Ich, König«, sagte Rashurda. »Siebzehn Gespanne. Vier oder fünf Männer in jedem Wagen. Dazu ein Dutzend oder mehr Reiter mit Lanzen.«

Ein Kârataka reichte Rashurda ein tropfendes Tuch; er schob die Kampfhaube zurück und wischte Staub und Schweiß aus dem Gesicht und von den Händen. Dariuvahush starrte ihn schweigend an und kaute auf der Unterlippe, dann schien er ihn zu erkennen und schüttelte lächelnd den Kopf. Als Rashurda den Blick des Königs spürte, begann er zu frösteln.

»Sammle deine Männer, Bogenmeister Rashurda. Dort hinten

findest du Reiter und ausgeruhte Pferde. Um fünfundsiebzig oder hundert Männer zu fangen, werden zwanzig Dutzend Krieger reichen; es werden die besten sein müssen. Ruf sie zusammen, Tachma!«

»Ich gehorche, König.«

»Râga, in scharfem Galopp mit Pferdewechsel vielleicht sieben Tage entfernt, o Herrscher«, sagte ein Bogenschütze, senkte den Kopf und zog das ringförmig geflochtene Ende der Sehne vom Bogen ab. »Eine kleine Stadt, halb in der Wüste, mit einer befestigten Burg, einem Pairidaeza und einer niedrigen Umfassungsmauer. Wenige Brunnen in diesem Landstrich, mein Wort.«

»Vielleicht flüchtet er zu einem anderen Unterschlupf?« Rashurda legte die Hand auf die Brust. »Die Wagen haben eine Stunde Vorsprung, der Staub, den sie aufwirbeln, ist noch in der Luft. Was sollen wir tun, o König, wenn wir den Trinker fangen?«

»Ihn und alle anderen fesseln, in Ketten legen; ihm sollen Nase, Ohren, Zunge und ein Auge fehlen, wenn ich ihn in Hagmatâna pfählen lasse.«

»Dein Befehl, König.« Rashurda schüttelte einige Male den Kopf. Dariuvahush deutete auf ihn und sagte schroff:

»Du wirst ihn finden, fangen und zurückbringen, Bogenmeister Rashurda. Königswohltäter. Mach dich auf den Weg. Schnell!«

»Nimm zwei Dutzend Botenreiter mit, Mann«, stieß Tachmaspâda hervor. Die Narben auf seiner Stirn waren schneeweiß. »Und deine Wegekundigen. Dort hinten sind die Gespanne. Denkt an das Wasser für die Pferde und für euch, bei der letzten Quelle.«

Rashurda suchte den Blick des Tausendführers und schüttelte den Kopf. Er sagte leise: »Ja, Hazarapati. Es gibt, bei Ahura Mazdâh, auch eine schädliche Art Eiligkeit. Wie viele von uns haben sie getötet?«

»Nicht mehr als siebenhundert.«

Die Ärzte und ihre Helfer, die sich zwischen den Heeren bewegten, töteten jene Verletzten, denen nicht mehr zu helfen war, durch Herzstiche mit dünnen, nadelspitzen Dolchen, während Dariuvahushs Krieger die Gefangenen entwaffneten und zusammentrieben. Jemand schrie hinter der Mauer der Fußkämpfer, die sich in dichten Gruppen zur Heeresstraße zurückzogen:

»Sie haben von den anderen schon tausend und achthundert Tote gezählt.«

»Geh zu den Gespannen, Rashurda«, sagte Dariuvahush mit erzwungener Ruhe. »Ich verlaß mich auf dich und die Männer, die du anführen wirst.«

Rashurda berührte mit dem rechten Knie den Boden, warf den Bogen über die Schulter und schob sich an der Spitze einer Gruppe von neun seiner Männer durch die zurückflutenden Fußkämpfer zu den wartenden Gespannen. Er grüßte die Boten auf ihren ausgeruhten Pferden, zog sich in den Korb des ersten Wagens und winkte Amsprâda und Bagabâda.

»Ihr zeigt uns alle Wege, Pfade und Straßen. Fahrt los!«

Das erste Gespann ruckte an, wurde schneller, fuhr auf das Dorf zu. Rashurda hob den Kopf; die Sonne verbarg sich hinter dünnem Gewölk über dem westlichen Kamm der Berge. Es dauerte nur hundert Atemzüge, bis die lange Kette der Gespanne, zwischen ihnen paarweise die Reiter, auf der gewundenen Dorfstraße nach Norden trabte und, vorbei an Verwundeten, Toten, Gefangenen, Dorfbewohnern, Verlierern, kleinen Schafherden und erschöpften Siegern, auf die Stelle zufuhr, an der Fravartish und seine Gefährten zwischen den Reihen der Apfel- und Granatapfelbäume verschwunden waren.

Nach zwei Stunden spürte Rashurda jeden einzelnen Muskel in seinen Knien. Er hielt sich an der Schulter des Wagenlenkers fest, schwankte im schlingernden Wagen und federte die Stöße der Räder und der Achse ab. Er beobachtete den Weg und die Gesichter seiner Männer; auch er erkannte die frischen Spuren von Felgen und Hufabdrücken im Staub und Sand des breiten Pfades. An Büschen und Baumschößlingen waren Äste beschädigt worden. Die weißen Bruchstellen bewiesen, daß sich die Flüchtenden in großer Eile rücksichtslos ihren Weg gebahnt hatten. Während Reiter und Gespanne den Spuren folgten, versuchte er zu denken und abzuschätzen, was er tat; daß er dem Befehl Dariuvahushs gehorchte, stand außerhalb jeder Überlegung. Aber er fürchtete, daß ihm dieser Befehl eine Verantwortung aufgeladen hatte, die zu groß für ihn war: Er erkannte Dariuvahush ohne einen Funken Zweifel als den König an, als seinen Herrscher, als rechtmäßigen Erben der Herrschaft Kambushyas und Kuruschs, als den Mann, für den er heute vielleicht drei Dutzend ihm völlig unbekannter Männer getötet hatte, als den einzigen Gesetzgeber des Reiches, dessen Bestehen er wünschte, wollte und unterstützte. Also würde er Fravartish einholen, niederkämpfen und verstümmeln lassen – der Befehl des Herrschers. Er schrak auf und fluchte laut, als das linke Rad über einen Stein sprang und ihn, hätte er sich nicht festgeklammert, über die bronzeverkleidete Kante des Wagenkorbes geschleudert hätte.

8. Das Jahr der Schlachten

Reiter und Zugpferde stoben im harten Galopp zwischen den letzten schattenwerfenden Bäumen hinaus auf einen Pfad, der sich abseits der Heeresstraße nach Osten schlängelte. Wieder führte der Ritt in die Hitze und Grelle des nachmittäglichen Sonnenlichts. Linker Hand erhoben sich die Berge, und zwischen den Hügeln rechts wehte glutheißer Wüstenwind hervor. Hin und wieder bildeten die Schatten einzelner Parasangensteine schwarze Querstriche über den Pfad, der sich, den Abstufungen des Geländes folgend, durch die Landschaft wand. Einmal tauchte eine lange Doppelreihe mächtiger Bäume auf, in deren Schatten es wunderbar kühl war. Rashurdas Blicke hefteten sich auf die Rücken der Wegekundigen im Gespann vor ihm; sie erkannten die Spuren, deuteten hierhin und dorthin, und die anderen folgten. Als sich Tümpel voll Bitterwasser am Weg abzeichneten, fielen die Reitpferde und die Zugtiere in Trab und mußten mit Gewalt vorbeigetrieben werden. Die heiße Luft roch stechend nach dem ätzenden Staub, den Fravartish und seine flüchtenden Anhänger aufgewirbelt hatten.

Die Sonne sank im Rücken der Verfolger. Fahrige Schatten wuchsen nach Osten. Die Stunden vergingen ereignislos; einmal tauchte zur rechten Hand eine große, wirbelnde Staubwolke auf und tänzelte nach Süden. Die furchtbare Sonne dörrte Menschen und Tiere aus: Rashurda ließ halten, die Tiere tränken, die Männer trinken und einige Bissen essen. Sie alle glichen dämonischen Gestalten: Haut, Haar, Kleider, Rüstung und Waffen waren von einer Schicht weißen und gelben Staubes bedeckt, in die der Schweiß klebrige Bahnen gezeichnet hatte. Im Rücken der Wagen und Reiter ging die Sonne als riesenhafte blutrote Scheibe unter. Rashurda spuckte bitteres Wasser aus, trank einen tiefen Schluck warmen Wein und schrie:

»Noch eine Stunde bis zur Wasserstelle. Nicht wahr, Bagabâda? Dann rasten wir bis zum Morgengrauen! Los, weiter.« In der anbrechenden Dunkelheit, etwas später im Licht des Mondes und der ersten Sterne, waren die Verfolger wie weiße Erscheinungen, die sich einem winzigen Feuer und einer Fläche näherten, in der sich viele Schatten und eine Handvoll molkiges Mondlicht spiegelten. Amsprâda galoppierte in einem Pfeilschuß Abstand voraus, drehte sich auf dem Pferderücken herum und schrie durch die Dunkelheit:

»Ein paar Hirten am Feuer! Kommt! Gutes Wasser!«

Schreie, Rufe, Fragen und karge Antworten durchbrachen das Hufgetrappel: Die Krieger um Fravartish waren drei, vier Stunden zuvor, nachdem sie ihren Wasservorrat aufgefüllt hatten, nach Osten weitergeprescht. Eine Fackel flammte knisternd und fauchend, eine zweite und dritte wurden angesteckt. Rashurdas Kolonne fuhr und trabte langsamer, verteilte sich, näherte sich einer Schafherde und einigen Kamelen; vier Hirten standen wartend, mit verkniffenen Mienen, am Feuer. Die Männer wuschen sich zwischen den saufenden Tieren an der hölzernen Tränke, dann schirrten sie die Zugpferde aus und warfen sich, hungrig und todmüde, ins staubige Gras. Jeder Muskel schmerzte; die wenigen Männer, die sich um die Tiere und andere Krieger kümmerten, schwankten und schliefen im Stehen ein. Rashurda bezwang seinen nagenden Hunger, sorgte mühsam für eine flüchtige Art Ordnung und setzte sich zu den Hirten. Mitten in seiner Schilderung, wen er anführte und wen das kleine Heer verfolgte, schlief er ein.

Zwei Pferde, deren Vorderhufe zuschanden waren, wurden zurückgelassen, desgleichen zwei Boten und ihre leidlich ausgeruhten Tiere; grober Sand und scharfes Gestein ruinierten das Horn der Tierhufe. Die ersten Dünen zeigten sich mit scharfgeschwungenen Graten im Mondlicht. Große Flächen aus weißem Sand oder Salz funkelten wie winzige Edelsteine im Mondlicht. Das ovale Gestirn leuchtete die Landschaft unvollkommen aus. Das einzig Vertraute blieb der Herdenpfad, der zwischen Felsen, Hügeln, Wüstenflächen und wenigen dunklen Weiden verlief. Aus der nahen Wüste kam, als Rashurda vor dem ersten Licht des Morgens die Männer zum Aufbrechen trieb, ein eiskalter

Hauch. Die Kälte hetzte Männer und Tiere zu unglaublichen Leistungen. Die Hirten hatten Pflanzensud gekocht und teilten ihn schweigend und fröstelnd aus. Die Reiter zogen sich wortlos und ächzend auf die Rücken der Pferde, die Zugtiere ließen sich mit hängenden Köpfen anschirren.

Zwei Stunden später fielen die müden Tiere aus dem Trab freiwillig wieder in Galopp; sie schienen Kühle, Wasser und Stallruhe zu wittern, wo keine zu erwarten war. Sie trugen die gähnenden Männer weiter nach Osten, in den breiten Streifen Helligkeit hinein, in dem die gezackten Konturen des Horizonts erschienen, bevor die tiefgelbe Sonnenscheibe aufblendete. Ein Wagen, halb in eine niedrige Staubdüne hineingebohrt, mit einem zertrümmerten Rad und gebrochener Deichsel, lag neben einem aufgedunsenen Pferdekadaver ein paar Schritte neben dem Pfad, von Fliegenschwärmen umsummt; drei Geier liefen flügelschlagend davon.

Der Zug stob vorbei; Rashurda drehte sich nicht um, zog den Bogen aus dem Köcher und versuchte ihn zu spannen. Kein Reiter redete, niemand fluchte, jeder hielt sich krampfhaft auf dem Rükken des Tieres und an der Mähne festgekrallt, spürte unter den Schenkeln das fellbelegte Tuch, schweißnaß und voll Staub und Sand. Längst war die Haut aufgescheuert worden, und die harten Stöße der Pferdekörper trafen wie Keulenhiebe.

Der weiße Staub ließ die Augen tränen, setzte sich in der Nase fest, biß auf den rissigen Lippen und tief im Rachen, verstopfte die Ohren und verwandelte jede Abschürfung, jede kleine Verletzung in unerträglich juckenden Schmerz. Reiter und Gespanne verließen in wallenden Staubfahnen die lange Kette, sammelten sich neben dem Pfad und rissen die Wassersäcke von den Karren und den Gurten um die Pferdebäuche; die Krieger versuchten ihre Gesichter zu reinigen, gurgelten und spien aus, wuschen Nüstern und Augen der Reittiere und der Zugpferde, umgeben von Mückenschwärmen und Schmeißfliegen. Jeder Tropfen, der zu Boden fiel, verschwand innerhalb eines Atemzuges.

Die Männer in den Gespannen senkten ebenso wie die Reiter die Köpfe und blinzelten in die gnadenlose morgendliche Helligkeit. In den folgenden Stunden glaubte jeder weit vor sich Metall und

Rüstungen der Mada-Krieger blitzen zu sehen, aber stets blieben es Trugbilder.

Erschöpfung, Schmerzen, Wut, Hunger, Durst und die Gedanken an den unvermeidlichen Augenblick des Kampfes, die Griffe um die klappernden Waffen, die schwer geworden waren wie Steine – alles vermischte sich in den Köpfen der Verfolger zu einer Art Wahnsinn, der es möglich machte, daß sie die Martern dieses Rittes, dieser Fahrt, ertragen konnten. Die erste Rast an einem Rinnsal, das von einem staubigen Wald durch staubiges Gras bis zum Pfad sickerte, zeigte ihnen drei zuschanden gerittene Pferde, deren Kehlen unversehrt waren, einen zweiten halb zerstörten Kampfwagen und andere Arten von Spuren: Die Horde um Fravartish den Trinker quälte sich vor ihnen langsam der nächsten namenlosen Siedlung entgegen; schier unerreichbar weit war Ragâ. Die Heeresstraße war völlig unbelebt und führte in weiten Windungen zunächst genau in die Sonne hinein, dann wand sie sich einen Berghang abwärts nach Süden. Links jenseits der salzigen Staubmengen, die vom ersten Gespann aufgewirbelt wurden, breiteten sich grüne Weiden vor den bewaldeten Hügeln aus, rechts, in einem Tal voller Schatten, streckten sich die Ausläufer einer Wüstenei dem Weg entgegen. Es wurde Mittag, und die Sonne stach wie mit weißglühenden Lanzenspitzen auf die bewaffneten Männer und ihre Tiere ein; undeutlich hörte Rashurda einen der Wegekundigen eine Warnung schreien, dann erhob sich Amsprâdas oder Bagabâdas Stimme über den Lärm.

»Eine Stunde ... vor uns ... ich sehe ... sie ...!« – »Hinterher! Haltet die Waffen bereit!«

Der Weg führte aus dem Tal, das noch von nächtlicher Kälte erfüllt war, auf eine staubige Hochfläche hinaus. Die Gespanne und Reiter überquerten die schneeweiß flirrende Ebene und trabten in weiten Schleifen hinunter in eine andere Schlucht. Zwischen Felssäulen, die aus der Ferne wie ein halb zusammengebrochenes, riesenhaftes Stadttor aussahen, wehten Staubschleier. Neben wuchtigen Felsblöcken sahen die Verfolger einige Pferdekadaver, an denen Geier und Raben fraßen; die Aasvögel schraken nicht auf, als die Kavalkade rasselnd und waffenklirrend durch die Felseinschnitte polterte. In der schlimmsten Hitze, zwei Stunden nach Mittag, galoppierte Amsprâda zur Seite, schwenkte den Speer über dem Kopf und deutete auf einen schütteren Oasenwald. »Dort hinten sind sie!«

Die Schatten waren länger geworden. Rashurda hob beide Arme, deutete nach rechts, dann nach links, und mit aller Kraft schrie er: »Auseinander! Zwei Gruppen! Wir packen sie von beiden Seiten!«

Reiter und Wagen teilten sich und wirbelten noch mehr Staub in die Höhe. Unter den Felgen und den Hufen der Tiere splitterten ausgeglühte Knochen von Tierskeletten, die halb im Sand verborgen gewesen waren. Rashurdas Wagen fuhr auf Amsprâda zu, wurde angehalten, und während die Krieger nach Lanzen, Wurfspeeren und Schwertern griffen, einige Reiter absprangen und ihre Bogen zu spannen versuchten, griff Rashurda nach Amsprâdas Zügel.

»Du hast sie genau gesehen?« rief er. Der Kundschafter riß den Kopf hoch und schnalzte dreimal. Reiter stoben an ihnen vorbei; Amsprâda zeigte mit der Lanzenspitze auf das Wäldchen. Ein glutheißer Windstoß trieb eine Staubwolke zwischen die Stämme, einige Schreie erschollen jenseits der halb abgefressenen, gelb überstäubten Büsche.

»Sie haben uns bemerkt und halten an«, sagte Amsprâda und packte die Lanze fester. »Sie sind es, kein Zweifel!«

»Dann greifen wir sie an.« Rashurda hustete und spuckte bittern Brei aus Speichel und Staub aus. »Befehl des Königs.«

Die letzten Reiter und Gespanne preschten nach rechts und links vorbei. Das Geschrei wurde lauter; Pferde wieherten schrill. Rashurda stieß den Wagenlenker an, zog einen Pfeil zwischen den raschelnden Geschossen hervor und spannte den Bogen. Er bereitete sich schweigend auf den Kampf vor und verschwendete keinen Gedanken an Furcht oder andere Überlegungen – sie würden die Flüchtigen überwältigt haben, noch bevor die Dämmerung hereinbrach. Amsprâda hämmerte dem schwarzen Hengst die Hacken in die Seiten, als der Wagen auf engem Raum wendete und von den angaloppierenden Pferden nach links gezerrt wurde; die Krieger stoben auseinander und preschten entlang der Waldränder auf die Quelle des Klirrens und Schreiens zu. Als

Rashurda, die im Staub tränenden Augen freiblinzelnd, sich unter den zurückschnellenden Ästen eines trockenen Busches duckte, sah er den Außenring des Kampfes.

Die Flüchtigen waren gestellt und wehrten sich; verbissen, aber ohne viel Kraft. Von allen Seiten drangen die Verfolger auf sie ein. Rashurda wartete, bis der Wagen schlingernd zum Halten kam, sprang mit einem Satz in den Sand und löste den Schuß. Der Pfeil schnitt eine Kerbe in einen schmutzigen Schild, auf dessen roter Farbe eine Staubschicht verkrustete, und fuhr durch den Bashlyq in die Kehle eines Kriegers. Das Gemetzel, durchfuhr es ihn, beginnt jetzt und endet noch vor Sonnenuntergang!

Wut, Enttäuschung, die Unerträglichkeit der zweitägigen Hetze, der Haß der Pârsa gegen den Lügenkönig und dessen Mada-Anhänger und zuletzt die Befehle des Königs, obwohl er so weit entfernt war, trieben Rashurdas Krieger in einen erbarmungslosen, schnellen Kampf. Schwertschneiden blitzten, Pferde warfen ihre Reiter ab und überschlugen sich wiehernd, Pfeile und Wurfspeere fauchten und zischten durch den Staub, Kampfbeile wirbelten, Männer brachen zusammen, Reittiere gingen durch und schleuderten die Körper schreiender Krieger aus den Kampfwagen. Rashurda blieb stehen, den linken Fuß vorgestreckt, griff blind über die Schulter und packte Pfeil um Pfeil an Nock und Befiederung, zwang die Kerbe auf die Sehne und sah, bevor er das tödliche Geschoß von der Sehne schnellte, den Blick aus den staubumkrusteten Augen seines Opfers; die meisten seiner Pfeile waren tödlich.

Ein Dutzend Verfolger formierte sich plötzlich zu einem Keil, durchbrach die Verteidigung und umzingelte eine kleine Gruppe, die sich verzweifelt wehrte. Männer wurden überrannt, niedergeschlagen, zu Boden getreten, überschlugen sich blutend im Staub; Rashurda kannte Fravartish nicht, konnte also nicht erkennen, ob der Lügenkönig kämpfte, am Boden lag, geflüchtet war oder zu den entwaffneten Kriegern gehörte, die gefesselt wurden und denen seine Krieger Seilschlingen um die Hälse warfen und festzogen. Er tötete mitleidlos und schweigend jene Anhänger des Fravartish, die zu fliehen versuchten, wie in der Schlacht bei Kundrusch: Seine Männer überwältigten die frem-

den Krieger, ohne daß er die Hand zu heben brauchte. Der erbar-
mungslose Kampf dauerte weniger als eine Stunde; der sonnen-
durchglühte Staub senkte sich, zwischen den Stämmen taumelten
verwundete Krieger in zerfetzter Kleidung hervor. Rashurda
spuckte ätzenden Brei aus Staub und Speichel aus und schob den
Bogen auf die Schulter. Langsam zog er das Kurzschwert und
ging zu den Männern, die einen Kreis um die Gefangenen bildeten und die Mada-Fußkämpfer mit den Spitzen der gesenkten
Lanzen festhielten.
Rashurdas knarrende Stimme war fast unverständlich; er hörte es
selbst und unterbrach sich. Jemand warf ihm einen Wasserschlauch zu, er zog den Verschluß mit den Zähnen heraus und
trank gierig, dann rief er:
»Zeigt mir den Verräter Fravartish. Dariuvahushs Befehle sind
deutlich gewesen.« Jeder Schritt erzeugte an einem Dutzend verschiedener Stellen seines Körpers stechende Schmerzen, seine
rechte Hand zitterte. Seine Männer wichen zurück; einer zeigte
mit dem Dorn der Kampfaxt auf einen Mann, der sich mit gesenktem Kopf blutend auf den zersplitterten Speerschaft stützte.

Fravartish der Trinker, ein hochgewachsener Mann in blutüber-
strömter Kleidung und mit fahlem Gesicht, stand schwankend
vor Erschöpfung inmitten einer Gruppe. Vielleicht zwei Dutzend
bis zur Unkenntlichkeit mit Staub bedeckte Krieger umgaben
ihn; auch ihnen hatte man die Waffen, Gürtel und Bashlyqs abgenommen. Rashurda sagte scharf:
»Fesselt sie und bringt sie zu unseren Wagen. Bindet sie an die
Räder. Wir lagern ein paar Stunden.« Er sah sich auf dem aufgewühlten Schlachtfeld um und schüttelte sich. »Es sind Verwundete und Tote zu versorgen, Freunde.«
Dreißig Männer, dem Aussehen und der Kleidung nach die engsten Vertrauten Fravartishs, wurden mit Lederschnüren gefesselt
und weggeführt. Die Gefangenen, die nicht schon während des
Kampfes bewegungsunfähig gemacht worden waren, zerrten und
schleppten die Toten an den Rand des Wäldchens und trugen die
Verwundeten in den Schatten. Viele Männer der Verfolger waren
getötet worden; zwei oder drei, die so schwer verwundet waren,

daß sie binnen Stunden sterben würden, erlösten die Mitkämpfer durch Stiche ins Herz. Die Schreie und das Wimmern hörten auf. Rashurda brauchte den Wagenlenkern und seinen Bogenschützen keine Befehle zu geben; sie wußten, was zu tun war. Die Pferde wurden getränkt und fraßen die Blätter von den Büschen, während über einigen Feuerstellen Wasser in die Kessel geschüttet wurde. Schweigend trugen die Pârsakrieger ihre Toten in die Wüste hinaus, entkleideten sie und errichteten aus den wenigen Steinen, die sie fanden, einen Feueraltar. Rashurda ließ die Überlebenden zählen und sah zu, wie seine Männer aus Speeren und Mänteln Schattendächer spannten und im Sand das Essen auspackten; es war nicht viel, und auch im Gepäck der Fravartish-Anhänger fand sich wenig Nahrhaftes. Amsprâda stapfte auf Rashurda zu, schüttelte Sand aus der schweißnassen Kampfhaube und sagte:

»Wie lange läßt du rasten, ungnädiger Hundertführer?«

Rashurda starrte in das sonnenverbrannte Gesicht, in dem Schweiß und Staub trockneten, spuckte bitteren Schleim aus und hob die Schultern.

»Bei Sonnenuntergang brechen wir auf. Wenn es wieder kalt wird.«

»Und? Fravartish den Trinker und seine Hauptleute sollst du verstümmeln, hat Dariuvahush befohlen.«

Rashurda spürte, daß er etwas Schweres trug, blickte an sich herunter und hob kopfschüttelnd den halbvollen Wassersack. Er trank, gab den gluckernden Ziegenbalg an Amsprâda weiter und knurrte:

»Er hat aber nicht befohlen, wann und wo. Wir werden keine blutenden, wimmernden Männer mitführen. Mit Verstümmelten auf den Wagen dauert es einen Mond bis Hagmatâna; willst du verdursten, verhungern oder dir den Zorn des Königs zuziehen?«

Der Bogenschütze schüttete schal gewordenes Wasser in seine Hand und versuchte sein Gesicht zu reinigen; er verschmierte den Staubbrei und fluchte, dann lachte er kurz. Rashurda zerrte den verdreckten Bashlyq von Kopf und Schultern und blinzelte den Schweiß aus den Augen.

»Hoffentlich bestraft dich der König nicht wegen deines Übermaßes an Großzügigkeit.«

Rashurda grunzte. »Sein Tagwächter Farnaka soll sich nicht langweilen müssen.«

Von den siebenundneunzig Geflüchteten hatten zweiundsechzig überlebt. Aus dem Wald hallten Axthiebe; mit den Schwertern und Kampfäxten hieben die Krieger junge Bäume nieder und schleppten die Kloben zum Feuer. Einige Männer verteilten Wasser und Fladenbrot, auch an die Gefangenen, die Gespannführer prüften die Hufe der Zugtiere und wuschen Ohren, Augen und Nüstern der Pferde, während die Tiere gierig soffen. Die Abendschatten krochen über leeren Wagen zwischen den Stämmen am Rand des Wäldchens, die langen Deichseln lagen im glühendheißen Sand. Rashurda fühlte die talgige Lähmung der Erschöpfung in allen Gelenken und ging zwischen den Feuern und den Haufen der Beute zum Wald.

Mit gespreizten Beinen, die Arme auf der Innenseite des schenkelhohen Rades festgebunden, hing Fravartish an Bagabâdas Kampfwagen. Als Rashurda näherkam, hob der Trinker den Kopf und richtete den Blick aus schmutzgeränderten Augen auf ihn. Fravartish, ein Mada, schielte ein wenig. Seine Stimme war heiser, fast tonlos.

»Schneid meine Fesseln durch. Laß mich laufen«, sagte er kaum vernehmlich. »Ich hab mehr Gold als der König. Wir teilen.«

Rashurda legte die Hand auf den Dolchgriff und betrachtete schweigend den Lügenkönig. Ohne die Spuren der Fahrt und des Kampfes wäre der Trinker ein schöner Mann gewesen: vielleicht ein Jahrzehnt älter als Rashurda, schmalgesichtig und dunkeläugig; vor zwei Tagen hatten Haar und Bart noch schwarz, gewellt und salbenduftend geglänzt. Jetzt tropfte milchiger Brei aus Schweiß und Staub vom Kinn und aus den schmal gezupften Brauen. Langsam hob Rashurda den Kopf in den Nacken und schnalzte aus rauher Kehle.

»Ich bin ein Mann des Königs«, sagte er harsch. »Hoffe nicht auf meinen Verrat. Daß du noch reden und hören kannst, und sehen, das verdankst du nicht unserer Gutmütigkeit.«

»Du verstehst nicht, warum ... ich hab es tun müssen ...«

»Das alles kannst du dem Tagwächter Farnaka erzählen, wenn er dir die Augen ausbrennt.«

Rashurda drehte sich wortlos um und ging zum nächsten Feuer, um sich eine Schale warmen Brei zu holen. Einige junge Bogenschützen schnürten die erbeuteten Waffen zu Bündeln zusammen und schichteten sie in die Wagen. Rashurda fing nachzurechnen an: Wenn die Gefangenen nicht hinter den Reitern und Gespannen rennen sollten, mußten sie auf die Wagen verteilt werden. In drei Tagen wollte Rashurda wieder in Kundrusch sein. Ein Rundgang zeigte ihm, daß die Gefangenen sicher an die Bäume gefesselt waren, daß ein Teil seiner Männer schlief und andere mit Quellwasser sich, die Waffen und die Bashlyqs zu reinigen versuchten; einige Bogenschützen bewachten das unordentliche Lager. Er blickte nach dem Stand der Sonne und rief:

»In drei Stunden machen wir uns fertig. Aufbruch in der Dämmerung!«

»Werden wir die ganze Nacht fahren und reiten?« rief ein Unterführer. Rashurda hob die Hände.

»So lange, wie es gut geht. Wir bleiben auf der breiten Straße. Ohne Eile.«

Er schlug am Rand der Sandfläche sein Wasser ab, suchte sich einen Platz im Schatten und schlief fast augenblicklich ein.

Eineinhalb Tage nach dem Aufbruch kam ihnen der erste, abgehetzte Bote entgegen. Rashurda berichtete das Wichtigste; der Reiter wendete und sprengte zurück nach Westen. Dreimal walzte auf der Heeresstraße, der »Straße der tausend Tage«, mindestens je eine Tausendschaft mit Reitern und Troß an Rashurdas kleinem Heer vorbei nach Osten. Als er die Kundschafter fragte, berichteten sie, es seien frisch ausgerüstete Heeresteile der Sieger von Kundrusch, die Dariuvahush seinem Vater Vishtâspa nach Pârthara und Hyrkanien zur Hilfe schickte. Als Rashurda ihnen die Gefangenen zeigte – sie lagen auf zerschlissenen Mänteln und Decken in den Wagenkörben –, schrien die Krieger begeistert.

In Kundrusch erwarteten den kleinen Heereszug eine Gruppe

Unsterblicher mit kalten, entschlossenen Gesichtern, frische Pferde und eine Ruhepause von zwei Tagen. Bis auf die dreißig fürstlichen Anhänger des Lügenkönigs wurden die Gefangenen gebrandmarkt, versklavt und dem Verwalter des Dorfes unterstellt; die Zerstörungen des Kampfes mußten beseitigt werden. Rashurda erhielt den Befehl, Fravartish nach Hagmatâna zu Dariuvahush zu bringen. Auch auf der Königsstraße kamen ihnen kleine Heeresteile entgegen, deren Ziel aber die Kshatrapie Armina war, also zunächst der Bagastâna-Idiglat-Paß; Amsprâda und Bagabâda mit je dreißig berittenen Bogenschützen gingen auf Befehl des Königs mit den Ersatzheeren, nachdem sie beim nächsten Halt frische Pferde und neue Ausrüstung erhalten hatten. Am vorletzten Tag im Mond des Kanalgrabens, dem zweiten Mond des Jahres, fuhren Rashurdas Gespanne durch Hagmatânas Stadttor; er sah überrascht, daß links und rechts der Tortürme tiefe Gräben ausgehoben und wuchtige Fundamente für die Stadtmauer errichtet worden waren.

Dariuvahush wartete, bis Rashurda, seine Wagenlenker und die Handvoll Bogenschützen wieder aufgestanden waren und langsam näherkamen. In der anderen Gruppe, einige Schritte abseits auf den schimmernden Steinplatten des Thronsaales, standen Farnaka, der Mada-Tagwächter, Kämmerer Aspat Shanâh und der greise Verschnittene Bagapâta, sowie ein Dutzend älterer Palastdiener. Rechts vom erhöhten Thronsessel hockten drei Schreiber vor ihren Pulten. Dariuvahush hatte sich vorgebeugt und die Hände auf den Knien abgestützt; in seinen Rückenmuskeln nistete dumpfe Müdigkeit. Er musterte den Anführer der Bogenschützen, hob das Tontäfelchen von der Armlehne und las die Namen ab.

»Du bist in das Verzeichnis der Königswohltäter eingeschrieben worden«, sagte er. »Du, Hundertführer Rashurda, ebenso Amsprâda und Bagabâda. Bevor der Trinker zu seinem Heer in Pârthara stoßen konnte, bevor er Râga erreichte, habt ihr ihn und seine Freunde gefangen. Ich danke euch, Krieger.«

»Herr«, sagte Rashurda, dessen Stimme wieder knarrte, als stünde er noch im Sandsturm. »Es war ein großer Sieg bei Kundrusch. Es war nicht schwierig, die Flüchtenden einzukesseln und niederzuhauen.«

»Du hast Fravartish nicht verstümmelt, obwohl ich es dir erlaubt habe.« Dariuvahush wartete gespannt auf die Antwort und grinste innerlich, als er sie hörte:

»Du hast deinen erfahrenen Henker, o König, und uns wären die Verstümmelten während der Fahrt gestorben; eine lästige, stinkende Fracht.«

»Ich hätt's nicht anders gehalten, Rashurda.« Dariuvahush deutete auf Farnaka. »Du weißt, was zu tun ist?«

»Wir wissen es, Herr. Wann sollen sie sterben?«

»Bevor die nächsten Nachrichten im Palast eintreffen, die schlechten wie die besseren.«

Noch war es zu früh, sagte sich Dariuvahush, auf Boten von Dadrâshish aus Armina zu warten. Er sah mit mäßiger Anteilnahme, daß die Wagenlenker und Bogenschützen die Bäder und Ruheräume der Kambushya-Festung erholt und verschönert verlassen hatten und neu eingekleidet worden waren; er schüttelte langsam den Kopf und sagte:

»Du, Rashurda, wirst in Hagmatâna ein kleines Heer zusammensuchen und ausbilden. Bogenschützen und Fußkämpfer. Hilf den Faulen beim Rennen mit Ansporn und Strafen; es gibt zu viele faule Palastwächter. In einigen Tagen reise ich mit kleinem Troß nach Süden, nach Pârsa. Du begleitest mich: Hagmatâna muß sicher in meiner Hand und als Stadt des Reiches bleiben. Alle guten Heere sind in vier Himmelsrichtungen zerstreut – du wirst dafür sorgen, Aspat Shanâh, daß Rashurda bekommt, was er braucht.«

»Ich gehorche, o König«, sagten Aspat Shanâh und Rashurda fast gleichzeitig. Dariuvahush legte den trocknenden Tonstreifen zurück und stand auf.

»Vielleicht sind wir dem großen Ziel nähergekommen.« In den letzten Nächten der schnellen Fahrt von Kundrusch nach Hagmatâna, und weil er und Gaubarva viel zu kleine Heere viel zu schnell in zu viele Richtungen hatten schicken müssen, hatte er zuwenig geschlafen. Seine Stimme drohte zu versagen. »Um einige Schritte. Noch lange ist das Reich nicht sicher in einer

Hand, unter einem Gesetz; meinem Dâtam. Geht und tut, was sein muß. Solange ich von Männern wie euch bewacht werde, kann ich ruhig schlafen – und nichts anderes hab ich jetzt im Sinn.«

Er wartete nicht, bis sich die Männer rückwärtsgehend entfernt hatten, sondern winkte Bagapâta und zwang sich, mit scheinbar leichten Schritten zur Tür zu gehen, die sich lautlos vor ihm und dem Verschnittenen öffnete. Er taumelte, stützte sich an der Wand ab. Im halbdunklen Schlafraum trank er Würzwein mit einigen Tropfen Mohnseim, ließ sich, halb willenlos, entkleiden und bis zum Kinn zudecken; er wußte, daß es erst früher Nachmittag war.

Er wacht auf, weil seine Blase zu platzen droht, läuft auf Zehenspitzen, die Hand am Gemächt, zum Abtritt und erleichtert sich stöhnend. Dann zieht er die Decken und Felle, die er von sich geschleudert hat, wieder auf das Lager und kriecht zurück in die dunkle Wärme. Als er schleppend langsam zu denken beginnt, gaukeln Namen, Geschehnisse und Bedeutungen durch den leeren, schwarzen Saal, der sein Kopf ist. Dariuvahush ist noch benommen vom achtzehnstündigen Schlaf. Fravartish der Trinker fällt ihm ein; Nase, Zunge und Ohren abgeschnitten, ein Auge geblendet, ans Festungstor genagelt. Von Sykashta, den er zum Königsboten gemacht hat, keine Nachricht aus Mudrayia und Abr Nahr. Schwiegervater Gaubarva und Vindafarnâh, dessen Auge sich weiß färbt wie die Braue darüber, sind im Festungspalast und helfen ihm, aus dem Nichts Heere zu schaffen und auszurüsten. Die Truppen haben keine Pferde, keine Reitkamele mehr; Dariuvahush läßt sie gegen königliche Gutscheine überall der Bevölkerung wegnehmen. Bagabuchsa und Ardimanish, zurück in Pârsa, warten auf ihn, wenn er nach Pâthragada zieht. Vidirna hält den Bagastâna-Paß. Regiert in Huza, in der abgefallenen Kshatrapie, noch immer der Lügenkönig Ummanish? Gibt es Nachrichten von Tachmaspâda und Dreiauge Rtavardhya in Pârsa, der mit einem Heer aus Mada-Kriegern gegen Lügenkönig Vahyazdhâta, den zwei-

ten falschen Brydiya kämpfte? Sollte er Nefermerit nach Pâthragada mitnehmen, wo Rauchjshma, Hutaûtha und Rtastunâ auf ihren Gemahl, den König warten? Ja. Und Parmush
und Faidumâ und Dutzende Frauen, deren Väter wenig anderes ersehnen, als durch ihre Töchter mit dem König verwandt
zu sein? Dariuvahush gähnt, verschränkt die Arme im Nakken und wagt es, die Augen zu öffnen. Nie hat er es schwer
gehabt, fremde Sprachen zu lernen und sich Gesichter und
Namen zu merken: Jetzt fällt ihm der Yauna-Baumeister
Proktokrites ein; er wird ihn rufen lassen. Nein! Der König
will den fertiggestellten Feuerbewahrturm selbst sehen. So
viel Zeit muß sich der Sieger von Kundrusch nehmen können, und morgen wird er die sechsundzwanzig abgeurteilten
Gefolgsleute des Fravartish auf der äußeren Festungsmauer
köpfen lassen. Er schält sich aus den Decken und klatscht
dreimal in die Hände; augenblicklich wimmelt das Schlafgemach von Dienern und Sklavinnen.

Im Troß und in den Palästen der Kshatrapane, in manchen Heeresteilen und, überall im großen Reich, selbst in den Besitztü-
mern der Siebentel-Hüter, fanden sich Fremde, die das Wissen
und Können der Pârsa und Mada ergänzten und, vielleicht, erweiterten. Seit Kurusch – und Kambushya hatte wenig daran geändert – heilten Ärzte aus Mudrayia, bauten und meißelten Baumeister aus Skudra-Thrakien, Makedonia, Yauna, dem Meerland
oder den Inseln, züchteten Hyrkanier in Mada und Pârsa die starken Nisa-Pferde, trieben Handel, schmiedeten Gold und Eisen.
Gefangene der Schlachten, von Veteranen der Unsterblichen-
Garde beaufsichtigt, bauten Straßen, Mauern und Brücken.
Schreiber aus Uvja und Babirush arbeiteten in allen Königspalä-
sten und in den meisten Kshatrapien, und im Heer fanden sich
Söldner und Anführer aus allen Teilen des Reiches.
Während Dariuvahush, Gaubarva und zwei Dutzend von Rashurdas berittenen Bogenschützen von der Festung durch Hagmatâna
und hinaus zum Pairidaeza ritten, sah sich Dariuvahush schweigend um: Der Ausbau Hagmatânas zur Festung erfolgte ebenso
gründlich und langsam wie das Wachstum der Bäume, die er hat-

te pflanzen lassen. Außerhalb des Stadttores beugte sich Dariuvahush zu Gaubarva hinüber.

»Bisher hab ich nie richtig darauf geachtet. Es ist, als gäbe es in unserem Land unsichtbare Straßen und geheime Festungen, wo sich Heere bewegen und kämpfen. Außerhalb dieser verborgenen Paläste und Städte weiden friedlich die Herden, arbeiten die Menschen; weit abseits von ihnen werden mörderische Schlachten geschlagen.«

»So ist es – noch.« Gaubarva blickte ihm kurz in die Augen, hob den Kopf und betrachtete das helle Band der Straße. »Noch scheint die Arbeitskraft der Bauern und Handwerker, die wir zu Kriegern gemacht haben, den Feldern und Handwerkerhäusern nicht zu fehlen. Auch die reichsten Tribute aus Babirush ersetzen keine fleißigen Sklaven. Mit Gold kannst auch du nichts kaufen, was es nicht gibt.«

»Ein Grund mehr, die Lügenkönige zu bekämpfen.«

»Und auszurotten. Einer? Dutzende von Gründen.«

»Sag's mir, mein Vater.« Dariuvahushs Stimme wurde zu einem Murmeln. »Woher soll ich plötzlich wissen können, was ein König zu tun hat? Welche Dinge zu tun und welche zu unterlassen sind? Was wichtig und was unwichtig ist?«

Mit der linken Hand ordnete Gaubarva die Strähnen der Pferdemähne; er zupfte, entflocht und stäubte Kletten und Fliegenbrut aus den langen Haaren. Er ließ sich Zeit; drei Dutzend Galoppsprünge später sagte er:

»Bisher hast du nichts Falsches befohlen und stets das Richtige getan. Ich würde lügen, wenn ich sagte, du bist einzigartig und zum König geboren. Das ist keiner, auch nicht der Sohn des Kurusch. Du warst wißbegierig, hast gelernt und aufgepaßt, fast zu viele Fragen gestellt und scheinst recht genaue Vorstellungen vom Bild des Ganzen zu haben, vom ... großen Ziel, vom Ewigkeitsplan. Mehr weiß ich nicht, Söhnchen.«

»Und ich hab die besten Berater der Welt!«

»Wir geben uns jede erdenkliche Mühe.« Gaubarva stimmte in Dariuvahushs leises Lachen ein. »Aber noch haben wir zwei Drittel aller Kshatrapien gegen uns. Vergiß für zwei Stunden die Sorgen – *sie* werden dich und uns nicht vergessen.«

Dariuvahush schnalzte, den Kopf erhoben. Überall sahen sie die gleichen, friedlichen Bilder: Die Pflanzen grünten, Herden weideten, und zahllose Blaukittel arbeiteten auf Feldern, Äckern und in Gärten. Gaubarva schüttelte ernst den Kopf.

»Auch Ahura Mazdâh, der viele kämpferische Geister unter seinem Licht-Feldzeichen vereinigt, ficht gegen die Heere Ahrimans. Das Gute und das Licht gegen die Lüge und das Böse und die Dunkelheit. Wie selten spüren wir Menschen diese Kämpfe!« Der Schutz durch die Bogenschützen schien überflüssig. Die Menschen erkannten den König, verneigten sich und winkten. Dariuvahush genoß den Ritt; in gestrecktem Galopp preschten sie über die Wege und zwischen den Doppelreihen der Bäume über trockenen Lehm, Sand und groben Kies. Sattes Spätfrühlingsgrün breitete sich zwischen den Kornfeldern aus, so weit der Blick reichte. Eine Stunde später erreichten sie, zwei Rauchsäulen als Ziel, den Rand der Wüstenfläche und das Lager der Handwerker.

»Ich hab's mir sagen lassen«, rief Rashurda von hinten. »Sie werden in ein paar Tagen das Lager abbauen, o Herrscher.«

»Habt ihr den Feuerturm schon gesehen? Ist er fertig?«

»Die Bauern sagen, er ist schöner als zuvor.«

Sie zügelten die Pferde. Zwischen dunkelgrünen Baumkronen und über einer Grasfläche schoben sich helle Flächen und Kanten hervor. Die Arbeiter hatten um den Turm eine große Kreisfläche begrünt, die Bäume und Büsche beschnitten und sämtlichen Schutt offensichtlich vergraben. Als Dariuvahush zwischen einer mehrfachen Reihe neu eingesetzter, durch Stangen und Dornenranken gegen Ziegenverbiß geschützter Bäume dem Sandpfad folgte, sah er nicht einmal mehr Spuren der Gerüste. Kantig, fast weiß, fugenlos, mit Zierfriesen im unteren Teil und an den Treppenbrüstungen und Einkerbungen in den Mauern, so gleichmäßig, daß sie nicht zu unterscheiden waren, standen der Turm, die Stufen und der Feueraltar auf der freien Fläche im Inneren des Wäldchens.

»Ein Sieg für Ahura Mazdâh, ein Feldzeichen für die richtige Seite. Ein winziger Sieg im ewigen Kampf gegen Lüge, Böses und Finsternis«, sagte Dariuvahush und stieg vom Pferd. So und nicht anders wollte er es, weil dadurch trefflich die kühle Klarheit der Gebote sinnfällig wurde. »Holt mir den Yaunier her, diesen hosenlosen Proktokrites.«

Langsam ging er näher heran. Von den Tempeln und Bauwerken im Meerland, woher der Baumeister kam, hatte er gehört, die Tempel und Paläste Mudrayias kannte er. Dieser kantige Turm jedoch war zu einem eigenständigen Pârsa-Bauwerk gemacht worden. Schlank, in klaren Formen, rein wie das Feuer; der Turm strahlte würdevolle Größe aus. Die Bogenschützen bildeten einen Kreis um den Turm, als Dariuvahush und Gaubarva die Eingangsstufen hinaufstiegen und die Balkentür öffneten, die in Schulterhöhe das Bildnis Ahura Mazdâhs in feiner Schnitzarbeit zeigte. Fächerschwanz, Adlerkrallen und Flügel, die den Gott schwebend trugen, waren wie der Ring in seiner Rechten vergoldet und in verschiedenen Farben bemalt. Dariuvahush half Gaubarva die Treppen im Inneren hinauf, an der Glutbewahrkammer vorbei; sie traten auf der leeren Plattform an die Brüstungszinnen.

»Das scheinbar Einfachste ist das Schwerste«, sagte Gaubarva leise. Mittagswind zerrte an seinen weißen Haarsträhnen. »Dieser Proktokrites versteht sein Handwerk, bei Ahura Mazdâh.«

»Und weil das so ist, lass ich ihn nach Bagastâna reisen.« Dariuvahush bückte sich und untersuchte jede Fuge, jede Kante. Hier würden alle gläubigen Pârsa ihre Toten heraufschaffen und deren Körper der Welt zurückgeben: verwesend und austrocknend. Die sonnengedörrten Knochen würden später auf dem Feueraltar verbrannt, die Reste ausgestreut oder vergraben werden. »Nach meiner letzten Schlacht, dem letzten Sieg, soll jeder, der bei Bagastâna das Hochland verläßt oder betritt, zweifelsfrei belehrt werden.« Als sie den Turm verließen, warteten der Pârsa-Aufseher und Proktokrites. Sie knieten nieder; Dariuvahush sagte in der Sprache des Yauniers:

»Eure Arbeit hat nicht nur den König erfreut. Die Bäume, der Platz und der Turm: So soll es sein. Kannst du Schriftzeichen, Gestalten und Gesichter von Menschen in Fels meißeln, so daß jeder erkennt, wen sie darstellen?«

Er wechselte ins Pârsa und lobte den Aufseher; Proktokrites antwortete leise, aber selbstbewußt:

»Das kann ich, o König, aber ich kenne andere Ionier und Thraker, die aus den Schulen des Glaukos und des Theodoros kommen. Sie arbeiten für dich, in anderen Städten. Stellst du mir noch eine Aufgabe?«

»Gaubarva erinnert sich an dich.« Dariuvahush legte dem Lanzenträger zu seiner Rechten die Hand auf die Schulter. »Er wird dich in Begleitung anderer nach Bagastâna schicken. Dort sollst du herausfinden, ob der Fels der ›Stätte der Götter‹ geeignet ist für ein großes Bild mit vielen Gestalten und viel Schrift. In großer Höhe, so daß es jeder sieht. Laß ein Gerüst oder Leitern bauen, laß dich in die Höhe ziehen mit Meißeln und Schlegeln, und dann komm zurück und sag ihm, welche Künstler aus deinem Land du brauchst und was noch dazugehört. Ich werde es in Pâthragada erfahren.«

»Ich gehorche, Herrscher.« Proktokrites von Chios ließ sich wieder aufs rechte Knie fallen. »Wir bauen gerade das Lager ab.«

»Morgen werden wir im Palast sein, wenn du's nicht anders befiehlst.« Der Aufseher lächelte. »Herr Gaubarva wird viele von uns für die Festungsmauern brauchen.«

Dariuvahush winkte. Ein Bogenschütze führte seinen schwarzen Hengst heran. »Die meisten Arbeiten erledigen Sklaven. Die Mauern sind eine Arbeit, das Felsbild ist eine andere. Rüste dich für eine weite Reise, Mann von Chios.«

Er schüttelte den Kopf, schwang sich auf den Rücken des Tieres und wendete es langsam. Er wartete, bis Gaubarva, der die verschränkten Hände des Kriegers zum Aufsteigen brauchte, sicher saß, dann trabte er an. Als er und Gaubarva in den Schatten der Platanen hineinritten, stöhnte Dariuvahush leise: Er brauchte zehnmal so große Heere, Abertausende solcher Handwerker und unzählbare Arbeiter und Sklaven, wenn er durchführen wollte, woran er dachte. Dabei würde selbst Ahura Mazdâh nicht helfen können. Und noch mehr Arbeit – und ein Heer bereitwilliger Frauen! – wartete in Pâthragada auf ihn, seine fragwürdige Gunst und seine wenigen Vertrauten.

Tage- und nächtelang konnte die gesamte Bevölkerung Hagmatânas den verstümmelten Fravartish und sechsundzwanzig seiner geschundenen Unterführer an die Festungstore gefesselt sehen und ihre Schmerzensschreie hören – vier waren von Dariuvahush und den Richtern begnadigt, enteignet und verbannt worden –, ebenso sahen Dutzende reitender Boten, Handwerker, Sklaven und Bauern in blauen Kitteln, die zu den Märkten kamen, den Lügenkönig und seine Heeresanführer. Am Morgen des ersten Tages im Knoblauchlese-Mond führten Farnakas Gehilfen zweimal dreizehn nackte, bluttriefende Männer auf die Festungsmauer, banden die Fußgelenke mit Seilen zusammen und legten deren andere Enden um eine der vielen kantigen Mauernzinnen. Die Handgelenke der Verurteilten, die sich in die Zwischenräume der Zinnen stellen mußten, waren auf dem Rücken zusammengebunden, dessen verkrustete und blutende Muskeln bloßlagen; die Verräter waren gehäutet worden.

Farnaka teilte frischgeschliffene, zweischneidige Kampfäxte an seine Männer aus. Sie packten die Köpfe der Mada-Heerführer an den Haaren, preßten sie auf die Kanten der Zinnen und trennten, meist mit einem einzigen Schlag, den Kopf vom Hals; die Körper kippten über die Mauerkanten, pendelten hin und her und hingen blutverströmend rechts und links neben dem offenen Tor; über ihnen, auf rostigen Lanzenspitzen, steckten die Köpfe.

Fravartish der Trinker starb so qualvoll wie Assina; niemand wußte zu sagen, wie er zu seinem Beinamen gekommen war: Farnakas Helfer spreizten Arme und Beine mit dicken Seilen an tief eingerammte Balken und trieben daraufhin, nachdem sie Fravartishs einem Auge die zugehauenen Enden gezeigt hatten, drei stumpfe Pfähle durch seinen Körper; den ersten durch den Magen, den zweiten durch die rechte und den dritten durch die linke Seite der Brust. Seine Schreie waren über die Stadtgrenze hinaus lange zu hören; schließlich erstarben sie. Einen Siebentag lang würden die Leichen unberührt hängen und liegen, dann würden sie irgendwo verscharrt werden.

Am nächsten Morgen setzten sich Fuhrwerke, Lastkamele, Wagen und Esel scharrend, wiehernd, schreiend, polternd und stinkend in Bewegung. Sie brachten Dariuvahushs Hofstaat – bis auf Gaubarva und Vindafarnâh –, die Schreiber und ihre Listen, Diener, Sklaven, Köche und Aufseher nach Pâthragada. Dariuvahush folgte eine Stunde nach Mittag; im verhüllten Käfig auf dem Rücken eines Lastkamels schaukelten Nefermerit und ihre junge Sklavin.

Am zweiten Tag, nach der Rast im Pairidaeza neben der Königsstraße, stieg Dariuvahush vom Wagen, ließ sein Pferd heranführen und versammelte die Lanzenreiter und die berittenen Bogenschützen um sich; vielleicht sechzig Männer. Er hielt seine Lanze quer über den Kopf, hob und senkte sie auffordernd und rief:
»Ihr begleitet mich! Wir reiten zu den größeren Dörfern abseits der Straße! Jeder Bauer in Mada und Pârsa soll sagen können, daß er seinen König gesehen hat!« Er stieß einen kurzen, überaus rohen Fluch aus. »Wenigstens von fern, nicht wahr? Drei Kundschafter voraus!«

Viele Straßen und Wege rechts und links der Königsstraße, sagte sich Dariuvahush, war er in seiner Jugend geritten und gefahren. Würde er sie wiedererkennen? Im Trab, bis zum Abend und in einer weiten Schleife zurück zum Gasthof, ritten Dariuvahush und seine Begleiter in den flachen, fruchtbaren Tälern zwischen Feldern, Weiden, Ziehbrunnen, einzelnen Gehöften, Herden und Äkkern, entlang von Wäldern aus Fruchtbäumen und solchen, in denen Bauholz und Feuerholz heranwuchsen; abseits der Straße war nichts zu spüren von Heerzügen und Krieg, von der Herrschaft der Lügenkönige. Dariuvahush erkannte einige Orte und Teile des Weges wieder, anderes blieb ihm völlig fremd. Er winkte zurück, wenn sich Bauern und Feldsklaven in verschossenen blauen Kitteln, von den Kundschaftern vorbereitet, ins Gras knieten oder zu Boden warfen, hielt manchmal an, um mitten in einem Dörfchen mit den Menschen zu sprechen, versuchte, sich ihre Bitten zu merken und rief ihnen zu, Boten nach Hagmatâna zu schicken.

Tag um Tag, mit ständigem Pferdewechsel, trabten und galoppierten die Männer weiter nach Süden, zur rechten Hand die unüberwindlichen Berge, hinter denen unerreichbar das Meer lag, in der zunehmenden Wärme des Jahres von einem Botenrasthof zum nächsten: Mitunter glaubte Dariuvahush, Teile jener kühlen, lichtdurchwobenen Bilder zu sehen, von denen er mit offenen

Augen träumte. Ein kleiner Wald voll seltsam gleichförmiger Bäume, oder eine Felsterrasse, auf der sich, wie Traumgebäude, steinerne Türme erhoben, oder in einer Straßenkehre der Ausblick über eine grüne Ebene; in der Ferne durch eine blaue Bergkette festgehalten. Unsicheres Staunen darüber, welches Land dahinter zu finden wäre, ergriff ihn in diesen Augenblicken. Und einen ganzen glückhaften Siebentag lang spannte sich dunkelblauer Frühsommerhimmel voller großer weißer Wolken über den Reitern.

Nachts im Zelt, am See des Pairidaeza, an dessen Rand die Botenherberge lag, hörte er plötzlich Wiehern, Hufschlag, aufgeregte Stimmen und leises Waffengeklirr: Rashurdas Männer rannten mit gezogenen Schwertern und Fackeln einem Eindringling entgegen. Eine erstickte Stimme, undeutlich, erschöpft:
»... muß zum König. Botschaft von Kshatrapan Dadrâshish.«
Dariuvahush schob Nefermerit zur Seite, schwang sich vom knarrenden Lager und griff nach dem Mantel. Er schlüpfte in die weiten Ärmel und riß den innereren Vorhang auf; alle Flämmchen taumelten und zuckten, als kühle Luft durchs Zelt wirbelte.
»Laßt den Boten zu mir!« brüllte er. »Mehr Fackeln! Hierher!«
Unter seinen Füßen spürte er nasses Gras. Von drei Seiten strömten Männer auf ihn zu, ein Kreis lodernder Fackeln umgab ihn. Der Botenreiter schwankte näher, vom Kopf bis zu den Lederstiefeln mit Staub und Schaumflocken aus dem Maul des Pferdes bedeckt. Er stolperte, fiel und blieb vor Dariuvahush liegen, stemmte sich keuchend hoch, sackte wieder zusammen; zwei Wachen halfen ihm auf.
»Herr! Ich hab es hier, alles geschrieben. Der Edle Dâdreshish hat in Armina gesiegt, bei Zuzahya. Aber Vahyazdhâta, der Lügenkönig, ist geflüchtet, mit vielen Kriegern ... viel Heer.«
Dariuvahush holte tief Luft und wartete. Der Reiter zerrte den Bashlyq herunter und löste die Knoten, mit denen die Ledertasche vor seiner Brust festgebunden war. Er zog zusammengeklappte, gesiegelte Schreibtäfelchen hervor, ein Krieger nahm sie ihm ab und reichte sie Dariuvahush. Das Gesicht und die Stimme des Boten kannte Dariuvahush; er sagte zögernd:

»Du bist As ... asparta? Der mir damals aus Huza von Assina berichtet hat, nicht wahr?«

»Ja, o Herrscher, aber diesmal ... komm ich aus der anderen Richtung.«

»Schlaf dich aus. Nimm ausgeruhte Pferde, reite zu Gaubarva, und sag ihm: der König will, daß Asparta in Hagmatâna ein paar Tage lang wie ein Fürst leben soll.« Er drehte einen klobigen Ring vom Mittelfinger und warf ihn dem Boten zu. »Ich danke dir, Asparta.«

Er grüßte, drehte sich um und wartete, bis die Vorhänge sich vor ihm öffneten. Kshatrapie Armina! Dâdreshish würde den Schönen Frâda verfolgen und besiegen! Ein Teil der Anspannung, die ihm ständig im Nacken saß, löste sich auf. Er setzte sich an den Rand des Bettes, klappte die Täfelchen auseinander und rückte eine Öllampe näher, las schweigend, hob den Kopf und begegnete Nefermerits verständnislosen Blicken.

»Tausendführer Vahumisa, zusammen mit dem Arminier Dadrâshish und dem Heer, das ich schickte, haben das Heer des Lügenkönigs Frâda geschlagen und verfolgen ihn. Noch hat Frâda die größere Menge Krieger; ich hoffe, daß sie ihm weglaufen wie damals dem Nidintu-Bel.« Er stellte die Tafeln neben den Weinkrug und knöpfte lachend den Mantel auf. »Meine Tapferen! Sie werden mit doppelter Kraft weiterkämpfen – so wie ich heut nacht.«

»Mit mir brauchst du nicht zu kämpfen, o Fürst der Wollust.«

Er schob das Knie zwischen ihre Schenkel und streichelte ihre Brüste; er murmelte: »Nicht mit dem Schwert – wer nicht kämpft, kann nie gewinnen.«

Ein Kundschafter, der zwei Stunden weit auf der Königsstraße vorausgeritten war, hielt Dariuvahushs Reiterei kurz vor einem Brunnen auf. Hunderte Schafe, mühsam von Hunden und drei Hirten zusammengehalten, zertrampelten das Gras um die Tröge. Die Reiter ließen die Pferde im Schritt gehen; widerwillig blökend teilte sich die Menge der wolligen Rücken.

»Drei Gespanne aus Huza! Mit wichtiger Botschaft!« schrie der Kundschafter. »Sie kommen hierher.«

»Wir versorgen die Pferde, rasten und reiten ihnen ohne Hast
entgegen«, sagte Dariuvahush. Er brauchte nicht nachzudenken;
der Giftstachel schwärte tief in seinem Fleisch, dicht am Herzen:
In der Kshatrapie Uvja hatte vor mehr als fünfeinhalb Monden
der Lügenkönig Martiya, ein Pârsa, den Namen Ummanish angenommen und verweigerte den Tribut; Dariuvahush, dem Gaubarva zugeraten hatte, war halb entschlossen, Huza anzugreifen und
zu belagern, gegen Ummanish zu ziehen. Er löste die Trense aus
dem Maul des Pferdes und blickte nach Süden, trank gedankenlos kühlen, süßen Pflanzensud aus dem Tonbecher. Bisher hatte
ihn wenig von dem, was aus Uvja kam, zu erfreuen vermocht. Er
knurrte: »Ich ahne, daß sie eine ganze Rinderhaut voller Schmä-
hungen dabei haben.«
Der folgende Abschnitt der Königsstraße schien verwaist; noch
vor der Rast waren immer wieder Eselkarawanen und Ochsengespanne der Reitergruppe ausgewichen. Unter den Reitern breitete
sich unbehagliches Schweigen aus; Dariuvahush nahm den
Schild vom Riemen am Pferderücken und ließ sich die Lanze geben. Hinter einer Biegung, im Schatten alter Buchen, kamen die
Gespanne hervor. Dariuvahush senkte den Schild: Keiner der
neun Männer, die er in drei Wagen zählte, schien größere Waffen
zu tragen als Kurzschwert und Dolch.
Einen knappen Pfeilschuß vor den Reitern hielten die Wagen an.
Die Insassen, auch die Wagenlenker, sprangen heraus, sanken
aufs rechte Knie und warfen sich in den Sand der Straße. Einer
trug einen mittelgroßen Ledersack. Dariuvahush drehte sich nach
Rashurda um, sah ihn an. Beide zuckten mit den Schultern. Die
Bogenschützen bildeten einen Ring um Dariuvahush und zogen
Pfeile aus den Köchern, während sie langsam näher ritten. Einer
der Kauernden rief: »Wir erkennen dich, o König Dariuvahush.
Der Mann aus Pârsa, der König sein wollte, ist tot. Wir haben
Ummanish erschlagen.«
»Dann steht auf und sagt mir, was geschehen ist in Huza«, rief
Dariuvahush. Sein Herzschlag schien einige Male auszusetzen.
»Und zwar die Wahrheit: Ich erfahre sie früher oder später
doch.«
Er blieb im Sattel, ließ die Zügel los und die Lanze sinken, deren

Schneide die Straße berührte. Ein graubärtiger Mann wagte sich näher, öffnete den Sack und hob nach kurzem Zögern einen Kopf am verfilzten Haar heraus. Eine Wolke Gestank ließ Dariuvahushs Hengst scheuen.

»Ummanish, wie sich Martiya nannte, hat allen Kriegern versprochen, sie zu Fürsten zu machen. Was können wir Bürger tun gegen Schwerter und Lanzen, Herr? Dieselben Männer, die Anhänger des Assina waren, halfen auch Ummanish.«

»Ihr zitternden Bürger – ihr verdammten unbelehrbaren Uvjaner! – ihr hättet Boten zu mir schicken können«, sagte Dariuvahush scharf. »Dann wäre ich, so wie jetzt, mit einem Heer zu eurem schrundigen Huza gekommen, und Ummanish wäre ein Siebentag-König gewesen. Ihr habt ihn also dankenswerterweise erschlagen?«

»Alle ... viele von uns fanden sich zusammen. Dann haben wir einem Krieger nach dem anderen die Waffen weggenommen. Und als er keine Anhänger mehr gehabt hat, da sind die Mutigsten über ihn hergefallen. Wir haben dir seinen Kopf ge ...«

Dariuvahush starrte sie an, in seinen Augen stand schwarze Wut; seine Blicke gingen von einem Gesicht zum anderen. Soll ich sie für ihre Feigheit bestrafen oder mich über den fragwürdigen Mut freuen, dachte er, der aus ihrer Angst und Verzweiflung gekommen ist? Sein starres Schweigen machte die neun Männer ängstlich; sie senkten die Köpfe und versteckten die Hände in ihren Gürteln und hinter ihren Rücken. Seine Krieger spürten seine Erregung und griffen zu den Waffen, die Pferde tänzelten. Plötzlich begannen in den Ästen über Dariuvahush zwei Vögel laut zwitschernd zu zanken. Er zuckte zusammen und sagte:

»Fahrt zurück. Verziert mit dem stinkenden Kopf ein Palasttor oder sonstwas. In einem Siebentag, oder zweien, sende ich aus Pâthragada unbestechliche Krieger von erheblicher Rücksichtslosigkeit und einen eulenäugigen Verwalter, der euch sagt, was ihr tun müßt, um den tiefen Zorn des Königs zu beschwichtigen, bei Ahura Mazdâh! Und der euch hilft, den Tribut an mich richtig auszurechnen.«

Er stieß seinem Pferd hart die Absätze in die Flanken, warf den Hengst nach rechts herum und galoppierte an. Seine Reiter drängten sich zwischen den Männern und deren Gespannen hindurch und murmelten; sie schienen alles andere erwartet zu haben als die scheinbare Nachsicht des Königs. Die Uvjaner stierten schweigend hinter ihnen her. Nach drei, vier Windungen führte die Straße mit leichter Neigung geradeaus, und in einem halb versteckten Seitental sah Dariuvahush die nächste Raststätte auf dem Weg nach Pârsa.

Seit er denken konnte, hatte man ihn gelehrt, daß Mada und Pârsa vielleicht nicht die besseren Menschen unter dem Himmel, unter Ahura Mazdâhs ehrwürdigem Angesicht und seinen Schwingen waren, sich aber durch Befolgen königlicher Gesetze, durch Ehrlichkeit und Würde von den Bewohnern anderer Kshatrapien abhoben. Daß auch Uvja, deren Hauptstadt Huza zu den ältesten Siedlungen des Reiches zählte, das Joch des Dâtam abzuschütteln versuchte, überraschte ihn nicht; die halbwegs selbstmörderische Weise, in der sie es versuchten, hätte ihn zu einer anderen Zeit belustigt. Der Allweise Herr Ahura Mazdâh war nicht der Gott Uvjas, und es würde eine Zeit geben, in der Dariuvahush die Kshatrapie gebührend strafen konnte; später ...

Er hätte ihnen Tachmaspâda schicken sollen, mit nur tausend Unsterblichen. Rücksichtslos wäre der Tausendführer unter sie gefahren wie der Falke in einen Taubenschwarm. Aber der Hakennasige mit den Stirnnarben kämpfte in Asagarta gegen Tshissan Tachma; der Lügenkönig hatte behauptet, aus dem Geschlecht des Madakönigs Kyaxares zu stammen. Und auch von Tachmaspâda keine Nachricht! Kein Bote. Nicht einmal ein Hilferuf! Dariuvahush fluchte in sich hinein und beherrschte sich mit aller Gewalt. Seine rechte Hand zitterte; sonst hätte er auf der Kruppe des Hengstes den Speerschaft zerschlagen.

Tag um Tag näherten sich der vorauswalzende Troß und die kleinere Gruppe, die den König schützte, der Grenze des Landes Pârsa. Dariuvahush sah Teile des Kernlandes und lernte, Landschaften und Dinge zu erkennen, mit Blicken und Verstand zu durchdringen; Dinge und Bilder, von denen er bisher nur gehört hatte. Ob ihm jemals genug Zeit und Muße blieben, auch andere

Kshatrapien zu durchreiten oder zu durchfahren, jene im Osten vielleicht oder die am Blau-See, blieb in der Zukunft verborgen. Daß die Bewohner Huzas den zweiten Lügenkönig selbst beseitigt hatten, ersparte ihm und dem Reich einen weiteren Heerzug, aber eines Tages würde er über Huza herfallen wie ein Schwarm eiserner Heuschrecken, der die Sonne verfinsterte.

Pâthragada, »Lager der Pârsa«, die einzige Stadtgründung des Großen Kurusch von einiger Größe und Pracht, war von ihm vor sechs Jahrzehnten an bedeutungsvoller Stelle errichtet worden: Hier hatte er über die Mada gesiegt und die Grundlagen für sein großes Reich geschaffen. Die Kernstadt der Siedlung aus strahlend weißem Marmor, nicht älter als drei Jahrzehnte, die nie ummauert gewesen war, bestand nur aus einer Handvoll wuchtiger steinerner Gebäude. Kurusch hatte befohlen, daß Pâthragada jedem Besucher für alle Zeiten einen Ort zeigen sollte, an dem sich die Lebensweise der Nomaden mit den Eigenarten einer dauerhaften Siedlung vermischte, vielleicht sogar harmonisch verband; der große Herrscher ließ nur einen Palast für die königlichen Geschäfte und als Umhüllung des Thronsaales errichten, daneben den Vier-Dutzend-Säulen-Palast als Wohngebäude, Feueraltäre und Totentürme. Die dreieckige Fläche, von zwei breiten Bächen durchflossen, war weniger als eine Parasange lang. Kuruschs Sohn Kambushya hatte Lehmziegelhäuser und winterfeste Zelte entlang der Schotterstraßen aufstellen lassen und das Grabmal des Vaters aus großen Quadern vollendet; Kurusch selbst hatte es geplant und ruhte, von mudrayischen Priesterärzten einbalsamiert, auf dem goldenen Totenbett, das auf einem goldenen Tisch stand. Ein ausgedehnter Hain aus Platanen, Pappeln und weißen Säulen, ohne Umfassungsmauer, umgab das spitzgieblige weiße Grabmal; die riesige weiße Statue eines Fabelwesens auf einem granitenen Sockelblock bewachte den Wald.
Der mehr als fünfhundertköpfige Troß Dariuvahushs bemächtigte sich innerhalb weniger Tage des Wohnpalastes, den Kambushya hatte erweitern lassen, flutete durch die seitlichen Säulenhallen in die Gärten des Pairidaeza, füllte die massigen Lehmziegelbauten

und ließ Kambushyas großes Reisezelt aufstellen; Hutaûtha und Rytabâma erlaubten an den ersten Tagen selbst den minderen Sklavinnen, in den Palastgärten zu spazieren, die Kanäle, Stufen, Becken, Röhren und Wasserkünste anzusehen und die tausend halbzahmen Tiere zu bewundern.

Ein, zwei Tagesritte vor Pâthragada erkannte Dariuvahush nahezu jeden Felsen und jeden alten Baum wieder. Der Mond des Vollfrühlings ging in seine zweite Hälfte; auf vielen Weiden und Feldern lagen große Haufen Heu und Stroh. Die Eichenwälder der Berghänge lichteten sich, und an ihre Stelle traten auf der Seite, die dem Hochland zugewandt war, lange Waldstreifen aus altem Ahorn, Pistazien- und Mandelbäumen. Östlich der Stadt veränderte sich binnen eines halben Tagesrittes abermals das Aussehen der Umgebung; die fruchtbare Fläche ging in steindurchwürfelte Wüste über. Aspat Shanâh hatte entlang der Straße Boten aufgestellt, die Dariuvahushs Kommen meldeten. Als er jenseits der scharfen Biegung, hinter der sich die baumbestandene Straße in der flachen Landschaft auflöste, zwischen den Stämmen des Wäldchens das zweiundzwanzig Ellen hohe Grabmal aus Stufen und Spitzdach sah, zügelte er das müde Reittier. »O Kurusch«, sagte er so leise, daß es nur Rashurda verstehen konnte, »es war wirklich leicht, Gaumâta zu köpfen. Aber dein großes Reich erhalten zu müssen – das geht an die Grenzen meiner Kraft.«

Bagapâta und Aspat Shanâh hatten mit ihren Dienern dafür gesorgt, daß Dariuvahush sich in einer Umgebung wiederfand, die jener in der Festung Hagmatânas glich und ihn an das gewohnte Innere des Kriegszeltes oder an den Palast des Kshatrapan in Babairu erinnerte. Mit Rashurda und Aspat Shanâh besprach Dariuvahush in den dampfenden Bädern hundert Wichtigkeiten, Änderungen und Vorhaben, beantwortete Fragen und erfüllte Bitten; vieles mußte warten, bis der letzte Aufstand niedergeschlagen war – falls jener Kampf gewonnen würde. In Pâthragada war seltsamerweise nichts zu spüren vom Krieg in Darab, im Land Yutiyâ südöstlich der Grenze, wo Dreiauge Rtavardhya – er hatte seinen Beinamen seit dem Rückzug des Kambushya-Heeres aus

Mudrayia, weil auf seiner Stirn, über der Nasenwurzel, ein Feuermal glühte, mit einer flachen, dicken Warze in der Mitte – gegen den zweiten falschen Brydiya, den Pârsa Vahyazdhâta von Târavâ kämpfte – vielleicht zwanzig, fünfundzwanzig scharfe Tagesritte entfernt.

»Schritt um Schritt, o Aspat Shanâh«, sagte Dariuvahush, der unter den steinharten Fingern und Knöcheln des Salbmeisters ächzte. »Morgen, drei Stunden nach Sonnenaufgang, sollen die wichtigsten Bittsteller in den Palast der Unterredungen kommen, vor meinen Thron. Nicht eher.«

»Sicherlich willst du im Morgengrauen barfüßig in den Gärten umherwandern?« Der Kämmerer schauerte unter den eisigkalten Wassergüssen. »Ich hab überall nachgesehen: Du wirst im weiten Umkreis nichts Schöneres finden.«

»Sicherlich will ich nicht wandern. Keine sieben Schritte!« Dariuvahush ließ brummend die öltriefenden Arme von der Lederbank rutschen. »Die Mutter meiner Söhne erinnert sich kaum mehr daran, wie ich aussehe.«

»Sie erinnert sich an dich und gewisse Umstände der letzten Jahre, o König. Wie seltsam!« Bagapâta kicherte verhalten. »Und sie hat stillen Unmut geäußert.«

»Desgleichen Hutaûtha, wahrscheinlich weniger still?«

»Auch sie, ein wenig lauter, o König. Es war ihr nicht beschieden, leider, von dir schwanger zu werden ...«

»Was weißt du nicht, Bagapâta?« sagte Dariuvahush und stemmte sich hoch. »Aufhören mit salben und kneten, o furchtbarer Walker! Es ist kein Vergnügen mehr.«

Die Hände des Heilkneters lösten sich aus der schmerzenden Tiefe seiner Schultermuskeln. Bagapâta hüstelte.

»Ich weiß viel von den wichtigen Dingen des Frauenhauses. Fast alles. Was Nefermerit angeht ...«

»So sprechen wir morgen oder später darüber.« Am Arm des Badesklaven tappte Dariuvahush rutschend über die nassen, ölverschmierten Bodenfliesen zum Becken, das mit warmem Duftwasser gefüllt war, und tauchte prustend so lange unter, bis ihm die Luft ausging.

Einige der Terrassen der längeren östlichen Säulenhalle erhoben sich über den steingefaßten Teichen, breiten, aber seichten Kanälen und schmalen Brücken, die von Gebüsch und winzigen Lichtungen umgeben waren. Das Zelt stand im Gras am Terrassenrand; an einigen Stellen brannten inmitten des Grüns dicke Dochte in Ölschalen; Nachtschwärmer und dunkle Motten schwirrten um die Lichter in den schwärzlichen Nischen der Gebüsche. Das wachsgetränkte Leinen des Zeltes, dessen Seitenwände gerafft waren, war in gelbes Licht getränkt. An Rytabâmas Schultern vorbei sah Dariuvahush einige Sterne des Horizonts und den Glanz des aufgehenden Mondes hinter den Bergen.

»Man wird auch im Frauenhaus wissen, daß ich den Lügenkönig Nidintu-Bel aus dem Palast deines Vaters vertrieben und einige Monde lang selbst darin gewohnt habe«, sagte Dariuvahush. Im milden Licht der Zeltleinwand und der vielen Lämpchen, die wie Blüten auf vielverzweigten bronzenen Ästen den Tisch und die Scherensessel umstanden, war seine erste Gattin heute so begehrenswert wie in jenem Mond unter den Palmen Babairus, als er sie zum erstenmal besessen hatte. Die jungen Tischsklavinnen wisperten im Halbdunkel. »Wenn Ahura Mazdâh mit mir ist, werden wir jedes Jahr einige Monde in deiner Heimat sein können.«

Rytabâmas Finger spielten mit der Trinkschale; an den Handgelenken klirrten die schweren Schmuckbänder.

»Du hast so vieles erzählt, Dariush«, sagte sie leise. Es klang vorwurfsvoll. Mitunter stieß ihre Zunge an die Vorderzähne. »Nach deinen Söhnen hast du mich nicht gefragt.«

»Von meinen Söhnen haben mir Aspat Shanâh und Bagapâta alles Wissenswerte erzählt. Rtabrazana läuft schneller als jeder Gleichaltrige, Aryâbigna träumt seltsame Träume, und Rshamana, der ›Heldensinn‹, spielt mit zwei weißen Hundewelpen.«

»Willst du sie auch so früh aus dem Frauenpalast holen, wie es dein Vater mit dir getan hat?«

»Ich liebe sie nicht weniger.« Dariuvahush pochte mit dem Fingernagel an die Goldschale. Zwei Sklavinnen, fast noch Kinder, huschten zum Tisch und füllten die Trinkgefäße mit Wein, in den Saft und eiskaltes Quellwasser gemischt waren. »Ich werde über sie nachdenken, wenn ich König aller Länder bin und nicht alle zwei Zehntage rennend und hastend ein Heer in einem anderen Teil des Landes anführen muß.«

»Das kann ich einsehen.« Rytabâma richtete sich auf, hob schnalzend den Kopf in den Nacken. Die Scheibe des tiefgelben Mondes löste sich von den gewellten Gipfeln und umgab für lange Augenblicke ihren Kopf und die Schultern. »Du wirst auch Hutaûtha zur Gattin nehmen, obwohl sie älter ist als du? Und Parmush und ... Faidumâ?«

»Und Rtastunâ.« Dariuvahush schüttelte den Kopf. »Obwohl sie viel jünger und noch jungfräulich ist.«

»Und so viele schöne Frauen in Hagmatâna, Babairu, hier in Pâthragada, in anderen Kshatrapien.« Sie breitete die Arme aus und hob die Schultern. Ranken aus Hennapunkten schmückten ihre Handflächen. »Ein großer König und hundert Gattinnen? o Dariush – fünf Jahre, die herrliche Zeit in Babairu und Mudrayia! – damals haben wir uns allein gehabt!«

»Auch heut nacht haben wir uns allein«, sagte er leise. »Damals, am Buranun und am Hapi, war ich Lanzenträger des Königs. Und jetzt muß ich die großen Fürstennachkommen, die Kshatrapane und die Mächtigen an mich binden, an den Palast, ans Reich; ein Netz aus Müttern, Töchtern und Söhnen. Das haben wir beide nicht gewußt, und nicht einmal Vater Gaubarva hat's ahnen können.«

»Willst du ... einen vierten Sohn? Oder willst du, daß ich mit einer Tochter schwanger werde?« Rytabâma drehte einen Ring an ihrem Finger. Sie wirkte für lange Augenblicke hilflos und sehr jung. Dariuvahush griff nach ihrem weißhäutigen Arm.

»Erhalte das Leben von drei schönen Söhnen und deine eigene Schönheit«, sagte er. »Es liegt nicht in meiner Hand, wie viele Nachkommen ich habe; keiner wird verhungern, glaube ich.«

Er blickte in die Scheibe des Nachtgestirns und schloß die Augen. Der nächtliche Garten, das Zelt und die Flammen, die ausgesucht schönen Sklavinnen und der Geruch des Weins, mit dem sich der Duft weit offener Nachtblüten verband – es war Teil seines Traumes vom Leben in kühler Klarheit, von Schönheit umgeben. Er stieß einen langen Atemzug aus; er klang wie ein Seufzen. Langsam stand er auf, ging um den Tisch herum, zog Rytabâma hoch und legte den Arm um ihre Hüfte.

»Ich bin nicht anders geworden, o Rauchjshma«, sagte er leise. »Kein anderer. Nur mächtiger. Ich sitze auf einem goldenen Sessel. Bisher ist er mir noch viel zu hart.«

Er klatschte in die Hände. Die Sklavinnen bildeten zusammen mit den Ölflämmchen eine zweifache Reihe bis zum Säulenpaar, hinter dem eine weit offene Doppeltür ins Innere des Wohnpalasts führte. Rytabâma umklammerte seinen Arm und hatte ihren Kopf auf seine Schulter gelegt; bei jedem Schritt klickten die Schmuckstücke gegeneinander und an seine Halskette.

»Das Bett des Königs, der keine Zeit hat, wird weicher sein als der Dünensand Mudrayias, o Dariush«, hauchte sie. Er nickte und schob seine Hand unter ihre weiche Brust.

»Und groß genug für unsere Träume.«

Rytabâma-Rauchjshmas Mutter Shaniana, eine Babairugeborene, hatte ihr die Schönheit vererbt; das gekräuselte blauschwarze Haar, die glatte, weißbraune Haut, die großen, leicht schrägen Augen und die hohen Wangenknochen. Dariuvahush lehnte an der Säule des Fußendes, zwei Kissen im Rücken und mit untergeschlagenen Beinen, betrachtete die verstreuten Kleidungsstücke, die Goldschale voller Schmuck und die Schlafende. Drei Mutterschaften und eine Fehlgeburt hatten ihre Spuren auf Rauchjshmas Körper eingeprägt: Die Brüste hingen zu den Achseln, Streifen hatten sich über der Scham eingegraben, die Haut der Hüften und Schenkel war fett geworden, aber noch immer war das Gesicht das einer sehr jungen Frau. Auch seine Erinnerung schien rostig oder faltig geworden zu sein: Obwohl er und Rytabâma sich in überraschender Leidenschaft auf dem Bett gewälzt hatten, fast wie im Kampf, war die Erfüllung schal gewesen. Erschöpft und verbissen hatte er sie ein zweites Mal genommen; ihm war, als habe er seinen Samen in einen leeren, feuchten Krug entlassen. Er stand auf, ging hinter den Wandschirm und reinigte sich.

Als er zum zweitenmal seine Hände abtrocknete, betrachtete er die Finger, als gehörten sie nicht ihm. Er rieb die dünne Haut über den Handknöcheln, bis sie schmerzte. Wieder redete er lautlos mit seinem eigenen Schatten, stellte unbeantwortbare Fragen, und als er auf ein Splitterchen trat, das sich von einer Marmorfliese gelöst hatte, zuckte er zusammen: Das Nachtgesicht des Mondblinden fiel ihm ein, die Entfesselung des Schlangenstiers tief im Gekröse der Welt unter seinen Fersen. Wenn unbegreifliche Veränderungen uns scheitern lassen, dachte er und tauchte die Hände wieder in den Wasserkessel, wer ist dann wirklich gescheitert, in so wenigen Jahren? Ich? Rytabâma, die »Leuchtende«? Oder wir beide? Wir alle?

Er setzte sich aufs Bett, mischte schwarzen, öligen Wein mit Saft und kaltem Sud. Als der Krug gegen den Becherrand klirrte, wachte Rytabâma auf. Sie blinzelte, schirmte die Augen gegen den Lämpchenbaum und murmelte:

»O Dariush. Gib mir zu trinken.« Sie richtete sich auf, trank und faßte lächelnd mit beiden Händen ihr Haar im Nacken zusammen. »Nichts ist anders geworden, du ... König. Dieselbe Lust, dieselbe Leidenschaft wie in den Dünen Men-Nefers. Wo du in mir geblieben bist, im Morgengrauen, bis uns die Sonne geblendet hat. Komm – die Türen dort gehn auch nach Osten auf.«

Er hob den Kopf und starrte die Deckenbalken an. Rytabâma zog ihn an den Hüften heran und vergrub ihr Gesicht im Haargekräusel seiner Scham. Dariuvahush sah auf ihren Kopf hinunter, auf die Schultern; trübe Gedanken verloren sich wirbelnd im duftenden Halbdunkel, verdichteten sich und schienen wie eine Speerspitze mitten in die Bilder der Wand einzuschlagen.

Zwischen den Bergen im Nordwesten wuchs eine riesenhafte Wolke. Der Himmel war von makellosem Blau; über den Eichenhängen schwebte ein Adler. In der Luft, die feucht vom Boden des Pairidaeza aufstieg, zitterte eine seltsame Erregung, wie ein Geruch, den niemand schmeckte, von dem aber jeder wußte, daß ihn ein ebenso unbekanntes Gewächs ausdünstete. Die Sonne hatte einen rauchfarbenen Rand und spiegelte sich unerträglich weiß im Wasser des Sees; die Tautropfen an den Spitzen der Gräser durchnäßten die Schuhe der Männer.

»*O König Dariuvahush.*« Aspat Shanâh las laut vor. »*Dir schreibt Hazarapati ›Dreiauge‹ Rtavardhya aus dem Kriegslager* zu Râcha im östlichen Siebentel von Pârsa. Dein Heer hat den falschen Brydiya, den Lügenkönig Vahyazdhâta den Hinkenden gefangengenommen und dreimal tausend Pârsa-Krieger erschlagen.« Der Kämmerer machte eine Pause und schwenkte das doppelt handgroße Schreibleder. »Sein Schreiber benutzt noch die alte Schrift der Uvjaner. Er schreibt: *Wir haben weniger als tausend Tapfere verloren. Aber der Lügenkönig konnte sich befreien und ist mit wenigen Reitern nach Payshyachvada geflüchtet, also auf Pâthragada zu. Die ihn kennen, sagen: Er wird ein neues Heer aufstellen und gegen uns ziehen, aber dein königliches Heer wird auch ein zweites Mal die Rebellen besiegen. Geschrieben am ersten Tag des Mondes der Knoblauchlese.*«

Dariuvahush hatte schweigend zugehört. Er blieb stehen, stützte sich auf die Brüstung der Zierbrücke und starrte ins langsam fließende Wasser.

»Königliches Heer!« Dariuvahush spuckte nach einem Schwarm winziger Fische. »Zu wenige Männer, schlecht ausgebildet, ausgerüstet wie eine Horde Bettler! Mit dem Tribut, der dem Reich fehlt, werben und bezahlen die ahrimanverfluchten Lügenkönige ihr Söldnerheer gegen mich!«

»Hundertführer Rashurda hat sich mit dem Hundertführer der Unsterblichen-Wächter gestritten. Ich glaube, du hast sie fluchen gehört, o König. Zwanzig seiner besten Reiter hat Rashurda zur Grenze geschickt; sie werden uns warnen. Die Unsterblichen haben sich geweigert. Ihr Platz sei bei dir, vor dem Palast und um ihn herum.« Er deutete auf einige Lanzenträger, die einen Pfeilschuß entfernt die beiden Männer im Palast-Pairidaeza beobachteten.

»Es ist gut«, sagte Dariuvahush. »Es sind noch zu viele Namen im großen Verzeichnis meines Zorns. Manche scheinen zu wachsen. Hast du noch mehr Erfreulichkeiten an diesem Morgen?«

»Würdest du gern hören, was der Pârsa Dadrâshish aus Armina berichtet?« Aspat Shanâh zog eine zweite Schreibrolle aus der Gürtelschärpe und lehnte sich drei Schritte neben Dariuvahush an die Brüstung. »Er schreibt von Frâda dem Schönen.«

»Lies vor!« sagte Dariuvahush. »Schnell!«

Er ahnte es! Die Hazarapati Vahumisa und Dadrâshish, den Dariuvahush vielleicht als neuen Kshatrapan in Armina einsetzen wollte, kämpften in der Landschaft Armina gegen Frâda, der wunderbarerweise riesige Heere aufbieten konnte. Aspat Shanâh streifte das Band mit dem zersplitterten Siegel über das Handgelenk und las:

»An König Dariuvahush schreibt Dadrâshish: Vor einem Tag kam der Bote aus Hagmatâna. Daher kenne ich deine Befehle und weiß, daß du von unserem ersten Sieg bei Zuzahya gehört hast. Nun haben wir die Rebellen ein zweites Mal bei Tigra geschlagen; eintausend und zweihundert ihrer Toten haben wir gezählt, o König. Von Vahumisa weiß ich, daß sein Heer nach Autiyâra ziehen wird, und auch, daß er mehr als tausend Männer des Frâda erschlagen hat. Vahumisa und ich aber wissen, daß wir binnen eines Mondes diese deine Kshatrapie fest ans Reich gebunden und den Lügenkönig getötet oder in Ketten zu dir geschickt haben werden. Hier warten wir auf deine Befehle; Ahura Mazdâh sei mir dir und helfe uns.«

Dariuvahush sah zu, wie ein Pfau ein farbenprächtiges Rad schlug und hörte den Vogel eine Reihe häßlicher Schreie ausstoßen. Ein Fisch zuckte blitzschnell zwischen den Kieseln gegen die Strömung. Unsichtbar lärmten Vögel in den Baumkronen. »Die Wissenden also! Sie wissen vieles, aber nicht alles. Der Kampf geht weiter. Rebellen und Reichstruppen, gleichstark wie die Heere Ahura Mazdâhs und Ahrimans.« Er blinzelte und zupfte Aspat Shanâh am Ärmel. Die Sonne, gelb wie Eiter, stieg in die Baumwipfel. »In den Schatten, Kämmerer. Ist das alles, was von den Grenzen des Reiches kam?«

»Sonst nichts mehr, o Herrscher.«

»Dann werden wir die tausend Nichtigkeiten bereden, die mit Pâthragada zu tun haben, mit dem lebenden und toten Inhalt des Palasts und mit allem, was außerhalb der Stadt gut oder schlecht ist und verbessert werden kann. Mir scheint – das heißt, ich weiß es –, deine Listen sind lang.«

»Sie sind schier endlos, o König.«

Um jeden Palast einen Garten, um jedes große Haus einen Pairidaeza, dachte Dariuvahush, und alle fünfzehn Schritte entlang jeder Straßenseite ein Baum! Selbst wenn das ganze Reich ein einziger grüner Wald voller fröhlicher Vögel wäre, würden lügnerische Tausendschaftsführer im verfluchten Heer Ahrimans nichts anderes damit anzufangen wissen, als die Vögel in Schlingen zu fangen und den Wald niederzubrennen oder abzuholzen; in jedem Gebüsch des Reiches hauste ein blindwütiger Frevler. Die Wolke füllte den westlichen Himmel aus, kam aber nicht näher.

Was Dariuvahush und sein Vertrauter besprachen, hielten die Schreiber fest. Manches war durchführbar, für viele Vorhaben fehlten Männer: Sklaven, Handwerker und Aufseher. An Getreide und Schlachtvieh gab es keinen Mangel, der Teil des Reichsvermögens, den Kambushya in Pâthragada gelagert hatte, war kaum angetastet. Aber sämtlicher Besitz des toten Königs – Sandalen, Schuhe, kostbare Stoffe, unzählige Truhen voll Kleider, tausende Krüge und Amphoren aus Karien, von Keftiu-Kreta und dem Meerland, in denen Öle, Salben, Pflanzenessenzen und Heilmittel lagerten, Zierwaffen, zahllose Geschenke, einige Gewölbe voller Weinkrüge und vieles andere, das noch nicht aufgeschrieben worden war – aller Besitz also: Was sollte damit geschehen?

»Handle nach deinem Gewissen, Aspat Shanâh«, sagte Dariuvahush nach kurzem Nachdenken. »Was der lebende König brauchen kann, behalte, laß es waschen und bestimme, was damit zu geschehen hat. Frag die Weiber! Den Rest verteile: zuerst an alle – alle! – im Palast; jedem etwas Nützliches.«

Der Kämmerer verneigte sich schweigend.

»Auch ich werde Geschenke machen müssen. Die Paläste brauchen eine gewisse Menge Prunk; ich bin kein König von Armen. Die Heilsalben für die Ärzte; alles, was verderben kann, soll schnell verbraucht werden.« Dariuvahush schlug die Faust in die offene Hand und schüttelte, zu den Schreibern gewandt, den Kopf. »Der Sommer kommt! Laßt Licht und Luft in Kambushyas düstere Gebäudlichkeiten!«

Wieder senkte Aspat Shanâh tief den Kopf. Aus großer Ferne, fast unhörbar leise, grollte langgezogener Donner. Ein warmer Windhauch blähte die Vorhänge des Saales.

9. Gewitter über Pâthragada

Ein kleines Rudel Gazellen war aus dem Gebüsch hervorgekommen und äste. Zwei Muttertiere reckten die Hälse und äugten zu Dariuvahush herüber. Die Luft war unbeweglich, von Feuchtigkeit übersättigt, und die schwarze Wolke verhüllte eine Hälfte des Himmels; unter ihrem Saum kroch die tiefrote Sonne hinter den Horizont. Die Vögel schwiegen, hinter den Bäumen keckerte ein Fuchs. Langsam folgte Dariuvahush dem Pfad aus weißem Kies und der Doppelreihe aus Öllämpchen, über deren Flammen die Luft brodelte. Der Geruch nach Braten, Wein und Holzkohlen schien in Kopfhöhe eine Schicht zu bilden, die ihn zum Kreis aus ausgespannten roten Tüchern führte, einem Sichtschutz um die erhöhte Plattform, auf der das Zelt stand. Brennende Lämpchen schwammen auch im Bachwasser, das sich um das Viereck staute. Hutaûtha stand vor dem Tisch im Zelteingang. Der hintere Teil des Zeltes war von einem weißen Vorhang mit breiter roter Borte, den königlichen Farben, verhüllt. Auf dicken Teppichen entlang der halb geöffneten Seitenwände kauerten sieben Sklavinnen; junge Frauen, geschminkt, mit Schmuck behängt und fast nackt. Eine Wolke aus Wohlgerüchen wallte ihm entgegen, vermischt mit dem Geruch von frischem Schweiß. Als Dariuvahush in den Lichtkreis trat, wurde greifbar, was ihm zunächst nur vage befremdlich erschienen war.

Die Gerüchte hatten gesagt, daß gleichermaßen die Schönheit Hutaûthas und der Reichtum ihres Vaters, eines Fürsten mit unzählbar vielen Pferden, Rindern, Schafen und Ziegen den jungen Kambushya bewogen hatten, Hutaûtha zur Frau zu nehmen. Das Zelt und die Frauen versinnbildlichten die Behausung reicher Nomaden; die Stoffteile waren ausgeführt von Palasthandwerkern und ausgestattet aus dem Besitz des toten Königs und dem der Großen Häuser, die Hutaûtha in vier oder fünf Kshatrapien abwechselnd bewohnte. Sie breitete langsam die Arme aus, während das letzte Tageslicht schwand.

»Willkommen im Traum meines Nomadenlebens, o König«, sagte sie. Er ging drei Stufen hinauf, die aus sandgefüllten Kästen bestanden, und blickte sie in schweigender Überraschung an. Er erkannte sie kaum wieder. »Alles, was du siehst und erleben wirst, ist feiner, goldener und viel sauberer als in der Wüste, bei den Herden.«

Er hob den Kopf, schnalzte Zustimmung und ließ zu, daß sie seine Hände nahm und ihn zum Sessel führte, der mit schneeweißen Fellen von Siebentages-Lämmern ausgelegt war. Zwei Frauen näherten sich und fächerten Luft mit dreieckigen, kostbar bestickten Lederstücken.

»Es gehört viel dazu, mich so zu überraschen«, sagte er. »Du, schöne Königin, scheinst zwei Frauen zu sein. Heut bist du die andere. Beginnst du ein Spiel zwischen uns beiden?«

»Für dich, o König, wäre ich gern alle Frauen. Aber auch das gelingt nur in Träumen.«

Er dachte an die Nacht vor etlichen Monden und wurde augenblicklich abgelenkt. Zwei Frauen fächelten Hutaûtha frische Luft zu, zwei hielten vorsichtig weiße Tonschalen in beiden Händen, mit einer zerstoßenen weißen, gesteinsähnlichen Masse gefüllt; ungläubig murmelte Dariuvahush:

»Eis? Von den Bergen ...?«

»Im späten Winter geholt und in viel Stroh aufbewahrt; der Rest, o König, für uns. Trink und genieße.«

Im Eis ruhten zweihenklige Silberschalen, gefüllt mit einer Flüssigkeit, die säuerlich roch, zugleich nach Beeren, Nüssen und Granatapfelsaft. Dariuvahush hob die Schale heraus, näherte den kalten Rand den Lippen und wagte zu trinken; nach dem dritten Schluck hörte er zu schwitzen auf und spürte keine Trunkenheit.

»Stutenmilch, mit vielen Tränken und Tropfen gemischt, mit viel Arbeit geläutert; mit hellem Wein. Keine Sorge, o Erzeuger prächtiger Söhne: Es berauscht nicht und verhindert nicht die Leidenschaft.«

»Mir wurde gesagt, du wärest nicht schwanger?«

»Ich war nur ein wenig schwanger, Dariuvahush.« Sie lächelte wie eine satte Katze. »Eine einzige lange Nacht war zu kurz.«

»Ich wünschte, ich könnte sagen: Ich bin nur ein wenig verwundert.« Er lehnte sich zurück, trank mit winzigen Schlucken und betrachtete sie über den silbernen Rand hinweg. Heute sah sie wie die Nomadentochter seiner milden Träume aus; herausfordernd barbarisch, ihrer selbst sicher und offensichtlich mit nichts anderem im Sinn als ihn zu verführen. Sie zeigte es mit jeder Bewegung ihres kaum verhüllten Körpers. Er leerte die Schale und schob die Linke in den knisternden Eisgrieß. »Dir gelingt, was selten war in sechs Monden: Ich hab Lügenkönige, das Reich und die Kriege vergessen.«

Ihr Haar lag straff an ihrem schmalen Kopf; es war mit weißen Bändern und silberfarbenen Perlen zu einem Zopf geflochten, der bis zum Gürtel reichte. Durchbrochene Goldkugeln, in denen balsamölgetränkte Stoffbällchen steckten, größer als Oliven, schaukelten tropfend an den Ohren. Augen und Gesicht waren geschminkt wie jene mudrayanischer Harfenistinnen, weiße Bänder bedeckten die Brüste und hoben sie. Um den Hals, die Handgelenke, Fußknöchel und Oberarme spannte sich durchbrochener Schmuck aus Gold und dünnem schwarzen Stein. Damals war ihr Körper weich und weiß gewesen, jetzt erschien er sehniger und war sonnengebräunt. Dariuvahush holte tief Luft und sagte:

»Es verwundert mich nicht, daß du nichts anderes im Herzen zu haben scheinst als schwanger zu werden.«

Sie winkte den Frauen, die aus einem weißen Krug die Schalen auffüllten und ins Eis zurückstellten.

»O König!« Sie sprach drängender, ihre Stimme klang atemlos. »Ich habe, so wie du, die düsteren Stimmungen und die schwarzen Träume Kambushyas erlebt. Oft sah ich dich, und ich war beeindruckt von deiner Beherrschtheit. Ich hab erfahren, wie du seinen Leichnam und das Heer zurückgeführt hast. Und ich bin, ohne gefragt zu werden, ebenso wie Nefermerit und ein Dutzend andere ins Frauenhaus des Ohrenlosen gebracht worden. Nun bin ich zwei, drei Jahre älter als du, und bevor ich unfruchtbar werde und vertrockne, will ich, die Tochter des großen Kurusch – den du verehrst, wie ich weiß! – dir Söhne gebären. Oder einen Sohn. Oder schöne Töchter.«

»Beleidigt es dich«, sagte er und wägte jedes Wort ab, das er aussprechen wollte, »wenn ich sage: Diese Rede hätte auch ein kluger Mann halten können?«

»Nicht im mindesten«, sagte sie. Auch für sie schienen die jungen Frauen nicht anwesend zu sein. Scharfer, leiser Donner unterbrach sie. »Denn man sagt von mir, ich sei eine kluge Frau.«

»Du verblüffst mich mit der Milch eisiger Stuten, und jetzt erschreckst du mich, indem du dich mit Gaubarva vergleichst.«

»In meinen Armen, spätestens, wirst du die Schrecken vergessen.« Ihre Hand beschrieb über dem Tisch eine kreiselnde Bewegung. »Ich weiß, daß du nicht im Übermaß ißt, König. Aber meine schweigsamen Hirtinnen haben einige Nomaden-Leckerbissen vorbereitet.«

Er nickte. Sie schnippte mit den Fingern; es klang wie ein Peitschenschlag. Unsichtbare Musiker begannen zu spielen, irgendwo unter den Bäumen. Dariuvahush unterschied winzige Handtrommeln, einige Flöten und eine Leier sowie ein Blasinstrument, das die Yaunier *Aulos* nannten; ein satter, ruhiger Ton, der in seinen Eingeweiden wühlte. Drei Frauen brachten Platten voller Bratenstückchen, auf Kohlebecken heißgehalten, Schalen voller stark riechender Soßen, gewürztes Fladenbrot, in das gehacktes Fleisch eingebacken war, Fleischbällchen, Feigen, mit dünnen Fettstreifen gefüllt, große Goldbecher mit schwarzrotem, kaltem Wein, Salz und staubfeinen *pipania* aus Gandhara, Silberbecher, in denen Spießchen, winzige Messer und zweizinkige Gabeln steckten; in keinem Nomadenzelt des Reiches waren seit Jahrzehnten derlei Köstlichkeiten aufgetischt worden. Dariuvahush dachte an die Palastköche, die unter Hutaûthas Befehlen geschwitzt hatten. Er mußte grinsen.

Ein lautloser Blitz zeigte reglose Baumkronen, Gebüsch, einige Windmuster zwischen den schwimmenden Flämmchen und die weiße Fläche des gewachsten Zeltleinens. Ein Käuzchen begann zu schreien, ein anderer Nachtvogel antwortete. Irgendwo stritten sich quakend zwei Frösche. Die Luft blieb unerträglich schwül. Dariuvahush begann zu begreifen, daß zum zweitenmal in seinem Leben eine Frau ihn zu verführen begann und die Nacht in ähnlicher Weise plante wie er den Angriff auf Fravartishs Lager. Die Körper der lächelnd dahingleitenden Sklavinnen begannen ihn ebenso zu erregen wie Hutaûthas reife Gelassenheit.

»Obwohl Kurusch einige Söhne hatte ...«

»Obwohl Kambushya mit Kebsweibern, Sklavinnen und Unbekannten allerlei Söhne und Töchter zeugte«, Hutaûtha spießte eine schwarze Olive auf, aus der Honig von einer halben Mandel troff, »mangelte es ihm an einem Sohn, der machtvoll und klug auf den Thron stieg.«

»So ist es.«

»Möge Ahura Mazdâh dich und mich schützen und das Kind, das wir vielleicht zeugen, drei Jahrzehnte lang führen und behüten.« Hutaûtha sprach in tiefem Ernst. In den kurzen Pausen zwischen ihren Worten schien die Musik lauter zu werden.

»Wenn wir es denn zeugen«, sagte Dariuvahush. »Wenn es nicht bei der Geburt stirbt. Oder später. Und wenn es nicht mißrät.«

»Bei diesem Vater, o König?«

»Und bei dieser Mutter – noch bist du nicht schwanger.«

»Noch nicht.« Sie betonte es eigentümlich und winkte. Ein Teil der leeren Schalen, Schüsseln und Platten verschwand irgendwo hinter dem Zelt, die kalten und süßen Leckerbissen blieben. Eine Platte mit fünf verschiedenfarbigen, handgroßen Tonbechern stand plötzlich vor Dariuvahush. Leise sagte Hutaûtha:

»Ausgesuchtes Bier, Dariuvahush! Vom Thraker Kinesias, eines aus Babairu, ein helles und ein schwarzes aus Men-Nefer und eines aus Huza.«

»Du trinkst keines?«

»Man hat mir gesagt, daß Bier gewalttätig macht. Heute werde ich zärtlich bleiben bis zum Morgen. Oder länger, wer *weiß*.«

Es dauerte fünfzehn lange Atemzüge, bis der Donner nach dem metallisch knisternden Flächenblitz zu hören war. Noch immer war die Luft warm und feucht, reglos wie ein Ballen nasser Wollstoff. Nacheinander zogen sich die Frauen zurück und schlossen die tiefrote Umzäunung, löschten einige Lämpchen. Eine Sklavin blieb, nachdem die Seitenwände des Vorzeltes zugezogen worden waren, auf den Sandstufen sitzen. Die Musiker wechselten zu schnelleren Melodien mit schärferem Takt, vorgegeben durch die Trommeln, zu denen sich das rhythmische Klirren von Metallplättchen gesellte. Hutaûtha schob den Vorhang, der das Zelt teilte, eine Elle weit auf und blieb vor dem Bett stehen. Sie wiegte sich leicht in den Hüften und löste die Ohrgehänge, dann zog sie nacheinander die Ringe von den Fingern.

»Nein, o Dariush, es ist kein Spiel«, sagte sie mit einem Anflug von Traurigkeit. »Wer bin ich, daß ich mit dem König spielen dürfte. Ich tu's, weil ich eines weiß: Ich will nicht eine der vielen Nutzlosen im Frauenhaus sein.«

»Das verstehe ich«, sagte Dariuvahusch und öffnete die Schnalle seines Stoffgürtels. Seine Hand glitt zu seinem Gemächt; er spürte sein Glied und dachte an sein Versagen in jener ersten, einzigen Nacht. »Aber ich hab es nie als deine Pflicht angesehen ...«

»Es ist so wenig Pflicht oder so viel Pflicht wie dein Entschluß, den Ohrenlosen zu köpfen: Du bist der Beste für den Thron – ich die Beste für den Thronfolger.«

»Ein Ausspruch wie ein Blitz«, murmelte er und sah zu, wie sie das Kleid von den Schultern schob, die Ketten vom Hals und die Bänder von den Oberarmen und Handgelenken nahm und wie sie auf ihn zukam, sein dünnes Wams aufschnürte und die Säume seines Hemdrocks auseinanderschob. Er schlüpfte aus den Schuhen und stand nackt vor ihr. »Ich will dich, König«, flüsterte sie. »Nimm mich. Sei zärtlich und wild. Alles, was eine Frau mit einem Mann tun kann – heut nacht zeig ich's dir.«

Er drehte sich um, schloß den Vorhang und legte die Arme um sie. Hutaûtha zog sich an ihm hoch, schlang die Beine um seine Hüften und ließ sich zum Bett tragen. Als seine Finger nach ihrem Schoß tasteten, ergriff sie sein Handgelenk und legte die Hand zuerst an ihre Wange, dann auf ihre Brust. Als sie ihn küßte und ihre Zungenspitze hinter seinen Zähnen spielte, knatterte der erste nahe Blitz; den Donner hörte er nicht mehr.

Wann immer Dariuvahush die Umgebung wahrnahm, vier- oder fünfmal in dieser Nacht –, blendeten ihn Blitze, machten Donnerschläge ihn halb taub. Während langer Atemzüge hörte er Regen auf die knatternde Leinwand herunterprasseln und merkte, daß der Gewittersturm tobte und das Zelt fortzureißen drohte. In dieser Nacht schien alles verändert: Hutaûtha hatte ein halbes Talent Körpergewicht heruntergehungert und mit schweren Gegenständen geübt; ihren kräftigen Körper hatte sie zu einer geschliffenen Waffe der Leidenschaft gemacht, die sie kunstvoll handhabte. Sie war wie eine Schlange scheinbar überall, wie drei Schlangen, neben Dariuvahush, über ihm, unter ihm, sie forderte und lockte ihn und behielt ihn in sich, wie eine geübte Reiterin, machte ihn rasend, weil sie ihm lange nicht erlaubte, sich zu ergießen, erregte ihn wieder mit jedem Teil ihres Körpers. Er hörte sich ächzen und schreien, lauter als Hutaûtha, schloß, vom Blitz geblendet, die Augen, spürte die Silberkugeln unter seinen Lenden nicht, die aus ihrem aufgelösten Zopf fielen, zuckte im Donnerkrachen zusammen, das wie Felsbrocken gegen Zeltstangen und Spannseile prallte, glaubte brechende und splitternde Äste zu hören und fühlte die Erde unter sich beben wie in Malmarduks Gesichten. Einmal, als er hinter ihren Lenden kniete, schrie sie und warf ihn ab, und er überschlug sich auf den Fellen am Boden. Ein anderes Mal hielten sie plötzlich inne, tranken jenes fremdartige Getränk aus Stutenmilch, und er kühlte sein brennendes Glied im fast geschmolzenen Eis. Regen lief in breiten Striemen über Dach und Wände des Zeltes und sickerte unter die Teppiche. Bis auf wenige Flämmchen waren alle Öllampen erloschen. Hutaûtha und Dariuvahush saßen auf dem zerwühlten, befleckten Laken, ihre glühenden Gesichter waren eine Elle voneinander entfernt. Sie hob die Hand und sagte zwischen zwei Blitzschlägen:

»Heute geschieht es. In Blitz und Donner gezeugt.«

»Wenn dies der Anfang eines neuen Lebens ist«, krächzte er, »wie wird das Leben sein – und das Ende?«

»Auch wenn es nicht groß ist wie das meines Vaters«, Hutaûtha leerte den Becher, warf ihn über die Schulter und wischte verschmierte Schminke und Schweiß in ein Tuch, »wird es ein gutes Leben sein, glaub mir, König.«

»Ich glaube dir, Königin«, sagte er und zog die Hand aus dem eisigen Wasser. Als er sie auf Hutaûthas Brust legte, richtete sich binnen eines Atemzugs die dunkle Spitze auf und wurde hart. Hutaûtha drückte Dariuvahushs Schultern auf das Laken nieder, suchte im feuchtklebrigen Bart nach seinen Lippen und glitt züngelnd an seiner Brust hinunter, bis ihre zitternden Finger und ihre Zunge wieder sein Glied trafen.

Irgendwann im leise fortziehenden Gewitter hatte er geschlafen; ein paar Augenblicke lang, eine oder dreiundzwanzig Stunden. Morgenlicht machte einen Teil des Zeltleinens halb durchsichtig. Es roch unbeschreiblich; Tropfen einer gelblichen, trüben Flüssigkeit liefen an den Zeltwänden herunter. Hutaûtha lag mit gespreizten Beinen und ausgestreckten Armen auf dem Bauch, halb bedeckt vom Haar, das auf ihrer Haut klebte und das seitwärts gewandte Gesicht halb verdeckte. Sie schnarchte leise, und ihre Hüften zuckten bisweilen. Dariuvahush sammelte seine Kleider ein und suchte vergeblich nach dem zweiten Schuh, zwängte sich durch den Eingang und blinzelte. Er tappte die Stufen hinunter und ging breitbeinig zum nächsten Busch und schlug, wimmernd vor Erleichterung, sein Wasser ab. Als er sein schlaffes Glied in der Handfläche sah, erschrak er.

Tote Vögel lagen im Gras, das der Regen flachgepeitscht hatte, die rote Stoffumhüllung war zerfetzt wie das Laub der heruntergebrochenen Äste, mehrere Spannschnüre des Zeltes waren von den Pfählen gerissen; weiter zum See hin lag ein Baum, entwurzelt und umgestürzt, mit der Krone im Wasser.

Dariuvahush ging steif und breitbeinig zum Bach, kroch hinein und setzte sich, zwang sich, die Kälte nicht zu spüren, und tauchte einige Male unter. Er fühlte sich, als sei er einem Sandsturm entkommen oder einer Wasserflut; er hatte überlebt, dachte er. Seine Gedanken weigerten sich, ihm zu gehorchen, als er sich anzog, den einen Schuh verständnislos grinsend anstarrte und schließlich ins tropfende Gebüsch schleuderte, zwischen zerstörte Vogelnester und tote Kormorane. Die ersten Sonnenstrahlen zuckten durch die Gewächse des Pairidaeza. Dariuvahush holte tief Luft; sie stach in der Kehle und in den Lungen. Er ging zum Wohnpalast, grüßte einige Wächter mit halb erhobenem Arm und fragte sich, warum einer der Männer plötzlich davonstürzte, in die Richtung der anderen Säulenhalle. Die Stufen zur Terrasse schienen kniehoch und zahllos zu sein. Er blieb auf halber Höhe stehen und betrachtete seinen langen, vielfach abgewinkelten Schatten und erkannte in einer schadhaften Kette quälender Gedanken, daß er, der König, auch nach dieser Nacht, die ihn geschunden und ausgesogen ans Ufer des Tages geworfen hatte, allein war.

Im Hochland von Pârsa waren Berggewitter häufig, eine solche Regenflut indes war überaus selten. Dariuvahush betrachtete schweigend die Schäden an Mauern und Häusern und den lehmigen Brei, der sich in jeder Senke gesammelt und das Wasser der Bäche und Kanäle gefärbt hatte. An vielen Stellen hatten die Regenfluten breite und tiefe Spuren aus den Palastmauern gewaschen. Hunderte Bewohner richteten umgeworfene Zelte auf und versuchten die Schäden auszubessern. Die langen Reihen und Vierecke der Lehmziegel bildeten im Sand halbrunde Erhebungen; auch diese Ergebnisse mondelanger Arbeit waren vernichtet. Dariuvahush stöhnte und senkte den Kopf.

Er schleppte sich in die Ruhe zwischen dicken Mauern zurück, ins Halbdunkel der Räume, die er bewohnte, zu sich selbst, zum Schreibleder und, vielleicht, zu Nefermerit, die er nicht aufgeben würde; in seine eigentümliche Einsamkeit.

Nur mit Hilfe der Aufzeichnungen, die König Kambushyas Schreiber und Verwalter aus den Gewölben des »Palasts der Empfänge und Anhörungen« hervorsuchten, gelang es Dariuvahush, annähernd die Stärke der Heere aller Kshatrapien, die Höhe des Tributs, die Anzahl der Krieger und jener Männer auszurechnen, die zum Kriegsdienst gerufen werden konnten. Dies galt nicht für die Unsterblichen; deren Anzahl – und Treue! – blieb unveränderlich: zehntausend.

Ohne Troß, Waffenschmiede und Köche standen dreihundertmal tausend Männer in allen Teilen des Reiches unter Dariuvahushs Befehl – trotz der fünfzigtausend aus Kambushyas Heer, von der dürstenden Wüste Mudrayias auf dem Weg zur Oase Siwa bis zum letzten Mann verschluckt. Dariuvahush bezweifelte diese Zahl, ebenso jene, über die er angeblich verfügen konnte; aber wenn Fravartish bei Kundrusch allein zwanzigtausend Krieger gegen ihn hatte aufstellen können, gab es mehr kampffähige Männer, als er brauchte und – befürchtete.

»Ich schwör's«, murmelte er. »In jeder Kshatrapie, bis hinunter zum jüngsten Kârataka-Heeresläufer wird der König die Anzahl der Krieger kennen! Bald! Bis auf zwei Dutzend genau!«

Binnen eines Zehntags, unterbrochen durch einundzwanzig kleine Gesandtschaften aus vielen Teilen Pârsas und vier uvjanischen Siedlungen, hatte Dariuvahush mit Aspat Shanâhs Hilfe den Entwurf eines Dâtam für jede Kshatrapie entwickelt; auch seine Erfahrungen aus Babairu und Men-Nefer waren auf Tontafeln, Papyri und Schreibledern festgehalten:

An der Spitze einer jeden Kshatrapie stand der Kshatrapan, den Dariuvahush selbst ernannte und als Zeichen von Würde und Verantwortung mit einem Diadem und dem königlichen Rollsiegel ausstattete. Auch eine Anzahl Fratarakta, »Siebentel-Hüter«, ernannte ausschließlich der König; entsprechend weniger, wenn das Land nicht groß genug war.

An der Seite des Kshatrapan und ihm gleichgestellt – oder er würde eingesetzt werden – saß ein rechts- und rechenkundiger »Verantwortlicher des Königs«, dem keine Aufzeichnung entgehen durfte, der »Augen und Ohren« des Königs bezahlte und auf deren Berichte angewiesen war. Sowohl ihn als auch den Kshatrapan überprüfte, stets unangemeldet, ein Sendbote mit allen königlichen Vollmachten und einem Trupp unbestechlicher Unsterblicher. Die Siebentel-Hüter sollten Fürsten oder Nachfahren reicher Familien sein, dem Kshatrapan verantwortlich, davon abhängig, daß der Reichtum ihres Lehens daran zu messen war, wie gut oder schlecht sie in ihrem Teil des Landes wirtschafteten.

Zwischen den Kshatrapien und den Palaststädten, in denen der König regelmäßig wohnte, ritten Kuriere und rannten ausdauernde Schnelläufer – mächtige Knoten im Netz von Straßen und unsichtbaren Verbindungen waren und blieben Hagmatâna, Huza und Pâthragada, und Babairu im Tiefland des Westens.

Die Tage waren voller Arbeit; es wurde nur wenig beredet, das keinen Sinn hatte. Die Schreiber hatten viel zu tun, und während die Gruppen der Bittsteller in ihre Heimatorte zurückgingen und dort versuchten, mit Dariuvahushs Silber möglichst viele Söldner anzuwerben und Kriegsverpflichtete zusammenzurufen, wartete er auf Nachrichten seiner Hazarapati. Die wenigen Krieger, über die er hier und in Hagmatâna verfügte, reichten gerade aus, um die Städte im Notfall einige Tage lang verteidigen zu können. Alles andere blieb Überlegung, Planung und Zusammenrechnen von Zahlen: Tatsächlich aber geschah nichts wirklich Wichtiges.

Die Stunden vergingen ruckend; die Zeit kroch langsamer als eine Schnecke, aber dann schien sie wieder spurenlos davonzurasen. Dariuvahush wartete. Seine Ungeduld nahm zu; endlich kam Botschaft vom Hazarapati Vahumisa aus Armina.

Dort, im Landesteil Autiyâra hatte Vahumisa, ohne daß Dâdreshishs Heer ihn hatte unterstützen können, am 21. Tag im Mond des wahren Frühlings nicht weniger als 2045 Krieger des Schönen Frâda erschlagen und, verbunden mit angemessener Beute, 1558 Gefangene gemacht. Er hatte schreiben lassen, daß er und Dâdreshish weiterhin Frâda jagten, aber auch wenn sie endgültig siegten, die Rückkehr des Königs ins sommerkühle Hagmatâna abwarteten.

»So wird, bei Ahura Mazdâh, auch Dâdreshish über Frâdas Heere siegen!« Dariuvahush ließ den Papyrus los; das Blatt rollte sich zischelnd zusammen. Aspat Shanâh sagte leise, ehrfürchtig: »Du stehst wirklich im Schatten seiner Schwingen, Herr.« Dariuvahush schloß die Augen, hob langsam den Kopf und schnalzte dreimal.

»Du wirst dich nicht länger darüber beklagen müssen, daß deine Königin weniger leidenschaftlich ist als eine Dunkelhäutige aus Mudrayia.« Hutaûtha hob die Hände. »Auch wenn du mit niemandem darüber redest, nicht einmal mit mir.«

Dariuvahush lehnte an der Säule, die den steinernen Türsturz trug. Warme Luft aus dem Schlafgemach strich an ihm vorüber; er stimmte mit einer Geste zu. Bedächtig streifte Hutaûtha das Kleid über die Schultern und legte die Halskette um. In den Nächten nach dem Gewitter hatte er tief und traumlos geschlafen – allein. Seither hatte er neun Nächte nur mit Hutaûtha verbracht. »Denk daran, wenn du in Hagmatâna bist oder auf dem nächsten Kriegszug.« Sie lächelte. »Es mag sein, daß der Wille einer Frau so stark ist wie der eines Mannes. Oder stärker.«

»Daran ist nichts Übles«, sagte er. »Wenn beide das gleiche Ziel haben ...«

»So ist es.« Sie ging, während sie Ringe auf die Finger schob, auf ihn zu und legte ihm die Hände auf die Schultern. »Ich bin schwanger, Dariush.«

Er legte den Kopf schief. »Dann bitte Ahura Mazdâh, daß es ein starker, kluger Krieger für sein Heer wird.«

»Wir beide sollten darum bitten.«

Er schüttelte langsam den Kopf. Ihre dunklen Augen glitten prüfend über sein Gesicht. »Wie ist dein Schlaf gewesen, Herr meines Schoßes?«

»Schlecht, unruhig, unregelmäßig. Drei, vier Stunden vor Sonnenaufgang oder später fall ich in eine Art Bewußtlosigkeit, und bis weit nach Mittag könnte ich schlafen, aber das darf nicht einmal der König.«

»Schon gar nicht der König. Willst du einen feinen Nomadentrunk, der dir hilft?«

Er versuchte zu lachen. »Eine zweite solche Gewitternacht würde ganz Pâthragada wegspülen, und mit dem Zeugen von Königssöhnen wär's auch vorbei – so wie mit anderen Vergnüglichkeiten.«

»Also keinen Trunk.« Sie küßte ihn, kühl und ohne Leidenschaft. »Trunklos und schlaflos in den Stunden des Schreibleders, o König.«

»Ja. Es ist sinnvoll, aufzuschreiben, was ich denke. So viel ist zu überlegen, zu planen, zu tun; wie leicht vergißt man's. Später werde ich nachlesen können, wie ungeschickt ich war in den ersten Jahren meiner Herrschaft.«

Sie strich über seine Wange und wandte sich zum Gehen. Über die Schulter sagte sie:

»Im ersten halben Jahr. Sei getröstet: Bei mir warst du sehr geschickt.«

Vor der Tür warteten Dienerinnen, die Hutaûtha ins Frauenhaus geleiteten; seit einigen Tagen bezeichneten Hutaûtha, Rytabâma und Nefermerit diesen Teil der Gebäude als Königinnenpalast.

Einige Zeit später klatschte Dariuvahush in die Hände, wartete und befahl dem Diener, die Schwarzholztruhe, Wein und kaltes

Essen in den Nebenraum zu bringen, die Türen zu öffnen und die Mückenschleier zu befestigen; ein anderer holte Aspat Shanâhs jungen Helfer.

»Sorge dafür«, sagte Dariuvahush, »daß mich niemand stört. Eine Stunde vor Sonnenuntergang führst du Nefermerit zu mir. Dann werden wir frischen, heißen Sud brauchen, und warme Bäder.«

Der junge Mann, um dessen Kinn ein kümmerliches Bärtchen sproß, berührte mit dem rechten Knie den Boden und entfernte sich lautlos. Dariuvahush blieb eine Zeitlang auf der dunklen Terrasse stehen, versuchte Sternbilder zusammenzusetzen, verfolgte den huschenden Flug der Fledermäuse und lauschte den Nachtgeräuschen aus dem Pairidaeza. Als er sah, daß genügend Öllampen auf der steinernen Tischplatte und in Leuchtern um den Tisch brannten, wusch er sich die Hände, öffnete die Truhe und begann seine Gedanken zu ordnen.

Schreiben ist wie ein Wall gegen das Vergessen. Schreiben sagt späteren Lesenden, wie es vor ihrer Zeit war, und manchmal auch, warum es so war. Auch wir Pârsa, selbst wenn wir einst ans dem wenig bekannten Norden kamen und in einem Teil des alten Mada-Landes leben – wie die Legenden unwidersprechbar behaupten –, sind von der Natur geprägt, weil wir seit Urzeiten versuchen, mit unendlichem Fleiß die Kargheit der Böden zu mindern und reich an Wäldern und Herden zu leben. Ich, König Dariuvahush, bin ebenso Pârsa wie Vater Vishtâspa und mein Ahne Aryârand, wie Kambushya und Kurusch, deren Untertanen angefangen haben, das ausgedörrte Land der Bergtäler und der engen und weiten Flußebenen fruchtbarer zu machen; mit knochenbrechender Mühe. Die wasserlosen, felsigen Hochlandwüsten vermögen auch meine Bandaka, alle meine Untertanen, ob Fürst oder Sklave, nicht zu besiegen. Also hat auch mich das Wesen meines kargen, schönen Landes geformt, und so finde ich in mir Himmel und Berge, Fruchtbares und Unfruchtbares, reines Feuer und Höhlenmoder, sandige Weite und lichtlose Nacht, und vieles andere: Widersprüche, die ich selbst nicht verstehe. Wären nicht so viele Kshatrapien vom Reich abgefallen, wenn wir den Ohrenlosen hätten länger gewähren lassen? Wären we-

niger Männer, statt Sinnvolles zu tun, getötet oder fürs Leben gezeichnet worden? Wir werden es nie erfahren, denn diese Frage beantwortet niemand.

Nun bin ich König, habe unbegrenzte Macht, die das Heer erzwingen könnte – die Wahrheit aber ist böse, wie sie ist, und sie ist bitter. Ich stehe seit der Krönung über jedem Gesetz, man sagt, ich sei zum Gott geworden, unantastbar – aber leidet Ahura Mazdâh unter Schlaflosigkeit? Auch von Baal, Marduk oder den tausend Göttern Mudrayias wird derlei nicht behauptet. Eines Tages wird jener, der mir auf dem Thron folgt, diese Worte lesen; ist er klug, so hütet auch er sich davor, sich selbst zu überschätzen. Denn: Äußere Ordnung ist nur, wo innere Ordnung gilt. Und weil ich ein Mensch bin, obgleich König, weil ich über unzählige Menschen befehlige, weiß ich, daß nur gerechte Ordnung, die ausnahmslos für jeden gilt, und königliches Dâtam, nach dem sich ausnahmslos jeder richten muß, auch der König, daß Gesetze, sage ich, die Quader, aus denen das Fundament des Reiches gebaut wird, sind und bleiben müssen.

Das Reich, so stöhnen Gaubarva, Vidarna und Vindafarnâh – und das Ächzen vieler anderer wird kaum leiser sein! –, ist zu groß. Vom Westen Putyas bis zu den Sieben Flüssen von Thatguyia ist die Entfernung so unermeßlich, daß niemand je die Parasangen der wichtigsten Straßen zusammengezählt hat. Aber die Geschenke, die aus allen Teilen des Reiches und den Grenzlanden zum Fest des Jahresanfanges nach Hagmatâna und Pâthragada kommen, zeigen den Reichtum der Kshatrapien, ohne den der König weder Pferde, Rinder und Kamele züchten noch Speerspitzen schmieden lassen könnte. Dieses große Reich Kuruschs hat Kambushya nicht durch Unachtsamkeit verkleinert, und ich führe ein Dutzend Kriege, um die Kshatrapien nicht zu verlieren. Ich werde es, wenn ich es vermag, vergrößern. Und statt der Geschenke werden besonders jene Länder, die sich den Lügenkönigen hingegeben haben, überaus genau geschätzt werden: Einigen Kshatrapien wird die Menge des Tributs größere Schmerzen bereiten als mir die Versuche, mit zu kleinen Heeren in zu großer Ferne viel zu blutig kämpfen zu müssen.

Er schob das goldene Türmchen hin und her und goß dünnen Würzwein in eine Schale. Stutenmilch in Eis! dachte er plötzlich; o Hutaûtha! Die Berge, von deren Hängen man Eis holen konnte, waren einige scharfe Tagesritte entfernt. Was würde Rtastunâ, ihre junge Schwester, sich einfallen lassen müssen, um seiner königlichen Leidenschaft teilhaftig zu werden? Woran dachten Parmush und Faidumâ? In späteren Jahren mochte auch dies unwichtig werden ... indes, wenn er an Gaubarvas Beischläferinnen dachte: jünger, je weißer sein Bart wurde. Vielleicht erwarteten sie vom göttlichen König immerwährenden Sinnentaumel und wunderbare Söhne? Er zuckte mit den Schultern und lachte, hob die Schale mit beiden Händen und trank. Als er sie zurückstellte, sah er rote Tropfen auf dem Schreibleder. Mit dem Stoff des Ärmels wischte er sie weg; als er schreiben wollte, löste sich ein Tuschetropfen vom Schwammholzgriffel und löschte das Wort: *müssen.*

Ich muß noch vieles lernen: Zuerst die Ordnung meines Inneren, denn jedes Dâtam, das ausgesprochen, geschrieben und in allen Kshatrapien bekanntgemacht wird, muß für alle Menschen und für immer gelten, selbst für die Yaunier, die silberhaltiges Gold aus dem Sand ihres Flusses sieben. Ich kann alles vorbereiten, aber keines meiner Worte kann gelten, solange Lügenkönige dem Volk Besseres versprechen. Auf das Wort des Königs wird sich jedermann verlassen können. Und jeder, der dem König geholfen hat, die Lügenkönige zu erschlagen, soll reich beschenkt und geehrt werden, in vielen Jahren arbeitsreichen Friedens wüstentrockenes Land zum Blühen bringen und in Würde sterben können. Deshalb muß ein Gesetz, ein Ritus sein, eine klare Ordnung, eine Stufung der Befehle und Verantwortlichkeiten – und wenn der König dagegen verstieße, könnte jeder Sklave sagen: Sieh! Er mißt uns das Wasser tropfenweise zu und badet selbst in Wein! Und nichts anderes werde ich meinen Söhnen immer wieder sagen und sie zwingen, es zu begreifen: Der König kann maßlos sein in seinem Prunk und in seinen Taten, im Zorn, in der Milde oder im Erobern – da aber alle zu ihm aufblicken, muß er ein Beispiel der Ordnung sein. Dies ist leicht gedacht und schnell geschrieben – in mir bleibt die Furcht. Erst ein halbes Jahr trage ich die Krone und das Band mit dem Nackenknoten. Wenn aber mein Traum sich gegen mich kehrt? Wenn ich ende wie Kambushya, ohne gute Bauwerke hinterlassen zu haben und gute Erinnerungen in den Herzen unzähliger Menschen?

Er ertappte sich beim Gähnen, rollte das Schreibleder zusammen und verschloß sorgfältig die Truhe. Ein Windzug ließ die Flammen flackern, Goldschmuck klirrte leise, der Mückenschleier wölbte sich zur Terrasse. Ohne sich umzudrehen, sagte Dariuvahush:

»Nefermerit. Ich will, daß du die Zeit bis zum Morgengrauen mit mir teilst und mir zuhörst, bis ich schlafe.«

»Jedes Wort wird mir eine Freude sein«, erwiderte sie mit ihrer kehligen Stimme. Er deutete auf den Weinkrug und ging zum Wasserkessel, wusch die Arme bis zu den Ellenbogen und langte nach einem Tuch. Nefermerit, die er seit vielleicht zwei Siebentagen nicht gesehen hatte, lehnte an der Tischkante und füllte zwei Schalen. Ihr Haar, das straff am Kopf anlag, war in schwarze und silberne Strähnen geteilt und offensichtlich gekürzt worden. Um den Hals trug sie in sieben Windungen eine Kette weißer Kügelchen aus Knochen oder mudrayischem Elfenbein. »Ich hab gezittert und geweint, weil alle gesagt haben, du hast mich vergessen.«

»Ich vergesse niemanden. Niemals«, sagte Dariuvahush schroff. »Aber auch für einen König hat der Tag keine sechsunddreißig Stunden.«

»Es war langweilig im Frauenpalast«, sagte sie leise. »Du kannst wieder nicht einschlafen, König?«

Er nahm ihr die Schale aus den Händen und hob schnalzend den Kopf. »Und wenn ich eingeschlafen bin, wach ich bald wieder auf. Es ist nicht kalt – gehen wir auf die Terrasse.«

Sie setzten sich auf eine gemauerte Bank, die im Regen nicht gelitten hatte. Auf dem steinharten Lehmmörtel lagen Felle und Kissen in mehrfachen Schichten. Mächtige runde Wolken trieben nach Osten, Sterne blinkten in den Wolkenlöchern; der Mond, in dessen Glanz die Wolken leuchteten, schwebte noch hinter dem

Palastdach. Mit untergeschlagenen Beinen setzte sich Nefermerit, hielt die Trinkschale vor der Brust und beugte sich vor. Das Weiße in ihren Augen spiegelte den Lichtschein aus dem Schlafgemach.

»Hast du wieder geschrieben, Herr?«

»Ja. Nach vielen Nächten endlich wieder. Ein paar Zeilen.«

»Schreibst du auch über mich, o König?«

»Du kommst auch vor«, sagte er und lachte leise. »Wenn mein Sohn, in vielen Jahren, darin liest, wird darin stehen, daß es in Hagmatâna und Pâthragada eine Frau gab, die nichts vom Reichtum und von der Macht des Königs wollte. Und die auch nicht von ihm schwanger werden wollte. Die mich verstand, ohne daß ich viel reden mußte.«

Sie schluckte, atmete unruhig und sagte stockend:

»Darauf weiß ich nichts zu antworten, König Dariuvahush.«

»Viele Fragen bedenke ich jetzt. Vielleicht werden wir auf jede Frage eine Antwort bekommen.« Er lehnte sich in die Kissen und bedeutete ihr, näherzurücken. »Viel später vielleicht – und ich glaube, ein paar Antworten werden uns nicht gefallen.«

In den Wolken, die vor dem Sonnenaufgang auseinanderflossen, sich in seltsame Streifen und Formen ballten, wie falbe Daunenfedern aussahen und rot zu glühen begannen, sah Dariuvahush Gestalten, die ihn auch jetzt zwischen Wachen und Schlafen heimsuchten: Ahrimans Gesicht, Malmarduks Schlangenstier, der die Erde zittern ließ, ein Meer mit roten Sandbänken und das graue Entstehen eines Staubsturms. Nefermerit lehnte schwer an seiner Schulter, die Finger seiner Rechten spielten auf ihren Brüsten. Am Rand seines Blickfeldes nahm er Bewegungen wahr; er erstarrte und wandte den Kopf: Aspat Shanâh, gähnend und halb angekleidet, winkte mit einer Botentasche, deren Bänder flatterten. Dariuvahush schüttelte den Kopf und deutete auf die Bank. Der Kämmerer kam näher. In seinem grauen Gesicht hockte ein siegessicheres Grinsen. Er flüsterte, das rechte Knie auf dem Boden:

»Ein guter Morgen, o König!« Er stand langsam auf, als habe er eine Wunde im Rücken. »Willst du lesen, oder soll ich vortragen?«

»Lies vor.« Dariuvahush zog die Säume von Nefermerits Kleid über der Brust zusammen. »Leise.«

Der Kämmerer zerrte ein mehrfach gefaltetes Binsenmark-Schreibblatt aus der Tasche, entfaltete es und las:

»An König Dariuvahush, mit drei Boten. Von Hazarapati Tachmaspâda. Alle deine Befehle sind befolgt. Wenn wir kämpften, waren wir stets im Schatten von Ahura Mazdâhs Schwingen.«

Nefermerit richtete sich auf und berührte mit den Fingerkuppen Dariuvahushs Handgelenk.

»O König«, wisperte sie. »Die Sonne geht siegreich auf. Darf ich mich mit dir freuen?«

»Alle sollen sich freuen.« Dariuvahush kniff die Augen in den weißgelben Strahlen zusammen und lachte. »Es wird ein Siegesfest geben am nächsten Nourouz. Lies weiter, Shanâh.«

Der Kämmerer hob die Schultern. »Er schreibt: *Nicht nur die Pârsa und die Mada deiner Unsterblichen haben gekämpft wie die Löwen, sondern jeder im Heer, das ich anführte. Wir erschlugen viele Krieger des Tshissan Tachma, jagten ihn und seine vornehmen Krieger durch das wenig gastliche Land und fingen sie, nachdem der Aufstand zusammengebrochen war. Getreu deinem Befehl entfernten wir dem Lügenkönig Ohren und Nase und ließen ihm ein Auge, damit er sein Elend sähe. Zusammen mit seinen Anhängern habe ich den Lügenkönig nach Hagmatâna geschickt; dort soll man ihn in Ketten an dein Palasttor heften.«*

Aspat Shanâh holte tief Luft, sein Blick verweilte auf Nefermerits Knien und den gitterartigen Goldbändern um ihre Fesseln.

»In seiner Stadt Arbela ließ ich die Leichtverwundeten und die treuesten und besten deiner Krieger – aber sie sind alle treu! Mit der anderen Hälfte des Heeres ziehe ich nach Hagmatâna, wenn mich in Bagastâna kein anderer Befehl erwartet. Ich grüße dich, o königlicher Freund: Wir haben gekämpft, als wärst du unter uns gewesen.«

»Wann?« flüsterte Dariuvahush.

»Vor einem Zehntag – genau.«

»Ihm werde ich die schönste Kshatrapie schenken.« Dariuvahush stand auf und ging hin und her; er unterdrückte den Wunsch, über die Brüstung zu springen und brüllend im Gras umherzurennen. Er lehnte sich mit den Hüften gegen den kalten Stein und setzte sich auf die zitternden Hände. Seine Stimme klang schartig. »Hochverräter! In Arbela laß ich ihn pfählen. O kleines Land Asagarta. Du wirst jahrzehntelang bereuen, daß du dich ihm angeschlossen hast!«

Aspat Shanâh versenkte den gefalteten Papyrus in die Tasche, verneigte sich tief und war nach wenigen Schritten im Gewirr der blendenden Säulen und deren Schatten verschwunden. Dariuvahush holte tief Luft, blickte seine Finger an und ging zu Nefermerit. Er streifte das Kleid von ihren Schultern, schob sie zu den Kissen und Fellen und sagte:

»Bleib, schönste Freundin aus Mudrayia. Jetzt feiern wir den Sieg und den Sonnenaufgang. So gut wir es können.«

Sie kniete auf den bunten Lammfellen und öffnete die Schenkel. Dariuvahush kniete hinter ihr und packte ihre Hüften. Aus ihrer Kehle kamen leise, girrende Laute. Als Dariuvahush sie nahm, mußte er die Augen schließen; er blickte in die Sonne, deren Licht ihn blendete.

Drei Tage, nachdem der Troß samt den Ärzten aus Mudrayia, den meisten Schreibern und dem gesamten Vorrat des von Kambushya und Dariuvahush Geschriebenen in den Festungspalast Hagmatânas eingesickert war, folgte Dariuvahush mit seiner Leibwache, die Rashurda anführte. Gaubarva und Vindafarnâh erwarteten ihn, desgleichen Tachmaspâda und Babâdhush, einer der Sieger von Kundrusch. Ardimanish, Bagabuchsa und Hutana sorgten in ihren Fürstentümern auf wenig kriegerische, aber nachdrückliche Weise für das Wohlergehen des Reiches: Ihre Untertanen züchteten Kamele und Pferde, richteten sie ab, boten unzähligen verwundeten Kriegern die Hilfe von Ärzten, reichliches Essen und Erholung; wer arbeiten konnte, verrichtete leichte Arbeit, unterwies junge Männer im Reiten und in Scheinkämpfen und wurde in seine Heimat entlassen, wenn er gesundet war; mit angemessenen Geschenken, Silber und Gold. Vidarna hielt den Paß aus dem Tiefland besetzt und wartete. Dariuvahush erwartete auch Hazarapati Satâspa in Hagmatâna anzutreffen, aber es war denkbar, daß er und seine schnellen Lanzenreiter das

Land um die Königsstadt sicherten. Und: Er hoffte auf Nachricht von Lanzenreiter Fürst Sykashta, den er nach Mudrayia geschickt hatte. Als Bogenmeister Rashurda und Dariuvahush die Gerüste neben den Tortürmen sahen, zügelten sie ihre Hengste; Dariuvahush sagte: »Vahyazdhâta, der Schöne Frâda und die Heere des Fravartish in Pârthara und Hyrkanien kämpfen in der Kshatrapie meines Vaters! Weil ich glaube, daß ich auch diese Schlachten gewinne, werden wir ein feines Fest feiern.« Die Fundamente waren in die Länge, einige Teile der Mauern in die Höhe gewachsen. Die Bauwerke aus Quadern, Lehmziegeln und Bruchstein leuchteten, wo sie fertig waren, im unteren Teil weiß; die Zinnen hatte man mit stumpfroter Farbe gestrichen.

»Ein Fest ist immer gut, o König.« Bei Rashurdas knarrender Stimme zuckten die Ohren der Pferde. »Es verringert das Maß des Abstandes zwischen dem Herrscher und seinen Kampfgefährten von früher.«

»Früher, o Sucher verirrter Pfeile! Wann früher?« Dariuvahush schlug Rashurda lachend die flache Hand zwischen die Schulterblätter. Das Pferd machte drei Galoppsprünge und buckelte; mit Mühe hielt sich der Bogenmeister auf dem Reitfell. »Vor sieben, acht Monden haben wir uns noch den letzten Schluck fauliges Wasser teilen müssen, in Abr Nahr!« Er ritt an und blieb an Rashurdas Seite. Leise sagte der Bogenmeister: »Dann wird das Teilen von viel Wein und Bier weitaus vergnüglicher sein.«

»Ebenso wie das Hören von Musik und das Vergnügen mit willigen Sklavinnen.« Dariuvahush riß den Kopf in den Nacken, schnalzte und stieß einen kurzen, schrillen Schrei aus. Er galoppierte aus der Gruppe seiner Begleiter heraus, durch das offene Tor, dessen Bohlen gerade mit Eisenplatten beschlagen wurden. Handwerker sprangen und stolperten zur Seite. Dariuvahush gab die Zügel frei und ritt bis zur Festung. Auch deren Tor war weit offen; überall standen Bewaffnete und hoben Schilde und Speere. Mit einem langen Blick musterte Dariuvahush die Elendsgestalt Tshissan Tachmas in Eisenketten und das verwüstete Gesicht, dann riß er den Hengst herum und polterte in den unteren Palasthof hinein.

Proktokrites von Chios stieß sich mit beiden Füßen von der Felswand ab, schwang gleichzeitig nach rechts und stemmte die Sohlen gegen den bröckelnden Stein. Er war am äußersten rechten Ende der sonnenheißen Felswand angelangt, dort, wohin die schwankenden Leitern nicht reichten. Im Mittagswind hörte er das Knarren der Balkenausleger und das Scharren der Seile am senkrechten Fels. Die Männer, die ihn hinaufzogen und herunterließen, fluchten; sie fluchten fast immer. Die Schwierigkeiten, diesen Fels zu bearbeiten, waren größer als jene, die der andere König gehabt hatte, dessen Name Lullu-Anubanini gewesen war, oder so ähnlich. Die Krieger und die Barbaren erkannten immerhin die Göttin Ishtar, die dem unbekannten Herrscher acht nackte Männer zuführte. Die verwitterte Schrift vermochte niemand zu entziffern; vielleicht zwanzig kurze Parasangen waren die Gespanne nach Westen gefahren, um Proktokrites zu zeigen, an welches Vorbild Dariuvahush wahrscheinlich gedacht hatte.

Proktokrites schlug mit dem Hammer gegen den Fels, prägte sich jede Einzelheit der Äderung ein, tastete in die Spalten und schabte das Moos mit der Hammerspitze weg, sah hundert Ellen unter sich und neben den aufgetürmten Felsen die Straße und die Gespannführer, die im Schatten lagen, die Hände im Nacken, und zu ihm hinaufblickten. Eine Steinplatte, dreimal handgroß, löste sich und fiel zwischen seinen Füßen hinunter, ratterte über den Fels, zerbrach und polterte als Steinschlag über die Straße. Die Wagenlenker waren aufgesprungen und schrien Unverständliches, das sich wenig freundlich anhörte.

Proktokrites brüllte nach oben: »Hochziehen! Vier Ellen!«

Er saß auf einer Art Stuhl aus Brettern, Riemen und Seilen, der sich jetzt in einer Anzahl scharfer Rucke aufwärts bewegte. Wieder prüfte Proktokrites den Fels, hämmerte loses Gestein ab und glaubte auch an dieser Stelle sicher zu sein, daß es genügte, den Fels zu begradigen; größere Teile würden sich nicht aus der Wand lösen. Das Feld, das er geprüft hatte, war größer als zwanzig Fuß in der Höhe und vierzig, fünfundvierzig Fuß in der Breite. Und hundert Fuß über der Straße gelegen – kein Barbar, kein Fremder, niemand, der hier vorbeikam, sollte übersehen können, was der König in diese Wand einmeißeln ließ.

»Jahre der Arbeit. Zwei Monde fürs Gerüst, die Stufen und den Sims«, knurrte er, hängte sich die Schlinge des Hammers um den Hals und schrie: »Fertig! Zieht mich ganz hoch! Aber langsam!« Wenn er dem rauhen Fels und scharfen Graten zu nahe kam, stieß er sich mit Händen und Füßen ab und sah den Mauerseglern zu, die dicht neben den winzigen Büschen die Luft durchschnitten und schrille Rufe ausstießen. Der Verwalter von Bagastâna, der Siedlung am Quellsee, wartete bei den schwitzenden Sklaven.

»Wenn ich, an deiner Stelle, mir Arbeit ersparen wollte ...«

»Würde ich plärrende Yaunier mitsamt ihren Hämmern abstürzen lassen!«

»Nein, du unwirscher Bagavayah«, sagte Proktokrites. »Ich würde dieses Gerüst stehenlassen, aber besser verankern. Denn bald kommen viele andere Arbeiten auf dich zu: ein hohes Gerüst von unten, Stege an langen Seilen vor der Wand, noch ein paar solcher Ausleger, viele kühle Zimmer für viele Steinmetzen und viel Arbeit für einen guten Koch, der dreimal am Tag warmes Essen abseilt.« Er grinste und reinigte sich flüchtig. »Es ist vorstellbar, daß ich dir zwei Jahre lang Befehle geben werde; wirf mich also nicht vom Berg der Götter.«

»Du meinst ... das ist nicht nur eine flüchtige Laune des Königs?«

Proktokrites schüttelte den Kopf. »Ich schwör's bei Ahura Mazdâh, dessen feinen Feuerbewahrturm ich in Hagmatâna erneuern durfte: Dareios meint es ernst. Er hat viel vor, besonders in ewigem Stein.«

Schweigend machten sie sich an den Abstieg. Abends, am Tisch der Botenherberge, begann Proktokrites zu zeichnen; zuerst mit Holzkohle auf der Tischplatte, dann auf dem Schreibleder, was den Wirt nicht verdroß und andere Herbergssuchende neugierig machte. Zudem konnte er, was ihm nicht großartig genug erschien, bis zur Unkenntlichkeit verwischen. Den Brief an Skylax von Karyanda, dessen Antwort er seit zwei Siebentagen mit sich herumtrug, würde er anfangen, nachdem sich Dariuvahush entschieden hatte; also in Hagmatâna, dem kühlen Sommersitz der Hachâmanish-Könige.

10. Das Königsbild im Fels

Ein schweigsamer Palastwächter führte Proktokrites zu Rashurda, der die ausführlichen Erklärungen des Yauniers mit knarzender Stimme unterbrach und sagte, er solle zum Kern seines barbarischen Gefasels vorstoßen. Als Proktokrites vor Aspat Shanâh stand und den Kern seines Ansinnens wiederholte, wobei er gleichzeitig das große Schreibleder entrollte, berührte der Kämmerer mit den Fingerspitzen seine Brust, schob ihn sacht zurück und sagte:

»Bleib hier stehen. Ich glaube, der Herrscher wird einige Atemzüge seiner kostbaren Zeit für dich opfern.«

Proktokrites lehnte sich im kühlen Durchzug der Empfangshalle an eine dicke Sandsteinsäule und betrachtete die kantigen Sokkel; sie waren alt und von barbarischer Klobigkeit. Lautlos trat der Kämmerer heran und sagte:

»Komm. Du weißt, wie du dich ihm zu nähern hast?«

»Ich weiß.« Proktokrites schwenkte grinsend die raschelnde Rolle. »Wir kennen einander, der König und ich. Mitunter reden wir bei einer Schale Wein über die Gestaltung von Ahura-Mazdâh-Feuertürmen.«

Aspat Shanâh riß seinen Kopf herum und starrte ihn an. Seine Augen waren schwarz und hart, wie Zeichenkohle. »Nimm dich in acht, Yaunier!«

»Sei unbesorgt.« Proktokrites hob die Hand und wackelte mit den Fingern. »Ich bin harmlos und weiß mich richtig zu verhalten. Aber – ich glaube, damit«, er schlug mit der dicken, schweren Rolle gegen die offene Hand, »machen wir barbarischen Handwerker dem König eine große Freude.«

»Das bleibt abzuwarten.«

Der Saal war bis auf ein halbes Dutzend Schreiber leer. Alle Türen standen weit geöffnet; unter der Decke an der Südseite waren lange Schlitze aus der Mauer geschlagen worden, so daß am späten Vormittag und fünf Stunden später viel Sonnenlicht einfiel und die herrlichen Sandsteinfiguren aus dem Zwielicht hervortreten ließ. Abseits des Thronsessels lag auf gemauerten Füßen eine Steinplatte, mehr als drei zu acht Ellen groß; Dariuvahush stand neben seinem Sitz. Proktokrites näherte sich ihm bis auf zehn Schritte, kniete nieder und senkte den Kopf, die Rolle vor sich auf dem mattglänzenden Boden.

»Proktokrites, Herr«, sagte er leise in Pârsa. »Zurück von Bagastâna. Ich hab die beste Stelle gefunden. Gib Befehle, und in einem Mond können die Steinmetzen anfangen. Der Fels ist hart, ohne große Risse. Hier verläuft ein breiter Sims, auf dem wir sicher arbeiten können. Und wie es aussehen könnte ... ich hab ein wenig nachgedacht und gezeichnet.«

Während Dariuvahush um die riesige Tischplatte herumging, winkte er Proktokrites heran, deutete auf das Tischende und wartete, bis dieser die Rolle auseinandergezogen hatte und zwei Zeichnungen zum Vorschein gekommen waren; eine grob ausgeführte, auf der Felswand, Gerüste und die beste Stelle für Bilder und Schriften zu erkennen waren, und ein Entwurf für eine Reihe Gestalten, in deren Mitte der König stand und über denen Ahura Mazdâh auf dem Rücken eines *Phantasos*-Vogels schwebte.

»Das ist es, was ich wollte«, sagte Dariuvahush. Er hob einen Schreibhalm auf und fuhr einige Linien nach, um die Kohlestriche nicht zu verwischen. »So groß wie ein Mann. Und die Schrift soll man von der Straße aus lesen können! Ihr sollt von links anfangen, auf der Herzseite.«

Er deutete auf die Umrisse der ersten Gestalt, der zweiten, der folgenden: »Hier wird Lanzenträger Vindafarnâh stehen, hinter mir Bogenträger Gaubarva, und ich setze meinen Fuß auf Gaumâta den Ohrenlosen. Und über allen, wie du so zutreffend gezeichnet hast, Proktokrites, schwebt der Allweise Gott.«

Dariuvahush schüttelte lachend den Kopf. Einige Atemzüge lang wirkte sein Gesicht wie das eines Jungen, der sich über ein völlig unerwartetes Geschenk freut. Er klatschte in die Hände und machte eine fahrige Geste. Das Strahlen wich aus seinem Gesicht; er verschränkte die Arme.

»Noch sind die letzten Schlachten nicht geschlagen. Aber die

Reihe der unterworfenen Lügenkönige wird wohl nicht endlos sein. Assina, Nidintu-Bel, Fravartish, Ummanish, Vahyazdhâta ... die Bilderkundigen im Palast werden jede Figur genau aufzeichnen: Haltung, Aussehen, Bedeutung. Und ich werde für dich, für die Steinmetzen, schreiben lassen, was über den Köpfen zu lesen sein soll.«

Ein Windstoß wölbte die weißen Leinenbahnen vor den Türen zwischen die Säulen. Sklavinnen in hellen Kleidern brachten Krüge und Becher; ein Schanksklave mischte Wein und teilte ihn aus. Dariuvahushs Blicke richteten sich auf die gemeißelten Gestalten unter den Farbflächen.

»Die Männer, mit denen du den Feuerturm so schön erneuert hast ... ruf sie zusammen. Handwerker aus dem Heerestroß, die an Bagastâna vorbeimarschieren, werden Gerüste und Leitern bauen. Taugt der Pârsa-Aufseher vom Feuerturm auch für diese große Aufgabe?«

Proktokrites setzte den Becher ab und nickte, besann sich dann und schüttelte mehrmals den Kopf.

»Er ist gut, Herr, weil er für alles sorgte und sich nicht in die Arbeit der Steinmetzen eingemischt hat. Mehr als drei, höchstens vier Dutzend Helfer und Steinhandwerker haben in der Felswand, auf dem Sims, keinen Platz, o König.«

»Muß man Stufen in den Fels schlagen?«

»Viele; und sie werden schwer zu steigen sein.«

Dariuvahush wandte sich an den Kämmerer, der die Sklaven, den Yaunier und die Zeichnungen schweigend, mit scheinbar trägen Blicken, betrachtet hatte.

»Wie lange brauchen Künstler, Handwerker und Schreiber, um einen Teil der Schrift und sechs oder mehr Gestalten auf dünnem Schreibleder so gründlich zu zeichnen, daß sie auf den Felsen übertragen werden können?«

»Einen Siebentag, Herr, vielleicht zehn Tage. Innerhalb dieser Zeit sammle ich auch ohne Mühe ein kleines Heer von Handwerkern, die mit ihrem Werkzeug nach Bagastâna fahren. Das heißt – wenn deine Unsterblichen ein paar Wagen und Pferde entbehren können. Das Reich ist derzeit knapp an derlei.«

Dariuvahush kicherte und hielt den Becher, ohne hinzusehen,

dem Schanksklaven entgegen. Unverändert ruhte sein Blick auf den Zeichnungen. Er deutete auf die Umrisse der Gefangenen rechts von ihm, um deren Hälse Proktokrites ein dickes Seil mit stark würgenden Schlingen gezeichnet hatte. »Wenn diese Brut Ahrimans das Reich nicht hat stürzen können, wird es auch nicht an einem Dutzend fehlender Maultiere und ein paar Fuhrwerken zusammenbrechen.« Er legte Proktokrites schwer die Hand auf die Schulter. »Du wirst einen Siebentag lang im Gästehaus des Königs leben. Laß dich verwöhnen. Man bringt dir dorthin Bilder und Schriften. Rufe in Hagmatâna die besten Leute zusammen, die du finden kannst, und bereite dich vor. Die besten Nachrichten fangen zu stinken an, wenn sie altern – und dieses Bild im Felsen ist etwas, worauf ich nicht warten will.« Er nahm die Hand von Proktokrites' Schulter und hob sie wie zum Schwur. »Unzählige kommende Geschlechter werden es sehen: Ich will meisterliche Arbeit in allen Winzigkeiten!«

»Herr!« Proktokrites verbeugte sich. »Ich werde mir die Augen verderben beim Schauen und Messen, und die Finger mit dem Schlegel blutig hauen.« Er hielt die rechte Hand vor den Mund. »Und wenn ich meinen Landsmann Meleagros finde, der irgendwo im westlichen Teil deines Reiches für dich arbeitet – dann hast du zwei, die sich für dein Bildwerk aufopfern.«

Dariuvahush drehte sich halb herum; noch bevor er die Bewegung beendet hatte, sagte Aspat Shanâh ruhig:

»Ich werde ihn bald gefunden haben, o Herrscher. In welcher Höhe genießt der Meister des Schwierigen dein Wohlwollen?«

»In gleicher Höhe, wie sich Bilder und Schriften vom Boden der Straße abheben. Oder sollen wir jetzt wegen einiger Handvoll Hacksilber herumrechnen? Kurusch oder ein anderer Mächtiger hat gesagt: Wer nicht den Mut hat, Großes zu denken – und zu tun! –, wird nur Kleines erreichen. Ich ertrinke nicht im Seichten! Geh in die Bäder, Yaunier. Du riechst nach langer Reise. Und laß das hier.«

Er preßte die flache Hand auf das Schreibleder. Als Proktokrites das Knie vom Boden hob und in Dariuvahushs Gesicht blickte, sah er in dessen gebräunten, ausgeruhten Zügen einen seltsamen Ausdruck; er deutete ihn als Zuversicht oder Gewißheit jenseits aller Zweifel. Langsam verließ er den Saal, begleitet von einem älteren Sklaven, den eine fast unmerkliche Handbewegung des Kämmerers herbeigerufen hatte.

PROKTOKRITES AUS CHIOS,
Baumeister und Künstler des Königs Dariuvahush,
an Nauarchos Skylax von Karyanda in Karien,
Kapitän des Schiffes *Atem des Boreas*.

Abermals Gruß, geschützten Ankerplatz und wünschenswerte Winde, mein Freund; allzeit bruchlosen Mast, pralles Segel und unsplitterbares Ruder! Dank für deine Nachricht. Daß die Seefahrt und das Aufspüren unzähliger Widrigkeiten wie Klippen, quellenlose Buchten, niederträchtige Strömungen und Häfen, in denen ruchlose Schiffs-Überfaller und Beutemacher lauern, ein wenig gefahrloser wurde, entnahm ich deiner Antwort, die mich zuverlässig, aber auf reichlich verschlungenem Weg erreichte; es ist einen Mond her. Möge der Tag unseres Alters, in dem du mir aus deinem PERIPLOUS vorliest, noch fern sein! Lies nun, wie Zeus, Ahura Mazdâh und einige andere Götter mir ihr Wohlwollen schenkten und wie ich fern von Chios und Samos ein langes Jahr des Wohlseins erwarb – falls ich nicht vom Gerüst falle und hundert Ellen tiefer alle meine Knochen zerschmettere: Der Ruf des neuen Königs der Pârsa wird wohl auch zu dir, in jedem Fall bis Milet gelangt sein. Er hat, kämpfend wie ein Löwe und mit Hilfe seiner Hazarapati – ich würde sie als Chiliarchos bezeichnen, Anführer von zehntausend – sein Reich, das auseinanderzufallen drohte, binnen sieben oder acht Monden gefestigt. Als Zeichen, daß er gesiegt hat, wird er an der Stelle, wo man vom Hochland in die Ebene von Babylonien absteigt, die vom Euphrates und vom Tigris und etzlichen minder bedeutungsvollen Flüssen durchströmt wird, ein riesengroßes Zeichen errichten. Die Stelle ist einzigartig; niemand hätte sie besser ersinnen können: Jeder, der diese Straße benutzt, wird sehen müssen, was Proktokrites und Meleagros von Chios dort in Bildern und Schriften in eine senkrechte Felswand meißeln. Es wird mehr als ein Jahr dauern, bis alles fertig ist, und dann werde ich ausschweifender – und zutreffender! – schreiben und schildern können.

Mir geht es wie einem fetten Hammel inmitten der Schafherde auf der Frühlingsweide, wenn Hirt und Hunde sich tageweit entfernt haben: Im prunkvollen Haus, in dem sonst die Gesandtschaften der Satrapien wohnen, lebe ich, von vielen umsorgt, und esse weißes Brot, die Reste des königlichen Mahles, erfreue mich der Bäder und der Knet-, Walk- und Salbenmeister und einer nicht mehr ganz so jungen Sklavin. Yasara ersetzt die frühe Straffheit der Glieder durch Erfahrung und Bereitwilligkeit ihres schwellenden Körpers, und, da sie, die zwischen den Zeilen an dich auf meinen Knien sitzt, weder lesen noch schreiben kann, wie die meisten in Ekbatana, dem Sitz der Könige, wenn es an anderen Orten zu heiß oder zu schwül geworden ist, bleibt unter uns, was ich schreibe.

Lies, was König Dareios in die steinerne Wand wird meißeln lassen, über den Häuptern jener, die ihm beim Köpfen des Gaumâta-Smerdis geholfen haben: *Ich bin Dareios, der König, des Vishtâspa Sohn, einer der Hachamânish; gegenwärtig bin ich Pârsas König. Vishtâspa* (Hystaspes) *ist mein Vater, des Vishtâspas Vater ist Arsames, dessen Vater war Aryaramnes, und dessen Vater war Tshaishpish* (Teispes), *und dessen Vater war Hachamanish* (Achaimenes). *Dariuvahush-Dareios verkündet: Deshalb nennen wir uns das hachâmanische Geschlecht. Seit Urzeiten sind wir hoch fürstlich, seit Urzeiten sind wir königlich. Dareios aber verkündet: Acht Könige unseres Geschlechtes haben vor mir die Königsherrschaft innegehabt. Ich führe als neunter die Königsherrschaft. In zwei Linien von Geschlechtern sind wir Könige gewesen.*

Jene Worte sollen wir in die Felsen hämmern; dieses schreibe ich dir, um zu zeigen, daß Dareios ein anderer, ich meine: besserer König ist als Kambyses. Sein Blick ist kühn wie der des jagenden Bergadlers, seine Gesten umfassen kraftvoll und entschlossen sein schier endlos großes Reich, und was er befiehlt, wird sofort getan; alle rennen, hasten und fallen über ihre Füße. Mir und Meleagros von Chios, wie ich Schüler des großen Rhoikos von Samos, befahl er, ein hohes und breites Felsbild zu meißeln; in zwei

Tagen fahre ich dorthin und werde dir von dort schreiben. Hast du jemals den kleinen Tempel über dem Flußhafen von Milet gesehen, der dem Unbekannten Anbeter des Weingottes Dionysos gewidmet ist, und dessen Phallos-Säulen? Meleagros und ich erbauten ihn nach dem Entwurf des Rhoikos.

Inzwischen liegen und hängen in meinem Wohnraum zwei Dutzend Schreibleder; voller Zeichnungen und jenen Schriftzeichen, die aussehen wie die Fußabdrücke stark trunkener Hühner des Dionysos-Tempels in Milet oder ähnlicher Eier-Vögel; man sagt, Dareios habe eine neue, leichter zu begreifende Schrift erfinden lassen – mir sind schon die alten Schriftzeichen völlig unverständlich. Ich versuche aber, sie zu lernen, denn in der Felswand sind Änderungen der Schrift ein strafwürdiges Unterfangen. Zuvor schrieb ich, daß Dareios seine Entschlüsse unverzüglich in die Tat umsetzt, und dies hat ihm die Herrschaft erhalten, wie ich so oft im Land gehört habe: Wären die Heere aller abtrünnigen Satrapien vereint gegen ihn und seine zehntausend Unsterblichen gezogen, hätte er ihnen nicht widerstehen können. Aber dadurch, daß sie Dareios nicht zur selben Zeit und an vielen verschiedenen Schlachtfeldern bedrängten, konnte er sie besiegen; von drei Schlachten weiß ich, daß er an der Spitze seiner Krieger siegte. Nun trocknet jäh die Tusche, denn Yasara besucht mich mit Wein und nach dem wohltätigen Bade: Sie denkt, durch schmelzende Liebenswürdigkeit und stete Liebesbereitschaft der Ödnis der Palastsklaverei entfliehen zu können. Sie will mich glauben lassen, ohne mich nicht leben zu wollen. Ich tu so, als glaubte ich ihr alles.

Später. Danach: Die Satrapien, über die Dareios herrscht, sind fern der Hauptstädte der Meder und Perser. Das Reich ist riesig, die Entfernungen unendlich weit, und ich weiß nur von zwei Straßen, auf denen man sicher von Brunnen zu Brunnen reisen kann. Dies erwähne ich, weil folgendes geschah, als ich meine wenigen Habseligkeiten zu packen begann: Mit drei Tagen Abstand – die Pârsa schreiben die Tage des fünften Mondes, den des Hitzegrundes – sind Botenreiter im Palast eingetroffen. Einer brachte lang erwartete Nachricht aus dem Land, in dem Dareios' Vater Histaspes, oder Vishtâspa, Satrap ist: Im fernen

Osten, in den Landen Pârthara und Hyrkanien, die kein Karer
oder Lyder je gesehen hat, in der Nähe eines entfernten Ortes,
den sie ›Zöllnerstelle‹ nennen, oder Patrigrabanâ, haben Histaspes und die Verstärkung durch die siegreichen Heere die
Krieger des längst verstümmelten und gepfählten Fravartish
endgültig besiegt. 42 Hundertschaften gingen in die Gefangenschaft, und mehr als 65 Hundertschaften sind getötet worden,
berichtete mir ein schreibkundiger Helfer des Kämmerers, und
Dareios rief halb erschreckt und halb erleichtert: ›Daraufhin
wurde dieses Land dort meines!‹ Noch mehr hat die Botschaft
des zweiten Reiters den König erfreut. Der Bote rief laut, daß
am Fuß des Berges Priga der Allweise Herr dem Heer des
Königs und dessen Chiliarch Rtavardhya den Sieg vergönnt
habe, dergestalt, daß der zweite König der Lügenhaften, der sich
als Smerdis oder Brydiya ausgab, mit wahrem Namen Vahyazdhâta, mitsamt seinen Anhängern um Nase, Ohren und je ein
Auge beraubt, bald in Chvâdaitshya gepfählt sein wird; ich
selbst hörte Dareios diesen Befehl geben. Das Siebentel der
Satrapie aber, das dem falschen Smerdis gehorcht hat, wurde
von der Satrapie Pârsa abgetrennt und wird, im Gegensatz zum
freien Pârsa, Steuern und Tribute zahlen müssen bis zum Ende
der Tage: pünktlich und reichlich. Für alle Handwerker, Sklaven
und Kriegssklaven bedeutet dieser große Sieg, daß sie arbeiten
statt kämpfen, daß etliche Bauwerke des Königs angefangen und
zu Ende geführt werden und daß ich genügend Helfer haben
werde für das staunenswerte Bild im Fels.

Wünsche mir und Meleagros gedeihliches Hämmern und
Meißeln; das Schleifen der Schneiden überlaß ich den Sklaven.
Würde deine Antwort, die du nach Bagastâna senden sollst,
ausführlicher als dein letzter Brief, und enthielte sie mehr
Nachrichten von den Inseln und vom achaiischen Festland, o
Skylax, so könnte ich nicht nur dem Meleagros berichten, was in
der Heimat geschehen ist. Allzeit riffloses Segeln und mehr als
eine Elle Wasser unter dem Kiel wünscht dir, o Skylax, Proktokrites von Chios.

Zwei Siebentage nach der Rückkehr Tachmaspâdas und des Heeres, das Tshissan Tachma besiegt hatte, mit glänzender Beute, vielen Gefangenen, eigenen Verwundeten und dem Troß aus Handwerkern, Köchen, Dirnen und Ärzten aus Mudrayia, mitten im Mond Amurtat, dem Mond der Erntesteuer, hatte der Kämmerer seine Freunde zu einem Fest der Heerführer und Unsterblichen eingeladen. Aspat Shanâh freute sich seit einem Siebentag auf diese Stunden; Dariuvahush hatte befohlen, an nichts zu sparen. Noch in der Abenddämmerung glühte die Hitze des Tages nach; es war fast windstill in Hagmatâna und im Umland. Schwalben jagten um die Mauerkronen und zerrissen die träge Luft mit messerscharfen Schreien. Der König hatte schon vor einem Mond das alte Kriegszelt Kambushyas einen Steinwurf weit neben dem Palast aufbauen lassen; tagsüber besserten Handwerker die Stützen, Spannseile und brüchigen Lederbahnen aus. Mückenschwärme tanzten im Rauch der Ölflämmchen und in der heißen Luft über den Bratenrosten.

Im Nebenzelt, nur durch Stoffvorhänge von der Sandfläche unter dem Kriegszelt getrennt, stimmten sich einige Musiker ein. Noch war der Vorhang nicht geschlossen. Der Kämmerer hatte die Diener angewiesen, viele Scherensessel und Tische zu einem offenen Kreis zusammenzustellen; Dariuvahush hatte versprochen, um Mittnacht den Palast zu verlassen, um mit seinen Hazarapati zu feiern.

»Schade, daß wir nicht vollzählig sind«, sagte Tachmaspâda. »Ich sehe Sykashta nicht. Und auch Vidirna fehlt.«

Die drei Bartzöpfchen des Mada, die er vor dem Kriegszug abgeschnitten hatte, waren noch nicht lang genug nachgewachsen. Mit flinken Blicken aus schmalen Augen sah er sich um und packte Aspat Shanâhs Handgelenk, zuckte mit den Schultern und knurrte: »Aber wahrscheinlich werden wir uns niemals wieder so oft treffen wie damals im Heer, um Kambushya herum. Hamarâdha ist noch immer im Osten, beim Vater des Königs?«

»Ja. Noch weiter weg als die Wüsten von Putya.«

»Am Arsch der Welt, sozusagen.«

»Nun ...«, der Kämmerer grinste und winkte zu den Musikern hinüber. Eine Kesselpauke begann leise, an der Grenze des Hörbaren, zu pochen. »Dort ist sein Vater Kshatrapan, also ist es nicht ganz der Arsch. Aber von Parthien aus kann man ihn ziemlich genau sehen; bei schlechtem Wind riecht man die Winde des vertrockneten Afters.«

Tachmaspâda lachte schroff. »Wichtig ist, daß unsereiner siegt und lebend zurückkommt.«

»Setzt euch, streckt die Beine aus«, rief Aspat Shanâh, hob die Arme und faßte mit der Rechten nach Rashurdas Ärmel. »Ich hab dafür gesorgt: Es wird ein gutes Fest werden. Alte Erinnerungen, neue Erfahrungen, junge Sklavinnen ... alles!«

»Du warst schon immer der beste, wenn's um ausreichend schmackhaften Fraß am Lagerfeuer ging!« sagte Tachmaspâda und hieb seine flache Hand auf den Schenkel.

»Man hat seine wüsten Erfahrungen.« Aspat Shanâh hauchte die Goldhülsen seines Fingerschmucks an, polierte sie am Ärmel und grinste schief. Der Ton der Pauke schien gleichermaßen den Magen und das Gemächt zu erschüttern; eine passende Vorbereitung für den Abend und die Nacht, dachte er und setzte sich auf einen Faltschemel, der mit tiefrotem Leder bespannt war, der königlichen Farbe.

Der größte Teil der Heere, zumeist jene Verpflichteten, die sich um Herden, Weiden und Felder zu kümmern hatten, war aufgelöst und vorläufig in die Heimatorte entlassen worden. Gut ausgerüstete und ebenso entlohnte hellenische Söldner besorgten jenseits der Grenzen der Kernlande den Schutz der neu eingesetzten Kshatrapane und der königlichen Aufpasser. Der Troß dieser Kriegszüge und jene seimige, kaum greifbare Masse Menschen, Geräte, Wagen und Tiere, die zu den königlichen Palästen und Sommersitzen überall im Land gehörten, hatten im Jahr Zwei des Königs scheinbar ihre Wanderungen beendet und waren zu den befohlenen Arbeiten zurückgekehrt; in Hagmatâna und Pâthragada entstanden Fundamente von Mauern und Steinbauten. Es war Dariuvahush eingefallen, seine Heeresführer mit diesem Fest zu verwöhnen; Aspat Shanâh glaubte zu wissen, daß sich der König zum Höhepunkt, gegen Mittnacht, etwas Überraschendes ausgedacht hatte.

Hazarapati Babâdhush kam näher und betrachtete schweigend

die leeren Tische, über die weiße Tücher gebreitet waren. Er schien sich zu zwingen, nicht umherzurennen und begrüßte seine Kriegsgefährten, trank Wein aus weißglasiertem Becher. Auch er trug nur dünne Leinengewänder mit weiten Ärmeln und niedrige, weiche Schuhe. Zum magenerschütternden Klang der Kesseltrommel gesellte sich das Rasseln und Ticken der Handtrommeln. Auf einer Reihe anderer Tische standen Weinkrüge, Becher, Trinkschalen und Tonkrüge voll Bier, mit nassen Tüchern umwickelt.

»Nach vielleicht einem Dutzend Kämpfen und Siegen endlich wieder einmal ein gemütliches Lagerfeuer, o Gewandmeister!« Babâdhush umarmte Aspat Shanâh und küßte ihn auf die Wangen. »Dariuvahush wird uns kaum beschimpfen, glaube ich. Wie ist seine Laune?«

»Fern aller Grämlichkeit. Ich habe seine Erleichterung über jeden Sieg miterlebt«, sagte Aspat leise. Er sah die Vorfreude in den gebräunten Gesichtern der Männer, an deren Seite er noch vor zwei Jahren gekämpft hatte. »Deswegen auch das riesenhafte Felsbild.«

»Hast du's schon gesehen?«

»Nur den vorlauten Yaunier, seine Entwürfe, ein paar tausend Zeichen in drei Sprachen oder besser: Schriften.«

»Ich hab's selbst gesehen. Und ein paar Worte gelesen«, sagte Babâdhush und machte eine Geste der Bewunderung. Er lachte scharf, um seine Augen spielte ein kaltes Lächeln. »Und auswendig gelernt. Vor etlichen Monden haben wir uns gegenseitig noch den Sand aus den Ohren gepult, und jetzt hämmern und meißeln sie's aus dem Fels: Ich bin Dariuvahush der König ...«

»... deswegen nennen wir unser Geschlecht das der Hachâmanish. Und so fort. Und: Ich bin gegenwärtig König in Pârsa. Das ist treffend, knapp und wahr ausgedrückt.«

»Mehr Bier aus Babairu!« Dâdreshish, Bagabuchsa und Satâspa schwenkten ihre leeren Becher, begrüßten den Gewandträger und setzten sich breitbeinig. Palastsklaven balancierten gefüllte Trinkgefäße auf Platten aus geflochtenem Ried, streuten Weihrauch und getrocknete Kräuter in die Glut der Feuerschalen; ein rauchgeschwängerter Windstoß vertrieb Mückenschwärme und

Fliegen. Von den Saiten der fast mannsgroßen Harfe perlten Tonfolgen durch die warme Luft. Babâdhush und Hamarâdha stiegen außerhalb der Handwerkerverschläge von ihren Pferden. Aspat Shanâh erwartete noch mehr als ein Dutzend Hazarapati und Unsterbliche, sowohl Pârsa als auch Mada. Der Lärm vieler Gespräche und des Gelächters nahm zu, die Musik wurde lauter. Sklaven schleppten riesige Silberschüsseln voller Bratenstücke unter die durchbrochene Decke des Zeltes: Hühner, Entenbeine, Gänseschlegel, mit Speckstreifen durchflochtene Teile von Gazellen, gebackenen Fisch, Damwildkitzbraten und dampfendes Fleisch vom jungen Rind. Es roch nach verschiedenen Arten Brot und geschmortem Gemüse. Mit knappen Handbewegungen wies Aspat Shanâh die Diener an. Sie gehorchten lautlos und schnell. Er lehnte sich gegen eine neue, oberarmdicke Zeltstange – Schwarzholz, Silberbänder, mit Gold eingelegte feine Schnitzereien und durchsichtig lackiert – und betrachtete grinsend das laute Durcheinander. Würden auch die sechs Edlen am Fest teilnehmen, die den Magier Gaumâta geköpft hatten, so hätten sich in dieser Nacht mehr als zwei Drittel jener Männer versammelt, deren bedingungslos aufopfernder Treue sich König Dariuvahush sicher sein konnte. Eineinhalb Dutzend Kshatrapane fehlten, begreiflicherweise. Kaum einer war älter als fünfunddreißig Sommer, drei Jahre älter als er selbst. Er streckte den Arm aus und nahm, ohne genau hinzusehen, einen großen Becher Dünnbier von einem Tragebrett. Jemand berührte seine Schulter. Er wandte sich langsam um. »Es ist überaus seltsam. So viel Fröhlichkeit und Freude zwischen kantigen Kriegsmännern.« Der alte Bagapâta hielt sich am Zeltpfosten fest. »Soll ich die Schönen der Nacht auf deine Freunde loslassen?«

»Wir warten noch«, sagte Aspat Shanâh, begrüßte Farnaka und nippte am Bier; es war angenehm kühl und leicht bitter. »Sonst wanken die Fundamente von Dariuvahushs Herrschaft zu stark.« Bagapâta kicherte und winkte einem Sklaven. Das Wolkenlicht der Dämmerung verging. Shanâh hatte gutes Öl in die Lampen füllen lassen; fast alle Flammen brannten hell und ohne zu rußen, und in ihrem Schein bewegten sich weiße, hellgrüne und braune Leinenkleider, farbige Schärpen und Gürtel und das Rot des gegerbten, weichen Schuhleders. Goldener Schmuck, große Edelsteine und kostbare Dolchscheiden blitzten und funkelten; der Duft mudrayischer Salben, yaunischen Bartwachses und der Blütenöle aus Keftiu mischte sich mit Essensgerüchen und dem weißen Rauch der Mückenkräuter. Eine verirrte Taube mit geschecktem Gefieder flatterte im Zickzack quer durch das Zelt, prallte gegen einen Stapel Kalksteinquader und fiel zuckend, mit gebrochenem Genick zu Boden.

»Wenn sie so verwirrend trinkfest wie kampfessicher sind«, sagte der Verschnittene, »wanken die Unsterblichen erst in den Morgenstunden. Aber – zuerst sollen sie ihren Hunger stillen.«

Abseits der Königsstraße, des Schlachtfeldes und des Heereslebens war nahezu jeder von Aspat Shanâhs Freunden ein Landedelmann, der wenig anderes im Sinn hatte als die Vergrößerung der nutzbaren Flächen, die Anhäufung von Reichtümern für schlechte Zeiten und den Hang zur Schönheit: Musik, Dichtkunst, meisterhafte Bauwerke und kunstvolle, möglichst ausgedehnte Pairidaeza.

Heute aber schien es ihnen allen gleichgültig, ob gute oder schlechte Musiker das Fest umrahmten. Seit Dariuvahushs Vater den König auf Aspat Shanâh aufmerksam gemacht hatte, bislang Lanzenträger im Heer Kambushyas, hatte es für eine solche Nacht keine Gelegenheit gegeben. Die Krieger standen und saßen beieinander, sprachen, lachten und tranken; vorübergehend hatten sie ihn völlig vergessen. Bagapâta und er fingen fröhliche Flüche, Gesprächsfetzen, Schilderungen und Gelächter auf; mitunter verstummten die Krieger jäh, wenn sie über verkrüppelte oder getötete Kriegerfreunde sprachen. Der Edle Gaubarva schob sich in die Runde; die Krieger erkannten den Weißhaarigen zuerst nicht, dann bildete sich vor ihm eine Gasse. Mit Fäusten und Trinkgefäßen hämmerten sie auf Tische und Sessellehnen und begrüßten ihn mit Geschrei und Hochrufen. Aspat Shanâh verstand mühsam, was Tachmaspâda rief:

»... die Hufe der Pferde sind geschmolzen und haben geraucht ...«

»Mitten am Tag ist es nachtdunkel geworden: Pfeilschwärme und Steinhagel wie Gewitterwolken!«

»Das zweite Mal, mit zerbrochenen Stadttoren, war's einfacher in Babairu, nicht wahr, Tachma?«

»... zu viele Verwundete, viel zu viele Tote.«

»Die einfachen Krieger haben so hart gekämpft wie unsereiner.«

»Aber die Aufrührer, die Lügenkönige, besonders ihre adeligen Anhänger, die sind geflüchtet, auf dem leichtesten und schnellsten Wege!«

»Lauter furchtsame Fürsten ...«

»Zu denen keiner aus eurer Runde zählt, bei Ahura Mazdâh«, rief Gaubarva. Sein Kinnbart sträubte sich, als er sich setzte und seinen Wein mischen ließ.

»Im Schatten seiner Schwingen«, murmelten die Krieger. Die schrille Doppelmelodie zweier Flöten schwang sich über das Dröhnen der Pauke. Auf einen Wink Aspat Shanâhs schloß ein Sklave den Vorhang. Aus der Palastküche schleppten schwitzende Diener Körbe, Schalen, Platten und Holzbretter, von denen Fett und Bratensaft tropften. Einige Nachzügler kamen und wurden in den Kreis hineingezogen. Bagapâta und Aspat Shanâh gingen entlang der überladenen Tischbretter, häuften Leckerbissen auf ihre flachen Teller und suchten vergeblich einen ruhigen Platz. Schließlich sprang der Mada Tachmaspâda auf, schob Knochen, leere Becher und Brotstücke von einem Tisch und brüllte:

»Setzt euch! Macht Platz für Aspa, das Verpflegungswunder! Hierher, Freund! Du auch, alte Schwester der Tanzsklavinnen!«

»Überaus verwirrend!« Bagapâta setzte sich und winkte einem Weinsklaven. »Alt; ist richtig. Schwester? Nun ja ...« Wenige Atemzüge später waren sie umringt. Fragen prasselten auf sie ein. Aspat Shanâh schob die goldenen Ringhülsen seiner Finger zurück und zerriß ein halbes, von Würzfett triefendes Brathuhn. Handtrommeln, Harfen, Flöten und yaunische Auloi versuchten mit wenig Erfolg, gegen das Stimmengewirr anzuspielen. Langsamer als der Herzschlag dröhnte noch die bronzene Kesselpauke. Eine Öllampe kippte, brennendes Öl spritzte gegen die neue lederne Zeltwand, die sofort zu schmoren und zu brennen begann. Zwei Sklaven löschten die hochschießenden Flammen mit Wein und Bier; die nassen, versengten Flächen begannen zu stinken. Aspat Shanâh suchte Bagapâtas Blicke; sie sahen einander in die Augen, bissen und kauten die heißen Leckerbissen und schüttelten langsam zustimmend die Köpfe.

Bagapâta kicherte; nur Aspat Shanâh hörte es. Der Verschnittene deutete verstohlen nach links, wo sich zwischen dem Zelt und einem Seitenausgang des Palasts schweigende Männer, etwa vier Dutzend in zwei Reihen, mit hoch lodernden Fackeln aufzustellen begannen. Die Heerführer achteten nicht darauf und zuckten erst zusammen und schreckten auf, als der Trommler auf der Pauke lange, dumpfe Wirbel schlug und vom Palast einige Bronzetrompeten schrillten. Die Torflügel des Palasts standen offen; erst nach fünfzehn Schritten erkannten die Versammelten, daß sich Dariuvahush näherte, gekleidet wie einer der Ihren, im weißen, purpurgesäumten Mantel aus Mudrayia, gefolgt von Vindafarnâh, dessen Augenhöhle von einer Silberscheibe bedeckt war. Der König schien zu grinsen, machte weite Schritte und hatte die Hände in die weiten Ärmel seines roten und weißen Byssos-Hemdes geschoben. Langsam, einer nach dem anderen, standen die Krieger auf; nur wenige hielten Becher oder Trinkschalen in den Händen. Hinter dem König tänzelten junge Sklaven aus dem Halbdunkel heran; sie trugen flache Korbschalen, über die Tücher gebreitet waren. Dariuvahush kam zwischen knisternden Flammenzungen heran, blieb in der Mitte des unordentlichen Kreises stehen und drehte sich langsam. Aspat Shanâh beobachtete ihn, betrachtete sein Gesicht von vorn, von den Seiten; der König wirkte stark und jung, ausgeschlafen, selbstsicher wie seit langem nicht mehr, zufrieden und voll Unternehmungslust. Er hob bedächtig den rechten Arm und sagte laut, um die Musiker zu übertönen:

»Es ist, Freunde, euer Fest, und auch mein Fest.« Alle Aufregung, die Spuren der Schlaflosigkeit und endloser Nächte aus Reden, Fragen, Antworten und Besprechungen und jedes Zögern schienen von ihm abgefallen zu sein wie ein beschmutztes, zerknittertes Gewand. »Willkommen in meinem löchrigen Kriegszelt.« Aspat Shanâh packte das Handgelenk eines jungen Sklaven, zeigte auf die geschlossene Rückwand des Zeltes und legte den Zeigefinger an die Lippen. Der Junge rannte davon und schob sich durch den Vorhang. Dariuvahush redete weiter; nach drei oder vier Atemzügen rissen die Klänge plötzlich ab.

»Wenn die letzten Lügenkönige besiegt sind, werde ich das Neujahrsfest des Königs zu einem Ereignis machen, dessen Pracht ihresgleichen sucht.« Dariuvahush winkte den Palastsklaven. Seine Blicke verweilten, während er redete, lange auf den Gesichtern seiner Unsterblichen. »Heute nacht kann ich nur meine besten Heerführer ehren und beschenken. Seit dem Tod des falschen Kambushya-Bruders hat es kaum einen einzigen Tag der Ruhe gegeben. Seit ich Assina, den hageren Mada, und Nidintu-Bel habe hinrichten lassen, haben zu viele gute Männer sterben müssen. Meine Sorgen, meine Kämpfe – die sechs Freunde und ihr, Kambushyas Unsterbliche, Lanzenkrieger wie ich, ihr alle habt sie geteilt. Noch bin ich nicht mächtig genug, um euch mit Ländereien und Kshatrapien auszeichnen zu können. Aber ein wenig Gold hab ich in Kellern und Truhen gefunden.«

Er grinste und nahm aus dem nächsten Korb eine goldene Kette, zwei Finger breit und eineinhalb Ellen lang. Der Verschluß war mit zwei daumennagelgroßen Karneolen verziert. Dariuvahush machte, ohne zu zögern, drei Schritte und hängte Tachmaspâda die schwere Kette um den Hals; Vindafarnâh kreuzte die Hände auf dem Rücken und sah schweigend zu. Er sah aus, als ob er ein Gähnen unterdrückte.

»Es sind nur kleine Zeichen meines Dankes«, sagte Dariuvahush laut. »Niemand störe sich an der Reihenfolge; einer muß der erste oder der letzte sein.«

Er ließ sich eine Halskette nach der anderen reichen, mit Verzierungen aus Alabaster, Marmor, Basalt, Blutstein oder Bergkristall, Lapis oder geschliffenem Glas; er selbst legte sie um den Hals eines jeden Hazarapati, verteilte zwei Dutzend oder mehr Ringe und große Silberbecher mit goldenen Rändern; schließlich stemmte er die Fäuste in die Seiten und rief: »Dort drüben hab ich die neuen Lanzen aufstellen lassen. Mit goldenen Knäufen. Alle sind aus Kirschbaumholz! Holt sie euch nach dem Fest; paßt auf, daß ihr euch und andere in der Trunkenheit nicht verletzt! Ihr seid jetzt ausnahmslos Tausendführer; hoffentlich braucht keiner von uns im nächsten Jahr die Waffen zu benutzen.« Er klatschte in die Hände und schickte die Sklaven weg. Aspat Shanâh bedeutete zwei Dienern, Scherensessel für den König und Vindafarnâh aufzustellen, und schickte einen dritten zu den Musikern. Dariuvahush ließ sich in die weißen Felle sinken, legte die Füße auf einen Hocker und streckte den Arm nach dem Weinpokal aus; die Heerführer rückten Sitze und Tische zu einem Kreis zusammen und versammelten sich um ihn. Vindafarnâh hob seinen Becher, winkte Bagapâta und Aspat Shanâh und wies auf leere Sitze. Aspat schob seinen Daumen unter die schwere Halskette, lockerte seinen Haarschopf unter der goldenen Gepardenkopfspange und sagte leise zu dem Verschnittenen: »Jetzt solltest du die Schönen hereintänzeln lassen. Kann ich sicher sein, daß du die Richtigen ausgesucht hast? Für unsere Kriegerhelden?«

»Überaus seltsame Frage, Gewandmeister.« Bagapâta zog die Hände aus den Ärmeln und gestikulierte. »Ich hab mein palastmäßiges Gewerbe fünfzig verwirrende Jahre lang gelernt.«

»Schon gut.« Aspat Shanâh winkte ab. »Ich glaub's. Mach schon.« Bagapâta verschwand zwischen den Gestalten im Halbdunkel. Die Fackelträger rammten die lodernden Stäbe rund ums Zelt in den sandigen Boden und zogen sich zur Gebäudemasse des Palasts zurück, deren Umrisse von wenigen Ölflämmchen markiert wurden. Die Musiker spielten lauter, und während der nächsten halben Stunde ersetzten Sklavinnen nach und nach die Palastdiener und die Köche hinter den aufgetürmten Braten und Brotkörben. Ein plötzlicher Windstoß wehte Staub und Gerüche unter dem Zeltdach zwischen den Spannseilen hindurch und ließ alle Flammen zittern und flackern. Dariuvahush und die Heerführer redeten miteinander, lachten, tranken und langten in die Schalen voller Datteln, Pistazien, Nüsse oder anderer Leckerbissen; Tachmaspâda zog als erster eine junge Frau auf seine Knie, ohne sich in der Schilderung eines nächtlichen Kampfes am Lagerrand zu unterbrechen. Niemand sah hin, als eine Gänsekeule wie ein Geschoß senkrecht aus der Finsternis in einen Weinkessel einschlug und einige Gäste mit einem Tropfenregen überschüttete.

Eine Stunde nach Mittnacht, als der runde, weiße Mond über den Tortürmen Hagmatânas schwebte, streckte Dâdreshish langsam den linken Arm aus, die Handfläche zum Boden gerichtet. Auf den gespreizten Fingern stand eine bis zum Rand mit Wein gefüllte Trinkschale, mit der rechten Hand streichelte er die Brüste einer braunhaarigen Sklavin, die mit abgewandtem Gesicht auf seinem Schoß saß. Sie starrte die unbewegte Oberfläche des Weins an, in dem sich der Mond und die Lichter ringsum spiegelten. Als Dâdreshish rülpste, zuckte sie zusammen und kicherte. Tachmaspâda sprang hin und her, während der Trommler lange Wirbel auf dem Kalbfell der Pauke schlug und die Handtrommeln ratterten wie unter den Fingern von Rasenden. Eine Hälfte der Gefährten klatschte viel zu langsam zum Takt der Trommeln, die andere feuerte Satâspa an. Tachmaspâda trug einen Kettenhandschuh, schleuderte seine Lanze vor dem Zelt in die Höhe, die Waffe überschlug und drehte sich; er fing sie mit der nadelscharf geschliffenen Spitze oder mit dem goldenen Knauf am anderen Ende auf, packte sie in der Mitte, wirbelte sie waagrecht und senkrecht, so schnell, daß Schaft und flirrende Schneide kaum mehr zu unterscheiden waren, schleuderte sie in die Höhe und sprang mit ausgebreiteten Armen zurück: Drei Fingerbreit vor seiner Brust bohrte sich die Lanze tief in den Sand, der Schaft zitterte. Ein Mädchen kreischte, der Harfenist zupfte eine Reihe scharfer, mißtönender Klangfolgen, ein langgezogener Flötentriller riß ab, und hinter dem Vorhang hörte man besinnungsloses Gelächter und einen dumpfen Fall. Tachmaspâda drehte sich schnell herum, hob die junge Frau an den Hüften hoch und zog sie an sich; sie umklammerte ihn lachend mit den Beinen und trommelte mit den Fersen in seinen Rücken. Mit langen Schritten trug er sie aus dem hellen Lichtschein fort.

Bagabuchsa hatte seine Schärpe aufgeknotet und benutzte das Stoffband als Schleuder. Sein Ziel war ein Unsterblicher, von dem nur der Rücken und die zuckenden Hüften zu sehen waren. Er hing mit beiden Armen über einer unfertig bemeißelten Steintraverse, die auf zwei Quadern lag, und spie würgend. Bagabuchsa schleuderte, grinsend und schweigend, mit unglaublicher Treffsicherheit, Granatäpfel, abgenagte Knochen, einen Eßnapf,

mit Lauch umwickelte Wachteleier, einen Nußhagel und ein an-
gebissenes Hühnerbein auf den Betrunkenen. Als sich der Krieger auf zitternden Armen in die Höhe stemmte und umdrehte,
traf ihn Bagabuchsas letztes Geschoß an der Stirn: eine kinder-
kopfgroße Kugel aus Gemüse, Brot, gehackten Knoblauchzehen,
Tonscherben und Fischbällchen, mit erstarrtem Kichererbsenbrei
zusammengeklebt. Der Fluch erstarb in einem Gurgeln, langsam
sank der Krieger zu Boden; die Gefährten johlten und hämmerten auf die Tische.

Satâspa vollführte in der Mitte des Zeltes, mit weit nach hinten
gebogenem Körper und flatternden Händen eine Art Tanz. Die
Spitze seines Kurzschwertes schien im ledernen Stirnband zu
stecken, der Griff der Waffe beschrieb langsame Kreise, und
Satâspa bewegte den Kopf in entgegengesetzten Drehungen, so
daß das Schwert taumelte und schwankte, aber nicht fiel. Seine
Absätze und Schuhspitzen wirbelten kleine Sandfahnen hoch,
sein Gesicht war schweißüberströmt. Schließlich beugte er sich
vor, schnellte den Kopf nach hinten und stieß einen gellenden
Kampfschrei aus, der von der Palastmauer widerhallte. Das
Schwert überschlug sich ein halbes Dutzend Mal und landete
plötzlich mit dem Griff in seiner Hand.

Wieder johlten die Gefährten. Zwei Diener führten den Betrunkenen weg und reinigten ihn von den klebrigen Brocken. Ein
Dolch bohrte sich in eine Zeltwand und zerschnitt eine Goldstik-
kerei in zwei Teile. Plötzlich begannen in den Gassen Hagmatânas viele Hunde zu kläffen und zu jaulen. Farnakas Sessel war
zusammengebrochen; der Tagwächter saß in den Trümmern, redete auf sie ein und schichtete die Holzteile zu kleinen Kegeln,
die er abwechselnd mit Bier und Wein übergoß. Dâdreshish winkelte langsam den Arm an und näherte die Trinkschale seinem
Gesicht. Nicht ein Tropfen Wein war über den Rand gelaufen;
die Sklavin starrte das dunkle Spiegelbild der Gestirne an. Ihr
Mund stand weit offen. Dâdreshish begann zu trinken, leerte die
Schale zur Hälfte und nahm sie in die andere Hand. Er hielt sie
an die Lippen der jungen Frau und suchte Aspat Shanâhs Blick.
Die meisten Gefährten hielten Trinkbecher in den Händen und
hatten Sklavinnen auf den Knien, einige schliefen und schnarch-

ten; Dariuvahush und Bagapâta waren längst gegangen. Ein
Sklave stolperte, stürzte und schleuderte die Platte mit zwanzig
leeren Tonbechern vor Aspat Shanâhs Füße. Bogenmeister Rashurda nahm die Hand von der Brust der halbnackten Sklavin,
steckte die Finger in die Ohren und schüttelte den Kopf.
»Die Nacht wird immer kürzer, Schönste«, rief er durch den
Lärm. Der Flötenspieler verschluckte sich; der schrille Ton kippte, überschlug sich und schwieg. Einige Atemzüge später änderte
sich holprig der Takt der schweren Trommel und verlangsamte
sich. Zwei, drei Krieger schwankten mit ihren Gespielinnen davon. Rashurda drückte der schwarzhaarigen Frau zwei Becher in
die Hände, hob einen Weinkrug in den Arm und zog sie mit sich.
Bei jedem Schritt klirrten ihr Schmuck und seine doppelte Halskette. Als er über ein Spannseil stolperte, fing sich Rashurda,
drehte sich um und warf einen langen Blick auf das Bild im
Kreis der heruntergebrannten oder blakenden Fackeln und der
Öllichter. Plötzlich schwieg der dumpfe Schlag der Pauke. Die
Gefährten waren betrunken, schienen zu schlafen oder knieten
zwischen den Schenkeln der Sklavinnen. Rashurdas Stimme war
vom Wein weicher geworden; er sagte:
»Ich bin Rashurda. Wie heißt du, Schönste? Ich will wissen, wer
meine lustvollen Morgenstunden teilt.«
»Vaigâ heiß ich. Wohin gehst du mit mir?«
»Ins Haus der Palastwachen. In meinem Zimmer ist es ... weniger verwüstet.«
Der Mond war seit Stunden hinter dem Bergmassiv verschwunden. Zwischen den Grasflächen, auf deren Halmen erste Tautropfen glänzten, verliefen Kieswege und einige unfertige Straßen-
stücke aus Steinplatten. Nur noch in wenigen Mauernischen
brannten Öllampen; die Luft war lau, völlig unbewegt und lastete
zwischen den Säulen und Wänden. Nach einem Dutzend Schritten hörten Vaigâ und Rashurda nur noch die Handtrommeln und
eine einzelne Rohrflöte. Als sie einem Durchgang in der Lehmziegelmauer und aufwärts führenden Stufen folgten, verloren
sich die letzten Töne. Eine Frau lachte schrill; der Widerhall
schien in die knackenden Mauern einzusickern.

Zwischen schlanken Säulen, aus Öffnungen unfertiger Quadermauern und durch die schütteren Kronen der Baumschößlinge
blendeten die ersten Strahlen der Sonne, die sich hinter der Ge-
bäudemasse der Palastfestung über den Kamm des Gebirges hob.
Am ersten Brunnen, noch vor dem Stadttor, hatte das Kamel gesoffen; in seinen Mägen kollerte und gurgelte das Wasser. Das
Tier war erschöpft und setzte bedachtsam einen Huf vor den anderen. Mit dem nassen Zügel und einem Stöckchen lenkte es der
Reiter schräg über die Grasfläche des Platzes vor der langen
Treppe. Er blinzelte in die Helligkeit und senkte schließlich den
Kopf. Der Mann, vielleicht vierzig Sommer alt, mit schmalem
Gesicht und Sperbernase, war tiefbraun gebrannt, sein Haar war
nicht länger als zwei Fingerbreit, der Bart kaum älter als vier
Tage; der Kamelreiter, der mit gekreuzten Beinen im Sattel saß,
trug über Hosen aus dünnem Leder einen unverhältnismäßig großen weißen Mantel, schmutzig und voller Schweißflecken, in
den er sich eng eingewickelt hatte. In der ersten Wärme des Morgens schlug er den grauen Kapuzensaum zurück und öffnete das
Gewand über der Brust. Auf dem Platz, in den zahlreiche Straßen
und Gäßchen mündeten, war er allein mit einigen Sklaven, die
Wasser holten, und einigen lungernden Hunden. In einem zerschlissenen Lederköcher vor dem rechten Schenkel des Reiters
steckten drei Wurfspeere, ein entspannter Bogen, eine Handvoll
Pfeile und eine lange Lanze. Er ritt auf eine Öffnung der Palastmauer zu, vor der einige Baugerüste, Schilfdächer und helle
Steinquader zu sehen waren. Zwei Wachen liefen auf ihn zu, als
er fast den Durchbruch der Mauer zum Unteren Palasthof erreicht hatte. Er zog die Hand aus den Falten des Mantels und
zeigte den Männern den schweren Ring. Das Ankh-Zeichen, ausgeführt in mudrayischem Glasfluß, strahlte im Morgenlicht.
»Ich bin Sykashta, Auge und Ohr des Königs in Mudrayia und
Abr Nahr. Ob Aspat Shanâh wohl schon wach ist?«
»Wir bringen dich zu Rshâma, seinem Stellvertreter. Aspat ...,
nun, er hat eine schwere Nacht hinter sich.«
Langsam ritt Sykashta weiter, vorbei an Gräben, unfertigen Mauern, einem neu angelegten Garten, dessen Pflanzen ein blinzeln-
der alter Sklave wässerte, auf eine Sandfläche voller Gerüste,

Quader, Steinplatten, Hebebäume und Bauhütten zu. Dahinter war ein großes Zelt aufgespannt, an dem viele Lederteile fehlten. Er hielt das Kamel an, betrachtete schweigend zertrümmerte Schalen und Tonbecher, silbernes und goldenes Tischgeschirr, umgeworfene Sessel und Tische, Essensreste, versickernde Weinlachen und einige Männer, die auf Bänken oder Tischen lagen und schnarchten. Drei junge Frauen schienen gerade aufgewacht zu sein und schlichen in verschiedene Richtungen davon. Er schüttelte den Kopf und bedeutete mit einem Klicken der Zunge dem Tier, weiterzugehen; es schien zu wissen, daß es nur noch hundert Schritte waren.

»Haben sie gekämpft oder nur gesoffen?« murmelte er. »Ja. Im Übermaß getrunken. Ein Fest in Hagmatâna? Und Sklavinnen beschlafen – wenn sie's noch konnten.«

Als zwei verschlafene Wachen näherkamen, hielt er das Tier an, ließ es niederknien und sprang ächzend in den Sand. Seine Knie knickten ein, er hielt sich am Hals des Kamels fest, gab den Zügel dem älteren Wächter und sagte:

»Versorgt das Tier. Es hat mich von Abr Nahr bis hierher gebracht. Gutes Futter. Auf eine saftige Weide. Der Stallmeister soll die Wunden mit Heilsalbe bestreichen. Wo finde ich Rshâma?«

»Dort im Nebenbau, Herr.« Der Wächter wartete, bis das Tier wieder auf die Beine gekommen war, und zerrte es hinter sich her. »Er zieht sich gerade an.«

»Ich warte. Bring mir von dem Kräutersud, den ich rieche.« Sykashta wies auf den Rauch eines frühen Küchenfeuers, dann mit dem Daumen über die Schulter. Der Wächter brachte Sykashtas Waffen und die prallen Satteltaschen. »Habt ihr heut nacht einen Wettkampf im Trinken verloren?«

»Es waren die mutigen Unsterblichen, die Hazarapati. Der König hat sie mit viel Gold beschenkt. Wie ist dein Name, Kamelreiter?«

»Sykashta, der Unbekannte.«

»Dann bist du derjenige, von dem sie oft geredet haben; alle vermißten dich.«

»Ein paarmal hab ich mich selbst vermißt. Nun bin ich da.« Sykashta nickte und setzte sich auf einen Bretterstapel. Einige

Atemzüge später kam ein junger Mann, der einen Krug und zwei Becher trug, aus dem zweistöckigen Lehmziegelbau. Er stellte den Krug ab und setzte sich neben Sykashta.

»Durstig, o Ohr und Auge des Königs? Ich bin Rshâma, die rechte Hand Aspat Shanâhs. Er wird gerade roh geweckt.«

Sykashta tunkte einen Finger in den Sud, nickte, schüttelte den Kopf und hob den Krug auf. Er trank ihn leer; nur dreimal setzte er ihn ab, um tief Luft zu holen. Leise sagte er:

»Durstig wie mein Kamel. Es gibt viele Neuigkeiten; entlang des Weges habe ich von den Kämpfen und Siegen des Königs gehört. Ist es noch zu früh? Oder kannst du mir in wenigen Sätzen wahrheitsgemäß berichten, was seit der Einnahme Babairus geschehen ist?«

»Ich versuch's, Herr Sykashta.«

Während Rshâma die Ereignisse aufzählte, kam Aspat Shanâh aus dem Haus und erschauerte. Er preßte die Hände vor die Augen, senkte den Kopf und stolperte durch den Kies, bis er sich mit einem Laut der äußersten Verzweiflung neben Sykashta setzte und schweigend zuhörte, bis Rshâma geendet hatte. Dann murmelte Shanâh:

»Willkommen, Freund, auch wenn es viel zu früh ist. Komm mit ins Halbdunkel meines Arbeitszimmers; danach kosten wir von den Vorzügen der Palastbäder. Du hast den Weißen Palast in Men-Nefer überlebt, die Wüsten und die Königsstraße – was bringst du mit?«

»Wichtige Erkenntnisse und Nachrichten vom Land am Hapi – oder Neilos und etwas von Syloson, dem Bruder des Polykrates von Samos, Aiakes Sohn, Vater eines Knaben Aiakes. Und tausend kleine Beobachtungen.« Sykashta blickte in den Hals des leeren Kruges und schüttelte ihn. »Die Summe der Kleinigkeiten wird Dariuvahush zunächst beunruhigen, dann aber sein Herrschen erleichtern.«

»Ich verstehe«, murmelte Aspat Shanâh. »Es wird wieder ein gräßlich langer Tag, voll mit unaufschiebbar grausiger, wichtiger Arbeit. Komm mit aus der Sonne, Freund der stinkenden Höckertiere.«

»Daß Kambushya drei lange Jahre in Mudrayia Krieg führte –
wer wüßte es besser als wir!« Sykashta seufzte und gab der Sklavin die leere Trinkschale. »Schließlich, nach Psammetiks Erhebung, gewann er endgültig und starb bald darauf. Noch sind die
Krieger und der Kshatrapan Aryâvanda im Weißen Palast die Herren des Landes, und du wirst mitgezählt haben: Tribut ist nach
Pârsa gebracht worden. Aber der Widerstand wird spürbar. Es
gibt, von vielen Priestern unterstützt, einige ehrgeizige Männer,
die sich als Söhne des letzten Goldhorus verstehen. Auch ihre
Frauen hetzen gegen uns. Ich sage, es dauert nicht länger als ein
Jahr, und dann wird auch Mudrayia abfallen, wenigstens das Land
des fruchtbaren Dreiecks und des Schah-Resi-Seegebietes.«
»Das glaubt auch Udja-Horresnet, der Arzt und einstige Flotten-
führer?« sagte Aspat Shanâh und trank Wasser mit ein paar Tropfen Sud. Sykashta schüttelte den Kopf und schloß die Augen.
»Die Mediziner, die er ausbildet, von ihnen erfährt er vieles, was
andere nicht wissen.«
Von Gedjed aus war Kambushya mit einem Heer und vielen
Schiffen gegen Mudrayia gezogen. Udja-Horresnet, der die
Schiffe des Pharao befehligte, lief zu Kambushya über und wur-
de von ihm mit ehrenvollen Ämtern überhäuft; nun gehörte er zu
Dariuvahushs Ärzten und vermittelte sein Wissen derzeit in Pâ-
thragada. Sykashta kam aus den Fernen seiner Erinnerungen an
die Hinrichtung des dritten Psammetiks zurück und zwang sich,
die Augen zu öffnen.
»Das ist das Wichtigste, o Kämmerer.« Er fühlte, wie ihn die
Müdigkeit ergriff. »Von Syloson weiß ich, daß er Dariuvahush
unermeßlich viele Grüße sendet. Er scheint vieles von seiner
Heimatinsel Samos zu wissen; aber er will es nur dem König
selbst sagen.«
Aspat Shanâh zog sich gähnend in die Höhe, legte den Arm um
Sykashtas Schultern und ging zur Tür. Seine Stimme sank zu einem heiseren Flüstern herab.
»Ins Bad, Freund. Rshâma wird mich vertreten. Du mußt erst
einmal ausschlafen; dann kannst du alles vor dem König wiederholen. Deine Sattellasten laß ich in dein Zimmer bringen.«

Dariuvahush stemmte die Ellbogen auf die Tischplatte, stützte sein Gesicht in die Fäuste und hob langsam den Kopf. Er starrte drei Atemzüge lang seinen einstigen Gefährten an, dann zog er die Schultern hoch.

»Nur scheinbar ist Friede im Kernreich und in den Kshatrapien, o Freund Sykashta.« Seine Stimme war flach; aus ihr war mehr Enttäuschung als Wut oder Drohung zu hören. »Noch immer kämpft unser Gefährte Rtavardhya gegen den falschen Brydiya Vahyazdhâta im Osten von Pârsa. Und der Schöne Frâda in Margush ist noch nicht gefaßt; Tshissan Tachma ist in Arbela gepfählt worden. Und gegen die Saken, die unablässig im Osten die Grenzen unsicher machen, werde ich selbst ziehen – wenn ich erst sicherer auf dem Thron sitze. Unzählbar viele Berichte meiner ›Augen und Ohren‹ hat Aspat Shanâh zusammengetragen und mit mir ausgewertet. Dazu kommen deine Warnungen. Ich hab befohlen, daß sich an jedem Ort, in jeder Kshatrapie, die besten Krieger bereithalten. Berittene; jedes Heer muß viel schneller eingreifen können als während Kambushyas Herrschaft. Wie soll ich dich belohnen, Sykashta?«

Der Unsterbliche zuckte mit den Schultern; schließlich sagte er: »Ich will zu meinem Hofgut, zur Familie zurück. Dort wird viel zu tun sein, auch wenn mein Bruder tüchtig und zuverlässig ist. Und meine Geliebte wird mich kaum wiedererkennen.« Er lachte kurz. »Die alltäglichen Widrigkeiten.«

»Von denen ich mehr habe als du.« Dariuvahush vollzog eine schwungvolle Geste des Abscheus. »Warum hat Kshatrapan Aryâvanda aus Men-Nefer keinen Boten geschickt, mit Nachrichten, die deinen Warnungen entsprechen?«

»Weil ich mit deinem Silber – nicht mit Gold, das haben sie selbst in reichlichem Maße – die Mitteilungsfreude kluger Priester gekauft habe, o Herrscher. Aryâvanda wußte wenig; ich mißtraue ihm; er ist ölglatt: Ich habe ihm ernsthafte Warnungen zukommen lassen. Nun weiß er's.«

»Das ist eine zufriedenstellende Erklärung.« Dariuvahush ging um den Tisch herum, zog Sykashta aus dem Sessel und umarmte ihn. Er küßte ihn auf beide Wangen und legte die Hände auf seine Schultern. »Ich hab mir noch ein reichliches Jahr gegeben,

Freund. Dann erst werden wir uns an Dinge wagen können, die Bestand im Angesicht vieler kommender Geschlechter haben werden. Große Pläne sind in meinen Träumen, in meinem unruhigen Kopf. Aber in den nächsten Monden: Kämpfe! Schnell, blutig, erbarmungslos! Wie Kurusch! Bleib hier, laß dich verwöhnen, und reite zu deinen Leuten, wann es dir richtig erscheint.«

»Wenn du mich wieder brauchst, schick einen Boten.« Sykashta erwiderte die kraftvolle Umarmung. »Ich bin an deiner Seite, o König.«

Drei Tage, nachdem Sykashta auf seinem grunzenden Kamel Hagmatâna verlassen hatte, traf ein Bote ein. Am 24. Tag des Mondes der Knoblauchlese hatte Heerführer »Dreiauge« Rtavardhya am Berg Priga den falschen Brydiya Vahyazdhâta besiegt und gefangengenommen. Dariuvahush gab den Befehl, Vahyazdhâta und dessen Gefolgsleute in deren Heimatstadt Chvâdaitshya zu pfählen. Das Kshatrapie-Siebentel Yutiyâ wurde von Pârsa abgetrennt und verlor augenblicklich alle Vorrechte: Yutiyâ hatte fortan Tribut zu erbringen, dessen Höhe von Dariuvahush geschätzt werden würde. Rtavardhya und sein Heer kehrten siegreich nach Pâthragada zurück, während der König sich noch in Hagmatâna aufhielt. Noch während sich die Nachricht in der Stadt verbreitete, las Aspat Shanâh im leeren Thronsaal die nächste Botschaft von einem schweißfeuchten Schreiber ab:

»*Der Mann Aracha von Armina, Halditas Sohn, stand im Landes-Siebentel namens Dubâla in Babirush wider dich auf, o König. Er sagte dem Volk: Ich bin Nebukadnezar, Sohn des Naboned. Er sitzt im Palast des Kshatrapan zu Babairu und regiert das Land; Kshatrapan Vivâna floh mit seinem Anhang und sammelt Söldner und Getreue. Er wartet an der Grenze Arminas auf die Befehle des Königs.*«

Dariuvahush zog sich fünf Stunden lang ins Innere des Palasts zurück. Er redete nicht einmal mit Aspat Shanâh, der erst von Bagapâta erfuhr, daß der König den größten Teil dieses Vormittags mit Nefermerit verbrachte. Danach ließ Dariuvahush

Schwiegervater Gaubarva und Vindafarnâh in den Thronsaal kommen, beriet lange mit ihnen, zitternd im Versuch, sich zu beherrschen, und mit tonloser Stimme, und bat schließlich Vindafarnâh in drängendem Tonfall, nach Babirush zu ziehen. Jetzt, im späten Sommer ein Heer zusammenzurufen und den Troß in Marsch zu setzen, war ein schmerzlicher Einschnitt in das Leben von vielen Hunderttausenden, die mit der Ernte, dem Sammeln und Haltbarmachen von Feldfrüchten und der Hege vieler Herden zu tun hatten. Abermals strömten die Krieger aus allen Richtungen zusammen, ritten auf der Heeresstraße und der Königsstraße auf Bagastâna zu und sahen, als sie nach vielen Siebentagen ins Tiefland abzusteigen begannen, die Stufen, Gerüste, Zelte und Handwerker, die hoch über der Paßstraße und hinter schattenspendenden Leinwandbahnen die Felswand bearbeiteten. Vindafarnâhs Heer trabte, galoppierte und fuhr auf jenen Straßen, die Dariuvahush hatte verbreitern und ausbauen lassen, zwischen den Flüssen Idiglat und Buranun auf Babairu zu, drang durch das halb offene Marduktor – der linke Torflügel war noch immer nicht wiederhergestellt und eingehängt – in die Stadt ein und kämpfte zusammen mit den Söldnern des Kshatrapan das Heer der Rebellen nieder: Aracha und neunundvierzig seiner Anhänger verloren Ohren, Nasen und Augen und wurden einen Siebentag nach dem Sieg auf dem Esangilaplatz gepfählt. Einen Mond, nachdem ihn die Nachrichten über das Ende des dritten Aufstandes in Babirush erreicht hatten, brach Dariuvahush mit dem Hofstaat ins Winterlager auf; noch zögerte er, die Zeit bis nach der Schneeschmelze in der Großen Stadt zu verweilen.

Dariuvahush brachte seine Gedanken zu Ende und schrieb weiter:

Als Kind habe ich oft gedacht, um die Zeit anzuhalten, genüge es, sich nicht zu bewegen. Auch als ich zum erstenmal in den Armen einer Frau lag und ihrer einzigartigen Stimme lauschte, war ich davon überzeugt. Heute weiß ich nicht, ob es erfolgreicher ist, ununterbrochen und schnell zu handeln oder verkrampft in scheinbarer Ruhe abzuwarten. Ich habe mich entschlossen, ent-

schieden zu handeln und zu befehlen, daß gehandelt werde: Das verkündet Darius der König.

Er blinzelte in der Helligkeit des späten Vormittags. Weißes Sonnenlicht blendete vom gekalkten Schreibleder und funkelte vom Golddrahtsaum. Jenseits der Säulen der oberen Halle, an der Südseite des Tatshara-Wohnpalasts, sah er unzählige Palmenwipfel, in deren angewelkten Wedeln der Westwind raschelte. Kühle Stille herrschte zwischen den fünf Ellen dicken Lehmziegelmauern; kühle Ruhe füllte auch ihn aus, und seit drei Monden oder mehr – während derer er nur wenige Tages-Zeilen hastig hingeschrieben hatte – wußte er heute genau, daß aus seinen Gedanken, zu Worten geronnen, sein neues Wissen und seine Erfahrungen zu erkennen und in hundert Jahren noch gültig sein würden. Ein ungewohntes Gefühl ergriff ihn, wenn er das Geschriebene nachlas; er glaubte, das vage Hochgefühl kommender Triumphe zu erkennen. Er tauchte den Griffel in die Tusche, ließ sie abtropfen und lächelte, als er weiterschrieb.

Mühsam genug habe ich die einfache Königsschrift oder Reichsschrift gelernt. Jede Nacht eine Stunde lang quälte mich der Oberste Schreiber: Wenn ich sie zu lernen vermag, werden in ein paar Jahren alle die Reichsschrift lesen und schreiben können. Ich werde sie als neue Schrift über die alten Schriften auf dem Felsbild von Bagastâna einmeißeln lassen, wenn die Arbeiter nach dem Winter wieder auf ihre gefährlichen Gerüste zurückkehren. Aber – soll ich wirklich glauben, daß mein Heer schon die unwiderruflich letzte Schlacht geschlagen hat, nachdem Freund Vindafarnâh für mich hier in Babairu über den Lügenkönig Aracha gesiegt hat, am 22. Tag des Mondes der Gartenhege, Varkazana?
Denn: Nachdem ich von Hagmatâna Boten zu Dadrâshish geschickt habe, dem ehrlichen, kämpferischen Kshatrapan von Bakhtrish, brach er nach Margush auf und bekämpfte den Magier Frâda bis zu dessen Ende. Frâda, hat man mir berichtet, zeigte unerwartet viel Mut und starb nicht ehrlos; er war einer der letzten im Kampf. Seit ich Assina in Hagmatâna pfählen ließ,

sind dreizehn Monde vergangen, ein Jahr, denn mein erstes Jahr war eines jener, denen zum Ausgleich fast ein Mond angehängt wurde. Neun erbärmliche, kleine Könige der Lüge habe ich überwunden. Ich allein? Nein. Es waren die Hazarapati, die Unsterblichen, die mutigen Heere; es war in Wirklichkeit das Reich, das Kurusch gegründet hat und das letztendlich siegte, durch Größe und Beharrung, so wie die Große Uralte Stadt Babairu seit tausend Jahren unzählige Leben und Tode – und drei Aufstände in meinem ersten Jahr – geschluckt und verdaut hat, ebenso wie das ewige Stromland Mudrayia, das, sagen die Priester, so alt ist wie die Sterne. Den Städten und dem Land unter dem Himmel sind die Menschen gleichgültig wie Sandkörner und Ameisen – aber auch in meinem zweiten, bald dem dritten Jahr, bin ich Herrscher über Menschen. Denn was wäre ich, wenn ich nur über leeres Land herrschte?

Dariuvahush hatte befohlen, ihn bis zum hohen Mittag allein zu lassen. Nachdem er die Botschaft Dadrâshishs zum zweitenmal gelesen und deren Bedeutung gänzlich verstanden hatte, hatte er lange und abgrundtief geschlafen. Er legte den Schreibstift quer über die Zinnen des goldenen Türmchens, das die linke obere Ecke des dünnen Leders beschwerte, und ging zum Wasserkessel hinter dem Wandschirm, um sich die Hände zu waschen.

In weniger als dreieinhalb Monden beginnt mein Jahr Drei. Hutaûtha pflegt ihre Schwangerschaft im Palast zu Pâthragada, wo ich auch Rytabâma zurückgelassen habe; Brydiyas Tochter Parmush und Kambushyas Tochter Rtastunâ sollen von der Königin und dem alten Bagapâta lernen, ihrem Rang entsprechend zu reden, zu schreiben und zu lesen; die Zucht der Königspaläste. Faidumâ, Hutanas Tochter, nahm ich mit ins Land Babirush. Mit dem Tribut von Mudrayia und Teilen des Reichsvermögens habe ich die zehntausend Unsterblichen mit besseren Waffen und schnellem Troß ausgerüstet, alle jene Heere, die mir gehorchten, beschenkt und mich der Kriegsfolge von mehr als fünfzigmal tausend Männern überall in den Ländern versichert; auch die Söldner, zwölf Monde im Jahr kampfbereit, sind wohl ausgestattet und werden von bewährten Pârsa-Kriegern geführt. Man schwor, dies sei die Wahrheit; bis zum heutigen Tag brauchte ich nicht daran zu zweifeln. Erst heute, nachdem ich tausend ›Ohren und Augen‹ zugehört habe, weiß ich, in welcher Gefahr ich und das Reich waren: Die Versprechen, die Gaumâta der Ohrenlose gab, und seine Aufhebung der Gesetze von Kurusch und Kambushya, machten das Volk von Pârsa zu seinen Anhängern und daraufhin alle anderen, die sich um die Lügenkönige scharten. Daraus haben die Fürsten, die Heerführer und ich, der König, vieles zu lernen: Die Unzufriedenheit war groß im Volk. Ist sie es noch immer? Kein Bauer wird es mir ins Gesicht zu sagen wagen, aber zuverlässig erfahre ich es von den Kundschaftern.

Kshatrapan Vishtâna, seine Familie und sein Hofstaat begnügten sich, so lange Dariuvahush den Palast bewohnte, mit Stadthäusern, aus denen die Aufrührer vertrieben worden waren. Aspat Shanâh und der Kshatrapan versuchten zusammen mit Dariuvahush, den Tribut der Kshatrapie Babirush an das Reich zu schätzen – er sollte hoch genug sein, zugleich gerecht und angemessen; nach drei blutig niedergeschlagenen Erhebungen in einem Jahr sahen auch Gaubarva, Vindafarnâh und der König die Notwendigkeit einer strengen Prüfung der Art, der Gewichte oder Menge, der Zahlen und des befohlenen Siebentages der Übergabe ein, und dies galt zuerst für Babairu und Babirush, danach für jede andere Kshatrapie.

Tausend königliche Befehle ließ ich schreiben und schickte tausend Königsboten zu den Männern, denen ich vertrauen kann; Blaukittel, Unsterbliche und Fürsten. Vielleicht ist mit Ahura Mazdâhs Hilfe wirklich die letzte Schlacht gewonnen worden – die Saken und Thatguyia greife ich an, wenn meine Heere stark und schnell genug sind für einen weiten Zug nach Osten. Die letzte Schlacht? Noch kann ich es nicht glauben; jede Gewißheit fehlt. Meine Heerführer und die Kundschafter sprechen von mehr als fünfzigmal, vielleicht hundertmal tausend Toten. In jenen Botschaften ist geschrieben, wozu wir, ich und Gaubarva, uns entschlossen haben: Der König wird befehlen, han-

deln, loben und strafen, wie es ihm beliebt. Bisher mußte er Dinge tun, die ihm aufgezwungen wurden, sich und das Reich verteidigen, wenn es angegriffen wurde. Sind es wirklich neunzehn Schlachten gewesen? Ich werde damit beginnen, daß ich nach Babirush in der Kshatrapie Uvja wohnen werde, in der Stadt Huza, die nicht an Ahura Mazdâh glaubt und in der sich drei Lügenkönige gegen mich empört haben: Assina, Ummanish und Attamaita. Einen herrlichen Palast werde ich auf dem Hügel errichten und Huza ans Reich fesseln wie den Gefangenen an meinen Baum.

Dies verkündet König Dariuvahush demjenigen, der ihm auf dem Thron nachfolgt: Kambushya mordete, weil er die Macht nicht teilen wollte, seinen Bruder Brydiya. Ich und die sechs Freunde mordeten Gaumâta den Ohrenlosen, denn unser Kampf und Töten war nichts anderes als Mord. Im Herzen eines jeden Menschen streiten Ahura Mazdâh und Ahriman mit gleichen Waffen, und jeder kann siegen oder verlieren; wir entschieden uns eine Nacht lang für Ahriman, das Böse und die Lüge, weil die Größe des Reiches wichtiger war. Selbst die Barbaren, Yaunier wie Achaier, billigen das Töten von Gewaltherrschern; sie nennen's Tyrannenmord. Manchmal glaube ich, Blutstropfen an meinen Händen zu spüren, aber dies weiß niemand, nur ich. Auch weiß ich nicht, was ich im Irrgarten der nächsten Jahre finden werde, oder ob ich mich ohne Hoffnung darin verliere. Aber ein König darf seine Zweifel niemandem zeigen – und so werde ich fortfahren, all die klugen Dinge zu tun, die Kurusch begonnen und Kambushya nicht vollendet hat: ein Gesetz, eine Ordnung für jedermann im großen Reich des Königs Dariuvahush durchsetzen. Auch Mardunya, Sohn Gaubarvas und Bruder meiner Gattin Rytabâma, den ich mit dem kleinen Heer nach Pârthara, zu Vater Vishtâspa schickte, wird mir dabei helfen. Er hat meine Schwester Rashaina zur Frau genommen; da er einer der zehntausend Unsterblichen in Kambushyas Heer war, ein mutiger Kämpfer, kann ich ihm vertrauen. Ob er fähig ist, mehr als eine Hundertschaft zu führen, werde ich von Tachmaspâda oder Dâdreshish später erfahren.

Die Sonne trocknete die Tusche auf dem weißen Leder. Dariuvahush schnitt mit dem Zierdolch das vordere Stück des Schreibgriffels ab, dessen Holzfasern von dem dicken schwarzen Sud verkrustet waren, und verstaute Tuschkrügelchen, Kanten-Gewichte und die Lederrolle in der Truhe. Die Verschlüsse knackten, die Sonnenstrahlen brachen sich an den Löwenköpfen. Dariuvahush starrte zwischen Säulen und über Brüstungen hinweg auf die schrägen Rampen und Treppen des Marduk-Hochtempels. Über die unzähligen bunten Punkte der Tonstifte, in breiten Bändern von hundertachtzig Ellen Länge in die mächtigen Flanken des Bauwerks eingefugt, zogen Wolkenschatten und Sonnenspiegelungen. In der Begleitung einiger Priester hatte Dariuvahush die Kammer des Gottes auf der höchsten Plattform betreten, hundertachtzig Ellen über dem Boden der riesigen Stadt: Der Blick vom Etemenanki, dem Haupttheiligtum, auf den Irrgarten der Häuser, die Stadtmauern und weit ins flache Land hatte ihn für kurze Zeit denken lassen, er sähe einen Teil der Welt mit dem Auge des Adlers. Längst waren die Innenwälle, in Vindafarnâhs Kämpfen gegen den Lügenkönig Nebukadnezar den Fünften beschädigt, geschleift und ihre noch brauchbaren Ziegel für den Bau des Palasts weggetragen worden. Er seufzte und richtete seine Überlegungen von der Größe und Schönheit des himmelanstrebenden Tempels zurück auf seine Aufgaben als König von Babairu. Gesichter, Namen und Bedeutungen glitten durch seine Gedanken; Priester und Sterndeuter, Abgesandte des Bankhauses Muraschu, die ihn glauben machen wollten, sie stürben im nächsten Mond den Tod der Auszehrung, Angehörige seines vielhundertköpfigen Trosses und Hofstaates, Verwalter und Schreiber, Ärzte und Unsterbliche mit goldenen Lanzenknäufen, Männer und Frauen. Nefermerit und Faidumâ, Hutanas Tochter. Er lehnte sich zurück, tauchte tief ein in die Nebel seiner Vorstellungen und wartete auf Lichtstrahlen der Erkenntnis; nach einer Weile klatschte er dreimal in die Hände. Kurz darauf erschien Aspat Shanâh und zog den Saum des Bashlyq hoch. Er verneigte sich und wartete.

»Ich werde im Pairidaeza reiten«, sagte Dariuvahush leise. »Jetzt gleich, Shanâh, denn niemand weiß, wie wenige ruhige Stunden uns vergönnt sind.«

»Die Zahl der neuen Botschaften und Nachrichten ist nicht groß.« Einen Atemzug lang durchquerte der Kämmerer das Sonnenlicht; sein stumpfschwarzer Schatten glitt über die Bodenfliesen. »Nichts Unaufschiebbares, o König. Bis auf das Beschäftigen mit Babirushs Göttern und Götzendienern.«

Dariuvahush schüttelte langsam den Kopf. »Morgen früh! Sag Bagapâta, daß Nefermerit die Nacht bei mir verbringen wird.«

»Ich sag's ihm. Deine Leibwache für den Ausritt, Herr – viele Reiter, oder willst du allein sein?«

»Nicht mehr als nötig. Sie sollen mich nicht stören.«

»Ich habe verstanden, Herrscher.«

Dariuvahush zögerte, dann sagte er: »Schick einen Boten zu Udja-Horresnet. Es ist nicht eilig: Gaubarva in Hagmatâna soll ihm ein königliches Siegel und einen zuverlässigen Begleiter mitgeben, der Udjas Sprache redet. Er soll mich in Huza erwarten.«

»Noch heute reitet dein Königsbote, Herr.« Aspat Shanâh verbeugte sich und verließ fast lautlos den Saal.

In der Wärme des Nachmittags wand sich hinter den Baumkronen ein grauer Rauchfaden schräg in den Himmel. Dariuvahush blinzelte und zog fester am Zügel. Der falbfarbene Hengst, seit drei Tagen nicht geritten, biß auf die Trense und schüttelte sich; im langsamen Galopp wirbelten die Hufe den Sand neben dem breiten Wasserlauf hoch. Die Lanzenreiter, die Dariuvahush auf dem Ritt durch den südöstlichen Teil der Stadt und durch das Ninurta-Tor begleitet hatten, verteilten sich hinter ihm und lenkten die Pferde in den Schatten und zwischen Zierbüsche. Die fünf Ellen hohe, gekalkte Mauer verschwand hinter Ranken und sorgfältig gestutztem Schilf. Zwei Siebentage des Pflügemondes waren vergangen; an wenigen Stellen zeigte sich neues Grün zwischen dem Winterlaub. Das Pairidaeza, als Garten vor der Herrschaft Kuruschs vom zweiten Nebukadnezar angelegt, erstreckte sich zwischen tiefen Kanälen des Buranun, Palmenhainen und Feldern außerhalb der Stadtmauern. Wasservögel

schnatterten unter den tiefhängenden Zweigen, zwei Taubenschwärme kreisten über der südlichen, morastigen Grenze des
Gartens. Der Geruch der Stadt blieb zurück. Dariuvahush holte
tief Luft und setzte sich auf dem straff gegürteten Reitfell zurecht. Mit scharf grunzendem Schnauben antwortete der Hengst
auf ein Wiehern, das aus der Richtung des Wäldchens aus Syko-
moren und Palmen kam.

Dariuvahush erinnerte sich an die riesigen Totenbauwerke Mudrayias nahe der ausgedehnten Stadt Men-Nefer, an die Fünfzigtausend, die auf dem Weg zur Oase Siwa in der Wüste verschwunden waren, an die aufsässigen Saken und Thatguyias
Grenzräuber und an blühende Pairidaezas in anderen Kshatrapi-
en, bei anderen Siedlungen. Er fühlte im Rücken und unter den
Schenkeln, wie sich die Muskeln unter dem Fell des Pferdes bewegten, und zwang den Hengst, zu traben. Er genoß die kühle
Luft, die vielfältigen Laute unsichtbarer Tiere, das Rascheln der
Blätter und Wedel im Wind. Es war, als reite er allein über eine
unsichtbare Grenze, auf jene lichterfüllten Bilder zu, die im
Halbschlaf und im Wachen auf der Innenseite seiner Lider erschienen – und tief in seinem Herzen. Dariuvahush fühlte sich
befreit, atmete tief durch und zügelte den Hengst. Zwischen dik-
ken Tamarisken- und Palmenstämmen tänzelte er auf den Rand
einer Lichtung zu, einer grasbewachsenen, schüsselförmigen
Senke, in der ein Reiter auf einem Schimmel enge Kreise ritt. Er
zwang den schlanken Wallach, sich mit wirbelnden Hufen aufzu-
bäumen, ließ ihn rückwärts gehen und sich zur Seite herumwer-
fen. Der bartlose junge Mann schien auf dem Rücken des Tieres
festgewachsen; Dariuvahush betrachtete ihn in steigender Verwunderung.

Das kaum nackenlange Haar wurde von einer Goldspange zusammengehalten, Schweiß tränkte die Hosen aus hellem Leder
und die Handschuhe. Über dem schenkellangen Hemd aus dik-
kem, weißem Leinen, mit breiten, roten Säumen, spannte sich ein
Fellwams mit handbreiter Goldstickerei. Das Pferd überschlug
sich fast, rammte die Hufe der Vorderfüße tief in den Boden und
stand zitternd. Der Reiter wischte mit dem Unterarm den
Schweiß aus seinem Gesicht; der weite Ärmel löste sich feucht

von der Wange und vom Hals. Als der junge Mann den Kopf wandte, erkannte Dariuvahush Faidumâ.

Im selben Augenblick sah sie ihn und lachte. Dariuvahush ritt näher heran. »Junge Königin? Du hast dein Haar abschneiden lassen und reitest in Männerkleidung?«

»Ich bin mit meinen Brüdern und unserem Pferdemeister geritten, seit ich klein war, überall im Land meines Vaters.«

»Ich hab gesehen, daß du besser reitest als mancher Unsterbliche. Warum jetzt, hier im Pairidaeza?«

»Weil ich mich unendlich langweile und froh bin, die Krallen der großen Königin nicht mehr zu spüren.«

»Du meinst Hutaûtha?«

»Sie ist stutenbissig und scharf wie ein geschliffenes altes Messer, seit sie mit ihrem dicken Bauch durch den Frauenpalast tappt.«

Die Große Königin, der Verschnittene Bagapâta und seine bartlosen Helfer regierten die Königinnenpaläste oder Frauenhäuser in Hagmatâna und Pâthragada als Teil des königlichen Haushalts; mehr als ein Drittel aller Menschen, die sonst darin wohnten und arbeiteten, war im Troß hierher gezogen. Dariuvahush unterdrückte ein schadenfrohes Grinsen und zog die Schultern hoch.

»Es scheint dir zu mißfallen, daß sie Rtastunâ, Parmush und allen anderen die wahre Zucht lehrt – und daß ich sie zur Ersten Königin gemacht habe?«

»Sie ist wie eine Mauer. Keine andere kommt an ihr vorbei.« Faidumâ zögerte, tätschelte lachend den Hals des Schimmels und schien völlig unbekümmert zu sein. »Im Frauenpalast warten mindestens neun Dutzend Frauen, jede schöner als ich, auf dich. Sie zittern jede Nacht, weil jede denkt, du läßt sie rufen.«

»Auch dich hab ich noch nicht rufen lassen, Schönste. Zittere also nicht. Warum hast du dein Haar abgeschnitten?«

Sie waren aufeinander zugeritten; jetzt standen die Pferde Kopf an Kopf am tiefsten Punkt der Senke. Dariuvahush betrachtete Faidumâ zum erstenmal im Sonnenlicht außerhalb des Zeltes oder der Palastmauern. Faidumâs tiefblaue Augen waren ungewöhnlich groß; sie zuckte mit den Schultern und antwortete:

»Wäre ich dir sonst aufgefallen, junger König? Zwischen so vielen Schönheiten? Liebst du eigentlich jede von ihnen? Bevor
oder nachdem du sie besessen hast?«

Dariuvahush überlegte schweigend. »Nicht einmal ein König
vermag das. Jedesmal, wenn eine Frau am Morgen mein Schlafgemach verläßt, hab ich einen Knoten in einem Netz geknüpft.
Früher oder später wirst auch du bei mir liegen, junge Königin.«

»Einen Knoten? Das Netz zwischen dem König und seinen Kshatrapanen und Fürstenfamilien?« Sie stockte, zupfte dann am
Ohr des Pferdes. »Verwirrend!, wie Bagapâta oft murmelt: Ich
hab es nicht eilig, von dir geschwängert zu werden, o König. Königin Hutaûtha ist aber ganz sicher, daß sie von dir geliebt wird.«
Sie gab den Zügel frei. Dariuvahush wendete seinen Hengst und
ritt an ihrer Seite aus der Senke hinaus, durch das Wäldchen und
auf den Sandweg.

»Das stimmt. Ich liebe auch Hutaûtha – die Tochter des Kurusch.«

»Ein besonders dicker, fester Knoten.« Faidumâ stob lachend davon, Dariuvahush folgte ihr langsamer. Einen Pfeilschuß entfernt
sah er zwei Leibwächter, vor denen eine Kette Wildenten flüchtete. Ein Rudel Gazellen hetzte quer über eine unkrautbewachse-
ne Fläche. Faidumâ rief: »Mein Vater ist dir treu, auch wenn du
mich nicht im Frauenhaus einsperrst.«

»Dein Vater hat meine unverbrüchliche Freundschaft.« Die Pferde fielen in Trab. Dariuvahushs Verwirrung begann nachzulas-
sen; er sagte sich, daß Faidumâ mehr als zwölf Jahre jünger war
und viel selbstbewußter als er in ihrem Alter, obwohl sie eine
Frau war. »Du wirst erfahren, daß der König ein begehrenswerter
Mann sein kann.«

Sie wandte ihm ihr Gesicht zu und biß sich auf die Unterlippe.
Einige hundert Ellen ritten sie schweigend nebeneinander, dann
antwortete sie:

»Wenn du lachst, König, scheinst du ein ganz anderer Mann zu
sein. Warum lachst du so wenig? Was tust du eigentlich den langen Tag im Palast, wo Boten und Würdenträger unablässig ein-
und ausgehen? Du langweilst dich noch mehr als ich, nicht
wahr?«

»So scheint es.« Wider Willen lachte Dariuvahush. Die Ohren des trabenden Hengstes zuckten. »Ich denke an die Saken an unseren Nordostgrenzen. Sie überfallen Handelskarawanen, rauben Herden und Korn und zahlen keinen Tribut. Ich suche im ganzen Reich tapfere Männer, um ein gutes Heer auszurüsten. Ich denke an den unfähigen Kshatrapan von Sardeïs, der mit dem Gold des Reiches und seiner geborgten Macht spielt. Ich frage mich, warum die Lyder und Karer gute Schiffe haben und wir Pârsa nicht. Ich denke an die reiche Kshatrapie Mudrayia, woher das meiste Gold kommt und in der sich Aufruhr zu regen beginnt.« Er holte tief Luft und sah Faidumâ von der Seite an. Sie war bleich geworden; jetzt stieg tiefe Röte in ihr Gesicht. »Ich denke, das Reich meines großen Vorbildes Kurusch um einige Landstriche zu vergrößern. Und ich langweile mich täglich mit einer neuen Schrift, mit neuen Straßen und Brücken, mit tausend kleinen Abgaben, einer Unzahl fremder Handwerker, Arbeiter und Sklaven und mit dem Vorhaben, aus Gold, Silber und Kupfer Münzen zu schlagen, die überall im Reich gleich viel gelten. Jedesmal, wenn ich einen förderlichen Gedanken halb gedacht habe, unterbricht mich ein Bote.

Und wenn ich dann, nach der unerträglichen Langeweile, noch viele Stunden müßige Zeit habe – dann mach ich mir tiefe Sorgen über die Liebe zu Frauen, von denen ich kaum die Namen kenne.«

Faidumâ zügelte hart den Schimmel, beugte sich zu Dariuvahush hinüber und berührte seinen Unterarm. Langsam schwand das Blut aus ihrem Gesicht.

»Ich weiß jetzt, warum du nicht lachst, o König. Ich glaube, ich habe törichte Fragen gestellt.«

»Woher hättest du es wissen können?« Dariuvahush ritt in den Schatten der blühenden Palmen. »Es sind tausend Dinge zu bedenken und hundert Dinge zu tun – jeden Tag.«

»Trotzdem hab ich eine Bitte an dich. Oder habe ich dich verärgert?«

Er hob schnalzend den Kopf. »Nein. Noch nicht. Was willst du?«

»Laß mich in deiner Nähe reiten; nach Huza. Es ist trostlos im dunklen Wagen, wenn ich nicht sehen kann, wo wir sind, und das

Poltern und Schaukeln macht mich krank. Niemand wird mich erkennen, o König.«

»Du wirst einen Bashlyq tragen und Handschuhe und dein Gesicht dunkel schminken.« Dariuvahush nickte langsam. Aus der Richtung der Stadt war das grollende Gebell der riesigen Hunde aus Hindusch zu hören, die der Kshatrapan hielt. »Man wird dich, wenn du nicht redest, für den Kârataka eines Lanzenreiters halten. Aber meine Krieger reiten keine weißen Pferde: Das gilt auch für dich.«

Faidumâ beugte sich tief auf den Hals des Pferdes und sagte leise: »Ich danke dir, o Dariuvahush. Wenn du mich auf dein Nachtlager rufst, werde ich nicht so töricht sein. Ich versprech's.«

Dariuvahush gab die Zügel frei, reizte mit den Fersen die Seiten des Hengstes und hob die Hand.

»Versprich nichts, was du nicht halten kannst, Schönste.« Er ritt an ihr vorbei, richtete sich auf und schien die treibenden weißen Wolken zu zählen. »Es werden noch viele Monde vergehen müssen, bis der erste Traum wahr wird. Meiner oder deiner; welcher auch immer. Es gibt keine Freiheit ohne Träume.«

Der Hengst sprang in den Galopp. Faidumâs Finger spielten mit der Mähne ihres Reittieres; sie wirkte plötzlich um Jahre gealtert. Dariuvahush drehte sich halb herum und rief: »Und bis dahin muß ich noch Dutzende Male von einer Stadt zur anderen ziehen. Aber nicht auf dem Rücken eines Schimmels.«

Mit Marduks göttlichem Segen zog der Kshatrapan wieder in den Südburg-Palast des Nebukadnezar ein; Marduk segnete auch Dariuvahush und seinen Troß, die Babairu durch das Südtor verließen und auf ausreichend guten Dammstraßen nordwärts zogen, in der Nähe der Stadt und entlang des Buranunufers meist im Schatten der Palmenhaine. Tag um Tag walzten die Wagen durch die Schwemmlandebene des Buranun und des Idiglat in die Richtung des Sonnenaufgangs, den fernen Hügeln und Bergen entgegen. Die Felder, von Sklaven und Bauern aus Schöpfbrunnen und Stichkanälen bewässert, rochen nach Gerstenhalmen, Flachs, Zwiebeln, Gemüse und Knoblauch. Die Dammstraßen lagen im Schatten von Dattelpalmen, die in regelmäßigen Abständen gepflanzt waren. Flachs- und Sesamfelder wuchsen im Sonnenlicht.

Nach dreizehn Tagen ritten die Unsterblichen, die den Zug eine halbe Parasange vor dessen Spitze sicherten, vorsichtig in die Furt des Idiglat ein. An dieser Stelle verzweigte sich der Fluß dieses Jahr in sechs seichte Arme und lief durch ein Feld aus Geröll und Kies von den nahen Hügeln. Das letzte Stück der Straße war befestigt und senkte sich auf eine Fläche festgepreßten Lehms, der sich unter Huftritten und Felgen auflöste. Jeder Windstoß wirbelte den bitter stinkenden Staub nach Osten. Das Wasser reichte den Pferden bis zur Brust und lief durch die Fugen in die Wagen.

Der erste Bote aus Huza mit Nachrichten aus Hagmatâna und Pâthragada erreichte den Zug drei Tage, nachdem er sich durch das Stadttor gezwängt hatte. Jeden der vielen Botenreiter, die zwei Ersatzpferde mit sich führten, hörte Dariuvahush vom Pferderükken aus an, beantwortete Fragen, las und siegelte; er schien sieben Pläne gleichzeitig zu bedenken und vollkommen zu durchschauen und jede wichtige Zahl, jeden wichtigen Namen zu kennen. Mitunter, ohne es zu zeigen, wunderte er sich über die Vielzahl der Namen, Begriffe und Vorhaben, die in seinen Gedanken Platz behalten hatten. Die Bergkette hinter den welligen Hügeln näherte sich von Norden und ragte in einer weiten, schroffen Rundung nach Osten; die Wolken schienen gegen die nackten Gipfel zu prallen.

Jede Botschaft, die Hagmatâna und Pâthragada erreichte, löste eine Kette oder einen Fächer anderer Befehle und ein kleines Heer von Boten aus, die in alle Richtungen davonsprengten; zur Küste der Phoiniker, nach Abr Nahr und Gandhara, nach Kerman und Lydien und Baktria, nach Huvarazmya, Mudrayia, Hindusch, Haruhawati, Yauna und Uvja. Im wesentlichen standen auf den Schreibtäfelchen zwei Arten Befehle: solche, die das Heer betrafen und jene, durch die Dariuvahush die Arbeiter und alle Arten Baumaterial nach Huza zusammenrief. Die Reiter um Dariuvahush, die eine Parasange vor der Spitze des Zuges galoppierten, näherten sich dem Flüßchen Ulai, das sich quer durch die Siedlung wand, zwischen zweien der vier Hügel. Auf der dritten

Erhebung sah Dariuvahush sein Zelt; er grinste, dann schüttelte er sich vor lautlosem Gelächter und ritt auf die Krieger am anderen Ende der Brücke zu.

Das Zelt war zur Hälfte ausgebessert worden. Zwischen den neuen, glänzenden Bahnen sah Dariuvahush viele rissige alte Lederstücke. Die Spannseile und die meisten prächtigen Zeltstangen schienen neu zu sein und glänzten in der Sonne. Dariuvahush zügelte sein Pferd und hob den Arm. Einige hundert Krieger und eine große Zahl Palastbediente begrüßten ihn außerhalb der niedrigen, bröckelnden Befestigungswälle. Er deutete auf den Fluß, dann auf die Hügel, schließlich auf die Gebäude aus Lehmziegeln und Holz und die wenigen Steinbauten. Als sich die Menge beruhigt hatte, rief er:

»Einst war Huza mächtig, groß und schön. König Kurusch machte aus der Stadt der Uvjaner einen Ort von Bedeutung. Ich werde dort fortfahren, wo Kurusch und sein Sohn aufhörten – ich mache Huza zu einer Schönheit unter den Städten und zu einer der wichtigsten Städte des Reiches: Hell wie Men-Nefer, wuchtig wie Babairu, einzigartig wie Hagmatâna und Pâthragada. Noch in diesem Mond beginnen wir damit!«

Er winkte und folgte Bagapâta und Aspat Shanâh, die mit einem Teil des Trosses zum alten Wohnpalast des Kurusch fuhren. Die Bewohner an den Seiten der löchrigen, schmalen Straße winkten und schwenkten die Arme. Sie schienen nicht recht zu wissen, was sie von diesem Versprechen halten sollten. Dariuvahush richtete seine Blicke auf die Stadt und jene Flächen der Umgebung, die von der Straße aus zu sehen waren. Er nickte seiner Begleitung zu und galoppierte hügelaufwärts zu seinem Zelt.

Eine halbe Stunde später stand er, einen Becher Wein in der Hand, unter dem Vordach des Kriegszelts. Durch zahlreiche Löcher und Risse drang Sonnenlicht durch das Leder und hellte kleine Flecken des Teppichs auf.

»Dreimal gingen von hier uvjanische Aufstände aus«, sagte er leise; seine Stimme klang, als würde ein Lanzenblatt geschliffen. »Daß sie nicht Ahura Mazdâh verehren, werfe ich ihnen nicht vor, obwohl ich es lieber sähe. Sie werden zehn Jahre lang Ziegel streichen und schuften müssen. Zuerst bauen sie eine Straße nach

Norden, nach Abirâdush, zu den Brüchen des weißen Steins. Noch ihre Enkel werden sich wünschen, daß es nie einen Assina oder einen Attamaita gegeben hätte.«

Das steinlose Schwemmland, in dem Städte wie Babairu oder Zazannu standen, reichte bis zu den Bergen. Jeder Quader und jede Steinplatte aus dem Steinbruch von Abirâdush mußten über eine Strecke von vielleicht zehn, zwölf Parasangen herbeigeschafft werden. Als Dariuvahush in Huza eintraf, warteten schon einige hundert Sklaven, Handwerker und Baumeister; täglich würden es mehr werden. Nahrungsmittel und Futter für die Tiere wurde herangeschafft, Hütten und Zelte für die Arbeiter außerhalb der Stadtgrenze errichtet. Die Baumeister steckten Vierecke ab, streuten weißen Staub auf den Boden und markierten den Verlauf der breiten Kanäle, und schon nach einem Siebentag fingen Sklaven und Uvjaner an, riesige Gruben auszuheben, bis zu sechsunddreißig Ellen tief. Kriegsgefangene aus allen Teilen des Landes begannen, aus dem staubtrockenen Lehm der Gruben, den sie mit Wasser, gehacktem Schilf, Gras und Heu kneteten, Tausende und Abertausende Ziegel zu formen und in schier endlosen Reihen zum Trocknen auszulegen. Die wasserleeren Kanäle wuchsen, in rechten Winkeln hinter hölzernen Wehren vom Fluß abzweigend und sich kreuzend, nach Nord, Ost und Süd. Die ersten rohen Steinquader, auf der verbreiterten und begradigten Straße mit Ochsenfuhrwerken herangeschafft, bildeten die Fundamente künftiger Brücken. Flußaufwärts und in Gebirgstälern wurde nach Kies gegraben, und das riesige, eckige Loch, über dem sich Dariuvahushs Palast erheben würde, füllten die Arbeiter zwanzig Ellen und an einigen Stellen vierzig Ellen tief mit den rieselnden Kiesmengen auf. Sämtliche Arbeiten wurden von erfahrenen Pârsa beaufsichtigt, auch der Bau der Gewölbe, der Rampen für spätere Treppen und der Nebengebäude außerhalb des Palasts, der in der ersten Zeit den Handwerkern und Baumeistern als Unterkunft und Arbeitsstätte dienen mußte: Selbst Dariuvahush rechnete fünf Jahre für den Bau des Palasts und noch einmal fünf Jahre, bis alle Gebäude der Stadt errichtet und von einer gewaltigen Mauer auf den Fundamenten der alten Wälle umgeben sein würden.

11. Der Ewigkeitsplan

Noch waren die Handwerker und Künstler, die ständig das Zelt erneuerten, nicht aus Hagmatâna eingetroffen, ebenso wenig wie ihr kostbar verziertes Leder und die andere Ausrüstung. Am dritten Abend nach der Ankunft hatte Dariuvahush den Mudrayier rufen lassen; Udja-Horresnet und ein junger Pârsa kauerten auf lederbespannten Schemeln und stützten die Ellenbogen auf die Knie. Die Finger hielten sie eine Handbreit vor den Lippen, um Dariuvahush nicht mit ihrem Atem zu belästigen, obwohl sie im geräumigen Mittelraum des Zeltes, sieben Schritte von seinem Tisch entfernt saßen.

»Ich sehe, daß die Sehnsucht nach dem überströmenden Hapi, euren tausend Göttern und den Jagden im Schilfboot dich nicht verzehrt hat, während du deine ärztliche Weisheit an meine Pârsa-Heiler verströmtest.« Dariuvahush redete in Horresnets Sprache, lächelte und hob die Trinkschale. Auch der ehemalige Reichsarzt des Kambushya und sein Begleiter wagten jetzt zu trinken. »Mir sind Gerüchte zu Ohren gekommen, die es ratsam erscheinen lassen, dich nach Mudrayia zurückzuschicken, o Udja-Horresnet.«

Dariuvahush lehnte sich zurück, musterte den jungen Schreiber und Sprachkundigen und den dreißigjährigen Mudrayier. Udja-Horresnet, mittelgroß und wohlgenährt, aber nicht fett, war kahlgeschoren und zurückhaltend geschminkt; er trug den gewohnten Leinenschurz und darüber Pârsakleidung, seine Füße steckten in ziegenledernen Halbstiefeln.

»Ich fühle mich wohl in deinem Land, König Dariuvahush.« Der Arzt verneigte sich. »Mir geht es gut. Von welchen Gerüchten sprichst du?«

»Von keimender Unzufriedenheit, wegen mancherlei und wegen der Höhe des Tributs. Man sagt: Seit mein Kshatrapan Aryâvanda in Men-Nefer herrscht, gibt es zu viele Kranke und zu wenig Ärzte. Ihr nennt diese Schulen ›Lebenshäuser‹ – sie scheinen zu verfallen. Geh zum Kshatrapan, gib ihm meinen Befehl, nimm so viel Gold, wie du brauchst, und erneuere die Ärzteschulen.«

»Das ist eine gewaltige Aufgabe, o Herrscher.« Horresnet nickte bedächtig; er schien mehr als überrascht zu sein. »Ich glaube fest, daß ich sie nur bewältigen kann, wenn mich dein mächtiger Verwalter unterstützt.«

»Ich habe viel Großes vor in deinem Land«, sagte Dariuvahush und deutete auf den jungen Mann. »Wie ist dein Name, wie alt bist du, und wie gut sprichst du seine Sprache?«

»Aspaka, o König, aus Pâthragada; zusammen mit seinen Schreibern von Aspat Shanâh ausgebildet. Zwanzig Sommer alt. Sag' es du, Herr Udja: Wie gut kann ich's?«

»Ganz gut. Besser als ich euer Pârsa.« Horresnet zuckte mit den Schultern. »Soll mich Aspaka begleiten? Durch alle Länder bis nach Men-Nefer führen?«

Dariuvahush bejahte durch schnelles Kopfschütteln. Ein warmer Windstoß, Vorbote der Sommerhitze, wehte gleitende Falten in die weißen Mückenschleier und ließ die Ölflämmchen tanzen. Das Geräusch der leeren Trinkschale auf dem schimmernden Holz des Tisches schien eine Bewegung im hinteren Teil des Zeltes auszulösen. Zwei junge Sklavinnen füllten die Trinkgefäße aus Silberkrügen auf. Dariuvahush stützte die Ellbogen schwer auf den Tisch und starrte über den Rand der Schale hinweg schweigend die Männer an, dann die noch kindhaften Körper der Sklavinnen. Als er endlich sprach, war seine Stimme leise, aber von bronzener Schärfe.

»Ich, Dariuvahush, Nachfolger des Königs, der euren Pharao getötet und die Macht der Tempel so gründlich gebrochen hat, daß ich sie wieder habe stärken müssen, werde nach Men-Nefer kommen. Nicht allzu bald; es gibt Schlimmes an anderen Grenzen zu verhüten. Schöne Erinnerungen verbinden mich mit deinem leuchtenden, alten Land, o Horresnet.« Er nippte am dunklen Wein und versenkte seinen Blick in die Augen der beiden; in die selbstbewußten Augen des Mudrayiers und die flackernden des jüngeren Mannes, der seine Aufregung kaum bändigen konnte. Noch immer benutzte er die Rômetsprache. »Wenn ich komme, brauche ich ehrliche, pflichtbewußte Männer, denen ich vertrauen kann; dazu unendlich viele gesunde, starke Arbeiter. Diejenigen, die mir helfen, überschütte ich lachenden Herzens mit Geschenken und Ehrungen. Ich taste eure Götter, eure Ordnung oder Lebensart nicht an, ich entnehme, was ich begreife und für recht erachte. Einer meiner schönsten Träume führt mich an den Hapi, ins fruchtbare Mündungsdreieck und zu den Sehedhu-Bauten, die meine yaunischen Söldner *pyramidés* nennen – du, Udja-Horresnet und du, Aspaka, ihr sollt meine Traumwächter sein.«

Beide verbeugten sich schweigend. Dariuvahush hob den Kopf und verfolgte den torkelnden Flug eines blaugoldenen Falters. Wieder trank er einen kleinen Schluck und stellte die Schale ab.

»Alle anderen Fragen beantwortet Aspat Shanâh. Ihr werdet auf königlichen Pferden reiten und von jedermann entlang des langen Weges königlich bewirtet werden. Einen Rat, Aspaka: Die Sprache lernst du nachts von Harfenistinnen und Tänzerinnen, das richtige Schreiben von Priestern, und seht zu, daß man euch das Meer zeigt, das ...«

»... das Wadj Wer, das Große Grüne«, sagte Udja-Horresnet träumerisch. »Ich zeig's ihm, Herrscher. Sag mir: Wie können wir dir danken?«

»Indem ihr euer Leben klug schützt und tut, was ich euch aufgetragen habe! – trinkt aus. Der König ist müde von all dem, was zum Städtebau gehört.«

Dariuvahush griff in eine goldene Schale, schlug ein Tuch zurück und stand auf. Er hielt zwei fingerdicke Halsketten in der Hand, winkte die Männer zu sich und gab jedem eine; die kürzere Kette dem Jüngeren. Leise sagte er:

»Geh zum Kshatrapan und sag ihm: Der König im fernen Pârsa sieht nicht alles, aber vieles. Was er nicht sieht, berichten ihm seine Augen und Ohren, die niemand kennt außer ihm.«

Udja-Horresnet erstarrte, blickte die Kette an, hob die Hand und sah in Dariuvahushs Augen. Er flüsterte einige Worte in seiner Sprache, die Dariuvahush nicht verstand, dann senkte er den Kopf und wandte sich zum Gehen. Dariuvahush wartete, bis die Männer gegangen waren, folgte ihnen und schob den hauchdünnen Vorhang auseinander. Im Gewebe hatten sich unzählige winzige Sandfliegen und Mücken verfangen, und ein paar Dutzend kleine, grüne Heuschrecken. Er pflückte eine Heuschrecke aus den winzigen Maschen, hielt sie mit zwei Fingern vor sein Gesicht und murmelte: »Ihr verwüstet die Ernten, wenn ihr gewachsen seid und fliegt. Andere, die niemals fliegen werden – die fürchte ich am meisten!«

Einen Siebentag lang, bevor er in den erweiterten, gereinigten und neu eingerichteten Palast umzog – das frische Holz knackte, die Farbe an den feuchten Mauern trocknete viel zu langsam, die Näherinnen wurden mit Säumen, Nähten und Falten nicht fertig, in allen Räumen glomm Glut in Bronzekörben und stanken Böden, Mauern und Decken, und Fuhrwerke aus Hagmatâna und Pâthragada blieben in den Reihen zahlreicher anderer Gespanne und Wagen stecken, die sich an der Stadtgrenze stauten –, stolperte, kletterte, lief und ritt Dariuvahush mit Aufsehern, Schreibern, Baumeistern und Steinmetzen im Gebiet der Stadt umher, vorbei an tausend Markierungspfählen, Kreidestrichen, Gräben und Kanalböschungen. Er gab einige hundert Befehle, sah auf hundert Schreibledern tausend Zeichnungen, ließ die Worte auf jenen Tafeln niederschreiben, die in die Fundamente eingemauert werden würden, stand ungeduldig dabei, als Aspat Shanâh viel Silber und Gold aus den Truhen auszahlte, nicht ohne jede Mine auf langen Listen festzuhalten. Er besprach hundert Modelle aus Ton, Holz und dünnen Steinplatten und sagte, bis in die letzten Kleinigkeiten hinein, jedem Aufseher und jedem Verantwortlichen, wie das fertige Werk auszusehen hatte. Ihn begleiteten stets drei Unsterbliche mit ihren Lanzen und meist ein junger, schweigsamer Heeresläufer mit großen blauen Augen unter dem weißen Bashlyq.

Als Proktokrites von den klammen Teppichen aufstand, die in drei Lagen übereinander den Boden bedeckten, sah er, daß Dariuvahush ihn heranwinkte; nach allem, was er gehört hatte, bedeutete es im Palast zu Huza eine Auszeichnung, wenn der König einem Barbaren gestattete, sich ihm zu nähern. Der Steinmetz

hob die linke Hand vor den Mund, wie er es gelernt hatte, und
zog mit der Rechten die Papyrusrolle aus dem Stoffgürtel.

»Herr«, sagte er mit belegter Stimme, »ich wollte, was ich weiß,
keinem anderen sagen. Obwohl der Brief in meiner Schrift geschrieben ist! Aber – dein Felsbild in Bagastâna ist voller Eis,
und ich hab nichts zu tun, und so hab ich mich hierher durchgeschlagen.«

Er mußte husten. In jeder Ecke des Raumes verströmten mächtige Eisenkörbe, mit rotglühenden Holzkohlen gefüllt, erstickende
Hitze, die sich mit den ätzenden Ausdünstungen der Lehmziegel-
wände, der Farben und des frischen Holzes mischte. Dariuvahush deutete auf einen Scherensessel im Schutz eines ledernen
Wandschirms.

»Wie weit sind die Arbeiten? Ich weiß, daß ihr im Winter nicht in
der Felswand arbeiten könnt.« Hinter Dariuvahush standen zwei
schweigende Lanzenträger. Die Knäufe ihrer Waffen waren aus
Silber. Sie starrten Proktokrites an, als wolle er den König mit
dem Papyrus erdolchen.

»Vor dem nächsten Winter – wenn er nicht allzu früh kommt –
sind alle Gestalten und Schriften fertig«, sagte Proktokrites. Er
spürte, daß sich seine Stimme festigte. »Wenn du das Kunstwerk
siehst, o König, wird deine Begeisterung grenzenlos sein.«

»Man wird sehen. Wein!« Dariuvahush setzte sich. Sein Arbeitstisch in Huza war einige Handbreit größer als jener in Hagmatâna. Drei Sklavinnen brachten heißen Würzwein; auch sie waren
wegen des Durchzugs, der die Feuchtigkeit aus dem Palastanbau
wirbeln sollte, in bodenlange Wollgewänder gekleidet. Der König wartete nicht, bis die dicken, glasierten Tonbecher gefüllt
waren, und sagte: »Lies vor, Steinkünstler! Kannst du gut genug
übersetzen?«

»Ich bin sicher. Die Worte sind einfach, der Inhalt vermag dich
zu verärgern oder deine Sorgen zu vergrößern.«

»Rede, o Proktokrites!«

Proktokrites zog das Schreibblatt auseinander, hielt es senkrecht,
las jeweils einen Satz und übersetzte aus dem Ionischen in die
pârsische Sprache:

Steinmetz im Dienst des Königs Dareios,
von Kapitän *Skylax* auf der *Atem des Boreas,*

die hoch und trocken an der Mündung des Mäander-Flusses
liegt; einen Tagesritt fern von Sardeïs in Lydien, und das ist
gut so. Ausgeschlafen und zufrieden, gesund und auf trockenen, dichten Planken bleibt gute Zeit, dir zu antworten. Auf
dem Meer tobt der zweite Sturm des allzu späten Sommers.
Nun bist also auch du im großen Kreis jener Lydier, Karer,
Rhodier und Lykier ein wichtiger Mann geworden; jener, sage
ich, die ihre karge, streitsüchtige Heimat verlassen und im
Dienst der Pârsa (die von uns meist Meder genannt werden)
besseres Brot und fettere Braten zu schätzen gelernt haben. Ich
kenne das Tempelchen des Dionysos, von dem du geschrieben
hast; in Miletos nennen sie's *den Tempel des unbekannten
Säufers.* Ich kenne auch den einen oder anderen Landsmann,
ehemaliger Hoplit in schwerer Bewaffnung, der in Aigyptos
und andernorts im Heer deines Königs oder eines seiner
Satrapen dient und, wie du, Erfahrung und Anerkennung
anhäuft, vielleicht auch Silber oder Gold. Ist es wahr, daß
König Dareios damit beginnen will, Zahlmünzen zu schlagen;
solcherart, wie Phoiniker und Babylonier es schon seit langer
Zeit tun?

Proktokrites las vor und übersetzte ohne Stocken. Er fragte sich,
warum Dareios die Übersetzung verlangt hatte, denn der König
sprach fließend Yaunisch. Dariuvahush runzelte die Stirn und
drehte den heißen Becher in den Händen. Sein fragender Blick
traf Proktokrites.
»Damit fange ich an, wenn die Gewölbe und Mauern der Schatzkammern aufgerichtet sind. Bisher hat mich das Schreiben deines Freundes nicht beunruhigt, Mann von Chios.«
»Jetzt kommt's, Herrscher.« Proktokrites nahm einen Schluck
und spürte die würzige Hitze des Getränks. »Kapitän Skylax
schreibt weiter:

Dies habe ich in Buchten, Häfen und auf Inseln erfahren: Der Satrap Oroites, ein Pârsa namens Arvita, herrscht für deinen König über Sardeïs, Lydien und Ionien, und niemand weiß, warum er seit langem den Tyrannen Polykrates von der Insel Samos haßt. Er schickte einen Boten zum Polykrates, dessen Schiffe dem Kambyses halfen, Aigyptos zu erobern, und der schon immer durch Schiffbau und Eroberung mächtiger werden wollte als der legendenhafte König Minos von Kreta; der Bote lud Polykrates ein, zu Oroites zu kommen und dessen Gold zu nehmen, um damit die Meeresherrschaft antreten zu können. Viele Männer warnten Polykrates; trotzdem segelten er und eine Handvoll Freunde hierher nach Magnesia. Oroites aber meuchelte ihn elendiglich, nagelte ihn ans Kreuz und machte die Freunde des Polykrates zu Gefangenen. Als in den Satrapien des Königs Dareios Aufruhr losbrach, mischte sich Oroites nicht ein, ließ aber in den Wirrungen den pârsischen Statthalter Mithrapata oder Mitrobates von der Stadt Daskyleion und dessen Sohn ermorden; beide waren hoch angesehene Pârsa. Yaunische Söldner erzählten mir, daß Arvita einen Königsboten umbringen ließ, weil ihm die Botschaft des Dareios nicht gefiel; niemand wagt das Wort gegen ihn zu erheben, weil ihn eine Garde von tausend pârsischen Bogenschützen und Lanzenreitern schützt.«

»Das ist die Wahrheit«, sagte Dariuvahush dumpf. »Arvita, Kshatrapan im Land Sparda, hat die Gunst der weiten Entfernung und der Wirren in der Zeit der Lügenkönige ausgenutzt. Das Land heißt Daskyleion, nach der Hauptstadt; Arvita brachte Polykrates und Mitrobates um und bemächtigte sich der Kshatrapien.«
»Das weißt du also alles, Herr?« Proktokrates versuchte, die Ungeheuerlichkeit des Verbrechens aus Dariuvahushs Worten herauszuhören; unfaßbar blieb ihm nur die scheinbare Ruhe des Königs. Dariuvahush schüttelte langsam den Kopf. »Meine Augen und Ohren! Ich weiß fast alles. Ich habe kein Heer, mit dem ich Arvita züchtigen könnte.« Dariuvahush preßte die Lippen aufeinander und blickte aus dem Saaleingang. »Nun weiß ich auch,

daß mein Königsbote nicht unterwegs getötet und verscharrt wurde; es gibt keine Beweise. Der Arvita-Oroites – wieder ein Lügenkönig? Liest du mir noch mehr üble Nachrichten vor, Yaunier?«

»Nein, Herr.« Wieder mußte Proktokrites seine Lippen mit warmem Wein anfeuchten. »Was mich angeht – ich glaube, was Skylax schreibt.«

»Du glaubst, seine Nachrichten sind wahrer als die meiner Kundschafter?«

»Anders, Herr.« Proktokrites hielt seine rechte Hand so ins Licht, daß Dariuvahush sein eigenes Geschenk, den Ring, sehen mußte. »Der Kapitän trifft unzählige Seefahrer ...«

»Was eigentlich tut er genau, mit seinem Schiff?«

»Er segelt entlang aller bekannten und unbekannten Küsten, sucht Quellen, Riffe, Landmarken, Ankerplätze, Bachmündungen und billige Schankwirte. Er schreibt alles auf, macht auch einfache Zeichnungen; sein Wissen soll in einem Periplous stehen, einem Bericht für jeden Schiffsführer, der ungefährdetes Segeln dem Schiffbruch vorzieht. Kapitäne, sagt er, sind wie Waschweiber am Brunnen: Sie reden über alles, trinken viel, reden daraufhin noch mehr, aber nie über den Reichtum ihrer Frachten. Auf diese Weise hat unser größter Kitharode, Homer der Blinde, in den Hafenschenken so vieles über fremde Gestade ...«

Mit einer Handbewegung unterbrach Dariuvahush.

»Fremde Gestade! Du schreibst ihm wieder?«

»Sobald ich in Bagastâna bin, Herr. Willst du etwas hinzufügen oder ihm eine Botschaft schreiben lassen, oder ...?«

Dariuvahush zuckte mit den Schultern und sagte einige Atemzüge später: »Wenn du deine Briefe mit meinem Ring siegelst, kannst du sie jedem Botenreiter geben; er wird dafür sorgen, daß sie den Empfänger erreichen. Schreibe an Skylax: Es wird der Tag kommen, an dem König Dariuvahush die Welt jenseits der Grenzen sehen und erobern will. Zuvor braucht er einen Kundigen, der die Wege beschreibt und berichtet, welche Völker hinter den letzten Hügeln leben. Frage ihn, ob er einen Periplous für mich schreiben will. Du hast erfahren, daß ich jeden Königswohltäter großzügig belohne; dem Kapitän biete ich das Gleiche an – wer gibt eigentlich das Silber für die jahrelangen Fahrten deines Freundes?«

»Die *Atem des Boreas* zahlte sein Vater, das weiß ich. Skylax handelt mit allem, was er findet – er verkauft, sozusagen, Frischwasserquellen mitsamt einer Bucht, zweier Landmarken und dreier Sternbilder.«

Dariuvahush hieb klatschend mit beiden Händen auf die Tischplatte. Proktokrites zuckte hoch, setzte sich wieder; Dariuvahush begann laut zu lachen, lehnte sich zurück, schlug die Fäuste auf seine Schenkel und wischte sich die Tränen aus den Augenwinkeln.

»Schon allein weil er mich zum Lachen gebracht hat, müßte ich ihm Gold schicken. Neue Statér-Goldmünzen. Könnte ein Pârsa-Fürst sein.« Er beruhigte sich, ließ nachschenken und hustete, als der Zugwind eine fahle Rauchwolke hinter den Wandschirm wehte. Er rief: »Holt Aspat Shanâh!« Leiser, wieder im Gesprächston, sagte er: »Warte drei Tage im Gästezelt, briefschreibender Steinmetz. Bestimmte Dinge sind zu klären; dann reitest du nach Bagastâna und sorgst weiterhin für einzigartige Bilder und Schriften im Fels. Wenn ihr fertig seid, steige ich hinauf und prüfe jeden Fingerbreit.«

»Du wirst, samt den Spältchen, die wir mit kochendem Blei ausfüllen, keinen Fehler finden, o König.« Proktokrites sah zu, wie sich sein Papyrus zischelnd zusammenrollte, stand auf und sank aufs rechte Knie. Neben dem Wandschirm erschien Aspat Shanâh, den Saum des weißen Bashlyq bis unter die Nase hochgezogen. »Ich danke, Herr. Die Felsbilder werden sein, wie du sie dir erträumt hast.«

Dariuvahush holte tief Luft und nickte; das Lachen wich aus seinem Gesicht. Er stieß einen seltsamen Laut aus, wie ein Seufzen. »Was weißt du von meinen Träumen, o Steinmetz.« Proktokrites ging kopfschüttelnd zur weit offenen Tür. Als er langsam, in der Sonnengrelle blinzelnd, die Stufen hinuntertappte, hörte er den lauten Wortwechsel zwischen dem König und Aspat Shanâh. Er glaubte, die Namen Tachmaspâdas und Hamarâdhas zu verstehen.

Sein Schlafraum ist im alten Teil des Palastes, ein trockener, warmer Saal zwischen uralten, dicken Wänden; still wie ein Grab. Dariuvahush denkt, bevor er in Tiefschlaf fällt, an fünf unterschiedliche Ebenen, flach wie die Wüste, auf der sich winzige Gestalten gruppieren, auseinanderlaufen, in neuen Mustern zusammenfinden und in langen Reihen davoneilen, wie marschierende Käfer oder Ameisen. Mudrayia. Die Saka. Kshatrapan Arvita von Sardeïs. Das Goldland Hindusch! Die Bauwerke in Hagmatâna, Pâthragada und Huza. Schmelzen, Gießen und Schlagen der Münzen. Die Tochter oder der Sohn, mit dem Hutaûtha schwanger ist. Dreißig Unsterbliche und Bagaya auf der Königsstraße unterwegs, in tödlicher Entschlossenheit. Wieder überfällt ihn ein Traum, der sich wie Ahura Mazdâhs zerbrechliche Brücke zwischen Tag und Nacht, zwischen Wirklichkeit und tiefster Versunkenheit spannt: Dariuvahush hat sich mit letzter Kraft aus einem Trichter Treibsand herausgekämpft, der zuerst wie Wasser, dann wie zäher Schleim ist, und als er festen Felsboden erreicht hat, kippt im grellen Sonnenlicht die Felsplatte; er rutscht ohne Halt auf den Abgrund zu, der ihn zu verschlingen droht. Er wacht auf, hört sich ächzen und stemmt sich in die Höhe. Er steigt durch die Dumpfheit des Traums ins Halbdunkel; die Wasseruhr zeigt eine Stunde nach Mitternacht. Er dreht den Kopf und blickt in Faidumâs blaue, weit aufgerissene Augen.

»Das war kein fröhliches Lachen, o leidenschaftlicher König«, flüsterte sie. »Du mußt übel geträumt haben. Du hast mich geweckt.«
Dariuvahush antwortete nicht; er starrte sie an, zuckte mit den Schultern und knotete ein Tuch um die Hüften. Langsam ging er über die warmen Teppiche zum Wasserkessel, tauchte die Finger in den Brei aus Seifenwurzeln und wusch die Hände bis halb zu den Ellenbogen. Er war sich bewußt, daß es für die junge Frau aussah, als verberge er die Hände im Trockentuch, das nach Narde und Herbstkräutern duftete. Er blieb vor dem Bett stehen,

blickte auf Faidumâs sonnengebräunten Körper hinunter und
sagte leise:

»Ich hab dich nicht wecken wollen; nicht auf diese Art. Es ist, als
würden nachts viele Dolche auf mich geschleudert.«

»Jeder Dolch eine Lüge, mein königlicher Geliebter?«

»So empfinde ich es.« Dariuvahush streckte sich neben ihr aus,
besann sich und mischte Wein mit Wasser und süßem Sud. Krüge
und Becher waren kalt. Er reichte Faidumâ einen Pokal. »Diese
Lügendolche ... sie durchbohren auch deine Jugend, deinen schönen Körper, deine Leidenschaft. Je länger ich auf dem ahrimanverfluchten Thron hocke, desto leichter bin ich zu treffen, von
den Dolchschleuderern.«

»Desto schönere und jüngere Frauen hast du auf deinem Lager.«
Sie strich lächelnd über sein verschwitztes Haar. »Was wirst du
tun, um wieder gesunden Schlaf zu finden?«

»Der König hat wenige Möglichkeiten, die rechte Ordnung zu erhalten.« Dariuvahush hob die Faust. »Das Heer zusammenrufen
und ein Gemetzel anzetteln. Gehorsam und Wohlverhalten mit
viel Gold erkaufen. Und dann gibt es einen weiten Fächer alltäg-
licher und besonderer Listen.«

»Du wirst den Kshatrapan Arvita mit einer List fangen?«

»Diesen Plan haben wir lange beredet und schon auszuführen begonnen.« Dariuvahush fühlte, wie langsam die Taubheit des
Schlafes wich und die Beweglichkeit der Gedanken zurückkehrte. »Aber an tausend Stellen im Reich entstehen immer wieder
kleine Brände. Ich muß sie löschen, ehe die Flammen auflodern
und die Feuer sich ausbreiten.«

Faidumâ schwieg, schlug die Schenkel übereinander und legte
sich auf den Rücken, die Arme im Nacken verschränkt. Dariuvahushs Finger glitten unruhig über ihren Körper; während sie mit
geschlossenen Augen die Berührungen zu genießen schien, dachte er über das schmale Fundament des ausgedehnten Reiches
nach, die Unsterblichen, die ein Teil des Heeres waren, und über
die meisten pârsischen und viele madische Fürstenfamilien. Dies
war seine gesamte Bewaffnung, die wenigen Werkzeuge seiner
Handlungsfähigkeit; die einheitliche Reichsschrift, die Münzen
und königliche Gesetze, die für jeden galten – viele Jahre würden

vergehen, bis ihre Wirkung sich an den Grenzen des Reiches zeigte. Er mußte alle Länder des Reiches kennen, deren Grenzen, um schnell und richtig handeln zu können. Unter seinen Fingerkuppen richteten sich die Spitzen von Faidumâs Brüsten auf. Sie spannte ihre Muskeln und stieß einen langen, lüsternen Seufzer aus. Dariuvahush streckte die Arme, legte die Hände auf ihre Haut, als wolle er sie an sich ziehen und Schutz oder Ruhe an ihrer Schulter suchen. Er stützte sich auf die Ellbogen, und seine Finger krochen über ihren straffen Bauch und zwischen die Schenkel.

Als das erste rote Licht des Morgens durch die Vorhangspalten drang, kauerte Faidumâ auf seinen Schenkeln. Sie hatte ihn tief in sich aufgenommen, beugte den Körper weit zurück, schwankte vorwärts und stützte die Hände auf Dariuvahushs Schultern, hob und senkte sich. Ihre Hüften zuckten, Schweiß tropfte von ihrem Kinn und den Brüsten. Dariuvahush legte den Kopf zurück; wie ein Blitz durchzuckte ihn die Erinnerung an die erste der zwölf Nächte. Faidumâ hatte gelernt, das scharfe, erlösende Ende der Vereinigung lange hinauszuzögern, und als sie keuchend auf ihm erstarrte, schob sich plötzlich zuerst das Bild Hutaûthas flimmernd vor ihren Körper. Viele Dolche oder Speerspitzen blitzten auf, Hutaûtha verwandelte sich in Kshatrapan Arvita, dann in Anführer Bagaya ... die Dolche zuckten in die Körper, rissen blutende Wunden, die Erscheinung löste sich in einem Blutschwall auf. Faidumâ sank weich auf Dariuvahushs Brust, stützte sich auf die Unterarme und flüsterte unverständliche Worte.

Goldschmiede aus Babairu und Men-Nefer hatten die ersten Schmelzöfen beheizt, die Luftströmung und die Blasebälge ausgerichtet und in spitzkegeligen, mehrfach gebrannten Tonkrügen Gold und Silber geschmolzen; Staub, Körner und Bruchmetall. Dariuvahush saß zwischen den wachsenden Mauern der »Münzschmiede des Reiches« und drehte eine glänzende Münze und einen schweren runden Meißel aus gehärtetem Eisen in den Fingern. Die Goldscheibe war eine achaiische Handelsmünze, die auf den Inseln und im Land nordwestlich von Sardeïs jedermann kannte; die Barbaren nannten sie den »Statér von Phokaia«, der ein Dreißigstel der babairischen Mine wog. Als Dariuvahush das Ende des Meißels betrachtete, sah er die feingearbeitete Gestalt eines laufenden, speertragenden Bogenschützen, den Schild auf der rechten Schulter, mit – in dieser Verkleinerung schwer zu erkennen – den Gesichtszügen, der Zackenkrone und der Kleidung des Königs.

»Fangt an!« sagte Dariuvahush und gab Aspat Shanâh den vier Finger dicken Meißel. Die Goldschmiede hatten einige Dutzend Goldscheiben gehämmert und gewogen; zwei der zukünftigen Münzen wogen so viel wie ein Statér, zwanzig Stücke wogen ein Kresha, der zehn Babirush-Goldschiqlu wert war. »Ihr habt unter euch die Goldmünze schon Dârayaka genannt. Ich liebe diese Bezeichnung, denn zusammen mit dem Gold und den Silbermünzen werden mein Gesetz und mein Name überall bekannt.«

»Und gleichzeitig wird für jedermann festgelegt, daß man dreizehn und ein Drittel Teile Silber für ein Teil Gold wechseln wird.« Aspat Shanâh hob eine Silberscheibe hoch und zeigte sie dem Schatzwart. »Und zwanzig gleich schwer wiegende Silbermünzen für eine goldene.«

Eine Goldscheibe wurde auf eine Eisenplatte gelegt, die in einen Granitblock versenkt war. Die Bildnisfläche des Meißels berührte die Scheibe, und ein Schmied schlug mit dem Hammer auf das Meißelende: Das vertiefte Bild schuf ein erhabenes; klirrend entstand die erste, fast vollkommen runde Dârayaka-Goldmünze.

Dariuvahush wartete das klirrende Entstehen mehrerer Münzen ab, dann rief er:

»Goldmünzen dürfen nur in meinen königlichen Münzgewölben geschlagen werden. Silber und Gold nehme ich aus dem Schatzhaus.« Er zeigte hinüber zu den wachsenden Pfeilern und Wänden eines anderen großen Bauwerks. »Die Kshatrapane aber dürfen Silbermünzen schlagen. Einige Jahre werden vergehen, bis alle Menschen damit umgehen können, und bis dahin wird jeder im Reich tauschen.«

»In den bekannten und in neuen Maßen und Einheiten.«

Dariuvahush stand auf und hob die Arme. Das Klirren und Klingeln der Meißel und schweren Hämmer riß ab, als er sagte:

»Schlagt ein paar Truhen voll Dârayaka und Pantshuka, jene silbernen Münzen. Ich schicke sie als Beispiele in alle Kshatrapien.«

Die Schmiede und die Handwerker an den Waagen sanken auf die Knie und verharrten in dieser Stellung, bis Dariuvahush und Aspat Shanâh das unfertige, überhitzte Gewölbe verlassen hatten. Auf den Stufen holte Aspat Shanâh tief Luft und ließ seinen Blick über die riesige Baustelle gleiten, in die sich die Stadt verwandelt hatte. Ein von sechs Ochsen gezogener Kastenwagen knirschte unmittelbar unter ihnen auf breiten Bronzefelgen über eine Kanalbrücke; in großen Körben aus Rohrgeflecht befanden sich Erdreich und Wurzelballen dreier Bäume, die höher waren als zwölf Ellen. »Seit mehr als einem Jahr, o König, müßten unsere Fußsohlen bluten, Tag und Nacht.«

»Wie meinst du das, Beherrscher meiner Waffen und Gewänder?«

»Weil wir auf den geschliffenen Schneiden von Schwertblättern, Dolchen und Schwertern gehen, mit ausgestreckten Armen, damit wir nicht herunterfallen. Du, ich und deine Hazarapati.«

»Du denkst an meine tapferen Hundertführer und den Sohn des Fürsten Rtavanta?«

»Ja. Sie werden vielleicht getötet, um dir einen Heerzug nach Sardeïs zu ersparen – und schlimmeres Kämpfen und Schlachten. Dreißig junge Fürstensöhne. Ausgezeichnete Krieger. Ihre Väter werden dich verfluchen, wenn Arvita sie töten läßt. Sie werden so leise fluchen, daß es niemand hört. Aber du verlierst ihre Unterstützung.«

Er zeigte auf einen Stapel trocknender Lehmziegel, jeweils einen Schritt breit, lang und hoch, durch Riedgeflecht und Astholz getrennt. Fuhrwerke brachten Erdpech, das Sklaven aus einem öligen, stinkenden Tümpel unweit der Stadt geschöpft hatten.

»Ich weiß«, murmelte Dariuvahush. »Tausendmal tausend solcher Haufen. Dann werden die äußeren Formen und die Größe der neuen Gebäude und der Mauern zu erkennen sein.«

»So haben es die Baumeister ausgerechnet.«

Schritt um Schritt, in weitem Bogen und engen Windungen den Wegen folgend, auf denen Sklaven und Gefangene aus sieben Kshatrapien ihre Lasten schleppten, gingen Dariuvahush und Aspat Shanâh zum Palast. Die Lanzenträger sicherten mit geschulterten Waffen vor und hinter den Männern, bis sie auf der freien Fläche am Ende einer Stufenreihe aus weißem Stein stehenblieben, auf der neu angelegten Terrasse des kleinen, alten Palasts. Dariuvahush kniff die Augen zusammen, betrachtete argwöhnisch Quaderreihen, Türstürze und Balkenwerk und spielte mit dem goldenen Statér. Ein Botenreiter rannte zwischen den Gerüsten hervor, von denen die Säulen einer halbfertigen Vorhalle ohne Dach umgeben waren. Aspat Shanâh hielt ihn mit einer Handbewegung auf; der Bote ließ sich stolpernd auf das rechte Knie nieder.

»Aus Pâthragada, o Herrscher«, sagte er schwer atmend. »Deine Gemahlin, die große Königin, hat dir einen schönen, kräftigen Sohn geschenkt. Vor neunzehn Tagen.«

Aspat Shanâh verbeugte sich tief vor Dariuvahush, vollführte eine schwungvolle Geste und sagte:

»Ein Sohn. Bei Ahura Mazdâh! Der vierte Sohn, o Herrscher.«

»Im Schatten seiner Schwingen geboren«, brummte Dariuvahush. Der Bote stand auf und grinste; er senkte den Kopf und redete weiter.

»Deine Gattin wünscht, daß du deinen Sohn Chshâyarshâ nennst, Xayarsha, Herrscher über Helden; du mögest dich lächelnd des Gewitters entsinnen.«

»Ich entsinne mich lächelnd.« Dariuvahush lachte und warf dem Boten die Münze zu; er fing sie, überaus verwundert, mit geschickter Bewegung auf. »Über den Namen werde ich mit der Königin in Pâthragada reden. Hast du Nachrichten von Vindafarnâh oder Gaubarva für mich?«

»Nein, Herr. Nur diese eine Botschaft.«

Dariuvahush schüttelte den Kopf; er spürte tief in sich stille Heiterkeit und lächelte. Der Bote verneigte sich und rannte die Stufen hinunter. Als sich Shanâh und Dariuvahush herumdrehten, rissen am Rand eines Kanals, hinter einer Mauer aus Stein und Lehmziegeln, mit peitschendem Knall zwei dicke Trossen. Ein

Balkengerüst wankte, schwang zurück und schlug schwer gegen die Mauer, löste sich auf und polterte in den leeren Graben, während schreiende Arbeiter zur Seite sprangen und sich unter fallenden Ziegeln duckten. Dariuvahush erstarrte; unter seinen Sohlen schien der Boden zu zittern. Er hielt sich an Aspat Shanâhs Schulter fest und sagte dumpf:

»Der Mondblinde! Das ist es also, was er gesehen hat ... der Schlangenstier unter uns, tief in der Erde.«

»Herrscher!« Aspat Shanâh packte die Oberarme Dariuvahushs und schob ihn zwischen die Balken, Brettern und Leitern der Gerüste ins Halbdunkel des Palasts. »Du erschrickst zu leicht in diesem Dolchschneiden-Jahr! Es ist ein Unfall, wie es ihn immer geben wird.«

»Ich hab's verstanden. Ein Unfall der ungeschickten Uvjaner«, murmelte Dariuvahush und blieb im Eingang des Thronsaals stehen. Über der Plattform, zu der drei umlaufende Stufen hinaufführten, war die Wand geglättet und mit grauweißer Farbe als Untergrund gestrichen worden; er hatte befohlen, sie mit Weiß und Rot, den Königsfarben, und mit einer goldenen Figur zu verzieren. Jetzt glaubte er darauf glühende Schriftzeichen zu sehen, die sich tief einbrannten, und er flüsterte:

DARIUVAHUSH DER KÖNIG VERKÜNDET: DU, SPÄTERER KÖNIG, WENN DU DIESE INSCHRIFT LIEST, DIE ICH GESCHRIEBEN HABE, UND DIESE BILDER SIEHST, ZERSTÖRE SIE NICHT, SONDERN ERHALTE SIE NACH KRÄFTEN.

Tachmaspâda hing entspannt auf dem Rücken des braunen Wallachs; den anderen schien es zweifellos, als sei er eingeschlafen. In den beiden letzten Tagen, die sie ohne große Eile auf der Königsstraße verbracht hatten – vielleicht zwei, drei Tagesritte bis zu den Mauern um Sardeïs –, waren zahllose mehrdeutige Bilder in sein Herz eingesickert: Jede Erkenntnis hatte bei den zweiunddreißig Reitern eine Änderung ihres Aussehens und Verhaltens hervorgerufen. Sie trugen Halbrüstungen und Helme der lydischen Söldner, hatten das Haupthaar und die Bärte kurz geschoren, bewegten sich behutsam wie Raubtiere in einer fremden, von überall einsehbaren Umgebung, waren Pârsa und doch nicht auf den ersten Blick als Dariuvahushs Männer zu erkennen, und sie schlossen sich, trotz der lastentragenden Maultiere, meist wie ein wütender Igel zusammen. In jeder Herberge entlang der Königsstraße hatten ihnen Händler, Wanderer, Karawanentreiber und Schankmägde irgendwelche Neuigkeiten, Gerüchte, halbe und ganze Wahrheiten zugeraunt – und, wenn das Gold eines Statérs oder eine Silberscheibe blinkte, waren aus vagen Erinnerungen scheinbar klare Wahrheiten geworden. Tachmaspâda richtete sich auf, zauste die Mähne des Pferdes und drehte sich zu Bagaya herum.

»Nunmehr bin ich sicher, o Freund und Weggefährte«, seine Stimme verriet nur dem Eingeweihten, daß der goldene Unsterbliche sich dessen sicher war, was er sagte, »daß wir den Kshatrapan mit dem Darm aus einem verfaulten Kamelkadaver erwürgen sollten. Oder ihn in vergorener Eselspisse ertränken. Oder ... weißt du eine weniger angenehme Todesart?«

»Man könnte ihn – laß mich nachdenken – im Salz- und Essigbad enthäuten, trockenlegen und auf seinem Bauch ein Feuerchen aus Erdpech anzünden.«

Sie grinsten kalt. Bagayas hellblaue Augen wurden dunkelgrau, fast schwarz. Seine Lippen waren nur noch ein schmaler Strich im sonnenverbrannten Gesicht. Tachmaspâda nickte schwer.

»Auch gut. Du denkst daran, daß wir uns einer Stadtwache von vielleicht tausend Pârsa und Söldnern nähern? Zwei von ihnen sind so gut wie einer von uns.«

»Ich denke daran, Hazarapati, und mir wird übel dabei. Ich glaube, es geht nur so, wie wir es ausgemacht haben.«

»Es ist ein Spiel, ein Versuch, ein Wagnis um Leben und Tod. Um unseren Tod, Bagaya.«

Bagaya legte drei Finger auf die Botentasche zwischen den Teilen des zerbeulten Brustharnischs, auf der das Siegel des Königs funkelte.

»Du sagst mir nichts Neues, Tachma. Wären alle Pârsa-Krieger so ehrlich wie wir, wäre mein Angstschweiß längst getrocknet.«

»Weiß ich. Wann sind wir dort?«

»Am Morgen des dritten Tages.«

Sie ritten hintereinander am rechten Rand der Königsstraße,

durch bergiges Land, zwischen langgezogenen Waldstreifen und unter Mauern und Bauwerken längs des Weges, auf dem sie so leicht zu sehen waren wie ein weitaus größerer Heerbann. Tachmaspâda fürchtete weniger den Tod als den Umstand, daß ihre Namen besudelt werden könnten durch Versagen, feiges Verhalten in Todesangst oder wegen falschen Handelns im entscheidenden Augenblick. Eines wußte er genau: Alle, die hinter ihm und Bagaya ritten, waren unzweifelhaft Dariuvahushs Männer; für ihn würden sie sich in Stücke hacken lassen. Die goldenen Ketten des Königs – die sie nicht mitgenommen hatten! – waren das Unwichtigste daran.

»Wie wir vorgehen – das gilt noch immer?«

»Was sonst?« Bagaya hob seine Lanze. An ihrem stumpfen Ende faßte ein schmales, grünspaniges Bronzeband das Kirschbaumholz zusammen. »Hör auf zu wimmern, Tausendführer – wir schaffen es. Wer sonst, außer uns?«

»Ich bete zu Ahura Mazdâh, daß du recht behältst.«

»Bisher haben seine Schwingen das Schlimmste, Gröbste von Dariush weggeweht.«

»Sie werden auch in drei Tagen stürmischer flattern als sonst!«

Das Land Sparda, durch das sie ritten, war bergig und grün, scheinbar friedlich und reich; Fuhrwerke, Eselmänner mit schwerbeladenen Grautieren, gut gekleidete, wohlgenährte Wanderer, langsame Gespanne und schnelle Kamelreiter waren fast ununterbrochen den schweigsamen Zweiunddreißig entgegengekommen. Die Königsstraße war sicher, breit und gepflegt, samt der wenigen Furten und Brücken. In den Herbergen gab es Platz, frisches Futter, heiße Bäder, keine Diebe, beflissene Sklaven und gutes Essen; nach außen wahrte Kshatrapan Arvita den Schein. In weiten Schleifen und Windungen führte die Straße nach Sardeïs, ins Herz der lydischen Untreue. Bagaya, Tachmaspâda und die anderen Männer gelangten binnen dreier Tage, unausgesetzt beobachtet, aber nie aufgehalten, zum Sitz des Kshatrapan Arvita.

Die Königsstraße beschrieb eine weite Biegung und senkte sich zu den Gärten und den Häusern des Stadtrandes. Tachmaspâda hielt sein Pferd neben dem des Anführers an; schweigend durch-

forschten ihre Blicke die langgestreckte, reiche Stadt. Sardeïs
breitete sich in einem fruchtbaren, bewaldeten Tal aus, am Westrand eines Gebirges, das die Lyder Katakekaumene nannten,
»verbranntes Land«, und auf dessen Hängen sich Weinberge hinzogen; der lydische Wein war selbst in Huza als vorzüglich und
stark bekannt. Im Norden der Stadt floß der schiffbare Strom
Hermos, in den zwei Bäche mündeten. Sie wanden sich durch
Sardeïs und versorgten die Siedlung mit dem klaren Wasser des
Berges Tmolos. Der Bach Paktolos, so hieß es, führte im
Schwemmsand Elektron mit sich, ein Mischmetall aus Gold und
Silber, das die Barbaren auswuschen. Auf dem letzten Hügel einer Kette, die sich nordwärts vom Tmolos ins Land erstreckte,
sahen die Pârsa eine große Burg aus hellem Stein; zwischen der
Stadt und dem Strom verlief eine breite Straße, von auffallend
großen Häusern und alten Bäumen gesäumt, bis zum fernen Hafen. Bagaya zählte neun Masten mit eingerollten Segeln. Er zeigte zur festungsartigen Burg, dem Palast Arvitas. Auf der Sandstraße, die sich entlang der Hügelflanke schlängelte, näherte sich
ein Trupp Reiter ohne Eile; Waffen und Metall blitzten im Sonnenlicht.

»Der Kshatrapan erwartet uns«, brummte Bagaya. »Bringen wir
es hinter uns, Tachma.«

Sie gaben die Zügel frei und winkten. Die anderen Reiter schlossen auf und ritten in Dreierreihen. Hinter den hellen Mauern eines Pairidaeza gabelte sich die Straße. Die Pârsa folgten der Abzweigung, die über eine Holzbrücke und, zwischen Ölbäumen
und im Schatten mächtiger Platanen, zum Burghügel führte. Sie
kamen an einem stillen Tempelplatz vorbei und sahen ein weibli-
ches Götterbild zwischen bunt bemalten Steinsäulen; Bagaya zügelte sein Pferd und sagte:

»Die alten Lydier beten eine Berggöttin an. Schutzgöttin Kybele
wird sie von den Barbaren genannt. Auf dem Tmolosberg feiern
sie seltsame Feste. Kurusch und Kambushya haben den Götzen-
glauben geduldet.«

»Daran wird Dariuvahush nichts ändern«, brummte Tachmaspâda und hob langsam den Arm. Auf halbem Weg trafen die Reiter-
gruppen aufeinander.

»Arvita grüßt euch!« rief der Anführer. »Willkommen in Sardeïs. Ich bin Rashabaga, der Hazarapati der Palastwachen.«

Bagaya packte Rashabagas Handgelenk, schüttelte es und sagte langsam, scharf betont: »Wir sind dreißig Königsboten, dazu ich, Bagaya, als rechte Hand Dariuvahushs, und ein junger Zügelhalter. Es ist wichtig, daß uns der Kshatrapan selbst empfängt, sagt König Dariuvahush.«

»Unaufschiebbare Befehle, wie?«

»Es ist mehr und anderes«, sagte Tachmaspâda. Vielleicht eineinhalb Dutzend Reiter begrüßten die Boten laut und herzlich, in klarem Pârsa. »Was denkt man hier am Rand der Welt vom König im fernen Pâthragada?«

»Man glaubt, daß ihn nicht nur Pârsa und ihre Familien bejubeln würden, wenn er käme.«

»In den vergangenen Jahren war es so«, Bagaya lachte schrill, »daß er ein paarmal zu fremden Städten kam. An der Spitze seines Heeres.«

»Fürst Arvita erfreut sich guter Gesundheit? Sein Reichtum quält ihn nicht? Deine Tausendschaft sorgt für sein Wohlergehen?« Tachmaspâda schob den Helm in den Nacken. »Dieses Jahr hat Dariuvahush etwas anderes vor – er wird die störrischen Saken unter sein Joch zwingen.«

»In Karka, Yauna und Phrygien ist es ruhig«, sagte Rashabâga. Die Reiter trabten die Windungen der Hügelstraße aufwärts. Auf dem Hang weideten Schafe und Ziegen; es roch nach frisch gesicheltem Gras. »Wenn auch der plötzliche Tod des Statthalters von Daskyleion und seines Sohnes die Menschen erschreckt hat.«

»Ich kenne den Inhalt der Nachrichten noch nicht.« Bagaya musterte die Quader und die dünnen Fugen der Tormauer. Aus einem felsigen Stück des Hügels ragte eine glatte Wand dreißig Ellen hoch auf. »Aber ich weiß, daß auch der König beunruhigt ist. Und aus Unruhe wird schnell großer Zorn.« Rashabaga zog die Schultern hoch und ritt voraus in den Palasthof. Sklaven und Diener versorgten die Pferde und die Lasttiere. Der Palast wimmelte von Bediensteten; wachsam gingen Pârsawachen auf den Treppen und entlang heller Bogengänge. Jeder Schritt zeigte den

Königsboten den angehäuften Reichtum Arvitas; die Gruppe der Zweiunddreißig blieb dicht zusammen und folgte den beiden Anführern durch Säulenhallen, Korridore und Innenhöfe bis zur goldbeschlagenen Doppeltür des Beratungssaales. Tachmaspâda packte zwei Palastwachen an den Armen und sagte leise:

»Laßt niemanden in den Saal, der nicht zu uns gehört, den Männern, die nur dem König gehorchen. Schließt die Türen.«

Sie schüttelten bejahend die Köpfe. Nicht mehr als vierzig mit Lanzen bewaffnete Wachen des Kshatrapan verteilten sich rechts und links einer Erhöhung, auf der ein Sessel aus Schwarzholz stand, mit Verzierungen aus Elektron und Elfenbein. Mit wenigen Handbewegungen, deren Bedeutung eingeübt war, ließen Bagaya und Tachmaspâda die Krieger in einer zweifach gestaffelten Reihe aufstellen. Wachen schlossen leise die Eingangstüren und stellten sich vor die schmalen Öffnungen an den Seiten des Saales. Sonnenlicht fiel durch Vierecke in der Zedernbalkendecke und bildete auf dem Boden, der eine Vielfalt ölig schimmernder Bilder zeigte, große Inseln aus Sonnenlicht. Arvita, gefolgt von drei Schreibern und einigen Wachen, betrat den Saal durch eine Tür der Rückwand, sprang leichtfüßig auf die Erhöhung und breitete die Arme aus.

»Willkommen, ihr Königsboten«, rief er. »Seit Dariuvahushs Königsboten mitsamt der Botschaft spurlos verschwunden sind, warte ich auf Nachricht. Woher kommt ihr? Von Pâthragada oder Hagmatâna?«

»Dieses Mal kommen wir aus Huza«, sagte Bagaya und verbeugte sich. »Zweiunddreißig Königsboten verschwinden nicht so leicht.« Er löste die Knoten der Ledertasche und trat in das Lichtviereck. Die Krieger umstanden starr und schweigend den erhöhten Sitz des Kshatrapan, nur ihre Lanzen bewegten sich langsam. Arvita kam um den Sessel herum, zupfte an den Fellen und setzte sich. Bagaya hob die Hände, brach für alle deutlich sichtbar das Siegel auf und zog vier zusammengeklappte Schreibtäfelchen hervor. Er winkte, der königliche Schreiber kam herunter und näherte sich wieder Arvita, bis er im nächsten Lichtviereck stand.

»Lies vor, was König Dariuvahush schreibt«, sagte Tachmaspâda laut. Seine Stimme schien den Saal zu füllen. »Und übersetz aus dem Uvjanischen ins Pârsa. Jeder soll zuhören, den die Worte des Königs angehen.«

Er ging zwei Schritte zurück und beobachtete Arvita. Der Kshatrapan, vielleicht fünfundfünfzig Sommer alt, einen Kopf kleiner als er, von gedrungenem Körperbau, hatte Bart und Haupthaar gefärbt und geölt, trug einen breiten Stirnreif, einen Ring im linken Ohr und nicht weniger als neun an den Händen. Er war unruhig, ein Mann hastiger Bewegungen. Schnelle Blicke aus kleinen Augen sprangen von einem Krieger zum anderen; immer wieder hefteten sie sich auf die Lanzenspitzen und die Helme der Boten. Der Schreiber zerbrach das kleinere Siegel, klappte die Täfelchen auseinander und las vor, begann zu übersetzen.

Tachmaspâda und Bagaya wechselten einen kurzen Blick; sie kannten als einzige den Inhalt. König Dariuvahush grüßte Arvita, befahl ihm in schroffen Worten, alle Nachrichten des vergangenen Jahres zusammenzufassen und nach Huza zu senden, schrieb vom Tribut, von Wein für die königlichen Gewölbe und ordnete an, ihm alles zu schreiben, was Arvita vom Tod des Boten und der beiden pârsischen Fürsten wußte. Mehrere Male nickte der Kshatrapan schwer, die Wachen hörten schweigend zu, und ihre Gesichter ließen erkennen, daß sie erschraken; Dariuvahush schloß mit der Drohung, Arvita durch einen jüngeren, nicht weniger bedeutenden Fürsten ersetzen zu lassen.

»Ihr werdet ein langes Schreiben mitnehmen können«, sagte Arvita heiser. »Meine Worte werden den Zorn des Königs mildern. Alles wird seine scheinbaren Geheimnisse verlieren.«

»Das ist die erklärte Absicht des Königs.« Bagayas Stimme war wie das tiefe Grollen aus einer Hundekehle. Er reichte dem Schreiber die zweite Botschaft, drehte sich um und kniff das rechte Auge zu. Die Männer neben Tachmaspâda grinsten verhalten. Der Schreiber las:

»König Dariuvahush hat den Schwur aller Pârsa-Krieger entgegengenommen und vertraut ihnen. Er ist der oberste Herr; ihm muß jeder gehorchen.«

Der Schreiber schwieg und klappte die Täfelchen zusammen. Durch die Reihen der Wachen ging ein zustimmendes Murmeln.

Die Männer ahnten, daß Unerwartetes geschehen würde und bewegten sich erregt, aber beherrscht. Die Worte des dritten Schreibens waren kürzer und deutlicher:

»Ihr Pârsa-Krieger! König Dariuvahush verbietet euch, fortan dem Kshatrapan Arvita als Leibwächter zu dienen.«

Tachmaspâda sagte scharf: »Die Lanzen auf den Boden!«

Fast gleichzeitig gehorchten sämtliche Wächter. Die Lanzen klapperten und klirrten auf den Steinplatten vor ihren Schuhspitzen. Bagaya übergab dem zitternden Schreiber die letzte Botschaft; Arvita umklammerte die Löwenköpfe der Armlehnen, war aufgestanden und hing halb über dem Sessel. Dreimal setzte der Schreiber zum Sprechen an, dann hatte er sich gefaßt und brachte sechzehn Worte zwar mühsam, aber laut und verständlich hervor.

»König Dariuvahush befiehlt den Pârsa-Wächtern in Sardeïs, den verbrecherischen Arvita auf der Stelle zu töten.«

Plötzliche Stille herrschte. Arvita keuchte auf, holte tief Luft und sackte in seinem Sessel zusammen. Bagaya und Tachmaspâda packten ihre Lanzen fester. Es dauerte nur wenige Lidschläge, bis sich die Leibwächter gebückt und ihre Waffen hochgerissen hatten und von allen Seiten auf Arvita losrannten. Bagaya schob mit beiden Armen seine Krieger zurück, als Arvita schreiend aufsprang und sich vom Podium schnellte, duckte, hin und herwarf und den Dolch zog. Der Goldreif rutschte von seiner Stirn und rollte über den Boden. Die Waffe war halb aus der Scheide geglitten, als die ersten Lanzenspitzen den Kshatrapan trafen; binnen eines langen Atemzuges verschwand der Körper hinter einem Wall aus Leibern, die Schreie endeten in röchelnden, gurgelnden Lauten. Nur die Geräusche zerreißenden Stoffes und das Klirren des Metalls waren zu hören, als sich die Lanzenspitzen im Körper des Sterbenden berührten.

Ein dumpfer Fall und klatschende Laute; die Leibwächter sprangen zurück. Drei Schritte vor der Kante des Podiums lag Arvita ausgestreckt auf dem Rücken in einer Blutlache, die sich lautlos ausbreitete. In seiner Brust steckten zwei abgebrochene Lanzenspitzen; Blut kam stoßweise aus einem Dutzend tiefer Wunden und durchtränkte die Fetzen der goldbestickten Kleidung. Bagaya und Tachmaspâda gingen schweigend um den Leichnam herum; die Anspannung löste sich in den Körpern und Gesichtern der Wachen und der Boten; die Männer keuchten, niemand sprach. Bagaya setzte sich, Tachmaspâda blieb hinter der Lehne des Sessels stehen und befestigte ruhig einen goldenen Knauf am Ende seiner Lanze.

»Es wird den König freuen, wenn er hört, daß ihr ihm treu geblieben seid.« Bagaya löste das Kinnband des Helms und nahm ihn ab. Er deutete auf den Leichnam. »Daß Arvita ein mehrfacher Mörder ist, wißt ihr vielleicht, und wenn ihr es nicht wißt, werden wir es euch erzählen. Einen Siebentag lang bin ich hier der Kshatrapan und führe nur königliche Befehle aus – dann wird Dariuvahush über einen neuen Reichsverwalter entscheiden. Der lebende und tote Besitz Arvitas wird nach Huza geschafft; das ist der erste Befehl.«

»Also«, sagte Tachmaspâda. »Hazarapati Rashabaga; du wirst uns alle Türen und Schlösser öffnen. Pferde, Maultiere, Eselmänner und ihre Grautiere, Wagen – sie werden mit dem Besitz des früheren Kshatrapan beladen. Da es im Palast weniger zu bewachen gibt, werden einige von euch mit uns zurückreiten, zum Schutz der Schätze.«

»Wir gehorchen dem König, Hazarapati.« Rashabaga verbeugte sich knapp. Auch Tachmaspâda nahm den Helm ab und stellte ihn neben den Sitz. Bagaya sprach weiter.

»Radhaban, Barshama! In zwei Stunden seid ihr mit frischen Pferden auf der Königsstraße. Vielleicht trefft ihr Dariuvahush auf dem letzten Stück des Weges; er will von Huza nach Hagmatâna reisen. Sagt ihm, wie es ausgegangen ist – sprecht von den treuen Pârsa der Leibwache. Ihr müßt nicht in elf Tagen in Huza sein! Fort mit euch; viel Glück! Los!«

Er winkte. Einige Leibwächter begleiteten die Boten hinaus; sie entfernten sich schnell, als wären sie froh, den Saal verlassen zu können. Tachmaspâda zerbrach sich noch immer den Kopf darüber, wie lange die Bewohner der Kshatrapien dem Treiben Arvitas untätig zugesehen hatten. Er wies mit der Speerspitze auf den Toten und sagte:

»Laßt diesen Freund des schwarzen Ahriman wegschaffen. In einem Siebentag wird sein Name vergessen und des Königs feine Ordnung in Sardeïs wiederhergestellt sein.«

Er sprang vom Podium und ging zu seinen Männern. Nachmittagslicht flutete durch die weit offenen Portale. Hazarapati Rashabaga näherte sich ihm und blickte den goldenen Lanzenknauf an.

»Tachmaspâda heißt du, nicht wahr? Tausendführer?«

»Ja. Hazarapati. Der Sieger für Dariuvahush über die Arminier bei Autiyâra.«

»Also hat er seine besten Männer geschickt. Es war an der Zeit, Hazarapati. Ich glaube, wir werden lange miteinander reden müssen.«

»Bei gutem Sparda-Wein.« Tachmaspâda schüttelte den Kopf, grinste und schlug ihm auf die Schulter. »Und danach im sicherlich prunkvollen Badehaus des Verblichenen in der Gesellschaft ausgesuchter Lustsklavinnen. Wie steht's damit hierzulande?«

Rashabaga pfiff durch die Zähne; in Tachmaspâdas Ohren klang es vorläufig wie ein gutes Zeichen.

Jeder Befehl Bagayas und Tachmaspâdas wurde in jener ruhigen Schnelligkeit und Gründlichkeit ausgeführt, die Dariuvahushs Unsterbliche auszeichnete. Die geschäftsmäßige Betriebsamkeit, die alle dreißig Boten und bald darauf auch die Leibwachen entfalteten, erschreckte nicht nur die Sklaven, Verwalter, Schreiber und Diener im weiträumigen Bereich der Palastburg. Die Gewölbe, in denen Arvita die Freunde des gekreuzigten Polykrates und die Verwandten des Statthalters von Daskyleion als Sklaven hielt, wurden geöffnet, ebenso die Schatzkammern. Bagaya rief die sieben würdigsten und reichsten Männer von Sardeïs in den Palast, redete eine Nacht lang mit ihnen und ließ ihnen zehn unterarmgroße Krüge übergeben, zehn Silberminen schwer, gefüllt mit grobkörnigem Elektrumsand; für die schriftliche Aufstellung der dringlichsten Vorhaben, die der Stadt und dem Umland nützten, bürgte der königliche Schreiber. Alle versklavten Gefangenen erhielten ausgesuchte Speisen, verbrachten viele Stunden in den Bädern und wurden neu eingekleidet; Arvitas hellenische Ärzte kümmerten sich um jeden einzelnen. Unter den Gefangenen war Demokedes, der Sohn des Kalliphon aus Kroton, der zusehen hatte müssen, wie Polykrates in Magnesia umgebracht und ans Kreuz geheftet wurde. Die Ärzte behandelten ihn mit Ehrerbietung; er schien ein Heilkundiger zu sein. Auch er würde die lange Reise zu einem Palast des Königs antreten müssen, entschieden Bagaya und Tachmaspâda.

Truhen voller Gold, Gefäße, Schmuck, Hunderte Ledersäckchen voller Elektrumstaub und -sand, Salböle, kretische Blütenauszüge, silberne und goldene Schalen, Becher, Geschirr, Ketten und Zierwaffen, noch mehr Truhen, gefüllt mit mudrayischem Byssos, purpurne Hemden, Wämser, Stoffballen, einige Tausend Krüge Wein – im Hof der Palastburg und am Rand der Hügelstraße wuchs die Anzahl der vierrädrigen Wagen mit hohen Bordwänden. Nach vier Tagen des Truhenöffnens, Zählens und Schätzens, Aufschreibens und – Staunens über die höchst entwickelte Fähigkeit des Kshatrapan, Gegenstände von außergewöhnlich hohem Wert und ebensolcher Schönheit gesammelt und gehortet zu haben, waren die Auflistungen fertig und die Fuhrwerke beladen. Sie gingen auf den langen Weg nach Hagmatâna.

Zwei Nächte vor der Stunde des Aufbruchs herrschte in diesem Flügel des Palasts endlich wieder jenes Maß an Ruhe und Stille, das Dariuvahush brauchte, um seine Gedanken sammeln und ungestört niederschreiben zu können; in der neuen, in »seiner« Schrift, mit den königlichen Schriftzeichen. Bevor die Sommerhitze in Huza unerträglich wurde und sich die Siedlung völlig in ein Heerlager der Sklaven, Arbeiter und Handwerker verwandelte, in ein riesiges Zeltlager zwischen unfertigen Bauwerken, flüchtete der königliche Hofstaat in quälender Langsamkeit nach Hagmatâna, der alten Mada-Festung, in der Dariuvahush ein paar tausend Bauarbeiter weniger anzutreffen hoffte; weniger Lärm bedeutete mehr Ruhe. Er öffnete die kostbare Truhe, strich das Schreibleder glatt und beschwerte die Enden. In der unbewegten Luft brannten die Sesamölflammen höher als eine Handbreit. Bedächtig setzte Dariuvahush die ersten Worte:

Manchmal, in üblen Stunden der Ratlosigkeit, ist mir, als spähte ich durch einen Riß in der Wirklichkeit. Sie fordert mich immer dort heraus, wo ich nicht bin, und wo ich nicht sein kann, ist sie besonders bedrückend. Aspat Shanâh, Faidumâ und Nefermerit helfen mir, die Wirklichkeit klarer zu sehen, sie in Stücke zu zerteilen, die zu verstehen und von mir so anzuwenden sind, daß sie dem Reich nutzen. Aspat Shanâh, nicht älter als ich, der schmalgesichtige Königsfreund mit seinen seltsamen Röhren-Ringen, Sohn des Parushaspa, der im Heer des Kambushya mehr mit der Tötung des Kambushya-Bruders Brydiya zu tun hatte, als ich wissen will, ist mir unentbehrlich geworden. Er denkt, handelt und siegelt für mich, besser als drei oder fünf andere; unbestechlich, zuverlässig, Tag und Nacht. Ich kann ihm nicht anders danken als dadurch, daß sein Leben ebenso geschützt wird wie meines; angefangen bei Wein und Braten bis zu der Obhut meiner eigenen Leibärzte. Seiner Klugheit – und meiner Erinnerung an die Weisheit des Königs Kurusch – verdanken es die Israeliten, daß ihr Tempel in Jerushalayim mit Teilen des Tributs aus Abr Nahr und unter der Aufsicht des erfahrenen und ehrlichen Mada Chishath Rabrazâna wieder aufgebaut wird; das Reich zahlt alles samt den Tieren für ihre fragwürdigen Brandopfer, und wer sonst hätte in Hagmatânas Tontäfelchen-Gewölben das schriftliche Versprechen Kuruschs gegenüber den Israeliten finden können, wenn nicht Aspat Shanâh?

Faidumâ ist schwanger geworden und wird mich nicht begleiten, wenn ich auf der alten Heeresstraße nach Osten ziehe, um – wenn mir Ahura Mazdâh gnädig gesonnen ist – die Saka zu besiegen, ins Reich einzugliedern und die Grenze zu sichern. Kurusch hat es versucht, ich will es vollenden. Jenseits von Râga war ich noch nie: Alle Länder jenseits dieses schrundigen Ortes werde ich kennenlernen, meine Eltern und Geschwister in Pârthara und Hyrkanien in die Arme schließen und den Glanz eisbedeckter Riesenberge und die Wüste sehen, die ›tötende Fläche des ewigen Sandes‹, wie sie von den Nomaden genannt wird. Und dahinter, jenseits der Hügel, den fernen Glanz des Landes Hindusch, wo die Ameisen so groß sind wie Ratten und goldhaltigen Sand aus der Tiefe ergraben, und wo die tägliche

Wirklichkeit eine Kette farbensprühender Wunder ist. Der Heerzug wird ein Jahr dauern, vielleicht länger, und mit dem Mittelpunkt des Reiches verbinden mich dann nur Botenreiter und die ständige Furcht, daß sich dort Verräter und Lügenkönige erheben. Näher zum östlichen Rand der Welt! Vielleicht erlebe ich jenseits der Hügel auch das Meer, von dem so viele sprechen und nach dem ich mich sehne. Außer jenem Karer Skylax, den ich nicht kenne, gibt es niemanden, der mir berichtet, welche Wunder mich im Osten verblüffen und erschrecken werden. O Nachfolger auf dem Thron, der du diese meine Worte liest – es ist besser, uneingeschränkt Herrscher in einem kleinen Reich zu sein als Nachfolger Kuruschs in einer so großen Zahl großer Länder! Denke daran, beherzige meine zweifelnden Worte, wenn du je selbst zweifelst! Wie Aspat Shanâh und zwei Handvoll anderer – die ich hier nicht nennen will – ist auch Nefermerit, Zeugin der Nacht des Köpfens, ein wahrer Freund des alternden Königs: Zweiunddreißig Sommer lasten auf meinen Schultern. Sie spricht Pârsa so gut wie irgend andere, vermeidet geschickt, von mir schwanger zu werden. Es sind ihre einfachen Fragen, die mich aus dem Wolkengewirr allzu umfänglicher Überlegungen auf den steinigen Boden einfacher Antworten zurückzerren; auch sie ist dreieinhalb Jahre älter geworden seit jener Nacht der Köpfe. Vergleiche ich sie mit Rytabâma, Hutaûtha und Faidumâ – taugt der Vergleich, denn alle Frauen sind einander so gleich wie edle Pferde? –, so ist sie die einzige, die sich in meiner Nähe nicht von Mutterschaft, Besitz von Gold oder Macht über Sklaven, vom Wunsch, ›kleine Königin‹ geheißen zu werden, überwältigen läßt. Sie verlangt nichts. Sie weiß, daß sie stets erhält, was sie braucht. Sie hat nur sich selbst und verschenkt sich nur an mich. Sie ist wie Aspat Shanâh, aber schöner, unterhaltsamer und leidenschaftlicher auf meinem Nachtlager. Sie redet mit mir über meine Träume. Allein ihre Gegenwart überzeugt mich davon, wie wichtig es ist, verstanden zu werden, ohne reden zu müssen; mir fällt es schwer, zu sagen, was ich fühle. Manchmal spreche ich vom Gegenteil meiner Gefühle, und Nefermerit versteht mich; dies macht sie für mich einzigartig und unentbehrlich.

Sie wird aufblühen, sage ich, wenn ich sie mitnehme nach Men-Nefer, an den Hapi, wo ich vollenden werde, was die großen Pharaonen vor mir nicht haben schaffen können – aber davon schreibe ich, wenn's vollendet ist.

Meine sechs Freunde (die Mächtigsten aus den Fürstenge-schlechtern, die auch Räte und Sieben-Richter entsenden) werde ich in Hagmatâna treffen; längst reiten Boten zu ihnen, Gaubar-va und Vindafarnâh, der nun auf einem Auge erblindet ist, ver-walten klug und behutsam, was außerhalb der Reichweite meiner Gedanken und meiner rastlosen Finger ist: Ich hoffe, daß mir Ahura Mazdâh mehr Zeit läßt als Kambushya, um zu vollenden, was ich begonnen habe; darin stehe ich im langen Schatten zwei-er Männer, die ganz anders, aber größer waren, als ich es jetzt bin. Ich reise von Stadt zu Stadt, von einer Kshatrapie zur ande-ren, und wenn ich zurückkomme nach Huza, werde ich die neuer-baute Stadt wohl nicht wiedererkennen; aber alles geschieht, sa-gen sie, nach meinem Willen – ist es wirklich so? Ich kann es nicht glauben.

Er klatschte in die Hände und blies über die rasch trocknende Tu-sche. Die letzten Zeilen schienen dem Bild sanfter Hügel zu fol-gen; sie hoben und senkten sich auf unsichtbaren Linien. Dari-uvahush lächelte in sich hinein: Kambushya schien, davon war er überzeugt, im Gegensatz zu seinem Vater, einen König gespielt zu haben. Dariuvahush spielte nicht: Er war König, trotz allem. Und daher genoß er, daß der alte Bagapâta in seinem Rücken er-schien, während er die Truhe zuklappte und verschloß, die Selbstverständlichkeit, mit der seine Befehle erahnt wurden. Der weißhaarige Verschnittene sagte leise:

»Überaus seltsam ist es nicht, schon gar nicht verwirrend, Herr: Du willst vom kalten, gemischten Wein und der Dunkelhäutigen nippen?«

»So ist es.« Dariuvahush stieß seinen Sessel zur Seite und lächel-te in Bagapâtas Faltengesicht. »Und ich will keine Störung, bis die Sonne vier Handbreit über dem Gerüst des Feuerbewahr-turms steht.«

»Ich weiß es, o Herrscher.«

»Danke, Bagapâta. Es ehrt dich, daß du um deinen König besorgt bist.«

Der Verschnittene verneigte sich tief. »Wir alle, die dich lieben, wissen, daß du an tausendmal tausend Einzelheiten deines Ewigkeitsplanes denkst. Auch aus diesem Grund sind wir um jeden deiner Schritte besorgt.«

»Was wäre ich ohne euch?« Dariuvahush füllte lächelnd die Trinkschale mit kaltem Wein-Sudgemisch und stellte den Silberkrug auf die Tischkante. Bagapâta zuckte mit den Schultern und flüsterte:

»Ein großer König ohne pflichtbewußte Diener.«

12. Die Säulen der Herrlichkeit

Die Tage glichen einander wie Mehrlinge: Brütende Sonnenhitze, kühlende Schatten unter befruchteten Dattelpalmen, grasbewachsene Dammstraßen, Mückenschwärme, schmalere und breitere Abschnitte der Straße, zweispännige Kriegswagen, ein paar hundert Eselslasten, sanft schaukelnde Kamele, fast überladene Fuhrwerke, gischtende Furten, Staubwolken und abendliche Rasten: Von Huza aus kroch ein vieltausendfüßiger Wurm aus dem Tiefland, dessen Tage ständig heißer und trockener wurden, nach Norden und über die Windungen der Königsstraße nach Osten, auf Bagastâna zu. König Dariuvahush war unruhig, befahl mehr Eile, und so wurde das Kriegszelt, das erst zu zwei Dritteln erneuert war, nur jede zweite Nacht aufgerichtet.

Die Pferde gingen langsamer, als das Gespann mitten in der Kehre einem Felsbrocken auswich und an den rechten Rand der Straße fuhr. Aspat Shanâh ließ die Zügel sinken und wandte sich an Dariuvahush.
»Vielleicht weißt du's von deinen tüchtigen Augen und Ohren, o Herrscher«, sagte er und drehte sich um. Niemand konnte verstehen, was sie beredeten. »Obwohl dieses Mal meine Leute das Flüstern in den Palästen hören.«
»Was weißt du? Rede«, sagte Dariuvahush leise.
»Es geht um einen Fürsten, um deinen Freund.«
»Der Pârsa Vindafarnâh, Sohn des Großfürsten Vayaspâra?«
»Also hast du es auch geahnt.« Aspat Shanâh klatschte die Zügel auf die Rücken der Zugpferde. »Ja. Vindafarnâh, dein Helfer beim Köpfen, der Mann neben Gaubarva. Es ist schwer, seine Gedanken zu erkennen.«
Dariuvahush überlegte lange und murmelte dann: »Seine Gedanken schlängeln sich wie Nattern durch versumpftes Ried. Seit er halb erblindet ist, scheinen ihn seltsame Vorstellungen zu plagen. Ist er zum Verräter geworden? Was denkst du darüber?«

»Ich habe lange gezögert, mit dir über ihn zu reden.« Auf dem geraden Teil der Straße begannen die Zugpferde zu traben; Aspat Shanâh mußte lauter sprechen. »Jetzt erzähle ich dir eine Geschichte; mühsam genug hab ich sie aus vielen kleinen Bildchen zusammengesetzt:

Wahrscheinlich, denkt Vindafarnâh, nähert sich der König mit dem riesenhaften Hofstaat der Mada-Stadt Hagmatâna mit den Resten der siebenfarbenen Burgmauer, und zugleich mit Dariuvahush kriecht eine überaus schwere Last aus kaum beantwortbaren Fragen auf die Stadt, die Kshatrapie und ihn zu. Er wiederholt Gedanken, Fragwürdigkeiten und Überlegungen, die ihn seit der Nacht des geköpften Gaumâta beschäftigen und plagen; es gibt zwei Ebenen der Wahrheit. Gaumâta – das ist die Wahrheit – hat alles Volk, das von den kleinen und großen Fürstengeschlechtern beherrscht wird, scheinbar befreit und zu Werkzeugen seiner gottlosen Herrschaft gemacht: Jeder Bewohner des großen Landes wäre gleich wichtig, gleich bedeutend. Die Fürsten, denen das meiste Land gehörte, stützten das Königtum. Und wenn Dariuvahush ihnen nicht die ausschließliche Macht zurückgibt, begeht der König einen grausigen Fehler, der ihn und die meisten Fürsten und Landbesitzer die Herrschaft kosten kann.«

»So ist es. Das ist die Wahrheit«, sagte Dariuvahush düster. »Das alles gehört zu meinem Plan.«

»Vindafarnâh, der jederzeit Zutritt zu dir hat, wird dich warnen. Bisher haben er und Gaubarva das Land förderlich und zum Wohl aller verwaltet – als Vertreter der Fürstengeschlechter muß er dich belehren und überzeugen –, und wenn du's nicht begreifst, mußt du beseitigt werden wie Gaumâta der Ohrenlose. An diese schreckliche Antwort auf hundert Fragen wagt Vindafarnâh kaum zu denken; er wartet in steigender Ungeduld.«

»Und weil er ungeduldig ist, tut er vielleicht etwas, das an Hochverrat grenzt«, sagte Dariuvahush. Als die Straße den höchsten Punkt des Hügels erreicht hatte, sahen er und Aspat Shanâh die Staubwolke über der hinteren Hälfte des Zugs. »Oder es ist Hochverrat.«

»Du und ich, Herr, wir wissen es. Du bist gewarnt.«

»Ich werde tun, was sein muß.« Dariuvahush hob die Faust. »Es ist einfach, einen Herrscher zu köpfen – ich weiß es.«

Er stand auf, dehnte seine Muskeln und hielt sich am Rand des Wagenkorbs fest. Die Lanzenreiter schlossen auf und blieben an den Seiten des Wagens; die Spitze des Zugs näherte sich langsam dem Quellsee und der Felswand von Bagastâna.

Dariuvahush war im Schutz einer kleinen Gruppe Lanzenreiter während der gesamten Reise jedem breiten Weg abseits der Handelsstraßen gefolgt. Seine Kundschafter hatten die Bewohner der Weiler, Siedlungen und Dörfer vorbereitet und die Pfade gesichert; der König hatte die Klagen der Bauern und der Ältesten angehört und Hilfe versprochen, hatte die Schreiber angewiesen und Gold- und Silbermünzen verteilt. Jetzt saß er auf der Kante des Wagenkorbs und starrte mit erhobenem Kopf auf Felsstufen, Gerüste, Leitern und die sichtbaren Teile des Felsbildes. Er sah sich selbst; die Umrisse und die ausgearbeiteten Teile des Kopfes waren königlich, ihm aber kaum ähnlich; er grinste, als er links hinter sich Vindafarnâh und Gaubarva und unter seinen Stiefeln Gaumâta erkannte. Es war zwei Stunden nach Mittag, und die Schatten machten die angefangenen Schriftzeichen der großen Vierecke unleserlich. Das Klirren der Hämmer und Meißel aus der senkrechten Wand riß nicht ab. Dariuvahush erkannte Proktokrites auf den letzten Stufen der Leiter; der Baumeister und Steinmetz sprang zu Boden, grüßte die Lanzenträger und kam mit langen Schritten auf Dariuvahush zu. Zehn Schritte vor ihm kniete er nieder und stand auf, als Dariuvahush ihn mit einer Handbewegung dazu aufforderte.

»Ich sehe eure Arbeit und erfreue mich daran«, sagte Dariuvahush laut. »Mir scheint, ihr arbeitet viel schneller, als du versprochen hast.«

»Herrscher Dariuvahush!« Proktokrites breitete die Arme aus und verneigte sich. »Wir versuchen, Eile mit Genauigkeit zu verbinden. Der Fels ist weniger widerspenstig, als ich zuerst gedacht habe.«

»Jetzt beginnt der heiße Sommer. Wird der Fries fertig sein, bevor euch der Wintersturm von den Gerüsten reißt? Im Jahre Vier des Königs?«

»Vielleicht nicht ganz fertig, o Herrscher.« Proktokrites zuckte mit den Schultern und lachte. »Die Schriften brauchen viel Arbeit. Und jeder soll dich, deine Freunde und die Besiegten erkennen.«

»In Huza warten viele wichtige Arbeiten auf dich und deine Männer«, sagte Dariuvahush. »In Hagmatâna und Pâthragada baue ich Paläste. Und an ein würdiges Grabmal muß ich auch denken. Aus allen Ländern kommen Handwerker und Künstler.«

»Wir werden Boten schicken.« Proktokrites deutete zu den Gerüsten hinauf und zeigte Dariuvahush die Handflächen. Sie waren schmutzig, voller Schwielen und kleiner Schnitte. »Einen Teil der Gerüste bauen wir schon in diesem Jahr ab. Ahura Mazdâh und die Schriften über den Gestalten werden zu sehen sein.«

»Und ich sehe, daß ihr alle fleißig und gut arbeitet.« Dariuvahush zog sich von den Bodenbrettern des Wagens in die Höhe und blinzelte. »Ich sage dem Verwalter von Bagastâna, daß er euch alle Annehmlichkeiten verschafft, die es in diesem Städtchen gibt. Hast du ... habt ihr Wünsche? Oder willst du dich beschweren?«

»Es geschieht alles, wie du es befohlen hast«, sagte Proktokrites und verbeugte sich wieder. »Der Verwalter hat dein Schreibtäfelchen gelesen – und schon fingen die Monde des Überflusses für uns an.«

»So soll es sein, überall und jedesmal.« Dariuvahush schüttelte den Kopf. »Wer schuftet, soll nicht darben! Arbeite weiter am felsigen Meisterwerk, Steinkünstler.«

Er wartete, bis Proktokrites den Absatz zwischen der ersten und zweiten Leiter erreicht hatte, seine Blicke strichen über die Stufen im Fels und die fast mannsgroßen Umrisse der Gestalten, dann winkte er den Wachen und setzte sich neben Aspat Shanâh in den Wagen. Die Pferde zogen an und trabten nach wenigen Augenblicken aus dem Schatten der Felsen hinaus und auf die Straße nach Bagastâna; zweimal drehte sich Dariuvahush um und sah zum Bildwerk hinauf.

Ein Teil des Heeres erwartete den König schon in Hagmatâna; am Rand der Stadt erstreckte sich ein ausgedehntes Zeltdorf. Entlang der alten Heeresstraße würden andere Gruppen dazustoßen. Die ersten Boten waren schon aus Pârthara zurück, auch jene, die Dariuvahushs Vater geschickt hatte. Einige Siebentage lang wollte Dariuvahush im Palast ausruhen, ehe er in der Mitte seines vierten Jahres an der nordöstlichen Grenze des Reiches die räuberischen Überfälle der Saken für alle Zeiten beenden würde. Gaubarva und Vindafarnâh hatten das Unerwartete fertiggebracht: Nur noch an wenigen Stellen des Palasts waren Handwerker und Künstler zu sehen und zu hören.

Der königliche Schreiber deutete auf den Tisch, die Sklaven stellten einige Körbe voller klappernder Tontafeln und raschelnder Papyrus- und Schreiblederrollen ab. Gaubarva zog die erste Tafel heraus, las die Zahl ab und legte die Tafel vor Dariuvahush nieder.

»Du wirst nicht über jede einzelne Parasange etwas erfahren, aber über jeden wichtigen Abschnitt der Straße. Über Wasserstellen, Rastplätze, Dörfer, Wälder, Berge und Pässe, über die Wüste und über die Bewohner; glaub mir, es sind Stämme und Nomaden mit seltsamen Bräuchen und unverständlichen Göttern.«

»Ich will nicht bei ihnen wohnen«, sagte Dariuvahush, »sondern durch ihr Land ziehen.«

»Und sie auf diese oder jene Weise zu Bandaken machen, zu Tribut bringenden Teilen des Reiches.« Gaubarva schichtete ein Dutzend Tafeln übereinander und lehnte sich zurück. »Denk stets daran, o König, daß du zwar überall die Macht und Pracht des Herrschers und dessen Gerechtigkeit zeigen mußt, daß aber deine Paläste in vier, fünf Ländern stehen! Du beherrschst das Reich aus dessen Mitte.«

»Ich werde nicht länger als zwölf Monde brauchen«, sagte Dariuvahush und hob die Brauen. »Könnte ich binnen sechs Monden siegen, würde ich Ahura Mazdâh hundert Altäre bauen!«

»Pârthara ist weit, o Dariuvahush.«

»Und ich reise schnell, Gaubarva.«

Gaubarva wühlte in seinem weißen Bart. »Du kannst Hinterhalten und Widrigkeiten nur entkommen, wenn du ihnen weit vorauseilst.«

»Dank der Kundschafter, der ›Augen und Ohren‹ und eures Fleißes kenn ich den Weg.« Dariuvahush zog einige Rollen aus dem Korb und ließ sie zurückrutschen. »Mit mir gehen die besten Hazarapati, in meinen Palästen verwalten die besten Berater, und ich bin der Beste an der Spitze des Heeres.«

»Râga wartet auf dich, dann Hyrkanien und Margush, schließlich die Kshatrapie deines Vaters. Es sollte ein Marsch ohne große Verluste werden, o König.«

»Es wird ein Zug zwischen der baumlosen Südseite des Gebirges und der wasserlosen Wüste«, sagte Dariuvahush und ahmte eine kriechende Raupe nach. »Es muß sein. Wenn ich nicht in meinen ersten fünf Jahren Friede und Ordnung schaffe, werde ich bis zu meinem Ende kämpfen müssen.«

»Wie Kurusch und Kambushya!« Gaubarva lächelte mühsam. »Dein Ende soll sehr fern und bei schöner Musik in der Umarmung einer nicht allzu heißblütigen Schönheit sein!«

»Nicht allzu heiß ...? Warum diese Beschränkung?«

»Weil ...« Gaubarva stand auf, deutete auf sein weißes Haar und tat, als zitterten seine Hände. Er legte sein Gesicht in Falten. »Weil allzu heiße Leidenschaftlichkeit bei alten Männern meist zu Verheerungen des Körpers führt.«

Er umarmte Dariuvahush, küßte ihn auf die Wangen und verließ mit schnellen Schritten den Saal; seine Bewegungen schienen die eines viel jüngeren Mannes zu sein.

Hagmatâna, im Mond des Vollfrühlings, dem vierten Mond des Jahres, hatte sich seit dem Beginn von Dariuvahushs Herrschaft stark verändert. Die Mauern und Treppenrampen aller Palastgebäude leuchteten in frischen Farben, den Palastplatz bedeckte saftiges Gras, viele Mauern und Lehmziegelbauten waren neu, entlang neu angelegter Straßen wuchsen die eingesetzten Bäume mit wuchernden Kronen. Tausende Bogenschützen, Gardisten, Lanzenkämpfer und Kârataka füllten die Gassen und Plätze. Außerhalb des unfertigen Stadttores und der wachsenden Mauern erstreckten sich Gärten voller Fruchtbäume und ausgedehnte Korn- und Hirsefelder, über deren Halme der kühle Wind des Hochlandes hinfuhr. Vom Dach des Königspalasts sah Dariuva-

hush die Vierecke der Wagen auf den Flächen neben der Königsstraße und die weidenden Herden der Zugpferde und Maulesel.
Ein Sklave hatte den Scherensessel auseinandergeklappt und war
lautlos vom Dach verschwunden. Dariuvahush setzte sich, legte
die Fersen auf die Brüstung und überließ sich seinen Gedanken.
Sie kreisten um die Vorbereitungen des Kriegszugs, die ehemaligen Gefangenen des hingerichteten Arvita, um Truhen voller
Gold-Dârayaka, Waffen und Ärzte; man flüsterte, daß Demokedes, der Mann von der Insel Samos, in Wirklichkeit ein bekann-
ter Arzt war. Mit Vindafarnâh, ebenso mit Tachmaspâda, Dâdreshish und Bagaya hatte Dariuvahush halbe Nächte bei viel Wein
verbracht; er vermochte keine Veränderung im Wesen des Fürsten zu erkennen. Die beiden Hazarapati begleiteten Dariuvahush
– und fast alle Heerführer, die er mit Ringen, Ketten und Lanzen
mit goldenen Knäufen beschenkt hatte. Ihr einstimmiger Rat war
gewesen, keine Wagen von Ochsengespannen ziehen zu lassen.
Der Heerzug würde mehr Parasangen am Tag zurücklegen, aber
Maulesel und Pferde waren kein Schlachtvieh. Dariuvahush
seufzte; mehr als fünf Siebentage lang hatte er jeden Gedanken
an das Mißlingen des Zugs zu den Grenzen, die schaurigen Gesichte des Mondblinden und an plötzlichen Verrat in fernen
Kshatrapien unterdrückt. Er öffnete die Augen und sah den sil-
berstrahlenden Rand einer Wolkenballung über dem westlichen
Gebirge, die sich vor die Sonne geschoben hatte. Die Wolkenmasse färbte sich grau und schwarz; plötzlich fröstelte er, stand
ruckartig auf und flüsterte:
»Ich werde allen Widrigkeiten entkommen, indem ich sie weit
überhole! Bei Ahura Mazdâh! Ich werde die Saka angreifen und
sie zu Paaren treiben!«
Langsam ging er die Stufen hinunter in den dämmerigen, kühl-
warmen Palast, dessen Mauern und alle Teile der Einrichtung
nach abgestandenem, verschweltem Arabaya-Weihrauch, ätzender Tiefenfeuchtigkeit und nach tausend Blüten aus dem Pairidaeza rochen, deren dünne Blätter sich langsam öffneten.

Im granatapfelfarbenen Licht des frühen Abends, das wie ein
mächtiger Vierkantbalken aus der Fensteröffnung flirrte, an der

gegenüberliegenden Wand vom Gold der Bildwerke abprallte und über den schneeweißen Laken des Lagers zerstäubte, glitt Nefermerit von Dariuvahushs Hüften; ihre Haut war wie nasse Seide aus Hindusch. Als sie die Schale voller Sardeïswein hob, leuchteten die Innenflächen ihrer Hände, als stünden sie in Flammen. Sie trank, holte tief Luft und sagte, als berichte sie Dinge von großer Traurigkeit, mit kehliger Stimme:

»Deine Königin Rytabâma, o Verwöhner meines Schoßes, ist dir gleichgültig geworden. Die große Königin Hutaûtha und ihre Amme säugen deinen Gewitter-Sohn. Faidumâ, Tochter des Köpfers Hutana, speit aus dem schwangeren Bauch jeden Morgen, was sie nachts aß. Rtastunâ hat erst vor zwei Monden ihre erste Blutung gehabt. Du wirst also Brydiyas Tochter Parmush auf deinem Kriegszug mitführen? Warum nicht mich, Herr?«

Ein Sperling flatterte ängstlich tschilpend durch den Raum. Durch den Sonnenlichtstrahl wirbelte lautlos ein winziger Sturm tanzender Leuchtstäubchen. Dariuvahush streckte den Arm aus. Nefermerit reichte ihm eine halbgefüllte Trinkschale; das Gold wog mehr als der tiefrote, duftende Wein.

»Weil ich dir ein Geschenk machen werde, o Gazellenäugige.« Er trank ebenso durstig wie sie. »Eines, das du nicht zurückweisen wirst; ich weiß es. Eines, das dich ein wenig verpflichtet, dir zugleich eine gewisse Menge Einfluß und Macht verleiht. Ich weiß, du bist alt und klug genug dafür.«

»Man sagt, daß Geschenke eines Königs oft den Keim der Verzweiflung und des Mißvergnügens in sich tragen.«

»Nicht dieses, dunkler Traum mancher Nächte.«

»Was ist es, o König?«

Der winzige Vogel stürzte sich aus einer Nische in den Sonnenstrahl, flatterte hin und her und flog durch den Riß im Mückenschleier, der sich im letzten Tageslicht glutrot zu verfärben begann, ins Freie.

»Zusammen mit einem goldenen Unsterblichen und zuverlässigen Kriegern, auf guten Pferden – kannst du reiten? – und wohl ausgestattet reitest du zuerst nach Saïs, dann nach Men-Nefer. In Saïs wird dich Udja-Horresnet, der Arzt, mein Vertrauter, empfangen und dir ein Haus in Men-Nefer einrichten, der junge Aspaka hilft dir. Zwei Dinge wirst du tun müssen: von der guten Ordnung des Reiches reden, das ich beherrsche. Und immer und überall gut zuhören. Schweigen und zuhören.«

»Langeweile herrscht im Frauenpalast, König. Faidumâ lehrte mich reiten, auf dem Fell, mit und ohne Fußschlingen. Ich kann's.«

Dariuvahush nickte, lehnte sich an das silberbestickte Kissen an der Säule und hob die Trinkschale.

»Um so besser. Wohne dort, sprich mit den Priestern, warte auf mich. Gold gibt dir Udja-Horresnet.«

»Wie lange, Fürst der Leidenschaft?«

»Ein Jahr. Achtzehn Monde. Wenn ich nach Mudrayia komme, werde ich große Dinge beginnen. Wenn sie mich auf dem Kriegszug töten, bleiben sie ungetan.«

»Welche Dinge, König?«

Er schüttelte den Kopf und schob die leere Goldschale über die Falten der Laken. »Wichtige. Ich will noch nicht darüber reden. Du bist aus den sonnengedörrten Weiten von Kushiya gekommen, und nun würdest du in der schönsten, lichtesten Stadt, die ich kenne, das Leben einer Fürstin führen. Aspaka, ein Pârsa, Udja-Horresnets Helfer, wird täglich zehn Parasangen weit durch den Sand rennen und dir jeden Wunsch von den Augen ablesen.«

Sie senkte den Kopf und starrte in die Schale.

»Warum tust du das, König? Du weißt, daß ich nicht ablehnen werde. Men-Nefer! Tempel, der Palast, Harfen, und im Binsenboot durch das Schilf! Die Sehedhu-Grabmale ... warum?«

»Weil ich gern schenke.« Er grinste und strich mit zwei Fingern an ihrem Hals hinunter zu den Brüsten. »Besonders dann, wenn die Freude des Beschenkten und meine finsteren Absichten wie kichernde Zwillinge sind.«

»Aber ... ich? Deine Sklavin? Gefährtin weniger Nächte, unbedeutend, eine Fremde im Pârsa-Land?«

»Du sprichst deinen Dialekt, die Rômetsprache und unsere Sprache, du kannst ein wenig meine neue Schrift lesen. Für mich zählst du zu den Helfern der ersten Stunden: Sykashta, Gaubarva, Tachmaspâda, Dâdreshish, Rashurda ... ich halte, was ich versprach.«

Nefermerit rutschte auf den Knien näher an ihn heran. Der tiefrote Lichtbalken war höhergewandert. Sie stützte ihre Hände in
seine Ellenbeugen, suchte den Blick seiner Augen und sagte
heiser:
»Ich glaube, du bist, obwohl du König sein mußt, ein guter
Mann. Wann gehst du auf deinen Kriegszug nach Osten?«
Er legte seine Hände an ihre Wangen, erwiderte den Blick und
sagte leise: »Übermorgen.«

Die Länge einer Parasange war nicht starr festgelegt; das Wort
bedeutete »Stundenweg«; die achaiischen Barbaren sagten, sie
sei 30, 40 oder 60 Stadien lang; dies hinge von der Menge der
Blasen an den Füßen der Marschierenden ab. In Dariuvahushs
Heer maß sie rund 6000 große Schritte. Auf der Straße nördlich
von Hagmatâna legten die Krieger, die zu Fuß gingen, ungefähr
eine Parasange in einer Stunde zurück. Der Zug, vierzigmal tausend Männer, kroch über den Scheideweg nach Osten, auf Kundrusch zu, an Kundrusch vorbei, schneller oder langsamer, der
Straße nach, die geradeaus oder in Windungen nach Osten führte.
Stunde um Stunde, Tag um Tag, halbe Nächte; fast unmerklich
aus besiedeltem, von Weiden, Äckern, Gärten und Brunnen ge-
säumtem Gebiet hinaus ins kargere, menschenleere Land. Im
Norden, jenseits der endlosen Kette schroffer Berge, lag das Hyrkanische Meer; keine einzige der Wolken, die sich linker Hand
ballten, erreichte jemals die südlichen Berghänge, an denen
nichts anderes wuchs als dürre Ranken und eine Art staubtrocke-
nes Moos, das den Stein färbte. Hitze und plötzliche Windböen
ließen Wirbel aus Sand und Salz entstehen, die ziellos über die
Ebene taumelten, zusammenfielen und an anderer Stelle neu entstanden.
Tiefe Schluchten im dürren Leib des Landes, in die Sonnenlicht
nur wenige Mittagsstunden lang einfiel, nahmen die Straße auf.
Sie wand sich tagelang zwischen senkrechten Felswänden dahin,
aus denen große, schwarz bemooste Brocken herauszubrechen
drohten. Drei der engsten Durchlässe wurden »Hyrkanische
Tore« genannt; Dariuvahush ritt staunend und meist schweigend
durch kalte, rauschende Waldabschnitte, in denen sich gestürzte

Bäume an die gegenüberliegenden Felswände lehnten. Neben der Straße klafften Spalten und Abgründe; oft drehten sich Wagenräder leer in der Luft, und Steinhagel polterten in die Tiefe. Später weiteten sich die Klüfte, und die Marschierenden atmeten freier und erfreuten sich an der Helligkeit und Wärme des längeren Sonnenscheins. Die Krieger, die nach der Schlacht von Kundrusch nach Hyrkanien geeilt waren, um Dariuvahushs Vater zu helfen, redeten den Neuen die Angst aus, sich in den feuchten, warmen Wäldern zu verirren und von wilden Tieren angefallen zu werden. Nicht nur nachts waren seltsame Laute und erschreckendes Gebrüll zu hören.

Manchmal waren aus den Seitentälern Bewohner gekommen; mit Wasserschläuchen, großen Früchten, Futter für die Tiere, weichen Tigerfellen, gebratenen Enten und Gänsen für den König und lebenden Leoparden und Geparden. Die Menschen schienen aus einer anderen Welt zu sein, wo es Regen und Wärme im Überfluß gab. Sie führten das Heer von der alten Straße auf einen Umweg, der durch kühle Laubwälder und fruchtbare kleine Ebenen ging; über wuchtige Felsen rauschten Gießbäche und breite Kaskaden mit kaltem Wasser, das köstlich schmeckte wie junger Wein. Die Wegbeschreibungen, die das Heer aus Hagmatâna mitgenommen hatte, trafen in fast allen Einzelheiten zu, aber die Wirklichkeit war roher, großartiger, bestürzend; manchmal erschreckte sie die Krieger. Feigenbäume, Wein und prächtiges Korn wuchsen in den flachen Tälern, und hier gab es keine Bäume, die Nadeln trugen. Der Weg aus den Bergen in tieferes Land führte das Heer nach Hyrkanien, und der Kshatrapan dieses Landes, Dariuvahushs Vater Vishtâspa, kam mit vielen Reitern und Gespannen aus der Stadt Zadrakarta, um den König zu begrüßen und willkommen zu heißen. Pârthara, südlicher gelegen, und Hyrkanien entlang des Meeres waren blühende, reiche Länder, voller Buchenwälder und riesiger Eichen. Zum erstenmal sah Dariuvahush die Küste eines Meeres; Vishtâspa klärte ihn darüber auf, daß hyrkanisches Meerwasser weit weniger salzig war als jenes, an dem die Karer und Lydier wohnten und in das der Hapistrom Mudrayias mündete. Dariuvahush und die wichtigsten Hazarapati zogen in den Palast

Vishtâspas ein, der von Gärten umgeben war; prachtvoller und ausgedehnter als jedes Pairidaeza, das Dariuvahush je gesehen hatte.

Die Wiedersehensfeiern dauerten einen Siebentag lang. Rtafarnâh und Rtapâna, die Brüder des Königs, Mutter Rhodogûne und die Schwestern umarmten und küßten ihn, stellten hundert Fragen; erst dann konnten Dariuvahush und seine Anführer die Nachrichten der Kundschafter lesen und mit dem Wissen jener Krieger vergleichen, die bis zum Fluß Oxos vorgedrungen waren – in jene Einöde, in der vor einem Jahrzehnt König Kurusch sein Leben verloren hatte –, und die das Land der Saken besser kannten. Vishtâspas Leibgarde, Palastwachen und das Heer, das er in Pârthara und Hyrkanien gesammelt und ausgerüstet hatte, gingen zusammen mit Dariuvahushs Kriegern in das Heerlager außerhalb der Stadt.

»Inzwischen hat sich vieles geändert.« Vishtâspa deutete nach Norden. »Die Saka haben einen König, den mächtigsten Fürsten vieler kleiner Stammesfürsten. Er heißt Skhuncha, Skunxa oder ähnlich. Von uns hat ihn noch keiner gesehen – aber alle Nomaden kennen seinen Namen. Seit ich hier Kshatrapan bin, lassen die Saka unsere Grenzen in Ruhe. Die großen Überfälle ... das war vor mehr als hundert Jahren.«

Sie saßen auf der Dachterrasse des Palasts unter weißen Sonnensegeln und genossen den kühlen Wind vom Hyrkanischen Meer. Dariuvahush verschränkte die Arme und starrte in die Baumkronen; die Gegend, in der er aufgewachsen war, erkannte er kaum wieder. Plötzlich sprang er auf und ging vor der Brüstung hin und her, die Hand auf dem Schwertgriff.

»Dieser Großfürst Skunxa – und das weiß ich – sammelt seine Nomaden«, sagte Dariuvahush. »Er wird über den nördlichen Paß nach Mada vordringen, auf der ›Straße der tausend Tage‹, denn niemand kann das Gebirge, durch das wir gekommen sind, schneller durchqueren als wir.«

»In der Steppe und in den Sümpfen leben die Saka oder Saken. Die Saken der Sümpfe, die pilzsammelnden Saken, sind träge und überfallen ihre Nachbarn nicht, aber die Steppennomaden reiten auf ausdauernden Pferden.« Vishtâspa rümpfte die Nase und zog die Schultern hoch. »Du wirst es schwer haben, Sohn.«

»Nicht schwerer als in Babairu und bei Kundrusch«, rief Dariuvahush. »Ich werde sie nicht ausrotten, sondern jagen, auch wenn sie keine Städte haben und ihren Besitz auf Wagen mit sich führen. Die Rauschjauche-Pilzer laß ich nicht ins Land. Und – meine Gespanne sind schneller.«

»Ich will dir nicht abraten.« Vishtâspa hob schnalzend den Kopf. »Meine besten Kundschafter werden dich führen. Wann brichst du auf?«

»Übermorgen bei Sonnenaufgang zieht das Heer zum Oxos. Ich folge drei, vier Tage später.«

»Und aus der Kshatrapie Hyrkanien und Pârthara heraus werde ich dein Heer unterstützen, deine Straße sichern und, bevor ihr verdurstet, für Wasser und Wein sorgen.«

»Das weiß ich, Vater. Es wird nötig sein; seit Hagmatâna hab ich mit deiner Hilfe gerechnet.«

Einen Mond lang waren sie an einem Bergrücken entlanggezogen, der nicht zu enden schien; leidlich gut versorgt, im Schatten, oft in kühlen Winden, mit genug Holz für die Feuer und viel Wasser aus guten Quellen. Dariuvahush hatte entlang der neu freigeschlagenen und festgewalzten Straße vier kleine Lager einrichten lassen, in denen sich Männer und Tiere erholen konnten. Schließlich führten die Kundschafter und einheimische Wegekundige das Heer in die hügelige Steppe, in die Wüste.

An fünf aufeinanderfolgenden Morgen war die riesige Menge Männer, Tiere und Wagen während des ersten Lichts aufgebrochen und wie eine Speerspitze mitten in die Sonnenscheibe marschiert; Zugtiere und Krieger wurden zwei, drei Stunden lang geblendet. Es gab keinen Schatten, in den sich ein aufrecht gehender Mann flüchten konnte; keinen Tag hatten die Krieger mehr als fünf Parasangen zurücklegen können. Noch in der Nachmittagshitze war am Rand der Oase Dariuvahushs Zelt aufgeschlagen worden. Die leeren Futterwagen fuhren entlang der Wegzeichen zurück zum Gebirge, wo sie aufgeladen und mit frischen Mauleseln bespannt wurden. Die Straße, die ihren Namen nicht verdiente und nur ein festgestampftes Band darstellte, wurde durch Steinhaufen, eingerammte alte Lanzen mit Bändern und halb verwehte Tiergerippe gekennzeichnet und folgte den frischen Hufspuren der Kamelreiter. Sie suchten den Weg, der die wenigsten Kräfte kostete.

Dariuvahush hatte gebadet, war gesalbt, geknetet und gewalkt worden; Haar, Bart und Brauen hatten die Sklaven stark gekürzt und mit scharfen Schneiden alle überflüssigen Haare im Gesicht und am Hals entfernt. Ein dichter Ring aus Tieren, Männern, Ausrüstung, Futterhaufen und Wagen umgab die kleine Oase; unaufhörlich schleppten Kârataka gefüllte Wassersäcke, Krüge und lederne Eimer aus dem Mittelpunkt des Wäldchens heraus. Bedächtig fraßen die Kamele, die man zuerst getränkt hatte. Unangezündete Fackeln staken im Sand, einige Dutzend Feuerkreise entstanden zwischen den Zelten. Dariuvahush fühlte sich unbeobachtet; er seufzte und murmelte:

»Ein weiter Weg zum Oxos, König.«

Niemand wohnte in dieser Wüste, es gab keine Gegner, aber vielleicht hatten sakische Späher das Heer längst gesehen; die Staubwolke, die Feuer, den Rauch. Dies war ein unbarmherziges Land, das Menschen und Tiere quälend und lautlos umbrachte. Kurusch hatte umkehren müssen und seine besten Männer und zuletzt sein Leben verloren, bevor er die Steppe und den Rand der Sümpfe, das Wasser des Oxos erreichte. Eine zweite Erinnerung durchflirrte ihn: Vor mehr als elf Jahren hatte er, Dariuvahush, mit Kurusch zu dessen Grenzfestung Kuruschkata mitreiten wollen, aber sowohl Kurusch als auch Vater Vishtâspa verboten es. Er hatte einen anderen Weg als Kurusch gewählt. Er überließ das mühsame Herstellen der Ordnung im Lager den Anführern und ging zurück ins Zelt. Aus nassen Tüchern, die an Tonkrügen klebten, verdunstete Wasser; Kühle, Halbdunkel und Müdigkeit erleichterten ihm das Einschlafen.

»In der trockenen Luft ist die Unzahl kalt leuchtender Sterne abermals gewachsen, und er sieht jede Nacht mehr und andere, solche, die farbig strahlen; zwischen ihnen die haarfeine Mondsichel und die aufblitzenden Sternsplitter. In den vergangenen zwei Nächten sind Tausende verglüht, über der schwarzen Wüste, die das Bild, das er sonst von seinen Feinden hat, in wabernden Hitzeschleiern auflöst. Er sieht sich auf dem langen Weg zum Weltrand, im Aufbruch zu einer Zeitenscheide, in der es leichter ist, Gut und Böse, Ahrimans Heer und Mazdâhs lichte Krieger voneinander zu trennen und es dem Herzen jedes Menschen zu überlassen, als Krieger im weißen Heer die Lüge und den Trug auszurotten: Der Siegeszug der rechten Ordnung, die jede Ameise ebenso betrifft wie den König, wird vorbereitet durch inneres Versinken und stilles Gebet, in der Reinigung durch das Feuer und das Bewahren von Feuer und Glut. Ahura Mazdâh, der Schöpfer, leitet auch ihn, Dariuvahush, zur Brücke des Auserwählers, wo der weißgeflügelte Totenrichter entscheidet, ob er auf der schmalen Sternenbrücke den Abgrund überquert und im zeitlos schönen, lichten Pairidaeza schwebt und die Welt nach dem Endgericht mit dem Auge des Adlers sieht.

Und aus dem Gewimmel jenes Kampfes, der die Mauern der Lüge umstürzt, brechen Tausende sakischer Reiter hervor, galoppieren über den Sand, angeführt von Skunxa und dem kreischenden Spargaspaisa, dem Sohn der sakischen Königin Tomyris, aber den hat Kurusch im Kampf getötet. Obwohl Dariuvahush in der schwarzen Nacht den kristallenen Götterweg, die leuchtende Mazdâhbrücke sieht – Myriaden silberglänzender Fußspuren jener, die am Mond vorbei die Kshatrapie der Unsterblichkeit erreicht haben –, sieht er jeden einzelnen Saka-Bogenschützen in der Sonne, und dessen galoppierenden Schatten, und tausendfacher Tod reitet aus der Steppe heran. Brandet gegen das Kriegszelt. Zwischen den Spannseilen sterben Unsterbliche. Die alten Lederbahnen reißen. Widerhakengespitzte Pfeile heulen und töten: Tachmaspâda, Aspat Shanâh, Rytabâma, Hutaûtha, Faidumâ und die sechs Söhne. Und Rtastunâ, die schwanger ist, obwohl er sie nicht besessen hat, und Nefermerit und ein See von Blut, das im Sand versickert. Dariuvahush wird vom Alptraum aus dem Schlaf gerissen, sitzt ächzend da und tastet wild um sich, schweißübergossen, mit pelzigen Lippen. Fassungslos, ein triefendes kaltes Tuch in der Hand, starrt ihn Parmush aus goldenen Augen an, den Augen eines sterbenden Tigers, in die er damals gestarrt hat, als Bagapâta, Kuruschs Verschnittener, den Leichnam des Königs nach Zadrakarta gebracht hat. Das trockene Leder der Vorhänge raschelt auseinander: Vier, fünf Herzschläge lang sieht Dariuvahush Tachmaspâdas schmales Gesicht und in seinen Händen zwei Dolche. Dariuvahush hebt schnalzend den Kopf, zwingt sich zu einer beruhigenden Geste und steht auf; Tachma verschwindet. Dariuvahush geht mit Schwäche in den Knien zum Kessel und taucht die Unterarme in das kalte Wasser.

Auch während dieses Kriegszugs hatte der Befehl des Königs alle Höflichkeitsgesten untersagt; Dariuvahush war gewohnt, daß allzu aufdringliche Annäherung ohnehin niemand wagen würde. Einen Siebentag danach ging er frühabends durch das Lager und sah zu, wie die Hufe der Pferde, Saumtiere und Kamele nachgesehen wurden; Krieger, Reiter und Knechte säuberten das Horn, beschnitten es und raspelten oder brannten es ab. Es stank grauenerregend. Die Hufe einiger Tiere, denen Geröll und scharfkantige Steine allzusehr zugesetzt hatten, steckten in Lederschuhen, die mit schwarzen Salben gefüllt waren und kaum weniger stanken als das verschwelende Horn. Er ging zu der Gruppe um Tachmaspâda, Dâdreshish, Rashurda, Babâdhush und Satâspa; die Hazarapati verbeugten sich; Rashurda sagte knarrend, scheinbar erleichtert:
»In zwei Tagen sind wir an diesem verfluchten Wüstenfluß. Am Oxos. Oxuus nennen ihn die Saka; am anderen Ufer warten sie. Ich weiß es von vier Dutzend Spähern. Da gibt's Kampf, o König.«
»Zuvor gibt's Pläne, o Unsterblicher.« Dariuvahush legte die Hände auf Tachmaspâdas und Rashurdas Schultern. »Es sind lauter Reiter? Keine Wagen, kein Fußvolk?«
»Ein paar tausend Reiter, Herr. Die besten der Welt. Ich wünschte, sie würden mit uns kämpfen, nicht gegen uns.«

»Das kommt nach unserem Sieg«, sagte Dariuvahush. »Das liegt noch in den Irrgärten der Zukunft. Bereitet alle unsere Zweiergespanne vor, schon vor der Furt.«

»Die Furt, sie ist das nächste Ungewisse: tief, reißend, voll Treibsand, o König.«

»Wir sind die besten Beseitiger von Ungewißheiten.« Dariuvahush lachte. »Laß dir erzählen, wie wir's am Idiglat gemacht haben. Ein Dutzend Männer fiel fluchend in den Fluß, das waren alle unsere Verluste. Wenn's soweit ist, morgen, reite ich mit den Spähern.«

»Bei Sonnenaufgang, König?« Tachmaspâda hakte die Daumen in den Gürtel und blickte die roten Sonnenuntergangswolken im Osten an, über dem Land jenseits des Flusses. »Wir bereiten alles vor. Wir haben flußauf, flußab, vielleicht drei Parasangen, Späher aufgestellt.«

»Wenn die Ufer nicht steil und felsig sind, werden wir die Vorteile meines Heeres ausnutzen.« Dariuvahush zog den Dolch, kauerte sich nieder und ritzte Linien, Halbkreise und Pfeile in den Sand, teilte das Heer in vier Gruppen ein und zeigte auf eines der schweren Fahrzeuge, die rund ums Lager aufgefahren worden waren. »Wir haben zu wenige Ziegenhäute zum Aufblasen, aber eine schwimmende Brücke sollten wir zustande bringen. Morgen mittag weiß ich mehr!«

Dâdreshish trat in den Kreis und hob die Hände.

»Ein Heer der Ordnung kämpft gegen reitende Nomaden, o Herrscher.« Er legte die Hand auf die rechte Brust. »Auf diese Weise werden wir siegen müssen. Bei Ahura Mazdâh!« »Und im Schatten seiner Schwingen!« Dariuvahush blickte prüfend in ihre Gesichter und wandte sich langsam um. »Wenn jeder einzelne meinen und euren Befehlen gehorcht ...!«

»Herr!« rief Satâspa heiser. »Du weißt, daß alle zu kämpfen gelernt haben. Jeder wird gehorchen!«

Hinter ihnen walzte, rollte, trampelte das Heer auf das Ufer zu. Seit dem ersten Tageslicht waren sie geritten, aber in diesem Teil des Landes hätten Dariuvahush und die Hazarapati die leichten Kriegswagen nehmen können. Beide Ufer des Oxos waren schilfbestanden, von niedrigen Hügeln und Wald gesäumt, zwischen denen sich große, ebene Flächen aus Steppe und Halbwüste zeigten. Der Kundschafter pfiff dreimal, und die Reiter stoben den Hang hinauf und in den Schatten der Bäume auf der Hügelspitze. Dariuvahush zwang den Hengst, auf der Stelle zu stehen, und musterte das diesseitige und jenseitige Ufer. Jede Kiesinsel, die Riedflächen, die Uferhänge, die Strömung und das einsehbare Land hinter den gelichteten Waldstreifen; dort, einen Tagesmarsch entfernt, stiegen Rauchsäulen auf. Wenn sich in der Nähe des anderen Ufers feindliche Späher aufhielten, so versteckten sie sich gut und blieben unsichtbar. Mit dem Wurfspeer zeigte Dariuvahush flußaufwärts auf ein flaches Tal, in dem das Wasser zwischen Kiesflächen und hellen, runden Felsen schäumte.

»Ein Land für Trompetensignale«, sagte er. »Die Kampfwagen, Kamelreiter, wenige Lanzenreiter und berittene Bogenschützen, die schweren Gespanne: geradeaus. Dort oben, Rashurda – zwölfhundert Reiter, mit denen Schleuderer, Schwertkämpfer und Kârataka mit vollen Köchern rennen. Nehmt Fackeln und Glut in Krügen mit, Äxte und Seile, wegen der Furt. Keiner soll in der Strömung weggerissen werden.«

»Ich verstehe, Herr, welchen Plan du verfolgst.«

Dariuvahush riß den Kopf in den Nacken und schnalzte zweimal. »Dâdreshish und Satâspa ziehen, auch nachts, flußabwärts und verbergen sich. Zweitausend Reiter. Wenn der Kampf sich ausgeweitet hat, wird das gesamte Heer einen weiten, lockeren Kreis geschlossen haben.«

»Und wenn es zwei Tage und Nächte dauert«, murmelte Tachmaspâda. »Du willst geradeaus fahren und Skunxa den Kampf anbieten.«

»Ich bin dabei nicht allein.« Dariuvahush lockerte den Zügel und tätschelte den Hals des Rappen. »Mit mir fahren Tachmaspâda und Hamarâdha. Und die Hopliten. Wir errichten irgendeine Art Brücke, und uns soll Skunxa zuerst sehen und angreifen. Noch etwas – Schilf und Ried brennen schnell und mit viel Rauch.« Er griff nach Rashurdas Köcher und rüttelte daran. »Schilde! Die besten Männer des Kurusch sind durch Sakenpfeile getötet worden. Schützt euch! Wegen der Pfeile hat mein Vater uns fünf Wagen voller feiner Schilde mitgeschickt.«

»Wir sorgen dafür, daß jeder einen Schild trägt, Herr«, sagte Hamarâdha. »Willst du noch mehr sehen?«

»Nein«, sagte Dariuvahush. »Skunxa hat uns kommen sehen, weiß, daß wir in sein Land reiten, hat meinen Boten eine Antwort gegeben, die Kambushya in kreischenden Wahnsinn getrieben hätte, und weiß nicht, was König Dariuvahush von den Saken will. Was ich will, weiß ich: Ich will siegen.«

Das Wasser gurgelte und schäumte um die Wagen, die fest in der Strömung standen; sie waren bis weit über die dicken Seitenwände voller Felsbrocken und großer Kiesel. Zwischen den oberarmdicken Rädern spannten sich starke Seile. Drei, vier und fünf Ellen tief war das schnell strömende Wasser des Oxos. Nackte Krieger wateten in den Fluß, mit Seilschlingen um die Schultern, wurden zitternd vor Kälte abgetrieben, faßten wieder Fuß, kämpften sich gegen die Strömung und schwammen zum anderen Ufer, wo sie die Seile um Baumstämme legten und versuchten, ans andere Ufer zurückzuwaten. Der steinige Hang war mit Erde und Sand aufgefüllt und geglättet worden; Dariuvahushs Gespanne warteten, und das goldene königliche Kriegszeichen an der Lanzenspitze schleuderte Sonnenblitze umher.

»Wir kommen über den Fluß, Skunxa«, murmelte Dariuvahush und erkannte, daß bei der Durchquerung mehr als die Köpfe der Männer und Tiere aus dem Wasser hervorragen würden. Ein Wagen nach dem anderen wurde ins Flußbett gezogen, mühsam mit Steinen beladen, und die Krieger schleppten Seitenwände der Gespanne hinein, legten sie auf die Ladung und warteten. Dariuvahush wartete, scheinbar geduldig, drehte sich um, sah die harten Gesichter der Krieger, dann gab er das Zeichen.

Die Krieger schoben zwischen den Rädern der Wagen und zwischen den Wagen die Seitenwände senkrecht ins Wasser. Für einige lange Atemzüge wurde der Oxos gestaut, das Wasser hinter dem zerbrechlichen Holzwall sank; Dariuvahush senkte den Arm. Der Wagenlenker peitschte die Pferde und jagte sie in den Fluß, andere Gespanne folgten, und die Vorderseiten der Wagen schoben sich wie die Buge von Booten durch das schäumende Gestrudel. Der Augenblick dehnte sich schier endlos; fünf, sieben, zwanzig, zehn Dutzend und mehr Gespanne schäumten durch das gefallene Wasser, das sich an dem Bauwerk staute. Männer hasteten zwischen den Gespannen zum anderen Ufer, Reiter bahnten sich ihren Weg: Hunderte, viele Hunderte. Die ersten Wagen wurden von den galoppierenden Pferden durch das Schilf gerissen, walzten die Halme nieder und schleuderten in einem prasselnden Hagel aus Erdbrocken, Schlamm und Wasser, von den wirbelnden Hufen hochgerissen, den seichten Hang hinauf. Dariuvahush im dritten oder vierten Wagen stieß einen kreischenden Trillerschrei aus und wirbelte eine seiner Lanzen über dem Kopf.

Vielleicht zweihundert Gespanne und siebenhundert Reiter, dazu einige tausend Fußkämpfer kamen in sechs Schüben durch die Furt. Brandpfeile heulten rauchend nach rechts und links; bald brannte knatternd das Schilf. Im Rauch verbarg sich das langsame, aber unaufhaltsame Vordringen der mittleren Heeresspitze. In einer Reihe mit sechs anderen Zweiergespannen raste Dariuvahushs leichter Wagen geradeaus. Dariuvahush hatte den Schild am linken Arm bis zur Schulter hochgeschoben, hielt den Bogen und wußte in seinem prallen Köcher mehr als hundert Pfeile. Hinter sich das lodernde Schilf, zwischen Baumstämmen und über Geröll sprangen und schleuderten die Wagen auf die leere Ebene hinaus. Zuerst von rechts, einige Herzschläge später von links, durchschnitten die Trompetenstöße das Plätschern, Brüllen und Knattern.
Die Saken hatten sich in den Wäldern und im Gebüsch hinter den Hügeln verborgen. Plötzlich, wie auf ein unhörbares Signal hin, erschienen Dutzende, dann Hunderte und Tausende Reiter in einem weiten Halbkreis. Dariuvahush gab mit dem Speer den nächsten Befehl, steckte die Waffe zurück und zog einen Pfeil aus dem Köcher. Die Nomaden begannen zu schreien, als sich, mit Dariuvahush an der Spitze, die Gespanne zu einem spitzen Keil formierten und auf die Reiter zufuhren. Die Saken ritten allein oder bildeten kleine Gruppen. Die Luft war erfüllt von Pfeil-

schauern, scheuenden Pferden, fallenden Reitern und Tieren, die sich überschlugen. In die Seitenwände der Wagen hämmerten Pfeile wie Hagel, trafen die Schilde und prallten mißtönend von den Schneiden der Lanzen ab.

Dariuvahush zog, sich zur Bedachtsamkeit zwingend, einen Pfeil nach dem anderen aus dem Köcher und zielte sorgfältig auf die Reiter mit den hohen, spitzen Helmen aus Leder und Bronze oder Eisenplatten. In unregelmäßigen Abständen schlugen Pfeile in den Schild des Lenkers, der Dariuvahush zu schützen versuchte. Auf der Kruppe eines Zugpferdes erschien lautlos wie aus dem Nichts ein unterarmlanger Schnitt, der augenblicklich zu bluten begann. Wieder schrillten und blökten die Bronzetrompeten. Männer rutschten schreiend von den Rücken der Pferde, deren Hufe Knochen und Brustkörbe der Gestürzten zermalmten, im schwarzen Rauch, der dicht über dem Boden kroch. Helme, Waffen und Schilde wirbelten durch die Luft. Dariuvahush jagte seine Pfeile in die Körper der Saken und wunderte sich zwischen zwei keuchenden Atemzügen über das viele Gold an ihrem Zaumzeug, den Helmen und Halbrüstungen. Die Kampfwagen und die Reiter hatten sich einen Weg durch die Menge der Angreifer gebahnt, schlossen auf und bewegten sich weniger schnell als zuvor entlang der Grenze jener riesigen Lichtung.

Die Stunden rasten schneller als die gepeitschten Tiere. Die Unsterblichen hatten richtig geschätzt und gerechnet: Jetzt sah Dariuvahush in der Ferne, rechts und links der Ebene, die Kriegszeichen seiner Reiter. Sein Köcher war leer; er warf den Bogen in den Wagenkorb und brüllte:

»Die Kerle mit dem Gold auf dem Helmzipfel – dorthin!«

Er ließ den Schild am Arm herunterrutschen und zog das Bündel aus neun Wurfspeeren aus dem Speerköcher. Das Gespann sprang und schleuderte, aus der Phalanx ausbrechend, auf eine Gruppe Sakenreiter zu, die einen Schutz um etliche Männer in ihrer Mitte bildeten. Augenblicklich folgten vielleicht zehn Dutzend Lanzenreiter dem Wagen. Dariuvahush sah in weitem Abstand die Rauchsäulen zum kochenden Himmel aufsteigen und war halbwegs sicher, daß seine drei Heeresteile den Kreis geschlossen hatten; mehr oder weniger vollkommen. Als er sich den Sakenreitern näherte, ertönten Schreie, entstand Gedränge. Hunderte Reiter wagten einen Ausfall. Dariuvahush sah sich um. Die anderen Gespanne waren ihm gefolgt. Er holte weit aus und schleuderte den Speer, traf einen Reiter in die Brust; über seinen Kopf hinweg und neben ihm durchschnitten Dutzende Wurfspeere mit leisem Pfeifen die Luft und mähten Pferde und Männer vor ihm zu Boden. Die Pârsa-Wagen rasten heran wie ein Steinschlag, die Pferde übersprangen die Hindernisse, die Wagen wurden in die Höhe gerissen und krachten zu Boden. Das Blut der Unsterblichen schien kalt wie Eis zu sein; sie kämpften schnell, schweigend und tödlich. Ihre kleinen Schilde waren von Pfeilen gespickt, ebenso Teile der ledernen Rüstungen. Dariuvahush tötete mit dem letzten Speer einen angreifenden jungen Saken und sah einige Lidschläge lang, wie dessen Gesicht verfiel, wie der Körper sich nach hinten überschlug und in den blutigen Sand fiel. Dariuvahush deutete mit der Lanze nach rechts und links: Hinter ihm spaltete sich der Heeresteil – und die Lanzenreiter begannen das tödliche Spiel ihrer langen Waffen.

Die Helme der Saken, eine Elle hoch, bestanden aus Leder und Filz; Bronzeschuppen, Eisenplättchen und Spangen waren aufgenäht. Dariuvahush sah auf der Spitze eines weißen Helms einen goldenen Bergwidder, das fürstliche Zeichen Skunxas. Die Reiter, die ihn schützten und ihre Bogen rasend schnell handhaben, trugen breite Goldreife über dem schwarzbraunen Stoff. Neben und hinter Dariuvahush blitzten die Lanzenschneiden, senkten sich, schlugen zu, rissen tödliche Wunden, versanken in den Körpern der Männer, hieben Hände und Arme ab. Die Ebene war ein riesiges, hallendes Durcheinander unzähliger kämpfender Gruppen, stürzender Tiere und Männer, in das neue Kampfwagen hineinratterten und frisch bewaffnete Reiter hineinströmten. Skunxa sah sich um, sah seine Männer sterben und stieß einen seltsamen Schrei aus, ein brüllendes Klagen. Er ritt von der Seite auf Dariuvahushs Wagen zu, mit einer fast armlangen Kampfaxt ausholend. Zwei Gruppen behelmte Söldner-Hopliten rannten heran.

»Schone dein Leben, Skunxa!« brüllte Dariuvahush und bewegte die Lanze schlagbereit hin und her. Der Hengst des Saken hatte mit wenigen Galoppsprüngen seine größte Schnelligkeit erreicht, der Fürst duckte sich tief neben den Hals des Tieres, und gleichzeitig ritten einige Lanzenkämpfer auf Skunxa zu. Die Pferde prallten wiehernd zusammen, ein Pârsa wurde vom Pferderücken geschleudert. Vier Lanzenspitzen richteten sich auf Skunxa, Dariuvahushs Waffe zielte, ohne zu schwanken, auf den Hals des Mannes. Rings um die Gruppe hörten die Kämpfe auf; in die entstehende Stille hinein rief Dariuvahush:

»Du hast mutig gekämpft, Fürst Skunxa! Laß die Waffe fallen – ich will dich nicht töten.«

Mit der Lanze zeigte er auf die Waldränder und die Hügel, auf sein Feldzeichen, das im Sonnenlicht funkelte. Überall waren Pârsareiter und die roten Schilde der Mada zu sehen, blitzende Waffen und Helme der Söldner. Der Kampfplatz war umstellt von blutbespritzten, schweißüberströmten Kriegern.

»Ihr seid zu viele«, sagte Skunxa, ließ die Axt fallen und senkte den Kopf. Er sprach, als habe er Sand zwischen den Zähnen. »Du hast gesiegt, fremder König.«

Dariuvahush richtete sich auf und stellte die Lanze senkrecht. Er holte tief Luft und drehte langsam den Kopf.

»Fürst Skunxa behält sein Leben und ist bewachter Gast in unserem Lager!« rief er. »Ich werde den Saka einen anderen Anführer geben. Was ich über die Grenzen und das Land zu sagen habe, werden wir im Lager bereden. Entwaffnet sie alle und geleitet den Fürst und seine tapfersten Anführer zu den Zelten.«

Seine Krieger legten die Hände an die Brust, Skunxa glitt vom Pferd; er und seine Männer wurden zum Rand des Kampfplatzes geführt, wo einige leere Wagen warteten. Dariuvahush richtete sich hoch auf, schwenkte die Lanze und wartete, bis seine Anführer herangaloppiert waren.

»Wir zeigen den Saka, daß sie in unserer Gewalt sind.« Um ihn herum zwangen seine Krieger die Gefangenen, von den Pferden zu steigen und ihre Waffen auf einen Haufen zu werfen; immer mehr Pârsa strömten von allen Richtungen auf den Kampfplatz.

»Habt ihr die Kinder und Frauen?«

Rashurda zügelte sein Pferd und ließ es mit wirbelnden Hufen

hochsteigen. »Dort kommen sie, Herr – zwischen den Wäldchen.«

Die Reiter jener Heeresteile, die zuerst die Saken von den Seiten
angegriffen hatten, waren ausgeschwärmt und hatten östlich des
Kampfplatzes zwischen den Herden viele Nomaden zusammen-
getrieben, mitsamt den Wagen und den Lasttieren. Jetzt erschien,
von Bogenschützen und Kamelreitern begleitet, ein Zug Gefangener am Rand der Steppe; vor ihnen öffnete sich eine breite
Gasse. Skunxa drehte sich um und starrte die jammernden Gestalten an. Dariuvahush rief ihm zu:

»Dein Volk ist in meiner Hand, Fürst! Wenn ich will, versklave
ich euch alle. Überleg es dir gut – wir werden bereden, was ich
den Saka übriglasse!«

Er schlug dem Wagenlenker auf die Schulter und sagte leise:
»Zur oberen Furt. Wir werden lange vor Skunxa im Lager sein.«
Vor dem Zelteingang umstanden lodernde Fackeln, tief in den
Sand gerammt, einen großen Kreis. Auf Klappschemeln saßen
Skunxa und fünfzehn Sippenälteste, die Helme vor den Füßen
und waffenlos, die Stiefel, Hosen und Kleider naß bis zu den
Hüften. Außerhalb des Fackelkreises standen dicht gedrängt vielleicht zweihundert Unsterbliche, deren Lanzenblätter im Fackellicht glänzten. Unter dem ledernen Vordach saß Dariuvahush in
den Fellen über dem eisernen Scherensessel, Rashurda und Tachmaspâda standen hinter ihm, zwei alte Nomaden, die beide Sprachen verstanden, hockten auf einer Decke vor den Gefangenen.
Dariuvahush hob die Hand; die leisen Unterhaltungen brachen
ab.

»Was der große König Kurusch von Pârsa angefangen hat, will
ich beenden. Die Grenzen meiner Kshatrapien sollen von euch
geachtet werden. In der Stadt Marakanda und in allen anderen
Städten könnt ihr, die Saka mit den spitzen Helmen, über das
ganze Jahr Handel treiben. Übersetze es ihnen, Mann.«

Die Greise übersetzten, dann sprach Skunxa, schließlich einer
der kleinen Fürsten, wieder wurde übersetzt; Dariuvahush merkte, daß Skunxa mehr Pârsa verstand, als er zugab.

»Ich, König Dariuvahush, habe eine Schlacht gewonnen und den
mächtigsten Saka gefangen. Fürst Skunxa war ein tapferer Geg-

ner. Er hat würdevoll gekämpft und bleibt am Leben; ich werde ihn nach Hagmatâna mitnehmen und ihm einen Wohnsitz geben. Er kann seine Familie mitnehmen, und es wird ihnen an nichts fehlen. Das ist unumstößlicher Befehl des Königs.«

Skunxa hörte schweigend zu, sein bleiches Gesicht war ohne jede Regung. Seine Ältesten berieten sich leise untereinander.

»Ich werde euch einen neuen Fürsten geben. Sucht den Würdigsten unter euch und zeigt ihn mir. Einen Sohn von jedem Sippenältesten nehme ich als Königsgeisel mit; die besten Lehrer werden sie ausbilden, und zu jedem Nourouzfest – am Anfang unseres Jahres – werdet ihr sie wiedersehen können. Denn zu jedem Nourouzfest werden mir die Saka Tribut bringen.«

Als die Sippenältesten verstanden hatten, daß Dariuvahush ihre Söhne als Geiseln beanspruchte, begannen sie durcheinander zu schreien und sprangen auf. Die Übersetzer versuchten sie gestenreich zu beruhigen; Skunxa saß wie versteinert da. Dariuvahush hob seine Stimme.

»Der Tribut, also die Geschenke der Saken, werden unsere Schwüre bestätigen. Der schönste Hengst, drei Paare königlich breiter und schwerer Goldarmreife, einen Mantel aus den schönsten Pelzen, einen Leibrock aus dem besten Stoff, den ihr webt, und Hosen aus feinstem Leder für den König. Die Saken sind gute, schnelle Krieger, die den Tod nicht fürchten – für mein Heer brauche ich bogenkämpfende Reiter. Nach Marakanda oder Zadrakarta sollt ihr reiten, wenn ihr euch gegen Silber und gutes Essen als Söldner ins Heer einfügen wollt. Der Kshatrapan wird euch bezahlen, und ihr sollt für Frieden an der Grenze und in euren Ländern sorgen.«

»Es wird keinen Kampf mehr geben«, sagte Skunxa plötzlich, mit langen Abständen zwischen den Worten. »Ich sage: Die Stammesältesten wählen den Suihoixan.«

»Wenn sie ihn zum Großen Fürst bestimmen, werde ich mit ihm Eide und Schwüre tauschen. Die sakischen Nomaden der trockenen Steppe sollen nicht innerhalb meiner Grenzen jagen, stehlen, die Bauern überfallen und Frauen rauben. Und: Wenn ihr Saken meine Hilfe braucht, sollt ihr Boten zu meinen Kshatrapanen senden. Wer ist Suihoixan?«

Ein Sippenführer stand auf und verbeugte sich würdevoll; er schien der älteste Gefangene zu sein.

»Er versteht kein Pârsa, Herr«, sagte der sprachenkundige Greis.

»Nur ein paar Worte.«

Dariuvahush stemmte sich aus dem Sessel, schüttelte langsam den Kopf und wies ins Innere des Zelts.

»Wir werden reden und Wein trinken. Ich, meine Anführer, du und Suihoixan. Kommt.«

Dariuvahush hatte erwartet, die Anführer der Saken mit Gewalt überzeugen zu müssen; seine Hazarapati waren sicher, einige Male tief ins Steppenland vorzudringen, um wütende Kämpfe gegen die Nomaden zu führen. Die gefangenen Frauen, Kinder und Alten jenseits des Flusses begruben die Toten und verbanden die Wunden der Verletzten, in Dariuvahushs Lager erholten sich die Krieger. Zwei Feuer verglühten auf den Altären, die toten Pârsa lagen auf einem würdigen, abgelegenen Sandkreis. Mehr als dreitausend Sakenkrieger saßen innerhalb der Zäune aus Seilen und eingerammten Baumstämmen, von Lanzenträgern bewacht. Dariuvahush wartete, bis alle Öllämpchen brannten und sein Sessel aufgestellt war. Er setzte sich und deutete auf den Tisch, einen Schemel und die Hazarapati.

»Sag ihm, dem neuen Fürst, daß mein Heer gut ausgerüstet ist. Wir können ein Jahr lang gegen die Saken kämpfen. Aber ich will kein unterworfenes Steppenvolk, sondern ehrliche, tapfere Bundesgenossen.«

Junge Kârataka brachten Essen, Wein, Mischwasser und süßen Kräutersud. Suihoixan hörte zu, nickte und stellte Fragen. Dariuvahush wiederholte seine Forderungen; weder Kurusch noch er hatten erwartet, aus dem kargen Steppenland so viel Tribut und Abgaben ziehen zu können wie beispielsweise aus Mudrayia. Er zwang sich zur Geduld, denn Suihoixan begann zu feilschen. Nur in drei unwichtigen Punkten gab Dariuvahush nach. Entlang der Grenzen von Hyrkanien und Pârthara zu den Ländern der Saken, die durch leeres, unwirtliches Land führten, würden Kundschafter der verschiedenen Völker reiten und Streitigkeiten schlichten. Später rief Dariuvahush zwei Schreiber, die auf Lederblättern die gegenseitig gültigen Eide niederschrieben und jedes Wort dem

Übersetzer vorlasen; spät nachts beschworen und besiegelten Fürst Suihoixan und er den Vertrag für die Saken der Trockensteppe und das Reich.

Das Lager entlang des westlichen Oxos-Ufers bestand fünf Siebentage lang. Ein Trupp Lanzenreiter begleitete Skunxa, dessen neunköpfige Familie und fünfzehn Geiseln auf dem Weg zu Vishtâspa waren. In einzelnen großen Gruppen ließ Dariuvahush die sakischen Krieger und deren Familien frei. An der Stelle, wo zuerst Rashurdas Abteilung den Oxos überschritten hatte, gab es die seichteste Furt; hier trieben die Nomaden kleine Herden Schafe, Ziegen, Rinder und gemästete Gazellen durch den Fluß und ins Lager, als Zeichen ihrer Niederlage. Fürst Suihoixan trug den weißen Helm aus Filz und Leder mit den goldenen Herrscherzeichen und redete mit Hilfe des Sprachenkundigen vom entbehrungsreichen Leben der Steppennomaden; mißtrauisch beobachteten die Pârsa-Reiter, wie geschickt er mit Pferden und Kamelen umgehen konnte – auch viele andere Nomaden ritten ohne Zügel und schossen trotzdem, auf unnachahmliche Weise auf dem Pferderücken sitzend, ihre Pfeile über die Kruppen der Tiere nach hinten. Teile des Lagers wurden abgebaut und verladen; der langsamere Teil des Heeres sammelte sich und leitete den Rückmarsch ein.
Am nächsten Morgen stieg Dariuvahush auf den Rücken des schwarzen Hengstes, der Fürst Skunxa gehört hatte, ein noch junges, ausdauerndes Tier, von Meisterhand zugeritten. Es trug eine Stirnblesse und hatte weißes Fell von den Hufen bis zu den Kniegelenken. Ein Gurt zwischen Hals und Bauch hielt das dicke Reitfell und zwei Riemen mit Fußringen. Tachmaspâda, Rashurda und die beiden erfahrensten Kundschafter begleiteten Dariuvahush auf dem Ritt zum höchsten Punkt eines felsdurchsetzten Hügels am jenseitigen Ufer. In gestrecktem Galopp sprengten sie hintereinander auf einem Pfad, den die Späher kannten. Kleine Rudel magerer Gazellen flüchteten vor den Reitern, am wolkenlosen Himmel zogen Dutzende Geier weite Kreise. Dariuvahush stellte sich in den Bügeln aus Flechtwerk auf und wandte sich halb um.

»Wenn Suihoixan seine Schwüre hält, bleibt die Grenze ruhig«, rief er Tachmaspâda und Rashurda zu. »Werden sie Ruhe geben, die Saken?«

Tagelang waren kleine Gruppen, begleitet von Nomaden, nach allen Richtungen weit in die Steppe vorgestoßen, über trostlose Sandflächen in kleine, wenig fruchtbare Täler und dürre Wälder, die ihren Namen kaum verdienten. Die Männer hatten keine anderen Aufgaben gehabt, als die Stärke der Nomaden und die Größe der Herden abzuschätzen; ein ganzes Volk führte seine Habe auf den Rücken der Tiere und zweirädrigen Wagen mit krachenden Achsen und Scheibenrädern mit sich und würde jedem Kampf ausweichen, indem es sich in der endlos weiten Steppe halbwegs unsichtbar machte. Tachmaspâda rief:

»Wir haben alle Kundschafter ausgehorcht. Die Saken sind froh, wenn sie uns nicht im Land haben und nichts von uns hören. Wir haben die Lieblingssöhne der mächtigsten Kleinfürsten – eine zusätzliche Sicherheit.«

»Sie sind zufrieden, in den Städten Handel treiben zu können und das wenige, das sie haben, gegen Eisen und Bronze tauschen zu können,« sagte Rashurda.

»Deine Milde, König, hat sie fast erschreckt!« rief ein Kundschafter. »Ich bin sicher: Zwanzig Jahre lang geben sie Ruhe.«

Dariuvahush schüttelte den Kopf und schulterte die Lanze. Schon an der Flanke des Hügels, der sich nördlich des Schlachtfeldes erhob, weitete sich der Blick. Bis zum Horizont versperrten nur wenige Wälder, meist entlang der Ufer, die Blicke. Die ausgeruhten Pferde sprangen und galoppierten bis zur kahlen Spitze der Erhebung. Die Reiter bahnten sich vorsichtig den Weg zwischen dornigen Ranken, verkrüppelten Büschen und kantigen Felsen bis zum steinübersäten Abbruch der Erhebung. Drei oder vier Tagesritte weit sah Dariuvahush ins Land hinein; zuerst betrachtete er schweigend das kreisförmige eigene Lager. Tiere und Menschen waren winzig klein, nicht mehr zu unterscheiden. Ein Floß trudelte durch die Wellen des Flusses nordwärts.

»Es gibt keine ahrimanverfluchte Gewißheit«, sagte er leise. »Und keinen Grund, sie alle zu versklaven und das Land zu entvölkern. Ich will nicht einmal hier ...«

Tachmaspâda stieß ein heiseres Gelächter aus. »An einem Ort, von dem manche sagen, von ihm aus sähe man den Arsch der Welt; an klaren Tagen ...«

»Richtig!« Dariuvahush stimmte in das Lachen ein. »Nicht einmal hier will ich Blutkönig oder Nomadenschlächter genannt werden. Ich glaube, ich lasse Skunxas besiegten Körper in die Felswand meißeln und schreibe: Daraufhin ist das Saken-Land mein geworden.«

Eine Weile lang betrachteten sie das leere Land und den Fluß, der zumindest auf dieser Strecke ohne erkennbaren Sinn und Nutzen die Steppe in weiten Windungen durchströmte. Rashurda wiegte den Kopf und meinte:

»Die Pilze, aus denen die Mithrapriester die Rauschjauche kochten, wachsen hier nicht. Sie werden zwanzig Tagesritte weiter nördlich gefunden, wo die Wälder feuchter sind. Du solltest den Rückmarsch befehlen, o König; ohne langen Kampf haben wir gesiegt.«

»Sie würden es nicht wagen – Suihoixan würde es auch nicht zustande bringen! –, sich zu sammeln und anzugreifen, solange wir im Lager sind. Ihr Blutzoll war hoch. Vielleicht in drei oder fünf Jahren sind sie wieder stark genug«, sagte Rashurda. »Wir haben hundert Nomaden befragt. Sie haben Gold, aber kein Erz, aus dem sie Waffen schmieden können.«

»Also marschieren wir, mit Aufenthalt in Zadrakarta, zurück nach Hagmatâna, Huza und Pâthragada.« Dariuvahush schwang sich vom Pferderücken und setzte sich auf das raschelnde Moos einer Felsbank. Warmer Wind flüsterte zwischen den Felsnadeln und in den hartblättrigen Büschen. »Alles in allem: Ich glaube, wir haben die Grenze wirklich befriedet.«

»Du wirst es erfahren, wenn sie zum Nourouzfest nach Pâthragada kommen«, murmelte Tachmaspâda. Sie suchten mit ihren Blicken das Land ab, als könnten sie dadurch die Absichten der nomadisierenden Saken erkennen. »Denk ich an die Saken, kann ich ruhig schlafen.«

»Also – ich werde das Wagnis eingehen. Mit einem schnelleren Heer brauche ich zwei Monde bis hierher. Die Straßen kennen wir nun zur Genüge.«

»So ist es. Bei Ahura Mazdâh!« murmelte Rashurda heiser. Dariuvahush senkte den Kopf und betrachtete eine fingerlange grüne Eidechse, deren Kehle aufgeregt pochte.

»Im Schatten seiner Schwingen«, sagte er, holte tief Luft und gähnte. »Möge er Kühlung und Ruhe bringen.«

Die schrecklichsten Teile der Straße waren von Heereshandwerkern und Eingeborenen verbreitert und ausgebaut worden, die Dariuvahush mit Silber und Gold hatte entlohnen lassen, auch mit neuen Münzen. Der Rückmarsch der großen Menschenmenge ging einfacher vor sich, und Dariuvahush erkannte, wie wichtig es war, das Heer in schneller Bewegung zu halten; mehr Reittiere, weniger schwerfällige Wagen und die Gewißheit, in bekannten Abständen Futter und Wasser vorzufinden. Solche Oasen zu finden, auszubauen und für jedermann zu sichern war Aufgabe der Kshatrapane, ebenso wie der Bau von Staudämmen und Kanälen, die Flußwasser gerecht und zuverlässig verteilten. Lange Abschnitte der uralten Heeresstraße waren Karawanenwege, auf denen Kostbarkeiten aus dem fernen Hindusch ins Kernland und zu den Hafenorten kamen. Am Ende der Gruppe aus Reitern, Kampfwagen und schnellen Karren, in der Dariuvahush mitfuhr, trieben Nomaden kleine Viehherden mit. Sie wollten den besten Weg in die Städte und die Möglichkeiten des Handels kennenlernen.

Dariuvahushs endgültiges Ziel war Huza, aber er war nicht sicher, daß ihn nicht auf dem langen Weg Nachrichten zur Änderung zwangen. Täglich verließen Botenreiter den Heereszug, trafen Boten aus Zadrakarta und Marakanda ein, brachten Eingeborene Geschenke und Verpflegung zur Straße. Dariuvahush versuchte, bis ihn die Erschöpfung ins Zelt zwang, die wirkliche Natur des Landes und alle ihre Geheimnisse kennenzulernen; er ahnte nicht einmal, wie fern vom Oxos sich Hindusch im Osten erstreckte, am Ende jener Straße der tausend Tage. Parmush war schwanger und teilte sein Lager nicht mehr; mit einer schweigsamen jungen Nomadenfrau verbrachte er einige Stunden seltsamer Leidenschaft. Zuerst hatte sich die Nomadin noch gegen die Versuche der Diener gesträubt, ihren strengen Körpergeruch im Bad zu beseitigen und die stinkende Fellkleidung mit weichen Pârsakleidern zu vertauschen: Sie hatte einige Worte Pârsa gelernt und plapperte von kranken Herden, der Stadt aus Silber und dem großen, unbekannten Meer Hyrkaniens.

An einem windstillen Tag, gegen Mittag, wies Tachmaspâda zum Himmel. Unzählige schwarze Raubvögel mit Gabelschwänzen flogen mit gemächlichem Schlagen ihrer Schwingen nach Süden. Weißgrauer Nebel verdeckte die Sonne; die Männer versuchten zu zählen und schätzten zwanzig Dutzend Schwärme von hundertfünfzig, zweihundert Vögeln; es waren, sagten die Kundschafter, schwarze Milane, deren Flügel fast drei Ellen weit spannten. Eine zweite Gruppe folgte in kurzem Abstand, unerreichbar hoch für jeden Pfeil. Fast unhörbar leise erreichten die Schreie den Boden; es klang, als stießen die Raubvögel ein grelles, langgezogenes Gelächter aus, als wollten sie die vielen dichten Schwärme anlocken, die ihnen folgten. Es waren Tausende: Ein seltsames Zeichen, das Dariuvahushs Rückmarsch zwei Tage lang begleitete und die yaunischen Söldner am meisten erschreckte. In Râga rastete Dariuvahush einen Siebentag lang, in Hagmatâna zehn Tage; bevor er nach Pâthragada aufbrach, sammelte er die schnellsten Gespanne und galoppierte auf der Königsstraße zur Paßhöhe am Quellsee von Bagastâna, zum Felsbild.

Proktokrites und der ältere Meleagros von Chios, der Pârsa-Oberaufseher, einige Sklaven und zwei Leibwächter standen auf dem rechten Ende des Gerüsts, nach einem mühevollen Aufstieg über Leitern, Felsstufen, schwankende Holzbrücken und entlang dicker Seile und eingeknoteter Querverbindungen. Dariuvahush stützte sich mit der Hand am fein gemeißelten Gewand des Lügenkönigs Frâda ab und wischte sich den Schweiß aus dem Gesicht.
»Wie ich es erträumt hab«, sagte er leise. Windstöße prallten gegen die Wand, ließen das Gerüst leicht schwanken und wehten hellgrauen Staub aus den Vertiefungen der vielen Schriftzeichen. »Wie ich es gewollt hab! Ich lobe euch, ihr Yaunier: Es ist herrlich geworden!«

»Wir danken für das Lob, o Herrscher.« Meleagros sprach mit tiefer, hallender Stimme. Er berührte den Pârsa an der Schulter. »Wenn Charaspa hier uns alle nicht so ausdauernd unterstützt hätte, wäre manche gerade Linie krumm.«

Dariuvahush kniff die Lider zusammen. Der Fels war eine einzige polierte Fläche, in der sich Ahura Mazdâh mit dem Ring der Herrschaft, jede andere mannsgroße Gestalt und jedes einzelne Schriftzeichen in den Blöcken scharf abzeichneten. Er schien in der späten Winterhitze zu glühen. Dariuvahush ließ sich zwei Rollen geben, gleich dick, eine aus Papyrus, die andere aus Schreibleder. »Meißelt noch ein paar Dutzend gerade und krumme Linien. Die Gestalt des tapferen Saken und meine Worte zum Kriegszug.«

Er lächelte in die verdutzten Gesichter der Steinmetzen und redete weiter.

»Wenn ihr damit fertig seid, sollen andere die Gerüste abbauen, die Befestigungslöcher mit Blei verschließen und die Stufen aus dem Fels schlagen. Niemand soll je heraufklettern können. Deine letzte Arbeit, Charaspa. Dann kommt mit euren besten Arbeitern nach Huza, zu meinem neuen Palast. Ihr werdet zehn Jahre lang mein Wohlwollen genießen.«

»Du bist zufrieden, o König?« Proktokrites schien dem Lob nicht zu trauen. Dariuvahush schüttelte heftig den Kopf.

»Ja! Überaus zufrieden. Jeder, der kommt und geht, muß seinen Blick auf das Felsbild richten; man sieht es von weitem leuchten. Mit scharfen Augen kann man's. lesen. Ich hab euch eine Stunde lang zugesehen.« Er entrollte mit Hilfe von Meleagros und dem Gardisten nacheinander drei Schreibleder.

»Skunxa der Saka. Ein tapferer Gegner, den ich nach Hagmatâna verbannt hab. Wenn Mazdâh mir weiterhin hilft, der letzte, den ich besiegen mußte.« Er übergab Proktokrites die Rollen und öffnete den ersten Papyrus. Schweigend starrten die Männer auf die Schriftzeichen:

ES VERKÜNDET KÖNIG DARIUVAHUSH: ICH BRACH MIT DEM HEER INS SAKALAND AUF. DIE SAKA MIT DEN SPITZEN HELMEN KAMEN UND BEGANNEN DIE SCHLACHT. ALS ICH AN DEN OXOS KAM, ÜBERQUERTE ICH

IHN MIT DEM GANZEN HEER UND SCHLUG DIE SAKA SCHWER. EINEN
ZWEITEN TEIL NAHM ICH GEFANGEN, AUCH IHREN KÖNIG SKUNXA. ICH
MACHTE EINEN ANDEREN ZU IHREM ANFÜHRER, WIE ES MEIN WUNSCH
WAR: HIERAUF WURDE IHR LAND MEIN.

Proktokrites verbeugte sich so tief, wie es das bebende Gerüst
zuließ. Er sagte:
»In zwei Monden, Herrscher, stehen wir zu Huza im Land Uvja
vor dir oder deinem Mann zur Rechten. Ist es noch immer Aspat
Shanâh mit dem schmalen Gesicht, der nie laut zu lachen gelernt
hat?«
»Noch immer.« Dariuvahush blinzelte grinsend den Schweiß aus
den Augen. »Und hoffentlich überlebt er mich: Er ist der Beste.«
Er übergab Meleagros die andere Papyrusrolle und sagte leicht-
hin: »Ein paar zusätzliche Zeilen über Ahura Mazdâh und mich.
Macht einen feinen Schriftblock, auch wenn's an glattem Fels
mangelt. Helft mir hinunter; ich fahre nach Huza!«
Er schlug Proktokrites auf die Schulter. Der Wind verwehte ein
Staubwölkchen. Langsam begann er den Abstieg auf mehr als
dreihundert Stufen und überquerte langsam die Straße, wo im
Schatten die Gespanne und deren Lenker warteten. Er reinigte
Gesicht und Hände mit einem nassen Tuch, trank einen Becher
Wein und begann: »Nach Hagmatâna zurück.« Er mußte husten,
leerte den Becher und zwinkerte. »Weiter nach Pâthragada und
dann nach Huza.«

Das Nourouzfest verwandelte einige Tage lang die ausgedehnte
Baustelle Huzas in ein Heerlager feiernder Arbeiter und Sklaven,
in einen See aus vielen Feuerstellen, über denen sich Braten
drehten. Einen Siebentag später wählte Dariuvahush am späten
Morgen wieder Skunxas Rapphengst mit der weißen Blesse. Rashurda hielt sein Pferd am Halfter und rückte den Bogenköcher
auf dem Rücken zurecht.
»Begleite mich. Nur du, Rashurda«, sagte Dariuvahush. »Zwischen den Blüten im Pairidaeza gibt's wohl keine Gefahren.«
»Ein Wort, Herr?« sagte der Unsterbliche. Er runzelte die Stirn,
seine dicken Brauen bildeten eine waagrechte Linie. Er wedelte

Fliegen vom Pferdehals weg und wartete, bis Dariuvahush den Kopf schüttelte.

»Was willst du mir sagen, Hazarapati?«

»Dein Leben wird nicht länger dauern als das anderer alter Männer. Ich weiß, daß du zu wenig schläfst, daß du jedem, der dir Wichtiges sagen will, zuhörst, selbst nachts. Ich wünschte mir – und ich bin mit meinem Wunsch nicht allein – mehr Ruhe für dein Leben.«

Dariuvahush zuckte mit den Schultern und griff nach dem Pferdehals. »Ich will ruhig durch den Garten reiten und sehen, wie er blüht und wächst. Ich werde ruhig Rtastunâ treffen, die Tochter Kambushyas. Und ruhig mit ihr einige Nächte verbringen. Und danach reise ich nach Mudrayia.«

Er lachte und zog sich auf den Pferderücken. »Dort will ich ein ruhiges Jahr verbringen. Zufrieden, o Vater aller Bogenschützen?«

Rashurda schwang sich aufs Pferd und hob schnalzend den Kopf. »Nein, Herr«, sagte er bestimmt. »Weil es doch anders kommt, als du denkst, und meist so, wie ich's befürchte.«

»Das liegt bei Ahura Mazdâh.« Dariuvahush trabte an, setzte sich zurecht und ritt aus dem Palasthof, durch das halb fertig wiederhergestellte alte Festungstor und im Schatten junger Bäume auf der zukünftigen Arkadiane zu den Türmen des westlichen Tores der Stadtmauer. Von dort führte die Straße zum Eingang des Pairidaeza.

Im Auftrag Aspat Shanâhs hatten die Palastgärtner Setzlinge und junge Bäumchen aus allen Ländern des Reiches gepflanzt; sie wuchsen zwischen den alten Bäumen des Gartens. Noch waren die Bachkanäle, die sich im See mitten im Garten kreuzten, nicht fertig; die steinernen Umrandungen warteten auf Proktokrites und Meleagros von Chios und andere Steinmetzen. Dariuvahush ritt schweigend, und die warnende Bitte des Freundes klang in seinen Gedanken nach: Er konnte Rashurdas Sorgen verstehen, aber er vermochte – würde er es wollen? – den rasselnden Tanz der Augenblicke, Stunden und Tage nicht aufzuhalten. Wie viele Sandkörner, Kieselsteinchen, Blütenblätter, Metallspäne und Steinsplitter enthielt ein großes Sandbild? Kaum weniger winzige Wichtigkeiten bildeten, zu Bildern zusammengefügt, das Gesamtbild des Reichs, wie er es vor Augen hatte. In seinen Fäusten liefen zehnmal tausend Spinnenfäden zusammen; noch lange taugte das geflochtene Seil nichts. Er wandte sich halb herum und sagte zu Rashurda:

»Ich danke dir für die Besorgnis um mich, Freund.« Vor ihnen öffneten tief gebückte Sklaven das Tor zum Garten, sie galoppierten langsam hindurch. »Ich weiß, daß du ein paar Dutzend Wächter hier verteilt hast. Sei gewiß: Wenn's im Reich ganz ruhig ist, werde auch ich ruhen. Sinnlos, dies von mir jetzt erwarten zu wollen.«

Rashurda senkte den Kopf und murmelte: »So Ahura Mazdâh will.«

Der Fluß war weit um die Stadt herumgeleitet worden und bewässerte den Garten und die angrenzenden Äcker, Weiden und Felder. Der Frühling im Tiefland trieb Tausende und aber Tausende Blüten aus. Das frische Grün schmerzte fast in den Augen. Die Weibchen der ausgesetzten halbzahmen und wilden Tiere waren trächtig, die Vögel zwitscherten, schwirrten umher in kleinen Schwärmen, das durchdringende Summen von Bienen, Wespen und Fliegenschwärmen erfüllte den Garten. Dariuvahush und Rashurda trabten nebeneinander, tief versunken in stetig wechselnde Anblicke sorgloser Schönheit. Als die Nachbildung eines von Grün überwucherten Gutshofes sichtbar wurde, auf weißen Steinfundamenten weit in den aufgestauten See hineingebaut, hob Dariuvahush die Hand:

»Rtastunâ erwartet mich. Bleib in der Nähe; ich schick dir eine Sklavin mit Wein – und für behagliche Stunden.«

Rashurda zügelte das Pferd, verbeugte sich und legte schweigend die Hand auf die Brust. Dariuvahush ritt zur Treppe, stieg ab und nahm die vergoldete Stange des Gebisses aus dem Maul des Hengstes; nach einem klatschenden Schlag auf die Hinterbacke trottete das Tier zur schattigen Graswede. Aus dem Inneren des Häuschens klang das leise Trillern einer Naj-Rohrflöte.

Dariuvahush stieg die niedrigen Stufen zum Eingang hinauf und zog den Riegel zurück. Fast lautlos schwang die Tür aus durchbrochenem Schnitzwerk und Zedernholzbalken auf und schloß sich von selbst. Dariuvahush ging aus dem Windfang hinaus und abermals einige Stufen aufwärts zu einer dünnen Wand, die zusammen mit dem tieferliegenden Boden eine Art Turm innerhalb des Hauses bildete. Er öffnete eine schmale Tür und sah sich einer Treppe gegenüber, die in einer Spirale abwärts und bis zum Boden aus weißem Sand führte; die Stufen aus schimmerndem Granit waren in die Turmwand eingemauert und ohne Brüstung. Drei oder vier farbige Teppiche lagen übereinander, und, umgeben von ebenso prächtig vielfarbigen Kissen, saß Rtastunâ mit untergeschlagenen Beinen da und hielt das Instrument an die Lippen. In der Mitte der Treppe lehnte sich Dariuvahush an die Wand, zwischen leuchtende Bilder von Tieren und Pflanzen; sein Blick tastete über die Bildwerke des Turminneren und ruhte auf der jungen Frau. Sie hob den Kopf und sah ihn an.

»Am Mittag schlafen selbst die Vögel«, sagte Dariuvahush. »Meine Frauen aber vertreiben sich die Zeit mit Flötengetriller.«

»Das Trillern hat dich aus dem Palast gelockt, o König.«

Als sie sprach, zuckte Dariuvahush zusammen; der Klang ihrer Stimme traf ihn wie der Stich einer Hornisse. Sie grub und schwang tief in seinem Körper wie das Dröhnen der schweren Pauken – eine Erinnerung blitzte auf: die Stimme von Kambushyas Tochter erregte ihn ebenso wie zwanzig Jahre zuvor jedes Wort von den Lippen seiner ersten Geliebten, der Vorsteherin des Frauenhauses. Dariuvahush setzte sich und versank in Rtastunâs goldgrünen Augen; die Augen ihrer Mutter, sagte man, einer Halbpârsa aus Daskyleion. Sie blies auf der Naj eine wehmütige Tonfolge; zwei lächelnde Sklavinnen brachten Krüge, Becher und Platten und stellten sie auf niedrige Tische.

»Bringt meinen Wachen draußen einen Krug Wein«, sagte Dariuvahush. Die Sklavinnen verneigten sich tief und huschten hinaus. »Seit vier Jahren hab ich dich selten gesehen; stets nur von fern. Aus einem Kind ist eine schöne Frau geworden. Wie viele Sommer zählst du?«

»Achtzehn oder neunzehn langweilige Sommer, o Herrscher.«

Rtastunâ legte die Naj zur Seite, strich mit gespreizten Fingern die Haarflut in den Nacken. Verwundert sah Dariuvahush, daß es glänzend hellbraun war, wie Zedernholz, mit wenigen dunklen

Strähnen. »Werde ich, nach Faidumâ und Parmush, die kleine Königin dieses Sommers?«

Mit schlanken Fingern, an denen viele silberne Ringe steckten, reichte sie ihm den Wein. Er schüttelte bedächtig den Kopf und hielt ihre Hand fest. »Darüber werden wir nicht nur reden.«

»Nein«, flüsterte sie. »Denn die Stunde, bevor die überreife Frucht birst und allzu klebrigen Saft vertropft, ist da.«

»Das verstehe ich nicht.« Dariuvahushs Nüstern blähten sich; Rtastunâs Körper verströmte einen Duft, der ihn verwirrte. »Erhelle mich.«

Sie lächelte und zog die Säume des Kleides vor ihrem Hals und über ihren Brüsten auseinander. Der Klang ihrer Stimme und der Hauch blühender und fremdartiger Blumen und Balsame grenzferner Zubereitungen trafen ihn wie die unwiderruflich letzten Bilder eines heißen Traumes.

»Seit fünf Jahren, König, will ich bei einem Mann liegen, die Leidenschaft kennenlernen, die wirkliche; nicht die meiner Finger. Ich darf's nicht, denn du willst mich zur Mutter deiner Söhne. Also ...«

»Also ist dir das Warten lang geworden.«

»Allzu lang und beschwerlich. Furchtbar waren manche Nächte. Warum willst du mich erst jetzt, am Mittag, nicht nachts?«

»Ich bin in den Garten geritten, um mich an Schatten und Schönheit zu erfreuen«, sagte er leise und sah verwundert zu, wie Rtastunâ aufstand, vor ihm stehenblieb und die Kleider von ihren Schultern streifte. Einen Wimpernschlag später stieg sie nackt aus dem faltigen Bündel und kniete vor Dariuvahush. Ihr sonnengebräunter Körper war vollkommen und ohne jedes Haar. Er holte tief Luft. Der fremdartige Duft begann seine Sinne zu verwirren.

»Nimm mich, König«, flüsterte sie und zog seine Hände zu sich heran. »Aber sei nicht grob, tu mir nicht weh.«

Einige schnelle Herzschläge lang kreiste das Bild vor seinen Augen; ihr grüngoldener Blick schien ihn zu blenden. Rtastunâ schmiegte sich in seinen linken Arm und begann ihn zu entkleiden. Als sie sein hartes Glied berührte, zitterte sie, krümmte sich und erschlaffte, schloß die Augen und rutschte aus seinem Arm.

Es war um Mittag herum oder früher oder später, als Vindafarnâh zu spüren begann, daß der Übelgeist der Trunkenheit von ihm Besitz zu nehmen begann. Er starrte in den Spiegel aus glänzendem Silber und sah schweigend zu, wie sein mürrisches Gegenüber aus dem goldenen Weinkrug eine doppelhenklige und weiß glasierte Trinkschale füllte. Die fast senkrechte Narbe zeichnete sich scharf in der sonnenbraunen Haut ab, an ihren Rändern war die Augenbraue weiß wie der Augapfel. Die Narbe setzte sich über die Wange bis fast zum Ohrläppchen fort. Vindafarnâh hob die silberne Augenklappe auf, strich mit dem Zeigefinger gelben Balsam in den Stoff über dem Lederfutter und streifte den Lederriemen über den Hinterkopf. Er zwinkerte mit dem heilen Auge; Vindafarnâh nahm einen langen Schluck Würzwein und fluchte leise. Seit drei Tagen verlangte er, mit Freund Dariush, dem König, dem siegreichen Herrscher zu reden. Aspat Shanâhs Antwort war stets: Der König schläft, er ist erschöpft, er fertigt Boten ab und bereitet die Reise nach Mudrayia vor. Daß Vindafarnâh ein Drittel der Stimmen aller Fürsten besaß, kümmerte den Gewandmeister nicht! Eine schwarze Woge strudelte in seinem Kopf: Er siegelte mit dem Rollsiegel des Königs, er redete tagein, tagaus mit Hazarapati, Hundertführern und Kundschaftern und überzeugte sie von der Notwendigkeit, sich selbst und alle Waffen bereit und scharf zu halten. Ihm hatte Dariuvahush geschworen, ihn stets anzuhören; vielleicht war es schon zu spät für wertvollen Rat.

»Dieser Lecker königlichen Speichels!« Shanâh hatte jederzeit Zutritt zum König, als einziger, wie man im Palast wußte. Bevor Dariuvahush daran ging, Kshatrapien neu zu ordnen und einen Hagel königlicher Gesetze über die Länder niedergehen zu lassen, mußte er wissen, was die Fürstengeschlechter darüber dachten; Vindafarnâh, Bogenträger, Gaumâta-Töter – auch er hätte König werden können, wenn er sich nicht dem Willen der anderen Fürsten unterworfen hätte!

»Ich geh zu ihm und sag ihm alles!« Vindafarnâh schlief seit drei Monden kaum, wanderte nachts umher und fand sich an seltsamen Orten wieder, wenn er zu sich kam; die Sklaven schienen vor ihm zu erschrecken. Er leerte die Schale und hob die Schul-

tern – von falschen Ratgebern war der einstige Freund umgeben!
Die Kenntnis der Wahrheit besaß nur der einäugige Vindafarnâh!
Er klatschte in die Hände und rief, als sich ein Sklave zeigte:
»Wo ist der König?«
»Er ist ausgeritten, Fürst. Ins Pairidaeza.«
»Ich bin sein Bogenträger!« Vindafarnâh hörte sich schreien und
mäßigte sich. »Laß einen Wagen anschirren. Und bring mehr
Wein!«
Der Sklave verneigte sich. Vindafarnâh hatte gelernt, daß jenes
Zucken nach dem blitzartigen, scheinbar zweiäugigen Sehen, das
unter der Schädeldecke begann und sich bis in die Knie fortsetz-
te, wenig zu bedeuten hatte; wenige Atemzüge danach sah er die
Umgebung wieder als Einäugiger. Er musterte sein Spiegelbild,
führte mit ihm ein lautloses Zwiegespräch und fragte, ob in seinem Fleisch der Geierschnabel des Neides hackte. Er trank und
wartete, führte ungeduldige Gesten aus und sagte leise die Worte,
die er Dariuvahush ins erschrockene Gesicht schreien mußte. Ein
Stalldiener öffnete die Türen, blieb im Schatten stehen und murmelte:
»Herr Vindafarnâh. Der Wagen ist bereit, der Lenker wartet.«
Wortlos stürmte Vindafarnâh an ihm vorbei, stolperte die Stufen
hinunter und fing sich wieder. Er zerrte den Lenker aus dem Wagenkorb, riß die Zügel an sich und schrie:
»Das kann ich besser, Mann!« Die langen Lederriemen ruckten
scharf an den Trensen und klatschten auf die Pferderücken. Die
Tiere wieherten und fielen aus dem Stand binnen weniger Herzschläge in einen keilenden Galopp. Vindafarnâh zwang sie in einen engen Halbkreis durch den aufstäubenden weißen Sand des
Palasthofes und über den Plattenweg durchs Tor, den Hang hinunter auf die Straße und im Mittagsschatten zur Stadtgrenze. Die
Tiere griffen weit aus, er beugte sich vor und schlug mit dem Peit-
schenstiel auf sie ein. Hinter ihm erhoben sich Stimmen: Flüche,
Verwünschungen, unkenntliches Geschrei. Sand und Kies prassel-
te gegen den Bug des Wagens. Vindafarnâh spürte jedes Loch, jeden Stoß der Felgen, wie einen Hieb von innen gegen die Hirnschale. Sein Haar flatterte; er merkte, daß beide Augen tränten,
peitschte die Pferde und näherte sich unaufhaltsam einem schwar-

zen Berg, der zurückwich, sich einstülpte und ein schwarzes Loch
wurde, das mit undeutlich gezacktem Rand jenseits einer klirrend
weißen Mauer und eines stierblutfarbenen Gatters klaffte, tief
hinunter bis zum Fell der welterschütternden Stierschlange. Die
Hälfte das Holztores schwang unendlich langsam auf, die
schäumenden Pferde rammten die Kante zur Seite; Holzsplitter
wirbelten durch die Luft, ein duftender Zedernpfeil zerfetzte Vindafarnâhs Gewand und die Haut an der Schulter. Das linke Wagenrad mähte auf eine Länge von hundert und mehr Schritten
frisch gepflanzte und blühende Sträucher nieder, das Gespann
fuhr auf den Rand des lichtlosen viereckigen Loches zu; wie Vindafarnâh es im Heer gelernt hatte, stemmte er sich gegen die Zügel und sprang, den Kopf eingezogen und die Arme um den Leib
geschlungen, nach rechts über das Metall der Felge, kam weich
auf, überschlug sich und rannte zu den Stufen. Er brüllte:
»König! Dariush! Ich muß mit dir reden! Jetzt!«
Einige Handbreit oder zehn Stundenritte hinter ihm entstanden
Bewegungen: Pferde galoppierten, Lanzen senkten sich, erzene
Spitzen funkelten; heisere Schreie. Eine Stimme brüllte lauter als
Donner:
»Herr! Fürst! Vindafarnâh! Halt! Zurück! Was tust du ... Herr?«
Er griff mit der rechten Hand nach dem Dolch rechts im Gürtel,
mit der Linken zum Kurzschwert, hastete die kreischend weißen
Stufen hinauf und kniff die Lider zusammen; er hörte sich rufen:
»Dariuvahush! Dein Freund muß dir sagen, wie's ist und wie's
wird ...!«
Er prallte gegen eine Tür. Hinter ihm waren Ächzen, Stimmen,
Schritte, vor ihm zeichneten schwarze Schatten am Rand des
schwärzeren Lochs unglaubliche Gesten und Bewegungen an die
Wand des Gebäudes. Jemand zerrte ihn zurück, er schlug zu; ein
langes, unverständliches Wort ertönte, und die schwarze Lähmung, die von seinem Nacken ausging, setzte sich wie ein pur-
purfarbener Blitz bis in die Fingerspitzen, in den linken Augenwinkel und zu den Knöcheln fort. Er stürzte hart auf den weißen
Stein und schlug sich wund; im Aufprall verschluckte ihn boden-
lose Schwärze.

Rtastunâ zitterte und stöhnte unter ihm, hatte die Schenkel um seine Hüften geschlungen, ihre Fersen trommelten in seinen Rücken; als Dariuvahush die Schreie, seinen Namen und Stimmengewirr hörte und scharfes Krachen bis ins Innere des Hauses dröhnte, riß er sich von ihr los, warf sich zur Seite und zog zwischen seiner Kleidung das Zierschwert hervor. Er rannte die Stufen, immer drei auf einmal, in die Höhe und zog die Doppelschneide aus der Goldhülle. Neben der Tür blieb er wartend stehen, lauschte und hörte eine Reihe von Geräuschen, die er nicht deuten konnte. Er zog mit der Linken den Riegel auf und stemmte die Tür nach außen. Rashurda und zwei Wächter zerrten und schleiften einen bewegungslosen Körper in wertvoller Kleidung über die untersten Stufen. Rashurda hob den Kopf und sagte hölzern knarrend:
»Fürst Vindafarnâh, König. Er hatte die Waffen in den Händen. Soll er getötet werden?«
»Fesselt ihn und setzt ihn im Gewölbe fest.« Dariuvahush sah an sich hinunter und trat zwei Schritte zurück. Aus allen Teilen des Pairidaeza waren die Reiter herangekommen und hatten um Rashurda und den Bewußtlosen einen Kreis gebildet. Dariuvahush brauchte nicht zu überlegen; auf diesen oder einen gleichbedeutenden Vorfall hatte er sich vorbereitet. »Gaubarva soll einen Boten und Bewaffnete zu Vindafarnâhs Gutshof jagen. Niemand darf das Haus betreten, niemand verlassen – alle seine männlichen Verwandten gefesselt in den Kerker. Tut den Frauen und seinen Kindern nichts. Gaubarva soll Vidarna, Ardimanish, Hutana und Bagabuchsa hierher holen. Schnell!«
»Es wird geschehen, o Herrscher.« Rashurda ließ Vindafarnâh fallen und verbeugte sich, die Hand auf der Brust. Dariuvahush schmetterte die Tür zu und schob das Schwert in die Scheide. Im Halbdunkel zwischen Mauer und Rundung blieb er stehen und wartete, bis zugleich mit seiner Erregung sein kaltes Lächeln vergangen war; wenn ihn Vindafarnâh hätte töten wollen, wäre es viele Male auf einfachere Weise und an anderen Orten möglich gewesen. Rtastunâ hatte sich gewaschen und in ein großes Tuch gehüllt, saß auf den Teppichen und versuchte, eine heitere Melodie auf der Hirtenflöte zu blasen.

Der Hengst scheute, als Dariuvahush inmitten eines Dutzends Lanzenreiter im Palasthof absteigen wollte. Der Gurt des Reitfells rutschte, Dariuvahush hielt sich am Zügel und an der Mähne fest und glitt vom Rücken des hochsteigenden Pferdes. Ein Leibwächter warf sich nach vorn und packte den Zaum am Gebiß des Hengstes, hängte sich schwer daran und zwang das Tier mit den Vorderbeinen zu Boden. Dariuvahush rutschte über den Pferderücken, die linke Kruppe, er glitt mit der Sohle von einem Steinbuckel; sein Knöchel knickte ein. Rasender Schmerz stach brennend bis hinter die Augen, einen Herzschlag lang raste eine schwarze Wand auf ihn zu, dann zog er sich am Schwanz des Hengstes in die Höhe und warf schnalzend den Kopf in den Nakken.

»Der Knöchel«, ächzte er. »Verstaucht, verrenkt, gebrochen – was weiß ich. Holt die Ärzte, helft mir aufs Lager.«

Die Krieger schleppten ihn in den Palast. Die vier Mudrayia-Ärzte, von Udja-Horresnet in allen Künsten des Heilens ausgebildet, zogen den Halbstiefel von seinem linken Fuß. Er brüllte vor Schmerzen, trank heißen Würzwein mit Mohnseim und sah zu, wie sie den Fuß bis zum Knie mit schwarzer und gelber Salbe bestrichen und mit schmalen Binden straff umwickelten: Zuerst wurde er schmerzend heiß, dann eisig kalt, was den Schmerz linderte. Er betäubte sich mit zuviel Wein und sackte bis Mittnacht in tiefe Bewußtlosigkeit. Dann ließ er sich von Aspat Shanâh die Truhe mit dem Schreibzeug, kaltes Essen und Sud bringen, setzte sich und legte den Fuß, in dem bei der geringsten Muskelbewegung der Schmerz tobte, auf vier Lagen Felle über dem Hocker und rollte das halb beschriebene Leder auseinander.

Wie ich es fertiggebracht habe, viele tausend Krieger davon zu überzeugen, daß unsere Feinde, wenn auch stärker als wir, zu besiegen sind? Ich weiß es nicht. Vielleicht, weil ich zwischen ihnen und an der Spitze des Heeres ebenso tapfer und rücksichtslos kämpfte wie die Unsterblichen. Zehntausend Unsterbliche sind mein Heer, das kampfbereit ist zu allen Jahreszeiten. Alle anderen Krieger sind Fürstensöhne, Fürsten, Landbesitzer und solche, die Pferde, Waffen und Ausrüstung selbst mitbringen zum grausamen Geschäft des Krieges. Ich hasse es, sie zusammenrufen zu müssen; es sind keine Söldner, keine karischen und yaunischen Hopliten. Gegenwärtig ist Ruhe in den Ländern, was mich unruhig machen sollte, aber ich bin vorbereitet. Dennoch habe ich seit dem Tod Gaumâtas einen lebensbedrohenden Fehler oder einige schwarze Irrtümer begangen; was hätte Vindafarnâh mit zwei Waffen in den Händen zu bereden gehabt, gerade als ich Rtastunâ von der Lästigkeit ihrer Jungfrauenschaft befreite. Mein Knöchel ist so dick wie mein Oberschenkel und schmerzt wie Kambushyas verfaulendes Bein. Schon seit zwei Jahren beschützen mich überall Leibwächter und Palastgarden am Tag und in den Nächten, und seither wächst der Abstand zwischen allen, die mir etwas bedeuten, und mir; in Schritten zu messen. Die lichten Träume von förderlichem Nichtstun, in denen ich über meinem Pairidaeza schwebe und die Schönheit mit dem Auge des Adlers sehe, sind selten geworden. Der Tag der Anfechtungen, Pflichten, Arbeiten und Vergnügungen des Königs ist zweimal länger als der des schuftenden Kanalgräbers, und auch die nächtliche Lust mit Hutaûtha oder Rtastunâ ist leidenschaftliche, aber wenig wirksame Entschädigung dafür. Ich klage nicht; nichts anderes habe ich gewollt. Für die Liebe, von der gegenwärtig am leisesten und lautesten die schlanke Rtastunâ spricht, kann ich nur in Bildern mit mir selbst reden. Vielleicht verstehe ich, wenn ich älter als dreieinhalb Jahrzehnte bin, mehr davon: Es sind Bilder wie das weiße Pairidaeza hoch über der fruchtbaren Ebene. Manchmal sind die Schmerzen so groß, daß es mir schwerfällt, meine Gedanken zu klären und sie niederzuschreiben; ich traue den Mudrayiaärzten wenig zu.

Um so mehr traue ich den Baumeistern und erfreue mich an ihren Leistungen und denjenigen von tausend Handwerkern: In Huza wird viel Herrliches entworfen und Staunenswertes erbaut. Die Fundamente und Mauern des großen Säulenpalasts, der Apadana, wachsen ebenso prächtig in die Höhe wie die Stadtmauer. Arbeiter aus Babairu sind es, die unaufhörlich Lehmziegel streichen und Backsteine brennen. Für das Dach brachten Männer aus Abr Nahr große Zedernstämme aus dem Gebirge Nord-Abr Nahrs nach Babairu, von dort haben Karer und Yau-

nier sie hierher geflößt. Aus Gandhara brachten Karawanen braunes, hartes, herrliches Yakâholz für viele Türen; Gold kam aus Bakhtrish und Sparda, und auf meinem Zug gegen die Saken brachte ich Lapisstein und Karneol mit mir. Aus Huvarazmya kamen Türkissteine hierher. Die Mudrayier und Kushyaner sandten mit ihren Goldschmieden viel Gold, Silber, Schwarzholz und Elfenbein, und aus Yauna kamen Steinmetzen und wertvolle Farben. Erdpech kam aus dem Huza-Tümpel. Aus Abirâdush aber brachten viele Gespanne die Quader und Säulen; Uvjaner müssen sie schleppen und behauen und einsetzen. Auf den Fundamenten alter uvjanischer Wälle wird sich die Stadtmauer erheben; ich lasse sie vierundfünfzig Ellen dick machen. Noch sind die Tafeln der Gründung nicht eingemauert. Ich habe darauf schreiben lassen: Möge der Allweise Herr mich behüten, auch Vater Vishtâspa und mein Land.

Dariuvahush spürte die Wirkung des schweren, mit den Säften der mudrayischen Ärzte gemischten Sardeïsweins, strich mit dem Zeigefinger über die trockene Tusche und rollte das Schreibleder zusammen. Er versenkte Tuschedöschen, Griffel und die Eckgewichte in die Truhe und verschloß sie, dann klatschte er in die Hände. Aspat Shanâh überwachte die Sklaven, die Dariuvahush entkleideten, wuschen und aufs Lager betteten; kurze Zeit, bevor er einschlief, sah er verschwimmende Bilder von Rtastunâ, die durch die Dunkelheit auf ihn zukam und sich neben ihn setzte.

Sechs Nächte und Tage wurde Dariuvahush vom Schmerz gequält, der kam und ging, manchmal nur wie eine Drohung des Mondblinden zwischen Knie und Zehen schwelte. Boten hasteten heran und rannten hinaus, Schreiber füllten Tontafeln, Wachstäfelchen, Papyri und Leder, Ardimanish und Bagabuchsa kamen übereilig in den Palast und beteuerten, seit zwei Jahren kein Wort mit Vindafarnâh gewechselt zu haben. Bagapâta und Aspat Shanâh führten am achten Mittag einen hochgewachsenen, bartlosen Mann mit aschgrauem Gesicht und rot umrandeten Augen in den Schlafraum.

»O König«, sagte Aspat Shanâh leise, »wir leiden mit dir, ohne zu wissen, wie sehr es dich schmerzt. Deshalb haben wir den Samier Demokedes aus seiner mißlichen Lage befreit. Wein, Essen, Bäder, Salben, Heilkneten und neue Gewänder; er ist der Sohn des Kalliphonos, eines großen Mannes aus Kroton, in Wirklichkeit ein berühmter Arzt, gefangener Sklave des ungetreuen Kshatrapan. Seit damals war er ein nutzloser Angehöriger des Trosses.«

»Arzt? Kann er mehr als die Mudrayier?« Dariuvahush bewegte stöhnend das Bein. Aspat Shanâh hob die Arme.

»Laß ihn das Bein ansehen, Herr.«

Dariuvahush zuckte mit den Schultern und knurrte:

»Wenn er mir noch mehr Schmerz zufügt, laß ich ihn mit einem Trunk der Mudrayier vergiften. Zeig, was du kannst, Samier!«

Demokedes setzte sich auf einen Schemel neben das Lager, wikkelte die heißen, salbentropfenden Binden ab und ließ sie achtlos auf den Boden fallen. Er musterte das dick geschwollene Gelenk, ließ es von einem Sklaven mit lauwarmem Wasser reinigen und drückte behutsam die Zeigefinger nacheinander auf die Haut, die von den Salben und dem geronnenen Blut unter der Haut verfärbt war. Leise und langsam sagte er in Pârsa:

»Sag mir, o König, wo es besonders schmerzt. Es ist, scheint mir, kein Knochen gebrochen.«

Dariuvahush antwortete auf jeden Fingerdruck; der Schmerz nahm zu, je mehr sich Demokedes' Finger den Knöcheln näherte. Die Berührung der Zehen spürte er nicht mehr. Der Samier holte tief Luft, hob die Schultern und sagte:

»O König der Länder. Ich kann dein Leiden lindern. Entweder betrinkst du dich, bis du nichts mehr spürst, oder du hältst den großen, kurzen Schmerz heldenmäßig aus.« Seine Hände waren gleichermaßen sicherer und kühler als die Salben der Mudrayier.

»Ich möchte nicht von deinen Leibgardisten getötet werden, weil man deinen Schrei bis hinunter zum Fluß hört.«

Dariuvahush tastete nach dem Becher. »Haben andere Männer deine Kunst überlebt, Samier?«

»Ja. Aber alle haben laut geschrien. Man hat's weithin gehört.«

Dariuvahush richtete sich halb auf, grinste und sagte zu Aspat

Shanâh: »Steinigt ihn erst, wenn ich es zum drittenmal befohlen hab. Tu dein Bestes, Demokedes – in jedem Fall werd ich dich angemessen belohnen. Los! Ich liege schon zu lange hier.«

Er legte sich zur Seite, drehte das Gesicht zur Wand und spannte die Muskeln. Er spürte das sanfte Streicheln der Finger; es schienen plötzlich zwei Dutzend oder mehr zu sein; dann ein harter Griff, ein rohes Rucken, Zerren, Ziehen und Drehen – er hörte, fühlte sich schreien; sein eigener Schrei machte die Ohren taub; er verlor die Besinnung, spürte aber scheinbar wenige Herzschläge danach unerträglichen Schmerz. Weißglühende Hitze in seinem Fußgelenk wich jenem Gefühl wohltuender Taubheit, mit dem ein Teil des Körpers erkannte, daß die Knochen wieder dort waren, wohin sie gehörten. Er war von kaltem Schweiß bedeckt. Dann bewegte er die Zehen, grinste verzerrt und sagte:

»Überschüttet den Hellenen mit Gold. Gebt ihm Sklaven und Weiber. Schickt ihn zu Hutaûtha, die ein Geschwür an der Brust hat. Gebt mir Wein, bringt Eis für mein Bein oder Quellwasser«, – er füllte seine Lungen und brüllte: »Und laßt mich schlafen, bis ich von selbst aufwache!«

Bevor er einschlief, murmelte er: »Beruhigt die Mudrayier. Sie werden nicht gepeitscht, aber sie sollen künftig die uvjanischen Quaderträger und Grabenschaufler heilen und sich von meinem bösen Blick fernhalten. Ich will keinen von ihnen jemals wieder in meiner Nähe haben.«

Aspat Shanâh verneigte sich, wischte den Schweiß von seiner Stirn und führte Demokedes schweigend aus dem Schlafgemach des Königs.

Schon nach drei Abenden war die Schwellung zurückgegangen; in einem Scherensessel trugen ihn vier Leibgardisten im Palast umher. Jetzt saß er mit Gaubarva an seinem mächtigen Arbeitstisch im Saal der Anhörungen. Zwischen Tontafeln und Schreibrollen standen Gefäße voll kaltem Kräuteraufguß; Schreiber und Wachen hatte Dariuvahush weggeschickt. Er stützte den Kopf in beide Hände, schien die Tontafeln zu zählen und sagte leise:

»Du, Großvater meiner Söhne, und die anderen Freunde, ihr habt

geschworen. Ich glaube euch: Ihr habt nichts zu tun mit Vindafarnâhs Überfall, Angriff, Verzweiflungstat ... ich weiß nicht, wie
ich's nennen soll. Er sagt, er hat mich nicht töten wollen. Ihm
glaube ich nicht.« Er seufzte und lehnte sich zurück, bewegte das
Bein auf dem Schemel vorsichtig und verzog das Gesicht. »Was
soll ich tun? Pfählen durch Farnaka? Erwürgen? Um Vergebung
bitten? Verbannung?«

»Du läßt alle Kinder und Frauen am Leben? Und was tust du mit
den Männern seiner Familie, die unschuldig sind?«

»Wir haben die sieben Databara zusammengerufen. Sie haben
beraten, ihr Urteil steht fest: Hochverrat.«

»Das Urteil der Richter zweifle ich nicht an«, sagte Gaubarva in
nachdenklichem Ton. »Aber du hast die letzte Entscheidung,
Söhnchen.«

»Vindafarnâh, der Sohn Vayaspâras, ist krank im Kopf. Seine
wenigen erwachsenen männlichen Verwandten verbanne ich
nach Banneshu, in die Karer-Siedlung, zu Skunxa. Die Frauen
und Kinder bleiben auf dem Fürstengut, das von Bagabuchsa
verwaltet wird, bis mir etwas Besseres einfällt. Vindafarnâh
bleibt mein Gefangener; und es wird das Gerücht ausgestreut, er
sei, angekettet, vergiftet worden – findet dieses Urteil deine Zustimmung?«

Bedächtig schüttelte Gaubarva den Kopf, streckte den Arm aus
und füllte zwei Trinkschalen. »So ist es gut. Es zeigt dem Volk
deine Entschlossenheit und Härte. Und es macht dich nicht zum
Ungeheuer.«

»Rufe die Schreiber. Sie sollen auch aufschreiben, daß der Hellene Demokedes von nun an mein Leibarzt ist, mit allen Vorteilen,
die damit verbunden sind.«

Gaubarva klatschte dreimal in die Hände. Kurze Zeit später
schrieben die bärtigen jungen Männer in Ton, auf wachsüberzo-
genes Holz und auf Papyrus, was Dariuvahush und Gaubarva ihnen Wort für Wort vorsprachen; die Botschaften wurden zwei
dutzendmal abgeschrieben und, wie viele andere Befehle und
Nachrichten aus dem Palast, in alle Kshatrapien geschickt. Eine
Sklavin brachte einen kleinen, silbernen Krug, und als Dariuvahush den Kopf schüttelte, mischte sie eine säuerlich riechende

Flüssigkeit in den Sud, fügte Saft von ausgedrückten Früchten hinzu und rührte mit einem Elfenbeinstab um.

»Was trinkst du da, o milder Herrscher?« sagte Gaubarva und rümpfte die Nase. Dariuvahush lächelte.

»Einen milden samischen Schlaftrunk.« Mit kleinen, genußvollen Schlucken leerte Dariuvahush zwei Schalen. Er lachte laut. »Von Demokedes. Ich hab ihm zwei breite Armbänder geschenkt, mit Ringen und einer Kette daran. Er hat's für eine Fußfessel gehalten und gefragt, ob ich ihn doppelt elend machen will, obwohl er mich geheilt hat. Gute Antwort, nicht wahr? Er hat's nicht leicht gehabt als Sklave in Sardeïs und als Nutzloser in einer dunklen Ecke.«

»Jetzt sonnt er sich in der Bewunderung des ganzen Königinnenpalasts«, sagte Gaubarva. »Er wird dich bitten, hab ich flüstern gehört, daß du einen hellenischen Seher aus Elis freilassen und gut behandeln mögest. Auch einer, den Arvita in Sardeïs versklavt hat.«

»Ich werde seine Bitte erfüllen.« Dariuvahush leerte den Rest des Schlaftrunks in die Schale. »Die Namenreihe der Königswohltäter wird länger; vielleicht sieht der Seher aus Elis eine angenehmere Zukunft als der mondblinde Malmarduk.«

Gaubarva hob den Arm, ein Schreiber blickte auf. »Ruft die vier Starken, die den König tragen. Wohin willst du gebracht werden, o Schläfriger?«

»Dorthin, wo ich jede Nacht liege. Demokedes wird mich kneten und walken und neue Binden wickeln. In drei Tagen hinke ich ohne Hilfe umher.«

Eine Handvoll Tage, bevor Dariuvahushs fünftes Jahr als König anbrach, standen sie alle auf dem obersten, höchsten Treppenabsatz des neuen Palasts. Dariuvahush saß als einziger. Proktokrites und Meleagros, die Aufseher der königlichen Steinmetzen, standen an der Kante zur obersten Stufe der rechten Treppenhälfte. Gaubarva trat aus der Gruppe hervor, zog Vidarna und Hutana mit sich und deutete mit einer umfassenden Geste auf die siebenmal sieben Stufen.

»Die erste fertige Treppe«, sagte er in einem Tonfall, als habe er sie selbst gebaut. Proktokrites und Meleagros stießen sich gegenseitig an und grinsten; in den goldbestickten Chitonen schienen sie sich mittlerweile wohlzufühlen. »Aus dem gleichen Stein, vom Steinbruch bei Abirâdush, entstehen auch die Säulen.«

»Die Treppe ist schöner und größer als alles, was ich bisher gesehen habe«, sagte Hutana. »Wahrhaft königlich, o Dariuvahush.«

Bis auf Gaubarva und Fürst Thushtras Sohn Hutana würden die Freunde morgen die Stadt verlassen; Dariuvahush hatte befohlen, einen friedlichen Zug nach Mudrayia vorzubereiten. Ardimanish und Bagabuchsa traten aus dem Schatten des Leinensegels.

»Königlich und von Meistern gemeißelt!«

Der gebrochene Stein aus Abirâdush war leichter zu bearbeiten, solange er nicht viele Siebentage lang an der Luft und in der Hitze erhärtete. Die uvjanischen Fundamentarbeiter und die Steinmetzen hatten ungewöhnlich maßgerecht gearbeitet: Die breiten und tiefen Stufen unterschieden sich nicht. Jede folgende war drei Fingerbreit höher als die vorhergehende. Die Linien und Flächen aus grellem Weiß und rußschwarzem Vormittagsschatten bildeten bis hinunter zum aufgewühlten Vorplatz und zu den Baumschößlingen blickverwirrende Muster. Dariuvahush, der sich nachlässig auf den Schaft seines Speers stützte, winkte den Hellenen. Sie beugten fünf Schritte vor ihm die Knie.

»Daß ihr das Felsbild beendet habt, weiß ich«, sagte er. »Ihr habt es mir gesagt, und viele, die durch Bagastâna zogen, haben's gesehen. Euch werde ich noch viele schöne Arbeiten geben; einen Teil meines Dankes habt ihr schon genossen.«

Proktokrites verbeugte sich und sagte: »Weit weg von den kleinen Städten streitsüchtiger Landsleute, o Herrscher, fühlen wir uns wie in einem immerwährenden Pairidaeza.«

»Auch das Schmeicheln habt ihr rasch gelernt.« Dariuvahush stemmte sich in die Höhe und ging langsam hinkend zur Treppe. »Ich kann leicht hinauf- und hinunterreiten. Auch mit einem Wagen kann man die Treppe befahren.«

»Die Felgen, Herr, würden die feinen Kanten beschädigen«, sagte Meleagros. »Die andere Treppe, sie wird in einem Mond fertig sein, samt den Brüstungen.«

Dariuvahush schüttelte anerkennend den Kopf. Über der Stadt hingen tausend verschiedene Geräusche wie eine Wolke aus Klängen: Meißel, Felgengeknarr, Eselsgeschrei, knarzende Winden und Hammerschläge; an zwei Dutzend Stellen kochte stinkendes Erdpech über den Feuern. Dariuvahushs Blick glitt über die Steinkanten, deren Schärfe durch eine winzige Rundung gebrochen war, bis ganz hinunter. Auf der untersten Stufe saß, mit dem Rücken zu ihm, eine Gestalt mit braunem Haar; mehr war nicht zu erkennen. Dariuvahush winkelte das Knie an und stützte sich auf den Speer. Leise erklärte Gaubarva den Freunden die unterschiedlich hohen Mauervierecke und deren späteren Zweck. Dariuvahush sagte:

»Ein dritter Steinmetz, den ich loben soll, Yaunier?«

»Ein Landsmann, Herr.« Proktokrites zuckte mit den Schultern. »Er sitzt dort seit drei Tagen. Er wartet darauf, mit dir und sonst keinem anderen reden zu dürfen. Er kommt aus Mudrayia, hat er gesagt; sein Sohn Aiakes ist bei den Handwerkern untergebracht.«

»Holt ihn herauf. Sagt ihm, der König ist wohlgelaunt, aber er erfüllt keine abseitigen Wünsche.«

Meleagros lief mit weiten Schritten die neunundvierzig Stufen hinunter, berührte den Sitzenden an der Schulter und kam mit ihm bis zur Kante der Plattform, an deren rechter Seite die schweren Fundamente der Eingangssäulen aus dem Kiesbett hervorwuchsen. Meleagros sagte, die Hand vor dem Mund:

»Er sei ein Königswohltäter, sagt er, o Herrscher.«

Dariuvahush musterte den Fremden und runzelte die Stirn; eine ferne Erinnerung flüsterte ihm zu, daß er diesen Mann kannte, der vielleicht sieben, acht Jahre jünger war als er; woher, in welcher Stadt oder welcher Kshatrapie?

»Ein neuer Königswohltäter also, ein Hellene. Ich hab dich vor langer Zeit gesehen, Hellene.« Er wechselte in die Sprache der Yaunier. »Sage mir, wo es war. Warum schulde ich dir Dank?«

»In Men-Nefer war es, vor sechs Jahren, o König Dareios, als du Speerträger im Heer des Kambyses warst. Auf dem kleinen Platz im Palmenschatten, am Rand des Marktes und vor dem Eingang zum Garten der schönen Harfenistin.«

»... wo du die Gier in meinem Gesicht gelesen und mir deinen schönen Mantel geschenkt hast. Syloson, Sohn des Polykrates, den ... Vitana gekreuzigt hat. Deinen Mantel hab ich noch immer und halte ihn«, er kicherte, »in Ehren. Willkommen im Eingang meines schönen Palasts, o Syloson! Er ist ebenso unvollständig wie meine Macht.«

»Ich bin der Bruder des Polykrates von Samos, o König«, sagte Syloson. »Nicht der Sohn; davor haben mich Zeus und die Erynnien geschützt.«

»Zeus, Ahura Mazdâh ... wie kann ich dir danken? Jetzt, wo ich mehr Macht habe als ein einfacher Speerträger?«

»Ich will weder Gold noch Silber, auch kein königliches Wohlleben, o König Dareios. Die Insel Samos – so hab ich's von Händlerkapitänen gehört, sonst wäre ich nicht hier – wird vom Maiandrios, dem Sohn des alten Maiandrios, regiert und vom Schreibsklaven meines Bruders verwaltet, seit Polykrates ermordet wurde. Hilf mir, die Insel zu befreien, zu befrieden; kein Bewohner soll darunter leiden, daß ich den Thron meines Bruders einnehme. Keiner von deinen Chiliarchen kennt Samos so gut wie ich.«

»Und du wirst ebenso wie zuvor dein Bruder ein zuverlässiger Bundesgenosse des Königs sein? Brauchst du ein Schiff und ein paar Unsterbliche, die dir helfen?«

Syloson ließ die Schultern sinken und sagte düster:

»Ich glaube, ich brauche ein größeres Heer, o König.«

Dariuvahush humpelte langsam zu seinem Sessel zurück, ließ sich schwer hineinfallen und brummte:

»Schon wieder ein Heer! Das werden wir lange bedenken müssen, o Syloson. Seid meine Gäste, du und dein Sohn Aiakes, bis wir Zeit haben, über Samos, Schiffe und mein Heer zu reden.«

»Ich danke dir, König Dareios, daß du mich angehört hast.«

»Ein feiner Mantel gegen ein Heer.« Dariuvahush wartete, bis Gaubarva neben ihm stand. »Das kann ein guter oder ein schicksalhafter Tausch sein.«

Vidarna, Ardimanish und Bagabuchsa verließen im Schutz kleiner Gruppen von Lanzenreitern und Bogenschützen die Stadt. Vindafarnâh hockte, mit einer langen Kette an einen Eisenring in der Wand geschmiedet, im Kerkergewölbe des alten Palasts zu Huza. Mit Tachmaspâda und Bagaya, dem Tausendführer, der den Kshatrapan von Sardeïs entthront hatte, mit Gaubarva und Hutana, dem Gaumâtatöter, beriet Dariuvahush lange Stunden über die Rückeroberung von Samos. Syloson kannte nicht nur Maiandrios und dessen schwachsinnigen Bruder Charileos, sondern jedes Stück Land der Insel westlich der Stadt Milet und der Mündung des Maiandros-Flusses, jede Bucht und jeden Hafen, die Palastburg, den langen Quellwasserstollen und den unterirdischen Fluchtgang aus der Burg zur Küste; er bat Dariuvahush, keinen einzigen Samier zu versklaven, wenn er sich entschied, mit der Hilfe des Heeres ihn als Inselkönig einzusetzen.

»Wenn du nicht willst, König Dareios, wandere ich zurück nach Mudrayia und nehme den Sold deines Kshatrapan. Vielleicht haben dir deine ›Augen‹ und ›Ohren‹ berichtet, mit wieviel Gold aus deinem Tribut sich Maiandrios bereichert?«

»Das wußte ich damals auch von Sardeïs. Wie groß muß mein Heer sein, um die Insel allein durch schiere Übermacht zu erobern?«

»Nicht mehr als dreitausend Krieger, Herr.«

»Das sind siebzig bis hundert Schiffe der Karer und Sparder.« Tachmaspâda hob die Schultern. »In zwei Monden ist das Meer ruhig genug. Sagen die Schiffer.«

»Seit ich vom Tod deines Bruders erfahren habe, war ich im Zweifel«, sagte Dariuvahush. »Einen weiteren Krieg zu führen wegen ein paar Talenten Gold und Silber, wegen Wein und eines gebrochenen Vertrages – oder zu warten. Wenn ich mich jetzt entscheide, bin ich dennoch nicht sicher, ob ich das Richtige tu. Aber einfach über einige Inselbewohner zu siegen, ohne Gefahr, besiegt zu werden ... die Saken habe ich auch besiegt. Du wirst im Herbst – nach der Rechnung eures hellenischen Kalenders – der neue Inselkönig sein, Syloson.«

Syloson atmete tief ein und aus. Aus seinem Gesicht wich die Anspannung.

»Ich danke dir, König. Ich bin dein Mann; du wirst auf Samos keinen Treueren finden.« Er sah auf Tachmaspâdas kräftige, sonnenverbrannte Finger. »Nur wenige Schiffe, Chiliarchos: Das Land und die Inselküste sind nur eine halbe Parasange voneinander entfernt.«

»So soll es sein.« Dariuvahush sah von einem Gesicht ins ande-
re: Gaubarva, Tachmaspâda, Bagaya, Syloson, Aspat Shanâh und
Hutana. Er schwieg hundert Herzschläge lang, richtete den Zei-
gefinger auf Hutana und sagte:
»Während ich auf dem Weg nach Mudrayia bin oder schon im
weißen Palast zu Men-Nefer schlafe, wirst du mein Heer auf Samos befehligen, Freund Hutana. Kein schweres Unternehmen.
Die Boten haben's nicht weit zwischen uns.«
Von der Doppeltür des Saales ertönte ein hartnäckiges Klopfen.
Aspat Shanâh stand auf und ging schnell zur Tür, zog das Kurz-
schwert und riß sie auf. Ein Palastwächter flüsterte mit ihm, der
Kämmerer stellte leise Fragen, legte die Hand auf die Schulter
des Gardisten. Die Tür schloß sich mit hohlem Krachen. Aspat
Shanâh stützte beide Hände auf die steinerne Platte, beugte sich
vor und suchte Dariuvahushs Blick. Er atmete gepreßt.
»O Herrscher«, sagte er stockend. »Ahrimans schwarze Mörder-
krieger haben einen Sieg erkämpft.«
Dariuvahush starrte ihn schweigend an, öffnete den Mund und
zeigte die Zähne, als wolle er lächeln.
»Ja? Rede, Mann!«
»Fürst Vindafarnâh hat mit seiner Fesselkette den Wächter, der
ihm das Essen brachte, fast erwürgt. Der Mann zog den Dolch
und hat Vindafarnâhs Kehle geöffnet. Dein Gefangener ist tot.
Verblutet.«
»Ahura Mazdâh!« flüsterte Dariuvahush. Eine kalte Hand legte
sich zwischen seine Schulterblätter. Die anderen murmelten:
»Im Schatten seiner Schwingen.«

In den ersten Tagen des Mondes der Kornsaat verließ Dariuvahush die Stadt und zog mit einem kleinen Heer, meist berittenen
Unsterblichen, von Huza nach Babairu und den Buranun aufwärts nach Abr Nahr und durch dessen Wüsten entlang des Meeres zum Hapistrom. Die jährliche Überflutung des Hapi-Neilos
hatte das Mündungsdreieck erreicht und bedeckte das Land, ertränkte die Schilfdickichte und erfüllte die Luft mit erstickender
Schwüle. Das Land lag in Trauer: Der heilige Stier Apis war
sich geworden und gestorben. Karische Söldner, einheimische

Führer und die Pârsa des Kshatrapan kamen dem Troß entgegen und geleiteten ihn nach Men-Nefer; es dauerte vier Tage, bis unter Udja-Horresnets Aufsicht alle Menschen, Tiere und Wagen zum westlichen Ufer übergesetzt hatten. Als die bunten Mauern und Giebelwände zwischen den Palmen auftauchten, als er die fremden Schriften und Bilder an den bemeißelten Tempelsäulen sah, lächelte er: Die Säulen glichen jenen in seinen hellen, glücklichen Träumen.

PROKTOKRITES AUS CHIOS,
des Königs Dareios Aufseher der Steinmetzen in Huza (Susa), an Nauarchos Skylax von Karyanda in Karien, Kapitän des Schiffes *Atem des Boreas*

O Skylax, salzwassergewaschener Kapitän zwischen Inseln, Küsten, Sonnenaufgängen und Schiffsuntergängen! Meleagros und ich haben das Felsbild beendet. Es ist groß, fast weiß, weithin zu sehen, unerreichbar hoch über der Straße und so schön wie einer unserer Tempel. Wir sind nun in Susa, einer Stadt, die viel älter ist als manche achaiische und attische Burgen, und alle schönen Steinarbeiten hat König Dareios angeordnet, und die Ausführung von Kanten und fingernagelbreitem Maßwerk hat er uns übertragen, und die Aufsicht über zwanzig Dutzend Arbeiter und Handwerker dazu.
Immerfort lobt er uns. Wir meißeln Stufen, Quader, Säulen und flache Bildwerke, die sich nur wenige Fingerbreit über die Ebene des Steins erheben, und darob heißen sie ›erhabene Bildwerke‹. Die Meder bilden bedauerlicherweise nichts Nacktes ab; dennoch erhielt Meleagros von ihm den Auftrag, eine Frauenstatue, eine Elle groß, zu meißeln. Später will Dareios sie vergolden lassen. Man munkelt, daß sie Rtastunâ darstellen soll, eine kleine Königin von der Schönheit der troischen Helena. Beim Zeus! Wir wohnen in kleinen Häusern aus Lehmziegeln, mit Rieddächern, kühl im Sommer und warm im Winter, bedient von Sklaven, verwöhnt von Mädchen und Frauen; der König schickt genügend Wein, Korn, Fleisch und Silber, auch manche Dârayaka-Goldmünze. Wir arbeiten von Sonnenaufgang bis Sonnenuntergang,

jeden Tag, aber es ist uns – und sieben anderen Hellenen, die du nicht kennst – noch niemals besser ergangen.

Viel habe ich König Dareios von dir erzählt! Im Auftrag des Königs, der hinter jede Grenze seines Reiches mit gemessener Neugierde zu blicken versucht, soll ich dir in meinen wenig anspruchsvollen Worten schreiben, daß er einen Meister des Schiffbaues, des Ruderns und Segelns, des Aufschreibens bemerkenswerter Einzelheiten, Wichtigkeiten und Nebensächlichkeiten sucht, einen Mann, der seinen Wagemut zähmt und Kühnheit hintanstellt, um Wissen zu mehren und Wege zu öffnen, und sei es auf dem Wasser: salzig oder trinkbar. Dareios will in einem der nächsten Jahre über die Grenzen der östlichsten Satrapien vorstoßen und erkunden, was dort wächst, wer dort haust, ob die Legenden von den goldschürfenden Ameisen – und andere! – wahr sind und ob die Bewohner des Landes Hindusch sich überreden lassen, Bundesgenossen der Meder oder Pârsa zu werden. Ehe er tausend Krieger opfert, will er es mit Händlern, Besuchern, Kundschaftern und solchen Männern versuchen, wie du einer bist. Willst du viel Silber und Gold, willst du ein Schreibleder, das dir Macht über Schiffsbauer und Ruderer gibt, über alle, die dem König dienen, so verkaufe deine *Atem des Boreas* und komme nach Ekbatana (hier heißt die Stadt: Hagmatâna). Es eilt nicht. Meine und deine Briefe nehmen die Boten des Königs mit, wenn du's ihnen sagst. Du mußt nur dafür sorgen, daß der Brief nach Sardeïs gelangt.

An vieles Schöne denkt König Dareios. Eine Palaststadt will er als Mittelpunkt seines Reiches in einer Ebene bauen, in der kühlen Luft und im feinen Licht der Sonne, dort, wo der Atem frei ist. Wenn der Bauplatz bestimmt wird, werden ich und Meleagros dabei sein. Den Saken im Norden des Landes Skudra will er ernsthafte Vorhaltungen machen, und vielleicht führte dich dein Segel-Weg an Samos vorbei:

Dort kämpfen Meder gegen Samier, und Polykrates' Bruder Syloson samt seinem Sohn Aiakes wird wohl zum neuen Herrscher von Dareios' Gnaden gemacht werden. Ein Dutzend Tage dauert es, bis dein Brief – wann immer du antwortest, o Bändiger faltiger Segel – von Sardeïs nach Susa oder Ekbatana-

Hagmatâna gelangt. Vorausgesetzt, du ringst deine Schreibunwilligkeit nieder und denkst ein wenig an das Strahlen der Zukunft im Dienst eines gerechten Königs, eines klugen Mannes, eines ehemaligen Kriegers, der Syloson von Samos, Demokedes von Kroton und dem Seher aus Elis viel Gutes getan hat – und in dessen Reich ich und Meleagros sicherer und angenehmer leben als je zuvor auf einer der tausend Inseln der vielen tausend zänkischen Hellenen. Lebe wohl, o Skylax, und überlege dir in guter Ruhe, woher die Freuden deiner Zukunft kommen könnten. Wir warten auf deine Antwort, Kapitän, mit der du den Kurs deiner Zukunft mitbestimmen kannst.

Die Leibwächter in den leichten Gespannen waren mehr als einen Pfeilschuß weit zurückgeblieben. Dariuvahush ließ ein Stück der weichen Lederzügel durch seine Hände gleiten, schnalzte und klickte mit der Zunge; die beiden schwarzen Hengste fielen in Trab zurück. Die Dammstraße führte in weitem Bogen von Men-Nefer nach Süden. Aus dem wolkenlosen Himmel blendete die Sonne auf die drei Sehedhu-Totenmale am Horizont. Dariuvahush spürte die Wärme auf seiner eingeölten Haut, sah einer Kette schwingenschlagender, buntgefiederter Gänse über dem Schilf zu und drehte den Kopf, als Nefermerit den rechten Arm über seine Schulter legte.

»Viel zu lange hab ich auf diese Stunde gewartet, o König«, sagte sie leise. »Und sagst du nicht auch, daß ich schöner geworden bin?«

Dariuvahush schüttelte lächelnd den Kopf. In Mudrayia, als Pharao beider Lande, trug er den Titel »Lichtstrahl des Sonnengottes«, und er trug auch die dünne Kleidung der Rômet. Ein breiter Goldreif hielt das breitgestreifte Nemestuch auf seinem stark gekürzten Haar. Nefermerit neben ihm im federleichten Wagen, sorgfältig geschminkt, einen zwei Hände breiten, kreisringförmigen Wasech-Schmuckkragen über der Brust, zeigte auf die graubraunen Flächen der Stromüberschwemmung.

»Alles steht auf dem Kopf. Men-Nefer, ein einziges Spiegelbild. Wie lange wirst du bleiben, Beherrscher der Lustnächte?«

»Vielleicht ein Jahr, Schönste. Warten wir ab, welche Nachrichten die Boten von Samos bringen.«

Sand knirschte unter den schmalen Bronzefelgen. Bei jedem übervollen Kanal zwischen Sand, Schilf, Damm und Quaderkais dachte Dariuvahush an Staudämme und Wasserverteilungen in seinem Land, bei jedem Goldfunkeln an die neuen Münzen mit seinem Bild, und wenn er Rinder auf höher gelegenen Weiden sah, dachte er an die Belohnung, die er für das Auffinden der neuen Gottheit, eines makellosen jungen Apis-Stieres ausgesetzt hatte.

»Ein ganzes Jahr!« Nefermerit klatschte in die Hände, schwankte und hielt sich am Rand des Wagenkorbes fest. »Kommst du in mein Haus? Es ist neben dem weißen Palast.«

»Ich werde kommen. Heute nacht zum erstenmal.«

Er fühlte sich vielen Dingen und Lästigkeiten entrückt, als habe er sie für alle Zeiten weit hinter dem Wüstenweg durch Abr Nahrs Weihrauchprovinzen zurückgelassen. Von Tag zu Tag wurde seine Haut sonnendunkler, erlangten seine Gedanken größere Freiheit. Er schwamm im steingefaßten Teich des Palasts und hatte, mit wenigen Ausnahmen, jede Nacht mit Nefermerit verbracht; er schlief traumlos und lange. Der Dammweg verzweigte sich. Dariuvahush lenkte die Pferde auf einen Tempel zu, dessen Vorderseite eingerüstet und dessen Grundmauern freigelegt und von vielen Arbeitern umwimmelt waren.

»Ich habe getan, was du mir aufgetragen hast. Fischer, Bauern, Sklaven, Söldner, Tänzerinnen und viele Priester – alle haben mir gesagt, was ich wissen wollte. Ich weiß nunmehr viel, o Dariuvahush. Vieles auch über den Kshatrapan.«

»Es hat Zeit. Du wirst mir alles berichten.«

Die Saken glaubten an den Sandgeist, der sich in tanzenden Wirbeln und tödlichen Stürmen offenbarte, er glaubte an Ahura Mazdâh, die Rômet an eine Unzahl Götter und deren Fleischwerdung in einem Stier. Er lächelte nicht über den Glauben anderer Völker; das Innerste des Herzens gehörte jedem Menschen und nur ihm selbst. Udja-Horresnets Ärzteschule, eine gerechte Schätzung des Tributs oder die Künste von Wasserstauungen, Kanalbau und Wasserverteilung, das Aufschreiben der Geschichte und aller Gesetze Mudrayias bis zur Eroberung durch Kambushya und die Geheimnisse der Tempel; für diese Fragen – gleichermaßen wichtig für ihn und das Reich – wollte und suchte er Lösungen.

Inmitten der Arbeiter und Baumeister, zwischen kantigen, durchfeuchteten Säulensockeln hielt er den Wagen an, nahm Nefermerits Hand und half ihr in den Sand. Priester, Baumeister und Arbeiter stürzten herbei, hielten die Pferde, sanken auf die Knie. Er winkte lächelnd ab und ging langsam bis zu einer Stelle zwischen den Säulen. Sie ragten mehr als fünfundvierzig Ellen hoch in den Himmel; die Querverbindungen waren entfernt worden. Er legte den Kopf in den Nacken und starrte entlang der sandfarbenen Flanken hinauf. Die Enden der Säulen schienen zu kippen, sich einander zu nähern, ein Wölkchen driftete durch den gerundeten Spalt im Blau; Nefermerit flüsterte verwundert:

»Wären sie höher, o König, würden sie sich berühren, so wie zaghafte Fingerspitzen oder Gedanken.«

Er blickte in ihr Gesicht und lächelte, erfüllt von plötzlicher und unerwarteter Zuneigung. Er suchte nach Worten und sagte schließlich leise: »Sie würden den Himmel berühren, meine schönste Freundin; ich weiß es. Sie wären Pfeiler der Ahura-Mazdâh-Brükke, Stützen meiner Träume und Damm gegen Lügen, Schlechtigkeit und allzu gewöhnlichen Schmutz.«

Noch einmal sog er das klare, überhelle Bild tief in sich ein. Er war in diesem Augenblick sicher, aus weißen Säulen und hellem Stein, fern von lastender Alltäglichkeit, das Pairidaeza seiner Sehnsucht erschaffen zu können; er senkte blinzelnd den Kopf. Nefermerits Fingerspitzen berührten seine Brust, sie befeuchtete die Lippen mit der Zunge und flüsterte:

»Wirst du mir von der Brücke und deinen Träumen erzählen, o König?«

Er schüttelte bejahend den Kopf. In ihren rötlich geäderten, dunklen Augen glaubte er das Versprechen sonnendurchglühter und sternenheller Lust zu erkennen; durchtränkt von Leidenschaft, Zärtlichkeit und Freundschaft. Hand in Hand gingen sie zum Wagen und rasselten im sandsprühenden Galopp zurück nach Men-Nefer.

ZWEITES BUCH

König der Länder

Die Jahre Neun bis Fünfzehn
(513-507 v. Chr.)

ES VERKÜNDET DARIUVAHUSH DER KÖNIG: NACH DEM WILLEN
AHURA MAZDÂHS WURDE ICH KÖNIG; ER VERLIEH MIR
DIE HERRSCHAFT. DREIUNDZWANZIG LÄNDER SIND MIR
ZUGEKOMMEN. NACH DEM WILLEN DES GOTTES SIND SIE MIR
UNTERTAN UND LEISTEN MIR TRIBUT. WAS IHNEN VON MIR
BEFOHLEN WURDE, SEI ES BEI NACHT, SEI ES BEI TAG,
DAS HABEN SIE GETAN.

(Aus der Inschrift des Felsbildes zu Bagastâna;
Jahr Fünf Dariuvahushs)

1. Die Lanzen von Samos

»Im Jahr Sechs seiner Herrschaft, als Dariuvahush friedlich in Mudrayia lebte, hat der Pârsa-Fürst Hutana, der mit einer von Dariuvahushs Schwestern verheiratet ist, das Heer nach Samos geführt. Mich hat der König gebeten, drängend, fast befehlend, möglichst unerkannt allem zuzusehen und ihm zu berichten.«

Faïdra ließ die Schale sinken; ihre hellen Augen sahen ihn unverwandt an. Winzige Schweißtropfen bedeckten ihre Stirn. »Du redest nicht gern darüber, nicht wahr, o Fürst?«

»Darüber nicht. Es war ein Gemetzel. Grausam und sinnlos, Blut und Brand, Zertrümmerung und Verwüstung. Und der König hat keine Schuld daran.«

»Aber er hat den Krieg befohlen und Sysolon auf den Thron gebracht. Du hast ihm berichtet?«

Fürst Sykashta blinzelte in den grellweißen, vollen Mond. Die Nacht war drückend schwül, die Grillen vollführten einen aufdringlichen Lärm, in der Ferne funkelte ein Wetterleuchten zwischen den Bergtälern. Unter den Ästen der uralten Platane zuckten Fledermäuse umher. Sykashta brauchte nicht in seinen Erinnerungen zu graben; die zwei Monde, die er auf Samos verbracht hatte, waren Teile seiner Tagträume. Seine Fingerspitzen berührten die Trinkschale, glitten über das feuchte Holz der Tischplatte und legten sich auf das Kissen.

»Alles: Jedes Wort, jede Einzelheit; wahrheitsgetreu. Kambushya, Dariuvahush und Polykrates hatten einen Vertrag geschlossen. Der König wollte diesem Vertrag treu bleiben und ihn mit Syloson erneuern. Hazarapati Hutana führte das Heer in schnellen Tagesmärschen auf der Königsstraße nach Sparda, zur Küste von Yauna, zur Mündung eines namenlosen Flüßchens. Dort warteten Schiffe der Karer und Yaunier; ich, angeblich ein Händler aus Saïs, ging als letzter nicht weit vom Hera-Heiligtum der Samier von Bord – Hera ist die höchste Göttin der Barbaren. Ich und mein schwer beladener Lastesel.«

»Die Samier haben diesen jungen Sysolon also nicht mit weit offenen Armen empfangen?«

»Syloson ist sein Name; Bruder des Herrschers, des ›Tyrannen‹ der Insel. Nein. Nach Polykrates, den der Statthalter von Sardeïs erschlug, verwaltete ein gewisser Maiandrios das reiche Samos, ohne König zu sein. Seine Brüder waren grausam oder schwachsinnig. Polykrates hatte riesige Tempel bauen lassen; Dariuvahush, der hohe Säulen liebt, wäre aus dem Staunen nicht mehr herausgekommen. Das Heer und Hutana, der sich wie alle Hazarapati als Königsbote im Prunksessel auf der heiligen Straße zur Stadtmauer hat tragen lassen, bewunderte den Hera-Altar des Baumeisters Rhoikos, dann den unfertigen Rundtempel mit zweihundertacht Säulen, jede sechsunddreißig Ellen hoch. Ich hab sie selbst gezählt.«

Der Flächenblitz riß ein Zwinkern lang die Umgebung aus dem Dunkel und beleuchtete das schmale Gesicht der Frau. Faïdra lag ihm gegenüber auf dem Leinentuch, das über die zusammengenähten Felle gebreitet war; sie schwitzte ebenso wie Sykashta. Ihr Haar klebte auf dem nassen Nacken und der Schulter.

»Wir fanden es später heraus: Maiandrios legte die mächtigsten Bürger der Insel, die von ihm Rechenschaft forderten, in Ketten. Maiandrios erkrankte, und da ließ sein Bruder Lykaretos sie alle töten. Diese Barbaren! Nachdem Hutana vor dem Stadttor seine Forderungen gestellt hatte, also Dariuvahushs Forderungen, kam zwischen uns und dem Maiandrios ein Vertrag zustande, den dieser aber wenige Tage später brach. Er muß wahnsinnig gewesen sein, denn er hätte wissen müssen, daß er dem Syloson eine verwüstete Insel und viele getötete und versklavte Samier hinterlassen würde – unser Heer lagerte schon im Halbrund um die Stadt.«

Sykashta schloß die Augen und strich über Faïdras Wange. Seit dem Tod der Gattin teilte sie sein Lager und seine Sorgen; er zählte dreiundvierzig Herbste, dreiundzwanzig mehr als sie. Jede Bewegung rief Schweißtropfen hervor; langsam füllte die Freigelassene die Schalen mit kaltem Aufguß. Sie lehnte sich zurück, ihre Finger nestelten am Verschluß der goldenen Gürtelkette. »Und wer fing den Streit oder den Kampf an?«

»Die Barbaren. Schwer zu glauben, aber die Wahrheit. Ich war
im Lager, als es geschah, nachts natürlich.« Er nahm ihr die
Schale aus den Händen und leerte sie in drei tiefen Zügen. »Cha-
rileos der Blöde, Bruder des Maiandros, riß die Stadttore auf und
hetzte alle samischen Krieger und Söldner auf das ahnungslose
Heer. Zuerst töteten sie viele von uns, Mada, Pârsa und unsere
Söldner. Aber die Unsterblichen kämpften, nackt, rasend vor
Wut, beim Licht weniger Fackeln und der Glut der Lagerfeuer.
Ihre Lanzen richteten ein Blutbad an; dann kamen unsere Söld-
ner-Hopliten und beendeten den ersten Teil des Gemetzels.«
»Was tat dieser ... Maiandrios? Und Sysolon?«
»Syloson. Er verteidigte Hutana und einige schwer verwundete
Pârsa mit beeindruckender Tapferkeit. Maiandrios flüchtete mit
wenigen Männern, entweder durch einen Fluchtgang, den wir
später fanden, oder durch den Wassertunnel. Auch viel später er-
fuhren wir, daß ihn ein Schiff nach Lakedaimon brachte, ein
Land, das einige Schiffstagereisen im Westen der hellenischen
Inseln liegt.«
Wieder flackerte das Wetterleuchten, mindestens zwei Dutzend
Herzschläge lang; das Gewitter schien von Norden zu kommen,
nahe Pâthragada, jenseits der Flußebenen. Faïdra faßte ihr feuchtes, schwer gewordenes Haar im Nacken zusammen und knotete
es in ein Tuch.
»Hutana hat sich später Vorwürfe gemacht. Dazu hat Dariuvahush geschwiegen. Aber die Wut Hutanas führte dazu, daß das
Heer noch in derselben Nacht in die Stadt eindrang, die Burg belagerte und die meisten Männer, junge und alte, tötete. Dann das
Übliche: Viele Frauen wurden geschändet, versklavt, erschlagen,
ebenso die Kinder. Die Bewohner flüchteten sich zu den Altären,
in die Tempel und Heiligtümer – es half ihnen nichts.«
Sykashta spürte Faïdras Finger auf seinem Arm und nickte
schwer. Plötzlich riß das rasselnde Gezirp der Grillen ab. Vor
dem Mond zog langsam eine Kette schwarzer Vögel vorbei; Kra-
niche, Milane oder Gänse. Die Tiere ringsum im Pairidaeza verhielten sich still und unbeweglich. Es war, als warteten sie auf
das Gewitter, das in dieser Nacht über sie hinwegziehen würde.
»Unser Heer raste und wütete einen halben Tag lang im Um-

kreis der Stadt. Wir rissen die Säulen um und zerrten die wunderschönen Statuen von den Sockeln: einen zehn Ellen hohen Jüngling aus Marmor, eine halb so große Frau mit einem feinen Marmorgesicht, dessen Ausdruck ich nicht vergessen werde, und die Göttin, Hera, die ein Künstler namens Cheramyes gemeißelt haben soll. Hutana ritt brüllend durch das Heer und hielt die Raserei auf. Viele Samier kamen davon. Aber die Hälfte des Heeres hat die Insel durchkämmt wie ein eiserner Rechen das Gras – Hutana übergab Syloson eine halb entvölkerte Insel, entließ danach alle versklavten Samier und fuhr mit den yaunischen Schiffen zurück zum Festland. Ich bin einen Mond lang als Sylosons Gast auf Samos geblieben und fuhr und wanderte dann über verwegene Pfade und Straßen nach einem schrundigen Ort am Bosporos; so nennen sie eine Meerenge. Dort habe ich für Dariuvahush die Breite des Wassers gemessen; er trägt sich mit dem Gedanken, eine Brücke der besonderen Art zu errichten.«

Faïdra wischte den Schweiß unter ihren Brüsten weg. Das Byssoshemd klebte an der Haut; sie öffnete die Goldkette. »Und was hast du dort für deinen König ausspähen sollen?«

»Der auch dein König ist, Gazelle meiner Traumlichtungen. Das, also, das ist eine weitere seltsame Erzählung; jedenfalls eine andere Geschichte.«

Sykashta rollte zum Rand der Liege, wickelte das nasse Tuch vom tönernen Weinkrug und hielt die Becher ins Mondlicht. Noch immer war seine Hand ruhig; er vergoß nur wenig. Er kauerte sich auf den Steinblock, der die Hitze des langen Herbsttages ausstrahlte.

»Trink, Schönste«, sagte Sykashta leise und fuhr mit der Fingerkuppe über den Rücken seiner Falkennase. »Du weißt, ich bin ein Mann des Königs, einer seiner besten. Dariuvahush ist rastlos: Er will klare Maße, Gewichte, Gesetze und Gerechtigkeit im ganzen Reich; wo immer der König sitzt, denkt er darüber nach. Bald wird wohl wieder ein Bote kommen, der etliches Gold, viele Worte auf Schreibleder, Geschenke und Grüße bringt – dann werde ich dich wieder allein lassen müssen.«

»Nicht heute nacht, o Vater aufregender Berichte.«

Sie sahen einander über die goldenen Einfassungen der rotweiß glasierten Becher an – eines der vielen Geschenke des Königs. Faïdra wiederholte flüsternd: »Nicht heute nacht.«

»Nenn mich nicht Vater, Kind. Nun – die Ernte ist eingebracht. Hundert neue Bäume sind gepflanzt. Mein alter Vater verwaltet rüstig unser Fürstentümchen. Er schätzt dich wie zuvor die Mutter meines Sohnes. Selbst die Sklaven sind satt. Jeden sonnigen Tag, den uns Ahura Mazdâh schenkt, werde ich durch behagliches Nichtstun adeln.«

»Ich will mitadeln, Erleger nächtlicher Gazellen.« Sie lachte gurrend. Er füllte die Becher und entzündete umständlich den Docht einer größeren Öllampe am zitternden Flämmchen einer winzigen Lampe, dann tranken sie schwarzen yaunischen Wein, mit Wasser und ein wenig Granatapfelsaft gemischt.

»Komm.« Er deutete auf das Spiegelbild des Mondes und vieler großer Sterne im Wasser. »Es ist ein ungutes Schwitzen.«

Er streckte die Hand aus. Faïdra kam von der Liege herunter; sie gingen über warme Steinstufen und eine schmale Treppe ins kühle Wasser des Teiches, in dem sich die Bäche des Pairidaeza kreuzten. Faïdra legte die Gürtelkette ab und streifte das Kleid über den Kopf, er löste den Knoten des Schamtuchs. Schweigend wateten und schwammen sie hin und her, tauchten unter, zogen sich neben der reglos brennenden Lampenflamme auf die Umfassung hinauf und umarmten sich; ihr Haar und sein Zehntage-Bart tropften. Sykashtas Finger trafen sich über ihren Brüsten.

»Du sagst, überall im Reich ist Friede.« Faïdra lehnte sich schwer gegen ihn. »Warum ist Dariuvahush damit nicht zufrieden? Was heckt sein rastloser Verstand aus?«

Wasser tropfte im Mondlicht von der Haut wie silbrige Perlen. Zwischen den Büschen blinkten die Augen eines lautlosen Tieres. Sykashta zuckte mit den Schultern.

»Ich weiß nicht, ob seine Gedanken in Pârseï-Pârsakarta sind, in seinem Traum-Pairidaeza oder bei den nordskudrischen Saka, im Osten, wo die Wunder von Hindusch sind, oder jenseits Putyas gen Sonnenuntergang oder anderswo.« Faïdra streckte sich im warmen Sand neben der Steinkante aus und verschränkte die Arme im Nacken.

»Und deine Gedanken, o bester Mann des Königs – wo sind sie heute, jetzt?«

Sykashta beugte sich über sie und murmelte: »Ganz in deiner Nähe, Schönste. Dort werden sie wohl auch bis zum Morgen bleiben.«

Seit König Kurusch glich das Reich einem hohen Berg mit der Spitze in den Wolken, sagte sich Dariuvahush; der König saß dort in der Höhe und wartete auf ungehinderte Sicht in die Ferne, gemeinsam mit vielleicht zwei, drei Dutzend Ratgebern. Diese Gruppe bestimmte, was innerhalb der Grenzen zu geschehen hatte, sie stützte sich auf Nachrichten jener Hunderte »Augen und Ohren« und auf die Befehle des Königs. Kshatrapane und Fürstenfamilien gehorchten diesen Befehlen, weil sie deren Sinn erkannten; sie waren wichtig wie Muskeln und Knochen eines riesigen Tieres. Alle anderen Bewohner der Kshatrapien, Millionen Menschen von oft befremdlichem Aussehen, mit bizarren Sitten und Sprachen, eigenen Gottheiten und bisweilen seltsamen Künsten, waren Bandake; Besitz und Eigentum ihrer Fürsten und daher sein, Dariuvahushs, Besitz. Für diesen millionenfachen Besitz war er verantwortlich wie der Hirte für die Herde; verelendete das Volk, taugten bald die Fürsten nichts mehr – und sein Königtum verfiel wie eine Mauer aus Lehmziegeln im Regensturm.

Seine Überlegungen kamen von den gleichnishaften Schroffen und Hängen jenes Berges zurück; sein Blick legte sich auf die glänzenden Spielzeuge auf dem Tisch. Daß Rtastunâ sein grüblerisches Schweigen geteilt hatte – er dachte nicht daran. Zwei Armlängen vor der hohen Brüstung des Terrassendaches bewegten sich leise raschelnd die Blätter in den Baumkronen; der alte königliche Palast in Hagmatâna, auf drei Seiten von Bäumen umgeben, strahlte in Dariuvahushs siebentem Jahr in königlichem Weiß und Rot. Der große Kurusch hatte Pappeln pflanzen und die mächtigen Säulen aufstellen lassen. Unter dem Sonnensegel, neben dem Ruhelager, breitete sich Sylosons purpurroter Mantel über den Tisch. Viele steinerne Scheiben, goldene und silberne Münzen lagen auf dem Stoff; ein Arm aus Marmor, der sich aus einem schwarzen Sockel reckte, hielt eine Waage, deren Schalen sich im Gleichgewicht befanden, aber im Mittagswind langsam schaukelten.

»Es ist mehr als nur ein Spielzeug, nicht wahr?« Rtastunâ räkelte sich im Schatten der Bäume, der die Hälfte der Terrasse und des Sonnensegels bedeckte. »Ich seh's an deinem Gesicht – du freust dich wie ein Kind.«

Dariuvahush schob Scheiben aus grünem Diorit und schwarzem Granit auf dem Mantel hin und her, stapelte sie aufeinander, kippte die klappernden Säulen und hob den Kopf. An den Waagschalen vorbei blickte er die junge Königin an. Nach der Geburt seines Sohnes hatte sie sich mit ebenso großer Beharrlichkeit und viel Schweiß wie Königin Hutaûtha mit ihrem Körper beschäftigt; eine Amme säugte das Kind, aber Rtastunâs Brüste waren schwerer geworden, voller bläulicher Adern. Dariuvahush ruckte den Kopf schnalzend in den Nacken und erwiderte:

»Das wohlberechnete Spielzeug eines erwachsenen Königs, Teuerste. Bald werden diese Gewichte und Maße im ganzen Reich gelten.«

»Auch in Hindusch und Putya?«

»Auch dort, wenn damit der Tribut berechnet wird.« Er hob zwischen Daumen und Zeigefinger ein dünnes Goldplättchen hoch und sagte:

»Ein *Kresha*, das königliche Gewicht. Wiegt genauso viel wie zehn babairische *Shiqlu* oder Schekel. *Sigloi* nennen sie die Karer und Lyder. Bisher – mit wenigen Ausnahmen – hat jedermann, auch der König, in gewogenem Silber- und Goldsand, kleinen Stücken und Bruchwerk entlohnt. An vielen Orten gab und gibt es Barbaren-Silbermünzen. Ich habe schon vor Jahren goldene und silberne Münzen schlagen lassen; goldene Dârayaka und silberne Pantshuka. Hier – meine Goldmünze im Gewicht des babairischen Schekels. Dreizehn und ein Drittel gleich schwere Silber-Pantschuka kosteten bisher soviel wie ein Dârayaka.«

Er kippte Münzen aus zwei großen Lederbeuteln auf den Tisch, leerte die Waagschalen und zählte sechzig Goldschekel in eine Schale. In die andere legte er das Dioritgewicht einer Mine mit der

Schrift: *Ich bin Dariuvahush, König der Länder, Sohn Vishtâspas, der Hachâmanish-König.* Langsam senkte sich die Schale mit dem einzelnen Eichgewicht, hielt an und verharrte. Dariuvahush blies lächelnd darauf; sie senkte sich und hob sich wieder.

»Da! Ein Zehntel Kresha-Stück, ein *Dathaxvaka*. So genau arbeiten meine Münzenschläger! Sechzig Schekel-Münzen wiegen eine Mine. Und, wie viele schon wissen – sechzig Minen sind ein *Talent*. Die Silbermünzen – sonst verrechnen sich unentwegt so viele im ganzen Reich! – habe ich kleiner machen lassen: Zwanzig Silbermünzen werden immer soviel wert sein wie ein Gold-Dârayaka. *Tshistaxva*, eine Dreißigstel-Kresha-Münze aus schierem Kupfer!«

Rtastunâ stand auf. Dariavahush musterte ihren Körper unter dem Gespinst der Kleidung und versuchte, sie trotz seines Begehrens nicht mit den anderen Königinnen zu vergleichen; sie, die jüngste und schönste seiner Gattinnen, war einzigartig, und ihre dunkle Stimme war unvergleichlich, als sie sagte:

»Gleiche Werte und Maße für jeden Menschen in deinem Reich? Eine neue Schrift für alle? O mutiger König! Es wird sich bald allerorten Widerstand erheben.«

Dariuvahush verneinte. Er deutete mit gespreizten Fingern auf Waage, Münzen und Gewichte. »Ich erwarte keinen ernsthaften Widerstand. Auch Gaubarva und Aspat Shanâh sind sicher: Jeder Mensch im Reich wird den Wert der Münzen kennenlernen, jeder kann sich danach richten; keiner wird betrogen. Ich weiß, daß für lange Zeit die Menschen noch Korn, Vieh und Früchte tauschen werden. Aber jeder Fremde wird wissen, was die Münzen wert sind.«

»Willst du in deinen Palästen jahrelang goldene und silberne Scheiben prägen lassen?« Rtastunâs Zeigefinger wühlte in den Silberscheiben, die wie die goldenen das Bildnis des Königs nur auf einer Seite trugen. »Oder sollen alle deine Kshatrapane Gold einschmelzen und Münzen daraus schlagen?«

»Nur der König darf goldene Münzen schlagen lassen; in Sardeïs bestehen sie aus Elektrum. Wagt es ein Kshatrapan, so gilt es als Hochverrat.« Er begegnete dem kühl prüfenden Blick ihrer grüngoldenen Augen, als sie sich zu ihm an den münzenüberladenen

Tisch setzte. »Deswegen auch die neue, rechte Schrift, o Königin. Jeder Kshatrapan erhält die gleichen Befehle, in gleichem Wortlaut, in meinem Palast auf dreiundzwanzig Schreibleder geschrieben – niemand wird jemals behaupten können, daß ein Fehler beim Übersetzen entstanden sei. Zwanzig Silbermünzen sind ein Dârayaka, jeder Kshatrapan hat einen Schriftkundigen, die Parasange ist bald überall gleich lang, jedes Wort wiegt überall im Reich gleich schwer.«

»Und wann soll dies alles gelten?«

»Schon seit Jahren müssen die Kshatrapane die neue Schrift lesen und schreiben können. Schließlich leben sie in Reichtum und in meinem Schutz auf den satten Weiden der Reichs-Berghänge.« Er grinste und deutete auf das Gold. »Wenn sie nicht klug genug dazu sind, so haben sie Schreiber, die in meinen Palästen gelernt haben. Die Münzen werden zuerst im Handel mit den Hellenen gebraucht – aber bis jedermann mit ihnen rechnen kann, das dauert vielleicht ein Jahrzehnt oder länger.«

Rtastunâ lächelte; ihre Finger spielten mit den funkelnden, klirrenden Metallscheiben. »Ich kenn nur wenige deiner Träume. Aber einige deiner Wünsche kenn ich besser; deine Gedanken, die keine Rast finden – von denen weiß ich viel. Welch wunderbare Dinge wirst du zu tun befehlen, wenn das da geklärt ist?«

Er drehte den Kopf und sah über die Brüstung, zwischen dem Laubwerk über die wachsende Stadt hinweg und zu den Bergen, die im nachmittäglichen Dunst zu beben schienen.

»Ich beginne damit, die Länge, Breite und Höhe der Fundamente meines Traum-Pairidaeza zu bestimmen.«

Sie legte ihre Hand auf seine unruhigen Finger. »Dein Traum aus Schönheit und Stein?«

Er schüttelte zustimmend den Kopf. »Die schönsten Bauwerke der Welt. So prächtig wie die Vielfalt in meinem Reich. Die schlanksten Säulen aller Kshatrapien. Künstler und Handwerker aus allen Windrichtungen werden ihr Bestes geben.«

»Und wirst du es so stark erbauen, daß es aufrecht stehenbleibt, wenn die Gesichte des Mondblinden wahr werden? Wenn der Schlangenstier tief in der Erde die Himmelskuh von Babairu bespringt?«

Dariuvahush erschrak; der Schweiß auf seiner Haut wurde binnen weniger Herzschläge eiskalt. Langsam holte er Luft, schüttelte sich und erkannte seine Stimme nicht mehr, als er sagte:

»Was weißt du, Frau? Woher kennst du den Mondblinden ... den Schlangenstier?«

»O König der Länder.« Rtastunâs Lächeln erstarb, voll tiefem Ernst sprach sie weiter. »Über deine Träume kannst du nicht befehlen. Du wirfst dich nachts schwitzend auf den Laken umher. Manchmal redest du. Aus vielen abgehackten, halben, gemurmelten, gestöhnten Worten hab ich's mir zusammengesetzt.«

Er starrte sie an, unfähig, eine Antwort zu finden, die ihn und Rtastunâ hätte beruhigen können.

Seine Augen waren noch immer scharf genug; er unterdrückte ein zufriedenes Grinsen. Fast am Horizont, auf der breiten sandigen Straße, zwischen den Doppelreihen sieben Ellen hoher Pappeln, Platanen und Hochlandeichen, näherte sich vor einer kleinen Sandwolke ein einzelner Reiter auf einem Rennkamel. In einer Stunde würde er am Fuß der aufgeschütteten Rampe das Tier zügeln. Dariuvahush warf einen langen Blick auf den Felskamm, auf dem er als Kind oft gekauert und in die weite Ebene geblickt hatte; flüchtige Erinnerungen suchten ihn einige Atemzüge lang heim, und er glaubte wieder die Stimme der ersten Geliebten zu hören – oder Rtastunâs tief erregende Stimme.

»Zedern, viele hundert Jahre alt – wie man sagt – werdet ihr für die Dächer verwenden«, sagte er leise. »Wie viele? Mehr als zwanzig Dutzend?«

»Sie werden hier in Pârseï oder Pârsakarta einen weiten Weg hinter sich haben, wenn du sie im Zederngebirge fällen läßt, o König Dariuvahush«, sagte Aspat Shanâh. »Viele Männer und Gespanne, viel Zeit und viel Gold, Herrscher der kommenden Schönheit.«

»Ein großes Reich, in dem es unzählige Arbeiter und viel Gold gibt, geizigster meiner Kämmerer.« Dariuvahush machte wegwerfende Bewegungen. »Ich baue die hellste, größte Herrlichkeit, Aspat. Zehn, zwanzig Jahre lang! Jedes Jahr bringen zwanzig Kshatrapien Silber und Gold. Sie werden auch die Zedernbalken bringen.«

Aspat Shanâh verneigte sich schweigend.

Zweimal oder dreimal während eines Siebentages wünschte sich Dariuvahush, alle Pflanzen, selbst Mauern und Säulen schneller wachsen lassen zu können; aber er selbst sollte nicht älter werden. Im fernen Putya vermochte kein Befehl des fernen Königs Grashalme, Büsche und Bäume zu zwingen, zu wurzeln und zu wachsen. Im fruchtbaren Mündungsdreieck und entlang des Hapistroms schufteten jahrein, jahraus Millionen Bauern, Kanalgräber und Schilfschneider, die nichts anderes versuchten, als dem glühenden Sand handbreitweise fruchtbaren Boden abzuringen. Aber die weite Ebene um Pârsakarta, völlig flach, gerahmt von bläulich schimmernden, langgestreckten Bergen und einzelnen Schroffen, die aus Schutt- und Sandkegeln herausragten, zeigte längst grüne Striche, Kreise und Flächen: baumbestandene Straßen, wachsende Wäldchen um einzelne Brunnen und mühsam bewässerte Grasflächen. Eine Parasange abseits des Gartens, in dem der winzige Palast stand, Vishtâspas Landhaus, hatte Dariuvahush einen steingefaßten Brunnen graben lassen. Zwischen hohen Mauern, die dem Windschutz dienten, wuchsen Sträucher und Bäume; diese Fläche wurde von Jahr zu Jahr vergrößert.

»So und nicht anders habe ich es gewollt, o Tekton. Proktokrites!« Mit dem rechten Arm beschrieb Dariuvahush einen waagrechten Dreiviertelkreis und trat zurück in den Schatten des großen Schirms. »Die Nordsüdmauer mißt neunhundert Ellen, Baumeister? Oder hundert Ellen mehr?«

»Die größte Ausdehnung, Herrscher, wird tausend Ellen messen. Aber, wie du es befohlen hast – diese längste, gerade Mauer wird von der Süd-Nord-Linie abweichen.«

Die gesamte zukünftige Anlage war durch Gräben, Stäbe, Steinreihen und roh geschichtete Ziegeltürmchen markiert. Farbige Linien zogen sich über die schräge Felsplatte, auf der Dariuvahush mit den Baumeistern, Aufsehern, Wachen und Schreibern stand. Der Kamelreiter war näher gekommen, die Staubwolke hinter ihm wuchs. Ein Bote?

»Und fünfhundert Ellen bis zur östlichen Mauer?«

»So ist es, o Herrscher«, sagte Meleagros ruhig. »Inzwischen gibt es vier Dutzend Zeichnungen und kleine Darstellungen aus Holz, Ton und Lehm.«

»Ich hab sie alle gesehen, Samier! Sie sind schön.«

Vor der Felsschräge, die aus dem Bauch der Erde gewachsen war, würde eine gewaltige Plattform entstehen, zum Teil aus Quadern eben dieses Felsens aufgetürmt und mit Schutt und Sand aufgefüllt wie die Fundamente seines Palasts in Huza. Dariuvahush schloß die Augen. Im winselnden Mittagswind entstand unter dem Blau und Weiß des Wolkenhimmels seit langer Zeit wieder jenes Bild uneingeschränkten Glücks; das Fernbild heller, kühler Ruhe des Körpers und der Gedanken, die glückhafte Schau seines Lebens in der zweiten Hälfte seiner Zeit. Er wandte sich an die Baumeister und sagte:

»Dreieinhalbmal tausend Männer haben in Huza gearbeitet. Schon jetzt ist die Stadt prächtiger als unter Kurusch. Ich werde befehlen, daß eine Handwerkerstadt gebaut wird, und ihr werdet es ebenso gut haben wie in Huza.«

Die Baumeister und Aufseher verneigten sich tief. Jetzt war mit bloßem Auge zu erkennen, daß der Kamelreiter einen weißen Mantel trug und daß im Sattelfutteral mehrere Wurfspeere steckten. Sonnenlicht funkelte auf den Schneiden. Dariuvahush kannte die Straße; er hatte den Karawanenpfad von Pâthragada aus verbreitern, mit Schößlingen bepflanzen und zu einem Teil der Königsstraße machen lassen; weniger als acht Parasangen lagen zwischen der Stadt und dem zukünftigen Bauwerk. Und er hatte die Straße vor wenigen Tagen selbst benutzt, im leichten, zweispännigen Wagen.

»Fangt an«, sagte Dariuvahush. »Ohne blinde Hetzerei. Die schönsten Bauwerke der Welt will ich schaffen. Gaubarva und Aspat Shanâh – all die vielen Baumeister, die ihr ›Tektones‹ nennt, ihr Samier, Karer und Yaunier – fünfmal, sechsmal, siebenmal tausend Arbeiter mit Köchen, Frauen, Wasserträgern und Meißelschleifern werden sich bald hier versammeln. Und nun – ich sehe deutlich den Boten. Was wird er bringen, o Aspat Shanâh?«

»Meist sind's schlimme Nachrichten.« Shanâh zuckte mit den

Schultern und fingerte ein Staubkorn aus dem Augenwinkel. Der Schirmträger hob den Schaft vom Boden auf. »Mag sein, daß wir dieses Mal lächeln, wenn wir ihn anhören.«

»Mag sein.« Dariuvahush winkte. »Kommt«

Die Rampe von der schrägen Felsplatte reichte bis zum Boden, wo die Wagen, ein Schattenzelt und bewaffnete Wächter warteten. Dariuvahush schritt unter dem Sonnenschirm langsam hinunter, drehte sich zweimal um und versuchte, sich die mächtige Terrassenmauer und die Aufgangstreppen vorzustellen. Der Kamelreiter hatte den schütteren Schatten verlassen und trabte über den heißen Sand auf das Zeltdach zu. Dariuvahush setzte sich und nickte Aspat Shanâh zu.

»Frag ihn nach seiner Botschaft.«

Das Tier grunzte, streckte den Hals und blieb stehen, der Bote sprang mit flatterndem Mantel in den Sand und federte mit den Knien den Aufprall ab. Aspat Shanâh lief auf ihn zu, sie wechselten einige Worte, dann führte der Kämmerer den Boten zum Zelt. Der Reiter sank am Rand des Teppichs, sieben Schritte von Dariuvahush entfernt, auf das rechte Knie, senkte den Kopf und zog den Saum des Bashlyq über die Lippen.

»König Dariuvahush«, sagte er leise. Seine Stimme klang hohl; Dariuvahush hielt den Atem an und spürte seinen Herzschlag hart in den Schläfen. »Herr Bagapâta schickt mich, aus dem Palast in Pâthragada. Deine Tochter Razmizana, dein Kind mit Königin Parmush, ist gestorben. Königin Hutaûtha hat gesagt, daß ein plötzliches, furchtbares Fieber das Kind getötet hat.« Er holte keuchend Luft und blickte auf. Dariuvahush sah Tränen in den Augen des Boten. »Dein Arzt, Herr, der Samier Demokedes, verbrachte zwei Tage ohne Schlaf an ihrem Lager.«

»Ich danke dir«, sagte Dariuvahush starr. »Morgen bin ich selbst im Palast. Die Kleine ist nicht das erste Kind, das im Frauenpalast starb. Ich trauere um sie.«

Der Bote stand auf, verbeugte sich und ging zu seinem Reittier. Dariuvahush stützte sein Gesicht in beide Hände und dachte an das Kind; ein zahnlos lächelndes, schreiendes Bündel Mensch, das später an der Brust der Amme schmatzte und einschlief, eine winzige Königstochter, reglos in der Totenhülle aus Wachs

oder, ging es nach den Magiern, auf den Steinplatten des Toten-
turmes, auf dessen Brüstung hungrige Geier, Milane und Rabenvögel hockten. Er stand auf, tauchte die Hände tief in das
rosenduftende Wasser des silbernen Waschkessels und starrte,
während die Tropfen über seine Finger rannen, zur Baustelle
hinüber; plötzlich erschien sie ihm sinnlos, dürftig und men-
schenentleert.

Vom sandigen Kreis des Übungsplatzes her drangen Wiehern,
Flüche, Peitschenknallen und das Mahlen breiter Felgen ins Zelt.
Kapitän Skylax, der Karer, geboren in Karyanda, vielleicht fünf-
unddreißig Sommer alt, schob einen Mann gleichen Alters nach
vorn.
»Telamon, der beste Kybernetes, also Steuermann auf Thalassa,
erfahrener Bezwinger schiffsdurstiger Wogen, o Herrscher.«
Skylax redete in holprigem Pârsa. »Und Bion, Vater aller Seile,
Knoten und Schnüre.«
Dariuvahushs großes Zelt war abermals probeweise im Gras des
Palastvorhofes aufgebaut; sämtliche Teile waren überaus prächtig erneuert. Einige Seitenwände waren hochgeschlagen oder als
Sonnenschutz gespannt worden; goldene und silberne Stickerei-
en und vergoldete Ösen funkelten fast unerträglich hell. Skylax
und seine fünfköpfige Mannschaft waren vor zwei Tagen, von
Lanzenreitern begleitet, nach der langen Reise von Sardeïs her,
in Huza angekommen und von Proktokrites und Meleagros begeistert begrüßt worden. Dariuvahush legte die Hände auf die
Schenkel und musterte die Hellenen. Ihm drängte sich das Bild
von sechs kräftigen, sehnigen Brüdern auf, die einander glichen;
blond oder braunhaarig, mit gelassenen Bewegungen, hellen Augen und kühnem Blick; sie schienen nach Schiff, Salzwasser,
Sonnenglast und Ferne zu riechen.
»Willkommen in Huza, Kapitän und Steuermann«, sagte er lächelnd. »Der König dankt, daß ihr die Mühen der langen Fahrt
auf euch genommen habt.«
»Deine Chiliarchen, besonders Fürst Tachmaspâda und Fürst
Rashurda, haben unsere Reise abwechslungsreich und unbe-
schwerlich gemacht, von Gasthof zu Gasthof. Dies ist Strattis,

mein Segelmeister. Deinias, der das wenige Gold der Bordtruhe und unser aller Proviant verwaltet. Und ohne Astraios, den Schiffszimmermann, gäb's keine heile Planke.« »Setzt euch, ihr Meer- und Schiffsleute.« Dariuvahush winkte, ohne Skylax aus den Augen zu lassen. Im Gesicht dieses Mannes glaubte er die gleiche, stetige Sehnsucht nach der Ferne zu erkennen, wie er sie mitunter spürte. Vor jedem Sessel stand ein kleiner Tisch. Rashurda und Aspat Shanâh lehnten an goldumbänderten Zeltstangen. »Trinkt mit mir einen Schluck hellenischen Weins.«

Zwei Leibgardisten führten Proktokrites und Meleagros ins Zelt. Sie begrüßten Dariuvahush ebenso ehrfürchtig, hoben die Hände und winkten Rashurda und Aspat Shanâh. Auf eine Handbewegung des Königs setzten sie sich.

Proktokrites war mit der Antwort von Kapitän Skylax auf seinen letzten Brief zu Aspat Shanâh gerannt. Rashurda und Tachmaspâda hatten daraufhin eine Hundertschaft Lanzenreiter und den Königsboten nach Magnesia am Hermosfluß begleitet, wo Skylax die schwarze *Atem des Boreas* in der Obhut des königlichen Hafenverwalters zurückgelassen hatte. Binnen sechsundzwanzig Tagen erreichten Skylax und seine Begleitung das Land Uvja und die wachsenden Mauern von Huza. Aspat Shanâh klatschte in die Hände und wies mit knappen Fingerbewegungen den Sklavinnen die Arbeit zu.

»Du bist Meister der Meereswellen«, begann Dariuvahush in yaunischer Sprache. Die Männer vor ihm lauschten schweigend; sie trugen leinenfarbene Chitone, hochgeschnürte Sandalen, mehr als handbreite Ledergürtel mit Dolchscheiden, die jetzt leer waren, und bronzene Armbänder. Ihre Haut war tief gebräunt, glänzte und roch nach den Salben der Palastbäder. Skylax schien nicht erstaunt, daß Dariuvahush in seiner Sprache redete. »Findet ihr euch auch im Flußwasser zurecht?«

»Überall dort, o Herrscher, wo wir genügend tiefes Wasser, salzig oder süß, unter dem Kiel finden.«

»Auch in einem Land, das weithin unbekannt ist? Auf einem Fluß, der in ein fremdes Meer mündet, wie man mir gesagt hat?«

»Auch dort, König Dariuvahush. Wahrscheinlich dauern die Vorbereitungen länger als für Fahrten zwischen hellenischen Inseln und den Küsten Mudrayias. Ein Schiff zu bauen – das allein dauert etliche Monde.«

»Nicht, wenn ich dir meine besten Zimmerleute und gutes Holz gebe und soviel Gold, wie du brauchst. Ich will fern im Osten die Geheimnisse des Landes Hindusch selbst kennenlernen. Das Land liegt am Ende der Heeresstraße, der Straße der tausend Tage. Die Menschen, Wälder und Flüsse, Berge, Gewürze und Heilkräuter, Ameisen, die Goldkörner aus der Tiefe bergen – es muß ein Land sein, in dem alltäglich ist, was wir nur träumen können.«

»Ein Land also, das zu erforschen sich lohnt«, sagte Deinias. Er war, wie jeder der Schiffsmannschaft, kurzhaarig und bartlos. »Was du sagst, o König – mir scheint, es wird lange dauern, diesen namenlosen Fluß samt der Mündung zu befahren.«

»Zweifellos«, sagte Dariuvahush grinsend und hob den Becher. »Eile ist ein Geschenk des schwarzen Ahriman. Ich und meine Ratgeber – auch Tachmaspâda – haben miteinander beredet, was wir tun werden.«

Skylax und seine Mannschaft waren unabhängige Karer, Samier und Lyder, keine Untertanen des Königs; sie folgten aus freien Stücken Dariuvahushs Einladung. Er wußte, daß ihnen gegenüber ein Befehl kaum etwas galt, denn sie mußten selbständig bleiben. Wenn er von Skylax einen Periplous des Hindusch-Flusses und des unbekannten Meeres erhielt, sollte darin die Wahrheit geschrieben sein. Er lehnte sich zurück, blickte einige Atemzüge lang durch die runde Dachöffnung und sagte:

»Was ist das für ein Lärm da draußen? Kapitän! Ein paar hundert Männer, halb Handelskarawane, halb gut gerüstete, tapfere Krieger, genügend Werkzeuge, Nahrungsmittel, Silber und Gold, reiten auf sicheren Straßen, von einer Kshatrapie zur anderen, nach Osten, bis zum Fluß, entlang der Wüsten und durch unbekannte Täler. Bis zur Grenze wird euch jeder Bewohner der Länder helfen; ihr bekommt alles, was ihr braucht, denn vor euch sind Boten geritten und haben den Kshatrapanen meine Befehle überbracht. Boten werden auch mit euch flußabwärts segeln, rudern oder treiben: Ihnen gibst du, o Kapitän Skylax, deine Nachrichten an mich. Wenn du an der Mündung des Flusses bist, werde ich wissen, was mich am Oberlauf erwartet. Dieser Lärm, Rashurda?«

Rashurda sagte: »Ein Wagenlenker übt mit dem neuen Sichelwagen und einem Gespann starker, ungebärdiger Hengste, Herr.«

Dariuvahush hob kopfschüttelnd die Schultern. Skylax sagte: »Wann willst du aufbrechen, König?« Die Gäste hatten die Becher geleert. Die jungen Mädchen schenkten nach. Proktokrites erhaschte einen düsteren Blick von Aspat Shanâh; der Kämmerer schien vor seinem inneren Auge alle Gefahren dieses Vorhabens gleichzeitig zu sehen.

»Im dritten, vierten Mond meines siebenten Jahres.«

»Also vielleicht in einem halben Jahr«, murmelte Aspat Shanâh. Das Keuchen der Pferde und die Geräusche des galoppierenden Gespanns wurden leiser; gemischter Wein gluckerte in die Becher und Trinkschalen. Dariuvahush deutete in die Richtung des Sonnenaufganges.

»Mitunter ist das tägliche Leben der Menschen von einem unerträglichen Fehlen jeglichen Sinns bestimmt. Aber das ferne Hindusch-Land wird jedermann bereichern – durch Legenden, Geheimnisse, Fremdartigkeit und Träume, die wahr werden. Wenn ihr sechs, Kapitän Skylax, diesen Weg öffnet und beschreibt, ist es sinnvoll und gut; findet ihr aber darüber hinaus, daß Hindusch und mein Land eine gemeinsame Küste haben, daß Schiffshandel möglich ist zwischen den Ländern – das wäre die Erfüllung meines Traums.«

Skylax und Telamon nickten bedächtig, fast würdevoll. Der Kapitän brummte: »Das aber, o großer Herrscher, verlängert die Fahrt und vergrößert unsere Aufgabe und alle Anstrengungen.«

»Und meine Dankbarkeit«, sagte Dariuvahush und lachte lautlos. »Sprecht mit meinem Speerträger Gaubarva, mit Aspat Shanâh, mit euren Landsleuten, die ihr überall in der Stadt findet. Wirst du in drei Tagen entschieden haben, Kapitän Skylax?« Die Zugtiere des Sichelwagens wieherten grell, das Rasseln und Knirschen der Räder nahm zu, schien näherzukommen. Dariuvahush legte die Hände auf die goldenen Löwenköpfe der Armlehnen und erhob sich halb aus dem Sitz. Skylax stand auf und verbeugte sich.

»In drei Tagen, König Dareios, hast du unsere Entscheidung. Deine Aufforderung und dein Vertrauen bedeuten für uns große Ehre.«

Von draußen ertönten Flüche, Wiehern, Geschrei und Kreischen. Aspat Shanâh rannte zum Zelteingang, Rashurda sprang auf, zog das Schwert und stürzte hinterher. Ein Leibwächter brüllte, ohne erkennen zu lassen, wen er meinte:

»Zur Seite, Mann! Nach rechts.«

Dariuvahush war mit drei Schritten an dem Gestell, in dem die Lanzen steckten. Er riß eine Waffe an sich, richtete die Spitze zu Boden und schrie:

»Aus dem Weg, Kapitän!«

Die Fremden waren aufgesprungen, drängten zum Eingang und sprangen zur Seite, als sie erkannten, was außerhalb des Zeltes vor sich ging. Die Hengste hatten gescheut und waren durchgegangen, sie schäumten und keuchten, ihre Augen rollten wild; das Gespann fuhr in vollem Galopp auf den weit ausgespannten Zelteingang zu. Die geschliffenen Schneiden an der Deichsel, der Nabe und einigen Speichen wirbelten und blitzten. Der Lenker fluchte brüllend und stemmte sich, an den Zügeln zerrend, nach hinten. Die Pferde prusteten und bissen auf die Trensenstangen. Sie scheuten abermals und warfen sich zur Seite, als Rashurda trillernd und mit ausgebreiteten Armen auf sie lossprang. Der Sichelwagen ratterte über die Steinplatten des Weges, die Hufe stanzten tiefe Löcher in den Boden, Erdreich und Gras prasselten dem Lenker ins Gesicht, und die Räder gruben eine tiefe Doppelspur. Die Hengste wichen nach links aus, galoppierten auf die tief eingerammten Eisenanker zu, sprangen über die ersten Spannseile, stolperten und überschlugen sich; die geschliffenen Schneiden der Sicheln zerfetzten das Leder, zertrennten einige Seile und schnitten tiefe Wunden in einen Pferdekörper. Die Deichsel brach, der Wagen kippte und schleuderte den Lenker halb auf das flatternde Seitendach des Zeltes. Abgetrennte Seilstücke, Schnüre und Lederfetzen wirbelten durch die Luft. Das zweite Zugtier buckelte, in zerrissene Zügel und Zugseile verwickelt, in grotesken Sprüngen zwischen Zeltstangen und Spannseilen; Dariuvahush lief zwischen der Schiffsmannschaft und den Leibwächtern hinaus, starrte das zitternde, auskeilende Pferd an, dann die zerschlissenen, blutbespritzten Lederbahnen, und stieß die Lanzenspitze durch den Teppich in den Boden.

»Mir scheint«, rief er Rashurda zu, der das Schwert in die Scheide zurückkrammte, »daß die Sichelschneidenwagen uns mehr Schaden zufügen als den Gegnern. Seht nur das Zelt an.«

Der Lenker wagte nicht, Dariuvahush anzusehen. Er humpelte zu dem verletzten, zitternden Tier, zog den Dolch und schnitt dem Hengst die Kehle durch. Skylax und Proktokrites grinsten einander an, als Dariuvahush den Leibwachen winkte und auf das Gästehaus deutete, den langgestreckten weißen Anbau des Palasts.

»Ich wünsche euch, Kapitän, auf dem fernen Fluß weniger Aufregung als im königlichen Zelt.« Er lachte leise und sah zu, wie zwei Männer das zitternde Pferd wegführten. »Ich warte auf deine Zustimmung.«

Wieder verbeugte sich Skylax. »Wir brauchen keine drei Tage für unsere Entscheidung, o Herrscher.«

»Bei Zeus und Poseidon, o Nautés Skylax«, sagte Proktokrites und zwinkerte Telamon zu, »jetzt wirst du jeden Tag einen langen Brief schreiben müssen. Vom Fluß der hundert wunderbaren Geheimnisse.«

»Es sind zwei Dinge, die mich dazu bringen, ein Schiff durch unbekanntes Wasser zu steuern.« Telamon stützte sich auf die Brüstung des Torturms und blickte ins flache Land hinaus. »Bei hellem Licht betrachtet habe ich die Streitereien zwischen den Insel-Achaiern und denen an Land gründlich satt. Also: Anderes Schiff, anderer Fluß, anderes Meer. Aber Tachmaspâda und Rashurda, mit denen wir viel geredet haben ...« »... auf der langen Reise hierher«, murmelte Deinias.

»... sie haben uns, ich glaube aus ehrlichem Wissen, viel über Dareios berichtet. Harte Krieger, sie kennen seine Fehler, sind ihm treu; Freunde, obwohl er auch sie als Bandake bezeichnet, also als seinen Besitz. Sie würden für ihn sterben, haben mit ihm zusammen in verschiedenen Ländern gehungert, gedürstet und gekämpft. Er ist anders als einer der hellenischen Tyrannen.« Er

kicherte. »Wenn ich eine Frau wäre – Ares soll mich schützen! –,
würde ich mich von ihm nehmen lassen, jede Stunde.«

»Du übertreibst, Karer.« Rashurda klopfte ihm auf die Schulter.
»Aber was Tachma sagt, stimmt: Dareios, wie ihr ihn nennt,
träumt von dem riesigen Reich Aryânâm, das so überschaubar ist
wie ein liebevoll gepflanzter Pairidaeza. Unkraut und Wildwuchs
vertilgt er sofort und läßt überall Schönes bauen. Ich weiß von
einem Dutzend großer Dämme, die Frühlingswasser stauen und
viel Land fruchtbar machen. Seine Geschenke sind erstaunlich.
Seine Königinnen lieben ihn und gebären ihm Söhne, weil sie
teilhaben wollen an seinen Träumen.«

»Läßt er sie daran teilhaben?« sagte Astraios. Rashurda hob den
Kopf und schnalzte zweimal leise. Er flüsterte: »Der alte Verschnittene sagt: Es ist überaus seltsam, aber nur eine Dunkelhäutige nähert sich seinen Träumen und darf zusehen, wenn er
schreibt – aber sie kann auch weder gut lesen noch schreiben.«

»Das ergibt viel Sinn.« Skylax setzte sich lachend auf die Brüstung und schob die Hände in die Ärmel. »Und welches Unkraut
will er im Osten ausreißen?«

»Er hat keine Eile, aber er selbst wird Thatguyia wieder unterwerfen; nach ungefähr sieben abtrünnigen Jahren. Diese Kshatrapie könnten auch wir, das Heer, zurückerobern. Aber er verläßt
für lange Zeit seine Paläste, schläft im schadhaften Zelt«, Rashurda lachte dröhnend, »weil er so viel vom Land am Hindusch-
Fluß gehört hat, daß er davon träumt. Kurusch und Kambushya
eroberten und verwalteten es, er muß es zurückgewinnen. Das ist
die Wahrheit, Karer.«

»Und er wird euch, mein Freund«, sagte Proktokrites nachdrücklich, »großzügiger belohnen, als dies alle Tyrannen, Händler und
Hafenverwalter je tun würden.«

»Das will ich dir gern glauben.« Skylax nickte. »Verglichen mit
uns auf feuchtem Deck lebst du in Prasserei und Faulheit und
wühlst in Gold, umtanzt von willigen Weibern.«

»Ein klein wenig übertreibst du, Käpten!« Proktokrites kehrte
Skylax seine schwieligen Handflächen zu. »Ab und zu arbeite
ich auch ein Stündchen.«

»In einer stillen Nacht«, sagte Skylax und machte eine unwillige

Geste, »ging ich von meinem dunklen Schiff. Hier bin ich: Wir werden deinem König die nassen Pfade der Welt zeigen. Ob er zu schätzen weiß, was er erfährt – wer weiß?« Rashurda zeigte mit ausgestrecktem Arm auf die unfertigen steinernen Stiere am Tor des neuen Palasts. »Der König befiehlt; wenn er bittet, wird er verletzlich. Wird er enttäuscht, rächt er sich schnell und grausam. Auch er ist sterblich. Ihr tut es für Aryânâm, für das Reich, für uns alle. Auch ich bin neugierig. Du gefällst mir, karischer Meeresbarbar.« Skylax grinste schräg. »Du würdest mir noch besser gefallen, Toxarchos, wenn du uns heute abend beim Bier und Wein ins schöne Reich der trunkenen Gedanken begleiten würdest.«

Der Steuermann nickte. »Du, Rashurda, und deine Freunde. Jene, die den Weg nach Osten kennen. Und ein guter Schreiber.«

Rashurda nickte und erwiderte knarzend: »Wir werden kommen.«

Etwa dreihundert Männer auf Kamelen und Pferden, mit zweirädrigen Wagen und hoch beladenen Saumtieren, brachen von Huza auf und näherten sich Pâthragada auf der südlichen Straße; von dort fuhren und ritten sie auf der Königsstraße weiter nach Norden. Die Karren waren voller Werkzeug und Metall; Kapitän Skylax und seine Mannschaft hatten lange Listen geschrieben und alles erhalten, was sie zu brauchen schienen: Silber, Gold, die besten Handwerker, Sprachkundige und genug Werkzeuge, um eine kleine Flotte bauen zu können, selbst viele Bündel Seile verschiedener Dicke, von den besten königlichen Seilschlägern, viele Krüge voll Erdpech von den brennenden Tümpeln unweit von Huza. Fürst Satâspa, Chiliarch-Hazarapati, Unsterblicher und Lanzenreiter, trug königliche Sendschreiben, das Siegel des Königs und die Verantwortung für dieses Unterfangen; in seinem Gepäck schleppte er Truhen voll frisch geschlagener Gold-Dârayaken und Silber-Pantshukas. Dariuvahush erwartete ihn und Skylax, aus welcher Richtung auch immer, erst in neun oder zwölf Monden zurück; oder später, in welchem Hafen des Reiches auch immer; es würde sich zeigen.

2. Pfad der tausend Tage

Dariuvahush hob grüßend den rechten Arm, als ihm die ersten Gespanne im Schatten auf der Straße entgegentrabten: Tachmaspâda, Farnaka, Gaubarva, Bagapâta und die Palastgarde begrüßten den König weit außerhalb der Stadt. Im siebenten Jahr, drei Monde nachdem die kleine, bewaffnete Karawane mit Satâspa und Skylax die Stadt Hagmatâna nach Nordosten wieder verlassen hatte, wälzten sich der Palasttroß und Teile des Heeres in einer Wolke aus Lärm, Gestank und Staub auf der Königsstraße nordwärts und folgten Skylax auf dem langen, mühevollen Weg zu den Tälern des Hindusch.

Noch war der heiße Sommer des Mada-Hochlandes nicht angebrochen. An vierhundert Stellen der Stadt wurde gebaut und erneuert; alle Gewächse zeigten das Grün des späten Frühlings. Gästehäuser, Palast und Frauenpalast füllten sich mit Menschen, Lärmen und Bewegungen. Dariuvahush ließ sich entkleiden, stieg in die myrrhenduftenden Bäder und legte frische, leichte Kleidung an, bevor er auf die oberste Dachterrasse des Palasts stieg. Lange betrachtete er schweigend die Stadt, dann wandte er sich an Gaubarva, Aspat Shanâh und Farnaka.

»Auch Hagmatâna ist schöner und sauberer, also reicher geworden«, sagte er. »Ich bin zufrieden. Die Stadt, so nahe der Wüste, ist binnen eines Jahrfünfts gewachsen wie ein stolzer Sohn.«

»Ich habe nur dafür gesorgt, daß alles so getan wurde, wie du es befohlen hast, o König.« Gaubarva zupfte an dem weißen Haarbüschel, das aus seinem Ohr wuchs. »Oder so, wie du es befohlen hättest, wenn du hier gewesen wärst.«

»Ich habe nie einen Wimpernschlag lang an deiner Weisheit, Ehrlichkeit und Zuverlässigkeit gezweifelt, Vater Gaubarva«, sagte Dariuvahush leise. »Wir ihr wißt, bleibe ich nicht lange – ich werde im Winter bei Dadrâshish in Paropamesadae wohnen und danach Thatguyia wieder ins Reich einfügen.«

»Wie lange du auch hier bleiben willst, o Dariush«, Gaubarva lächelte und flüsterte fast, »ich hab dafür gesorgt, daß du jede Stunde genießen kannst. Aber es gibt unendlich viel zu bereden.«

»Ich weiß.« Dariuvahush legte den Arm um die Schultern des Weißhaarigen. »Viel Erprießliches, Unangenehmes, Mißliches und Lügenhaftes.«

»So ist es«, murmelte Farnaka, der Tagwächter. »Wie immer.«

Dariuvahush drehte der Stadt den Rücken zu und sagte:

»Bevor wir trinken, reden und schreiben, werd ich mich dem Schlaf und dem Beilager widmen. Deswegen: Schickt mir, bitte, zuerst den alten Verschnittenen.«

Für den inneren Kreis der Freunde und Vertrauten, zu dem sich auch der Arzt Demokedes zählen durfte, galten die starren Regeln nicht; weder Gaubarva noch Aspat Shanâh hatten sich je zwölf Schritt vor ihm zu Boden geworfen. Die Männer verbeugten sich, als Dariuvahush an den weit gähnenden Windfängen vorbei zur Treppe ging, in kurzen Bewegungen stückweise kleiner zu werden schien und verschwand; er spürte tief in seinem Herzen eine Leichtigkeit der Gedanken, als sei er an einen besonders liebenswerten Ort seiner Jugend zurückgekehrt.

An manchen Frühsommertagen schien es, als ob der Palastgarten zwischen Säulen und weißen Stufen ins Gebäude hineinwuchern würde; an den Mauern rankten sich vielblättrige Klettergewächse, und die feuchte Luft, die nach Blüten roch, zitterte im Gesumm der Bienen. Dariuvahush lächelte in sich hinein und versuchte vergeblich, die Menge solcher und ähnlicher Winkel zusammenzuzählen, die er kannte und liebte. Überall dort, wo er länger als einen Tag wohnte und lebte, hatte er befohlen, Gärten, Wälder und Pairidaezas anzulegen. Er sah einem rüttelnden Falken zu, lauschte auf den klatschenden Flügelschlag der buntgefiederten Tauben und verfolgte mit den Blicken einen tanzenden Mückenschwarm an der Grenze zwischen Schatten und Sonnenlicht. Es war, als könne nicht nur er in diesen Siebentagen tief Luft holen, ruhig atmen und schlafen; er glaubte, daß viele seiner Befehle wie Wurzeln von den Palästen aus weiter und weiter ins Land hinauskrochen, den Boden des Reiches festigten und das Wachstum sicherten. Er zuckte mit den Schultern und ging zum

Tisch zurück, auf bloßen Sohlen über eine Fläche zusammenge-
hefteter Felle, deren Härchen die Zehen kitzelten. Aus den Räu-
chertürmchen quollen Dampf und Rauch; Zedernholzmehl, San-
darakkörner und grünes Baluchhu-Harz aus Babirush erfüllten
den Raum bis unter die Deckenbalken. Schweigend las er ein
halbes Dutzend seiner Einträge, verglich Tage und Mondenamen,
strich ein leeres Schreibleder auseinander und tauchte den Griffel
in die Tusche.

*Der Große Kurusch mag prächtigere Gedanken gehabt haben als
ich. Kambushya war im Verfolgen seiner Ziele rücksichtslos wie
einer der riesigen Hunde aus Hindusch, die manche Kshatrapane sich halten; ich hasse diese geifernden, kläffenden Bestien,
die Ahriman im Zorn gezeugt haben mag. Ich aber, König Dariuvahush, bin, der ich bin, und ich will nicht, daß man von mir als
dem Schlächterkönig, dem Blut- und Rache-König spricht. Das
Wüten auf Samos hätte nicht sein müssen; die Kämpfe gegen die
Saken forderten weniger Opfer als die neunzehn Schlachten gegen die Lügenkönige. Thatguyia werde ich zurückerobern und
Hindusch nicht als König der Länder betreten; erst dort entscheide ich, ob das Reich um eine Kshatrapie reicher werden
soll. Viele Zeichen aber deuten daraufhin. Ich zögere nicht, sondern warte, die Hände am Schwert und an der goldenen Halskette.*
*Weder Kurusch noch Kambushya brachten zu Ende, was sie er-
träumt haben. Ich zähle siebenunddreißig Jahre und habe erst
wenige Splitter meiner Gedanken und Träume in Mauern und
weißem Stein, Schößlinge, Regeln, Gesetze und Münzen über die
Schwelle der Wirklichkeit gehoben. Wieviel Zeit bleibt mir noch,
wieviel Macht brauche ich, um mehr zu tun, zu bewirken als die
Könige, die vor mir waren? Es ist, als ob ich fragte, welche Farbe das Flüstern hat. Solange ich lebe, werde ich mehr tun müssen, als nur die Länge der Parasange und der königlichen Elle
neu zu bestimmen! Was sind die nächsten Schritte, jenseits von
Staudämmen, Kanälen, unterirdischen Wasserführungen, Feldern, Pferdezuchten, Äckern, Fruchtbäumen und sinnvoller Verwendung goldstarrender Tribute? Kenne ich wirklich mein kö-*

nigliches Ziel und Ende? Ich zögere mit Antworten auf meine unsicheren Fragen: Noch bin ich nicht alt und weise genug, daher kann ich nur niederschreiben, was ich heute weiß. Ich will über ein Reich herrschen, dessen Grenze über Land und durch Wasser für jedermann so klar zu erkennen ist wie eine hohe, weiße Mauer. Innerhalb der Mauer leben meine Untertanen im Tiefland, am Strom, im Hochland, in grünen Oasen dörrender Wüsten, auf Bergen und in Tälern, in Hochebenen, Wäldern, an Ufern und Stränden und in wachsenden, schönen, ummauerten Städten: So unterschiedlich wie ihr Lebensraum sind ihr Aussehen, ihr Glaube oder ihre Sitten, und ich werde nichts davon ändern. Eine Handvoll wichtiger Entscheidungen schiebe ich auf, bis ich, vom Hindusch zurückgekehrt, mehr Erkenntnisse und Wissen habe – vielleicht erfahre ich sie in drei Tagen, wenn ich für mich, die Stadt Hagmatâna und das Land das große Feueropfer abhalte.

Während er sorgfältig nachlas, was er geschrieben hatte, schob er das goldene Türmchen und den Löwen an den Ecken des halb beschriebenen weißen Leders hin und her. Kambushya hatte nur ein Jahr länger regiert als er selbst bis zum heutigen Tag. Große Geschehnisse standen bevor – das war so, seit er Gaumâta geköpft hatte. Er sah zu, wie die Tusche ihre Farbe veränderte, während sie am Griffelende trocknete.

Sind die Fundamente meiner Herrschaft schon tiefer und sicherer geworden? Vermochten sie die Mauern und Säulen meiner Jahrzehnte-Pläne, des Ewigkeits-Planes, zu tragen? An jeder Wegstelle, so steil, daß sie von einem erschöpften Mann nicht bezwungen werden könnte, hält ein erfahrener Krieger an und ruht aus: Da es sinnlos war, ein Ende vor dem Anfang erkennen zu wollen, ist gespannte Ruhe das Gebot der Tage. Längenmaße, Hohlmaße und Wertigkeiten waren überaus wichtig; wichtiger im Ewigkeitsplan war die überzeugte Treue von Millionen Menschen. Daran vermag auch der König nichts zu ändern.
Jener Kapitän Skylax mit den meeresblauen Augen und seine fünf Karer und Meerländer, die ich verpflichtete, den fremden Fluß und das Meer zu erkunden, haben mir auf den ersten Blick gefal-

len. Ihre Blicke sind kühl und abwägend, ihre Gesten gemessen und kräftig, sie kennen Schiffe und Wellen und die Tücken des Meeres; ich gäbe etwas darum, mit ihnen segeln zu dürfen. Sie werden mich nicht betrügen, denn was sie im fremden Meer wagen, tun sie nicht meinetwegen, sondern weil sie es selbst wissen wollen, um es anderen Seefahrern beschreiben zu können. Sie sollen im kühlen, schützenden Schatten von Ahura Mazdâhs Schwingen rudern und segeln; auf jedes Wort des Kapitäns warte ich voll Neugierde. Ich bin sicher, daß Skylax' Tagebuch mir mehr und anderes vom Land am Hindusch berichtet, als ich selbst sehen und erfahren kann. Wenn sie, ohne gescheitert zu sein, zurückkehren, so habe ich mit den Sechs abermals wahrhaft Großes vor.

Er nickte, verzog das Gesicht und legte das Schreibzeug zurück. Als er dreimal in die Hände klatschte, begann er zu lächeln; diese Nacht gehörte weder dem Reich noch den Müttern seiner Kinder, sondern ihm und Nefermerit.

Eine Stunde nach Mittnacht richtete sich Dariuvahush auf, zog eine goldene Kette unter seinem Schenkel hervor und warf sie zwischen Schalen und Krüge auf dem Tisch; der Verschluß aus Blutstein war zerbrochen. Er starrte einige Atemzüge lang auf seine unruhigen Hände, Nefermerits schweißfeuchten Bauch, blickte in ihre halb geschlossenen Augen und stand auf. Hinter dem Wandschirm wusch er die Finger und verrieb das lastend duftende Öl des Balsams von Nefermerits Haut auf den Handgelenken und Unterarmen. Langsam ging er in das helle Viereck um das Lager und setzte sich, begann mit der Kette zu spielen. Schweigend mischte Nefermerit Granatapfelsaft mit Wasser und Wein.
»Wirst du mich mitnehmen, o königlicher Freund, wenn du ins Reich der Wunder ziehst? Nach Osten? Auf die lange Reise?«
Dariuvahush trank und hob die Schultern; in seinen Armmuskeln und Lenden nistete wohlige Erschöpfung. In seinem Fußgelenk zuckte ein Stich, die ferne Erinnerung an gedankenverwirrende Schmerzen. Dariuvahushs Blick glitt von Nefermerits satten

Brüsten zu den vielen Zöpfchen, die kaum dicker als ein Kinderfinger und mit Silberfäden durchflochten waren. Er maß den längsten Strang mit der Kette; beide hatten die gleiche Länge.

»Alle meine Frauen sind schwanger«, murmelte er. »Königin Hutaûtha reist trotzdem von einem ihrer Königslehen zum anderen. Es ist eine weite Reise, voller Beschwerlichkeit.«

»Es war auch eine weite Reise nach Mudrayia, Fürst des Begehrens.«

Er hob den Kopf und klickte mit der Zunge. »Du würdest dich wirklich freuen, wenn du hungern, schwitzen, tagelang auf dem Kamel schaukeln und in den Schneebergen frieren würdest?«

»Es wäre ein Geschenk für mich, König.«

»Ich schenke sie dir, die Reise.« Dariuvahush gab ihr die Schale und ließ die Kette am erhobenen Unterarm herunterhängen, den Verschluß zwischen den Fingerspitzen. Das andere Ende pendelte zwei Handbreit unter dem Ellbogen. »Sie wird anders sein, ganz anders, als du es dir vorstellst. Und als ich es mir vorstelle.«

»Wenn wir die Geheimnisse kennen würden, wären es keine mehr. Dein neues Maß, diese ›Elle des Königs‹, von der alle reden, soll auch kein Geheimnis bleiben.«

»Nein«, sagte Dariuvahush. »Alle diese neuen Dinge – Königselle, Parasange, Gold- und Silbermünzen und die anderen Maße – sind nichts Geheimnisvolles.«

Nefermerit zählte nun vielleicht einundzwanzig Sommer; ihr Körper, der nichts von seiner erregenden, dunklen Schönheit verloren hatte, war reifer geworden, forderte und befriedigte seine Leidenschaft, wann immer er sie begehrte. Jene Königselle, von der sie redete, war nur ein Teil seiner Erneuerungen, so wie das Heer, Kapitän Skylax und Nefermerit Teile des Zuges nach Hindusch waren: Eineinhalb Fuß maß die Huza-Elle, *Arashnish,* in vielen Kshatrapien in Gebrauch. Zwei Fuß war die Königselle lang, 34 und ein Viertel Fingerbreiten, und wenn sich die Königselle zusammen mit allen anderen Gesetzen und Münzen im Reich durchgesetzt hatte, würde überall mit gleichem Maß gemessen werden; nicht nur die Fundamente des Saales in Pârseï-Pârsakarta, hundert zu hundert Königsellen groß. Dariuvahush spannte die Kette aus; eine Königselle lang. Er wartete, bis Ne-

fermerit die Trinkschale gefüllt hatte, und wiederholte: »Nein.
Ich befehle nichts Geheimnisvolles. Jeder im Reich soll jeden
Befehl verstehen können.«
Er leerte die Schale und ließ die Kette in die rechte Handfläche
fallen. Sie ringelte sich zu einem schweren Häufchen zusammen.
Nefermerit nahm sie, hängte sie um Dariuvahushs Hals und zog
daran seinen Kopf zwischen ihre Brüste. »Du hast mir nichts befohlen, König. Aber ich kenn deine Träume und seh's in deinen
Augen.«
Sie streckte sich aus, winkelte das Bein an und legte es über seine Schenkel. Ihre Fingerspitzen glitten über seinen Rücken, zwischen den Schultern zum Nacken und an eine Stelle, deren Berührung ihn stöhnen ließ.

Im Morgenlicht, das aus roten, grauen und weißen Wolkenbän-
ken prallte, öffneten sich beide Tore der Palastmauer und entließen den ersten Wagen in die Schatten der Baumreihen. Die weiße, nadelfeine Sichel, einen Tag nach Neumond, stand im
Südosten am Himmel. Rashurda hielt die Zügel, die Hengste gingen im Schritt. Dariuvahush trug den purpurroten Mantel mit
dem breiten, weißen Bruststreifen; am obersten Reif der Krone
funkelten die Verzierungen, die Mauerzacken glichen. Dem Gespann folgten vielleicht neunzig, hundert Lanzenreiter; sämtliche
Fürsten, Unsterbliche, Würdenträger, Oberste Schreiber und die
sieben Richter Hagmatânas. Es war ungewöhnlich still. Nur die
Laute der Tiere und das Felgenknirschen waren zu hören. Der
Wagen hielt, sechs Männer, unter ihnen Aspat Shanâh und Farnaka, traten schweigend, ihre Lanzen in der Rechten, an die Seiten
des Gespanns; drei rechts, drei links. Die Ränder des Platzes, die
im Schatten lagen, waren voll von Bewohnern der Stadt, Händlern, Nomaden und Abgesandten, die sich langsam näherdräng-
ten, als Gaubarva die Zügel lockerte und zur Prunkstraße lenkte.
Hunderte Lanzenreiter warteten neben ihren Pferden, hinter ihnen standen und saßen sämtliche Bewohner der Paläste; die dichten Reihen bildeten einen Trichter und danach eine Doppelreihe,
zum Stadttor hinaus und bis zum Rand der unbewohnten Flächen
im Osten der Stadt. Als Dariuvahush hinter den Schilden, Lan-

zenspitzen und Bashlyqs den Ausdruck in den Gesichtern sah, glaubte er Ergriffenheit, Erwartung und Zustimmung zu erkennen. Leise sagte er zu Gaubarva:

»Tausend Bitten und Fragen werden wir hören, sobald wir aus dem Tor fahren. Das sagt mir, daß es noch viel zu tun, zu befehlen gibt in Pârsa, Mada und im Reich.«

»So ist es, o königlicher Priester.« Gaubarva schüttelte den Kopf. »Heute werden wir viele kleine Sorgen deiner Untertanen erfahren.«

»Heute wird uns Ahura Mazdâh vielleicht etwas Weisheit tief in die Herzen senken«, sagte Dariuvahush. »Ich hoffe es; es würde jedem helfen.«

In den ersten Sonnenstrahlen funkelte und blitzte Metall, die Helligkeit ließ die Farben der Schilde und der Prachtgewänder leuchten. Dariuvahushs Gespann erreichte die Tortürme und rollte ins blendende Licht hinaus, als sieben Reihen zweispänniger Wagen am Ende des Zugs gerade den Palasthof verließen. Einige Stadtbewohner verbeugten sich, knieten zu Boden, stießen Jubeltriller aus, und andere kamen auf die sechs Ratgeber zu; Dariuvahush winkte sie herbei und zeigte auf die Schreiber, die ihre Tafeln aufklappten. Farnaka und Aspat Shanâh entschieden mit lauter Stimme – jedermann sollte hören können, daß sie gerechte Entscheidungen trafen! – über die schnell erfüllbaren Bitten. Solche Fragen, die längere Beratung brauchten, schrieben die Vertrauten des Königs in die schwarze Wachsschicht.

In zwei weiten Windungen führte die Straße zum ummauerten Bezirk, aus dessen niedrigen Baumkronen der weiße Feuerbewahrturm aufragte. Hunderte Hirten und Nomaden standen zwischen den jungen Bäumen, winkten und riefen, schenkten den Kriegern junge Lämmer und Zicklein oder warfen Blüten in Dariuvahushs Wagen. Das einfache Tor des Altarplatzes war weit geöffnet. Gaubarva schirmte blinzelnd die Augen ab und hielt die Hengste an.

»Nicht anders war es in Huza und Pâthragada«, murmelte Dariuvahush und drehte sich, die Arme erhoben, einmal um sich selbst. Jeder Vertraute war von einer Menschengruppe umringt, und die Griffel der Schreiber kamen nicht zur Ruhe. Durch einen

kleinen Wald weißer Säulen und doppelt mannshoher Bäume
fuhr der Wagen auf die gemauerte Plattform zu, auf der, jeweils
auf einem dreistöckigen Sockel, der Platz des königlichen Priesters und der Feueraltar zu sehen waren. Auf dem Altar brannte
in einem Trog aus geschmiedetem Eisen das Opferfeuer über
dem Glutbett. Dariuvahush nickte Gaubarva zu und stieg vom
Wagen auf die weiße Steinfläche.
Gaubarva lenkte das Gefährt zur Seite. Dariuvahush streckte beide Hände starr aus, winkelte die Ellbogen ab und hob, während
er Stufe um Stufe bis zu seinem Platz hinaufstieg, die Arme; er
grüßte schweigend das Heilige Feuer und den unsichtbar erschie-
nenen Ahura Mazdâh, dann die Priester, die Glut aus dem Turm
geholt und das Feuer entfacht hatten. Um die Opferstätte und den
Feuerbewahrturm waren große Kreise von Gebüsch und Bäumen
freigehalten worden; der Hofstaat, die Krieger und unzählige
Stadtbewohner versammelten sich langsam nahe am Feuer. Jeder, der sich dem Feuer näherte, zog den Saum des Bashlyq bis
unter die Nase oder hielt die Hand vor den Mund, um die heiligen Flammen nicht zu verunreinigen, die große Wolken schwelenden Weihrauchharzes, verbrennender Zypressenspitzen und
würziger Trockenkräuter absonderten.
Dariuvahush schloß die Augen. Die Vielzahl leiser Geräusche
schwoll an, schien ihn zu betäuben, sank binnen weniger Herzschläge zu einem unbedeutenden Summen herab. Er hörte das
Flüstern des »Feueranzünders« und des Magiers, deren Aufgabe
es war, fünfmal täglich das Holzkohlenfeuer zu versorgen und
mit der heiligen Asche den Hain zu düngen; was sie sprachen,
verstand er nicht. Er versuchte sich Ahura Mazdâh vorzustellen,
wie schon so oft, und der Gott erschien auf den lautlosen
Schwingen eines Vogels mit goldenem und schwarzem Gefieder,
grüßte ihn und alle Gläubigen mit dem Goldreif der Herrschaft
und wurde wachsam kreisender Bestandteil des anderen Bildes,
das Dariuvahush in sich trug. Pârseï: aus Stein entstehender heller Garten in kühler Luft, durchströmt von Helligkeit, hoch über
der fruchtbaren Ebene. Andere Bilder durchzogen seine Empfindungen in eindringlicher Lautlosigkeit. Die schwarzen Heere
Ahrimans und die strahlenden Krieger Ahura Mazdâhs, der

Kampf gegen Lüge, Ungerechtigkeit und Gesetzlosigkeit, die Waage des Lebens und der Flügelkrieger auf der Brücke der rechten Ordnung. Als Dariuvahush die Augen öffnete, sah er, daß Priester und Palastdiener vor dem Feueraltar sieben silberne Tische mit Opfergaben aufgestellt hatten. Er ließ die Arme sinken und ging auf dem schmalen, steinernen Steg zum Altar.

»Im Schatten deiner Schwingen, Herr«, sagte er leise, »war ich seit sieben Jahren. Dein Gesetz ist nirgendwo geschrieben, so daß ich täglich lesen könnte, was zu tun ist. Erfahre ich durch dein Zeichen, ob ich auf deiner Seite kämpfe?«

Er nahm zwei Opferbrote aus dem Korb, zerbrach sie und übergab die Stücke dem Feuer, wo sie von der Glut geröstet und von den Flammen verzehrt wurden; er schlitzte mit dem goldenen Messer pralle Datteln, Feigen und Granatäpfel auf, damit aus ihnen der Duft ihres Wesens entströmte, verbrannte Blüten, Zweige und die Wolle eines Schafes und löschte die Glut an den Enden des Troges mit Würzwein. Seltsame, betäubende Gerüche drangen in seine Nase, die Finger verloren ihren sicheren Griff. Im Ansturm verwirrender Gedanken erhaschte er einen Zipfel der Wahrheit und ahnte, wo sich Feuer versteckte, wenn es nicht loderte, daß es lebender Teil des Daseins war, daß Blitz und Asche zwei Arten Feuer waren und die Sonne als größtes sichtbares Feuer brannte. Er fühlte, daß die Hitze seine Handgelenke ergriff, zog die leeren Weinpokale zurück, stellte sie neben den leeren Krug und hob, wie zuvor, beide Arme und blickte in den Rauch. Durchsetzt von Rußflocken und Asche begann sich der Rauch zu drehen, hüllte ihn ein, wurde weggetrieben und entwich senkrecht in die Höhe. Dariuvahush hob den Kopf und sah, daß hoch über dem Stadtrand zwei Adler kreisten; plötzlich schien eine kalte Hand seine Haut zwischen den Schulterblättern zu berühren. Er wandte sich ab und ging zurück zu seinem Pult.

»Im Schatten deiner Schwingen möge auch mein Ewigkeitsplan gedeihen; alles, was ich für das Reich und zu meinem Ruhm tun will«, sagte er mit bebenden Lippen. Gaubarva und Aspat Shanâh erwarteten ihn, die Menge bildete einen dichten, schweigenden Kreis, in dem sich Lanzenträger, Hofstaat und Stadtbewohner mischten. Dariuvahush hob den Arm und rief:

»Ahura Mazdâh breitet seine Schwingen auch über jeden aus, der nicht nach seiner rechten Ordnung lebt. Das Opfer soll ihn gnädig stimmen, denn wir alle wissen, daß uns mit dem anderen Leben, dem Reich jenseits des Todes, das heilige Feuer verbindet.« Diener führten die schwarzen Hengste des Gespanns heran. Gaubarva wartete, bis Dariuvahush im Wagenkorb stand; er ergriff die Zügel und die Peitsche und ließ die Tiere im Schritt bis zum Anfang der Gasse gehen, die sich zwischen den schweigend Wartenden gebildet hatte.

Auch in Hagmatâna ließ Dariuvahush einen so großen Teil des Heeres zurück, daß er der Stadt und des Umlandes sicher sein konnte; die Unsterblichen würden jeden Aufstand binnen weniger Stunden niederschlagen. Hazarapati Bagabuchsa hatte vor einem Mond ein erstes Drittel aller Krieger von Mada nach Pârthara geleitet und jenen Teil der alten Heeresstraße gesichert, der von Hagmatâna über Râga in die Kshatrapie Huvarazmya führte. Heer und Troß zogen nach Osten, zwar schneller als gewohnt, aber noch immer viel zu schwerfällig; zum zweitenmal während seiner Herrschaft zog Dariuvahush von Kundrusch nach Râga, dorthin, wo er im Norden die schneebedeckten Berge zwischen der Wüste und dem Hyrkanischen Meer sah, in denen Tiger und Leoparden jagten. Zwanzig Parasangen zu sechstausend Schritten trennten die Ausläufer der Gebirge und die salzige, tiefliegende Sandwüste, oft wand sich die Straße fernab eines jeden Grashalms durch die heiße Ödnis, und in der Nähe einer jeden Siedlung sah Dariuvahush die grünen Hügel der Qanate. Aus den Brunnenschächten jener langen unterirdischen Kanäle vom Gebirge her schöpften die Bauern klares, kaltes Wasser. Wo es Wasser gab, gediehen Pflanzen und Herden; manchmal waren die gemauerten senkrechten Schächte hundertsechzig, hundertachtzig Ellen tief.
Meist ritten Dariuvahush und eine Handvoll Leibwächter von der Spitze der endlos lang scheinenden Karawane auf Hirtenpfaden zur nächsten Siedlung, tränkten an Dorfbrunnen die Tiere und ließen sich vom Verwalter begrüßen und beschenken. Die Schreiber, die Dariuvahush mitnahm, teilten silberne und goldene

Münzen aus und Bronzestäbe in der Länge der Königselle, in die alle anderen Maße und der Name des Königs eingeschlagen waren, und sie sprachen von Dârayaka und Pantshuka, von Ellen, vom Hohlmaß *Dathvya* und dem Vielfachen, der *Radbja*.

Seit Dariuvahush in Kambushyas Heer gekämpft hatte, kannte er den Unterschied zwischen Nomaden, Bauern und Stadtbewohnern. Er verzichtete darauf, die Bauern und Hirten mit königlichem Prunk zu erschrecken. Jetzt war er einer der Ihren und redete mit ihnen wie ein kleiner Fürst, trank ihren sauren Wein und aß zähes Hammelfleisch; sie brachten den Tieren der Karawane Futter und Wasser und lauschten halb ungläubig den Erzählungen der Lanzenreiter von Stadtmauern, Staudämmen und Palästen. Seit Dariuvahushs Rückkehr vom Zug gegen die Saken waren viele Stücke der Straße verbreitert, an den Hängen durch Mauern gestützt und durch kleine Brücken ergänzt worden; weiße Säulen, aus Steinplatten und flachen Steinen geschichtet, markierten ihren Verlauf durch die flirrende Wüste. Am Ende dreier schmaler Täler, grün und wasserreich wie langgezogene Oasen, hatte der Verwalter Râgas kleine Herbergen erbauen lassen und Weiden und Pferche für Pferde und Kamele eingerichtet; Stein als Baumaterial gab es im Überfluß. Die Bauern erzählten, daß das Land sicher geworden war; keine Händlerkarawane war überfallen worden. Dariuvahush verteilte Silbermünzen mit seinem Bild und ritt weiter.

Neunmal ließ er länger rasten und das Zelt aufbauen. Die Sonnengrelle und die trockene Hitze der Wüstentage laugte Menschen und Tiere ebenso aus wie die Kälte in den Nächten. Während sich im Norden schwere Wolken über den Bergen entleerten, kamen kochendheiße Stürme aus den Ebenen des salzigen Sandes. Kreisende Geier begleiteten den Zug und stürzten wie fallende Steine auf die Kadaver verendeter Lastesel. Die hinteren drei Viertel der dahinkriechenden Schlange aus Wagen, Reitern und Saumtieren waren fast unablässig in stinkende Staubwolken gehüllt. Das Salz biß in der Nase, trocknete den Hals aus und ließ die Augen tränen; eine zehrende Marter für jedes Lebewesen. Weit vor der dunklen Linie, die sich in der bewegten Luft wie ein graues Meer wellte, am Rand der dürren

Weiden vor Râga, tauchten Reiter und Gespanne im Blitzen von Metall auf.

Mitunter ritt Nefermerit zwei Schritt links neben Dariuvahush, pralle Trinkschläuche voller Wasser und Wein mit Riemen am Bug des Pferdes angeschnallt. Sie hörte zu, wenn er mit Kundschaftern und Boten redete und sie über das Stück Land ausfragte, durch das sich die Heeres- und Karawanenstraße wand. Dariuvahushs Empfindungen hatten sich geändert, seine Wahrnehmung war schärfer geworden, spürte er verwundert, seit sie Hagmatâna verlassen hatten: Er versuchte Land und Menschen zu verstehen, denn er herrschte darüber, über die größte Fläche Landes in der Welt – jenseits dieser Grenzen lockte das Meer, der Okeanos der Hellenen, bis zur Mauer aus Eis, dem Ringwall um die belebte Welt. Warum war nicht mehr als ein Viertel seines Landes zum Leben der Menschen geeignet? Warum bestanden drei Viertel aus unbesteigbaren Bergen, Talebenen und Wüsten? Gab es genug Menschen zum Säen und Ernten, wenn er versuchte, Wasser in die Steppen zu leiten? Welcher Gott hatte das Land so seltsam salzig und trocken geformt? Woher stiegen die Sandstürme auf, die vom Süden her hinter den Wegmarken lange Dünen ablagerten, in denen es kristallen glitzerte wie von Silberstaub? Ahura Mazdâh war mit ihm, aber es würde hundertmal hundert Leben dauern, auch nur die Ränder der wüsten Ebenen zu begrünen. Ihm graute vor der langen Strecke zwischen Zadrakarta im Schatten uralter Buchen nach Areia; er kannte sie nicht.

In den Nächten lag er bei Nefermerit im Zelt. Die ätzende, fast rauchlose Hitze aus den Glutkörben kreiselte durch den Innenraum und fuhr durch die runde Dachöffnung hinaus. In der nahen Oase gab es genug Wasser; sie hatten in der bronzenen, silberverzierten Wanne gebadet, der Salbenmeister hatte sie gewalkt und geknetet. Dariuvahushs Kopf war voller Bilder, scharf wie Messerschneiden, eintönig wie Schnee oder bunt wie Palastkacheln: Felsen und Sand, Flächen, eben wie Tischplatten, das gnadenlose Blau des Himmels, die gelben Spiralsäulen der Sandwirbel, ein einzelner Baum mit dunkelgrünem Laub, an dem rätselhafterweise kein Staub haftete. Geier über der Wüste, Schatten hinter kopfgroßen Büschen, eine Sonne wie geschmolzenes Gold, der Mond ein von Lanzenstichen gezeichneter Rundschild, jäh im Flug angehalten; Sterne, heller und größer als in Huza oder Hagmatâna. Kamele, Pferde, Menschen: erschöpft, überpulvert vom Staub, gezeichnet von schwarzen Schweißbahnen, von Sonnenaufgang bis Sonnenuntergang dürstend, wie Kapitän Skylax, dessen Karawane sich drei- oder viermal so schnell nach Osten fortbewegt hatte – jeder einzelne auf dieser unendlichen Fläche war unbedeutender als eine Ameise. Er wartete vergebens auf das Fernbild seines weißen Stein-Pairidaeza, öffnete die Augen, und seine Hand erstarrte auf Nefermerits Brust. Er stand auf, wusch sein Gemächt und tauchte Hände und Unterarme in den Wasserkessel.

»In Zadrakarta werden wir tief Luft holen«, sagte er zu sich selbst. »Mein Freund und Kshatrapan Dadrâshish wird uns in Bakhtrish verwöhnen. Zwischen Zadrakarta und dem Fluß Oxos aber werden wir leiden.« Er schlug mit dem Handrücken gegen eine Lederfläche. »Unsere Haut wird voller Risse wie Zeltleder werden, ausgedörrt! Sand zwischen den Zähnen und in jeder Hautfalte. Vielleicht finden wir die Skelette von Satâspa und Skylax auf dem Weg. Was hat mich auf diese ahrimanverfluchte Straße gebracht?«

»Neugierde, Verantwortung für die Grenze. Die Lust, auch im Osten mächtig zu sein. Erleben, was Skylax vor dir gesehen hat.« Nefermerit verdünnte Würzwein mit kaltem Wasser aus der Oase. Durch die Schritte der Wachen und die Geräusche der schlafenden Karawane ertönte das Klagen eines Wüstenfuchses, wie als Antwort auf eine einsame Hirtenflöte. In der Ferne brüllte ein großes Tier. Dariuvahush runzelte die Brauen und murmelte: »Ein Löwe? Hier?«

»Von Abr Nahr und Mudrayia kennst du die Gefahren der Wüste und wie man sie bezwingt; du schläfst tief, redest nicht im Schlaf. Nicht ein Mann ist verdurstet. Es gab bisher keinen Kampf, keinen Überfall, und jede Nacht verwöhnst du mich mit deiner Begierde.«

Er setzte sich und ließ die Fersen auf den Rand des Lagers fallen. Die Vertrauten des Königs kannten Nefermerit längst und grin-

sten, wenn sie im Gesichtsausschnitt ihres weißen Bashlyq die
dunkle Haut sahen. Niemand wunderte sich, wenn sie einige
Schritte hinter ihm durchs Lager ging. »Das mag so sein. Wir
alle wollen lebend zurückkommen, um viele Erfahrungen und
eine Kshatrapie reicher. Niemand ist unverwundbar. Auch ich
nicht.«

Seit Tagen, schaukelnd auf dem Rücken seiner Pferde, lauschte
Dariuvahush in sich hinein. Es war, als schwebe ein wunderli-
cher Funke, gezeugt von Ahura Mazdâh mit der mudrayischen
Hathor, bebrütet in den Flammen des Erdpechsees bei Huza, aus
einem weißrot geäderten Ei geschlüpft, durch den Irrgarten seiner Erinnerungen und Gedanken. Der Funke entzündete einen
flammenden Einfall: Dariuvahush sprang auf, lachte und nahm
Nefermerit bei der Hand.

»Willst du? Wir reiten in die Wüste, zur Wasserstelle, und zählen
die Sterne!«

Sie richtete sich auf, in ihr Gesicht kroch ein halb verständnislo-
ses, halb träumerisches Lächeln; sie griff nach dem zerknitterten
Gewand und flüsterte: »Großfürst meiner Stunden! Es ist weit
nach Mittnacht.«

»Der König bin ich«, sagte er leise und scharf. »Wenn ich will,
stehen in einer Stunde dreitausend Fackelträger an unserem Pfad.
Aber ich brauch nur eine Handvoll Lanzenreiter. Willst du,
schönste Freundin?«

Sie nickte; verwirrt. »Daß du mich ›Freundin‹ nennst, o Herrscher, ist wie warmes Summen und Zittern tief in meinem Körper. Und wie der Duft junger Lotosblüten in meiner Nase.« Ihre
Schultern sanken nach vorn. »Reiten wir zum Sternenzählen,
mein königlicher Freund.«

Er ging zum Spalt der Ledervorhänge, redete leise mit einem unsichtbaren Diener und zog sich danach ohne Eile an. Kurz darauf
hörten sie Schritte, leise Stimmen, Hufschläge und gedämpftes
Wiehern; die knisternden Fackeln rochen nach Schwefel und
Erdpech. Nefermerits Dienerinnen, verschlafen lächelnd, hielten
den Zelteingang offen. Vielleicht ein Dutzend Fackeln spiegelten
sich in den Augen der Pferde und in funkelnden Lanzenspitzen.
Dariuvahush sagte leise:

»Drei Wachen voraus, vier hinter uns. Wir reiten zur Wasserstelle. Leise! Weckt nicht das ganze Lager auf.«

Drei Leibwächter schwangen sich auf die Rücken der Pferde und trabten in südliche Richtung davon, auf einen blinkenden Stern zu. Ein Wächter faltete die Hände vor seinem Oberschenkel und half Nefermerit aufs Pferd, neben Dariuvahushs schwarzem Hengst stand der Hocker mit den gedrechselten, vergoldeten Füßen. Ein Pferdediener hielt Dariuvahush die Zügelenden entgegen und sprang, sich verbeugend, zur Seite, als sich der Hengst aufbäumte. Dariuvahush zog die Zügel straff, hob die Hand über die Augen und erkannte zwischen Wagen, Zelten und schwärzlichroten Glutkreisen einen Pfad aus tausenden Huf- und Fußspuren; Schatten im Dunkel, die sich zum Horizont fortsetzten. Die Pferdehufe machten kaum ein Geräusch, als Dariuvahush, gefolgt von Nefermerit und vier fackeltragenden Leibgardisten, durch das riesige Lager trabte.

Der Mond war hinter einer Düne verschwunden, nur ein vager Lichtschein breitete sich hinter der glitzernden Sandwoge aus. Die Sterne und die Myriaden Kristalle des Götterweges strahlten klar und messerkalt wie Schwiegervater Gaubarvas Gedanken und seine Fähigkeit, Menschen und Dinge zu durchschauen. Dariuvahush lächelte grimmig und wartete, bis Nefermerit neben ihm ritt.

»Diese Sterne«, sagte er halblaut. »In Mudrayia. Über Babairu. In der Wüste Abr Nahrs; sie sind dieselben. Und doch sind sie jedesmal anders. Ich glaube, wenn ich auf dem Rücken liege und in die Schwärze zwischen ihnen starre, daß ich ihnen gleich werden will – mit meinem Versuch, zäh und beharrlich die rechte Ordnung mit ihren Millionen lästigen, lastenden Winzigkeiten zu bedenken, befehlen und ausführen zu lassen.«

Die Pferde prusteten und bliesen aus den Nüstern fahle Dampfwölkchen. Die Kälte der Wüstennacht drang durch den Stoff der Gewänder und legte sich auf die erhitzte Haut. Nefermerit hielt sich an der Mähne des Pferdes fest und sagte:

»Deine Gedanken, König, plagen dich. Du kannst nicht zu jeder Stunde in jeder Kshatrapie alles sehen, wissen, erkennen und befehlen. In Wirklichkeit bist du sicher und gibst immer die richtigen Befehle.«

»Ein Befehl ist von Babairu nach Parthia lange unterwegs; wer gibt mir die Sicherheit, daß er so und nicht anders befolgt wird? Oder daß er nicht verlorengegangen ist?«

Die Pferdehufe polterten leise im Sand. Aus der Dunkelheit glommen die Augenpaare von Sandkatzen und Wüstenfüchsen. Ein Sandschleier erhob sich vor den Sternen des Horizonts; als der Hengst von selbst zu galoppieren begann, wurde Dariuvahush plötzlich von übermütiger Heiterkeit und dem Drang erfüllt, etwas zu tun, was alle anderen in fassungsloses Unverständnis hineinwirbelte. Er folgte den tanzenden Fackelflammen zur seltsamen Steinoase nahe der Tränke und starrte in die Nacht. Er glaubte über sich weißglühend sterbende Lichtsplitter zu sehen, vielfarbene Funken, merkwürdige Leuchterscheinungen unter den kristallenen Sternen; über die Wüste stülpte sich ein unglaublicher Himmel voller kristallener und farbiger Punkte.

»Vergiß deine Befehle, o König«, sagte Nefermerit. »Für ein paar Stunden. Die Wüste wird dir nicht gehorchen.«

»Wie wahr!« Dariuvahush lachte. Als er geradeaus spähte, sah er, daß sich die Fackelflammen im Wasser spiegelten. Schemenhaft bewegten sich die Reiter und ein Rudel Gazellen, die vor dem trockenen Hufgetrappel in weiten Sätzen flüchteten. Die nachfolgenden Reiter hielten an. Mit krachenden Flügelschlägen bewegte sich ein großer Vogel über den Köpfen der Reiter und verhüllte einige Wimpernschläge lang den strahlenden Kristallschleier. Neben Dariuvahush zügelte Nefermerit ihr Pferd. Die Flammen verschwanden hinter den Felsen; Dariuvahush und Nefermerit waren mit der Nacht allein.

»Es sind zu viele Sterne.« Dariuvahush lockerte den Zügel und klopfte den Hals des Pferdes. »So viele wie Sandkörner in der Wüste.«

Wieder durchquerte eine gleißende Lichtspur lautlos die Sterne. Die Pferde gingen ruhig am nassen, zertrampelten Rand des Tümpels entlang, die Stille, die sie umgab, schien sich wie Nebel um sie zu schließen und jeden Laut aufzusaugen. Die Leibwächter rammten die Fackeln neben den Felsen in den Sand; die

Steingruppe kauerte, halb vom Sand zugeweht, wie ein Traumtier mit klobigem Schädel da. Nefermerit atmete tief ein. Sie schien etwas sagen zu wollen, aber Dariuvahush streckte den Arm aus und legte die Hand auf ihren Unterarm.

»Still.« Er flüsterte, hob den Kopf und hielt den Atem an. »Da ist etwas ...«

Das Pferd schnaubte und streckte den Hals. Ein leises Grollen schien aus Süden näherzukommen, wurde zu einem tiefen, erderschütternden Brummen. Beide Pferde legten die Ohren an, rissen die Köpfe hoch und begannen zu scheuen; ihr Schweiß stank plötzlich nach Furcht. Die Sterne zitterten, die Wüste unter den Hufen der Tiere dröhnte, knirschte und bebte; es war, als brächen Berge mit grauenhaftem Getöse auseinander. Dariuvahush hörte sich stöhnen, während er mit dem dumpf wiehernden Hengst kämpfte.

»Der Schlangenstier! Die welterschütternde Bestie des Mondblinden!«

Der Sand erzeugte Wellen und ein durchdringendes, raschelndes Knirschen. Die Felsen hoben sich aus dem Boden, schienen zu taumeln und brachen auseinander. Zwei riesige Brocken polterten durch den aufstiebenden Sand in den Tümpel und versanken klatschend. Das Wasser schäumte auf, Sandfontänen zischten in die Höhe. Der Boden schob sich hin und her, bäumte sich auf, schüttelte sich zischend und ließ die Pferde taumeln. Sie keilten aus und stiegen mit den Vorderläufen hoch. Die Tiere der Gardisten gingen durch und galoppierten wiehernd, fast kreischend, in die Wüste hinaus, aus deren welliger Fläche rauchartiger Staub in tausend kleinen Säulen hochstieg; es war, als stürze die Wüste in abgrundtiefe Spalten. Aus dem Lager drang wirrer Lärm, die Fackeln kippten hin und her wie Halme im Sturm und erloschen in den Sandwellen. Dariuvahushs Pferd sank auf die Hinterbeine, setzte sich schwer und fiel auskeilend zur Seite. Mit einem weiten Satz war Dariuvahush auf den schwankenden Boden gesprungen und rannte, von einer Seite zur anderen taumelnd und seinen Hengst mit sich zerrend, auf den Schatten von Nefermerits Wallach zu. Er warf sich vorwärts, um die Zügel packen zu können. Ein Riemen riß, er wickelte den anderen um sein Handgelenk und zwang das Tier zu Boden; das Pferd blieb bebend stehen, alle vier Beine schräg in den Sand gestemmt. Das Zittern der Erde ging vorbei. Es schien eine halbe Stunde lang gedauert zu haben. Das Geschrei aus dem Lager schlug plötzlich überlaut an Dariuvahushs und Nefermerits Ohren, das Hufgetrappel, Wiehern und Blöken der Tiere, die sich losgerissen hatten, erfüllte ringsherum die Wüste. Dariuvahush fühlte lähmende Schwäche in den Knien, seine Haut war eiskalt, er sah sich langsam um und sagte stockend:

»Er hat es geweissagt, der Mondblinde. Nun hat die Erde gebebt, und wir haben es überlebt.«

Plötzlich dachte er an stürzende und niederbrechende Säulen, Mauern, Dächer, Wände und an tiefe Risse, die überall dort klafften, wo er zu bauen befohlen hatte, erinnerte sich an die Träume von lichtdurchfluteten Palästen; als seine zitternden Muskeln nachgaben, war ihm, als würde er inmitten von Säulentrümmern zusammensacken. Er taumelte zur Seite, fiel auf die Knie und übergab sich keuchend und würgend; er stürzte auf die Schultern, umfaßte die Knöchel mit beiden Händen und zog die Knie ans Kinn. Die Sterne wirbelten um ihn herum, Übelkeit wütete in seinem Bauch. Aus seiner Brust spürte und hörte er ein gräßliches Stöhnen aufsteigen. Er schloß die Augen und rang nach Atem. Von allen Seiten drang Kälte auf ihn ein; er schüttelte sich und fühlte die Wärme fremder Hände auf seinen Schultern.

»Auch der Erdboden hat deinem Befehl nicht gehorcht«, sagte Nefermerit. Sie war lautlos hinter ihn getreten. »Jetzt aber mußt du deinen Kriegern und Dienern befehlen, König!«

Dariuvahush holte, die Augen öffnend, tief Luft und schmeckte seinen stechend sauren Atem. Er stemmte sich hoch. Die Sterne standen still. Flammen und Fackellichter loderten im Aufruhr des Lagers; überall schrien, wieherten, brüllten oder jaulten Tiere. Dariuvahush preßte die Hände gegen den Sand des Bodens; auch die Erde zitterte nicht mehr – in der Kshatrapie der Tiefe lag der Schlangenstier wieder still. Dariuvahush kreuzte die Arme vor der Brust und legte die Hände auf Nefermerits Finger.

»Das Grauen«, murmelte er. Tief in seinem Inneren zitterte der Widerhall der Furcht. Mühsam, mit Schwäche in den Knien, stand er auf. Die Nacht hatte alle Schatten geschluckt. »O Ahura Mazdâh! Alles ist zerstört. Unzählbar viele sind verwundet und erschlagen. Jedes Bauwerk liegt in Trümmern.«

»Huza, Babairu, Pâthragada und Hagmatâna sind weit weg, o Herrscher«, sagte Nefermerit leise. »Du mußt zum Lager; sie warten auf deine Befehle.«

Langsam drehte er sich um, legte den Arm um Nefermerits Schultern und erkannte die Körper der Pferde, die sich, die Augen weit aufgerissen, aneinanderdrängten. Nefermerit zog ihn bis zu der Stelle, an der die Zügelenden sich im Sand bewegten wie kleine Nattern.

»Du ... hast dich nicht gefürchtet?« flüsterte er. Nefermerit nickte schwer.

»Ich fürchte mich noch immer. Aber – das Beben ist vorbei.«

»Erst wenn die Boten kommen, werde ich die ganze Ungeheuerlichkeit der Zerstörungen erfahren.« Er stöhnte und griff über den Hals seines Pferdes. »Du hast recht: Ich muß zum Lager.«

Er beruhigte sein Pferd, half Nefermerit auf das andere Tier und kletterte auf den Rücken des unwilligen Hengstes. Er trabte an, und als er den Kopf drehte, sah er im Sternenlicht einen großen Trichter, auf dessen Boden zwei Felsbrocken lagen; das Wasser der Tränke war verschwunden. Seine Furcht war scheinbar ausgelöscht, hatte sich verkrochen. Dariuvahush folgte Nefermerit zum Lager; dort hatten die Krieger Holz auf die Feuer geworfen und zahlreiche Fackeln entzündet. Dariuvahush ritt mitten durch die Lagergassen und rief Befehle. Als er nach drei oder vier Umkreisungen das große Zelt erreichte, sah er die Brandlöcher in den Lederteilen, deren Ränder vom Löschwasser dampften.

Nach drei Tagen hatten die Reiter alle Tiere eingefangen und denjenigen, deren Läufe gebrochen waren, die Kehlen durchgeschnitten; es gab wieder die gewohnte Ordnung. Ein Öllämpchen war in Dariuvahushs Zelt umgefallen. Brennendes Öl hatte die Hälfte des Eingangs verbrannt und verschmort. Es kamen keine Botenreiter aus dem Westen, die von maßlosen Zerstörungen berichteten. Dariuvahush gewann langsam seine Ruhe wieder. Die Quelle der Oase war nicht versiegt – es schien, als sei nichts geschehen. Am fünften Tag befahl Dariuvahush den Aufbruch, während des Sonnenaufganges des sechsten Tages nach der Bebennacht begann der Zug sich zu gliedern und kroch weiter. Dariuvahush saß in einem der ersten Gespanne und starrte die Wüste an, als könne er erkennen, unter welcher Düne der wütende Schlangenstier schlief.

Dariuvahush, ein Dutzend Lanzenreiter und Nefermerit hielten auf dem Scheitel des niedrigen Hügels die Pferde an. Die Blicke der bewaffneten Reiter und der Kundschafter folgten dem Band der Straße, das zwischen diesem Abhang und der Flanke der nächsten Erhebung nach Osten führte. Die Straße, ein breiter, ausgetretener Pfad zwischen steinernen Markierungen, war völlig schattenlos. Auf diesem Weg, dachte Dariuvahush, hatte einst Kurusch einen Teil des Landes Hindusch erobert, in dem vielleicht noch Kambushyas Gesetz galt – wie es sich wirklich verhielt, würde er mit eigenen Augen in einem halben Jahr sehen können.
Die Karawane aus Troß und Kriegern, die zum Oxos und nach Bakhtrish schlich, war länger als zwei Parasangen. Drei Viertel des Zugs, nicht aber die zweitausend oder dreitausend Schritte hinter der Spitze, quälten sich durch eine Wolke aus Staub und Gestank, die dichter und unerträglicher wurde, je weiter sie zum Schwanz der Schlange aus Menschen, Tieren und Gefährten reichte. Myriaden von Mücken, Stechmücken, Fliegen und schillernden Bremsen stürzten sich, scheinbar aus dem hitzeflirrenden Nichts heransirrend, auf jede Handbreit entblößter Haut, krochen in Nasenlöcher, Ohren, Nüstern und unter die Gewänder; sie krabbelten, juckten, bissen, stachen und saugten Blut. Bakhtrish war so fern wie der Mond. Weißer Salzsand, Geröll, Felsen und das staubige Erdreich unter den vertrockneten Grashalmen strahlten ebenso glutheiß wie die Sonne und der Wind. Noch gab es genug Wasser; Nomaden, die hinter der Karawane jedes Kresha trockenen Kot aufsammelten – sie brauchten ihn für ihre Feuer –, brachten pralle Ziegenbälge von den weit verstreuten Quellen, Heu und Grasbüschel, Käse und ungesalzenes Fladenbrot. Wenn Kamele, Esel oder Pferde zusammenbrachen, wurden sie augenblicklich getötet. Die Sklaven schnitten die besten Fleischstücke heraus und überließen die Kadaver den Geiern, die

seit Tagen über dem Zug kreisten. Furzende und kotende Tiere, tropfendes Nabenfett, Schmutz und alter Schweiß, Feuchtigkeit in den Gewändern, Salbenreste auf ungewaschener Haut und Atem aus Tausenden heißer Gurgeln – hundert unterschiedliche Gerüche verdichteten sich zu einer langgezogenen Wolke Gestank, der nach Siechtum, Erschöpfung und halblebendigem Moder schmeckte. Bisher hatte der Tod die Karawane verschont; die schwer Erkrankten hatte Dariuvahush nach Zadrakarta und, seit gestern, ins nähere Margush bringen lassen.

»Herr«, sagte ein Kundschafter und deutete mit dem Speer in die Richtung des Sonnenaufganges. »Am anderen Ufer des Oxos, nach Osten hin, gibt es mehr Schatten und viel Wasser.«

»Wie viele Tage müssen wir noch durch die Gluthitze kriechen?« Dariuvahush schirmte blinzelnd die Augen mit der Hand und lenkte sein Pferd den Abhang hinunter. Der Hengst setzte vorsichtig einen Huf nach dem anderen in den rutschenden Sand. Der Kundschafter starrte die heranwalzende Karawane an, drehte den Kopf und verfolgte die Spur der Straße über das salzige Antlitz der Wüste. Er sagte zögernd:

»Mindestens vier Siebentage, o Herrscher.« Er trieb sein Reittier mit den Fersen an. »In den Tälern leben freundliche, braunhäutige Menschen. Sie wissen, daß du kommst.«

Dariuvahush rang sich ein Lachen ab. Es klang heiser, fast verzweifelt; er fragte sich, welche Macht der Welt diesen glühenden Pfad und so viele andere Wege weniger beschwerlich machen konnte.

»Auch diese Tage werden wir überleben«, sagte er schroff. »Ebenso die eiskalten Nächte.«

Die Pferde begannen zu traben. Nach kurzer Zeit zeichneten sich schmale Bahnen Schweiß auf dem Fell ab; in der vernichtenden Hitze trocknete der Schweiß in ebenso wenigen Augenblicken. Dariuvahush setzte sich zurecht und überließ sich seinen Gedanken an Thatguyia, Bakhtrish und einen weiteren qualvollen Mond auf der Heeresstraße. Die Furcht vor den Folgen des Bebens und einer Schlacht, die er so weit entfernt von den Reichsstädten würde führen müssen, lauerte im Versteck seiner finsteren Träume.

3. Die Werft, die Blüten und die Unsterbliche

Um Mittag, am Waldrand vor den niedrigen Hauswänden Push-kalavatis, senkte sich die Sonnenhitze wie ein riesiger, weißglü-hender Schild, bis sie alle Baumwipfel, die plätschernden Wellen und die weißen Mauern zuzudecken schien. Nichts rührte sich; selbst die Grillen und die Affen schienen verschwunden zu sein. Skylax öffnete die Lider und rieb mit den Fingerspitzen den kör-nigen Schlaf aus den Augenwinkeln. Fürst Satâspa, fünf Schritte entfernt, begann leise zu schnarchen, als Skylax behutsam seine Beine zur Seite schwang und die schaukelnde Hängematte ver-ließ. Der Wind hatte sich nach dem wütenden Gewitter gelegt; selbst im Schatten der Tamarisken und anderer Bäume, deren Namen Skylax noch nicht kannte, herrschte feuchte Hitze. Das Flußufer war einen Steinwurf weit entfernt, die Lähmung der heißesten Tagesstunde hatte das Städtchen Pushkalavati ebenso scheinbar aussterben lassen wie die Schiffswerft.

Skylax, nur im geknoteten Schamtuch, ging im Schatten der Palmwedel durch warmen Sand zum Ufer. Das frisch gesägte und gedechselte Holz der Boote und des Schiffes roch, in der Hitze mit leisem Knacken austrocknend, ähnlich wie jene grell-farbenen Gewürze, mit denen die Sklavinnen das Essen gaumen-reizend verfeinerten. Zwei Krokodile glitten fast lautlos ins schäumende Wasser. Vorsichtig watete Skylax im Schutz einge-rammter Bohlen in die kühlen Wellen des Hindusch; er strömte weder reißend noch träge, und sein Wasser war grün und milchig, so kalt, als käme es von einer nahen Quelle.

»Ahh!« Skylax tauchte unter, genoß die Kälte und den Sog der Wellen am Körper. Prustend schob er sich hoch und sah, wäh-rend er das triefende Haar zurückstrich, zu dem Dörfchen hin-über, das seit ihrer Ankunft um die wenigen Hütten der Eingebo-renen herum gewachsen war. »Viel zu lange geschlafen. Ich muß endlich meine attische Trägheit bekämpfen.«

Er stieg ans Ufer und grinste. Auf dem beschwerlichen Weg hierher war er dreimal in Versuchung geraten, dem König das zu schreiben, was ihm die Braunhäutigen erzählt hatten; mehr Unglaubwürdiges als Brauchbares. Spätestens an jenem Tag aber, als Fürst Satâspa und er auf eine Straße stießen, die ihren Namen verdiente, und auf die baufälligen Rasthöfe, die noch Kambyses hatte bauen lassen, dachte er nicht mehr daran: Auch hier bewirkten pârsisches Gold und mehr noch, blankes Silber, wahre Wunder, also galt hier, unschwer zu erkennen, des Königs Gesetz. Im übrigen war alles in jenem Land Haruhawati ebenso gewesen wie in Yauna, Achaia, Mudrayia oder hier: Die Bäume wuchsen nach oben, das Wasser floß nach Süden, und die Menschen gingen auch hier auf ihren Fußsohlen.

»Morgen.« Seine Finger fuhren über die Stoppeln des Viertagebartes. »Bald, Kapitän des Indos-Hindusch, wirst du anfangen, was sein muß: schreiben! Beschreiben!«

Er stapfte zum Bauplatz des Schiffes, vorbei an Stapeln zwei Finger dicker Bretter und unfertiger Spanthölzer, an liegengelassenem Werkzeug, nassen Seilrollen, raschelnden Hobelspänen und duftendem Sägegrieß. Kiel, Bugholz und Heckbalken des noch namenlosen Schiffes ragten neben ihm auf wie das Gerippe eines Meeresungeheuers, das auf dem Rücken lag. Ein Haufen nasser Holzkohle, Schmelzkessel, Bronzebarren, ausgesuchtes Holz für Riemen und Schmiedewerkzeug lagen herum. Beide Boote, die den flach gehenden Fischerbooten der Pushkalavati-Leute glichen, waren fast fertig, aber Astraios war noch unzufrieden. Skylax setzte sich auf einen Steinblock und starrte das Holzgerippe an: neunundvierzig Ellen, so lang wie der längste Baum, den sie hatten finden können, und so unvollständig wie Skylax' Kenntnis des Sindhu. Vierzehn Ellen breit; die kleine Arashnish-Elle, nicht die Königselle. Es mußte ein Schiff für den Fluß und das Meer werden, und deswegen waren er, Telamon und Astraios, der Schiffbauer, unsicher, und deswegen gab es mitunter Streit.

»Niemand peitscht uns zur Eile«, murmelte er und stützte sein Kinn in beide Handflächen. Seine Blicke suchten jede Holzverbindung ab, jedes Bohrloch, jeden Zapfen; noch immer war das poseidonverfluchte Kupferbecken für das heiße Wasser nicht vollständig; es würde noch einige Tage dauern, bis die ersten Planken gebogen werden konnten.

Schritte knirschten hinter ihm im Sand; leichte Tritte. Er zögerte, sich umzudrehen. Es konnte nur Bhakti sein, seine Gefährtin, eine von vielleicht hundert Dienerinnen, Dienern, Handwerkern und versklavten Arbeitern, die Fürst Shodasa dem Fürsten Satâspa geschickt hatte, auf Befehl des Königs Pukkusati aus Takschaschila und unterstützt durch eine Mine Silbers.

»Du immer seh groß Boot, Herr Shilax. Besser seh mich«, sagte sie leise. Skylax drehte sich um und grinste.

»Ich riech dich im Schatten, Bhakti«, sagte er. »Ich muß das große Boot bauen. Du weißt es.«

Ihre Antilopenaugen leuchteten. Sie kauerte sich lächelnd vor ihm in den Sand; die Spitzen des schwarzbraunen, gewellten Haares berührten den Boden. Über dem rechten Ohr steckte eine blaue Lotosblüte. Bhakti war jung; noch besaß sie alle Zähne, die zwischen ihren dunklen Lippen ungewöhnlich weiß leuchteten. Skylax legte die Hand auf ihre Schulter und betrachtete die kreisrunden Spitzen ihrer Brüste und die dünne Schweißspur dazwischen. Ihre Haut roch leicht nach dem Rauch von Elemiharz.

»Kein arbeitet in Mittag.« Bhakti deutete zur Ansammlung der Hütten, legte dann den Finger an seine Stirn. Ihre Haut glänzte vom Palmöl. »Viel heiß. Sonne macht Blut in Kopf kochen. Ich gebracht groß Krug Palmwein.«

Skylax nickte, stand auf und zog sie in die Höhe. Sie gingen, jeder den Arm um die Hüfte des anderen, zu seiner Hütte. Der kleine spitzdachige Bau aus Holz, Bambus, lehmgefülltem Geflecht, ohne Fenster und voller Matten und Teppiche über der Sandschicht des Bodens, stand auf drei Ellen hohen Stelzen unter den ausragenden Ästen des Mangobaumes, etwas entfernt von den Fächerpalmen und den Unterkünften der Pârsa. Bhakti kletterte vor ihm die Bambusleiter hinauf und schob den bunten Leinenvorhang zur Seite; die drei Bahnen des Gewebes glichen dem luftigen Stoff aus Mudrayia.

»Palmwein«, sagte er halb zufrieden und folgte ihr. »Mittagsschlaf. Schweißtreibende Leidenschaft. Speisen, bei denen der

Rachen in Flammen steht. Noch mehr Palmwein. Arbeitsanfang im Morgengrauen. Es ist mir schon schlechter gegangen.«

Hinter ihm schwebten die Vorhänge zurück vor die schmale Öffnung. Der Raum und der einzige Wandschirm lagen in bernsteinfarbenem Halblicht. Bhakti wies auf einen kniehohen Tisch neben seinen beiden Truhen, auf dem ein mit nassem Stoff umwickelter Krug und Trinkkugeln aus beschnitzten großen Lormennüssen standen, dann nestelte sie am Knoten ihres bodenlangen Rockes. Der Stoff glitt wispernd über ihre Hüften und Schenkel, bevor ihre kundigen Finger den Seemannsknoten von Skylax' Schamtuch öffneten; als sie den Kopf hob, fiel die Blüte auf den Rand des Teppichs.

Das kurze, schädelsprengend laute Gewitter war weitergezogen. Im Rauschen des Regens, der jeden Tag um diese Stunde aus dem Himmel fiel wie ein Wasserfall, war Bhakti eingeschlafen. Skylax kniete auf dem Teppichrand und betrachtete ihren ausgestreckten, sanftbraunen Körper; auch heute hatte sie ihn mit ihrer heiteren, selbstverständlichen Leidenschaft mitgerissen, erschöpft und befriedigt. Er klappte grinsend die Truhe auf und glättete den Papyrus auf der Innenseite des Deckels. Gestern war Zeit für nur fünf Zeilen gewesen, ehe ihn Telamon gerufen hatte; es war wichtig, am zweiten Brief an König Dariuvahush und einem weiteren Kapitel des Periplous zu schreiben. Legenden, Gerüchte und Ungewißheiten durften weder auf dem Papyrus noch auf dem Schreibleder zu finden sein, wenn Schreiber Karashna die Worte ins neue Pârsa der Reichssprache übersetzte; er zwang seine Gedanken zur Genauigkeit und tauchte das weichgeklopfte Schreibried in die Tusche.

... wichen wir und die Krieger deines Fürsten Satâspa, o Herrscher, auf einer nördlichen Straße aus, denn wir wollten nicht den Aufständischen oder Wegelagerern in die Hände fallen. Von Bakhtrish, wo wir uns einen Siebentag lang erholten und die Tiere wechselten, ritten wir zur Satrapie Paropamesadae, wo wir auf König Kambushyas breite Straßen und deine ehrlichen Untertanen trafen, die uns durch den Paß der Unerträglichkeit zum Volk der Aparyter führten, und diese wiederum brachten uns ins Königreich von Pukkusati, das dieser Gandhara nennt. Ohne große Mühsal kamen wir, indem wir von den Bergen in eine Flußebene herabstiegen, zum Hindusch, dem Fluß mit den vielen Namen. Auf diesem langen Weg habe ich von Patshooly-Händlern erfahren, daß aus den Ländern am Hindusch seit langem mindestens zwei Straßen nach Westen bekannt sind, auf denen sich schwer bewaffnete Karawanen in dein Land wagen. Von welchen Handelsgütern, die es hier, aber nicht in Pârsa gibt, ich und meine Mannschaft erfahren haben, berichte ich später.

Abseits der Straße, wohin mich die Reiter am oberen Lauf des Hindusch führten, auf einer Hochebene, zeigten sie mir seltsame Tiere, größer und dicker als die Hasen, die wir kennen. Sie haben ein Fell mit langen Haaren und stehen aufrecht auf den Hinterbeinen und einem fingerkurzen Schwanz; mit ihren Nagezähnen bringen sie es fertig, gellend zu pfeifen, wenn ein Raubvogel oder ein Jäger sie erschreckt. Sie hausen in zwei oder drei Ellen tiefen Höhlen und Stollen. Aus ihnen schieben und schleppen sie mit messerscharfen Krallen viel Sand und Erde an den Tag. Ich habe die Haufen selbst gesehen. Diese sind voller Goldkörner. Die Eingeborenen tragen die Erde in Körben weg und sieben sie im Wasser, oder sie warten, bis der Regen und der schmelzende Schnee das Gold talwärts schwemmen. Ihr Name ist seltsam; er ist ähnlich den Pârsa-Wörtern für Ameise und Berg. Aber es sind, wie ich schrieb, keine Bergameisen.

Es war trotz der guten Sprachenkundigen nicht leicht, Fürst Shodasa von Pushkalavati, der in einem prächtigen Palast aus Stein, Holz, Lehmziegeln und Bambus lebt, zu überzeugen. Aber deine feinen Silbermünzen stimmten ihn rasch um. Er schickte seine Vertrauten mit Satâspas Lanzenreitern flußabwärts, um den Weg unserer Schiffe sicher zu machen. Sie werden noch nicht bald zurückkommen, denn in diesem Mond tränkt noch die jährlich wiederkehrende Regenzeit die großen Wälder, die Weiden und die Äcker. Fürst Shodasa, einer der vielen Brüder des Königs Pukkusati, hat uns Paria-Sklavinnen und Handwerker geschickt, wir geben ihnen Silber, und sie bauen zusammen mit meinen Männern und deinen Zimmerleuten das Schiff. Fast fünfmal tausend Menschen leben in Pushkalavati und im urbar gemachten Land, außerhalb der niedrigen Mauern und hinter sicheren Dämmen. Sie haben Rinder, Schafe, Ziegen und Pferde; schöne, starke Tiere, die Pukkusatis und Shodasas zweispännige Kampfwagen ziehen, ebenso wie in deinem Reich, o König Dareios. Die Wagen sind mit Kupfer, Bronze und Eisen beschlagen, viele Waffen sind aus Eisen, und daraus vermagst du zu erkennen, daß mein Bericht vom mächtigen König Pukkusati, der über das Reich Gandhara herrscht, kein leeres Gerücht ist. Satâspa und ich haben dem Königsboten berichtet, daß du in friedlicher Absicht viele Monde nach uns, durch dein Heer geschützt, König Pukkusati besuchen wirst; wir warten auf das Ende der täglichen Regen und darauf, daß der König mit eigenen Augen sehen will, was wir hier treiben. Gandhara und Pushkalavati östlich des Passes der Unerträglichkeit liegen in einer lichten Ebene inmitten undurchdringlicher Wälder voller Tiere, die weder uns Ioniern noch den Pârsa bekannt sind. Den Paß nennen sie so, weil er, dreitausend Ellen über der Ebene, mühselig zu begehen und im Winter meist unüberschreitbar ist. Dämonen, die dort lauern, haben uns nicht belästigt, aber wir haben in den elf Tagen der Überquerung vier Tragtiere und einen eingeborenen Führer verloren. Ich werde dir später über jedes Tier berichten, das ich selbst gesehen habe; es wimmelt von Affen, ähnlich denen, die man aus Mudrayia kennt, von hundeähnlichen Tieren, die von Baum zu Baum fliegen, und von Vögeln, die bunteres Gefieder haben als Sonnenuntergänge und, einen Herzschlag vor Sonnenaufgang, jedes lebende Wesen mit Kreischen, Zwitschern, Pfeifen und Trillern unwiederbringlich aus dem Schlaf reißen. Oft belästigen uns Schlangen; viele töten mit Giftzähnen blitzschnell und qualvoll. Im nächsten Kapitel berichte ich dir vom Bau des Schiffes.

Der Regen hatte so plötzlich aufgehört, wie er begonnen hatte. Draußen hallten Hammerschläge, Stimmen riefen durcheinander. Bhakti bewegte sich, öffnete die Augen und richtete sich auf. Sie legte die Finger auf die dunkelbraunen Brustspitzen und sah schweigend zu, wie Skylax schrieb.

Den Fluß Hindusch nennen die Eingeborenen meist Sindhu, wir sagen: H'indos oder Indos. Sieben Ströme, sagen sie, münden in seinen Mittellauf, den sie fürchten, weil er oft sein Bett verläßt und sich andere Wege zum Meer sucht. Auch ins Südmeer mündet er siebenfach, sagen sie; man hat mir die Namen genannt, aber keiner konnte sie schreiben.
Von Sonnenuntergang nach Aufgang heißen sie: Sagâpa, Sindhon, die goldene Mündung, Sharivon, Sabarâgas, Sabalâsa und Lonibaree. In meinen Periplous werde ich hineinschreiben, was die Wahrheit ist, aber erst, wenn ich dort gerudert und gesegelt bin. In einem Mond, glaube ich, ist das Schiff bereit. Bevor wir Pushkalavati verlassen, sende ich einen weiteren Boten zu dir, König Dareios.

Skylax zuckte mit den Schultern, wischte die überschüssige Tusche an einem Lappen ab und verschloß sorgfältig den kupfernen Krug. Als er aufblickte, sah er in Bhaktis Augen. Sie wartete, bis er den Papyrus zusammengerollt hatte und sagte:
»Du und die anderen: ihr viel arbeitet. Ihr immer in Hastigkeit. Wer euch treib?«
»Die ganze lange Nacht werd ich Zeit für dich haben«, sagte Skylax und klappte den Deckel zu. Er hob die Hand und spreizte die Finger. »Uns treiben fünf oder sechs seltsame Götter, meine Schönste: Sie heißen Neugierde, Entdeckerfreude, Königsbefehl, Drang nach Freiheit und Gold- und Meeres-Sehnsucht.«
»Wir bring Opfer für andere Götter.« Bhakti stand auf und bückte sich nach ihrem Rock. »Wir nicht mach schwarze Vogelfuß auf Blatt.«
Skylax wedelte grinsend mit der Papyrusrolle und sagte:
»Die Zeichen, die manchen Vogelspuren gleichen, halten den Augenblick fest, bewahren unsere Erinnerungen. Und später kann ein anderer lesen, was ich heute gedacht und gesagt hab, ohne daß ich mit ihm spreche. Komm, hilf mir, den bärtigen Karashna zu finden; er macht viel schöner Vogelfuß auf dünn Leder.«

Sie leerten den Krug, dessen Inhalt lau geworden war. Skylax schob Bhakti zum Ausgang und folgte ihr über die Bambusleiter hinunter. Nach kurzer Suche fanden sie den jungen Pârsa, und er versprach, die Botschaft an den König in zwei Tagen fertig geschrieben zu haben – wenn nicht Skylax oder Satâspa Änderungen verlangten oder unbillige Zusätze forderten.

Nach dem kurzen, heftigen Regen stieg aus dem breiten Streifen Land entlang des Flusses stundenlang heiße Luft in die Höhe, bis zum frühen Abend, an dem jenseits der Waldränder im Westen und Norden hohe Berge zu sehen waren. An manchen klaren Morgen sahen die Pârsa hinter der Bergkette, unendlich weit entfernt, schroffe Gipfel aus Schnee und Eis, über denen sich seltsame Wolken formten; sie zeigten den Rand der Welt, dem sich die Krieger, Handwerker und Kundschafter während langer Ritte abermals ein Stück genähert hatten. Aber da selbst hier Menschen lebten, die sich kaum von ihnen unterschieden und am ehesten den hellbraunen Mudrayianern glichen, unterdrückten sie ihre Furcht und dachten an ihr Vorhaben. Weit im Osten, berichtete Fürst Shodasa, lag das Land Thatguyia, das Kambushya erobert hatte und dessen Kshatrapan Zimakka von Dariuvahush abgefallen war; so weit entfernt, dachten Satâspa und Skylax, daß weder der Lügenkönig noch das Heer Dariuvahushs mit der Fahrt des Schiffes etwas zu tun hatten.
Die heißgemachten, triefenden Planken wurden gebogen und eingepaßt, die Fugen mit dicken Bändern aus Leinen und braunem Fasergeflecht abgedichtet. Das Erdpech, das sie mitgebracht hatten, stank erbärmlich. Auf den Kielbalken fugten und verzapften die Schiffszimmerleute eine zweite Bohle, auf die in zwölf Teilen eine Kufe aus Bronze gehämmert wurde. Jedes Teil stellten die Schmiede zweifach her, als Ersatz, hämmerten Bronzenägel und breite Beschläge. Die Balken, auf denen das Deck befestigt werden sollte, schienen Bug, Bauch und Heck des Schiffes zu spreizen, knisternd mit Gewalt auseinanderzustemmen. Eine halbe Stunde nach Sonnenaufgang begannen fünf, sechs Dutzend Männer und ihre vielen Zuarbeiter zu schuften, ununterbrochen bis zum höchsten Stand der Sonne.

Bhakti und ein zahnloser, weißhaariger Greis schnitzten Ranken und Gesichter in den Bugbalken und die Heckbordwand. Aus hartem, rötlich schimmerndem und schier unzerbrechlichem Holz wurden Schaft, Blatt und Pinnen der beiden Steuerruder geschnitten und gedrechselt; mit Bimsstein glätteten die braunhäutigen Helfer die Planken, Schäfte, Balken und die geschnitzten, langen Riemen. Der tägliche Regen, der den Fluß hatte anschwellen lassen, ließ in seiner hemmungslosen Stärke nach. Skylax, Telamon und Astraios vermieden alle Fehler, die sie von anderen Schiffen und der *Atem des Boreas* in grämlicher Erinnerung hatten. Langsam und gründlich arbeiteten die Eingeborenen, aber jedes Stück, das sie aus den Händen gaben, war gediegen; fehlerlos vollkommen. Seilschläger Bion prüfte jede Elle Lederschnüre, Stricke, Seile und armdicke Taue. Astraios ging mit Jägern und Holzfällern zum Wald und suchte zwei Bäume aus: Mast und Ersatzmast. Oft kam Fürst Shodasa und betrachtete das Wachsen des Schiffes und die Boote, in denen Ruderer, Steuermann und Fischer auf dem Sindhu übten. Segelmeister Strattis lehrte die jungen Pârsa schwimmen – die Faulen, Ängstlichen, fluchte er, würde der Fluß auf die Insel der Begriffsstutzigen schwemmen, wo sie sich bis zum Ende von Fischen und Skorpionen ernähren sollten. Satâspa gab es auf, seine Bogenschützen und Lanzenreiter zum Schwimmen aufzufordern, nachdem sie zwei Männer vor dem Ertrinken gerettet hatten. Auf einer Bahn aus weichem Palmholz, mit Wasser und Palmöl getränkt, zu beiden Seiten eines flachen Grabens, zogen zweieinhalb Dutzend Männer und ein Arbeitselefant ohne Schwierigkeiten das Schiff aus dem Schatten der Banyanbäume zum Flußufer. Fischer errichteten über dem halboffenen Deck einen Schuppen, den sie mit Palmwedeln deckten; als er endlich fertig und das Dach dicht war, hörte der Regen bis auf wenige, unregelmäßige Schauer völlig auf.

Das dicke Leinen, das Satâspas Lasttiere geschleppt hatten, reichte nicht. König Pukkusati schickte zwei Ballen eines ungewöhnlich festen Leinengewebes, das die Frauen durch dreifache Nähte verbanden und mühsam, Handbreit um Handbreit, mit einer duftenden Mischung aus Öl, heißem Wachs und einem bitteren Wurzelsud tränkten. In Sonnenhitze und täglichem Regen waagrecht ausgespannt, abwechselnd durchnäßt und getrocknet, erschienen auf dem Stoff wundersame Narbungen schwellender und ineinander verschwimmender Farben; bunt wie das Gefieder der nektarsaugenden Schwirrvögel.

Dreihundert Männer waren mit Satâspa und Skylax aufgebrochen. Fünfzehn waren auf dem langen Ritt gestorben oder krank zurückgelassen worden, zwanzig waren mit König Pukkusatis Reitern flußabwärts gezogen. Mehr als hundert – die zu den fünf ionischen oder karischen Barbaren während des kräftezehrenden Rittes Vertrauen gefaßt, beim Bau der Boote und des Schiffes geholfen und die Wichtigkeit halbwegs unsichtbarer Winzigkeiten begriffen hatten – wollten mit Kapitän Skylax und seinen Freunden hinduschabwärts, zur Mündung und ins Unbekannte Südliche Meer segeln; Fürst Satâspa hatte mit todernsten Blicken versichert, Skylax um Mittag auf dem Markt zu Pushkalavati in gemütlicher Freundschaft zu häuten, wenn er ihn nicht mitnähme. »Hundertsiebzig, meinethalben hundertfünfzig Männer, von den Frauen des Landstrichs hingebungsvoll verwöhnt, gute Krieger, die ihre Zuverlässigkeit tausendmal bewiesen haben – sollen sie sich hier zu Tode langweilen, bis Dareios-Daruvaihursch zu erscheinen geruht?«

»Er heißt Dariuvahush, du bartloser, hosenloser Karer!« Fürst Satâspa hob, die Finger trichterartig um die Wölbung der Nußschale, das Trinkgefäß. »Langweilen? Wenn du den hölzernen Fraß der Schlickwürmer nach Süden wendest, werden sie sich jede faule Stunde im Umkreis der Werft zurückwünschen. Ich schwör's bei Ahura Mazdâh!«

»Außerhalb seiner schattigen Schwingen.« Skylax legte den Arm um Bhaktis Rücken und streichelte mit den Fingerknöcheln ihre rechte Brust. »Hosenlos aber nicht hodenlos, o bartvoller Pârsa. Solange du meine Bezwingerin vernichtender Wogen nicht ›Äsung der Bohrwürmer‹ oder ›Weide von Meerespocken‹ nennst – wie ich es von Feinden karischer Meereskunst hörte! –, bleibst du, was mich angeht, unerträndt. Trotzdem solltest du, betrunken oder noch nicht, meine Frage beantworten.«

»Ich? Ertränkt? Betrunken?« Satâspa, ebenso im dünnen Hemd

aus buntgesäumtem Hindusch-Byssos, verschüttete lachend die Hälfte des Palmweins. Er rückte zwei Handbreit von Ajm ab, die sein Ohr mit dem Ende ihres hüftlangen Zopfes kitzelte, und sah sie erstaunt von der Seite an. »Bin ich etwa betrunken, Würze meiner gierigen Lendenenden?«

»Noch lange nicht«, sagte sie. »Aber dein Barbarer-Freund wartet noch immer auf deine Antwort.«

Der Pârsa hob die Hand. Unter dem Blattwerk, das in einem nächtlichen Windstoß erschauerte, jagten zuckend große Fledermäuse nach Nachtkäfern. Schwellende Büsche unweit des verglimmenden Feuers waren voller aufgeregt blinkender Leuchtfliegen. Aus dem Wald ertönten die Laute unsichtbarer Tiere, wie stets um diese Zeit. Plötzlich wurde Satâspa ernst; er redete wie ein Fürst, der Dareios' Siegel trug; leise und scharf.

»So wie ich und du, Kapitän des Wunderflusses, sind die Männer dem Herrscher verpflichtet. Mit ihnen freue ich mich, daß sie gesund sind. Sie haben es gut im kleinen Königreich Gandhara. Sie werden, wenn wir fortsegeln, dieses Dörfchen ausbauen, mit den Eingeborenen Herden hüten und Felder bestellen und ihnen zeigen, wie man gegen die Überschwemmung gute Dämme baut, und feine Kanäle. Die besten Krieger schicke ich als Begleiter der Karawanen – mit einer Truhe voll Dârayaken – zur Straße nach Sonnenuntergang, zum Paß. Sie sollen dafür sorgen, daß die Straße ausgebaut und die Raststätten verbessert und vergrößert werden; wenn Dareios kommt, soll er die Zwillingsschwester der Königsstraße sehen.«

»Ohne Zweifel die ärmliche, ungewaschene Schwester«, sagte Skylax und nickte schwer. Von den Eingeborenen hatten sie erfahren, daß in einem Siebentag der Regen für dieses Jahr aufgehört haben würde und der Wind umschlug; er käme dann mondelang aus der Richtung des Sonnenaufganges. Bhakti lehnte schwer an Skylax' Schulter. »Du hast recht: Niemand wird sich langweilen. Und du – willst du wirklich im salzigen Meer ertrinken? Nur weil dein Vertrauen in Telamon und mich deine Ahnungslosigkeit übertrifft?«

»Wir beide sind so ahrimanverflucht gut, gesund, kräftig, entschlossen und gerissen – ich hab dich beobachtet, Karer! –, daß alle Fische und Meeresungeheuer schreiend davonschwimmen, wenn sie unsere – wie soll das schwimmende Feuerholz heißen? – von weitem sehen.«

»Schreiende Fische, die flüchten.« Skylax schüttelte sich. »Das muß mir eine betrunkene Landmaus sagen! Der Name? Ich denke an *Ferner Apoll*. Oder: *Pteron, Nausia, Xenos* ... Flügel oder Schwinge, Meeresübelkeit, Fremde – wollen wir sie *Schwinge der Ufer* nennen? Nein, unsinnig. *Apollon* – träfe; der fernzielende Gott klarer Gedanken. *Pfeilschuß nach Pârsa*? Seeleute sind abergläubisch – klingt umschweifend und zu großartig.«

Satâspa zog den Kopf zwischen die Schultern, schien seine Zehen anzustarren und schob gedankenverloren Holzreste in das Gluthäufchen. Etliche Herzschläge danach flackerten Flämmchen aus der Glut und beleuchteten die Vier im tageswarmen Sand.

»Warum nennen wir das Wrack nicht *Unsterbliche Schneide* oder *Lanze der Unsterblichen*? Beide Namen kennzeichnen trefflich das mörderische Wagnis, das wir eingehen, und das Ziel?«

Skylax nahm seinen Arm von Bhaktis Schulter, klatschte in die Hände und rief: »*Unsterbliche Schneide*! Name ist Bedeutung, Ziel und Aufgabe. Einverstanden, Fürst der fernen Pârsa! Die UNSTERBLICHE! Unsterblich wie unser Ruhm, wenn wir nach zehn Jahren Irrfahrt mit Dareios' Enkeln zusammentreffen, irgendwo am Rand der Weltscheibe.«

»Ihr Karer seid schwimmend-wandelnde Zumutungen.« Satâspa hob schnalzend den Kopf und wartete, bis Bhakti die Trinkschalen aus halbierten Nüssen gefüllt hatte. »Dareios' Enkel! Zehn Jahre! Am Rand der Welt! Ich muß wahnsinnig gewesen sein, als ich mit euch hirnsiechen Sechs geritten bin!«

»Dein unglaublicher Mut adelt dich, Fürst«, sagte Skylax und stieß ein schrilles Gelächter aus. »Sofern man Fürsten noch adeln kann. Komm auf die Atzung der Meereswürmer! Wenn du überlebst, schreckt dich keine Laune des Königs mehr, selbst wenn sie in seinen wüstesten Alpträumen gezeugt wurde.«

Satâspa seufzte und umarmte Ajm; es schien, als klammere er sich an die junge Frau mit der silbernen Blüte im Nasenflügel. »Was weißt du schon von den Träumen des Königs, o Käpten?«

»Wenig oder nichts. Lob dem Zeus!« Skylax griff nach dem Tonkrug, einem der letzten mit Pârsawein. »Und das ist gut so. In zwei Siebentagen beginnen wir das Wagnis. Du kannst heute schon anfangen, dich zu fürchten.«

Satâspa vollführte eine eindeutig schäbige Geste.

»Bevor ich dir gegenüber zugebe, mich zu fürchten, muß ich mich wirklich ängstigen. Bisher hab ich mich noch nie wirklich gefürchtet.«

Käpten Skylax blinzelte in die Flammen; schließlich sagte er leise, fast verzeihend, voller Verständnis: »Nur Narren fürchten sich nicht. Glaub mir, Fürst – mein halbes Leben hab ich mich gefürchtet. An diesem Punkt nächtlicher Wahrheiten sollten wir den Liebreiz unserer Gefährtinnen genießen und alles andere zu vergessen trachten.«

Über den Rand der Trinkschale hinweg starrte Satâspa in Skylax' Augen. Überaus langsam schüttelte er bejahend den Kopf und murmelte: »Mit unbedeutenden Ausnahmen, karischer Käpten, habe ich nur kluge, ehrenwerte Freunde. Mir dünkt, daß du irgendwann zu ihnen gehören könntest – aber dies wird sich wohl erst in den Wellen erweisen.«

Ohne einen Hauch Spott erwiderte Skylax: »In den Wellen des Meeres, Satâspa. Ich schwör's. Die ganz große Prüfung. Nichts ist mächtiger als das Meer. Wenn wir überleben und ich den Periplous deinem König übergebe, werden uns hundert Geschlechter rühmen.«

Satâspa stand auf, streckte beide Hände aus und zog Ajm hoch. Skylax blieb sitzen und betrachtete ihn in kühler Ruhe. Der Fürst – Skylax wußte aus langen Gesprächen während des Rittes, welch riesiges, geordnetes Königslehen Satâspa im Westen zurückließ – tat einen titanischen Satz über seinen Schatten. Skylax verstand, daß Satâspa all seinen Mut brauchte, um mit der *Unsterblichen* zu segeln. Er hob die Hand und sagte:

»Nach einer wohligen Weile, Fürst und Freund: Die Götter der Hellenen, Pârsa und Gandharas mögen dir tiefen und traumlosen Schlaf schenken.«

»Dank dir, Kapitän.«

Satâspa und Ajm waren nach wenigen Schritten im Dunkel verschwunden. Bhakti wickelte das feuchte Tuch vom Krug und füllte mit dem Rest die Trinkschalen. Der Mond, der sich viermal gefüllt und vermindert hatte, glitt dem flachen Horizont entgegen; irgendein Tier regte sich im Wipfel, und in der halben Finsternis sirrten schneidend unsichtbare Stechmücken.

Bhaktis langer Zopf wirbelte durch die Luft; sie stützte sich auf Skylax' Schultern, beugte sich weit zurück und hob und senkte ihren Körper. Ihre Gesichtszüge verschwammen im Ausdruck der Leidenschaft, ihre Augen waren geschlossen, die Lippen weit geöffnet, sie keuchte und atmete schnell und schwer. Skylax spürte seinen Herzschlag bis in die Schläfen, als er sich aufbäumte und Bhakti wenige Augenblicke später auf seiner Brust zusammensank. Zitternd hielt ihn Bhakti lange in sich, glitt dann von seinen Schenkeln und lag, ebenso erschöpft wie er, in seinem Arm. Das Haar ihres Zopfendes kitzelte seinen Hals; sie starrten blicklos in die Schattenmuster des Hüttendaches. In der kupfernen Lampe brannte ein Palmölflämmchen und ließ die Maserung im harten Holz der Lorme hervortreten. Skylax' Gedanken schwangen weit wie die Dünung Thalassas und ebenso gleichmäßig. Murmelnd versuchte er, seine Gedanken zusammenzufassen:
»Nach den tausend Inseln, Buchten und Untiefen meiner ›Umseglung‹ jetzt dieses Wagnis. Der Fluß, dessen Länge keiner kennt. Breit wie ein Strom, der seinen Lauf ändert. Wenig Wasser, wenn der Regen aufgehört hat, und sieben Mündungen? Wohin segelst du, Skylax?«
Jeder Pfad hatte eine Stelle, an der sich rasten ließ, an der ein Aufstieg endete und der Abstieg begann. Seit das Schiff zum erstenmal schwamm und das Holz der Planken quoll, gab es Zeit, nachzudenken, ein wenig mehr die Menschen und das Land kennenzulernen, zu schreiben und die kommenden Monde zu begrübeln. Skylax fürchtete sich nicht vor dem Sindhu, dessen Krokodilen, Tigern und Nashörnern – dank der Boote würde das Ufer niemals unrettbar fern sein –, auch nicht vor dem Meer des Südens; die Welt kannte wenige Kapitäne mit mehr Erfahrung. Er war sicher, daß er und die Seinen das Wagnis an Bord der *Unsterblichen* überleben würden, auch wenn Fürst Satâspa fürchtete,

zum Rand der Welt abgetrieben zu werden, zum Eiswall, zu den Öffnungen, durch die der Okeanos schäumend in die Leere des Chaos stürzte, ins Schwarze Vergessen des nassen Tartaros. Alles diesseits dieser lebensauslöschenden Grenze würde Skylax beherrschen können, zusammen mit Telamon, Strattis, Bion, Deinias und Astraios. In Gandhara lebten Elefanten, im fernen Kushiya auch, mit ihren elfenbeinernen Stoßzähnen handelten die Eingeborenen dort wie hier – an einer Küste Kushiyas also würde die *Unsterbliche* nach vielen Monden Fahrt landen.

Neben ihm rührte sich Bhakti, richtete sich halb auf und verschränkte die Arme auf seiner Brust. Ihre Augen schienen, wenige Atemzüge lang, in die Zukunft zu blinzeln.

»Bald dein schön Schiff flußabwärts schwimm«, flüsterte Bhakti. Ihre Stimme klang traurig. »Nach Süden. Und ich wieder allein. Sklavin. Arm, rechtlos, überflüssig. Du mich mitnehm werd, Käpten Shilax mit unermüdlich Lende?«

Skylax holte tief Luft, zog die Frau enger an sich heran und versuchte, im Halbdunkel den Ausdruck ihres Gesichts zu erkennen. Nachdenklich, fast stockend entgegnete er:

»Fortgehen. Bleiben. Fluß, Strom oder Meer – ein Schiff muß wie ein Pferd galoppieren, auf Meerespfaden. Wir sind zu euch gekommen, um eine Fluß-Legende zu überprüfen. Nähme ich dich mit uns – du würdest Unsicherheit gegen Gewöhnung tauschen: In Pushkalavati ist dein Leben vorgezeichnet. Auf der *Unsterblichen*, mit dreißig Männern, wärst du Teil der Zufälligkeit. Es gäbe Unfrieden deinetwegen, und Neid auf den Kapitän.«

Er streichelte über ihre Schulter und legte die Hand auf ihren flachen Bauch. Sie blickte ihn unverwandt an und blies ihren Atem in sein Gesicht. Leise redete er weiter.

»Vom Reichtum und Ruhm, wenn wir überleben und ich mein Buch der Buchten, Winde und Strömungen übergebe, bis zur Marter des Verdurstens, des Verschlagen-Werdens ins Unbekannte, spannt sich der Regenbogen des Schicksals. Ich würde mich freuen, wärest du an Bord. Ich würde mich verfluchen, wenn du verdurstest, ertrinkst. Bisher war es so: Verließ ich eine Bucht, einen Hafen, so gab es ihn in meiner Erinnerung nicht mehr. Er war für mich verschwunden. Ich bekam Silber oder Gold dafür, daß ich Strömung, Landmarken und Quellbuchten in ungefügen Bildern zeigte.«

»Du geh und ich zurück muß bleib. Kann ich nichts dagegen tu?«

»So ist es, Schönste«, murmelte er. Sie legte ihre schmeichelnden Finger auf sein Gemächt und flüsterte: »Alles, was ich denk: Sklavin bin in Pushkalavati. Was immer du will, Käpten – ich tu's. Nimm mich mit. Alles besser als hier bleib.«

»Du weißt nicht, wovon du redest«, sagte er. Sie nahm seine Hand und legte sie auf ihre Brust; die Spitze hatte sich hart aufgerichtet. Skylax blinzelte ins Ölflämmchen, sah den spiraligen Schaft der Lorme und murmelte: »Was wir tun, ist hart. Nicht einmal ich kenn das Ziel und das Ende.«

»Seit vier Mond ich lieg bei dir, eine Paria. Bin dumm, arm und hoff. Auf dich. Fürcht mich nicht vom Rand von Welt herunterfall. Da werd ich deine Hand halten, Sky.«

Sie keuchte und schrie seinen verstümmelten Namen, wenn die Leidenschaft sie übermannte. Skylax hatte die Fragen dieser Nacht erwartet. Es war nicht das erste Mal; er mußte sich stellen und sagte:

»Ich kann nicht allein entscheiden. Ich frage Satâspa und meine Fünf.« Er stand auf, glitt die Bambusleiter hinunter und schlug sein Wasser zischend in die dampfende, schwarzrote Glut ab. Die Nacht schien von allen Seiten auf ihn einzuschlagen. Ein riesiges Tier schrie im Wald, vielleicht ein Tiger; Hyänen kicherten heiser. Dumpfes Hundegebell erscholl aus der Stadt. Skylax richtete den Blick auf einen großen, rötlichen Stern und stöhnte, kletterte die Leiter hinauf und setzte sich auf die Truhe.

»Wenn die *Unsterbliche* die Grenze zwischen Sindhu und dem Meer erreicht hat, würdest du mich verfluchen und dir wünschen, du wärst in Pushkalavati alt und faltenreich geworden.«

Bhakti schien zu glauben, er habe zugestimmt. Vielleicht zehnmal hatte er ihren Bitten entkommen können; sie strahlte ihn an, als sei sie neugeboren. Sein Grinsen war verzweifelt. »Warte die Entscheidung ab. Auf dem Land ist vieles einfach, auf nassen, schwankenden Planken verliert sich jäh die Selbstsicherheit.«

Bhakti hob mit der Rechten ihre Brüste an, öffnete langsam die Schenkel und flüsterte mit rauchiger Stimme:

»Du wirklich will, Käptayn? – ich und du; wir schaff es.«
Sein Blick richtete sich in unergründliche, tiefgraue Fernen, und
tonlos sagte er: »Ich schaffe es! Bei Ahura Mazdâh, Zeus, Poseidon oder wem auch immer.«
Die Reiter König Pukkusatis, Fürst Shodasas und Fürst Satâspas
kamen zurück. Drei Männer waren an Schlangenbissen gestorben, einer war ertrunken. In der Flußebene hatten sie, mehr oder
weniger zutreffend, fünfzig Parasangen flußabwärts zurückgelegt, und, mehr oder weniger gut, die Sprache der Eingeborenen
gelernt. Skylax und Schreiber Karashna verbrachten drei Tage
mit den erschöpften Männern, die von der Sonne schwarz gebrannt worden waren und von seltsamen Tempeln berichteten,
von Eingeborenen, die Elefanten jagten, von begehbaren Furten,
menschentötenden Tigern, unverständlichen Bräuchen, von Gif-
ten, heilenden Salben aus Rotholzharz und Pflanzensuden, von
überströmenden und austrocknenden Flußbetten, in denen riesige
Krokodile und graue Tiere mit Hörnern zwischen den Nüstern
schwammen; mit seinem Brief auf eng gerolltem Schreibleder
trabten ausgeruhte Boten und Lanzenreiter nach Westen, zum
Paß der Unerträglichkeit. Skylax vergaß kein Wort der Berichte,
aber seine Aufgabe war, die Länge, Wesensart und Schiffbarkeit
des Hindusch zu beschreiben. Am dritten Mittag, nachdem die
Königsboten Pushkalavati verlassen hatten, endete der Regen.
Wolkenloser Himmel spannte sich über der Flußebene; die
dampfende Feuchtigkeit in der Luft schwand.

Zuletzt malten Skylax und Bion die großen, geschnitzten Augen
an den Seiten des Bugs mit schwarzer, grellweißer und roter Farbe aus; das Schiff schien die Werft und die Ufer mit prüfendem
Lächeln anzusehen. In die Röhren aus Schilfgeflecht, rechts und
links des Kielbalkens, ließ Deinias die Vorratskrüge einladen:
Palmöl, Honig, gemahlenes Korn, Erbsen und anderen Proviant,
der nicht schnell verdarb; getrocknetes Fleisch, Salzfisch, Honig-
früchte. Ersatzruderriemen, das zweite Segel, eng gerollte Seile,
die Kette für den Anker aus Stein, Holz und Eisen und die
schweren Truhen wurden durch die große Luke in den Bauch der
Unsterblichen gewuchtet und sturmsicher befestigt. Skylax und

Telamon hatten jede Fuge geprüft: Das Schiff war trocken geblieben und wiegte sich so ruhig in den Wellen, wie es Astraios und Skylax erhofft und ausgerechnet hatten.

»Grinst du oder lächelst du, Käpten?« Satâspa stieß Skylax den Ellbogen in die Seite. Sie standen neben dem Steg, auf dem die Mannschaft bedächtig das Schiff belud. Schreiber Nakmanda strich Zahlen und Wörter auf einer Liste durch, Deinias blickte über seine Schulter: »Dir gefällt, was du siehst?«

»Dafür haben wir hundert Tage geschuftet. Ich lächle, Fürst«, sagte Skylax. »Unsere Zeit endet. Du bist unser Anführer, mit dem Siegel des Dareios. Ich hab eine Bitte.«

Satâspa nickte. Sein Haupthaar war kürzer als zwei Fingerbreit, ohne Bart sah er fremd und jünger aus; als habe er sich entschlossen, ein anderer zu sein. »Ich weiß. Unsere Entschlüsse stehen fest: Wir nehmen keine Frau mit! Ich sag's deiner Bhakti und meiner Ajm.«

»Ich danke dir, Fürst.« Skylax zog den Kopf zwischen die Schultern und starrte auf weiße Buckelrinder und schwarze Büffel, die sich durch seichtes Wasser schoben, halbwüchsige Reiter im Nacken. »Ich bin in solchen Dingen nicht unerfahren, aber voll Verlegenheit; wer ist schon gern ein Schurke?«

Die Mannschaft, etwa dreißig Männer, wartete auf König Pukkusati, der die Abfahrt der beiden Boote und der *Unsterblichen* beobachten wollte. Satâspa brummte:

»Dariuvahush glaubt, daß Gandhara noch immer eine Kshatrapie Kambushyas ist, die bisher versäumt hat, Tribut zu zahlen. Vielleicht wird er König Pukkusati bekämpfen und besiegen. Ich habe lange mit dem Herrn von Pushkalavati geredet, der leicht zu überzeugen wäre von den Segnungen unseres großen Reiches.« Er deutete auf die Siedlung, aus der leise Musik aus gandharischen Instrumenten zu hören war. »Das ist nicht unsere Sache, Käpten. Wenn unser König kommt, sind wir ganz weit weg.«

»So ist es, Anführer. Nach dem Fest – in drei Tagen.«

Skylax saß auf zusammengefalteten Decken und Mänteln im Heck der *Unsterblichen*. Das Schiff war so gut und gewissenhaft gebaut worden, wie es die Aufgabe erforderte; dies hatte seine Zeit gebraucht: Übertriebene Eile bedeutete für ihn sicheren

Schiffbruch. Zwei Tage lang, von Sonnenaufgang bis zur Dunkelheit, hatten er, Steuermann Telamon und Astraios, der Schiffsbauer, mit der Mannschaft und auf dem breiten Fluß geübt. Nichts Sinnvolles war unerledigt geblieben; die Gedanken und Vorstellungen aller Männer zielten auf Ablegen, Rudern, Segeln und Treiben in der Strömung. Am Rand des Kornfeldes, im Rinderpferch, hantierten einige Bauern mit einer frisch geschärften Lorme; ein mächtiger schwarzer Stier riß an den Seilen und brüllte markerschütternd. Bhakti legte die Arme um Skylax' Schultern und starrte ihn an. Ihre Augen waren feucht, sie redete langsam und mit heiserer Stimme.

»Das Fest vorbei, Kaptayn. König hat mit seinen Wagen und Elefanten Stadt verlassen. Hab verstanden, was Satâspa uns sagt hat. Du geh, ich bleib.«

»Ich ... wir gehen ins Ungewisse, Schönste«, sagte er. »Vielleicht bringt uns euer Fluß um. Oder das Meer ersäuft uns. Wir leben mondelang in Furcht und wissen nicht, was der nächste Tag bringt. Du bleibst in einem Leben ohne Furcht.« Fast unmerklich schaukelte das Schiff an den Haltetauen. Goldschmiede aus Pushkalavati hatten aus silbernen und goldenen Münzen ein filigranes Halsband, Ohrringe, eine Blüte für den durchbohrten Nasenflügel und Armbänder hergestellt; Bhakti trug sie voller Stolz, ebenso wie das gewickelte Kleid aus breitem Stoff, das bis zum Hals reichte. Bronzeperlen, Plättchen aus Flußmuscheln und weiße Lederbänder waren in ihr hochgetürmtes Haar eingeflochten. Sie senkte den Kopf.

»Leben mit kein Furcht, ja. Und frei – was bedeutet, werd ich später erkenn. Heut nacht ich zum letztmal Sklavin – deine Sklavin, o Kaptayn von Sterne, Märchen und groß Meer.«

Mit fünf goldenen Dârayaken hatte Skylax – Satâspa folgte seinem Beispiel – seine Gefährtin der verflossenen Monde von Fürst Shodasa freigekauft, ihr eines der Häuschen neben der Werft und genügend Werkzeug geschenkt; sie war eine begabte Lormen- und Holzschnitzerin. Nur eine Geste, erwachsen aus seinen grauen Gedanken. Sie nahm seine Hand und verschränkte ihre Finger mit seinen.

»Ich will jetzt nicht auf dein Schiff sitz, Sky. Komm ins Häus-

chen. Unser letzt Nacht. Freundin hat Palmwein mit Ingwer gebracht und Essen – erzähl von unsichtbaren Flüssen im Meer, das
ich nicht kenne.«

»Jedes Wort, Schönste, sticht wie ein Nadeldolch.« Skylax stand
auf und half ihr schweigend über die Bambusleiter auf den Steg
und den Pfad zu seiner leergeräumten Hütte. Hinter dem Vorhang
flackerte ungewohnte Helligkeit. Bhakti kletterte hinauf, er folgte
und sah sich einem Kreis von vielleicht zwei Dutzend ölgefüllter
Schälchen gegenüber, in denen Baumwolldochte brannten; sie umgaben das Lager aus Teppichen, neben dem Krüge und Trinkschalen standen und, auf wasserbeperlten Blättern, scharf gewürzte
Leckerbissen lagen. Er lehnte sich gegen die Bambuswand, hörte
leichte Tritte im Sand und dann die zögernd einsetzende Musik:
klirrende Metallplättchen, Flöten, leise wimmernde Saiteninstru-
mente. Bhakti zog die Silberblüte aus dem Nasenflügel, nahm
Halsschmuck und Ohrringe ab, wickelte aufreizend langsam die
Stoffbahn des Kleides von ihrem Körper. Erst jetzt sah er, daß sich
dünne Goldkettchen dreifach um ihre Fesseln wanden.

Ihr junger, straffer Körper glänzte matt von Palmöl und duftete
nach Lotos und schweren, sinnbetörenden Düften. Flammend
rote Farbe bedeckte die Spitzen der Brüste. Skylax zog seine
Füße aus den Sandalen und fühlte Bhaktis Finger an seinem Chiton, am Schamtuch, auf seiner Haut; als er Bhaktis Duft durch
die Nüstern sog, taumelte er.

»Nimm mich.« Sie flüsterte und rieb die Brüste an seiner Brust.
»Ich dir gehör – bis zum letzt Sonnenaufgang.«

»Ich kenn vieles«, murmelte er und umarmte sie. Sie war schlank
und schön wie eine samische Statue aus dunklem Stein. »Nicht
alles. Du überraschst mich. Ich werde den Tag verfluchen, an
dem ich dich zurücklassen mußte.«

»Nicht fluchen – weinen.« Sie näherte ihr Gesicht seinem Kinn
und küßte ihn. Zuerst war es wie die Berührung eines Schmetter-
lings, dann züngelte ihre Zunge tief hinter seinen Lippen, und
mit jedem Herzschlag nahm eine Art Raserei, eine lustvolle Verzweiflung zu, eine Blindheit, gleichzeitig ein Aufruhr aller Sinne; die Musik glitt in zirpende Bedeutungslosigkeit zurück. Es
dauerte bis zu dem Augenblick, als sich außerhalb der Öllichter

und der Sandelbaumstäbchen, von denen eines nach dem anderen flackernd und aufglühend erloschen war, der Vorsonnenaufgang-Lärm erhob. Skylax zog sich an, kauerte sich neben der Schlafenden nieder und betrachtete ihr Gesicht, das einen friedlichen, ruhigen Ausdruck zeigte. Er sah Stärke, Ruhe und Selbständigkeit in den Zügen, oder glaubte sie zu sehen, weil er es glauben wollte. Dann küßte er die faltenlose Stirn und verließ die Hütte.

Die letzte Tauschlinge schlug schwer aufs Bugdeck. Skylax winkte den Männern in den Booten zu; je vier in jedem Boot, das durch ein drei Finger dickes Seil mit dem Heck der *Unsterblichen* verbunden war. Telamon und Strattis standen am Doppelruder. Der Bug des Schiffes drehte sich in die Strömung; ein Dutzend Schläge der zwölf Riemen, sechs an jeder Seite, brachten das Schiff in die Mitte des Sindhu. Skylax gähnte, aber seine Augen beobachteten falkengleich jede Bewegung, jeden Wasserwirbel, jedes Zittern der Masttaue. Hinter den Steuermännern stand Fürst Satâspa. Seine Augen lagen tief in den Höhlen und schienen blutunterlaufen. Skylax sagte laut:

»Jetzt beginnen wir, was der König befal. Denkt dran: Ich bin der Kapitän – auf den Planken gilt mein Gesetz. Jeder merkt sich, was wir sehen, bis ich's geschrieben hab. Wir sind am Beginn einer schwierigen Fahrt; jeder weiß es. Die Götter mögen mit uns sein, das Ziel ist fern. Wir werden es erreichen. Nun gibt es nichts Wichtigeres als unser Überleben.« Er sah sich um, nickte den Ruderern zu und rief:

»Vier Riemen auf jeder Seite einziehen und festbinden. Deinias; einen Becher kalten Palmwein für jeden! Poseidon mit uns.« Er grinste und fühlte sich verloren. »Und Ahura Mazdâh!«

Die *Unsterbliche,* deren Segel an der Rah hoch im Mast festgeschlungen war, fuhr in der Strömung des Sindhu nach Süden. Eine feuerrote Sonne stieg an Backbord zwischen Wolken auf, die in allen Blütenfarben Gandharas prunkten. Weit hinter dem Heck, zwischen den Stämmen des Uferwäldchens, ließen die Fischer, einige Frauen und die zurückbleibenden Pârsa die Arme sinken und hörten auf zu winken. Skylax' Fahrt ins Ungewisse hatte begonnen; unwiderruflich.

4. Zwischen Wüste und Winter

Weit außerhalb von Bakhtra, der Hauptstadt der Kshatrapie Bakhtrish, empfing der königliche Verwalter Dadrâshish seinen König
mit allen Ehren: Binnen weniger Stunden waren der Troß und das
Heer in der Stadt verteilt, erholten sich in den Bädern oder schliefen in der Zeltstadt, während die Tiere ausgeschirrt und auf fette
Weiden getrieben wurden. Dariuvahush, seine Diener und die
Vertrauten zogen in den Kshatrapan-Palast ein und genossen nach
der Lichtflut der Wüsten das kühle Halbdunkel zwischen Lehmziegelmauern, die jeden Lärm verschluckten. Dariuvahush nahm
einen Schlaftrunk und ließ Kundschafter, Boten und selbst die
Schnellreiter mit Skylax' Briefen warten. Dadrâshish hatte nicht
nur die Straßen verbreitert, Räuberbanden verjagt oder getötet
und an vielen Wasserstellen Karawanen-Rasthäuser gebaut, sondern aus tausend Nachrichten und Beobachtungen seiner Kundschafter, aus Befragungen der Karawanen aus Hindusch und
Flüchtlingen aus Thatguyia eine Landbeschreibung vorbereitet.
Zum erstenmal erfuhr Dariuvahush, daß jenseits der unbezwingli-
chen Bergkette und des »Passes der tausend Unerträglichkeiten«
ein Königreich Gandhara, eine große Stadt und seit Kuruschs Eroberungen viele Parasangen guter Straßen entstanden waren.

Einen Siebentag später, nachdem er aus den Nebeln eines fast
zwanzigstündigen Schlafes hervorgetappt war und sich einiger
Traumfetzen zu erinnern versuchte, saß Dariuvahush im blüten-
überwucherten Innenhof des Palasts. Dadrâshish stand am Tisch,
hielt die Hand vor die Lippen und deutete auf die zusammenge-
hefteten, gekalkten Schreibleder auf dem runden Tisch.
»Hundertfünfzig Parasangen, zu sechstausend Schritten, liegen
zwischen Bakhtrish und Thatguyia. Tagelange Wüstenmärsche,
schwierige Strecken in Tälern und durch menschenleere Berge,
zuerst nach Südosten in die Kshatrapie Paropamesadae; sie erwarten dich, und auch mein kleines Heer tapferer Krieger wird

bereitstehen. Kurusch und Kambushya wußten, daß es ein schwerer Weg durch unwirtliches Land ist. Und die Straßen sind nicht an allen Stellen gerade und führen oft in beschwerlichen Steigungen und wirren Biegungen bergauf und bergab.«

»Kuruschs Heer hat Thatguyia erreicht und dort gesiegt.« Dariuvahush betrachtete die Eintragungen auf dem Leder. »Ist es also wahr, daß seit meinem ersten Jahr der dritte Kshatrapan auf den Truhen mit meinem Gold sitzt?«

»Nichts hat sich geändert seit der ersten Botschaft. Zimakka, einer von Uvja. Seinen Vorgängern kamen nachts, sagt man, kleine Giftschlangen zu nahe.« Dadrâshish spreizte zwei Finger ab und maß die Länge jener Nattern an den Strichen zwischen den Schriftfeldern. »Du weißt, o König, daß er denkt: Ich herrsche fast jenseits der östlichen Grenze. Bis ein Heer das weite Flachland zwischen den Flüssen erreicht, dauert es eine Ewigkeit.«

»Und König Dariuvahush hat anderes zu tun, als mondelang durch die Wüste zu reiten, um einen verräterischen Lügenkönig zu besiegen. Das denkt er.«

Dadrâshish schüttelte den Kopf. »Von Paropamesadae wirst du ohne große Mühen, außer über jenen Paß, auf gewundenen Straßen, ins Königreich Gandhara kommen. König Pukkusati und einer seiner Fürsten haben Satâspa und deinem Kapitän geholfen; sie glauben, daß Pukkusati kein Sehnen verspürt, gegen dein Heer zu kämpfen – er ist reich, jung, versteht viel von Prunk, Palmwein und Gold. Wahrscheinlich hat dies auch Skylax geschrieben.«

Der Kshatrapan klatschte in die Hände. Ein Diener kam in den Gartenhof, ließ sich aufs rechte Knie nieder und reichte Dadrâshish eine lederne Botentasche. Dadrâshish öffnete sie und reichte Dariuvahush zwei eng gerollte Schreibleder, von Bändern zusammengehalten und mit Satâspas Königssiegel versehen.

»Der dritte und vierte Brief. Skylax' Periplous.« Dariuvahush wog lächelnd die Rollen in der Hand. »In den ersten Briefen beschrieb er den Schiffsbau, das kleine Königreich und die Menschen, die dort leben. Ein fleißiger, ehrlicher Yaunier.«

»Der Bote sagt, das Schiff habe abgelegt, gerade als er aufs Pferd stieg.« Dadrâshish breitete die Arme weit aus; einige Herzschläge lang sah sein Gesicht ganz so aus, als sei er in einem wollüstigen Traum versunken. »Jetzt, o König, schwimmt dein Kapitän schon lange auf dem Hinduschfluß.«

Dariuvahush stützte die Hände auf den Tisch und starrte die Schlängellinien der Ströme oder Flüsse an; fünf Flüsse vereinigten sich zu einem Strom. Abermals waren tausend Legenden, Gerüchte, wahre Beobachtungen und unbeabsichtigte Irrtümer zusammengetragen worden. Es konnten ebenso drei, fünf oder neun Flüsse sein, in deren Schwemmlandebene – wie in der Kshatrapie Babirush – das kleine Königreich, das abtrünnige Thatguyia und das Land Hindusch zu finden waren.

»Es ist ein kräftezehrender und menschenverschlingender Unterschied, ob ich von Hagmatâna nach Men-Nefer oder von Huza nach Gandhara ziehe«, sagte er mürrisch. »Zeit meines Lebens zwischen Zadrakarta und Thatguyia zu wandern – jeder Gedanke daran erschreckt mich.«

»Ein weiter Weg bis hierher.« Dadrâshish grinste und winkte den Sklavinnen. Warmer Wind raschelte im Geäst der verblühten Mandelbäume. Ein Kiebitz flatterte zeternd von der Mauerkrone auf. »Die wahre Mühsal liegt in der Entfernung. Mir erging es ebenso, o König; damals, mit unserem Heer.«

»Es ist alles versucht worden!« Dariuvahush legte den Zeigefinger auf ein eng beschriebenes Schriftviereck. »Die Strecken zwischen den Wasserstellen sind zu groß. Meistens können die Reittiere nicht ausgetauscht werden. Räuberische Stämme überfallen die Karawanen. An mein Heer hat sich niemand herangewagt. Reiter zu Pferde und auf Kamelen, ohne jeden Troß, sind am schnellsten, aber was tun sie ohne Wasser und Futter? Bei Ahura Mazdâh! Gegen die Saken, das war schlimm. Aber nach Thatguyia – dies wird die reine Qual, wenn ich versuche, schneller zu sein als bisher.«

»Was zwischen Bakhtrish und Paropamesadae getan werden konnte, beim Schatten Ahuras Schwingen!, das habe ich gemacht: Straßen, Brunnen, Häuser und mühsam herangewachsene Pairidaeza.«

»Ich zweifle keinen Atemzug lang daran, Freund Dadrâshish!« Braunhäutige Mädchen brachten Wein, verschiedene Säfte ausgepreßter Früchte, kühle Mandelmilch und Wasser; sie schienen lautloser Teil des schattigen Gartens zu sein. Dariuvahush glaubte zwischen ihnen einige blutjunge Frauen wiederzuerkennen, die ihm von den Stammesältesten der Nomaden geschenkt worden waren. Tief in ihm lastete noch die Taubheit des allzu langen Schlafes. Er trank einen Schluck honigsüße fette Milch, ehe sie zu gerinnen begann, und sagte leise:

»Ich will in den ersten Monden meines achten Jahres jenen Verräter Zimakka niedermachen. Also muß ich die Berge, auf denen Schnee und Eis liegen, vor den ersten kalten Stürmen übersteigen. Das Heer wird sich im Land westlich des Passes sammeln.«

Dadrâshish hob seinen Pokal. »Nach allem, was wir wissen, ist dies möglich. Aber ich empfehle es nicht. Übersteige den Paß, o König, denn im Land König Pukkusatis, um die Städte Pushkalavati, Takschaschila und Kalabag, lebt es sich gut im Warmen.«

»Kann das Land fünftausend zusätzliche Fremde ernähren?«

»Wenn deine Krieger den Eingeborenen zeigen, wie fruchtbar jedes Land werden kann, wenn es Pârsa bestellen, wenn die Bogenschützen im Wald jagen – ja.«

»Gandhara und Thatguyia sind reich«, sagte Dariuvahush. »Es herrscht viel Handel zwischen dem Kernreich und dem Osten, wo Wolle an Bäumen und Gold im Sand wächst. Hundertzwanzig Talente Gold, umgerechnet, hat Thatguyia jährlich an Tribut gezollt.« Er lachte heiser und vollzog die Geste äußerster Verachtung. »Mindestens siebenhundert Talente schuldet Zimakka dem König, dem Reich.«

»Oder viel mehr«, sagte Dadrâshish. »Meine Vertrauten haben dich erwartet: Ich habe entschlossene Männer für jede Parasange deines Marsches und des Rückmarsches auch. *Yoyana,* so nennen die Eingeborenen dort ihr Wegmaß. Es ist etwas länger, tausend Schritt mehr als die Königsparasange, sagen sie.«

Dariuvahush lehnte sich zurück, leerte den Becher und richtete seine Blicke in die blütenübersäten Zweige der Baumkronen. Aufregend bunte Papageien schaukelten in Käfigen und krächzten Unverständliches. Seine Gedanken kreisten unruhig um Städte und Kshatrapien des Reichskerns: War seine Herrschaft so gesichert, wie er glaubte? In seinen Knochen und Muskeln nistete dumpf die Erinnerung an das Wüstenbeben, das im Kernreich nicht zu spüren gewesen war, an den Durst und das blendende

Sonnenlicht. Dachte er an die kommenden Monde, so spürte er schon jetzt, im duftenden Schatten, die Entbehrungen des Marsches zur Schlacht gegen Zimakka.

»Die ersten Briefe des mutigen Kapitäns enthalten wenig von den Wundern am Fluß«, sagte Dariuvahush und sah zu, wie die Sklavinnen, schweigend und scheu lächelnd, Traubenwein mit Palmwein, Saft und Wasser mischten. »Schritt um Schritt werden wir sie erwandern, o Dadrâshish. Alle deine Kundschafter werd ich befragen – das wirklich Wichtige laß ich aufschreiben. So wie Skylax.«

Nefermerit schlief im Frauenpalast und ließ sich von sieben Dutzend Mädchen und Frauen über das Leben in Huza, Pâthragada und Men-Nefer ausfragen, beschwichtigte die Furcht der Nomadenmädchen und schilderte die durst- und staubreiche Fahrt. Aus der verwirrenden Flut der Nachrichten, sagte sich Dariuvahush, waren bedeutungsvolle Einzelheiten nur wie große, listige Fische hervorzuangeln; er konnte sich auf seine Merkfähigkeit ebenso verlassen wie darauf, daß er als Krieger nichts übersah, was ihm und dem Heer schadete.

»Du solltest seine Briefe lesen, königlicher Freund.« Dadrâshish lockerte den Saum seines Bashlyq aus hauchdünnem, gebleichtem Hinduschgewebe, den er über den Mund gezogen hatte. »Und wenn du Lust dazu spürst, gehen wir auf die Jagd – alles ist seit langem vorbereitet.«

»Ich kann mich heute noch nicht darauf freuen.« Dariuvahush füllte seinen Pokal mit schierem Wein auf. »Aber: Eine feine Jagd wird uns alle ablenken. In ein paar Tagen, o Dadra.«

Menschen, Bäume und Mauern, Häuser, Blüten und Büsche, Rinder, Kamele und Pferde, das ausgedehnte Pairidaeza um Dadrâshishs prachtvolle Palastbauten – hier schien er sich innerhalb gewohnter Grenzen zu befinden; die Fremdheit begann einige Pfeilschüsse weiter östlich.

Das Siegel, das den roten Leinwandstreifen zusammenhielt, war ebenso wie die Siegel der vorhergegangenen Skylax-Briefe aus schwarzem, mit Gesteinsmehl gemischtem Wachs; Hazarapati Satâspas Königssiegel. Dariuvahush war allein in einem kühlen

Raum mit reich beschnitzten, versilberten und vergoldeten Holzsäulen, dicker als eine Elle, mit einem Boden aus großflächigen
Bildern aus Stein und Halbedelstein und Vorhängen aus Leder, das
mit Gold bestickt und von winzigen Lochmustern durchbrochen
war. Die Luft und die Wände rochen nach Nardewurzel. Der Tisch
war mit sämig glänzendem Rinderleder überzogen. In der gelblichen Helligkeit, ohne jede Grelle, tauchte Dariuvahush die Hände
und Unterarme in kühles Wasser, das nach Rosen, Sylphion und
Kassia duftete, wusch und trocknete sich ab und setzte sich auf die
weichen Felle unbekannter Tiere. Unter seinen Fingernägeln splitterte das Siegel; er rollte vorsichtig das Schreibleder auseinander.

AN DAREIOS, KÖNIG DER LÄNDER,
auf dem beschwerlichen Weg zur Sindhumündung,
geschrieben von Kapitän *Skylax*, dem Karer, übersetzt und
übertragen von Schreiber *Karashna*. Am elften Abend nach der
Abfahrt von Pushkalavati, im Heck der *Unsterblichen Schneide*.

Wenn Straßen und Boten sicher sind, was man mir mehrmals
schwur, und weder der Brief noch dessen Abschrift verlorengegangen sind, liest du, o Herrscher, meinen dritten Bericht aus
dem Land, dessen Wunder sich dem Fremden nur in kleinen
Schritten erschließen. Wir haben gelost und abermals gelost; nun
sind wir einunddreißig Männer auf dem Schiff und in den beiden
Booten. Wir sind gesund, unverletzt und befinden uns wohl; der
Fluß führt viel Wasser nach der Regenzeit und hat das Land bis
zum Überdruß getränkt. Sechs meereserfahrene Männer aus
deiner Kshatrapie Sarka, Karer und Yaunier also, dazu zwei
Hinduschkrieger des Königs, meisterliche Schützen mit mannsgroßen Bogen, und zwei Sprachenkundige, Fürst Chiliarch
Satâspa und die besten Krieger, die mit uns geritten sind,
befahren nun den *Sindhu*. Wir gebrauchten das Segel nur wenige
Stunden lang. Der Fluß, breit und mit grünlich-milchigem
Wasser, zieht uns mit seiner Strömung, ebenso wie die Boote,
die beide Ufer erkunden. Von hier ab säumen den Fluß auf
beiden Seiten große Hügel, auf denen Urwald wächst; Platanen,
Fächerpalmen und Akazien erkenne ich, oder Bäume, die ihnen

gleichen wie ein Wachtelei dem anderen. Wir machen jeden Abend am Ufer fest, meist in der Nähe eines Dorfes. Die Eingeborenen bestaunen uns und bringen uns Wasser, Essen und Palmwein. Nach einem Tag Flußfahrt hörten die Wälder auf. An den Ufern sahen wir zuerst eine Steppe, die der Fluß überflutet hat, und abermals einen halben Tag danach fließt der Sindhu durch die Wüste. Hier wächst nichts, nur der Durst, und es ist eine eintönige Fahrt.

Der Fluß windet sich durch das Land wie eine verrückte Schlange. Die Sonne, die morgens nicht länger als eine halbe Stunde im tiefen Nebel glimmt, tanzt vor uns her; wir fahren nach Osten, Süden und Sonnenuntergang, bis es in unseren Köpfen schwindelt.

Bisweilen sehen wir in weiter Ferne kleine Oasen, manchmal wächst Schilf am Ufer, aber der Sindhu ist voller Fische. Drei Tage lang haben wir nicht einen Menschen zu Gesicht bekommen, obwohl auch größere Schiffe, schwerer beladen und dadurch tiefer im Wasser, ihn befahren könnten. Tagsüber saugt die Sonne die Nässe aus dem Boden, und alle Dinge verzerren sich vor dem Auge zu seltsamen Trugbildern; Astraios behauptet allen Ernstes, er habe an Backbord stundenlang eine Stadt aus Kupfer und Elektron gesehen. Wir haben nun nach vier Tagen, ohne daß die Boote uns den Weg zeigen mußten, die Wüste hinter uns gelassen; nun erholt sich das geschundene Auge wieder am Anblick grüner Gewächse.

Das Volk des Königs Pukkusati ist in mehrere Gruppen eingeteilt, die untereinander niemals heiraten. Dieses ist ein göttliches Gebot oder Gesetz. Die *Kschatryas* sind die Fürsten und Krieger, Priester heißen *Bramanen*, die Bauern nennt man *Vaishias*; Mischlinge, Unterworfene und deren Kinder sind *Shudras*. Alle anderen, deren Schatten nie auf eine höher gestellte Person fallen darf, nennen sie *Parias*. Am besten kenne ich die Krieger und die Handwerker. Die Krieger sind weniger einheitlich bewaffnet als deine Pârsa- und Mada-Krieger: Die Bogenschützen-Fußtruppen führen Bogen, so groß wie sie selber. Ein Ende stemmen sie gegen den linken, vorgestreckten Fuß; die Pfeile sind länger als drei Ellen. Weder Schilde noch Panzer aus Riedgeflecht, Leder und Bronze halten den Pfeilen stand. Man sagt, daß selbst Tiger, Krokodile und Elefanten mit Pfeilschüssen erlegt werden. Nur die besten Krieger sind mit solchen Bogen bewaffnet; mir gelang es nicht, die Sehne bis zum Ohr zu spannen. Viele Krieger tragen Schilde aus Rinderleder, eine Elle schmal und fast so hoch wie ein Mann, die meisten Rundschilde reichen von der Brust bis zum Boden. Alle Bewaffneten aber schleppen breite, mehr als drei Ellen lange Eisenschwerter, die sie mit beiden Händen führen, was nicht häufig geschieht, denn sie kämpfen nur selten Mann gegen Mann. Die Reiter, die auf gezäumten, ungesattelten Pferden kämpfen, tragen zwei Wurfspeere und einen kleineren Schild. Auf Kamelen, Eseln, Pferden reiten sie; mitunter auf zahmen, schwarzen Büffeln. Wie wir Yaunier, Karer und Lyder und die anderen unseres namenreichen Volkes auf dem Festland und den Inseln verbrennen sie ihre Toten. Wir aber denken: Daß ein Mann mit 25 Jahren ein zehnjähriges Mädchen zur Frau nimmt, ist ein barbarischer Brauch.

Der Elefant, den seine Reiter ins Seichte des Flusses führen, wo sie seine Haut mit Rinde und die Stoßzähne mit Sand abreiben und scheuern, ist Arbeitstier im Wald und Reittier des Königs und der Fürsten, aber sie fahren auch in vierfach bespannten Wagen. Ihre Pferde sind stark, groß und kräftig, wie die deiner Gestüte in Nisa. Im Gegensatz zu Pârsa und Mada, die weiße Tauben und Schimmel hassen, lieben sie Tiere von dieser Farbe der Reinheit; einen weißen Elefanten, berichtete man, wiegt der König in Gold auf. Obwohl wir im Fürstentum des Shodasa die Hinduschsprache gut gelernt und Sprachenkundige haben, verwirren uns die fremden Namen besonders der Nebenflüsse des Sindhu-Hindusch-Indos: Einen, der früher Akisikni hieß, nennen sie Chandrabhaga, ein Wort, unaussprechbar für yaunische Zungen. Wir sagen: Chenab. Noch kennen wir nicht die Mündungen der anderen Flüsse, die Arjikija, Parushni, Vitaspa heißen oder noch zungenbrecherischere Namen tragen. Die Quellen des Sindhu entspringen in den Bergen des Nordens, die so hoch sind, daß Schnee und Eis darauf niemals schmelzen. Vom Eis und von bestimmtem Sand, den das reißende Wasser mit sich trägt, hat der Sindhu seine Farbe. Während der Regen-

zeit schwillt er an, tritt über seine Ufer, sucht sich ein anderes
Bett und richtet große Verwüstungen an. Daher haben viele
Eingeborene Dämme errichtet und, wo man sie dazu anhält,
auch Schleusen. Oder sie häufen Erdreich und Steine an und
bauen ihre Häuser auf Hügel. An den Ufern, an denen Wald,
Schilf oder Bambus wächst, stehen die Häuser auf Stelzen, wie
nasse Störche oder Reiher in der Mauser. Vor dem mondelangen
Regen, der so mächtig aus den Wolken fällt wie nur überaus
selten in unserem Teil der Welt, ist es gut möglich, die Furten zu
durchwaten. Jetzt aber messen wir die Tiefe mit mehr als zehn
Ellen. Zum erstenmal haben wir kletternde, rennende und
schwimmende Tiere gesehen, die sich von allem ernähren, was
es gibt; mir hat man gesagt, daß die Pârsa sie auch vom Ufer des
Hyrkanischen Meeres kennen. Sie sehen aus wie Mäuse, sind
länger als zwei Handbreit und haben einen langen, haarlosen
Schwanz; sie vermehren sich schneller als Mäuse und fressen
binnen weniger Stunden ein Feld leer. Ich verwende hier den
Namen, den die Sindhu-Menschen diesen allesfressenden
Nagetieren gegeben haben: *Ratten.* Wenn sie mich anstarren und
leise pfeifen, beginne ich zu schaudern. Ich schrieb, daß der
Sindhu jetzt noch viel Wasser führt. Dieser Zustand dauert meist
fünf Monde lang. Die Boote, die uns vorausfahren oder folgen,
verirren sich mitunter zwischen langgezogenen Inseln aus
Schwemmgut, die dicht bewachsen sind. Wir haben nur wenige
Dämme gesehen, die ihren Namen verdienen, und Gebäude aus
gebrannten Ziegeln sahen wir zuletzt in Pushkalavati. Im flachen
Land des zwölften Tages der Fahrt, in dem wir nur wenige
niedrige Hügel sehen, gibt es kaum Steine oder gar Felsen.
Mitunter finden wir schmale Kiesbänke; wenn die Eingeborenen
diese entdecken, bringen sie die Kiesel in ihren Booten zu den
Dörfern und verfertigen aus ihnen allerlei Nützliches, gebrauchen sie auch als Schleudersteine. Nach vier Monden am Ufer
und fast zwei Siebentagen auf dem Fluß kann ich sagen: Schiffe
mit flachem Boden und vielen Ruderern, mindestens einem
großen Anker – wir werden, wenn wir einen guten Platz finden,
einen zweiten Anker bauen müssen – vermögen den Fluß zu
befahren. Wie es weiter flußabwärts ist, berichte ich dir, o König

der Länder, im nächsten Brief. Aber jenseits der Grenze des Königreiches, wo die Menschen nichts von König Pukkusati wissen, wird es schwer sein, zuverlässige Boten zu finden.
Dies schrieb, zwischen den Rufen der Reiher, Kapitän Skylax aus Karyanda, Kundschafter des Königs Dareios, wohlbehalten im Schilf, am westlichen Ufer des Hindusch-Sindhu-Flusses; künftighin nenne ich ihn der Einfachheit wegen: *Indos.*

Blinzelnd ließ Dariuvahush das weiche Leder sinken. Mit den Fingerspitzen rieb und drückte er die Haut um die Augen und verwischte die Tränen. Das Lesen hatte ihn angestrengt; die wichtigen Namen und Schilderungen hatte er, um sie sich einzuprägen, mehrmals laut gelesen. Stumme Verzweiflung kroch wie ein Wurm in sein Herz. Es war nicht zu ändern, sagte er sich: Auf ihn und das Heer warteten gewaltige Märsche durch Gegenden, die – so stellte er sich vor – noch kein Lebender durchquert hatte. Durch Wüsteneien würden sie sich schleppen, deren Sand voller Salz, Gift und Beißameisen war, durch lichtlose Schluchten und über Berge, deren Eis im Mondlicht strahlte, deren Steinschläge die Männer zerschmetterten; Mondfieber raffte die Krieger ebenso dahin wie verdorbenes Wasser schwärzlicher Brunnen und das Fleisch von Bergziegen und Flußziegen, die blaue Kräuter gefressen hatten und daher nach Kupfer schmeckten. Unendlicher Sand. Giftschlangen, Skorpione und Fallen. Schattenloses Dahinstolpern. Ausbruch von Fiebern und Krankheiten, die Demokedes nicht einmal erahnte. Mörderische Pfeile von riesigen Bogen, deren Schützen auf den weißen Elefanten des fremden Königs saßen. Sanft schreitende Tiere, gedrungen wie Steinhäuser, die unverletzbare Haut bemalt mit magischen Farbzeichen, die nachts mehr leuchteten als der dunkle Sindhugoldschmuck, mit dem sie behängt waren. Siebentag um Siebentag, Mond um Mond, einer Ferne entgegen, die von Palästen, berghohen Bäumen und Wäldern starrte, die der Sindhu überschwemmt hatte. Dariuvahush schüttelte sich, starrte gedankenlos das Gewusel der schwarzen Käferbeine auf dem Schreibleder an und rollte es zusammen. Er legte den Brief zu den übrigen in die Truhe, verschloß die Riegel des Löwenkopfes und ging zwischen den vergoldeten Rotholzsäulen hinaus auf die Terrasse. Ranken aus dunkelgrünen Blättern, voller Blüten, überspannten die blendende Fläche. Das Sonnensegel und die Mückenschleier, unter denen er auf Nefermerit zuging, wurden von Sklaven mit Rosenwasser bespritzt; jeder Windhauch bewegte den Stoff und wehte Kühle zwischen die Säulen. Über der Ebene und den fernen Gipfeln begann sich die Sonne des frühen Abends in mächtigen Farbwirbeln zu röten. Einige Herzschläge lang glaubte Dariuvahush, mit dem Auge des Adlers auf das Land Hindusch zu blicken, und er fragte sich, ob Kambushya je dieses Fieber der Ferne und den Wunsch gespürt hatte, das Reich mit einer unbezweifelbaren Grenze zu ummauern – so wie er, König Dariuvahush.

Von Bakhtrish zog das Heer auf breiten Straßen, von Tausenden Helfern umsorgt, am Ende des Sommers ostwärts zum Kophenfluß, zur Kshatrapie Paropamesadae, einem Land, das sich in warmen, wasserreichen Tälern ausbreitete. Kshatrapan Kampumanda, ein Freund Vater Vishtâspas, hatte den Weg so gut wie möglich vorbereitet. Dennoch mußten sich die Tausende hintereinander bergauf und bergab schleppen, der Zug verdünnte sich auf Straßenabschnitten, die aus brüchigem Fels herausgeschlagen waren, und auf schwankenden Brücken über Abgründen, in deren Tiefe namenlose Zuflüsse des Kophen-Flusses gischteten; die Eingeborenen nannten ihn *Khubha* oder *Kuhu*. Karawanen kamen Dariuvahush entgegen, die letzten Händler aus Gandhara, bevor der Winter die Pässe mit Stürmen, Schnee und tückischem Eis über den Steinen sperrte; Dariuvahush befahl, daß jeder Karawanenführer ausgefragt werden sollte; er hörte so viele Berichte, daß er manchmal glaubte, jedes *Stadion* – jenes »in die Länge gezogene« der Karier und Lyder –, jedes *plethron* des Weges zu kennen, ehe er es sah. Diejenigen, die brauchbare Auskünfte gaben, belohnte er mit Goldmünzen. Er ritt im Schutz seiner Lanzenreiter voraus und erkannte, daß der Bau einer wirklich breiten Straße an viel zu vielen Stellen das Menschenmögliche überstieg: Man müßte Berge durchlöchern und Brücken bauen, für die es keine genügend langen Baumstämme gab. Die Abschnitte jedoch, die von Herberge zu Herberge durch mäßig ebenes Talland führten, glichen denen der Königsstraße zwischen Huza und Sardeïs. Er erfuhr Nachdenkenswertes über Takschaschila, eine Stadt im Norden des Pukkusati-Königreiches, die aus Schulen und Tempeln bestand, in denen gelehrte Männer miteinander redeten und Schüler ausbildeten. Dariuvahushs Vorstellungen und Alpträume von mörderischen Wüsten und tödlichen Steinschlägen entsprachen nicht der Wirklichkeit, aber die Gegenwart bestand aus Hängen, Schluchten, riesigen Felsbrocken, dürftigen Weiden und Pfaden, die sich hindurchringelten wie wahnsinnige Schlangen. Nicht Durst und sengende Sonne erschöpften jeden Menschen und jedes Tier, sondern die Anstrengungen des Hinaufkletterns und Hinunterstolperns. Am Ende – oder Anfang – einer baumbestandenen breiten Straße, die in sanften Bögen durch geordnete Felder und Äcker führte, warteten der Kshatrapan Kampumanda und sein Gefolge. Das Heer zog in die Stadt ein; ohne daß Dariuvahush einen Befehl geben mußte, wurden Menschen und Tiere versorgt. Häuser, Hütten, Zelte, Weiden, Bäder, Braten auf Rosten und an Spießen, überfüllte Schenken, Wein, Bier und Musik – die Nächte begannen, wie die Winde, kälter zu werden.

Zwei Siebentage später, in der Wärme des Schlafraums, las Dariuvahush einige Zeilen aus dem Anhang zu einem Bericht Gaubarvas aus dem Palast zu Hagmatâna: Anaximander von Miletos, Schüler des Barbaren-Gelehrten Thales, hatte ein Denkmodell geschaffen, das viele Karer und Yaunier kannten, sicherlich auch Kapitän Skylax: Alle Dinge der Welt fanden auf einer dicken Scheibe statt, die im Unendlichen schwebte, und der Okeanos umschloß jedes Land, als sei die Welt eine Insel im Meer. Die Gebirge des Randes, zu weit für jedes Schiff entfernt, grenzten den Okeanos am Scheibenrand ab. Dariuvahush hatte keine Zweifel: Dem östlichen Rand der Welt war er abermals näher gekommen, und da jenseits des Passes Flüsse entsprangen und zum Meer liefen, da dort Menschen lebten, waren die Ufer der Welt, waren die Wasser des Okeanos – Skylax sprach von unbegreiflichen »Gezeiten« und schäumender Brandung – noch viel weiter entfernt. Wie viele mondelange Märsche noch? – auch der König vermochte nicht schneller zu reiten als seine besten Reiter: Auf der

Weltscheibe, zwischen unendlichen Wüsten und Bergen, deren Gipfel Regen und Schnee aus den Wolken schürften, blieb er winzig wie eine Ameise, und die Spanne seines Lebens war zu kurz, um den Ostrand der Welt und die Brandung des Okeanos je erreichen zu können. Er winkelte das rechte Bein an und balancierte die leere Weinschale auf dem Knie; sie begann zu schaukeln.

»Seltsam. Ich erinnere mich an die Vergangenheit. Jeder tut das. Es gibt sie nicht mehr, weil sie nicht mehr da ist. Niemand kann sie ändern.« Älter als siebenunddreißig Sommer war er schon; an den Schläfen und im kurzen Bart wuchs graues Haar. »Die Zukunft wartet auf uns. Wir könnten sie drehen und wenden und kneten wie Lehm, wenn wir die Gegenwart verstehen würden.«

Nefermerits Finger glitten an der Innenseite seines Schenkels hinauf, faßten den Rand der Schale und zogen sie aus seinen Blicken. Er hörte das Gluckern ungemischten samischen Weins, der im wachsversiegelten Tonkrug die lange Wanderung überlebt hatte, ohne zu Essig umzuschlagen. »Die Gegenwart, o mein königlicher Freund, ist ein unverändert langsamer und tiefer Strom, in dem wir schwimmen. Oder drängender Wind in unserem Rükken, in dem wir vorwärtsgehen.«

»Im seichten Strom kann ich nicht ertrinken.« Er gähnte und spürte die Wärme ihrer Gegenwart; der Schweiß auf ihren Körpern trocknete. Der Geruch des Duftöls, der Salben und ihrer Leidenschaft hing wie ein Sandwirbel über den Ölflämmchen.

»Auch dein karischer Kapitän soll nicht ertrinken.« Nefermerit kauerte auf dem Lager wie eine Dioritstatue aus ihrer Heimat. »Was wirst du tun, wenn du weißt, ob der Fluß und das Meer bis nach Pârsa schiffbar sind?«

»Seit tausend und mehr Jahren kommen und gehen Handelskarawanen zwischen dem Hindusch und bis nach Men-Nefer, überallhin, auf dem Land und selbst mit Schiffen. Wenn es einen Meeresweg nach einer pârsischen Küste gibt, bedeuten die grausigen Straßen nicht mehr viel!« Er richtete sich auf und nahm einen tiefen Schluck. »Meine Münzen, meine Maße, die Sprache und die Schrift, das Gold, alles, was wertvoll ist, wird auf dem Indos und entlang der Küsten nach Banneshu und an die Küsten Abr Nahrs gebracht werden. Keine verdursteten Lastkamele mit gebrochenen Läufen mehr! Kein Paß, den Schneestürme und Eis sperren! Schiffe mit geschwollenen Fracht-Bäuchen und prallen Segeln! Aus Takschaschila, der Gelehrtenstadt, werden Königssöhne, Gelehrte, Baumeister zu uns kommen – und ich schicke Pârsa-Künstler dorthin und hierher!«

»Alles in der trägen Gegenwart ersonnen, Königsgeliebter – für die Zukunft deines Reiches?«

»Ja! Und ich beschwöre Ahura Mazdâh, er möge mir noch so viele Sommer schenken, daß ich die sichere Grenze ums Reich beende. Daß jede Kshatrapie solche Herren hat wie meinen Vater, Dadrâshish oder Kampumanda. Und, für die Zukunft, deren Nachfolger.«

Nefermerit neigte sich über ihn und berührte mit trockenen, heißen Lippen seine Stirn.

»Und auf dem Thron in deinem lichten Pârseï-Pairidaeza einen Sohn, der so groß wird wie sein Vater. Aber – so klug, leidenschaftlich, liebenswert wie sein Vater ... die Götter würden es nicht dulden. Dich beneiden sie, o Dariuvahush.« Ein eisiger Windhauch ließ die Flämmchen schwankend zittern. Dariuvahushs Gedanken verweilten einen Atemzug lang bei der Vorstellung, es sei Ahura Mazdâhs Schwingenschlag gewesen. Er starrte Nefermerit an, als sei sie aus der Brandung des Südmeeres aufgetaucht. Ihr Blick ging über ihn hinweg zum Wandbild, das einen goldenen Körper mit einer Lotosblüte zwischen den seltsam aneinandergelegten Fingern zeigte.

»Mich beneiden die Götter? Undenkbar!« Er ächzte und verschüttete Wein auf das Laken. Sie nickte und senkte den Kopf.

»Wer Straßen, Wasserdämme, Schleusen und Brunnen baut, tut sinnreiche Dinge für unzählbar viele Menschen. Daß sie besser leben, erfreut die Götter, aber vielleicht nicht alle, König. Vielleicht findest du in Hindusch solche Götter, die Freude an Zerstörung, Knechtung und Krankheit, Elend und Tod haben.«

»Vielleicht. Aber davon schreibt Skylax nichts.«

Er leerte die Schale, ließ sich zurückfallen und schloß die Augen. Wie kleine Blitze glommen Namen, Gesichter, Körper, Bedeutungen mitten in seiner Erinnerung: Hutaûtha, Rytabâma, Rtastunâ, Parmush, Faidumâ; andere, Namenlose: Gesichter, Brüste, Leiber,

Hüften, Lanzenschneiden, Dolche, Schultern – keine Frau hatte je so mit ihm geredet. Hundert Herzschläge lang galoppierten seine Gedanken hinunter ins Tiefland, zu den Wundern der Uferwälder und der goldstrotzenden Königreiche, dann fand er in die zähe Strömung der Gegenwart zurück. Leise sagte er:

»Nichts davon schreibt Kapitän Skylax. Mag sein, im nächsten Brief.« Er stand auf und ging zwischen zwei Glutschalen zum Wasserkessel hinter dem Wandschirm. »Ist die Welt hier zu Ende? Werde ich jenseits des Passes Dinge sehen, die ich nicht begreife? Besseres? Schlimmeres? Anderes? Schäumen die Flüsse mehr als meine Träume?«

Er genoß den Schmerz, den das heiße Wasser verursachte und zog die Unterarme erst heraus, als er es nicht mehr aushielt. Er trocknete Handgelenke und Finger und tauchte die Fingerspitzen ins Salböl, verrieb es auf der feuerroten Haut. Als er über die weichen Vierecke aus den Fellen junger Schneeleoparden zum Lager zurückging, musterte er Nefermerits Körper, der sich seit zwei Herbsten kaum verändert hatte: Ihr Gesicht schien schmaler, die Augen größer geworden zu sein. Fremdartige Reife sprach aus den dunklen Zügen. Ihr Haar, wegen der Hitze kaum mehr als einen Fingerbreit kurz geschnitten, lag flach an der Kopfhaut, so daß es aussah, als sei sie kahlgeschoren. Die Schminke aus Silberstaub war nicht verwischt, aus dem Auge löste sich eine Träne und leuchtete auf dem Wangenknochen wie ein sonnendurchstrahlter Honigtropfen. Sie flüsterte:

»Ich bedeute nichts, o König. Du sollst alles erleben und sehen, wie deine Träume zu Gold, Stein, Gesetz und Wohlleben gerinnen!«

Er kniete am Rand des Lagers, nahm ihr Gesicht zärtlich in beide Hände und versenkte seinen Blick in ihre Augen. »Mein Leben ist voller Rätsel; gelöster, ungelöster, unlösbarer. Aber von allen Rätseln, o Nefermerit, bist du das dunkelste.«

»Ich bin kein Rätsel. Du wirst herausfinden, was ich bin – was es ist, o König. Vielleicht ist es nur mein geduldiges Zuhören. Oder – ich bin das Gefäß deines Vertrauens. Bald, später, irgendwann werden wir es wissen.«

»Vielleicht«, murmelte er. »Wenn ich uralt, zahnlos und weißhaarig bin. Manchmal glaube ich, ich bin mein eigener Feind, weil ich zwischen dem Gegenwärtigen und dem Erreichbaren schwanke wie ein Baum im Sturm.«

Sie lächelte schwach und schob ihre Hand unter sein Gemächt. Ihre Finger kitzelten seine Hoden und wühlten im krausen Schamhaar. »Bald ist aus dem verschreckten Schößling ein wuchtiger Eichenstamm geworden. Das Ferne, Erreichbare ist übermorgen; bald. Du, ich, wir: die Nacht – ist heute.«

Er schob ihre Hand zur Seite, stützte sich auf die Ellenbogen und beugte sich über sie. Langsam schüttelte er den Kopf und flüsterte, bevor er sie küßte: »Ja. Heute. Morgen zähle ich wieder Lanzen, Speere und Schwerter.«

»Du wirst dabei nicht schwanken, König. Im Tageslicht, in der Gegenwart, da bist du unverrückbar wie der große, uralte Baum dort draußen.«

Zwei unterschiedliche Überzeugungen, die jedoch eng miteinander verbunden waren, reiften in Dariuvahush auf dem beschwerlichen Weg von der Kshatrapie Paropamesadae über den Paß nach Gandhara. Bis zum Anstieg der Straße auf die Paßhöhe gab Kshatrapan Kampumanda mit hoch beladenen Lasttieren, Trägern, Hilfeleistungen und schwer bewaffneten Wächtern Dariuvahush das Geleit; die Wärme der Sonne, die jeden Tag höher stieg und länger am Himmel blieb, schmolz den Schnee der südlichen Hänge und erzeugte hundert winzige Bäche, Wasserfälle und Sturzbäche, die über die Straßen und in die Abgründe schäumten. Vorhut, Troß und Heer waren einmal fünf Parasangen lang, schlossen wieder auf, zogen sich abermals auseinander und ließen die Rasthäuser ausgeplündert zurück, obwohl die Aufseher Eßbares und Trinkbares für Tausende eingelagert hatten. Zu beiden Seiten des Paßeinschnitts ragten sanfte Hänge und schroffe Berge auf, weit hinter ihnen eisstarrende Gipfel, die unaufhörlich seltsame Wolken gebaren; von Tag zu Tag, je weiter Dariuvahush nach Süden vordrang, auf der Straße nach Takschaschila, gewann das Land mehr blühenden Liebreiz. Auf den Reitfellen über den verschwitzten Rücken der Maultiere, die Dariuvahush ritt, weil sie trittsicherer waren, ermüdeten sein Rücken, die Schenkel und die

Nackenmuskeln. Die milde Luft aber schien kühne Überlegungen herauszufordern und den Kopf zu klären.

Die erste Erkenntnis war, daß sämtliche höheren Gedanken der meisten Völkerschaften sich auf die Tradition ihrer alten Götter, auf unverständliche Riten und Ängste, auf göttliche Gesetze, Gebote und Verbote richteten – das Reich der Pârsa, sein Reich, blieb für sie ein wenig faßbarer Begriff. Fette Herden, fruchtbare Frauen und willige Sklavinnen, Wasser für Äcker, Felder, Pairidaeza und Bäder, überschaubare, erträgliche Tribute und sichere Straßen und Dörfer waren ihnen wichtiger als das vollkommene Sternenbild eines Reichsbegriffs. So wie Kurusch und Kambushya würde Dariuvahush daran wenig verändern; wer nicht wollte, brauchte Ahura Mazdâh nicht anzurufen und nicht zu verehren. Er selbst war überdies mudrayischer Gottkönig, hatte in feierlichem Zeremoniell die Hände des Goldenen Marduk von Babairu ergriffen und so Weihe und göttlichen Auftrag empfangen. Die zweite, tiefergreifende Überlegung indes betraf sein Reich und die Festigkeit von dessen Fundamenten:

Abgaben, die ein Verantwortlicher des Königs erhob, mußten von der Leistungsfähigkeit der Gruppen und Völker abhängen. Ein dichtbesiedeltes Land wie Babirush oder Mudrayia, ein reicher Karawanenhändler oder die Kshatrapie Thatguyia, voller Menschen, Gold und Wunder, zahlten höheren Tribut als Bewohner der Wüsten oder nomadisierende Saken; es war sinnlos, aus einem menschenleeren Land ebenso viele Abgaben pressen zu wollen wie aus einer vergleichsweise reichen karischen Hafenstadt; es gliche dem Versuch, Wein aus einem Kiesel zu keltern. Allen Bewohnern des Reiches aber waren beständiger Friede und ein Recht, das für jedermann galt, das einzig Wichtige.

Kamelreiter, Bogenschützen zu Pferde und Fußtruppen kamen Dariuvahush entgegen. Sie begleiteten König Pukkusati und Fürst Shodasa von Pushkalavati, die unter Sonnenschirmen auf den Rücken eines Elefanten mit weißgrauer Haut und eines grauhäutigen Elefanten saßen; fünf dieser Tiere, deren Tragegestelle voller prächtig geschmückter Krieger waren, folgten den Elefanten der Würdenträger. Dariuvahush zügelte seinen Hengst, ließ die Zügel locker und winkelte den linken Fuß an. Er stützte den Ellbogen aufs Knie, legte das Kinn in die offene Hand und betrachtete das Bild, das sich ihm am Rand der Ebene bot:

Hinduschs Geheimnisse! Jetzt war er ihnen begegnet! Die Tiere, deren überlange Schlangennasen zwischen Stoßzähnen pendelten, die sich wie Klingen krümmten oder sich aufbäumten wie Schlangen, waren mit Linien, Punkten und Spiralen in leuchtenden Farben bemalt, trugen auf den Stirnen und an den breiten, faltigen Bugen funkelnden Goldschmuck und handbreite Goldreife an den Stoßzähnen: Dariuvahush hatte derlei noch nie gesehen, weder in diesem verhaltenen roten Glanz noch in der Menge. Seine Goldmünzen waren dagegen bedeutungslose Scheibchen. Seine Reitkleider erschienen ihm, als er den Mann auf dem weißen Elefanten sah, ärmlich und beschmutzt. Königlicher Prunk blendete ihn. Mit langsamen Tritten ihrer säulendicken Füße schwankten die Tiere, schwer wie ein kleiner Tempel, auf die Gruppe um Dariuvahush zu.

»Takschaschila! Gandhara! Pushkalavati! Satâspa und Skylax waren hier«, brummte Dariuvahush und hob den Arm. »König Pukkusati und Fürst Shodasa, zweifellos.« Neben ihm scheute ein Pferd, stieg in die Höhe, keilte aus, warf seinen Reiter ab und galoppierte wie rasend davon, weißen Schaum vor den Nüstern. Dariuvahush verstand, daß sich die Pferde vor den nie gesehenen Riesentieren fürchteten. Auch sein Hengst schäumte und scheute; er packte die Zügel und zwang ihn schräg tänzelnd vorwärts, auf den blütenweißen Schirm des Königs zu. Einige Pârsa in der Kleidung und Bewaffnung der Männer, die mit Hazarapati Satâspa geritten waren, winkten zwischen den gandharischen Reitern hervor. Lanzenreiter und zwei Sprachenkundige folgten ihm zögernd; die Pferde tänzelten, warfen sich hin und her, keilten aus, buckelten und gehorchten trotzdem: kräftige Tiere aus Nisas Gestüten. Er legte einem der Braunhäutigen seiner Begleitung die Hand auf die Schulter und sagte laut, mit Pausen zwischen den Worten:

»Sage dem König, wer ich bin. Sag ihm meinen ehrlichen Dank dafür, daß er meine Krieger, den Kapitän und die Schiffsbauer so gastlich empfangen hat. Sag ihm, daß ich gekommen bin, die

Kshatrapie Thatguyia zurückzuerobern – aber nicht, um mit ihm Krieg zu führen!«

Der Gandharer sprang vom Pferd, rannte auf den weißen Elefanten zu, warf sich zu Boden und begann in einer Sprache zu reden, von der Dariuvahush nicht ein Wort verstand.

Später, nachdem König Pukkusati Dariuvahush und das Heer eingeladen, sich die Menschenmenge zerstreut und das Lager am Ufer des Sindhu aufgeschlagen hatte, kamen jene Boten und Schreiber, die Fürst Satâspa in der Stadt und in Pushkalavati zurückgelassen hatte. Sie berichteten, während Dariuvahushs Zelt zwischen Palmen und halb unter einem Banyanbaum errichtet wurde, dessen Größe die Pârsa erschreckte, von der Zeit in Takschaschila und Pushkalavati seit der Abfahrt der *Unsterblichen*. Zwei Boten, die vom Unterlauf des Sindhu mit einem Fischerboot heraufgerudert worden waren, übergaben Dariuvahush das vorläufig letzte Schreiben von Kapitän Skylax; nach dem warmen Bad, dem Walken und Kneten und kalten Wassergüssen ließ Dariuvahush Öllampen aufstellen und las Nefermerit vor, was Skylax geschrieben hatte.

AN DAREIOS, KÖNIG DER LÄNDER UND HERRSCHER ÜBER DEN INDOS, ÜBER GANDHARA UND THATGUYIA, von Kapitän *Skylax* an Deck der *Unsterblichen Schneide*

Als wir nach 19 Tagen und Nächten sahen, daß von Sonnenaufgang her ein zweiter Fluß in den Indos mündet, da wußten wir, daß uns die eingeborenen Fischer nicht belogen haben. Wir wendeten das Schiff und warteten lange auf guten Wind. Dann fuhren wir zurück nach Norden, in den breiten *Chandrabhaga* hinein, den die Flußbewohner einst *Akisikni* genannt haben; ich nenne ihn nun *Akesines*. Das Dreieck, in dem Indos und Akesines miteinander verschmelzen, ist so groß, daß es schwer ist, das jenseitige Ufer zu erkennen; der Akesines strömt nicht schneller als der Indos. Wir loteten und maßen und sind 10 Königsparasangen (jede zu 6000 großen Schritten) im Akesines flußaufwärts gesegelt. Dann trafen wir abermals auf einen Fluß, der vom Osten her einmündete, was die Färbung seines Wassers bewies. Wir segelten und ruderten zum Ufer und fragten die Eingeborenen, und das ist es, was wir erfuhren:

Vor langer Zeit hieß der östlichste Fluß *Arjikija*. Er ist der vierte, der in den Indos mündet. Ich und meine hellenischen Seefahrer nennen ihn: *Hyphasis*. Würden wir einen Siebentag lang flußaufwärts segeln, kämen wir abermals an eine Gabelung, so daß es wirklich fünf Flüsse sind, also vier, die in den Indos einfließen. Die beiden Zuflüsse aber heißen *Parushni* und *Vitasta*. Da dein Befehl lautet, wir sollen den Indos, dessen Mündung und das Meer auskundschaften, fuhren wir nach einigen Ruhetagen und dem Eintauschen von frischem Essen wieder flußabwärts in den Indos. Es ist also nicht wahr, was die Kundschafter in Pushkalavati erzählten: Das Tiefland, in dem außer Thatguyia noch viel anderes Land zu finden ist, wird von 5, nicht 7 Flüssen durchzogen, die oft, nach langen Regenzeiten, ihr Bett verlassen, sich einen neuen Lauf suchen und dabei viele Menschen und Tiere töten und viel Land verwüsten.

Wir haben auf dem Indos vielleicht achtzig Parasangen zurückgelegt. Bisher versprachen die Boten, denen wir Silber und Gold gaben, die Briefe flußaufwärts nach Pushkalavati zu bringen; wir beten zu allen Göttern, daß du meinen Periplous in den Händen hältst. Nun ist es aber zu weit und zu schwierig geworden, o Herrscher, Boten zu dir nach Gandhara zu schicken, und noch weniger wage ich, Briefe nach Thatguyia zu senden. Also werden wir alle unsere Beobachtungen aufschreiben und aufbewahren, bis wir das Ziel erreichen oder sicher sein können, daß unsere Botschaft in deine Hände kommt. Das schreibt Käpten Skylax, der Karer, von Bord der *Unsterblichen Schneide* auf dem Indos.

Takschaschila erstaunte, erschreckte und verstörte ihn: Alles, was für Dariuvahush die Vorstellung einer »Stadt« verkörperte, erhielt hier eine andere, fiebrige Bedeutung. Eine Traumstadt? Eine Siedlung, die Träume und schwärmende Empfindungen gebar, von schweigenden weisen Männern, Knaben und bisher ungehörten Klängen und Lauten bewohnt. Grelle, lodernde und stumpf geheimnisvolle Farben, königlicher Prunk und äußerstes Elend wohnten fast ohne Abstand nebeneinander. Das Zerrbild von Babairu, von Huza und Pârseï.

Uralte Bäume voller Affen und anderem Getier schienen aus ihren bloßliegenden Wurzeln schräge Mauern, Torbögen und Tempel hervorgequetscht zu haben, die sich entlang hügeliger, wirr verlaufender Gassen erstreckten und in Teichen standen, die vier verschlammte Bäche und deren Nebenläufe speisten.

Die Armen, Kranken, Bettelnden, Bresthaften, Schwärenden und Schmutzigen lebten in Hütten aus Blättern und Wedeln; auf weitläufigen Terrassen und in den Gärten, die sich hinter hohen Mauern ausbreiteten, wandelten, in tiefes Nachdenken versunken, würdige Männer. Weißhaarige Alte, dürr wie Skelette, hockten bewegungslos auf flachen Steinen. Der Ort wimmelte von Schmeißfliegen und schrill gurrenden, weißen Tauben, räudigen Hunden, kotstarrenden Rindern und Ratten. Es stank gleichermaßen nach Patshooly, Sandelholz, gärender Pisse und verwesendem Aas. Geierschwärme kreisten über den Bäumen; Dariuvahush hatte die Vorhut des Heeres durch die breiteste aller schmalen Straßen geführt und war am anderen Ende des Ortes umgekehrt, angestarrt und verfolgt von den Blicken der schweigenden, ungläubig lachenden Bevölkerung. Gestank lastete über dem Ort wie erstickender Nebel. Die meisten Behausungen lagen in dämmrigem Laubwerk versteckt; es schien, als herrschten schweigende Verzweiflung und eine Art goldverzierter Erschöpfung über die verwahrloste, schmutzige Siedlung. Als Dariuvahush an einem Banyanbaum vorbeiritt, unter dessen Zweigen, zwischen Luftwurzeln-Pfeilern, die Verschläge einiger Hundert Eingeborener standen und dessen riesenhafte Krone halb unsichtbar war im stinkenden Rauch vieler Feuer, hatte er sich längst entschlossen, auf dem freien Feld das Lager aufschlagen zu lassen; die Gelehrten Takschaschilas und deren Wissen waren schwerlich eine Bereicherung für diejenigen Männer, die in Pârsa oder Mudrayia weiße Paläste, Tempel oder Schiffsbrücken bauten. Einen Siebentag danach zog das gesamte Heer – bis auf jene Reittiere, die sich auf den Weiden erholen mußten, und einige hundert Nachzügler – in die Umgebung von Pushkalavati.

5. Die Pfeile von Thatguyia

Seltsam, dachte Dariuvahush lächelnd, selbst auf die Köpfe seiner Kamelreiter und deren Lanzenspitzen hinuntersehen zu können und in gleicher Höhe mit den Ästen mächtiger Bäume zu sitzen, während die Füße der Elefanten im seichten Wasser wateten. König Pukkusati, der links von Dariuvahush und ebenso im Schatten des Schirms saß, deutete über den Kopf des Elefantentreibers nach Süden, dann nach rechts.

»Der Fluß, o König, trennt und verbindet, ebenso die anderen Flüsse, die in den Großen Überfluter münden. Scheinbar ist es nicht weit nach Thatguyia, aber in Wirklichkeit ist die Reise lang und beschwerlich.«

Rücken an Rücken mit dem Treiber hockte der Sprachenkundige. Seine Blicke hefteten sich auf die Gesichter der Könige; gewissenhaft versuchte er zu übersetzen. Obwohl Dariuvahush seit zehn Tagen die fremde Sprache erlernte, verstand er wenig, aber daß er jenseits des Passes im Tiefland des *Sindhu* eine fremdartige Welt und einen ihrer bizarrsten Mittelpunkte, Takschaschila, betreten hatte, wußte er; selbst ein taubstummer Blinder hätte es begriffen.

»Darum scheint sich König Zimakka, der nur stellvertretend die Macht ausübt, ungestört und sicher zu fühlen.«

»Du irrst, König, wenn du denkst, daß er nichts weiß.« Pukkusati hob beide Hände zur Stirn.

»Auch er hat zweifellos Kundschafter und Zuträger«, erwiderte Dariuvahush langsam. Die hellhäutigen Kolosse näherten sich der weiten Lichtung des Uferwaldes, wo Dariuvahushs Kriegszelt und ein Teil des Lagers aufgeschlagen worden waren, zwei Pfeilschüsse vom Skylax-Dörfchen entfernt. »Seine Untertanen sprechen die Sprache dieses Landes.« »Er erwartet dich und dein Heer. Aber du führst weit mehr Krieger an.«

»Und ich weiß, o Kshatrapan-König, daß du an meiner Seite kämpfen wirst.«

»Dies ist geschrieben, beschworen und gesiegelt, König der Pârsa und vieler anderer Völker.«

Pukkusati lachte. Der Sprachenkundige grinste ungläubig und begann zu lachen, steckte damit den braunhäutigen Elefantentreiber
an, der unaufhörlich mit den nackten Zehen in den Spalt hinter den
flappenden, fächernden Ohren hineinstieß; zuletzt hob der Elefan-
tenbulle den Rüssel hoch in die Luft und trompetete zweimal. Hinter Dariuvahush kicherte der Schirmträger. Eingeborene und Angehörige des Heeres wurden aufmerksam und winkten.

»Es dauert nur zwei Siebentage, bis mein Heer bereit ist.« Dariuvahush erkannte an den Resten des Schwemmguts, an hochge-
zogenen Fischerbooten und den Rändern der lehmigen Inseln,
daß der Sindhu um drei Fuß, fast zwei Ellen gefallen war. Sindhu, dachte er und zuckte mit den Schultern: Jedwedes Ding hat
mindestens drei Namen. Sindhu-Hindusch-Indos. Gleichgültig,
ich kann sie mir merken, ebenso wie ich erkannt habe, daß der
König darauf gewartet hatte, sich der Macht des Reiches, meiner
Herrschaft also, unterstellen zu können. Er würde der beste
Kshatrapan sein; dies hatten Satâspa und Skylax zutreffend erkannt und geschrieben.

»Ich werde dich auf Wegen nach Thatguyia führen, König, die
Zimakka nicht kennt; auf beschwerlichen Pfaden. Unsere besten
Krieger rudern in Fischerbooten flußabwärts«, sagte Pukkusati
freundlich; ebenso freundlich wie jeder Hindusch-Bewohner bis
hinunter zu den nackten Fischerkindern. Dariuvahush hatte sich,
zunächst voller Staunen, an die laute Fröhlichkeit ebenso gewöhnt wie an die Gastfreundschaft, die ihm und jedem einzelnen
des Heeres entgegenschlug; sie entsprach dem lodernden Farben-
prunk der Sonnenuntergänge, den Pflanzen, Blumen und Blüten,
dem Reichtum des Bodens und der Schönheit der Mädchen und
Frauen. Die Elefanten schaukelten auf die Öffnung der breiten
Lagergasse zu. Dariuvahush sagte:

»Einen Siebentag vor dem Aufbruch solltest du dein letztes Fest
ausrichten, o Pukkusati. Erschöpft und betrunken kämpft niemand gern.«

»Auch das haben meine Anführer mit deinen Anführern schon
beredet.«

Selbst im Lager, überall dort, wo die Frauen der Eingeborenen kochten, roch es betäubend nach fremdartigen Gewürzen, leuchteten aus großen Körben bisher unbekannte, saftige Früchte, stiegen die Gerüche flacher Brote auf, ertönten Gelächter und fremde Wörter, boten sich überraschende Bilder. Weiße Höckerrinder, große Stelzvögel, Tiere, wie Kreuzungen zwischen Hund und Katze, die Schlangeneier fraßen und zischende, blitzschnelle Giftkobras töteten, hakenschnäblige, bunte Vögel, die menschliche Stimmen nachahmten, uralte Tempel, im Wald verborgen, von Affen besiedelt; zwischen die Quader zwängten sich Wurzeln wie knotige Finger. Es war, als sähen die Fremden hier statt in Takschaschila jene Wunder, die sie während des Marsches sich ausgedacht und von denen sie legendenhaft gehört hatten: Jeden Tag entdeckte Dariuvahush Einzelheiten, von denen er nicht einmal geträumt hatte. Jetzt blieb der erste Elefant neben dem Bambusgerüst stehen. Die Bewaffneten kletterten vom Tragegestell.

»Der Palast, o König, wird vorbereitet und geschmückt«, sagte Pukkusati. »Ich lasse dich und deine Hazarapati abholen. In der Abenddämmerung, zu meinem kärglichen Fest.« Auch er hatte Schwierigkeiten mit Dariuvahushs Sprache und wartete auf die Übersetzung. Dariuvahush nickte und sah sich um. Alle Teile des Heeres waren ausgeruht und erholt, die Tiere gesund, die Waffen und die Ausrüstung ersetzt, ausgebessert und in tadelfreiem Zustand. Kundschafter hatten in Booten und entlang der Ufer nach sicheren Pfaden gesucht, waren ungesehen weit jenseits der unmarkierten Grenze nach Thatguyia eingedrungen und hatten berichtet. Der Kshatrapan Zimakka hatte sein Heer entlang der breiten Straßen und in der größten Stadt versammelt; Elefantenreiter, Lanzenreiter auf Kamelen und Pferden und eingeborene Bogenschützen. Er erwartete den Angriff des Heeres und wußte, daß Dariuvahush an dessen Spitze reiten würde. Dariuvahush wartete, bis das Riesentier anhielt und den mächtigen Schädel schüttelte.

»In den ersten Nachtstunden, o Fürst, kommen wir in den Palast. Es wird abermals vieles zu bereden sein.«

Die ungewöhnliche Musik auf leuchtend farbigen Instrumenten und nackte, schmuckbehängte Tänzerinnen, deren Gelenkigkeit mit ihrer Schönheit wetteiferte, waren willkommene Ablenkungen von langen Reden und den Niederschriften von Vertragskapiteln, mit denen Dariuvahush und Pukkusati ihr Bündnis besiegelten. Zwei Bogenschützen halfen Dariuvahush die breiten Sprossen hinunter und traten zur Seite. König und Kshatrapan Pukkusati folgte, hinter ihm ging der Schirmträger und hielt den kuppelförmigen Schirm über beide Männer.

»Wir haben zugesehen, wie deine und meine Krieger geübt haben, getrennt und gemeinsam.« Dariuvahush verschränkte die Arme im Rücken und blickte in die großen, fast schwarzen Augen des kostbar gekleideten Königs. »Wir schlagen Zimakka, kein Zweifel. Die letzten Worte des Vertrags lassen wir schreiben, wenn Zimakka besiegt ist.«

»Besiegt, tot oder vertrieben«, sagte Pukkusati. »Einerlei. Flüchtet er, werden wir ihn jagen und fassen.« Er breitete die Arme aus und lächelte mit schneeweißen Zähnen. »Wenn es nicht den Pârsa-Sitten widerspricht, so bringe auch deine Frauen mit, o Herr; aber bedenke: Meine Tänzerinnen gieren danach, euch zu gefallen.«

Er umarmte Dariuvahush, verbeugte sich und winkte seiner Begleitung. Dariuvahush grüßte ihn mit erhobenem Arm und wartete, bis der König und der Schirmträger aufgestiegen waren und die Elefanten bedächtig vorwärts tappten, sich drehten und langsam den Eingangsbereich des Lagers verließen. Dariuvahush, begleitet von einem Dutzend Lanzenträgern, ging ebenso zögernd zu seinem Zelt und überlegte, wen er zum neuen Kshatrapan Thatguyias machen sollte: Das Land, das am weitesten im Osten lag, mußte von Männern verwaltet werden, denen er völlig vertraute und die zehn oder zwanzig Jahre lang jede Gefahr, jede Störung und jeden Gedanken an Aufstand im Keim ersticken konnten. War Pukkusati fähig, auch das Nachbarland zu beherrschen?

Gandharer am Indos, Drangianer-Thatguyianer im Südosten, Afridianer in der Gegend des Passes und Dadiker im Norden; diese Namen kannte Dariuvahush, aber von der Wirklichkeit konnte er sich nur überzeugen, wenn er dorthin vorstieß – was sollte er bei den armen Bergbewohnern in Schnee und Eis? Er zuckte mit den Schultern und dachte an Kshatrapan Zimakka.

Hazarapati Tachmaspâda, von der Hindusch-Sonne ebenso tiefbraun gebrannt, ölduftend und in dünne Leinengewänder gekleidet wie die meisten Anführer und Unterführer, schwenkte den
hauchdünnen Becher aus Lormenholz, schnupperte lange und ge-
nußvoll und zuckte behaglich mit den Schultern. Er blickte über
die rissigen, sonnengedörrten Planken des Bootshecks in Dariuvahushs Gesicht und brummte:
»Palmwein für Ahnungslose. Mit allen Geheimnissen Gandharas
gewürzt und auf rätselhafte Weise gekühlt. Von Ushas, der Mor-
genröte-Göttin, und Surya, der Sonne gesegnet.« Er lachte; sein
Gesicht schien verändert. Wegen der feuchten Hitze und weil die
Lustsklavinnen aus dem Palast sonst erschraken, hatten fast alle
Pârsa ihre Bärte und das Kopfhaar kurz scheren lassen. Die zwei-
fache Stirnnarbe des Hazarapati glänzte. »Du hast mich gefragt,
o König, und ich bin fast sicher, daß es so ist, wie ich antworte.«
»Was antwortest du mir also, Freund Tachma?«
Tachmaspâda winkte mit vier Fingern. Ein Mädchen glitt durch
den Sand und reichte Dariuvahush einen gleich großen, schweren
Becher. Die Männer standen am Flußufer im Halbschatten von
Fächerpalmen zwischen Fischerbooten, auf denen die Krieger
mit Lasteseln und Essensvorräten flußabwärts gleiten würden.
Tachmaspâda blickte zur Stadt, aus deren Mitte die Palastdächer
und dunkelgrüne Baumkronen ragten.
»Der kleine König Pukkusati mit fünfhundert guten Kriegern
und weiteren tausend Männern, die zu kämpfen verstehen, hat es
nötig, sich in den Schutz eines Mächtigen zu begeben. Er fürchtet, unter anderem, den sogenannten König Zimakka von Thatguyia. Das schrieb dir schon Hazarapati Satâspa.«
Dariuvahush prüfte die Bedeutung jedes Wortes und schüttelte
den Kopf. »Richtig. Weiter.«
»Dies sagten auch alle Karawanenführer und alle anderen Männer, die wir zwei, drei Tagesritte im Umkreis befragt haben. Alle
sagen: Es ist kein übler König. Und sie sagen: Zimakka baut
Straßen nach Nordwesten und würde früher oder später diesen
Winzling von einem Königreich überfallen; er oder ein anderer
Großfürst. Dies beschwor auch Fürst Shodasa von Pushkalavati,
der Freund von Käpten Skylax.«

Dariuvahushs Blick wanderte über die Fischerboote. Mehr als hundert flachbödige Boote warteten, ans Ufer hochgezogen, auf ihre Besatzung.

»Ihr habt Verträge beredet und besiegelt. Wir werden sehen, wie mutig der König kämpft. Er wird, sage ich, ein ehrlicher, zuverlässiger Kshatrapan sein – allein deshalb, weil ihn dein Pârsa-Reich schützt.«

Tachmaspâda starrte in Dariuvahushs Augen. Dariuvahush gab die Blicke seines Freundes zurück; Tachma besaß sein ganzes Vertrauen wie kaum ein anderer außer Gaubarva. Das Holz zwischen ihnen und die Schnüre, die den knorrigen Ruderschaft hielten, knisterten in der Hitze. Ein Vogel schwirrte zwischen ihnen hindurch und packte eine Libelle. Langsam hob Dariuvahush den Kopf, nahm einen langen Schluck des kalten Palmweins, der weiß wie Milch war und dessen Duft alle anderen Ufergerüche überlagerte, dann schüttelte er zustimmend den Kopf und sagte:

»Das glaube ich auch. In wenigen Tagen brechen wir auf. Wie können wir unsere Zweifel verringern?«

Tachmaspâda zuckte mit den Schultern, betrachtete ein schläfrig blinzelndes Krokodil, hob ein kantiges Holzstück auf und sagte:

»Indem wir so schnell wie möglich nach Thatguyia vordringen, entschlossen kämpfen und den Hochverräter ans Palasttor nageln. Der kleine König Pukkusati wird deine Grenze befestigen und nach Osten sichern, o König.«

Sie blickten einige Atemzüge lang schweigend über den Fluß und das flache Land nach Südosten. Tachmaspâda holte aus und schleuderte das schwere Holz. Das Geschoß traf das Krokodil zwischen die Augen; das Tier grunzte und verschwand mit drei Schwanzschlägen in einem schäumenden Wasserwirbel. Dariuvahush leerte grinsend den Becher. Nacheinander schwangen sich fünf Reiher von den Ästen eines abgestorbenen Baums und strichen mit hungrigen Schreien dicht über die Wellen dahin. Mit hartem Klappern stellte Dariuvahush den Becher aufs Bootsheck.

»Die Grenze!« sagte er. »Zuerst Thatguyia und Zimakka. Er hockt auf sieben Jahren Tribut, die mir und dem Reich vorenthalten wurden. Dann auf Skylax' Spuren nach Süden. Zurück nach

Pârsa. Viele Zweifel besiegen wir nur, weil wir atemlos vorwärts hasten.«

»Herr!« Tachmaspâda hob die Arme. Die Ringe an den Fingern funkelten, die breiten Schmuckbänder rutschten über die Unterarme. »Nur Weise und Tote sind ohne Zweifel. Wir leben im reichsten, schönsten Land deines Reiches.«

Dariuvahush lachte leise. »Dies schreibt so oder ähnlich auch Skylax. Morgen, wenn wir unseren Angriff bereden, berichte ich euch von seinem letzten Brief. Skylax ist wohlauf.«

»Zumindest war er es, als er schrieb. In diesem Teil der Welt sind wir Fremde, Besucher, vielleicht Gäste«, sagte Tachmaspâda und fuhr mit dem Fingernagel entlang der eingekerbten Maserung des Bretts. »Es wäre ein Wunder, wenn wir alles wüßten und verstünden.«

Die besten Bogenschützen aus Dariuvahushs großem Heer und aus dem viel kleineren Heer Pukkusatis, schwimmkundige hellenische Hopliten, eingeborene Fischer und Ruderer, Kundschafter und Sprachenkenner bemannten die Boote vor dem Morgengrauen und fuhren in der Strömung nach Süden. Vor ihnen lagen einige Tagesreisen auf dem Sindhu und das Durchqueren mehrerer Flußfurten. Dreihundert Bewaffnete des Fürsten Shodasa führten und begleiteten Dariuvahushs Kamelreiter durch die Sindhufurt und zur Karawanenstraße, die sich, unterbrochen von zwei Nebenflüssen, ins Herz Thatguyias schlängelte.

Durch die Schilffelder des östlichen Sindhu-Ufers, auf den wenigen Dammstraßen und entlang großer Sümpfe, in denen das Hochwasser langsam versickerte, folgte ungefähr eine Hälfte des Heeres Shodasas Elefantenreitern. Männer und Tiere schützten sie gegen die Myriaden Stechmücken und die dichten Fliegenschwärme, indem sie Haut und Fell mit streng riechenden Salben und Absuden bestrichen und getränkt hatten und schwelende Fackeln trugen, die aus getrockneten Waldpflanzen und Pilzen zusammengebunden waren. Weit hinter ihnen folgten Kampfwagen und Gespanne, ebenso wie der anderen Heereshälfte, die Kshatrapan Pukkusati und Dariuvahush hoch auf den Rücken der Elefanten anführten. In Pushkalavati und im Palast von Gandhara waren einige Dutzend Botenreiter, ihre besten Pferde, einige Schreiber und Sprachenkundige geblieben; Dariuvahush hatte beschlossen, dem Periplous Skylax' und den Eingeborenen zu vertrauen und auf dem Rückweg vielleicht einen Paß weit im Süden zu überschreiten.

Nach zwei Tagesreisen führten schlammbeschmierte Eingeborene – der stinkende Brei schützte gegen Mückenbisse – einige Dutzend Kundschafter der Bootsbesatzungen durch das Schwemmland nach Sonnenaufgang. Sie kamen an das Ufer des Parushni, der einst Iravati genannt worden war; dort vereinigten sie sich mit den Bewaffneten des Fürsten Shodasa. Etwa zur gleichen Zeit erreichten Dariuvahush und Pukkusati den weiter östlich fließenden Chandrabhaga, einst der Akisikni, durchquerten ihn ohne Verluste und näherten sich unaufhaltsam zwischen Tiefland und Hügelwald der Grenze Thatguyias, dem »Land unzähliger Rinder«. Binnen weniger Tage vereinigten sich die Heeresteile, schlugen ein Lager auf und wurden nach wenigen Tagen neu gegliedert. Ein Teil drang auf der nördlichen Karawanenstraße vor, ein anderer, abseits dieses Weges, bewegte sich auf bizarren Pfaden durch kleine Dörfer und baumlose Steppen, entlang der Waldränder und durch völlig menschenleeres Land; oft auf Wildwechseln, die sich in absurden Windungen ins Herz Thatguyias krümmten.

Dariuvahush glaubte nach einem langen Tag und einer schlaflosen Nacht, er kämpfe sich ganz allein seit unendlicher Zeit durch einen triefenden Wald, der mit tausend gellenden Stimmen auf ihn einschrie, ihn mit Aststücken, Nüssen und faulenden Blättern bewarf, seine Füße im Lehm der Pfade festhielt und ihn mit Dutzenden fauliger Gerüche erstickte. Büsche, Lianen, Schlingpflanzen und Mangobäume bildeten ein undurchdringliches Dickicht, aus dem Zikaden, Fliegen, Stechmücken, Libellen und Vögel hervorstürzten; Myriaden von ihnen umschwirrten die Elefanten und deren Reiter. Von schenkeldicken Ästen hingen fünfzehn Ellen lange Schlangen und glotzten zischend die Eindringlinge an, Dutzende kreischender Affen schwangen sich durchs Geäst. Narakulgras verfilzte die Wegränder und die Lichtungen; mitunter erlegten die Bogenschützen Antilopen oder Hirsche und schnitten das hornige Gras für die Bratfeuer. Ununterbrochen tropfte klebrige Feuchtigkeit aus den Baumkronen und brannte auf der Haut. Spinnen woben riesige Netze und ließen sich an glitzernden Fäden auf die Reiter hinunter. Stinkende Blüten wuchsen zwischen Würgfeigen hervor, Käfer, Würmer und Raupen hefteten sich an Kleider, Haut und Waffen, triefende heiße Luft waberte zwischen den Stämmen hervor, hüllte die Menschen und Tiere ein, raubte ihnen den Atem und trieb den Schweiß aus der Haut. Es stank nach verwesenden Pilzen, nach Aas und moderndem Holz; überall krochen halb fingergroße Ameisen. Große Schmetterlinge flatterten durch die dunklen Löcher des Waldes. Wenn er sich lichtete, stach die Sonne herunter und erhitzte das Waffenmetall, bis es zu glühen schien. Jeder Schritt war eine Qual, die Wasservorräte gingen schnell zu Ende, jeder stöhnte und hörte auf, mit dem anderen zu sprechen, schleppte seine Ausrüstung und redete mit sich selbst; verbissen, laut oder unhörbar. Es war, als gäbe es nichts anderes als die wuchernde Natur und tausend Gefahren, die im Wald und in den Ebenen lauerten, in denen mehr als mannshohes Schilfgras wuchs. Wenn er hier stürbe, überlegte Dariuvahush, wären seine Erinnerungen zwar ungewöhnlich farbig und reich, aber ohne rechten Sinngehalt: Das Land schien die Eindringlinge nicht zu dulden, aber es wehrte sich auch nicht entschlossen und auf tödliche Weise gegen Dariuvahushs Heer.

Gehörtes, Wiederholtes und Gelerntes kroch durch Dariuvahushs Gedanken. Kleine Wahrheiten und Einsichten öffneten sich langsam wie Blüten: Auch die Braunhäutigen, deren Sagen von Aryâmanen sprachen, gemeinsamen Vorfahren von Pârsa und Gandharern also, glaubten an das Leben nach dem körperlichen Tod. Einst war in einem Hain nahe der Stadt Kapilavatthu, als Sohn einer königlichen Sakyafamilie Siddharta Gautama geboren worden, der mit neunundzwanzig Jahren Frau und neugeborenen Sohn verließ, um als wandernder Bedürfnisloser den Weg der Erlösung zu finden – ähnlich Zarathushtra, dem die Pârsa die Gegenwart Ahura Mazdâhs verdankten. Nach sieben Jahren Wanderschaft, Gesprächen mit unzähligen Weisen, in der Gestalt eines Greises, eines Kranken, eines verwesenden Leichnams und eines Bedürfnislosen, überkam ihn unter einem Pipal-Baum die Erkenntnis ins Wesen des Daseins und dessen Überwindung. *Geburt, Alter, Krankheit und Tod sind Leiden ...* der Erleuchtete verkündete die Wiedergeburt auf dem Pfad aus acht Gliedern. Aber ebenso wie in Mudrayia hatte seine Lehre die vielen alten Götter nicht gestürzt: Ushas, Surya, Agni, der Feuergott, Rita, die Wahrheit und Varuna, der Gott der Eide, Mitra, Gott der Verträge – unter dessen Anrufung waren alle Verträge zwischen Dariuvahush und Pukkusati geschlossen worden ... und andere Götter, deren Bedeutung sich den Pârsa nur zögernd erschloß. Die Verträge galten, wenn der Marsch sein Heer nicht umbrachte und er den Zimakka besiegte; wenn er siegte, würde er auch den Göttern Gandharas, Thatguyias und Hinduschs opfern, denn er, der König, sprach mit allen Menschen, mit Königen, Fürsten und Kriegern, mit Bauern, Sklaven und Parias, mit Pârsa und Barbaren: Alle waren sie Erde und Kiesel im fruchtbaren Gebirgstal seines Reiches. Plötzlich, mitten in der düsteren, lärmerfüllten Höhlung aus Kronen, Ästen, Stämmen, Flechtwurzeln und Dornenranken über dem stinkenden Pfad, floß es wie Feuer durch seine Adern. Kalter Wind schlug ihm entgegen; er atmete frei und tief. Er war sicher: Er hielt das Schwert der Geschichte, er würde siegen und als Sieger das reiche Land durchstreifen.

Auf der Straße, die jedermann kannte, trafen manchmal kleine Gruppen Angreifer und Verteidiger aufeinander. Durch Felder und entlang von Kanalböschungen pirschten sich ungesehen berittene Bogenschützen und Lanzenreiter vorwärts, unterstützt von Fürst Shodasas Kundschaftern. Tachmaspâda ließ drei Dutzend Kampfwagen ausrüsten und ausgeruhte Pferde anschirren; die Wagen, mit einem Bogenschützen, einem speerwerfenden Lanzenträger und einem Lenker besetzt, durchbrachen alle Verteidigungslinien. Die Sicheln, Dornen und Eisenspitzen der Gefährte, ebenso wie die gellenden Angriffsschreie der Unsterblichen, erschreckten Zimakkas braunhäutige Krieger, die derlei noch nie gesehen hatten. Auf der freien Straße rückten die Fußtruppen fast ungehindert vor, und die flüchtenden Verteidiger gerieten in die gezielten Pfeilschüsse der aus den Verstecken, im

Verborgenen kämpfenden Bogenschützen. Die Körbe aus Flechtwerk, Leder und Bronzeplatten auf den Elefantenrücken verwandelten sich in kleine Festungen, aus denen Pfeile, Schleuderkugeln und Speere hervorschossen.

Pukkusati und Dariuvahush erreichten nach einem Gewaltmarsch von Osten her die Stadt. Das Heer überrannte in breiter Linie Felder, Weiden, Gutshöfe und Gärten; Dariuvahush hatte jegliches Plündern bei Todesstrafe verboten. Elefanten und Fußtruppen zerschmetterten die niedrigen Mauern und trieben die entsetzten Bewohner durch die Gassen. Die grauen Riesentiere rammten mit den Stoßzähnen und den wulstigen Stirnen die Palasttore und trampelten die Portale nieder, durch die fünfhundert Krieger eindrangen. Weder Zimakka noch seine Krieger versteckten sich in den Mauern der prunkvollen Bauwerke oder in den kostbar ausgestatteten Höfen. Dariuvahush ließ hundert Lanzenträger und die Spitze des Trosses zurück und befahl, auf der Prachtstraße quer durch die Stadt vorzurücken, dem eigenen Heer entgegen. Er fiel den Verteidigern in den Rücken; sie zerstreuten sich in heilloser Flucht. An drei Stellen, am Stadtrand, brannten Häuser nieder. Stunden später hatte sich sein Heer in einem weiten Halbkreis auseinandergezogen und kesselte die Krieger Zimakkas ein, die ein riesiges Pairidaeza zu verteidigen versuchten, einen Garten, der größer zu sein schien als die Stadt.

Mauern und Tore des Pairidaeza, das einer verkleinerten Sindhu-Landschaft zu gleichen schien, hätten Dariuvahushs Lanzenkämpfer kaum länger als eine halbe Stunde aufgehalten; sie waren niedrig, aber in nie gesehener Prächtigkeit gemauert und verziert. Dariuvahush rief die Anführer zur Beratung zusammen, aber bevor sie miteinander redeten, geschah es: In der zweiten Stunde vor Sonnenuntergang öffnete sich das Haupttor. Ein Kampfwagen, von drei Schimmeln gezogen, näherte sich langsam den Elefanten, die im Halbkreis dastanden und, mit den Köpfen schaukelnd, frische Blätter von heruntergehauenen Ästen fraßen. Zwischen ihnen standen dreckbespritzte Wagen, schwitzende Unsterbliche und braunhäutige Bogenschützen in Lederhalbpanzern, die schwarz waren vom Sumpfwasser und Schweiß.

Dariuvahush, hinter dem Treiber auf dem Sitz des Elefanten, beugte sich vor und senkte die Lanze. Ein hochgewachsener, hagerer Mann mit schlohweißem Haar und weißem Bart, der zu zwei Zöpfen geflochten war und bis zum Knoten eines zerschlissenen Schamtuchs reichte, hielt die Zügel. Ein weißes Band umspannte die Stirn, die Enden hingen auf die linke Schulter. In der Mitte des Halbkreises hielt der braunhäutige Lenker den Wagen an. Aus den Fugen des Wagenkorbes tropfte eine dunkle Flüssigkeit in den kalkigen Staub; die wartenden Krieger starrten, verwundert murmelnd, auf das Gespann. Der Mann aus Thatguyia war überaus mager; er schien nur aus Haut, Sehnen und Knochen zu bestehen. Aus seinen Augen schlug dunkler Glanz, in der Abendsonne schienen seine Lippen purpurn. Auf seiner Brust hing an goldener Kette eine Scheibe aus durchbrochenem Gold, größer als zwei Hände. Er knotete, anscheinend völlig furchtlos, die Zügelenden an den Handlauf, der, wie alle Teile des Wagens, des Zuggeschirrs, der Deichsel und der Joche, von Silber, Gold, kostbaren Steinen, mattem Leder und schwerem Stoff starrte. Trotz des wehenden weißen Haars zählte der Lenker kaum mehr Jahre als Dariuvahush; er stieg ab und ging auf nackten Sohlen auf den Elefanten zu, der Dariuvahush trug, und hielt ihm die blutrot gefärbten Handflächen entgegen; seine Augen suchten Dariuvahushs Blick. Zwei Schritt vor dem pendelnden Rüsselende und den geschliffenen Dornen auf den Stoßzähnen blieb er stehen und begann leise zu sprechen.

Dariuvahush verstand kein Wort. Der Klang der Stimme, schon bevor ein Eingeborener zu übersetzen begann, schläferte ihn ein; gleichermaßen versetzte er ihn in einen Zustand seltsamer Gedankenklarheit. Er vergaß binnen weniger Augenblicke seine Umgebung und tauchte in die schwarzen Blicke ein wie in einen See, dessen Tiefe ihn schwindeln ließ, sein Herz öffnete und seinen Verstand befreite. Er sah lautlose Bilder, hörte Saitenmusik, rasselnde Trommeln und schrille Flötentriller, die zwischen Erde und Wolken perlende Ketten spannten, und erfuhr:

Tigergötter, Affengötter, Krokodildämonen und elefantenköpfige Götter hatten das Volk und den Herrscher darauf vorbereitet, daß die sieben Jahre der unverwundbaren Sorglosigkeit endeten. Der

Himmel verhieß keine Hilfe. Nicht nur die Priester, sondern auch all jene, die auf Knien durchs Leben rutschen mußten, hatten auf den unbesiegbaren Gottkönig aus dem Land des Sonnenunterganges gewartet. Bisher hatten sie nur die Schatten des Reiches gesehen; mit den Lanzenmännern kamen die guten Jahrhunderte breiter Straßen, die Gerüchte hoher Flußdeiche, die Ahnungen begreifbarer Gesetze und ein steter Sturm der Wichtigkeit, der Thatguyia wieder mit der Welt verband: Eine andere Zeit, Jahre veränderter Werte und geheimnisvoller Erzählungen in Nächten schütteren Mondlichts unter riesigen Banyanbäumen. Die Angst vor der Welt jenseits der Wälder und vor Tod und Verwüstungen, die in jährlichen Hochwassern das Land geschunden hatten, schwand dahin. »Und darum haben sie«, hörte Dariuvahush, der wie aus einem Rausch erwachte, den Übersetzer sagen, »als sie erkannten, daß die Macht des Herrschers aus Sonnenuntergang größer war als die Zimakkas – er ist ihnen als Fremder fremd geblieben –, den Fremden getötet. Auf eine Weise, deren Schmerzen ihn an seine Herrschaft erinnern sollten.« Dariuvahush streckte den Arm aus und ließ die Lanze fallen. Ihre Spitze bohrte sich bis zum Schaft in den Boden. Langsam kletterte Dariuvahush vom Nacken des Elefanten, dessen Rüssel ihn nach einem Befehl des Treibers halb umfing und sanft hinunterhob. Dariuvahush ging zum Wagen, neben dem der Hagere mit verschränkten Armen stand, und sah auf dem Wagenboden den nackten, weißhäutigen Leichnam eines Fünfzigjährigen. Er zweifelte nicht daran, daß es Zimakka war. Die fahle Haut war an vielen Stellen von winzigen Einstichen durchbohrt, die Gliedmaßen des Toten waren ineinander verknotet, er blutete aus den Nüstern, den Ohren und der Spitze des starren Gliedes.

Um die schwarzen, geschwollenen Einstiche zeigten sich tiefrote Doppelkreise: Bisse von Schlangenzähnen. Zwei Fingerbreit unter den Brustwarzen steckten goldene Dolche. Das Gesicht mit den weit offenen Augen, aufwärts gewandt, schien zufrieden zu lächeln; das Blut, das aus den Wunden in den Sand tropfte, war seltsam hellrot. Dariuvahush hob den Kopf. Der Weißhaarige war verschwunden; niemand schien ihn zu vermissen oder zu verfolgen. Dariuvahush wußte nicht, ob der Tote Zimakka war.

Weder diesen Toten noch den abtrünnigen Mada hatte er je zuvor gesehen.

Er ging zu Tachmaspâda und den anderen Hazarapati, zwang sich in die Wirklichkeit zurück und sagte:

»Das Heer verteilt sich im Pairidaeza und in der Stadt. Wir werden im Palast wohnen. Es wird nicht geplündert, nicht getötet und vergewaltigt! Es gilt ab sofort das Gesetz des Königs der Länder, und nichts anderes; mein Dâtam!«

Sie senkten die Köpfe, schlugen die Hände an die Brust und hoben die Waffen. Die Männer hinter den Kampfwagen stießen trillernde Siegesrufe aus.

6. An den Ufern des Reiches

Ein kalter Westwind, *Zephyros*, wirbelte die graue Oberfläche
der Meerenge zu schroffen Wellenmustern zusammen, winselte
und jaulte an den Ufern herauf zum Felsabsturz, an dem der Führer sein Pferd zügelte und den Arm hob. Nacheinander glitten die
Lanzenreiter von den Pferderücken; ein Kârataka schlang die Zügel um seinen Unterarm und lehnte sich gegen die prallen
Packtaschen eines Saumtieres. Mandrokles von Samos hielt den
Umhang am Hals zusammen und rief dem Führer durch die Geräusche des Windes zu:
»Du bist sicher, Mann, daß dies die engste Stelle ist?«
»Seit Menschengedenken, o Samier. Drei Stadien. Achtzehn Plethren.« Der Baumeister zupfte am Sturmriemen seines Petasos
und nickte. »Fünfhundertfünfzig große Schritte. Weniger Abstand zwischen den Ufern findest du nirgends.«
»Und der ganze Bosporos, sagst du, ist ein wenig länger als fünf
und eine halbe Parasange?«
»So ist es.« Auch der Ortskundige mußte schreien. »Zwischen einem und zweieinhalb Plethren tief. Zufrieden?«
Der bärtige, schwarzhaarige Samier wandte sich an Chiliarch
Sykashta, der schweigend zugehört und sich umgesehen hatte. Der
langgezogene Spalt zwischen den Ländern führte von Sonnenuntergang nach Sonnenaufgang und war von einer starken Strömung
durchzogen, die abwechselnd an diesem und am jenseitigen Ufer
anprallte und nach Westen führte; an neun Monden im Jahr eine
kaum überwindbare Erschwernis für alle Schiffe. Tekton Mandrokles, Baumeister für Holz und Stein, Hafenmolen und Brücken,
blieb neben Sykashta stehen und blickte zum anderen Ufer.
»Und ausgerechnet hier will der König eine schwimmende Brükke? Mit Rampen und Wegen und all dem? Ausgerechnet von
mir?«
Sykashta grinste und hob die Schultern. »Und eine zweite, kleinere, für andere Schiffe. Darüber später. Von dir und keinem an-

deren. Ihr Samier habt einen guten Ruf. Er wird dich mit Gold überschütten, o Tekton. In einem Jahr sollst du sie fertig haben.«
Vorsichtig traten die jungen Unsterblichen an den Rand des Absturzes. Ein Schiff mit prallem Segel quälte sich gegen die Strömung ostwärts; es erschien kleiner als ein Fischerbötchen. Beide Ufer, so weit das Auge reichte, waren an den Vorsprüngen und den Kuppen der Hügel voller Erdgräber oder kleiner, verwitterter Tempel und Säulen. Wenige Häuser und eine halbe Stunde landeinwärts ein Dörfchen, einige zerstreute Schaf- und Ziegenherden – es war ein einsamer Landstrich in Bithynien, zwischen der Propontis und dem Pontos Euxeinos; weder Byzantion auf dem thrakischen Ufer noch Chalkedon waren von hier aus zu sehen. Rechts weitete sich jenseits der beiden Inselchen aus blauem Gestein die Meeresenge in die endlose dunkle Wasserfläche des euxeinischen Meeres.

»Hundert Schiffe, je fünf Schritte breit!« Mandrokles hielt seinen Mantel fest, stöhnte und schüttelte den Kopf. »Jedes Schiff an mindestens vier Ankern. Hundert Parasangen Seile und Tauwerk. Einen Wald muß ich abholzen für die Brücken zwischen den Bordwänden.«

Sykashta legte dem Baumeister die Hand auf die Schulter und deutete auf ein Packpferd.

»Holze ab, o Tekton. Dariuvahush befahl es Gaubarva, seinem Vertrauten. Der schickte nach mir, gab mir die jungen Edlen zum Schutz unserer Gruppe. Ich habe königliche Befehle mit königlichem Siegel. Und reichlich Gold. Statére und Dârayaken. Hol Schiffe aus Lykien und Karien und Arbeiter aus ganz Yauna und Karka; die Tyrannen und der Kshatrapan werden dich unterstützen. Wenn das Gold nicht reicht, was ich bezweifle, o Held von Planken, Tauwerk und Sparsamkeit, sorg ich dafür, daß dir der Kshatrapan von Sardeïs oder der von Katpatuka gibt, was du brauchst, auch Sklaven und Handwerker.«

»Wo wohne ich?«

Sykashta kicherte. »Am besten in der Nähe, wenig prunkvoll und stets reisefertig, vielleicht in Daskyleion, o Mandrokles.«

»Dann sollte ich wohl sofort nach Samos übersetzen und alles, was ich brauche, in diese Gegend bringen.« Mandrokles betrachtete abschätzig, als sei er bis zum Lebensende hierher verbannt worden, die menschenarme Landschaft. Das Jaulen des Windes schluckte seinen langgezogenen Seufzer. »Du reitest zurück nach Sardeïs, Sykashta?«

»Ja. Du wirst dich uns anschließen wollen.« Sykashta deutete auf die kümmerliche Straße, nicht mehr als ein Herdenpfad. »Ich war vor etlichen Monden schon einmal hier; Dariuvahush will immer wissen, ob er Unmögliches verlangt.«

Sie gingen nebeneinander zu den Pferden. Mandrokles sagte: »Du hast ihm bestätigt, daß eine schwimmende Brücke mitten über den Bosporos möglich ist.«

Sykashta lachte. »Sehr gut möglich. Über diese Brücke will er sein Heer auf den Weg zu den Saka paradraya – ihr nennt sie Skythen – bringen, wenn er aus Hindusch zurück ist.«

Mandrokles starrte Sykashta an. Ungläubig schüttelte er den Kopf, dann zog er sich auf den Pferderücken und ließ sich die Zügel reichen. Er stieß einen ausdrucksvollen samischen Fluch aus und rief: »Sehr gut möglich! Der kleinste Sturm kann sie zerstören; dann läßt mich Dareios auspeitschen oder köpft mich!«

Die Reiter lachten. Sykashta hob die Hand und sagte laut: »Nimm mehr Anker mit dickeren Tauen, o Baumeister; so entgehst du vielleicht dem Köpfen, den Rügen und dem Zorn des Königs!«

»Ich brauche ein paar tausend Arbeiter!« Mandrokles hieb dem Pferd die Fersen in die Flanken. Das Gelächter der Reiter verfolgte ihn einige Galoppsprünge weit. »Und hundert gelangweilte, fluchende Kapitäne und Steuermänner! Welch ein Unterfangen! Welch eine Herausforderung!«

Er galoppierte davon. Die Bewaffneten und der Ortskundige folgten langsamer. Der Wind trieb graue Wolken über den grauen Himmel; es begann auf das karge Land zu regnen. Die Sonne, eine weißliche Scheibe, vermochte die schwarze Wolkenmasse über dem Pontos Euxeinos nicht zu durchdringen.

Gaubarva machte einige Schritte aus dem Schatten des Vordachs heraus, schirmte die Augen gegen die Sonne und versuchte, in dem Bild, das sich ihm bot, eine Veränderung dem Vortag gegenüber zu erkennen: Der Herbstwind, der über die Palastterrasse wehte und in seinem weißen Haar wühlte, fegte braunes und goldfarbenes Laub von den Bäumen Hagmatânas und wehte hinter den Mauern Staubwolken nach Osten. Gestern hatte Gaubarva das sechste Jahrzehnt seines Lebens vollendet; die Erinnerung an die weißhäutige bakhtrische Sklavin nistete noch in seinen Lenden und Schultermuskeln. Für alles gab es eine endgültige, reine Form; er würde sie nie erreichen, aber er eiferte ihr nach, so gut er es vermochte; die Nacht war voller köstlicher Anstrengungen gewesen. Auf dem Palasthof bewegten sich wie Spielfiguren einige Gestalten, deren Schatten über Platten und Fugen nach Nordwest deuteten. Palastwachen, von deren Lanzenspitzen unerträglich grelle Lichtfunken blitzten, führten einen schwarzgekleideten Mann und, augenscheinlich, eine junge Frau auf die Palasttreppe zu. Eine Hand der Frau lag am Ellbogen des Schwarzgekleideten, über dessen Schulter ein zusammengefalteter weißer Himation hing. Gemeinsam stiegen sie die flachen Stufen aufwärts. Ein Wächter verbeugte sich und hielt die Lanze quer über seinen Kopf als Zeichen, daß die Besucher Gaubarva willkommen sein würden. Er nickte; je deutlicher er die Besucher sah, desto breiter wurde sein Lächeln. Er blieb an der Kante zur obersten Stufe stehen, suchte kurz in seinen Erinnerungen und holte tief Luft. Die Zeit verging zu schnell, die Jahre rasten dahin: Llach Esis, die Malmarduk führte, war zu einer schönen, jungen Frau herangewachsen. Gaubarva stemmte die Fäuste in die Hüften.

»Willkommen, Mondblinder«, sagte er. »Willkommen in einem Palast, den ich hüte und verschönere, als wäre er meiner in Babairu.«

»Ich erkenn dich an der Stimme, o Bogenträger Gaubarva.« Malmarduk erreichte die Plattform des Palasteingangs, blieb stehen und verneigte sich tief. Llach Esis sank auf ein Knie. »Und ich schmecke vielerlei Gerüche zwischen den Mauern Hagmatânas. Hast du die Stadt neu erbauen lassen?«

»Das alles hat Dariuvahush befohlen. Ich sorge dafür, daß Mauern, Treppen, Säulen und Dächer nach seinem Plan entstehen. Und Gärten, Pairidaezas, Felder und alles andere. Du riechst die neuen, schönen, unzerstörbaren Teile Hagmatânas.« Gaubarva betrachtete lächelnd die grünäugige, junge Frau und fügte hinzu: »Wollt ihr bei mir für eine Weile wohnen, Malmarduk?«

»Deine Milde und Großmut zwingen uns dazu«, sagte Malmarduk; der Blick seiner Augen zielte mitten in die Sonne. »Überall auf unserer Wanderung haben wir von den großen Taten deines Königs gehört.«

»Und vieles gesehen: Straßen, Dämme, große Weiden und Gärten«, sagte Llach Esis. »Der König ... wann erwartest du ihn in einem seiner prächtigen Paläste zurück?«

Gaubarva zog die Schultern hoch. »Ich weiß nicht. Vielleicht in einem halben Jahr. Er zwingt Thatguyia abermals in die Grenzen des Reiches.« Er zog die Frau an der Hand hoch. »Und auch danach sind seine Träume großartig und weitreichend. Wir reden später darüber – ruht eure müden Füße aus.«

Er ging voraus, Llach Esis nahm Malmarduks Arm und führte ihn zwischen den glatten Steinsäulen, die nicht älter waren als ein Mond, in den dämmerigen Palast. Gaubarva brauchte das Schreibleder und das Siegel Dariuvahushs nicht zu sehen, denn er wußte, daß der Mondblinde Dariuvahushs Gast war; er kannte und fürchtete aber auch Malmarduks Gesichte und Vorausschau: Sie mochten sich als wahr erweisen.

Telamon und Skylax schoben und zogen gleichzeitig an den Ruderpinnen und versuchten die *Unsterbliche* mit der trägen Strömung und gegen den Wind zu halten. Jeweils vier Riemen waren an Backbord und Steuerbord ausgebracht worden; in langen Abständen mußten die Ruderer die Steuermänner unterstützen. Das Segel war an der Rah festgebunden, die lange Rah straff hochgezogen, das Schiff schleppte die leeren Boote hinter sich her und trieb dicht am rechten Ufer entlang, durch eine hügelige Halbwüste und breite Schilffelder, an deren Halmen die Höhe der Überschwemmung zu erkennen war. Wieder führte die Windung des Indos nach Westen. Käpten Skylax stellte seinen Fuß auf die Hecktruhe und sah zu, wie Deinias am Mast lehnend Wein und Wasser mischte und die Krüge mit dünnen Seilen sicherte. Skylax tat, als schlüge er Harfensaiten und rief:

»Hockend wirst du dann mischen; gering ist das Werk deiner Hän-

de.« Deinias blickte hoch und grinste, hielt eine Hand hinter das Ohr und lauschte. »*Widrig gießest du ein, verschwitzt und wenig befriedigt; trägst es im Krug herum, dir neidet es keiner, der zuschaut.* Hat Hesiodos gesagt, vor dreihundert Jahren oder früher.«

»Ich hab die Zeilen ganz anders gelernt«, sagte Steuermann Telamon. »Aber so stimmt's wohl auch. Wie steht es mit unsrem Wasser, Deinias?«

»Wird knapp. In zwei Tagen müssen wir eine Quelle suchen.«

Käpten Skylax zog das Messer und schnitzte eine weitere Kerbe in den Handlauf der Bordwand. »Wieder eine Parasange. Abermals dreiunddreißig Stadien.«

Die Mittagssonne stand fast genau über der Mastspitze. Skylax schleuderte den Ledereimer über die Bordwand, schöpfte eine Handbreit Wasser, zog ihn hoch und trank einen winzigen Schluck aus der hohlen Hand. Wieder nickte er, sah in die Gesichter der Mannschaft und sagte:

»Brackwasser. Für euch pârsische Landmäuse: Indoswasser mit salzigem Meerwasser gemischt. Aber noch mehr Indos als Meerwasser.«

»Und niemand weiß etwas vom Meer«, murmelte Astraios. »Keiner sieht's, keiner riecht's.«

»Ohne daß wir etwas dazu tun müssen, werden wir auf das Meer treffen. Oder es trifft uns.« Skylax kippte den Eimer über die Bordwand. »Keiner kann zweimal in denselben Fluß pissen. Hat auch Hesiodos gesagt.«

»Glaub ich nicht.« Satâspa lachte, hielt die flache Hand über die Augen und zeigte auf dünne Rauchsäulen am Horizont. Der Wind aus Sonnenuntergang verwirbelte sie zu grauen Schleiern. »Dort gibt es einen Ort, der angeblich Kaumana heißt. An einer der fünf Indos-Mündungen.«

»Wir brauchen Nachrichten, Wasser und unverdorbenes Essen«, rief ein Ruderer. »Und Skylax braucht Zeit zum Schreiben.«

»So ist es«, sagte Skylax.

Nachdem die Mannschaft am dritten Tag aus Lianen, deren Holz sich als hart wie Bronze erwies, aus Eisen, Bronze und einer zehn Ellen langen Kette einen zweiten, schwereren Anker gebaut hatte, war die *Unsterbliche* ohne längere Unterbrechung flußabwärts gefahren und war nachts nie abgetrieben worden. Das langsame Driften führte durch einsame Landschaften und Sümpfe, in denen es von Krokodilen wimmelte, länger als zehn Ellen, die ein Boot angriffen und zwei Pârsa-Ruderer in den Tod unter Wasser rissen. Vorbei an Mangobäumen voller Würgfeigen, Palmen und Wäldern aus unbekannten Pflanzen, die an einem Tag bis an den Indos reichten, am nächsten Tag bis zum Horizont zurückgewichen waren. Die großen Fische mit schnabelartig spitzen Schnauzen glichen den *Delphinoi* des Thalassa, den Tümmlern oder Schweinsfischen; sie tauchten und sprangen im Süßwasser des Flusses und schienen die Krokodile nicht zu fürchten. Adler, Geier, rabenähnliche und kranichartige Vögel jagten über den Schilffeldern und begleiteten kreisend, krächzend das Schiff.

Fischerboote, auf den Seitenarmen und im Kehrwasser lehmiger Inseln, und Häuser auf hölzernen Stelzen am Ufer wechselten mit Wüstengebieten ab; dreimal mündeten Bäche mit klarem Wasser, in denen die Vorräte aufgefüllt werden konnten und die Männer badeten. In Skylax' Periplous war jedes Wegzeichen, jede Landmarke aufgeführt, jede Besonderheit aufgeschrieben. Die Orte, die nahe genug am Ufer lagen, waren so seltsam wie ihre Namen: Stuhra, Korehstish, Chanhu. Die Pârsa und Karer sahen niedrige Häuser auf bewachsenen Hügeln, erhielten ihr Frischwasser aus Ziehbrunnen, tauschten Korn, Schrot und Mehl ein, gesalzenen Fisch und Früchte; nicht einmal die gandharischen Bogenschützen verstanden die Sprache der Fischer und Jäger. Dennoch schien es, als ob diese schrundigen Siedlungen einst blühende, viel größere Städte gewesen wären, mit Herrscherpalästen, Gärten, voller Reichtum, Leben und Farbe – nun waren sie zu ärmlicher Bedeutungslosigkeit herabgesunken. Skylax schrieb auf, was für einen Schiffsreisenden wichtig war, der nach ihm kam – vom Meer oder indosabwärts. Nur durch zwei Mündungen, so bedeuteten die ärmlichen Fischer, vereinigte sich der Indos mit dem Meer; sie kannten weder die klangvollen Namen, die man Skylax in Pushkalavati genannt hatte, noch wußten sie die Namen der Winde oder jene der vielen riesigen Mündungtrichter.

Bion, der Meister von Schnüren, Seilen und Tauen, blickte in die Gesichter der Lauschenden, holte tief Luft und schloß:
»... sang der blinde Kitharode:
Floh ich eilend von dannen zum Schiffe – befahl den Gefährten,
hurtig zu steigen ins Schiff und die Taue vom Ufer zu lösen;
und sie stiegen hinein und setzten sich hin auf die Bänke.
Also durchschifften wir die Flut des Ozeanstromes –
erst von Riemen getrieben und dann vom günstigen Winde.«

Telamon und Skylax klatschten in die Hände. Skylax hob den Becher und sagte: »Strattis! Du kannst es am besten – weiter!«
Strattis deutete ins Nirgendwo der abendlich stillen Küste, schloß die Augen und machte eine dramatische Geste.
»Aber so weit entfernt, wie die Stimme des Rufenden schallet,
Hört er ein dumpfes Getöse des Meers, das die Felsen bestürmte.
Grau'nvoll donnerte dort an dem schroffen Gestade die hohe,
fürchterlich strudelnde Brandung, und weithin spritzte der
Meerschaum.
Keine Buchten empfingen, nicht schützende Reeden das Schifflein,
sondern trutzige Felsen und Klippen umstarren das Ufer!«

Strattis atmete tief ein und aus, öffnete die Augen und grinste.
»Schaurig, nicht wahr? Das grausige Meer wartet auf uns.«
»Jetzt wißt ihr Pârsa und Sindhuleute, wer Homeros war. Einer der Unseren, sage ich.« Skylax sah sich um und suchte vergeblich nach zu Tode erschrockenen Gesichtern. »Dreihundert Jahre alt ist das gereimte Lied. Jeder anständige Karer oder Lyder kann lange Teile daraus auswendig.«
Satâspa hob die Schultern und blinzelte ins Lampenflämmchen.
»Wir Pârsa, auch die Mada, kennen keine solchen Lieder, die von unserer Vergangenheit singen. Oder von früheren Jahren unseres Reiches.«
»Arm dran«, brummte Skylax. »Wenn wir Pârsa lebend erreichen, kennt ihr das ganze Lied. Auch euch wird es langweilen, Nagar.«
Nagar, Lakh, Moga und Bhuy, Bogenschützen, Ruderer, Kundschafter und Sprachenkundige des Fürsten, hockten und kauerten inmitten der Karer und Pârsa zwischen dem Mast und der Hecktru-

he. Die *Unsterbliche* ankerte in einer buchtartigen Ausschwemmung des Ufers; die Mondsichel glitt durch das Meer der reglosen Sterne auf den abgestorbenen Baum zu. Wie an fast jedem Abend, zwischen Sonnenuntergang und der Stunde der größten Müdigkeit, saßen die Männer beim Palmwein und redeten; über die Erlebnisse des Tages, den Fluß und die eigenen Unsicherheiten, über die Leidenschaft der Frauen, ihre Unverträglichkeit danach oder ihre Nützlichkeit, über die Entfernung zwischen Erde und Himmel, über Hindusch, Pârsa und die Vergangenheit einer jeden Gruppe und darüber, was Skylax auf Papyrus und Wachstäfelchen geschrieben hatte. Er lehnte an der Hecktruhe und betrachtete schweigend seine Mannschaft: Er war mit jedem Mann zufrieden. Jetzt, da alle miteinander ohne viel Hilfe reden und alle Handgriffe ohne Befehl ausführen konnten, begannen sie zu einer willigen Gruppe zu verschmelzen, mit einem einzigen Ziel.

»Und ihr werdet dann alles von Siddharta Gautama wissen!« sagte Lakh. »Und alles über unsere Götter. Du hast von endlosen Tagen auf dem Meer berichtet, Käpten – jeder wird jeden besser kennen als sich selbst.«

»So wird es sein.« Skylax reichte Deinias den leeren Becher und deutete zum Mond. Leise, fast träumerisch sprach er weiter: »Ob der Enge an Bord wird jeder den anderen zu hassen beginnen. Aber darüber hinaus haben wir Wissen und einzigartige Kenntnisse gesammelt, haben alles niedergeschrieben, also dem Vergessen entrissen; ein jeder, der überlebt, ist ein hoch Geehrter, Reicher und einer, den alle fragen.«

»Selbst ein unscheinbarer kleiner Palastschreiber«, sagte Karashna und seufzte. Skylax lachte roh und murmelte:

»Dafür kannst du schwimmen wie eine Wasserratte, o pârsisches Buchstabenwunder.«

Der Flußlauf, dessen Ufer in völlig ebenem Schwemmland jeden halben Tag weiter auseinanderwichen, führte zwei Parasangen weit durch Sümpfe aus Brackwasser, Schilf, Strandhafer, Bambusfelder und salzüberkrustetes Schwemmland, aufgefasert in breite und dünne Adern, Kanäle, Seitenarme und Tümpel. Hier jagten, brüteten und lebten Myriaden Vögel; die Besatzung hörte nach drei Dutzend verschiedener Tiere zu zählen auf und steuerte die *Unsterbliche Schneide* abseits der Stelzwurzelbäume ins Kehrwasser einer langgestreckten Insel. Beide Anker fielen, das Schiff drehte sich und deutete mit dem Bug zum Meer, nach Süden, denn dort hatten sie tagsüber titanische Wolkenbänke entstehen und davonziehen sehen. Der Wind aus Sonnenuntergang schlief in den Stunden vor der Dämmerung ein, um die Planken strudelte das Wasser, an Deck spannten die Ruderer die Fliegenschleier auf. Skylax und Deinias entzündeten an der Glut des Feuerkruges zwei Lämpchen, gossen Wasser in den Sand der Bronzeschale und begannen darüber auf dem Holzkohlenfeuerchen einen Sud aus getrockneten, zerstoßenen Pflanzen und danach einen Brei aus Hirse, Korn und Salzfisch zu kochen. Über die Strickleiter kletterten die Männer in die Boote, brannten eine Lichtung in die Gewächse der Insel und scheuchten Vögel, Krokodile und ein großes Tier auf, das hinter dem peitschenden Schilf unsichtbar blieb; mit großer Vorsicht erleichterten sich die Männer und schöpften an anderer Stelle Wasser, um sich gegenseitig beim Reinigen der Körper zu helfen. Um Mittnacht, als vom Meer her kühler Wind aufkam und das Schiff unruhig an den Ankertauen zerrte, begannen zwei Pârsa am Rand der Schilfinsel zu schreien. Sie hatten das Boot näher ans Heck ziehen wollen.

»Skylax! Das Wasser! Das Schiff!«

Skylax schob das weiße Gewebe auseinander, sprang ins Heck und beugte sich über die Bordwand. Das Licht der Fackeln in den Händen der Ruderer zeigte eine Schlickfläche, durch deren Rinnen das Wasser bugwärts strömte. Klickende Krebse rannten umher. Die *Unsterbliche* saß auf, war unbemerkt drei Handbreit tief im glänzenden Schlamm versunken; Skylax fühlte Schwäche in den Knien und erschrak ein zweites Mal, als das Schiff mit einem leichten Ruck tiefer sank. Er wechselte lange Blicke mit Bion und Astraios; Telamon murmelte:

»Die Gezeiten? So mächtig? Kann das sein, Käpten? – dann ... oder ist es eine Wunderebbe! Und bei Sonnenaufgang wirft uns die große Welle um!«

Skylax winkte den Ruderern. »Kommt an Bord. Es gibt keine Gefahr für das Schiff. Und keine für uns, wenn wir an Deck bleiben.«

Die Besatzung starrte hinunter und sah im schwachen Licht der Fackeln, der Sterne und des Mondes, daß sich der Schlamm stärker entwässerte und das Wurzelwerk der Pflanzen erschien. Trotzdem hörten sie das Rauschen des Flußwassers, das einen anderen Weg ins Meer nahm. Skylax sagte:

»Ich hab vergessen, euch zu berichten. Es kommt vom Mond; zweimal an einem Tag und einer Nacht, wissen wir Schiffsleute: Das Meer hebt und senkt sich. In Karien und überall, wo wir waren, ist der Unterschied gering: nur eine, zwei Handbreit. Das Unbekannte Südliche Meer scheint viel größer zu sein, also sind Ebbe und Flut höher – und tiefer. Wir nennen das Steigen und Fallen die ›Gezeiten‹. Trinkt ein paar Becher Wein und beruhigt euch; wir liegen sicher.«

Im Morgengrauen, nachdem die Schiffswache zweimal gewechselt hatte, starrte die Besatzung schweigend meerwärts. Die Krebse, winzige Brocken in den Scheren, verschwanden in Löchern und verschlossen sie mit Schlammpfropfen. Mit leisem Rauschen, das sich ins Säuseln des Ostwindes mischte, näherten sich niedrige Schaumstreifen, wichen zurück, kamen zischelnd wieder, ein paar Fingerbreit höher und wirbelten weißschäumend Schlick auf. Das Wasser, ohne beängstigende Riesenwellen, schwoll und stieg, leckte an den Planken hoch, bildete schließlich eine schäumende Schicht, die an den Pflanzen hochzusteigen begann. Bion deutete auf das verschlungene Pfahlwurzelwerk an Backbord und sagte:

»Dort könnt ihr's jetzt genau sehen, wasserscheue Pârsa. Die Wasserlinien an den Stämmen. So hoch steigt die Flut, zweimal am Tag.«

»Und zweimal zieht alles Wasser mit der Ebbe hinaus«, sagte Skylax. »Mach den Sud warm, süß und stark, Deinias – in wenigen Stunden segeln oder rudern wir im Meer.«

Das Wasser stieg, vermischte sich mit dem Indoswasser, stieg eine Handbreit nach der anderen, hob sacht die *Unsterbliche* hoch und bedeckte die höchsten Markierungen am Stelzwurzelwald. Die Mannschaft aß, trank, nahm die Mückenschleier ab und verschwand mit den Booten im dichten Schilf der Insel; Skylax ließ die Anker ausbrechen, mit Brackwasser reinigen und im Bug festbinden. Mit wenigen Ruderschlägen schob sich das Schiff ins

Fahrwasser. Nachdem die letzten Schlickinseln, Schilfbündel und Untiefen hinter dem Heck kleiner und bedeutungslos geworden waren, kletterte Skylax am Mast in die Höhe, stand mit beiden Füßen auf der Rah und hielt sich am Masttau fest.

Sehr weit vor dem Bug sah er die breiten Gischtkronen einer heranrollenden Brandungswoge. Sie reichte von Steuerbord bis Backbord über den gesamten Horizont. Der Himmel war noch wolkenlos; *Kaikias* oder *Apelios* wehte aus Sonnenaufgang; zweifellos hatten die Winde hier andere Namen. Mit jedem Atemzug wich die Küste, der Rand des Mündungsdreiecks zurück – bis auf die Stelzwurzelbäume –, dem Mündungsdreieck des Hapi-Neilos geschwisterlich ähnlich. Skylax schloß die Augen und seufzte: Aus Westen waren sie zu Pferde gekommen, mit östlichen Winden fuhren sie nach Sonnenuntergang zurück. Wohin? Die Zeit drängte nicht, nur Wasser, Essen, ein unzerstörtes Schiff und ihr Leben waren wichtig. Er prüfte den Wind, der weder lange noch kräftig wehen würde. Trotzdem: Er würde segeln. Ein letzter Blick geradeaus. Die Brandungswelle brach sich über einer Barriere, einem Riff, vermutlich einer Sandbank, die genau im Weg des Schiffes lag. Er kletterte hinunter und tippte Strattis auf die Brust.

»Zeig uns, was du deinen Segelgehilfen beigebracht hast. Wir werden einige Stunden lang in westliche Richtung segeln können.« Er grinste, federte in den Knien und begann die Bewegungen der Wellen und des Schiffsrumpfes zu spüren. »Mach schnell, bevor sie alle würgen und kotzen und grün im Gesicht werden.«

Er machte ein paar weite Schritte, sprang auf das Heck, nickte Telamon zu und packte die Pinne des Steuerbordruders.

Hazarapati Rashurda hob die wadenhohen Stiefel aus Elefantenhaut mit der linken Hand, die zerschlissenen, triefenden Mada-Halbstiefel mit der Rechten und sagte in anklagendem Ton:

»Die Wärme und die feuchte Luft, der Wind, diese weißen Ameisen; alles in diesem Land nützt dem Überleben, gerade noch dem Morgen – aber nicht dem Übermorgen oder der Zukunft. Es vermodert.«

»Es zerstört nach und nach die Arbeit aller Menschen«, sagte Tachmaspâda. Rashurda schleuderte die mürben Stiefel auf einen

Abfallhaufen aus Brennbarem. »Schwerter und Beile rosten. Alle Fäden lösen sich auf, Kleider gehen in traurige Stücke. Papyrus und Schreibleder, Dolchscheiden und Zügel werden morsch. Holzbalken verfaulen, Dachmatten zerfallen ebenso wie beschworene Verträge; was dann noch widersteht, fällt den Heerscharen der sichtbaren und unsichtbaren Winzlinge zum Opfer. Nur die Lormen werden nicht morsch.«

»Und nur wir vom Heer bleiben übrig.« Rashurda lachte knarrend. »Und das viele Gold. Beides ist unzerstörbar.«

Dutzende Male hatten sie es mit eigenen Augen gesehen; es bedurfte keiner Erklärung von Eingeborenen. Sobald der Mensch aufhörte, zu erhalten und wiederherzustellen, angefangen bei unbedeutenden Kleinigkeiten, eroberte die Natur das Land zurück. Sie hatten halb verschwundene Dörfer und Paläste entdeckt, von wuchernder Wildnis niedergestreckt, wuchtige Tempel, die der Wald zu drei Vierteln gefressen hatte; Wurzeln sprengten mannsgroße Quader und schillernd bemooste Göttergestalten auseinander. Dies galt auch für Namen – selbst die Gelehrten des Königs hatten nicht sagen können, wie jene Siedlungen einst geheißen hatten und ob der Kapitän sindhuabwärts größere Ansammlungen von Menschen antreffen würde. Die Anführer hatten ihre Zelte ebenso wie Dariuvahush zwischen den Luftwurzeln jener Feigenbäume aufschlagen lassen, die am äußersten Rand des Waldes standen; vor der steppenartigen Ebene, die der Chandrabhaga durchfloß und an dessen Ufer die Eingeborenen Gold aus dem Sand wuschen. Hinter Tachmaspâda rief ein Wächter, der die Tür des Gatters öffnete:

»Der König!«

»Bleibt sitzen und sorgt für kalten Wein«, sagte Dariuvahush laut und legte den Hazarapati die Hände auf die Schultern. »Und redet nicht von Heimweh.«

Zäune aus Flechtwerk und Palmwedelmatten umgrenzten Teile des Lagers. König Pukkusati und Fürst Shodasa geleiteten das Heer bis zum Westufer des Sindhu, durch wenig besiedeltes Land, über sichere Furten und von Dorf zu Dorf. Mit den Elefanten und dem Heer bewegte sich eine nach Tausenden zählende Menschenmasse: Krieger, Hirten mit kleinen Herden, Wagen und

Gespanne, Handwerker, Parias, Sklaven, Musikanten, Lustmädchen, Waschfrauen, Priester, Gelehrte und Tänzerinnen. Und mehr als vierhundert der besten Sindhu-Krieger, die Dariuvahush ins Kernreich folgen wollten. Rashurda winkte und deutete auf riedgeflochtene Sessel im Schatten und auf die niedrigen Tische, die in Zelteingängen zu sehen waren.

»Wißt ihr, wie fern die hohen Wolken und die Sterne vom Erdboden sind?« Dariuvahush, ebenso leicht bekleidet wie die Unsterblichen, ließ sich in den Sessel fallen und streckte die Beine aus. Auch er trug neue Stiefel, aus Pferdehäuten. Tachmaspâda hob den Kopf und schnalzte. Dariuvahush sagte:

»Wenn ein Pferd tausend Tage lang galoppiert, hätte es den Mond erreicht. Das sagen die Priester-Gelehrten.«

»Das muß auf ebenem Gelände weit westlich Putyas sein, am anderen Ende der Welt«, brummte Rashurda mit spöttischem Grinsen. »Eine großartige Weisheit, würdig der anderen Wunder dieses Landes.«

»Von dem mehr und mehr dir gehört, o Dariuvahush«, sagte Tachmaspâda. Junge Dienerinnen glitten lächelnd über den aufgeschütteten Sand und füllten Becher und Trinkschalen mit kühlem Palmwein; ihr schwarzes Haar und die hellbraunen Körper dufteten nach kostbaren Ölen. Vor drei Siebentagen hatten König, Kshatrapan und Heer die Grenze Thatguyias nach Westen überschritten. Alle Verträge waren unterschrieben, die Mitglieder der Verschwörung Zimakkas hingerichtet, in ihren Stadtpalästen wohnten Dariuvahushs Vertraute und deren wenige Angehörige, geschützt von einigen Hundert älterer Unsterblicher, die sich freiwillig dazu entschlossen hatten; den Palast des ehemaligen Kshatrapans bewohnte nunmehr Pukkusati, der seine Anwesenheit zwischen Gandhara und Thatguyia aufteilte. Die Tausendführer und Hundertführer hatten dafür gesorgt, daß ihre Krieger in bester Gesundheit, mit bester Ausrüstung und, zwar in ständiger Kampfbereitschaft, aber ebenso auf angenehmste Weise, den Rückweg antraten. Während dieses Weges aber, wußte jeder, nahm Dariuvahush große Teile des Wunderlandes in seinen Besitz und unterstellte sie der Verantwortung des neuen Kshatrapans.

»Es ist leicht, in Babairu zu kämpfen oder in Sardeïs. Wir werden älter, Freunde! Aber hier? Vor dem Paß, in Pushkalavati, entlang des Sindhu – wir sind ein halbes Jahr nach Thatguyia marschiert! Und viele sind sinnlos dabei gestorben. Wieder muß ich einem Unbekannten vertrauen.«

»Zwar ist dein Vertrauen gut, aber strikte Überwachung ist besser.« Rashurda nahm die breiten Goldarmbänder ab; die gerötete Haut darunter troff von Schweiß. »Babirush, Arminia, Sardeïs, Huza ... jeder kennt die Namen der Lügenkönige.«

Die Männer schwiegen; jeder hing seinen Gedanken nach und wühlte in seinen Erinnerungen. In der riesigen Baumkrone lärmten Vögel und Affen mit langen Schwänzen. Die stachelhaarigen Ichneume, kürzer als eine Elle, raschelten schlangenjagend zwischen den Spannseilen der Zelte. Dariuvahush wischte Schweiß aus dem schmalen Bart und dem fingerkurzen Haar. Graues und silbernes Haar sprenkelte das tiefe Schwarz; er sagte:

»In Pârthara sind wir wieder langbärtig. Ich hab vieles erfahren, von den Gelehrten, von Shodasa und Pukkusati. Sie glauben, in endloser Folge wiedergeboren zu werden. Als Wurm, wenn sie nicht edel genug gelebt haben. Oder als Hochfürst, wenn sie gerecht, gut und ehrsam waren.« Er zuckte hilflos mit den Schultern. »Ich hab ihnen gesagt: Auf der schmalen Brücke zum zweiten Leben, am Ende vielleicht vieler Wiedergeburten, will ich mich mit ihnen treffen, mit Fürsten und Königen aus Hindusch.«

»Glaubst du, sie werden freiwillig und rechtzeitig kommen?« sagte Rashurda lachend. »Das Schlimme ist: Man sieht es einem zukünftigen Schurken nicht an, ob er nicht das Leben im räudigen Fell einer Hyäne vorzieht.«

»Wahr gesprochen.« Weit außerhalb des Lagers ertönte Lärm. Männer schrien, ein Elefant trompetete wütend, die anderen Großtiere bliesen schauerliche Töne aus den Rüsseln, Hunde kläfften wie rasend, Rinder brüllten, Holz barst und das Wasser des Nebenarms plätscherte. »Das Land ist reich an Gold, an Korn, Edelsteinen, Räucherwerk und Gewürzen. Dutzende Fürsten herrschen gegeneinander. Pukkusati und seine Brüder jubelten laut, als sie mein Dâtam verstanden: Ohne ihre Götter und ihren Glauben an die Natur der Welt anzutasten – gleiche Gesetze, Maße, Gewichte, Münzen und Abgaben für jeden! Klare Ziele.

Breite, sichere Straßen auf Überflutungsdämmen! Brunnen mit sauberem Wasser. Jedes Jahr ein Nourouzfest in Pârseï, wo alle Kshatrapane feierlich und heiter zusammenkommen.«

»Sie lieben also den kühlen Schatten deiner Macht, unseres Reiches?« Tachmaspâda legte eine Hand hinter das Ohr und lauschte dem nachlassenden Geschrei. Langsam hob Dariuvahush den Kopf und schnalzte; seine Stimme klang sicher.

»So wie wir den Schatten dieses Riesenfeigenbaums.«

Ja, bei Ahura Mazdâh, dachte Tachmaspâda, das Land der fünf Ströme ist beneidenswert reich. Drei und mehr Ernten, wenn sie es geschickt anstellten. Gold im Sand der Flüsse. Er blickte ins Gitterwerk der Luftwurzeln über sich. Himmelhohe Bäume, deren Blätter nie vergilbten, endlose Sandelholz-Wälder voller fremdartiger Tiere: Wildschweine, Hirsche, Gazellen, Wölfe, Mangusten, Antilopen, Bären mit Lippen wie hungrige Fische, winzige und große Affen, fliegende Hunde und unübersehbar viele Vögel; mehr als 500 Arten, hatten Pukkusatis Gelehrte aufgezählt. Aus den Bergen brachen die Eingeborenen unglaublich große Mengen edler Steine: geschliffene Smaragde, Topase, tiefrote Rubine und Saphire, Jaspisstein, Achat, Karneol und Granatstein hatten sie im Schmuck der Frauen, im Zaumzeug der Pferde und überall in den Palästen in staunenswerten Mengen gesehen, und glasartig durchscheinende Wundersteine, aus denen mehr Regenbogenlicht hinausfunkelte, als sie aufsogen. Er senkte den Kopf und begegnete dem prüfenden Blick Dariuvahushs.

»Hier kannst du tausend Parasangen lange Dämme und Straßen bauen lassen, König«, sagte er. Die Unruhe am Rand des Lagers hatte aufgehört. »Wie aber, und wo, soll die mauergleiche Grenze verlaufen? Durch ein Land, das nach jedem schweren Regen anders aussieht?«

Dariuvahush zuckte mit den Schultern und grinste; er schien, wenn er lachte, um ein Jahrzehnt jünger. »Überall, wo wir durchgezogen sind, bauen sie Straßen auf hohen Dämmen. Die Grenze? Sie muß unverrückbar in den Herzen und Köpfen entschlossener Männer sein.«

»Solchen, die wissen, daß du binnen weniger Monde – denn wir kennen jetzt die Wege hierher! – mit deinem furchtbaren Heer diese Grenze verteidigst«, sagte Rashurda und schlüpfte in den linken neuen Stiefel. »Und mit deinen entschlossenen Hazarapati.«

Langsam stand Dariuvahush auf, legte die Rechte aufs Herz und ballte die Hand zur Faust. »Entschlossen, schnell, hart wie Stein und mitleidslos. Was wäre ich ohne euch?«

»Um eine oder zwei Kshatrapien ärmer, o König der Länder«, sagte Tachmaspâda und stand auf, wie auch Rashurda; sie verbeugten sich. Die Dienerinnen sanken auf die Knie. Dariuvahush schüttelte zustimmend den Kopf und verließ den Sandkreis zwischen den Zelten. Der Wächter riß die Tür aus Dornenranken und Palmwedeln auf und hob die Lanze.

Als ich zu meinem Zelt ging, brachten die Diener mein Pferd. Ich sollte, baten sie mich, wenn ich dem Ereignis zusehen wollte, zu Pukkusati reiten und ihm Trost spenden. Der stärkste Elefant war tot. Zwischen den Uferbäumen fand ich den Kshatrapan in tiefer Trauer, und ich erfuhr: Masadr, der ›Unerschrockene Mond‹, war plötzlich wahnsinnig geworden. Er trampelte in eine Rinderherde, tötete den Stier und einige Kühe, die wegen der Milch für den König mitgeführt wurden; schließlich vermochte der Treiber den Riesen zu töten, indem er einen unterarmlangen Erzstachel mit dem Hammer in Masadrs Genick hineintrieb. Oft saß ich auf dem Rücken des gutmütigen Tieres. Der Elefant – er war von gewöhnlicher Hautfarbe – brach am Ufer zusammen; der Treiber hatte ihn tränken und seine Haut scheuern wollen. Nun kamen die Hirten und Küchenknechte mit Beilen, geschliffenen Messern und Zerwirkdolchen und zerschnitten den Kadaver, hackten die weißen Stoßzähne aus dem Schädel und trugen große Fleischbrocken zu ihren Feuern und Öfen. Als der Kadaver fast entleert war, schlug das Herz noch immer. Das Flußwasser färbte sich eine Parasange weit rot und schäumte. So erfuhr ich auch, daß Elefantenfleisch nicht giftig ist; ich habe es aber nicht gekostet.

Seit einem Siebentag wehte kräftiger Wind gleichmäßig aus Nordosten, raschelte mit den erneuerten, kostbar verzierten Lederflächen des Königszeltes, die auf den straffen Seilen schräg ausgespannt waren, bewegte die Mückenschleier und kühlte das Innere des Zeltes. Dariuvahush schrieb beim Licht flackernder Lampen mit goldenen Dochtschnäbeln und Henkeln. Nefermerit schlief, mit einem Laken aus Leinen und Seide zugedeckt, und schien Dariuvahush mit geschlossenen Augen zuzusehen. Er streifte gähnend zwei Tuschetropfen am Rand des Döschens ab, lauschte auf die vertrauten Laute des nächtlichen Lagers und schrieb weiter.

Mehr und mehr Fleisch verschwand von den riesigen Knochen; derlei Zerwirkung, bei der blutüberströmte Männer innerhalb des Körpers stehen, habe ich noch nie gesehen. Fliegenschwärme, breite Pfade aus Millionen schwarzer Ameisen und gierige Fische begannen die Reste von den Knochen zu fressen. Rabenvögel und Geier erschienen in großer Zahl am Himmel wie aus einem Nirgendland. Die Därme und Innereien entleerten und wuschen die Diener im Fluß, und dann brachten sie Pukkusati und mir das aufgeschnittene Herz des Elefanten und zeigten es uns. In einer Hälfte des Herzens, das noch kraftvoll zuckte, lebte ein weißes Wesen, eine Elle lang und mehr als eine Handbreit dick, mit einem Dutzend Schwänzen, die sich wie Schlangen bewegten. Die Augen dieses Tieres – der Treiber nannte es ›Elefantenwurm‹ – waren weiß und blind. Über diese Seltsamkeit, die später auch seine Gelehrten nicht zu erklären wußten, vergaß Pukkusati seine Trauer, umarmte mich und ritt neben mir zum Palastzelt. Musikanten und Tänzerinnen lenkten uns im sinnenschwellenden Rauch der Räuchergefäße und nach den leisen, innigen Gesprächen des Abends und der ersten Nachtstunden von der Trauer ab; schöne Frauen mischten unaufhörlich die Zutaten der Verschwelung. Seltsames erfuhr ich aus alten Awesta-Schriften der Hindusch-Gelehrten: Ein Mann mit Namen Kavi Vistâspa war der Schutzherr Zarathushtras, an dessen Gott Ahura Mazdâh ich glaube. Glauben sie, daß Kavi Vistâspa mein Vater war? Ich weiß aber, daß es nicht so ist. Einige jener Frauen aus Zimakkas Frauenhaus, die viele Nächte lang mich und meine Hazarapati-Freunde mit Tanz, Liedern, Saitenspiel und den Liebeskünsten ihrer reifen Körper verwöhnten, fuhren auf Pukkusatis Wagen

mit ihm; ich lag bei der glutäugigen, knabenhüftigen Kaliugh bis
zum nächsten Mittag und wiederholte meine Erfahrung: kundig
aller Künste der lustreichen Hinausdehnung, erfahren wie eine
Tausendjährige, scharf wie Ingwer, mit duftend-kühler Haut und
ausdauernd wie Tachmaspâda im Kampf, zugleich unterwürfig
und ausschweifend, ein nichtendenwollendes Freudenfest für
meinen Lingam. Eine Frau von göttlicher Schönheit, mit reinem
Atem und, im Morgenlicht bedacht, wie ein kostbares Tier. Ich
beschenkte sie mit einer schönen Goldkette und einer Gäspe voll
Dârayaken zur Erinnerung an mich, zog mich an und ritt zu Ne-
fermerit, deren Lippen und Brüste mich mehr erregen. Nun aber
regt sie sich, der Morgen ist nicht weit, der trockene Wind dörrt
die erneuerten Zeltbahnen aus gegerbten, edelsteinverzierten
Krokodilhäuten ebenso aus wie das Schreibleder und die Tusche.
Bald hoffe ich Botschaften zu erhalten: von Kapitän Skylax, aus
anderen Kshatrapien und vom treuen Gaubarva. Nun erinnere
ich mich an das erste Lager in Pushkalavati, wo man eine junge
Sklavin zu mir brachte, die zurückgelassene Gefährtin des Sky-
lax. Sie bat, ein Geschenk ins ferne Pârsa mitzunehmen und dem
Kapitän zu übergeben, das sie selbst aus erzhartem Holz ge-
schnitzt habe: eine Lorme. Deren Form ist seltsam; wie ein Löf-
fel mit scharfem Rand, der sich an einer Spirale schwirbelnd
hierhin und dorthin dreht und dabei leise knarrt. Ich habe ge-
fragt, wozu dieses Werkzeug aus dem Lormenbaum zu gebrau-
chen ist, und die Frau – sie nannte sich Bhakti – rannte weinend
davon. Auch die Gelehrten des Königs antworteten ausweichend.
Vielleicht weiß es Skylax.

Dariuvahush schirmte die Flämmchen mit dem Unterarm ab und
spähte ins Halbdunkel des Zeltrundes. Der Goldsaum des Lakens
zog den Stoff von Nefermerits Hüften und Schultern. Das Klik-
ken der geheimen Verschlüsse schien sie aus einem leichtfertigen
Traum zu lösen; als Dariuvahush die Schreibtruhe von der Tischplatte zog, wachte sie auf. Der erste, ziellose Blick ihrer Augen
erinnerte Dariuvahush an die erste Nacht mit ihr, an den Ohrenlosen, an Pârsa und vieles andere Undeutliche. Er lächelte ebenso
unbestimmt, nahm ein Lämpchen, ging hinter den Wandschirm

und wusch mit Wasser aus einem silbernen Kessel, das nach Rosen, Kassia, Patshooly, unbekannten Sindhu-Blüten und Palmessig duftete, den Schweiß von seiner Haut; seine Hände und Unterarme wusch er dreimal.

7. In Miletos und an Skylax' Küsten

Graubart Aryâramna, der Kshatrapan des bergigen Katpatuka, schien im Durcheinander des Hafenmarktes verschwunden zu sein, untergetaucht in der Menschenmenge zwischen zweirädrigen Karren und Schragen, die als Verkaufsstände dienten. Sykashta atmete hundert verschiedene Gerüche ein, hörte ein Dutzend verschiedene Sprachen und viel unbestimmten Lärm, wandte sich zu seinen fünf Begleitern um und hob die Hand.

»Ganz langsam, nicht drängeln. Zu den Schiffen. Dort muß er sein.«

Niemand beachtete die pârsischen Reiter, die ihre Pferde entlang einer überdachten Säulenreihe auf das wuchtigste Haus am Rand des größten Hafens von Miletos lenkten. Fürst Sykashta erkannte im Gedränge Angehörige von mindestens einem Dutzend Völkern, zählte mehr als drei Dutzend Schiffe aus Mudrayia, den Hafenstädten Abr Nahrs und einigen der Pflanzstädte, die Miletos rund um den Pontos Euxeinos gegründet hatte. Zwei große Penteren waren in der Mitte der Bucht halb aufs Ufer gezogen worden und hatten ihre schwarzen, löchrigen Bäuche entblößt. Unter König Kurusch hatte die yaunische Hafenstadt Miletos ihr Überleben und ihren Fortbestand durch Wohlverhalten erkauft; inzwischen herrschte Histiaios als Tyrann über die Stadt der vier Häfen nahe der Maiandros-Mündung; also war er heute wohl Kshatrapan Aryâramnas Gast im Stadtpalast. Sykashta deutete auf die Mauer am Fuß des Halbinselberges, über dem hintersten Teil der Nördlichen Löwenbucht. Tonkrüge, Schalen und Becher türmten sich zwischen den Säulen, die das Vordach des Lagerhauses trugen, Käfige voller Vögel, Körbe voller Fische, tote und lebende Schlachttiere, Korn, Oliven und Ölkrüge. Ein Gewirr von Stimmen und Geräuschen füllte die Gewölbe und die Agora.

»Dort drüben ist er!« rief Sykashta und hielt das Pferd an. Eine kleine Schafherde drängte sich laut blökend durch den Schmutz einer Gasse zwischen den Marktständen, von einem knurrenden Hund umkreist. »Beim schwarzen Schiff, rechts.«

Die Lanzenreiter bahnten sich ihren Weg durch die Menge; die Pferde tänzelten auf das offene Tor der Palastmauer zu. Zwischen den Reihen halb mannshoher Tonkrüge, Ballenstapel und Truhen bog ein leichter Wagen hervor, zwei Reiter in Brustpanzer und Helm trabten auf die Pferde zu und geleiteten das Gespann zum Palasttor; endlich entstand eine Gasse im Gewimmel der zögernden Marktbesucher. Als die Räder über einen Graben holperten, rief Sykashta:

»Aryâ! Schlohbart! Hast du eine Stunde Zeit für einen armen Fürsten aus Pâthragada? Und einen flüchtigen Blick für etwas Gesiegeltes von Dariuvahush?«

Aryâramna zuckte zusammen, griff in die Zügel und hielt das Gespann an. Seine Blicke suchten in den Gesichtern der Umstehenden, erfaßten Sykashta; er hob den Arm und lachte, winkte und rief:

»Hinter mir her, Sykashta!« Seine Stimme war wie das Echo aus einer Schlucht. »Die Jünglinge mit uns! Hab schon lang auf einen gewartet, der mit mir trinkt und mir von Huza, Hagmatâna und vom König erzählt.«

Der Wagen ruckte an, fuhr durch das Tor, Sykashtas Truppe folgte dem Kshatrapan. Der Weg führte in fünf, sechs Windungen den Stadthügel aufwärts, zwischen sorgfältig beschnittenen Büschen und Bäumen, in deren Kronen der Mittagswind raschelte. Breite Durchlässe öffneten sich und boten freien, weiten Ausblick auf das Meer. Schmale Quellwasserbäche liefen durch steinerne Rinnen und sprudelten aus den Mäulern grimmiger Löwen und Flügelstiere. Ein zweites Tor in einer niedrigeren, verzierten Mauer öffnete sich, die Hufe klapperten auf schwarzen Bodenplatten. Diener und Stallsklaven rannten zwischen Säulen und aus Eingängen hervor, packten die Zügel und halfen den Männern vom Wagen und von den Pferderücken. Aryâramna breitete die Arme aus, Sykashta ging mit weiten Schritten auf ihn zu, umarmte ihn und küßte ihn auf beide Wangen.

»Nach fröhlichem Umtrunk mußt du viel Ernsthaftes lesen, o Freund«, sagte Sykashta. Er zog die Männer seiner Begleitung zu sich heran und schüttelte den Kopf. Aryâramna hielt ihn lachend an den Schultern fest. »Wir sind lang geritten, verschwitzt und hungrig; die Botschaft verträgt einen Tag Nichtstun.«

»Kommt hinein! Mein schäbiges Haus gehört euch!«

Sykashta und seine Männer folgten Aryâramna, bewunderten flüchtig die unaufdringliche Pracht der Einrichtung und wurden nach fünfzig Schritten von einem Schwarm Dienerinnen zu den Bädern gebracht; Sykashta überwachte die Sklaven, die das Gepäck und die Waffen hereinbrachten und verteilten, ließ sich entkleiden und übergab, ehe er über Marmorstufen ins warme, duftende Wasser stieg, die gesiegelten Schreibleder dem Hofmeister des Kshatrapan.

Stunden später, an der Speisentafel, sagte Aryâramna:

»Ihr wißt schon, was Dariuvahush hat schreiben lassen?«

»Wir wissen, was er will«, sagte Sykashta und ließ mehr Wasser in den yaunischen Wein mischen. »Den genauen Wortlaut der Botschaft kennt keiner von uns.«

Aryâramna war vor mehr als eineinhalb Jahrzehnten als Unsterblicher der Anführer der Hundertschaft gewesen, in der Sykashta gekämpft hatte. Das Wohlleben schien er durch weite Reisen zu unterbrechen; Sykashta konnte weder mehr als die erwarteten Spuren des Alters noch zuviel Fett am Körper des Fünfzigjährigen erkennen. Neben Aryâramna saß Histiaios, der Tyrann von Miletos, ein schmalgesichtiger Yaunier mit dunklen Fuchsaugen, einem dünnen Haarkranz und fingerbreitem Kinnbart. Sykashta senkte seine Blicke von den beschnitzten Deckenbalken und sah hinaus aufs Meer.

»Mandrokles der Samier baut eine schwimmende Brücke. Du, o Kshatrapan von Katpatuka, sollst dich und genügend Männer bewaffnen und ausforschen, ob die Saka paradraya – die Skythen – des Nordens schwer zu besiegen sind; Auge und Ohr des Königs, das Übliche also. Mit genügend großen Schiffen sollst du an der nördlichen Küste des Euxeinischen Meeres landen«, – er gebrauchte die Bezeichnungen der Barbaren – »und die richtigen Gefangenen nehmen.«

»Also Männer, die man schmerzhaft befragen kann und die richtige Antworten geben«, sagte Histiaios leise. Sykashta schnalzte mit zurückgeworfenem Kopf. Die jungen Unsterblichen hörten schweigend zu und hatten nur Augen für die Sklavinnen. »Das Übliche also.«

Aryâramna grinste schief. »Werden dreißig Fünfzigruderer reichen? Schwimmende Brücke? Für das Heer? Wo?«

»Mandrokles' Schiffbrücke über den Bosporos. Fünfhundertfünfzig Schritte lang. Dreißig Schiffe? Das wirst du besser wissen, o Küstenkundiger.« Sykashta sah den Tyrannen an. Histiaios, der als zuverlässiger Bundesgenosse des Reiches galt, schien schweigend zu rechnen und im Geist die Schiffe auszurüsten.

Zwischen gefüllten Breischalen, Bechern, Brotkörben, Krügen und Brettern voller Braten und Käse lagen die geschriebenen Befehle des Königs. Sykashta zog den Kopf zwischen die Schultern und meinte: »Das Heer, das nicht mit Dariuvahush nach Hindusch gegangen ist, bereitet sich vor. Daß Mandrokles die Wälder verwüstet, wegen des Holzes für Schiffe und Brückenteile, wißt ihr schon. Warum Dariuvahush gegen die thrakischen Skythen zieht, weiß nur er. Wahrscheinlich will er auch dort eine gedachte Grenzmauer aufrichten und so verhindern, daß die Skythen je bis zum Meer vordringen.«

»Oder daß sie andere Völker an die thrakischen Küsten Thalassas treiben«, sagte Histiaios nachdenklich. »Unter Dareios' Herrschaft werden die Inseln und Hafenstädte in dieser Kshatrapie reich und mächtig. Wann will er ins Land der Saka tyaiy paradraya, der Skythen ›Jenseits des Meeres‹ eindringen?«

»In seinem neunten Jahr«, sagte einer der Jungen. Sykashta machte eine zustimmende Geste. Durch Abgaben, Zölle und Handel war Miletos reich geworden und gewachsen; der Tyrann der Hafenstadt stützte das Kinn in die Hand und murmelte:

»Miletos verfügt nicht über so viele große Schiffe. Ich werde mit den Herrschern der anderen Städte sprechen; sei gewiß, daß ihre Ruderer und Krieger die restlichen Penteren füllen.« Kauend und undeutlich, mit vollem Mund, sagte Sykashta: »Ich hab die Fünfzigruderer gesehen. Schnelle Schiffe, bei Mazdâhs linker Hand! Aber zu klein für Wein und Proviant auf langen Fahrten.«

»Lastschiffe werden mit ihnen segeln«, brummte Histiaios. »Überdies – es ist trotzdem viel Platz unter den Ruderbänken.«

»Wenn du es sagst, o Tyrann.« Sykashta lehnte sich zurück und holte tief Luft. Auch die jungen Dienerinnen und Sklavinnen Aryâramnas, die an den Tischen bedienten, kamen aus allen Ländern des Reiches. Er sah ihnen zu, betrachtete die Gesichter und die Körper in weißen Chitonen, erfreute sich an den Bewegungen und dachte an die Nachtstunden. Er ließ sich nachschenken und zeigte auf die Schreibleder. »Wir Pârsa sind, fern vom Meer, keine begabten Seefahrer. Also: Steht dort etwas geschrieben, was ich noch nicht weiß?«

Aryâramna hob schnalzend den Kopf; Histiaios brummte kopfschüttelnd: »Kaum etwas, Fürst. Gaubarva hat sich in Einzelheiten ergangen. Hier, lies selbst. Woher das Gold für die königlichen Unternehmungen zu nehmen ist, Zelte für das Heer, Führer und gute Straßen, Verpflegung für Männer und Pferde; derlei mehr.«

»Gaubarva ist sorgfältig und gründlich. Noch gewissenhafter ist Aspat Shanâh, dessen Ziel es ist, jeden Statér, jeden Dârayaka und Pantshuka dreimal umzudrehen.« Sykashtas Lächeln richtete sich auf eine schlanke Frau mit sahnigbronzener Haut und Antilopenaugen, über deren prallen Brüsten sich der Chiton spannte. Ihr herbstlaubfarbenes Haar lag als geflochtenes Doppelband um ihren Kopf; die Blicke, mit denen sie ihn streifte, blieben fest und prüfend. »Dariuvahush, im Gegensatz zu seinen engsten Beratern, ist großzügig und ein Freund wahrhaft königlicher Geschenke. Ich weiß, wovon ich rede.«

»Zumindest meine Gastfreundschaft ist von ähnlicher Großzügigkeit.« Aryâramna lachte dröhnend und hieb beide Hände auf den Tisch. »Wie lange dürft ihr bleiben, o Fürst?«

»Einen Siebentag«, sagte Sykashta. »Auch einen Zehntag. Aber nicht länger. Denk dran, daß ich zu Hause ein großes Stück Land zu verwalten habe! Und bis nach Pârsa ist's weit und beschwerlich.«

»Denk dran, daß wir seit Jahrzehnten nicht miteinander geredet haben!« rief Aryâramna. Sykashta lachte und deutete mit der leeren Trinkschale auf die hochgewachsene Sklavin, die ihm lächelnd zunickte.

»Es waren keine drei Jahre, o vergeßlicher Aryâramna!«

»Das sind zwei Jahre zuviel, o Unvergessener.« Der Kshatrapan hob die Arme. »Und die jungen Unsterblichen sollen sich die Stadt ansehen. Yaunier und Pârsa haben Mauern, prachtvolle Paläste und Hafenanlagen gebaut. Miletos wird bald eine Stadt sein, von der man im ganzen Reich singt! Reichtum und Schönheit, Gelehrtenschulen und der Handel mit Thrakien und dem endlosen skythischen Norden.«

»Sag deinem König, daß ich ein halbes Dutzend Penteren befehligen werde.« Histiaios wedelte mit den ringgeschmückten Fingern und bedeutete der Sklavin, Sykashtas Schale zu füllen. »Ich schreibe es auf; du wirst Dareios meine Botschaft überbringen.«

»Ohne zu zögern, o Tyrannos.« Sykashta schüttelte den Kopf und hielt der Sklavin die Schale hin. »Wie heißt du, Schönste?«

»Thyrsa, Herr.«

»Du kommst aus dem Norden, nicht wahr? Aus dem Land, das jenseits von Thrakien liegt?«

Sie nickte; ihr forschender Blick ließ ihn nicht los. Leise sagte sie, während sie das Silbergefäß halb füllte: »Ich war ein Kind, Herr, als mich ein Händler gekauft hat. Vielleicht bin ich aus dem Land, das ihr erobern wollt.«

»Vielleicht«, sagte Sykashta. »Du hast gehört, was Herr Aryâramna gesagt hat. Du wirst mich durch die Stadt führen, mir Miletos und die Hafenbuchten zeigen und viele Fragen beantworten. Aryâramna gibt mir ein Wagengespann.«

Thyrsa schien seine Hände zu begutachten und nickte wieder. Der wachsame Ausdruck wich aus ihrem Gesicht. »Noch heute, Herr?«

»Heute noch; weil du danach mit mir auf der Terrasse meines Schlafraums trinken und essen wirst.«

Sie verbeugte sich schweigend und verließ mit dem leeren Weinkrug den Saal.

Dicke Mauern, Säulenreihen und die schweren Dächer schluckten den Lärm aus dem kleinen Palast. Der Teil der Stadt und die Häuserzeilen um die schmale Hafenbucht, auf die Sykashta von der breiten, marmornen Terrassenbrüstung hinuntersehen konnte, das

Hafenwasser und die Windmuster des Meeres bis zum Horizont lagen im milchigen Licht des Vollmondes. Auf wenigen flachen Dächern der Unterstadt, in Mauernischen und als Fackelflammen in den Händen einzelner Bewohner flackerten gelbe Lichter. Der Schattenriß eines Schiffes durchkreuzte die breite Gasse des Mondlichts, die wie Elektrum leuchtete. Sykashta holte tief Luft und spürte Thyrsas warmen Rücken an seiner Brust. Nächtliche Ruhe und tiefer Friede schienen sich über Miletos' Häuser, Hafen, Tempel und Paläste gelegt zu haben wie ein riesiger, attischer Rundschild; das Beispiel Samos hatte Sykashta gezeigt, wie brüchig Friede und Ruhe dieses Teiles der Grenzwelt zu bewerten waren. Sykashta blies einige lange Haare aus Thyrsas Mähne von seinem Gesicht und lächelte vage; für ihn bedeutete die Stille nicht mehr als ein löchriges Gewebe, ein leicht zerreißbares Gespinst an einer der Reichsgrenzen. Ein kalter Wind strich vom Meer herauf; die Ölbaumblätter raschelten ihre silbrigen Unterseiten den Sternen zu. Die Welt, die Dariuvahush beherrschte, quoll wie Lehmmörtel aus den Fugen zu schwerer Quader nach außen, drückte stetig gegen den Lebensraum anderer Völker, streckte unruhige Finger mit erzenen Nägeln aus und berührte mit ihnen viele Inseln im Meer und auf dem Land, kleine und große: Die Abkehr des tributpflichtigen Reichsvolkes von den herrschenden Fürsten und Kambushyas Nachfolger hatte Dariuvahush erschreckt und ihn, Sykashta, gewarnt. Auf seinen weiten Ritten, als Angehöriger der Herrschenden nicht zu erkennen, sah und hörte er vieles; von eigensinnigen, machtbesessenen kleinen Fürsten, von Neid innerlich angefressen, oder über stolze Männer, die sich der Pârsa-Herrschaft nicht beugen wollten. Neid auf den Reichtum der blühenden Hafenstädte Katpatukas. Die Nördlichen Skythen. Die Priester Mudrayias. Die Thraker, Thessalier, Achaier, Lakedaimonier, Athener ... und andere. Sykashta und Thyrsa saßen auf dicken Kissen, er lehnte an der Palastmauer und lockerte den Mantel, der ihre Körper umhüllte. Sykashtas Finger streichelten Thyrsas warme Brüste, ihr Kopf hielt den Mantelsaum auf seiner Schulter. Sie setzte sich plötzlich auf und sagte leise:

»Du denkst Kriegsgedanken aus Erz, Stein und Blut, Fürst. Du fluchst unhörbar mit trockenen Lippen.«

Thyrsas Zehen tasteten nach den Steinplatten, in denen sich noch Tageshitze verbarg; die Ringe an ihren Zehen klickten. Sie stand auf und blieb nackt und mit hängenden Armen an der Brüstung stehen, ihr schweres Haar rutschte von der linken Schulter. Sykashta brummte:

»Im Irrgarten meiner Erinnerungen sind aus einem Kriegs-Ei gräßliche Waffen-und-Kämpfe-Monde geschlüpft. Euer Würzwein schmeckt besser, wenn er kalt geworden ist. Hol uns den Krug.«

Sie nickte. Er sah ihr nach, bis sie ins Dunkel des Schlafraums eintauchte: der schmalhüftige Körper wie eine bewegte Statue jenes samischen Tempels, der vom Heer Hutanas verwüstet worden war. Die Ampelos-Berge der Insel und der Rauch eines Waldbrandes waren am frühen Abend zu sehen gewesen, vom Hügeltempel aus, wo Sykashta das Gespann angehalten und den Chiton von Thyrsas Schultern gestreift hatte. Mit zwei Bechern und dem schweren Krug kam sie zurück ins Mondlicht und kauerte, während sie die Becher füllte, auf der Brüstung. Links von Sykashta fiel die Mauer fünfunddreißig Ellen senkrecht ab.

»Danke, Schönste«, sagte er und trank. »Ich hasse Kriege, Blut, Feuer und Versklavung. Gerade deswegen will ich nicht, daß sie in mein Land hineingetragen werden.«

»Wenn die Schiffe nach Norden rudern und segeln – wirst du im Skythenland kämpfen, Fürst?«

»Nein«, sagte er bestimmt, streckte die Linke aus, faßte in Thyrsas Haar und spielte mit den Strähnen. »Ich suche und ebne den Weg meines Königs, trage seine Botschaften zu seinen Vertrauten, bin sein Auge und Ohr. Nachts schlafe ich tiefer als Dareios oder trinke Wein mit einer leidenschaftlichen Schönen.«

Ihr Gesicht zerteilte sich in eine Maske aus fahlem Licht und weichen Schatten, als sie lächelnd auf die Wipfel unter ihnen und zum Hafen deutete.

»Auf Mauerbrüstungen und in Todesnähe, o Reiter des Königswegs, solltest du nicht daran denken.« Sie schlug nach einer sirrenden Mücke und warf beinahe den Krug in den Abgrund. Der Becher kippte, die Flüssigkeit, tiefschwarz im Mondlicht, tränkte den Mantel und tropfte in die Tiefe. »Da! Auf deinem ebenen Lager bricht unser Ungestüm uns nicht Arme, Beine und Genick.«

Sykashta lachte, stand auf und steckte den Finger in den Henkel des Kruges. Er legte den Arm um Thyrsas Hüften und ging zwischen den weißen Säulen in den Schlafraum. Auf der Truhe zwischen Wand und Bett brannte rußend die Flamme eines Öllämpchens; die rennenden, faustkämpfenden und bogenschießenden achaiischen Krieger auf den bunten Krügen schienen sich ebenso zu bewegen wie die nackten Jünglinge, deren Zeugungsglieder in die Schöße lächelnder Hetairen und Mägde eindrangen.

Wenn Ahura Mazdâh ihm mit diesem Bild ein Zeichen geben wollte, so konnte es Dariuvahush nicht verstehen. Oder es war mehrdeutig. Sein Kshatrapan Pukkusati und die Herrscher der drei fast kampflos eroberten Fürstentümer saßen auf den Rücken ihrer Elefanten, unter großen, weißen Sonnenschirmen. Das Bild war ein einziger Schattenriß. Die Tiere standen auf der Kuppe eines niedrigen Hügels am Ostrand des weiten, fruchtbaren Tales. Die langen Schatten verloren sich im Grün der Felder. Hier gabelte sich die Straße, führte zum Südlichen Paß und in einigem Abstand vom Sindhu nach Norden, auf Gandhara und Pushkalavati zu. Vor drei Tagen war Rashurda mit einem kleinen, gemischten Heer aufgebrochen; jetzt folgten der Hauptteil des Heeres und Dariuvahush. Blickten die Eingeborenen ihm mit stillem Grinsen nach und zerrissen in einem Mond alle Verträge? Bedeuteten die Morgenschatten, die langsam den Hügel hinaufkrochen, daß im Licht Ahura Mazdâhs alles gefestigt war? Bewegungslos standen Menschen und Tiere als Gruppe, wie aus Stein gehauen, vor dem rötlichen Sonnenkreis; ein Sinnbild der Dauerhaftigkeit? Dariuvahush zuckte mit den Schultern und fühlte tief in seinem Herzen Zufriedenheit und Ruhe: Für eine Zeit, die er zu überblicken glaubte, würde diese Grenze bestehen. Er drehte sich um, legte Tachmaspâda die Hand auf den Arm und sagte:
»Wir fahren. Langsam durchs Heer hindurch an die Spitze.«
»Auf den langen Weg nach Pârsa, Herrscher.« Tachmaspâda klatschte die Zügel auf die Rücken der Pferde und schnalzte mit der Zunge. Das Gespann ruckte an und schob sich zwischen die Wagen des Trosses. »Und auf der uralten Handelsstraße sindhuaufwärts, wie vor uns so viele Karawanen.«

Der Sindhu strömte hinter den Hügeln, weit im Rücken Dariuva-hushs. Er und Pukkusati hatten die Straße, die nach Pushkalavati und am Ostrand der Bergkette weiter nach Takschaschila führte, von einigen Tausend Arbeitern erneuern und auf Pârsamaß verbreitern lassen; sechs große Schritte, zwölf Ellen breit. Die Felgen des leichten Wagens wirbelten wenig Staub auf, als die Anführer in der Ebene an Hunderten marschierender und reitender Gruppen vorbeifuhren. Die Truhen, angefüllt mit Lederbeuteln voller Goldstaub und eingeschmolzenen Goldfingern, waren auf Packtiere und Wagen verteilt; die andere Hälfte aus den Schatzkammern Thatguyias sollten Pukkusatis Karawanen spätestens am folgenden Neujahrsfest nach Pâthragada geschleppt haben. Dariuvahush sagte stockend und nachdenklich:

»In der ersten Stadt von Hindusch, in diesem schwärigen Takschaschila, war meine Unruhe zu groß. Der triumphale Empfang, den uns Pukkusati bereitete, er war übertrieben. Unglaubwürdig. Nun hat sich der Kreis geschlossen; der Kshatrapan hat zugegeben, daß er den fremden König beeindrucken wollte.«

»Auch weil er sich vor dem Heer gefürchtet hat. Seine Kundschafter, Händler und Boten aus den Kshatrapien westlich der Pässe haben ihm längst von unserem Vordringen berichtet.« Tachmaspâda winkte zu einer Gruppe Kamelreitern hinüber, unter ihnen Nefermerit und ihre neun Dienerinnen, deren Tiere in langsamem Trab neben der Straße ihre langen Läufe warfen. »Mir haben es seine Söldner erzählt.«

»Der Kreis ist geschlossen«, sagte Dariuvahush. »Ohne lange Schlachten, ohne große Widerstände – das Land ist mein geworden.«

»Es ist dein. Möge es lange so bleiben.« Tachmaspâda setzte sich schwer auf die Spanngurte des Wagens. »Abschied vom Land des Goldstaubs, des Goldsandes; drei Monde, o weitgereister König, auf schlechten Straßen durch Kälte, Hitze, Täler und Pässe.«

»Durch Teile des Landes – wenn du dich erinnerst, o weit gewanderter Hazarapati –, die unseren Bergen und Schwemmlandtälern gleichen. Fruchtbar, meist arm an Wasser, den freien Blick begrenzt durch Berge ...« Dariuvahush ließ sich auf das glänzende

Elefantenleder fallen und hielt sich an den Speerschäften fest. Er grinste selbstsicher. »Manches ist hier genauso wie zu Hause.«
»Nur ganz anders«, sagte Tachmaspâda lachend.

Die Erlaubnisse für Handel und Händler lagen nunmehr in der Hand des Königs; ein einmaliger Zoll machte Taxila, Pushkalavati, Thatguyia, Gandhara und die Festungsstadt »Hafen der zwei Flüsse« nahe der Mündung des Arjikija-Hyphasis in den Sindhu-Indos, die Dariuvahush auf einem Hügel gegründet hatte, zu bedeutenden Knotenpunkten des Handels; das Wuchern ihres Reichtums war unausweichlich. Das Gleiche galt für Karawanen, die von ihren Lagerplätzen jenseits der Pässe nach Osten aufbrachen. Dariuvahush sagte nach einer Weile, als der Wagen fast die Spitze des Zuges erreicht hatte, der sich auf zwei Parasangen auseinandergezogen hatte:

»In Bagastâna oder in Pârseï, da werde ich einmeißeln lassen, daß auch das Land Hindusch mein geworden ist, daß ich es zu einer Kshatrapie machte.«

Tachmaspâda schüttelte zustimmend den Kopf.

»In neunzig Tagen vielleicht, mein herrscherlicher Freund. Wenn wir den mühevollen Weg der ›tausend Tage‹ zu Ende gegangen sind.«

Dariuvahush legte den Arm um Tachmaspâdas Schultern und zog ihn an sich, dann schloß er die Augen und atmete die heißen, staubigen Gerüche des Landes ein, das zu verlassen er sich anschickte. Einige Atemzüge lang strahlte das glückhafte Fernbild seines weißen Pairidaezas vor seinem inneren Auge, seines Pârseï, dann erschien ein Netz aus guten Straßen, und die Knoten bestanden aus sicheren Pässen, Rasthöfen, Brunnen, Oasen und Schatten. Wagen, Lasttiere, Reiter, Händler, Sklaven, Schrift und Münzen, Maße und Wissen bewegten sich aus allen Windrichtungen in alle Kshatrapien, bündelten sich und fächerten sich auf, wurden neu verteilt, und die Botenreiter waren Pârsa, Mada, Hinduschmänner, solche aus Bakhtrish und aus vielen anderen Kshatrapien; auf schnellen Kamelen und starken Pferden aus Nisa, mit Wachstäfelchen, Papyri oder Schreibleder-Rollen, die alle das Siegel des Dariuvahush trugen: König der Länder.

Seit Mittag sah es aus, als ob der Regen das Meer füllen wollte. Unter tiefhängenden, grauen Wolken segelte die *Unsterbliche* in den Wellen des Meeres nach Sonnenuntergang. Die Sandbank lag einen halben Tag weit hinter dem Heck; jenseits der Brandungswelle lagen die flachen Ufer. Schreiber Karashna hatte sich von der Übelkeit erholt; er war sicher gewesen, während des Speiens sterben zu müssen. Er stand auf der oberen Rah und schwenkte den Arm, dann deutete er nach Steuerbord.

»Ein leeres Boot, Käpten!« rief er. »Ich seh's ganz genau.«

Das flache Ufer, unsichtbar vom tiefsten Punkt der Dünungswoge, war genügend weit entfernt. Skylax nickte Telamon zu und zog die Pinne des Steuerruders zwei Handbreit zu sich heran. Das Segel war gefüllt; trotzdem war die *Unsterbliche* kaum schneller als auf dem Indos. Skylax rief: »Bleib oben! Sag mir, ob wir darauf zusteuern oder nicht.«

»Ich bleib. Ich sag's dir.«

Zehn Tage und Nächte, sagte sich Skylax. Nur seine fünf Freunde waren sich der vollen Bedeutung dieser Zeitspanne bewußt: Für zehn Tage – wenn ein Gott eingriff oder sich die Natur der Menschen veränderte, was wenig wahrscheinlich war, für zwei Siebentage – reichten Palmwein und Wasser. So würde es bleiben, bis sie Pârsa erreichten oder elendiglich verdurstet waren. Sie segelten entlang einer Küste, die niemand kannte; es gab keine Nachricht über Flüsse, Bäche, Oasen oder Quellen. Für Skylax bedeutete dieses Wissen, daß sie die Küste nie aus den Augen lassen durften und an jeder Stelle anlegen mußten, die so aussah, als könnten sie dort Wasser finden. Er überließ seine Pinne dem Kybernetes und beugte sich über die Bordwand, wartete ab, bis die Wellen den Blick freigaben und er den länglichen Gegenstand erkennen konnte. Es war tatsächlich ein Boot, augenscheinlich halb vollgeschlagen.

»Deinias, Bion, Strattis – nehmt Seile, Haken, Riemen und die Strickleiter. Astraios, Lagh, Nagar – zieht unser großes Boot an die Bordwand.«

»Was sollen wir tun?«

»Das Boot einfangen. Wo ein Boot ist, ist auch manchmal ein Fischer.«

Astraios brachte das Boot neben dem Mast an die Planken. Die Strickleiter ratterte über die Bordwand, Bion kletterte hinunter, fing ein zweites Halteseil auf und sicherte das Boot, in dem eine Handbreit hoch das Meerwasser schäumte. Nacheinander kamen die Ruderer hinunter, setzten sich, hängten die Riemen ein, und Skylax steuerte die *Unsterbliche*, so gut er es vermochte, auf das treibende Boot zu. Karashna schrie aufgeregt:

»Ein Mann liegt im Boot. Er sieht wie tot aus!«

»Wir bergen ihn trotzdem!« rief Skylax. Die beiden Boote, die sie hinter dem Heck schleppten, würden sehr bald zu einer wirklichen Behinderung werden. Sie verlangsamten die Geschwindigkeit des Schiffes und zerschmetterten, wenn es Sturm gab, vielleicht an der Bordwand; wenn es nottat, mußte er die Seile mit der Bordaxt kappen. Er winkte und schrie:

»Die Segeltrossen lösen, wenn ich den Befehl geb!«

»Verstanden, Käpten«, rief Strattis aus dem Boot und winkte seinen Gehilfen. Plötzlich mußte alles in großer Schnelligkeit geschehen: Die schweren Knoten der Taue wurden von Satâspa und einigen Pârsa losgerissen, das Schiff steuerte nach rechts, das Boot kam frei und wurde auf den treibenden Fund zu gerudert; Strattis gelang es, ein nasses Seil zu packen und das Boot daran heranzuziehen. Beide Boote kamen langsam, schlingernd, in den Wellen auf und nieder tanzend, zum Schiff zurück. Strattis schwang sich vorsichtig, ein Halteseil in den Gürtel geknotet, ins fremde Boot und versuchte, den Braunhäutigen aufzurichten; er rief, daß die Ruderriemen fehlten und daß es keinen Hilfsmast und kein Segel gäbe. Schließlich brüllte er:

»Er lebt!«

»Schlingen unter die Schultern. Du weißt, wie's geht, Strattis!«

Die Boote und die Riemen scharrten und klapperten an den Planken, während fünf Mann den besinnungslosen Fischer über die Planken in die Höhe zogen, zupackten, ihn über die Bordwand stemmten und auf gefaltete Decken legten. Das Schiff schaukelte und stampfte in den Wellen, der Bug hob und senkte sich, der Mast mit Karashna kreiselte ruckend, Gischtwellen klatschten nach den Seiten. Plötzlich näherte sich von Sonnenaufgang her eine blaue Regenwand, glitt über die Wellen heran und traf das

Schiff. Wenige Atemzüge später prasselten Wasserfluten herunter, überschwemmten die Planken und gurgelten durch die Löcher der Bordwand. Die Sindhuleute spannten vor dem Mast und im Heck ölgetränkte Tücher auf und fingen das Wasser in Krügen auf; einige Befehle von Skylax beseitigten das Durcheinander an Deck. Strattis warf Seile, ein Tuchbündel, vier leere Wasserschläuche und tropfende Kleidungsstücke an Deck und half seinen Ruderern, wieder an Bord zu kommen. An langen, geknoteten Seilen trieben die Boote am Schiff vorbei; die Enden der unteren Rah wurden eingefangen, und Skylax steuerte die *Unsterbliche* wieder in den Wind. Jeder an Bord war schweißgebadet und empfand den Regen als kühlende Erleichterung. Karashna kletterte aus dem Mast, taumelte über das glitschige Deck und klammerte sich an die Bordwand, als er im hohen Bogen an Steuerbord ins Meer spie.

»Wenn er lebt«, sagte Skylax laut, »kann er auch trinken. Helft ihm.«

Sein Befehl war überflüssig: Deinias und Astraios flößten dem Braunhäutigen kalten Sud ein und tauchten Tücher ins Regenwasser. Die Haut des Fischers war von der Sonne verwüstet und mit Blasen bedeckt; Deinias strich Palmöl auf die Haut und legte die triefenden Tücher über die Wunden. Der Fischer hielt die Augen geschlossen und stöhnte, bewegte sich, trank und hustete, murmelte Unverständliches und holte endlich tief Luft. Skylax und Telamon ließen die Küste nicht aus den Augen und warteten, bis sich der Fischer erholt zu haben schien.

»Fragt ihn«, sagte Skylax, »woher er ist, und warum es ihn so weit aufs Meer hinaus verschlagen hat.«

Der Tropfenhagel riß ab; der Regen zog weiter aufs Meer hinaus. Durch einen Riß in den Wolken strahlte die Sonne des späten Mittags. Eine Stunde darauf trank der Fischer schon Palmwein und kaute auf einem Fetzen Fladenbrot. Seine Sprache schien derjenigen der Indos-Leute ähnlich zu sein, denn sie konnten sich mit vielen Gesten verständigen. Lakh hielt sich an der Bordwand fest und kam, halb rutschend, zum Heck.

»Er ist Fischer und kommt vom Westen der Mündung. Vielleicht drei, vier Tage von hier. Im Sturm hat er die Riemen verloren.

Vom Ashdraggarstamm, er heißt Araf. Er wird uns zeigen, woher er ist. Die Götter haben ihn für irgendeine furchtbare Sünde gestraft, und jetzt muß er weiterleben.«

»Welch ein gräßliches Schicksal«, sagte Skylax. »Gebt ihm mehr Öl für die Haut und achtet darauf, daß er's nicht auf die Planken tropfen läßt. Sonst gibt's bald gebrochene Füße und Hälse.«

»Drei Tage also können wir weitersegeln.« Telamon nickte zufrieden. »Dann haben wir gutes Wasser.«

»Und Sand zum Putzen der Decksplanken«, sagte Satâspa. »Seine Haut sieht schlimm aus; wie räudig, Skylax.«

»Denk dran. Viel Öl, viel Schatten und wenig Meerwasser. Wenn es erst einmal Blasen gibt, wird's schlimm und schlimmer.«

»Mehr Wasser oder Meerwasser?« sagte Satâspa und setzte sich auf die Hecktruhe. Skylax hob die Schultern und murmelte:

»Im Meerwasser mehren sich die Blasen; ich geb keine mehrdeutigen Befehle.«

»Das Spiel kenn ich auch.« Satâspa schirmte die Augen und betrachtete die Küstenlinie. Sie war ohne Landmarken, ohne Erhebungen oder Wälder; völlig ereignislos. »Du bist Kapitän: Du mußt meerdeutig befehlen.«

»Manchmal sogar in mehreren Sprachen!« sagte Skylax leise und blickte trübsinnig grinsend in die treibenden Wolken. Er stieß Telamon an und brummte: »Die Strömung. Spürst du sie auch im Ruder?«

»Sie zieht uns, meer und mehr, zum Land.« Im bärtigen, braungebrannten Gesicht des Steuermanns verzog sich kein Muskel. »Die Zeichen meeren sich.«

Einen Siebentag später: Der Fischer Araf hatte sich schnell erholt und zeigte den Männern der *Unsterblichen* den Weg um ein niedriges, aber weit ins Meer vorspringendes Kap. Als sie es an Steuerbord hinter sich gelassen hatten, sahen sie im ersten Morgenlicht einen Berg weit hinter der Küste.

»Mein Dorf! Aaghormalaan!« rief Araf. Sie steuerten Parasange um Parasange aufs Ufer zu und erkannten hinter einem Damm aus Schwemmerde und einzelnen Felsen, der wie ein künstlicher Wellenbrecher von Westen her vorstieß, eine Handvoll Gebäude auf niedrigen Stelzen; Arafs Fischerdörfchen. Hinter dem Damm, der zwei Parasangen lang war, breitete sich eine ovale Bucht aus. Die *Unsterbliche* segelte durch klares Wasser, das so glatt wie eine Marmorplatte war, über hellblauen Grund. Ein Bach, der vier große Tümpel durchfloß, mündete zwischen Palmen in die Bucht. Die ersten Tage und Nächte der Jahreszeit Rabi – kühl, trocken, mit mäßigem Wind – zerfielen in Arbeit und einfache Gastmähler: Die Seeleute zerteilten das größere Boot und zwängten die Teile in den Raum unter dem Deck, füllten alle Wasserbehälter, aßen gekochten, gebratenen und in Öl gesottenen Fisch, reinigten das Schiff und rückten mißmutig zur Seite, wenn sich ihnen die häßlichen, zahnlosen Frauen der Fischer näherten; Skylax schrieb wenig ins Tagebuch der *Umschiffung der äußeren Meere* und prüfte, ob die Planken dicht waren; für jede Parasange hatte er eine kleine Kerbe in die Bordwand geschnitten.

Mit vierundzwanzig Riemen ruderte die Mannschaft das Schiff aus der Bucht und zog das Segel auf. Den Küstenstreifen nannten die Fischer Shangadar; die Insel Beeirbakka, in deren Nähe sich mannsgroße Fische tummelten, deren obere Kiefer aus langen Spießen bestanden, lag bald hinter ihnen, ebenso der einsame Bergriese im Landesinneren. Tag um Tag verstrich; oft setzten sie das Schiff bei hoher Flut behutsam in den schlüpfrigen Sand des Ufers und schleppten einen Anker an Land. Wieder wurde das Wasser knapp.
Als sie im Land suchten, stießen sie auf eine Quelle guten Wassers. Am folgenden Tag gelang ihnen die Fahrt zu einer offenen Bucht, auch Wasser gab es, acht Stadien entfernt. Sie ankerten, nachdem sie zwischen schrundigen Felsen hindurchgefahren waren, in einer Bucht, die frei von Seegang war. In einer rostroten Morgendämmerung segelten sie zu einem Ort, den sie Pagala nannten. Sie lagen drei Tage und Nächte an beiden Ankern außerhalb der Brandung unter einem wolkenlosen Sternenhimmel, den der volle Mond überstrahlte; im milchigen Licht segelten sie schnell entlang der Küste der armen, fischessenden Eingeborenen, bis sie am späten Morgen die Bucht erreichten, deren Treib-

gutwälle voller großer Kiefer, Rippen und Wirbelsäulen waren, Überresten von Riesenfischen, die kein Mensch bisher im Meer gesehen hatte. Hinter den Sanddünen konnte Karashna vom Mast aus die Verlassene Stadt erkennen, von der Arafs Leute mit erkennbarer Scheu erzählt hatten.

Vielleicht eine Parasange weit im Landesinneren sah Skylax die verwelkten Wedel von Palmen. Der Vorrat an Eßbarem reichte noch fünfzehn, zwanzig Tage, aber sie hatten nur noch zwei volle Krüge und einen Ziegenbalg voll abgestandenen Wassers. Skylax steuerte das Schiff zum Strand und setzte es mit dem Heck auf, ließ den Anker an Land schleppen und befahl, daß sich fünfzehn Männer bewaffnen sollten.

Die Luft war rein; Skylax schmeckte keinen Hauch kalten Rauchs oder alter Glut, als sie vollkommen lautlos, vielleicht dreißig Stadien vom Strand entfernt, auf die niedrigen Felsen zuschlichen. Sie schützten im Dreiviertelrund die Gebäude einer Talmulde, die, eine halbe Parasange groß, von einem Wald abgestorbener Palmen umgeben war; nirgendwo war Grün, nichts deutete auf Wasser hin. Satâspa und Lakh zeigten auf die Spuren von Vogelfüßen und wilden Ziegen. Im Fauchen des Windes war zu hören, wie sich Sandkörner aneinander rieben und über Steine raschelten; mitunter erscholl ein ratterndes Klappern. Seit zwei Tagen hatten die Seefahrer weder nachts ein Licht noch tagsüber den Rauch von Herdfeuern gesehen; Skylax hob die Lanze und richtete die Spitze auf eine weiße, gitterartige Kuppel in der Mitte der Gebäude.

»Hier lebt keiner mehr«, flüsterte er. Die Indos-Bogenschützen nickten und folgten ihm. »Verlassen – schon lange ...«

Steinstufen und Plattenwege waren versandet. Abgestorbene Wedel und Palmstroh zitterten im Wind zwischen den Stämmen. An einigen Stellen waren die Fundamente freigelegt, an der windabgewandten Seite von Sand verschüttet. Manche Flächen waren ohne Sand und zeigten Muster aus verschiedenfarbigen Kieseln, in anderen Räumen, denen die Dächer fehlten, lag kniehoch goldfarbener Sand. Senkrechte Türbalken, Überwölbungen, Dachsparren, Säulen und Stützen bestanden aus weißschimmernden Rippenkno-

chen der Meeresriesen, über und über mit Schreckensbildern be-
schnitzt. An zahlreichen Stellen fletschten, ins Mauerwerk einge-
paßt, die Kiefer unglaublich großer Fische ihre Zähne. Die spitzen
Knochendorne saßen locker in den Kiefern, so daß der Wind mit
ihnen klappern konnte. Aus vielen Augenhöhlen starrten schwarze
Kiesel auf die Eindringlinge, die sich langsam und schweigend
näherten; die bewegungslose Stille war bedrückend. Reste von
Palmdächern klebten an den Dachgerippen über säulengestützten
Terrassen, die an zerbröckelnde Mauern gelehnt im trostlosen
Schatten kauerten. Schaudernd ging Skylax weiter. Zwischen den
zerfallenden Häusern wanden sich vier Ellen schmale Gassen zur
Mitte der Stadt. Jede Handbreit Knochen verkörperte Einsamkeit,
Verlassenheit und den Sinn früherer Bewohner für die Schrecken
der Küste; es war, als schlüge die unbarmherzige Sonne mit der
Drohung baldigen Verdurstens auf die Köpfe der Eindringlinge.
Plötzlich erschreckte eine Reihe scharfer Geräusche die Seefahrer:
Unter einem löchrigen Dach flatterte eine Schar Schattenvögel
hervor und querte einen viereckigen Platz. Die Schwingen streif-
ten Mauern und Dächer; mit trockenem Klappern stürzte ein knö-
cherner Dachstuhl splitternd zusammen, im Sand öffnete sich ein
Loch, vergrößerte sich und verschlang wie ein Meeresstrudel die
scharfen Splitter, Reste von Vogelnestern, Eierschalen und Pflan-
zenabfälle. Satâspa wandte sich an Skylax und sagte:
»Sag die Wahrheit, Käpten – das da hast du nicht erwartet am
Ufer der Fischfresser, wie?«
»Nicht in meinen schwärzesten Träumen.« Skylax duckte sich
unter einem Sandschauer, den ein Windstoß von einer Mauerkante peitschte. Die Mannschaft war auseinandergeschwärmt und
drang zögernd in die Gassen der Irrgarten-Mauern ein. »Einst-
mals muß es eine reiche, seltsam schöne Stadt gewesen sein.«
Satâspas zustimmendes Kopfschütteln konnte nicht verhindern,
daß Skylax' Unbehagen stärker wurde. Die Bilder in schenkeldicken Säulenabschnitten aus Fischgebein zeigten Meeresbesti-
en, die Menschen verschlangen und verstümmelten, Kämpfe
zwischen zweiköpfigen, einbeinigen Mißgeburten und Fischen
mit insektenartigen Gliedmaßen. Riesenkraken zermalmten Boote, Menschen und Häuser, Wale mit brennenden Hörnern auf dem

Rücken spießten Menschen auf, mächtige Wogen zerstörten Boote und Häuser. Langsam gingen Skylax und Satâspa weiter, folgten einer gewundenen Treppe und standen auf einem niedrigen Turm, dessen oberste Plattform keine Brüstung hatte. Sie blickten, vom heißen Wind umweht, in einige Gassen, in denen halb verwehte menschliche Gerippe lagen, und auf das runde Bauwerk in der Mitte der Stadt. Die Kuppel, vielleicht fünfzehn Fuß im Durchmesser, war aus hundert oder mehr Rippenbögen zusammengesetzt. Die Knochen schienen meisterhaft ineinander und in stützende Querstreben verzapft und verfugt zu sein. Skylax konnte keinerlei Schäden entdecken. Er schrak zusammen, als er Brions und Nagars Stimmen erkannte.

»Käpten! Hierher! Unter dem Haus ist ein Gewölbe.«

Skylax winkte Satâspa. Nebeneinander liefen sie zur Stadtmitte; dorther waren die Rufe gekommen. Eine Hälfte der Eindringlinge hatte sich vor den Resten einer Bohlentür versammelt, die, halb im Sand begraben, ihre ledernen Türangeln abgerissen hatte. Mit einem Tritt zertrümmerte Skylax das morsche Holz, das pulvrig in einer braunen Wolke davonwirbelte. Licht fiel in einen großen Raum. An drei Wänden standen fast mannsgroße Tonkrüge, einige waren geborsten, andere zeigten die Zackenmuster von Rissen und Brüchen. Unkenntliche Gegenstände standen und lagen, von feinem Staub bedeckt, in gemauerten Wandnischen. Skylax bückte sich und drang ein, klopfte mit dem Speerschaft an die Tongefäße, die leer widerhallten. Zwischen Schalen, Bechern und wenigen gut erhaltenen Krügen fand Satâspa einige Atemzüge später einen Stapel halb handgroßer Streifen aus ungebranntem Ton; als er sie ins Sonnenlicht trug, zerbrachen zwei von ihnen und zerkrümelten auf einer Knochenplatte. Vorsichtig legte der Pârsa sieben Plättchen in den Sand und knurrte:

»Unsere alte Schrift. Ich kann's lesen.«

»Dann lies vor«, sagte Skylax. »Laut. Daß es alle verstehen.« Im selben Atemzug erkannte er, auf welche Seltsamkeit sie gestoßen waren: Wenn in der Verlassenen Stadt solche Aufzeichnungen zu finden waren, in babylonischer oder medischer Schrift, war die Grenze des Reiches – wo auch immer – in erreichbarer Nähe. Satâspa begann stockend zu reden.

»Von Händler Rshamabar. Hat Öl gebracht, Hirse; und Bier aus
Mudrayia. Sie haben ihm ... diese Schnitzereien gegeben, aus
Walknochen. Und, hier steht's: gesalzenen Trockenfisch ohne
dünne Knochen. 21 Krüge eingesalzene Fischblasen. Der Händler hat gesiegelt, am ...«, er stockte, dann lachte er schrill, stieß
enttäuscht hervor: »Im Jahr Zwei des Kurusch!« Skylax zuckte
kichernd mit den Schultern. »Das ist hadesverdammt lange her,
Freund. Bevor wir noch ältere Schätze finden – zurück zum
Schiff. Oder hat einer einen Brunnen gesehen, eine Quelle?«
Die Männer schüttelten die Köpfe, liefen auseinander und riefen
die anderen Seefahrer, die außerhalb der Stadt gesucht hatten.
Am Rand der Siedlung, in ihren eigenen Spuren, sammelten sie
sich. Niemand fehlte, keiner hatte Wasser gefunden. Satâspas
Speer fuhr durch die Luft und zeigte zum Schiff. Skylax hob den
Arm und sagte:
»Wir sind nicht im Okeanos verloren und zerschellen nicht am
Rand aus Eis. Vielleicht dauert es noch ein paar Monde, bis wir
einen Menschen treffen, der uns in gewohnter Sprache begrüßt.
Bis dahin segeln wir weiter und suchen Quellen wie bisher. Aufs
Schiff, Freunde.«
Sie wanderten zurück zum Strand, hackten Treibholz und machten während der Ebbe Wasser und Erdpech über einem mächti-
gen Feuer heiß, das sie nachts hellauf brennen ließen. Die freilie-
genden Planken wurden abgekratzt und mit der stinkenden Farbe
bemalt. Mit Seilen und Bündeln aus Palmwedeln befestigten sie
das kleine Boot an der Heckbordwand, reinigten gründlich ihre
Körper, kürzten Bärte und Haar; an diesem Abschnitt der Küste
gab es nicht einmal Fliegen oder Stechmücken.

8. Die Gewichte des Königtums

Der greise Verschnittene Bagapâta, der »Gottschützling«, und Aspat Shanâh hatten das Umland und die Stadt Hagmatâna auf die Rückkehr Dariuvahushs mit unausweichlicher Gründlichkeit und in sparsamem Schmuck vorbereitet; Dariuvahush sah von der oberen, grünumrankten Palastterrasse, daß selbst die Bäume sorgfältig gepfropft und gestutzt waren. Die »Stätte des Versammelns« glänzte von einem Tor zum anderen; auch die Gebäude der Unsterblichen und die Ställe für die Zug- und Lasttiere wirkten wie neu erbaut. Nicht ein Bote, keine Botschaft war verlorengegangen: Aus anderen Kshatrapien wurden Rtabanush und Rtafarnâh, Dariuvahushs wenig kampf- und welterfahrene Brüder erwartet; mit einer anderen Art der Aufgeregtheit sah er den von Lanzenreitern begleiteten Karawanen entgegen, in deren Mitte die Königinnen Rytabâma und Hutaûtha reisten und die jungen Königinnen Parmush, Faidumâ und Rtastunâ, die Jüngste. Die Hazarapati Bagabâdhush und Freund Hutana, Rashurda und Tachmaspâda schliefen im prächtig erweiterten Gästepalast; die Heerführer, die ihn von Hindusch begleitet hatten, würden in wenigen Tagen für lange Zeit in ihre Fürstentümer zurückkehren; ihre Familien und ihr Besitz erwarteten sie sehnlich. Nicht anders war Dariuvahush mit jedem einzelnen Krieger des Hindusch-Heeres verfahren: Reich beschenkt, mit dem Dank des Königs und vielen Eintragungen in die Schriftrollen der »Königswohltäter« waren die ersten Gruppen schon einige Tage nach der Überquerung des Passes von Dariuvahush entlassen worden. Ohne viel darüber nachzudenken, trugen die Krieger nicht nur ihre Waffen, sondern auch wichtige Einsichten ins Land abseits der Städte: Dariuvahushs Münzen, Maße, Gesetze – und viele Erzählungen von langen Märschen und den Schönheiten und dem Reichtum der Kshatrapie Hindusch.

Er ließ seine Blicke über die Stadt gleiten, die sich zwei Stunden nach Sonnenaufgang mit Leben gefüllt hatte. Das Gefühl, während er Plätze, Gebäude und Bepflanzung sah, machte ihn zufrieden und stolz. Vielleicht gab es eine vollkommene Stadt, das reine Bild einer Siedlung für jede Art Menschen; ob er dieses Wunder je erreichte, blieb fraglich. Vielleicht in Pârseï. Aber er würde es versuchen, so lang er leben und befehlen konnte. Hinter ihm erklangen, unverkennbar, Gaubarvas entschlossene Schritte; er zählte nun wenige Monde mehr als sechzig Sommer.

»Um Mittag, Herr, kommen sie alle zusammen.« Gaubarvas leise Stimme, wenig greisenhaft, war kühl wie seine Gedanken und Pläne, sein Körper gerade wie ein Lanzenschaft geblieben. »Aspat Shanâh und ich wollen dich zuvor mit Nachrichten langweilen, die mühevoll zusammengetragen worden sind.«

Dariuvahush drehte sich herum und legte Gaubarva die Hände auf die Schultern. »Etwa von Kapitän Skylax?«

»Nein. Von Fürst Sykashta, von anderen Kundschaftern, vom emsigen Samier Mandrokles und den Vertrauten, die zu Schiff ins Euxeinische Meer aufgebrochen sind.«

»Du hast recht.« Dariuvahush riß sich zögernd vom Anblick der Stadtlandschaft los; er sah die zuverlässige Ausführung seiner eigenen Befehle mit Zufriedenheit und las die gleiche Zuverlässigkeit in Gaubarvas Gesicht. »Die alltäglichen Nichtigkeiten und Grausamkeiten meiner Verwaltung. Drei Monde lang – zum Ewigkeitsplan gehören zehnmal tausend winzige Schritte.«

»Die auch der mächtigste Mann der Welt gehen muß, o König der Länder.« Gaubarva lächelte in sich hinein.

»Der Mächtigste, o Vater einer Königin?« Dariuvahush lachte verhalten. »Der Marsch durch Hindusch hat mich eines gelehrt: Im Osten der Fünf Ströme ist die Welt nicht zu Ende. Vielleicht herrscht jenseits Thatguyias ein noch größerer König?«

»Wenn es so sein sollte, bei Ahura Mazdâh«, sagte Gaubarva, die Hand vor den Lippen, »dann werden wir es nie erfahren.«

In den Palästen und im Palastgarten, auf Plätzen und in Höfen, in Säulengängen, zwischen den Mauern und außerhalb der Palasttore quirlten und wogten Stadtbewohner und Besucher durcheinander; Farben und Bewegungen waren von den Terrassen zu sehen, Lärmen, Gelächter und Tiergeschrei drangen bis tief in die säulengestützten Säle. Dariuvahush hatte sich von der Erregung der Menschenmenge anstecken lassen; für ihn waren dies deutliche Zeichen, daß sich die Schatten des vergangenen Jahrzehnts endgültig von der Stadt und vom Reich gehoben hatten. Und nicht minder von ihm. Bevor er sich setzte – zwischen ihm und den Versammelten, deren Sessel und Tischchen einen Kreis bildeten, stand wie ein Wall der mächtige Tisch –, zählte er einundzwanzig Männer, in festliche Kleidung gehüllt und mit funkelndem Gold geschmückt. Sie waren wohlgelaunt wie in der Stunde vor dem Anbruch eines Festes. Diejenigen, und das waren die meisten, um deren Hälse daumendicke Goldketten lagen, Geschenke und Auszeichnungen des Königs, trugen sie offen auf den Kragen der bortengesäumten Hemden. Zwei Dutzend Sklavenmädchen füllten lautlos und schnell die Trinkgefäße. Schweigend, mit breitem Lächeln, blickte Dariuvahush von einem Gesicht zum anderen, holte tief Luft und begann zu berichten; die Bedeutung eines jeden Satzes hatte er lange geprüft.

»Hört, o Freunde! Durch Eroberung, Geschenke und gute Verträge haben Kurusch, Kambushya und ich zahlreiche Mächtige an den Herrscher und ans Reich gebunden. Ich rede von etlichen bedeutenden Inseln und vielen Hafenstädten der Kshatrapien Sparda, Sardeïs und des Halbrundes Karkas am Meer. Dort leben Pârsa und Tyrannen – meist – friedlich miteinander, und so ist es seit langer Zeit. So soll es bleiben. Im Norden des Landes Skudra oder Thrakien, am Westufer des Euxeinischen Meeres, hausen die Saka tyaiy paradraya, die skudrischen Saka, und führen Raubzüge gegen Thrakiens Grenze. Das Euxeinische Meer, sagen die Handelsleute, ist ein sehr großer runder See, und entlang des nördlichen Ufers kommen die westlichen Saka mit jenen Nomaden zusammen, deren König Skunxa ich nach Banneshu verbannt habe. Um zu prüfen, wie es sich wirklich verhält, habe ich ein Vorhaben ersonnen, das zweierlei bewirken wird: Eine feste Grenze jenseits von Thrakien und eine neue Kshatrapie der Saka – die Yaunier und die von Miletos nennen sie Skythen. Ich erwarte wenig Widerstand, geringen Tribut, aber Reiterkrieger für das Heer und regen Handel.«

Sein Bruder Rtabanush, neun Jahre jünger als er, hob beide Hände und sagte: »Sind die Gedanken an dieses Vorhaben im Land der Wunder geboren worden, o Bruder?«

Dariuvahush schüttelte langsam den Kopf.

»Auch dort. Rashurda und Tachmaspâda werden mir zustimmen: Der König Pukkusati, nun Kshatrapan des Reiches, begab sich ohne langes Zögern und freien Willens in den Schatten unseres Reiches.« Auf dem Tisch stapelten sich drei Dutzend gleichgroße Würfel aus dem Holz unterschiedlicher Bäume, die in Hindusch wuchsen. »Nicht anders als zuvor die nomadischen Saka.«

»Ich rate dir ab, königlicher Bruder«, sagte Rtafarnâh laut. »Dein Heer hat sich gerade aufgelöst, bis auf viele Unsterbliche und die Schar Bogenschützen, die du aus Hindusch mitgebracht hast.«

»Der andere Teil des Heeres, der bisher nicht gekämpft hat, ist längst vorbereitet und zusammengerufen worden.« Dariuvahush spreizte die Finger der rechten Hand ab und begann aufzuzählen: »Man hat den Weg vorbereitet, eine Brücke über das Wasser der Meeresenge wird errichtet. Die besten Männer der Hafenstädte und Inseln führen Fünfzigruderer ins Euxeinische Meer. Berichte, Oberster Kundschafter Asparta!«

Asparta hatte ihm vor einem Jahrzehnt vom Lügenkönig Assina berichtet; jetzt unterstanden ihm alle »Augen und Ohren« der Kshatrapie Uvja. Er verneigte sich.

»Ich spreche für Fürst Sykashta. Er ist unabkömmlich; sozusagen unauffindbar.« Er grinste zuversichtlich und sah zu, wie Dariuvahush eine Würfelmauer errichtete. »Die Hafenstädte stellen dreißig schwer bewaffnete Penteren und die nötigen Lastensegler. Kshatrapan Aryâramna von Katpatuka trägt die Verantwortung. Histiaios, listiger aber bisher treuer Tyrann von Miletos, hilft ihm. Die Schiffe, längst durch die Öffnung der Schiffsbrücke gerudert, werden versuchen, Gefangene zu machen und zu befragen.«

»So daß das Heer nicht in eine Falle marschiert«, sagte Dariuvahush und baute einen Turm. Rtafarnâh hob schnalzend den Kopf und beugte sich vor.

»Ich rate abermals ab, Bruder König«, sagte er scharf. »Du weißt selbst am besten, wie aufwendig es ist, einen Aufstand niederzuschlagen. Es macht keinen Unterschied, ob er in Babairu ausbricht oder an der fernen Grenze.«

»Ein einzelnes Flämmchen ist leichter zu löschen als ein Großbrand. Daß niemals ein Lügenkönig im Land der skudrischen Saka gegen mich aufsteht – auch aus diesem Grund will ich das Heer dorthin führen.«

»Wann wirst du also ins Land der Saka eindringen?« sagte Hutana, der dieses Vorhaben kannte und guthieß. Dariuvahush vollendete die Spielzeugmauer und hob die Schultern. »Nächstes Jahr. In meinem neunten Jahr. Berichte uns, was du und deine Kundschafter über das Land der Saka wissen, Shandara von Babirush.«

Shandara hatte damals die Nachricht vom Aufstand des Nidintu-Bel in Babairu am selben Tag wie Asparta aus Huza überbracht; während er erzählte, was er und drei andere Späher in der Maske von Karawanenhändlern nördlich von Thrakien, entlang der Flüsse Melas und Hebros und im Land an den Westufern des Euxeinischen Meeres erlebt hatten, versuchte Dariuvahush den Grad der Zustimmung abzuschätzen; seine Brüder scheuten vor der Größe des Vorhabens zurück, obwohl auch sie gehorchen würden, desgleichen Bagabâdhush und andere Hazarapati. Shandara sprach von schnellen Reitern, die sarmatische Schlingen gebrauchten, von brennenden Dörfern an der Grenze, versklavten Thrakern und Kindersklaven, die von den nomadischen Saka tyaiy paradraya, jenseits des Meeres, am Ister-Strom genommen und in Miletos verkauft worden waren, vom Reichtum an Korn, Holz und Herden und seltsamen Rausch-Bräuchen. Dariuvahushs Finger spielten mit den Würfeln aus duftendem Sandelholz; gelegentlich warf er einen Blick auf die Lorme aus Pushkalavati, die neben dem Goldkrug auf dem Tisch stand. Ihr gezahntes, doppeltes Löffelmaul wirkte wie das Gezähn eines kleinen, unerhört bissigen Tieres. Klappernd fiel ein kantiges Türmchen um. Shandara beendete seinen Bericht. Tachmaspâda sagte:

»Was er sagt, gefällt mir. Ich rate dir, o König, mit einem Heer dorthin aufzubrechen. Wir wissen, daß du keinen Krieg gegen das Volk, sondern gegen die Häuptlinge und Fürsten führen wirst.«

»So ist es.« Dariuvahush schuf eine Öffnung im Würfelwall. »Ich habe auch die Halbwüsten am Oxos nicht verheert. Jetzt senden die spitzhelmigen Steppensaka mir Tribut. Niemand wird mich, den mächtigsten König der Welt, einen Sakenschlächter nennen. Aber auch dort soll die Grenze so deutlich beachtet werden wie eine hohe, weiße Mauer.« Dariuvahush verschloß den Wall mit Mangoholzwürfeln, deutete lächelnd auf Rashurda und Tachmaspâda. »Euch beide und viele Hundertführer entlasse ich in den segensreichen Frieden eurer Fürstentümer. Meinen Dank hab ich vor einigen Tagen öffentlich gemacht.«

Gaubarva und Aspat Shanâh klatschten in die Hände, die übrigen folgten dem Beispiel; beide Hazarapati wurden durch Beifall und Zustimmung geehrt. Einen Teil der Begeisterung bezog Dariuvahush auf sich, er schüttelte den Kopf und sagte:

»Auch von euch beiden hab ich gelernt: Eine Bedrohung, rechtzeitig erkannt, ist leichter zu beseitigen als ein Aufstand, der schon seit Jahren tobt. Mein Heer gegen die Saka wird so groß sein, daß jeder Widerstand rasch sinnlos wird.« Dreiauge Rtavardhya, Dâdreshish und Hamarâdha machten Vorschläge zur Beweglichkeit und Schnelligkeit des Heeres, Aspat Shanâh sprach davon, daß sich die Krieger um Bagastâna sammeln sollten, die Brüder erhielten den Befehl über Tausendschaften, Gaubarva berichtete von Waffenschmieden, Pferdezucht, Straßenbau und dem pârsischen Gold, das für Tekton Mandrokles, die Ruderer und Söldner der Schiffe aufgewendet worden war; schließlich, nach Stunden, sagte Dariuvahush:

»Die Zeit bis zum Aufbruch nach Thrakien dient der Ruhe aller Erschöpften. Ich werde, den Jahreszeiten folgend, im schönen Hagmatâna, in Pâthragada, Huza und Babairu wohnen. Auch Pârseï besuche ich: Überall nimmt die Anzahl der Bauwerke und die Schönheit zu.« Er hob einen schwarzen und einen weißen Würfel. »Ich, Tachma und Rashurda werden euch in den Stunden fröhlicher Feste vom Hindusch erzählen, vom mutigen Kapitän Skylax und unseren Erlebnissen, die euch wunderbar erscheinen werden.«

Die Sklavinnen glitten über die dicken Teppiche, deren Muster im Sonnenlicht loderten. Krüge und Becher klirrten, Wein und mudrayisches Bier lief in die Trinkgefäße. Dariuvahush stand auf und wußte, daß die versammelten Männer nach den Erzählungen der kommenden Nächte ihre Bedenken verloren haben würden:

Hutana und Gaubarva würden die anderen großen Fürsten des Reiches von der Notwendigkeit dieses Eroberungszuges überzeugen.

Den kühnen Gedanken, ein anderes Segel, ein Schiff zu sehen, hatte Skylax längst endgültig aufgegeben. Er genoß jeden Tag, jede einzelne Stunde der Fahrt: Unentwegt trieb sie kraftvoller Wind durch weißgischtende Wellen im tiefblauen Meer, hob und senkte sich die *Unsterbliche* in der gewaltigen, lautlos schwingenden Dünung unter dem meerfarbenen Himmel. Vögel mit feuerroten Kehlsäcken jagten in den Wogen und kehrten mit gemessenem Schwingenschlag zur Küste zurück. Das ferne Stöhnen der Brandungswelle war wie ein Harfenlied in Naukratis. Das übermütige Spielen und Springen der Tümmler verwandelte den Sprühregen in silberne und goldschimmernde Funken. Längst war alle Furcht vergangen; die Mannschaft liebte das Schiff und das Meer; jeder Handgriff war sicher und schnell, als führe sie ein Mehrling aus. Mehrlinge! sagte Satâspa. Ölglänzend, tief gebräunt, ohne überflüssiges Fett unter der Haut, Gesicht und Augen gegen die Grelle durch Sonnenschleier geschützt: Stets waren sie der Küste gefolgt und hatten sie nie aus den Augen verloren. Vor den Bergketten weit im Landesinneren ragten einzelne Bergriesen auf; an keiner Stelle der Hänge zeigte sich Grün.
Seit Tagen hatten sie keine Rauchsäulen erspäht. Sturmvögel flatterten kreischend über den Spitzen der Wellen, der Bug deutete nach Nordwesten. Ein nächtlicher Sturm hatte die *Unsterbliche Schneide* weit hinausgetrieben. Sie versuchten, wieder das Land zu erreichen, das nach Mittag an Steuerbord vorüberkroch; braune, gelbe und graue Flächen, von tiefschwarzen Schatten gekerbt, zu manchen Stunden unter einer Barriere schneeiger Wolken. Schweiß, Salz des Meerwassers, Öl und verschütteter Sud vermengten sich auf der Haut, im Haar, in den wenigen Kleidungsstücken und den Decken zu einer schmierigen, unerträglich stinkenden Schicht. Ein Sturm peitschte die *Unsterbliche* weit aufs Meer hinaus und erschöpfte die Mannschaft. Astraios räucherte den Schiffsbauch mit Patshooly aus; es stank schauerlich, aber es breiteten sich weder Schimmel noch schmieriger Belag

aus. In einer Nacht, als die Hälfte der Männer an Deck schnarchten, hörten Skylax und Bion, die am Doppelruder standen, aus dem Bauch des Schiffes gänzlich ungewohnte, scharrende Geräusche, die plötzlich wieder aufhörten; Skylax kletterte hinunter und sah erleichtert, daß keine Planke beschädigt war.

Ein anderes Geräusch drohte, noch lauter, kam gleichermaßen aus der offenen Luke und dem Meer; langgezogenes, stöhnendes Schreien, unterbrochen von blasigem Gurgeln, abgelöst von greinendem Kindergeschrei, hundertfach verstärkt. Deinias neben Skylax am Ruder beugte sich über die Bordwand und spuckte in die Schleier des Meeresleuchtens. »Es kommt aus dem Wasser. Meeresgeister? Daimonen des Südmeeres?«

Nie gehörte Laute, durch den Körper der *Unsterblichen* verstärkt und verzerrt, dröhnten auf- und abschwellend, wie von verletzten Rindern, ein zorniges Gebrumm aus der Tiefe. Nach und nach erwachten alle Männer der Besatzung. Die nassen Schreie erschollen von überall her. Im Mondlicht schimmerten wenige Schaumkronen. Ächzen, Schnarren und Gurgeln vereinigten sich zu einer Folge schrecklichen Brüllens; in der Nähe des Schiffes schienen Hunde und Schakale zu jaulen, ein mächtiges Schnarren erscholl, unterbrochen von langgezogenem Quieken, ein grausiges Spiel aus Schreien und Antworten, Echos und halb verschlucktem Widerhall. Die Männer standen reglos, zu Tode erschrocken, an Deck und hielten sich am Tauwerk und an der Bordwand fest. Eine Stunde verstrich. Jene Daimonen, von denen die undeutbaren Laute kamen, schienen in weiten Kreisen das Schiff zu umschwimmen. Plötzlich veränderten sich die dröhnenden Rufe. Ein knurrendes Sägen breitete sich aus, durch das aus großer Ferne die Schmerzenslaute riesiger Wesen klangen. Später klang es wie Möwengeschrei, wie Vogelruf. Durch Wellengeplätscher und das Rauschen der Bugwelle heulten Schreie, als würde in unergründlicher Tiefe ein Tier gequält und geschunden. Fiepend und knarzend bewegte sich etwas durchs Wasser, stieß ein brodelndes Wimmern aus und schwieg plötzlich. Ein langgestreckter Schatten tauchte aus dem Meer auf, fauchend schoß eine Wassersäule senkrecht in die Luft. Das schauerlich jaulende Lied begann von neuem, etwas schrie, etwas anderes antwortete, der mächtige Körper verschwand. Die Männer lauschten mit klopfendem Herzen, Skylax konnte einige Gesänge unterscheiden: drei Rufe, zwei Antworten, ein Ruf, drei Gegenrufe. Noch zwei Stunden dauerte der Chor aus der Meerestiefe an, schien das Schiff zu hallen wie eine schwimmende Trommel. Nur zögernd wurden die Schreie leiser, entfernten sich und waren, als sie wieder ertönten, weniger bestürzend als zuvor; die Schrecken vergingen in dcr Morgendämmerung wie der Tau auf den Planken.

Skylax hatte erkannt, daß Wale, Delphinoi und andere Fische im Südmeer viel größer waren als die aus der Tiefe Thalassas. Fünf Tage später sah er, daß zwei Dutzend Wale, die dem Schiff entgegenschwammen, jeder kaum kleiner als sechzig Ellen, pfeifende Wassersäulen in die Luft bliesen, und versuchte seiner Mannschaft zu erklären, daß auch die nächtliche Erscheinung nach dem beängstigenden Meereslärm ein Wal gewesen war; vielleicht waren Wale die einzigen Lebewesen, die nachts in der Tiefe schrien und brüllten. Die Knochen in der Bucht der Verlassenen Stadt, schrieb er, waren zweifellos Überreste toter Meeresriesen gewesen.

Einen Siebentag lang ruhten sie sich in einer Siedlung aus, die von den freundlichen Eingeborenen Dandavasa genannt wurde; Dorf der Stöcke. Skylax zählte seine Eintragungen, die Kerben, von denen er je sieben mit einem Querschnitt zusammengefaßt hatte. Sie waren seit dem angeschwemmten Riff der Indosmündung vier Monde gesegelt: hundertzwanzig Tage, oftmals auch nachts, abgerechnet die Tage an Land. Jähe, scharfe Stürme hatten Schiff und Mannschaft schwer geprüft, aber deren Können und Zusammenhalt auch deutlich gezeigt; aschfahl im Gesicht scherzte Satâspa, daß die *Unsterbliche* mehr vertrug als die Mannschaft. Die Fischer, die ihre Boote nicht ruderten, sondern wie die Fischer im Schilf Mudrayias paddelten, bewirteten die Mannschaft mit Datteln, Ziegenfleisch, gewürztem Palmmark und gesalzenen Brotfladen, die eine Füllung aus gehacktem Fisch und Gemüse hatten; getrocknete Fische zermahlten sie zu Mehl, das sie wie Getreidemehl verbuken. Die Männer des Dorfes halfen, das Schiff auf den Strand zu ziehen, auszuleeren, innen zu reinigen und die Planken mit Bronzestriegeln und weichem Stein von Meerespocken und den harten Ablagerungen der Bohrwürmer zu befreien. Es gab Brunnenwasser im Überfluß, die Lämpchen wurden mit stinkendem Fischöl gespeist. Auch in diesem schrundigen Dorf waren die Balken der Dächer aus gebleichten Rippen von Walen, die wie elfenbeinerne Elefanten-Stoßzähne aussahen. Die Indos-Leute hatten geschworen, daß in der Regen-Jahreszeit Kharif der Wind aus Südwest, in den Monden von Rabi aber stetig und kraftvoll aus Nordost käme: Dies hatte sich bis jetzt bewahrheitet. Ob die gesamte Länge aller Ufer bisher wirklich 175 Königs-Parasangen betrug, würden weder Satâspa noch Skylax beschwören können: zwei Parasangen am Tag, als Durchschnitt, kamen der Wahrheit nahe.

Fünf Tage lang segelten sie unter einem sengenden Himmel, überholt von kühlen Schatten weißer Wolken, entlang einer völlig kahlen, kargen Küste, Parasange um Parasange, mehr nach Nordwest als nach Sonnenuntergang. Die Stunden wechselten in trostloser Eintönigkeit: Braune Ufer, Brandung, mitunter ein Geierpärchen oder Fischadler; Schwärme von Schattenvögeln, Möwen, Delphinoi und Meeresraben mit Schnäbeln wie Nadeldolche. Kein Baum, kein Busch, kein Feuer, kein Rauch. An einem besonderen Tag sahen sie weit vor dem Bug, offensichtlich über einer anderen Küste, abermals im Licht waagrechter Sonnenstrahlen, wie abgeschnitten und schwebend, einen Berggipfel. Weder das Küstenland noch der untere Teil des Berges waren zu erkennen. Hinter der Spitze entstand eine dünne Wolke, geformt wie eine weiße Flaumfeder, die sich nach Sonnenuntergang hin auflöste. Satâspa hockte halb schlafend im Schatten des Segels, zog sich in die Höhe und kam blinzelnd auf Skylax zu. Fahrig zeigte er auf den schwebenden Berggipfel.

»Ich erinnere mich, mühsam und dunkel.« Seine Stimme war heiser, als spräche er von schrecklichen Erlebnissen. »Man erzählt: Im Meer südlich von Banneshu, wo der Buranun zögernd sich hineinschwemmt, in den der Idiglat mündet, abermals südlich eines Uferlandes, das sie ›Schilfmeer‹ nennen. Irgendwer im Heer hat's erzählt. Von karischen Seeleuten, die in Banneshu Schiffe bauen:

Der hohe Berg dort steht auf der anderen Seite des Meeres, durch das wir kriechen, o meerfach ahnungsloser Käpten.«

»Ich hab's begriffen«, murmelte Skylax und grinste mühsam. »Geh und trink Wasser. Die Meerzahl unserer Beobachtungen wird uns an heimische Ufer führen. Warum nicht nach Banneshu, dem Verbannungsort unbotmäßiger Pârsa, unschuldiger Karer und fußkranker Saken?«

»Ich weiß nichts. Man hat's mir irgendwann, vor Jahren, erzählt.« Satâspas Augen glänzten fiebrig; er setzte sich auf den Lukenrand. »Ich hab dir nicht geglaubt, damals, als du gesagt hast, es kann zwei Jahre dauern.«

Skylax nickte. »Geduld, pârsischer Meerling. Wir haben ein halbes Jahr überlebt. Wir und dieses feine Schiff. Bald werdet ihr wieder in Pâthragada frierend Schnee von den Dächern fegen.«

Satâspa zog das Band des Sonnenschleiers von der Stirn, schnupperte im Gestank aus dem Schiffsbauch und bückte sich nach dem Wasserkrug. Skylax übergab das Ruder an Strattis und rollte den Papyrus auseinander; er beschrieb das Aussehen des Berges und endete: »... *und so kann es sein, daß wir bald in einen Teil des Okeanos hineinsegeln, der ›Meer von Arabaya‹ genannt wird. Das Wasser reicht nur noch für fünf Tage, obwohl wir an den Ufern der Fischesser zusätzliche Wasserschläuche eingetauscht haben.«*

Am sechsten Abend sahen sie Rauchsäulen einer Siedlung und steuerten darauf zu. Auf Skylax' Fragen antworteten die halb nomadischen Hirten und Fischer, daß sie weder von Pârsa noch vom arabayischen Meer je etwas gehört hätten. In seiner Jugend, sagte der Dorfälteste, habe er ein Schiff gesehen, ähnlich wie die *Unsterbliche;* seither nie wieder. Skylax sagte kein Wort und half der Mannschaft, das Schiff während der beginnenden Ebbe auf den Strand zu ziehen. Spät nachts, brennende Fackeln und Feuer im Rücken, ging er zwischen den Dünen zum Spülsaum des Meeres und setzte sich in den warmen Sand. Das graunarbige Antlitz des Vollmondes starrte ihn unter dem Rauschen des Ozeans an. Skylax war überzeugt, im endlosen Spiel der Wellen und dem Schaum der tosend stürzenden Brandung jenen Teil seines Lebens zu erkennen, den er sich nicht zu erklären vermochte; als er mit dem Zeigefinger Buchstaben, Zahlen und Worte in den Sand ritzte, schwemmte zischend eine Welle der auflaufenden Flut über seine Füße und löschte das Geschriebene.

Ernte und Schafschur, Herbsttage in Hagmatâna, Musik an Abenden flammender Sonnenuntergänge, Gelächter und tiefernste Gespräche in kühlen Nächten. Tausende Flammen, vom besten Öl aus Karka gespeist, gemischt mit Ölen aus Hindusch-Nüssen, süßer Duft schwelenden Sandelholzes, die Schönheit unzähliger Sklavinnen und Dienerinnen, Braten über Holzkohlenglut, Abende und Nächte, in denen die Verringerung des Abstandes zwischen Fürsten und Sklaven innerhalb des Palastbereichs nahezu gedankenlos stattfand: Dariuvahush, der in zahllosen Augenblicken und Gesten seine Sicherheit und Macht bestätigt erfuhr, wanderte durch Duftwolken, Lichterkreise, Farbenwelten und die wohlige Ordnung vertrauter Räume. Rytabâma, seine erste Gattin, Freude ihres sechzigjährigen Vaters Gaubarva, Rauchjshma, die einst Strahlende, erschreckte ihn mit der Fülle ihres faltigen Körpers; sie bewegte sich, mit Schmuck behängt, schwerfällig, färbte ihr Haar und redete traurig von Vergangenem. Ihr Gesicht war schmal und schön geblieben, alterslos, mit dunklen Augen, die verständnislos jede Einzelheit des warmen Strahlens ringsum betrachteten und flirrendes Licht einzusaugen schienen, das die plumpe Frau nicht zu spiegeln vermochte. Dariuvahush lag sieben Nächte bei Königin Hutaûtha, die ihm zwei Söhne geboren hatte und deren voller, reifer Körper ihn oft genug erregte. Die Königin schien sich auf diese Nächte durch Fasten und Übungen vorbereitet zu haben wie ein Krieger auf den entscheidenden Kampf: In der letzten leidenschaftlichen Nacht, nach den Versuchen, jünger zu sein als zu scheinen, vor der enthüllenden Lichtflut des Sonnenaufganges, schob sie einen Ring nach dem anderen über die Finger, befestigte die schweren Ohrgehänge, streifte Reife und Ketten über die Arme und sagte mit einer Stimme, rauh wie der frostige Belag auf Gräserrispen:
»Du wirst hoffen müssen, o Fürst meines Schoßes; ich weiß es.«
»Was weißt du, Königin?« Sie holte tief Luft, kreuzte die Unter-

arme im Nacken und hob die sonnengebräunten, herbstlichen Brüste; sie hüstelte und sagte:

»Ich weiß: Es wird unser dritter Sohn, Herrscher. Ein starkes, gesundes Kind. Danach werde ich, wie eine Winterblume, keine Frucht mehr tragen können. Gnadenlos stolpert die Zeit mit uns: Das weiß ich.«

Er setzte sich auf, trank eiskaltes Wasser und sagte mit schmerzenden Zähnen:

»Du sollst auch wissen, daß ich dich lieben werde bis zum letzten Herzschlag – meines oder deines Herzens. So wie ich Rytabâma lieben kann. Jenseits der Leidenschaft, mit der du mich in überreichem Maß beschenkt hast, bleibt ewige Freundschaft.«

Er starrte wenige Augenblicke lang in das unruhige Wasser der Schale; sein Gesicht verzerrte sich in rätselhaften Ringbildern. Behutsam goß er schwarzroten, warmen Wein zum Wasser. Hutaûtha strich ihr Haar in den Nacken und befestigte es mit dem Goldreif des Diadems. Die Blutsteine glühten auf. Dariuvahush glaubte in ihrem Gesicht den gleichen endgültigen Ausdruck zu erkennen, wie er ihn bei seinen Worten verspürte. »Du wirst immer die Gattin des mächtigsten Mannes der Welt sein; deine Wünsche werde ich in deinen schönen Augen lesen.«

»So soll es sein.« Sie ließ das knielange Hemd aus silberdurchwirkter Hindusch-Wolle über ihre Schultern gleiten; der rote Goldsaum stockte auf den Brustspitzen. »Auch wenn du nur Gaubarvas Worte gebrauchst.«

Er senkte den Kopf und trank. »Seine weißhaarige Weisheit gab ihm diese Worte ein. Ob er recht hat – unseren Sohn werden sie erst berühren, ihm etwas bedeuten, wenn es mich und dich nicht mehr gibt.«

Sie warf in einer wahrhaft königlichen Gebärde den hauchdünnen Byssosmantel um ihre Schultern, kam zum Rand des Lagers und streckte den Arm aus.

»Uns gibt es noch lange, Graubart. Dich und mich und zwei, drei Söhne.« Sie küßte ihn auf die Stirn, gleichzeitig schlossen sich ihre Finger um sein feuchtes Gemächt und drückten behutsam zu. »Treib es nicht zu wüst, Freund König. Und komm nicht unter die sakischen Hufe!«

Ein kurzer, wollüstiger Schmerz, der Mantelsaum traf sein Gesicht und seine Schultern; mit dem Lächeln eines satten Gepards ging Hutaûtha zur Doppeltür, die leise schleifend vor ihr aufglitt. Dariuvahush starrte ihren Rücken und die Hüften an, den wehenden Mantel, dann die goldenen Zierfelder der zuschlagenden Tür; er war sich bewußt, daß er blöde grinste. Warum, bei Ahura Mazdâh, dachte er und griff nach dem Weinkrug, finden wir die Liebe nicht, wo sie wohnt, sondern suchen sie dort, wo sie nicht zu erreichen ist? – auch nicht im Schatten seiner Schwingen. Er seufzte, stand mit wehen Lenden auf, ging zum Wasserkessel und fing an, Finger, Handgelenke und Unterarme zu waschen und zu bürsten, bis sie schmerzten.

Nächtelang sprach er im Beisein Gaubarvas mit dem Mondblinden Malmarduk und schilderte das Beben in der Wüstensteppe; der Blinde wiederholte, was er in Babairu beim Nichtmond gestammelt hatte. Nefermerit und Llach Esis waren bald die besten Freundinnen, und nach wenigen Tagen kam die junge Lyderin gänzlich verwandelt aus dem Frauenhaus. Von den Zehen bis zum Haarwirbel im Nacken glich sie, obwohl für sie die Abgeschlossenheit des Frauenpalasts nicht galt, einer Fürstentochter. Ihre Haut roch anders, nach Duftöl, so daß Malmarduk sie zuerst nicht erkannte; Dariuvahush duldete, daß sie während der nächtlichen Mondgespräche ihren großväterlichen Freund versorgte. Gaubarva und Aspat Shanâh hatten eine Schar hochbegabter, eingeschworener Jungschreiber herangezüchtet, die ihnen jegliche Rechenarbeit abnahmen und deren Königstreue außer Zweifel stand: Nicht ein Kresha an Tribut – ebensowenig jedes fehlende Kresha! – aus jeder Kshatrapie entging ihnen. Erschöpfende Nachmittage lang arbeitete Dariuvahush und entschied über einige Tausend Fragen; Schwärme ausgeruhter Boten auf ausgeruhten Pferden und Kamelen stoben in alle Windrichtungen. Und fast ebensoviele kamen aus allen Windrichtungen. Aber: keine Nachricht von Kapitän Skylax, Fürst Satâspa und der *Unsterblichen Schneide*.

Nach drei langen, mühsamen Nächten bat Dariuvahush Parmush, Brydiyas Tochter, entweder fröhlich betrunken zu seinem Lager zu kommen oder fortzubleiben, bis andere Zeiten kämen; sie lag neben und unter ihm wie ein totes Lämmlein im Winter und schien erleichtert zu sein, als sich am vierten Morgen die Doppeltüren hinter ihr schlossen. Dariuvahush schickte Bagapâta, um Nefermerit zu holen, die ihm kehlig kichernd erzählte, daß sich ein Dutzend junger Fürstensöhne um Llach Esis scharten und daß Malmarduks stolze Führerin für sie nur kalte, funkelnde Blicke und eine hochgehobene rechte Schulter übrig hatte.

Aus tausend Berichten und Nachrichten schälte sich langsam, Tag um Tag, als ob Myriaden Ameisen mit hurtigen, lautlosen Kiefern die letzten Fasern aus Fleisch, Muskeln und Haut von den Knochen eines Kadavers fräßen, ein klares Bild der Kshatrapien heraus. Vieles war so wenig wichtig, daß Dariuvahush nur auf Gaubarva und Aspat Shanâh deuten mußte; die lautlose, tüchtige Schar der Jungen prüfte, entschied und erledigte die wichtigen Nichtigkeiten; Schreibleder, Papyrus und Tontäfelchen vermehrten sich wie Palastmäuse. Im Reich herrschte ersprießliche Ruhe. Qanate wurden gegraben, Straßen gebaut und verbreitert, Brücken entstanden, Felder, Weiden und Äcker wuchsen ins Ödland hinaus, Dämme und Kanäle verteilten Wasser; Zölle und Tribute, Abgaben und Geschenke wurden eingezogen und entgegengenommen. Die Wichtigkeit von Dariuvahushs Maßen verbreitete sich. In kleinen Gruppen sammelte sich in neunzehn Kshatrapien, ohne Hastigkeit und daher entschlossener als je zuvor, das Heer gegen die Skudra-Saken. Dariuvahush sah erstaunt, daß sich eine miletische Sklavin, schwerlich älter als siebzehn Sommer, in Gaubarva verliebte und nicht von seiner Seite wich; ein schweigsam lächelndes, schlankes Wesen mit hellblauen Augen und fast weißem Haar, das mit keftischem Frühlingsöl an den Schädel gebürstet worden war.

Faidumâs tiefblaue Augen schienen ihn durchbohren zu wollen. Sie lag leise keuchend auf seiner Brust, die harten Brustspitzen preßten sich gegen seine schweißbedeckte Haut. Was Parmush an Leidenschaft hatte vermissen lassen, schien sich in diesen kühlen Nächten in der jungen Königin zu sammeln wie in der Süße spätherbstlicher Trauben.

»Töchter und Söhne zeugst du, König, in reichem Maße.« Sie kicherte unterdrückt und schob ihr Knie wieder zwischen seine Schenkel. »Sind die Frauen, die dir Söhne gebären, ausgezeichnet? Verstößt du die anderen kleinen Königinnen, die deine Welt mit nutzlosen Töchtern überfluten?«

»Würde ich sie verstoßen, nähme mir dein begehrenswerter Leib jetzt nicht den Atem«, sagte er und wölbte seinen Brustkorb. »Klagst du über verminderte Leidenschaft des Königs?«

»Mitnichten.« Sie glitt zur Seite und streichelte die Brüste, bis sich die Spitzen zögerlich aufzurichten begannen. Dariuvahush wandte den Kopf; aus den Bißmalen ihrer Zähne an seiner Schulter traten winzige Blutstropfen aus. »Ich klage nicht. Ich frage. Denn immerhin reden sie im Frauenpalast, daß du vier Jahrzehnte alt und daher wählerisch geworden bist.«

»Wählerisch?« Er stützte sich auf den Ellenbogen und betrachtete sie nachdenklich. »Ich bin ... ich rede mit jedem. Ich tu alles für mein Reich. Ich hab mit hunderttausend Männern gesprochen, auf den Straßen und abseits der Pfade. Ich weiß vieles von allen; ich bin alle, sozusagen. Vielleicht bin ich deshalb kein schreckenerregender Herrscher.« Er lächelte und hoffte, sein Lächeln sähe so spitzzähnig aus wie das der Sindhu-Krokodile. »Indes: Mir scheint, daß ich dennoch der König vieler Lande bin.«

»Für mich, großer Sohn des Vishtâspa, bist du mehr.«

»Erklär's mir, Faidumâ. Rede.«

»Du bist, sage ich, wie die Mauer um die Stadt. Zuerst bist du zweifelnd durch die Gräben gewatet, in die man Fundamente versenkt hat. Da warst du unsicher, oftmals zweifelnd. Dann, mit jeder Lage Holz, Schilfflechtwerk und Ziegeln, stiegest du höher, wurdest sicherer, hast weit über die Grenzen hinausgegriffen, bist hierhin und dorthin geritten, hast gekämpft wie ein Rasender. Wir, gelangweilt im Frauenpalast, im Innern des Reiches, wissen alles, dank deiner tausend Boten – oder nahezu alles! –, und wenn du in deinen Gedanken zweifelst: Du bist der mächtigste Mann der Welt. Es ist, obschon nicht häufig, schön, leidenschaftlich, einzigartig, wenn du mit heißem Schweiß versuchst, deine kleinen Königinnen zu befriedigen und, gleichzeitig, zu schwängern.«

»Habe ich dich geschwängert?«

»Wer weiß? Du hast mich in vielen Nächten glücklich gemacht.

Indes: In zu wenigen, o König. Wäre ich nicht Königin – könnte ich sagen: Mehr als jeder andere Mann. Aber ich bin deine kleine Königin; ich warte auf dich, treulich.« Sie streichelte mit feuchten Fingern seinen Bauch und wühlte kitzelnd im Schamhaar. »Ich hatte keine andere Wahl. Ich bin hier, bei dir, ich hab erkannt, daß mein Leben von dir, deinem Wohlwollen abhängt. Sonst würde ich als Gattin eines deiner Fürsten die störrischen Hengste aus Nisa zureiten, irgendwo in den Tälern.«

Dariuvahush dachte nach, entsann sich, suchte ein wenig gelangweilt die rechten Worte zusammen und entgegnete nachdenklich: »Die Großen Königinnen fahren durchs Land, von Gutshof zu Gutshof, bestimmen über tausend Frauen, die Teppiche weben und viele andere, schöne Dinge fürs Reich schaffen. Hab ein wenig Geduld, Faidumâ; schwanger oder nicht, Tochter oder Sohn – da ist ein winziger Rest der Furcht, daß jene Dinge, die ich plane, anders sein werden, als ich wünsche und befehle. Sonst rede ich nur mit mir darüber, wortlos, in Gedanken. Manchmal erfahren meine wenigen Freunde, was ich denke: Ich fürchte nichts mehr, als daß sich der Traum des Lichtes, mein Traum, gegen mich kehrt. Ich schreite auf der scharfgeschliffenen Schneide eines Schwertes entlang in die Jahre meines Alters; ich will, wenn ich sterbe, vor mir Jahrhunderte der Ruhe, des Friedens, des blühenden, krieglosen Reiches wissen. Dann sterbe ich zufrieden. Ich will, daß – viel länger – mein Reich so klar, strahlend und wohltuend ruhig innerhalb der Grenzen liegt, wie ich's geschaffen hab – mit hundert Schlachten und unzähligen Kriegslisten. Das ist Sache von uns Männern; kümmere dich nicht darum, und komm, wenn ich dich rufen lasse, auf mein Lager.«

»Da liege ich schon, o König der Jahrhunderte!«

»Bleib liegen, bis uns der Morgen graut. Und komm am Fuße des Tages wieder. Selbst dann, wenn ich erschöpft versuche, ein paar Stunden zu schlafen.«

Sie zwinkerte; ihre Blicke schienen bis zum Hindusch zu reichen, bis zur Schiffbrücke des Bosporos, zum Deck der *Unsterblichen Schneide* oder in unerreichbare Fernen; zu den Saka-Skythen jenseits des Meeres oder in die Abgründe aus Machtgier und Neid, in denen die Tyrannen der Kshatrapie Sparda ihre kleinlichen, selbstsüchtigen Streitereien austrugen. Dariuvahush schob seine Finger in ihre Haarflut, zog sie an sich und fühlte erleichtert, daß sein Glied sich härtete, straffte und hob, unabhängig von scheinbar wichtigen, in Wirklichkeit unbedeutenden Nachdenklichkeiten. Er drehte Faidumâs Körper, bis sie mit gespreizten Schenkeln unter ihm kniete und hitzig zu stöhnen begann, als er bedächtig in sie eindrang. Schuf er einen Sohn? Eine Tochter? Oder entledigte er sich nur nächtlicher Leidenschaft? Er wußte es nicht. Ein milder Lufthauch von Ahura Mazdâhs Schwingen schien den Schweiß von seinen Schulterblättern zu fächeln.

Der Saal der Schriften war an jedem Tag voll; Schreiber und Sklaven schnitten Schreibleder, rollten Papyri, walzten feuchten Ton und bestrichen die Holztafeln mit rußfarbenem Wachs. Schon unter Kuruschs Herrschaft waren die Maße von Uvja übernommen worden. Man hatte ihnen Pârsa-Namen gegeben, die Uvjaner kannten sie aus Babirush; dort waren sie seit unbekannter Vorzeit in Gebrauch. Dariuvahush, Gaubarva, Aspat Shanâh mußten nicht lange rechnen, um für das gesamte Reich einheitliche Mengen und Größen festzulegen: Dârayaka oder Dârayaken, Statére und Pantshuken, Shiqlu oder Sigloi, Minen und Talente kannten inzwischen viele Menschen in allen Kshatrapien. Handwerker hatten zwei Königsellen lange Bronzestäbe geschmiedet und gekerbt, mit Schrift versehen und verglichen. Das Metall war in Fingerbreiten, Handbreiten, Fuß und Ellen eingeteilt – eine einzige Art Maße für das ganze Reich! Die Länge der Arashnish und der Königselle, eineinhalb Fuß die eine, und zwei Fuß die Elle des Dariuvahush, wurden bestimmt, ebenso das Grundmaß zum Messen von Korn und allen Flüssigkeiten. Niemand wußte mehr, seit wann das *Qa* in Babirush gebraucht worden war; *Dathvya* nannten es die Mada und Parsa, das »Zehntel« des *Griva*. Das Dathvya maß soviel, wie ein kleiner Krug enthielt, vielleicht den Inhalt von vier, fünf Trinkbechern; ein *Qa/Dathvya* Sesamöl mittlerer Güte entsprach einem Silbershiqlu. Das *Radhba*, dessen Hohlmaß die 30 Maß enthielt, vielleicht von Gerste, entsprach der Menge, die ein Arbeiter in einem Mond zugebilligt bekam. 10 Qa/Dathvya, also 50 Becher, ergaben einen *Bâzish*, einen »Krug«, den die Pârsa auch *Maris* nannten. Dariuvahush bestimmte darüber hinaus, daß der Silberschekel aus fünf *Sachvara* bestehen sollte, um besser und leichter umrechnen zu können; es verrechnete der Händler heutzutage siebeneinhalb *Shiqlu* für einen fetten Hammel. In die Briefe an die Kshatrapen ließ er zusätzlich hineinschreiben, daß die Königsparasange 6000 Schritte und das Wegemaß der Hindusch-Untertanen, die *Yoyanas*, endgültig 7200 große Schritte betrugen; ihm hatte man drei unterschiedliche Längen dieser Wegstrecke mitgeteilt. Die Schreiber füllten einen Stapel Schreibleder und wachsüberzogene Holztäfelchen und schrieben darüber: Es ist Dâtam, Gesetz des Königs der Länder. Dann erhielten Boten die bronzenen Maß-Stäbe und die Briefe, die Dariuvahush eigenhändig siegelte; sie ritten ohne Eile in alle Richtungen davon.

Die kleine Königin Rtastunâ mit den grüngoldenen Augen und der einzigartigen Stimme, Kambushyas Schwester, Mutter eines Söhnchens und unverändert schön, breitete die Arme aus und fächelte einen Sandelholz-Rauchfaden auseinander.
»Nein, Herrscher über alles«, sagte sie leise. »Ich vermisse nichts – nur dich, in gewissen Nächten; mehrmals in jedem Mond. In der langen Zeit deiner Abwesenheit reise ich von meinem Kuganakâ-Palast zu den Gutshöfen, in denen viele Frauen arbeiten, die sonst ein nutzloses Leben führen würden.«
»So wie wir es besprochen haben. Damals.« Dariuvahush saß ihr am Tisch gegenüber. Abseits der überbordenden Eßtafel hantierten Küchensklaven und junge Dienerinnen mit Speisen, die über Holzkohlenglut heißgehalten wurden. »Königin Rytabâma hält es nicht anders. Wie viele Handwerkshöfe hast du eingerichtet?«
»Vier, o Dariuvahush. Alle stehen in voller Blüte.«
Er schüttelte zufrieden den Kopf. Entweder schirmten ihn Aspat Shanâh und Gaubarva von allen schlechten Nachrichten ab, oder es war wirklich eine friedliche Zeit zufriedenstellender Entwicklungen angebrochen. Kundige Greisinnen, freigelassene Meisterinnen verschiedener Handwerke, Sklavinnen und viele Frauen, die freiwillig für sicheren Lohn arbeiteten, trafen sich an mindestens sieben Stellen des Reiches und hüteten Herden, verarbeite-

ten Felle und Wolle, woben Tuch und knüpften herrliche Teppiche; die reichen Höfe, von Ländereien umgeben, besaßen fürstliche Ausdehnung. Rtastunâs und Rytabâmas Vorarbeiter und Arbeiterinnen wetteiferten miteinander, um die schönsten Gewänder für die Paläste liefern zu dürfen. Dariuvahush und Rtastunâ aßen auf der kleinen Terrasse zwischen Schreibsaal und Schlafraum, am Abend eines warmen, windstillen Herbsttages; Essensgerüche und der Sandelrauch, der die Mücken vertrieb, hingen zwischen Wänden und Säulen. Rtastunâ betrachtete Dariuvahushs Arme und schien die Falten seiner Augenwinkel zu zählen.

»Du hast mehr aus Hindusch mitgebracht als Gold, Bogenschützen und Sandelholz, Herrscher?«

»Viel mehr.« Ihre Stimme durchdrang ihn und weckte noch immer alte Erinnerungen. Dariuvahush wartete, bis die Sklavin Rosenwasser in den Dattelwein gemischt hatte. »Erkenntnisse und Zweifel über die Größe der Welt und die Grenzen des Reiches. Du weißt, daß ich es am liebsten hätte, wenn sie durch Tausende wuchtiger weißer Säulen gekennzeichnet wären. Menschen hab ich mitgebracht, Künstler und Gelehrte. Mein Heer hat erlebt, wie andere Menschen leben, mit anderen Göttern und Königen, ebenso gut oder schlecht wie wir.«

»Ich weiß.« Rtastunâs hellbraunes Haar, an drei, vier Stellen dunkel gesträhnt, fiel in den Netzen aus Goldschnüren auf die edelsteinverzierten Schulterspangen. »Und kaum aus dem Osten zurück, sammelst du das Heer zu einem neuen Kriegszug? Hast du nie daran gedacht, wie einsam deine kleine Königin ist?«

»Die liebste Königin Rtastunâ wird, wenn es auch ihr Wille ist, mich in den Winterpalast zu Huza begleiten.« Er lächelte. »Auch dort kann sie reiten, bogenschießen und in vielen Nächten mit ihrem festen Körper bei mir liegen.«

»Es ist auch mein fester Wille, mein voller Ernst«, sagte sie leise. »Wann brichst du auf?«

»In vielleicht zwei Siebentagen, mit einem Umweg nach Parseï. Dort arbeiten Tausende; ich muß sehen, was sie bisher gebaut haben.« Er schöpfte gewürzten Brei mit einem Stück Fladenbrot aus der Schale und erinnerte sich an die Schärfe mancher Gerichte am Sindhu. Auch während er trank, prüfte er jede Bewegung der Frau und verglich Rtastunâ mit anderen Königinnen und den Frauen, die er seit jenem Nachmittag im Pairidaeza besessen hatte. Jene Stunde, in der Vindafarnâh mit gezogenen Waffen ... er zwang sich, zu vergessen und sprach weiter. »Heut nacht will ich dich sehen, besitzen und erleben. Der Weg vom Sindhu war lang und beschwerlich.«

»Es ehrt mich, daß du in deinem Zelt so oft an unsere Nächte gedacht hast.« Ihre Worte klangen völlig ernst, das Lächeln um ihre Augen blieb. »Wirst du mir von den Wundern des Hindusch erzählen?«

»Stundenlang.« Er entsann sich ihres glatten, haarlosen Körpers, ihrer leisen Schreie und seiner Worte, damals; Rtastunâ sei diejenige der Königinnen, die er am meisten liebte, hatte er im Halbdunkel gemurmelt. Er lachte leise und stoßweise: Noch in dieser Nacht mußte er herausfinden, ob der alternde mächtigste Mann der Welt der Leidenschaftlichkeit einer einundzwanzigjährigen Frau genügte; zu lange schien sie auf ihn gewartet zu haben. »Zwischen Erzählungen und herbstlicher Begierde werden wir die Stunden verbringen.«

Er winkte, deutete auf die goldenen Pokale und sagte, als die Sklavin sie mit schwerem yaunischem Wein füllte: »Bringt Wein und alles übrige in den Schlafraum, seht nach dem Lampenöl und sagt Fürst Bagapâta, er soll uns morgen nicht wecken.«

Der Schlaf kommt über ihn, als er und Rtastunâ sich das zweite Mal voneinander lösen: Unmittelbar danach thront er auf dem Nacken eines Elefanten, dessen Lederhaut tiefschwarz unter der Sonne Hinduschs schimmert, und er durchquert einen tiefen Fluß, dessen Wasser vor der Furt in tiefe Spalten der Sandwüste schäumen. Tausende Männer und Frauen in goldenem, von Edelsteinen überquellendem Schmuck, auf dem die Lichtstrahlen zerspellt werden wie Sandkörner im Sturm, säumen die Ufer und jubeln, und das Riesentier, das seinen Gedanken gehorcht, stürmt weiter. Durch die palmengesäumte Prunkstraße, vorbei an Tempeln und Palästen mit goldenen und roten Dächern, trabt der Elefant mit seltsam gleitendem Gang, durch Wolken wohlrie-

chenden Rauchs, zwischen Bäumen hindurch, die so hoch
wie der Himmel sind, auf eine weiße Säule zu, die am Rand
eines Abgrunds steht. Dahinter wälzen sich die Wellen eines
grauen Meeres, jenseits davon erstreckt sich das Land der Saken. Langsam dreht sich das Tier herum, und Dariuvahush
sitzt auf einem weißen Pferd, das auf die nächste Säule zuga-
loppiert, auf die dritte, vierte; er sieht eine Reihe Grenzsäulen
bis zum Horizont und reitet an ihnen unter dem Jubel der
Menge entlang. Als er sich einer Oase nähert, die voller Was-
sersuchender ist, versteht er, was die Menge schreit: König
der Länder! Mächtigster Mann der Welt! Er lacht, gibt die
Zügel frei und setzt sich gerade auf den Pferderücken. Das
Mähnenhaar peitscht sein Gesicht, und plötzlich ist es nicht
die Mähne, sondern ein Wind, der ihm entgegenschlägt: Der
Hengst, dessen Fell in langsamen Farbschauern sein Aussehen wechselt, hat mächtige Schwingen, wie Ahura Mazdâh,
und Dariuvahush sieht sein Reich mit den Augen des Adlers.
Wüsten, Berge, saftige Täler, Flüsse und Oasen, Steppen und
Wälder, und er fliegt durch einen Paß auf das riesige Tiefland
Babirush zu; als er nach rechts blickt, sieht er das Felsbild
und liest voller Stolz:

DARIUVAHUSH DER KÖNIG VERKÜNDET: DU, DER ALS KÖNIG NACH-
FOLGEN WIRST, ENTHALTE DICH STETS DER UNWAHRHEIT. EINEN JE-
DEN, DER LÜGT, BESTRAFE STRENG UND DENKE: »MÖGE DAS REICH
KEINEN SCHADEN DAVONTRAGEN!« UND BEHÜTE GUT DAS LEBEN
DER NACHKOMMENSCHAFT MEINER KÖNIGSFREUNDE.

Er öffnete die Augen. Sein Verstand taumelte zurück ins Halbdunkel um das Lager. Die Enden von Rtastunâs Haarsträhnen
kitzelten seine Stirn, sein Kinn, den Hals. Er schob sie zurück
und sah in die grüngoldenen Augen; Rtastunâ kauerte wie eine
Gepardin neben ihm und wischte mit einem kalten, nassen Tuch
den Schweiß von seiner Brust. Sie hob den Kopf und lachte,
dann sagte sie leise:
»Dein Schlaf ist gesegnet, o König. Tief wie der Schacht eines
Qanats. Du hast wenige, aber herrliche Worte gemurmelt im

Traum, hast gelacht; warum hab ich nicht mit dir zusammen träumen dürfen?«

Er stemmte sich in die Höhe, nahm das Tuch aus ihren Fingern und kühlte sein Gesicht. »Ich weiß, was ich geträumt hab. Gleich erzähl ich's dir. Einige Wünsche sind wahr geworden – im Traum.«

Er stand auf, reinigte sich im Baderaum und versenkte die Arme bis zu den Ellbogen im warmen Wasser. Als er sich an den Rand des Lagers setzte, legte Rtastunâ den Kopf schräg und sagte:

»Warum wäschst du deine Handgelenke so oft, deine Finger? Ich hab dich schon damals fragen wollen.«

Er hob unschlüssig die Schultern.

»Kommt es aus deiner Kindheit? Oder von deinen Jahren als Krieger? Seit wann, o Dariush?«

Er wedelte mit den Fingern, überlegte, machte eine unbeholfene Geste, dann murmelte er:

»Seit ... seit den Tagen, an denen ich mich entschloß, das Reich zu beherrschen.«

Er starrte seine Handflächen an, füllte die Schalen mit gemischtem Würzwein, trank und setzte das Gefäß ab. Rtastunâ schlang einen Knoten ins Haar, streckte sich neben ihm aus und schlug die Schenkel übereinander. Dariuvahush legte die Hand auf ihren glatten Bauch; als sie die Hände zwischen seine Knie schob und wieder zu reden begann, genügte der dunkle, zitternde Klang ihrer Stimme, ihn zu erregen.

Dariuvahush hatte den Palastdienern befohlen, in Eilmärschen nach Pârseï zu fahren und dort, neben dem Palast seines Vaters, das Kriegszelt für sieben Tage aufzuschlagen. Die lederne Wohnstatt, im Hindusch aufwendig und prunkvoll instand gesetzt, hatte auf dem Rückweg in der Feuchtigkeit, der Sonnenglut und zwei Sandstürmen gelitten; das Leder war blind und rissig. Der Troß, auf dem Weg durch die »Tore der Pârsa« nach Huza, folgte mit einigen Tagen Abstand; an seinem Ende ritt und fuhr Dariuvahush mit zweihundertfünfzig Lanzenreitern an den letzten Tagen im Mond des Dornenbündelns auf der Königsstraße nach Süden, zuletzt von Pâthragada durch den Paß hinaus in die Ebene von Pârseï. Die Bäume neben der fertiggestellten Straße – Zypressen, Mandelbäume, Nußbäume, Pappeln, Platanen – waren entlaubt, Gräser und Weiden der Ebene trugen herbstliches Braun und Gelb: Schon aus großer Entfernung sah Dariuvahush die große Mauer am Fuß des Felsenhügels. Langsamer fuhr er näher und staunte schweigend.

Drei Dörfchen waren entstanden; aus Lehmziegeln und Platanenzweiggeflecht, Zelten und Laubhütten. Zahlreiche Feuer rauchten. So weit er sehen konnte, dehnten sich Reihen aus großen Steinen, die aus dem Felsen selbst gebrochen worden waren und, von vielleicht fünfhundert Arbeitern zurechtgeschlagen, ausgemessen und bemeißelt, zu kantigen Teilen der Westmauer wurden. An der Südecke hatte sie ihre endgültige Höhe von dreißig Ellen erreicht; viermal wichen lange Mauerfluchten vor und zurück, bis zu den vier Rampen der Westtreppen, über die sich ein Zug aus Wagen, Trägern und Gespannen schleppte, die Quader, Schüttgestein und unzählige Wasserkrüge aus der Ebene auf den Boden der Plattform brachten. Teile der von kantigen Türmen unterbrochenen Mauer wuchsen aus dem Fels der Hügelschräge. Die Luft war erfüllt von endlosem Gehämmer und dem Sirren der Meißelschneiden auf den Schleifsteinen; vier-, fünftausend Männer arbeiteten an der gewaltigen Anlage. Kinder und Frauen trugen Wasser und Essen durch die nördliche, offengelassene Torrampe zu den Arbeitern. Aus drei Richtungen führten breite Wege zur Baustelle. Dariuvahush schloß wie geblendet die Augen, dann gab er die Zügel frei und fuhr auf die ausgefüllten Fundamente seines zukünftigen Palasts zu, auf denen jetzt noch die Hütten der Vorarbeiter standen.

Die Menschen entlang der Straße jubelten ihm zu, sanken auf die Knie, winkten mit schweißigen Tüchern und warteten, bis er mit seinen Reitern das Kriegszelt neben den Fundamenten erreicht hatte. Ein halbes Hundert pârsische Baumeister und, angeführt von Proktokrites und Meleagros, die karischen, lydischen und samischen Aufseher und Tektones begrüßten ihn ebenso ehrfürchtig und voll Begeisterung wie die Baumeister der Tempel aus Mudrayia; ausnahmslos jeder schien im Bann dieses herrlichen Unterfangens zu stehen.

Fast alle Stunden dieser Tage schritt, kletterte, ritt und fuhr Dariuvahush in der näheren Umgebung umher und betrachtete jede Einzelheit. Es schien, daß die unkriegerischen Befehle des mächtigsten Mannes der Welt nicht nur befolgt würden, sondern zu steingewordenen, unzerstörbaren Teilen seines inneren Bildes wurden. Ein Gefühl der Leichtigkeit hatte ihn ergriffen, das von Tag zu Tag mehr von ihm Besitz nahm; in den Nächten, als er vor seinen inneren Augen sein fertiges, weißes Herzens-Pairidaeza sah, feierte er mit viel Wein und Babirush-Bier und den Baumeistern und zählte ihnen seine Wünsche und Befehle auf. In wenigen Jahren würde die Ebene ein fruchtbarer Teil des Reiches geworden sein: Es gab Brunnen über langen Qanat-Schächten, kleine Siedlungen entstanden, Blaukittel ackerten, säten und bauten Kanäle, setzten Baumschößlinge und türmten Mauern um die Felder. Karawanen brachten Korn und Nahrungsmittel für die Arbeiter und Marmorblöcke für Säulen und Bildwerke. Fast fugenlos saßen die Quader der fertigen Mauern aufeinander; die senkrechten, glatten Flächen warfen die Sonnenhelligkeit zurück. Hundert Gerüste, Ladebäume und schräge Aufzüge aus Balken und parasangenlangen Seilen und Tauen hockten wie ein seltsamer, entrindeter Wald auf den Mauern der wachsenden Terrasse. An zwei Ecken des Thronsaals warteten Öffnungen der Fundamente auf Dariuvahushs Gründungs-Schriftplatten. Daneben meißelten vier Künstler an einem Säulenaufsatz; dort entstand ein langer Steinzylinder mit unzähligen senkrechten Rillen, einsam auf Fundamenten hockten riesige, unfertige Stiere; binnen weniger Jahre würde sich zeigen, daß sie vor einem Palasteingang kauerten. In zwei silberne und zwei Goldplatten, jeweils mit einer halben Elle Seitenlänge, ließ Dariuvahush in den drei Schriften schreiben:

DARIUVAHUSH, DER MÄCHTIGE KÖNIG DER HERRSCHER, KÖNIG DER LÄNDER, VISHTÂSPAS SOHN, DER HACHÂMANISHKÖNIG. ES KÜNDET DARIUVAHUSH, DER KÖNIG: DIESES REICH, DAS ICH BEHERRSCHE, VON DEN SAKA JENSEITS SUGUDAS BIS NACH KUSHIYA, VON HINDUSCH BIS SPARDA, ÜBERTRUG MIR AHURA MAZDÂH, GRÖSSTER DER GÖTTER. ER MÖGE MICH UND MEIN KÖNIGSHAUS BESCHÜTZEN.

Dariuvahush selbst legte glänzende, frisch geschlagene Münzen in die steinernen Gefache, senkte die goldene Urkunde hinein und deckte sie über die Schriftseite der silbernen. Die Handwerker verschlossen die Kassette mit einem Marmordeckel, trugen sie feierlich zu den Aussparungen der Fundamente und vermauerten sie dort. Dariuvahush hatte für den letzten Abend seines Aufenthaltes ein Fest angeordnet. Er speiste mit Rtastunâ in einem offenen Zelt am Rand der Terrassenmauer. Musik, Gelächter und Trommeln erfüllten die Dunkelheit in weitem Umkreis; Dariuvahush und die Königin sahen vor der Baustelle und in der Ebene tausend Feuer und, wie es schien, mehr Fackeln und Öllichter als Sterne über diesem Teil Pârsas.

Am 15. Tag des Mondes Thavayaxva, des »schrecklichen Mondes«, in seinem neunten Herrschaftsjahr, verließ Dariuvahush die Stadt Huza. Er zog dem Teil des Heeres, der zur Königsstraße und nach Bagastâna marschierte, und seinem Troß hinterher. Das erste große Ziel war das Land Karka, dann Sardeïs, schließlich die Schiffbrücke. In Bagastâna verließ ihn Rtastunâ und fuhr im Schutz ihrer Begleitung nach Hagmatâna. Einen Teil des Heeres führte Königsbruder Rtafarnâh an, den zweiten Teil Rtabanush, der andere Bruder, ein weiteres Viertel unterstand Fürst Hutana, zuletzt ritten die Unsterblichen mit Fürst Bagabâdhush an ihrer Spitze. Ohne Hast, aus der Wärme des Tieflandes in den kühlen, bergigen Frühling, krochen die Teile des Heerwurms auf den Bosporos zu, nach Skudra, zum Land der westlichen Saken. Skylax schrieb:
Wir sahen, daß der einzelne Berg ein Vorgebirge des anderen Ufers überragte. Als wir uns, küstenfern, den unbewachsenen Felsen vor dem namenlosen Berg näherten, erkannten wir, daß wir das Südmeer verließen: Die Küste an Steuerbord wich zurück, die Dünung nahm ab, das Meer hatte eine andere Farbe bekommen. Weiterhin untersuchten wir die Buchten und Mündungen trockener Bäche und Flüsse. Ich schrieb alles auf und schätzte weiterhin durch Kerben in der Bordwand die Strecke ab, die wir von Halt zu Halt zurücklegten, so genau wie möglich und mit Hilfe der ganzen Mannschaft. Nach neunundzwanzig Tagen und Nächten, die

einander ähnlich waren wie Wellen, näherten wir uns einer freundlicheren Küste, die bis auf Ölbäume und Palmen viele Arten Pflanzen trug. Mannsgroße schwarze Brandungsvögel mit gelben Köpfen und Brüsten schrien gellend; es klingt wie »twi-it, twi-it«, wenn sie jagten. Sie kamen mit geblähten roten Kehlkopfbeuteln zum Land zurück. Wir zogen das Schiff auf den Strand, besserten alles aus, erholten uns im Schatten und füllten die Vorräte des Wassers auf. Sieben Tage – zweimal erlebten wir starke Gewitter und Regen – blieben wir dort und zogen im Morgengrauen den schwereren Anker an Deck. Hier ist alles namenlos und karg, meist unbewachsen und unbewohnt, ohne Zeichen von Menschen, gleich welcher Rasse. Wir ruderten zwischen dem Land und einer Insel hindurch, die 800 Stadien lang und bewachsen war: auch hier gab es keine Lebenszeichen. Noch reichte unser gutes Wasser. Im Osten, weit im Land, sahen wir einen Berg, der ebenso hoch ist, wie jener am gegenüberliegenden Ufer war. Strömung entlang der Küste und guter Wind brachten uns zu einer bewohnten Insel, wo die Fischer, die unsere Sprachen nicht verstanden, nach Perlen tauchen; Perlentaucher soll es auch unter den Indos-Fischessern geben. Wir rasteten einen Tag und hoben in der Morgenröte den Anker. Nun ging es wieder zu leeren Buchten, zu kleinen Wäldern aus vielen Arten von Palmen, wo wir von den Fischern Datteln bekamen. Jede Nacht schliefen wir an einem anderen Strand und setzten viel Treibholz in Flammen, aber niemand kam zu uns. Auch in diesem stilleren Teil des Meeres – die Brandung ist weniger wild als im Südmeer – sahen wir Wale und Delphinoi; die Küste aber ist schmal, unwirtlich und meist felsig, das Wasser ist voller Untiefen, Brandung und Lagunen. Das Gebirge dahinter ist wie ein Wall von Südost nach Nordwest.

Obwohl wir zwei Monde und dreizehn Tage am Ufer entlang ruderten und segelten, wissen wir noch immer nicht, wo wir sind. Satâspa sagt, er könne riechen, daß wir uns einem Land nähern, in dem man Dariuvahush und das Reich kennt, womöglich einer der pârsischen Küsten selbst. Ich glaube das nicht. Im frischen Wasser eines Flusses, der nicht ausgetrocknet war, starben alle Bohrwürmer und jeder Bewuchs auf den Planken unter Wasser ab; dies ist das dritte Mal, daß wir diese segensreiche Wirkung der Natur erlebten. Immer weiter segelten wir; unser Ziel lag zuerst zwei, dann vier und fünf Handbreit rechts neben der untergehenden Sonne, also fast dort, woher der Boreas weht. Nach abermals drei Siebentagen erreichten wir das Ende dieses Meeres, und es liegt verborgen in Schilffeldern, die sich so weit ausdehnen, wie das Auge trägt. Nachdem wir die Klippen an Steuerbord hinter uns gelassen hatten, sahen wir im Schilf schmale und breite Wasserpfade. Durch hier und dort aufragende, aus Schilfzöpfen geflochtene Säulen und Pfähle waren die Untiefen gekennzeichnet. Dort ist zäher und tiefer Schlick auf beiden Seiten des Fahrwassers. Schreiber Karashna und Fürst Satâspa sagten, daß wir nunmehr wirklich in Pârsa wären, denn nördlich von uns flössen Idiglat und Buranun in riesigen Schilfsümpfen zusammen, und in drei Tagen erschöpfenden Ruderns würden wir den Hafen Banneshu erreichen. So ruderten und segelten wir weiter, kamen zur Mündung des Buranun, den wir auch Euphrates nennen, im Land Babylonien, wohin die Kaufleute Weihrauchharz bringen und alles andere Räucherwerk, das in Arabaya wächst. Unsere Meeresfahrt endet hier. Ich zählte und rechnete zusammen: Wir waren 11 Monde und 3 Tage seit Pushkalavati auf dem Wasser gewesen, die Ruhepausen an Land eingerechnet.

Fürst Satâspa, ausgestattet mit dem königlichen Siegel, ließ in der Stadt der karischen Schiffsbauer und der königlichen Verbannten ein großes Haus am Hafen räumen, in dem die Mannschaft vorübergehend wohnen konnte. Zwei Dutzend Sklaven trugen alle Ausrüstungsstücke aus dem Bauch der *Unsterblichen Schneide* in einen Schuppen, die Seefahrer überließen die verschmutzten Kleider den Sklavinnen und ihre tiefbraun gebrannten, sehnigen Körper den kundigen Händen der Badesklaven, Walker und Kneter, Striegler und Haar- und Bartscherer. Skylax' Fünf, die Hindusch-Männer und die Pârsa feierten im Garten ihrer Unterkunft ein langes Fest; Skylax und Satâspa waren enttäuscht, denn sie hätten es sich wüster vorgestellt, trotz der zwei Drittel aller jungen Hafendirnen, die eingeladen worden waren. Während der Fahrt, die ihnen wie ein einziger, endlos langer

Sommer vorgekommen war, hatte die Mannschaft jedes Gefühl für die Jahreszeiten verloren, und so erstaunte es niemanden, daß über Babylonien tiefer Frühling lag. Thalassa war zu Wasser unerreichbar fern; Deinias, Bion und Astraios versprachen, die *Unsterbliche* Planke um Planke instand zu setzen, denn sie glaubten, Dariuvahush würde ihnen einen zweiten Auftrag erteilen, in weniger fernen Meeren. Steuermann Telamon würde Skylax und Satâspa mit dessen Gruppe nach Babairu begleiten. Von da aus wollten die Pârsa dorthin reisen, wo sich der König gerade aufhielt, um Bericht zu erstatten. In Banneshu munkelte man, Dariuvahush sei auf einem Kriegszug gegen Sardeïs.

Im Namen des Königs verpflichtete Satâspa die Mannschaft eines Flußruderers, die ihn und die Seefahrer eilends stromauf nach Babairu brachte. Dort erfuhren sie, daß Dariuvahush auf dem Kriegszug gegen die Saken war. Im Palast des Kshatrapan fanden sich Übersetzer und Schreiber, die Skylax' Aufzeichnungen aus dem Karischen in Pârsa übertrugen und feine Texte auf Tontafeln, Schreibleder und Papyri anfertigten; nach einem Siebentag gab es sein fleckiges Original, seine eigene Abschrift und vier Rollen Leder, Tafeln und Binsenmarkblätter. Der Kshatrapan schickte im Abstand von je einem Tag vier Boten mit den Umschriften der »Umschiffung des Äußeren Meeres« nach Hagmatâna. Satâspa und seine Männer begleiteten Skylax und Telamon buranun-euphrates-uruttu-aufwärts, und folgendes machten sie untereinander aus:

Über Bagastâna ritten Satâspa und seine Lanzenreiter nach Hagmatâna. Wohlversehen mit silbernen und goldenen Münzen ritten Skylax und Telamon auf der Königsstraße weiter nach Miletos – dort wollte der Kapitän seinen Periplous dem gelehrten Hekataios vorlegen, dem Erd-Beschreiber, über dessen bronzene Weltkarte Skylax viel gehört, aber noch keinen Metallspan davon gesehen hatte. Wenn Dariuvahush aus dem Sakenland kam, marschierte das siegreiche Heer zwangsläufig durch Sardeïs, und dort war es für Skylax leicht, mit dem König zusammenzutreffen.

9. Fern des ägäischen Lichts

Im Winseln und Fauchen des Westwindes und den Lauten des Heerlagers, das sich aufzulösen begann, hörten weder der Baumeister, der Maler noch sein Gehilfe den Hufschlag und die Felgengeräusche des Wagens. Dariuvahush hielt das Gespann an und betrachtete die Kohlelinien und den Halbbogen des ausgeführten Teils auf der weißen Fläche der Holztafel. Der massige Dreifuß, auf dem das Bild eingespannt war, stand unter einem flatternden Schattensegel; der junge Gehilfe zerstieß knarzende Farberde in einem Steinmörser. Die Umrisse des Kriegszelts auf der gegenüberliegenden Anhöhe, die Rampe, das Lager und die Schiffbrücke zwischen den Ufern waren mit groben Strichen angedeutet, zum Teil fein gepinselt; Teile der Landschaft und das Zelt hatte der Künstler ausgeführt. Aspat Shanâh sagte laut, in grämlichem Tonfall:

»Du bist viel zu verschwenderisch mit deinem Gold umgegangen, o Herrscher. Du hast ihn mit Gold und, weniger schatzschädlich, mit Silber überschüttet. Der Samier weiß sich vor neuem Reichtum nicht zu fassen; jetzt verschleudert er's.«

»Die Menge meines Goldes in den Ganzaka-Schatzhäusern entspricht derjenigen meiner Sorgen, Kämmerer. Mandrokles hat auch die zweite Schiffbrücke gebaut, die wir später brauchen werden.« Dariuvahush lachte laut. Beim Geräusch seines Gelächters wandten sich Mandrokles und Neagros von Daskyleion um, sahen Dariuvahush und verneigten sich. Er hob grüßend die Hand und ließ die Rappen im Schritt gehen, wandte sich an Aspat und sagte: »Wenn ich meine Sorgen so leicht vermindern könnte wie das Gold ...!« Er sah auf dem Tisch, im Windschutz, die Farbkrüglein und einen Korb Gänseeier; wieder zuckte er mit den Schultern. Neagros verwendete zum Farbanrühren Eigelb und Eiweiß; er würde, hatte Mandrokles gesagt, das Bild nach dem Kanon des Polyklet gestalten – was immer das sein mochte. Aspat berührte ihn an der Schulter und sagte:

»Die letzten Schiffe, o Herrscher. Du wolltest sehen, wie sie die Brücke schließen.«

»Das wollte ich sehen! In der Tat.« Dariuvahush winkte Mandrokles. »Tekton! Komm auf den Wagen. Sie schließen deine Brükke!«

Mandrokles warf dem Jungen ein Ei zu und rannte zum Wagen. Aspat Shanâh deutete auf die vergoldeten Griffe des Wagenkorbs und sagte: »Festhalten, Samier. Der König bevorzugt Galopp.«

Die Peitsche knallte, die Pferde wurden nach einigen Sprüngen schneller, das Gespann schleuderte in den feuchten Spuren des tief eingetretenen Heerweges aufs Ufer zu, zum Anfang der Rampe, und bog zum Hügel ab. Die Strahlen der Morgensonne blendeten von den Beschlägen und vom ölig glänzenden Leder des großen Zeltes, das einen weiten Schatten warf. Ein Kreis Unsterblicher mit vergoldeten Lanzenspitzen umstand die runde Fläche jenseits der Erdanker und Spannseile. Das Dach vor dem Eingang war weit vorgezogen, bis zur hölzernen Terrasse, auf der unter dem Sonnenschirm Dariuvahushs Sessel mit dem gelb-schwarzen Tigerfell stand: der beste Platz an der engsten Stelle des Bosporos. Fünf Schiffe mit prallen Segeln wurden in einer Linie dicht am diesseitigen Ufer nach Osten gerudert.

»Die letzten Schiffe«, sagte Mandrokles und sprang ab, als Dariuvahush den Wagen anhielt. »Miltiades, der Tyrann Athens und des Chersonesos-Landes. Mit deinen besten Kriegern, Herr. Ich lauf hinunter und sag ihnen, was sie tun müssen.«

Dariuvahush wies auf das Segel des ersten Schiffes und brummte: »Dort schwimmt der größere Teil des Tributgoldes, o Aspat, mit dem ich mir die Waffenbrüderschaft der Tyrannen erkaufe.«

»Ich weiß es, Herr. Meine schwitzenden Knechte haben die Truhen geschleppt.« Der Kämmerer schüttelte mit säuerlicher Miene den Kopf. »Und dem Histiaios von Miletos vermag ich nicht zu trauen, trotz der schönen Tochter Andrachle.«

»Willst du sie etwa haben?«

»Nein. Ich gönne sie einem yaunischen oder milesischen Barbaren. Indes: Die kleinen Fürsten Daphnis von Abydos und Hippoklos von Lampsakos sind vor drei Stunden ostwärts gesegelt. Mit deinen Kriegern an Bord. Dann kamen Herophantos von Parion und Metrodoros von Prokomesos. Namen! Klanglicher Schönheit bar, und schwer auswendig zu lernen. Barbaren!«

Dariuvahush setzte sich ins kühle Fell seines Sessels, streckte die Beine aus und sah zu, wie Mandrokles die Rampe hinuntereilte. »Du weißt, daß ich dich bewundere, o Aspat, unbestechlicher Freund und Königswohltäter. Ich kann mir ihre Namen auch schwer merken. Weiter.«

»Vor ihnen ruderte Aristagoras hindurch, von Kyzikos, dann Ariston von Byzantion. Ihnen folgte Aristagoras von Miletos und der Yaunier Strattis von der Insel Chios.«

Vier breitbäuchige, mastlose Schiffe lagen hintereinander am Ufer, mit langen Seilen an eingerammten Balken und Ankern gehalten; die Taue waren straff. Zwischen dem ersten Schiff der Brücke und dem befestigten Ufer klaffte ein Zwischenraum von vielleicht hundertzwanzig Ellen. Die breiten Teile der Klappbrücken lagen übereinandergestapelt dort, wo bei anderen Schiffen der Mast aufragte. Mächtige Winden waren an Deck der Brückenschiffe befestigt; die Mannschaften sahen wartend den Schiffen entgegen. Aspat Shanâh zog ein Papyrusröllchen aus dem Ärmelsaum und las.

»Aiakes von Samos, der Sohn des mantelschenkenden Syloson, befehligte sieben Schiffe. Laodames aus Phokaia kam mit dreien; eines mehr brachte Aristagoras von Kyme. Welch eine Häufung gleicher, zu langer Namen – sie alle hast du mit gutem Golde reichlich entlohnt.«

»Und sie zu vertragstreuen Freunden gemacht. Ein Hirtenwort sagt, Aspat: Man kann einen Freund auch mit Süßkäse ersticken. Ich habe nicht zuviel gegeben.«

»Lobe nie das Jahr vor dem Abend des Nourouz, o Herrscher.« Aspat Shanâh sah zu, wie das letzte Schiff durch die Lücke fuhr. Die Pârsa und Mada im Bug, dazu auf jedem Schiff ein Unsterblicher, drehten sich auf einen unhörbaren Befehl halb herum, zeigten die roten Schilde, stellten die Lanzen senkrecht und hoben die Arme, kreuzten die Lanzen über den Köpfen und stießen Siegestriller aus. Dariuvahush stand auf und winkte mit beiden Armen; er lächelte breit. Das Heck des letzten Dreiruderers glitt am Durchlaß vorbei. Durch das Fauchen des Windes hörten Dariuvahush und Aspat Shanâh die abgehackte Stimme des Mandrokles; er schrie schrille Befehle, Ratschläge und Warnungen.

Die Winden des ersten Schiffes drehten sich rückwärts. Fuß um Fuß schwankte es in der Strömung ostwärts, bis es mit dem Bug des nebenan verankerten Schiffes gleichauf war. Der Ladebaum schwenkte nach links, die Verbindung zwischen den Schiffen senkte sich, wurde befestigt und mit dröhnenden Hammerschlägen verzapft; Sklaven und Arbeiter steckten die senkrechten Balken der Brüstungen in die Löcher und begannen, Lehm, Kiesel und Sand aus den Schiffsbäuchen zu heben und auf dem glatten Holz auszubreiten. Dicke Bohlen an Bug und Heck benachbarter Schiffe verhinderten, daß sie mehr als einige Fingerbreit auseinandertrieben. Dariuvahush ertappte sich, daß er sich vorbeugte und schweigend jeden Handgriff beobachtete. Als das letzte Schiff die Lücke schloß und die Brückenteile befestigt waren, sagte er zu seinem Kämmerer:

»Gib das Zeichen! Das Heer soll ans andere Ufer, auf das Sakaland.«

Aspat Shanâh winkte. Hinter dem Zelt bliesen einige Trompeter schrille Signale, der Wind verwehte die Antwort aus dem Lager. Fünf Hundertschaften der königlichen Garde, breite Goldreifen über den Stirnen der Bashlyqs, schwangen sich auf die Pferde, gliederten sich zu Zweierreihen und trabten an; hinter ihnen kamen große, zweirädrige Karren voller Ausrüstung. Der Zug erreichte den schrägen Hügeleinschnitt, bewegte sich hinunter zur Öffnung des massiven hölzernen Zaunes und betrat das erste Stück der Schiffbrücke. Unter den Hufen der Pferde dämpften Lehm, Kiesel und Sand die Tritte, und Wände aus Flechtwerk verhinderten, daß die Pferde wegen der erschreckenden Umgebung scheuten. Ohne Zwischenfall überquerten die Reiter in erzenen Kettenhemden den Bosporos, trabten den gegenüberliegenden Hang hinauf und ritten zu ihren Plätzen; zwei lange Reihen, weit ins Land hinein. Da sie nicht in den Kampf ritten, wiesen die Lanzenschneiden zu Boden. Die Karren, von Maultieren gezogen, folgten, dann betraten die ersten Fünferreihen der Fußtruppen die Brücke. Als sie die Mitte des Überganges erreicht hatten, hörten Dariuvahush und die Männer in der Nähe des Kriegszelts einen ungewöhnlichen Laut von den Schiffen her: die Brückenteile schienen lauter und schärfer zu dröhnen, das Geräusch übertrug sich auf die schwerfälligen Schiffskörper, die sich langsam zu heben und zu senken schienen. Die armdicken Taue tauchten aus dem Wasser auf und sanken wieder hinein. Die Waffen der Lanzenträger und der Bogenschützen, blankgescheuerte Eisenschuppen der Panzerröcke, bunte Schilde, Armspangen und Ketten, Goldstreifen an den Helmen der achaiischen Söldner und der düsteren karischen Hopliten blitzten und funkelten. Eine Stunde lang kroch der Zug, unterbrochen von den schweren Troßwagen, über die Brücke, den Hang hinauf und zwischen der Doppelkette der Unsterblichen weiter; es sah aus, als verschwänden sie hinter dem Horizont.

Drei Dutzend Diener, Sklaven und Sklavinnen gehörten zu Dariuvahushs Zelt; sie bauten es auf und ab, richteten es ein und waren für jedes Stück der Einrichtung und alle Vorräte verantwortlich; ein junger Schreiber befehligte sie. Als die Schiffe den Mündungstrichter des Bosporos ins Euxeinische Meer verließen, in achtungsvollem Abstand zu den blaufarbenen Felstürmen, brachten die Sklavinnen ein Tischchen, Krüge und Schalen und bedienten Dariuvahush und Aspat Shanâh. Die Sonne brannte aus der Höhe des Vormittags, der Wind kam von Süden und wälzte den klammen Geruch des Lagers heran. Einige Hundert Lanzenreiter überschritten die Wasserstraße; zuerst die mit geflochtenen Schilden auf fahlfarbenen Pferden, gefolgt von braunen Reittieren, zuletzt die Reiter auf Rappen. Dariuvahush brauchte nicht nach den vergoldeten Lanzenspitzen oder nach den Helmen der Athurier zu suchen, die aus Eisenstäben in bizarren Mustern geflochten waren. Er erkannte an der Spitze der Kampfwagen die Anführer der Truppen von weitem: Hutana, seine Brüder oder Babâdhush.

Zu Mittag marschierten wieder Fußtruppen auf der Brücke, darunter Bogenschützen aus Hindusch, mit schmalen Schilden und mannsgroßen Bogen, gefolgt von Reitern in Pantherfellen, Männern in kniehohen Lederstiefeln, in Löwenfellen über eisengepanzerten Schultern, von Kushyiten, die sich vor dem Kampf Gesichter und Oberkörper färbten, rot und weiß, als wären sie zweigeteilt, mit Spitzen aus zugefeilten Antilopenhörnern auf den Lanzen und eisenbeschlagenen Keulen, von berittenen Saka, hinter denen Ochsengespanne und hochbeladene Wagen schwankten und knarrten, von Maultieren gezogen. Die Krieger löschten die letzten Feuer, bauten die letzten Zelte des Lagers ab; die Feldarbeiter nahegelegener Dörfer fingen an, die verwüsteten Viehweiden aufzuräumen. In der Nähe des Zelts sammelten sich die ausgesuchten Gardisten, ausnahmslos Pârsa-Lanzenreiter mit schwarzen Bashlyqs, auf schwarzen Pferden; für diesen Tag hatte auch Dariuvahush seinen Rapphengst gewählt. Aspat Shanâh stand langsam auf und deutete mit dem Weinpokal auf die ächzende Schiffbrücke.

»Auch ich, o Herrscher«, sagte er leise und in tiefem Ernst. Sein Blick ruhte auf Dariuvahushs Gesicht, »wollte dich von diesem Kriegszug abhalten, habe dir abgeraten; aber es ist dein Wille, und ich werde nach Hagmatâna fahren und dort einen Teil deines Reiches verwalten, bis du, hoffentlich siegreich, wieder in Sardeïs einziehst. Ich wünsche dir und uns das Glück des Siegers, bei Ahura Mazdâh!«

»Im Schatten seiner Schwingen.« Dariuvahush senkte den Kopf. »Ich danke dir, o Freund, für deine Ehrlichkeit, für zehn Jahre Treue, Freundschaft und dein Können, mit dem du mir hilfst.« Er deutete mit beiden Zeigefingern auf seine Brust. »Dir sag' ich, was ich auch mit Gaubarva beredet hab: Ich gehe mit einigen Zweifeln in diesen Kriegszug. Er ist ganz anders als der Zug nach Hindusch.«

»Du hast dich selbst gewarnt, o königlicher Freund.« Aspat Shanâh ließ sich nachschenken und trank Dariuvahush mit feierlicher Gebärde zu. »Pflege also den Krieg, gewinne ihn, behandle die Verlierer mit jener Großmut, die man an dir rühmt«, er lächelte breit, »und hilf mir bald wieder beim richtigen Verwalten des Reiches.«

Dariuvahush stemmte sich aus dem Sessel hoch und hob das Trinkgefäß. Der Widerschein der Sonne blitzte vom Rand des Pokals. »Ich versprech's, o Aspat. In zwei, drei Monden sehen wir, wie Pâthragada gewachsen ist und schöner wurde.«

Er umarmte ihn, küßte ihn auf die Wangen und winkte den Dienern. Sie brachten seine Kleidung, den Bashlyq und die Waffen in den offenen Vorraum des Zelts, halfen ihm, sie anzulegen und begleiteten ihn zum Pferch. Neben dem Rappen stand der kniehohe hölzerne Schemel; Dariuvahush bestieg ihn und zog sich auf den Rücken des Tieres, rückte den Schild auf den Rücken und ließ sich die Lanze reichen; mit vergoldeten Schneiden und goldenem Knauf. Er wendete den Hengst, ritt zu seiner Garde, hob die Waffe und rief: »Als letzte reiten wir über den Bosporos! Als erste werden wir siegreich über dieses Meisterwerk aus schwimmendem Holz zurückreiten nach Pârsa. Begleitet mich, meine Tapferen!«

Zehn Doppelreihen Unsterbliche ritten hinunter, in einigem Abstand ritt Dariuvahush, fünf Lanzenlängen hinter ihm folgten die übrigen Reiter. Die Hufe der Tiere schlugen hart auf die Bohlen, deren zersplitterte Oberflächen aus den Löchern im Lehm hervorsahen. Mit dem Speer winkte Dariuvahush den Mannschaften der Brückenschiffe und spürte die Bewegungen des starken Pferdekörpers und jeden Huftritt bis in die Schläfen; er ritt lächelnd hinter seiner Garde über die kleinen Wellen der Meerenge. Als er das letzte Brückenteil hinter sich wußte, trieb er den Hengst mit den Fersen an und galoppierte die Rampe im Uferhügel hinauf. Erdbrocken, kleine Steine und Sand prasselten nach den Seiten und in die Gesichter der Reiter hinter ihm. Er hatte befohlen, an der Stelle, wo sich das tief zerwühlte Erdreich der Rampe zu einem Trichter weitete, zwei Säulen aus karischem Marmor aufstellen zu lassen. Weit vor sich sah er, wenn er die Augen schloß, ähnliche Säulen in einer langen, hügelumspannenden Reihe: Seine neue Grenze. Auf den Marmorsäulen würden die Steinmetzen viele Worte einmeißeln: Die Namen der Kshatrapien und Länder, deren Krieger er anführte, den Tag seines Herrschaftsjahres, den Namen der Feinde und die Anrufung Ahura Mazdâhs. Er stieß einen Siegestriller aus, beugte sich vor und klopfte mit dem Lanzenschaft auf die Kruppe des Tieres. In gestrecktem Galopp überholte er seine Krieger und preschte nach Norden.

Am nächsten Morgen, als die beiden Sklaven das Zelt abbauten und zu packen begannen, hoben Mandrokles und Neagros das Bild ins weiße Sonnenlicht. Die Farben und die dünne Harzschicht der Glasur waren getrocknet, die vielen Gestalten waren in ihrer Farbigkeit erstarrt; König Dareios im Tigerfell-Sessel und die Schiffsbrücke beherrschten den Mittelpunkt der Tafel. Leise sagte Mandrokles:

»Ein feines Meisterwerk, o Neagros. Nun mußt du noch einige widmende Worte hinschreiben; hier, wo sich Wolken und Meer treffen.«

»Du willst es dem Heratempel stiften, nicht wahr?«

»Dem Hereion zu Samos, das die Meder verwüstet haben. Und daher sollst du schreiben: *Über die fischreichen Fluten des Bosporos schlug eine Brücke Mandrokles, und er gab Hera dies Bildnis zum Dank. Sich errang er den Kranz und Ruhm seiner Vaterstadt Samos, weil er getreulich erfüllt König Dareios' Begehr.* Ich bin ein schlechter Dichter, aber das merkt keiner, wenn er dein schönes Bild sieht. Da, nimm.«

Er gab dem Maler einen Papyrusfetzen, den er bekritzelt hatte; mehrmals waren Worte durchgestrichen und ausgerieben. Neagros grinste und winkte dem jungen Sklaven. Der Wind zerrte an der großen Holztafel und drohte sie vom Dreifuß zu reißen.

»Reib und misch Ruß und Eigelb, etwas Gips; du weißt schon: Schwarze Schrift. Und dann geht's zurück in den samischen Frühling – reichlich zugige Ecke hier!«

Aus der Richtung des Heerlagers näherte sich ein einzelner Reiter, hinter dessen Pferd drei hochbeladene Esel trippelten. Der Mann trug einen braunen Mantel und einen blauen Petasos, den helmartigen weichen Hut der Achaier, der Bart war wie ausgebleicht; neben seinem Knie steckte im Bauchgurt des Pferdes eine glänzende Doppelaxt. Er wandte sich halb um und grüßte nachlässig, als er an Mandrokles und dem Maler vorbeiritt, auch das leuchtende Bild sah er ohne erkennbare Regung an. Pferd und Tragtiere folgten den Spuren des Heeres den Hang hinunter und aufreizend langsam über die Schiffbrücke. Mandrokles kratzte sich im Nacken; er glaubte fest, diesen Fremden schon einmal gesehen zu haben.

Kybernetes Telamon war mit dem Saumtier vorausgeritten, um Unterkunft, Bäder und einen minder räuberischen Wirt für sich und Skylax zu finden. Skylax blieb einige Augenblicke lang auf dem braunen Wallach sitzen und nahm mit einem langen Blick *Aigaion pelagos*, das Aigeiische Meer, die Schiffe, die unregelmäßige Küste der Halbinsel und die Stadt Miletos in sich auf; seit sie durch Karka geritten waren, fühlte er sich im Meergeruch, im Wehen des Zephyros und im Licht über Inseln und Meer wieder zu Hause. Mit den ersten Atemzügen, in denen er das Salz und den Duft der bedürfnislosen Küsten schmeckte, war das Heimweh verflogen. Der Hang, in den sich das langgestreckte weiße Haus kauerte, war ungesichelt. Ein Schaf, mit einem langen Strick an einen Pfahl angeleint, hatte einen vollkommenen Kreis kurzgefressen, und eine scheckige Ziege, deren doppelter Strick um zwei Pfähle lag, stand am inneren Rand eines großen Ovals inmitten des hohen Grases. Skylax betrachtete Kreis und Oval und zuckte mit den Schultern. Hinter dem Haus schrie jammernd ein Esel.

Skylax glitt vom Pferderücken, zog die Trense aus dem Maul des Tieres und band den Zügel, jetzt doppelt lang, an ein Bäumchen. Sofort begann der Braune zu grasen. Skylax löste die Bündel vom Bauchgurt, warf sie über die Schulter und ging, den Pithos in der Armbeuge, zu der breiten Lücke der Immergrünhecke, vorbei an einer uralten Buche mit raschelndem Geäst. Vor ihm, zur Hälfte von einer roh geschichteten Mauer aus Felssteinen umgeben, lag ein Hof, den ein Rinnsal querte; das Quellwasser floß über ein seltsames Bauwerk aus halbrunden, würfelförmigen, zylindrischen und durchlöcherten Steinen. Ein Sperlingsschwarm flatterte auf; Skylax rief grinsend:

»Hekataios, Sohn des Hegesandros, Kundiger der Geschichte und des Weltkreises – bewirfst du unerwünschten Besuch nur mit Metaphern oder auch mit Steinen?«

In der Türöffnung, deren Laden mit einem bronzenen Pflock durch eine verrostete Haspe befestigt war, bewegte sich ein Vorhang aus Leder hinter den Schnüren voll großer Holz- und Knochenperlen. Der Kopf eines weißhaarigen, bartlosen Mannes mit blauen Augen, einige Jahre älter als Skylax, schob sich hervor.

»Metaphern, Metappern, Meplappern! Mit Steinen, wenn sie unbrauchbare Gastgeschenke bringen und so aussehen, als würden sie mich langweilen. Komm näher.« Er hielt die Vorhänge mit beiden Händen auseinander. »Der Himmel beschämt uns mit Gewölk; bringst du Wein mit?«

»Wohlfeilen Wein und wichtiges Wissen weit entfernter Weltgegenden.« Skylax forschte in dem schmalen, bartstoppeligen Gesicht, aus dem die Nase wie ein Falkenschnabel vorsprang. »Ich bin Skylax, Kapitän und zusätzlich mit manch anderem Beruf geschlagen.«

»Etwa Skylax aus Myndos? Zeus soll schützen!«

»Nein. Skylax von Karyanda.«

»Ich habe von dir gehört. Du verkaufst Quellbuchten und Untiefen im weinfarbenen Thalassa. Was willst du mir im jugendhaften Überschwang verkaufen? Hier herein.«

Das Haus, hell und freundlich eingerichtet, war innen größer als geschätzt; Skylax sah mehrere Türdurchgänge und eine weißgefliste Terrasse im Schatten zweier großer Ölbäume. In Holzregalen und Mauernischen lagen zahllose Papyrusrollen, steckten in Krügen entlang der Wände und in Körben auf mehreren überraschend großen Tischen. Es mochten Tausende sein. Große Öllampen standen in Steinschalen voll nassen Sandes, diese wiederum auf runden und rechteckigen Säulen und in achtungsvollem Abstand von den Papyri und Schreibledern. Skylax stellte den schweren Pithos auf eine Tischplatte, an entfernteren Tischen vor Fenstern, die leinenbespannte Rahmen verschlossen, saßen drei junge Frauen vor Tuschnäpfchen, Krügen voller Schreibried und an den Ecken beschwerten Papyri. Sie begrüßten ihn mit weichem Kopfnicken und leisem Kichern. Skylax tippte mit dem Zeigefinger auf seine eigene Brust.

»Gerade habe ich, sozusagen, einen Periplous verkauft. An Dareios, König der Meder, mächtig, aber keiner von uns – und deshalb würde ich es genießen, mit dir reden zu können – über Erweiterungen deiner kupfernen Weltkarte. Aber ich sehe es nicht, dieses erzene Weltbild.«

Er stellte die runde Lederhülle neben den Krug. Das Haus war angenehm kühl, es duftete nach Kräutern und irgend etwas, das den Hunger stillen konnte und auf dem Herd vor sich hin schmorte. Hekataios nahm den Krug an beiden Henkeln und trug ihn auf die Terrasse. Die Frauen liefen in einen Nebenraum und kamen mit Mischkrater, Trinkschalen und einer Platte zurück, auf der Schalen mit Oliven, Käsestücken, Fladenbrot, Salz und Bratenwürfeln standen; sie verteilten die Schalen auf einem Tisch der Terrasse. Hekataios rückte zwei große Sessel aus Schilfrohr heran und wartete, bis der Wein gemischt und eingeschenkt war.

»Wissen über ferne Gegenden? Ein Periplous? Sprich, o Skylax; oder willst du mir etwa dein Wissen gegen Elektrum-Statére verkaufen?«

»Mit denen du, als Einwohner von Miletos, reicher gesegnet bist als andere Sterbliche.«

Hekataios grinste geringschätzig, machte eine obszöne Geste und furzte mit den Lippen. »Ich? Gelehrter und Wissenschaftler? Sohn eines mäßig reichen, geizigen Vaters, der nicht mehr bezahlte als meine Ausbildung? Ich zerkaue unaufhörlich die Fasern des Hungertuches. Schenk mir dein Wissen oder nimm dein Zeug wieder mit.«

»So hab ich's mir vorgestellt.« Skylax griff lachend nach dem Becher. »Ich schenk das Zeug Miletos und der Welt. Weil ich aber, o Gevatter der Erkenntnis, selbst nicht recht weiß, wo denn die Küsten liegen, die ich besegelt habe, will ich dir zuerst berichten, wie es zu all dem kam.« Er holte seufzend Luft, trank ein wenig und sprach weiter. »Über einen Freund, Proktokrites von Chios oder Samos, kam ich vor den Thron des Dareios ...«

Er versuchte, während er vom Auftrag, der langen Reise auf dem Pfad der tausend Tage, den Wüsten, eisbedeckten Bergen, dem Paß der Unerträglichkeit und vom Schiffsbau am Sindhu berichtete, seine Worte auf das Wesentliche zu beschränken. Hekataios stützte sein Kinn in den Handteller und hörte schweigend zu, die Augen unverwandt auf Skylax gerichtet. Ein zweites Augenpaar starrte ihn an, ohne zu zwinkern; als er den Kopf wandte, sah er in der Mauernische eine zweihenklige Augenschale, deren starrer Blick zwischen Ornamenten, kämpfenden Heroen und Schiffen in den Glasurbildern ihn beunruhigte. Ohne hinzusehen, murmelte Hekataios:

»Attisch. Vom Meister dieser Kunst, Exekias. Älter als ein Jahrhundert. Oft können Schwätzer und Lügner den Blick nicht aushalten und verlassen mich rasch. Sprich weiter – wohin fließt dieser Strom Sindhu?«

»Das hab ich im Periplous beschrieben. Hast du ein Stück Papyrus und Kohle? Ich zeige dir, wie ich es mir vorstelle – vorausgesetzt, du glaubst mir.«

»Würdest du Dareios zu belügen versuchen, nähme Skylax ein böses Ende. Er ist rasch bei der Hand mit Schinden und Pfählen, sagt man.«

Skylax nickte. Hekataios klatschte in die Hände, füllte selbst die Trinkschalen und strich ein Binsenmarkblatt glatt, bevor er es zu Skylax hinüberschob und die Ecken beschwerte.

Skylax zeichnete das Bild, das in hundert und mehr Nächten in seinen Gedanken gewachsen war, sich ständig verändert hatte und im wesentlichen einem Dreieck ähnelte: Der Indos-Sindhu, in den vier Arme mündeten, floß von Nord nach Süd, bildete ein Delta; die Küste, eine Wellenlinie, von Buchten-Halbkreisen unterbrochen, wies nach Nordwest, knickte dann nach Norden ab und endete am Mündungsdelta des Euphrates.

»Dort nennen sie ihn Buranun; früher hieß er Uruttu, der Kupferfluß. Und dort beginnt, oder endet, Babylonien: Babirush.« Er legte die Zeichenkohle neben das Blatt und lehnte sich zurück. Hekataios betrachtete lange die Zeichnung, stand auf, raschelte im Haus mit Schriftrollen und kam mit einem auseinandergezogenen Blatt zurück; einer von vielen Zeichnungen der Weltkarte, oftmals ausgewischt und verändert, in die er Skylax' Linien flüchtig einzufügen versuchte – und Skylax begann einzelne Inseln, lange Stücke jener Küsten, die er vor Jahren besegelt hatte, schrittweise wiederzuerkennen. Hekataios fragte tausend Dinge, Skylax antwortete, so gut er konnte, schilderte Teile des Geschriebenen, mußte Antworten schuldig bleiben, erging sich wie Hekataios in Mutmaßungen und merkte nicht, wie die Stunden galoppierten, bis die rote Sonnenscheibe, eine Handbreit über dem Meer, beide Männer blendete und im Gebälk über der Terrasse sich lärmend und raschelnd die Bilchmäuse paarten. Hekataios' Stimme klang aufgeregt; er breitete die Arme aus und grinste fröhlich.

»Es wird eine lange Nacht der Fragen und Antworten, o Skylax.

Du findest im Häuschen dort hinten alles für einen müden Welt-küstensegler. Für dein Pferd sorgen die Frauen. Sei mein Gast, ja?«

»Ich danke, o Hekataios. Eigentlich wollte ich in Miletos nach meinem Steuermann suchen, der sich wahrscheinlich an teuer käuflicher Wollust versucht. Bis ich hinuntergeritten wäre, ist es Nacht; das arme Pferd bricht sich alle Knochen.« »Brächest du dir das Genick – wer würde dann die Küsten des Erithreischen Meeres besegeln?«

»Ein anderer fände sich.« Skylax zuckte mit den Schultern. »Zeigst du mir, wo ich schlafe?«

Hekataios rief: »Karinna!«, klatschte in die Hände und stand auf. Die junge Frau im blaugesäumten, bodenlangen Chiton kam aus dem Haus und blieb wartend stehen. »Zeige unserem Gast sein Zimmerchen, die Liegestatt und alles übrige. Wir sind ein wenig betrunken von den Gedanken an die Weite der Welt; ich glaube, wir sollten zusammen hier essen. Holt den großen Tisch.«

Karinna nickte, streckte die Hand aus und umschloß Skylax' Un-terarm. Sie deutete nach links, an der Hauswand entlang. Skylax ließ sich mitziehen und blinzelte; die Sonne tauchte ins Meer und überschüttete Miletos und den Berghang mit lodernder Röte.

Später nachts trugen sie den Tisch ins Haus, dessen Hauptraum die großen Ölflammen ungewöhnlich hell ausleuchteten. Die Freigelassene Karinna, Hekataios' Gefährtin, war ebenso schreib-kundig wie die Sklavinnen Maia und Glaukia; fast alle ihre Fra-gen zeigten Skylax, daß sie verstanden, welche Hilfe der gelehrte Mann brauchte, dessen Haus die Klügsten von Miletos und den Inseln besuchten. Die Schriftrollen enthielten Wissen, Kenntnisse und Beobachtungen aus nahen und fernen Teilen der Welt; Be-schreibungen der götterdurchdrungenen Natur ebenso wie solche des Inneren der Menschen, der Tiere, des Bodens und der Gewäs-ser. Glaukias Blicke hingen an Skylax; als er von Elefanten, Ba-nyanbäumen, Gold und schwelendem Sandelholz berichtete, von Fischessern und wüsten Stürmen, begannen ihre Zehen mit sei-nem Fuß zu spielen. Tief nachts hob Hekataios die Tafel auf, gäh-nend tappte Skylax zu seiner Schlafstätte, wusch sich flüchtig und schlief während des Wartens ein. Er wachte im Morgengrauen auf, als eine Gestalt leise die Tür und die Läden schloß, die wollenen Vorhänge zuzog und das flackernde Flämmchen ausblies. Im grauen Licht erkannte er Glaukia, die kalten, honigsüßen Kräutersud einschenkte und sich zu ihm legte.

Während eines späten Mittagmahls reichte Skylax den Periplous über den Tisch. Hekataios hielt mit unschlüssigem, fragendem Gesicht die Lederhülle in beiden Händen und hob die Schultern. Skylax sagte:
»Es kann sein, daß ich die ›Umschiffung‹ einmal, in späteren Jahren, zurückfordere, o weiser Hekataios. Verfüge über ihre Worte und meine ungeschickten Erklärungen. Es sind mehrere Abschriften gemacht worden; das Wissen geht also nicht verloren.« Er lächelte in Glaukias Augen. »Du erlaubst, daß ich dein mehr als gastliches Haus verlasse und irgendwo am Hafen meinen Steuermann zu finden versuche.«
»Führt dich dein Weg wieder hierher«, Hekataios' Geste umfaßte den weiten Raum unter schwarzen Dachbalken, »bist du auch ohne Schilderungen bisher unbekannter Küsten willkommen. Du reitest danach zum König der Meder?«
Skylax schüttelte den Kopf. »Zuerst nach Magnesia, zur *Atem des Boreas*, meinem alten Schiff, dann zu meinen Eltern nach Karyanda. Ich hab erfahren, daß sie leben. Dort bleibe ich wohl eine Weile und reite auf der Königsstraße nach Pâthragada, also nach Pasargadai, wo mich, glaube ich, Dareios entsprechend belohnen wird.«
»Die Götter mögen dich und deine Wege schützen, auf den Erdund Wasserstraßen«, sagte Hekataios und legte die Hände auf Skylax' Schultern. »Was du berichtet hast, wird in meine kupferne Beschreibung von Land und Meer eingehen.«
Skylax nickte müde. Glaukia begleitete ihn in den Hof, wo der Braune aus dem Wassertrog soff. Skylax befestigte Zaumzeug und Zügel, hängte seine Watsäcke in die Ringe des Bauchgurts und umarmte Glaukia. Mit ermüdeten Knien bestieg er den Pferderücken, winkte zum Haus und ritt langsam durch das weit offene Hoftor. Das Schaf war an einer anderen Stelle angepflockt

und begann einen zweiten Kreis im Gras leerzufressen, der mit dem Rand des anderen zu einer seltsamen Glyphe verschmelzen würde.

Am Nachmittag hatte warmer Zephyros, vielleicht der letzte milde Wind dieses Jahres, das Fischerboot zur Mündung des Maiandros getrieben, zum Schilf vor dem Fischerdorf Pyrrha hin. Mit Landwind nach Mitternacht von den Hängen und Bergen herab, zur Zeit der Morgenröte, würde Sykashta nach Miletos zurücksegeln. Vor mehr als fünf Monden hatte der König den Bosporos überschritten; in einem Siebentag endete Sykashtas Aufenthalt an diesen Küsten und in Miletos, endete auch seine Verkleidung als Händler pârsischer Eisenwaren. Sein Bart war wieder kurz, schwarz gefärbt und weich. Er ließ den Ankerstein behutsam zwischen Schilfhalmen ins Wasser fallen und knotete die Segelleine an einer anderen Stelle an die Ruderbank. Der Schatten schob sich über Thyrsa und das Lager im Heck. Mit bedauernder Geste hob er die Holzschale aus dem Boot, wusch die Fischschuppen ab und sagte leise:
»Öffne den Weinkrug, Schönäugige. Es wird eine warme, klare Nacht.«
»Sie wird wieder voller Mücken sein.« Thyrsa trug nur, wie er, ein geknotetes Hüfttuch. Sykashta zog den Mückenschleier aus der Truhe und knüpfte ihn ans Ende der Rah; das Gewebe bildete ausgebreitet ein spitzes Zelt über der hinteren Hälfte des Nachens. »Und voll von deinen Erzählungen, Fürst.«
Sykashta nickte und goß Wein in die Schalen; während sie tranken, schnatterten Enten im Schilf, schwirrten Libellen um die Halme. Ein Fisch schnellte sich aus dem brackigen Wasser und tauchte in einem rötlichen Tropfenschauer ein; leises Gelächter erscholl aus dem weit entfernten Dörfchen.
»Es sind Berichte und Erzählungen vom Krieg, von merkwürdigen Schlachten und Gegnern, wie sie Dariuvahush nicht erwartet hat. Trotz meiner Berichte über die Saka jenseits der Ägäis.«
Sykashta streckte sich neben Thyrsa aus, den Kopf auf einem Lederkissen und den Krug zwischen ihnen. Ihre dunkelgoldfarbenen Augen schlossen sich langsam; sie spielte mit seinem Ge-

schenk, der Halskette, selbst im reichen Miletos ein Vermögen wert. Thyrsa flüsterte:

»Ich hab niemanden, der mir etwas von der Welt jenseits der Stadtmauern erzählt. Sprich, o Geliebter: Wie erging es den siebenmal Hunderttausend des Heeres und deinem König?«

»Siebenhunderttausend!« Sykashta lachte sarkastisch. »Das waren die Gerüchte, die, schneller als ein marschierendes Heer, den Feind erschrecken sollten. Ein Zehntel davon war es gerade – trotzdem eine furchterregende Menge. Zuerst bauten sie am Zufluß eines Nebenflusses des Hebros, in der Uferebene, drüben in Thrakien, eine Burg aus Holz, Stein und Erde und warteten, bis Dariuvahush sicher sein konnte, daß die Schiffe eurer Tyrannen in der Ister-Mündung aufwärtssegeln und die zweite Schiffbrükke des Mandrokles bauen, aus vielen gleichartigen, halbfertigen Teilen ...«

Das Heer, berichtete er, drang in einen Teil der Welt vor, den die Achaier *Europa* nannten, durch Thrakien, bis zum Fluß Tearos, wo es drei Tage lagerte und Kundschafter durch das Umland ritten. Auch am Tearos, dessen Wasser er trank und als Badewasser ebenso heilsam fand, ließ Dariuvahush eine Säule aufstellen und seinen Namen einmeißeln, dazu ein Lob des gesundmachenden Flußwassers. In mehreren Zügen bewegte sich das Heer, ohne angegriffen zu werden oder einen würdigen Gegner zu finden, der sich nicht unterwarf, zum Strom Istros; das Land war weithin unbewohnt, voller sattgrüner Weiden und Wälder, geeignet zum Ackerbau und für Viehherden von neuen Siedlern. Ein großer Stamm, dessen Krieger auf schnellen Pferden ritten, die Geten, ergab sich nach wenigen Kämpfen und schloß sich mit seinen Bogenschützen dem Heer an. Zwei Tagesfahrten flußaufwärts, am Beginn des Mündungsdeltas, wartete die Flotte der Tyrannen; die Schiffbrücke, viel kürzer als jene über den Bosporos, verband beide Ufer. Zuerst wollte der König, daß die Brücke nach dem Übergang abgebrochen würde, daß alle Krieger der Schiffe dem Landheer folgten, dann aber entschied er, daß die Brücke bestehenbleiben mußte und die Schiffsmannschaften sechzig Tage lang auf die Rückkehr des Heeres warten sollten; dann aber sollten sie die Brücke abbrechen und nach Hause segeln. Inzwischen hatten die Saken erkannt, daß sich ein unüberwindbares Kriegsheer näherte, und schickten ihre Stammesältesten in die Länder ihrer Nachbarn um Waffenhilfe.

Acht Fürsten kamen zum Rat zusammen, unter ihnen die Sauromanten oder Sarmaten, von denen der Gebrauch der Fußschlingen beim Reiten kam; sie verhinderten, daß der Reiter allzu leicht vom Pferderücken fiel, da sie an der obersten Stelle des Bauchgurtes eingeknotet waren. Aber der Stolz sowohl der pârsischen als auch der sakischen Reiter ließ nicht zu, daß dieses Geschirr oft gebraucht wurde; diese Erneuerung geriet allzubald in halbe Vergessenheit. Die Fürsten berieten lange und kamen überein, daß sie sich wehren würden, wenn Dariuvahush sie angriff, daß aber die Saken ihren Kampf allein führen sollten. Da beschlossen die Saken und Sarmaten, gegen Dariuvahush die besten Reiterkrieger zu schicken und vor seinem eindringenden Heer das Korn zu verbrennen und die Brunnen zuzuschütten; die Wagen mit Kindern und Frauen und die Herden schickten sie nach Norden oder versteckten sie in unzugänglichen Tälern.

Dariuvahush begann bald, die Saken um die Fruchtbarkeit ihres Landes zu beneiden: Obwohl das gleißende Licht Yaunas, Lydiens und Katpatukas fehlte, erstreckten sich auf den Hügeln niedriger Gebirge schier endlose, wildreiche Wälder. Fischreiche Bäche, Flüsse und Seen, die rasches Vorankommen erschwerten, versorgten Mensch und Tier mit gutem Wasser. Nachts heulten Wölfe den fahlen Mond an; die Reiter schossen Rehwild, Hirsche, Bären und fette Hasen, Biber und Fischotter. In diesem Land brauchten Bauern und Siedler keine Qanat-Schächte tief unter der Erde aus dem Fels zu schlagen, um jederzeit genug Wasser zu haben. Dariuvahush sah Buchen, Kastanien und riesige Schwarztannen; ihre Stämme waren lang genug für Dachbalken seiner Paläste. Weiden und Auen breiteten sich zwischen den Waldrändern aus und erlaubten weite Blicke. Wenn Dariuvahush im Morgengrauen aus dem Zelt trat, verscheuchte er fremdartige Vögel und kleine Nagetiere, deren winzigen Zähnen die aus Leder geflochtenen Spannseile nicht gewachsen waren.

Einzelne Kämpfe brachen aus. Mitunter sahen unsere Krieger die Köpfe erschlagener Feinde an langen Stangen aufgespießt; ein seltsamer Zierat am Rande verlassener sakischer Siedlungen. Das Heer folgte den Flüchtenden durch verbranntes, menschenleeres Gebiet bis an den Rand einer wüstenartigen Steppe: Wie sollten Krieger eines Volkes anzugreifen sein, sagte Dariuvahush, die weder Mauern noch Städte kannten, sondern zu Pferd ihre Zelte mitführten, und nicht vom Ackerbau leben, sondern vom Vieh, und die auf Karren wohnen? Dariuvahush rechnete damit, daß die Wüste die Verfolgten bald wieder nach Süden zurücktreiben würde, also verschanzte sich das Heer an acht Stellen entlang des letzten Flusses an jenem Wüstenrand, der Oaros hieß. Dort, wenige scharfe Tagesritte vom Westufer des Pontos Euxeinos entfernt, erwartete Dariuvahush die Angriffe der Saken und ihrer Verbündeten, die aber nördlich um die Burgen herum zogen und sich wieder dem Sakenland zuwandten. Dariuvahush schickte das Heer, da er nichts mehr von den Saken sah, nach Westen, kam in schnellen Märschen zurück zum Istros und trieb kämpfend zwei Sakenheere vor sich nach Süden. Die Saken durchquerten das Land der Schwarzmäntel, die unser Heer überrannte, desgleichen drei andere Stämme, die sich hauptsächlich durch lachhafte Bräuche voneinander unterschieden. Manche schießen im Gewitter mit Pfeilen in den Himmel und verfluchen ihren Gott, von dem sie glauben, er sei der einzige auf der Welt; Menschen von verschwommener Frömmigkeit. Tag um Tag verfolgten unsere Reiter die Saken, die manchmal die Vorhut und die Jäger überfielen und flüchteten, wenn unsere Verstärkung herbeiritt – die lächerlichen Kämpfe des Kriegszugs forderten den Zorn Dariuvahushs und seiner Heerführer heraus, obwohl unsere Reiter den Saken viele Viehherden wegnehmen konnten. Schließlich schickten die Skythenfürsten einen Herold mit einer schwer verständlichen Botschaft; einem Geschenk aus einem Vogel, einer Maus, einem Frosch und fünf Pfeilen. Dariuvahushs Wachen fragten nach der Bedeutung, aber der Bote sagte, er habe nur die Botschaft zu übergeben. In übrigen sollten die Pârsa klug genug sein, den Sinn zu erraten.

Sykashta zog den Arm unter Thyrsas Schulter heraus, tastete nach dem Krug, trank gierig und holte Feuerstein und Zunder aus dem Watsack. Als er das Lämpchen auf die Ruderbank stellte und füllte, sagte Thyrsa leise:

»Weißt du, was das Geschenk bedeutet?«

Zwischen den Schlägen, im Aufblitzen winziger Funken und nachdem er den Zunder zu Flämmchen geblasen hatte, sagte Sykashta:

»Sie haben's mit viel Mühe herausgefunden. Ein sakischer Gefangener hat Dariuvahush geholfen – es bedeutete: Entweder fliegt ihr wie Vögel weg, oder ihr verkriecht euch als Mäuse in der Erde, oder ihr springt wie Frösche in unsere Sümpfe, denn wenn ihr dies nicht tut, treffen euch unsere Pfeile.«

»Es scheinen mutige Krieger zu sein, diese Saken.«

Das Lämpchen leuchtete mit ruhiger Flamme. Sykashta hängte die Beine über die Bordwand und öffnete das Bündel des Essensvorrats, schlug das Tuch auseinander und zerriß langsam das Fladenbrot. Er schwang die tropfenden Beine ins Boot, ordnete den Mückenschleier und schnitt den kalten Braten in Scheiben.

»Mutig, ja, und listig. Sie haben den Kampf verweigert.«

Während sie aßen und tranken, berichtete Sykashta vom Fortgang des Saken-Feldzuges; manchmal lachte er unvermittelt, schließlich leerte er den Rest des kleineren Weinkruges in den kalten Kräuteraufguß.

»Eine Hälfte der Saken-Heerhaufen zog zur Schiffsbrücke über den Istros. Die Anführer riefen den Ioniern zu, daß die sechzig Tage vorbei wären. Die Ionier versprachen, die Brücke abzubauen und fortzusegeln, was Dariuvahush aber nicht erfuhr. Die andere Hälfte der Sakenreiter stellte sich aber zum Kampf gegen Dariuvahush auf, den seine Brüder und Bagabâdhush beschworen, kampfbereit auf die Saken einzudringen und durch sie hindurch zur Brücke zu marschieren; die zwei Monde des Wartens wären voll. Das Heer ließ im Lager einige kranke Tragtiere zurück, halb brauchbare Wagen und abgenutzte Ausrüstung, zugleich mit zwei Dutzend Todkranken, und wartete auf die Nacht. Die letzten Krieger zündeten große Feuer an und folgten dem Heer, das nachts, erbittert kämpfend und in großer Eile, auf bekannten Pfaden zur Brücke zog. Die Tyrannen hatten beratschlagt und waren zu einer Entscheidung gekommen, die Dariuvahush abermals nicht kannte: Sie bauten den Teil der Brücke am nördlichen Ufer ab, worauf die Saken davonzogen. Aber Mandrokles, ein kluger Kopf, hatte die Brückenteile so gebaut, daß sie in wenigen Stunden wieder vollständig eingerichtet werden konnte. Histiaios nutzte dies für seinen Plan aus; so entging er der Gefahr, daß Saken über den Strom kämen. Als Dariuvahush mit der Spitze des Heeres in der Nacht eintraf, fand er keine Saken vor, sah aber, daß ein Drittel der Brücke fehlte. Schon nach den ersten Rufen ruderte man Histiaios in einem Boot herbei; ihm folgten Schiffe, und in großer Hast wurde das Ende der Brücke wieder hergestellt. Als die Saken anrückten, die endlich in großer Zahl zur Schlacht entschlossen waren, rollten die letzten Troßwagen über die Brücke. Ein Teil des Kriegszeltes war auf einem der Karren verladen worden. Beim lärmenden Abbau der jenseitigen Brückenauffahrt und im Pfeilhagel der Saken scheute das Gespann, durchbrach das Geländer und fiel in den Istros, aber sowohl die Maultiere als auch die Zeltbahnen und alles Übrige kamen schwimmend ans Ufer; als, Tage später, das Zelt halbwegs getrocknet war, sah Dariuvahush die Schäden. Dies muß die Stunde gewesen sein, in der er alle Lust am Sakenfeldzug endgültig verlor. Er verbrachte die Nacht auf einem Schiff und zog dann nach Thrakien und zu einem Hafen der Chersonesos-Küste am Hellespont. Von dort aus fuhr er nach Sardeïs, umarmte Weißbart Aryâramna, der nicht mehr länger Statthalter von Miletos und Kshatrapan von Katpatuka sein will, und setzte an seiner Stelle in Miletos den Aristagoras ein.«

Sykashta warf die Essensreste über die Bordwand und sah zu, wie in einem schäumenden Wirbel Fische danach schnappten; er zog Thyrsa auf seine Knie und sagte:

»In diesen Stunden wird Dariuvahush auf der Königsstraße und auf dem Weg nach Hagmatâna und Pâthragada sein. Mehr weiß ich nicht, Schönäugige.«

»Du weißt nicht, daß Aryâramnes mich haben will?«

»Das erstaunt mich nicht; du bist eine begehrenswerte Frau. Es verwundert mich indes: Er treibt es nur mit Schwarzhaarigen und Frauen aus Mudrayia.«

Sie schüttelte lachend den Kopf. »Nein, o Fürst. Nicht im Bett, als Vorsteherin seines Hauses in Pârsa will er mich haben. Ich soll mitkommen.«

Ihre Blicke trafen sich. Sykashtas Gesicht erstarrte. Er schob mit beiden Händen ihr feuchtes Haar zur Seite, hielt ihren Kopf fest und sagte eindringlich, mit heiserer Stimme:

»Geh mit ihm, Thyrsa! Du wirst in Pârsa eine geachtete Person sein. Wenn du Hilfe brauchst, hat es dein Bote nicht weit zu mir. Und in Pârsa bist du sicherer als hier.«

»Was willst du damit sagen?«

»Ich bete zu allen Göttern, deren Namen mir einfallen, daß ich unrecht hab.« Er füllte die Tonbecher mit ungemischtem Wein und hielt den Krug mit den Füßen fest. »Ich habe viel Gewisper gehört und viel gesehen. Ich kenne die Uneinigkeit der Hellenen, den Neid, die Machtgier, die selbstmörderische Freude am Ränkespiel und die Lust, den Nachbarn zu erschlagen. Ein Jahrzehnt lang noch wird es an dieser Küste, von Chalchedon bis Tarsos, ruhig sein; mit unserem Gold haben wir die Treue der Tyrannen erkauft. Denk an Samos! Wenn in zehn Jahren Miletos brennt, zieht der Rauch bis Sardeïs; in Pârsa entgehst du einem schrecklichen Schicksal.«

Sie umarmte ihn und preßte die feuchten Brüste an seinen Oberarm.

»Das sagst du im Ernst, nicht wahr?« flüsterte sie. Er nickte.

»Ja. Bleib im Schutz Aryâramnas, geh mit seinem Haushalt; ich rede mit ihm. Morgen oder in den nächsten Tagen. Vergiß meine Warnung nicht.« Er streichelte ihre Brüste; langsam löste sie die Arme von seinem Nacken. »Heute nacht droht dir die einzige Gefahr von mir.«

Sie zupfte an seinem Schurz, schüttelte kurz den Kopf und balancierte, nachdem sie den Schleier geteilt hatte, zum Bug. »Vor dieser karyandischen oder pârsischen Gefahr schwimm ich davon.«

Sie knotete das Hüfttuch auf, ließ es ins Boot fallen und sprang, mit den Beinen voraus, ins schwarze Wasser. Das Boot schaukelte kaum. Sykashta grinste, brachte Becher, Lämpchen und Krug in Sicherheit und tappte ihr nach. Ihr Kopf und die Schultern zerrissen die silbrige Bahn des Mondlichts vor den fernen Lichtern der Stadt. Er sprang ins kühle Wasser, schwamm langsam hinter Thyrsa her und hatte sie bald eingeholt. Das winzige Licht machte aus dem Mückenschleier ein gelbes Zelt vor dem Schilf. Sie schwammen in einem weiten Kreis zum Boot zurück, stellten das Licht in den Bug und streckten sich, naß und tropfend, auf dem Lager aus. Eine verwitterte Brise verwandelte das Wasser der Bucht in grobgekörntes, fahles Blau.

Als der dünne Finger der Morgenröte sich nach dem Tempelfries des Stadtberges ausstreckte, nahm Thyrsa Sykashtas Hände, legte sie auf ihre Brüste und senkte sich langsam auf seine Schenkel. Als er spürte, daß ihr heißer Schoß sein Glied aufnahm, öffnete sie die Augen und beugte sich zurück; hinter ihren zuckenden Schultern und dem Haar, das die Feuchtigkeit dunkelbraun gefärbt hatte, schienen Baumwipfel, Säulen und Dächer der Stadt aufzuflammen.

10. Pâthragada und Pârseï

Am Abend vor seiner Abreise saßen Thyrsa und Sykashta auf dem Dach der ältesten Schenke des Nordhafens, nippten am Sardeïschen Wein und aßen eine teure Mischung aus schwarzen Oliven, gekochten Wachteleiern, Meeräschenrogen, verschiedenen Gartengemüsen, gerösteten Brotwürfeln und Fischbällchen in einem gelben, schaumigen Brei; als die kleinen Schalen leer waren, stellte der Wirt ofenwarmes, weißes Brot und Käse auf den Tisch und sagte:

»Ich sehe, es war vortrefflich; dem Preis gemäß.«

»Bring uns das Gleiche nochmal, mein Teuerster«, sagte Sykashta. »Man gönnt sich ja sonst fast schon alles. Kennst du den Dreiruderer?«

Er deutete mit dem Messerchen auf eine besegelte Triere mit großen *Apotropeion*-Augen am Bug, die an den Hafenbegrenzungen vorbeigerudert wurde und augenscheinlich im inneren Hafen anlegen wollte. Der Wirt nickte beflissen.

»Das Schiff des Histiaios. Der Wein, Herr Fürst – schmeichelt er deiner Zunge?«

»Ein großer Wein, in der Tat.« Sykashta streichelte Thyrsas Hand. »Jeder Tropfen ein kleines Vermögen. Halt! Der Krug ist noch halbvoll, Wirt!«

»Halbleer ist er schon. Ich bring euch Wasser und den Stolz meiner Küche.«

Der Wirt schob die Hände unter die Schürze, hielt seinen Bauch fest und eilte zwischen den wenigen Tischen unter dem weißen Sonnensegel zur Küche. Der Dreiruderer kam näher, das Segel flatterte knallend und wurde an die Rah geknotet, Ruderer und Steuermann führten eine vollständige Wende aus, so daß sich die Triere mit dem Heck an den Kai schob. Ein Fischer nahm die Tauschlinge auf und ruderte zu einem Balkenbündel kurz vor dem Bug. Im erhöhten Heck, hinter dem Doppelruder, standen eine Frau und zwei Männer. Thyrsa beugte sich vor, um genauer sehen zu können, sie wandte den Kopf, setzte sich und sagte:

»Du kennst Histiaios, den Tyrannen der Stadt. Der andere ist Aristagoras, der neue Statthalter.«

»Dann kann die Frau nur Andrachle sein, von der gesagt wird, sie wäre unglaubwürdig schön.« Sykashta lehnte sich zurück und sah zu, wie das Schiff festgemacht wurde und sich vom Hafenpalast des Histiaios ein Zweiergespann näherte. Aristagoras, der Sohn Molpagoras, hatte ebenso wie der Tyrann dem pârsischen Heer und Dariuvahush im Skythenland geholfen. »Hast du sie schon aus der Nähe gesehen?«

Thyrsa nickte. Für den letzten Nachmittag mit Sykashta hatte sie sich von ihren Mit-Sklavinnen beim Baden, Schminken und Ankleiden helfen lassen. »Sie ist sehr schön. Groß, schlank, herausfordernd. Ich mag sie nicht: Ihre Schönheit ist kalt und herrisch.«

»Was Aristagoras zu würdigen weiß, offenbar«, sagte Sykashta und füllte aus dem Mischkrater behutsam die weißglasierten Becher. »Er wird sie zur Frau nehmen, hab ich gehört.«

Thyrsa schwieg und zuckte mit den Schultern. Sykashta wußte mehr: Jedermann dachte, daß Aristagoras zum neuen Tyrannen von Miletos gemacht werden würde. Dies war halbwegs richtig, denn Dariuvahush, um seinen Dank für das Ausharren an der Istros-Brücke und das Überreden der anderen Stadtfürsten zu zeigen, hatte Histiaios aufgefordert, als Berater nach Huza zu kommen; überdies hatte Histiaios Myrkinos als königliches Lehen erhalten, die befestigte Stadt am Unterlauf des Strymonflusses. Aristagoras würde ihn in Miletos lediglich vertreten. Der Wirt brachte, als sei es ein Tempelopfer, zwei gefüllte Schalen. Sykashta blickte kaum hin und dankte nickend; er betrachtete Thyrsa, nahm ihre Hand und sah zu, wie Aristagoras die schwarzhaarige junge Frau über die breite Planke hinunter und zum Wagen führte. Andrachles ganze Aufmerksamkeit schien dem jungen Mileter zu gehören: Sie rieb ihre Brust an seinem Arm, und ihre Hüfte streifte ihn bei jedem Schritt. Ihre dunklen Augen waren das Erbteil ihres Vaters, der auf dem Schiff geblieben war: blitzschnell, kühl, füchsisch. Aristagoras half ihr in den Wagenkorb, hielt sich mit der Linken fest und legte den Arm schützend um ihre Schulter. Sie drängte sich an ihn, als der Wagen anfuhr, wendete und über die Steine des Hafenplatzes polterte. Sykashta nickte langsam und murmelte:

»Denk daran, was ich vor ein paar Nächten im Schilf gesagt hab: Nach einigen Jahren segensreichen Königsfriedens werden Schiffe und Städte brennen. Viele Männer werden einander töten.« Er kniff ein Stück Fladenbrot zusammen und schaufelte etwas von der scharf gewürzten Mischung in den Mund. »Es ist zwischen Dariuvahushs Bruder Rtafarnâh, ihr nennt ihn Artaphernes, und Histiaios in Skythien oder auf der Rückfahrt etwas vorgefallen, was ich nicht weiß. Rtafarnâh haßt den Tyrannen.«

Thyrsa hob den Kopf; ihr kunstvoll aufgetürmtes Haar schaukelte. »Artaphernes-Rtafarnâh ist Kshatrapan von Sardeïs!«

»Einige Tagesritte von Miletos entfernt. Viel zu nahe.«

Sykashta sah dem Wagen nach, bis sich die Torflügel schlossen, blickte zum Schiffsheck, wo Histiaios mit dem Kapitän sprach, lächelte in sich hinein und leerte wortlos die Schale, mischte den Rest aus dem Weinkrug und füllte ein letztes Mal die Becher.

»Ich habe noch mit Aryâramna zu reden. Beim Packen hilfst du mir, Schönäugige?« sagte er leise und zeigte mit dem Tischmesser auf Aryâramnas Hügelpalast. Thyrsa nickte kurz und hob den Becher. Er holte tief Luft und legte die Hand auf ihre Schulter. Er streifte das schwere Ohrgehänge, unter seinen Fingerkuppen spürte er die Glieder der Goldkette. »Vor uns liegt eine Nacht voll trauriger Leidenschaft und der Abschied – und vor mir liegt die ganze Länge der Königsstraße.«

»Morgen früh«, sagte sie. Sykashta dachte einige Atemzüge lang nach und meinte dann:

»Aryâramna bedeutet es wenig. Dir hilft es wahrscheinlich: Ich werde ihn bitten, dich freizulassen; meine Bitte kann er nicht abschlagen. Bist du einverstanden?«

Wieder nickte Thyrsa. Sie blickte ihn unverwandt an. Ihre Augen begannen zu schwimmen, sie drückte seine Hand, bis es schmerzte. Sykashta legte eine Silbermünze zwischen die Weinflecken um den Mischkrater, stand auf und zog Thyrsa hoch; Hand in Hand, die Arme um die Hüfte des anderen gelegt, gingen sie hinunter zum Gespann. Sykashta packte sie um die Hüften, hob sie in den Wagenkorb und knotete die Zügel vom Handlauf.

In der Nacht kam ein Gewitter von Samos her über das Meer; Regen peitschte gegen die Läden, durch deren Spalten das kreidige Leuchten der Blitze das Bett und ihre Körper traf. Sie liebten sich flüsternd in der unausgesprochenen Gewißheit, daß es die letzte gemeinsame Nacht war, die ihnen die Götter gönnten; Donner übergrollte die Laute ihrer Leidenschaft. Im Morgengrauen holte Thyrsa heißen Sud aus der Küche und beaufsichtigte die Sklaven, die Sykashtas Pferd die Zügel anlegten und die Saumtiere beluden. Sykashta zog sie zu sich auf den Pferderücken, sie lehnte sich gegen seine Brust, bis er das Pferd am unteren Mauertor anhielt, zu Boden glitt und sie ein letztes Mal umarmte. Eine kurze Zeit warfen die feuchten Mauern der leeren Gasse den Hall der Hufschläge zurück; auf dem sandigen Weg verstummten sie nahezu.

Die Schreiber hatten die großen Tafeln auf Tischen gegen die Säulen einer Palastterrasse gelehnt. Schriften, Zahlen und die kleinen, kennzeichnenden Bilder der Städte lagen ungeschützt im Licht der Herbstsonne Pâthragadas; deutlich waren die Unterschiede zwischen alten und frischen Einträgen zu erkennen. Langsam ging Dariuvahush zwischen Aspat Shanâh und Gaubarva auf die hölzernen Platten zu und begann zu lesen und die neuen Einträge mit seinen Erinnerungen zu vergleichen: Vor ihm breiteten sich alle Teile des Reiches in Schriftblöcken und Ziffernreihen aus.
»Jedes Wort eine Anstrengung, jede Zahl eine Herausforderung«, sagte Dariuvahush lachend. »Wie übersichtlich das Reich ist, wenn man's geschrieben sieht!« Die Anordnung der Schriften entsprach ungefähr der Lage aller Kshatrapien. Hindusch, dessen Schriften tiefschwarz glänzten, befand sich am äußersten rechten Rand des Bildwerks, Putya ganz links, und das Euxeinische Meer in der Mitte oben. Dariuvahushs Finger verharrte auf Sardeïs.
»Nach Arvita, dem betrügerischen Schlächter, habe ich meinen Bruder zum Kshatrapan gemacht, auf euern Rat, o Vater Gaubarva. Ich hoffe, daß Rtafarnâh den Verlockungen dieses Amtes widersteht und die Kshatrapie zum Wohle aller verwaltet.«

»Artaphernes nennen ihn die Bewohner dieses kleinen, reichen Landes.« Aspat Shanâh bemühte sich, den Namen richtig auszusprechen. »Aber der Wein, den Arvita als Tribut geschickt hat, war stets von großer Güte und Haltbarkeit.«

Dariuvahush kicherte. »Ich glaube nicht, daß mein Bruder selbst keltert. Wir werden weiterhin trinken, ohne zu erblinden oder mit schmerzenden Köpfen aufzuwachen.«

Haruhawati war rechts, also östlich der großen Wüste aufgezeichnet. Dorthin war Hazarapati Fürst Bagabâdhush unterwegs, der zuverlässige, hochverdiente Heerführer im Land der Saka paradraya, mit seinem gesamten Haushalt und allen seinen Frauen, Dienern, Pferden und Sklaven. In Marakanda stand der Palast, in dem ein Siebener-Rat bis zu seiner Ankunft den ernannten Kshatrapan vertrat. Aspat Shanâh machte eine unschlüssige Geste und murmelte: »Vielleicht gilt es auch für Rtafarnâh und Bagabâdhush: Fern vom Mittelpunkt der Macht neigt ein Ungefestigter, Verführbarer leicht dazu, das Dâtam auf seine Weise auszulegen.«

»Durch Kauf und Zucht riesenhafter Jagdhunde aus Hindusch, zum Beispiel.« Dariuvahush spreizte zwei Finger und legte die Kuppen auf das Zeichen für Huza. »Ich hab die Bestien selbst gesehen und unter ihrem Gekläff gelitten. Achtundsechzig Hunde! Für sie bezahle ich Bagauka, den Hundewärter, und achtunddreißig Sklaven für vierzig Jagdherren! Noch mehr solcher Hunde in Babairu!« Er grinste und hob die Faust. »Dafür bekäme ich einen Elefanten!«

Freund Hutana und Hazarapati Bagabuchsa waren, so berichteten ihre Boten, auf dem Rückweg nach Hagmatâna. Dariuvahush erinnerte sich ungern an den Grund seiner Befehle nach dem mißlungenen Sakenkriegszug. Bagabuchsas Heer hatte in Skudra und Thrakien, gestützt auf die Burg Doriskos in Ufernähe, viel Land erobert und von vielen kleinen Fürsten »Erde und Wasser« für seinen König angenommen; Dariuvahush sagte zum Obersten Schreiber:

»Nicht nur Bagabuchsa soll ins Buch der Königswohltäter eingeschrieben werden. Laß die Schreibrollen holen!«

Asurrâta verneigte sich und lief in den Schreibsaal. Freund Hutana, dessen Krieger auf den Schiffen der Stadt- und Inseltyrannen fuhren, hatte für das Reich eine Handvoll der Inseln erobert – darunter Imbros und Lemnos, meist kampflos oder mit wenigen Verlusten –, die westlich der Küste von Miletos und nördlich von Samos verstreut in jenem Teil des Meeres lagen, das die Anwohner »Aigais« oder Ägäis nannten. Auch auf beiden Seiten des Bosporos und des Hellespontos war das Land nun an Dariuvahush gefallen; die Grenze zu den Saka hatte viel Hinterland, in dem sich ein Heer aufstellen und umherziehen konnte. Histiaios von Miletos, sein Vertreter Aristagoras, Syloson, dessen Sohn ebenfalls Schiffe zur Mündung des Istros geführt und an der Istros-Schiffbrücke mitgearbeitet hatte – drei Namen, drei offene Fragen.

»Wir werden kluge Späher zu Histiaios, Syloson und Aristagoras schicken, o Aspat. Schreib die Namen auf. Haben wir Botschaften von Fürst Sykashta?«

»Nein, o Herrscher. Ich warte ungeduldig. Ebenso wie auf den karischen Sindhu-Kapitän.«

»Über Skylax reden wir nachher.«

Miletos blieb das reiche Kleinod Yaunas. Die anderen Eroberungen würden sich im Lauf der kommenden Jahre gern dem Reich und dessen Verwaltung unterstellen, denn zusammen mit pârsischem Gold würden Dariuvahushs ehrliche Verwalter für Friede, offenen Handel und zunehmenden Reichtum sorgen.

»Aryâvanda, Kshatrapan in Mudrayia, scheint dir treu zu sein, o Dariuvahush.« Auch Gaubarvas Blicke glitten unentwegt über die Darstellung. »Nichts ist bekannt über Ausschweifungen, Untreue oder beginnenden Aufstand. Es ist aber auch nichts darüber bekannt, daß seine Verwaltung von sprichwörtlicher Güte und die Sammlung der mudrayischen Gesetze von großem Erfolg begleitet sind.«

»Ich habe niemanden, mit dem ich ihn ersetzen könnte.« Die Schreiber verstanden seinen Wink und stichelten in Tontäfelchen. »Kein Königswohltäter! Noch sehe ich davon ab, ihn zu bestrafen.«

Dariuvahush stemmte die Fäuste in die Hüften, drehte sich um und breitete dann die Arme langsam aus. Seine Stimme klang zufrieden, fast satt; mit den Fingern zeigte er die Zahl Dreiundzwanzig an. Er ging zur Brüstung der Terrasse und blickte hinunter in den

Palastgarten. Im Gras war sein Kriegszelt aufgebaut und ausgespannt worden. An vielen Stellen hatten die Handwerker die Nähte
aufgetrennt und jene Lederteile entfernt, in denen das Wasser des
Istros beim Austrocknen weiße Streifen hinterlassen hatte und die
goldenen und silbernen Verzierungen unansehnlich hatte werden
lassen. Glücklicherweise, dachte er, herrschte Friede; in den nächsten Monden schien er das Zelt nicht zu brauchen.

»Mein zehntes Jahr! Bald wird sich die Stadt füllen mit den Karawanen, die Tribut bringen. Wir werden ein herrliches Nourouzfest
feiern.« Er ließ die Arme sinken und lächelte zufrieden. »Friede im
ganzen weiten Reich! Kein Lügenkönig! In ein paar Jahren kommen wir zu Neujahr in Pârseï zusammen; dort ist Platz für dreiundzwanzig Tausendschaften Feiernder! In einem Jahrzehnt habe ich
geschafft, worüber wir damals gesprochen haben, o Gaubarva!« Er
klatschte in die Hände, streckte den Arm aus und wies mit allen
Fingern in die Wolken. »Bringt die Tafeln zurück in den Saal. Ich
glaube, diese Einsicht ist wert, den Rest des Tages zu trinken und
in feinem Nichtstun zu verbringen. Oder mit lustvollen Beschäfti-
gungen. Bei Ahura Mazdâhs dauerhaftem Segen!«

Gaubarva lächelte kaum wahrnehmbar. »Und im kühlen Schatten
seiner gnädigen Schwingen.«

Zwei Siebentage später, als Dariuvahush die Übersetzung von
Skylax' Periplous teilweise selbst gelesen hatte, zum geringeren
Teil sich hatte vorlesen lassen, näherte sich Aspat Shanâh und
sagte, als schmerze ihn ein Geschwür:

»O Herrscher. Eben ist der kühne Kapitän am Palasttor angekommen; du wirst die letzten Weisheiten seiner Schreiben von
ihm selbst erfahren können, berichtet mit seinen eigenen vorlauten Worten.«

»Auf ihn hab ich gewartet.« Dariuvahush sprang auf. »Trag ihn
in die Rollen der Königswohltäter ein. Und laß einen Tisch auf
der Terrasse mit Leckerbissen füllen. Und – bring von meinem
Arbeitstisch diese seltsame Gerätschaft, die man Lorme nennt.
Sie gehört ihm. Sind alle seine Männer bei ihm?«

»Nein. Nur Telamon, sein Steuermann.«

»Einen Tisch mit drei Sesseln und ein königliches Mahl für drei

Männer.« Aspat Shanâh verbeugte sich und schob die Hände in die Ärmel seines Hemdes.

Skylax und Telamon trugen knielange Stiefel vom Hindusch, aus weichem Leder, die karischen Chitone mit purpurnen Säumen und breite Gürtel mit leeren Dolchscheiden. Die Männer ließen sich in achtungsvollem Abstand aufs Knie nieder. Dariuvahush ging zu ihnen, zog sie an den Armen in die Höhe und deutete zur Terrasse.

»Ich habe euch erwartet, Kapitän, und ich weiß alles, was du in deiner ›Umschiffung‹ geschrieben hast. Satâspa hat mir nächtelang von der Fahrt berichtet. Laß uns beim Wein darüber reden.« Dariuvahush wußte, daß er sich wie einer seiner heranwachsenden Söhne benahm; es war ihm gleichgültig, er genoß es, mit diesen Männern zusammenzusein, deren Abenteuer größer gewesen war als alle seine Kriegszüge und Kämpfe zusammengenommen. Sie hatten etwas besiegt, das mächtiger war als er, mächtiger als seine Heere, mächtiger als alle Menschen: das Meer.

»Nach deinen Briefen, Kapitän, können andere den gleichen Weg segeln? Händler, weniger mutig als ihr, die Mannschaft und Satâspa?«

Beide Seefahrer nickten nachdrücklich. In den Gesichtern Telamons und des Kapitäns mit den strahlenden Augen hatten die Mühen, das Meer, die Stürme und die Sonne ihre Spuren eingegraben. Beide schienen adlergleich zu blicken, kühn, alles verstehend, vielleicht so wie jene Vögel, die entlang der kargen Küste jagten. Sie bewegten sich spielerisch mit unfaßbarer Sicherheit und schienen ihrer selbst ebenso sicher zu sein. Die Sklavinnen – sie betrachteten die Mädchen noch immer so prüfend, als müßten sie jeden Wassertropfen einer Welle abschätzen –, die bedienten, warfen unsichere Blicke nach den Seefahrern; Dariuvahush hob die silberne Trinkschale.

»Auf den Erfolg eurer schwierigen, langen Fahrt!«

Sie tranken ungemischten Wein; Dariuvahush spürte die kühle Güte des Weins von den Hügeln Sardeïs'. Telamon stieß Skylax an.

»Jeder gute Kapitän«, sagte Skylax in nachdenklichem Ton, »der an jenen Stellen an Land geht, an denen es Essen, Wasser und sichere Ankerplätze gibt, der den Stürmen ausweicht, braucht nicht länger als sechs Siebentage von Pushkalavati nach Banneshu.«

»Der Wind, Herr, ist wichtig. Nach der Regenzeit, vielleicht zwei Siebentage später, weht er vom Indos ins Meer von Arabaya. Während des Regens kommt er aus der entgegengesetzten Richtung. So ist es jedes Jahr, sagen die Leute dort. Dies aber muß man genau beobachten und ausrechnen.«

Telamon setzte die Schale ab, dann grinste er; eine Sklavin brachte die Lorme zum Tisch, verneigte sich und legte sie neben die Krüge und Körbe. Dariuvahush heftete seinen Blick auf das hölzerne Gerät.

»Ich werde Boten nach Hindusch schicken, wegen der Händlerschiffe. Sie sollen's versuchen, so gut sie's können, nach deinen Nachrichten, Kapitän.«

»Und bevor sie es wagen«, sagte Skylax, »sollen sie jeden, den sie an der Küste und an den Mündungen treffen, wegen der Winde befragen. Ich habe nicht einmal deren Namen erfahren können.«

Dariuvahush stützte beide Hände auf den Tisch, beugte sich vor und blickte zwischen Skylax und Telamon hin und her.

»Ihr seid in Babairu gewesen, zum Übersetzen und Abschreiben.« Er senkte die Stimme. »Eine herrliche Stadt, die älteste der Welt, sagt man, eine Stadt, in der sich Menschen aus dem ganzen Reich und aus ferneren Ländern treffen. Mein Dank an euch – wenn ihr nicht vorzieht, an anderer Stelle als am breiten Buranun zu leben: Ihr werdet in einem kleinen Palast wohnen, mit Dienern und allem, was ihr braucht. Jeden Handwerker, der für euch arbeitet, entlohne ich. Das gilt für alle Mitglieder der Mannschaft, wenn sie sich noch nicht zerstreut haben. Daß euer Leben durch einige Minen Dârayaken erleichtert wird, versteht sich. Bevor ihr vor Freude außer euch seid – ich habe einen anderen, minder gefahrvollen Auftrag für die Männer der *Unsterblichen Schneide*.«

»Herr!« sagte Skylax erschrocken. »Deine Großzügigkeit ist wahrhaft königlich. Was können wir tun, um gegenüber diesen Geschenken nicht starr vor freudigem Schreck dazustehen?«

»Diesen zweiten Auftrag annehmen und ebenso gut zu Ende bringen.«

»Um welche unbekannten Meere geht es?« sagte Telamon lächelnd. »Seit Skylax bei Hekataios in Miletos war, kennt er die Ausdehnung der festen Erde. Wo kein Land ist, ist Küste, ist Meer.«

»Das Meer, in das der Buranun mündet ... ist es dasselbe, das sich entlang des Hapistroms erstreckt; ihr nennt ihn Neilos?«

»Diese Frage haben wir uns alle gestellt, als wir den hohen Berg am Westufer des Arabayischen Meeres sahen.« Skylax zuckte mit den Schultern. Dariuvahush hob den Kopf und sagte, als ob er mehr wisse:

»Der Hapi fließt in jenes Meer, das wir kennen. Thalassa. Zwischen dem Meer Arabayas und dem östlichen Mündungsarm des Hapi ... des Neilos ist sandiges Land, vielleicht fünfzehn Parasangen. Würde man den Neilos mit dem Meer Arabayas verbinden können, käme man zu Schiff von Men-Nefer leicht nach Banneshu. Wollt ihr herausfinden, wie es wirklich ist?«

»Ja!« sagten beide gleichzeitig. Dariuvahush schloß die Augen und erinnerte sich an den Rückzug des Kambushya-Heeres durch Abr Nahr und all das, was er vom Osten Mudrayias selbst wußte, oder was ihm Udja-Horresnet und viele Priester berichtet hatten. Er hob die Schale mit beiden Händen.

»Auch darauf wollen wir trinken.«

Die Schalen klirrten auf den Tisch zurück. Skylax betrachtete die dunkelbraune, fast rote Lorme, deren goldfarbene Maserung im Sonnenlicht zu glimmen schien. Dariuvahush sagte:

»Wie lange werdet ihr brauchen? Ich weiß, es ist eine törichte Frage, aber ...«

»Von heute an vielleicht zwei Jahre.« Skylax zuckte einige Male mit den Schultern. »Es müssen zwei verschiedene Meere sein, Herr, denn das Land an der Buranun-Mündung, voller Schilf, ist ganz anders als die Felsen und Dünen, von denen die Rede ist, wenn man über Mudrayia berichtet.«

»Wenn es so ist«, murmelte Dariuvahush und spürte den schwachen Hauch zukünftiger Entdeckungen, »dann steigt vom Schiff, wandert nach Westen, und wenn ihr an den Rand des fruchtbaren Mündungs-Dreiecks kommt, seid ihr in Mudrayia. Ich werde Boten zu Udja-Horresnet schicken; vielleicht ist es möglich, daß man euch am Ufer schon erwartet. Dies laß meine Sorge sein.«

»Wann sollen wir aufbrechen, Herr?«

»In zwei Tagen reise ich nach Pârseï. Dort arbeiten unter der
Aufsicht deines Freundes Proktokrites, o Kapitän, viele andere
aus deinem Land. Du wirst mit ihnen reden und mit uns zusammen feiern wollen. Dann lasse ich euch mit einer Rast in Pâthragada und Huza nach Babairu begleiten, von Lanzenreitern oder
in schnellen Kampfwagen. Ihr seid mit Schnellruderern von Banneshu gekommen; schnelle Schiffe bringen euch wieder dorthin.
Wie ein Schiff, euer Schiff, auszurüsten ist, wißt ihr besser als jeder andere.«

»So soll es geschehen, Herr«, sagte Skylax. Dariuvahush hob die
Lorme hoch, drehte sie hin und her und reichte sie Skylax. Skylax betrachtete sie mit ebenso ratlosem Gesichtsausdruck.

»Eine junge Frau gab sie mir in Pushkalavati. Sie gehört dir, hat
sie gesagt. Ich habe sie mitgenommen, für dich – sag mir, wozu
man dieses seltsame Ding gebrauchen kann!«

»O sandelduftende Bhakti! Ich weiß es nicht genau«, sagte Skylax träumerisch und schulterzuckend. »Es hat etwas mit Entker-
nung zu tun, mit dem Heraustrennen oder Ausschaben von Sa-
menkörnern in einer Frucht oder ähnlichem. Wahrscheinlich ist
damit ein heiliger Akt verbunden, denn die Hinduschleute haben
sich gescheut, es mir zu erklären. Aus dem Holz des Lormenbau-
mes sind aber auch Gegenstände zu schnitzen, deren Nützlichkeit
nicht so schwer zu erkennen ist.«

Dariuvahush seufzte und hob schnalzend den Kopf. »Nimm sie.
Auch dieses Rätsel wird eines Tages keines mehr sein. Es gibt
Wichtigeres – o Aspat Shanâh!«

Mit leisen Schritten kam der Kämmerer aus dem Halbdunkel des
Saales.

»Was soll ich tun, o König?«

»Bring, wenn Schalen und Krug leer getrunken sind, die beiden
Seefahrer in die schönsten Zimmer des Gästehauses. In zwei Tagen fahren sie mit mir nach Pârseï, zu den Baumeistern. Daraufhin
begleiten sie ein Dutzend Lanzenreiter zuerst hierher, danach nach
Huza, danach ins herrliche Babairu, in das Gästehaus meines
Stadtpalastes. Fürs erste gib jedem fünfzig Golddârayaka in einem
feinen Münzengürtel – für alles andere trage ich selbst Sorge.«

»Es wird geschehen, o Herrscher.« Aspat Shanâh zog sich schweigend zurück; ihm war nicht anzusehen, ob er Dariuvahushs Entscheidung mißbilligte. Dariuvahush ließ nachschenken und begann nach dem ersten Schluck, Fragen zu stellen. Am frühen Abend führten lächelnde Dienerinnen Skylax und Telamon ins Gästehaus; als erster schlief Skylax, leicht trunken, im warmen Bad ein.

Vier Tage danach, in der Kälte des frühen Tages, glaubte Skylax zu verstehen, warum König Dariuvahush an dieser Stelle sein Lebenswerk errichten ließ. Er stand neben Proktokrites auf dem Dach des zukünftigen kleinen Palasts, der alle Modelle, Zeichnungen, Meßwerkzeug, einige Vorräte an Meißeln und die Wohnungen einiger Aufseher und Baumeister enthielt. Die titanischen Flächen der Westmauer lagen im Schatten, den Quadern der Vorsprünge und der Treppenrampen schien der Himmel mehr Licht zu schenken; ein unermeßlicher Herbsthimmel, der sich jenseits der begrenzenden Berge aufstützte und über die Ebene spannte. Sie lag in verschiedenen gebrochenen Goldfarben unter dem Blau; mudrayisches, pârsisches, sardeïsches und Hinduschgold. Skylax zog den Mantel enger um seine Schultern, den schweren Stoffmantel mit Goldstickerei und Fellbesatz, den Dareios ihm gestern völlig überraschend als Geschenk übersandt hatte, ebenso wie dem Steuermann; das Gewebe roch nach Duftstoffen aus Hindusch und Babairu.

»Wenn er großzügig denkt, sind seine Gedanken von Maßlosigkeit nicht weit entfernt«, murmelte Skylax. »Ihr alle hier, ihr schafft wahrhaft Göttliches.«

»Für sein Volk ist er wie Gott. Unantastbar, unverletzlich, unbegreifbar.« Proktokrites redete tiefernst. Seine Hände, die sich auf der Zinne der Brüstung abstützten, waren verbunden. »Wir, als Fremde, als sogenannte Königswohltäter, sind ihm näher gekommen als Zehntausende anderer.«

»Ich bin sogar einer seiner Königinnen nähergekommen«, murmelte Meleagros, der auf dem gemauerten Windfang saß und warmen Sud trank. Telamon und Skylax drehten sich erwartungsvoll zu ihm um.

»Wie das? Erzähl'!«

Während sich die Geräusche aller Arbeitenden zu einer Art Brei vermengten, der ständig in den Ohren klebte, während die Schatten der Mauer, zahlloser Gerüste, der sechseckigen Zinnen und einiger Lehmziegelmauern unmerklich wanderten, berichtete der Steinmetz von der gut unterarmgroßen »goldenen« Statue, dem Bildnis der Königin Rtastunâ, wie nur wenige wußten: Er hatte zunächst die groben Formen eines kopflosen weiblichen Körpers aus der Marmorsäule gemeißelt; mit einem fingergroßen Loch für einen angeblich goldenen Kopf. Dariuvahush hatte die Statue von allen Seiten grinsend betrachtet und eine Sklavin in Meleagros' Werkstatt befohlen. »Herr«, hatte sie gesagt, »mich schickt der Aufseher des Frauenpalasts, Bagapâta der Verschnittene. Du sollst die Statue nach meinem Vorbild feinmeißeln und glätten. Wohin soll ich mich stellen?«

»Ins Licht«, hatte er gesagt und sich sehr bemüht.

Proktokrites unterbrach ihn und deutete auf drei Gespanne, die quer durch Stapel, Reihen, Blöcke, Sandhaufen und Berge von Taurollen trabten. Dariuvahush stand lachend im zweiten Gespann; auf dem rechten Zugpferd sitzend, lenkte ein Gardist. Der König warf lachend silbern blitzende Münzen nach allen Seiten, die Arbeiter jubelten; Telamon brummte: »Wenn Aspat Shanâh das wüßte!«

»Weiter, Meleagros!« sagte Skylax. »Was geschah dann mit der schönen, steinernen Kopflosen?«

Dariuvahush hatte sich die Statue zeigen lassen, hatte gedankt und gelacht, keineswegs abschätzig, und Meleagros weggeschickt. Am nächsten Morgen betrat die Sklavin Tamshakama wieder seine Werkstatt: »Die Hüften schlanker, o Kunstvoller«, sagte sie, »die Brüste anders und kleiner als meine. Wohin soll ich mich stellen?« Sie hatte gekichert. »Wenn Bagapâta zufrieden ist, hat er gesagt, soll ich dich zufrieden machen.« Also hatte Meleagros die Hüften gestrafft und, vorsichtshalber, Dariuvahush zweimal die Veränderungen des Oberkörpers gezeigt. Schließlich, nachdem Tamshakama Bagapâtas Zufriedenheit ausgesprochen hatte, trug er die Kopflose in die Werkstatt der Vergolder, die eine dicke Schicht Blattgold auf den Marmor legten.

Er stand auf, blieb neben der Zinne stehen und sah eine Weile zu, wie Dareios die Arbeiter belohnte. Mürrisch sagte er:

»Nun; irgendwer hat einen goldenen Kopf gemacht. Vielleicht arbeitet er noch jetzt an der Ähnlichkeit, vor dem Guß des Kopfes. Tamshakama hat mich, solange wir in Huza am Palast herummeißelten, nächtens sehr zufrieden gemacht.«

Er seufzte wollüstig. »Da ist sie wohl jetzt noch immer. Ich bin hier und meißle an einem anderen Palast. Und ihr zwei Berühmtheiten? Was ist mit euch?«

»Ihr werdet, wenn überhaupt, nur durch Botschaften von uns hören«, sagte Skylax. »Wenn die Boten zuverlässig sind. Wir wohnen in Babairu, arbeiten am Schiff in Banneshu und suchen von dort aus den Weg ins Land am Neilos.«

»Wie lange?« brummte Proktokrites. Skylax hob die Schultern.

»Zwei Jahre, vielleicht. Das zehnte und elfte Jahr des Dareios.« Er berichtete, was sie inzwischen erfahren hatten; vom Neilos-Hapi-Delta, von den Boten an den mächtigen Udja-Horresnet und dessen pârsischen Unterverwalter Aspaka, vom unterschiedlichen, oft legendenhaften Wissen über Meere, Gebirge, Ufer und Seen bitteren Wassers, Weihrauchländer, Perlentaucher und befremdliche Wesen, die im Unbekannten hausten. Er legte die Arme um Proktokrites' und Meleagros' Schultern und zog sie zur Dachtreppe.

»Bevor wir anfangen, das Unbekannte zu erhellen, werden wir alle an einem feinen Fest teilnehmen. Hier, auf eurer Baustelle. Dareios hat's versprochen.«

Ein halbes Hundert Monde, nicht genau gezählte eintausendfünfhundert Tage lang, Siebentag um Siebentag, brauchte an keiner Stelle des Reiches ein Heer zusammengerufen zu werden. Dariuvahushs Befehle zergliederten sich und faserten sich auf in Millionen kleiner und großer Vorhaben und Arbeiten, die von Tausenden und Zehntausenden ausgeführt wurden: Straßen, Brücken, Herbergen, Qanate und Quellen, Staudämme, Kanäle und Wasserführungen, Märkte und feste Häuser, in denen die Ernte lagern konnte, ohne zu verderben. Die Herden wuchsen, die Tiere waren fett und blieben gesund; überall dort, wo Wasser zur Verfügung stand und die Blaukittel die Kanäle sauberhielten, wuchs zwanzigfache Getreideernte. Ahura Mazdâh breitete seine mächtigen Schwingen über das große Reich und gleichermaßen über dessen mächtigsten Mann aus. Dariuvahush gliederte die 175 Fratarakta, die Unterteilungen der Kshatrapien neu, ernannte und bestätigte die »Siebentel-Hüter« – oder setzte sie wegen Untüchtigkeit oder Bereicherung ab. Überall waren unerkannt und unangekündigt seine Königsboten unterwegs. Dreiundzwanzig Kshatrapane erhielten ihre Bestätigung durch königlich gesiegelte Schreiben und goldene Diademe; einige Landstriche wurden benachbarten Kshatrapien zugeschlagen. Dariuvahush ließ jeden einzelnen jener Männer zu sich kommen, die als rechte Hand des jeweiligen Kshatrapans der Einhaltung des Dâtam verpflichtet waren, nahm Eide ab und ließ sie an die Orte ihres Wirkens geleiten. Obwohl nur wenige Käufe und Verkäufe mit wirklichem Münzgeld gezahlt wurden, wußte jeder, den es anging, was er für den Gegenwert einer bestimmten Münze bekam oder fordern durfte – nahezu im gesamten Reich. Richter sprachen Recht in allen Fällen, die den Alltag der Menschen betrafen; dies galt selbst für Sklaven. Der Hirte brauchte seine Herden nicht mit Bogen und vollem Köcher zu schützen, wenn es nicht um die Wolfsjagd ging, der Bauer nahm keinen Speer und kein Schwert mit, wenn er ackerte, säte oder erntete.

Sicherlich gab es Bergrutsche, Überschwemmungen, Dürre, Krankheiten und Tod, Heuschreckenüberfälle und Viehseuchen, aber stets nur in Teilen einzelner Kshatrapien, niemals zugleich in großen Teilen oder im gesamten Reich. Auf sicheren Straßen wanderten die Karawanen der Händler von den Grenzen zur Mitte des Reiches, und aus den Mittelpunkten der Lande, den großen Städten der volkreichen Kshatrapien hinaus bis über die fernen Grenzen am anderen Rand der Welt. Dariuvahushs Hofstaat reiste von Hagmatâna nach Huza, von Pâthragada nach Baibaru, von dort nach Hagmatâna; den Jahreszeiten folgend, und fast in jedem Jahr in die Sommerpaläste fernab der Städte, die ebenfalls größer und schöner ausgebaut wurden. Die Reisen dauerten nicht mehr so qualvoll lange, waren auf breiten Straßen mit Brunnen oder Quellen in geringen Abständen weniger beschwerlich, denn in den Palästen fand Dariuvahush alles vor – Bequemlichkeit,

Wein, Schreiber, Boten, Wagen und Reittiere, Sklaven und Diener –, was er hinter sich zurückgelassen hatte; fast immer ritten und fuhren Palastangehörige nur noch mit leichtem Gepäck von einer Residenz zur anderen.

Kurz vor dem Ende seines zwölften Jahres erreichte Dariuvahush eine Nachricht, die ein Bote Udja-Horresnets überbrachte. *O Herrscher, schrieb Kapitän Skylax, es sind zwei Meere! Ich habe nach zwanzig Monden das nördliche Ende des aigyptischen Meeres erreicht und fuhr mit den Gespannen deines Kshatrapans ins fruchtbare Delta. Zehn Parasangen trennen den östlichsten Mündungsarm von einem See mit bitterem Wasser. Da ist ein versandeter Kanal, den Pharao Necho zu bauen begonnen hat. Ich warte in Men-Nefer auf deine Befehle – was sollen wir tun?*

Dariuvahush beantwortete die Nachricht noch am selben Tag und ließ schreiben*: O Kapitän Skylax! Ich werde mit meinen Baumeistern alles bereden und dann befehlen, was zu tun ist. Miß den alten Kanal aus, so gut du es kannst, dann kehre zurück nach Babairu, ruh dich aus und warte ab, was ich beschließe; bald werde ich es genau wissen.*

Der Bau der Paläste in den drei Städten und des Palastsockels in Pârseï ging weiter; noch immer flößten karische Arbeiter Zedernstämme den Buranun abwärts, karrten sie mit Ochsengespannen über die »Tore der Pârsa« nach Huza und weiter zur größten, aufwendigsten Baustelle des Reiches. Die letzte Botschaft von Kapitän Skylax und seiner Mannschaft kam aus Banneshu und beschrieb, daß die *Unsterbliche Schneide* plötzlich ausgelaufen war; dann blieben Mannschaft und Schiff zwei Jahre lang verschollen.

Im Palast zu Huza, bevor der Hofstaat ins sommerkühle Pârsa umzog, hatte an diesem Abend Dariuvahush seinen wichtigsten – oder ungewöhnlichsten – Gästen eine Abendmahlzeit an seinem Tisch gewährt. Ein weißer Vorhang mit einer zwei Ellen hohen roten Borte trennte das Podest vom übrigen Saal; entlang der Simse und auf vielarmigen Leuchtern brannten Dutzende großer Öllämpchen und zeigten die Oberkörper der Tafelnden und alles, was auf den weißen Tüchern des Tisches stand. Llach Esis, rechts von Malmarduk, führte dessen Finger und half ihm. Ihr gegenüber saß Demokedes. Sieben Ellen Abstand lagen zwischen ihnen und Dariuvahush und der Königin am Kopf der Tafel; lautlos trugen Dienerinnen die Speisen zum Tisch, die im zugigen Hintergrund der Saalecke über Holzkohlenglut heißgehalten wurden. Proktokrites stützte sich auf die Armlehne des Scherensessels, betrachtete schweigend die schöne junge Frau an der Seite des Mondblinden, sah die Königin an und dachte an Meleagros' goldenes oder vergoldetes Standbild. Zum erstenmal durfte er, was kaum einem Pârsa aus der Nähe des Königs erlaubt war, Rtastunâs Gesicht sehen, keine zehn Ellen nah, und auch die sehr junge Frau an Gaubarvas Seite, die bisher geschwiegen hatte, sah er zum erstenmal. Llach Esis, ebenso weiß gekleidet wie die Schicksalsgöttin des achaiischen Olympos', schien die Bedeutung ihres Namens nicht zu kennen; in Dariuvahushs Gegenwart waren sie alle, bis auf die Königin, ein wenig befangen, trotz des Weins und des mudrayischen Bieres. Gaubarva schien neben seiner jungen Geliebten viel jünger als die Sechsundsechzig Sommer zu sein, die er zählte.

Plötzlich wurden Proktokrites' wohlig dahintreibende Gedanken unterbrochen. Dariuvahush faßte den schweren Pokal, hob den Blick über goldenes und silbernes Geschirr und schlankhalsige Krüge, sah zwischen dünnen Rußfäden der Lampenflammen hindurch und sagte:

»Seit ich mir in Pâthragada die Krone aufgesetzt habe, sind viele Jahre vergangen. Manchmal denke ich, daß es nur eine Handvoll Monde gewesen wären, aber es war eine Ewigkeit. Selbst wenn ich's nicht anders verstünde – ich sehe es an meinen Söhnen. Sie werden größer und, so Ahura Mazdâh will, stärker und klüger.«

Proktokrites blickte, wie alle anderen, ins Gesicht des Königs. Bart und Haupthaar, mittellang geschnitten, waren schwarz gefärbt und sorgfältig gekämmt und gewellt. Tiefe Falten in den Augenwinkeln, zwischen den gezupften Brauen und von den Nasenflügeln abwärts zeigten, daß der König älter war, als man gemeinhin glaubte: fünfundvierzig Herbste zählte er. Aber seine Stimme klang viel jünger.

»Gaubarva und Aspat Shanâh, der in seinem Fürstentum nach dem Rechten sieht, haben die Jahre an meiner Seite ertragen, so wie Farnaka, Tachmaspâda, Rashurda, Satâspa und all die anderen.« Er lächelte und schob die andere Hand unter den Fuß des Pokals. »Und die königlichen Mütter meiner Söhne. Und meiner Töchter. Malmarduk und du, Proktokrites, ihr vertretet jene, die meine Befehle oder anders – meine drängenden Bitten ausführen, obwohl ich sie nicht zwingen kann. Abgesehen von zahlreichen Söldnern sind es drei oder vier Dutzend, deren Namen ich kenne; dazu zählt auch der verschollene Kapitän Skylax. Trinken wir auf die nächste kleine Ewigkeit des Friedens, auf uns, auf alles Große, Herrliche, Dauerhafte, das wir schaffen.«

Er hob das schwere Gefäß, die anderen griffen schweigend nach Bechern oder Trinkschalen und tranken. Für einen Augenblick herrschte Stille; das Klirren, mit dem etwas zwischen das Geschirr fiel, das Plätschern von Vergossenem ließ alle zusammenzucken.

Malmarduk stand langsam auf, Llach Esis sah zu ihm auf. Ihr Gesicht schien vereist. Die goldene Trinkschale schwankte auf dem Rand, fiel um und warf zwei Becher zur Seite. Vom Hals bis zu den Knien war Malmarduks schwarzer Chiton vom Wein getränkt, sein Mund stand weit offen; er schien in die Schwärze zwischen den Dachbohlen zu starren. Llach Esis stand auf und legte den Arm um seine Hüften. Der Mondblinde hielt sich zitternd an ihrer Schulter fest. Proktokrites sprang auf, eilte um den Tisch herum und hielt Malmarduks linken Arm. Er begann zu röcheln, ein Krampf schüttelte seinen Körper, plötzlich flüsterte er. »Herr!« Seine Stimme gurgelte. »Ich fühle Unheil.«

Sein Körper erschlaffte, er rutschte aus dem Griff Proktokrites' und Llach Esis' und fiel neben dem Tischende zu Boden. Sein bleiches Gesicht war nach oben gerichtet, seine Augen richteten sich blicklos ins Nirgendwo.

»Unheil! Das Grauen! Hat zwei Gesichter wie Gott Janus, der Zwillingskopf. Aus dem Meer steigen Inseln, von der Insel kommt Unheil. Gift, List und Trug. Kampf und Blut und Tod. Und der Schlangenstier regt sich ... JETZT! Die Schluchten der Kshatrapien in der Tiefe stürzen ein, Herrscher!«

»Nein! Nicht schon wieder!« Dariuvahush stützte sich auf den

Tisch und starrte Gaubarva an, kam dann mit kleinen Schritten näher. Die Weite des Saales schluckte Malmarduks Worte.

»Zwischen den Bergen, Herr, schüttelt der Schlangenstier den langen Schlaf aus seinem Leib. Die Stierschlange entrollt den Schwanz. Berge und Hügel zittern, die Erde wird wie Wasser, und jeder Damm birst.«

Proktokrites sprang zur Seite. Er erwartete, daß der Boden zu schwanken und die Mauern zu bersten begannen, daß die Säulen und das Dach brächen und die Trümmer alle erschlügen. Der Palast bewegte sich nicht. Auf Malmarduks Lippen erschien mehr Schaum. Llach Esis kniete mit einem Becher neben ihm und schien sich davor zu fürchten, ihn anzufassen. Als er weiter lallte und stockend sprach, wurden seine Worte zunehmend undeutlicher.

»Nur kurz, aber furchtbar ist das Zittern. Zwölf dutzendmal in einem Siebentag ... braucht der Schlangenstier ... endlich wieder die Furcht aus den Herzen ... verwüstet, zerstört, niedergeworfen, und so viele, o so vieles brennt ... die Winterfeuer ...«

Er zuckte, krümmte sich zusammen und umfaßte die Knie. Er beugte die Schultern und zog den Kopf zwischen die Knie und die Brust; langsam fiel er zur Seite und lag reglos da. Dariuvahush sagte leise, mit einer Stimme die aus einem anderen Raum zu kommen schien:

»Ich habe seine Gesichte fürchten gelernt. Schickt sofort Boten nach Pârsa, Gaubarva – hier in Huza sind die Berge weit.« Er fuhr herum und schrie: »Rennt alle hinaus! Ins Freie! Hinaus aus dem Palast, alle!«

Gaubarva machte eine kurze Gebärde, nickte Proktokrites zu und bückte sich. Sie hoben den zusammengekrümmten Körper auf und rannten mit ihm hinter den anderen her. In allen anderen Teilen des Palasts und in der Stadt herrschte nächtliche Ruhe. Dariuvahush riß eine Fackel aus der Wandhalterung, ohne die Hand Rtastunâs loszulassen, und stürmte den Korridor entlang, aus dem Tor hinaus auf die Terrasse. Er blieb stehen, die Fackel hoch über dem Kopf. Langsam drehte er sich um.

»Hier bebt die Erde nicht«, sagte er dumpf. Proktokrites und Gaubarva legten den Mondblinden auf die Bodenplatten. Aus dem Dunkel eilte eine Gestalt mit wehendem weißen Mantel näher; im Fackelschein erkannten sie den Arzt Demokedes. Er beugte sich über den Liegenden.

»Er sprach von Pârsa, Herr«, sagte Llach Esis. »Hagmatâna und Pâthragada und die anderen Siedlungen.«

Von allen Seiten kamen Palastwachen. Sie wußten nicht, ob und welche Gefahren drohten, und liefen nur zögernd näher. Gaubarva hob den Arm und sagte:

»Zwei Dutzend berittene Boten, mit genügend Fackeln. Sie sollen, ohne zu schlafen, nach Pâthragada; dort hat die Erde gebebt. Sie müssen in einer halben Stunde losgeritten sein.«

»Sofort, Herr!«

Die Wachen rannten zur Treppe. Dariuvahush ließ die Fackel sinken, lauschte in die Nacht und hob den Kopf. Die Sterne blieben starr, die Hörner der Mondsichel zitterten nicht. Llach Esis kauerte neben Malmarduk und stützte seinen Kopf. Gaubarva trat zu Dariuvahush und sagte:

»Wir können nichts anderes tun, als auf die Rückkehr der Boten warten. Wenn es sein muß, wenn du es willst, fahren wir mit schnellen Gespannen nach Pâthragada, wenn es hell geworden ist; morgen.«

»Ja«, sagte Dariuvahush. »Wenn es sein muß.«

Er blieb vor Malmarduk stehen, sah in die Gesichter der wenigen Umstehenden und schüttelte langsam den Kopf. Malmarduk kam zu sich und stieß einen röchelnden Seufzer aus. Nach einigen tiefen Atemzügen sagte Dariuvahush:

»Der Schlangenstier hat unsere Feier unterbrochen. Wenn ich weiß, was in Pârsa geschehen ist, werden wir wieder trinken.«

Er wandte sich um, ging langsam zur Brüstung und blickte reglos auf die wenigen Lichter in den Eingängen der Häuser und auf die Flammenreihen der Prunkstraße und in den Gassen der Stadt.

DRITTES BUCH

König der Könige

Die Jahre Zwanzig bis Sechsunddreißig
(502-486 v.Chr.)

ES VERKÜNDET DARIUVAHUSH DER KÖNIG: DIE VORHER
KÖNIGE WAREN, HABEN NICHT DAS ALLES GETAN, SO LANGE
SIE KÖNIGE WAREN, WAS ICH NACH DEM WILLEN AHURA
MAZDÂHS GETAN HABE — SCHENKE DEM, WAS VON MIR
VOLLENDET WURDE, GLAUBEN. WENN DU DIESE AUSSAGE
VOR DEM VOLK VERBIRGST UND SIE DEM VOLK NICHT
MITTEILST, SOLL AHURA MAZDÂH DICH VERDERBEN — UND
DU SOLLST KEINE NACHKOMMEN HABEN.

(Aus der Inschrift des Felsbildes von Bagastâna/Behistun)

1. Im Mond der Wolfsjagd

Das Jahr, in dem alle Staubecken bis zur höchsten Marke gefüllt waren, ging ins letzte Viertel; ein viel zu früher Oststurm heulte und peitschte körnigen Schnee über die Ebene. Am 14. Tag des Mondes Varkazana, dem der Wolfsjagd, ließen Gaubarva, Aspat Shanâh und Farnaka auf der Straße von Pâthragada nach Shvadaitshaya und zum Unteren Palast Pârseïs die Gespanne langsamer galoppieren und schließlich nahe dem Fluß Chvâspa anhalten. Vor zwei Jahrzehnten, auf eine Handvoll Tage genau, war der Lügenkönig Aracha in Babairu gepfählt worden. Auf der Hälfte der Strecke, im hoch ummauerten, baumbestandenen Hof des Rasthauses, führten die Lenker die dampfenden Zugpferde zum Brunnen, rieben sie trocken und warfen Decken über ihre Rücken. Gaubarva deutete auf einen doppelt handbreiten Riß in der Hauswand, der neben dem Eingang vom Dach bis tief in den Boden klaffte und dessen Ränder bröckelten. Vergilbte, schneebestäubte Gräser wucherten daraus hervor.
»Der Herr des Hauses lebt, das Dach ist noch darauf; hoffentlich sieht es der König nicht.«
»Ich werd dem Wirt ernsthafte Vorhaltungen machen«, sagte Aspat Shanâh. »Eine Schande! Fast fünf Jahre nach den Beben!«
Sie schüttelten die Köpfe und gingen, in die Erinnerung an all die Erschlagenen, Erstickten und Verletzten versunken, zum Eingang. Die Beben des fünfzehnten Herrschaftsjahres hatten einen großen Teil des Kernlandes Pârsa in der zweiten Hälfte einer Nacht hundert Atemzüge lang schwer erschüttert; manche Bewohner hatten danach innerhalb eines Siebentages noch hundertfünfzig kleinere Erschütterungen gezählt. Außerhalb der Stadtmauern waren seit Jahren alle Schäden längst beseitigt, selbst die tiefen Spalten in den Straßen. Mitunter weckten solche Risse, eingestürzte Mauern und die Wurzelstöcke umgerissener Bäume die Erinnerung an die Nacht des Schlangenstiers.
Der Wirt schob die Vorhanghälften zur Seite und verneigte sich

tief. Er kannte ihre Namen nicht, aber mit drei langen Blicken hatte er sie richtig eingeschätzt. »Willkommen, ihr edlen Herren. Ihr habt den Riß gesehen? Der König hat alle Arbeiter abgezogen – ich finde niemanden, der den Lehmziegelbrei stampft.«

»Stampf dir selbst den Brei, Vater der Herberge«, sagte Farnaka. »Und verbirg besser den Spalt vor den Augen des Königs. Du hast Glück, daß er die Straße meist in donnerndem Galopp entlangfährt.«

»Nicht so geruhsam trabend wie wir alten Männer.« Gaubarva schmunzelte. »Gibt's heißen Würzwein bei dir?«

»Den besten zwischen Pârseï und Pâthragada, ihr Edlen.«

»Drei Krüge!« Gaubarva hob die Hand, die Ringe und Armreife glänzten; er sprach mit Bestimmtheit. Die Herberge war leer, warm, aufgeräumt und sauber. In der Mitte des großen Saales lag in der Feuerstätte ein Haufen schwärzlich roter Glut. »Und bring den Lenkern einen Krug und ein paar Becher.«

»Und den Pferden trockenes Heu. Ich eile, meine Mägde rennen. Einen Atemzug Geduld.«

Sie setzten sich neben die Glut und schoben die Halbstiefel auf den gemauerten Rand der Feuerstelle. Der Wirt stellte drei kopfgroße Krüge und schwere Tonbecher auf den Tisch, dann einen Korb Brot, das mit Salz, Kümmel und Sesam bestreut und im Öl erhitzt worden war. Gaubarva zeigte auf den grob ausgebesserten Riß der Innenwand, zog die Schultern hoch und sagte leise:

»Das Reich hat Schlimmes überstanden, Freunde; aus vielen Trümmern ist Schöneres entstanden. Weil der König jedem Verwalter die Aufgaben vorgeschrieben hat, von den Siebentel-Hütern aufwärts, kamen die Helfer schnell zu den richtigen Stellen. Auch die Unsterblichen und aus dem Kriegsdienst Entlassenen haben damals geholfen, als gelte es, einen Krieg zu gewinnen. Aber wir haben erfahren, wie leicht verletzlich unser königlicher Freund ist.«

»Sei ehrlich – wir wußten es auch schon vorher«, brummte Farnaka. Im Rauchabzug jaulten die Windwirbel. »Verrat an seiner Freundschaft, seine mangelnde Ruchlosigkeit, die Furcht vor dem Schlangenstier und die Angst, weniger zu schaffen, als er erträumt. Wem sag ich's; ihr wißt selbst, daß er durchs Land gerast ist wie ein Schemen.«

»Und wieviel vom guten Gold er unters Volk geworfen hat.« Aspat Shanâh seufzte. »Aber trotz der Verheerungen hat ihn niemand verflucht. Kein Fürst, nicht einer, ist vom Reich abgefallen.«

»Nicht allein deshalb, Freunde«, sagte Farnaka entschieden, »weil wir so vernünftige Verwalter sind. Es ist die Freiheit der Unfreien, die Selbständigkeit der Bandake, die mindestens ein Dutzend Kshatrapien auszeichnet.«

Kopfschüttelnd stimmten sie zu. Seit Großkönig Kurusch galten die gleichen unausgesprochenen, ungeschriebenen Regeln: In all den wirren, kampferfüllten Jahren hatte Dariuvahush nicht einmal daran gedacht, sie auch nur anzutasten. Er besaß – oder gewann – das Vertrauen seiner Untertanen dadurch, daß er sie fast ausnahmslos nach ihren eigenen überkommenen Vorstellungen von der Welt, den Göttern und deren Anbetung oder Verehrung leben ließ und diese Eigenarten förderte; auch darin war jene Art Friede für ihn eine Verpflichtung, über dessen Tiefe oder Unterbrechung allein er bestimmte. Nichts anderes dachten und empfanden die Männer neben und hinter dem Thron, die jetzt heißen Würzwein schlürften.

»Bald wird es Ärger geben«, sagte Gaubarva nach einer Weile.

»Die Naxier, Milesier, die Inseln und die Städte am Saum von Yauna!« Farnaka stellte krachend den Becher auf die Tischplatte. »Diese starrsinnigen, zänkischen Barbaren!«

»Wir werden die Kerle von den Inseln ins Meer werfen und die anderen empfindlich versengen«, knurrte Aspat Shanâh. »Das Gold und die endlos vielen Münzen – sie wären einem würdigeren Zweck dienlicher.«

»Du sagst es, Freund.« Gaubarva zupfte seinen Bart. »Wie kann ein Volk aus hundert Stämmen, aus dem so viele gute Ärzte, Baumeister und Kapitäne wachsen, so uneinig sein! Wie Schakale, Geier, Hyänen und Rabenvögel an einer Beute, die noch lebt.«

»Weil ... es sind Barbaren, die uns Barbaren nennen!« brummte Gaubarva. Die Wagenlenker kamen herein und setzten sich auf die andere Seite der Feuerstelle. »Von ihren kleinlichen Streitigkeiten sagen sie, es wäre ein Aufstand gegen die rücksichtslose Herrschaft des Großkönigs. Aber wir helfen mit, ihnen die Bedeutungslosigkeit ihrer geschwollenen Muskeln vor Augen zu führen.«

Sie wußten seit Jahren von der halb schlummernden Gefahr am jenseitigen Ende der Königsstraße; Dariuvahush kannte sie ebenfalls. Fürst Sykashtas Warnungen hatten weder die Drei noch der König vergessen. Das Unheil schlich nach einem Gerichtsurteil der Barbaren von der Insel Naxos her. Dieses Geschwür tief unter der Haut des Reiches hatte zwar schon Miletos erreicht, aber noch war die Fistel nicht aufgebrochen.

»Diese Wirrnis, das *Chaos,* sagen sie, ist schöpferisch. Es erzeugt Druck, Gegendruck, Reibung und Flammen.«

»Die wir mit Söldner-Hopliten und Schiffen mit Kriegern aus ihren eigenen Reihen löschen werden.« Aspat Shanâhs Lachen klang bitter; zweifellos dachte er häufiger als sonst an die Kosten eines Kriegszugs und daran, daß unzählige Männer von den Feldern, Herden und Werkstätten fernblieben. Er wartete, bis das Heulen des Windes um die Mauern aufhörte. »Es ist etwas daran, wie kluge Männer sagen: Die besten der Barbaren sind in unser Reich eingewandert!«

Farnaka roch am Würzwein und wärmte seine Finger am Becher. Er war überzeugt, daß binnen kurzer Zeit aus einem Flämmchen ein verheerender Brand werden konnte; seit den ersten, unbesonnen geschlagenen Funken waren schon zu viele Monde vergangen. Nicht ganz fünfundzwanzig Parasangen trennten die Insel Naxos von Miletos. Verurteilte und vertriebene Edle aus Naxos hatten beim Stadtherrn Aristagoras um pârsischmilesische Hilfe gebettelt, wie es schon zuvor die Athener bei Rtafarnâh in Sardeïs getan hatten. Rtafarnâh, Dariuvahushs Bruder, und Aristagoras halfen mit Söldnern und fast zweihundert Schiffen – des Aristagoras ehrgeizige Frau Andrachle, sagte man, habe ihn aufgestachelt, zu siegen und sich zum neuen Tyrannen auch über Naxos aufzuschwingen. Seine Seefahrt nach Naxos und eine vier Monde lange Belagerung endeten unter hohen Kosten mit großen Verlusten: Der pârsische Hazarapati der Flotte und der Kshatrapan Aryâramna tadelten Aristagoras dafür, die Hilfesuchenden beschimpften ihn wegen seiner Untüchtigkeit. Daraufhin fing Aristagoras an, den Unfrieden zwischen zwei Gruppen in Miletos zu schüren und auszunutzen, bemächtigte sich der Mehrheit der Unzufriedenen in Miletos und wagte – offensichtlich unterstützt von Histiaios, der von Huza aus angeblich geheime Botschaften schickte – den Aufstand. Ein einziger Mann sprach sich auf dem Versammlungsplatz gegen diesen aberwitzigen Plan aus: Hekataios, der Gelehrte.

»Wenigstens ein Milesier, der Vernunft und Augenmaß bewiesen hat«, brummte Farnaka. Aspat Shanâh runzelte die Stirn und meinte:

»Was murmelst du da, Farnaka?«

»Dieser Freund von Kapitän Skylax, Hekataios«, sagte er leise, »der gefällt mir. Er soll in Miletos eine flammende Rede gegen Aristagoras gehalten haben.«

»Er hat überzeugend geredet.« Gaubarva tunkte den Zeigefinger in den Wein und malte Kringel auf die Tischplatte. »Fürst Sykashta hat es mir überbracht; woher er es hat, sagt er nicht. Hekataios hat zuerst alle Völker aufgezählt, über die Dariuvahush herrscht; eine lange Reihe Namen. Er zeigte den Milesiern eine bronzene Karte der Welt, so groß wie ein attischer Schild; auf ihr sahen sie, wie riesig unser Reich ist. Dann hat er ihnen berichtet, wie groß ein Heer sein kann, das der König zusammenruft. Siebzigtausend Krieger, wie auf dem Sakenzug, gegen ein paar Tausend Milesier? Dreimal, fünfmal soviel! Die Pârsa und karische Hopliten würden Miletos binnen weniger Tage dem Erdboden gleichgemacht und die Leichen der Verteidiger ins Meer geworfen haben. Wenn Aristagoras schon seine Herrschaftsgelüste nicht bezähmen könne, rief Hekataios, dann sollte er die kostbaren Weihegeschenke des Tempels und alle anderen Schätze von Miletos nehmen und sich mit seinen Schiffen zum Herrn des Meeres machen. Er, Hekataios, würde seine Schriftrollen in Krüge stecken und in feuchtem Erdreich vergraben; so überstünden sie den Brand, mit dem die Pârsa Miletos auslöschen würden. Er selbst würde nach Sardeïs flüchten, denn er liebe das eigene Leben und das seiner Gattin und der Sklavinnen, denen er mühsam das Schreiben beigebracht habe.« Gaubarva zuckte mit den Schultern. »Da dieser Vorschlag vernünftig war, wurde er verworfen. Man beschloß also den Aufstand. Aber so schnell ging es nicht – zuerst fuhr ein gewisser Iatragoras den zurückkehrenden Schiffen entgegen und nahm viele Heerführer gefangen. Aristagoras sagte sich von Dariuvahush los und führte gleichzeitig in Miletos eine seltsame Herrschaftsform ein; sie bringt mich zu lautem Gelächter: *Demokratia*.«

»Was soll das heißen?« Aspat Shanâh hob die Brauen und sah zu, wie eine Magd Holzkloben in die Glut schob. »Einer gegen alle? Sieben gegen den Rest der Welt?«

»Noch aberwitziger«, sagte Farnaka und spielte mit dem leeren Becher. »Demos, also das Volk, herrscht. Jeder eine Stimme. Die Mehrheit, gekauft oder durch Versprechungen eingelullt, entscheidet.«

»Und so soll eine Stadt, ein Land regiert werden können?« Gaubarva hob die Arme. »Undenkbar. Nun – Aristagoras scheint davon überzeugt zu sein. In einigen anderen yaunischen Städten – ich weiß die Namen: Kyme, die Inseln Lesbos, Chios und selbst Samos, die Städtchen Mylasa und Termera – setzte er diese Volksherrschaft durch; sie wählten Heerführer gegen den Angriff der Pârsa, den sie erwarteten. Aristagoras fuhr zu Schiff nach Lakedaimon, nach Sparta, wo man ihn auslachte und fortzugehen drängte. Von dort aus fuhr er nach Athen. Die Stadtherren beschlossen, zwanzig Schiffe nach Miletos zur Hilfe gegen uns zu schicken; Eretria versprach fünf Trieren.«

Farnaka klopfte mit dem leeren Krug auf den Tisch. Eine Zeitlang hörten die Männer nur das Gurgeln des Windes, der Ascheflocken und Funken aus der Glut spiralig in die Höhe sog. Der Wirt schlurfte herbei, mit gefüllten Krügen.

»Wenn wir unserem königlichen Freund zum Krieg raten, sollten wir nicht betrunken sein«, sagte Gaubarva. »In Pârseï ist er immer wohlgelaunt. Das wird auf jeden Fall ein rasches Ende finden.«

»So ist es. Spätestens heut nacht.« Aspat Shanâh hob schnalzend den Kopf und winkte den Gespannführern. »Wir raten aber nicht zum Krieg, sondern zur Vorbereitung auf ein paar Schlachten. Ich glaube, der Wind hat nachgelassen.«

»Nicht, bevor alles ausgetrunken ist«, sagte Gaubarva. »Keine sinnlose Hast, Freunde. Die Yaunier haben es auch nicht eilig.«

Jener Milesier Aristagoras, der sich zum Anführer der aufstän-

dischen Yaunier gemacht hatte, ging bei Ephesos mit seiner
Streitmacht an Land, führte sein Heer über Ziegenpfade und
schmale Wege durch die Berge und erschien wenig später vor
Sardeïs. Rtafarnâh, längst gewarnt, schickte seine Boten nach
Verstärkung und zog sich mit vielen Bewohnern der Stadt und
deren wertvollstem Besitz in den Burgpalast zurück. Aristagoras ließ die Stadt anzünden; Holzwerk und Schilfdächer brannten ab, bevor das Heer, Lanzenreiter und Bogenschützen eingetroffen waren. Die Athener entschlossen sich, Aristagoras die
Waffenfreundschaft aufzukündigen, und segelten fort. Binnen
kurzer Zeit hatten die pârsischen Krieger Aristagoras auf der
Reichsstraße vertrieben und schlugen sein Heer bei Ephesos. Er
flüchtete zu Schiff und entkam zunächst; später war zu erfahren, daß er Byzantion, den Hellespontos und einige karische
Siedlungen eroberte, also dem Reich abnahm.
Gaubarva schien die Tropfen zu zählen, die vom Krugrand in sei-
nen Becher fielen. Die zerrissenen Laute des eisigen Windes wa-
ren verstummt; ein Pferd wieherte zaghaft. Gaubarva stieß einen
Laut aus, den er selbst als seltsam empfand: etwas zwischen
Stöhnen, Wutschrei und Knurren. Er hielt den Becher mit beiden
Händen, als wolle er ihn zerbrechen, starrte in Farnakas und
Shanâhs Augen und fluchte auf Babirush.
»Diese verfluchte Verschrundung! Alles haben wir getan, um
Ruhe zu haben, um Frieden zu halten; und dann verfällt dieser
milesische After im Rausch seiner Geilheit darauf, an der
Reichsgrenze der kleine König einer Volksherrschaft zu sein.«
Er schleuderte den Becher in die Glut. Funken und Aschewirbel
fuhren zum Rauchfang hinauf. »Ich werd Dariuvahush bitten,
Hutana dorthin zu schicken: Gewöhnlich verhungern selbst
Ziegen dort, wo er durchgezogen ist. Vorausgesetzt, man hat
ihn geärgert.«
Farnaka hustete und sagte: »Dafür werd ich sorgen.«
Der Wirt blickte verängstigt zwischen Gaubarva und dem Feuer
hin und her. Farnaka packte Aspat Shanâh am Arm und zog ihn
zur Tür. Die Lenker leerten die Becher und sprangen auf. Gau-
barva fischte einen Silberpantshuka aus dem Gürtel, nickte dem
Wirt zu und legte die Münze auf den Tisch. Kurz darauf waren

die Gespanne auf dem Weg. Die Männer hatten die Mantelsäume über die wollenen Bashlyqs geschlagen und die Augen im kalten Wind halb zugekniffen.

Die Wände des kleinen Palasts abseits der Westmauer-Kante, in dem Dariuvahush und ein unabdingbarer Teil seiner Bediensteten wohnten, verströmten feuchte Wärme; in jeder Ecke schwelten Körbe voller Glut und Räucherwerk. Dampf und Rauch zogen durch alle Räume, sammelten sich unter den Decken und fuhren durch die Windfänge in die Nacht. Als Gaubarva jenen Saal betrat, in dem als »Thron des Reiches« ein einfacher Sessel stand, verflog seine mörderische Stimmung und machte gemessener Verwunderung Platz:

Der Abstand zwischen dem König und jedem seiner Untertanen, an allen anderen Tagen des Jahres sechs Speerlängen groß, war heute von Dariuvahush aufgehoben worden; hier erlebte Gaubarva wieder, daß – und auf welche Weise – der Gatte seiner Tochter versuchte, bewußt oder unbewußt, wie alle Menschen zu sein, und dennoch nie wieder einer von ihnen werden konnte. Proktokrites, Meleagros, Nefermerit und ihre Dienerinnen, schmalbärtige Baumeister, der Mondblinde Malmarduk mit seiner schönen Helferin, der Arzt Demokedes, der achtzehnjährige Xayarsha, einige Pârsa und Fremde, einige Unsterbliche, grimmige Wachen, Sklavinnen mit Platten voller Becher wimmelten durch die Hallen; zahllose Öllampen beleuchteten mit zusätzlicher Wärme die Räume, in denen heitere Feierlichkeit herrschte.

Um Dariuvahush breitete sich ein Kreis ehrfürchtiger Leere aus. Der König umarmte Gaubarva, Aspat Shanâh und Farnaka, küßte sie schmatzend auf die Wangen und rief, um Lärm und Musik zu übertönen:

»In zwei Siebentagen ziehen wir ins warme Babairu. Habt ihr gesehen, wie prächtig mein weißes, steinernes Pairidaeza ist?«

»Wir hätten es gewürdigt, wenn wir im Dunklen sehen könnten, o Herrscher«, sagte Farnaka lächelnd. »Ich fürchte, daß unsere Botschaft dich nicht erfreut.«

»Ich weiß, ich weiß: Yauna und Sardeïs! Setzt euch, trinkt, freut euch, solange wir noch heiter sein können. Über alles hab ich nachgedacht. Morgen, Väterchen Gaubarva, morgen reden wir über alles.«

»Morgen werden wir dir raten, o Söhnchen, mit kalter Gewalt die Grenzen des Reiches zu verwüsten, um sie zu befrieden.«

»Auch darüber reden wir im Tageslicht, Gaubarva.« Er zog sie mitten in den Wirbel aus Stimmen, Musik, Lärm und Halbschatten hinein. Gaubarva sah sich um, blickte in Gesichter voll erhitzter Fröhlichkeit und sagte sich, daß Dariuvahush in diesem Mond fünfzig Sommer alt war, seine schöne Dunkelhäutige sechzehn Jahre jünger. »Bruder Rtafarnâh weiß, wie er den Angreifern widerstehen kann; er und sein Sohn.«

»Ja«, sagte Gaubarva. »Der mit dem gleichen Namen. Die beiden werden's wohl wissen. Wir wissen mehr; und anderes.«

Dariuvahush deutete zur Decke, hielt eine Sklavin an der Schulter an und nahm zwei Becher von der Platte.

»Ich gehe aufs Dach. Ein Lichtfest! Sie haben Fackeln und Lampen auf meiner Terrasse aufgestellt. Kommst du mit, Gaubarva?«

»Wir kommen; nachher.«

Gaubarva hatte sich binnen weniger Dutzend Herzschläge von der trunkenen, fiebrigen Stimmung anstecken lassen. Diese Nacht würde mit einem besonderen Ereignis enden, schmeckte er mit jedem weiteren Atemzug, der seine Lungen mit dem dunstigen Rauch aus verschwelendem Sandelholzmehl und noch wertvollerem Räucherwerk füllte, ihn aber zu ersticken drohte. Er ging langsam zur Treppe, setzte sich auf eine der mittleren Stufen und betrachtete, am heißen Wein nippend, das Gewimmel unter sich. Dariuvahush bewegte sich wie ein kluges, großes, starkes Tier; er war älter geworden, aber nicht dicker oder weniger beweglich. Im Kampf würde er noch immer an der Spitze seiner Heere zu finden sein. Xayarsha war wie ein viel jüngerer Bruder Dariuvahushs. Er konnte seine Blicke nicht von Llach Esis losreißen, die, vielleicht ein Jahrzehnt älter als er, sich dieses Starrens bewußt war, Xayarsha aber nicht mehr zumaß als das freundliche Lächeln, das sie für jedermann bereithielt. Nefermerit saß neben Bagapâta auf einer Truhe aus Hindusch; der greise Verschnittene war nun völlig haarlos und runzliger als zerknülltes Papyrus und redete gestenreich mit der

Dunkelhäutigen. Dariuvahush ließ Mäntel bringen und stieg an Gaubarva vorbei, Nefermerit an der Hand mitziehend, die steile Treppe hinauf und durch die schweren, feuchten Vorhänge. Nach einiger Zeit folgten Malmarduk und Llach Esis; als Xayarsha sie suchte, lief er zu Gaubarva. Noch bevor er fragen konnte, deutete Gaubarva schon in die Höhe.

Die unbewegte Luft, eisig und ohne ein Staubkörnchen, nahm Gaubarva den Atem. Die Lichter der Stadt Shvadaitshaya duckten sich am nahen Horizont. Auf der Mauerkrone und allen Zinnen, auf unfertigen Säulen, Gerüsten, halb hochgemauerten Wänden und jeder einzelnen von hundertelf Stufen der Doppeltreppe leuchteten Ölflammen oder Fackeln und wetteiferten mit dem Licht der Sterne, des kristallenen Schleiers quer durchs Firmament und mit dem grellen Vollmond. Ein Nachtbild, dachte er, würdig des mächtigsten Mannes der Welt. Er sah, wie Dariuvahush den rechten Arm um Xayarshas Schultern legte, und hörte ihn sagen:
»Es ist herrlich und mächtig und unendlich schön, wie aus meinem Traum.« Dariuvahush holte tief Luft. »Von hier aus werde ich das Reich beherrschen. Ich und die Könige nach mir.«
»Deine Träume kenn ich nicht, Vater«, sagte Xayarsha. In der Kälte war jeder Laut auf dem Dach überaus deutlich zu hören. »Aber Pârseï und die fruchtbare Ebene – sie sind ein Teil davon, der jeden überwältigt. Alle reden davon; ihre Augen leuchten.«
Dariuvahush schüttelte den Kopf und breitete die Arme aus. »Als ich die lang erwartete Botschaft von Kapitän Skylax bekam, handelte und befahl ich schnell.« Er senkte die Stimme. »Seit der Herrschaft mächtiger Pharaonen, die längst zu Staub zerfallen sind, gibt es in Mudrayia einen Kanal zwischen dem Neilos und dem Meer. Skylax ist mit der *Unsterblichen* dort gelandet, wo vor Jahrhunderten vielleicht der Kanal mündete. Immer wieder versandete dieser Wasserweg; auch heute ist er kaum noch zu erkennen.«
Dariuvahush wandte sich von dem Bild der tausend Flämmchen ab und sprach zu den wenigen Versammelten auf dem Palastdach. Gaubarva kannte die Botschaft des Skylax und die Befehle

des Königs; er bezweifelte, ob der alte Kshatrapan Aryâvanda von Mudrayia in der Lage war, sie auszuführen.

»Der kühne Kapitän ist im Südmeer um die Küsten Arabayas herumgesegelt, von Banneshu aus. Wenn der Kanal fertig ist, den ich habe bauen lassen, werden Schiffe von Men-Nefer bis zum Hindusch segeln können, von Banneshu nach dem Süden Mudrayias, sogar von Hindusch bis ins Meer Thalassa und durch das Aigeiische Meer an Byzantion vorbei in den Pontos Euxeinos. Das, mein Sohn, wird viel mächtiger und größer sein als mein Pârseï.«

»Ich versteh noch nicht alles. Ich hab nur einmal die Küste eines einzigen Meeres gesehen: das Hyrkanische«, sagte Xayarsha und drehte sich nach Llach Esis um. »Aber ... vier Meere und den Hindusch miteinander verbinden! Das kann für Handel und Zoll nur vorteilhaft sein.«

Gaubarva zupfte an seiner Kapuze und sah in der aufsteigenden heißen Luft aus seinem Becher die Sterne und den Mond flimmern. Seit Skylax' Botschaft hatten er selbst, Farnaka, Dariuvahush und Aspat Shanâh versucht, die volle Bedeutung dieser Verbindung zu erkennen. Viele Jahre lang würden Tausende und Zehntausende zwischen Men-Nefer und dem Meer südlich von Arabaya an dem Kanal arbeiten müssen, denn jeder Sturm drohte ihn zu verschütten; nur ständige Wachsamkeit konnte verhindern, daß er abermals versandete. In Men-Nefer, damals, hatte Dariuvahush zwei Sandstürme miterlebt. Seit dieser Zeit fürchtete er ihre erstickende Macht.

Schweigend betrachteten die Versammelten das lichtgesäumte Bild der festungsartigen Palastplattform. Die ersten Flämmchen erloschen, einige Fackeln sprühten Funken und verglommen. Gaubarva fröstelte ein wenig und hing seinen Gedanken nach.

Die Arbeiter und Landvermesser früherer Pharaonen hatten ein gewaltiges Werk geschaffen, aber weil keine Notwendigkeit bestand, mit Schiffen zwischen dem Neilos und dem Meer zu fahren, schienen alle, bis auf ein paar Priester, den langen Kanal vergessen zu haben. Die Vorstellung, daß ein Schiff tatsächlich vom nördlichen Saum des Pontos Euxeinos bis ins Herz der Kshatrapie Gandhara fahren konnte, ähnelte in der Tat einem Traum: Dariuvahush würde ihn wahr werden lassen.

»Nicht nur Zoll und Handel, nicht nur Seide und Reis«, sagte Dariuvahush plötzlich wie zu sich selbst. »Jede Karawane, jedes Schiff bringt neues Wissen, Können und Handfertigkeiten mit, und reiche Bilder aus einer fernen Welt. Das ist es, was ich will.«
Gaubarva spürte, daß der Weinbecher die Wärme verlor. Im Mondschatten des Rauchabzugs, an die warme Mauer gelehnt, flüsterten zwei Gestalten.
»... viel zu alt für dich, junger König.«
Gaubarva erkannte die Stimme von Llach Esis und hörte Xayarshas heisere Antwort:
»Du könntest mich alles lehren, Schönste. Für mich bist du mehr als eine Frau. Viele verschiedene Frauen. Alle Frauen!«
»Für dich, o junger König, wäre ich eine von Dutzenden.«
»Die einzige. Bei Ahura Mazdâh!«
Gaubarva spähte in den Schatten. Xayarsha versuchte Llach Esis an sich zu ziehen; sie stemmte ihre Hände gegen seine Brust. Malmarduk machte einige Schritte und näherte sich der Brüstung. Mit dem rechten Arm hielt Dariuvahush ihn auf, ohne hinzusehen. Er hob den Kopf und starrte in den Mond. Llach Esis flüsterte:
»Im Schatten seiner Schwingen würdest du mich ein paar Nächte nehmen und schwängern, Xayarsha. Mein Schicksal hat Malmarduk anders gesehen; mit einem anderen Mann und nicht in Pârseï. Du findest im Frauenhaus deines Vaters schönere Frauen, mit heißerem Blut. Frag deine königliche Mutter.«
»Aber ich will dich, eine Fremde, die in der Welt draußen großgeworden ist.«
»Draußen, o Königssohn, ist es ebenso wie hier.« Sie lachte kehlig. »Nur eben ein wenig anders.«
Wieder verringerte sich die Zahl der Lichtpünktchen auf der riesigen Masse aus Mauern, Säulen, Kanten und Gerüsten. Aus dem Gewirr der Arbeiterhütten, zwischen Quaderstapeln und den Reihen trocknender Lehmziegel kreischte eine einsame Stimme:
»Nein! Der Mond! Das Schwarze ...!«
Gaubarva und alle anderen auf dem Dach zuckten zusammen und sahen ins Nachtgestirn. Llach Esis bewegte sich mit einem Ruck, Xayarsha ließ sie los; sie war mit einigen schnellen Schrit-

ten an Malmarduks Seite, zwischen ihm und Dariuvahush. Es sah aus, als suche sie Schutz vor dem, was hoch über ihnen geschah. Ein Stück Nacht hatte den linken Rand der vollkommenen Scheibe berührt, deren Narbenränder plötzlich greller zu strahlen schienen. Die Schwärze krümmte sich, als schöben sich unendlich langsam zwei Schalen übereinander. Schlagartig erloschen, Reihe um Reihe, die Ölflämmchen auf der Mauerkrone. Wildes Geschrei, Hundegekläff und die marternden Schreie der Esel drangen aus der Stadt heran, einzelne Stimmen erhoben sich in der Nähe, dann an ganz anderer Stelle, im riesigen Baulager. Gaubarva fühlte eisige Kälte zwischen den Schulterblättern und Lähmung in den Knien; der Becher glitt aus seinen Fingern und zersplitterte krachend auf dem Boden.

Malmarduks Stimme war voll und klar: »Es ist eine Verfinsterung des Mondes, nicht wahr, o König?«

»Die Nacht frißt den Mond«, sagte Dariuvahush leise.

»Sie wird ihn feuerrot wieder ausspeien.« Der Mondblinde schien trotzig zu lächeln und hielt Llach Esis' Hand. »Ich weiß es. Mich werden Bilder und Gesichte heimsuchen, ohne daß ich mich wehren kann ...«

Das Geschrei hörte auf. Der Mond hing in einem Kreisring aus Schwärze zwischen den Sternen wie eine frisch geschlagene, hochgeschleuderte Silbermünze. Stille legte sich eisig auf das Bauwerk und die Ebene. Die Versammelten hörten ihre Atemzüge und glaubten den Herzschlag bis in die Kehle zu spüren. Starr, gelähmt von einer Furcht, die von den Sternen nach ihnen griff, blickten sie in die Höhe. Ein Sternsplitter zergleißte den Himmel in zwei Teile. Die Schwärze kroch unaufhaltsam mit einem rötlichen Rand über die Mondscheibe und verschluckte die Narben und Scharten. Je mehr von der grellen Fläche im geröteten Dunkel verschwand, desto mehr Sterne erschienen jenseits des dunklen Ringes um das schrumpfende Gestirn; die Scheibe schien sich den Blicken der Entsetzten entgegenzuwölben. Unvermittelt begann Malmarduk zu reden.

»Die Nacht der Mächtigen!« Er schwankte. Llach Esis und Gaubarva führten ihn zu einem Ziegelstapel, auf dem er schwer zusammensackte. »Der mächtige Mond wird gefressen! Der mächtige Mann befiehlt mächtige Werke! Ich sehe all die gewaltigen Dinge, wie sie entstehen ...«

Der gerundete Schatten hatte die Hälfte des Mondes bedeckt. Nun schien er gerade zu werden wie eine Schwertschneide. Große Sterne, die zuvor überstrahlt gewesen waren, erschienen in seiner Nähe, außerhalb des schmalen Ringes um den Mond, der sich blutrot färbte; das Gestirn fiel hinter blutige Schatten. Auch das Geschrei der Tiere hatte aufgehört. Die Stille hatte sich wie eine gefrorene Wolke herabgesenkt. Die Verfinsterung schien Stunden zu dauern; die Zuschauer auf dem Palastdach verloren jedes Zeitgefühl. Malmarduk stieß ein langgezogenes Ächzen aus.

»Der Mondblinde sieht alles.« Seine Stimme brach. »Die goldene Schönheit der Paläste von Pârseï, erkauft durch lange Jahre ohne Krieg. Der Wasserlauf durch die Wüste des Sandes, bezahlt mit dem brennenden Kybeletempel von Sardeïs und den Geschändeten und Toten der Städte, von Samos und Ephesos. All die offenen Wege des Landes und der Meere – eingetauscht gegen sinkende Schiffe, brennende Inseln und zerstörte Städte in Karka!«

Jedes Wort durchfuhr die Zuhörenden wie ein Nadelstich. Sie spürten die Kälte nicht und sahen nicht, wie ihr Atem in kleinen Wolken vor ihren Gesichtern stand. Die mächtige, glutfarbene Dunkelheit hatte drei Viertel des Mondes bedeckt. Noch immer bebte die Erde nicht, fuhr kein Eisnadelsturm über Pârseï hin. Gaubarva tastete nach Xayarshas Schulter und tappte zum steinernen Türbalken; ohne mit den Blicken den Mond loszulassen, klammerte er sich am gerillten Stein fest.

»Das alles sehe ich, als ob es vor meinen Augen geschähe, o König. Vom Meer, das du so aus der Ferne liebst und bewunderst, kommen Mißgunst, Haß und blutiger, brennender Kampf. Erst in fünfzehn Jahren wirst du das Heer nicht mehr zusammenrufen müssen!« Der Mondblinde wurde immer leiser, seine Worte wurden undeutlicher, bis er, vor Kälte zitternd, keuchte und schwieg. Er hockte auf den Ziegeln, hatte den Kopf in die Hände gestützt und den Mantelsaum über das Gesicht gezogen. Gaubarva versuchte, sich aus der Schreckensstarre zu reißen, und sah, wie sich der Mond, gefärbt wie strömendes Blut, anschickte, endgültig in den Schoß der Finsternis zurückzukehren. Nicht ein einziges

Licht brannte mehr auf den Mauern der Tempelhöhe, nur von Shvadaitshaya her sah er winzige Punkte, einige Fackelflammen, die sich bewegten, und das Feuer eines brennenden Daches. Nefermerits Stimme, rauchig und in beschwichtigendem Ton, begann zögernd zu sprechen.

»Die alten Priester in Men-Nefer, in Tameri ... Mudrayia haben mir erzählt, daß sie viele Verfinsterungen des Mondes erlebt haben. Sie sagen, daß sie ausrechnen können, wann es wieder geschieht – die Finsternis wird uns nicht töten, o König. Sie geht vorbei.«

»Das glaub ich nicht.« Xayarsha wimmerte fast und bedeckte das Gesicht mit den Händen. »Sag etwas. Hilf mir, Llach Esis.«

Die Gefährtin des Mondblinden schwieg und rührte sich nicht. Die unvollkommene Schwärze, die über den Mond kroch, und die Dunkelheit jenseits des Randes der Scheibe berührten sich. Das Gestirn verschwand nicht, sondern erschien plötzlich wie ein Schatten seiner selbst, dick mit rotem Sand bedeckt, unbeweglich, wie hinter einer Staubwolke oder einem erstarrten Vorhang aus Blut. Eine Ewigkeit oder zwei Stunden lang schwebte, wie die Drohung des Ahriman, die stumpfkupferne Scheibe inmitten der vertrauten Sterne und Sternbilder. Es schien, als sei Dariuvahushs Stimme ein Zeichen, daß die Nacht nicht in wilden Zuckungen des Schlangenstiers oder anderen Verwüstungen endete, gegen die sie alle, selbst der König, machtlos waren: Eine schmale Spindel reiner, silberner Helligkeit zeigte sich am gegenüberliegenden Rand des Mondes und wuchs mit jedem Atemzug.

»Die Finsternis geht vorbei, Freunde. Nefermerit hat recht.« Er drehte sich um und hob die Arme bis zur Brust; inmitten der Schatten unterschiedlicher Schwärze bewegten sich unsicher die Menschen auf dem Dach. Die Vorhänge wurden zurückgerissen, gelbes Licht fiel in breiter Bahn aufs Dach. Gaubarva erkannte Aspat Shanâh und Farnaka mit stummeligen, flammenden Fakkeln. Die Freunde schwankten über die letzten Stufen und blieben stehen, als wären sie gegen eine Mauer geprallt.

»Weil ihr uns gefehlt habt ... wir haben euch gesucht.«

»Hier seid ihr. Was ist ...?!«

Gaubarva packte ihre Oberarme, drehte sie halb herum und deutete zum Mond. Er knurrte: »Deswegen. Seid still und fürchtet euch!«

Sie verstummten, streckten die Fäuste um die Fackelschäfte aus, richteten langsam die Blicke auf die wachsende Sichel, die den blutroten Kreis unvollständig einrahmte. Gaubarva nahm Farnaka die Fackel ab und merkte im selben Augenblick, daß er vor Kälte zitterte. Er drehte den Kopf und begegnete den Blicken von Nefermerit, Dariuvahush und Llach Esis. Er starrte, die knisternden Flammen über dem Kopf, in ihre Gesichter und suchte mühsam seine Gedanken und Worte zusammen.

»Deine mudrayischen Priester haben nicht gelogen, Schönste. Du tust gut daran, Söhnchen, nach dem Mandelkern der Wahrheit in Malmarduks Geschichten zu suchen und vieles davon zu glauben. Die Finsternis wird uns nicht umbringen, wird dem Reich nicht schaden – Ahura Mazdâhs Licht wird Ahrimans Schwärze besiegen.«

Mit der freien Hand winkte er Xayarsha, gab ihm die Fackel und deutete auf Farnaka und Aspat Shanâh, die in die breite Mondsichel stierten. Als Dariuvahush vor ihm stand, flüsterte er:

»Halte deinen Sohn, dessen männliche Säfte sieden, von Malmarduks Gefährtin fern. Nein. Sag nichts. Straf ihn nicht. Denk an deine Jugend. Du verstehst, Dariush?«

Dariuvahush blinzelte, legte seine eiskalte Hand an Gaubarvas Wange und murmelte: »Hab verstanden, Väterchen. Bevor uns die Nasen abbrechen wie Eiszapfen, gehen wir zurück in die Wärme und trinken viel; die Schrecken waren allzu groß.«

Noch einmal sahen sie in den halbierten Mond. Gleißendes Silber schob rötliches Schwarz vor sich her. Einige Sterne blinkten, wieder durchschnitt die Bahn eines Sternensplitters, gerade wie auf der Kante des Richtscheites, die Himmelslichter und den kristallenen Schleier. Im Schwall der feuchten Hitze, die durch den Schacht der Treppe heraufbrodelte, begann Gaubarva zu beben. Er schüttelte den Kopf und sagte leise:

»Und denk nicht einmal daran, Dariush, mit mir über Ernsthaftes zu reden – nicht vor morgen abend!«

Er tastete sich die Stufen abwärts, tauchte schrittweise in die von vielfältigen Gerüchen geschwängerte Wärme des Saales ein und entledigte sich des Mantels. Die Goldplättchen des Schulterteils klirrten, als er den schweren Stoff auf einen Scherensessel schleuderte und sich umsah: Die schönste junge Sklavin, deren Blicke ihm eine gewisse Art der Erfahrenheit verrieten, würde sein Bett wärmen müssen – er leerte, auf einem schwellenden Lederkissen der viertuntersten Stufe sitzend, einen großen Becher heißen Würzwein in kleinen Schlucken und versuchte das Grauen der vergangenen Stunden zu verstehen, zu unterdrücken und, was ihm schwerlich gelingen würde, zu vergessen; als er das Handgelenk einer jungen Schwarzhaarigen mit großen, die Blicke wärmenden Brüsten ergriff, wußte er, daß auch er auf einem schmalen Pfad entlang tödlicher Spalten wanderte und, wie es schien, knapp einem Verhängnis von großer Furchtbarkeit entronnen war. Er fing einen freundschaftlichen, fast liebevollen Blick von Dariuvahush auf: Auch dessen Zuneigung, deren er sicher war, würde ihn nicht retten können.

Farnaka und Aspat Shanâh sorgten mit zwölf Dutzend Befehlen wie in den vergangenen Jahren dafür, daß während des Winters nur jene Steinmetzen in Pârseï blieben und weiterarbeiteten, denen nicht Finger und Zehen abfroren. Die Bevölkerung Shvadaitshayas versorgte die Handwerker, deren Familien ohnehin in der Stadt wohnten. Bis auf eine Handvoll Diener und Sklaven, die den Palast hüteten, zogen alle Handwerker nach Westen, in den Sommer von Huza und Babairu. Der Königssohn Xayarsha ritt mit einem Dutzend Bogenschützen zum Königslehen Rashurdas, wo er Reiten mit und ohne sarmatische Schlingen, Bogenschießen, Lanzenkampf und all das andere Handwerk des Herrschens lernen sollte; ein junger Schreiber begleitete ihn, der ihn die drei Schriften und jene Stufen, Einteilungen, Eigenarten und feststehenden Regeln zu lehren hatte, mit denen sein Vater das riesige Reich überzogen hatte. Llach Esis und der Mondblinde wanderten zu Pferd auf der Königsstraße nach Sardeïs. Zuletzt folgten, in galoppierenden Gespannen und auf einem Umweg von einigen Stunden und nur drei Parasangen, Dariuvahush, Proktokrites und Meleagros von Chios.

Eine Parasange nördlich Pârseïs, vor dem stechend blauen Winterhimmel, war die Ebene von einer nahezu senkrechten Felswand begrenzt. Die tiefe Wintersonne und lange Schatten modellierten aus der Fläche gerundete Spalten, sachte Vorsprünge und milde Rücksprünge; von der Kante der Felswand schweifte der Blick ebenso frei und flach über Weiden, Wälder und kanalgesäumte Äcker wie von den erhöhten Fundamenten des zukünftigen Apadana-Thronsaales. Auf Anordnung von Proktokrites und Meleagros war eine hölzerne Gerüsttreppe zur Mitte der Wand gebaut worden, über die auch schwere Lasten geschleppt werden konnten. Die Pârsa-Blaukittel, die seit Generationen hier säten und ernteten, nannten diesen steinernen Absturz »Vater der Schroffen«. Die yaunischen Baumeister-Steinmetzen hatten über dem Wall felsiger Hügel und in der senkrechten Wand Löcher schlagen, Seile, Sitzbretter und Holzlatten spannen und befestigen lassen; Proktokrites dachte an die Worte des Königs, der von Grabkammern für sich selbst, seine geliebten Königinnen und, wenn notwendig, etliche seiner Söhne gesprochen hatte; er schien unwillig, viel darüber reden zu wollen. Dariuvahush ließ das Gespann anhalten, stieß ein schartiges Lachen aus und rief:
»Bis ich dort oben liege, o Yaunier, hat es noch gute Weile. Aber ihr denkt und meißelt großartig. Eines Königs würdig. Ein Grab für den mächtigsten Mann der Welt! Wohl getan, Baumeister!«
»Ich hab mir seit Jahren jedes Wort gemerkt, o König Dariuvahush. Das Grabmal des Kyros, deine Befehle für Kambyses' Grab, dein Wunsch, daß zwischen Pârseï und dem Ort deiner ewigen Ruhe angemessene, größte Ähnlichkeit sein soll – wir haben lange gesucht. Das haben Meleagros und ich gefunden.«
Meleagros, in den dicken Mantel gehüllt, nickte und schwieg. Vor Unzeiten hatten uvjanische Baumeister aus dieser Wand Bilder gemeißelt; sie hatten längst zu verwittern begonnen. Meleagros hatte die Felswand an der besten Stelle mit schmalen Latten und Seilen markiert; eine kreuzförmige Folge waagrechter und senkrechter Flächen, einige Ellen tief in der Wand, vereinigte sich in einer Art wieder vorspringender Halle mit vier Säulen und einem Türdurchlaß in der Mitte, die in den Berg und einen Quergang führte. Proktokrites deutete in Richtung Pârseïs.

»Deine pârsischen Baumeister sind zu loben, König Dareios! Wir Ionier lernen von ihnen, sie lernen von uns; wir arbeiten zusammen wie Brüder.«

»Und Tshissa Vahush, Farnakas tüchtiger Schatten – er behandelt euch gut? Sorgt er für Essen, Werkzeug und Unterkunft?«

»Ich habe niemanden klagen oder schimpfen gehört, o König.« Meleagros verbeugte sich und grinste. »Allen Arbeitern geht es gut, jeder gibt sein Bestes.«

Die Begleiter und Meleagros blieben zurück, als Dariuvahush und Proktokrites langsam über die aufgeschüttete Rampe, auf hölzernen Stufen und Stegen zwischen Seilen und Balkengeländern zum Eingang des Hochgrabes hinaufkletterten. Der Fels war hoch über dem Boden eingetieft und geglättet worden; vierundvierzig Ellen hoch und ebenso breit wie das Außenmaß des Palasts auf der großen Plattform: sechsunddreißig kleine Ellen. Auch die Öffnung des Grabmals zwischen den noch unvollendeten Halbsäulen entsprach derjenigen des Palasteingangs. Dariuvahush hob den Kopf, zeigte auf die dreißig roh ausgeführten Gestalten im überhängenden Türfeld und sagte:

»Ich hab's befohlen, und ihr habt es genau so gemeißelt, wie ich es wollte. Gleich meinem Palast dort drüben. Im Frühling sende ich euch all die Worte, die ihr in den Fels schreiben sollt.«

Proktokrites zog den Saum des Bashlyq über den Mund. »König Dariuvahush verkündet ... so wird die Schrift anfangen.«

»Zweifellos. So wie die Tempelterrassen von Pârseï, der Palast in Huza und viele Feuerbewahrtürme überall im Land, so wird auch mein Grab etwas Neues sein, entstanden aus dem Besten des Alten.« Sie hatten den Felskorridor hinter dem Eingang erreicht. Dariuvahush spähte rechts und links ins Halbdunkel, betrachtete die Eingänge der vier Grabkammern. »Das Beste, was mudrayische, yaunische und pârsische Künstler und Arbeiter leisten können.«

»Das ist unsere Absicht, o König.« Proktokrites verbeugte sich tief und dachte flüchtig an seine und Meleagros' Reisen; sie hatten den Bau von mehr als zwei Dutzend jener kantigen weißen Türme überwacht. »Nach der Fahrt in den Sommer – wir werden am Palast zu Huza weiterarbeiten?«

»Solange, wie über Pârseï der Winter herrscht.«

Sie machten sich gemächlich an den Abstieg. Proktokrites winkte einigen Handwerkern aus der Stadt. Sie sanken auf die Knie, als Dariuvahush zu den Gespannen ging. Proktokrites redete einige Sätze mit dem Aufseher, Meleagros deutete auf die Bretterhaufen und die Leitern; als sie sich im Wagenkorb umdrehten, sahen sie, daß die Blaukittel damit anfingen, die Öffnung des Königsgrabes mit Brettern und Balken zu verschließen.

2. An den Stränden des Bittermeeres

Als die Pferde die Köpfe hochrissen und das Gespann auf der höchsten Stelle des Felsrückens stehenblieb, verstand Skylax, daß Dariuvahushs Traum Wirklichkeit werden konnte, daß dessen großartige Gedanken tatsächlich richtig waren. Er hatte es nicht geglaubt; auch Histiaios von Miletos hatte es nicht wahrhaben können: Der Neilos, den die Aigyptioi Hapi nannten, mündete in das »Große Grüne«, in jenes Meer Thalassa, dessen größten Teil er, Skylax, besser kannte als jeder andere Kapitän. Durch den Hellespontos und den Bosporos konnte er von Thalassa aus in den Pontos Euxeinos hineinsegeln. Er sprang aus dem Wagen, stemmte die Fäuste in die Hüften und blickte hinunter auf den flachen Teil der Wüstenei.

Hunderte halbnackter Männer schaufelten Sand in Körbe, die andere Arbeiter in langen Reihen wegschleppten und zwischen den niedrigen Dünen ausleerten. Der alte, versandete Kanal eines toten Pharao war auf einer Länge von drei, vier Parasangen wieder zu erkennen; an vielen Stellen hatten die Arbeiter die Befestigungen seiner Ufer freigeschaufelt. Es waren senkrecht eingerammte Balken aus Palmholz oder stämmige Akazienäste; uralt, oftmals ausgedörrt und halb zu Staub zerfallen. An einigen Stellen lagen große Haufen vier Ellen langer, zugesägter Balken, die auf Befehl des Kshatrapan aus dem Delta herangeschafft und auf Schiffen herangebracht worden waren. Vier Abschnitte, weit auseinander gelegen, zeigten sich Skylax und Aspaka als langgestreckte, viereckige Schilfsümpfe, an den Rändern ausgetrocknet.

»Drei, vielleicht fünf Jahre«, murmelte Skylax. Unter dem gefalteten Kopftuch liefen Schweißtropfen über seine Schläfen und in den Nacken, in dem die Sonne brannte. »Dann können sie von Men-Nefer und Bubastis ins Meer der Mudrayier rudern und nach Banneshu oder Babairu segeln und zurück zum Indos.«

Pa-Bastet hieß der Ort Bubastis in der Sprache der Aigyptioi-Rômet. Er beobachtete die Reihen der Arbeiter und blickte nach links, nach rechts; die trogartige, breite Rinne erstreckte sich in zwei leichten Krümmungen bis zum hitzeflirrenden Rand des Horizonts. Dieser Teil der felsdurchsetzten Wüste zwischen dem Rand des fruchtbaren Dreiecks und der fernen Kshatrapie Abr Nahr war flach und sandig, nur an den Nordseiten schroffer Hügel von stacheligem, dürren Gestrüpp bewachsen. Die jahrelange Arbeit für viele Tausende bewunderte Skylax nicht, aber der Umstand, daß Unterkünfte, Wasser, Bier und Essen ebenso wie Holz, endlose Reihen Krüge voller Erdpech und Werkzeuge bereitstanden, erfüllte ihn mit Staunen. Dariuvahushs Befehle, an Kshatrapan Aryâvanda übersandt, wurden ohne Zögern ausgeführt. Skylax stapfte durch glühenden Sand auf den Wagen zu. Aspaka knüpfte den prallen Wasserschlauch vom Handlauf und zog den Pfropfen aus dem Mundstück.

»Zufrieden, o Kapitän?« Er trank, spülte den Mund und spuckte aus. »Bald werden einige tausend Männer graben und schleppen.«

»Sehr zufrieden, Oberster Schreiber.« Skylax wartete, an den Wagen gelehnt, bis Aspaka Gesicht und Hals erfrischt hatte. Er nahm einige tiefe Schlucke und tränkte das Halstuch mit dem überraschend kühlen Wasser. »Nur weiß ich selbst nicht, wie es mit mir und Telamon weitergehen soll.«

»Bleib bei uns in Men-Nefer und genieß die Nächte der Überschwemmung.«

»Das haben wir vor. Aber danach?«

»Wir bereden es mit Udja-Horresnet und dem Kshatrapan. Steig auf, sonst fangen die Pferdehufe zu schmelzen an.«

Skylax zog sich an die rechte Seite des jungen Pârsa, der, wie er selbst, wie ein Rômet gekleidet war; so nannten sich die Aigyptioi untereinander. Das Gespann wendete und fuhr langsam den sandigen Hang hinunter und auf den schmalen Pfad, der durch leere Wüste nach Bubastis führte, vorbei an niedrigen Dünen, die der Wind angehäuft hatte, und den Sandhaufen des Kanalaushubs.

»Drei Monde schon, Aspaka«, sagte Skylax. »Sechzig unvergeßliche Tage und Nächte in diesem herrlichen Land. Aber ich denke an die *Unsterbliche Schneide,* die hoch auf dem Sand steht und inzwischen ausgetrocknet sein wird wie das Uferholz dort unten.«

Aspaka lachte. »Dein gutes Schiff verträgt auch die Sonne dieser Kshatrapie.«

»Besser als die meisten der Mannschaft.«

Nach siebzehn Monden einer an Gefahren armen, aber schwierigen Fahrt durch das langgezogene arabayische Meer, hinaus ins Südmeer und entlang der Steuerbordküste ins ebenso lange Meer der Aigyptioi hatten Skylax und Telamon am nördlichen Ende dessen schmalste Stelle erreicht. Die Luft war zuletzt erfüllt von feuchter Wärme aus dem Westen, aus dem Staubstürme wie riesige Wogen heranbrausten und das Sonnenlicht schluckten. In den Nächten leuchteten die Bugwelle und die Heckspuren ungewöhnlich hell; jeder Wirbel, jeder Gischttropfen strahlte gelblichgrün. Stundenlang mußte die Mannschaft durch leere, namenlose Wasserflächen rudern, bis sie die flachen Seen bezwungen hatten, deren Wasser unerträglich bitter schmeckte und in denen es keine Gezeiten gab. Der Ausläufer des Meeres endete in einer sandigen Bucht, voller Schilf und Riedmorasten, auf deren Schlammbänken reglose Krokodile in die Sonne blinzelten und mit den Schwanzspitzen zuckten und in der Telamon und Skylax die *Unsterbliche* mit dem Bug aufs Land setzten. Fünfzehn Stadien landeinwärts trafen sie einen Hirten mit seiner Ziegenherde; sie fanden mit einiger Mühe heraus, daß sie weit östlich des Neilos-Mündungsdreiecks gestrandet waren.

»Ich hab genügend Briefe geschrieben und Botschaften geschickt«, sagte Skylax, als sich einige vergilbte Palmen des Oasenrandes hinter dem messerscharfen Grat einer Düne hervorschoben. »Weil Dariuvahush selbst die Nachrichten gelesen hat, weiß er, wo wir sind. Aber ohne unsere Nachrichten würde hier nicht ein Mann arbeiten.«

»Dann bleibt, bis ein Befehl aus einem seiner Paläste kommt. Du weißt, wie schnell die Boten sind.«

»Wir bleiben. In eurem Palast.« Skylax federte einen Stoß der Räder ab. »Bald weiß ich nicht mehr, wie man auf Decksplanken schläft.«

Skylax' Erinnerungen und die seiner Mannschaft barsten von sonnigen, nebligen, stürmischen Tagen und rußschwarzen, windstillen Nächten. Siebentag um Siebentag hatten sie die *Unsterbliche Schneide* entlang der Ufersümpfe voller roter Stelzvögel mit gekrümmten Hälsen, krächzend jagenden Meeresraben, Eisvögeln, die mit summenden Flügeln wie Geschmeide funkelnd zwischen den Schilfhalmen jagten, entlang schroffer brauner und roter Bergabstürze gerudert und gesegelt, um deren Sockel die drei, vier Fuß hohe Brandung gischtete. Jeden Mond wechselte die Richtung des Windes; meist dörrte der Hauch aus den Wüsten die Körper unerträglich aus. Über ihnen kreisten Geier, im Hinterland der Strände jagten rotäugige Möwen und Schieferfalken. Oberhalb des Spülsaumes, hinter Wällen aus Treibgut, wuchsen Büschel seltsamer Rankenpflanzen: winzige kreuzförmige Blätter, die den Tau aufsogen und prall wurden und abends trocknend erschlafften. Verwundert, fast erschreckt vom Glühen und Leuchten des nächtlichen Meeres und von den Sandwolken der Stürme, suchten sie weiter nach Quellen, Tümpeln und Wasserstellen, umschwirrt von großen Vögeln, deren messerscharfe Schreie die lastende Luft zerrissen. Durch Nebel wie dünne Milch fuhren sie, unter Sandwolken wie Körner und Staub aus Gold, die in weiten Wirbeln über das Wasser hinzogen, und an manchen Tagen unter einem ungeheuren Himmel, der auf das einsame Schiff niederdröhnte. Der wechselnde Mond in seinem vielgestaltigen Aussehen und in nie gekannten Farben schlich vor ihnen und hinter dem Heck durch die Sterne. Bronze blendete sie, flüssiges Silber versengte die Haut, falbes Gold oder anderes, scharfes Leuchten verwirrte ihre Augen hinter den Sonnenschleiern – Tag um Tag, einen siedenden Siebentag nach dem anderen, ruderten und segelten sie abermals in einem Meer der Fremdheit, zwischen schroff abfallenden Küstenfelsen und von Bucht zu Bucht, in denen sie nicht einmal uralte vermoderte Reste früherer Schiffe fanden. Kerbe um Kerbe, viele Querschnitte durch sechs schmale Schnitte, jeweils ein Siebentag, deren Kanten vom Salz und Sand an den schwieligen Händen der Meerfahrer geschmirgelt wurden, bedeckten den Handlauf der Heckbordwand. Sichelflossen schlanker, schneller Fische, länger als sechs Ellen, kreisten um die *Unsterbliche*, silberne Delphinoi sprangen hoch aus den Wellen; riesige Schulen kleiner Fische flüchteten in staunenswerten Rucken vor gefräßigen Verfolgern. Im Mondlicht ragten die Uferberge wie schartige Bronzesägen auf. Mitunter hallten klagende Laute über das Wasser; es war, als kämen sie aus Spalten in den Bergen oder aus den Schlieren dahinziehender Strömungen. Stets sahen sie Land, niemals Schiffe, Boote oder Fußspuren von Menschen, bis zu diesem Tag, als sie im See des Bitterwassers an Land gingen; überzeugt, das trostloseste Ufer der Welt betreten zu haben.

Der Ziegenhirt hatte den Seefahrern berichtet, daß Bubastis, eine Stadt am östlichsten Mündungsarm, mit genügend Wasservorrat in neun oder zehn Tagesmärschen zu erreichen war. Zwei Tagesmärsche nach Westen trafen sie auf die Gespanne der Grenzwächter; je ein mudrayischer Lenker und ein karischer Bogenschütze standen in den Wagen, die in vollem Galopp auf die Seefahrer zustoben. Dariuvahushs Befehle hatten längst den Kshatrapan in Memphis erreicht: Niemand wußte, wann und an welcher Stelle die *Unsterbliche* die Grenze zwischen Meer und Land erreichen würde, aber das Schiff wurde erwartet. Die Grenzwächter brachten Kapitän und Steuermann nach Bubastis, von dort aus peitschten die Ruderer ein Schiff neilosaufwärts nach Memphis und zu Aryâvanda und Udja-Horresnet. Eine zweite Gruppe schneller Wagen fuhr mit frischem Wasser, Wein und Essen zur Landungsstelle und barg das Schiff. Die Mannschaft schlief zwei Tage danach in den kühlen Räumen des Palästchens; jedes große, prächtige Gebäude mit farbigen Mauern, in dem Schreiber oder Verwalter lebten, nannten die Mudrayier Palast. Boten an den König fuhren zu Schiff neilosabwärts und ritten durch Abr Nahr zur Königsstraße, um zu berichten, daß Kapitän Skylax lebte und seine Aufgabe beendet hatte. Eine Gruppe Kamelreiter begleitete einige pârsische Ruderer und Hindusch-Seefahrer nach Hagmatâna; Skylax, seine Fünf und elf Ruderer blieben in Bubastis und Men-Nefer.
Aspaka, Oberster Schreiber und Vertrauter des Obersten Aller Ärzte, Udja-Horresnet, Vertrauter des Königs Dariuvahush, hielt am runden Wassertrog die Pferde an und sprang zu Boden.

»Du hast es nicht eilig, Käpten?«

»Nicht im mindesten, Herr der Dünen.« Skylax nahm das Ne-
mes-Tuch ab und tauchte die Unterarme ins Brunnenwasser. »Sie
halten das Bier kühl im Palästchen von Bubastis. Amai-Irdis,
glaube ich, wird mich erwarten – nichts hört sie lieber als die Lü-
gengeschichten der Seefahrer.«

Er setzte sich auf den steinernen Rand, blickte sich im gesprenkelten Schatten der winzigen Oase um und dachte an das fast unglaubliche Wagnis des Kanalbaues. Von Udja-Horresnet wußte
er – und dem alten Arzt hatten es noch ältere Priester berichtet –,
daß die Geschichte dieses Kanals viele Geschlechter weit zu-
rückreichte. Die Schiffe einer Pharaonin Hatschepsut hatten ihn
benutzt, um in das ferne Land Punt zu segeln; wo immer dieses
Weihrauchland liegen mochte. Für lange Zeit war danach diese
schleusenlose Fahrrinne verfallen, zugeweht, unbenutzt geblieben, war wieder freigeschaufelt und geflutet worden, abermals
versandet, bis Pharao Necho vor einem Jahrhundert den künstlichen Flußlauf wieder zu öffnen begann und aufgeben mußte.
Und nun war es Dariuvahushs feste Absicht, den Strom mit dem
Meer und zugleich den Oberlauf des Indos mit dem unbekannten
Nordufer des Pontos Euxeinos zu verbinden – die Kraft des Reiches und die riesige Zahl der Arbeiter würden diesen Kanal, vielleicht fünfzehn Parasangen lang, fertigstellen; und ein halbes
Dutzend beschrifteter Säulen oder granitener Stelen dazu.

Aspaka schob die Trensen in die tropfenden Mäuler der Zugtiere,
wusch sich die Hände und trocknete sie am Schurz ab. »Steig
auf, Bruder der Wellen. Was zu sehen war, hab ich dir gezeigt.«

»Mich hat es erstaunt.« Die Pferde trabten zwischen den schup-
pigen Stämmen der Palmen hervor ins grelle Licht der Wüsten-
sonne. Die Ebene war von wenigen, kaum erkennbaren Pfaden
durchzogen; nach einer halben Stunde mündete diese Spur in
eine breitere Straße, die entlang des vom Sand begrabenen Kanals nach Bubastis führte.

Dariuvahushs einundzwanzigstes Herrschaftsjahr begann im
frühsommerlichen Huza; die zukünftige Pracht des äußerlich fertig gebauten Palasts, das strahlende Grün der Höfe und Plätze,

der schier zahllosen Bäume, die innerhalb und jenseits der mächtigen Stadtmauern auf seinen Befehl hin gepflanzt worden waren, und die Pairidaezas, die hinter weißen Mauern entlang der Straße, bis zur Brücke über den Ulaifluß, ins Land hinauswucherten, drängten die Gedanken an sein unfertiges Felsengrab und die Stunden der Mondfinsternis zurück und schoben sie zum Horizont seiner Empfindungen, hinter dem sie zu versinken schienen. Daß der Pârsa Tshissa Vahush, Farnakas bester Mann, sich Dariuvahushs Anerkennung und Dankbarkeit erwarb, weil er unbestechlich dort wirkte, verwaltete und unnachsichtig prüfte, wo Gaubarva, Aspat Shanâh und Farnaka nicht sein konnten, wußten die Getreuen längst: In dreimal sieben Jahren war es Gaubarva und Dariuvahush gelungen, in jeder Reichsstadt treue, kluge Männer um sich zu scharen, die den Thron umgaben wie ein Ring erbarmungsloser Lanzenkämpfer.

Vom Dach des alten Palastes genoß er jeden Blick, jeden Laut, der hier oben seine Ohren erreichte; es waren die Geräusche gesunden Wachstums, gewöhnlicher Fröhlichkeit, emsiger Arbeit. Manchmal wünschte er sich, er könnte die Bäume wachsen hören und das Flüstern belauschen, mit dem Blüten zu Früchten wurden. Vor wenigen Tagen hatte er drei seiner Töchter mit jungen Heeresführern vermählt; die Unsterblichen Hutana, Hymaies und Daurises hatten Heeresteile in Sparda gegen Aristagoras' Aufrührer geführt und sie auf die Schiffe zurückgetrieben. Die Namen der Töchter waren ihm nicht mehr gegenwärtig. Zwei Jahrzehnte unentwegten Bemühens lagen hinter ihm; wieder schien es, als ob die Unruhe in Yauna und auf den Inseln der Barbaren nicht bis hierher, nicht bis in sein Leben oder in seine Träume hineinreichen könne.

»O Ahura Mazdâh.« Er stützte sich auf die glasierten Kacheln der Brüstung, atmete tief ein und aus und wünschte sich, einige Monde lang im Heck der *Unsterblichen* zu sitzen und Pârsas Grenzen von weitem zu sehen. Und sicher zu sein, daß Gaubarva, Aspat Shanâh, Farnaka und Tshissa Vahush das Reich verwalteten; mindestens so gut wie er selbst. »Du schwebst wirklich zwischen dem Mond und den Wolken und ordnest das Durcheinander in der Gerümpelkammer meines Verstandes. Ich fühl mich

wohl im Schatten deiner Schwingen – und die Wirrnis versuch
ich mit geschriebenen Worten zu mindern.«
Er lachte leise. Es war wie im Nebel oder zwei Ellen tief im kalten Wasser des Pairidaeza-Teichs. War noch Zeit? Wieviel Zeit
war noch, ehe sich der Traum von der lichten Kühle gegen ihn
kehrte? »Da mußt du hindurch, Dariuvahush.«
Er wandte sich um. An seinen letzten Fiebertraum und die Bilder,
die von lang verflossenen Alpträumen übriggeblieben waren,
vermochte er sich nicht mehr zu erinnern; seine Träume der vergangenen Monde waren mild, sanft und ausgeglichen gewesen
und hatten Erinnerungen an leidenschaftlich schwüle Nächte
wiedererzählt. Im verhangenen Versteck der Zukunft schliff der
schwarze Ahriman sicherlich an der Schwertschneide der Zukunft, zählte seine Söhne, die am Leben geblieben und, vielleicht, zur Herrschaftsnachfolge fähig waren, verzählte sich an
der Anzahl der Königstöchter und vergaß verwirrt Schätzen,
Zählen und Bewerten jener Männer, die in Hunderten von Zimmern prüften, zählten, rechneten und schrieben – zum Wohl der
Verwaltung des größten und herrlichsten Reiches der Welt.

Es mochten zehn oder zwölf Tage im Palast zu Huza vergangen
sein, in denen Dariuvahush unzählige Boten, Botschaften, Nachrichten, Briefe, Urteile, Zusammenkünfte der Richter, Fragen,
Pläne, geheime Briefe oder Anordnungen und Befehle, die Straßen, Brücken, Brunnen und Wasserhaltungen, Kanäle, Wasser-Ge-
rechtsame betrafen, und verwirrende Winzigkeiten, Kleinigkeiten
und Einzelheiten aus dreiundzwanzig Kshatrapien über sich hatte
ergehen lassen. Von Sonnenaufgang bis spät in die Nächte zwang
er sich dazu, jedem Ding, jeder Sache die gleiche Aufmerksamkeit
zuzuordnen. Am Abend irgendeines Tages bat er todmüde den
hinfälligen Freund Bagapâta darum, Nefermerit, ein Dutzend von
ihren geschulten Sklavinnen und seine Schreibtruhe zum winzigen Pairidaeza-Palast bringen zu lassen. In der fünfzehnten Nacht
– Gaubarva nannte diese Zahl – ritt er, von zwölf fackeltragenden
Lanzenreitern begleitet, aus dem Palast, durch die halbe Stadt und
das festungsartige Südtor. Vor den Hufen, über die Ohren des
Hengstes hinweg, sah er das helle Band und den blitzenden Wi-

derschein der Fackelflammen in verstreuten goldenen Sandkörnern der Straße; zwischen und unter den Baumwipfeln, die ihre Äste verschränkten wie Finger, trabte er für viele ruhige Tage und Nächte aus seiner Königswelt hinaus. Zum erstenmal spürte er die fünf Jahrzehnte als Last auf seinem Nacken. Er winkte. Tshissa Vahush schloß auf und wandte den Kopf. »Herr?«

Dariuvahush versuchte, wie ein Verschwörer zu grinsen. »Ich bin fort. Ich bin nicht in Huza, ich bin im Nirgendwo. Es gibt mich nicht. Kann es sein, daß du verstehst, was ich meine?«

»O König!« Der zweiunddreißigjährige Mada grinste ebenso schief und neigte den Kopf. »Hast du vergessen, daß mich Gaubarva, Shanâh und Fürst Tachmaspâda ausgebildet haben? Dich hat einen Zehntag lang Ahura Mazdâh entführt.«

»So soll man es handhaben. Aber: Ich will Nachricht haben von Malmarduk, dem Mondblinden. Von Kapitän Skylax. Vom Kshatrapan Aryâvanda von Mudrayia. Von meinen pârsischen Baumeistern und der Mannschaft um Proktokrites von Chios. Vom Nachfolger meines weisen Arztes Demokedes. Von meinem Sohn Xayarsha, von Fürst Rashurda und besonders von Fürst Sykashta, meinem adleräugigen Großohr. All dies will ich wissen, wenn ich wieder im Palast bin.«

Tshissa Vahush hielt sich am Zügel fest und berührte die drei Finger breite Goldkette um seinen Hals, die im Halbdunkel glomm. »Dein Befehl, o Herrscher. Laß nicht die Boten pfählen, wenn sie fünfzehn Tage brauchen.«

»Ich hoffe, die Zeit des Pfählens ist vorbei.«

»Danach sehnen sich auch die zu Pfählenden. Ich darf dich stören lassen oder selbst stören, wenn etwas geschieht, was deine engsten Königsfreunde betrifft?« Dariuvahush schüttelte langsam den Kopf.

»Zu jeder Zeit, Tag und Nacht. Ich glaube, du hast schon mehr gelernt, als dich Gaubarva lehren konnte.«

»Ich bemühe mich um gemäßigte, erreichbare Vollkommenheit, o König der Könige.«

Vor dem Doppeltor, das im Fackelschein langsam aufschwang, zügelte Dariuvahush seinen Hengst und warf Tshissa Vahush einen langen, durchdringenden Blick zu.

»Erreichbare Vollkommenheit! Gut so! Das Schwerste ist, zwischen wirklich Wichtigem und allem anderen unterscheiden zu können. Auch dein König hat's noch nicht ganz gelernt.« Er lachte und klopfte beruhigend den Hals des Pferdes. »Vielleicht ist es so, wie König Pukkusati sagte: Schon der gute Weg ist das Ziel. Versuchen wir also in guter Ruh, es so oder so zu erreichen – oder auf ganz andere *Weise*.«

Tshissa Vahush verbeugte sich tief; er fiel fast vom Pferd.

Dariuvahush trat die Fersen in die Flanken des Hengstes und galoppierte, lautlos lachend, auf die wartenden Fackelträger am Rand des Pairidaeza-Sees zu.

Nefermerit hatte Dariuvahush um Mittnacht geweckt, nach einigen Stunden abgrundtiefen Schlafs. Während des Aufwachens hatte er gespürt, wie sie seinen Körper und seine Begierde lockte; sein Glied richtete sich zwischen ihren Lippen auf und glitt, als sich ihr Körper senkte, tief in ihren heißen Schoß. Behutsam ließ Nefermerit ihre Hüften auf seinen Schenkeln kreisen, hob und senkte sie, wiegte ihren Oberkörper und bedeckte, als er den Kopf hob, seine Augen mit den kühlen Handflächen. Als er sich endlich ergoß und Nefermerits Brüste sich auf seine schweißnasse Haut preßten, als sie wieder ruhig atmeten, nahm sie die Hände von seinem Gesicht, berührte mit dem Zeigefingern seine trockenen Lippen und löste sich von ihm.

Während seine Blicke durch den Raum wanderten, der von wenigen Olflämmchen und den Silberspiegeln hinter den Lichtern erhellt war, und sich wieder auf Nefermerit hefteten, zögerte Dariuvahush, seinen vergleichenden Gedanken weiter nachzugehen: Königin Hutaûtha war selbstbewußter, Rytabâmas überwölbende Mütterlichkeit war sanfter, milder, verströmender, längst jenseits jeden Begehrens. Rtastunâ ritt wie ein Krieger, auf Pferden und ihm, in hitzigen Nächten. Ihr Körper, verewigt in einer goldenen Statue, war eine schöne Mischung aus Mann und Weib: langbeinig, schmalhüftig, vollbrüstig und unversehrt von ihren Geburten. Nefermerit war mehr und anders; zu ihrer Leidenschaftlichkeit, umhüllt von schmeichelnder Haut und hinter der Schwere ihrer Brüste gab es eine rätselhafte Fülle, die sie von anderen

Frauen unterschied und ihn mit goldenen Ketten an sie fesselte. Nicht nur ihr Körper beherbergte ihm Unverständliches; vielleicht ein mudrayisches Geheimnis und sicherlich ihre Fähigkeit, ihn zu verstehen wie Gaubarva, Sykashta oder Farnaka: Wahrscheinlich besaß sie etwas von der Weisheit des großen Sphinx und ein Funkeln von dessen alles begreifendem Sehen in endlosen Weiten.

Nefermerit schien seine Blicke zu spüren, als ob sie an ihrem langen Rücken hafteten wie weingetränkte Tücher; sie drehte sich um, schwere silberne Pokale in den Händen, und kam auf ihn zu.

»O König.« Ihr kehliges Flüstern durchfuhr ihn wie ein Nadelstich. »Zwanzig Jahre lang durfte ich dich kennen. Du bist erschöpft wie ein Ruderer deines karischen Käptens. Dein Verstand surrt umher wie eine Hummel. Dein Schlaf, zu selten an meiner Seite, ist wie halber Tod. Glaubst du noch so jung zu sein wie Xayarsha oder deine anderen Söhne?«

Dariuvahush hielt den Pokal mit beiden Händen und dachte lange nach, ehe er antwortete. Ihm schwindelte, als habe er zuviel Wein getrunken.

»Glaube ich nicht. Und bin ich nicht.« Nefermerit kniete am Rand des Lagers, sah in seine Augen und nippte am gemischten Wein. Er betrachtete ihren flachen Bauch und die langen Schenkel, hob zögernd die Schultern. »Zuerst hab ich mich selbst gezwungen, König zu sein. Dann war ich König: Ich befahl, und jeder rannte. Jetzt bin ich der müde König der Könige, erschöpft, überwältigt. Zwischen mir und der Welt – ich weiß nicht, ob Abstand sein muß, wieviel Abstand sein soll. Ob ich mein Königtum vermindere, wenn ich die sechs Lanzenlängen unterschreite und jemandem die Hand auf die Schulter lege?« Er trank, hob den Kopf und starrte in die weißen Felder zwischen dem Gitter der Deckenbalken. »Niemand, nicht einer der Königsfreunde, auch nicht Vater Vishtâspa hat mich aufs Königtum vorbereitet.«

»Alle sagen es, o König: Du bist der Beste, Größte, den dieses Reich je hatte! Anders als Kurusch; er ist Legende. Du lächelst, wie's Kambushya nie zeigte. Bester Freund deiner Freunde.«

Er hob die Schultern und starrte den Wein im Pokal an, als sähe er in dessen verzerrender Spiegelung die Wahrheit. »Ist es so, Schönste?«

»Wie kann ich dich überzeugen? Mit mir sprechen Blaukittel, karische Steinmetzen, mudrayische Ruderer, Harfenistinnen, pârsische Botenreiter und Verschnittene, die auf Weiber und Männer gleichermaßen eifersüchtig sind, yaunische Gelehrte und karische Kapitäne – alle loben dich. Ich, unwichtiges Gefäß deiner Lenden, höre dies und sag's dir; selbst meine minderjährigen Dienerinnen lächeln, wenn ich von dir spreche.«

Dariuvahush nahm einen Schluck des verdünnten Würzweins, stand auf und ging, nackt wie er war, zur dunklen Terrasse.

»Ist es wirklich so, schönste Freundin?«

Nefermerit hob die Schultern, schwenkte den Pokal in ihrer Rechten und folgte ihm auf die mondhelle Fläche jenseits der Säulen. Er legte den Arm um sie, hörte die nächtlichen Laute der Tiere und sah den Widerschein der Sterne und der Mondsichel auf dem reglosen Wasser.

»So ist es. Ich kann nichts hinzufügen und wenig davon mindern. Ich bin nicht Gaubarva; die Messerschärfe seiner Gedanken vermag niemand nachzuvollziehen«, flüsterte Nefermerit. »Ich liege bei dir. Da entschwirren all die unwichtigen Dinge wie Sperlinge; dein schwingenschlagender Gott soll dafür sorgen, daß dir genug Zeit bleibt, um alles zu vollenden – alles, wovon du träumst. Manchmal ... mit mir an deiner Seite.«

Er setzte sich auf die Brüstung, umschloß mit seinen Schenkeln ihre warmen Hüften und murmelte: »Jenseits der Freundschaft zwischen Männern und dem Irrgarten der verwirrenden Handgreiflichkeiten, die mit Frauen, Gier, Verschnittenen, Leidenschaft und Befriedigung zu tun haben – ist da eine Lichtung der Vernunft? Ohne Forderungen, die kaum jemand erfüllen könnte?«

Nefermerit legte die Hand auf seine Schulter, streichelte seinen Nacken und küßte seine Stirn, beugte sich zurück und flüsterte: »Ich weiß es nicht, mein königlicher Freund. Meine Hände – ich halte sie über dich, während du von tausend Fragen träumst. Aber du bist König der Könige.«

Er starrte in ihr Gesicht, in ihre rot geäderten Augen und auf ihre schmale Nasenwurzel. Ihre und seine Nacktheit war undeutend, aber kennzeichnend – diese Huza-Nacht fand außerhalb des Gewöhnlichen statt, fern der Schrecken zuckender Schlangenstiere oder blutroter Mondverfinsterungen. Mächtigster Mann der Welt, König der Könige, dachte er, schüttelte zögernd den Kopf und leerte den Pokal.

Das Licht der Morgendämmerung veränderte sich, als Dariuvahush mit nassen Händen zurückkam und die Finger mit dem duftenden Tuch abtrocknete. Er ließ es auf einen Hocker fallen und betrachtete die schlafende Nefermerit. Die Schatten der Figürchen an den Ecken des Schreibleders verloren sich hinter der Tischkante in der Dämmerung des Saales. Dariuvahush las gemächlich ein drittes Mal, was er geschrieben hatte; er tauchte den Griffel ein und drückte Bündel winziger Keile auf die fast weiße Lederfläche.

... so sagt ein Samier, ein ›Freund der Wissenschaft‹, also ein Gelehrter, daß alle vier Elemente am Anfang der Welt in einer gewaltigen Kugel vereinigt eingesperrt waren. Vom Chaos getrieben, trennten sich die Elemente, aber es gelang ihnen nur unvollkommen. Alle Geschöpfe der Erde, auch das Moos und die Fische, bestünden aus Feuer, Wasser und Erde: Aus dem ersten Ei, das sich öffnete, entstanden Pflanzen, Tiere und Menschen, die in rasendem Kampf gegeneinander wüteten, sich trennten, sich mehr und mehr absondernd reinigten, und nach langer Zeit versuchte die Liebe, neues, anderes Leben keimen zu lassen. Aber auch diese Geschöpfe fügten sich zusammen, waren lebensuntüchtig oder nahe der Vollkommenheit. Untergang und Wiedergeburt lösten einander in ständigem Wechsel ab – das würde den Hang vieler Männer zu Kampf und Krieg erklären und bedeuten, daß ich, Dariuvahush, einst ein Fisch gewesen bin, dann vielleicht ein Adler oder eine Eiche. Lange haben ich und Arzt Demokedes darüber geredet. Auch er vermag es nicht recht zu glauben; ich erinnere mich ebenso wenig wie er daran, im Boden gewurzelt, ein Jahrhundert im Wind geraschelt und Eicheln abgeworfen zu haben. Woher wir Menschen kommen oder ob uns

die Götter erschaffen haben, damit sie uns beim Zeugen, Kämpfen und Sterben zusehen können – niemand weiß es wirklich. Was ich aber weiß: Jede Stadt im Reich, deren Bewohner meinem Gott Ahura Mazdâh fleischlose Rauchopfer bringen, besitzt nun steinerne Feueraltäre und Feuerbewahrtürme. Ich habe dafür gesorgt, daß sie von Priestern und Magiern versorgt werden. Dort, wo man Tempel anderer Gottheiten baut, habe ich Silber und Gold gegeben, um sie schön und groß zu bauen.

Auch Schiffe habe ich bauen lassen, schöne, seetüchtige und große; überall dort, wo es Holz und gute Schiffsbaumeister gibt, denn am Saum meines Reiches zu den yaunischen Inseln brauche ich viele Schiffe voll mit treuen Kriegern und erfahrenen Steuermännern. Die Nachrichten des mutigen Kapitäns Skylax werden sich überall dort herumsprechen, wohin ich meine Befehle sende, aber es werden viele Jahre vergehen, bis alle diese endlos lange Wasserstraße des Handels kennen. Wenn die Abgesandten aller Kshatrapien zum nächsten Nourouzfest kommen, das wir in Pârseï feiern, wird es ihnen der Kapitän selbst sagen: ›Das Meer von Arabaya und das Untere Meer, durch das Land Arabaya getrennt, sind zwei Nebenmeere des Großen Unbekannten Südmeeres.‹ Das wird er ihnen sagen; sein Mut und seine Erfahrungen haben den Weg geöffnet – aber es war mein Befehl!

Mein Feldzug in den Norden Skudras, über den Istros-Rautâ hinweg, war ein Mißerfolg. Ich habe den Fehler gemacht, in ein Land einzudringen, dessen Sprache und Bräuche wir nicht kannten; der aufwendige Kriegszug verlief unerklärbar und seltsam wie ... eine Lorme. Niemand in Pârsa redet so, aber ich weiß, daß die Lydier und Yaunier lachen. Da sie nicht über den Lanzenreiter Dariuvahush lachen, sondern über den König der Könige, trifft ihr Lachen das Reich. Das Gold dieses Reiches aber wird den Kanal zwischen Bubastis und dem Neilos-Rautâ binnen weniger Jahre neu entstehen lassen: Dann ist die Schmach meines Heeres getilgt. Jeder, der lesen kann, wird von den Stelen neben dem Kanal erfahren, daß Dariuvahush dieses Wunder befohlen hat; mit vielen Schiffen werde ich, nachdem ich alle Gerüchte über die Untreue des Kshatrapan Aryâvanda geprüft habe, endlich von Men-Nefer ins mudrayische Meer segeln. Ob es an der

Zeit ist, Xayarsha dieses Land zu zeigen, weiß ich nicht; daß ihm als Enkel Kambushyas der Thron gebührt, daran ist kein Zweifel. Noch schlafe ich ruhig, selbst wenn ich an Sardeïs, Miletos und kleine Kriege zwischen den yaunischen Inseln denke. Es ist eine Schlacht, die keiner gewinnen kann. Die yaunischen Delphinoi sind flinker als der starke pârsische Flügelstier. Kaum ist die Grenze von Skudra sicher in meiner Hand, in einer Zeit, in der zwischen Thatguyia und Putya tiefer königlicher Friede herrscht, drohen Dutzende kleiner Brände am westlichen Saum von Sparda. Die Schiffe der Barbaren verwüsten Städte und Inseln, die dem Reich gehören. Aristagoras von Miletos! Hunderte meiner Schiffe suchen nach dir, dem Hosenlosen! Die Vorzüge der Macht, über die ich gebiete, habe ich erkannt: Auf meinen Befehl sammelt sich das größte und beste Heer der Welt und zieht zur Grenze. Selbst wenn ich siege, werde ich älter und müder, und die Zahl meiner Träume wird geringer – aber den weißen Traum von Pârseï träume ich wieder und wieder! Und es bleibt auch tief in meinen Träumen die dunkle Furcht vor den Gesichten des Mondblinden: Daß die Erde bebt und die Säulen von Pârseï niederbrechen, daß Dächer und Mauern viele Menschen erschlagen, Staudämme brechen und Qanate verschüttet werden, während sich der Mond verfinstert und rot wird wie Blut. Histiaios aus Miletos, der hier in Huza meine Schreiber und Verwalter berät, ihn werde ich nach Yauna zurückschicken, damit er dem Gatten seiner Tochter berichtet, wie der König seine besiegten Feinde pfählen läßt. Gaubarva, der Histiaios beobachten läßt, ist davon überzeugt, daß der Barbar den Aufstand mit geheimen Botschaften schürt und unterstützt, aber auch Gaubarvas tüchtige junge Männer haben nichts davon gefunden; ein anderer junger Mann, mein Sohn Xayarsha, weiß von solcherlei Listen nichts. Ich werde mich mit Gaubarva und Farnaka beraten, ob es schon an der Zeit ist, Xayarsha ans Gewisper, Geflüster und all das Unausgesprochene in den Palästen zu gewöhnen, das seit Kurusch und Kambushya zur Herrschaft gehört.

Dariuvahush zögerte, bevor er den Griffel eintauchte; seine Augen begannen zu tränen, die Muskeln im Nacken und in den

Schultern schmerzten. Er streckte die Hand aus und wollte das Schreibleder zusammenrollen, dann hob er die Schultern. Er und Nefermerit waren allein, niemand würde lesen, was er geschrieben hatte. Er verschloß sorgfältig den kleinen Tuschekrug, nahm gähnend den Turm und den goldenen Stier von den Ecken und wartete, bis sich das Blatt sacht raschelnd zusammengerollt hatte. Als er um den Tisch herumging, um die Vorhänge zuzuziehen, schmeckte er aus dem Kasten des Schreibzeugs den schweren Geruch des Holzes und die Gerbstoffe des Leders; an den Mükkenschleiern klebten Fliegen, kleine Spinnen und langbeinige, zuckende Wesen mit kugeligen Körpern. Dariuvahush streckte sich neben Nefermerit aus und zog das Laken bis zum Kinn; mit geschlossenen Augen dachte er über die Schrift nach, die in den Fels über seinem Grabmal gemeißelt werden würde, und suchte die Worte zusammen.

DARIUVAHUSH DER KÖNIG VERKÜNDET: ALS AHURA MAZDÂH SAH, DASS DIE WELT IN AUFRUHR WAR, ÜBERTRUG ER SIE MIR UND MACHTE MICH ZUM KÖNIG. ICH BIN KÖNIG. NACH SEINEM WILLEN SETZTE ICH DIE WELT AN IHREN PLATZ; WAS ICH DEN BEWOHNERN SAGTE, TATEN SIE, WIE ICH ES WÜNSCHTE. WENN DU FRAGST: ÜBER WIE VIELE LÄNDER GEBOT KÖNIG DARIUVAHUSH?, SO SIEH AUF DEM BILD, WER DA THRONT ...

Plötzlich flutet strahlende Helligkeit in seinen Traum. Er sieht sich auf dem Pfad der tausend Tage in den Ebenen des salzigen Sandes, der tief unter ihm liegt; der Pfad spannt sich im Hitzeglast wie Ahura Mazdâhs Brücke über der Wüstenei und mündet in den kühlen, sanften Schatten einer Oase, die allen Pairidaezas gleicht, die er hat pflanzen lassen. Er spürt Durst, will reines Wasser sehen und trinken, will im Schatten liegen und spüren, wie der Durst vergeht. Plötzlich riecht er unsichtbare Blüten, riecht und schmeckt Speik, Sandelholz, Zedernöl, Sandarak und mudrayisches Kyphi, die als Rauch von den Flammen eines weißen, kantigen Feuerbewahrturms aufsteigen, und er trinkt, saugt die Düfte tief in seine Lungen, badet seine Unterarme im Kühlen und fühlt sich leicht wie der kreisende Adler über der Ebene von Pârseï. Der Apadana ist fertig: weiße, geriffelte Säulen, Mauern aus Stein von Sivand, in allen Farben von warmem Gelb bis zu glänzendem Schwarz, enden in Stierkapitellen und im wuchtigen Gefach von Zedernbalken, unter denen sich die mächtigen Fürsten des Reiches versammeln und lachend zur Musik ausgewählter Künstler viel sorgsam gekühlten und gefilterten Wein trinken. Fürsten und Kshatrapane aus allen Windrichtungen, die freudig jeden Schritt des prächtigen Rituals, des tagelangen Festes mit ihm gehen und ihm, Dariuvahush, König der Könige, in ihren Worten die Gewißheit geben, daß er über das große Reich klug und streng, gerecht und zum Wohl der Armen und Reichen herrscht. Er erhebt sich mit weit ausgebreiteten Schwingen, deren Schatten er tief unter sich über goldenen Sand, endlos grüne Flächen und hellblaues Meerwasser gleiten sieht, aus der Oase seines Wohlbefindens und greift nach dem goldenen Pokal, aus dem er einen tiefen Schluck schweren Schlafes nimmt; einige Herzschläge lang öffnet er die Augen, blickt an sich herunter und sieht den Körper eines fünfzigjährigen, im Erwachen erschlafften Mannes. Und doch, das edelsteingeschmückte Traum-Trinkgefäß in beiden Händen, wacht er nicht wirklich auf und träumt lächelnd weiter.

Zwei Monde, bevor die Zeit der Winterstürme endete und im Reich des blauhaarigen Poseidon selbst für dickbäuchige Händlerschiffe nur die bekannten Gefahren lauerten, fuhr ein Zweiruderer in den Hermos-Flußhafen von Magnesia ein. Der Mast war geknickt, das Rahsegel zerfetzt; einige Riemen fehlten. Jung-Rtafarnâh sah, wie im Heck und im Bug die pârsischen Reichszeichen befestigt wurden; ein vergoldeter Stierkopf zwischen ausgebreiteten Adlerschwingen unter Dariuvahushs Zackenkrone. Der junge Mann hielt sich am Griff fest, der in die Mähne seines stämmigen Hengstes geflochten war, und drehte sich halb herum.
»Das sollten wir uns näher ansehen, Madapârna.«
Der alte Mada, wie ein karischer Hoplit gerüstet, hatte den Panzerrock durch den Reitermantel verdeckt, der schwere Helm hing am Rückengurt des Tieres. Er zog den Saum des Bashlyq unters Kinn, winkte dem zweiten Lanzenreiter und schüttelte den Kopf.

»Werden wir, junger Kshatrapan! Los!«

In langsamem Galopp ritten sie durch den Sand und die schlammigen Pfützen der Hafenstraße. Feuchter Wind aus niedrigen, grauen Wolken ratterte mit den kahlen Ästen der Kirsch- und Quittenbäume. Alle Boote der Flußfischer lagen umgedreht über der Hochwassermarke des Maiandros; aus den Gerippen der unfertigen Dreiruderer, die Jung-Rtafarnâhs Vater, der Kshatrapan von Sardeïs bauen ließ, tropfte Wasser. Rtafarnâh sah zu, wie das Schiff von müden Ruderern gewendet wurde und am innersten Punkt des Stegs anlegte. Wie jeder Pârsa in diesem Land wußte Rtafarnâh, daß trotz der Vielzahl der Völker das Reich ein einheitlicher Körper war, vom Dâtam seines Vaterbruders beherrscht; wenn ausgerechnet jetzt sich ein Kapitän aus dem Hafen hinauswagte, mußte es etwas mit den Umtrieben des Aristagoras zu tun haben. Sein Vater Rtafarnâh teilte seinen Haß zwischen eben diesem Aristagoras von Miletos und dessen Schwiegervater Histiaios. Halb verborgen hinter einer Hecke Lorbeerbäumchen sahen die Reiter zu, wie eine Gruppe Männer und Frauen über die Planke taumelte. Die Mannschaft, die Bündel, Packen und lederumhüllte Truhen auf den nassen Steg wuchtete, war ebenso mitgenommen wie das Schiff. Ushaya, der andere Lanzenreiter, sagte leise:

»Ich kann verstehen, was sie sagen. Dialekt von Kypros. Den Dicken nennen sie Gorgos.«

Jung-Rtafarnâh versuchte sich zu erinnern, was er von der Kupferinsel Kypros und deren Herrscher Gorgos wußte:

Nachdem die Flotte der Yaunier unter Aristagoras vertrieben worden war, fuhr sie nach Kypros. König Gorgos, Sohn des Chersis, stützte einen Teil seiner Herrschaft auf pârsisches Gold. Onesilos, sein jüngerer Bruder, drängte ihn seit langem, sich den Aufrührern um Aristagoras anzuschließen. Fast alle kyprischen Kleinkönige hatten sich freiwillig angeschlossen. Aber Gorgos blieb unerschütterlich, entlohnte seine Söldner mit Dariuvahushs Gold und entrichtete seinen Tribut. Daß er die Fahrt hierher zu dieser Zeit gewagt hatte, sprach dafür, daß Aristagoras und Onesilos ihn vertrieben hatten. Jung-Rtafarnâh hob die Hand und ritt durch die triefenden Büsche zum Ende des Stegs.

»Du bist König Gorgos?« rief er in die Richtung der Gruppe, die durch Schlamm und nassen Kies stapfte. Der Dicke hob den Kopf und wischte Regentropfen von der Stirn.

»Ich war König; Gorgos von Kypros. Seid ihr Pârsa? Wenn es so ist – ich bitte um Gastrecht und den Schutz des Großkönigs Dareios.« Er kam näher; vielleicht ein Dutzend Männer und Frauen zählten zu seinem Gefolge. »Für mich, meine Familie und die mutige Mannschaft des tapferen Schiffes.«

Rtafarnâh rutschte vom Pferderücken, ging auf Gorgos zu und schlug den Saum des Mantels zurück. Die Reiterhosen aus doppeltem, geöltem Leder machten jeden Schritt zur Anstrengung.

»Willkommen, o König Gorgos«, sagte er. »Ich bin zu gering und kann dir kein Gastrecht anbieten. Aber für dich und deine Leute ein trockenes, warmes Haus in Magnesia, Essen und gefahrlosen Schlaf.«

Die Männer musterten sich; allein die wertvolle Bekleidung, der Goldschmuck und die Art der Sprache wies sie als Angehörige herrschender Häuser aus. Gorgos packte Rtafarnâhs Handgelenk, der Ärmel des wollenen, purpurgesäumten Hemdes glitt zurück; unter der Haut des Dicken sprangen kantige Muskeln vor. Leise sagte Gorgos:

»Du sprichst meine Sprache gut. Wer bist du?«

»Rtafarnâh. Aus dem Palast des Kshatrapan in Sardeïs. Wir werden Boten schicken zu Rtafarnâh, der zufällig den gleichen Namen hat. Er entscheidet über das Gastrecht. Dafür, daß ihr unbelästigt bleibt, sind wir verantwortlich. Gehen wir aus dem Regen.« Er deutete über seine Schulter. »Wie es scheint, ist es auf Kypros noch ungemütlicher als hier.«

»Eine lange, häßliche Geschichte.« Einige Ruderer hoben Gepäckstücke auf ihre Schultern und folgten Ushaya zur Straße und unter tropfenden Bäumen zur Stadt. Rtafarnâh blickte die schlanke, schwarzhaarige Frau an, die Gorgos um drei Handbreit überragte. Gorgos spuckte aus. »Als ich leichtsinnig aus der Stadt ritt, aus Salamis, hat Brüderchen Onesilos die Tore geschlossen, mich verjagt und meine Familie mitsamt den wenigen Sklaven aus der Stadt geworfen.«

»Darüber reden wir heute abend beim Wein«, sagte Rtafarnâh,

zog sich auf den Pferderücken und griff nach dem Zügel, den Madapârna hielt. »Reite voraus, o Unsterblicher, und sag dem Stadtherrn, was du weißt. Schick uns ein paar Wagen. Zwei Boten nach Sardeïs sollen sich bereithalten.«

Madapârna schlug die Hand auf die Brust, schüttelte bejahend den Kopf und galoppierte an. Rtafarnâh musterte die durchnäßte, müde Gruppe und wandte sich an die hochgewachsene Frau.

»Herrin!« sagte er. »Heb die beiden Kleinen zu mir herauf. Der Junge in meinen Rücken.«

Er setzte ein vielleicht vierjähriges Mädchen vor sich, das schlaff war vor Müdigkeit, hielt sie mit dem Zügelarm fest und wartete, bis der Zehnjährige seine Arme um ihn geschlungen hatte. Rtafarnâh trabte an und rief:

»Ich bring sie ins Warme und komme zurück. Sorgt dafür, daß das Schiff nicht wegtreiben kann; der Fluß führt gefährlich viel Wasser.«

Zwischen dem Flußhafen und der Stadt wand sich, eineinhalb Parasangen lang, ein breiter, von Bäumen gesäumter Weg durch Weinhänge, Weideflächen und Felder. Von Magnesia am Hermos führte eine gute Straße nach Sardeïs; wahrscheinlich galoppierten die Boten schon zu Vater Rtafarnâh. Auf halbem Weg kam ihm Madapârna entgegen, ihm folgten zwei große Karren, von Ochsengespannen gezogen, und zwei waffenlose Kampfwagen. Im Winter war das Gästehaus des Stadtherren fast unbewohnt, nur zwei samische *Architektonés* bewohnten das Obergeschoß. Rtafarnâh übergab die Kinder den Dienerinnen, ließ die Glut des Megaronfeuers anfachen und Wasser heißmachen. Ohne daß er mit Gorgos geredet hatte, wußte er, daß der Kshatrapie von Kypros aus Gefahr drohte; wie groß sie war, würde sich nach dem ersten Siebentag jener fünf Monde zeigen, in denen das Meer leichter zu befahren war.

Am späten Abend, im trockenen, warmen Haus des pârsischen Statthalters Abbakka, erfuhren Rtafarnâh und die Grenzwachen von Gorgos und seiner schönen Gattin Karimna, was sich zugetragen hatte: Seit einigen Generationen herrschte dessen Familie über Salamis, eine Stadt nahe Arsinoë an der östlichsten Bucht von Kypros. Gorgos und Onesilos waren Söhne des Chersis, Enkel des Siromos oder des phoinikischen Hiram, Urenkel des Euelthon; als bis auf die Bewohner des phoinikischen Hammath oder Amathus sich alle kyprischen Fürsten dem yaunischen Aufstand angeschlossen hatten, nützten Onesilos' Freunde und Waffengefährten Gorgos' Ausritt und entthronten ihn. Daß der Kapitän in Arsinoë es gewagt hatte, den Hafen zu verlassen, grenzte trotz des Beutels goldener Dârayaka an wunderbare göttliche Fügung. Auf der Fahrt nach dem nahen Tarsos ergriffen sie nacheinander drei Stürme, trieben die *Ferner Baal* nach Westen, Norden und schließlich zwischen den Inseln in die Mündung des Hermos, wo das Segel zerfetzte. Wahrscheinlich versammelte Onesilos jetzt seine Krieger, vereinigte sie mit denen des Aristagoras und der anderen Fürsten der Insel und begann, wenn sich das Wetter änderte, Amathus-Hammath zu belagern.

»König Dariuvahush ist in Huza«, sagte Abbakka. »Morgen sind die Boten beim Kshatrapan in Sardeïs. Wie lange braucht die Botschaft von deinem Vater dorthin?«

Rtafarnâh ließ den Weinrest in der Schale kreisen; Gorgos warf ihm einen Blick voll Erstaunen zu. Rtafarnâh hob die Schultern und murmelte:

»Wenn Dariuvahush rasch entscheidet, können die Spitzen des Heeres in einem Mond hier sein. Meine – unsere – Nachricht erreicht ihn binnen zehn, zwölf Tagen.« Er wandte sich an Gorgos und sagte: »Wenn mein Vatersbruder so entscheidet, wie ich glaube, wird er dir, o Gorgos, königliches Gastrecht gewähren und dich nach gehöriger Vorbereitung wieder als König einsetzen. Ich glaube auch, daß sein Zorn über die Yaunier diesmal überschäumt.«

Abbakka stützte sich schwer auf den Tisch, starrte in die Gesichter seiner Gäste und stieß hervor: »Gehörige Vorbereitungen! Überschäumender Zorn! Ich nenne das: Krieg! Mit Schiffen und Landheeren – bis zum blutigen Sieg der Pârsa!«

3. Ruf von Kypros

Vielleicht drei Siebentage, nachdem die Botenreiter des Kshatra-pan Rtafarnâh die erneuerten und verstärkten Stadttore von Sardeïs im Galopp verlassen hatten, zügelte Fürst Tachmaspâda sein Pferd und stieß den rechten Arm in die Höhe. Unter dem triefenden Mantel klirrten die Eisenschuppen des ledernen Kurzhemdes. Die zwölf Bogenschützen und Lanzenreiter versammelten sich um ihn; die heißgerittenen Pferde dampften. Vom Scheitelpunkt der Straßenbiegung mitten im Berghang waren die Stadt und der weitläufige Palast auf den uralten Burgfundamenten hinter kurzen Regenschauern zu sehen.

»Hier hielten wir auch damals an«, sagte Tachmaspâda und hustete. »Als wir, Fürst Bagaya und ich, lange bevor Rtafarnâh Kshatrapan wurde, den schnellsten Herrschaftswechsel im Reich durchführten. Die Hälfte von euch weiß es nur aus Erzählungen eurer Väter. Weiter – bald liegen wir in den Bädern!«

Die Spuren der Belagerung und teilweisen Zerstörung der Stadt waren an vielen Stellen deutlich zu sehen. Unter triefenden Strohdächern arbeiteten Steinmetzen und Sklaven an vier Stellen der Stadtmauer. Die Königsstraße, von Lanzenreitern bewacht, war sicher wie zu allen Zeiten des Jahres; Tachmaspâda und seine Begleiter kamen aus der Wärme Babairus in die letzten Frühlingsregen der Kshatrapie Sparda und trabten durchnäßt bis auf die Haut zum Stadttor, wo der Fürst das königliche Siegel vorwies und am niedergebrannten Kybeletempel vorbei zur Burgstraße ritt. An den Stützmauern aus mächtigen Felstrümmern und den senkrechten Wällen aus behauenen Quadern, die auf dem »Kyklopen«-Mauerwerk aufsaßen, hatten Sturm und Regen die langen Rußspuren aufgeweicht und in die Ritzen geschwemmt. Die Burgstraße verengte sich und führte durch Torbögen in eckigen Türmen; nachdem Tachmaspâda sich ein zweites Mal ausgewiesen hatte, ritt ein Leichtbewaffneter mit ihm durch alle Sperren bis in den Burghof. Unter tropfenden Wachsleinwänden erwartete ihn Dariuvahushs Bruder.

»Wir kennen einander, o Fürst.« Sie umarmten sich und küßten sich flüchtig auf die bärtigen Wangen. »Zuerst kamen Dutzende Boten mit langen Briefen. Jetzt kommst du, Tachma; es wird ernst, glaube ich.«

»So ist es«, sagte Tachmaspâda. »Ich glaube es nicht nur, ich weiß es: Ich bringe Krieg nach Sparda und an viele andere Orte.«

»Zuerst für euch alle warme Bäder, warmen Würzwein und frische Kleider.« Rtafarnâh, ungefähr so alt wie Dariuvahush und fünf, sechs Sommer älter als Tachmaspâda, holte zu einer umfassenden Geste aus. Diener und Knechte führten die Pferde weg und schleppten die Lasten der Saumtiere. »Heut abend und die Nacht lang halten wir Kriegsrat. Die Königsstraße – gab es Schwierigkeiten?«

»Nein. Selbst im Schnee und im dauernden Regen ist sie in wahrhaft königlichem Zustand. Der Mondblinde? Bei dir, o Großfürst?«

»Der Vater der Beben und Finsternisse, nachdem er und seine schöne Führerin halb Sparda durchwandert haben, birgt seine kalkigen Knochen an königlicher Glut. Seine Worte. Und, wie gesagt, unzählbar viele Nachrichten von verschwiegenen Männern in unnennbaren Orten.«

Tachmaspâda schüttelte langsam den Kopf, ließ sich den unerträglich schwer gewordenen Mantel abnehmen und folgte Rtafarnâh ins warme Innere des Palasts. Er streifte die nassen sakischen Reiterstiefel ab und sah zu, wie sie mit heißem Sand und Sägemehl gefüllt wurden. Dann vertraute er sich Badesklaven, Walkern und Salbknetern an und genoß den öligen Schaum, der Schnitte und Schürfungen im Gesicht und am Hals verhinderte, als sein Haar und der Bart stark gekürzt wurden. In der plätschernden Ruhe der Bäder, die alle Geräusche in duftender Wärme ertränkte, sammelte er die losen Fäden seiner Gedanken und begann sie zu verflechten: Was der Mondblinde Malmarduk auf seinen Wanderungen erfahren hatte, würde ergänzen, was Dariuvahushs »Augen« und »Ohren« wußten; Fürst Sykashtas Erfahrungen, die Namenslisten Rtafarnâhs, die bezahlten Erzählungen weit gesegelter Kapitäne, die Kenntnisse des entthronten Königs Gorgos, vieler Vertriebener und der Grenzwachen Jung-Rtafarnâhs, die Überlegungen des Gaubarva-Sohnes Mardunya und solcher Karier, Lyder, Yaunier oder Athener, die pârsischen Frieden jedem yaunischen Krieg vorzogen – dazu seine eigenen Fähigkeiten und Dariuvahushs Auftrag. Dies alles mußte, um jeden Preis, zum Sieg führen. Kriegsverpflichtete und Söldner sammelten sich in Kushiya ebenso wie in Thatguyia, in Babirush, Mada oder im fernen Land der Saken. Er öffnete die Augen, betrachtete sich, nicht unzufrieden, im Silberspiegel und ließ sich beim Anziehen helfen; den Goldschmuck und das königliche Rollsiegel an der Goldkette legte er selbst an.

Der Kshatrapan hatte geschickt die wichtigsten Teilnehmer ausgesucht und die Tische im Thronsaal zu einem offenen Viereck zusammenstellen lassen. Mehr als drei Dutzend Scherensessel mit Lederbändern, auf denen Kissen und kostbare Felle lagen, umstanden die gedeckten Vierecke, auf denen im Licht knisternder Kienspäne und Dutzender großer Öllampen weißglasiertes Tongeschirr, silberne und goldene Krüge und Körbe schimmerten und funkelten; es roch nach Gewürzen, Braten, frischem Brot und stechend nach Holzkohlenglut. Tachmaspâda sah außer den Tischsklavinnen nur zwei Frauen: Llach Esis und eine schlanke Schwarzhaarige neben dem breitschultrigen, fast haarlosen Mann, der einige Handbreit kleiner war als sie. Rtafarnâh stand auf dem Podest vor seinem prächtigen Sitz und rief:
»Mein Freund. Hazarapati Tachmaspâda, der beste Mann meines Bruders, des Königs. Er liebt den Frieden, aber er ist Dariuvahushs bester Heerführer. Wir in Sparda werden alles tun, was er uns rät, was er befiehlt.«
»Mit dem Befehlen habe ich es nicht eilig«, sagte Tachmaspâda. Als er sich dem Kopfende der Tische näherte, wichen die Anwesenden einen halben Schritt zurück, lächelnd, ohne Scheu. Rtafarnâh schien von ihm erzählt zu haben. Er hob das steinerne Siegel an und schwenkte es. »Ich muß alles, aber auch alles hören, bevor ich entscheide. Meine Befehle sind die des Königs. Und damit gehe ich sehr behutsam um.«

Rtafarnâh klatschte in die Hände. »Setzt euch zum Essen. Trinkt. Wir wollen alles gründlich bereden.«

Der Duft des Würzweines breitete sich aus; Kassia, Honig und Kräuter, die er nicht kannte. Sein Blick glitt über die Körper der Sklavinnen, die Gesichter der Versammelten, verharrte auf Malmarduk und dem runden Gesicht des Gorgos.

»Wir müssen alles überaus gründlich bereden.« Tachmaspâda wartete, bis sich Rtafarnâh gesetzt und den Pokal gehoben hatte, ehe er am Tisch Platz nahm, sich auf die Armlehnen stützte und vorbeugte. Als die Musik leiser wurde, sagte er: »Ich sollte zuerst erfahren, was die Aufrührer auf Kypros tun werden. Und da Kypros eine begehrenswerte Insel ist, muß ich wissen, welcher Herrscher seine Schiffe in den Kampf führen wird; wie viele und besetzt von wie vielen Kriegern.«

»Von mir wirst du viel hören, o Chiliarch Tachmaspâda«, sagte Gorgos von Salamis. »Und nur wenig davon wird dich erheitern.«

Tachmaspâda lachte kurz und fing einen schwer zu deutenden Blick von Malmarduks Begleiterin auf. »Seit langer Zeit muß ich für meine Erheiterung selbst sorgen.«

Schiffe yaunischer Flotten würden sich ebenso auf die Kriegsschiffe der Phoiniker wie auf die pârsischen Dreiruderer stürzen, derjenigen Phoiniker, die Hammath zur Hilfe kamen. Noch lagen die Schiffe der Yaunier nicht nur in den Inselhäfen, sondern auch in Buchten und Häfen vieler Seestädte, selbst in Miletos. Sie wurden ebenso ausgerüstet wie pârsische Schiffe in anderen Häfen und Werften. Es schien geboten, zuerst ein pârsisches Heer auf Kypros abzusetzen und gegen Onesilos vorzugehen, der es schwer hatte, zusammen mit den Kriegern der übrigen kyprischen Kleinkönige die Amathuser niederzuwerfen; sie hatten sich in den wuchtigen Mauern Hammaths verschanzt.

Von Gorgos erfuhr Tachmaspâda die Anzahl kampferprobter Männer auf der Kupferinsel, Malmarduk berichtete von der Stimmung in den kleinen Städten rings um Sardeïs, das in der Mitte jener riesenhaften Halbinsel thronte. Als Kardios von Lade und Seher zukünftiger Vorkommnisse war er kaum behelligt worden. Llach Esis hatte in Häfen und Buchten Kampfschiffe gezählt; Rtafarnâh ließ einen Schreiber rufen, der die Namen der Orte und die Anzahl der Schiffe aufschrieb. Während Llach Esis redete, ruhte ihr Blick starr auf Tachmaspâdas Gesicht. Mitunter fuhr er mit den Fingerspitzen über die Doppelnarbe auf seiner Stirn. Die Augen Llach Esis' hielten ihn fest und machten ihn verlegen; er kannte sie kaum und erriet die Bedeutung ihres Verhaltens nicht.

Er hörte Gorgos zu, stellte wenige Fragen und begann zu verstehen, daß die Bedrohung des Reiches größer war, als Dariuvahush fürchtete. Aristagoras hätte den Aufstand niemals gewagt, wäre er nicht sicher gewesen, daß ihn viel Volk und viele reiche Händler, deren Reichtum gleichermaßen großen Einfluß bedeutete, unterstützen würden. Der yaunische Handel war geringer geworden, denn der pârsische Zoll schmerzte, aber wenn die Händler wollten, konnten sie den Handel bis nach Gandhara ausdehnen, bis an den Hindusch oder neilosaufwärts bis nach Kushiya. Auf Handelswaren, die den Hellespontos und den Bosporos in beiden Richtungen durchfuhren, erhob Dariuvahush zwar Abgaben, aber pârsische Schiffe verfolgten und töteten die Seeräuber, versklavten die Gefangenen und übernahmen, wenn es sich lohnte, deren Schiffe – die Handelskapitäne wußten, daß sie mit vollen Kornschiffen vom Pontos Euxeinos sicher nach Westen, nach Athen, segeln konnten. Skudra-Thrakien, so die bittere Wahrheit, war seit vielen Monden von Sardeïs, also vom Reich, abgeschnitten!

Plötzlich, als Jung-Rtafarnâh und Malmarduk abwechselnd redeten, glaubte Tachmaspâda die zweite große Frage lösen zu können, wenigstens die Antwort von fern zu sehen:

»Freiheitsliebe der Barbaren?« murmelte er, winkte einer Sklavin und deutete auf seinen leeren Pokal. Binnen weniger Herzschläge verflog seine Müdigkeit. »Demokratia? Gleichheit aller Bürger vor dem Dâtam?«

Wie würde er selbst empfinden und handeln, fragte sich Tachmaspâda, wenn in die täglichen Dinge seines Fürstentums ein mächtiger Anderssprachiger eingriff, wenn der Kshatrapan ein hellenischer Barbar wäre, mit seinen fremdartigen Göttern, Gesetzen, Launen und Vorstellungen, wenn er selbst und das Wohl und Wehe seiner Ländereien von der Gnade dieses Fremden abhängig wäre, dessen Wort aus Fürsten Sklaven machen konnte? Er lehnte sich zurück, streckte die Beine unter dem Tisch aus und versuchte, in den Weintropfen um sein Trinkgefäß ein Muster zu erkennen. Die Erkenntnis, daß der pârsische Flügelstier nicht für jeden Menschen das zuhöchst erreichbare Wesen war, daß andere Bewohner der Erde Ahura Mazdâh einen Götzen nannten, kündigte sich mit dem dünnen Schmerz erster Gewißheit an. Er hob den Blick, warf schnalzend den Kopf in den Nacken und sagte laut:

»Zwischen Dariuvahush und jenen Stadt-und-Insel-Tyrannen, zwischen dem König der Könige und vielen kleinen Fürsten sind Verträge geschrieben, beschworen und besiegelt worden.« Er merkte, wie seine Stimme flach wurde, daß er an seiner Wut zu würgen begann. »Einige habe ich selbst gesiegelt; ich sorge auch dafür, daß sie Wort um Wort, Zeichen um Zeichen, eingehalten und erneuert werden. Und wenn sie mit dem Blut der Erschlagenen geschrieben werden müssen – nicht Dariuvahush hat die Verträge gebrochen! Bei Ahura Mazdâh!«

Gorgos, Jung-Rtafarnâh und sein Vater standen auf, hoben die silbernen Becher und träufelten Trankopfer auf den Boden. Wie im Chor sagten die meisten Versammelten:

»Im Schatten seiner Schwingen!«

Drei oder vier Stunden nach Mittnacht, nachdem die letzten Gäste gegangen und die Tische abgeräumt waren, stand auch Rtafarnâh auf und legte Tachmaspâda beide Hände auf die Schultern. Der Wind peitschte Regenschauer gegen die schweren hölzernen Läden und sog Funken und Asche aus dem Gluthaufen.

»Geh schlafen, Tachma«, sagte er. »Träum nicht von jeder einzelnen Sorge meines Bruders, Freund. Bis das erste Schiff Kypros anläuft, vergeht noch viel Zeit.«

»Ich weiß.« Tachmaspâda fühlte sich älter als die Palastfundamente. »Sag's den anderen: Ich will bis morgen mittag schlafen.«

»Du findest den Weg zu deinem Lager. Ich hab alles vorbereiten lassen.« Er grinste und griff nach dem Krug. »Bald fallen dir die Augen aus dem Kopf. Eine Sklavin – für deine Morgenlust, ja?«

Tachmaspâda hob schnalzend den Kopf. »Morgenlast, mitunter; aber keine Morgenlust. Vielleicht später, Freund. Ich habe vieles zu bedenken: allein.«

Tachmaspâda verbeugte sich vor dem Kshatrapan und verließ den halbdunklen Thronsaal durch den Türbogen. Im angrenzenden Säulensaal, an dessen Wänden in Holzgestellen unzählige Körbe voller Tontäfelchen, Krüge und große Tonzylinder voller Schreibleder und Papyri standen, flackerten halb erloschene Ölflämmchen mattglänzender Goldlampen, die auf Marmorsockeln standen. Das Licht zwischen den Säulenschatten war wie fernes Wetterleuchten. Tachmaspâda hielt seine Schritte auf dem Streifen weißer Fliesen, der die Halle der Länge nach teilte; er dachte nur an Dunkelheit und kühle Laken, legte die Hand aber auf den Dolchgriff. Ein Schatten vor ihm veränderte sich, eine Gestalt schob sich langsam vor die Flamme; Tachmaspâda wirbelte herum, duckte sich und hielt die Klinge in der Hand. Eine halb vertraute Stimme flüsterte: »Erschrick nicht, Fürst. Ich hab auf dich gewartet.«

Er zog sie ins schüttere Licht, zuckte mit den Schultern und steckte die Waffe zurück. »Llach Esis! Ich hab an Schlaf gedacht, vielleicht an einen Überfall, aber nicht an dich. Was willst du mir sagen?«

»Ich will mit dir reden, die ganze Nacht. Dann will ich, daß du ... daß wir ... ach, es ist leichter, alles zu denken als auszusprechen.«

Im Halbdunkel nahmen ihre Augen eine unbestimmte Farbe an. Tachmaspâda griff nach ihrer Hand und sagte leise: »Komm. Dort hinten, über dem Burghang, sind meine Schlafräume.«

Schweigend gingen sie hundert Schritte, zwei Treppen hinauf und in einem dämmerigen Gang bis zu dessen Ende. Llach Esis' Finger bewegten sich unablässig, spielten im Griff seiner Hand. Ein Palastwächter, auf einem Hocker zusammengesunken, schreckte auf und griff nach der Lanze. Tachmaspâda knurrte:

»Schlaf weiter und bring uns nicht um. Bis mittag will ich niemanden hören oder gar sehen müssen!«

»Ich wache, Fürst!«

»Ich seh's.« Tachmaspâda schloß grinsend die Tür, schob beide Riegel in die Vertiefungen der Steinwand und zog den schweren Vorhang zu. Am Flämmchen der Wachlampe, die er auffüllte, entzündete er zwei fingerdicke Dochte und mischte verdünnten Kräutersud mit kaltem Würzwein. Llach Esis blieb in der Mitte des prächtigen, überheizten Raumes stehen, bis Tachmaspâda sie in einen Scherensessel drückte und den Rahmen aus dem Oberteil der Tür zur Terrasse zog. Zwischen den Leisten waren halb durchsichtige Schweinsblasen gespannt. Während der stechende Rauch der Kohlebecken abzog, setzte sich Tachmaspâda auf den Rand des Lagers und füllte zwei hauchdünne kretische Trinkschalen. Er wartete, bis Llach Esis das Gefäß ergriff, hielt ihre Handgelenke fest und sagte leise:

»Es ist spät, schönstes Augenpaar des Mondblinden. Willst du mir sagen, daß dich deine Leidenschaft durch den halben Palast trieb? Und daß sie sich womöglich auf mich alten Mann richtet?«

Sie nahm einen Schluck, nickte und sagte: »Du machst es mir leicht, o Fürst. Malmarduk hat dich erträumt, für mich.« Ihr Pârsa schien vollkommen; vermutlich sprach sie ein halbes Dutzend anderer Sprachen ebenso gut. »Bitte! Lach nicht über mich. Ich vertraue seinen Gesichten. Ich weiß, daß er nicht irrt – tief in mir. Bevor ich zur nutzlosen Greisin verwelke, will ich die Gefährtin eines guten Mannes sein. Vielleicht nur für kurze Zeit? Du bist der Beste.«

Die Flammen hatten ihre größte Leuchtkraft erreicht. Die Rußfäden ihrer Spitzen verloren sich zwischen den Deckenbalken; Tachmaspâda sah, was er während des Gastmahls nicht bemerkt hatte. Llach Esis mochte etwas mehr als fünfundzwanzig Sommer zählen, ihr hellbraunes Haar umgab den schmalen Kopf wie eine Wolke gedrehter kleiner Locken. An ihren Ohrläppchen schwankten schwere lydische Gehänge, eine von Dariuvahushs zwei Finger breiten Ketten lag um ihren Hals, mindestens ein Dutzend schmaler Ringe steckten an den Fingern, deren Haut ebenso wie die ihres Gesichts noch eine Spur sommerlicher Bräune und Gesprengsel kleiner Sonnenflecken trug. Eine schöne, reife Frau mit langen Beinen, kräftigen Hüften und vollen Brüsten, deren aufgerichtete dunkle Spitzen Tachmaspâda durch das Gewebe des knielangen Chitons sah.

»Wer sagt dir, daß ich der Beste bin? Der Beste für dich?«

»Alle sprechen nur gut von dir. Dariuvahush liebt dich wie einen Bruder. Xayarsha neidet dir, was dich auszeichnet. Und ich kann nicht genug davon bekommen, dich anzusehen und mir mehr zu wünschen, o Fürst mit der Falkennase.«

»Liebt Dariuvahush seine Brüder?« Tachmaspâda stand lächelnd auf und öffnete mit einiger Anstrengung die Terrassentür, deren Holz aufgequollen war. Der Regen hatte aufgehört; wie das Auge einer Eule kauerte der Mond im Nest weißgeränderter, dunkler Wolken. »Es ist leicht, Weitgereiste, ein paar Nächte leidenschaftlich zusammenzusein. Es mag ein böses Erwachen aus deinem Traum geben, wenn du erkennst, wer ich bin. Ein Falke schlägt tiefe Wunden.«

Wolken trieben vor das unnatürlich weiße Gestirn. Tachmaspâda machte einige Schritte auf die feuchte Terrasse. Llach Esis trat hinter ihn, lehnte sich gegen seinen Rücken und legte die Arme um ihn. Warmes Metall preßte sich an seinen Hals; Llach Esis flüsterte an seinem Ohr:

»Du wirst keine Jungfräulichkeit erwarten und nicht die Demut einer Sklavin. Als Begleiterin des Blinden, vielleicht zwei Jahrzehnte lang seine Augen, in tausend Orten, auf mondelangen Pfaden, hab ich mehr gelernt, als du ahnst. Ich bin keine Pârsa, die du im Frauenhaus verstecken wirst; ich kann deinen Kampfwagen lenken, wenn du Pfeile schießt und Lanzen schleuderst, o Fürst meiner Träume.«

Tachmaspâda spürte den Druck ihrer Brüste auf seinen Schulterblättern und drehte sich langsam herum. Er streichelte ihren Nakken, dann schob er die gespreizten Finger in ihre Haarflut und sagte stockend:

»Bleib bei mir. Ich bin todmüde. Ich hab vergessen, wie es ist, eine Frau zu verführen.« Er hob sie auf und trug sie zum Lager; zehn Schritte weiter, und er hätte sie fallenlassen müssen. »Morgen weiß ich's wieder. Bleib und bewache meine Träume, Schönste. Es werden blutige, rußige, ertränkende Kriegsträume sein.«

Llach Esis nickte, nestelte die schweren Schmuckstücke aus den Ohren und öffnete die Knoten der Sandalenbänder, dann streckte sie sich aus und verschränkte die Hände im Nacken. Tachmaspâda rückte den Tisch näher heran und entledigte sich der Halbstiefel, während er die beiden Lampenflammen im siedenden Öl ertränkte. Er blinzelte mit nassen Augen vor Erschöpfung und legte sich neben Llach Esis, die sich halb aufrichtete und eine kühle Hand auf seine Stirn legte. Dunkelheit kroch von den Wänden heran, ein frischer Luftzug ließ das übriggebliebene Flämmchen erschauern; Tachmaspâda hatte Mühe, Llach Esis' Flüstern zu verstehen. »Schlaf tief, mein müder Fürst.« Ihre Fingerspitzen entknoteten die Schnüre seines Hemdes. »Ich wecke dich, bevor dich ein Traumdaimon ertränkt.«

Er glaubte, ihre Lippen auf den Stirnnarben zu spüren, und sank in die lautlose, wohltuende Dunkelheit des Schlafes. Einmal, eine kleine Ewigkeit später, schien er aufzuwachen und nahm seine Umgebung schemenhaft wahr: Nackt bis auf das Schamtuch lag er unter Laken und Decken, das Wachlämpchen verbrannte das letzte Öl. Er taumelte durch ein Gemenge aus Schatten und harten Kanten in einen kalten Nebenraum, erleichterte sich, wusch sich flüchtig und entledigte sich der Schmuckstücke, ohne recht zu wissen, was er tat, und kroch zurück in die Wärme an Llach Esis' Seite.

Honigfarbene Tageshelligkeit füllte den Raum. Es war, als befände sich alles unter sonnenbestrahltem, trübem Wasser. Tachmaspâda öffnete zögernd die Augen, rieb den Schlaf von den Lidern und erkannte Llach Esis, die mit untergeschlagenen Beinen neben seiner Hüfte saß und ihn schweigend ansah. Ihre Hände, ihre Finger schienen gleichzeitig alle Stellen seines Körpers zu streicheln. Sie neigte sich ihm entgegen, ihre Augen kamen näher, wurden riesengroß; grünes Glühen füllte sein ganzes Blickfeld aus, ihre feuchten Lippen trafen seinen Mund zu einem behutsamen Kuß. Er hörte seinen schweren Atem, sein Glied begann sich aufzurichten, die festen Spitzen ihrer Brüste rieben sich im Haargekräusel seiner Brust. Der Kuß öffnete seine Lippen, die Zungen trafen sich, ihr Haar fiel um sein Gesicht; seine Finger glitten über die warme, glatte Haut ihres Körpers, der sich auf ihm einer ungewöhnlichen, leidenschaftlichen Umarmung entgegenschlängelte. Der Kuß war zehrend und fordernd geworden, als bohre sich eine Dolchspitze in sein Empfinden. Ihre Lippen lösten sich, tasteten über sein Gesicht und den Hals, die Zungenspitze schien überall seine Haut zu verbrennen, berührte sein Glied, der Mund schloß sich naß und heiß darum; Tachmaspâda ächzte, als sich Llach Esis über ihn senkte und ihr Schoß ihn tief in sich aufnahm. Sie beugte sich vor, seine Hände wanderten zu ihrem Gesicht, der Rest seines Denkens verwirrte sich, als sie ihre Hüften bewegte. Einige Male öffnete er die Augen, sah ihre leuchtenden Blicke, ihr Lächeln, nach innen gekehrt, und die schwere, schaukelnde Halskette zwischen seinen Handgelenken. Ihre Finger drückten sich tief in seine Arme; er hörte ihr atemlos abgehacktes, helles Stöhnen und seinen dumpfen Schrei. Während Llach Esis sich lächelnd, mit geschlossenen Augen und schweißfeuchten Armen auf seine Brust bettete, schloß sie die Schenkel und hielt ihn in sich fest.

»O Tachma«, sagte sie, als sein Herz wieder ruhiger schlug, »dieser Morgen ist größer als jeder Traum.«

»Er war überaus köstlich, Schönste.« Er versuchte, die Sonnenflecken auf ihrer Nase und unter den Augen zu zählen. Ihr Handrücken schabte über die Bartstoppeln seines Halses. Er lachte leise. »Schöner als manchmal in meiner Jugend. Wie soll es weitergehen mit uns?«

Llach Esis atmete tief ein und aus. »Ich weiß, daß du lange in Sardeïs bleibst. Malmarduk ist Kreter, sagt er – man kann's glauben oder nicht –, dort will er im Labyrinthes des minoischen Knossos seine Tage beschließen. Sagt er. Er sagt auch, daß alle Kreter lügen. Ein Junge wird ihn führen, den wir elternlos gefunden haben.«

»Du wirst ihn nicht mehr begleiten?«

»Dazu, sagt er, sind wir zu alt. Er und ich.« Sie schob sich von seinen Hüften herunter und prüfte den Inhalt der Krüge. »Wir haben Zeit, Liebster, alles zu bereden.«

Sie fuhr zusammen; der Becher in ihrer Hand zitterte. Sie starrte ihn an.

»Oder darf ich das nicht sagen, Fürst Tachmaspâda? Ich ... ich hab dich gespürt, aber ich kann nicht in dein Herz sehen.« Sie sah zum Fenster. »Im Sonnenlicht ist vieles anders als im Halbdunkel der Leidenschaft.«

»Sag's ruhig. Aber sprich nicht mit jedem darüber.« Er sah zu, wie Llach Esis einen Rest Wein mit Wasser und Sud mischte und die Becher füllte. »Wenn ich zum Kshatrapan hinuntergehe, bin ich wieder der pârsische Hazarapati, der über Krieg und Tod entscheidet. Die Lanzenschneiden würden stumpf, wenn man sagte: Fürst Tachmaspâda liebt eine Fremde.«

Sie reichte ihm den Becher. Er trank und blickte über den Rand des Tongefäßes in ihre Augen; sie öffneten sich weit, und über ihr Gesicht breitete sich, während sie errötete, ein schattenloses Lächeln aus.

Drei Stunden vor Anbruch der Dunkelheit blieb Tachmaspâda im windgeschützten Winkel unter dem Palastdach stehen und betrachtete den Greis auf der Liege. Malmarduk oder Kardios von Lade – einer winzigen Ziegeninsel im Seichten nahe Miletos –, bis zum Hals unter einer wärmenden Decke, schien in die Sonnenscheibe zu blicken und redete leise mit einem kahlgeschorenen Jungen, vielleicht zehn Sommer alt. Tachmaspâda ging auf Malmarduk zu und sagte: »Ich bin's, Fürst Tachmaspâda; du hast uns gestern viele Fragen beantwortet. Du willst Sardeïs verlassen und nach Kreta segeln? Ohne Llach Esis?«

»Wenn ich ein Schiff finde, dessen Kapitän den Mondblinden ohne Entgelt mitnimmt. Llach Esis, die Treueste von allen, wird einen Mann finden, der ihrer würdig ist.« Malmarduk kicherte. »Oder hat sie ihn schon gefunden? Wie auch immer – der Kleine hier wird mich führen.«

»Und Herr Kardios lehrt mich alles«, sagte der Junge mit breitem Lächeln. Tachmaspâda bewegte langsam den Kopf hin und her; eine vage Zustimmung. Er berührte den Mondblinden an der Schulter und meinte:

»Ich glaube, Llach Esis fand, mehr oder weniger, wen sie suchte. Ist sie Hellenin? Oder aus Thrakien? Woher kommt sie?«

»Ich weiß es nicht, o Fürst.« Der Alte hob die mageren Schultern und drehte sein Gesicht aus der Sonne, um Tachmaspâda aus seinen seltsamen Augen anzusehen. »Als ich blind wurde, hab ich sie in Tyros gekauft, weil niemand ein häßliches, halb verhungertes Kind haben wollte. Damals sprach sie nur phoinikisch. Alles andere lernte sie auf der langen Wanderung. Reitest du zu deinem König, Herr Tachmaspâda?«

»In einigen Monden.« Tachmaspâda zögerte. »Wenn er mich früher sehen will, schickt er Boten. Welchen Mann-imTraum hast du an Llach Esis' Seite gesehen?«

»Ach. Wenn der letzte Schimmer der Mondsichel verschwunden

ist, stellen sich absonderliche Wachträume ein. Ich hab sein Gesicht nicht gesehen, aber er ist reich an Gold, Sklaven und Dienern, an Macht und Klugheit, viel älter als mein Mädchen, meine Freundin, mein Augenpaar. Wenn er sie nimmt, so deshalb, weil er reif ist für sie wie ein weicher Granatapfel.«

»Das ist eine seltsame Erklärung, alter Mondblinder.«

»So vieles ist seltsam, o Fürst. Vielleicht bin ich wieder in Pârseï, wenn sich der Mond abermals verfinstert. Sag mir, Hazarapati – wird es Krieg geben in Dariuvahushs dreiundzwanzigstem Jahr? Und im Jahr danach?«

»Krieg wird kommen, sage ich. Unser Heer wird all die Eidbrüchigen ans Ende der Welt verjagen oder töten.«

Das Lächeln wich aus dem runden Gesicht des Jungen. Er stolperte zurück und stieß an eine bunte Säule. Tachmaspâda machte beschwichtigende Gesten und sagte:

»Keine Furcht, ihr beiden. Segelt nach Kreta oder ins sonnige Mudrayia. Dort, wo der Großkönig Meere und Ströme miteinander verbindet, wird euch nichts geschehen. Brauchst du etwas für deine Reisen, das ich dir geben kann, Malmarduk?«

Der Mondblinde zog den Kopf zwischen die Schultern. Nach einer Weile sagte er: »Auch das weiß ich nicht. Doch, eines: Wenn die Pârsa die Stadt Miletos belagern und einäschern – schont den gelehrten Hekataios. Er ist vieler vernünftiger Menschen Freund, aber auch Freund von Fürst Sykashta und dem Kapitän Skylax von Hindusch und Thalassa.«

»Was ich tun kann, oder verhindern, alter Mann; ich verspreche es. Soll ich schwören? Bei Ahura Mazdâh.«

Malmarduk schüttelte den Kopf. »Selbst Dariuvahush genügt dein Wort. Wer bin ich, einen Schwur zu verlangen?« Tachmaspâda ging schweigend zur Brüstung und sah auf die Stadt und den Lauf der Königsstraße hinunter, auf das nasse, grünende Land und die Felsen. Er bedachte, was er verstanden hatte: Es gab ein riesenhaftes Netz mit weiten Maschen, aber an den Stellen der Netzknoten schien sich nach einer unerklärlichen Gesetzmäßigkeit immer wieder die gleiche Art Männer zu treffen. Sykashta, Skylax, er selbst, der Mondblinde, Gaubarva ... wenn Dariuvahush unerkannt reisen könnte, würde auch er dazu zäh-

len. Er kauerte sich neben Malmarduk auf die Fersen, legte die
Hand auf die Schulter des Alten und sagte:
»Auch wenn Krieg heranzieht wie Seenebel, o Mondblinder,
bleibt uns genug Zeit für langes, gutes Reden. Gehen wir ins
Warme; der Zephyros bläst allerlei regenschwangere Wolken
vom fernen Meer heran.«
Völlig unerwartet überfiel ihn das Bedürfnis, Llach Esis in den Armen zu halten. Er sprang auf und ging mit weiten Schritten auf den
nächsten Eingang zu, fragte die Schreiber in der Säulenhalle und
rannte die Stufen hinauf. Als er die Tür zu seinen Gemächern öffnete, fauchte ihm ein Windstoß entgegen und riß sie aus seiner
Hand. Die Tür krachte gegen den steinernen Rahmen, die Riegel
klirrten. Eine Gestalt drehte sich auf der Terrasse erschrocken um,
in seinen Reitermantel gewickelt, den Saum kapuzengleich über
dem Kopf. Tachmaspâda eilte zu Llach Esis und zog mit zwei
Griffen die Mantelsäume auseinander. Sie roch, wie der Umhang,
nach Pferd, Leder und Schweiß. Tachmaspâda umarmte die junge
Frau; sie preßte den Bauch und die Brüste gegen ihn, blickte
schweigend in seine Augen und lächelte nicht.

»Im fünfundzwanzigsten Jahr des Großkönigs kam der Krieg an
die Küste und über die Inseln. Unaufhaltsam, aber nicht lautlos
wie Seenebel oder der Rauch an windstillen Frühjahrestagen,
wenn die Hirten den Wildwuchs auf den Weidehügeln abbrann-
ten; lauter und waffenrasselnd, deutlicher als das Klirren der funkelnden Elektrumscheiben, die von den Yauniern des Wider-
standsbundes als ›Aufstandsmünzen‹ geschlagen wurden. Der
König und ich haben die besten Männer ausgesucht: Vierzig Hazarapati befehligten jeweils tausend Krieger aus mehr als einem
Dutzend Kshatrapien. Nach dem Brand von Sardeïs, damals, waren kleinere Brände des Widerstandes entzündet worden, von
Byzantion am Bosporos im Norden über die westlichen, meeres-
nahen Städte und die Hafenstädte der Lydier, derer auf Kypros
bis zu den Städten der Karer, hinunter im Süden. Auf deinen Rat,
Fürst, und nach unserem gewaltigen Plan – und nach den Bera-
tungen mit den anderen Heeresführern, die in Hagmatâna zusam-
mengekommen waren – deutete Dariuvahushs Lanzenspitze zu-

erst auf Kypros, wo man unter den Aufständischen den Histiaios und den Aristagoras vermutete.

Schiff um Schiff legte im Mond Thuravahari, den vier Siebentagen des Vollfrühlings, von Häfen und Buchten in Karka ab, landete nach der Umfahrung der nackten, umgischteten Felsenriffe unterhalb des Vorgebirges, das die Kyprer ›Schlüssel von Kypros‹ nennen, an den Stränden nördlich und südlich von Salamis, das in der Mitte einer weiten Bucht lag. Unsere Krieger marschierten über die Planken, Pferde wurden aus den Bäuchen der Händlerschiffe geführt, Räder und Deichseln an den Kampfwagen befestigt. Andere Schiffe brachten Handwerker und Kriegssklaven, die Wälle aufrichteten und Lager bauten. Eine Tausendschaft nach der anderen, mit speerschleppenden Kârataka, Wasser- und Weinsäcken, Brot und Waffen, Salzfisch, Glutkrügen und Feuerholz, Schlachttieren und Krügen und Bechern und Schilden und Unmengen anderer Ausrüstung ging an Land und scharte sich um die Tausend- und Hunderschaft-Anführer. Gefangene Fischer sagten aus, daß Onesilos mit vielen Kriegern die Stadt Hammath belagerte, unterhalb des Gebirges, im letzten westlichen Drittel der Insel. Nachts landeten aber an anderen Stränden yaunische Schiffe und entluden Kriegsgerät, hellenische Krieger und yaunische Hopliten. Eine Hilfsflotte der Phoiniker kam von Tyros, Sidon und Byblos, um ihre Stadt Hammath und den Tempel des Melkarth zu schützen, in dem Kinder und Frauen Schutz gesucht hatten. Die Heere begannen sich zu bewegen; wir Pârsa kannten die Insel kaum und die Wege, Quellen und Hinterhalte gar nicht – aber wir hatten König Gorgos von Salamis: Er kannte jeden größeren Felsen, wie er sagte. Onesilos gab die Belagerung Hammaths auf und hetzte seine Krieger über die halbe Insel nach Salamis. Ein Großteil des pârsischen Heeres, darunter die Bogenschützen aus Hindusch und Kushiya mit ihren riesigen Bogen, kesselte die Stadt Salamis ein, während sich die Flotten der Yaunier und der Phoiniker draußen auf dem Meer in wütende Schiffskämpfe verwickelten.

Schwerfällig kroch der Krieg über die Insel, o Tachmaspâda; er verwüstete Siebentag um Siebentag die Felder und fraß die Herden auf, zerstörte Wälder und leerte Quellteiche. Feldherr Rtabâma, den die Kyprer unter dem Namen Artybios fürchten gelernt hatten, führte unser Heer an, als sich die Krieger der kyprischen Kleinkönige in der Ebene von Salamis stellten; den besten Kämpfern von Soloi und Salamis stand Onesilos vor. Während die yaunischen und samischen Kampfschiffe einen flüchtigen Sieg über die phoinikische Flotte erkämpften, flüchtete Stesenor, der Tyrann der Stadt Kurion; ihm nach flüchteten die Salaminier mit den schweren Kampfwagen, deren dröhnende Felgen eine Parasange weit zu hören waren, vor unserer – pârsischen – Übermacht. Gedeckt von tödlichen Pfeilschauern der Bogenschützen drangen die Lanzenkämpfer der Unsterblichen vor, überrannten die Kyprer und richteten ein Blutbad an; obwohl Onesilos und Aristokypros, der Stadtkönig Solois, tapfer kämpften, wurden sie niedergehauen und getötet. Krieger aus Hammath enthaupteten die Leiche des Onesilos und versicherten uns hohnlachend, den Kopf so lange über ihrem Stadttor aufzuhängen, bis sich Wespen oder ein Bienenschwarm unter seiner Hirnschale ihre Waben gebaut haben würden.

Das pârsische Heer setzte den Flüchtigen nach und belagerte deren Städte. Gorgos zog, begleitet von Lanzenreitern, wieder in Salamis ein; die Stadt hatte sich eine Stunde nach Onesilos' Tod ergeben. Als dies die yaunischen Kriegskapitäne erfuhren, wendeten sie die Schiffe und flüchteten im feuchten Südwind nach Norden, auf Ephesos und Miletos zu. Artybios befahl den drei Hazarapati Hutana, Hymaies und Daurises, die Dariuvahushs Töchter zu Frauen genommen hatten, mit einem Teil der Kriegsschiffe die Flotte zu verfolgen und so zu verhindern, daß Sardeïs ein zweites Mal angegriffen werde. Er selbst blieb auf Kypros und leitete die Belagerung der Städte. Eine Stadt nach der anderen fiel, aber nicht Soloi, wegen der unstürmbaren Mauern: Wir Pârsa werden sie an den wichtigsten Stellen unterhöhlen, entzünden Feuer in den Stollen und zersprengen durch Wassergüsse die Fundamente, so daß Tortürme, Tore und breite Mauerabschnitte einstürzen. Die Belagerung Solois dauerte an. Unsere abziehenden Schiffe lagen schwer im Wasser, die Flotte mußte den Weg dreimal zurücklegen, bis Dariuvahushs Befehle ausgeführt waren und das Heer sich auf dem Festland wieder gliederte.

Truhen voller Elektrummünzen, Gold, Silber, Eisenbarren, die schönsten Frauen und Töchter der Könige, der Reichen und Mächtigen – versklavt. Große Vorräte von Kupferbarren aus Kypros' Bergwerken, Schmuck, Waffen, mannsgroße Pithoi voller Korn, Mehl, Öl und Wein, Stoffe, Felle und Leder, Handwerker und deren Familien, Waffen und Statuen von Göttern, Göttinnen und königlichen Fabelgestalten wurden nach Tarsos und, bei starkem Zephyros und in voller Kriegsbereitschaft, den Hermosfluß aufwärts nach Sardeïs geschafft; noch hatten die geflüchteten Yaunier die Mündung nicht gesperrt. Ein phoinikischer Kapitän, Jung-Yehaumilq der Kahle – hoch in den Sechzigern –, brachte den Mondblinden Malmarduk oder Kardios von Lade und dessen jungen Führer nach Kreta. Von Sardeïs aus verteilte Kshatrapan Rtafarnâh einige Tausend Kyprer in alle Gegenden des Kernreichs. Aber zu dieser Zeit krochen schon wieder die vieltausendfüßigen Heeresteile der Pârsa, angeführt von Dariuvahushs Töchtermännern, durch das Grenzland der Kshatrapien Sparda und Daskyleion, und hunderte Botenreiter galoppierten auf erschöpften Pferden hierhin und dorthin und auf der Königsstraße hinunter ins Tiefland von Arbela und Ninive, wo sie Dariuvahush auf seinem langsamen Weg nach Hagmatâna und Pâthragada fanden.«

Wieder brachte der Herbstwind, der nach Heu, Stroh und Gerbergrube roch, einen Schleier winziger Spelzen mit sich und wehte ihn zwischen den bunt beringten Holzsäulen zu den Flammen der Lampen, die sich zur Seite wiegten, auf Llach Esis zu. Der Abfall des Korndruschs verbrannte über dem Tisch lautlos in winzigen Lichtfünkchen. Llach Esis hatte dem Bericht des Mardunya schweigend zugehört und betrachtete lächelnd den Feldherrn; seine Gesten, sein dunkles Gesicht, seine breiten, kurzen Hände. Mit jenem Lächeln, dachte Tachmaspâda, das ihn mit stiller Freude erfüllte, weil er es nur zum Teil zu deuten wußte: Den Teil, der Zufriedenheit und Glück bedeutete – wenn Ahura Mazdâh gnädig war, denn für beides fühlte er sich verantwortlich. Er legte die Unterarme aufeinander, beugte sich vor und sagte leise: »In dieser herrlichen Nacht voller Grillengezirp und Wein, satt und zufrieden, weitab von blutigen Lanzenschneiden – ich hab's geahnt, gewußt; nicht die Einzelheiten. Was war dein Anteil an den Greueln, o alternder Sohn meines anbetungswürdigen Freundes Gaubarva?«

Mardunya tippte an den Rand der Trinkschale, die auf dem weißen Tuch des Tisches zu tanzen begann. Llach Esis griff nach dem Krug; der Feldherr machte eine abwehrende Bewegung. Er zuckte mit den Schultern und brummte:

»Ich hab deine ahrimanverfluchten Ratschläge, Anordnungen, Befehle, was auch immer – ich hab sie geprüft und vollzogen.«

»Und? Hab ich mich geirrt?«

»Du, der König und mein Alter, und Farnaka und Aspat Shanâh ... ihr verderbt mir die Freude am Bewußtsein, nicht ganz verblödet zu sein. Was soll ich sagen? Das Heer war kampfbereit bis zur letzten Pfeilspitze, die Kapitäne krochen vor Dankbarkeit für unser Gold auf ihren schmierigen Planken, die Ruderer haben gerudert wie gepeitschte Sklaven, nur heftiger, kein Schiff war leck; und auf einen toten Pârsa kamen fünfzehn tote Kyprer, Karer oder Lydier. Du hast gesagt, daß wir mit der Beute dreimal hin und her segeln und rudern müßten – wir sind dreimal ... und so weiter. Nun ist Kypros befriedet, halb entvölkert und beinahe wieder in unserem Besitz. Zufrieden, o Tachma der Klugheit?«

Llach Esis legte lächelnd ihre Hand auf seine, spielte mit seinen Fingern, hob den Kopf und sah in Mardunyas Augen; unter den schützenden Zweigen des mächtigen Eichenbaums schienen sie stumpf wie Ruß. Schattenhafte Fledermäuse jagten zuckend zwischen Stamm und Ästen. Tachmaspâda schüttelte den Kopf.

»Zufrieden, o Verwüster der Insel. Ich wünschte, du und ich könnten lebenslang zusehen, wie Korn gedroschen wird und Lämmer zur Welt kommen. Wenn Krieg sein muß – wir kämpfen. Aber Krieg muß nicht sein; nur dieses Hellenengesindel legt immer wieder neue Brände. Und weil ich Vertragsbruch hasse, schwinge ich die Lanze des Reiches. Du wirst aus mir auch an diesem Abend keinen Schlächter machen können.«

»Ich hab euch berichtet, was bisher geschehen ist. Es geht weiter, Tachma. Die drei Jungen, Hutana und die anderen, tapfere Hazarapati allesamt, sie verwüsten mittlerweile unser eigenes Land. Den Küstensaum. Stadt um Stadt. Und ... wie wird es enden?«

»Euer König ist fast sechzig Sommer alt«, sagte Llach Esis leise.

»Und der Thronfolger Xayarsha wird auf seinen Schultern stehen wollen.«

»Der Königswall! Die vielen weißen Säulen der Grenze. In einem Jahr wird die Grenze wieder sicher sein. Wenn Dariuvahush stirbt, wird Xayarsha mit jedem Hinkenden, der eine Waffe halten kann, über diese Grenze hinaus vordringen und alles, oder vieles, was wir sichern, unsicher machen; solcherart Unfug kennen wir von Kambushya, der auch größer sein wollte als Kurusch und zum bissigen Zwerg schrumpfte. Leider.«

Mardunya nahm die Hände von der Schale. Llach Esis füllte sie mit einer Mischung aus yaunischem Beutewein und schwarzrotem Granatapfelsaft. Mardunya dankte kopfschüttelnd und grinste hinterhältig und fröhlich. »Ich weiß jede Stunde deiner köstlichen Einladung zu schätzen, lieber alter Tachma. Einen Siebentag lang. Dann fahre ich zu Dariuvahush, frage drei Dutzend Boten ab und rattere mit glimmenden Felgen nach Sparda, wo Jung-Hutana und die anderen jene zwei Brandstifter hetzen: Histiaios und Aristagoras.«

»Und zuvor wird deine nimmermehr versiegende Manneskraft noch lächelnde Lustsklavinnen zurücklassen. Es ist Herbst, Feldherr. Wolfsjagd-Mond. Irgendwer hat uns verflucht.«

»Wie soll ich das verstehen?«

»Wir müssen in großartigen Zeiten leben.« Tachmaspâda hob die Schale; hellgrau glasierter, dünner Ton aus der Kyprosbeute, mit feinen Malereien darauf. »Vergiß nicht, Unsterblicher: wir sind keine jungen Kârataka mehr. Ich will mit der grünäugigen Fürstin meines verhärteten Herzens in Ruhe alt werden. Wenn Dariush mich ruft – gut. Er ruft auch immer wieder Sykashta.«

Mardunya stand langsam auf und leerte mit kleinen Schlucken die Schale.

»Wenn er ruft, ruft er nur die Besten. Mich, dich, Sykashta, all die harten, guten, zuverlässigen Kunsttöter mit geschliffenen Lanzen, die mit ihm unter Kambushya gekämpft, gehungert und gelitten haben.« Mardunya verbeugte sich tief vor Llach Esis; Tachmaspâdas Ernst schien ihn ernüchtert zu haben.

»So ist es.« Tachmaspâda breitete die Arme aus. »Das Wüten am Meeressaum von Sparda geht weiter?«

»Es geht weiter.« Der Befehlshaber von zehntausend Unsterblichen stellte übertrieben behutsam die Schale auf den Tisch zurück. »Ich fahre dorthin; bald. Ich erfahre alles. Ich komm zurück und berichte.«

»Berichte mir, daß wir Aristagoras und Histiaios erschlagen haben, dann wird uns der Winter mit friedvollem Schnee verwöhnen. Das Mädchen erwartet dich – wir reden morgen weiter?«

»Morgen.« Tachmaspâda umarmte Mardunya und küßte ihn schmatzend neben die Ohren. »Dann reden wir weniger über Blut und Flammen, mehr über uns und das Reich, ja?« Mardunya hob grinsend die Hände und ging auf dem Kiespfad zu seinem Gästehäuschen. Seine Sohlen knirschten; er sah sich nicht um und tauchte ins Dunkel zwischen Lorbeerbäumen, Bambusschilf und den weißen Gestalten aus Sandstein und Marmor, die auf Basaltsockeln lauerten. Tachmaspâda drehte seinen Sessel, legte die Hände auf Llach Esis' Knie und sagte:

»Es war ein weiter Weg, o Grünauge, von Sardeïs bis in mein großbäuerliches kleines Fürstentum. Aber überall auf dieser Welt, scheint es mir, holen uns Flammen, Blut und Tod ein.«

»Das hab ich gewußt, Liebster«, sagte sie. »Die Hellenen sehen das pârsische Gold: Es geht ihnen gut. Aber sie wollen, selbst wenn sie dabei verarmen und verhungern, ihre Freiheit. Die Freiheit, untereinander zu kämpfen wie die Rasenden. Vernunft? O mein Geliebter – Vernunft, so wie du sie verstehst, deren Sieg werden wir nicht erleben.«

Er streichelte ihre Wange, seine Hand glitt über ihren langen Hals, sein Handrücken berührte ihre Brust unter dem weißen Byssos; er spürte eine fragwürdige Last wie nassen Sand aus einer Wolke und zuckte mit den Schultern.

»Ich bin Dariuvahushs Mann, Liebste. Wenn er gestorben sein wird, bin ich, wie all die anderen, ein bedeutungsloser Bauernfürst.«

Ihr Zeigefinger und ihr Mittelfinger strichen über seine Stirnnarben, glitten über seine Nase, verharrten; sie kniff ihn und kicherte: »Und ich eine fette Bäuerin, die sieben Sprachen spricht und schreiben kann. So widerstehen wir dem Schicksal und den Jahren, o Falkennasiger.«

Er füllte die Schalen. Der Mond schlich durch Sternbilder, durch altbekannte und namenlose Archipele der Nachtkuppel; die Grillen schwiegen. Llach Esis und Tachmaspâda stützten die Gesichter in die Handflächen und starrten einander in die Augen; die Lösungen aller Fragen schienen ferner denn je.

4. Die Asche des yaunischen Aufruhrs

An diesem rostroten Abend unter einem lastenden Himmel, an der östlichen Grenze von Abr Nahr und mitten in einer Art sandiger Lichtung im oasenhaften Wäldchen, war das Zelt aufgespannt; erneuert, aus matt schimmerndem Leder, mit silbergesäumten Luftklappen in den Seitenwänden und erfüllt vom leisen Leben der Sklaven, Diener, Wasserbereiter, Mundschenke und jener, die Dariuvahushs Gewänder, seine Waffen, den Wein und das babairische Bier, seine Stiefel, Gewänder und Sandmäntel und das Schreibzeug versorgten, und der anderen, die Nefermerit und Rtastunâ dienten. Voll mit weichen Teppichen, kupfernen Kesseln, goldenen Wannen mit Löwentatzen und kunstvoll geschmiedeten hellenischen Dreifüßen, mit Dariuvahushs Schreibpult und Scherenstühlen aus dunklem Holz von Hindusch, mit Tischchen in der rotweißen Maserung des pushkalavatischen Lormenholzes war das dämmerige Innere des runden Zeltes ein erträglicher Ersatz für den behaglichen Palast zu Babairu, den Dariuvahush vor drei trägen Siebentagen verlassen hatte. Große Sonnensegel waren zwischen den Schäften der Dattelpalmen ausgespannt, die Sitze und Tische bohrten ihre Füße in große Teppiche mit leuchtenden Mustern, die auf dem warmen Sand lagen. Dariuvahush betrachtete eine zirpende Heuschrecke neben der Palmenwurzel, hob den Kopf und musterte Aspaka.

»Unter all den Berichten ist eure Nachricht eine, über die ich lachen kann.«

Für die sieben Männer, die in einem Halbkreis vor dem weit vorspringenden Zelteingang, neben goldbebänderten Zeltstangen saßen, bedeutete der geringe Abstand zu König Dariuvahush eine besondere Ehrung. Der mudrayisch gekleidete und geschminkte Aspaka lächelte selbstbewußt.

»Wir haben dir Briefe mit Königsboten geschickt, Herr«, sagte er hinter der vorgehaltenen Hand. »Und hier sind wir, um zu erzählen, was dich erwartet, o König.«

Udja-Horresnets Oberster Schreiber, Kapitän Skylax und seine fünf Meeresfahrer saßen im Schatten der reglosen Palmwedel. Der Nachmittagshimmel war wie flüssige Bronze, die Luft unbewegt und triefend; die Sklavinnen füllten Becher und Schalen mit gemischtem Kräutersud und Palmwein.

»Erwartet mich etwa ein fertiger Kanal?«

»Ein Bauwerk ... weniger ein Bauwerk als ein Strom, ein Rautâ. An den meisten Stellen neunzig Ellen breit. Mit drei Absperrungen, damit nicht zu viel Wasser aus dem Hapistrom ins Meer fließt.« Skylax nickte. »Fünfzehn Schiffe sind schon über die halbe Länge deines Kanals und zurück gerudert worden.«

»Sechs Ellen tief, Herrscher«, sagte Steuermann Telamon. »Überall dort, wo viel Wasser im Sand versickern würde, mit großen flachen Steinen und Erdpech abgedichtet.«

»Ihr habt alles gesehen?« Dariuvahush sprang auf und ging mit bloßen Füßen vor dem Zelteingang hin und her. Seine Schritte knirschten unnatürlich laut. Aus der Palmenkrone flatterte ein kleiner Vogel herunter, umkreiste einige Male den Stamm und schnappte die Heuschrecke. Dariuvahush blickte dem Vogel nach. »Ihr habt dem Bau zugesehen? Ist der Kanal fertig? Berichtet, Männer!«

Zwischen Bubastis und der Stelle, an der die lange Wasserstraße in den langgestreckten See des bitteren Wassers mündete, war nach Brunnen gegraben worden. Nur jeder dritte Versuch war erfolgreich gewesen, aber schließlich hatten die zehnmal tausend Bauern, Söldner und Handwerker genügend Wasser zum Trinken, Waschen und Kochen gehabt. Dariuvahush hob die Hand. Skylax schätzte, daß in sechs, acht Monden der Strom und das Meer miteinander verbunden sein würden.

»Als ich deine erste, nein, es war die zweite, Botschaft gelesen hab, Käpten, hab ich alle mudrayischen Baumeister in Pârseï zusammengerufen, und die anderen aus Huza und Pâthragada auch. Zuerst haben ich und Gaubarva alle im Palast mit unserer Freude erschreckt, darüber, daß ihr mit der *Unsterblichen Schneide* die beiden Meere erkundet habt und wohlbehalten in Mudrayia an Land gegangen seid.«

»Es war eine mühsame, lange Reise, o Herrscher«, sagte Strattis grinsend. »Aber jetzt, nachdem alles vorbei ist, lachen wir darüber. Wir haben mehr Buchten, Strände und Untiefen gesehen, sind mehr gesegelt und gerudert als jeder andere Mensch vor uns.«

»Er ist Kleiner-Gott-Upuaut, wie die Mudrayier sagen, der Öffner der Wege!« rief Aspaka. »Aber warum hast du mit den Baumeistern geredet, o König?«

»Ich hab sie befragt, was sie von dem alten Kanal wissen. Aber sie wußten nichts oder sehr wenig. Von Aspakas Gespannen, die ins kahle Land vordrangen, und von euch erfuhr ich, daß mehr als elf Parasangen neu gebaut werden müssen, zusätzlich zu dem, was der alte Pharao hinterlassen hat. Ich gab Kshatrapan Aryâvanda meine Befehle.«

»Wir haben gesehen, daß jeder Befehl befolgt wurde; seit vielen Jahren.«

»Pârsisches Gold!« Dariuvahush klatschte in die Hände. »Das Gold des Königs. Haben die vielen Arbeiter gedürstet und gehungert? Oder sind sie geschunden worden?«

Aspaka hob den Kopf und schnalzte. »Nein, nicht ein einziger, König der Könige.«

Aus ganz Mudrayia waren Baumeister und Arbeiter zusammengeströmt, die doppelte Anzahl während der jährlichen Überschwemmungen, wenn ganz Mudrayia unter dem nährenden Schlamm begraben lag. Astraios, der Schiffsbaumeister, berichtete vom Lauf des Kanals, der in dem alten Kanalbett erst nach Osten verlief, dessen Neubau die Schilfsümpfe beseitigt hatte und nahe dem nördlichen Schilfufer jenes kleinen Sees in weiter Biegung nach Süden führte, von den unbegreiflich großen Mengen Sand, die Korb um Korb aus dem verschütteten Kanal herausgeschaufelt und fortgetragen werden mußten, vom Lehm an den Spundwänden der Böschungen, den man mit Grassamen mischte, damit ihn die Wurzeln an Ort und Stelle hielten, von Feuern, deren Holz von weither kam und über denen das Erdpech siedete, und von felsigen Stellen, an denen Hunderte Baumeister meißelten. Dariuvahush hörte schweigend zu, ging hin und her und trank kalten Sud. Die Hitze in der Luft, die zwischen den Palmen stand wie ein Stapel nasser Tücher, trieb den Männern den Schweiß aus der Haut. »Es wird bald Sturm geben«, sagte Bion. »Sandsturm, wie ich glaube.«

Deinias nickte. »Noch heute nacht.«

An vier Stellen waren kleine Schluchten mit dem Aushub gefüllt und Hügel über ihnen geformt worden, aus Sand, Steinen und Geröll und dem Abfall der Sandsteinplatten aus der Kanalsohle. Dort wollte Dariuvahush Säulen oder Granittafeln aufstellen, die in vielen Sprachen von seinem Kanalbau kündeten; nur der mächtigste Mann der Welt konnte Hunderttausende Menschen zur Arbeit an einem solchen Werk treiben. Nahe Bubastis war aus Sandstein, dessen Blöcke im Gebirge geschlagen worden waren, eine Wassersperre errichtet worden; das Holz für die hochziehbaren Tore hatte der Kshatrapan von Sparda geschickt, Dariuvahushs Bruder.

»Aber er ist noch nicht fertig?«

»Er wird fertig sein, wenn du in Men-Nefer bist«, sagte Aspaka.

»In meinem fünfundzwanzigsten Jahr wird mein Schiff die Flotte anführen, die vom Neilos zu jenem Meer fährt, das noch keinen Namen hat.« Dariuvahush ließ sich in seinen Sessel fallen und streckte den Arm aus. Eine Sklavin legte ein gefaltetes feuchtes Tuch in seine Hand; er wischte Schweiß aus dem Gesicht und dem Nacken. »Ist es euch in Men-Nefer und im Palast von Babairu langweilig geworden, ihr Meeresfahrer?«

Skylax zuckte mit den Schultern. Sein Blick ruhte auf einem niedrigen Tisch, auf dem die geöffnete Lederrolle lag. Zwei Schreibleder waren aus der Schutzhülle herausgezogen; offensichtlich hatte Dariuvahush in der Übersetzung des zweiten Periplous gelesen oder sich vorlesen lassen.

»Nein, o König. Wir hatten noch ein wenig damit zu tun, die *Unsterbliche* über viel Sand zu ziehen und durch den Kanal nach Bubastis zu rudern. Aber zuvor und danach lebten und wohnten wir wie die Fürsten.«

»So viel Wohlleben hab ich euch Königswohltätern versprochen.« Die schwitzenden Sklavinnen teilten Tücher und kalten Mischtrunk aus. Dariuvahush blickte in den Himmel über der Lichtung, als binnen weniger Atemzüge das Sonnenlicht schwand. »Die Phoiniker segeln an der Küste Putyas nach Westen und erzählen, daß jenseits der Säulen ihres Melkarth-Götzen die Welt zu Ende ist. Ihr, Käpten Skylax, habt den östlichen Teil des Meeres und die Ufer bis zu den vielen Mündungen des Hapi-Rautâ erkundet und hundert Inseln dazu. Aber niemand besitzt einen Periplous vom Pontos Euxeinos und den umgebenden Meeren, von den Küsten und den Flüssen, die in dieses dunkle Meer münden. Auch das hyrkanische Meer ist so unbekannt wie der Zweck einer Lorme.« Er lachte kurz und deutete auf Skylax. »Weißt du inzwischen, wozu man sie benutzt?«

Skylax schüttelte den Kopf. »Telamon und ich haben sie an den Mast gebunden. Jeder, der sie sieht, kichert, erbleicht oder rennt davon, ohne Erklärung. Ich weiß es nicht, Herrscher.«

Dariuvahush hob die Schultern und machte eine fahrige Geste. »Gleichviel. Noch ist Krieg in Karien und entlang des Küstensaums, bis dorthin, wo ich über die Schiffsbrücke des *Architekton* Mandrokles ritt.« In der unbewegten Luft geschah etwas. Ganz unvermittelt drangen von allen Seiten die Geräusche des kleinen Lagers ungehindert und verwunderlich laut in die Lichtung ein. Strattis steckte den Zeigefinger in den Mund und hob die Hand über den Kopf.

»Gut, daß wir nicht auf dem Meer sind. Sturm, o König! Er tut, was ihn so lästig macht. Er naht.«

»Hier sind wir sicher.« Dariuvahush wies mit dem Daumen über die Schulter. »Auch über die Stürme im euxeinischen und hyrkanischen Meer weiß niemand etwas Zuverlässiges. Würde es euch nicht reizen, das herauszufinden – wie ist euer Lebensziel, ihr Meereswanderer?«

Skylax' Blick glitt über die Gesichter seiner Freunde; er grinste und sagte: »Wir haben endlose Nächte lang darüber geredet. Ich kann für sie alle sprechen. Ein feines Haus auf einer Thalassa-Insel oder auf dem Festland, hoch genug für schweifende Blicke aufs Meer, nah genug am Hafen oder an einer Bucht, bebenfest, mit Sklavinnen, die im Winter das Lager wärmen und im Sommer die alternde Leidenschaft kühlen. Mit deinen Statéren und Golddârayaka, o Herrscher, unserem überreich erhaltenen Lohn, ist es leicht, ein schönes Plätzchen zu finden, wo wir in Würde alt werden können.«

»Nicht, wenn euch Hellenen überfallen und wegen ... wie nennen sie's? ... anklagen und verfolgen.«

»*Medismos,* Herr.« Bion verzog das Gesicht. »Zu enge Freundschaft zu Medern; so nennen sie auch die Pârsa. Deswegen, so hab ich das Gerücht gehört, haben sie auch den Syloson auf Samos vergiftet und gesagt, es wäre ein tödliches Fieber gewesen.«

Dariuvahush starrte ihn an. Unverständnis und Zorn wechselten in seinen Gesichtszügen; er murmelte etwas Unverständliches und richtete sich halb auf.

»Ihr wart in Babairu. Geht ihr dorthin zurück? Was hast du vor, Käpten?«

Skylax hob die Schultern und breitete, als bestünde die Zukunft nur aus Riffen, Untiefen und Mastbrüchen, die Arme aus. Er schlug Aspaka auf die Schulter.

»Wir sind übereingekommen, die *Unsterbliche Schneide* in Bubastis oder Memphis zu überholen und auszurüsten. Das ist Arbeit für zwei, drei Monde, kaum länger. Dann wollten wir hapi-aufwärts segeln bis Ta-Seti oder zur Insel Elephantine; dort sind hellenische Söldner ...«

»Und mein Kshatrapan Vidhrauga«, sagte Dariuvahush. Er sprang auf und rief: »Kommt alle zum nächsten Nourouzfest nach Pârseï! Alle! Ihr werdet Fürst Satâspa treffen, den knarrigen Rashurda und alle anderen auch! Danach reise ich nach Mudrayia und werde an der Spitze einer Flotte den Kanal befahren, bis ins Meer. Begleitet mich und Xayarsha, den Thronfolger. Ich will lange in Mudrayia bleiben, den Strom befahren, die Wüste erleben, mich an den Oasen erfreuen. Den Kshatrapan werde ich prüfen und sehen, was Udja-Horresnet geschaffen hat. Dann wird auch der ahrimanverfluchte Krieg gegen die Hosenlosen endgültig gewonnen sein!«

Er deutete auf die Sklavinnen, die Weinkrüge und die Becher. Ein rötliches, wächsernes Licht legte sich über die Oase, kein Palmwedel rührte sich; das Summen der Fliegen schnitt eindringlicher im Ohr. Der Duft ungemischten saitischen Weins breitete sich träge aus.

»Ein Becher guter Wein soll's besiegeln.« Dariuvahush hatte entschieden. Sein Körper straffte sich, der Schweiß am Hals und unter den Schläfen war bläulich und färbte das Tuch. Die Sklavinnen huschten über die Teppiche und teilten kleine, gefüllte Goldschalen aus. »In Mudrayia reden wir wieder, Kapitän, und vielleicht habt ihr euch dann in meinem Reich so lange und tief gelangweilt, daß ihr auf der Flucht vor der Eintönigkeit die *Unsterbliche* durch die Meerengen ins Euxeinische Meer steuern wollt!«

Skylax stieß Telamon an, nickte schwer, stand auf und verbeugte sich tief.

»Du hast unser fruchtloses Nachdenken beendet, o König der Könige.« Er hielt die Schale zwischen beiden Händen und lächelte. »Meine Freunde und ich – wir haben den Kanal gesehen und werden die Säulen von Pârseï bewundern. Und die Mächtigen aus dreiundzwanzig Kshatrapien angaffen, die Kamele voller Goldlasten zählen und uns mit Proktokrites und Meleagros betrinken.«

Dariuvahush leerte die Schale, die Männer tranken langsamer; an den Seiten des Zeltes verschlossen die Diener alle Luftklappen. Dariuvahush sah jeden lange an, schüttelte zustimmend den Kopf und sagte:

»Das alles und viel mehr, Käpten! Im Mond des Pflügens, in meinem fünfundzwanzigsten Jahr!«

Er hob grüßend den Arm, wischte mit dem Tuch über sein Gesicht und ging langsam ins Zelt. Aspakas Lächeln war mühsam, als er zum Rand der Lichtung zeigte und murmelte: »Gehen wir. Ein Versteck suchen, vor dem Sturm.«

Im Südwesten war das gesamte Firmament zweigeteilt. Eine gewaltige gelbbraune Mauer bedeckte den Horizont und hatte die Sonne geschluckt. Skylax erschrak, spürte lähmende Furcht; er nahm kaum wahr, daß die Tiere in eine Senke getrieben und alle Wagen wie ein Wall aufgestellt und mit Seilen an den Stämmen der Palmen, Tamarisken und Akazien gesichert worden waren. Überall hingen und lagen nasse Tücher, standen wassergefüllte Krüge, halb im Sand eingegraben. Deinias krächzte:

»O ihr Götter!«

»Der zornige Großvater aller Stürme«, murmelte Aspaka. Das Land wurde von der strahlend blauen Hälfte des Himmels be-

leuchtet, die Sonne war hinter dem gewölbten Wall der Staub-
walze nicht einmal zu erahnen. »Unsere Zelte! Vielleicht fliegen
sie nicht davon, wenn wir sie halb mit nassem Sand begraben.«
Die Mauer aus Staub und Sand rückte unaufhaltsam näher. Die
Männer rannten zu ihren leinenen Unterkünften. Aspaka schien
alle Gefahren solcher Stürme zu kennen und handelte schnell
und sicher. Er schaffte Wasserkrüge in die Zelte, zerrte das Gepäck ins Innere, warf trockene Tücher ins Wasser und knotete
Seile zwischen Wurzeln und Zeltpflöcke. Über die Kamele, Pferde und Maultiere spannten die Treiber und Reiter Leinensegel,
die sie von den Stämmen der Oase rissen; alles drängte sich östlich der Büsche und Bäume zusammen. Skylax und seine Freunde schaufelten Sand auf die Stellen, an denen die Zeltwände den
Boden berührten, suchten schwere Steine und gossen Wasser in
den Sand. Bei jeder schnellen Bewegung brach ihnen der
Schweiß aus. Die Dunkelheit nahm zu, der untere Teil der un-
durchdringlichen Walze, die höher zu sein schien als ein hoher
Berg, hatte sich tiefgrau gefärbt. Aspakas Stimme erhob sich
über das Durcheinander, in dem sich die Tiere aneinanderdrängten:
»Nasse Tücher um den Kopf! Auch um die Köpfe der Tiere! Legt
euch auf den Boden, in die Zelte, hinter die Stämme. Nicht aufstehen – der Sturm bricht euch sonst alle Knochen!«
Skylax blickte sich um. Den scheuenden Tieren hängten und
knoteten die Knechte triefende Tücher über die Augen und Nüstern und versuchten, Zügel und Halsleinen um Felsen und Bäume zu schlingen. Der erste Windstoß winselte heran, der Wind
begann zu pfeifen, die Baumkronen rauschten auf; ein Hagel
trockener Rispen wirbelte davon. Ein Sonnensegel riß sich los,
flatterte zwischen den Stämmen und legte sich knatternd um eine
Palme. Der Wind begann zu kreischen, und die dunkelbraune
Finsternis der Wolke griff nach dem westlichen Rand der Oase.
Bion brüllte:
»In die Zelte, Männer! Duckt euch.«
»Die Tücher! Nehmt die nassen Tücher.«
Sie krochen nebeneinander in die Zelte, hängten sich tropfend-
nasse Tücher über die Köpfe und klammerten sich an Zeltstan-

gen und Stricke. Drei Atemzüge später schob sich nächtliche Dunkelheit über die Oase; der Sturm heulte und winselte und trieb unermeßliche Mengen Staub nach Osten. Im Westen wurden Dünenkämme abgetragen und Mulden geleert und weiter im Osten als langgestreckte Spuren hinter Bäumen, Steinen, Mauern und jeder anderen Erhebung abgelagert. Die Finsternis war vollkommen, die Zelte schwankten im Kreischen, Jaulen und Wimmern des Sandsturms, die Zeltwände knatterten, aber niemand vermochte in dem brüllenden Chaos noch Geräusche zu unterscheiden. Skylax und seine Freunde glaubten ein grelles Pfeifen zu vernehmen, während sich das Zelt nach außen und innen beulte; sie spürten den ununterbrochenen Anprall von feinem und grobem Sand und Steinen gegen die Leinwand, sie wußten, daß der Boden unter ihnen zitterte. Die Zeit kroch rückwärts, die Finsternis blieb. Die Geräusche des Sturms zermahlten alle Gedanken zu staubfeiner Bedeutungslosigkeit, aber einige Male huschten Skylax nasse, brüllende Erinnerungen durch den Kopf: Die *Atem des Boreas* und die *Unsterbliche Schneide* in den Brechern und der schneeweißen Gischt auf hellgrünem Wasser. Die Welt da draußen zwischen Abr Nahr und der Grenze Athuras tobte sich unversöhnlich aus und schleppte Staubmengen, gewaltiger als jedes Vorstellungsvermögen, über flaches Land, Hügel und Tafelberge aus steinhartem Schwemmgut und verhüllte die Oase mit erstickender, tobender Dunkelheit. Ohne daß es jemand sah, flogen Palmwedel und halbe Kronen davon, rissen Splitter aus den Stämmen, und die Stunden standen noch immer still.

Plötzlich: Ruhe, Stille, Bewegungslosigkeit. Die Zeit begann sich wieder zu bewegen. Im Zelt stank es nach erkaltendem Angstschweiß, die Tücher waren trocken. Ein Kamel schrie jämmerlich. Skylax hörte seinen Herzschlag bis in die Schläfen; ein Geräusch wie brechendes Holz. Er kroch rückwärts aus dem Zelt hinaus und richtete sich mühsam auf: Die Oase und ihre Umgebung hatte sich verändert. Überall lag hellbrauner Staub, die Palmenwurzeln waren unter einer zwei Fuß hohen Schicht begraben; an vielen Stellen standen Männer auf, die Tiere begannen sich zu bewegen. Es war noch immer still wie in tiefem Wasser.

»Überlebt, Freunde«, krächzte er und suchte einen Krug, dessen Inhalt nicht vom Staub verdorben war. Die Sonne stand im frühen Nachmittag und strahlte die Stauboberfläche an, die aussah wie ein windstilles Meer in weit schwingender Dünung. Er starrte die verwüsteten Dattelpalmen an, die sich diesseits des meerblauen Himmels entlaubt und halb zerstört aufrichteten. »Helfen wir den anderen.«

Zuerst stapften sie durch heißen, aufstiebenden Sand zum Zelt des Königs. Auf den waagrechten und leicht schrägen Lederbahnen lag der Staub zwei Handbreit hoch. Am westlichen Innenrand der Lichtung war eine alte Palme umgebrochen und hatte die Hälfte ihrer Wurzeln aus dem Boden gerissen; sie lag quer über dem Zelteingang, hatte Stangen zerschlagen, das Leder zerfetzt, die Spannseile entzwei- und einige Anker aus dem Boden gerissen; an mehreren Stellen sah Skylax, daß der Staub das Leder abgeschmirgelt hatte, so daß es aussah wie Papyrus oder Palmenmark. Deinias starrte Skylax an, Skylax musterte Astraios, Bion murmelte alte karische Flüche, als der innere Vorhang zur Seite gewischt wurde.

Dariuvahush stand mit dem herausfordernden Grinsen eines zwanzig Sommer jüngeren Mannes im inneren Zelteingang. Er war schweißüberströmt, Haar und Bart klebten auf der Haut. Ein Tuch um die Hüften geknotet, stand er jenseits der Verwüstung, den Arm um die Hüfte einer großen, schlanken Kushiyatin gelegt. Sie war nackt, bis auf schweren Goldschmuck; ihr Lächeln schien zu sagen, daß sie den Sturm und die Zerstörung des halben Zeltes als willkommene Unterbrechung einer langen Reise empfand. Skylax packte Bions Handgelenk und zog ihn zwischen die knarrenden Palmenstämme.

Im »berüchtigten« neunten Mond Anamaka, in einer der ersten kalten Windnächte, schreckte Dariuvahush hoch; das Winseln einer Sturmbö kam von den Rauchöffnungen im Dach. Alle Ölflammen und Kienspäne flackerten gleichzeitig, die Holzkohle der Glutkörbe glomm rot und weiß auf, der Wind sog den Rauch aus den Löchern der Räuchergefäße unter die Dachbohlen. Auf dem Tisch vor Dariuvahush, im Palastsaal der Schriften, lagen das leere Schreibleder und der Griffel; vor den Krügen voller eng gerollter Papyri stand das Tuscheschälchen. Langsam stemmte sich Dariuvahush aus den warmen Fellen seines Sessels hoch, ging zu einem Nebentisch und hob den Korb voller Tontäfelchen hoch über den Kopf. Jedes einzelne enthielt eine Nachricht vom yaunischen Aufstand. Seine Gesichtsmuskeln begannen von der Anspannung zu schmerzen; er schloß die Augen, holte tief Luft und schmetterte den Korb zu Boden. Die Vierecke aus trockenem Lehm zersplitterten und zerbröckelten mit hellem Krachen, der Korb kollerte in die Dunkelheit davon. Er riß mit beiden Händen die raschelnden Binsenmarkblätter aus den Krügen und warf sie in die aufstiebende Asche des nächsten Glutkorbs; als die Flämmchen hochkrochen, erstarrte Dariuvahush, lehnte sich gegen die Tischkante und blickte in die finsterste Ecke des Saales, als sähe er dort ein Wesen aus der schwarzen Schar des Ahriman herankriechen. Er trank einen Schluck Würzwein, der in einem Krug am Rand der Glut heißgehalten wurde, setzte sich und zwang sich zur Ruhe. Zögernd tauchte er den Griffel in die dunkelrote Tusche und schrieb:

Der Krieg blieb am Grenzsaum des Reiches, kroch über handbreite Pfade, ritt und fuhr auf breiten Straßen, nistete in Schluchten und umspülte kämpfend, verwundend, tötend, plündernd, versklavend, brennend viele Buchten und manche Inseln, zertrümmerte Stadtmauern und schleifte Tempel, wütete in den Häusern der Bewohner. In den Wirren verbrannte Kapitän Skylax' Atem des Boreas am Fluß Maiandros, weil die Yaunier glaubten, es sei ein Schiff der Pârsa. Die drei Heeresführer, denen ich meine Töchter zu Frauen gab und die sie bald nach den Hochzeitsfeiern in den Frauenhäusern zurückgelassen hatten, verfolgten zuerst die yaunischen Schiffe und danach die Krieger, die sie an Land entließen und die versuchten, unter dem Befehl des Aristagoras ein zweites Mal Sardeïs zu belagern und zu erobern. Und der Krieg war nicht mehr wie der Rauch der Herbstfeuer, sondern unsere Heere – zumindest alle Hundertführer mit bronzenem oder silbernem Granatäpfelchen am Lanzenschaft – wußten, auf welchen Straßen oder Pfaden, in wie wenigen Tagen und mit wieviel Anstrengung sie marschierend und reitend welche Stadt erreichten; es waren die Listen meiner Fürsten Sykashta, Dutzender »Augen und Ohren« des Königs, das Aufgeschriebene Fürst Tachmaspâdas, denen sie folgten. Viele Jahre später, wenn sich die Wahrheit der Vergangenheit mit den trunkenen Erzählungen von Kampf, Sieg und Niederlage der Gegenwart längst mit der Verklärung der Legenden vermischt haben wird, schreiben sicherlich jene, deren Papyri nicht das Erlebte, sondern das Gehörte enthalten, die Eroberung einer jeden Stadt des yaunischen Meeressaums sei das Werk eines Tages gewesen – eines pârsischen Tages. Dies war erlogen: es verhielt sich anders.

Die Welt ist ein absurder Ort voll verzweifelter Unvernunft. Die Kämpfe gingen indessen so, wie Sykashta und Tachmaspâda es mit meinem, des Königs Bruder und dessen mutigem Sohn Jung-Rtafarnâh beredet hatten: Unsere Heere beherrschten fast das ganze Land und bewegten sich ungehindert wie Wolkenschatten; die Eidbrüchigen und Aufrührer hockten innerhalb der Stadtmauern und erhielten Hilfe von Schiffen, die in Häfen und verschwiegenen Buchten anlandeten. Die Schlachten im Frühling, Sommer und Herbst fanden meist fern von Hirten, Baumfällern, Bauern und Olivenhainen statt, die Königsstraße blieb sicher, aus Weinbeeren wurden pralle Trauben, die man kelterte: Der Krieg fand hinter den nächsten Hügeln statt.

Abydos, Dardanos, Perkotes, Lampsakos und Paisos: ummauerte Städte am Hellespontos, nördlich von Daskyleion. Sie eroberte jener Hazarapati, den die Hellenen Daurises nannten, weil sich ihre Zungen beim Versuch verknoteten, pârsische Namen auszusprechen. Er nahm die Städte ein, tötete viele Männer, verwundete und versklavte andere, nahm den Frauen die Männer weg und den Männern ihre Frauen und Töchter; als er Paisos unterworfen und eine pârsische Besatzung zurückgelassen hatte, erreichte ihn ein Bote, der sein Pferd beinahe zuschanden geritten hatte: Die Karer waren vom Reich abgefallen und hatten sich den Yauniern angeschlossen. Daurises sammelte sein Heer und zog nach Karien. Dies alles erfuhr ich, Gaubarva, Aspat Shanâh und Tshissa Vahush ebenfalls von erschöpften Boten und aus kurzen Briefen, die sie überbrachten.

Wo der Fluß Marsyas aus der Landschaft Idrias kommt und sich in den Maiandros ergießt, bei Leukai stelai, das sind die Weißen Säulen eines karischen Versammlungsplatzes, trafen die Heere aufeinander: 2000 Pârsa und 10 000 Karer blieben tot auf dem Schlachtfeld; die überlebenden Karer flüchteten in den Tempel des Zeus der Doppelaxt zu Labraunda. Dort stießen Milesier und andere Bundesgenossen zu ihnen und bekämpften uns Pârsa ein zweites Mal. Diesmal erlitten die Milesier die größten Verluste. Weil aber das große pârsische Heer des Daurises auf dem Weg nach Karien mehrmals überfallen wurde – es marschierte Tag und Nacht! –, waren die Pârsa nicht stark genug, um in der dritten Schlacht zu siegen. Daurises starb an der Spitze seiner Lanzenkämpfer; auch die Feldherren Sisamakes und Amorges wurden von den Aufständischen erschlagen. Meine Tochter Rasharâspa war, kaum zur Frau genommen, Witwe geworden, das Heer wurde, wenn nicht vernichtet, so doch in alle Richtungen versprengt. Hymaies, der zweite meiner Töchtermänner, der die Yaunier auf ihrem Weg nach Sardeïs verfolgt hatte, eroberte die Stadt Kios, die zwischen dem Hellespontos und dem Bosporos liegt. Als er erfuhr, daß Daurises nach Karien marschiert sei, wandte er sich nach Westen und eroberte dort die Städte, die dem Reich abtrünnig geworden waren; Tausende und aber Tausende ließ er gefangen nach Sardeïs führen und kämpfte, bis er unweit der Stadt Abydos erkrankte und binnen weniger Tage starb. So wurde auch meine Tochter Ushira zur Witwe und ihr Söhnchen zur Waise. Kriege zu führen, ist die teuerste Art zu herrschen. Und die bitterste.

Ich aber hetzte Boten zu meinem Bruder Rtafarnâh, dem Kshatrapan von Sardeïs, und zu Heerführer Hutana. Ich schickte aus den Städten des Kernreiches frische Truppen und gab Gold, um Söldner anzuwerben. Ich schrieb an Rtafarnâh und Hutana:

Dariuvahush der Großkönig schreibt: Histiaios und Aristagoras, jene Anarcho-tektonés, wissen, daß sie göttliches Recht brechen und daß der König der Könige nicht zu besiegen ist, aber zu ihren Anhängern sagen sie, die Hellenen könnten gegen uns gewinnen. Ich sende euch aus den Kshatrapien die besten Krieger und meine mutigsten Unsterblichen. Tut alles, um den Aufstand der Yaunier zu beenden. Ich werde dafür sorgen, daß unsere Schiffe –

*es sind viele in pârsischen Werften in Bau, so daß es in einem
Jahr sechshundert sein werden – die Yaunier, Karer und Milesier
vom Meer fegen werden. Schreibt die Namen der wichtigsten
kleinen Könige auf und wisset: Dariuvahush, König der Könige,
wird nichts vergessen und niemandem verzeihen. Nun bin ich der
Wutgott, der Große Verderber und will, daß Miletos in tausend
Tagen eine pârsische Grenzstadt ist, auch wenn sie nur aus Ruinen, Trümmern und Asche besteht.*

*Dies, mein Sohn Xayarsha, schrieb ich zwei Monde vor dem
Ende meines 24. Herrschaftsjahres. Lies, was ich dir damit sagen will: Mitunter bestimmt die Schönheit einer Frau über den
Grad des Verlangens eines Mannes – für die barbarischen Hellenen bedeutet die klare Schönheit meines Reiches nichts. Dieses
Reich wird dereinst deines werden, auf meinen Thronen wirst du
sitzen. Jenes Gemisch aus Stammeshäuptlingen, sogenannten
kleinen Königen, hosenlosen Herrschern über Inselchen und jenen Kreaturen, die sich am Gold des pârsischen Flügelstiers mä-
sten, bis sie sich stark und mächtig genug für den Aufruhr dün-
ken, hinterlasse ich dir als Feinde und Gegner, obwohl ich sie
lieber tot wüßte. Aber allein Miletos hat 300 Pflanzstädte, aus
denen es neue Krieger zieht. Über die Bedeutung sicherer Grenzen lernst du täglich in meinen Palästen. Dieses Hellenengesindel – nicht alle! – schließt Verträge und vergißt sie am nächsten
Tag; ihnen zu vertrauen, bedeutet das Meer zu peitschen, die
Wellen zu köpfen oder die Dünung anketten zu wollen.*

Seit dem Tod des zweiten Kurusch, des Großen, waren fünfzig
Jahre vergangen, dachte Dariuvahush und legte das Schreibried
zwischen die Zinnen des Türmchens. Der yaunische Aufstand
wuchs sich zur größten Bedrohung des Reiches in diesem halben
Jahrhundert aus. Die Figur schien auseinanderzugleiten, sich zu
verdoppeln; plötzlich bohrten und hämmerten rasende Schmerzen in Dariuvahushs Schläfen. Einige erschreckend harte Herzschläge lang überlegte er, ob er den Babairer Zhivaka rufen sollte, den Heilsalber, den Demokedes all sein Wissen gelehrt hatte,
dann tastete er sich zum Wandschirm, kühlte Gesicht, Schläfen
und Stirn mit nassen Tüchern und atmete den Myrrhenduft tief

ein, mit dem sie getränkt waren. Er setzte sich, preßte das feuchte Tuch gegen das Gesicht, schloß die Augen und genoß die Kälte auf der Haut: Noch vor zehn Jahren wäre er längst im Streitwagen und an der Spitze eines Heeres ausgesuchter Krieger auf den Fersen des Aristagoras zu finden gewesen. Demokedes! Im Verzeichnis der Königswohltäter! Pârsische Schiffe hatten den Heimwehkranken, überreich Beschenkten in seine Heimat Kroton zurückgebracht; der letzte Teil der Heimreise schien in kopfloser Flucht und Demokedes' plötzlicher Heirat geendet zu haben. Vorbei, vergessen; verschwende keinen Gedanken mehr an einen Mann, der dein Freund hätte werden können.

Dariuvahush ging blinzelnd zum Wasserkessel, um das Tuch wieder zu kühlen. Die Reste der Schreibleiderstückchen schmorten stinkend am Rand der Glut; der falbe Rauch erinnerte Dariuvahush an den yaunischen Krieg, darüber entsann er sich beider verwitweter Töchter und der toten Fürstensöhne, der Hazarapati; und im Halbdunkel zwischen den Säulen, mit dem tropfenden Tuch in den erkaltenden Händen durchforschte er seine Erinnerungen nach den Namen und Gesichtern seiner Söhne und Töchter und der Frauen und Männer, mit denen sie zusammenwaren; sechs oder sieben Söhne, mindestens ein Dutzend Töchter, deren Namen er kannte: Nur die Reihe seiner eigenen Gemahlinnen stand deutlich vor seinem inneren Auge. Noch bevor er an Rtastunâ und deren goldenes Standbild dachte, fragte er sich, ob der greise Bagapâta auch in dieser Nacht schon Nefermerit aus dem Frauenpalast in sein Schlafgemach geführt hatte. Er lauschte in sich hinein, spürte dem Schmerz nach, der nur langsam wich. Und ebenso langsam glaubte er zu erkennen, daß alles, was er seit langem tagtäglich zwischen Erwachen und Tiefschlaf tat – seit wie vielen Jahren? –, nichts mehr mit ihm selbst zu tun hatte. Er war zum wertvollsten Werkzeug des Reiches geworden. Es war aberwitzig: Der mächtigste Mann der Welt wußte sogar, daß es in Ampe, einem bedeutungsarmen Kaff am unteren Idiglat, zu wenige Handwerker gab! Nein: Er selbst hatte sich zur Speerspitze Pârsas gemacht und zugelassen oder nicht verhindert, daß ihn die Vorstellungen sterbender Krieger und ausgelöschter Barbaren noch in den Alpträumen heimsuchten. Er holte tief Luft und flüsterte:

»Kann ich's ändern? Oder ist es schon zu spät?«

Änderte er etwas, nicht an der Wirklichkeit, sondern an seinem Empfinden, wenn er nach dem großen Nourouzfest seines fünfundzwanzigsten Jahres für zwei Jahre nach Mudrayia zog und mit Skylax reiste? Oder war es die gleiche Art von Flucht, die ihn dazu bewog, seinen Samen an junge Frauen zu verschwenden, die schön und vom Ehrgeiz besessen waren, von ihm geschwängert zu werden? Unverminderte, nächtelange Lust und danach leidenschaftliche Morgenstunden? Ahura Mazdâh! Nach den letzten Jagden in den Pairidaezas von Pâthragada und Babairu war er zwei Siebentage lang krank gewesen, hatte sich mit gekrümmtem Rücken ächzend durch den Palast geschleppt, die brennenden Salben Zhivakas erduldet und sich darüber geärgert, daß die sorgsam gegerbten Häute der Beutetiere so viele Pfeillöcher gehabt hatten wie alte Strohdächer – vor zehn Jahren hatte er selbst Löwen mit einem, manchmal zwei Pfeilschüssen erlegt. Der Schmerz zog sich leise pochend in den Mittelpunkt seines Kopfes zurück. Dariuvahush löschte die meisten Lampenflammen, wusch sorgfältig Hände und Unterarme und ging in sein Schlafgemach. Das Lager war bereitet, aber leer. Er richtete den Blick zur Decke, seufzte und mischte sich einen Schlaftrunk aus Mohnseim, gärendem Granatapfelsaft und Palmwein. Gähnend streckte er sich aus; der Schlaf legte sich wie warmer Regen auf alle seine Gedanken.

5. Das 25. Nourouzfest

Einen Tag vor Beginn des neuen Jahres – an diesem Tag zog an
den Küsten Kariens und Yaunas der Frühling ein – legten um die
Mittagsstunde alle Sklaven, Diener, Knechte und Handwerker
ihre Werkzeuge nieder und ließen die Arme sinken. Der Nachhall
der Schläge auf die bronzenen Kesselpauken verzitterte in der
kalten Luft, in der sich kaum weniger als tausend dünne Rauchsäulen wie Schilf oder lange Grashalme nach Osten neigten und
in einer höheren Luftschicht zerfaserten. Fünfundzwanzig Zelt-
dörfer, in deren Mittelpunkt jeweils eines der vielen Bauerngehöfte der Pârseï-Ebene stand, waren im weiten Dreiviertelkreis um
die mächtige Terrasse, den Unteren Palast, die Altäre und die
Ateshga, die Feuerbewahrtürme, das Pairidaeza und den kleinen,
alten Palast von Dariuvahushs Vater errichtet worden. Halbe Ochsen wurden an eisernen Spießen gedreht, auf bronzenen Rosten
schmorten und brieten Fische, Teile von Zicklein, Lämmern, Gazellen, Antilopen, ganze Hühner, Enten, Pfauen und Gänse; die
Küchenknechte kochten, mischten und erhitzten in fast zweihundert Kesseln Würzwein und Kräutersud, deren Geruch, zusammen mit Rauch und Hitze, in Hüfthöhe eine dampfende, duftende
Schicht über den Boden legte. Die Krugwarte schimpften mit den
faulen Weinträgern, die Feuerschürer schwitzten, die Herdenwar-
te wollten wissen, wie viele Schlachttiere die königliche Küche
heute, morgen und an den kommenden Tagen brauchte. Die Sklaven der Speicheraufseher schleppten volle Krüge, Ledersäcke und
Truhen; alle Arten Dörrobst, Oliven, in Honig eingelegte Früchte
und getrocknete Weintrauben lagerten in Krügen und großen Körben. Bei Sonnenuntergang würde jedermann satt und müde sein,
bei Sonnenaufgang begann Nourouz; viele Gegensätze zwischen
den Völkern des Reiches würden größer und bedeutsamer werden, andere verwischten sich bis zur Unkenntlichkeit. Für viele
Königswohltäter und jene Freunde, die sich seit zwei Siebentagen
hier versammelt hatten, hatte Dariuvahush nahezu alle Einschrän-

kungen aufgehoben. Sie umstanden ihn auf dem riesigen Dach des Apadana, das von 72 hohen Säulen gestützt wurde, zwischen Glutkörben und hinter Geflechtwänden, die vor dem Wind schirmten, in einer dichtgedrängten Gruppe.

»Ihr seht es selbst.« Mit beiden Armen machte er schwungvolle Gesten, er lachte und spürte die Kälte in seinem geröteten Gesicht. »Über die Doppeltreppe schreiten und reiten alle auf die Plattform herauf. Ein Hof öffnet sich den Blicken, zugleich sieht jeder weit in die Ebene hinaus; ins fruchtbare Land, voller Wälder, Weiden, Äcker und Felder, wo die Sonne auf den Wassern unzähliger Kanäle funkelt. Im Frühling und Sommer – welch ein Ausblick! Über den weißen Hof gehen sie in den Palast, dreißig Ellen über dem Boden der Ebene! Und im Apadana, zweihundertfünfzehn Ellen breit, sieht jeder die Größe, den Reichtum, die Schönheit und die Macht unseres Reiches!«

Das Lager der Arbeiter, der Werkstätten und des wichtigsten Materials lag im Schatten der vordersten, höchsten Terrassenmauer; es war so stark wie möglich verkleinert worden. In den halb offenen Hütten lagen auf Holzböcken Hunderte schmaler Steinplatten, zwischen denen die Meister der schnellen Griffel ihre Arbeitsplätze hatten; die zukünftigen Flachbilder für die Treppenwände im Norden und Osten der Empfangshalle. Die Mittagssonne, deren Strahlen kaum wärmten, hing vier Handbreit über dem Horizont. Am gegenüberliegenden Ende der Ebene, wo der Blick endete, erhoben sich in klaren Farben die geriffelten, schrundigen Felsenberge aus den Geröllkegeln ihrer eigenen Verwitterung. Dariuvahush deutete auf die viereckige Oberfläche der Plattform.

»Sand, Erdreich und Schlamm sind herauf gebracht worden. Zwei Dutzend von jeder Baumart, die in diesem Teil des Reiches wächst und überlebt, sind gepflanzt worden; stirbt ein Baum ab, wird er rasch ersetzt.«

Entlang der mächtigen Umfassungsmauer, auf Teilen dieser Mauern und auf einigen der noch wuchtigeren Türme waren Hunderte Bäume gepflanzt und mit schrägen Pfosten gestützt worden; nur solche, die wahrscheinlich fünfundzwanzig Jahre alt waren. Jetzt zeigten ihre Äste nur welke Blätter, die vom Herbst übrig waren. Fundamente, Quadermauern und Säulenuntergrün-

dungen, die sich aus der nächsthöheren Ebene der Plattform erhoben, waren für die Dauer des Fests verkleidet worden; den
Rest der Fläche bedeckte heller Sand. Der würfelförmige Thronsaal, Dariuvahushs kleiner Palast, die Wirtschaftsgebäude und
der Königinnenpalast bildeten kantige, bunte und säulenge-
schmückte Erhebungen auf dieser sandigen Fläche. Nicht alle
Höfe und Plätze zwischen ihnen waren fertiggestellt; dennoch
blendete ihre weiße oder starkfarbige Schönheit. Die aufgestell-
ten Feldzeichen der Heere waren geputzt, das Gold der Schwingen poliert; die Adler und Löwenköpfe schienen kühn über die
Menschenmenge hinwegzublicken. Gaubarva stützte sich schwer
auf den Stab mit dem goldenen Kugelende und sagte:
»Einige von uns, die Freunde der ersten Tage, haben seit zwei
Jahrzehnten zusehen dürfen, wie Pârseï wuchs und immer schöner wurde. Laute, trunkene Tage, schwer von Geschenken und
Verehrung, stehen dir bevor, Söhnchen. Ich bin zu alt und ge-
brechlich, um dir schmeicheln zu müssen, Dariush: Sie werden
zurückkehren nach Thrakien, Putya, Kushiya und Hindusch. Jeder wird sagen: Derlei gibt es nur hier! Diese Pracht konnte nur
im tiefsten Herzen Pârsas wachsen! Und nur der König aller Könige war fähig, sie zu schaffen!«
»Ich will hier sitzen, ins Weite blicken und in würdiger Ruhe sterben können, o Freunde!« sagte Dariuvahush, breitete die Arme
aus, umarmte Gaubarva und küßte ihn auf den Mund. Die Fürsten
Hutana, Bagabuchsa und Ardimanish, Freunde seit drei Jahrzehnten, klatschten und stießen Jubeltriller aus. »Der Mittelpunkt meines Reiches, unseres Reiches. Die größte Schatzkammer. Der
Platz, wohin jeder kommen und um Rat fragen kann, wo Richter
sitzen und gerecht urteilen, wo der Sklave den Blick hebt und sein
Recht erhält, wo sich jeder!« – er drehte sich langsam einmal herum und versuchte, in jedes Gesicht der vielleicht hundert Freunde
zu blicken – »jeder! bewußt wird, daß alles, was schon der Große
Kurusch begrübelt hat, in vielfältigem Stein, in Farbe und Gold, in
unzerstörbarer Schönheit entstanden ist.« Er senkte die Stimme,
sein Zeigefinger schien die Architektonés Proktokrites und Maiandros und vier pârsische Oberste Baumeister aufspießen zu wollen. »Die Besten von Pârsa, Mada, Babirush, Mudrayia und Huza

haben zusammengearbeitet. Es geht weiter, noch zehn Jahre lang! An diesem Ort treffen sich, wie beim Weben unserer Teppiche, alle Fäden. In Pârseï sollen sie verknotet werden! Selbst die Hellenen sollen hierher kommen und sehen, daß sie Teil einer bunten Gemeinschaft sind, in der jeder einzelne seine Rechte und seine Pflichten hat. Was die Pflichten sind, bestimme ich so wie Kurusch, bestimmt Xayarsha, der Pârseï vollenden wird, wenn ich sterbe, bevor die letzte Säule steht.«

Seine Schultern sackten nach vorn. Er sah sich um und begann zu lächeln: Jeder zeigte Zustimmung, Freude und Erwartung der folgenden Feste. Dariuvahush blinzelte. Er kannte jeden, wußte alles von jedem Freund – alles? – unwichtig: Sie waren seine Freunde; tief gegründete Fundamente seines Lebens. Er hob die Hand.

»Ein Letztes: Morgen kommen sie alle, mit Geschenken und Tribut. Dreiundzwanzig Kshatrapien! Tun wir so, als sei der Krieg an Yaunas Küsten nicht mehr als ein flüchtiges Zitterweh. Helft mir, Freunde! Meine, eure, unsre Söhne sterben dort! Unsere Töchter werden Witwen. Wäre ich wie Kambushya, sagte ich: Kleine Wunden stärken den Körper. Aber ich will diesen Krieg beenden, lieber morgen als übermorgen. Helft mir – ihr wißt, wie es geht! Und nun: Bis Sonnenaufgang gehören die Stunden nur uns allein, fern von der steifen Förmlichkeit der nächsten Tage. Alles ist bereit – zum Palast!«

Er wies auf die schmale Treppe der Südmauer, dann auf die niedrigeren Gebäude neben dem Apadanapalast. »Dorthin!« Das Bedürfnis aller Menschen nach der weihevollen Würde einer Zeremonie, eines Ritus, war groß, ebenso groß wie sein eigenes, sagte sich Dariuvahush; es war ein Pfahl, ein Geländer, eine Säule oder Brüstung, etwas, woran sich jedermann festhielt. Riten gliederten das Leben von der Geburt über die Mannwerdung und die Entjungferung, durch Liebe, Haß und Zusammenleben bis zum Tod: Seit es Menschen gab, die ihre Toten begruben, waren Riten wichtig. Aber sie vermochten weder die Hinfälligkeit des Körpers im Altern noch wütende Krankheiten aufzuhalten. Rede, trinke und tanze, sagte er sich, solange du es vermagst; das Ende kommt oftmals unerwartet. Er war einer der Glücklichen, denen Ahura Mazdâh fünfeinhalb Jahrzehnte ohne Krankheit geschenkt hatte.

Er sah zu, wie zwei Sklavinnen Gaubarva die steilen Stufen hinunterhalfen, sah, daß Tachmaspâdas Haar weiß geworden und Llach Esis, seine Gattin, zu einer leuchtenden Schönheit geworden war, dachte an Nefermerit, sah die winzigen Narben auf der Stirn von »Dreiauge« Rtavardhyas – der Hellene Demokedes hatte Feuermal und Warze mit Salben und Bimsstein fortgeätzt –, starrte in Malmarduks Gesicht und die Augen, die so erstaunlich sehend wirkten, winkte Telamon und Käpten Skylax, die mit Proktokrites und dem anderen Baumeister schnatterten, und umarmte Rashurda, den Bogenschützen und Sieger von Kundrusch, dessen Stimme zu einem sandigen Rascheln vergangen war.

Aryâramna, Kshatrapan von Katpatuka, schlohweiß und mit zitterndem linkem Arm, legte die Rechte um Dariuvahushs Schulter und murmelte:

»Herr. Freund! König! Erlöse mich und laß mich im Schatten meiner Lorbeerbäume sterben! Katpatuka war meine Jugend und mein Alter; ich hab für deine Ordnung gekämpft wie kaum ein anderer – ich will nicht mehr dorthin zurück.«

»Bleib bei mir, Freund.« Dariuvahush starrte seine Stiefelspitzen an und grinste. »Nur ein paar Tage. Dann laß ich dich in dein Fürstentum tragen. Dort wirst du Jahrzehnte älter werden als ich; daß du damals besoffen auf meine Stiefel gepißt hast, am blauen Felsen in Abr Nahr, rechne ich dir nicht mehr an.«

»Ihr Götter!« Aryâramna hob mühsam den Kopf und schnalzte. »Er vergißt nichts! Hast du jemals wieder etwas von Tachma, dem mürrischen Mada, gehört?«

Dariuvahush winkte, deutete zur Treppe und sagte: »Dort stolpert er. Einer unserer Besten, einer meiner Liebsten. Die Grünäugige hilft ihm über die Stufen.« Zwei Sklavinnen glitten fröstelnd heran und halfen Aryâramna vom Dach. O Vindafarnâh, dachte Dariuvahush, diesen Tag hättest du erleben müssen: Welche Verknäuelung unserer Empfindungen hatte deinen Sinn verwirrt, was wolltest du Einäugiger mir sagen, rasend und mit Waffen in den Händen? Großfürst Vidarna, Madas Kshatrapan, kam auf ihn zu, breitete die Arme aus und sagte:

»Zufrieden? Glücklich? Wohlig durchblutet, o König der Könige? Ich hoff's. Mir ergeht es nicht anders – mein Fürstentum, bis zum letzten Grashalm, gedeiht und wuchert; du bist der Beste auf dem Thron. Du schindest dich für uns alle. Weißt du jetzt, warum wir uns darüber freuten, daß du König werden wolltest?«

Dariuvahush bohrte seine Finger in Vidarnas Schultern, schüttelte ihn und lachte; leise sagte er: »Ihr habt mich ins Königtum gedrängt, fürstlicher Freund – jetzt bin ich auf dem Thron. Soll ich ein Dutzend meiner jungen Männer schicken, um in deinem Schatzhaus nachzusehen und deine goldenen Unterschlagungen aufzudecken? In deinem wuchernden Großfürstentum?«

»Wag es nicht, Dariush! Sonst schick ich deinen Unsterblichen nur noch Pferde mit Huffäule!«

Sie umarmten sich und lachten schallend. Die Goldplättchen der Mantelsäume blitzten. Dariuvahush nahm Ardimanish und Bagabuchsa an den Händen und ging zwischen ihnen hinunter zur Plattform; nur wenige Herzschläge lang glitten seine Erinnerungen zurück zur Nacht der Köpfung und zum ersten Morgen seines erkämpften Königtums. Vor dem Treppenabsatz fielen ihm eine schwarzhaarige Frau und ein breitschultriger Mann auf, die eng umschlungen miteinander flüsterten. Er erkannte Fürst Satâspa und eine junge Hinduschfrau und berührte den Pârsa am Arm.

»Über Mangel an Erzählungen von legendenhaften Buchten im kahlen Land wirst du dich morgen nicht beklagen müssen, Meeresfahrer.« Er legte den beiden die Hände auf die Schultern. »Skylax, der Herrscher hochschwellender Wogen und Schreiber von Schiffsbefindlichkeiten – er ist hier, o Satâspa!«

Satâspa verneigte sich tief, ohne die Hand aus dem Gewand seiner verständnislos dreinblickenden Begleiterin zu ziehen. »Man hat es mir gesagt, o König. Wir haben zuvor nur deinen Worten gelauscht. Ja, starkmeerische Erzählungen finden heut nacht statt; eine lügenhafte Übertreibung hetzt die andere.«

»Ich wünsche noch immer, ich hätte mit euch segeln können.«

Satâspa zog die Schultern hoch und sagte in ehrfürchtigem Ton: »Wenn du, König der Könige, auf der *Unsterblichen* gerudert hättest, könnten wir heute nicht auf dem Dach des Apadana stehen.« Er zögerte, schüttelte sich unbehaglich und sprach weiter. »Alles in allem ist dies keine Beschäftigung für pârsische Fürsten, sondern für Männer anderer Art. Klüger, jeder rudert dort, wo er's am besten kann.«

»Einverstanden.« Dariuvahush grinste listig. »Ihr habt ein Schiff gerudert, ich steure ein Reich mit schadhafter Bordwand.«

Satâspa verneigte sich, nahm die Hände seiner Gefährtin und stolperte die Treppe hinunter. Bagaya lehnte am gemauerten Lufteinlaß; er, der Sohn des Großfürsten Rtavanta, hatte an der Seite Tachmaspâdas den Kshatrapan von Sardeïs gespeert.

Nachdenklich folgte Dariuvahush seinen Gästen. Jeder Gedanke, jede seiner wichtigen Erinnerungen strahlte heute wie ein Honigtropfen am Ende eines Schöpflöffels. Nichts von dem, was sie alle getan hatten, war so rein und blankgescheuert wie die Erinnerung an die sorglose Zeit der Kindheit. Lichtschein flackerte über die Farben der Wandbilder, der glänzenden Kacheln und der großen Teppiche, die an goldenen Nägeln hingen. Er schwieg, hörte zu, trank abgeschäumten Sud mit wenig Wein und versuchte auch jetzt zu erkennen, welche Großfürsten dazu beitrugen, das Reich in quaderschwerer Einheit und Einigkeit zu bewahren. War Xayarsha, Hutaûthas und sein Sohn, im Blitzgewitter gezeugt, der rechte Nachfolger?

Wichtig war es ihm, mehr über die Männer jener Fürstengeschlechter zu erfahren, die ihn stützten und ihm zugleich dienten. Veränderten sie etwas? Aus sich heraus? Oder warteten sie auf seine Befehle, die stufenweise abwärts schließlich den einfachen Blaukittel, den »Bruder der Furche«, erreichten? Konnte es sein, daß das Reich zu groß und sein Können für dieses Reich zu gering war?

Dariuvahush zwang sich, nicht zuviel Wein zu trinken; morgen würde er für den Rausch bezahlen müssen. Das abendliche Gastmahl im Palast vereinigte die Freunde, abgeschirmt von den prunkvollen Zeremonien des kommenden Siebentages; Ardimanish, Bagabuchsa und Hutana, Dâdreshish und der langohrige Babâdhush, Hamarâdha und Vidarna hockten an einem vollen Bratenrost und tauschten lachend Kriegserinnerungen aus. Rtabrazana, Aryâbigna und Rshamana, Dariuvahushs Söhne mit Rauchjshma, und sein Bruder Rtapana lauschten den Erzählungen. Mardunya, dem Dariuvahush seine Tochter Rtazaushtrish zur Frau gegeben hatte, saß neben seinem Vater Gaubarva. Gelegentlich bewegten sich Farnaka und Aspat Shanâh mit ihren Küchen- und Palastmeistern durch das Gewimmel, ein wenig hochmütig und gleichzeitig zufrieden, daß sie kein Tadel traf; in Dutzenden Gesprächen vermengten sich die Ereignisse aus zweieinhalb Jahrzehnten. Lärm, Prahlerei, trunkenes Kichern, scheinbare und wahre Heldentaten oder Geständnisse des eigenen Unvermögens, kühne, laut geäußerte Gedanken wie Bilder erblindeter Bronzespiegel; Dariuvahush hörte Skylax zu und fühlte sich leicht wie der Kapitän, wenn die *Unsterbliche* auf dem Kamm der Dünung schwebte.

Der Palast barst schier vom dröhnenden Gelächter derjenigen, die vor drei Jahrzehnten Seite an Seite im Heer Kambushyas gekämpft und gesiegt hatten. An verschiedenen Stellen saßen Gruppen der besten Musiker des Reiches und spielten gegen den Lärm an. Dariuvahush hatte nach langem Zögern Nefermerit kommen lassen und heftete seinen Blick auf Tachmaspâda, den Mada, und seine grünäugige Geliebte; spürte er Neid? Lächelnd hob er den Kopf und schnalzte. Die Nacht gehörte ihm und den Freunden und jenen, die sie mitgebracht hatten – morgen würde keiner der Gäste eine pârsische Frau oder Geliebte erblicken können, nur bedienende Sklavinnen. Hazarapati Amsprada drängte sich durch die Menge und begrüßte den König mit Kniefall; Dariuvahush umarmte ihn und küßte ihn auf die bärtigen Wangen. Noch waren einige Freunde auf dem Weg hierher, auch Rtavardhya und Kshatrapan Farnadâta fehlten. Morgen, das war auch der Tag, an dem Xayarsha zum erstenmal neben dem Thron stehen und als Thronfolger vorgestellt werden sollte. Sklavinnen huschten an den Wänden entlang, reinigten die Brenndochte und füllten frisches Öl in die Lampen. Durch Gänge, Säle und Hallen wogten und stolperten betrunkene Gäste. Dariuvahush redete, lachte und trank mit den Freunden, aber je mehr Zeit verstrich, desto unwiderruflicher wurde eine Erkenntnis:

»Wenn du an meiner Seite bist, schönste Freundin«, sagte er und zählte die Windungen der Perlenkette an Nefermerits Hals, »denken sie, ich bin noch einer der Ihren; Fürst und Lanzenreiter im Heer. Wenn sie von mir als König denken, halten sie zwei Speerlängen Abstand und fangen an, gestelzt zu reden. Wie seltsam!«

Es waren sieben Windungen weißer Perlen. Nefermerit hob die Schultern und murmelte: »Hast du etwas anderes erwartet, o König? Du warst Lanzenreiter und bist Großkönig. Es wäre dir lästig, sage ich, wenn dich jeder umarmen und küssen würde.«

»Vielleicht hast du recht.« Farnaka erschien zwischen den Zechenden, hob die Hand und verbeugte sich. Dariuvahush schüttelte den Kopf und sagte: »Es wird Zeit für die Geschenke. Die ersten sind betrunken und müde. Komm, hilf mir.«

Sie folgte ihm zu den weit offenen Türen zwischen dem Palast und den Gästehäusern. Diener und Sklavinnen führten, in langen Abständen, die Gäste des Königs zu ihren Schlafräumen. Aus dem überheizten Palast wehte nebeldünner Rauch, vermengt mit unterschiedlichen Gerüchen, die einem hier, halb im Freien, den Atem verschlugen. Aus den Zeltlagern und Wagenburgen der Abgesandten wehten Fetzen von Musik und lautem Gesang heran. Farnaka, Tshissa Vahush und Aspat Shanâh redeten leise mit den Palastdienern; diese reichten Nefermerit die Mäntel und Gewänder – Dariuvahush hatte nichts davon häufiger als dreimal getragen –, die Goldketten, Goldreife und Ringe, prächtiges Zaumzeug, Dolche und Schwerter in prunkvollen Scheiden und vergoldeten Gehängen; Nefermerit gab sie Dariuvahush: Alle Freunde, ebenso Llach Esis, Skylax, Telamon, der Mondblinde und die Unbekannte vom Hindusch, verließen reich beschenkt den Palast. Fast lautlos schloß sich hinter Gaubarva die schwere Doppeltür. Einige Zeit lang fauchte der eisige Wind durch die Säle, vertrieb Qualm, Feuchtigkeit, Rauch und Rußflocken. Nefermerits Sklavinnen geleiteten sie und den König ins kühle, nach Sandelholz duftende Schlafgemach.

Das Zwielicht eines wolkenlosen Morgens wich. Als Dariuvahush, von Gaubarva und Aspat Shanâh an den Händen gestützt, auf den vergoldeten Hocker stieg und sich herumdrehte, um sich zu setzen, begannen die Kesselpauken zu dröhnen. Zugleich mit den ersten waagrechten Sonnenstrahlen gellten Trompetenstöße von der Plattform in die Ebene hinaus. Die Mauern und Paläste, die schwarzen, blattlosen Bäume der Terrasse und ihre kantigen Schatten ließen die Plattform wie eine uneinnehmbare Festung erscheinen. Dariuvahush nahm auf dem Thron Platz; zehn oder zwölf Dutzend Würdenträger der Kshatrapie Pârsa bewegten sich in der Ebene auf die Treppen zu, stiegen feierlich in Zweierreihen rechts und links die Stufen aufwärts. Hinter ihnen, an der Grenze zwischen Sonnenlicht und Schatten, gliederten sich die Abgesandten der Kshatrapie Mada hinter Fürst Vidarna und schritten zwischen den mächtigen Sockeln, auf denen zehn Ellen große Stiere standen, noch nicht fertig gemeißelt, zu den Hochfundamenten des ebenfalls unfertigen »Tores aller Länder« nach rechts zum Großen Hof. An den meisten Kanten, auf Vorsprüngen und erhöhten Fundamentteilen fachten Palastdiener die Glut an und streuten trockene Kräuter, Zedernholzspäne und anderes Brennbare darauf; Dutzende wohlriechender Rauchsäulen erhoben sich über Pârseï in den windlosen Morgen.

Lanzenträger Gaubarva setzte sich auf der rechten Seite Dariuvahushs auf einen gepolsterten Hocker; er war zu alt, um noch stundenlang stehen zu können wie in den Jahren zuvor. Die Fliegenwedler bewegten langsam die großen, bunten Fächer. Xayarsha betrat den Sockel und blieb an Dariuvahushs linker Seite stehen. Aspat Shanâh, Tshissa Vahush und Farnaka standen zwischen den silbernen Säulen, aus deren goldenen, bienenkorbähnlichen Aufsätzen dünner Rauch von Myrrhe, Weihrauch und Sandelholzmehl stieg. Ein Dutzend Unsterbliche, die Dariuvahushs Waffen trugen, umgaben den Thron, hinter und neben ihnen stellten sich zwei Dutzend Lanzenkämpfer auf, mit goldenen Granatäpfeln und vergoldeten Schneiden an den Lanzen. Jeder, der auf dem Thronsockel oder in der Nähe Dariuvahushs stand, hatte den Saum des Bashlyqs über den Mund gezogen, um den Großkönig nicht mit seinem Atem zu belästigen.

Die Plattform, auf deren glänzenden Platten schwere Teppiche ausgebreitet waren, schloß zwischen den Portalen mit zwei Säulen und der Südmauer des Apadana ab. Die weit geöffneten Holztore waren mit vergoldetem Bronzeblech beschlagen. Der aufragende Teil der weißglänzenden Wand trug unterhalb der lang herabhängenden Bänder in königlichen Farben das vergoldete Bildnis Ahura Mazdâhs mit gespreizten Schwingen, dessen Teile mit Glasfluß eingelegt waren; blaues Lapislazuli, Rubinrot und schimmerndes Schwarz. Darunter, in einem Band aus massivem Gold war zu lesen:

ICH, DARIUVAHUSH, BIN DER KÖNIG. WAS ICH TAT, GESCHAH NACH AHURA MAZDÂHS WILLEN. ER STAND MIR BEI, BIS ICH DAS WERK VOLLBRACHT HABE: DIE LANZE DES PÂRSA-MANNES IST WEIT IN DIE WELT VORGEDRUNGEN.

Dariuvahush hielt den goldgekrönten Herrscherstab und eine Granatapfelblüte mit zwei Knospen in den Händen. Er und Xayarsha trugen die röhrenförmige Krone aus starrem Gewebe und goldener Folie, deren obere und untere Ränder feinziselierte Muster zeigten. Breite, rotweiße Bänder, mit silbernen und goldenen Fäden verwoben, umschlangen die Kronen und waren über dem Nacken kunstvoll geknotet; Gaubarva und die anderen Würdenträger trugen die schmaleren Bänder über der Stirn geknotet, auch die Stoffgürtel um die Leibgewänder des Königs und des Thronfolgers waren vorn geknotet. In ihnen steckten Dolche mit breiten Schneiden und Henkelgriffen. Langsam wandte Dariuvahush den Kopf und sagte zu Xayarsha:
»Du wirst heute vieles sehen, das dir seltsam vorkommt, Sohn. Denk immer daran, daß jede Farbe, jede Geste und jeder Unterschied eine lange Geschichte hat.«
»Vieles hab ich schon verstanden.« Xayarsha blickte sich nach Gaubarva um, der sich auf den Arm eines Lanzenträgers stützte und aufstand. »Zur Größe unseres Reichs trugen Huza, Babirush und andere Länder bei.«
Gemahlenes Weihrauchharz schwelte auf der Glut, bis die Leibwachen wieder die durchlöcherten Deckel darüberstülpten. Die Abordnung der Pârsa näherte sich den Toren: Auf dem Platz über der Doppeltreppe hatten sich die Männer zu Viererreihen zusammengeschlossen und kamen auf die östlichen Treppen zu, stiegen fünf Ellen hoch zum Sockel und schritten zwischen den siebenunddreißig Ellen hohen Säulen näher. Vierundzwanzig vergoldete und farbige Stierköpfe aus weißem Stein trugen die Zedernbal-

ken, die querliegenden Dachstützen und das flache Dach; die Lichtflut der Sonne ließ die Kacheln und Farben an den zehn Ellen dicken Mauern aufstrahlen und die Toröffnungen als schwarze Vierecke erscheinen. Die Schnellzeichner füllten ihre Blätter und Leder mit Einzelheiten der Kleidung und der Waffen der Näherkommenden – und zeichneten die Geschenke der Pârsa; jede Kleinigkeit der fast zwei Dutzend unterschiedlichen Gruppen war ihnen wichtig. Die Pârsa teilten sich zu Zweierreihen, durchschritten die Tore, vereinigten sich wieder und wanderten zwischen sechs Säulenpaaren zum Thron. Als das erste Paar der Fürsten zwei Speerlängen unterhalb des Throns stehenblieb, riß das Dröhnen der Pauken ab. Versteckt zwischen Säulensockeln spielten Harfenistinnen und junge Naj-Flötenbläser. Fürst Vinana rief mit ernster Stimme, eine Hand vor dem Mund:

»O König der Könige. Seit der Herrschaft des großen Kurusch bringen die Pârsa den Königen keinen Tribut. Aber: Unsere Geschenke an dich sind große, gesunde Herden, grüne Weiden und herrliche Pairidaezas voller Fruchtbäume und seltener Tiere. Wir bringen Schößlinge und Samen – unser großes Geschenk ist der unausgesetzte Fleiß zahlloser Baumeister, Arbeiter und Blaukittel.«

Jeder der vielleicht hundert Männer trug einen goldenen Becher, einen Korb aus Golddraht oder eine silberne Schale. Lächelnd sahen Dariuvahush und Xayarsha zu, wie die Palastdiener die Gefäße entgegennahmen und rechts vom Thron zwischen den Säulenfüßen aufstellten: Jedes Gefäß war voller Samen, herbstlicher Früchte oder unterarmlanger Schößlinge in feuchter, schwarzer Erde: Ulmen, Platanen, Zypressen oder Eichen. Dariuvahush hob die Granatapfelblüte und rief:

»Ich, König der Könige, danke euch, den Stellvertretern von Hunderttausenden, die tagein, tagaus unfruchtbares Erdreich in blühende Gärten verwandeln. Seit fünfundzwanzig Jahren sehe ich voller Freude, wie in Pârsa Bäume wachsen und sich das Land der Äcker und Weiden ausdehnt – auch ohne daß ich's befehle. Dafür gebührt jedem, der arbeitet, der Dank des Königs und seines Nachfolgers. Ich weiß, daß nicht nur Pârsa von Jahr zu Jahr reicher wird. Und deswegen ist der schönste und wichtigste Tribut derjenige, von dem wir alle leben.« Er holte tief Luft und hob den Stab. »Ihr Fürsten, ihr Verwalter und Schatzmeister, Handwerker und Bauern, Hirten und Pferdezüchter, seht euch um und schaut die Pracht von Pârseï, feiert mit mir und den Abgesandten der anderen Kshatrapien: Pârseïs Schönheit zeigt euch allen die Größe und Macht des Reiches!«

Jeder verneigte sich tief, einige ließen sich auf die Knie nieder; langsam wanderten die Abgesandten nach links und machten der zweiten Gruppe Platz. Trommler und Bläser spielten ein altes, madisch-pârsisches Reiterlied, als der nächste Zug zwischen den Säulen erschien.

Die Mada, deren Hauptstadt Hagmatâna war, trugen die pârsische Reitertracht, lederne Hosen und langärmlige Gewänder bis zu den Knien. An den breiten Gürteln hing bei Kshatrapan Vidarna, dem fürstlichen Anführer, das Kurzschwert, dessen Scheidenende am Oberschenkel festgebunden war, die übrigen trugen prunkvolle, leere Scheiden. Sinnbilder ihres Tributs waren Krüge und Becher, ein Schwert und Armreife, aus schwerem Gold oder prunkvoll verziert: Handwerker und Künstler aus Mada führten feinste Goldarbeiten aus und hatten bis zum heutigen Tag die Königspaläste verziert; nur Mudrayias Goldschmiede stellten schöneren Schmuck her. Weitere Geschenke, feierlich überreicht, erzählten andere Geschichten: Reitergewänder, Reiterhosen und Kampfhemden aus Leder, dicht besetzt mit vergoldeten Eisenschuppen. Vor der Feier und etliche Siebentage danach würden Farnakas Verwalter und Schreiber genau prüfen, ob die Mengen des Tributs den Eintragungen in den königlichen Listen entsprachen. Als die Mada abzogen, breiteten sich die Klänge eines schwermütigen Hirtenliedes in der riesigen Halle aus.

Von den Uvjanern, der dritten großen Gruppe, hatten die Pârsa einst das lange, faltenreiche Gewand als Hofkleidung übernommen; die Männer trugen wadenhohe, sechsfach geschnürte Stiefel und brachten große Bogen in ihren ledernen Schutzhüllen, gefüllte Köcher und Prunkdolche mit Hüftgehänge; ein stämmiger Uvjaner hielt ein Löwenjunges in den Armen. Die Läufe des Tieres waren gebunden. Die Löwin, um den Hals ein weißes Lederband voller goldener Ziernägel, stand in einem Käfig, vermochte nur den Kopf zu rühren und begann zu brüllen, als der Rauch aus den Weihrauchgefäßen in ihre Nüstern drang und die Kesselpauken dröhnten. Zehn Männer trugen den Käfig an langen Querstangen, setzten ihn ab, und Dariuvahush deutete grinsend nach rechts. Die Musik schwieg.

»Ich weiß, daß die Fürsten von Huza ihrem König noch mehr Tiere gebracht haben – solche zur Zierde des Pairidaezas, zur Jagd und zum Wohl unserer Bäuche. Laßt sie hinter die sicheren Mauern tragen, bevor sich der Apadana mit unseren Herden füllt.«

Leise sagte Gaubarva: »Getrocknete und gebrannte Ziegel hätten sie bringen sollen, natürlich vergoldete. Als Sinnbild für zehnjähriges Ziegelstreichen und Mauernbauen.« Er kicherte und vergrub die Finger in seinem weißen Bart. Dariuvahush sah ihn an und zwinkerte; Xayarsha blickte starr geradeaus und sah zu, wie der Löwenkäfig zwischen den geriffelten Füßen der Säulen verschwand; jetzt begannen die Musiker mit einer pârtharischen Steppen-Melodie in schnellem Takt.

Prächtige Bashlyqs verhüllten die Köpfe der Pâtharer, angeführt von Dariuvahushs Vater Vishtâspa. Die Männer trugen die Tracht der Pârsa-Reiter, manche hatten überdies lange Reitermäntel auf den Schultern. Sie brachten kostbare Felle von Löwen, Tigern, Bären und Wölfen; ein greiser Reiter führte ein störrisches zweihöckriges Kamel am Nasenzügel. Das junge, sorgsam gestriegelte und geschmückte Tier schüttelte sich und scheute vor den blitzenden Metallflächen und den fremden, stechenden Gerüchen. Dariuvahush legte Stab und Blüte in Gaubarvas Hände, stieg vom Thron und von der Plattform und umarmte seinen Vater. Sie redeten laut, aber nicht lange miteinander, denn das Kamel drohte sich loszureißen und mußte weggezerrt werden; die Peitschenhiebe schien es nicht zu spüren. Dariuvahush winkte. Diener brachten einen Schemel herbei, und Vishtâspa setzte sich am Rand des Podiums zwischen die Lanzenträger.

Als die Fürsten aus Pârthara sich zwischen den Säulen zerstreut hatten, betraten die Männer aus Hareiwa den Palast; sie kamen vom südlichen Ufer des hyrkanischen Meeres und überbrachten, ähnlich wie die Pârtharer gekleidet, ihre Geschenke, die auch denen der Pârtharer ähnelten. In ihrer Mitte tappte schwerfällig, im

Takt einer goldenen Glocke an seinem langen Hals, ein Kamelbulle mit zwei Höckern, der hoheitsvoll über die Köpfe derer aus Hareiwa hinwegblickte und zuletzt Dariuvahush scheinbar schläfrig anstierte: Becher, Mörser und kleine Truhen, Sinnbilder für wertvolle Holzlieferungen, waren die anderen Geschenke. Im Hintergrund der Halle ertönten Rufe, Schritte und Getrappel kleiner Hufe. Ein junges Gazellenpärchen mit schneeweißen Fellen hatte sich losgerissen und rannte zwischen Männern, Säulen und Truhen umher, verfolgt von Palastdienern.

»Die Mudrayier«, sagte Dariuvahush und lehnte sich zurück. »Ihr schönstes Geschenk wäre die Nachricht, daß mich der Kshatrapan nicht betrügt. Kein gutes Zeichen: Aryâvanda ist krank in Men-Nefer geblieben. Ob der Kanal schon in voller Länge schiffbar ist?«

Die Mudrayier brachten schöne Sklavinnen, die von der Stirn bis zu den Zehen alle Arten Schmuck trugen, wie er an jedem Ort des Reiches und bei allen Händlern begehrt war: Gold in verschiedener metallischer Rötung, Elektrum und Glasfluß in tief glühenden Farben, als Stirnreif, Ohrgehänge, Halsketten mit Anhängern, als sichelförmiger oder halbmondförmiger Wesech-Brustschmuck, Oberarm- und Handgelenkreife mit geheimnisvoll schimmernden, eingravierten Schriftzeichen, Ankh-Henkelkreuzen, Ringen, Fußkettchen und Zehenringen. Die braunhäutigen Mädchen waren in Gewänder aus weißem Byssos gekleidet, in denen sie jämmerlich froren; ihre Gesichter unter den schwarzen Perücken waren leichenblaß. Zu den Geschenken zählten junge Stiere mit goldenen Nasenringen und vergoldetem Gehörn, zierliche Teile eines Kampfwagens und ledernes Pferdegeschirr; Dariuvahush wußte, daß die federleicht scheinenden Gefährte mehr aushielten als die schweren pârsischen Kampfwagen. Und abermals Säcke voller Myrrhe, Weihrauchharz und Körbe, in denen winzige Flaschen, Döschen, Krügelchen und Glasgefäße voller Schminke, Heilsalben und Körperöl lagen. Xayarsha hob die Hand, unterbrach die mudrayischen Lauten- und Flötenspielerinnen und sagte:

»Führt die jungen Frauen ins Warme. Rasch! Oder wollt ihr den König mit Kranken und Siechenden beschenken? Gebt ihnen eure Mäntel!«

Zustimmend schüttelten Dariuvahush und Gaubarva die Köpfe.

Zwischen den Säulen, von deren Ornamentkronen steinerne Blätter herunterhingen, unter knospenartigen Wölbungen und Formen aus Stein, die offenen Blütenblättern ähnelten, breiteten sich Schneisen goldweißen Lichts aus; vom Osttor und den hohen Toren neben dem Thron im Süden der Apadana-Mauer. Die Mudrayier zogen sich unter zahlreichen Verbeugungen zurück. Einige Augenblicke lang breitete sich Stille aus. Dariuvahush begann sich zu fragen, welcher seiner engsten Vertrauten – oder ein anderer im Palast? – für die Musiker und die Wahl ihrer Melodien verantwortlich war. Bevor er seine Freude darüber zeigte, wollte er sich vergewissern, ob einer der Fürsten versuchte, ihm wegen eines Vorteils zu schmeicheln, oder ob er dazu beitragen wollte, dieses Fest zu einem Fundament von Dariuvahushs Herrschaft zu machen. Je länger er nachdachte und zusah, wie die Männer aus Bakhtrish näherkamen, erkannte er deutlicher die wahre Absicht. Ihm zu schmeicheln war für jeden dieser Männer leicht, an jedem beliebigen Tag des Jahres. Die nächste Melodie erkannte er nicht, aber zweifellos spielten die Musiker jetzt ein Steppenlied oder ein Berglied jener Gegend.

Zwischen den Viererreihen der Untertanen aus Bakhtrish tappte mit schaukelndem Hals und schwankenden Höckern eine starke Kamelstute. Ihre Last bestand, neben einer verhüllten Gestalt, aus jenem federleichten Stoff, der aus dem Frühjahresfell bakhtrischer Bergziegen gekämmt und mehrfädig verwoben wurde, zu Überwürfen, Mänteln oder Hemden der Fürsten. Die Bakhtrer trugen silberne Schalen und Becher voller Goldstaub, den sie aus ihren Flüssen wuschen. Netze aus Goldschnüren hielten ihre Locken im Nacken zusammen. Freund Dadrâshish kniete vor dem Podest nieder, breitete die Arme aus und hielt eine Ansprache, deren Worte von hallenden Klängen bakhtrischer Berghörner untermalt wurden; Dariuvahush lächelte, mußte dann laut lachen, stand auf und rief:

»Der König ist erfreut über die Geschenke und den einzigartigen Einfall, sie mit den Liedern und Melodien der Kshatrapien zu verzieren. Daß Freude und Gelächter zu meinem fünfundzwanzigsten Nourouzfest zählen, ist besser, als daß geklagt und geweint würde.«

Er stieß Xayarsha an und setzte sich. Dadrâshish war aufgestanden, blickte unsicher um sich und stimmte in Dariuvahushs Lachen ein, ehe auf ein unsichtbares Zeichen hin die Musiker eine neue Melodie zu spielen begannen. Zwei Männer hoben die Gestalt aus dem Kamelsattel; offensichtlich eine Frau. Sie führten sie bis an die Kante des Podiums und nahmen ihr den weißen Mantel und das Tuch ab, das ihren Kopf verhüllte. Die junge Frau hob die Arme über den Kopf und drehte sich langsam im Kreis. Die Männer auf dem Podium murmelten überrascht, als sie den Schmuck auf ihrem nackten Körper sahen:

Von den Zehenspitzen bis zur Halsgrube und den Ohren bedeckten farbige Stichbilder die weiße Haut. Das kurze Haupthaar schien gebleicht zu sein. Dariuvahush blinzelte und versuchte die Bilder aus Myriaden Pünktchen auf den Schultern, den vollen Brüsten, dem Bauch und den schlanken Schenkeln zu erkennen. Kleine menschliche Gestalten in einfachen und verschlungenen Stellungen leidenschaftlicher Paarung krümmten sich, waren ineinander verschlungen; dunkle Farben kennzeichneten die Männer, helle Farben die Frauen. Als sich das weibliche Geschenk aus Bakhtrish lächelnd drehte, die Muskeln bewegte und Arme und Beine abwinkelte, erwachten alle Bilder zum Leben. Dariuvahush blickte zu Xayarsha hinüber und sah den halb verwirrten, halb gierigen Ausdruck im Gesicht des Jungen; er hob den Arm, winkte mit der Hand und deutete auf Xayarsha.

»Gemeinsam werden wir heute nacht die Bildnisse ansehen. Die unzähligen Stiche haben sicherlich geschmerzt, also werden wir die schöne Unbekannte mit dem Wohlwollen des Königs und des Thronfolgers verwöhnen. Führt sie in den Königinnenpalast!«

Ihre Begleiter hüllten sie wieder in den Mantel. Leichtfüßig ging sie über die Teppiche und zwischen den Geschenken hindurch auf das Osttor zu. Gaubarva kicherte und sagte leise:

»So etwas sah ich noch nie! Und jetzt: Die Asagartier.«

Gekleidet wie Reiter aus Armina, mit runden Filzkappen auf dem langen Haar, führten sie zum Klang eines asagartischen Gesangs einen schwarzen Hengst heran, der eine Reitdecke aus Fell, Leder und Wolle trug, mit Knöpfen aus Elektrum. Sein Stirnhaar und das Schweifende waren mit schmalen Schleifen zusammengebunden. Die Abgesandten trugen gefaltete Teppiche, pârsische Reitertrachten und kostbar verzierte Reitermäntel auf den Armen. Auch die Arminer hatten Pferde mitgebracht, Zuchtrinder und große Gefäße: Krüge aus glasiertem Ton und aus Kupfer, Bronze und Silber, mit goldenen Greifenhenkeln und Ausgußhälsen. Sie führten einen scheckigen Ziegenbock mit sich, fast größer als ein Steinbock, das Fell sorgfältig geschoren. Er hatte zwei Köpfe, jeder Kopf besaß zwei Ohren, aber nur ein Horn auf der äußeren Seite. Das Tier war unruhig und verstreute Kot im Staub des Bodens; als es an breiten Lederriemen zur Seite gezogen wurde, meckerte jeder Kopf mit einer anderen Stimme. Dariuvahush stemmte den Ellbogen auf sein Knie und legte das Kinn in die Handfläche. Schweigend betrachtete er dieses Zeichen der Verirrung der unbegreiflichen Natur.

Zwischen den Säulenfüßen zur rechten Seite des Thrones und davor stapelten sich die Geschenke, die später ins Schatzhaus gebracht und von Hamarakâra und Ganzabâra geprüft und in Listen eingetragen würden.

Die Musiker machten eine Pause. Die Gazellen waren eingefangen worden und wurden auf den Schultern von Palastdienern weggetragen. Die schweren Pauken stimmten den Takt eines Babirush-Liedes an, eines Gesanges beim Ausheben von Kanälen. Die Männer hatten die Enden ihrer langen Mäntel, die in Troddeln endeten, über die Schultern gelegt und trugen Mützen mit weit herabhängenden Zipfeln. Zwei Männer führten ein junges Buckelrind mit ausladendem Gehörn zwischen sich, andere Abgesandte beschenkten Dariuvahush mit flachen Goldschalen und langen Tüchern aus jener Wolle, die als weiße Flaumkugeln an Büschen wuchs. An den Ecken hatten die Tücher ein Netzwerk aus Goldschnüren und goldgeflochtene Troddeln. In den Goldschalen lagen Lederbeutel voller Goldsand und Körnern und hunderte schwerer Goldringe mit großen, geschliffenen Edelsteinen. Ein Gepard mit einer seltsamen Zeichnung auf dem schneeweißen Fell riß gähnend den Rachen auf: Aus kleinen goldfarbenen, braunen und schwarzen Ringen waren Babirush-Schriftzeichen zu erkennen, die den Namen eines Unbekannten ergaben, wenn man sie zu lesen verstand. Langsam, nachdem jeder Abgesandte den König mit einem Kniefall geehrt hatte, bewegten sie sich im breiten Lichtfeld zum rechten Tor; hinter ihnen verklang das schwermütige Lied der Hörner und Flöten. Die Musiker schienen erschöpft zu sein, dachte Dariuvahush, bis er trockenes Knattern von Handtrommeln, das Klirren von Metallschellen und grelles Flötengetriller hörte. Es kam von draußen, vom Großen Platz. Farnaka sagte:

»Die Nomadenfürsten Abr Nahrs und die Kushiyten, o König.«
Dariuvahush wünschte sich, der Thronsessel hätte gepolsterte Armlehnen. Die Unsterblichen stellten die goldenen Granatäpfel ihrer Lanzen, um sie zu schonen, von einer Stiefelspitze auf die andere und bewegten sich unruhig. Vielleicht zwanzig Dutzend Männer tänzelten im Takt ihrer Trommler herein, in wehenden Wüstenmänteln und mit ausgestreckten Armen, auf denen weiche, gegerbte Felle von Beutetieren lagen. Vierundzwanzig Männer in gelben Mänteln trugen große Körbe aus Flechtwerk. Die Nomaden hatten breite Stoffstreifen um die Stirnen gewunden und über dem rechten Ohr geknotet. Sie brachten silberne und goldene Schalen und einen großen Krug aus unglasiertem Ton: Das Zeichen, daß Dariuvahushs Begleitung oder sein Heer in den Wüsten Abr Nahrs stets genügend Wasser haben würde. Die beiden Schafböcke versinnbildlichten das Bratenfleisch, das für die Reisenden durch dieses Land bereitgehalten wurde. Hinter den Widdern mit dem mächtigen Gehörn führten die Kushiyten ein Pärchen schwarzschädelige, hochbeinige Herdentiere ihrer Savanne, die wie Pferde mit Stiergehörn aussahen, auf gespaltenen Hufen trippelten, helle Bärte und pferdeartige Schwänze trugen, mit denen sie wild um sich peitschten. Das Fell war in hellen und dunklen Streifen gefärbt, die großen Ohren zuckten bei jedem Rasseln der Kupferschellen. Vier Männer schleppten riesige, gekrümmte Elefantenzähne. Plötzlich traten die Korbträger vor, kippten die Körbe und hoben die Deckel – aus jedem Korb krabbelte ein dunkelhäutiger, kraushaariger Zwerg oder eine Zwergin, die aufeinander zuhüpften, sich die Hände reichten und einen wilden Tanz begannen: sechs erwachsene Paare, kaum größer als zwei Ellen und überaus gelenkig, die bald aufeinander und übereinander sprangen und kletterten und einen schwanken-

den Turm aus Gliedmaßen und grinsenden Köpfen mit weißen Gebissen bildeten. Die oberste Zwergin machte einen Kopfstand mit einem Arm auf der Stirn des Nächstunteren, fiel herunter und wurde von den beiden untersten Zwergen eine Handbreit über dem Boden aufgefangen; alle kreischten, schrien und kicherten und lösten den menschlichen Turmbau auf. Die Unsterblichen blickten verstört auf das Gewimmel.

Die Abr-Nahr-Nomaden breiteten weitere Geschenke aus: dick gewebte, bunte Decken, an deren Ende kleine Steingewichte hingen. Die Bewohner der Wüsten und Steppen im Süden Mudrayias schenkten Dariuvahush von dem Wenigen, das sie besaßen: Goldsand, Goldkörner, große Bogen aus Holz und Sehnen, und in Köchern aus Riedgeflecht und Fell lange Schilfpfeile mit Befiederung aus Rallenfedern, mit großen, schartigen Steinspitzen. Die Eingeborenen der Steppen und der Hapiufer, in bodenlange Hemden gekleidet, die seitlich geschlitzt und an Ärmeln und Kragen mit bunter Stickerei verziert waren, bewegten sich anmutig; ihre Haut war sahnig hellbraun, wie Nefermerits Rükken. Ihr Anführer, wie ein Mudrayier gekleidet und geschmückt, trug, von der schnellen Musik untermalt, eine Ansprache vor, die Dariuvahush nicht verstand, aber die letzten Wörter der Zeilen schienen stets die gleichen zu sein. Dariuvahush zwang sich, langsam zu nicken, lächelte und sagte in der Rômetsprache zu den Anführern:

»Ihr Fürsten von Abr Nahr – bald werde ich, nur mit wenigen bewaffneten Begleitern, auf euren kargen Straßen nach Mudrayia ziehen. Später segeln meine Schiffe den Strom aufwärts. Bis zur dritten und vierten Hapischnelle will ich segeln. Auch euer karges Land in der Savannensonne werde ich kennenlernen, die kushiyatischen Ufer, von denen eure schönen kleinen Tänzerinnen kommen.«

Sie richteten sich auf, tänzelten auseinander und zerrten die unruhigen Tiere zum rechten Tor. Nach einer Pause begannen die Palastmusiker mit einer schwerblütigen Melodie, die Dariuvahush wiederzuerkennen glaubte: ein knarriges Wagen-und-Pfad-Lied der Saken, in dessen leierndem Klang die Geräusche von Felgen und Achsen zu hören waren. Fürst Suihoixan führte mehr als zehn

Dutzend spitzhelmiger Steppen- und Wüstensaken an. Auch er hielt sich an die Verträge: Die Geschenke bestanden aus jungen Rapphengsten, pârsischer Reiterkleidung aus feinstem Stoff und Leder, aus Armreifen, Stoffballen und weichen Fellen. Die nomadischen Saken, die am Oxos lebten, waren Verbündete, mehr Freunde als Untertanen – und als einzige Gruppe außer den Pârsa trugen Fürst Suihoixan und seine Anführer stolz ihre Schwerter und Dolche. Vier Nomaden trugen ein seltsames Gerippe, dessen Knochen mit weißen Holzteilen und eisernen Kettengliedern verziert und aneinander befestigt waren. Es hatte vier Füße, die in riesigen Adlerkrallen endeten, einen langen Hals, auf dem ein löwenähnlicher Schädel saß, mit Augen aus Gold. Der Schweif war länger als der eines Babairu-Krokodils, und als die Saken die Flügel auseinanderzogen, war jeder so lang wie zwei Männer.

»Ein überaus seltsames und seltenes Wesen, o König«, sagte Suihoixan. »Manchmal, vor verheerenden Gewittern, schwebt es hoch am Himmel. Man findet es nie lebend, nur die Knochen. In unserer Sprache heißt es Gryphoon. Es soll dein Schatzhaus bewachen.«

»Und dorthin wird man es bringen und an goldenen Ketten aufhängen«, rief Dariuvahush ins Klappern und Rattern der Knochen hinein. Es schien ihm, als ob die jungen Unsterblichen ihre Lanzenschäfte plötzlich fester, entschlossener hielten. Er hob die Hand und winkte dem Sprachenkundigen, dann sagte er:

»Als ihr von Westen her die Stufen der ersten Treppe betreten habt, konntet ihr die schönen Flachbilder sehen: die Krieger, die das Reich im Inneren und an den Grenzen schützen. Ihr zählt zu diesen Männern, denen der König vertraut.« Er wartete, bis der junge Mann alles übersetzt und der Sakenfürst einige Male nachdrücklich genickt hatte. »Schon im nächsten Jahr beim Nourouz-Fest werdet ihr euch selbst auf der Treppe des Apadana wiedererkennen. Ihr alle, auch der Gryphoon. Aus dunklem Stein gemeißelt und so genau wie im wirklichen Leben.«

Unterhalb des Podiums, bei den Lanzenträgern, entstand Unruhe. Ein Junge drängte sich zwischen sie. Dariuvahush wandte den Kopf, warf den Palastsklaven einen funkelnden Blick zu und redete weiter.

»Ich, König der Könige, danke für die Geschenke. Ihr habt einen langen, gefahrvollen Weg hinter euch – aber voll Freude werdet ihr zurückreiten. Die Kinder, die ich nach der Schlacht am Oxos mitgenommen habe, sind erwachsen, kennen unsere Bräuche und sprechen zwei oder drei Sprachen; Fürst Skunxas Söhne reiten mit euch.«

Der Fürst senkte den Kopf und nahm für einen Augenblick die Hand herunter, mit der er Dariuvahush vor seinem Atem geschirmt hatte. Der Junge redete drängend auf zwei Unsterbliche ein, Aspat Shanâh ging einige Schritte zur Seite. Fürst Suihoixans bedächtige Antwort wurde übersetzt.

»Für diesen Beweis deiner Großmut, o König, wird dir das Volk der Saka mit Gesängen und Tanz danken!« Suihoixan sank wieder auf ein Knie und verbeugte sich, beide Hände auf dem Boden. »Und mit mehr Brunnen an den Straßen, die so sicher sind wie niemals seit den Tagen des großen Kurusch.«

»Darüber werden wir auch reden«, sagte Dariuvahush. »In vielen Stunden langer abendlicher Gastmähler in meinem kleinen Palast, o Fürst.«

Aspat Shanâh näherte sich, den Jungen an der Hand; Dariuvahush erkannte einen Fürstensohn, einen von Bagapâtas Dienern. Suihoixan verbeugte sich abermals, scharte seine Männer um sich und wartete, bis sie die klappernden und klirrenden Schwingen des Märchenvogels wieder zusammengefaltet hatten. Er führte sie in Schlangenlinien zwischen den Säulen zum Ausgang, während die Musik wieder lauter wurde. Dariuvahush sah Besorgnis in Shanâhs Gesicht und Verwirrung in den Augen des Palastsklaven.

»Was gibt's?«

»Herr«, sagte Aspat Shanâh leise, »der alte Bagapâta schickt den Jungen. Es geht ihm nicht gut; er hat Angst zu sterben, ohne daß er ein letztes Mal mit dir geredet hat.«

Dariuvahush holte scharf Luft. »Ich komme.«

Er legte seine Granatapfelblüte in Xayarshas Hände, gab ihm den Herrscherstab und sagte: »Thatguyia und Gandhara kommen jetzt; die von Suguda folgen ihnen. Du mußt so tun und handeln, als wärst du schon der König. Bagapâta braucht mich.«

»Ich werd es schaffen, Vater.« Xayarsha schüttelte den Kopf und ging zum Thron. »Ich hab dir zugesehen und mir jedes Wort gemerkt.«

Dariuvahush lächelte flüchtig und ging, von einigen Lanzenträgern umgeben, die schmale Rampe zum Hallenboden hinunter. Die drei goldenen Kugeln des schweren Ohrgehänges klirrten gegeneinander und schlugen an den Hals: Er hielt sie fest und hastete mit weiten Schritten zum linken Tor. Dort schloß er geblendet die Augen. Die Sonne stand im frühen Nachmittag und zwang ihn, den Kopf zu senken, als er entlang der Terrassenbrüstung zu seinem Palast rannte. Die Säulengänge und farbigen Gebäudemassen ragten südlich des Apadana auf. Die Gruppen der Gäste, die sich über die Fläche der Festungsterrasse verteilten, erkannten den König nicht, der durch das halboffene Tor in den Palast hastete und durch Korridore und steinerne Türumfassungen in den Teil des Bauwerks eindrang, der zwischen seinen Räumen und dem Königinnenpalast lag. Schweigende Diener sanken vor ihm auf die Knie; am Ende einer funkelnden Bahn aus Sonnenlicht, in der Staubteilchen schwebend tanzten, lag der Greis unter einem weißen Laken. Dariuvahush war mit einem Dutzend Schritten an der Seite des Lagers, blickte in Bagapâtas Gesicht – und erschrak.

Er hatte den alten Verschnittenen seit vielleicht zwei Siebentagen nicht mehr gesehen; mit Farnaka, Aspat Shanâh und Tshissa Vahush waren die Vorbereitungen zum Nourouzfest stunden- und tagelang beredet worden. Der Greis schien geschrumpft zu sein, die Augen, unnatürlich groß, lagen wie Kieselsteine tief in dunklen Höhlen. Bagapâta atmete pfeifend durch den Mund; mit blutleeren Lippen flüsterte er: »Ich wär gekommen, Herr, aber die Beine wollen nicht mehr gehorchen.« Er versuchte zu lächeln. Dariuvahush legte die Hand auf Bagapâtas Stirn; sie glühte, die Haut war trocken wie Papyrus und schien unter der Berührung zu rascheln. »Es geht zu Ende, Herr Dariush. Es ist verwirrend und seltsam – du bist gekommen! Sag mir, daß ich dir ein guter Diener gewesen bin, ja?«

Dariuvahush streckte die Hand aus und knurrte: »Wein. Stark und mit Mohnseim. Schnell!«

Eine Dienerin reichte ihm eine hochbordige Tonschale. Er setzte sich neben den Greis, schob seine Rechte unter die Schultern und stützte ihn hoch. Bagapâta war leicht wie ein Vogelgerippe, schloß im Schmerz stöhnend die Augen und sah Dariuvahush unverwandt an.

»Du warst der Beste und Treueste, alter Bagapâta«, sagte Dariuvahush laut. »Trink. Wenn du damals nicht die Tür geöffnet hättest, in Sikajahuvati ... trink langsam!«

Bagapâta öffnete die Lippen und keuchte, dann trank er. Dunkler Wein tropfte aus seinen Mundwinkeln; mit vielen kleinen Schlucken leerte er den Becher, während ihn Dariuvahush aufrecht hielt. Zwei große Tränen erschienen in den Augenwinkeln des Todkranken, der mit dünnen Fingerchen Dariuvahushs Handgelenk umklammert hielt.

»Du hast mich fünfundzwanzig Jahre lang begleitet, Baga«, sagte Dariuvahush, den Kopf des Verschnittenen an seiner Brust. »Du warst unentbehrlich. Niemand hätte es besser gekonnt als du. Du hast scheinbar nie geschlafen, warst immer da, wenn ich dich gebraucht hab. Ich werde dir auf Ahura Mazdâhs Brücke folgen und an deiner Hand hinübergehen, so wie jetzt. Wart auf mich, lieber alter Baga.«

Für kurze Zeit wirkte der Wein belebend; einige Atemzüge lang fand Bagapâta in die Wirklichkeit zurück. Er blinzelte im Sonnenlicht, holte tief Luft und hielt mit beiden Händen Dariuvahushs Arm umfaßt. Die Diener und Sklavinnen drängten sich einige Schritte weit entfernt zu einer schweigenden, erstarrten Gruppe zusammen. Bagapâta flüsterte:

»Auch deine beiden Königinnen sind schon gestorben. Sorg dafür, o König, daß es Nefermerit im Alter gut geht. So gut wie mir. Ich hab mich immer davor gefürchtet – jetzt ist es leicht. Aber überaus verwirrend und seltsam.«

Der starke Mohnabsud schläferte ihn ein, ließ sein Flüstern fast unhörbar werden, aber er atmete frei und mit tiefen Zügen. Die Tränen hatten dunkle Spuren auf seine Haut gezeichnet; er riß die Augen weit auf, sah Dariuvahush mit einem schläfrigen Lächeln an und wartete darauf, daß er ihn auf das weiße Kissen zurückgleiten ließ. Fiebrig löste Bagapâta den Griff seiner Finger und hauchte: »Es ist, als ob ich fliegen würde, Herr. Bleib noch bei mir, bis ich schlafen kann.«

»Schlaf nur. Ich bin hier«, sagte Dariuvahush heiser und starrte blicklos in die Helligkeit. Rasend schnell und in heilloser Folge zogen Bilder vor seinem inneren Auge vorbei: Ausschnitte seines Lebens seit der Köpfung des Gaumâta. Bagapâtas Atemzüge wurden tiefer und gleichmäßiger, der abgemagerte Körper streckte sich, über das faltige Gesicht breitete sich ein winziges Lächeln aus, so, als ob nach einem Windstoß ein See die Bilder ruhig treibender Wolken zeigte. Reglos wartete Dariuvahush, die Hand unter Bagapâtas Kopf, bis der Greis, ein Jahrzehnt älter als Gaubarva und Vater Vishtâspa, fast unmerklich zu atmen aufhörte und sanft erschauerte wie ein Vogeljunges. Etwas berührte Dariuvahushs Handgelenk. Er blickte nach unten und merkte ohne Überraschung, daß es die erste Träne von seiner Wange war. Die Gestalten der Dienerinnen verschwammen vor dem dunklen Hintergrund des Totenzimmers.

6. Am Ufer des Hapi-Rautâ

Die braunhäutigen Männer von Thatguyia und Gandhara hatten
je ein Paar weißer Buckelrinder und schwarzer Wasserbüffel mitgebracht, auffallend große Holzkrüge mit geschnitzten Deckeln
aus rotem Lormenholz und voller Goldstaub, kostbar verzierte,
aber gebrauchsfähige Bogen und Pfeile aus Bambusschilf und
zwei unterarmgroße Nachbildungen von Schiffen aus Schwarzholz, rotem Holz, Schilf und Leinwand. Dariuvahush erkannte es
als Beweis dafür, daß sie Schiffe bauten, die hinduschabwärts ruderten und segelten; vielleicht befuhren mit meerestüchtigen
Schiffen schon Händler die Küsten des karischen Kapitäns. Eine
hochgewachsene, von Goldschmuck starrende Tänzerin in langen weißen Hosen kam näher, das schwarze Haar in unzähligen
Zöpfchen geflochten, über den Schultern und Armen eine gefleckte Schlange, neun Ellen lang; beide Wesen schienen sich im
Klirren der silbernen Rasseln an Knöcheln und Handgelenken
unaufhörlich umeinander winden zu wollen. Vom rechten Nasenflügel der Schönen bis zum Ohrläppchen schwang eine dicke
Goldkette mit blauen, geschliffenen Steinen an den Enden. Ein
Hindusch-Bogenschütze spannte schweigend seine Waffe und
schoß einen Pfeil zwischen die Deckenbalken. Ein Tier kreischte,
eine Kette klirrte, und ein Affe fiel an einer Säule entlang zu Boden und schlug schwer auf; er schien sich bei den Thatguyialeu-
ten losgerissen zu haben. Die Geschenke und der sinnbildliche
Tribut lagen und standen schon zwischen den anderen Kostbarkeiten, als Dariuvahush den Apadana betrat. Gerade klang die
Musik der Berglande aus; die Abgesandten von Marakanda in
Suguda verließen zusammen mit der Schlangentänzerin und denen aus Huvarazmya den Palast, mitsamt den jungen Raubtieren,
den Pferden und den Streitäxten und anderen Waffen aus Eisen
und den gesalzenen Fischen, die sie an der Luft trockneten.
Dariuvahush blieb zwischen Gaubarva und Aspat Shanâh stehen
und sagte leise: »Bagapâta ist in meinem Arm gestorben, fried-

lich und ohne Schmerzen. Er hat es hinter sich; alles. Bei Ahura Mazdâh.«

»Im Schatten seiner Schwingen«, murmelten sie. Xayarsha stand auf, übergab die Blüte und den Stab, wartete, bis Dariuvahush saß und blickte ihn mit schräggelegtem Kopf von der Seite an.

»Sie haben nicht wenig gestaunt«, murmelte er nach einigen Atemzügen. »Und ich selbst am meisten. Schenkst du mir die Frau mit den vielen Bildern? Aber die meisten haben sich nichts anmerken lassen. Als ob ich du wäre, Vater.«

»Ja. Wünsch es dir nicht allzusehr.« Dariuvahush deutete mit dem Stab geradeaus, auf den Raum zwischen der Säulenreihe. »Führe deine Lust auf ihrer Haut umher. Aber: Es beginnt mehr Last als Lust zu sein – die Lyder, Yaunier und die von Katpatuka kommen. Dorther, wo wüster Krieg betrieben wird.«

»Ich weiß, Vater. Ich war dort.«

Die Musiker, offensichtlich von Lydien oder Katpatuka nach Pârsa geflüchtet und vom Palast entlohnt, begannen mit Melodien von Stränden, Weidehängen und zerbröckelnden Tempeldächern, vom ewigen Meer und dem Spiel großer Fische; unsichtbar zwischen den Säulen ertönten auch andere Instrumente. Die klagenden Lufttöne karischer Auloi hingen wie rüttelnde Falken zwischen den Säulenkapitellen. Die Lyder trugen Zöpfchen hinter den Ohren und auf dem Haar aus Stoff gewundene Hauben; jeder von ihnen hielt einen goldenen oder weiß glasierten Krug, einen *Pithos*, voll Wein, Oliven oder Öl, deren Blütenduft durch den gebrannten Ton drang und mit dem des verschwelenden Weihrauchs stritt. Goldene Schalen, Krüge und Gefäße, die fremdartigen Tieren ähnelten und in trichterförmige Trinkbecher ausliefen, kostbar verzierte Teile eines Kriegswagens und ein Paar kräftige, junge Zugpferde mit hellbraunem Fell. Breite Armreife, deren Enden in den Oberkörpern legendenhafter Vögel ausliefen: Lyder und Katpatuka-Männer brachten die gleiche Art Tribut, aber in verschiedenen Mengen; farbenprächtige Stoffe und Knäuel aus Wollfäden in fünfzehn Farben.

Ähnliche Musik, ähnlich gekleidete Männer, ähnlicher Tribut: Die Karer betraten als Siebentletzte zu feierlichen Klängen den Palast. Sie trugen die Meisterwerke ihrer Handwerkerkünste – karische Rundschilde, Lanzen und Speere; einige führten einen stämmigen, kleinen Stier an goldverzierten Lederbändern. Die Gesandtschaft aus Zranka und die Haruhawati lösten die Karer ab. Sie schleppten goldene Schalen und Becher und zogen abermals ein Kamel mit sich. Ihnen folgten die Bewohner der Hindusch-Ufer, von denen jeweils zwei eine Bambusstange auf den Schultern trugen. Die Tragestangen bogen sich schwer durch, denn an ihnen hingen Körbe voller Lederbeutel. Sie waren prall vom Goldstaub aus der Hinduschebene. In goldenen Krügen und handgroßen Truhen brachten sie Räucherharze, kostbares weißes Guggul und Sandarak. Aus gehärtetem Eisen bestanden ihre Doppeläxte; die Felle der Maultiere, in denen Goldstaub glitzerte, waren in kunstvollen Mustern gebürstet. Auch sie brachten ein kleines, aus Holz gefertigtes Schiff: Vielleicht ähnelte es wirklich der *Unsterblichen Schneide*, die Dariuvahush niemals gesehen hatte.

Die Gesandten aus Skudra, die Thraker, brachten geflochtene Schilde und zugerittene Pferde, die Arabayer kamen mit Reitkamelen, Stoffballen und farbig verzierten, gefüllten Kürbissen voll Weihrauchharz und Wasser – damit beschworen sie, daß entlang ihrer Wüstenpfade jeder Wanderer das Wasser der Gastfreundschaft und alle Untertanen des Königs die Ehrerbietung der Stammesfürsten genossen – alle jene Wanderer, Reiter oder Gespannführer, die ein Papyrus, eine Tontafel oder einen Fetzen Schreibleder mit königlichem Siegel bei sich hatten. Ihr Anführer schenkte Dariuvahush einen unterarmlangen Dolch, trat drei Schritte zurück und nickte den Wachen zu, bevor er die Klinge langsam aus der prachtvollen Scheide zog.

»Herr«, sagte er. »Die Klinge ist aus einem besonders geschmiedeten Eisen; es gibt nur wenige davon. Sieh, wie sie schimmert – sie schneidet tiefe Kerben in jede Bronzeschneide.«

Dariuvahush hielt die beidseitig geschliffene Klinge auf beiden Handtellern. Sie schien ungewöhnlich scharf zu sein und wies im letzten Tageslicht einen seltsamen Glanz auf: Blauer Hauch lag über glattem Silber.

»Woher kommt die Waffe? Sie schneidet Bronze, sagst du?«

»So ist es, o König. Ein Barbarenvolk in den Bergtälern, viel weiter stromaufwärts am Ister, vermag das Eisen so zu schmieden; es ist ein geheimnisvoller Stoff im Erz, sagen sie.« Der Thraker trug einen steinernen Armschutz, mit Riemen über dem Handgelenk festgeschnallt. »Die Klinge ist auch viel dünner als die aus Bronze. Sie federt, wie Horn oder gutes Bogenholz.« Dariuvahush hielt den Dolch, der länger war als ein pârsisches Kurzschwert, ins Licht der ersten Flämmchen. Der blaue Silberglanz nahm zu, war plötzlich wie dickes Öl. »Nochmals danke ich euch – meine Unsterblichen werden die Klinge prüfen.« Der Reiterfürst verbeugte sich tief und verließ den Platz vor dem Thron. Dariuvahush reichte Xayarsha Klinge, Scheide und Gehenk und sah zu, wie die Waffe im Schutz des goldverzierten Leders verschwand; er murmelte: »Wie gut, daß es nur wenige solcher Klingen gibt; alle unsere Lanzen wären nutzlos.«

Viele schweigende Diener begannen Fackeln und hunderte Öllampen anzuzünden; aus der hohen Öffnung des westlichen Tores drang zugleich mit dem roten Licht des beginnenden Sonnenunterganges ein eisiger Windstoß, der in die vielfältigen Gerüche und die Wolken aus Weihrauch, glimmenden Holzkohlen und schwelenden Kräutern hineinfuhr und sie umherwirbelte. Dariuvahush holte tief Luft und schluckte mehrmals; er mußte gähnen und warf Gaubarva einen langen Blick zu. Gaubarva kämpfte kopfwiegend mit dem Einschlafen, als ihn schrillende Flöten, jammernde Saiten und knatternde Trommeltakte hochrissen. »Die Letzten«, murmelte Dariuvahush. Es schien, als begännen sich zwischen den Säulen Gestank und Rauch in wirren Schleifen zu drehen, die sich zu einer Spirale vereinigten. Der lange Tag endete in den aufregenden Melodien aus Putyas Wüsten und Oasen und dem dürren Binnenland Maciya. Die Bewohner der endlosen Wüste westlich des Hapi, des Neilos-Rautâ, und jenes Grenzlandes, an dessen Küsten Kapitän Skylax die Meeresstraßen zwischen Hindusch und Babirush gefunden hatte, trugen knöchellange, helle Gewänder und bedeckten die Köpfe mit länglichen Mützen oder gefalteten Tüchern aus hartem Gewebe, die mit einer Kordel um die Stirn gehalten wurden. Aus Putya brachten sie ein Pferdegespann, einen leichten Wagen und vier Paar Ziegenböcke mit langen, fast im Viertelkreis gekrümmten

Hörnern, für Bagafarnâh, den wollhäuptigen Herdenmeister des Königs, aber auch Ziegenhaar-Teppiche und Decken in unterschiedlicher Größe und leuchtenden Farben. Das Übersetzen aus beiden Sprachen gestaltete sich schwierig. Aus diesen kargen Wüsteneien kamen wenige Tribute, aber Dariuvahush wollte, daß in Putya ebenso wie wie im Land der Esser luftgetrockneter Fische aus vielen Pfaden Wege gemacht wurden, aus den besten Wegen sollten Straßen entstehen, und jede brauchbare Bucht an der langen, leeren Küste sollte binnen zehn Jahren zu einem sicheren Hafen für die Schiffe der Händler ausgebaut sein.

Dariuvahush hörte die letzten Worte der Übersetzung und antwortete: Er würde noch während der kommenden Tage befehlen, daß Baumeister und Wegekundige zu den Küsten Maciyas aufbrachen; von Men-Nefer aus, wohin er in wenigen Monden reiste, kämen mutige Männer, und vielleicht landete bald Kapitän Skylax' *Unsterbliche* an den Stränden jenseits von Barka und Kyrene. Der nächste Windstrudel wehte den stechenden Widdergeruch zum Thron, als sich beide Abordnungen in den letzten Strahlen des Abendrots nach rechts wandten und die Tiere wegführten; sie stanken unerträglich. Dariuvahush stand auf und winkte. Zwei Unsterbliche geleiteten den erschöpften Gaubarva vom Podium; Farnaka, Tshissa Vahush und Aspat Shanâh folgten. Dariuvahush sah, daß auch Xayarsha in die Dunkelheit unter den Zedernbalken starrte, als könnten sein Sohn und er gleichzeitig sehen, wie sich der fahle Wirbel schneller drehte; jener Sturmstoß, der die Zeit verkörperte und ihrer aller Leben: das Sinnbild der ausgehenden und beginnenden Herrschaft über das Reich. Dariuvahush fühlte den erstickenden Rauch, den Ruß und die Gestankwolke tief in seinen Lungen und öffnete den Mund zu einem befreienden Schrei, von dem er wußte, daß niemand ihn hören konnte. Dann legte er den Arm um Xayarshas Schultern und ging neben ihm hinunter zum schmutzstarrenden Boden, der in weitem Halbkreis um das Podium von Tribut und Geschenken übersät war.

Zwei Nächte danach speisten Dariuvahush und Xayarsha mit allen Kshatrapanen und deren Bogenträgern im Palast, bis weit nach Mittnacht. Aspaka las aus einem langen Brief seines Vorgesetzten Udja-Horresnet; der mächtige Arzt schrieb von Kapitän Skylax' Landung, dem Kanal und den verschiedenen Verrätereien des unfähigen Kshatrapans Farnadâta. Alles wurde beredet, das Wichtigste hielten die königlichen Schreiber auf Tontäfelchen fest. Mit dem Träger einer goldenen Lanze, Tausendführer Arvantâpata, fuhr Dariuvahush am nächsten Morgen ins Lager der Mysier; lange redeten sie unter vier Augenpaaren mit dem Kshatrapan von Daskyleion über Fortgang und Beendigung des yaunischen Krieges. Auf der Rückfahrt sahen sie eine Zeitlang zu, wie die Steinkünstler in ihren warmen Handwerkerhütten an den schmalen Steinplatten arbeiteten und Dutzende lebensechter Gestalten schufen: die wichtigsten Mitglieder der Gesandtschaften aller Länder mit ihren Geschenken und den Sinnbildern des Tributs für die Treppenbrüstungen des Apadana-Aufgangs.

Die folgende Nacht gehörte den Buvarzhâka-Königswohltätern; den alten Fürsten, die Dariuvahush auf Xayarsha einschwor und reich beschenkt in ihre Reichsgüter und Fürstentümer entließ. Jene Männer, an deren Seite er in Kambushyas Heer gekämpft und durch einen großen Teil des Reiches gezogen war, in Hitze, Schnee, Regen und Schlamm, hungernd, dürstend und verwundet, die wahren Fundamente und Stützen des Reiches, blieben seine Freunde. Und die jungen Königswohltäter, meist Fürstensöhne und der eine oder andere Fremde – Architektos Proktokrites, Udja-Horresnet, der Arzt Zhivaka, Kapitän Skylax und seine meeresfesten Mannen –, schienen, wie ihre Väter, verstanden zu haben, daß Unordnung, Gesetzlosigkeit und Lüge im Sternbild beginnenden Unterganges standen. Die Anrufung Ahura Mazdâhs, viele Melodien ausgesuchter Musiker und Sänger und die tanzenden Zwerge und Zwerginnen aus Kushiya beschlossen die trunkene Nacht.

»Ich wollte, ich könnte alle meine Feinde mit meinem Lächeln töten, o Sykashta«, sagte Dariuvahush leise. Obwohl das Geräusch der Pferdehufe und der Felgen so laut war wie das Jubelgeschrei derer, die den König neben dem Wagenlenker erkannten, verstand Sykashta und schüttelte zustimmend den Kopf. Dariuvahushs Grinsen war kühl wie der späte Morgen und ebenso klar. »Bevor du mit Faïdra oder Thyrsa oder, wenn dich dein

Podagra flieht, mit beiden deinen langen Lebensabend verdämmerst ...«

Sykashta stemmte sich lachend gegen die Zügel und funkelte Dariuvahush unter grauen Augenbrauen an. »Ich will's nicht wiederholen, aber: Es gibt kein unnützes Wissen. Woher weißt du ...?«

»Die tausend fernen Augen und Ohren des Königs. Ohne Scherz: Ich weiß, daß die schöne Sklavin an Rashurdas kleinem Fürstenhof wohnt, ohne von dir Leidenschaft, Gold oder unangemessene Zeit zu fordern.«

»In all den blutigen Wirren, o König und Freund, konnte ich das Leben einiger Männer und Frauen retten, die für mich, dich, das Reich, uns alle also, ein Gewinn sind. Vielleicht kein großer. Aber denk an Hekataios von Miletos, der seinen Stammbaum immerhin auf einen Gott zurückführt und von dem wir feine Karten deines Reiches haben und jenseits davon allerlei kluge Einsichten.«

»Ich wollte dir beweisen, daß ich seit der Nacht vor der Mithrahöhle nicht vollkommen verdummt bin und vieles gelernt hab. Meine inständige Bitte, Großfürst: Sag in zwei Tagen beim Gastmahl allen meinen Heerführern und mir, wie mein Krieg gegen die ... Hellenen? die Barbaren zu gewinnen ist. Binnen kurzer Zeit, mit aller Schnelligkeit und Härte. Und rede zuvor mit mir allein.«

Sykashta senkte den Kopf und hielt die Zügel lose mit wenigen Fingern. Kalter Wind ließ die galoppierenden Tiere und den Atem aus ihren Nüstern dampfen und biß auf der Gesichtshaut. Sykashta lenkte den federnden Sandwagen der Putyer auf der Straße nach Pâthragada und über die Abzweigung zu den Lagern der Karer, Lyder, Mysier und Karkarer. »Das werde ich, Dariush. Aber ich bin zu alt, um noch einmal als gebrechlicher Händler wenig brauchbarer Dinge über knochenbrecherische Pfade zu reiten.«

»Bei Ahura! Nichts dergleichen sollst du tun.«

»Sondern, o König der Könige?«

»Es werden ›unsere Hellenen‹ dabei sein. Viele ›Augen und Ohren‹. Alle Hazarapati, die besten Unsterblichen, Männer wie Tachma, Rashurda oder Dreiauge, Heeresführer Arvantâpata. Ich will Xayarsha das Reich im Frieden übergeben, selbst wenn es ein Friede aus Blut, Tränen, Asche und Verwüstung ist. Denk an unsere Lagerfeuer: Ein Wall weißer Säulen entlang aller Reichsgrenzen, den nur Händler von Waren, Wissen und Wohlverhalten durchdringen dürfen.«

Sykashtas Hand deutete auf Dariuvahushs Zelt, das im Windschatten Pârseïs nahe bei den Gerbergruben aufgespannt war. Ledermacher und Einöl-Sklaven umschwärmten das runde Bauwerk aus Seilen und Leder, das wie ein Kleinod glänzend auf einer runden Sandfläche stand.

»Daran denke ich, seit du mir vom Palast erzählt hast.« Er lachte laut, aber verständnisvoll. »Dort hinten, der von deinem Vater, wo du zu denken angefangen hast – und wo du deine Jungfernschaft verloren hast.«

Dariuvahush prüfte jedes Wort des Freundes und sah zu, wie Sandkörner und Staub von den breiten, silbern glänzenden Eisenfelgen im Bogen nach vorn geschleudert wurden. Als die Lagerwachen in einiger Entfernung ihre Lanzen schwangen und das Gespann begrüßten, sagte er:

»Wenn wir nicht mehr leben, wir und unsere Freunde von damals – was wird aus unsrem, aus meinem Reich, Sykash?« »Die meisten Jungen sind gut. Sie wissen, was zu tun ist. Eines ist sicher: Pârsa ist vielen zu reich, König. Das erzeugt Neid und Begehrlichkeiten. Das Reich wird bestehen; vielleicht anders, als du oder ich es uns vorstellen können.«

»Hundert Jahre? Zweihundert Jahre?«

Fürst Sykashta starrte in Dariuvahushs Augen. Zweifellos sah er, daß die heißen Bäder die Farbe aus dem Bart und dem Haupthaar des Königs herausgewaschen hatten; es war nicht mehr länger nötig, kraftvolle Jugendlichkeit vorzutäuschen. Sykashta hob die Schultern und zwang die Rapphengste zurück in leichten Trab.

»Hundert? Zweihundert? Wer weiß? Nicht Saka oder Mudrayier, sondern die Hellenen werden die Grenzen nicht anerkennen. Wir werden im yaunischen Krieg siegen – aber wir können nicht jeden einzelnen Hellenen erschlagen.«

»Und ich will nicht als Dariuvahush der bluttriefende Schlächter in der Erinnerung der Überlebenden bleiben.«

»Ich weiß. Geh nie aus Landhunger über unsere Grenzen hinaus! Je länger ihr, du und dein Sohn, dieses dein Machtwort beherzigt, desto sicherer ist das Reich. Was nach unserem Tod geschieht – das kann keiner beeinflussen.«

Das Gespann trabte auf das Zelt des Kshatrapan von Sardeïs zu, Dariuvahushs Bruder. Dariuvahush lehnte sich gegen den Wagenkorb und starrte Sykashta an. Er selbst hörte aus seiner Stimme ein gewisses Maß an Hilflosigkeit heraus, als er antwortete:
»Es gäbe so unendlich viel zu tun. Zuviel. Dazu brauche ich mehr Jahre, als mir von Ahura Mazdâh beschieden sind.«
»Im Schatten seiner Schwingen – selbst du weißt nicht, wie viele Jahre es sind. Bescheide dich, o Freund.«
»Bescheiden oder erzwingen?«
»Herrsche, schufte, schreib' und peitsch dich selbst, bis du nicht mehr kannst. Dann stirb, wie Bagapâta, leise, in Würde. Was nach dir geschieht – nicht einmal unser Mazdâh weiß es.«
»Du weißt von ... Bagapâta?« Dariuvahush hob fröstelnd die Hände in den Handschuhen aus dünnem Hundeleder. Sykashta schüttelte ernst den Kopf, zerrte am Zügel und lenkte das Gespann im Schritt ins Lager. Er lächelte kaum wahrnehmbar und sagte leise:
»Ich weiß davon. Es gibt kein nutzloses Wissen, o König; denk daran, was uns mitunter selbst ein Spiegel verrät.«

Die langen Stunden des nächsten Gastmahls gehörten den Hazarapati, den alten und den neu ernannten. Tausend Dinge wurden beredet: Holz und Handwerker für den Bau von Schiffen, Häfen und Buchten, Mannschaften und Soldaten für die Flotte, Ziele und Nebenziele, Wege des Heeres und Stellen und Städte, von denen Krieger und Pferde ernährt und ausgerüstet wurden, die Namen der Tausendführer, Hundertführer, der besten Männer, um Bogenschützen Lanzenreiter und Fußtruppen zu befehligen, die Menge der Hilfstruppen aus anderen Kshatrapien und der Wert dieses Krieges, ausgedrückt in Statéren, Dârayaka und Pantshuka. Schritt um Schritt, Hafenstadt um Hafenstadt, Insel um Insel wurden strengsten Prüfungen unterzogen: Dariuvahush wollte, daß der letzte Gluther des Krieges, das überreiche und hochfahrende Miletos, im achtundzwanzigsten Jahr seiner Herrschaft fallen müsse.
»Großfürst Sykashta und alle Berichte der ›Augen und Ohren‹ sagen es uns! Großfürst Tachmaspâda hat lange darüber geredet. Die

hellenischen Freunde des Reiches haben es bestätigt: Unsere Heere und Flotten werden sich langsam bewegen und schlagen schnell wie der Blitz zu.« Dariuvahush hob die Trinkschale und versuchte, die Gesichter der Männer an der gegenüberliegenden Seite der Tische genau zu erkennen; nur noch auf Armeslänge sah er so scharf wie noch vor wenigen Jahren. »Hört auf Gaubarvas Rat! Ihr führt das Schwert des Reiches. Ich bin zu alt, um euch anzuführen, und Xayarsha hat zu wenig Erfahrung. Wenn er in einem Jahr aus Yauna zurückkehrt, wird er für mich das Nourouz-Fest feiern; ich warte an den Ufern des Neilos-Rautâ auf eure reitenden Boten. Schlagt zu mit dem Schwert, führt die tödliche pârsische Lanze und trefft mit jedem Pfeil – auch im Küstenland von Sparda muß die Grenze so unbezwingbar sein wie der Eiswall am Rand des Weltenmeeres!« Er setzte die Schale, die stark gemischten Wein enthalten hatte, behutsam ab und schnippte mit den Fingern zum Aufseher der Schanksklavinnen. »Und nun reden wir von allem anderen als vom Krieg. Wir reden über Gaubarva, der den fünfundsiebzigsten Frühling seines Lebens feiert. Auch wenn er dabei einschläft: Wir feiern ihn bis Sonnenaufgang!«

Aspat Shanâh klatschte in die Hände und rief mit unbewegtem Gesicht: »Wein! Leckerbissen! Musik! Laßt die schönsten Frauen tanzen! Und die aus Gandhara mit der Schlange.«

Diener schleppten Bier aus Mudrayia, Wein von den schönsten Hängen und aus den kühlsten Gewölben Spardas, Babirush-Palmwein, gemischt mit Gandhara-Rosenwasser, gärendem pârsischem Granatapfelsaft, kalten Honig-Sud von Beeren, Kräutern und gemahlenen, getrockneten Hindusch-Blüten zu dem großen Viereck der Tische, zusammen mit goldenen und silbernen Platten und Körben voller Leckerbissen, die nicht geschnitten oder aufgespießt werden mußten. Dariuvahush schob seinen Scherensessel von der Tischkante zurück, lehnte sich in die Luchsfelle und dachte an die lange Reihe jener leisen Bemerkungen von altersweiser Klugheit, scharf wie Speerschneiden, mit denen Gaubarva fast jede Entscheidung des Königs vorbereitet und unterstützt hatte. Da diese Entscheidungen von Dariuvahush in Befehle umgewandelt worden waren, hatten die Heerführer seit langem den Einfluß Gaubarvas auf die Herrschaft des Reiches erkannt. Die rechte Ordnung hing von Tausenden und aber Tausenden lästiger, belastender Winzigkeiten ab – nach einem Zehntag in Pârseï während des Fests erstickte Dariuvahush fast an der Überfülle der Berichte und deren bedenkenswerten Folgerungen; er sehnte sich nach der Hitze der Hapiufer, nach Veränderung und einer Landschaft, in der seine Gedanken wieder zur Ruhe kämen. Das letzte Wasser tropfte aus dem Steinschnabel des mudrayischen Stundenmessers. Im Morgengrauen trugen vier Diener Gaubarva auf sein Lager; alle anderen wankten, schlichen und stolperten, sich gegenseitig stützend, über die Plattform und die Stufen zu ihren Zelten; es schienen tausend einzelne, weiße Stufen zu sein.

Von Pârseï, am 3. Tag Haurvatats, des Vollfrühlings-Mondes, zog Dariuvahush zunächst nach Huza; Kapitän Skylax und seine Begleiter fuhren nach Men-Nefer voraus. Nach einem Mond Aufenthalt schob sich der Palast-Troß gemächlich nach Babirush, wo Dariuvahush vier Siebentage lang blieb. Jede Nacht wurde das große Zelt fünf, sechs oder sieben Parasangen weit vom vorhergegangenen Standort aufgeschlagen: Die königliche Karawane wanderte von Babairu nordwärts nach Ninive, über die Wüstenpfade Athuras und Abr Nahrs zur Meeresstraße und über Pelusion und Pa-Beseth oder Bubastis zum Fährhafen Men-Nefers. Abgehetzte Boten brachten Dariuvahush noch am Ostufer die Nachricht, daß auf der Insel Kypros – endlich! – die letzte Stadt, Soloi, gefallen war. Kshatrapan Aryâvanda und die karischen Söldner seiner Palastgarde warteten am westlichen Ufer. Boote und Schiffe brachten hunderte Menschen, zuerst Dariuvahush, Xayarsha und Nefermerit, dann die umfangreichen Lasten hinüber nach Men-Nefer. Zur gleichen Zeit verließen die pârsischen Heere, geführt von Hazarapati Arvantâpata, die Landschaft um Sardeïs, in der sie sich gesammelt hatten. Ihre Marschziele lagen am Hellespontos; mehr als sieben Tagesritte weit im Norden.
Xayarsha und Farnadâta befehligten vierhundert Unsterbliche, die in Pârseï, Huza und Babairu ausgesucht worden waren; sie sprachen Mudrayisch so gut wie Pârsa, waren im offenen Kampf ebenso geübt wie erfahren im Kampf zwischen Häusern und hat-

ten unter Tachmaspâda, Rashurda oder Dreiauge Rtavardhya ge-
kämpft. Dariuvahushs Gefolge überflutete den Weißen Palast des
Kshatrapan, der sich nördlich der Stadt ein tempelähnliches Bau-
werk hatte errichten lassen. Während seiner ersten Ausfahrt sah
Dariuvahush im Hafen Men-Nefers mehr als zwei Dutzend große
Hapischiffe und zwischen ihnen ein dunkles, gedrungenes
Schiff: Es war die *Unsterbliche Schneide*, von deren Heck ihm
Skylax und Telamon zuwinkten.

Auf Dariuvahushs Befehl rüstete Kshatrapan Aryâvanda für
Xayarsha ein Schiff aus, mit mudrayischen Ruderern und Steuermännern. Der Kshatrapan und Xayarsha gingen mit wenigen Begleitern an Bord, die *Amûns Pracht* legte ab und fuhr hapiaufwärts, nach Wâset oder Thebai-Theben; so nannten die Hellenen
jetzt die Stadt. Die Sonne, die klare Luft und die Wüste jenseits
der Ufer schienen binnen weniger Tage und Nächte Dariuvahushs Müdigkeit zu verscheuchen, schienen ihn um Jahre zu ver-
jüngen. Er ließ seine Haut von der Sonne bräunen, genoß den
Duft und die Wirkung der Öle und Salben ebenso wie das Walken und Kneten und die leichte mudrayische Kleidung und
zwang sich, langsam und gründlich zu planen und einen Erfolg
auf dem vorhergegangenen aufzubauen. Die Unsterblichen überwältigten, Mann um Mann, die Söldner des alten Kshatrapan,
entwaffneten sie und hielten sie gefangen. Gleichzeitig mit den
Vertrauten des Königs trafen die Fratarakta ein, die Siebentel-
Gebietsverwalter, und die königlichen Richter. Sie bewohnten,
von Unsterblichen beschützt, den neuen Palast Aryâvandas und
begannen, die Menge des Tributs auszurechnen, drangen in die
Schatzhäuser ein und beluden die Schiffe mit den Truhen und
Säcken, die so schwer waren, daß die Sklaven sie kaum schleppen konnten. Udja-Horresnet und Verwalter Aspaka öffneten den
Richtern weitere Verstecke, die Aryâvanda angelegt hatte; die
Menge und Schönheit der Schätze zeigte Dariuvahush und den
Schreibern aus Huza das volle Ausmaß des Verrats. Während jedes Kresha Gold gewogen und die Menge auf Papyrus geschrieben und zusammengerechnet wurde, ließ Dariuvahush östlich
von Bubastis auf einem niedrigen, künstlichen Hügel eine Zeltstadt errichten und schickte in Abständen von wenigen Tagen die

beladenen Schiffe zur ersten Kanalschleuse. Dann rief er die besten mudrayischen Kapitäne und die gesamte Mannschaft der *Unsterblichen* in den Palast.

Eine lächelnde Sklavin führte Skylax und seine fünfköpfige Mannschaft zu einem niedrigen Tisch. Rotweiß gestreifte Leinensegel überspannten an langen Seilen und auf wenigen goldbebänderten Zedernstangen den Palasthof. Ein Stück Himmel, über den schneeige Wolken trieben, spiegelte sich im viereckigen, steingefaßten Teich. Braunhäutige Sklavinnen, von Nefermerit überwacht, glitten zwischen den Tischen und Sesseln umher und schenkten kaltes Henket – sieben Arten helles und dunkles Bier – in die Becher und Schalen der Wartenden. Dariuvahush, von Udja-Horresnet und Aspaka gefolgt, kam mit schnellen Schritten aus dem Halbdunkel des Palasts, hob beide Arme und setzte sich; er trug Brustschmuck, Doppelkrone, Peitsche und Heqa-Stab des Pharao und wartete, bis alle Versammelten knieten.

»Erhebt euch«, sagte er laut. »Seid meine Gäste. Ihr erfahrt zuerst, was ich, König der Könige, in diesem und dem nächsten Jahr in Mudrayia befehlen und tun werde. Vom Krieg der Hellenen gegen mich werdet ihr gehört haben. Es haben sich manche Männer mit ihren Familien hierher geflüchtet: Meine Heeresführer kämpfen für mich auf den Inseln und vor den Küstenstädten Spardas. Aber bis nach Men-Nefer oder Memphis reicht der Krieg nicht; ihr seid erwählt worden, große Taten zu vollbringen.«

Unter den Sonnensegeln und zwischen den Steinsäulen, die das umlaufende Dach stützten, herrschte ein Licht, das jedes von Dariuvahushs Worten zu durchtränken und zu einem halb göttlichen Befehl zu machen schien. Skylax lächelte in sich hinein, als ihn anerkennende Blicke trafen. In Mudrayia war Dariuvahush der göttliche Herrscher beider Länder; demgemäß war sein Wort göttlicher Befehl.

»Alle Schiffe, bis auf die *Unsterbliche Schneide*, rudern nach Bubastis, zur Zeltstadt am großen Kanal. Ich werde an der Spitze der Flotte bis ins Meer fahren und euch, Kapitäne, dort verabschieden – ihr bringt Tribut nach Pârsa, nach Babirush oder Banneshu. Mit euch fahren meine Freunde, Vertrauten und Würden-

träger. Ihr werdet auf jener Meeresstraße rudern und segeln, die
Kapitän Skylax in seiner ›Umschiffung‹ beschrieben hat; langsam, von Wasserstelle zu Wasserstelle – ihr seid die ersten auf
diesem Weg. Ihr öffnet das Tor für einen sicheren Schiffshandel.
Und eure Tat werde ich auf sieben Stelen in drei Sprachen einmeißeln lassen; entlang des einzigartigen Kanals.«

Die Kapitäne und Steuermänner jubelten, klatschten in die Hände, hoben die Becher. Ihr Beifall galt Dariuvahush und Skylax
gleichermaßen. Skylax lehnte sich verwundert zurück und nippte
am schwarzen Bier: Jener Dariuvahush, der ihn in Pârseï reich
beschenkt hatte, schien ein Jahrzehnt älter und zwanzig Jahre erschöpfter gewesen zu sein, trotz des silbriggrauen Bartes und der
weißen Haare an den Schläfen. Während des Nourouzfestes waren sie, zweifellos, gefärbt gewesen. Dariuvahush hob in einer
Geste kühner Entschlossenheit die Faust.

»Hört auf zu jubeln. Ihr habt eine schwierige Fahrt vor euch, die
jedem Ruhm, Ehre und hohe Belohnung einbringt, denn nicht ein
Mann darf zu Schaden kommen. Von Banneshu – wenn Windgott
Schu gnädig ist, und Ahura Mazdâh – und von Amûn werdet ihr
mit anderer Fracht zurücksegeln.« Er hielt inne und senkte die
Stimme. »Mein neuer Kshatrapan Farnadâta wird euch dann erwarten und mit Gold und Königslehen beschenken; zwischen allen Ländern soll der Handel zunehmen!«

Wieder erhob sich, nach kurzer Verwunderung, begeisterter
Lärm: Keiner kannte den neuen Kshatrapan. Dariuvahush setzte
sich, schlug die Beine übereinander und streckte sie aus. Die
Edelsteine an den goldenen Sandalenbändern funkelten. Er zeigte auf Skylax und rief:

»Nach unserer Triumphfahrt, o Vater der Meeresbeschreibung,
sollst du meine Bitte erfüllen und vom Kanal durch den Mündungsarm ins Große Grüne, ins Thalassa fahren, und durch Hellespontos und Bosporos in den Pontos Euxeinos, dessen Ufer
eine der Grenzen Pârsas ist. Auch von dieser Fahrt sollst du einen
Periplous schreiben. Willst du?« Skylax stand auf und rief: »Wir
werden es tun, o König der Könige. Auf dieser Fahrt sehen wir
unsere Heimat wieder und wählen unseren Ruhesitz aus.«

»So soll es sein. Dein zweiter Periplous ist zwei dutzendmal abgeschrieben worden – für die mutigen Stromkapitäne, die zu Meeres-Steuermännern werden.« Er klatschte in die Hände. Zwei Schreiber verteilten dicke Papyrusrollen an die Mudrayier. Skylax begann sich zu fragen, wie es dieser König fertigbrachte, an fast unzählbar viele Kleinigkeiten zu denken und stets das Richtige zu sagen; schon in Pârseï hatte es ihn verblüfft. Dariuvahush hob den goldenen Becher.

»Ich werde Mudrayia bereisen und alle schönen Orte besuchen, mit Kapitän Skylax und meinen Fürsten. Ich lasse Aryâvanda hinrichten, denn mein Vertreter in diesem Land ist ein ungetreuer, verräterischer Betrüger. Ich bin zum drittenmal in Mudrayia; jetzt erst habe ich genug Muße gewonnen, um mit weit offenen Augen alles anzusehen.«

Er berührte die goldene Natter, die sich an der Stirn der Doppelkrone aufbäumte, mit drei Fingerspitzen und nickte langsam. Von einem Dutzend Sklavinnen begleitet, kam Nefermerit aus der Tiefe des Palasts, blieb links neben Dariuvahush stehen und legte, als ließe sich ein dunkler Vogel nieder, die Hand auf seine Schulter. Skylax betrachtete schweigend das Paar: Er entsann sich, viele solche Doppelstatuen in mudrayischen Tempeln oder vor Eingängen zu Palästen gesehen zu haben, lebensecht aus Granit von Suênet und mit goldenen Verzierungen.

Dariuvahush löste den Blick von den weißen Säulen und bunten Mauern des Kshatrapan-Palasts, in dem Nefermerit zusammen mit Aspat Shanâh und Farnadâta zurückgeblieben war. Pârsische Lanzenreiter begleiteten die Gespanne im Palmenschatten auf der Dammstraße, die in wechselnder Entfernung vom östlichen Mündungsarm nach Bubastis führte. Die meisten Seitenkanäle und die schilfgesäumten Überschwemmungsteiche waren staubtrocken: Das Land wartete dürstend auf das alljährliche Steigen des Hapistroms. Bis auf zwei schwer beladene Kornschiffe und die *Amûns Pracht* wartete die Flotte an den Ufern des Kanals. Im flachen, schwarzen Land, jenseits von abgeernteten Feldern und abgefressenen Weiden, sah Dariuvahush viele Rauchsäulen, vom Wind nach Osten geneigt; abseits der kleinen Oasen entstanden in Sichtweite des Kanals kleine Hügel. Der Damm beschrieb einen Viertelkreis nach rechts, die Straße senkte sich und mündete in einen breiten Sandweg. Die Wagen, die Dariuvahushs Gespann folgten, rückten auf. Dariuvahush schloß geblendet die Augen und spürte die Sonnenstrahlen auf der Haut. In Pârseï leuchteten weiße Säulen über der Terrassenmauer, hier funkelten die Sandkörner wie Goldstaub; was die Künstler in die sieben Platten aus hellrotem Granit aus Suênet meißelten, kannte er Wort für Wort: die Inschriften in Pârsa, Uvjanisch, mudrayischen Bilderzeichen und der Schrift von Babirush:

ICH, DARIUVAHUSH, KÖNIG DER KÖNIGE, BIN EIN PÂRSA, UND VON PÂRSA NAHM ICH MUDRAYIA IN BESITZ UND BEFAHL, DEN KANAL VOM HAPISTROM ZUM MEERE ZU BAUEN, DAS VON PÂRSA AUSGEHT — UND SCHIFFE FUHREN VOM HAPILAND DURCH DIESEN KANAL IN UNSER MEER, SO WIE ICH ES BEFAHL. LASST ALLES IN DIE STELEN EINMEISSELN, DENN DER KANAL WURDE NACH MEINEM WILLEN AUSGEFÜHRT: NIEMALS JE GAB ES ETWAS SO GROSSES UND PRÄCHTIGES.

Gemeinsam fuhr ein Dutzend Gespanne zwei Stunden später zwischen dem südlichen Kanalufer und einem Wäldchen dürrer Tamarisken in die Zeltstadt ein. Udja-Horresnet hatte alles vorbereitet; Dariuvahush ließ sich die Kleidung und den Schmuck des Herrschers anlegen und folgte Udja-Horresnet auf das gezimmerte Podium. Der Arzt wartete auf sein Zeichen und begann zu den Versammelten zu reden. Er schilderte Skylax' Landung, die gemeinsame Entdeckung des verwehten, versandeten Kanals und die jahrelangen Arbeiten, die trotz der wenig tüchtigen Verwaltung jetzt erfolgreich beendet waren. Von den Priestern hatte Horresnet erfahren, daß vor eineinhalb Jahrtausenden der Pharao Sensuret und vor 750 Jahren Pharao Ramses den Kanal zu bauen versucht hatten und daß mehr als 100 000 Arbeiter des Pharao Necho beim Bau gestorben waren. Während der Arbeiten am Dariuvahush-Kanal waren nur drei Dutzend Männer getötet worden. Farnaka und Aspat Shanâh zählten auf, wie viele Männer geschuftet hatten und wieviel Gold der König ausgegeben hatte; große, stolze Zahlen und Mengen.

Nachts, bei Fackellicht, legte die *Amûns Pracht* an. Xayarshas

Unsterbliche hatten die Söldner des Kshatrapan überwältigt und Aryâvanda in Men-Nefer in Ketten gelegt. Am nächsten Morgen bestiegen Dariuvahush, Xayarsha und die Würdenträger das Schiff, das sich an die Spitze der Flotte setzte und in der Mitte des Kanals zwei Dutzend Schiffe anführte. Östlich von Bubastis führte der künstliche Strom durch menschenleeres Land. Sieben Stellen auf künstlichen Hügeln oder an höher gelegenen Felsen waren als Standplätze der wuchtigen Granitplatten ausgesucht worden, die jeder sehen würde, der den Kanal befuhr. Einige Arbeiter und Hirten winkten der bunten, goldfunkelnden Flotte zu. Einen Teil des Trosses hatte Dariuvahush vorausgeschickt; die Diener hatten das Zelt über einem Hang aufgebaut, unter dem der Kanal in den See des bitteren Wassers mündete. Zwei Tage lang mußten die Ruderer sich in die langen Ruderriemen stemmen; am dritten Tag und bis zur Mündung der letzten Kanalstrecke ins Meer füllte kühler Nordwind die Segel.

Am fünften Morgen schob sich die *Amûns Pracht* auf den Sandstrand. Dariuvahush verabschiedete einen Teil der Würdenträger; sie wollten das Wagnis eingehen und mit der Flotte nach Banneshu oder Babairu segeln. Farnaka, Xayarsha und Gaubarva wählten den weitaus schnelleren und sicheren Weg über Land. Das letzte Schiff wendete, fuhr gegen den Wind in den Kanal ein und ohne Eile zurück nach Bubastis und Men-Nefer; in Dariuvahushs Gefolge waren Nefermerit, Telamon und Kapitän Skylax.

Auch in der Jahreszeit Achet, in der vier Monde lang das Land überflutet war, die Flut einsickerte und trocknete, spiegelten sich die Stadt Men-Nefer und der hochgelegene Kshatrapan-Palast als trockene Oasen in dem ellentiefen graubraunen See der Überschwemmung. Jeden Tag staunten die Pârsa aufs Neue über den kaum vorstellbaren Prunk, den Aryâvanda um sich herum aufgerichtet hatte. Dariuvahush, Aspat Shanâh und Farnadâta nützten diese Zeit, um die zerrüttete Verwaltung des Landes wieder zu errichten; Udja-Horresnet und Aspaka fertigten zahllose Boten ab, die in Binsenbooten stromauf und stromab paddelten oder auf ihren leichten Gespannen über die Dammstraßen preschten. Die

Bauern, deren Felder unter Wasser standen, versammelten sich in Steinbrüchen, bei Tempelbauten oder an halbfertigen Dammstraßen, wo sie von der Verwaltung des Pharao und der Tempelpriesterschaft ernährt und bekleidet wurden.

Der yaunische Krieg schien für Dariuvahush in einer fernen Welt stattzufinden, weit weg, jenseits der gedachten Grenzmauer aus weißen Säulen, in fragwürdiger Anschaulichkeit nur durch die Briefe der Boten am Leben erhalten: Die pârsischen Heere eroberten in Sparda und Yauna eine Stadt nach der anderen zurück. Das volle Ausmaß der Mißverwaltung und des Verrats des Kshatrapans wurde sichtbar gemacht und schürte Dariuvahushs stille, kalte Wut; er hatte mit dem Gedanken gespielt, Aryâvanda trotz des Hochverrats das Leben zu schenken und den alten, uneinsichtigen Mann nach Banneshu oder Ampe zu verbannen. Als sich vor den ersten Tagen der Aussaat – im Mond Tybi, dem ersten der Jahreszeit Peret – genügend Menschen auf dem Marktplatz Men-Nefers versammelt hatten, hatten die Richter das Urteil gefällt. Aryâvanda wurde gepfählt; Aspat Shanâh überwachte die Hinrichtung und zwang auch die karischen Söldner, dem Sterben beizuwohnen. Hohläugig und schweigend sahen die kahlgeschorenen Priester des Weißen Amûn-Tempels zu, wie Dariuvahushs Statthalter starb. Die Nachricht, daß der König der Könige mit eigener Hand das Land Mudrayia verwaltete, verbreitete sich mit den zurückkehrenden Bauern bis in die Gegend des zweiten Katarakts.

Als der Strom wieder schiffbar war, brach Dariuvahush zur uralten, heiligen Stadt Thebai auf; die Rômet nannten sie Wâset oder No-Amûn. Telamon und Skylax steuerten die *Amûns Pracht*, während die alte *Unsterbliche Schneide* für die Fahrt zu den Phoinikern und in den Pontos Euxeinos vorbereitet wurde; vor zwei Siebentagen waren das Kriegszelt und die Einrichtung hapiaufwärts geschickt worden. Dariuvahush und Nefermerit wohnten während der ruhigen Segelfahrt im Deckshaus vor dem Mast, und während die Ufer mit Hunderttausenden pflügender und säender Bauern, mit Kanalarbeitern, Hirten, Wasserschöpfern, Dattelpalmenbestäubern, Eseltreibern und Lehmziegelstreichern vorbeizogen, öffnete Dariuvahush das Schreibzeug, rührte die gestockte Tusche mit Dünnbier an und begann zum erstenmal seit vielen Monden wieder zu schreiben.

Wenig habe ich geschrieben in den letzten Monden; kaum Bedeutendes, wenn ich nachlese. In der Hälfte meines 26ten Jahres, im 56ten Sommer meines Lebens, von Ahura Mazdâh mit ausreichend Kraft und Gesundheit beschenkt, scheinen meine Gedanken und Empfindungen in herrlicher Trägheit zu kriechen, während die Stunden und Tage wie junge Rosse dahingaloppieren. So vieles geschah, während ich die Truhen des Tributs zählte: Meine Mutter Rhodogûne, die Königinnen Rytabâma, Parmush, Faidumâ und Alt-Bagapâta sind gestorben, drei Schwiegersöhne hat der Krieg verschlungen wie so viele andere, elf Söhne und fast zwei Dutzend Töchter haben bis heute überlebt. Eigentlich habe ich von allen Söhnen nur Xayarsha an meiner Seite geduldet – als Truhenzähler bin ich sicherlich gewissenhafter denn als königlicher Vater. Aber jedem einzelnen der Meinen, dessen Namen ich kenne und schreibe, ergeht es wohl, und er ist dem Reich in dem Maß verpflichtet, dessen er fähig ist. Wenn ich es recht bedenke, so zwingen mich mein Alter, das Land und der ruhige Strom, die Dünen der Wüste und die Felsen an den Ufern des Neilos-Rautâ zum erstenmal in meinem Leben zur Ruhe, die ich freudig genieße. Die Stille gebiert seltsame Gedanken, die durch die Irrgärten meiner Träume schweben wie Adler im heißen Aufwind oder schwimmen wie Neilos-Welse in den Seitenarmen, an denen wir vorbeisegeln. Xayarsha zählt 24 Jahre, und alle sagen, er wird ein guter König sein! Wann? Wird er vermeiden, was ich als Fehler erkannt habe? Werde ich dreimal ein Dutzend Jahre herrschen, ohne daß abermals die Erde bebt, wie der Mondblinde Malmarduk vorhersagte, also noch ein Jahrzehnt lang, bis mein Leben 66 Herbste zählt?
Meine Erinnerungen sind durchtränkt von Millionen Zahlen, Schriften, Befehlen und Nachrichten auf Tontafeln. Mein Kopf scheint mitunter größer als einer der mannshohen Pithoi, der Vorratskrüge in Huza, Babairu, Hagmatâna, Pâthragada und Pârseï: All dies gehört nicht zu mir und meinem Wohlbefinden, sondern ist Teil des Reichs, dessen Größe ich bestimmt habe und

dessen Grenzen ich nicht mehr erweitern will. Liest du diese Worte, o Königssohn Xayarsha, so wisse, daß herrschen wenig mit Vergnügen, aber viel mit Lästigem zu tun hat; es wird schwer sein, zu erhalten, was ich dir vererbe. Das Erbe zu vergrößern, wäre vermessen, denn es übersteigt das Können eines einzelnen, selbst wenn er klüger und besser wäre als Kurusch der Bewundernswürdige.

Vielleicht gönnt Ahura Mazdâh mir noch ein Jahrzehnt der Herrschaft ohne allzugroße Hinfälligkeit und mit klarem Verstande. Lange hab ich nachgedacht und tief gegrübelt: Alle Staudämme, Straßen, Brücken, Paläste und Stadtmauern sind gebaut. In Pârseï kann ich friedlich leben, aber Xayarsha und seine Söhne werden's zu Ende bauen müssen, und sie werden's gern tun. Ich will und werde, wenn der Krieg der Hellenen und Yaunier beendet ist, alles verbessern, was ich als gut erkannt habe, und was noch fehlt, will ich bauen lassen. Das Reich soll sein wie ein starker, junger, gut abgerichteter Hengst – wie Gaubarvas Gedanken, wie große Räder, die kleine Räder und eherne Achsen leise antreiben, weil sie voller Öl und Fett sind. Jenes Maß an Treue und Zuverlässigkeit, Unbestechlichkeit und Freude an würdiger Arbeit, die den Reichtum aller mehrt, soll größer werden. Jeder soll's verstehen, vom Blaukittel bis zum Kshatrapan. Die mudrayischen Ärzte, die Udja-Horresnet ausgebildet hat, werden in alle Kshatrapien wandern, um Kranken, Bresthaften und Verwundeten zu helfen. Der König wird sie gut entlohnen. Mehr Schreiber soll es geben und mehr Menschen, die lesen und in zwei oder drei Sprachen reden können. Ich habe geträumt, gerechnet und befohlen: Überall im Reich gelten dieselben Maße, Münzen und Gewichte. Also werde ich befehlen, worüber ich schrieb, und es wird geschehen – in 23 Ländern. Der pârsische Stier wird 23 Kühe bespringen und prächtige Kälber zeugen, die fröhlich blökend weiden und die Nachtwesen dumpfer Uneinsichtigkeit mit Hornstößen vertreiben. Da ich nicht mehr mit Heeren meinen Landhunger befriedigen muß, kann ich mit Gold und Schmeichelei, Härte und Großzügigkeit, vorsichtiger Klugheit und der Geduld meines Alters festigen, was lose ist. Aus Ziegeln und Stein lasse ich bauen, was aus Lehm, Holz und Stroh

ist. Daß nicht alle meine Bandake-Untertanen tanzen, wenn ich
die Trommel schlage, weiß ich: Vater Vishtâspa und Gaubarva
haben mich gelehrt, meine Grenzen zu erkennen.

Er sah zu, wie sich drei Krokodile von einer Schwemminsel stürzten. Gänse schnatterten unsichtbar im Schilf, eine pfeilspitzenähn-
liche Doppelkette Enten flatterte entlang beider Ufer. Unendlich
langsam zogen Palmenhaine, uralte Bauwerke und lange Über-
schwemmungsmauern am Schiff vorbei. Binsenboote und segello-
se Schiffe glitten in den Wellen lautlos stromabwärts; Felsen, Dünen und Wüste rahmten das Stromtal. Die Stille eines Landes,
tausendmal älter als er, zwang ihn zu einer Art Besinnlichkeit, die
er nicht ändern konnte und die sich auf ihn legte wie ein kühles,
duftendes Tuch. Sein Schweigen war ein winziger Beitrag zur Stille dieser Welt, fern von Huza, Babairu oder Pârseï. Er dachte oder
schrieb er – im Auftrag Ahura Mazdâhs, als Pharao dieses Landes
– etwa einen Periplous seines Reiches? Er wandte den Kopf und
blickte in Nefermerits Gesicht. Sie schien wie er mit offenen Augen geträumt zu haben, sah ihn an, begann zu lächeln und deutete
auf die Ufer, schien ihre Heimat wiederentdeckt zu haben. Und er
verstand mittlerweile jeden Fluch der Ruderer.
»So weit im Süden, hapiauf, warst du nicht, damals, o König?
Siehst du viele Bilder, die du nicht verstehst?«
»Ich glaube, daß ich solche Oasen wie in eurer Wüste auch in meinem Kopf entdecke.« Er hob schnalzend den Kopf und nahm den
Tonbecher, dessen Außenseite voller winziger Wasserperlen war,
aus ihren Fingern. Er zuckte mit den Schultern und trank kaltes
Henket. »Grüne, trostvolle Inseln der Zukunft. Ich spüre, wie ein
Teil von Pârsa von mir abfällt wie ein fadenscheiniger Mantel.«
»Pârsa ist unverändert, wenn du zurückkehrst. Nütze die Fremde,
o König. Deine Freunde verwalten und befehlen.«
»Damals, in Kambushyas Heer, hab ich die gleichen Bilder gesehen. Damals begriff ich wenig.« Er starrte das Ende des Schreib-
rieds mit der trocknen Tusche an. »Zweieinhalb Jahrzehnte lang
hab ich gekämpft, erobert, verwaltet. Jetzt, wo ich die Bilder zu
verstehen glaube, muß ich lernen, sie richtig zu sehen – sie erzählen mir viel aus der Vergangenheit.«

Sie lächelte; ihre Finger spielten mit dem kostbaren Wesech-Halbkreis über ihrer Brust. »Laß die Bilder tief in dein Herz einsinken. Freu dich, trink, zähl deine Gedanken und schreib, was du von den klügsten Priestern erfährst. In den Tempeln von Ipet-Sut, Ipet-Resit, Lunu-Month und Djeser-Djeseru-Amûn – Karnak, Luxor, Armant und dem Hatschepsut-Tempel –, in sieben Tagen wirst du noch viel mehr aus der Vergangenheit hören!«

»Ich fürchte die eisernen Schritte der Zeit«, sagte Dariuvahush leise. »Was ich hier bedenke, kann übermorgen wertlos sein, wenn ich in Pârsa bin.«

Sie füllte aus dem Krug kühles Bier in seinen Becher und lächelte wie der Große Sphinx: »Du bist Herrscher meines Lebens, Mächtigster deines Reiches – aber nicht der Beherrscher der Zeit, o königlicher Freund und Geliebter.«

»Wahr gesprochen«, murmelte er. »Nicht einmal Ahura Mazdâh kann dies ändern.«

Nefermerit winkelte, ohne zu lächeln, die Hände an und bewegte sie wie Vogelschwingen; ihr Geschmeide klirrte. Dariuvahush trank schwarzes Bier und schrieb weiter.

Der tüchtige und fleißige Udja-Horresnet hat in Memphis und Theben, wie ich es befahl, die Gesetze der alten Pharaonen gesammelt. Er rief die würdigsten Priester zusammen und fragte sie nach den geschriebenen Erinnerungen ihrer größten Tempel. Viele Papyri sind in der Zeit seit den ersten aufgeschriebenen Fragen und Antworten zerstört, verloren und vergessen worden, aber auf viele Fragen haben wir Antworten erhalten. Trotz der Verwüstungen, die vor fast achtzehn Jahrzehnten der Überfall des assyrischen Königs Assurbanipal selbst in No-Amûn-Theben angerichtet hatte, haben Udja und Aspaka eine Sammlung der mudrayischen Gesetze gefunden, deren erste vor zweieinhalb Jahrtausenden entstanden sind. Wieviel Weisheit werde ich aus gelösten Fragen und so weit reichender Erinnerungen erfahren können, denn Gesetze sind nichts anderes als geschriebene Richtsprüche! Sie sind aufgestellt worden, nachdem es Streit unter Menschen gab und Richter entschieden haben, was weiterhin zu beachten sei im Leben aller, zwischen Recht und Unrecht der

einfachen Menschen und der Mächtigen. Wenn ich mehr von die-
sen mudrayischen Gesetzen kenne, werde ich leichter und ge-
rechter herrschen. Die sternkundigen und gelehrten Priester er-
warten mich in Theben, und Aspaka wird für meine Schreiber die
Worte der uralten Niederschriften übersetzen. Und in der Ruhe
der Großen Oase Wachet Ta-Ichi denke ich darüber nach.

Als er das Ende des Binsengriffels in die Tusche eintauchte,
drängten sich ihm Gedanken an den yaunischen Krieg auf. Je
weiter er im Süden des Stroms saß, desto länger brauchte jede
Botschaft aus Sparda. Er starrte das Geschriebene an, versiegelte
den Tuschekrug und rollte das Schreibleder zusammen. So lange
er in Mudrayia war, hatten ihn keine Nachrichten aus Sardeïs erreicht – das bedeutete, daß es weder große Siege noch große Nie-
derlagen gegeben hatte. Er zuckte mit den Schultern, schloß den
Kasten und hörte das Klicken der verborgenen Riegel.

Abends legten die Schiffe in kleinen Häfen an. Fast alle Siedlungen erstreckten sich am Ostufer des Hapi. Zerfallende, längst
verlassene Tempel ragten aus großen Sandverwehungen hervor,
erhoben sich hinter Dammstraßen in Wäldchen aus Dattelpalmen
oder inmitten von Feldern und Weiden. Nur in größeren Städten
standen gut erhaltene Tempel, umgeben von Handwerkerhäusern
und den Wohnungen der Priester. Dariuvahush und Nefermerit
schliefen in den Wohnhäusern der Dorf-Vorsteher; begleitet und
geschützt von Bogenschützen in schnellen Kampfwagen ließ
sich Dariuvahush die Umgebung zeigen und versuchte herauszufinden, wie gut das Land verwaltet wurde. Nachts redete er mit
Skylax, mit den Kapitänen, manchmal mit Priestern oder Anführern der kleinen pârsischen Besatzung und der hellenischen Söldner. In Theben erwarteten ihn Abgesandte des Kshatrapan
Vidhrauga von Elephantine, kahlgeschorene Priester und der pârsische Statthalter, in dessen Palast er zwei Siebentage lang wohnte. Aspaka stellte die Karawane zusammen, die Dariuvahush zur
Großen Oase bringen würde. Dort waren sein Zelt und das Lager
seines Trosses aufgebaut.

7. Mudrayias Oasen

Als die *Amûns Pracht* am steinernen Hafenkai des Westufers anlegte, warteten Gespanne, Pferde und Kamelreiter im Schatten des Palmenwaldes. Die grünen Kornhalme auf den umliegenden Feldern standen zwei Handbreit hoch. Vielleicht hundert Boote und Schiffe hatten den Strom überquert, um Dariuvahush zu begleiten. Unter dem Sonnensegel im Heck des langen Schnellruderers standen Kapitän Skylax und seine Mannschaft und sahen zu, wie die Ruderer einen Teil des Gepäcks und die Truhen voller Papyri zu den Lastkamelen trugen. Die Vorhänge und Matten des Deckshauses waren hochgerollt; Dariuvahush ging über die Planken des Stegs zu den Steuermännern und sagte, als sich die Männer wieder aufgerichtet hatten:

»Ich hab meine Versprechen gehalten, o Bruder der Gischt. Du hast mich mit leichter Hand durch ein schönes Land gesteuert; von jetzt an würdet ihr euch langweilen.«

»Bald ist es vorbei, o Herrscher«, sagte Skylax, blinzelte in der aufgehenden Sonne und deutete nach Norden. »Wir legen ab zum Pontos Euxeinos. Für die Yaunier sind wir hellenische Schiffer, für die Pârsa haben wir deine gesiegelten Schreibleder.« Dariuvahush legte Skylax die Hand auf die Schulter und sah in seine blauen Augen. »Viele Pârsa, vor allem die Anführer, kennen eure Namen.«

»Das will ich hoffen.« Skylax verneigte sich tief. »Ich halte es wie damals: Briefe mit Boten nach Huza?«

»Oder in eine der anderen Städte, Käpten.« Dariuvahush zeigte auf Aspaka, der neben einem Wagen wartete, der mit zwei Rappen bespannt war. »Ein paar kleine Geschenke hab ich zur *Unsterblichen* bringen lassen; sie sollen eure Fahrt erleichtern.«

Skylax und Telamon bedankten sich, überrascht lächelnd und schweigend. Dariuvahush schüttelte langsam den Kopf, hob lächelnd beide Hände und ging vorsichtig auf der federnden Planke an Land. Skylax, seine Mannschaft und die mudrayischen Kapitäne, Lotsen und Steuermänner winkten, bis Dariuvahush neben Aspaka stand und das Gespann langsam wendete. Dann gab der mudrayische Kapitän einige scharfe Befehle; die *Amûns Pracht* stieß ab, drehte langsam und ging am Ende des Hafenkanals in die Strömung.

Wo der Weg endete und in geröllübersäte Wüste überging, hielten alle Gespanne an. Die Reitkamele knieten wankend im kühlen Sand und warteten geduldig. Auch Dariuvahush setzte sich in den Kamelsattel und klammerte sich fest, bis sich das Tier in die Höhe gestemmt hatte. Solange die Schatten noch weit nach Westen deuteten, vielleicht eine Stunde lang, trabten die gelbbraunen Wüstentiere, dann behielten sie bis zur abendlichen Kühle ihre ruhig schaukelnde Gangart bei. Der Weg zur Oase war vorbereitet: An einer Wasserstelle standen Zelte, wurden Feuer angezündet, Nomaden brieten Fleisch, ihre Frauen und Töchter sangen und musizierten. Dariuvahush starrte beim Licht des Halbmondes in die Wüste hinaus; von hier war Kambushyas Heer aufgebrochen, mehr als zwanzig Tausendschaften, um die Oase Siwa zu erobern. Wohl versehen mit Wasser, Nahrungsmitteln, Lasttieren und Zelten, waren sie auf einer uralten Karawanenstraße marschiert. Das Heer war verschwunden, kein Mann zurückgekehrt, die Wüste hatte die Krieger verschlungen. Kein Karawanenführer, kein Nomade hatte jemals die geringste Spur all der Tausende gefunden. Die Wüste schwieg; in Sand, Stille und Einsamkeit verbargen sich noch heute die Gerippe der Krieger.
Bis zum Morgengrauen ruhte Dariuvahushs Karawane in der Wüstenkälte, dann wurden die Tiere wieder beladen und setzten ihren Weg nach Westen fort, auf einen niedrigen Gebirgszug zu; nach fünf Tagen und Nächten erreichte die umfangreiche Karawane die weißen Würfel der Häuser, die zwischen Palmenwäldern, Kornfeldern und akazienbestandenen Hügeln hervorsahen. Sieben oder mehr Tierpfade vereinigten sich zu einer Sandstraße, die zum Mittelpunkt der Oase führte.
Ein ganzes Bündel verschiedener Gründe hatte Dariuvahush veranlaßt, die Oase zu besuchen: Er wollte das Wunder einer grünen

Landschaft inmitten der lebensfeindlichen Wüste sehen, das Wasser der »tiefsten Brunnen der Welt« trinken, mit den weisen Männern des Amûntempels in der Stille äußerster Abgeschiedenheit über ferne Vergangenheit und nahe Zukunft reden, am Kreuzungspunkt von Karawanen aus dem unbekannten Land der Schwarzhäutigen, das sich westlich von Kushiya versteckte. Schon während der ersten Schritte auf der palmengesäumten Straße wurde die Hitze der Wüste erträglicher.

Auf einer leichten Erhebung sah Dariuvahush die Fundamente und unfertige Quadermauern eines großen Bauwerks. Steinmetzen hämmerten Säulenabschnitte rund. Der Hügel war halb von Büschen und einem Dattelpalmenwald umgeben; an dessen Rand standen vielleicht hundert kleine Zelte. In einigem Abstand zu ihnen, ein wenig im Schutz einer Senke, war sein Zelt aufgebaut, davor ein fast ebenso großer runder Sonnenschutz aus bunten Ziegenfellen. Weiße Tücher lagen auf dem geschwungenen Dach, in der Mittagshitze schütteten Sklaven Wasser aus dem nahen, steingefaßten Kanal darauf. Von drei Seiten liefen braunhäutige Oasenbewohner heran; die Karawane kam zum Stehen.
Unter dem schweren Leder des Rundzelts herrschte kühles Halbdunkel. Dariuvahush streifte die Sandalen ab und hörte schweigend zu, wie seine Diener jenseits der Trennwände und Vorhänge sonnenheißes und kaltes Wasser mischten und der Salbmeister mit seinen Krügen klapperte. Dariuvahush seufzte erleichtert.
»Skylax hat es besser als der König«, murmelte er. »Er ist jünger, platzt vor Abenteuerlust und erlebt viel mehr von meinem Reich als ich.«
Nefermerit lachte leise. »Du würdest im Ernst nicht mit ihm tauschen wollen. Er segelt mitten in den Krieg hinein. Jetzt erlebst du selbst Mudrayia und vielleicht auch Kushiya – man meißelt Steinbilder von dir und hämmert deine klugen Worte hinein.«
»Ich sehe mich gründlicher in deiner Heimat um als vor einem Vierteljahrhundert.« Dariuvahush zuckte mit den Schultern. »Du weißt, warum ich in diese Einsamkeit gezogen bin.«
»Ich weiß es und bin stolz, deine Begleiterin zu sein.«
»Wer sonst außer dir – in diesem Land bist du geboren.«

Er klatschte in die Hände. Badesklaven und Salbmeister schlugen die Vorhänge zur Seite; er ließ sich entkleiden und stieg in den Badetrog. An die Größe der goldenen Wanne mit sechs Löwenklauen, vier Königsellen lang, hatte er sich längst gewöhnt. Er betrachtete seinen Körper und sann mit ein wenig Bedauern der Jugend nach: Er war schwerer geworden, das Brusthaar war stark ergraut; zwar hatte Mudrayias Sonne seine Haut gebräunt, aber die Einsicht blieb, daß sein Körper der eines Mannes jenseits der Fünfzig war. Nach der Bartschur, dem ausgedehnten Walken und Kneten und erfrischenden kalten Güssen schlang er den weißen Mantel, aus Byssos und gandharischer Seide genäht und mit breiten roten Borten, um seine Schultern und ging in den Raum, in dem fünf Zedernholzmasten die Zeltkuppel stützten. Nefermerit hob zwei Krüge und fragte leise:
»Einen Schlaftrunk, o müder König?«
Er schüttelte zustimmend den Kopf: Zum erstenmal in seinem Leben schien er wirklich einen Ort betreten zu haben, der so weit von Pârsa und allen täglichen Mißhelligkeiten entfernt war, daß sie selbst aus seinen Gedanken verschwanden. Einsamkeit, Stille, Wüste, kahle Berghänge und die gewaltigen Himmel der Tage und der Nächte fanden hier und heute im Zeitlosen zusammen. Er lächelte Nefermerit zu und leerte die bunte Tonschale. Es gab nichts zu tun, keinen Laut, kein Geräusch aus den Tiefen wuchtiger Palastbauten, niemand wartete darauf, vorgelassen zu werden, keiner stellte Fragen. Wohlige, goldfarbene Müdigkeit kam über ihn, sein Körper wurde schwerer; er schloß die Augen und versank im Schlaf.

Eine halbe Stunde nachdem er aufgewacht war, schlug er mit halb geschlossenen Augen das goldgesäumte Leder des Eingangs zurück und sah, ohne es recht zu verstehen, daß alle Dinge einen Nachmittagsschatten warfen. Er sah genauer hin, überlegte, dachte an seine schmerzend pralle Blase und sah ein, daß er länger als einen vollen Tag geschlafen hatte. Vor der schmerzenden Helligkeit schloß er den Vorhang und wartete, bis die Feuerräder vor seinen Augen verschwunden waren.
»Ich muß Schwielen an den Wimpern haben«, knurrte er und

tappte zurück zum Lager, setzte sich schwer und gähnte. Er unterschied einige Geräusche, die leise durch die Lederwände drangen. »Und scheinbar alle Zeit dieser Welt.« Sein Magen knurrte heftig. Langsam kehrte das Leben wieder in seinen Körper zurück, schneckenträge krochen die ersten bewußten Gedanken durch seinen Kopf. Das Plätschern von Wasser, gurgelnde Schreie der Kamele, das Klirren bronzener und eiserner Meißel auf Sandstein und das Rascheln der Palmwedel mischten sich mit leisen Schritten und dem Geräusch aufgleitender Vorhänge. Nefermerit sagte:

»Es war, als wolltest du nie wieder aufwachen.« Sie legte die Hände auf seine Schultern. »Du mußt glückliche Träume gehabt haben, denn du hast gelächelt. Und laut geschnarcht.«

Dariuvahush stand langsam auf, sein Blick tastete über den Schurz und den schmalen Gürtel, er zog sich an ihr hoch und legte den Arm um ihre Hüfte.

»Du hast mir gesagt, das Land Mudrayia ist von seinen ewigen Göttern durchdrungen.« Er zog Nefermerit zum Tisch, auf dem das Essen bereitet war. »Göttliche Stille, Ahura Mazdâhs göttliche Hand, die Abgeschiedenheit – ich kann mich an einen Traum erinnern: Viele Taubstumme standen um ein Feuer in einer Grotte, und ihre Schatten bewegten sich ganz langsam an den Wänden.«

Sie lachte gurrend, hob die Schultern und wies auf den Tisch. »Das waren die Schatten deiner Gedanken, o mein hungriger Königsfreund.«

Mit Aspaka besprach Dariuvahush, wie lange er in der Oase bleiben und auf welchem Weg er die pârsischen Krieger und den Kshatrapan Vidhrauga auf der Insel unterhalb der ersten Stromschnelle erreichen wollte. Die nächste Karawane von Thebai hatte zerlegte Wagen und Zugpferde zur Oase gebracht; die Tiere hatten sich vom kräftezehrenden Weg durch die Wüste erholt. Die Priester ersuchten den König um einen Besuch im Tempelbau, der Verwalter bat darum, mitsamt seinen besten Handwerkern angehört zu werden. In Elephantine würden sechs große Schiffe auf Dariuvahush und den Troß warten. Dariuvahush befahl, daß am nächsten Morgen ein Gespann bereit stand; er und Nefermerit würden in der Oase und auf allen Straßen des Oasenrandes und der Umgebung umherfahren, auf denen weder die Räder noch die Achse oder die Läufe der Pferde brachen.

Auf den Fundamenten, deren Blöcke aus langsam erhärtendem Sandstein noch warm vom Tag waren, würde ein Tempeleingang entstehen, ein *Pylon* in der Sprache der Hellenen. Dariuvahush betrachtete die Seitenmauern des Tempels; sie schienen fast neunzig Ellen lang zu sein und weniger als vierzig Ellen breit. Säulenteile, von Holzkeilen gehalten, lagen im Sand. Nefermerit starrte in den Mond über den Dünen. Dariuvahush breitete den Mantel über den glatten Stein und wartete, bis sie sich setzte.

Der volle Mond überschüttete die Oase mit seinem stumpfen Silberlicht; er strahlte wie eine grob gescheuerte Scheibe aus weißem Gold, zwischen bemoosten Steinen ausgegraben. Alle Steinkanten der Baustelle schienen zu glimmen. Durch die Leinwand einiger Zelte schimmerte Helligkeit, einige Feuerchen brannten, die ersten Öllampen wurden in den Häusern angezündet. Durch das vage Rascheln der Palmwedel, die ein früher Nachtwind schüttelte, hörten Dariuvahush und Nefermerit Musikfetzen und die Geräusche des Lagers und der kleinen Siedlung.

»Seltsam, seltsam«, sagte Dariuvahush, während seine Blicke durch die Sternbilder wanderten. »Wenn es einen Unterschied zwischen Sugudas und Hareiwas Wüsten und dieser Wüste gibt, so erkenne ich ihn nicht. Auch auf der Straße der tausend Tage habe ich Nacht um Nacht an eine andere Kshatrapie gedacht und darüber nachgesonnen, was ich verändern und verbessern muß. Rufe ich hier die Bilder, Namen und Tribute in meine Vorstellungen, erscheinen sie dürftiger, weiter entfernt und weniger wichtig.«

Irgendwo knirschte Sand unter langsamen Schritten. Dariuvahush legte die Hand auf den Dolchgriff. Gegen seine Brust gelehnt, zuckte Nefermerit mit den Schultern und flüsterte: »Das ist so, weil du alles getan hast, König. Es ist wohl wenig zu verändern, zu verbessern. Xayarsha, vielleicht, später – er kann über die Lande sein eigenes Siegel abrollen.«

»Xayarsha, der yaunische Krieg, der Bau von Pârseï ... ich beneide ihn nicht um seine Jugend«, sagte Dariuvahush und spannte seine Muskeln. Die langsamen Schritte kamen durch das Palmenwäldchen näher. Ein paar Atemzüge lang dachte Dariuvahush an die farbigen Bilder auf dem Körper der jungen Frau, und er stellte sich vor, wie sein Sohn versuchte, all die Verschlingungen der Körper nachzuvollziehen. Er lachte leise, zog den linken Arm zurück und packte den Dolch.

»An dem Tag, an dem ich die schmale, schwankende Brücke Ahura Mazdâhs betrete, wirst du zu Gaubarva gehen, oder zu Aspat Shanâh, Farnaka oder Tshissa Vahush. Zwar will ich in meiner letzten Stunde in Pârseï sein, aber ... wer weiß! Sie bringen dich hierher, nach Mudrayia, ins Mündungsdreieck: Dorthin, wo dir bei Aufruhr oder Verrat niemand schaden kann. Dort findest du einen kleinen Palast, genügend Diener und Gold genug bis zu deinem Lebensende.«

Er streichelte mit dem Handrücken der Linken ihre Wangen, zog den Dolch und rückte zur Seite. Zwischen den Palmstämmen neben der Fundamentecke trat eine kleine, hagere Gestalt ins Mondlicht; ein kahlgeschorener Priester im weißen Schurz, ein Leopardenfell über den Schultern. Auf seiner eingefallenen Brust schimmerte ein Amûn-Zeichen. Als der alte Mann Dariuvahush und Nefermerit sah, hielt er an, lächelte zahnlos und sank auf ein Knie.

»Ich wußte nicht, o Herrscher, o Pharao, daß du hier im Halbdunkel weilst.«

»Ich sitze auf dem höchsten Punkt der Oase, weil ich alles sehen will«, sagte Dariuvahush und schob den Dolch zurück. »Setz dich zu uns, Priester des Amûn, und rede mit uns, als wäre ich ein Gast, ein Unbekannter, ein einfacher Trinker eures kühlen Wassers.«

Der Priester kam näher und setzte sich fünf Ellen von Nefermerit entfernt auf den halb behauenen Steinblock. In der Ferne heulte ein Schakal, Fledermäuse huschten aus den Palmenwipfeln hervor. Der Priester starrte lange zu Boden, hob dann den Kopf und sagte:

»Da du kein einfacher Trinker des versiegenden Wassers bist,

Herr, werde ich reden, als sei Amûn in mich, Ptah-Shufu, gefahren. Was leider nicht geschehen ist bis zur heutigen Nacht. Dir hat niemand gesagt, daß der göttliche Lebensquell, das Wasser aus der Tiefe, zu versiegen droht? Vor Jahren kamen Männer, die sagten, daß die Tiefenquellen wieder sprudeln werden, wenn über beide Lande ein großer, gerechter Pharao herrscht, so wie in alten Zeiten.«

»Nun, nach vielfältigen Wirren, bin ich, im göttlichen Auftrag, der Pharao. Ich versuche, gerechter als groß zu sein. Da ich nicht mit den Millionen Fragen des Hapilandes, von Kêmet und Deshret, aufgewachsen bin, höre ich deinen Worten in schweigender Aufmerksamkeit zu. Rede, o Ptah-Shufu!«

»Höre also, Herr ...«

Die Wurzeln der Palmen reichten, wie jedermann wußte, unglaublich tief in die Erde und ins Wasser unter dem Sand. Die senkrechten Brunnen, mehr als ein Jahrtausend alt, reichten noch tiefer und waren bis zum heutigen Tag nicht versiegt. In Abständen von sieben, zehn oder zwölf Jahren zogen Gewitter über die Oase und ertränkten sie dann schier in willkommenen Regenfluten. Von Jahr zu Jahr mußten mehr Menschen längere Zeit und größere Mühe aufwenden, um das Wasser für die Kornfelder, die Lauchgärten und den täglichen Gebrauch, Schöpfeimer um Schöpfeimer, aus der Tiefe zu holen. Nun schien sich der Sommer zu nähern, in dem der Aufwand für einen kleinen Laib Brot dem Lohn für einen Siebentag Arbeit entsprach, und um sich Amûns Hilfe zu versichern, war mit dem Bau des Tempels begonnen worden. Seit vierundzwanzig Jahren waren nur verwüstende Sandstürme über die Oase hinweggezogen, aber nicht ein Gewitter, kein Tropfen Wasser war aus den Wolken gefallen. Bald würden die Karawanen an Wechet Kenmecht vorbeiziehen, bald würden Datteln, Korn, Ziegen, Schafe, Bier und Lauch nicht mehr alle Bewohner ernähren, bald würden mehr Kinder und Frauen Hungers sterben. Bald würde die Wüste, das Rote Land, die Oase vom Antlitz der Erde tilgen. »Wenn der Pharao in vier Monden fremde Baumeister herbeibefiehlt, die nichts besser können als Brunnen graben – gibt es fünf Dutzend Männer, die sich hundert, zweihundert Ellen tief unter den Sand wagen?«

Dariuvahush machte eine auffordernde Geste. Der Priester nickte langsam und sagte:

»Ein Bote nach Waset, Herr, und einen Siebentag später sind sie hier.«

»Wenn ich euch Priestern viele Goldmünzen gebe, mit meinem Bild darauf, wird es dem Bau des Tempels nützen?«

»Einen Siebentag oder zwei dauert es, bis Sklaven, Handwerker, Baumeister, Steinmetzen und Schriftkundige hier sind. Von Waset, das die Fremden Thebai nennen. Viele Handwerkerhäuser stehen leer. Sind deine Worte Fragen? Oder denkst du daran, Gleiches zu befehlen?«

»Ich werde morgen befehlen – oder übermorgen, wenn ich mit dem Verwalter gesprochen habe –, was getan werden muß. Gott Amûn hat dich in einer guten Stunde zu mir geschickt. Jetzt frage ich dich, und Amûn soll dich strafen, wenn du nicht ehrlich antwortest: Seit dem Tod jenes Mannes in Men-Nefer, der durch List, Mord und Verrat auf den Thron beider Lande geraten ist, Psammetik, bin ich der Pharao. Ich habe dem Land einen Apisstier verschafft, dazu gerechte Gesetze, genügend Rechte und Einkünfte für die Tempel – sag mir: Wie viele Jahre werden vergehen, bis sich Mudrayia wieder gegen den Pharao erhebt?«

Nefermerit hatte schweigend zugehört; sie forschte im Gesicht des Greises ebenso wie in Dariuvahushs Zügen. Er glaubte ihre Blicke fühlen zu können wie sonst ihre Fingerkuppen.

Ptah-Shufu dachte lange nach. »Fischer, Bauern, Handwerker, Künstler, vielleicht die Hälfte des Heeres und der Priesterschaft, oder ein Drittel: Für sie ändert sich nichts. Sie leben und schuften weiter wie seit den Pharaonen Skorpion, Menes-Narmer und deren Baumeister Anhetes. Frauen sterben im Kindbett, Kinder sterben an Krankheiten, die kein Arzt kennt. Viel zu viele sterben. Es ist wie überall, nur ein wenig anders: Überall gibt's Ehrgeizlinge, Emporkömmlinge und Schurken – ich weiß es nicht, o Gottähnlicher.«

»So sind es also zwei, die nichts wissen: ich und du.« Dariuvahush sah zwischen den Sternen einen kreideweiß flammenden Lichtpfeil und dessen jähes Ende. »Wenn ihr euren Tempel gebaut habt, samt dem Eingangsbauwerk, meißelt irgendwo meinen Namen ein: Ihr werdet erhalten, was ihr braucht. Würde es dich und Amûn arg verdrießen, uns jetzt allein zu lassen?«

Ächzend stemmte sich der Priester in die Höhe, verneigte sich dreimal und hielt die Enden des Fells fest, als er davonstolperte. Nach einer Weile kicherte Nefermerit.

»Granitplatten an deinem Kanal, Granitfiguren, die dir nicht ähnlich sehen, Tempelinschriften und priesterlich geschwollene Lobesworte – du hinterläßt prächtige Spuren aus unvergänglichem Stein, mein Geliebter.«

Dariuvahush zog den Kopf zwischen die Schultern. »Das Steinerne des großen Kurusch verwittert, splittert und sinkt schon in den Boden, Liebste: Nichts ist ewig.«

»Nichts ist ewig«, wiederholte sie zögernd. »Wenn ich als zerknitterte, krumme Greisin sterbe, wird mein letzter Gedanke dir gehören, o Freund. Um Mittnacht, wenn wir ganz allein sind, tief ineinander versunken, danke ich dir für das Haus im Mündungsdreieck.«

Er küßte ihre Stirn, stand auf, zog den Mantel über ihre und seine Schulter, hielt ihn fest und murmelte: »Das weiß ich, Nefer. Nun sind wir schon ein altes Paar, jenseits von Schmeicheleien und listigen Lügen.«

»Und vielleicht, mit Zustimmung vieler Götter, fangen unsere besten Jahre an.«

Schweigend gingen sie zum Zelt. Die jungen Unsterblichen hielten den Atem an; rechts und links des Weges blitzte hier und da eine Lanzenspitze im kalten Mondlicht.

Einen Siebentag später, am frühen Abend, hielt er das Gespann an und gab die Zügel in Nefermerits Hände. Er stieg aus dem Wagenkorb. Zwischen einem dreieckigen Felsen und einigen Dünen, die sich wie erstarrte Riesenwogen aus den Erzählungen des Skylax mit messerscharf geschliffenen Kanten der Wüste entgegenkrümmten, ging er in seinen weichen Halbstiefeln schweigend geradeaus, immer weiter, bis zum scheinbaren Mittelpunkt einer endlos weiten Ebene im Nordwesten.

Er war völlig allein, wie ein Sandläufer-Käfer auf dem Dünenhang.

Bald war er der Mittelpunkt einer riesigen, vollkommen leeren Scheibe. Ein Hagel unverständlicher Eindrücke schlug auf ihn ein. Er stapfte weiter und drehte sich einmal langsam herum: Der Horizont war von grauenhafter Ödnis. Nicht eine Wolke, kein Geier, kein Sperber am Himmel: nichts. Nur fahrige Silbersplitter, Zeichen überreizter Augäpfel. Grell und farblos war der Himmel zwischen Sonne und Horizont, jeder Gedanke an Zeit oder Raum war bedeutungslos geworden. Nichts galt mehr, woran er sich halten konnte. Die fremdartigen Geräusche erkannte er nur langsam: Grausiges Knirschen der stockenden Schritte. Jeder Atemzug ein heulender Sturmstoß. Er war völlig allein auf der Weltenscheibe. Wie eine Kesselpauke dröhnte sein Herzschlag. Das Gefühl, zu ersticken und zu verbrennen, steigerte sich zu nackter Furcht. Er blieb stehen oder glaubte stehenzubleiben, seine Haut war trocken wie Papyrus. Ihm war, als befände er sich weit außerhalb des eigenen Ichs und käme langsam, im niedrigen Flug über die ungeheuerlich große Sandfläche zu sich zurück. Unverändert dröhnte sein Herzschlag, pfiff sein Atem, knarrte jede Bewegung; er war in weißglühender Einsamkeit zu schrecklichem Tod verdammt. Die Zeit hielt an. Er spürte den Ruck bis unter die Schädeldecke. Das Sonnenlicht blendete ihn unerträglich.

Furchtbares Lärmen wurde lauter, näherte sich: Mahlen und Knirschen von Felgen, donnernd krachende Hufschläge, unirdisch knarrendes Leder und eine Stimme, die wie Meeressturm über die glitzernden Sandkörner dahinfuhr, die umeinander knirschten, als würde die Stierschlange kopfgroße Felsen zermahlen. Nefermerit lenkte die Rappen näher, sprang aus dem Wagenkorb und preßte das Mundstück eines Wasserschlauchs gegen seine Lippen.

»Dariush! Verlier dich nicht! Komm zurück!« Er hörte die Worte, aber er verstand sie nicht. Ein Wasserguß traf seinen Kopf, lief, rieselte und tropfte über seine Haut, schwemmte so viel Sand aus seinen verklebten Augen, daß er glaubte, es müßten einige Handvoll sein; er sah in Nefermerits Augen, die ins Riesenhafte aufgebläht waren, und betrat in winzigen Schritten eine Lichtung seiner wirren, um ihn selbst wirbelnden Gedanken. Nach dem dritten lauwarmen Schluck kam er langsam zu sich.

»Nefer!« Er zog sich stöhnend in den Wagenkorb. »Wo bin ich?«

»Wieder bei dir selbst«, verstand er mühsam. »Unter dem Sternbild der großen Klage. Nahe der Selbstverlorenheit. Beim Denken des Undenkbaren.«

Das Gespann preschte in vollem Galopp auf den Rand der Oase zu. Alle grünen Pflanzen wurden plötzlich schwarz, der gnadenlose Himmel färbte sich dunkel purpurn. Dariuvahush klammerte sich am Handlauf des Wagens fest und glaubte jedes Sandkorn unter den Felgen in den gepeinigten Muskeln um seine Kniegelenke zu spüren. Die Klinge der Wirklichkeit des eigenen Todes oder des Wahnsinns hatte ihn gestreift und um ein Weniges verfehlt. Einige Gedanken festigten sich zögernd, und er begann zu verstehen, daß seine Furcht begründet gewesen war: Eine bestimmte Zeit lang war ihm alles gleichgültig gewesen. Sein Leben. Seine Herrschaft. Das Reich. Ob, was er getan hatte, richtig oder falsch gewesen war. Seine Macht, seine Königinnen, seine Paläste. Und Nefermerit. Er sah Palmen, das Band der Straße, die schmalen Brücken über wasserarmen Kanälen, sein Zelt und das Sonnendach vor dem Eingang; er erkannte Aspaka und einige Unsterbliche und dann nichts mehr. Als er nach langem Schlaf aufwachte, sah er Nefermerit und wußte noch immer nicht, daß er weder rechts noch links vom messerscharfen Grat seiner eigenen Wirklichkeit in die vernichtende Tiefe gefallen war.

Während des nächsten Siebentages, als er seine Befehle niederschreiben ließ, erholte er sich von dem verstörenden Erlebnis, prüfte aber mit äußerstem Mißtrauen jede seiner Anordnungen und die möglichen Folgen. Bis die Baumeister der Qanate hier eintrafen, würden drei, vier Monde vergehen. Er sehnte die Boten aus den Ländern herbei, die ihm vom Krieg berichten sollten: Von allen Nachrichten schien er abgeschnitten zu sein. Sklaven und Handwerker kamen von Thebai zur Oase. Pârsa und der Krieg schienen zwischen den Sternen oder auf dem schwindenden Mond zu sein: Aristagoras, Histiaios, die Flotten, Mardunya, Miletos und die Inseln – kein Bote, keine Nachricht, keine Gewißheit! Er versuchte dem Verwalter der Oase zu erklären, was er selbst von Qanaten und deren Bauweise verstand, verteilte viel Gold, redete nächtelang mit den Priestern und glaubte zu erahnen, daß sein Vater und Gaubarva nicht mehr leben würden, wenn er nach Pârsa zurückkehrte. Als die Mauern des Tempels bis zu einer Höhe von vier Ellen gewachsen waren, gab Dariuvahush den Befehl zum Aufbruch nach Suênet und Elephantine.

Als die Unsterblichen, die das Ende von Dariuvahushs Karawane sicherten, die Oase verlassen hatten, begannen die Palastdiener das Zelt abzubauen und in zahlreiche Kamellasten zu zerlegen; es sollte nach Thebai, zu Schiff nach Memphis und von dort zur Straße nach Abr Nahr gebracht werden. Als das große Schattensegel, dessen Masten und auch die Spannseile abgebaut worden waren, unterbrach wildes Geschrei die Ruhe der ersten Tagesstunde. Zuerst erkannte niemand den Grund der gellenden Rufe. Dann sahen die Sklaven und Zeltdiener, daß sich von der Baustelle des Tempels zwei Säulenstücke losgerissen hatten oder daß die Haltekeile vorzeitig entfernt worden waren: Zwei Säulenteile, sieben Ellen lang und mehr als zwei Ellen dick, zur Hälfte bedeckt mit Zeichen und Bildern, rollten schräg hintereinander den Hang herunter, auf den Zeltplatz zu.
Die Zeltarbeiter rannten nach allen Seiten auseinander. Der Tempelhügel war nicht hoch, aber auf dem langen, schrägen Stück des Weges drehten sich die Säulen schneller, sprangen schwerfällig über Bodenunebenheiten, walzten mit malmendem Poltern ein Gebüsch nieder und trieben eine Ziegenherde vor sich her. Der erste Säulenteil traf die metallenen Anker in der Nähe des Zelteinganges, trieb sie in den Boden, zerbrach einige und walzte über die Spannseile, gegen die senkrechte Lederwand und einen Zedernholzmast. Das Zelt knickte auf einer Breite von zehn Ellen ein, das Leder riß, die Bahnen wurden auseinandergesetzt. Im Inneren der ledernen Heimstatt zermalmte die Säule die goldene Wanne zu einer dicken Schicht glatten Goldblechs, vernichtete ein Dutzend leere und volle Weinkrüge, walzte einen vielarmigen Bronzeleuchter nieder und zerschmetterte Füße und Platte der Liege, auf der sich Dariuvahush und Nefermerit hatten wal-

ken und kneten lassen. Durch die Öffnung in der halb abgebauten Vorratsküche donnerte die Steinwalze ins Freie, über die saftige Ziegenweide in den Kanal. Dort zerbrach sie die steinerne Einfassung und schlug schwer in das stehende Wasser.

Der zweite Säulenteil schien zuerst das Zelt zu verfehlen. Dann aber verwickelten sich ein herausgerissener Anker und dessen Spanntaue, wurden um die Walze gezogen und rissen an den Ösen und Ringen zwischen Dach und Seitenwand, am südlichen Rand des Zelts. Der Stein rollte weiter, wickelte einen sechs Fuß breiten Ledervorhang um sich und riß ihn aus der Seitenwand, ehe das Säulenfragment gegen den Stamm der alten Akazie prallte, den Baum mit einem hohl klingenden Schlag bis in die Krone wanken ließ und liegenblieb. Vom Hügel kamen die aufgeregten Baumeister und Arbeiter und blieben ratlos zwischen den jammernden Zeltdienern stehen.

Fünf Siebentage, nachdem Dariuvahush die Oase verlassen hatte, legten die Schiffe wieder in Men-Nefer an. Zwei Stunden danach saß Dariuvahush im Schatten der großen Palmenwedel; der prunkliebende Kshatrapan Aryâvanda hatte im Boden der Terrasse große Öffnungen für die Stämme aussparen lassen. Zwischen den Stämmen spannten sich Sonnensegel, von deren Rändern Mückenschleier bis auf die glänzenden babairischen Bodenplatten hingen. Aspakas schmales Gesicht drückte Zufriedenheit, aber auch Erschöpfung aus: Während aller Reisen hatte er Dariuvahush den Weg bereitet und alle Verantwortung getragen. Dariuvahush verschränkte die Hände im Nacken, grinste Aspaka an und sagte:

»Im Gegensatz zu dir, treuester Gevatter des Pflichtbewußtseins, hab ich fast jede Nacht gut und lange geschlafen. Von Skylax weiß ich, daß dich nicht nur der Tanz von Amai-Irdis' Schwester erfreut. Warum gehst du mir nicht einen mußevollen Siebentag lang aus den Augen?«

»Herr!« Aspaka hob überrascht die Schultern. »Amai-Irdis war die Geliebte des Kapitäns. Sie trauert um ihn, weil sie glaubt, er sei längst ertrunken – was weißt du nicht?«

»Wie es um den Krieg in Yauna steht.« Palastsklavinnen brachten kaltes Henket. Dariuvahush schwenkte den Becher und deutete hinter sich. »Schick mir Udja-Horresnet und sorg für einen Stellvertreter, der so gewissenhaft ist wie du. Bei meinem Schreibzeug steht eine Schale voll Dârayaka. Nimm, soviel du brauchst.«

Aspaka stellte den Becher ab und hob beide Hände.

»Herr!« wiederholte er. »Danke. Da ist ... seit gestern wartet ein Bote mit drei Rollen Schreibleder. Er kommt aus Sardeïs. Soll ich ...?«

»Laß ihn die Freuden des Palasts kosten. Bring mir – sofort! – die Briefe. Grüße Amai-Irdis' tanzende Schwester. Kommt alle zu meinem Fest, hierher! In einem Siebentag oder später. Aus meinen Augen, mudrayischer Pârsa!«

Hastig leerte Aspaka den Bierbecher, verbeugte sich und lief davon. Zwanzig Atemzüge später brachte er Dariuvahush die Lederhülle, in der die Botschaften aus Sardeïs in Sparda steckten; der Krieg in Yauna war wieder nähergerückt.

8. Das Ende von Miletos

Dariuvahush betrachtete seine Hände und die Unterarme. Mudrayias Sonne hatte ihn am ganzen Körper so braun werden lassen wie Nefermerits Haut. Die Jahre in Mudrayia, Babirush oder Hindusch begannen und endeten zu unterschiedlichen Zeiten, aber auch sein sechsundzwanzigstes Pârsa-Herrschaftsjahr endete bald. Neunzehn Monde im Hapiland hatten sich in seinen Erinnerungen abgelagert wie der fruchtbare Schlamm des Hapi-Rautâ; seit seinem Erlebnis in der Wüste dachte er über vieles im Land auf andere Weise als bisher. Bedächtig zerbrach er das Tonsiegel und öffnete die Schutzhülle, zog drei oder vier eng gerollte Schreibleder heraus und sah, daß sie um mehrere ebenso eng gerollte Papyri gewickelt waren. Er strich das Bündel auf dem Tisch auseinander, beschwerte die Ecken mit einem Becher, dem Krug und einem Armreif. Er legte die Finger der linken Hand auf das Leder und begann zu lesen.

DER KSHATRAPAN VON SPARDA IN SARDEÏS, RTAFÂRNAH,
schreibt seinem Bruder Dariuvahush, dem König der Könige,
im Monat Anamaka, der Ofenhege nach Men-Nefer in Mudrayia.

Im Schatten der Schwingen Ahura Mazdâhs: Der Fürst des Krieges gegen uns, Aristagoras von Miletos, ist tot. Ich schreibe dir, wie es dazu gekommen ist, daß er starb und daß ich seine Gattin Andrachle und den Sohn Androklos als Gefangene genommen habe.
Nachdem unsere Heere am Bosporos und am Hellespontos viele Kämpfe geführt und einige Städte wieder zurückerobert hatten, führten die Hazarapati alle wichtigen Männer dieser Städte in die Gefangenschaft. Wie es dein Befehl war, besetzten wir die Städte mit unseren Kriegern; es sind genügend viele, so daß uns die Hellenen zwar abermals angreifen, nicht aber besiegen können. Die Kriegsbeute war gering, aber wir hatten nichts

anderes vermutet. Unsere Heere zogen ohne Eile und daher ohne
Verluste am Saum des Meeres südwärts, auf dem Meer begleitet
von den Schiffen unserer Flotte, also auf Miletos zu. Von
Spähern, Überläufern und Kriegsgefangenen habe ich erfahren,
daß die Yaunier sich im Panionion, also in ihrem heiligsten
yaunischen Versammlungsort zur Beratung versammelten. Dies
ist der Tempelhain ihres Meeresgottes Poseidon Helikonios auf
einem Hügel der Mykale-Berge, die am Festland gegenüber
Samos aufragen, nördlich von Miletos. Das Fest, das sie dort
feiern, haben schon ihre Ahnen begangen; dort trafen sich also
jetzt die Abgesandten von zwölf Bundesstädten und beschlossen, eine Flotte aufzustellen. Neun Städte versprachen, Schiffe
und Krieger zu schicken und bestimmten zum Kapitän aller
Schiffe den Dionysios von Phokaia.
Ich und die Heerführer waren also gewarnt, das Heer marschierte weiter auf Miletos zu. Als wir die Städte erobert hatten,
schien Aristagoras an Flucht zu denken. Er hatte eingesehen, daß
es ihm unmöglich war, uns zu besiegen. Seinen Anhängern riet
er, sich einen sicheren Zufluchtsort zu suchen, wenn sie und er
aus Miletos vertrieben würden. Er nannte Sardo und Myrkinos
in Skudra, im thrakischen Edonerland; man sagte ihm aber, er
sollte sich auf der Insel Leros verbergen. Aristagoras zog sich
nach Myrkinos zurück, nachdem er dem Pythagoras die Herrschaft über Miletos übergeben hatte. Ich schickte zuverlässige
Boten zu den Thrakern, mit viel Gold und einem Vertrag. Als
Aristagoras mit seiner Schar und dem Gefolge vor Myrkinos
erschien, wurde er von den Thrakern erschlagen. Sie brachten
uns einige Gefangene und seine Gattin, die ich in ehrenhafter
Gefangenschaft halte, denn wir kämpfen nicht gegen Frauen und
Kinder, wie jedermann weiß, o königlicher Bruder. So hat
Aristagoras, der uns fünf Jahre lang um den Frieden gebracht
hat, sein Ende gefunden; mir berichtete man, er sei leicht und im
mutigen Kampf gestorben.
Nun berichte ich dir von Histiaios, der einst Statthalter von
Miletos war und dem ich nicht weiter traue, als mein Arm reicht.
Als er vor mir stand, nachdem du ihn von Huza nach Sardeïs
geschickt hast, sah ich, daß er ein Heuchler und Verräter war,

und redete ihn an; und ich sagte: »Du hast den Stiefel des Aufruhrs gemacht, und Aristagoras hat ihn sich angezogen.« Daraufhin floh er zuerst an die Küste, dann zu Schiff nach Chios, von wo er Briefe an solche Pârsa in Sardeïs schickte, von denen er glaubte, sie würden sich gegen dich und mich auflehnen. Einige kamen zu mir und erklärten sich, andere nicht: Diese ließ ich hinrichten. Histiaios versuchte mit der Hilfe vieler Krieger von Chios, Miletos zurückzuerobern, wurde aber vertrieben und am Bein verwundet. Und so fuhr Histiaios nach Mytilena auf der Insel Lesbos und überredete die Lesbier, ihm acht Dreiruderer zu geben. Mit diesen segelte er zum Bosporos, plünderte etliche Städte an der nördlichen Küste der Meerenge, solche der Skudra oder Thraker, und wurde zum Seeräuber. Seine Schiffe überfielen die Händler, die viel Korn aus dem Pontos Euxeinos zu den Hellenen brachten, so daß sie dieser Nahrungsmittel ebenso entbehrten wie des mudrayischen Getreides; so wollte er die Yaunier dazu überreden, sich seinem Aufstand anzuschließen. Ich beriet mich mit deinem Bogenträger und deinem Lanzenträger, entschied dann, unsere vier Heeresteile zu einem großen Reichsheer zusammenzufassen und ließ es nach Miletos vorrücken. Der gleiche Befehl zum Sammeln erging an alle unsere Schiffe, denn wir konnten Miletos, das sich ohne die Hilfe seiner Bundesstädte allein verteidigen sollte, an Land umschließen, aber nicht verhindern, daß die Schiffe der Yaunier und ihrer Verbündeten in den Häfen ein- und ausfuhren. Die Flotten der Yaunier, der Aiolier von Lesbos, der Milesier, Priener, Myer, Teoer, die Schiffe von Chios, die Erythraier, Phokaier und Samier, insgesamt dreihundertfünfzig Schiffe, sollten sich bei der Insel Lade nahe Miletos versammeln. Wir Pârsa aber haben sechshundert Schiffe.

»Dreihundertfünfzig tapfere Krieger können zweimal sechshundert Gegner in Fetzen hauen«, sagte Dariuvahush. »Ich hoffe nur, daß mein Bruder jede Einzelheit lange genug begrübelt.«
Seine eigenen Zweifel an der immerwährenden Festigkeit dessen, was er erkannt und erreicht hatte, wollte er nicht unterdrücken. Es gab keine Sicherheit, auch nicht für seinen Bruder, den

Kshatrapan, der um seinen eigenen Ruhm im Schatten des Thrones besorgt war. Rtafarnâh war nicht Tachmaspâda, und schon gar nicht Gaubarva. Rtafarnâhs Reichsheer schien mittlerweile den Boden in weitem Halbkreis um Miletos zu bedecken; der yaunische Krieg kroch entlang der Küste und über die Landschaft Spardas und zersplitterte sich in tausend unbedeutende Geschehnisse. Dariuvahush seufzte: Er konnte diesen Teil des Krieges nur so betrachten wie Ameisen zwischen Palmenwurzeln oder die heiligen Skarabaios-Käfer, die Mistkugeln vor sich her rollten. Er ließ sich schwarzes Bier nachschenken und versuchte sich vorzustellen, wie Kapitän Skylax zwischen fast tausend Schiffen hindurchsegelte auf seinem Weg zum Pontos Euxeinos, wo ihn vielleicht ein Schiff des Histiaios abfing. Er hob den Kopf und schnalzte leise, dann las er weiter.

Unser Heer und die feindlichen Flotten standen vor Miletos. Ich habe die yaunischen Tyrannen, also die Stadtherren und Kleinkönige, die sich dem pârsischen Schutz unterstellt haben, zusammengerufen und mit ihnen geredet; ich habe gesagt: ›Sagt den aufständischen Verrätern, daß die Nachsicht des Königs der Könige sich endgültig und unwiderruflich erschöpft hat. Unterliegt ihr in der Schlacht – und ob unserer Übermacht werdet ihr zweifellos unterliegen! –, werdet ihr in die Sklaverei verkauft. Eure Söhne werden verschnitten, eure Töchter und die jungen Frauen verschleppt. Euer aller Besitz verfällt dem Pârsa-Reich.‹ Unantastbare Boten, von den Hellenen Herolde genannt, überbrachten die Botschaft. Aber als sich meine Drohung in Miletos und in der Flotte herumgesprochen hatte, änderten die Yaunier ihr Vorhaben dennoch nicht. Sieben Tage lang ließ Dionysios von Phokaia die Schiffsmannschaften üben, wie sie unsere Schiffe zerstören und die Bewaffneten töten könnten. Am achten Tag verweigerten sie, mürrisch und müde, den Gehorsam, schlugen auf Lade ihre Zelte auf und pflegten sich. Als dies die Samier sahen, dachten sie, es wäre besser, wenn sie dem Vorschlag des jungen Aiakes gehorchten, dem Sohn deines Freundes Syloson und Enkel des Aiakes, nämlich sich von den Yauniern loszusagen. Aiakes, dem Aristagoras die Herrschaft gestohlen hatte, ließ also auf Samos die Schätze der Heiligtümer und den wertvollen Besitz retten und verstecken, weil er wußte, daß wir mit einem fünfmal so großen Heer wiederkämen, selbst wenn wir verlören. Wenn du diesen Bericht liest, königlicher Bruder, wirst du an einen Napf voller Würmer denken, die sich umeinander winden – und so ging es auch mit diesem ahrimanverfluchten Krieg.

An dem Morgen, den wir zum Angriff bestimmt hatten, begannen die Phoiniker den Vorstoß mit ihren schnellen Schiffen. Es kam zum Kampf. Bald darauf zogen die Samier die Segel hoch und verließen bis auf elf Schiffe den Kampfesort bei Lade. Als die Lesbier dies erkannten, flüchteten auch sie, desgleichen die Schiffe anderer Städte. Die Kapitäne, Ruderer und Krieger von Chios kämpften erbittert, durchdrangen unsere Kampfreihen, beschädigten viele unserer Schiffe, töteten viele Männer und flüchteten mit dem Rest ihrer Schiffe nach Chios. Ihre leckgeschlagenen Schiffe setzten sie bei Mykale an Land und rannten bis Ephesos, wo die Frauen der Stadt ein Fest feierten. Die Bewohner von Ephesos hielten die Chier für Angreifer und hieben sie zusammen. Auch Dionysios von Phokaia flüchtete, nachdem er heldenhaft gekämpft hatte; zuletzt habe ich gehört, daß er nach Phoinikien gesegelt, dort Schiffe versenkt und sich dann in den Westen aufgemacht hat, wo er, dem Beispiel des Histiaios folgend, Seeräuberei betrieb. Wir Pârsa haben die Seeschlacht gewonnen und belagern jetzt Miletos vom Land und vom Wasser aus. Deinem Befehl gehorche ich: Wenn wir den gelehrten Hekataios, Freund des Skylax, nach der Erstürmung der Stadt finden, so wird ihm kein Haar gekrümmt.

Dariuvahush sah zu, wie sich das letzte Binsenmarkblatt zusammenrollte, trotz der Schweißspuren seiner Finger. Miletos wurde, endlich! belagert; er zweifelte nicht daran, daß es eine kurze Folge von pârsischen Angriffen und yaunischen Ausbruchsversuchen sein würde. Bald begann die Zeit, in der das Meer wegen der Kälte und der Herbststürme nicht mehr zu befahren war. Er wickelte die ledernen Vierecke und die Papyri eng zusammen, schob sie achtlos in die Hülle und schloß die Augen. Reglos lag er im Sessel, die Hände hinter dem Kopf, stellte sich vor, was dort geschehen, aber nicht beschrieben war und seihte alles durch den Filter seiner Erfahrungen: Es wurde Zeit, die lange Reise durch Abr Nahr, durch die Berge und an Bagastâna vorbei nach Hagmatâna zu beginnen. Das Reich war nicht von Men-Nefer aus zu beherrschen.

Dariuvahush bestätigte in Gegenwart des Kshatrapan Farnadâta alle Ämter Udja-Horresnets, ließ Aspaka in die Buvarzhâka-Liste der Königswohltäter einschreiben, ließ ein Fest für die gesamte Bevölkerung Men-Nefers ausrichten, besuchte zuerst den Tempel der Weißen Mauer und dann alle anderen Men-Nefers und bedankte sich bei den Priestern; sie hatten Udja-Horresnet geholfen, die uralten Gesetzesschriften wieder zu entdecken. Die Einschränkungen Kambushyas, der die Einkünfte der Tempel stark vermindert hatte, hob er zum Teil auf und ließ die mühsam ermittelten, weitaus gerechteren Mengen des Tributs verkünden. Dann legten die Schiffe ab und brachten ihn und den Troß in die Nähe von Pelusion, zur uralten Straße, auf der er vor fast drei Jahrzehnten das Heer und Kambushyas Leichnam nach Pârsa geführt hatte. Beim Anblick des geflickten, halbwegs gebrauchsfähigen Zeltes begann er zu lachen und scheuchte den Vorsteher der Zeltdiener, der klagend vor ihm im Sand lag, grinsend zurück an die Arbeit. Aus der herbstlichen Wärme Mudrayias kroch der bunte, glitzernde Zug staubaufwirbelnd durch hitzeflirrende Tage und eisige Nächte in Abr Nahr, bog nach Osten ab und kletterte ins Hochland bis Bagastâna; die Felsbilder und Inschriften waren noch so gut erhalten, als wären sie erst vor einigen Monden entstanden. In Hagmatâna erwarteten ihn die Königinnen Hutaûtha und Rtastunâ, Farnaka und Aspat Shanâh und hunderte Botschaften von einigen Dutzend Boten. Vater Vishtâspa war gestorben; der Leichnam ruhte in einer Kammer des Felsengrabes nahe Pârseï und harrte auf eine würdige Versiegelung der bronzenen Totentruhe.
In der fünften Nacht, die er im Palast verbrachte, zwischen Mitternacht und Morgengrauen, wachte Dariuvahush auf und wußte mit unumstößlicher Gewißheit, daß ihn eine tödliche Krankheit überfallen hatte.

Die Umrisse der Gegenstände, die er – irgendwann, nach einer unbestimmbar langen Zeit der Bewußtlosigkeit – im Licht der zitternden Flämmchen mühsam erkannte, schoben sich schemenhaft auseinander und zusammen; er glaubte alles mehrfach zu sehen, selbst Rtastunâ, die plötzlich drei Köpfe hatte. Dariuvahush stemmte sich in die Höhe, lähmende Schmerzen in allen Gelenken, die eiskalte Haut schweißüberströmt. Sein Körper bebte im glühenden Zitterweh, er stöhnte und fiel kraftlos zurück, ihm war grauenhaft übel. Mit großer Beherrschung formte er, stockend, einzelne Worte:

»Laß den Babairer kommen. Zhivaka mit seinen ... Heiltrunken. Ich glaube, es geht zu Ende ...«

Er schloß die Augen. In seinem Körper wütete Schmerz. Königin Rtastunâ zerrte die Decken bis zu seinem Kinn; trotzdem fror und zitterte er. Es kam auch keine Wärme in seine Schultern und Lenden zurück, als er sich zusammenkrümmte und die eisig erstarrten Hände zwischen die glühenden Schenkel schob. Hinter seinen Schläfen sirrten riesige Fiebermücken durch wirre Alpträume, deren Geschehnisse sich mit jedem Herzschlag änderten. Sein Bewußtsein versank in seimigen, dunklen Schlammwirbeln. Mitunter nahm er in der Zeit danach wahr, daß mit ihm Dinge geschahen und andere Dinge getan wurden: Männer trugen ihn zum Abtritt, andere Männer tauchten ihn in heiße und kalte Bäder, man flößte ihm süße, saure und myrrhenhafte Flüssigkeiten ein, umwickelte alle seine Gelenke mit salbentriefenden Binden, die nach Weihrauch, Guggul und Kampher stanken: Er schlief, erwachte zu neuen, seltsamen Träumen, sah Gestalten aus seiner Vergangenheit und aus der Zukunft, deren Wichtigkeit er abermals verschlief – immer wieder weckte ihn das ausschließliche Gefühl, daß er das Leben außerhalb seines dunklen, naßgeschwitzten Lagers nicht mehr verstand, daß er wirklich Wichtiges versäumte, daß alles, was im Reich außerhalb des Palasts geschah, an ihm vorbeiraste und er nicht anhalten und nichts davon aufhalten konnte. Die Zeit wurde zu einem Strom sinnlosen Entsetzens, denn er war weder tot noch lebendig. Einmal war er sicher, zu schmecken und zu verstehen, was man zwischen seine Lippen träufelte: Ein Sud, eine Aufschwemmung aus gandharischem Guggul, die seine Kehle versengte, im Magen ein grauenhaftes Feuer entzündete und sowohl den Schweiß aus allen Poren als auch Flüssigkeiten aus allen Körperöffnungen trieb; Quittensalbe aus Kydonia auf Kypros kühlte seine Haut und seine schmerzenden Gelenke. Er wußte, daß er schwächer war als ein halbverhungertes Kind, und taumelte im Halbschlaf durch Tage, Siebentage, Monde und, wie er zu wissen schien, Jahre seines Lebens.

Er wachte auf, schwach wie ein sterbendes Vogeljunges. Blinzelnd erkannte er Nefermerits dunkles Gesicht.

»O König«, flüsterte sie. »Du mußt wieder gesund werden. Das ganze Reich hat gezittert. Viele haben sich das Haar geschoren. Sieh mich an ...«

»Seit ich krank wurde – wie lange ist das her?« Er roch seinen Atem, wie Kampherdunst; es war heiße, krankheitsgeschwängerte Luft. Er sah sich um und wurde gewahr, daß er in der Wintersonne auf der Palastterrasse lag, bis zum Hals zugedeckt; über sein Gesicht war ein dunkles Tuch gebreitet gewesen.

»Fast zehn Monde, Liebster.«

Er stöhnte. Jeder tiefe Atemzug schmerzte, aber es war ein guter Schmerz. Die Krankheit wich von ihm. Er zog mit schmerzenden Muskeln den Arm unter den Decken hervor, ließ ihn kraftlos auf die Decken fallen und betrachtete die fahlweiße Haut. Die Hand war abgemagert, alle Gelenke standen hervor wie Knoten.

»Was ist geschehen? Der yaunische Krieg ...«

»In deinem achtundzwanzigsten Jahr ist Miletos gefallen«, sagte Nefermerit, die kühle Hand auf seiner Stirn. »Xayarsha ist von Stadt zu Stadt gereist und hat regiert. Mit der Frau der vielen Bilder und Gaubarva. Gaubarva ist friedlich gestorben.«

»Gaubarva. Xayarsha. Ein Jahr lang ...«

Nefermerit hob eine Schale an seine Lippen. Er trank dünnen, wohlschmeckenden Brei, der lauwarm in den Magen rann und das würgende Hungergefühl auslöschte. Die letzten, traurigen Gedanken, ehe er einschlief, galten Gaubarva, der ihn verlassen hatte, ohne Zeit für ein Wort oder eine Geste zu haben.

Einen Siebentag später vermochte er, einen Berg Kissen im Rücken, aufrecht zu sitzen. Er hatte eingeweichtes Brot gegessen,

Fleischbällchen und Brei aus einem Dutzend Gemüsearten. Man hatte ihm berichtet, daß er noch immer im Palast zu Hagmatâna lag, denn die Umgebung konnte er noch nicht unterscheiden, und daß man im Mond Thavayaxva, dem »schrecklichen«, den fünfundzwanzigsten Tag schrieb. An seiner rechten Seite saß in einem hölzernen Scherensessel ein Mann von vielleicht fünfundzwanzig Jahren, der ihm bekannt war, an dessen Namen er sich aber nicht erinnerte.

»Wer bist du?«

»Ich bin Jung-Rtafarnâh, o Vaterbruder. Der Sohn des Kshatrapans von Sardeïs, deines Bruders Rtafarnâh. Er hat mich geschickt, um dir alles zu erzählen und jede Frage zu beantworten.«

»Du sollst nicht erzählen.« Dariuvahush versuchte ein grimmiges Lächeln. »Du sollst berichten. Fang dort an, wo das Landheer und unsere Flotten die Stadt Miletos eingeschlossen haben.«

»Ich habe an vielen Orten gekämpft, o König. Mitten zwischen deinen Lanzenreitern und den Unsterblichen. Also ... nachdem wir die Seeschlacht gewonnen hatten, König der Könige, belagerten wir Miletos auf dem Land und in weitem Bogen auf dem Meer. Wir haben damit angefangen, die Mauern zu untergraben, und riefen Handwerker aus vielen Städten herbei, um andere Belagerungskünste anzuwenden.«

Die Milesier wehrten sich erbittert. Mitunter gelang es einem Hilfsschiff mit Nahrungsmitteln, Wein und Kriegern, den Ring der belagernden Pârsa-Schiffe zu durchbrechen. Ein Orakel aus Delphi hatte zuvor den Bewohnern von Miletos gewahrsagt, daß »die Urheberin böser Taten zur Mahlzeit für Viele werden würde, daß die Frauen die Füße langhaariger Pârsa waschen und sich Pârsa in den Tempeln herumtreiben würden.« Diese Prophezeiung bewahrheitete sich jetzt: Viele Milesier wurden getötet, verwundet oder gefangengenommen, ihre Frauen dienten den Pârsa als Dirnen und Sklavinnen.

Zwei Häfen und drei Buchten, in denen Schiffe anlanden konnten, befanden sich nach kurzer Zeit der Belagerung in der Hand der Pârsa. An mehreren Stellen brachen die Mauern; Unsterbliche und Bogenschützen drangen ein und beherrschten bald die Stadt bis zu den Mauern der Festungsburg, in die sich die Krieger und ein Teil der Bevölkerung zurückgezogen hatten. Die alten Männer und greisen Frauen in der schwer zerstörten Stadt wurden von den Siegern nicht weiter belästigt, aber sie führten Knaben, Mädchen, junge Männer und Frauen und vor allem Handwerker aller Art in die Gefangenschaft – so wie Kshatrapan Rtafarnâh es vor den Kämpfen öffentlich beschworen hatte! Die Sieger verschleppten die Handwerker nach Ampe an der Mündung des Idiglat ins Pârsische Meer; die Hellenen nennen den Fluß Tigris.

Im Sommer des achtundzwanzigsten Herrschaftsjahres Dariuvahushs fiel auch die Burg hoch über Miletos.

Die Pârsa machten viele Gefangene, verkauften sie in die Sklaverei, brachten sie in alle Teile des Reiches und plünderten die Schätze der reichen Stadt. Jung-Rtafarnâh richtete sich auf und sagte leise, aber mit unüberhörbarem Stolz:

»Nun herrscht Ruhe in Sparda, König der Könige.«

»Habt ihr den Histiaios gefangen?«

»Nein, o Herrscher. Ich weiß aber, daß er als Räuber das Meer unsicher macht und selbst die Schiffe der yaunischen Hellenen überfällt.«

»Und was tut dein Vater, mein Bruder?«

»Er läßt alle yaunischen Güter in unseren Maßen ausmessen – also in Parasangen, nicht in Stadien –, um für die Tributerhebung mit genauen Angaben rechnen zu können.«

»Das ist ein kluges, erfolgversprechendes Vorhaben.«

Die reichen Handelsherren auf Samos mißbilligten die Handlungen ihrer Feldherrn. Sie befürchteten, daß Aiakes, Sylosons Sohn, mit Pârsischer Hilfe als Tyrann zurückkäme, und wollten nicht als Knechte der Sieger auf der Insel bleiben. Da ereilte sie ein Ruf weit aus dem Westen, aus Zankle an der Schönen Küste; dort wollte man eine Kolonie gründen. Viele Samier und Flüchtlinge aus Miletos bestiegen mit all ihrem Besitz die Schiffe und flüchteten nach Westen, zur Schönen Küste und einem ungewissen Schicksal entgegen. Auf ihrer Fahrt in die Heimat zurück setzten die Phoiniker den Aiakes auf Samos ab. Die Insel Samos und Aiakes, der die Verträge seines Vaters mit dem Großkönig erneuerte, blieben dem Reich weiterhin verbündet.

»Ich danke dir für den Bericht.« Dariuvahush lehnte sich in die Kissen und hob die Hand. Zum erstenmal sah er erschrocken, daß sein Handrücken von Altersflecken übersät war. Er sehnte sich nach Mudrayias Sonne und einer Fahrt im leichten Kampfwagen hinter galoppierenden Hengsten, deren Kopfschmuck-Federn im Takt ihrer Galoppsprünge wippten.

Während des Nourouzfests zu Beginn von Dariuvahushs neunundzwanzigstem Jahr vertrat Xayarsha den Großkönig in Pârseï. Dariuvahush zwang sich, wenig Wein zu trinken und viel Nahrhaftes zu essen: Die Zähne, bis auf zwei Backenzähne, saßen bald wieder fest im Zahnfleisch, der Körper nahm an Gewicht zu, und die täglichen Übungen und das Schwimmen im See des Pairidaeza kräftigten die Sehnen und Muskeln. Das Haupthaar und der Bart waren schlohweiß geworden wie bei Gaubarva, nur Brust- und Schamhaar blieben grau. Salben, Sommersonne und Zhivakas unermüdliche Pflege, nachdem sich Dariuvahush nach Huza hatte schleppen lassen, zuerst kurze, dann immer längere Ausritte zeigten Dariuvahush, daß er neunundfünfzig Herbste zählte, aber der Klinge des Todes abermals entkommen war. Dennoch: Er war ein Greis, wie es Gaubarva gewesen war, den er mehr vermißte als seine jüngeren Königinnen. Er rief manchmal junge Frauen aus dem Königinnenpalast auf sein Nachtlager, aber nachdem er sich dreimal hatte eingestehen müssen, daß ihre Leidenschaft halbwegs vorgetäuscht war und seine Begierde ihn selbst manchmal zu einsichtigem Grinsen reizte – weder starker Wein noch uvjanisches Bier halfen! –, genoß er um so mehr Nefermerit und ihre viereinhalb Jahrzehnte Erfahrung.

Mit der Abordnung aus Babirush kam Xayarsha mit kleinem Troß von Pâthragada nach Huza und brachte einen Boten mit; wie sich zeigte, war es ein flinkäugiger, sehniger Karer, den Fürst Sykashta selbst während einer langen Wanderung durch Sparda, über den Hellespontos und tief nach Skudra ausgebildet hatte. Er sprach sechs Sprachen und vermochte in drei Sprachen zu schreiben; Dariuvahush, der seit Tagen Nachrichten und Boten aus Kushiya, Mudrayia und Arabaya abfertigte, lud auch ihn zum nächtlichen Gastmahl, um ihn auszuzeichnen.

Vom Rand der weißgekachelten Fläche, durch das Gespinst der Mückenschleier hindurch, konnten sie die Unterstadt bis zu den Gärten und Baumreihen am Fluß und zum Röhricht der Ufer sehen. Vereinzelte Lichter brannten auf Dächern und in offenen Türen; vom Flußufer aus mußte dieser Ausschnitt des Palasts wie eine schwebende Insel aus wehender Helligkeit erscheinen, denn im Leuchten der Lämpchenflammen bewegten sich die lichtgetränkten Gewebe wie die Schleier einer müden Tänzerin. Während Nefermerit die Silberschalen mit gemischtem Wein aus den Händen ihrer Lieblingssklavin entgegennahm, ruhte Dariuvahushs Blick auf dem Hals, den Brüsten und den Muskeln der Haut unter dem Brustschmuck: Als Xayarshas bevorzugte Kebse galt noch immer Kleïssa, deren Körper ein wandelndes Gesamtbild der Leidenschaften war.

»Du hast auf mehreren meiner Throne gesessen, Söhnchen.« Dariuvahush legte die Unterarme auf das dicke, gebleichte Tuch des Tisches und versuchte, im Gesicht des Thronfolgers sich selbst wiederzuerkennen. »Hunderte haben dir gehuldigt – was hast du während dieser schwierigen Stunden und Tage gelernt?«

»Daß du alles richtig gemacht hast. Daß sie alle wissen, daß du der mächtigste Mann des Reiches, verehrungswürdig, aber nicht göttlich bist. Aber daß du Befehle im göttlichen Auftrag gibst, denen man gehorchen muß.« Er hob den Kopf und schob die Unterlippe vor. »Ich werde, wenn du den Thron verlassen hast, alles so machen und tun wie du.«

»Ich glaube, das ist nicht der richtige Weg«, sagte Dariuvahush. Kleïssa ließ den Byssosmantel halb von ihren Schultern gleiten und blickte unsicher lächelnd von Nefermerit zu Dariuvahush, dann zu Xayarsha. Auf ihren Fingern und Handrücken waren Männer und Frauen abgebildet, die auf dem Rücken oder auf dem Bauch lagen und sich unruhig begatteten, wenn sie die Hände bewegte. Dariuvahush richtete den Blick auf Lanzenträger Farnaka, der schweigend den Kopf schüttelte. »Was richtig ist, muß so bleiben. Was du ändern willst, weil es besser ist, als ich glaube, sollst du ändern, wenn du Großkönig bist. Selbst Steine verwittern im Lauf eines halben Jahrhunderts; meine Jugendfreunde sind tot. In fünfzig Jahren sind auch deine Jugendfreunde tot, und du bist alt. Und zuvor sollst du, weil sich so vieles wandelt, die Änderungen beobachten, lange darüber nachsinnen und nicht wie Dariuvahush, sondern wie Xayarsha handeln. Hast du schon gute Ratgeber?«

Xayarsha hob die Schultern, warf einen unschlüssigen Blick auf Kleïssa und hob die Trinkschale. »Wenige. Und: Fünfzig Jahre sind endlos lang. Da erheben sich Reiche, und andere Reiche gehen unter.«

»Dann suche Männer wie Tachmaspâda oder Sykashta, Bruder Rtafarnâh. Solche Männer werden verhindern, daß unser Reich untergeht. Nimm keinen, der dir schmeichelt. Glaube denen, deren Rede und deren Ratschläge du als unangenehm empfindest.« Er griff nach Nefermerits Hand und lächelte. »Ich, dein Vater, ich hab meine eigenen Fehler gemacht. Du wirst deine eigenen Fehler begehen – Ahura Mazdâh bewahre dich vor allzu gewaltigen Irrtümern!«

Xayarsha betrachtete eine Weile lang sein schwankendes Spiegelbild im dunklen Wein der Schale und sagte leise:

»Darüber muß ich lange nachdenken.«

Dariuvahush richtete den Zeigefinger auf den Karer und schüttelte den Kopf.

»Es ist wohl nicht der rechte Abend dazu, reichstragende Gedanken in Bratenbrühe zu ersäufen. Rede, o Syagros. Berichte uns von Histiaios, damit dein greiser König wenigstens die Freude eines späten Sieges nachvollziehen kann.«

»Ich war nicht dabei, o Großkönig, aber ich hab von Sykashta gelernt, die Berichte mehrerer Beobachter zusammenzuweben, auch wenn sie aus verschiedenen Zeiten kommen.«

»Webe, knote, flechte Muster!« Dariuvahush spürte Nefermerits kühle Hand auf seinem Schenkel und grinste. »Aber: Berichte!«

»Das Meer, o König der Könige, ist voller Boote und Schiffe, zu allen Monden des Jahres. Selbst im Winter fahren bei ruhigen Wellen die Fischer aus; Kapitäne treffen einander in Schenken und erzählen einander Wahrheiten und Gerüchte. Wie es dazu kam, daß Histiaios der Seeräuber vom endgültigen Fall der reichen Stadt Miletos erfuhr, wissen wir nicht. Aber er erfuhr's. Er vermied Langeweile, indem er vor Byzantion die Getreideschiffe überfiel und die Flüche aller Handelskapitäne auf sein unseliges Haupt lud. Er übergab seine Räuberherrschaft dem Bisaltes, Sohn des Apollophanes von Abydos, und fuhr mit einigen Schiffen der Lesbier zur Insel Chios, wissend, daß ganz Pârsa hinter ihm her war. Mein Lehrmeister, Fürst Sykashta –«, er blickte Nefermerit, einige Sklavinnen und Kleïssa entschuldigend an und kicherte, »nennt ihn einen schwärenden After voll brennbarer Darmwinde. Chios ließ ihn nicht in die befestigte Inselstadt. Es kam zum Kampf, er tötete viele Chier und setzte sich in einem Dorf der Insel fest.«

Seine Lippen waren trocken, er nahm hastig einen Schluck und hob beschwörend die Hände.

»Viel Schlimmes war Chios widerfahren. Denk dran, o Herrscher – es leben nicht viele Menschen auf diesen Inseln, und nur wenige sind erfahren im Waffenhandwerk. Sie haben einen Chor nach Delphi geschickt, zum ehrenden Gesang beim Orakel: Nur zwei von hundert Jünglingen kamen zurück – eine Seuche. In der Schule tötete die herunterfallende Decke bis auf einen hundertzwanzig Schüler, nicht aber den Lehrer. Und nun landete Histiaios mit gezogenem Schwert – sie waren mutlos, als sie kämpften. Er zog nach Thasos, belagerte die Stadt und erfuhr dabei, daß die Phoiniker mit Aiakes, Sylosons Sohn, das geschundene Miletos verließen. Er fuhr nach Lesbos und merkte dort, daß die Nahrungsmittel und der Wein seiner Schiffe aufgebraucht waren, ging an Land und versuchte, Getreide zu rauben. Was er nicht wußte: Ein Heer, angeführt vom Pârsa Harpagos – so nennen ihn die Hellenen ...«

Xayarsha murmelte einen Namen; Dariuvahush schüttelte verstehend den Kopf. »Weiter.«

»Harpagos sah die Räuber, umzingelte sie, nahm sie gefangen und verbrannte die Schiffe. Wie es sich zeigte, hatte Histiaios viele Krieger, die sich tapfer wehrten, aber die Lanzenreiter holten den flüchtenden Histiaios ein, nahmen ihn gefangen und brachten ihn augenblicklich nach Sardeïs, zum Kshatrapan.«

»Es wird für Rtafarnâh ein Fest der Rache gewesen sein«, murmelte Dariuvahush. »Er hat ihn gehaßt.«

»Für Histiaios wohl kaum. Harpagos und Rtafarnâh pfählten ihn in Sardeïs, nachdem sie ihm, in ungewöhnlich langen Abständen, Ohren und Nase und Zunge abgeschnitten, ihn geblendet und nackt ans Burgtor genagelt hatten. Rtafarnâh versammelte alle Gefangenen, am grellen Mittag, damit sie sähen, wie ein Hochverräter starb: Sie sahen's. Er wurde auf höchst aufwendige Art an ein Kreuz geschlagen.«

Syagros blickte seine Unterarme an. Alle Härchen hatten sich aufgerichtet. In seinen Augenwinkeln schien noch das Entsetzen zu hocken, das er damals empfunden haben mochte. Er trank, zerkrümelte einen Brotfladen und sagte mit rauher Stimme:

»Mir trug dein Bruder auf, o König der Könige, dir den Kopf des Histiaios zu bringen. Lange in Natron aufbewahrt und nach mudrayischer Weise einbalsamiert. Verzeih mir – es war sein Befehl.« Er nickte zu Farnaka hinüber. »Ich hab den Ledersack deinem Palastvorsteher gegeben und hoffe, ich muß ihn, den Kopf, nicht mehr weiter über die Königsstraße schleppen.«

»Ich hätte Histiaios lieber lebend hier gehabt«, murmelte Dariuvahush und winkte den Küchensklaven. »Zuerst war er ein treuer Verbündeter. Ein Schurke; aber unser Schurke. Später ein erbitterter Feind. Man soll den Kopf irgendwo begraben; dort, wo ihn Hunde oder Hyänen nicht ausscharren können.«

Der Bote senkte schweigend den Kopf und schob die Brotkrümel zu einem Häufchen zusammen. Das Essen wurde aufgetragen; Farnaka hatte bisher, wie Nefermerit und Kleïssa, kein Wort gesprochen. Dariuvahush schob ein Stück speckdurchflochtenen Gazellenbraten in den Mund und fragte:

»Unsere ruhmreiche Flotte – was wird sie tun?« Er kaute, nahm einen Schluck yaunischen Weines und bohrte die Messerspitze in einen bröckelnden Käsewürfel. »Wenn ich nicht andere Befehle gebe?«

»Sie hat in Miletos überwintert, halbwegs in den Ruinen der Stadt, in den unzerstörten Häfen. Chios, Lesbos und Tenedos, die Inseln, sind die Ziele, die Kshatrapan Rtafarnâh genannt hat. Das Unterjochen der Yaunier geht weiter, sagte er.«

»Und der Haß aller Hellenen auf uns Pârsa wächst«, sagte Dariuvahush. »Kroisos, Kurusch und ich: Dreimal sind die Yaunier
unterworfen worden. Sie werden sich ein viertes Mal erheben,
mein Sohn.«
»Wenn sie das wagen, wird es danach in diesem Meer nur Blut
und unbewohnte Inseln geben«, sagte Xayarsha und zuckte mit
den Schultern. »Getötet, verwundet, gefangengenommen, nach
Ampe gebracht, ohne Töchter oder Söhne – denken sie, die vielen Toten aus ihren Gräbern werden gegen uns kämpfen?«
Syagros stierte in seine Trinkschale, nickte schwer und sagte leise: »Die Hellenen begraben ihre Toten nicht. Sie verbrennen sie,
o Königssohn.«

Weit nach Mittnacht, in der Kühle von Dariuvahushs Schlafgemach, nahm er Xayarshas Hand und zog ihn zum Tisch. Er setzte
sich, legte die Hände auf die Löwenköpfe der Schwarzholztruhe
und sagte:
»Du, nicht dein ältester Halbbruder Rtabrazana, wirst über einunddreißig Kshatrapien und über Pârsa herrschen müssen. Wenn
du in der Einsamkeit deiner Nächte nach Antworten suchst, dann
lies, was ich geschrieben hab.«
Er führte Xayarshas Finger auf die Löwenaugen, drückte zu und
zeigte ihm, wie die Verschlüsse zu öffnen und wieder zu schließen waren. Xayarsha hob die Blicke von den Elfenbeinverzierun-
gen des Deckels, legte seinen Arm um Kleïssas Hüfte und sagte:
»Meine Nächte sind nicht einsam, o Vater.«
»Nicht heute.« Dariuvahush schüttelte sich in lautlosem Gelächter. »Ich kann es dir schwören: Sie werden einsam sein, wenn du
alt genug geworden bist.«
Er stand auf und drehte Kleïssa halb herum. Sie erschrak, ihr Körper erstarrte unter seinen Händen. Im Licht von hundert Ölflammen betrachtete er die farbigen Gestalten zwischen den Schultern
und dem Ansatz der Gesäßbacken der Frau. Kleïssas fahriges Lächeln wich, als er leise sagte: »Es gibt wenig völlig Neues unter
der Sonne. In meiner Jugend war mir dies hier«, er klopfte auf ihre
Hüften, »fast allzu geläufig. Es sind nicht mehr viele Stunden bis
zum Morgen – geht und nützt die gemeinsamen Bildernächte.«

Er breitete die Arme aus, umarmte Xayarsha und küßte ihn auf die Wangen. Er und Nefermerit sahen dem Paar nach, bis es im Halbdunkel vor den Türen zu verschwinden schien; langsam und aufreizend schwenkte die Tänzerin ihre reich geschmückten Hüften.

9. Königsdämmerung

Im Mond Adukanisha, dem der Kornsaat, im dreißigsten Jahr seiner Herrschaft, waren die Kornspeicher auch in der Stadt Shvadaitshaya, zwischen Pârseï und dem Chvâspafluß, ebenso gefüllt wie alle Räume des Schatzhauses. Dariuvahush hatte sich berichten und beschwören lassen, daß die Speicher aller anderen Städte und der großen Siedlungen ebensoviele Überschüsse der Ernten bargen; Ahura Mazdâh hatte drei Jahrzehnte lang, Tag um Tag, seine Schwingen über das Reich und den Großkönig gebreitet. Am Saum der yaunischen Küste herrschte Ruhe: Stille zwischen rußigen Ruinen halb entvölkerter Städte, in denen sich pârsische Lanzenreiter, Bogenschützen und Fußtruppen eingerichtet hatten.

Mit den Kshatrapanen der betroffenen Länder und den Heerführern waren viele Pläne beredet worden. Dariuvahush wollte die Reichsgrenze, die jedermann bekannt war, nicht verändern, unter keinen Umständen weiter hinaus in die angrenzenden Länder verschieben. Aber um jene Grenze mit ihren gedachten weißen Säulen zu schützen, mußte er in einem breiten Streifen vor eben jenen Grenzen jedes Überschreiten unmöglich machen. Dies betraf die Länder im Umkreis der Städte, die entlang des Meeressaumes einen riesigen Halbkreis bildeten; von der Mündung des Bosporos in den Pontos Euxeinos im Norden bis Tarsos in der Kshatrapie Karka im Süden Spardas.

Nach dem Ende des Winters unterstellte Dariuvahush alle Heeresführer dem Hazarapati Mardunya, Gaubarvas Sohn, dem er seine Tochter Rtazaushtrish zur Frau gegeben hatte. Die beiden Heere – die Flotte und das Landheer – sammelten sich in Karka; bis auf jene, die in den Grenzstädten saßen und entlang der Küsten auf- und abfuhren. Das Ziel der mächtigen Heerhaufen waren der Hellespontos und Skudra.

Zum drittenmal in seinem Leben waren der Palast und die Palastgärten Hagmatânas im Nebel versunken; schon seit drei Tagen und Nächten. Dariuvahush sah die Sonne als grellweiße Halbscheibe über den Wipfeln des Pairidaezas, noch immer verlor sich die Brüstung der Terrasse in dem glimmenden, feuchten Dunst. Dariuvahush schloß den Vorhang und warf das Tuch, mit dem er Hände und Unterarme abgetrocknet hatte, auf eine Truhe. Als er seine Augen blinzelnd wieder an das Halbdunkel gewöhnt hatte, ging er zum Lager und setzte sich an den Rand. Nefermerit richtete sich halb auf und lächelte schläfrig:

»Wieder ein Tag, an dem das Aufstehen und Herrschen schwerfällt, o König?«

Dariuvahush lachte kurz und leerte den Wasserkrug in den dampfenden Kräutersud. Mit einem Elfenbeinstab rührte er Honig in die Flüssigkeit. »Ein paar Stunden zum Nachdenken. Zum Schreiben, vielleicht. Oder zum Weiterschlafen, ohne denken zu müssen.«

Sie nahm die Trinkschale und blies das Dampfwölkchen zur Seite. »Willst du, daß ich bleibe?«

»Ja«, sagte er, trank und reckte sich gähnend. Morgen bei Sonnenaufgang mußte er den Heeresteil, der sich in Hagmatâna gesammelt hatte, auf den Weg nach Sardeïs schicken; einen Siebentag später verließ er selbst die Stadt, um eine Hälfte des Winters in Babairu zu verbringen. »Bleib. Dann werden die Gedanken milder. Auch ich kann sie nicht verscheuchen.«

Er streckte sich aus. Sein Körper suchte die Wärme unter den Laken und den federleichten Felldecken. Bilder der Erinnerungen und Überlegungen näherten sich durch den morgendlichen Dunst seines Verstandes wie eine behäbige Karawane.

»Es ist alles so gekommen, wie es kommen mußte«, murmelte er plötzlich. »Wie's der Mondblinde vorhergesagt hat: Vom Meer, das ich nicht kenne und dennoch liebe, kommt so viel Böses, Lügenhaftes, kommt unsinniger Krieg. Warum tut mir das Meer das an? Ich hab Skylax geschickt, um das Meer zu finden. Aber wär alles auch so gekommen, wenn ich mich nicht an die Worte Malmarduks erinnern müßte?«

Nefermerit antwortete nicht. Sie kauerte neben ihm und legte die Hand auf seine Stirn und über die Augen. Nach einer Zeit, unbestimmt lange, sprach er weiter, als suche er noch immer die Landmarken seines Lebensweges.

»Immer öfter denk ich, daß die letzten Dinge getan werden müssen. Als wüßte ich, daß ich in einem Siebentag sterben werde. Was ich schreibe, schreibe ich für Xayarsha. Nein, ich zittre nicht vor Furcht, wenn ich ans Sterben denke – Bagapâta, Gaubarva und Vater Vishtaspa fürchteten sich auch nicht. Das Sterben ist nur eine Gestalt, die das Leben am Ende annimmt. Spüren wir die Wirklichkeit des eigenen Todes?«

Die gefüllten Kornspeicher und Schatzhäuser aller Städte waren eines der Zeichen, daß der König der Länder gut und gerecht herrschte und Weniges versäumt hatte: Selbst die neue und sinnvollere Einteilung der Kshatrapien war ohne Widerstände vonstatten gegangen. Die alten Königinnen Hutaûtha und Rtastunâ reisten fernab seiner Paläste durch die Ländereien ihrer Gutshöfe und Handwerkerhäuser, erzogen ihre Enkel und mehrten den Besitz des Reiches; offensichtlich neidete keiner seiner anderen Söhne dem Xayarsha die Thronfolge. Dies mochte sich vielleicht bald ändern, denn Neid, Unzuverlässigkeit und Lügenhaftigkeit waren nicht nur Eigenschaften der hellenischen Barbaren. Was geschähe, wenn Streit zwischen den vielen Brüdern ausbrach?

»Ein paar meiner Söhne«, sagte er fast flüsternd und spürte, daß über der Karawane der Erinnerungen die Müdigkeit wie eine Staubwolke schwebte, »sind tüchtig und ehrlich. Ich hab sie in alle Teile des Reiches zerstreut wie einen Schwarm Sperlinge. Vielleicht kommt einer von ihnen zurück wie ein Adler oder Falke.«

Der Druck von Nefermerits Hand war kaum spürbar. Sacht senkte sich die Wolke des Schlafes auf Dariuvahush; zuletzt roch er die Spuren von Narde, Kyphi und Sandarak auf ihrer Brust.

Langsam und gründlich wurde die Herrschaft des Reiches in der Kshatrapie Skudra wieder aufgerichtet, jenseits des Hellespontos. Feldherr Mardunya zog von Stadt zu Stadt und setzte die Tyrannen ab. Er ließ die klügsten und einflußreichsten Männer einen aus ihrer Mitte wählen und richtete städtische Demokratien ein, mit denen er – mit wenig Hoffnung auf ewige Gültigkeit – Verträge abschloß und mit Dariuvahushs Siegel beschwor. Die neue Ordnung, die sich jene Städte gegen den Widerstand der abgesetzten Tyrannen gegeben hatten, siegelte der Feldherr mit ausdrücklicher Billigung des Königs: Beide wußten, was sie davon zu halten hatten. Bisher war es nicht erlaubt und daher ein Fall von Hochverrat, einen solchen Vertrag einseitig zu lösen, wenn sich eine Stadt in den Schutz durch das Reich eingegliedert hatte. Mardunya traf am Hellespontos mit der Flotte zusammen und ließ das gesamte Heer ans nördliche Ufer schaffen, dann sandte er die Hälfte der Flotte zur Insel Thasos, deren Bewohner sich nicht wehrten, denn die reiche Insel wollte die Goldbergwerke auf dem Festland nicht verlieren. Das Landheer zog nach Ainos, überquerte den Hebros, lagerte in Doriskos und drang nach Abdera am Nestos, dann nach Aion am Strymonfluß vor, stets entlang der Küste nach Westen. Auf dem Meer folgte die Flotte dem Landheer, so daß die Marschierenden die Schiffe und die Segelnden und Rudernden den Heerwurm sehen konnten. Vom Städtchen Akanthos wälzte sich das Heer nordwestwärts nach Thermai und überschritt so die Grenze zu Makedonia.

Die Flotte verließ die Buchten von Akanthos und näherte sich, wieder südwärts segelnd, dem hohen Berg Athos, der sich am Ende des Landes Chalkidike, auf der fingerartigen Halbinsel Akte mehr als viertausend Ellen in die Wolken reckte. Den Gipfel des Athosberges hatten die Seeleute schon vom Hellespontos aus sehen können, während der Begleitfahrt des Heeres, auch von Imbros und Thasos aus; wenn sie das Kap Nymphaion umsegelt hatten, würden sie genau im Westen die höchste Landmarke im Land Thessalien sehen können, nämlich den Olympos, fast sechstausend Ellen hoch und stets von Wolken umgeben, wie die Hellenen berichteten.

Im Palast von Babairu überbrachte ein Botenreiter Dariuvahush die Nachricht, daß die Hazarapati Babâdhush und Hamarâdha gestorben waren; bei einer gemeinsamen Jagd im Pairidaeza von Zadrakarta hatte eine Löwin Babâdhush angefallen und so schwer verwundet, daß er am Blutverlust starb. Vor Schreck und Trauer über seinen Freund war Hamarâdhas Herz stehengeblieben. Dariuvahush schickte die Diener fort und belohnte den Boten. Er hatte durch die ausgedehnten Palmenwälder zwischen den

Kanälen des Pairidaeza reiten wollen, nachdem er zwei Siebentage lang unzählige Stunden mit dem Kshatrapan, dessen Vertrauten und Schreibern verbracht und über das Wohl Babirushs bis zu
den Schilfmeer-Mündungen entschieden hatte. Als er die Botschaft gelesen hatte, zog er sich in die dämmerige Stille des Ar-
beitsraumes zurück, um zu trauern und zu schreiben.

*Boten und Botschaften, Leben und Erlebnisse aus zweiter oder
dritter Hand: Die Größe des Reiches bedingt diese Form. Es geht
nicht anders, denn selbst wenn ich unentwegt von Kshatrapie zu
Kshatrapie reiste, würde ich nur Teile der Wahrheit erfahren. Nun
erfahre ich abermals vom Tod guter Freunde; auch sie werden eines Tages durch Boten erfahren, daß ich gestorben bin. Im warmen Babairu ist aber noch kein Platz für solche Gedanken, denn
ich habe durch Boten aus Sardeïs vom Feldzug des Gaubarva-
Sohnes und von seiner schweren Verwundung erfahren.*
*Es muß an einem wolkenlosen, windlosen Mittag gewesen sein,
als unsere Flotte von der Küstenstadt Akanthos aus an einer langen, bergigen Halbinsel-Küste entlangruderte. Plötzlich erhob
sich ein kalter Nordwind, der die Wellen aufwühlte und die Schiffe gegeneinanderwarf. Selbst die einheimischen Lotsen hatten
den Wind nicht vorhersehen können. Es gelang einigen Kapitänen, die Segel aufzuziehen und aufs offene Meer hinaus zu flüchten. Aber der Sturm schob die geruderten Boote und Schiffe in
die Klippen, warf viele von ihnen um und zerbrach die Ruderriemen der Dreiruderer, so daß sie an den Felsen strandeten, und
viele Männer, von denen die meisten nicht schwimmen konnten,
ertranken oder wurden von den Wogen hoch auf die steinige Küste geworfen. Dabei wurden ihnen die Knochen zerbrochen, und
sie verloren ihr Leben. Vielleicht dreihundert Boote und Schiffe
sind untergangen, zerbrochen, liegen geborsten auf den Stränden, schreibt Mardunya; von denen, die sich freisegeln konnten,
sind mehr als erhofft zurückgekommen, aber von den Schiffsleu-
ten und den Kriegern an Bord starben mehr als fünfzehnmal tausend. So hat der yaunische Krieg, obwohl wir ihn beendet haben,
abermals Opfer verlangt.*
Bevor Mardunya von diesem großen Unglück erfuhr, lagerte er

inmitten seines Heeres an der Grenze zu Makedonia. Nachts griffen die Bryger an, ein Stamm aus Skudra. Es gelang ihnen in mehreren Angriffen, viele Pârsa zu töten; sie verwundeten Mardunya schwer. Aber mein Heer schlug die Bryger und trieb sie zurück, und Mardunya blieb in diesem Land, bis er das ganze Gebiet beherrschte. Dann erst führte er das Heer zurück nach Sardeïs, wo sich der größte Teil auflöste und zerstreute. Ich habe den Arzt Zhivaka nach Sardeïs geschickt, damit er Mardunya helfe und heile. Erst wenn ich mit dem Feldherrn Mardunya selbst geredet habe, werde ich wissen, ob auch mein zweiter Kriegszug an dieser Grenze gescheitert ist oder nicht.

Mein Sohn Xayarsha soll wissen und erkennen, daß ich nicht aus Wut, Rachedurst oder Haß den yaunischen Aufstand niedergeschlagen und als Sechzigjähriger das Riesenheer Mardunyas nach Makedonia geschickt habe, sondern nach langem, kaltem Nachdenken und Abwägen mit meinen klügsten Ratgebern. Laß dich nicht von Haßgefühlen gegen die Hellenen hinreißen! Handle nicht, ohne zuvor alle Ratgeber zu fragen. Krieg ist die teuerste und blutigste Art zu herrschen. Tu nichts Übereiltes! Denn jeder Krieger, der kämpft, verwundet oder erschlagen wird, kostet das Reich und den König viel Gold. Würde er Qanate oder Kanäle graben, Fruchtbäume pflanzen oder Söhne zeugen, gäbe dies viel Gold für den König. Bisher ist nicht ein Pârsa jenseits der Grenzen glücklich geworden, so wie ich sie gesetzt habe, also vermeide es, aus Jähzorn ein Heer zusammenzurufen – außer den zehntausend Unsterblichen. Mit den Hellenen aber, das weiß ich, sind wir noch lange nicht fertig.

Dariuvahush wartete, bis die Tuschdreiecke auf dem weißen Schreibleder getrocknet waren, nahm die Figürchen von den Ekken des Blattes und verschloß, nachdem er das Schreibzeug sorgfältig in die Holzfächer zurückgelegt hatte, den Kasten. Er betrachtete die Verzierungen, aus Elfenbein und Gold im schwarzen Holz eingelegt und hoffte, daß ihn Ahura Mazdâh in Huza und Pâthragada mit Botschaften wie denen von Mardunya verschonen möge.

Wenn Dariuvahush ausreiten wollte, zäumten und striegelten die Stallsklaven drei Hengste. Heute hatte der Stallmeister einen Rappen mit weißer Stirnblesse, einen Braunen und ein älteres Tier mit fahlfarbenem Fell ausgesucht. Dariuvahush näherte sich dem Grauen, klopfte den Hals und prüfte die Stärke der Decke unter dem Reitfell. Der Träger verneigte sich und stellte den goldverzierten Schemel neben die Flanke des Tieres; zwei Sklaven hielten die Zügel. Dariuvahush zog sich am Haltegurt auf den Rücken des Tieres und schüttelte, als er die Füße in die sarmatischen Schlingen schob, langsam den Kopf. Die Sonne, die entlang des Kanals die Nebelreste über dem Boden auflöste, blendete ihn; er winkte den Lanzenreitern.

»Bleibt in meiner Nähe«, rief er. »Aber haltet Abstand. Ich will glauben, daß ich allein bin.«

Beide Anführer senkten die Köpfe und schlugen die Hände auf die Brust. Dariuvahush lenkte den grauen Hengst durch das Tor in den Palastgarten und auf die Kiesfläche, auf der jeder Schritt laut knirschte; nachts eine zusätzliche Sicherung gegen unwillkommene Besucher. Der Kshatrapan hatte den Kies von Huza herbeischaffen lassen. Langsam folgten die fünfzehn Unsterblichen und schulterten die Lanzen. Dariuvahush trabte an den Gehegen der Hindusch-Jagdhunde vorbei, ohne die hechelnden Riesentiere zu beachten, und ritt im kühlen Schatten bis zur Kanalbrücke des Buranun-Nebenarms. An den Blattspitzen der Gewächse fingen Tautropfen die Lichtstrahlen ein und funkelten wie Geschmeide. Das Tier unter ihm war völlig ruhig und richtete die Ohren nach vorn; der feuchte Sand dämpfte den Hufschlag. Dariuvahush lächelte in sich hinein: Er erkannte zwar nicht jeden einzelnen Baum wieder, aber im weiten Umkreis aller Paläste und Städte, in denen er sich seit drei Jahrzehnten aufgehalten hatte, und entlang aller wichtigen Straßen, über die er gefahren oder geritten war, sah er die Folgen zahlloser Königsbefehle. Dattelpalmenhaine, Kanäle und Brücken, Kornfelder und Viehweiden – und an anderen Orten tiefe, ummauerte Brunnen. Er galoppierte eine kurze Strecke auf der breiten Dammstraße, bis zum Eingang des Pairidaezas, in dem jene Bäume aus allen Teilen des Reiches gewachsen waren, die in diesem Tiefland

Wurzeln zu schlagen vermochten. Die morgendliche Ruhe jenseits der Lehmziegelmauern war erfüllt von Vogelgezwitscher, den Lauten vieler kleiner Tiere, dem leisen Flattern der Vögel, Froschquaken und Grillengezirp; Gänse, Enten, Watvögel und stelzenbeinige Flamingos mit gestutzten Schwingen waren hinter den schützenden Schilfstreifen zu hören. Als er die erste der runden Lichtungen erreichte, zügelte er den Hengst. Seine Blicke glitten über dieses Abbild tiefen Friedens und sattgrünen, überquellenden Reichtums; ein Aufstand, ein Krieg oder ein Brand konnten die mühevoll gestaltete Heimat von zehntausenden Menschen in kurzer Zeit in lebensfeindliche Ödnis verwandeln. Er ritt, vorbei an halbzahmen Gazellen, Pfauen und einer kleinen Schafherde, quer über die Lichtung zum turmartigen Seepalast. Im Westen des Gartens brüllte ein Löwe; ein Vogelschwarm stob auf. Ein dreifacher Stich der Erinnerungen: Dariuvahush dachte an Rtastunâs Naj-Rohrflöte im Häuschen am See zu Huza, vor einem Vierteljahrhundert, an die Stimme und den Körper der schönen Königin, an die goldene Statue, an die Veränderung seit ihrer letzten Geburt und daran, wie unzählbar viele Bäume er als Schößlinge gesehen hatte; wie viele Frauen und Männer als kleine Kinder.

Er stützte sich mit beiden Händen auf den Hals des Pferdes, das den Kopf senkte und am Gras zupfte. Oft ritt Rtastunâ am frühen Morgen, wie er: Er würde sie wahrscheinlich heute treffen, zum erstenmal seit einigen Monden. Er richtete sich auf und drehte sich herum. Zwischen den Baumstämmen blitzten Lanzenschneiden auf. Er schüttelte beruhigt den Kopf und trabte weiter, zurück in die Halbschatten und an einem Seitenkanal entlang, blinzelnd und mit gesenktem Kopf in die Sonnenscheibe hinein. Unvermittelt schob sich ein Schatten vor das Gestirn. Dariuvahush sah, daß es ein einzelner Reiter war, der ihn zu erwarten schien. Er hob grüßend den rechten Arm, der Reiter erwiderte den Gruß und ritt auf ihn zu.

Bei den Sandsteinsockeln, die einen mudrayischen Sphinx mit Dariuvahushs Kopf und einen Flügelstier aus Pârseï trugen, hielten sie ihre Pferde an. Rtastunâ trug ihr Haar in einem hüftlangen Zopf unter einem Goldreif; im Morgenlicht waren ihre goldgrünen Augen fast unsichtbar. Dariuvahush starrte sie an wie eine Fremde.

»Wir beide wußten, daß wir uns hier treffen, o Königin«, sagte er lachend. »Die frühen Löwen schlagen die fetteste Beute. Deine Schönheit liebt das Morgenlicht.«

»Am Abend hält sie länger vor, o Dariush.« Ihre Stimme, deren Klang einst seine Lenden erhitzt hatte, erkannte er nicht wieder, die Jahre hatten sie heller und flacher werden lassen. Die dunklen Strähnen ihres Haares waren weiß geworden; ihr Gesicht war das einer schönen Fünfundvierzigjährigen. »Reiten wir ein wenig zusammen?«

Er schüttelte den Kopf und trieb seinen Hengst mit den Fersen an; er fragte sich, um wie vieles ihr Körper älter geworden war. Ihre nächste Frage traf mitten in seine Überlegungen.

»Die Zeit läßt Bäume wachsen und verändert die Menschen. Ist jemand bei dir, Großkönig, wenn du laut denkst und mit deinen Befehlen spielst wie mit goldenen Dârayaka?«

»Bei mir sind so viele oder wenige, wie ich wünsche«, sagte er und betrachtete Rtastunâ von der Seite. Ein Netz kleiner und einiger tiefer Falten zog sich von den Augen zu den Schläfen. Unter dem weißen Leinenhemd bewegten sich die tief hängenden Brüste. »Aber meist gibt es keine sinnvollen Befehle, mit denen ich spielen könnte. Ich glaub, ich hab schon jeden denkbaren Befehl gegeben.«

»Und wie viele sind ausgeführt worden, großer König des Dâtam?«

»Vielleicht nicht alle, nicht überall. Sicherlich die meisten. Ich wüßte es, wenn fern von Babairu und Pârseï ein Kshatrapan eigene Gesetze macht, so wie ich weiß, wie es um den Krieg in Sparda steht.«

»Du hast erkannt, daß ein Sturm und eine Reihe nächtlicher Barbarenkämpfe aus einem klugen Plan eine halbe Niederlage machen können?«

»Das, meine Liebe, hab ich schon auf dem Heerzug nach Skudra verstehen müssen.« Das seltsame Gefühl, er rede mit einer Fremden, verstärkte sich und machte ihn traurig. Was war geschehen, daß sie sich voneinander in diesem Maß entfernt hatten, ohne es zu wollen? Aber auch ohne es zu verhindern. Er lauschte in sich hinein. Rtastunâ, die jüngste seiner Königinnen, war die letzte Frau gewesen, deretwegen er aus Begierde und Liebe schlaflos gelegen hatte. War die Zeit einer solchen Liebe nach der letzten Geburt vergangen? Oder nach dem vierzigsten Jahr? Oder weil sich der Mond verfinstert hatte? Wer oder was trug die Schuld? Um das Schweigen zu brechen sagte er:

»Bald feiere ich mein dreißigstes Nourouzfest. Feiern? Ich begehe es, lasse es zu, danke Ahura Mazdâh, daß ich es sehenden Auges und, hoffentlich!, wachen Sinnes erlebe. Zusammen mit drei Königinnen, die mich wohl überleben werden. Und auch das begrüble ich mitunter – nur unter uns, Schönste: Eigentlich bin ich in meinen Palästen nur noch Ehrengast, seit im Reich alles so ist, wie es nach göttlichem Auftrag und menschlichem Können sein soll.«

Sie lachte laut, streckte den rechten Arm aus und packte sein Handgelenk. »Deine Demutsworte klingen grausig, o Großkönig. Ich bin sicher, daß du noch immer jede Herausforderung annimmst, wenn sie sich dir stellt.«

»Du glaubst mir nicht? Du hast recht.« Er sah lächelnd einem Sperberpärchen nach, das eine Taube jagte, und fühlte sich durchschaut. »Es gibt keine wirkliche Herausforderung mehr.«

Sie galoppierten bis zum Ende des Kanals, halb um den See herum und auf den bunten, mit Bildern aus glasierten Kacheln verzierten Turm zu. Dariuvahush rief:

»Wir sollten häufiger miteinander reiten und reden.« Er führte eine unbestimmte Geste aus. »Und wieder einmal miteinander eine heiße Nacht verbringen.«

Rtastunâ zügelte hart ihr Pferd. Das Tier stieg grell wiehernd in die Höhe und warf sich halb zur Seite. Rtastunâs Augen blitzten; sie überlegte und sagte dann über die Schulter:

»O Großkönig! Einen Mond, nachdem du dich vom fiebrigen Zitterweh erholt hattest, trieb uns die Leidenschaft aufs Lager. Ich achte und ehre dich, königlicher Gemahl – aber diese Nacht sollten wir im Schoß des Vergessens lassen. Es waren ... beschämend erbärmliche Stunden.«

Er ließ sein Pferd rückwärts gehen, bis er in Rtastunâs Gesicht blicken konnte, in eine abweisende Maske; ratlos, voll Unverständnis. Er zog die Schultern hoch und murmelte:

»Ich erinnere mich kaum. War es so?«

»So war es, o Dariush.« Sie zwang sich zu lächeln. Wenige Herzschläge lang kehrte die erwartungsvolle Schönheit ihrer Jugend in ihr Antlitz zurück. Dariuvahush erschauerte und *sagte:*

»Vergessen wir also die Nacht, meine Liebe.« Er beruhigte sein Pferd. »Und so manche andere Nacht. Und nun wissen wir auch, was die Zeit mit uns Menschen anrichtet.«

»Ob es die Zeit ist oder ob wir mit Liebe und Leidenschaft umgehen wie ein Sklavenschinder – wir sollten's begrübeln, o König.«

Sie schenkte ihm ein verlorenes Lächeln, wendete das Pferd und ritt in den Schatten einer riesigen Akazie. Das Reittier prustete; aus der flachen Krone des Baumes flog eine Schar Reiher auf und trompetete laut.

Von Babairu zog Dariuvahush nach Huza; meist schwieg er, tief in Gedanken von gebieterischer Bedeutung versunken. Als habe das Gespräch mit Rtastunâ ihn auf sein Sterben vorbereitet, auf das bevorstehende letzte Schweigen, waren seine Befehle von kalter Eindringlichkeit. Sie richteten sich auf die Monde oder Jahre, in denen sie ausgeführt werden konnten, bevor sie der neue König änderte. Tagelang ritt und fuhr er durch das Land außerhalb der Stadtmauer und befahl dem Statthalter und den Baumeistern, Kanäle zu verlängern, Fruchtbäume zu pflanzen, Windmauern zu bauen, Kornspeicher und Brücken; die Wälle, die das Wasser des Flusses aufstauten, mußten um vier Ellen erhöht und verstärkt werden. In Babairu hatten die Sternenkundigen eine Verfinsterung des Nachtgestirns für den vierten Tag des zweiten Mondes Thuravahari, des Hochfrühlings, errechnet: Dariuvahush glaubte, daß Ahura Mazdâh ihm ein letztes Zeichen gab. Er erlebte und überlebte, ungläubig staunend und erleichtert, die Mondverfinsterung in Pâthragada und lud zu seinem 32. Nourouzfest die Heerführer und Fürst Dâtish aus Mada ein, dazu Jung-Rtafarnâh, den Sohn seines Bruders, des Kshatrapan von Sardeïs. Thronfolger Xayarsha und dessen Freund und Ratgeber, der Mada Rtatachma kamen aus Pârthara; das Nourouzfest dauerte einen Siebentag lang und verlief würdevoll, prunkvoll und ohne düstere Vorzeichen. Als die Abordnungen der Kshatrapien ihre Lager um das leuchtende Bauwerk abgebaut hatten, kamen die Heere der Arbeiter und Handwerker, um am »Tor der Länder« und anderen Bauten auf der Festungsterrasse weiterzubauen oder sie zu vollenden. Die mächtigsten Fürsten und Heerführer versammelten sich, um über den dritten und letzten Kriegszug gegen die Reste der Yaunier und die Hellenen zu beraten; sie hatten während des Fests erkannt, daß nur eine Grenze unsicher war: Spardas Küstensaum.

Die Schnellsegler und Dreiruderer Pârsas und der Phoiniker beherrschten das Meer von Naukratis bis Kreta, von Kypros bis zum Eingang des Hellespontos, von Thasos bis Rhodos. Der Schiffshandel, der Abgaben zahlte und mit dem Siegel des Großkönigs versehen war, blühte und wuchs, ohne daß Seeräuber viele Opfer fanden. Die »Augen und Ohren« Dariuvahushs bestätigten seinen Argwohn: Die Athener und Eretrier, die den yaunischen Aufstand am nachhaltigsten unterstützt hatten, zu Schiff weniger als einen Siebentag vom Küstensaum im Osten entfernt, waren zwar in heillose Streitereien untereinander verstrickt, unterstützten aber den Widerstand gegen das Reich. Der Athener Hippias, der ehemalige Tyrann, der sich in den Schutz des Reiches begeben hatte, bestätigte alle Beobachtungen, Gerüchte, Nachrichten und Botschaften: Ohne eine Unterwerfung des hellenischen Mutterlandes würde die pârsische Herrschaft auf den Inseln der Kyklades, in Skudra und letzten Endes auch in Yauna keinen Bestand haben; überdies müsse Naxos unterworfen werden. Aber auch Pârsas Schiffe waren so wenige Tage von Makedonia, Euboia oder Attika entfernt, wie es Monde dauerte, ein Landheer im weiten Bogen dorthin zu führen.

Dariuvahush dachte nicht einmal daran, alle Hellenen zu unterwerfen. Die alten, würdigen Fürsten, die Häupter der Großen Familien, wollten es ebensowenig. Sie waren sich darüber einig, alle Glutnester möglicher Aufstände auszutreten und für lange

Zeit zu löschen: Dariuvahush und die Fürsten bestimmten Dâtish, einen Hazarapati von einundvierzig Sommern, zum Anführer und stellten ihm Rtafarnâh zur Seite. Dariuvahush berichtete den Fürsten, daß es in Athen eine Gruppe Hellenenfürsten gab, die einen pârsischen Angriff erwarteten, um die Stadt wieder in Besitz nehmen zu können. Ein Fürst namens Themistokles war ihr Feind; vielleicht könnten die vertragstreuen Freunde des Reiches ihn überwältigen, wenn sie erfuhren, daß sich die gewaltige Flotte näherte.

Das Heer sollte sich in Sardeïs und nahe Tarsos in Karka sammeln, in der aleïschen Ebene zwischen Adana und dem schiffbaren Unterlauf des Flusses Kydnos. Nur meeresfeste Lanzenreiter, Bogenschützen der Saken und Kushiyas durften ausgesucht werden; insgesamt fünfundzwanzig Tausendschaften mit bester Ausrüstung, geschliffenen Waffen und genügend kampfgewohnten Pferden. Seit dem Ende des yaunischen Aufstandes waren genügend Schiffe gebaut worden, auch solche, die Pferde und Schlachtvieh über das Meer schaffen konnten. Sechsmal hundert Schiffe wurden nach Thasos befohlen. Bote um Bote verließ den Palast und überbrachte königliche Befehle. Dariuvahush richtete für alle Fürsten und Heerführer ein langes, nächtliches Gastmahl aus, bei dem er jeden einzelnen beschwor, keinen Pârsa unnötigen Gefahren auszusetzen, nichts Verwegenes zu denken und nichts Übereiltes zu tun, kein Schiff zu opfern und angesichts einer Übermacht hellenischer Hopliten so oft zurückzuweichen, bis der Gegner zu besiegen war.

Dariuvahush belohnte die Baumeister von Pârseï, weil sie aus Lehmziegeln und Farbe herrliche Mauern auftürmten, weil sie Felsgestein in vielen Farben in reine Schönheit, schlanke Säulen, wuchtige Türumrandungen und hundert Flachbilder verwandelten. Proktokrites und Meleagros von Chios erhielten goldene Ketten und ein Königslehen, nachdem Dariuvahush sein fertiges Felsgrab besucht hatte. Er bewunderte die Gestalten, die Schriften und die strahlenden Farben. Eine Stunde lang blieb er allein im Quergang und versenkte sich in seine Erinnerungen; hinter den Wänden der zugemauerten Kammer ruhten in silbernen Totentruhen seine Königinnen Faidumâ, Rytabâma und Parmush. Er verließ Pârseï und zog nach Hagmatâna.

Es wäre undenkbar, unvorstellbar und nahe am Hochverrat gewesen, wenn Dariuvahush nicht jede Parasange der Reichsstraße und der alten Heeres- und Karawanenstraße, soweit sie durch fruchtbares Land führte, in bestem Zustand vorgefunden hätte: Ihr Verlauf, die Brücken, markierte und gesicherte Furten und die vielen Raststellen waren seit seinen ersten, rasenden Fahrten zwischen den Städten verbessert und vergrößert worden. Um manche Herbergen und Botenstationen waren kleine Dörfer entstanden, die ins Land hinauswuchsen. Überall, wo Dariuvahush sah, daß Dinge zu verändern waren, gab er klare Befehle und drohte furchtbare Bestrafung an. Auch in Hagmatâna, deren Paläste, Straßen und Häuser von ausgesuchter Sauberkeit und Schönheit waren, setzte er seine gnadenlosen Prüfungen fort und erlitt nach einem Siebentag hastigen Reitens und Umherfahrens am Abend einen Schwächeanfall. Zhivaka, der auch Hazarapati Mardunya geheilt hatte, betäubte ihn mit einem Trunk, der Dariuvahush zwei Tage und Nächte lang in tiefen, heilenden Schlaf versenkte.

Der Krieg kam nicht wie Rauch von Herbstfeuern, nicht als kreischender, waffenklirrender Überfall, sondern mit kühlem Euros und Phoinikias, Winden aus Ost und Südost, der Schiff um Schiff ergriff, das aus der Mündung des Kydnos in der Strömung hinausruderte, die Segel füllte und nach Westen schob, durch lang schwingende Wellen und unter einem strahlenden Himmel. Später Frühling; in der ersten Hitze erschienen neben den Schiffen Fischschwärme und Delphinoi, von denen die Flotte entlang der kilikischen Küste begleitet wurde. Die Pârsa sahen lachend und verwirrt den spielenden, springenden und tauchenden Großfischen zu und fragten sich, welches Zeichen Ahura Mazdâh – oder einer der vielen hellenischen Götter – ihnen mit den seltsamen Lebewesen gab; die Flotte segelte ohne Eile an Ikaros vorbei, westlich von Samos. Von dort aus erreichte und umzingelte sie Naxos.

Der Großkönig hatte nichts vergessen und keine Gründe, etwas zu verzeihen: Als die Naxier die Flotte sahen, so zahlreich, daß die Schiffe nicht zu zählen waren, verließen sie in wilder Flucht die Städte und verbargen sich in den Hügeln und Bergen. Die Pârsa versklavten alle jungen Inselbewohner, die sie fangen konnten, legten Feuer an die Tempel und die Stadt, dann zogen sie sich zurück; die Beute war mäßig.

Die Bewohner der Insel Delos flüchteten nach Tenos, das nördlich ihrer Insel lag. Feldherr Dâtish ließ die Flotte abseits der Insel die Ankersteine werfen und steuerte seinen Dreiruderer in den Hafen von Delos, schickte einen Herold nach Telos und ließ den Deliern sagen, daß sie auf Befehl des Großkönigs nichts zu befürchten hätten. Den Tempeln des Apollon und der Artemis schenkte er einige Säcke Weihrauchharz, brachte in den Glutschalen ein Rauchopfer und segelte an der Spitze der Flotte nach Eretria. Am südlichen Ende der langgestreckten Insel sammelte sich die Flotte in der großen, windgeschützten Bucht, die sie nahezu ausfüllte. Daraufhin belagerte Dâtish die Stadt Karystos und zwang sie, mit dem Großkönig des Pârsareichs Verträge abzuschließen. Die Flotte segelte und ruderte in der Meerenge zwischen Euboia und Boiotia nordwärts bis zur Hafenstadt Eretria, die vor einem Jahrsiebt mit fünf Schiffen die Yaunier unterstützt hatte; sechs Tage lang dauerte die Belagerung.

Die *Glanz von Pârseï* lag ruhig an drei Ankersteinen im Wasser, den bronzenen Rammschnabel nach Nordost gerichtet, mit halb eingezogenen und senkrecht gestellten Riemen und schußbereiten Speerschleudern. Ein langgestrecktes rotes Sonnensegel spannte sich über dem Heck; in der Mittagshitze waren die Seitenwände aufgerollt worden. Die Ruderer, ausnahmslos Freiwillige aus Sparda, schliefen im Schatten, schwammen um die Strickleitern herum, tranken kalten Sud oder verdünnten chalybonischen Wein oder starrten hinüber zur befestigten Burg. Die Akropolis, zweihundertfünfzig Ellen hohe Mauern über der Stadt, aus unregelmäßigen Quadern errichtet, größer als jene von Pârseï, überragte die Molen. Fünfzehn Schiffe füllten ihn aus und entluden Krieger, Belagerungsmaterial, muskelstarrende Zugochsen, Waffen und Pferde, die von ihren Lanzenreitern gefüttert, gestriegelt und getränkt wurden. Dâtish hatte zwanzig Schnellruderer dazu bestimmt, augenblicklich zum Hafen vorzustoßen und die Krieger zu übernehmen – niemand rechnete ernsthaft damit, denn in der Stadt schien es keine Gegenwehr zu geben.

Jung-Rtafarnâh lag mit lang ausgestreckten Beinen in einem Klappsessel; die Leinwand zwischen den Holzstreben war feucht von Schweiß. Er trug sakische Stiefel, hellenische Beinschienen, lederne Hosen voller Bronzeschuppen und ein kurzärmliges Wams, dessen eiserne Beschläge wie Silber funkelten. Zwischen den Sesselbeinen lagen ein Schwertgehänge und ein eiserner, kaum verzierter Kesselhelm. Er hielt einen tropfenden Krug in der Hand und starrte hinüber zur Stadt, in der vier oder fünf Hausdächer brannten. Er trank aus dem Krug, wandte den Kopf und sah die Frau neben sich an, forschend, fast lauernd waren seine Blicke. »Verstehst wenigstens du, verstehst du es jetzt: Die Ameise kann sich vor den Tritten des Stiers verbergen, aber hunderttausend Stiere vernichten jeden Ameisenhügel. Warum ist der pârsische Friede für so viele hellenische Selbstmörder schlechter als Sklaverei und Tod?« Seine Stimme war scharf; sein Blick wanderte zu den Körben voller Wurfspeere und den gefüllten Köchern an der Innenseite der Bordwand. »Ihr benutzt eure sogenannte Freiheit zu endlosem Streit untereinander – nenn mir, Andrachle, einen einzigen Vorteil dieses Lebens!«
Andrachle sah ihn nicht an, als sie die Antwort überlegte. Sie trug griechische Kleidung und pârsischen Schmuck und war jenseits ihres Lebensfrühlings; vielleicht fünfunddreißig, eine noch immer schöne Frau, zehn Jahre älter als Rtafarnâh. »Du bist Pârsa. Du wirst es nie verstehen, Artaphrenes. Dein Vater, euer Großkönig, die anderen – laßt uns in Ruhe.« Ihre Augen schienen dunkle Blitze zu sprühen. »Wir haben genug damit zu tun, daß unser Land karg ist, unsere Frauen aber viel zu fruchtbar sind. Von zehn Hellenen wandern sieben aus.«
»Niemand verbietet euch Zeugen und Gebären. Wir haben dei-

nen Gatten gejagt und getötet, ebenso wie deinen Vater; beides kluge Männer, stark und gebildet. Warum mußten sie uns herausfordern?«

Andrachle hob die Schultern. Aus ihrem hochgesteckten Haar hatte sich eine Strähne gelöst und legte sich über den schweren Goldreif, der als Zeichen der Königssklaverei um ihren Hals lag und die ersten Falten verdeckte. »Weil wir nicht unter dem Dâtam deines Vaterbruders leben wollen. Muß ich es dir zum hundertstenmal wiederholen?«

Er deutete auf die Brände, nahm den Becher aus ihren ringgeschmückten Fingern und füllte ihn mit gemischtem Wein. »Dein Sohn wächst glücklich und im Überfluß auf, im pârsischen Sardeïs: Dir geht es besser als je in deinem Leben – sind wir Ungeheuer? Fressen wir Menschenfleisch? Schänden wir Säuglinge? Ihr seid unfähig, die Unterschiede zu sehen, und wenn ihr sie seht, versteht ihr sie nicht. O Andrachle, bitter wie die Frucht des Erdbeerbaums, der dir den Namen gab – auch ihr geht unters Dach beim Regen. Warum gebt ihr keinen Frieden? Zehn Hellenen gegen zehntausend von uns. Das ändert sich nicht: morgen brennen dort die Tempel, eure Jungfrauen werden benutzt, viele Knaben verschnitten, die Bevölkerung geht versklavt auf die Märkte oder nach Ampe. Ist das eure – Freiheit?«

Sie hob die schmalen Schultern unter dem purpurgeränderten Chiton. Ihre Achseln öffneten sich; Rtafarnâh schmeckte den sinnverwirrenden Geruch kretischen Blütenbalsams. Verwirrend wie ihre kühle, rasende Leidenschaft, die ihn so vieles gelehrt hatte. Er sah in ihre dunkelbraunen Augen, sah das Äderchen ihrer Schläfe pochen und hob schnalzend den Kopf, als er ihre Antwort hörte.

»Ihr seid keine Ungeheuer. Unsere Welt ist durchtränkt von Göttern, die wir verstehen, weil wir ihnen ähnlich sind. Wir opfern nicht einem Einzelgott, der die Welt in Ja und Nein, Lüge und Wahrheit, Nachtschwarz und Tagweiß scheidet. Für uns seid ihr Barbaren; die wenigen von euch, die unsere Sprache verstehen, hängen hingerissen an den Lippen der Kitharoden und lauschen unserer Dichtkunst! Ich weiß; umgekehrt wird auch eine Sandale daraus. Wir haben nächtelang darüber geredet. Wir kennen jedes

Wenn, Aber, Auch und Sowohl. Wir werden's nicht erklären können.«

»Wortloses Wissen? Stumme Weisheit? Dinge, die wir ertragen müssen und nicht ändern können? Ihr Hellenen habt nie etwas Schöneres gehört als unsere Musiker!« Er ließ den Arm sinken und stellte den Krug krachend auf die weißgedörrten Planken. »Im Elend sterben, wegen einer Überzeugung, die an einem anderen Ort – in Gandhara oder Kushiya? – nichts oder als Zeichen verminderten Verstandes gilt?«

»Du bist Pârsa, Sohn eines großen Vaters«, sagte Andrachle leise. Zwei Ruderer sprangen johlend kopfüber vom obersten Deck ins warme Meer. Rtafarnâh wandte den Kopf und hörte nicht auf die Schreie aus dem Mittelpunkt der Stadt. »Ich bin Yaunierin, nicht aus Gandhara. Ich will, daß mein Sohn, der Pârsa so gut spricht wie du, als freier Hellene leben kann.«

»Alle Hellenen, die mit dem Großkönig Verträge geschlossen haben, sind freie Hellenen. Vielleicht tötet dein Sohn als Pârsafreund im Heer viele von ihnen.« Rtafarnâh schlug die Beine übereinander. »Das müssen wir ertragen. Ich hoffe nur, daß du nicht nachts einen hellenischen Dolch in mein pârsisches Herz rammst.«

»Ich liege bei dir, weil du ein begehrenswerter Mann bist, der mich befriedigt.«

Er schüttelte langsam den Kopf. Rechts unterhalb des Hecks schrie der Steuermann eines breitbauchigen Schiffes und verfluchte die langsamen Ruderer. Rtafarnâh deutete auf Eretria und sagte:

»Was denkst du, wenn du zusehen mußt, wie eure Festung fällt und wir Tausende toter Hellenen ins Meer werfen, für die hungrigen Fische?« Er holte tief Luft und sprach mit heiserer Stimme weiter. »Kampf. Wunden. Brand. Plünderung. Schändung. Raub. Zerstörung eurer Heiligtümer. Versklavung, Verschneidung. Brennende Kornfelder. Beute. Verbannung ans andere Ende der Welt. Ist das deine hellenische Freiheit, schöne Andrachle?«

Sie verschränkte die Arme vor der Brust und schob die Hände in die Achselhöhlen. Ihre Stimme klang, als zerträte sie Muschelschalen. »Darauf kann ich nichts antworten, o Artaphrenes.«

Er schüttelte sich und vergegenwärtigte sich ihre letzte Nacht; Andrachles Leidenschaft schwankte zwischen Begierde und Haß, Unersättlichkeit und plötzlicher Starre. Er fürchtete ihre Ausbrüche, während derer sie fauchte, ihn biß und kratzte und mit ihm zu kämpfen schien wie ein Krieger. Ein eisiger Wind schien durch die Bucht zu fauchen und das Wasser zu kräuseln. Die Schreie aus der Stadt rissen ab. Das Schweigen eines jähzornigen Gottes schien sich über das riesenhafte, gewalttätige Bild auszubreiten wie der Meeresnebel an den Klippen des Athosberges.

Drei Pfeilschüsse weit vor der Stadtmauer Arbils am Oberlauf des Idiglat, im Mond der größten Hitze, als der mondlose Sternhimmel jede Nacht von Sternsplitter-Schwärmen durchfurcht wurde, war Dariuvahushs Zelt als Mittelpunkt einer Zeltstadt aufgebaut worden. Es stand ölig schimmernd auf einer Grasebene, weit entfernt von Bäumen, unfertigen Tempeln, Feuern oder Staudämmen, die kippen oder brechen konnten. Dariuvahush und Nefermerit hatten sich baden, walken, kneten und scheren lassen; nach zwei Siebentagen, in denen der Großkönig abseits der Königsstraße durch das Land gefahren war, viele Statthalter lobte und jeden, der etwas zu verbergen hatte, zu Tode erschreckte, herrschte Stille in diesem Teil Athuras. In der Stunde zwischen Tag und Nacht hatten sie sich geliebt; jetzt schloß Dariuvahush den Knoten des Mantelgürtels, wusch sich mit heißem Wasser und seifigem Staubsand die Hände, trocknete sie und ging zum Schreibpult. Er lächelte, als er die Lederhülle öffnete und fünf Täfelchen aus dünnem Holz herausnahm, auf deren Flächen aus schwarzem Wachs eine helle Schrift zu erkennen war. »Ich hab's erhofft, aber nicht erwartet«, sagte er, legte die Tafeln auf den Rand des Lagers und zündete bedächtig zwei Dutzend Öldochte im vielarmigen Bronzeleuchter an. »Aber vielleicht sind die Erkenntnisse der Botschaft zu spät vor meine Augen gelangt. O Nefermerit – es ist furchtbar, auf das Sterben zu warten, ohne zu sehen, ob die letzten Befehle ausgeführt worden sind.« »Schon heute bist du Legende, mein Geliebter.« Nefermerit mischte Wein, Wasser, kalten Sud und Mohnseim zu einem milden Schlaftrunk und füllte zwei becherförmige Behältnisse, deren Füße wie Stiere und Löwen geformt waren. »Lies es mir vor, lies es uns beiden vor. Du lächelst – es kann nichts Schlimmes sein.«

Er packte den Schaft des Leuchters, der einem Baum mit goldenen Blättern ähnelte, und rückte ihn in die Nähe des Lagers. »Der glückliche Bruder der Brandung, Gevatter der Dünung; der Kapitän meiner Eifersucht, der ich mitunter hätte sein wollen. Skylax von Karyanda. Das Meer: Thalassa, Mu-Wer, das Große Grüne, ein Sehnen, das sich für mich nie erfüllt hat.«

»Lies, o Dariush.« Nefermerit zog die Knie zum Kinn, lehnte sich gegen die Kissen und schob die Hände hinter die Ohren. »Ich weiß, daß dich freuen wird, was er schreibt – mitten im Krieg gegen jene Barbaren, die sich durch deine Alpträume kämpfen.«

Er hob die erste Tafel hoch, las schweigend die ersten Zeilen und grinste, zuckte mit den Schultern und begann vorzulesen:

AN GROSS KÖNIG DARIUVAHUSH in einem seiner prächtigen Paläste, von Kapitän Skylax aus Karyanda, und: Steuermann Telamon, Segelmeister Strattis, Schiffsbauer Astraios, Seilschläger Bion und Bordschatzverwalter Deinias!

O Großkönig, König der Könige, Wohltäter meeresgegerbter Seeleute, die mit einem geringen Teil deiner schwer goldenen Belohnungen ihre Wohnstätten für das Alter erworben und wohl ausgestattet haben, entlang des yaunischen Küstensaumes deiner Sparda-Kshatrapie: Wir beginnen mit dem dritten PERIPLOUS, der allen meeresfahrenden Händlern, Kaufleuten, Pârsa, Phoinikern oder Hellenen in wenigen Jahren dazu dienen mag, rifflos zu segeln, behagliche Quellstrände und feine Häfen mit reichem Handelsgut zu finden. Im Anhang dieses Briefes finden andere Kapitäne alle Untiefen, Strömungen, Buchten und Städte, in denen goldgierige Lotsen wohnen und die Schiffe führen. Dieser Brief kommt von blaugefärbten Felsen östlich von Byzantion; jenen Meeresmarken, von denen die Alten sagten, es wären die Kyaniden, die Klappfelsen oder Symplegaden der *Argo*, die der Iason aus Pagasai überwand. Der Pontos Euxeinos hat uns überrascht, verwirrt, erschreckt: Es ist ein ganz anderes Meer als jene Meere, die wir kennen. Wir haben die Küste zur Rechten und rudern langsam, auf guten Wind wartend. Bisher kamen uns mehr als hundert Schiffe entgegen: Es sind hellenische Händler, die Korn und Eisen einhandeln und so tun, als kämen sie von überaus geheimnisvollen Küsten weit jenseits des Hindusch.

Wir wissen, daß eine Flotte unter deiner Führung am linken Ufer zur Mündung des Istros gefahren ist. Wir segeln am rechten Ufer. Wenn dieses Meer nicht mit anderen Meeren zusammenhängt, die wir kennen, werden wir nach langer Fahrt im Kreis auch an die Mündung des Istros kommen; dies mag lange dauern. Wir sind gesund und kräftig, aber wir spüren und fühlen, daß wir alt werden, alt geworden sind.

Es mag sein, daß wir auf der Fahrt nach Osten solche Boten finden, die zuverlässig erscheinen. Jeden Bericht schreiben wir mehrere Male; die wichtigsten Schreibleder bewahren wir an Bord auf bis zur Rückkehr. Aber schon der nächste Brief kann dich entweder erreichen oder für immer verschollen bleiben; niemand weiß es – die Zeiten sind voller Gefahren, und die Zuverlässigkeit läßt zu wünschen übrig, je ferner die *Unsterbliche Schneide* von deiner Grenze segelt, desto mehr sind wir allein auf uns gestellt. Da wir anscheinend weder Hellenen noch Pârsa noch Phoiniker sind, nennen wir das Schiff jetzt *Schwinge des Zephyros*, und daher kennt uns niemand.

O großzügiger Großkönig! Jede Nacht, wenn wir in sternenvoller Dunkelheit segeln oder in einer Bucht ruhen, reden wir über die abenteuerlichen Fahrten, über das herrliche, einzigartige Leben in deinen kleinen Palästen, von Banneshu und Men-Nefer, von Frauen wie Amai-Irdis, von all dem Wohlleben, das wir dir zu verdanken haben, und wir lächeln, grinsen und lachen: Es war so schön, es war so groß, es war mehr, als wir uns je erträumt hatten. Heute lagen wir am Ankerstein in einer winzigen Bucht. Es mag die Nässe der Uferluft oder der heiße Wind des Morgens gewesen sein, aber die Lorme, die wir am Mast befestigt haben, öffnete und drehte sich knarrend wie ein Krokodilrachen, als wollte sie Finger oder Zeugungsglied zerbeißen; es ist ein großes

Rätselraten um dieses Ding, das die Blicke daimonisch anzieht. Wir haben diesen Brief dem samischen Kapitän der *Silberdelphinos* mitgegeben, der zehnmal beschwur, ihn an einen Pârsa weiterzugeben, der lesen und schreiben kann. Dies schreiben aus einer namenlosen Bucht am Südufer des Pontos Euxeinos die alten Meeresmänner der *Schwinge des Zephyros*: Skylax, Telamon, Strattis, Astraios, Bion und Deinias.

Dariuvahush atmete tief ein und aus, hob den Kopf und sagte leise: »Niemand hat je verstanden, daß ich lieber mit ihm gefahren, gerudert, gesegelt wäre, als Krieg gegen die Yaunier zu führen.« Nefermerit sah zu, wie er die Täfelchen in den Lederschutz schob und das Gebinde unschlüssig in der Hand wog, als wisse er nicht, was er damit tun sollte. Leise sagte sie: »Ich hab's verstanden, o Dariush. Ich, die Freundin, dein Freund, obschon nur eine Frau. Bescheide dich, Großkönig – du würdest heute auf Skylax' Planken eine Statue der Lächerlichkeit abgeben.« Sie breitete lachend die Arme aus und zog ihn an sich. Er blickte in ihr Gesicht, auf die Halskehle, in die Furche ihrer Brüste und auf ihren Bauch; sie flüsterte: »Du kannst nicht über ein solches Riesenreich gebieten und zur gleichen Zeit mit karischen Meeres-Trinkern namenlose Buchten und Strände ansegeln; die Säulen deiner Paläste sind deine Ankersteine.« »Diese Erkenntnis fällt schwer. Im meiner Jugend hätt ich diesen Skylax treffen müssen. Jetzt ist es zu spät.« Er streckte sich neben ihr aus und schob den Arm unter ihre Schulter. Er wußte, daß die nächste Botschaft aus Sardeïs kommen und ihm Nachricht über Sieg oder Niederlage überbringen würde; ihm schien es, als ob er so lange leben durfte, wie sein Heer siegreich blieb. Er war alt geworden, scharfsinnig aber starrköpfig, viel zu milde und viel zu grausam: Seit er nicht mehr an der Spitze seiner Truppen kämpfte – und das war lange her! –, schienen Siege nicht mehr berechenbar zu sein. Er war alt geworden, zweiundsechzig Herbste, älter und dennoch gesünder als die meisten Männer im Reich, war allein, aber nicht einsam, und in seinen Träumen vollzog er vieles von dem, was er hatte erleben wollen, in seinen Gedanken nach – ein farbensprühender, aber letztlich ärmlicher Ersatz. Er richtete sich halb auf, nahm Nefermerits Brüste und küßte saugend die dunklen Spitzen; außer ihr, so schien es ihm in dieser Nacht, gab es in seinem riesigen Reich niemanden mehr, der seine Hand halten würde, wenn er starb. Voller Verwirrung, halb ungläubig, spürte er, daß diese Folge von Gedanken seine Leidenschaft anstachelte wie der Stich einer Hornisse. Kurz nach Sonnenaufgang wachte er auf und wußte nicht, ob er glücklich, zufrieden oder befriedigt war; er betrachtete im Halbdunkel Nefermerits gelöste Gesichtszüge und begann quälend langsam zu verstehen, daß sie am Ende von allem das einzige Wesen, die letzte Frau bei ihm war, wenn er starb, und die nicht erwartete, belohnt oder ausgezeichnet zu werden. Er starrte hundert Herzschläge lang zur Windöffnung des Zeltdaches, drehte sich zur Seite und griff nach ihren Händen.

10. Das Schweigen des Gottes

Als das letzte Schiff der pârsischen Flotte am Kopf der Hafen-
mole von Delos vorbeifuhr, mit langsamen Schlägen gerudert
und mit schlaffem Segel, schwankte und kippte die Säule, zer-
barst in klirrende Steinsplitter und fiel in fünf Teilen vom Sockel.
Von der Insel und vom Grund des seichten Meeres kam ein dröh-
nendes, rumpelndes Poltern, das sich entlang der Häuser am Hafen fortsetzte und die Insel zu erschüttern schien. Dächer stürzten
ein, Mauern wankten; die Bäume der Uferwälder schüttelten
sich, als brause der Nordsturm über sie hinweg. Aus der Stadt
gellten Entsetzensschreie, Staubwolken stiegen auf; die Pârsa auf
dem Heck des schwer beladenen Dreiruderers sahen schweigend,
in Furcht erstarrt, daß ein Beben die Insel Delos heimsuchte –
der hellenische Lotse flüsterte:
»Ein Zeichen der Götter! Das erste Beben, das Delos erduldet
hat! Großes Unheil wird über uns alle kommen.«
Ein Windstoß wirbelte die Staubwolken und die Rauchsäulen der
Dächer durcheinander, die in die Flammen der Herdfeuer gestürzt waren, fuhr über das ruhige Hafenwasser und schlug in das
weißrote Rahsegel. Ein langsamer Ruck ging durch das Schiff
und trieb es von der Inselküste weg.

Gleichzeitig mit dem Angriff auf Eretria landeten pârsische Rei-
tertruppen bei Themenos, Choireai und Aigilia, nahmen die
Dörfchen ein und versammelten die Reiter. Die Hundertschaften
der Lanzenreiter verstärkten sie durch Bogenschützen und Fußkämpfer. Die Bewohner Eretrias stellten sich nicht zum Kampf;
fast alle ihre Krieger verschanzten sich innerhalb des ummauerten Teiles der Stadt und in der Akropolis. Sechs Tage lang und in
vielen Nachtstunden bestürmten die Pârsa die Stadt und erkannten, daß sich die Eingeschlossenen verbissen wehrten. Auf beiden Seiten gab es schwere Opfer, aber während im Inneren Eretrias noch gekämpft wurde, trieben im Hafen die Sieger bereits

die versklavten Einwohner – Kinder, junge Frauen und Handwerker – auf die Schiffe.

Am siebenten Tag zeigten Euphorbos und Alkimachos, zwei reiche, angesehene Stadtbewohner, an welchen Stellen die Mauern am leichtesten umzuwerfen und zu durchbrechen waren. Das Heer drang an mehreren Stellen gleichzeitig ein und kämpfte die Verteidiger nieder; als Rache für den Brand der Tempel in Sardeïs legten die Pârsa Feuer an die Tempel. Binnen weniger Tage war Eretria eingenommen, geplündert, unterworfen und menschenleer: Nur Verwundete und Alte waren übrig, um die Leichen der Erschlagenen zu verbrennen.

Die Bewohner Attikas hatten die Flotte beobachtet, seit sie in die Meeresenge zwischen der euboiischen Insel und den eigenen Stränden eingesegelt war. Jetzt näherten sich die Schiffe ohne Eile auf südlichem Kurs der Ebene, die sich nordöstlich von Marathon erstreckte. Hazarapati Dâtish und der landeskundige Hippias, Sohn des Peisistratos und aus Athen vertrieben, schworen alle Schiffskommandanten und jeden Hundertführer auf Dariuvahushs Befehle ein und ließen zuerst die Lanzenreiter mit ihren Pferden an Land gehen; vielleicht dachte der Hellene, die Pârsa würden ihn als Tyrannen einsetzen.

Die Landschaft zwischen der Küste und Marathon war flach, von wenigen Bäumen bestanden; einige niedrige Hügel, kleine Weiler und Dörfchen lagen wie zufällige Einsprengsel in der weit einzusehenden Fläche. Die heißeste Zeit des hellenischen Jahres lastete über dem Land, alle Pflanzen zeigten herbstliches Gelb und Braun. Von Hippias hatten Dâtish und Rtafarnâh erfahren, daß der athenische Herrscher Kallimachos den Oberbefehl hatte, sich aber auf die Erfahrung des Miltiades stützte, des angeblich besten Strategen Attikas. Das pârsische Heer gliederte sich zum Angriff, nachdem Kundschafter mehrmals die Ebene durchstreift und sie nach möglichen Wegen, Brunnen, Hinterhalten und solchen Plätzen abgesucht hatten, an die sich ausweichende Truppenteile zurückziehen konnten. Von Marathon führte eine gute Straße nach Athen: Die Hellenen würden sie ohne jeden Zweifel erbittert zu schützen versuchen. Wie viele Krieger das Heer um Marathon zählte, wußte Dâtish nicht, aber es konnten kaum mehr als 10 000 sein – sie standen 25 000 Pârsa gegenüber. Dreimal bot Dâtish dem Miltiades die Schlacht an; beim vierten Aufmarsch, nach einem Opfer und der Befragung der Seher, entschloß sich Kallimachos zum Kampf. Die Zeichen standen günstig.

Die Lanzenreiter der Pârsa galoppierten auf die Mitte der gegnerischen Schlachtreihe zu. Das übrige Heer folgte in einer breiten Linie, deren Endpunkte sich langsam dem Gegner entgegenkrümmten. Zuerst wichen die Athener in der Mitte ihrer Kampflinie weit zurück, zogen sich weit auseinander und wichen den Pfeilschwärmen der Bogenschützen aus, indem sie in einer sorgfältig gegliederten Phalanx vordrangen und einen Teil des Heeres überrannten. Am linken und rechten Ende der athenischen Schlachtordnung drangen die Hopliten vor, schwer gepanzerte Krieger mit Stichspeer und langen Schwertern.
Die Pârsa töteten und verwundeten einige hundert Athener, lösten an einigen Stellen der Schlacht die hellenischen Gruppen auf und zogen sich kämpfend zum Bach Charadra zurück; dort erlaubten sie keinem Athener, die Ufer zu überschreiten. Dâtish gab Befehl, sich auf die Schiffe zurückzuziehen und die Verwundeten mitzunehmen. Voller Sorge hatten er und die Lanzenreiter seiner Begleitung miterlebt, daß die feindlichen Hopliten mit besserer Bewaffnung härter und geschlossener kämpften; solche Phalangen vermochten im Laufschritt den besten Gegner zu besiegen, eigneten sich aber nicht zum Verfolgen der Flüchtigen. Die Athener aber kämpften im eigenen Land mit verbissener Wut, und kein Anführer brauchte seine Truppe mit Flüchen und Peitschenhieben anzutreiben.
Einem Trupp sakischer Reiter gelang es, am rechten Flügel des Gegners vor der Verteidigungslinie eine Gruppe Hellenen niederzumachen, mit Pfeilschüssen und den furchtbaren Doppeläxten; die Männer trugen prächtig geschmückte Helme und goldverzierte Schilde und schienen Anführer zu sein. Während sich die Krieger ruhig einschifften und ein Schiff nach dem anderen abstieß und die Ankertaue einholte, wichen die Verteidiger Schritt um Schritt zurück, und die Bogenschützen hielten die Athener

mit ihren Wolken aus Pfeilen zurück, aus denen ein hohles, todesverkündendes Schwirren zu hören war.

Dâtish ließ vielleicht 4000 tote Krieger aus allen Teilen seines Heeres auf dem Schlachtfeld zurück; seltsamerweise versuchten die Athener nicht, die Pârsa, von denen viele ihre toten, sterbenden oder schwer Verwundeten trugen, in großer Zahl und kämpfend auf die Schiffe zu verfolgen. Zwei große und drei kleine Schiffe gingen verloren; sie brannten, kenterten oder trieben ruderlos auf Klippen. Dâtish befahl der Flotte, Kurs auf Athen zu nehmen.

Nicht nur das pârsische Gold brachte manche Hellenen zur Einsicht, daß im Reichsfrieden mehr Vorteile zu finden waren als in unaufhörlichen eigenen Streitereien; auch in Athen gab es nicht wenige pârsisch gesinnte Fürsten. Sie hatten die Unterstützung vieler Männer unter den städtischen Räten. Dâtish hoffte, daß die Pârsafreunde, während die Flotte unaufhaltsam näher kam, die Macht über die Stadt wieder übernehmen würden.

Die Schiffe segelten und ruderten zum Kap Sunion. Diejenigen Kapitäne, deren Schiffe voller Beutegut und Sklaven waren, schickte Dâtish unter dem Befehl Rtafarnâhs zum Festland, nach Miletos; dort sollten die Sklavenzüge nach Ampe zusammengestellt werden. Der Feldherr wußte, daß die Schlacht in der Ebene von Marathon nur ein einzelnes Treffen in einem langen Krieg gewesen war. Er ließ genau aufschreiben und zeichnen, wie die Küsten zwischen der letzten Landungsstelle und Athenai aussahen, segelte und ruderte um das Kap herum und auf die Stadt zu. Als er von deren Befestigungen und davon erfuhr, daß die Athener von Marathon aus in Gewaltmärschen zur Stadt gezogen und sich zur Verteidigung aufgestellt hatten, verschwendete er keinen Gedanken mehr an eine Belagerung und ließ bei Westwind nach Osten steuern; zwischen den Inseln nach Miletos und zurück zum Versammlungsplatz bei Tarsos.

Die galoppierenden Boten brauchten von Miletos über Ephesos und Sardeïs zwölf Tage bis Hagmatâna. Aspat Shanâh wagte es, Dariuvahush um Mittag herum die Botschaften vorzulesen. Der Großkönig schien zu lächeln, während er zuhörte. Schließlich streckte Dariuvahush die Hand aus und sagte:

»Gib mir die Nachricht. Dâtish hat klug gehandelt und weder zusätzliche Krieger noch Schiffe durch weitere Angriffe vergeudet. Ich habe geahnt, daß der verfluchte Krieg weitergehen wird.«

»Was wirst du tun, Großkönig?«

Dariuvahush deutete auf einen Sessel. Aspat Shanâh setzte sich und winkte einer Schanksklavin. Dariuvahush holte tief Luft, wedelte mit dem feuchten Stück Schreibleder und hob es blinzelnd an die Augen.

»Entweder ist es unmöglich, diese Grenze zu schützen, ohne auf jeden verfluchten Fußbreit Boden entlang des yaunischen Küstensaums einen Unsterblichen als Wächter zu stellen. Oder meine Heere haben zu kämpfen verlernt, seit ich nicht mehr an ihrer Spitze zu finden bin. Drei Pârsa gegen einen Athener! Dennoch verloren. Oder ich gebe es auf und greife die Hellenen nur dort an, wo sie gelandet sind. Oder ich rufe binnen tausend Tagen das größte Heer zusammen, das diese Welt je gesehen hat, überziehe alles Land der Hellenen mit Tod, Brandschatzung und Versklavung und lasse nackte Erde zurück.« Er redete mit großer Anstrengung und wischte den Schweiß unter seinen Achseln weg. »Tu ich dies, sollte Proktokrites schon heute über mein Grabmahl meißeln: *Hier liegt Dariuvahush der Völkerschlächter.* Wir haben Zeit, Shanâh.«

»Sechs Monde lang, ungefähr.«

»Morgen sag ich dir, was ich mir ausdenke. Die Entscheidung verkünde ich am Nourouz in Pârseï. Bis auf die Unsterblichen sollen die Krieger zu ihren Äckern, Feldern und Herdfeuern zurückkehren.«

»Das ist vernünftig, Herr!« Aspat Shanâh schüttelte bedächtig den Kopf und vergrub die Finger in seinem dünnen weißen Bart. »Der Thronfolger ist in Mudrayia – soll er zu dir kommen?«

Langsam hob Dariuvahush den Kopf, schnalzte und murmelte: »Stören wir ihn nicht. Er vergleicht, glaub ich, die lustvollen Figürchen auf den Fußsohlen seiner reich bebilderten Gefährtin mit der Wirklichkeit und wird herausfinden, daß dies ziemlich Zweierlei ist.« Dariuvahush kicherte tonlos. »Er muß ohnehin in Pârseï neben mir sitzen.«

Aspat Shanâh nippte am Wein.

»Du willst nicht den Rat deiner Freunde? Tachmaspâda, Rashur-da, Sykashta, Mardunya?«

»Laß sie in Frieden. Ihre große Zeit ist vorbei; wir alle sind Grei-se, die nicht mehr so tun sollten, als wären sie feurige Krieger. Bald zähle ich dreiundsechzig kalte Herbste, o Freund.«

Aspat Shanâh starrte mit düsterem Gesicht in die Trinkschale, als sähe er dort ewige Jugend. Dreimal zuckte er mit den Schultern, dann murmelte er mit einem zögernden Grinsen: »Noch einmal, o Großkönig, wir alle im Kampfwagen, gestärkt durch Ahura Mazdâhs Schwingen, die Speere wirbelnd, hinter uns hunderttau-send Krieger, an der Spitze verschiedener Heeresteile?« Er hob die Faust. »Mit listenreichen Angriffen, mit denen wir selbst die Hopliten niederwalzen? Nein? Zu spät?«

»Zu spät, mein Freund.« Dariuvahush streckte abwehrend die Hände in die Höhe und wackelte mit den Fingern. »Andererseits: Die Hellenen würden sich totlachen; es wäre ein leichtes Siegen. Geh jetzt, bitte – laß mich grübeln.«

Aspat Shanâh leerte die Schale, stand auf und verbeugte sich mit leisem Ächzen. Rückwärtsgehend verließ er den Saal.

Nach einem Tag und einer Nacht Nebel brachte ein kraftloser, aber stetiger Wind aus Nordost bittere Kälte über die Ebene von Pârseï und die Stadt Shvadaitshaya. Als Dariuvahush, von der ungewohnten Stille geweckt, ins Freie hinaustrat, sah er ein Bild von einzigartiger Schönheit. Der Himmel war lichtgrau, die Son-ne nur ein verwaschener Fleck Helligkeit hinter dem dichten Dunst. An den letzten Blättern, sämtlichen Ästchen und Zwei-gen, an allen Gräsern und Pflanzen auf der Festungsterrasse haf-tete dicker Rauhreif; bis zum Horizont erstreckten sich schnee-weiße Flächen und Wälder, Baumreihen und Buschwerk. Der weiße Belag auf den Pflanzen schien jeden Laut, jedes Geräusch zu schlucken. Dariuvahush, in seinen Mantel gewickelt und die Hände in den Achseln, sah keinen einzigen Menschen. Die Kälte biß auf der Haut, die Augen begannen zu tränen. Langsam wand-te er sich um. Die Reihen der Bäume entlang der Terrassenkanten und zwischen den Gebäuden standen starr wie Mauern und Säu-len, der Rauch aus den Dachöffnungen stieg in dicken Fäden senkrecht auf und verschwand, sich mit dem Nebel mischend, im Grau der Umgebung. Aus Dariuvahushs Mund und Nase kamen weiße Wölkchen; die Kälte kletterte von den Sohlen in die Zehen und Knöchel. Er schüttelte sich und nahm noch einmal das gewaltige Bild tief in sich auf. Daran hatte er niemals gedacht – aber auch während solcher seltener und seltsamer Tage war seine Schöpfung, der steinerne Mittelpunkt des Reiches, von einzigartiger Schönheit; an keiner anderen Stelle der Welt konnten die Menschen einen solchen Anblick bewundern. Auch wenn sie dabei jämmerlich froren – so wie er.

Manchmal erinnerte sich Dariuvahush während der tausend Tage an den riesigen, uralten Baum, die Großmutter aller Buchen, im Pairidaeza seines Vaters. Auch der hölzerne Riese hatte tausend Tage gebraucht, bis er, abgestorben, blattlos und vermorscht, im Fallen einen Teil der Mauer niederriß. Er hatte ihn langsam, lautlos und in Würde sterben sehen; kurz vor dem Fall hatten die Eulen und Spechte, die in den Höhlungen des Stammes nisteten, ihre Bruthöhlen verlassen. Zuerst in Gedanken, dann auf den Tontafeln, Wachsbrettchen und Papyri der Schreiber, stellte er ein Heer und eine Flotte zusammen; auch dieser Kriegszug hatte ihm gezeigt, daß das Reich mit kleineren Heereszügen nichts Entscheidendes vermochte. Um die Hellenen endgültig in den Reichsfrieden haltbarer Verträge zu zwingen, bedurfte es langer Vorbereitung und sorgfältigster Planung und einer anderen Anwendung der Kriegskunst für Kämpfe und Schlachten.
Er hob im Tageslicht nacheinander verschiedene Botschaften an die Augen. Nach wenigen Zeilen verschwammen die Buchstaben, war er unfähig, mit tränenden Augen weiterzulesen. Wenn er auf seine Schreiblederblätter schrieb, so nicht mehr nachts, sondern nur im Sonnenlicht. Ein Blatt zu füllen, dauerte viermal so lange wie früher. Alles, was einige Speerlängen weit entfernt war, sah er klar und deutlich, ohne daß seine Augen ermüdeten. Er seufzte, ging in den Schatten und setzte sich.
»Schreibt!« sagte er laut. Seine Stimme war fest geblieben; die Schreiber verstanden jedes Wort. »Die Grenze des Reiches darf

nicht verletzt werden. Sie verläuft an der Küste der Kshatrapie Sparda, von Byzantion bis Tarsos, wie jedermann weiß. In allen Buchten und Häfen sollen Schiffe liegen und jeden prüfen, der aufs Festland will. Auf dem Land, überall dort, wo Fremde es von See aus betreten können, sollen Bewaffnete reiten und die Grenze schützen.«

Er dachte eine Weile lang nach und fügte hinzu: »Die Händler sollen nicht eingeschränkt werden. Aber meine Vertrauten dort müssen darauf achten, was sie ins Land bringen.«

Diese wenigen Befehle, sagte er sich, waren leicht auszuführen und sicherten der Reichsgrenze und ihren Bewohnern Ruhe und Friede; Sparda war die einzige Kshatrapie, deren lange und zerklüftete Küsten so leicht zu erreichen waren. Die Hellenen würden nicht aufgeben, würden die Verträge brechen und den Reichtum ihrer fernen Pflanzstädte gegen das Reich einsetzen, das kraft göttlichen Auftrags sein Reich war; noch immer sein Reich.

Auch in jenen tausend Tagen reiste Dariuvahush von Pârseï nach Pâthragada, von dort nach Huza und Babirush; die Mühsal, die lange Königsstraße nach Hagmatâna zu benutzen, nahm er seltener auf sich. Er ritt nur noch in den Pairidaezas und schlief mitunter im Wagen ein, wenn die Zugpferde auf ebener Straße dahintrabten. Da er noch immer mit unerbittlicher Genauigkeit prüfte, ob seine Befehle befolgt worden waren, wußte er selbst so genau wie jeder Statthalter, daß er nichts vergessen hatte: Wo die Natur es zuließ, hatten seine Vorstellungen und der unermüdliche Fleiß des Volkes die Steppe in fruchtbares Land verwandelt, das alle Menschen satt machte und Überschuß abwarf. Er kannte alle diese wachsenden Landschaften seit drei Jahrzehnten; im hellen Frühlingsgrün, im satten Grün des Sommers und in den fahlen Farben des Welkens und Vergehens. Er sah auch die wachsenden Herden und die unzähligen Häuser und Dörfer, von nutzbaren Bäumen umgeben, die von Jahr zu Jahr größer geworden waren. Dies alles sah er scharf und deutlich; es waren große Dinge, nicht kleine Buchstaben auf weißem Leder.

Der Tageswind Babirushs, der weder in den Tiefen des Palasts noch in den schmalen Gassen zu spüren war, bewegte die Wipfel der Palmen und raschelte mit den trockenen Spitzen ihrer Wedel. Er blähte die Mückenschleier und sog mitunter an den Sonnensegeln, aber Dariuvahush genoß das kaum gedämpfte Mittagslicht ebenso wie die Hitze und die kühlenden Windstöße. Er hatte sich neues Schreibleder und Griffel mit größeren Spitzen bringen lassen; nach langer Zeit – und langem Zögern – schrieb er auf, was er dem Thronfolger in drängenden Worten geraten hätte; Xayarsha reiste zwischen Hagmatâna und Pârseï und übte sich als junger Herrscher. Dariuvahush trank einen großen Schluck kalten, mit etwas Wein gemischten Granatapfelsaft, holte tief Luft und begann zu schreiben.

Auf der Terrasse deines Palasts in Babairu schreibe ich, o Thronfolger und Kshatrapan von Babirush, mein Sohn Xayarsha; einst war es der Palast meines ältesten Freundes Gaubarva. Von vielen Dingen, die du tust und in meinem Namen befiehlst, weiß ich nichts. Und selbst wenn es mich anginge, würde ich dir nicht hineinreden. Denn vieles, was du nach meinem Rat getan, unternommen oder befohlen hast, dünkt mir vernünftig zu sein und nützt dem Reich. Du hast befohlen, an der engsten Stelle des Athosberges auf einer Länge von zwölf hellenischen Stadien, das ist eine Drittel Parasange, durch die Landenge einen Kanal ausheben zu lassen, so wie ich es in Mudrayia tat; so können, wenn er in meinem 65. oder 66. Herbst fertig ist, nicht nur die Schiffe unserer Flotte, sondern in friedlichen Zeiten auch fremde Handelsschiffe die stürmischen Klippen des Athos vermeiden und viele Stunden oder gar Tage Zeit und viel Mühe sparen. Die Kämpfe in der Marathon-Ebene und die drohende Flotte vor dem Hafen Athenais haben den brüchigen Grenzfrieden nicht festigen können. Wir wissen von Miltiades, gegen den wir zu Land kämpften, daß er in meinem 33. Herrschaftsjahr mit einer Flotte gegen jene Inseln zog, die mit uns Verträge haben; Ahura Mazdâh hat zugelassen, daß Miltiades' rennende Hopliten uns um einen Sieg gebracht haben, aber der Gott ließ den Barbaren an der Insel Poros scheitern, wo er im sieglosen

Kampf eine Wunde empfing, an der er bald darauf starb. Was Miltiades begann, will Themistokles weiterführen oder gar beenden. Hipparchos und Megakles wurden in die Verbannung getrieben; sie sind unwichtig, aber es ist ein Zeichen für die keimende Macht des Themistokles, der um jeden Preis für Athenai 200 Kriegsschiffe bauen lassen will.

Auch daß du Gesandte der Stadt Qart-Hadasht empfängst und reich beschenkst, zeigt mir deine Klugheit. Sie haben uns immer wieder geholfen, die Hellenen im Zaum zu halten; das Reich hat's nur Gold und Handelsrechte gekostet. Aber sie werden mit jenen 200 Schiffen, die sie zu stellen versprachen, viele Schiffe und kleine Flotten der Barbaren zerstören, die sonst unsere Flotte bekämpfen könnten; ich glaube nicht, daß sie eine solch große Zahl von Schiffen gegen die Pflanzstädte der Griechen auf der Insel Sicilia und im Land der Italer aufbringen und bemannen können. Mein Rat: Verlasse dich nicht auf Fremde, denen du nichts befehlen kannst. Sie werden, wie wir, ihren Vorteil suchen und irgendwo finden, vielleicht bei uns.

Laß auch den Hellenen Harpalos eine Schiffbrücke bauen, über den Hellespontos oder den Bosporos, denn der Yaunier Mandrokles ist unauffindbar oder längst gestorben; was die Baumeister der Barbaren zu leisten vermögen, hast du in meinen Palästen, an meinen Brücken, Straßen und Wasserdämmen gesehen. Und vergiß niemals, daß jeder einzelne Krieger des Reiches, wenn er den Boden der Kshatrapie Sparda verlassen hat, im unbekannten Land des Feindes kämpft. Der Feind aber, obwohl Barbar, kämpft in seiner Heimat und für seinen Besitz und seine Freiheit. Hazarapati Mardunya hat dies ebenso erfahren müssen wie ich. Unterstelle ihm – wenn ich dies nicht mehr befehlen kann – einen Teil des Landheeres oder das gesamte Heer, denn er kennt den Weg zu den Hellenen, die Kshatrapan Rtafarnâh noch immer dafür haßt, daß sie den Tempel der Kybele in Sardeïs niedergebrannt haben, obwohl er längst viel prächtiger wieder aufgebaut wurde. Nun erkenne ich trotz des Sonnenlichts kaum wieder, was ich geschrieben hab, und lasse die Tusche trocknen.

Das Blatt rollte sich unter seinen Fingern zusammen, leise schloß sich der Deckel der Schreibtruhe. Dariuvahush sah das Licht auf den beiden Goldfigürchen blinken; er öffnete die Truhe wieder und legte den Turm und den Stier hinein. Hinter sich hörte er die Schritte zweier Besucher und sagte sich, daß es nur Zhivaka und Nefermerit sein konnten. Der Arzt verneigte sich tief, musterte den schweißbedeckten Körper Dariuvahushs und sagte:

»Zuviel Hitze ist schädlich, o König. Geh ins Kühle; meine Badesklaven und Walker warten. Bis zum frühen Abend sollst du schlafen, Herrscher.«

»Ich schlafe viel zuviel«, murmelte Dariuvahush. »Aber du hast recht. Ich fühle, daß mein Herz zu schnell schlägt.«

Als er aufstand, verschwammen der Himmel und die Palmenwipfel vor seinen Augen, wie es meistens geschah, wenn er sich tief bückte. Zhivaka stützte ihn, als er, leicht taumelnd, zwischen den Säulen in den kühlen Saal zurückging. Nefermerit folgte und trug die Schreibzeugtruhe. Dariuvahush genoß ein warmes und ein kaltes Bad, ließ sich kneten und walken und den Körper mit kalten Tüchern abreiben; Nefermerit schien noch nicht gemerkt zu haben, wie leicht und oft ihm der Schweiß ausbrach. Die Taubheit in den Gelenken und den Zehen ließ nach, und er konnte, gerade aufgerichtet wie ein junger Mann, zum Schlafgemach gehen. Durch wenige Spalten der Holzläden drangen haarfeine Streifen Helligkeit; als er sich zur Seite drehte und die Augen schloß, schienen sie langsam auf der Innenseite der Lider der kurzen Dämmerung zu weichen.

In einer der letzten Nächte vor der Reise nach Huza, Pâthragada und Pârseï, gelang es Nefermerit auch in den Stunden zwischen Mitternacht und Sonnenaufgang nicht, ihn zu erregen; sein Glied blieb schlaff. Sie streckte sich neben ihm aus, sein feuchtes Gemächt in der Hand und die Finger in seinem Nacken. Sie küßte Dariuvahushs Wange über dem kurzgeschorenen Bart und flüsterte:

»Es sind deine Gedanken, Liebster. Du denkst an Mazdâhs schmale Brücke, nicht an unsere Leidenschaft.«

Er zog die Schultern hoch und lachte kurz und tonlos.

»An die Brücke hab ich nicht gedacht. Hab ich eigentlich etwas gedacht? Voll Verzweiflung hab ich an den alten Körper gedacht, daran, daß auch der stärkste Baum modern muß. Und geschämt hab ich mich.«

»Du darfst dich nicht schämen.« Nefermerit stand auf, um Wein zu mischen; er sah ihr dabei zu und fragte sich neidvoll, wie es kam, daß sie so wenig gealtert war. Sie bewegte sich wie eine junge Frau, trotz der breiteren Hüften und der schweren Brüste. Seit ihr langes Haar silbergrau und weiß war, schien selbst ihr Gesicht wieder schmal geworden zu sein, und im Licht der Öllampen sah er die Falten nicht. Sie wandte sich halb über die Schulter und meinte: »Auch ein Meisterschütze verfehlt mitunter das Ziel.«

»Immerhin spannt er dann noch den Bogen.« Dariuvahush setzte sich auf und nahm die Schale in beide Hände. »Seltsam. Vor dem Tod hab ich keine Furcht. Ich ängstige mich vor dem Sterben, wenn alles verfällt und sich der Verstand verwirrt. Vor den Schmerzen.«

Sie bewegte unruhig den Kopf. »Du hast keine Schmerzen. Denk an Gaubarva – dein Verstand ist wie eine Speerschneide. Wir werden noch tausend Nächte miteinander verbringen, Feuer meines Schoßes.«

»Unter Ahura Mazdâhs Schwingen.« Er lächelte, trank und wischte den Schweiß von seiner Stirn. »Gegen die Gedanken an nicht endenden Krieg, an Aufstand, der vielleicht ausbricht, wenn das Volk hört, daß ich tot bin, an Xayarsha, der vielleicht auch zwanzig Jahre kämpfen muß ...«

»Er herrscht über ein Reich, das du gepflanzt und gegliedert hast wie deine Pairidaeza. Er hat es leicht.« Nefermerit löschte einige der Flämmchen und öffnete eine Doppeltür. Kühle Nachtluft wehte herein. »Schlaf jetzt, Geliebter. Träum von einem schönen, hellen Leben bis zu deinem fernen Tod. Und glaub mir: Es wird ein glücklicher Tod sein.«

»Ich wünschte, ich könnte dir glauben.« Seine Blicke suchten im Halbdunkel ihr Gesicht; in seinem Inneren schien sich ein warmer Strom den Weg in sein Herz zu bahnen. Er war vielleicht zu alt und zu schwach, um sich weiter gegen sein Erkennen zu wehren, aber er ließ das Gefühl und die Gesten zu, die andere als Ausdruck der Liebe beschrieben. In der fast vollkommenen Stille lagen sie nebeneinander und betrachteten viele Atemzüge lang das seltsame Bild eines Palmwedels vor der Mondscheibe. Dann griff Dariuvahush nach Nefermerits Hand und hielt sie fest, bis sie eingeschlafen war.

In den Monden vor, während und nach dem Nourouzfest in Dariuvahushs fünfunddreißigstem Herrschaftsjahr hatten die Kshatrapane und Heerführer, unter denen viele seiner Brüder und Söhne waren, ein neues Heer zusammengestellt und alles berechnet, aufgeschrieben und mehrere Male geprüft: Zehntausend Unsterbliche, hunderttausend Krieger und eintausend und zweihundert Schiffe aller Größen standen binnen kurzer Zeit bereit, auf Xayarshas Befehl hin nach Sparda zu marschieren, die Schiffe zu füllen oder als Landheer zum Hellespontos zu ziehen. Mit den Phoinikern von Qart-Hadasht, Sidon, Tyros und Byblos hatte Dariuvahush einen Vertrag geschlossen, der sie verpflichtete, die hellenischen Schiffe daran zu hindern, in den Meereskrieg einzugreifen, der zweifellos stattfinden würde. Als alle schriftlichen Aufzeichnungen gesiegelt und geordnet waren – drei Wagenladungen voll! –, befahl Dariuvahush, ein Feueropfer für Ahura Mazdâh vorzubereiten.

Der weiße Feuerbewahrturm, die Häuser der Priester und der Feueraltar, eine Parasange weit von Pârseïs Terrassenfestung am Brunnen der ältesten Oase und zugleich an einem windgeschützten Hügelfuß, war das zwölfte Bauwerk der Steinmetztruppe um Proktokrites gewesen. Dariuvahush hatte es einige Jahre vor seinem Entschluß, Pârseï zu planen, zu errichten befohlen. Es lag am Ende einer prächtigen, baumbestandenen Straße jenseits des Palastgartens, in dem er aufgewachsen war.
Die meisten Zelte der Lager waren schon abgebrochen, der Troß der Kshatrapane war vor wenigen Tagen abgereist. Dariuvahush hatte ihnen befohlen, bis zu dieser Feier zu bleiben und ihr beizuwohnen, denn der Gott breitete seine Schwingen über das ganze Reich aus, auch über Länder, deren Götter anders hießen.

Als die Sonne aufging, erreichte das Rappengespann des Großkönigs als erstes den Rand des Versammlungskreises. In der kalten Luft des Mondes der Kornsaat stieg die dünne Rauchsäule
zwischen den felsigen Hügelflanken senkrecht in den wolkenlosen Himmel. Begleitet von den wichtigsten Würdenträgern, von
Lanzenreitern geschützt, ging Dariuvahush vom Rand des Kreises aus kurzem, verwelktem Gras auf dem Sandweg zu den Stufen des Doppelaltars: In den Sand war Silber- und Goldstaub gemischt.

Ausgesuchte Palastdiener trugen in Körben Kräuter, Hölzer und
Harze aus allen Kshatrapien, in goldenen Krügen Wein, Bier und
Öl aus jenen Ländern, in denen Ölbäume, Sesam und Weinreben
wuchsen.

Dariuvahush verbrannte Getreide, Hirse und Bohnen, Ingwer
und Nardewurzel, Guggul und Weihrauch, Kampher und Patshooly, Zedernspäne und Sandelholzmehl, phoinikischen Wacholder, Lorbeerzweige und Eicheln, Zypressenspitzen und Sanda-
rakharz, löschte die Flammen und die Glut mit Milch und Wein,
fachte die Flammen mit Öl an und verdampfte dickes Bier; Ma-
stix von Chios rauchte ebenso zum Himmel wie Adlerholz und
Moschus. Mit Palmwein löschte er die letzte Glut, hob beide
Arme und bat, halb betäubt von den Gerüchen, Ahura Mazdâh
um den Schutz für das Reich und dessen Kshatrapien.

Eine dicke, mißfarbene Rauchsäule war aufgestiegen und breitete sich über Pârseï aus wie ein großer Pilz. Im Sonnenlicht leuchteten plötzlich in dem Gebilde seltsame Farbschleier auf. Dariuvahush rief:

»Ich habe dem Reich Gesetze gegeben, Maße und Hohlmaße,
den Wert von Münzen und alles, was das größte Reich der Welt
braucht, so daß jedermann ehrfürchtig darüber redet. Zweitausend Jahre, sagen sie in Babairu, haben die Gesetze des Königs
Hammurabi Gültigkeit besessen; viele gibt es noch heute. Meine
Gesetze haben Gerechtigkeit für jeden gebracht, der sich an mein
Dâtam hält, heute, im sechsunddreißigsten Jahr meiner Herrschaft. So soll es bleiben für alle Zeiten. Geht zurück in die
Hauptstädte der Kshatrapien, und wenn es an der Zeit ist, sollt
ihr dem neuen König der Könige ebenso gehorchen wir mir.« Er

holte tief Luft und spürte, wie ihm am ganzen Leib der Schweiß ausbrach. »Schützt die Grenzen des Reiches, o Freunde. Vermehrt seinen Reichtum und seine Macht. Duldet keine Lügenkönige!« Wieder atmete er keuchend. »Bei Ahura Mazdâh!«
Ein gewaltiger Chor aus einigen tausend Stimmen antwortete. »Im Schatten seiner Schwingen!«
Farnaka und Xayarsha halfen Dariuvahush von den steinernen Stufen und führten ihn schweigend und langsam zu den wartenden Gespannen.

An jedem der folgenden Tage trat Dariuvahush eine weitere Aufgabe an Xayarsha ab, siegelte immer seltener wichtige Befehle und Schriftstücke. Aspat Shanâh wurde mit großen Ehren, gerühmt und überreich beschenkt, in sein Fürstentum entlassen, wo er, wie er sagte »an Körper und Verstand gesund viel Wein trinken, Bäume pflanzen, Pferde züchten und breithüftige Sklavinnen beschlafen« wollte. Farnaka und Tshissa Vahush blieben auf Xayarshas Wunsch bei Dariuvahush, der nach Huza reiste und die Stadt am Ende Amrtats, des sechsten Mondes, dem der Erntesteuer, wegen der unerträglichen Hitze verließ und nach Pârseï zurückkehrte. Er ließ sich vier-, fünfmal zum Dach seines Palasts hinaufbegleiten, lehnte sich auf der gepolsterten Liege gegen die vielen Kissen und sah in die Ebene hinaus und in die Richtung seines Felsengrabmals.
Am siebenten Tag des Mondes Bagayada, drei Tage vor jenem Tag, an dem er den Gaumâta geköpft hatte, stiegen im Westen Gewitterwolken auf, wuchsen grau und schwarz in die Höhe, verdunkelten die Sonne, aber sie entluden sich nicht. Mitunter war in den Nächten Wetterleuchten zu sehen; unendlich ferner Donner polterte dumpf. Fünfzehn Tage lang, während die letzte Ernte eingebracht wurde und in der weiten Ebene Feuer brannten, zeigte sich die Sonne kaum. Nachts verdeckten Wolken die Gestirne. Die Luft schien voller Nadeln und Dolchspitzen zu sein; stundenlang spürte Dariuvahush in seinem Herzen einen scharfen, stechenden Schmerz, durch die Schulter und den linken Arm bis hinunter in die Finger. Der Arzt zwang ihn, heißen Absud von Myrrhe, Guggul und Weihrauch zu trinken. Obwohl das

scheußliche Gebräu Dariuvahush würgte, leerte er den Becher und schlief lange.

Als er glaubt, vom Lager in die Höhe und durch den Fenstersturz aus massivem Stein zu schweben, weiß er, daß er träumt; aber er will weiterträumen, jeden Hauch des Hochgefühls einsaugen und sich merken. Flüchtig taucht aus der Finsternis ein bärtiger, kahler Kopf mit verschwimmenden Gesichtszügen auf, dessen Augen wie weiße Flammen flackern. Es ist, als stünde der Kopf auf einer Säule, und es ist jener Mann von Samos, Pythagoras, von dessen Harmonischen Gesetzen der Arzt Demokedes einst erzählt hat. Dariuvahush schwebt über Pârseï hinweg, sieht die Ebene im Mondlicht kleiner werden, wie sich die Sterne in einer unfaßbaren, endlosen Finsternis vergrößern und sich nähern. Plötzlich ist ihm, als dringe er wie die Dolchspitze aus dem barbarischen Ister-Erz in einen schwarzen Berg ein, in dessen Innern, einer hohlen Kugel, unendlich viel größer als die Welt, ihn vollkommene Stille umfängt. Er treibt auf eine Schale zu, in die Tausende und aber Tausende Sterne eingewoben sind und in deren Mitte jene Feuerkugel brennt, die vor ihm kein Mensch je gesehen hat. Nun ertönt Musik und wird näherkommend eindringlicher; er weiß, daß die Kugel, die von Harfenklängen begleitet vor seinen Augen vorbeischwebt, der Mond ist, der klingend auf eine andere, winzige Kugel zuschwebt, auf die Weltkugel zu, auf einer Bahn, die einen vollkommenen Kreis beschreibt. Und er sieht die Gegenerde, einen wüsten, von tiefen Löchern zerrissenen, in Spalten geborstenen Ball auf einer anderen Bahn, dessen Mißklänge zwischen den fünf Wandelsternen und der Sonne verhallen; zehn Schalen, wie die Häute einer Zwiebel, füllen den dunklen Raum, und Dariuvahush schwebt schnell wie ein Gedanke auf die Erde zu, auf die Kugel aus weißgeädertem braunem Blau, die sich zu einer riesigen Scheibe auffaltet, auf deren bergigem Antlitz er die Ebene von Pârseï wiederfindet und schwebend hoch über der strahlenden Palastfestung verharrt: Als er die Säulen, die riesigen Höfe zwischen den Baumreihen und die Mauern sieht, Schatten und unzählige Spiegelungen auf Gold, Edelsteinen und Farben, durchströmt ihn, wie einen schwebenden Adler, ein Gefühl der Leichtigkeit und der heiße Atem des Glücks. Noch lange nach dem Aufwachen erinnert er sich daran.

Ein dunkles Sonnensegel war zwischen den Säulen gespannt, die das Dach auf der Westseite des Apadana trugen. Das Lärmen der Handwerker, die am »Tor aller Länder« arbeiteten, war fast nicht zu hören. Langsam war Dariuvahush, den Arm über Nefermerits Schulter, vom Palast unter dem Herbstlaub der Bäume entlang der Brüstungskante zum Apadana gegangen, die Stufen hinauf und bis zu den beiden Liegen. Schwer atmend und mit schweißdurchnäßtem Gewand setzte er sich. An den Säulenfüßen kauerten junge Sklavinnen. Tiefhängende graue Wolken wanderten in endlosen Ketten nach Osten; mächtige Bündel Sonnenstrahlen zuckten aus dem Himmel und ließen einmal einen Wald, dann die fernen Felsen oder Teile der Weiden und Dörfer aufleuchten.
»So hab ich es mir gewünscht, Nefer«, sagte er leise und ließ sich in die Kissen sinken. »In meinem weißen, strahlenden Pairidaeza aus Stein sitzen und der Welt zusehen.«
»Und ich darf neben dir sein, weit weg vom Frauenpalast. Es sticht nicht mehr in deinem Herzen, nein?«
»Nein, nicht mehr, Schönste. Ich hab mich gelehrt, das Unausweichliche anzunehmen. Ahura Mazdâh wird mit ausgebreiteten Schwingen kommen, wie ein Adler.«
Sie deutete schweigend auf ein Wolkenloch. Dort kreisten zwei Adler, schwebten in einen Sonnenbalken hinein und schienen zu funkeln, vollendeten einen Halbkreis und tauchten in den Wolkenschatten. Dariuvahush lachte leise.
»Ich seh das meiste verschwommen. Die Säulenenden, die Adler, die Berge dort hinten – das ist so scharf wie immer, vielleicht schärfer.«
Er tastete ein wenig, als sie ihm einen leichten Tonpokal reichte und half, das Gefäß an die Lippen zu setzen. Er lächelte in das verschwommene Gesicht, in dem er die weißen Zähne, die Augen und das weiße Haar in einer dunklen Fläche unterschied. Der

starke Würzwein, auf einem Ölflämmchen warm gehalten, unterdrückte das Rasseln in seiner Kehle und den Husten, der ihn bisweilen überfiel.

»Hab ich dir vorgelesen, was sie über meinem Felsengrab eingemeißelt haben?« sagte er nach einer Weile, in der er hochbeladene Erntewagen und eine Eselskarawane beobachtet hatte, deren Körper unter Heulasten verschwanden. »Stell dir die Schrift vor, in großen Buchstaben, in meiner Reichsschrift.«

»Ich seh sie vor mir. Wie in Bagastâna, mein Geliebter.«

Er hob die rechte Hand und tat, als schlüge er einen Takt, den nur er hören konnte: »So hab ich es schreiben lassen:

NACH AHURA MAZDÂHS WILLEN LIEBE ICH DAS RECHT UND HASSE DAS UNRECHT. ICH WILL NICHT, DASS DER SCHWACHE DES STARKEN WEGEN UNRECHT LEIDE; ABER ICH WILL AUCH NICHT, DASS DER STARKE UNRECHT LEIDET WEGEN DES SCHWACHEN. AM RECHT HABE ICH GEFALLEN. ICH BIN DER FEIND DES LÜGENKNECHTES. JÄHZORN IST MIR FREMD; ICH BEKÄMPFE MEINEN ZORN, WENN ES IN MIR KÄMPFT; MEINEN EIGENEN SINN BEHERRSCHE ICH FEST.

Glaubst du, Xayarsha und seine jungen Männer verstehen, was ich sagen will?« Er wandte blinzelnd den Kopf; die Sonne überschüttete die Tempelflanke mit gleißendem Licht. Nefermerits Stimme war heiser, sie sprach stockend, als müsse sie weinen. Er streichelte ihre Hand.

»Sie werden es verstehen«, sagte sie leise. »Sie kennen dich und wissen, wie du bist. Sie werden auch begreifen, daß du sie nicht auf den Knien schaukeln konntest, weil du ein Reich hast festhalten müssen.«

»Ja. Ein Reich festgehalten, das hab ich.« Er streckte die Hand aus und machte die Geste des Trinkens. »Jetzt rutscht es mir aus den Fingern. Siehst du, dort hinten, den Fleck auf dem Hügel? Die Schafe laufen durcheinander, zu immer neuen Mustern.«

»Ich sehe sie.«

Er betrachtete die fernen, kleinen Bilder, seine Blicke glitten an den Säulen hinauf und hinunter und hefteten sich auf die weißen Flügelstiere, auf Edelsteinverzierungen und farbige, goldene, weiße Mauerflächen, auf die Äderung der Steine und die Teile Pârseïs, die er zwischen den Säulen sah, als aufragende Linien hinter dem Gitter der Bodenplatten, deren Fugen am Horizont zusammenzulaufen schienen, und mit jedem Schluck wurde er müder.

Auf dem Weg vom Abtritt zum Schlafraum, in einem dunklen, feuchten Korridor, krümmte sich Dariuvahush zusammen und begann zu husten. Das Stechen und Kratzen begann tief unter den Rippen, bohrte sich ruckhaft in die Kehle hinauf und erschütterte seinen Körper. Er holte keuchend Luft, stieß röchelnde und bellende Laute aus, hustete und tappte auf das helle Viereck des Türdurchgangs zu, stützte sich mit der flachen Hand rechts und links an der Wand und schlug nach ein paar Schritten schwer auf die Knie. Er war wehrlos, hustete, keuchte, in Schweiß gebadet, vor seinen Augen drehten und zuckten flammende Blitze; er schnappte nach Luft und sah verschwommen, wie Nefermerit, einige Sklavinnen und ein Mann im wehenden Mantel herbeistürzten; plötzlich roch die Luft nach Kampher oder Myrrhe. Dariuvahush wurde aufgehoben und zum Lager geschleppt, aber er hustete noch immer, selbst als er sich ausstreckte.

»Du mußt das hier trinken, Herr!«

Dariuvahush erkannte Zhivakas Stimme. Er trank, hustete, sprühte irgendeinen Trunk in die Luft und über die Laken und kippte kraftlos zur Seite. Kurze Zeit später schleppten ihn fremde Hände zu einem Sessel, zu einem Tisch, ein feuchtes Tuch fiel über seinen Kopf; er war von einer erstickenden, kochenden Wolke eingehüllt. Rauch oder Dampf wühlte sich in seine Lungen, legte sich ätzend auf seine Kehle, während er hustete, taumelte und röchelnd zu atmen versuchte. Nach einer qualvoll langen Zeit spürte er, halb ohne Bewußtsein, daß ihm der Dampf wohltat und daß er leichter atmete. Er stützte sich schwer auf den nassen Tisch und zitterte am ganzen Körper, als er das Tuch wegriß und sich zurücklehnte.

»Ich war sicher, daß es mich diesmal umbringt.« Er schüttete einen Schluck Wein herunter und wartete geduldig, bis Zhivakas Helfer ihn mit feuchten, duftenden Tüchern abgerieben hatten. »Ich danke euch. Es war furchtbar.«

Die Sklavinnen hatten einige Dutzend Lämpchen angezündet. Er streckte die Arme und versuchte die zitternden Fingerspitzen zu erkennen. Ein neuer, leichter Anfall marterte ihn, er trank, der Husten verging und zog sich ins Elend der kommenden Tage zurück. Er wandte sich halb herum und sprach leise weiter.

»Ihr wart so schnell bei mir. Also habt ihr vor der Tür gewartet. Ich danke euch, Zhivaka – ihr dürft, nein, ihr sollt schlafen in der Nacht. Bringt mich zum Lager.«

Er wartete, bis die Sklavinnen die Unordnung beseitigt hatten, streckte sich aus und sah den Bewegungen rauchhafter Gestalten zu, die der Arzt waren und seine Helfer und die Sklavinnen. Eisiger Schrecken durchfuhr ihn wie eine Speerschneide: Er wußte plötzlich – nein: er hatte es schon seit mehr als einem Mond gewußt! –, daß er den Beginn seines eigenen Sterbens erlebt hatte.

Am dritten Tag des Mondes Varkazana, dem Mond der Wolfsjagd – obwohl niemand seit siebzehn Jahren in der Ebene von Shvadaitshaya einen Wolf heulen gehört hatte –, zwei Stunden nach Sonnenaufgang, stand Dariuvahush an der Brüstungskante des Bauwerks, hielt sich mit beiden Händen fest und betrachtete den rußschwarzen Schatten des Palasts, des unfertigen Tores-aller-Länder und des Apadana, der weit ins Land hinausreichte und auf den Strohdächern der vielen Handwerkerunterkünfte lag. Mühsam hob er die Schultern und fragte sich, ob auch dieser Gedanke ein Sinnbild der Zeit widerspiegelte: War das Menschenwerk, das sein Reich darstellte, ebenso unfertig wie jene Mauern, Säulen, Flachbilder, Flügelstiere, Dächer, Nebengebäude, Treppen und Bäume, unfertig aber wachsend, weißer und heller und schöner von Siebentag zu Siebentag? Er wandte sich ab und streckte den rechten Arm aus.

Nefermerit, deren Körper er roch und fühlte, aber kaum mehr erkannte, legte den Arm über ihre Schulter und führte ihn schweigend hundert Schritte weit zur Liege. Er lehnte sich gegen die Kissen, griff blind nach rechts und zog mühsam die andere Flechtwerkliege so weit heran, daß die Ränder gegeneinander stießen. In seinen Gelenken nistete eisige Lähmung; die Schwäche und der Schmerz des Zitterwehs, den er kaum wahrnahm, verklangen langsam, als er seine Lungen mit kalter Morgenluft füllte und wieder die Augen öffnete: Er hob den Kopf und sah die Wolkentürme eines Morgengewitters, die über dem halben Horizont, ähnlich wie die gedachten Säulen seiner Reichsgrenzen, standen. Die Sonne verwandelte sie in gleißende, weiße und aufquellende Pracht. Dariuvahush tastete nach rechts. Nefermerit fing seine unruhigen Finger mit ihrer Handfläche auf. Er wußte, daß die Haut mit all ihren verwirrenden Linien hellrot war, eine aufregende Lichtseite ihrer dunklen Haut.

»Nach all den Jahren«, begann er und suchte, wie in Körben voller harter Tontäfelchen, seine Worte zusammen; er wußte, daß sie fragwürdig blieben, »nach schier zahllosen Nächten, nach so vielen glücklichen Tagen ... nein, nicht nur am Hapi-Rautâ ... es muß wohl Liebe gewesen sein, Großkönigin meines ... Herzens. Ich weiß es nicht anders, nicht besser.«

»Ich weiß es, Liebster.« Er sah zu, wie die wulstigen Häupter der Wolken der Sonne entgegenbrodelten. Es würde Stunden dauern, bis das Sonnenlicht wich. An Nefermerits Stimme erkannte er, daß sie zu weinen beginnen würde. Ohne den Kopf zu wenden, wußte er auch, daß an hundertvierundvierzig Stellen in weitem Rund wachsam und starr die alten Unsterblichen standen, die Lanzenspitzen zur Sonne gerichtet; von vielen kannte er noch immer die Namen. Er hatte Mühe, Nefermerit zu verstehen. Sie sagte: »Ich weiß es, wußte es schon bald. Viele haben dich geliebt; am meisten ich, die Dunkelhäutige aus Kushiya. Immer. Auch wenn du Söhne und Töchter gezeugt hast. Vielleicht hast du es manchmal erkannt.« Sie weinte; ihre Stimme begann zu ersticken. »Aber der mächtigste Mann, Großkönig, König der Könige – er hat immer vor allem sein Reich in den Armen gehalten.«

Unter den fast entlaubten Bäumen fuhren lautlos Gespanne hin und her. Aus Dachöffnungen und Handwerkeressen stieg Rauch auf. Ochsen zogen Säulenstücke über die Rampen. Ein Zelt brannte. Die Felsklötze, die an den Rändern der Ebene aus den grünen Stumpfkegeln herauswuchsen, schienen sich in flüssige Bronze zu verwandeln. Ein ungewöhnlich großer Schwarm schwarzer Vögel, Stare oder Grasmücken, tunkte, tüpfelte und schrieb bizarre Muster in den strahlenden Wolkenhimmel; all das sah und erkannte Dariuvahush in ungewöhnlicher Schärfe. Nefermerits Stimme stockte, sie legte die andere Hand auf seine Finger und sagte mit Pausen zwischen den Worten:

»Ich bin stolz, bei dir zu sein, Liebster. Ich weiß, daß ich beides bin: Geliebte und Freund. Ich hab so lange Zeit gehabt, dies zu verstehen.«

Seine Blicke folgten dem Falkenpärchen, das einige Tauben jagte. Schwarze Gabelschwänze, die ihre Nester irgendwo in der Masse der Gebäude und Dächer hatten, jagten mit grellen Schreien dicht über dem Boden. Die Wolken bedeckten mehr als die Hälfte des Himmels. Dariuvahush, der seinen Körper nicht mehr spürte, nur die Wärme von Nefermerits Händen um seine Finger, kehrte in die Gegenwart zurück und sagte:

»Ich hab es nicht gewußt, daß ich so viel von meinem Leben für die Kshatrapien vertan hab. Ich glaube noch heute, daß es so sein mußte: Wahrscheinlich war es gut so.« Er schwieg und redete nach einer Weile weiter. »Vom Meer, dem reinen Wasser, rein und reinigend, mit großen Wellen, werden die Vögel kommen, die mir Skylax geschickt hat. Mit Schwingen wie der Gott, mit Krallen, die von Salz verkrustet sind ... was hab ich gesagt? Das Meer. Von Thalassa, das ich erleben wollte und nie sah, kam so viel Übles: der Krieg.«

»Vergiß das Große Grüne, vergiß Thalassa. Sieh die Bilder an, die du so liebst.«

Mittag. Er trank yaunischen Wein und wartete, halb schlafend, bis Zhivaka seinen Schweiß getrocknet und ihn in frische Laken gehüllt hatte. Die Wolken erreichten die Sonne und schoben sich über das elektrumfarben glühende Gestirn. Dariuvahush glaubte spüren zu können, wie sich seine Gedanken vom Körper trennten; jedweder Schmerz war verschwunden. Er fühlte sich leicht wie ein Adler, bewegte schwach die Finger und fühlte, wie er einschlief.

Als er aufwachte, sah er die schrägen Bänder des Regens und ferne Blitze, die ihn zusammenzucken ließen, hörte das scharfe Krachen des Donners aus Sonnenaufgang und vernahm Nefermerits Stimme. Sie beugte sich über ihn und sagte leise:

»Sollen sie dich in den Palast tragen? Zum Schlafen, o mein Geliebter?«

»Nein«, sagte er. »Laßt mich hier. Ich erinnere mich an mich, früher, damals, als ich mich zum König überreden ließ.« Er hob beide Hände, ertastete Nefermerits Oberarme und deutete dann in die Wolken. »Das hab ich schreiben lassen:

MIT HÄNDEN UND BEINEN BIN ICH VOLLER KRAFT. ALS REITER UND BOGENSCHÜTZE BIN ICH BEWÄHRT, ZU FUSS UND AUF DEM PFERD. EBENSO ALS LANZENKÄMPFER, AUF DEM PFERD UND ZU FUSS. ALL DIE KRAFTVOLLEN KÜNSTE, DIE MIR AHURA MAZDÂH VERLIEH UND DIE ICH NACH SEINEM WILLEN ANWANDTE − WAS ICH VOLLBRACHTE, GESCHAH DURCH DIE FÄHIGKEITEN, DIE ER MIR VERLIEH.

Oder war alles nur Scheintanz, falsches Bemühen?«

Wie aus weiter Ferne hörte er Nefermerits Antwort:

»Alles, was du jemals gemacht hast, Liebster, hast du richtig gemacht. Besser und gewaltiger als der große Kurusch. Jede Nacht, jede Stunde mit dir − ich bin die einzige, die all deine kraftvollen Künste erlebt hat.«

»Das sagst du, weil du mich liebst, Nefer.«

»Weil es die Wahrheit ist, Liebster.«

»Deine Wahrheit − aber so ist es gut.« Er schwieg eine Weile und lauschte dem fernen Donner. »Die letzte Wahrheit. Das Schweigen des Gottes. Der letzte Blitz.«

Er schwebte in die Höhe. Nur Nefermerits Hände hielten ihn fest. Die Wolkenschatten jagten über die Ebene, erreichten Pârseï, fuhren darüber hinweg. Sonnenglanz folgte ihnen, erreichte die gewaltigen Mauern, blendete an den Säulen hoch und traf sein Gesicht. Er schloß die Augen, seine Gedanken fuhren im lichten Glanz aufwärts, und er spürte, wie sein Herz zu schlagen aufhörte; der Tod war mild und gnädig gekommen. Er sah nicht mehr, wie Nefermerit aufstand, und fühlte nicht, daß sie seine Hand nicht loslassen wollte, sah auch nicht, daß sie sich umwandte und sich von Tshissa Vahush umarmen ließ.

EPILOG
Flüchtige Worte

Tausende, Zehntausende, Hunderttausende im Reich hatten, als sie von Dariuvahushs Tod erfuhren, die Bärte und die Köpfe kahlgeschoren. Die Feierlichkeiten in Pârseï dauerten einen Mond lang; an hunderten Feueraltären brannten zahllose Feuer. Aus allen Teilen des Reiches kamen Brüder, Schwestern, Söhne und Töchter, Kshatrapane, Vertraute und die königlichen Gattinnen, die ihn überlebt hatten, aus den Städten und Fürstentümern des Kernreiches ritten und fuhren seine Freunde nach Pârseï und trauerten. Xayarsha hatte mudrayische Balsamierer kommen lassen und überwachte die Vorbereitung des greisenhaft ausgemergelten Körpers seines Vaters für das Grabmal.

Dariuvahushs Leichnam wurde einen Mond lang im Natron aufbewahrt, nach tausendjähriger mudrayischer Erfahrung für die Ewigkeit balsamiert, mit den Prunkgewändern, dem Kugelstab und der goldenen Granatapfelblüte, der Krone und allem Schmuck bekleidet und in einen goldenen Sarg gebettet. Bevor der Goldsarg geschlossen wurde, ließ Xayarsha die Waffen des Großkönigs hineinlegen. Den goldenen Sarg versenkte man in einen Steinsarg, verschloß diesen mit einem steinernen Deckel und vermauerte den Felsdurchbruch seiner Grabkammer.

Die pârsischen Handwerker und Baumeister, die Proktokrites anführte, vollendeten das Grabmal im Felsen. Schriften, Figuren, wuchtige Vermauerungen und leuchtende Farben waren eine Parasange weit zu sehen. Während der Begräbnisfeierlichkeiten kamen, ohne daß man sie gerufen hätte, aus allen Richtungen des Kernreiches Blaukittel mit ihren Familien, Sklaven, Händler und Hirten herbei und schienen die winterliche Ebene zu bedecken; Xayarsha, vierunddreißig Sommer alt, begann zu verstehen, daß er ungeheuerliche Dinge würde tun müssen, um aus dem Schatten seines Vaters herauszutreten; die Schatten schienen von Thatguyia bis Putya zu reichen.

In der frühen Nacht, in der Xayarsha den väterlichen Palast in Besitz nahm, ließ er Nefermerit zu sich kommen. Er begrüßte sie, als wäre sie eine der großen Königinnen, und sagte:

»Mein Vater hat dafür gesorgt, daß es dir gutgehen soll. Nimm sechs deiner liebsten Sklavinnen und etliches Gold, und reise, wohin du willst.«

Zehn Schritte entfernt, die Hand vor den Lippen, verneigte sich Nefermerit tief und erwiderte:

»O König; dein Vater hat mir ein kleines Häuschen in Mudrayia bereitet. Udja-Horresnet und Aspaka werden für mich sorgen. Gibst du mir ein paar Reiter mit, die mich sicher dorthin bringen?«

»Nicht nur das, Herrin.« Xayarsha redete in vollem Ernst, schien ein wenig unsicher. »Du wirst sicher dein Häuschen im fruchtbaren Mündungsdreieck erreichen. Tu für mich, was du für meinen Vater getan hast.«

»Du weißt, o Herrscher, daß ich Nachrichten, Gerüchte und viel Wahres hörte und für ihn gesammelt hab?«

»Er hat es mir gesagt.«

»Also werde ich dort leben, als pârsische Kushiyatin, und darf mich als Bürgerin deines Reiches fühlen?«

»So ist es.« Er stand auf und reichte ihr ein zusammengerolltes Schreibleder mit zwei Siegeln aus Ton und gefärbtem Wachs. »Du hast meinem Vater das Sterben erleichtert. Zumindest warst du, als er starb, an seiner Seite. Dafür gebührt dir – ich weiß, was drei Jahrzehnte an der Seite meines Vaters bedeuten – Anerkennung und Dank. Geh, reise in Frieden; auch der Sohn deines Geliebten hält seine Hand über dich.«

»Ich danke dir, o junger König.« Sie deutete vage ins Halbdunkel des Saales. »Dein Vater, er hat viel geschrieben in seinen letzten Jahren. Das meiste solltest du lesen und beherzigen, denn er schrieb es für niemand anderen als für dich.«

»Ich weiß«, sagte Xayarsha. Er schien ungeduldig zu sein. »Ich werd's lesen und tun, was zu tun ist.«

Er stand auf und betrachtete die wuchtigen Ringe an seinen Fingern. »Für mich endet die Zeit und enden die Jahre der Worte. Die Monde des entschlossenen Tuns beginnen; je weniger ich

unbedeutende Dinge begrübeln muß, desto mehr Zeit hab ich
fürs Wichtige.«

Nefermerit verneigte sich tief und verließ rückwärts gehend den
Saal. Ihre Zeit in Pârsa war abgelaufen; das Leben nach Dariuvahush, dem Großen König der Könige, im fernen, sonnendurch-
tränkten Mudraya, schien aufs neue zu beginnen.

Xayarsha versuchte sich zu erinnern, wie die glänzenden Löwen-
kopf-Verschlüsse der Schreibtruhe zu öffnen waren. Er entsann
sich der Reihenfolge, drückte auf die Edelsteinaugen und hörte
das leise Schnappen der wohlgefetteten Bronzeriegel. Der Dek-
kel sprang auf. Er hob nacheinander die Figürchen heraus, stellte
sie neben den Goldkrug mit der eingetrockneten Tusche und sah
ins Innere der Truhe.

»Bei Ahura Mazdâh!« sagte er überrascht. »So viel Geschriebenes? Warum machst du es mir so schwer, o toter Vater?«

Er hob eng zusammengerollte Schreibleder-Vierecke heraus,
eine lange Rolle zusammengeklebter Papyrusblätter, einige ver-
trocknete Griffel, eine Handvoll eng mit Keilschrift eingedrück-
ter Tontäfelchen, legte alles neben der Truhe auf den Tisch und
hob den Kopf. Er starrte ins Deckengebälk und dachte an die
kommende Nacht, in der er zum erstenmal zwischen allen Be-
wohnerinnen des Königinnen- und Frauenpalasts auswählen
konnte.

»Morgen, Vater«, murmelte er. »Morgen, im Sonnenlicht, fang
ich zu lesen an.«

So unendlich viel war geschrieben worden, wo, wann und von
wem auch immer. Die Gewölbe aller Palaststädte waren voll davon, übervoll. Er fürchtete sich nicht davor, alles lesen zu müssen, aber sein Leben war nicht lang genug, alles lesen zu können.
Für ihn begannen die Jahre des Handelns, des Krieges und der
Siege; er würde so viel Unveränderliches ändern müssen und
wußte noch nicht, was unveränderlich war und was er ändern
konnte und sollte, ohne das Erbe seines großen, toten Vaters zu
verwüsten.

ERKLÄRUNGEN
Das Weltreich der Achaimeniden

Nicht nur die Tatsache, daß die Pârsa, die Altperser, ihre Zustimmung durch Kopfschütteln und Ablehnung durch Zurückwerfen des Kopfes und gleichzeitiges Zungenschnalzen ausdrückten, zählt zu den Besonderheiten jener Kultur, die mit dem Sieg Alexanders III. über Darius III. (altpersisch: *Dârayawahush/Dârayavahusch,* griechisch: *Dareios),* nach der Schlacht bei Gaugamela im Juli 330 v.Chr. nur scheinbar ihr Ende fand. Vom persischen König *Hachâmanish* (»Einig-Sinn«), gr. *Achaimenes,* verdeutscht: *Achämenes* (daher: Achämeniden), vor 690 v. Chr. gegründet und von *Tshaishpish,* gr. *Teispes,* erweitert, durch Eroberungsfeldzüge des *Kurusch* I., gr. *Kyros,* vergrößert und unter die Vorform der altpersischen *Khschatrapan-,* auch *Xsathrapavan* oder *Khschassapavan-*Verwaltung (gr.: *Satrap, Satrapie*) gezwungen, bestand das sog. Achaimenidenreich rund dreieinhalb Jahrhunderte lang in seiner für damalige Zeiten einmaligen Größe und Ausdehnung. Diese Großmacht wuchs etwa um die gleiche Zeit, als Terminus Superbus etruskischer König in Rom war, sich »Siddharta« Gautama als Bettelasket Buddha von seiner reichen Familie lossagte und die Westhellenen Paestum gründeten. Kyros' I. Sohn *Kambuzhya* I., auch *Kambûjiya,* gr. *Kambyses* I., war der Vater von Kyros II., dem Großen (559 bis 530 v. Chr.). Kyros II. der Große erweiterte das Reich und vergrößerte es durch Eroberungskriege auf ca. 23 Satrapien; mit seinem Sohn Kambyses II. endete dieser Teil des Stammbaumes altpersischer Könige im Juli 522 v. Chr. Unterschiedliche Schreibweisen altpersischer Namen und Begriffe ergeben sich aus den unterschiedlichen Transkriptions-Auffassungen heutiger Keilschrift-Entzifferer.

Darius-Dareios-Dârayavahush, »der das Gute hält«, (geb. ca. 551 v. Chr., gest. Okt./Nov./Dez. 486 v.Chr.) übernahm im September 522 v.Chr. handstreichartig ein Großreich, das von *Putya* (Libyen) im Westen bis zum Indus, nach *Thatguyia-Sattagydien* im Osten, vom Hellespont bzw. dem Südufer des Schwarzen Meeres im Norden und nach seinem Rückeroberungs-Feldzug bis zu den Ufern des Indischen Ozeans und zum Oberlauf des Nils im Süden reichte. Das Reich blieb rund 200 Jahre in dieser Form stabil, bis der kleinwüchsige, bisexuelle Egomane Alexander III., ein hochtalentierter Visionär und Wein-Säufer (so Pomponius Mela aus Tingentera, ca. 44 n. Chr.), das durch Thronintrigen brüchig gewordene Reich, die trefflich organisierte Vision des Darius, ebenso handstreichartig überrannte.

Mit Kambuzhya/Kambyses II. starb im Juli 522 v. Chr., nach der Eroberung *Mudrayias* (gr. *Aigyptios,* äg. *Tameri,* also Ägypten) die Achämenidenlinie des Kyros aus. Er hatte um ca. 650 v. Chr. seinen jüngeren Bruder *Aryâramna* (»der die Iraner befriedet«) zum Herrscher der östlichen Gebiete gemacht, zwischen Kerman und dem Persischen Golf. Dort, im Land der Elamer (in Uvja) lernten die Perser deren Sprache und übernahmen viele Sitten und Bräuche. Auf Aryâramna folgte dessen Sohn *Rshâma* (»der Heldenstarke«), Darius' Großvater. Über 90 Jahre alt, erlebte er die Machtübernahme seines Enkels noch mit. *Vishtâspa,* Darius' Vater, regierte zwar nicht das wachsende große Reich, war aber zunächst Satrap von *Pârsa* mit einem Palast in der Nähe des späteren *Pârseï* (gr. *Persepolis),* danach, bei Darius' Machtübernahme, Satrap von *Pârthara* (Parthien, südöstlich des Kaspischen Meeres). Die Ereignisse vom Handstreich des Darius – er war ebenso Vertreter der großen, einflußreichen Fürstenfamilien wie seine sechs persischen Freunde – bis zu seinem Tod schildert die vorliegende Romanbiographie. Fast sämtliche Handelnden, die in der Erzählung erwähnt werden, sind geschichtliche Personen; die wenigen Hinzuerfundenen sind, im Glossar, durch einen Asterisk * gekennzeichnet.

Sämtliche Passagen dieses Buches in Großbuchstaben stammen, bis auf wenige Worte, aus den Darius-Inschriften von Bagastâna und Pâthragada, seinem Festungspalast Pârseï und seinem Felsgrab in Naqsh-e Rostam.

Das nicht tributpflichtige »Kernreich«, also *Pârsa,* die Persis, und *Mada,* Medien, sind durch schroffe, häufig aride Gebirge im Norden, Westen und Süden von den meisten Satrapien deutlich abgegrenzt; das Land liegt zwischen 1500 und 2000 Meter höher als das Schwemmland von Euphrat und Tigris (*Buranun* und *Idiglat*) und war, obwohl vor 2500 Jahren weitaus mehr und ausgedehnter bewaldet und begrünt, seit jeher nur mit viel Mühe fruchtbar zu erhalten und zu größerer Fruchtbarkeit zu bringen. Dies war eines der erklärten Ziele Darius' des Großen.

Schrift und Sprache

Nicht nur den babylonischen Kalender, auch die babylonische (akkadische) Keilschrift übernahmen die Achaimeniden-Herrscher; sie verwendeten außerdem die sogenannte elamische (uvjanische) Keilschrift. Erst

Darius der Große ließ aus beiden Schriften eine einfacher und schneller zu schreibende Schrift entwickeln: das sogenannte *Reichsaramäische.* Diese Schrift besteht aus weniger Zeichen für Buchstaben bzw. Silben, Worttrennern und Logogrammen. Außer im offiziellen Gebrauch vermochte sie sich nicht recht durchzusetzen.

Das Felsbild, 50 Meter über der Paßstraße bei *Bisotun/- Behistân* nahe *Kermanshah,* in altpersisch *Bagastâna,* »Stätte der Götter«, zeigt in großen gemeißelten Schriftblöcken den jeweils gleichen Text in diesen drei Schriftversionen. Entziffert von Sir Henry C. Rawlinson (1846), Carsten Niebuhr und Georg Friedrich Grotefend (1802), sind die Flachreliefs und Schriften eine der drei wichtigsten und umfangreichsten Selbst-Dokumentationen des Großen Darius. Eine andere ist seine Felsengrab-Inschrift bei Naqsh-e-Rostam, 4 km unweit von Persepolis, zur dritten gehören die Inschriften an den Riesenmauern von Persepolis. Daraus und aus den sogenannten Verwaltungs-Täfelchen – als Alexander der Große Persepolis niederbrannte, erhärteten im Feuer Tontäfelchen in elamischer Keilschrift – ziehen wir fast das gesamte Wissen über Darius; von den etwa 20 000 aufgefundenen, aber nur 6000 erhaltenen Täfelchen sind erst rund 2000 publiziert.

Wir entdecken dabei, daß die sogenannten altpersischen Namen und Begriffe im Text einer historischen Erzählung zwar von faszinierender Exotik, aber in den vorliegenden Formen der Übersetzung/Umschreibung doch allzu aufwendig zu schreiben und noch schwerer zu lesen sind. Die Wissenschaft »behilft« sich mit jener Transkription, die von keineswegs zeitgenössischen Hellenen/Griechen verwendet wurde. Diese vermochten es trefflich, durch scheinbare Simplifizierung den Grad der heutigen Verwirrung zu steigern, denn: Entweder aus Faulheit oder Unfähigkeit, altpersische Begriffe schreiben und aussprechen zu können, aus Gleichgültigkeit, Haß auf die »Meder« oder aus gewöhnlicher Legasthenie, verwandelten die Hellenen alle Pârsa-Begriffe in Ausdrücke ihrer Sprache. Auch Herodotos, der nachweislich weder Ägyptisch noch Altpersisch verstand, schrieb nieder, wie er es hörte und verstand. Er gräzisierte sämtliche altpersischen Namen und Begriffe.

Diese unrühmliche Gewohnheit brachte bereits die hellenischen Reisenden und »Forscher« dazu, als sie Ägypten entdeckten, alle ägyptischen Begriffe jäh zu hellenisieren; kein *Rôme* (gr. *Aigyptios,* dt. *Ägypter*) redete von *Memphis,* wenn er die Hauptstadt *Men-Nefer* meinte, oder vom *Neilos/Nil,* wenn er vom *Hapi* oder *Jotru* sprach usw. Mit Herodot, Xenophon und anderen als Vorbilder verwenden auch die heutigen Wissenschaftler leider meist beide Nomenklaturen fröhlich und informationsfeindlich gemischt, selten parallel und selbst dem gebildeten Laien einigermaßen unverständlich, so daß es eine schier unüberwindbare Schwierigkeit darstellt, z.B. zu Töchtern und Söhnen des Darius und vielen persischen Feldherrn jene originalen Namen zu finden, auf die sie ca. 500 v. Chr. in Pârsa gehört haben mögen.

Perser und Meder betrieben keine Geschichtsschreibung. Die verschiedenen Felsbilder, Bauinschriften, Aufzeichnungen der Palastverwaltung oder Tontäfelchen, die außerhalb der altpersischen Zentren gefunden wurden, gestatten trotz aller detektivischer Bemühungen der Geschichts- und Sprachwissenschaftler keine zuverlässige Gesamtschau der altpersischen Kultur und Zivilisation; der Blick auf die Lebensumstände und -daten der Herrscher bleibt leider, trotz etlicher faszinierender Einzelheiten, recht vage. Sämtliche Lehmziegelbauwerke und, bis auf wenige grandiose Reste, viele Steinbauten sind verschwunden. Immerhin kennen wir dank der Übersetzungen der Bisotun-Bagastâna-Felsinschriften usw. ausreichend viele persönliche Daten von Darius dem Großen, um uns einen Herrscher vergegenwärtigen zu können, der seinen Beinamen zu Recht trägt.

Münzen und Maße

Zu Darius Zeit existierte in Kleinasien und Babylonien, zum Teil auch in Ägypten, eine Münzgeldwirtschaft; nicht so in den anderen Satrapien. Der Großkönig führte durch die Einführung einer »Reichsmünze« eine Änderung herbei: Er schuf den *Dârayaka*, eine Münze von zuerst 7,87 g Gold, später von 8,42 g Gold, dem halben Gewicht des Statérs von Phokaia (16,84 g), einer sehr gebräuchlichen hellenischen Handelsmünze. Auf der Münze war der König als Bogenschütze abgebildet, daher wurde der »Dareikos« im Volksmund auch »Toxótes«, Bogenschütze, genannt. Ab ca. 490 v. Chr. wurden diese Münzen in großen Mengen geprägt. Daneben gab es ungemünztes sog. »Hacksilber« von 8,333 g, das »Fünferchen«, die *Pantshuka*, und den »Schekel«, babylonisch *Shiqlu*, hellenisch *Siglu* genannt. 60 Schekel waren eine babylonische Mine, 60 Minen ergaben ein Talent (3600 Schekel = 30 Kilogramm). Gold war zunächst 13 1/3 mal wertvoller als Silber, später tauschte man 20 Teile Silber gegen 1 Teil Gold; die sog. »medischen Sigloi« im Gewicht von 5,5575 g Feinsilber. Dennoch: Weder Darius noch seine Nachfolger vermochten die Geldwirtschaft flächendeckend einzuführen. Bis zum Sieg Alexanders d. Gr. wurden in den Schatzhäusern ungeheure Mengen an ungemünztem Gold und Silber »gehortet«.

Die Elamer (Uvjaner) hatten Maße und Gewichte von den Babyloniern übernommen; von den Elamern wiederum übernahmen die Pârsa jene Einheiten: Das achaimenidische Pfund (500,425 Gramm) entspricht der babylonischen Mine. Das altpersische *Kr(e)sha* (83,333 g) = 10 babylonische *Shiqlu* zu je 8,333 g. Für Längenmessungen benutzten die Pârsa die Begriffe *Finger, Handbreit, Elle* (»Arachnish«) und *Fuß*. Wir kennen die Elle zu 51,36 cm, den Fuß zu 34,24 cm, die sog. Königselle zu zwei Fuß oder 68,48 cm.

Das kleinste Hohlmaß, das mesopotamische *Qa*, pârsisch: *Dathvya*, enthielt 0,97 Liter, also ein Zehntel des pârs. *Griva* von 9,7 Liter. Eine *R(a)dbja*, gr. *Artahe*, faßte 30 Dathvya, also 29,1 Liter; eine Artabe Gerste war die staatliche Monatsration eines Arbeiters. Gleiche Maße galten auch für Flüssigkeiten: 9,7 Liter, ein *Bazish*, waren ein »Krug«.

Namen und Begriffe

Die griechischen »Logographen« (z.B. Herodotos), in keinem Fall Zeitgenossen Darius', überlieferten uns folgende Namen: Aus Kurusch wurde Kyros, aus Dârayavahush machten sie Dareios, im deutschen Sprachraum Darius, dessen Sohn Khshayarsha wurde zu Xerxes, Pâthragada zu Pasargadai; gleiches gilt für Pârsa oder Pârseï: Persepolis. Für den Autor – und später den Leser – bleiben angesichts dieses Problems drei Möglichkeiten: Möglichst viele der gewöhnungsbedürftigen altpersischen Namen, Begriffe, Ausrufe etc. zu unterdrücken, die in diesem Kontext falsche »griechische« Nomenklatur zu verwenden oder zu versuchen, altpersische Wörter durch »Entschärfung« und/oder Kürzung lesbar zu machen (aus Dârayavahush wird Dariuvahush usf.). In einigen Fällen vermag sicher die Wortwahl der handelnden Ionier (*Yaunier*) die eine oder andere Unklarheit beseitigen zu helfen. Zwei ** vor einem Namen im Glossar bedeuten, daß der Begriff lesefreundlicher verändert worden ist. Vom Glossar, den Karten und den Erklärungen sollte reichlich Gebrauch gemacht werden.

Satrapien und Satrapen

Von den Hachâmanish-Königen, zuletzt von Kurusch (gr. Kyros) II. dem Großen erobert und dessen Sohn Kambushya (gr.: Kambyses) hinterlassen, übernahm Darius die Herrschaft über 23 kleinere und größere Länder, die mit Ausnahme von Pârsa (= Persis) und Mada (= Medien), dem »Reichskernland«, Abgaben und Tribute in nicht unerheblicher Höhe und pünktlich zu zahlen hatten, wohl spätestens an Neujahr für das verflossene Jahr. Dazu waren Sklaven, Sklavinnen und Naturalien zu liefern, ferner die durchziehenden Heere und der beträchtliche Troß des reisenden Großkönigs zu versorgen, Straßen, Brücken, Brunnen etc. zu unterhalten und neu anzulegen. Es herrschte das königliche Gebot, Kriegsdienste zu leisten und Zug- bzw. Reittiere und Waffen zu stellen; ein System, das die Assyrer eingeführt hatten, denn ohne Tribute vermochte kein König des damaligen Orients zu herrschen. Kurz nach seiner Herrschaftsübernahme und nach der Niederwerfung der »Lügenkönige«, also der Anführer der Aufstände, führte Darius eine Neuordnung der sog. »Länder« oder »Lande« durch; in späteren Jahren eroberte er einige Satrapien dazu. Es bestehen einige Unsicherheiten über die genaue Anzahl, die Lage einiger Satrapien und die Zuordnung verschiedener Gebiete als eigenständige Satrapien. Die gemeißelten Reliefs an den Stufen, die zum Thronsaal in Pârseï-Persepolis hinaufführen, zeigen jedoch Geschenke und Tribut bringende Angehörige aus mehr als 23 (27 bis 31) Teilen des Reiches. Viele Völkerschaften des Reiches lassen sich in den Flachreliefs genau identifizieren.

Vom Großkönig eingesetzte Satrapen, (medisch-altpersisch: *Xsathrapavan*, bzw. *Kschathrapan* oder *Khschassapavan*, »Schirmer der Herrschaft«; *Satrap, Satrapen, Satrapie* sind wieder griechische Umformungen) waren für die Verwaltung verantwortlich. Fern der Residenzstädte des Kernreiches, also Hagmatâna, Huza, Babairu, Pâthragada und später Pârseï, führten die Satrapen das Leben kleiner Könige. Es wird kaum überraschen, daß – nicht nur aus den geschilderten Gründen – zunächst in schneller Folge einzelne Satrapien vom Reich abfielen, was als Hochverrat galt. Nicht nur Darius I., sondern auch spätere sog. Achaimeniden-Könige mußten in mehr oder weniger aufwendigen Heereszügen einzelne Satrapien zurückerobern.

Herodots unvollständige, z.T. übertriebene Aufzählung der Tribute mag nicht korrekt sein, aber sie illustriert anschaulich die Größenordnung der Abgaben. Die Achaimeniden betrieben, wie schon erwähnt keine historiographischen Aufzeichnungen; das meiste wissen wir durch griechische, bzw. römische Autoren (Herodot, Xenophon, später Appian etc.) und weniges durch Bauinschriften der altpersischen Könige und deren Palast-Abrechnungen: Der stets vom König eingesetzte Satrap durfte ein Diadem tragen; auch die Untersatrapen, etwa »Landvögte«, wurden von Darius ernannt. Ihnen wurde ein »Leiter der Kanzlei«, eine Art *Geheimsekretär* zur Seite gestellt, dessen Berichte direkt an den König gingen. Von Zeit zu Zeit kam unangemeldet ein inspizierender *Sendgraf*, der ebenfalls dem König unterstand. Zur Zeit des Xerxes, also in unmittelbarer Folge seines Vaters Darius, gab es 127 *Landvogteien* (durchschnittlich 5 pro Satrapie), deren Aufseher den Titel *Fratarakta* (bzw. *Haftaxva-Pâta*) trugen: »Siebentel-Hüter«. Die meisten Satrapien waren also siebenfach untergliedert. Im *Kârahmâra,* der »Heervolk-Zählung«, einer Art Grundbuch in Keilschrift, wurden Ausdehnung, Grenzen und Größen der Siebentel niedergeschrieben und festgehalten. Folgende Satrapien und Satrapen aus der Zeit Darius' I. sind bekannt und einigermaßen zuverlässig lokalisierbar:

1. *Pârsa*: Persis, Hauptstädte: *Pâthragada-Pasargadai* (»Räuberschutz«), später *Persepolis,* altpers: *Pârseï*

2. *Mada*: Medien; Hauptstadt *Hagmatâna,* bzw. *Hangmatâna = Ekbatana* (»kühle Sommerresidenz«), heute *Hamadan;* mit den Landesteilen *Asagarta = Sagartien und Armina = Armenien* (an den Oberläufen des *Buranun = Euphrates* und *Idiglat = Tigris,* heute Türkei)

3. *Uvja, Uvaja*: Elam, Hauptstadt *Huza = Susa;* Satrap zu Darius' Regierungszeit war Bagapâta, später Darius' Bruder Rtapâna.

4. *Babirush*: Babylonien, Hauptstadt *Babairu = Babylon.* Satrap zu Darius' Regierungszeit war Darius' Schwiegervater Gaubarva, später Vishtâna.

5. *Athura*: Assyrien, Hauptstadt einst: *Assur;* heute um Mossul im nördlichen Irak

6. *Arabaya*: Nordarabien

7. *Mudrayia*: Ägypten zwischen Mittelmeer und I. *Hapi-*(Nil-) Schnelle bei Elephantine/Assuan. Satrap: Aryâvanda, später Farnadâta. Auf der Insel Elephantine: Vidhrauga. Verwalter von *Geb-Teju (Koptos)* war Athiyârahyâh.

8. *Kushiya, Kusia*: Ägypten/Nubien südlich von *Suênet (Assuan);* das äg. *Kush, Wawat und Jam*

9. *K(a)rka*: »Satrapie am Meer«, Südkleinasien: *Kilikien*

10. *Yauna*: Ionien

11. *Mysien*: Hauptstadt Daskyleion; von Sardeïs aus verwaltet

12. *Katpatuka*: Kappadokien. Satrap: Aryâramna

13. *Pârthara*: Parthien und Hyrkanien; südöstl. des Kaspischen Meeres. Satrap war Darius' Vater Vishtâspa.

14. *Zdranka*: Drangiane

15. *Haraiwa*: Areia

16. *Huvarazmya, Uvarazmish*: Chorasmien; heute um Neishabur und Mashad im Iran

17. *Bakhtrish*: Baktrien; Hauptstadt: Bakhtra, Satrap war Dadrâshish; heute Balch in Afghanistan

18. *Suguda*: Sogdiana

19. *Paropamesadae*: Gadhara, Gandhara; heute Hindukusch in Afghanistan

20. *Saka Tigrakhauga*: Land der spitzhelmigen Skythen

21. *Saka tyaiy paradraya*: Saken (Skythen) jenseits des Meeres; also jenseits von Skudra (Thrakien) bis über die Donau (den Ister/Istros) am Westrand des Schwarzen Meeres

22. *Thatguyia, Thatguyiash*: Sattagydia; westl. Mittelindien, »Land der 100 Rinder«: heutiges Pandschab

23. *Haruhawati*: Arachosien, Kandahar; Satrap: Vivâna

24. *Abr Nahr*. Syrien; Satrap: Vahumisa

25. *Skudra*: Thrakien

26. *Sparda*: Lydien, die Sardeïs; Hauptstadt Sardeïs, heute die türkische Provinz *Saruchan* am Fluß *Menderez*, südwestlich von Troia. Satrap war Arvita, später Darius' Bruder Rtafarnâh.

27. *Hindusch, Hind*: Sind, westliches Südindien

28. *Putya*: Libyen; westlich von Unterägypten

Keine eigenständigen Satrapien waren:

Margush: die Margiana, heute um die Stadt Merw

Asagarta/Uvaxshtra: um die Stadt Yazd, in Kuhistan

Mekrân: Gedrosien, auch *Akaufaciya*

Maka: Lokalisierung ungewiß

Chronologie

ca. 600 v. Chr.: Der Großkönig Kurusch der Erste (gr. Kyros) von Persien stirbt etwa 80jährig. Sein Sohn Kambuzhya der Erste (gr. Kambyses; 500–559) folgt ihm als König von Pârsa nach.

Ungefähr zur gleichen Zeit entwickelt Zarathushtra im Widerstand gegen den sog. Mithras-Kult (nächtliche Höhlen-Stieropfer, Fliegenpilz-Rauschtrank-Exzesse usw.) seine Glaubenslehre mit Ahura Mazdâh als Oberstem, Einzigem Gott und predigt zunächst in Chorasmien (heute um Neishabur und Mashad im Iran) seine neue Lehre, die während Darius' Regierungszeit, leicht modifiziert, zur Staatsreligion wird. Darius' religiöse Toleranz, sicherlich entstanden aus politischen Erwägungen, zwang nicht alle Satrapien zu dieser Glaubenslehre und konnte auch ein viel späteres Wiedererstarken des Mithras-Kultes nicht verhindern; er wollte die angegliederten oder unterworfenen Völker ans Reich binden. Die Achaimeniden schränkten auch den wirtschaftlichen Einfluß der Tempel ein. Diese mußten Abgaben an den Staat abführen, stellten Sklaven für königliche Bau- und Arbeitsvorhaben ab, manche erhielten aber auch besondere Privilegien.

ca. 552 v. Chr.: Darius (gr. *Dareios*, persisch: *Dârayavahush* etc.) als Sohn des Vishtâspa (gr. *Hystaspes*), des Satrapen der Satrapie Parthien und dessen Gattin Rhodogûne geboren.

527 v. Chr.: Darius befreundet sich, 22jährig, mit dem Satrapen von Babylonien und Syrien, Gaubarva, vermählt sich mit dessen Tochter *Rauchjshma* (wirklicher Name nicht belegt, höchstwahrscheinlich Rytabâma), die ihm drei Söhne gebar: *Rtabrazana* (»der die rechte Ordnung errichtet«), *Aryâbigna* (»Gabe der Iraner«) und *Rshamana* (»Heldensinn«). Da Darius bei ihrer Geburt noch nicht Herrscher war, ist keiner von ihnen zur Thronfolge berechtigt.

Nach Kyros dem Zweiten, dem sog. Großen, (reg. 559 bis Juli 530) folgt Kambyses der Zweite (reg. August 530 bis Juli 522). Er stirbt im vierten Monat, im Mond des Hitzegrundes (Juli) 522 am Wundbrand des Beines, verursacht durch eine Schwertwunde, auf dem überstürzten Zurückmarsch aus dem eroberten Ägypten (Feldzug ca. 525 bis 522). Bis heute werden die Überreste eines »verschwundenen« Heeres von ca. 20-50 000 Mann in der östlichen Sahara gesucht. Darius, 28/29jährig, als Lanzenträger einer der engsten Vertrauten des Königs, führt das sich auflösende restliche Heer zurück. Kambyses hatte gestanden, seinen Bruder *Brydiya*, eigentlich *Tanuvazraka* (gr. *Smerdis*), getötet zu haben; zur selben Zeit erobert ein vorgeblicher Bruder des Kambyses, Gaumâta der Ohrenlose, ein sog. Magier, wahrscheinlich Anhänger des Mithra-Anahita-Kultes, unter dem falschen Namen Brdhya/Brydiya am 11. März 522, im Pflügemond, den Thron (»Krönung« am 1. Juli 522). Dieser Umstand veranlaßt Kambyses im April 522 zum Rückmarsch durch die Syrische Wüste. Gaumâta stützt sich auf das Gold, das im Hyktanish-Fluß gewaschen wird, und auf einige Silberminen. Mit Kambyses stirbt die ältere Linie der Hachâmanish-Dynastie aus.

Darius sammelt pârsische Vertraute um sich: Schwiegervater Gaubarva sowie fünf Adelige: *Hutana, Vidarna, Bagabuchsa, Ardimanish* und *Vindafarnâh*. Hutana ist mit einer Schwester des Darius verheiratet. In der Burg zu *Sikayachvatish* (»Kiesburg«) oder *Sikajahuvatiy*, nahe Pasargadai, einer Sommerresidenz der Herrscher, überfallen die Sieben den Magier Gaumâta und töten ihn, Teile seiner Wachen und andere Magier am 29. September 522 v. Chr., am 10. Tag des Mondes der Gartenhege. Kurz darauf übernimmt Darius den verwaisten Harem des Kambyses, vermählt sich mit den Töchtern des Kyros, *Hutaûtha* (gr. *Atossa*) – sie war mit ihrem Bruder Kambyses II. und mit dem Magier Gaumâta verheiratet gewesen -und der noch jungfräulichen *Rtastunâ; gr. Artystone.* Mit Hutaûtha-Atossa zeugte er den *Xerxes* (pers.: *Chshayarshâ;* Nachfolger und Herrscher von Nov./Dez. 486 bis August 464) und danach weitere 3 Söhne. Seinem Harem verleibt er ferner die Brydiya-Waise Parmush *(Apaukish)* und Faidumâ ein, die Tochter seines Freundes Hutana.

522 v. Chr.: Darius' Krönung in Pâthragada (»Räuberschutz«)

Oktober 522 v. Chr.: Elam und Babylonien fallen von Darius' Herrschaft ab; danach Pârsa, abermals Elam, Medien, Syrien, Ägypten, Parthien, Margush, Sattagydia und Saka-Skythien. Darius war gezwungen, 19 Schlachten zur Festigung des Thrones binnen eines Schaltjahres zu schlagen, einige führte er selbst an der Spitze seines Heeres.

521 v. Chr.: Darius ist uneingeschränkter Herrscher im Kernreich. Er läßt die »persische Keilschrift«, das sogenannte »Reichsaramäische« nach babylonischem und elamitischem Vorbild entwickeln und zeugt (mit Atossa-Hutaûtha) den zukünftigen Thronfolger Chshayarshâ, gr. Xerxes.

519 v. Chr.: Die hellenische Stadt Athenai besiegt Theben. Darius beginnt Rückeroberungs-Feldzug nach Ägypten.

517 v. Chr.: Die neue Residenz Pârseï, (gr. Persepolis) wird geplant.

515 v. Chr.: Baubeginn Pârseï-Persepolis; der griechische Kapitän Skylax von Karyanda in Karien bricht in Darius' Auftrag zu den Indusquellen auf. Die Reise dauert mindestens 30 Monate; von Banneshu (heute: Khoramschar) aus unternahm Skylax daraufhin die Umschiffung Arabiens; später wird er das Schwarze und das Kaspische Meer erkunden, danach die nordafrikanische Küste bis zu den Säulen des Melqart (auch »Säulen des Herakles«, heute: Gibraltar).

514 v. Chr.: Die neue Einigung des Großreiches ist beendet.

513 v. Chr.: Heerzug gegen die Skythen, Unterwerfung des Indus-Gebietes (Gandhara und Sind gehören zu Darius' Reich).

513 v. Chr.: Von dem griechischen Baumeister Mandrokles von Samos wird eine Schiffsbrücke über den Bosporos errichtet; Feldherr Arvantâpata führt Darius' Heere an.

512 v. Chr.: Kapitän Skylax überreicht Darius seinen Bericht über die Seefahrt indusabwärts bis zum nördlichen Ende des Persischen Golfes, danach über die Entdeckung des Roten Meeres bis zum heutigen Ausgang des Suezkanals.

507 v. Chr.: Bündnis des Ioniers Aristagoras mit dem Satrapen von Sardeïs gegen die Insel Naxos

502 v. Chr.: Mondfinsternis über Pârsa am 19. November

ca. 495 v. Chr.: Herodotos von Halikarnassos geboren, »Vater der Geschichte« (gestorben 424 v. Chr.).

500-494 v. Chr.: Kampf gegen die Ionier endet mit der Zerstörung von Milet.

498 v. Chr.: Gaubarva, Darius' Schwiegervater und engster Ratgeber (»Lanzenträger«) ist ca. 70 Jahre alt.

492 v. Chr.: Sturm vernichtet die persische Flotte am Athos-Gebirge

491 v. Chr.: Mondfinsternis über ganz Pârsa am 25. April

490 v. Chr.: Niederlage des Darius-Heeres bei Marathon

486 v. Chr.: 22. Dezember (nach Herodot: Oktober, nach W. Hinz September, mit 65/66 Jahren, nach 36jähriger Herrschaft und 30tägiger Krankheit): Tod des Darius. Sein Sohn Xerxes folgt 34jährig auf dem Thron. Darius hinterläßt – mindestens – 12 Söhne und 6 Töchter, nach anderen Quellen: 11 Söhne und 16 namentlich bekannte Töchter.

Altpersischer Kalender

Der altpersische Kalender (übernommen vom babylonischen Kalender) gliedert sich in zwölf Monde:
Jahresanfang/Neujahr, *Nourouz,* am 21. März mit
 1. *Adukanisha,* Mond der Kornsaat/des Kanalgrabens = März/April
 2. *Thuravahari,* Mond des Vollfrühlings = April/Mai
 3. *Thaigrashish,* Mond der Knoblauchlese = Mai/Juni
 4. *Garmapada,* Mond des Hitzegrundes = Juni/Juli
 5. *Darnabazish,* Mond der Erntesteuer = Juli/August
 6. *Karapathya,* Mond des Dornenbündelns = August/September
 7. *Bagayada,* Mond der Gartenhege = Sept./Oktober
 8. *Varkazana,* Mond der Wolfsjagd = Okt./November
 9. *Aziyadiya,* Mond der Ofenhege = Nov./Dezember
10. *Anamaka,* »Der berüchtigte Mond« = Dez./Januar
11. *Thavayaxva,* »Der schreckliche Mond« = Januar/Februar
12. *Vixana,* Mond des Pflügens/Umgrabens = Februar/März
Zufällig war das Jahr Eins des Darius ein Schaltjahr mit einem halben dreizehnten Monat, so daß Darius für die Machtergreifung, die Krönung und sämtliche 19 Schlachten mehr als 365 Tage blieben.

Glossar

Mit * gekennzeichnete Personen sind nicht historisch belegt. Mit ** gekennzeichnete Personen- bzw. Ortsnamen wurden zugunsten einer besseren Lesbarkeit orthographisch vereinfacht.

A

Abirâdush: ein Dorf nahe dem Steinbruch, ca. 30 km nördlich von Huza/ Susa, aus dem der Stein für die Paläste in Huza herbeigeschafft werden mußte.

Adjana: Feuer/Glut-Bewahrturm in unmittelbarer Nähe von Ahura-Mazdâh-Feueraltären

Ammon: früherer Name der Oase Siwa, westlich von Memphis in der libyschen Wüste

*Andrachle: (»Erdbeerbaum«) Tochter des Histiaios, Tyrann von Miletos, wird mit Aristagoras verheiratet, einem der Anführer des yaunischen Aufstandes gegen die pârsische Herrschaft.

Artaphernes, Artaphrenes: griechische Namen für *Rtafarnâh*, Darius' Bruder, Satrap von Sardeïs

Arvantâpata: Heerführer während Darius' Kriegszug gegen die Saken/ Skythen im Norden Thrakiens

*Aspaka: junger Pârsa, von Darius als Vertrauensperson nach Ägypten geschickt, leistet Nefermerit, Udja-Horresnet und dem Großkönig vorbildliche Dienste; »Königswohltäter«.

**Aspat Shanâh: gr. *Aspathines*, Sohn des *Parkshâspa*, gr. *Prexaspes*; Mada, Darius' engster Vertrauter: Kämmerer, verantwortlich für Kleidung, Waffen und Logistik; (Bogenträger, »Großwesir«) während fast der gesamten Regierungszeit des Darius.

Ateshga: Feuerturm

B

Bandake: Alle Bewohner des Reiches waren Untertanen des Großkönigs; der Ausdruck umfaßt den vagen Begriff *Sklave* ebenso wie *Gefolgsmann*.

Banyanbaum: indischer Feigenbaum, durch Absenken von Luftwurzeln wird ein riesiger Durchmesser des Stammes erreicht.

Bardiya, Brydiya: gr. *Smerdis*, Bruder des Königs Kambyses-Kambushya, von diesem aus Eifersucht ermordet; Gaumâta, s. d., gab sich zeitweilig als Brydiya aus.

Bhakti: Käpten Skylax' indische Geliebte
Bosporos: Meerenge zwischen Propontis (Marmarameer) und Pontos Euxeinos (Schwarzes Meer), 30 km lang, zwischen 700 und 3000 Meter breit, 30 bis 120 m tief; meist starke Oberflächenströmung von Ost nach West.
Buvarzhâka: Königswohltäter

C

Charga-Oase: Oase westlich von Luxor in der libyschen Wüste, wie Ammon/Siwa seit Beginn des klassischen Ägyptens bewohnt; ein Tempel trägt Darius-Inschriften. Darius ließ die Brunnen der Oase von pârsischen Baumeistern instand setzen.
Chvâspa-Fluß: Gewässer in der Nähe Pârseïs; Teile der Stadt *Shvadaitshaya* – heute unauffindbar – erstreckten sich zu Darius' Regierungszeit an diesem Flüßchen.

D

**Dariuvahush*: eigentlich *Dârayavausch, -vahusch, -vahush*: gr.: *Dareios*, deutsch: *Darius*
Dâtam: das königliche Gesetz, das der Großkönig, zusammen mit einem Reichsrat, ausspricht und vertritt.
Daurises: Dariuvahushs Schwiegersohn; persischer Name nicht ermittelbar.

E

Elephantine: (gr.) kleine Insel unterhalb des ersten Nil-Katarakts, eigentlich (äg.) *Abu/Ta-Seti*

F

Farnaka: Mada/Meder; Tagwächter, Hofmarschall und Henker
Fauna und Flora: Die gewaltige Ausdehnung des Reiches brachte es mit sich, daß nahezu alle Tiere und Pflanzen mehrerer Erdteile zumindest bekannt waren. Im Kernreich gilt dies für: Löwen, kaspische Tiger, Kragenbären, Leoparden, Luchse, Geparde, Wildesel, Rinder, Pferde, Maultiere und zahme Esel, Kamele, Schafe, Ziegen, Wildschweine, Antilopen, Steinböcke, Gazellen, Hasen, Hirsche, Strauße, Hühner, Tauben, Gänse, Enten, Pfauen, Wüstenfüchse, Sandkatzen, Ohrenigel. Als Zugvögel waren bekannt: Flamingos, rosa Pelikane, Trappen, Flughühner, Nachtigallen und viele kleinere Vogelarten.
Zur klassischen Zeit war auch Persien weitaus stärker bewaldet als heute. Wir wissen von riesigen Buchen- und Eichenwäldern an den Nord-

hängen des Elbrusgebirges, von Mangrovenwäldern im Golf von Oman, Arabischen und Nubischen Akazien, Zwergfächerpalmen und Dattelpalmen, Pappeln, Platanen, Zypressen, Feigenbäumen, Maulbeeren, Weinstöcken, Pistazien, Apfel-, Birnen- und Quittenbäumen, Pflaumenbäumen. Die Pârsa kannten Nüsse und Mandeln, die sog. »persische Walnuß«, Sesam, Leinsamen, Hirse, Emmer, Gerste (meistverwendetes Korn), Weizen, Reis, Bohnen, Erbsen, Kichererbsen und Linsen, Lauch und Knoblauch, Gurken, Kürbisse und Melonen. Kirschen aus Mesopotamien, Aprikosen und Pfirsiche aus China und Zitronen aus Indien wurden wohl erst später eingeführt und kultiviert, gesüßt wurde mit Honig. Oliven und Olivenöl kamen aus Ionien und Griechenland. Elamisches und ägyptisches Bier war ebenso bekannt wie Wein; allerdings tranken die Pârsa auch Rhabarberwein, Dattelwein, Palmwein und verdünnten Weinessig.

G

Galgant: Bestandteil von Räucheropfern, auch medizinisch verwendbar, aus Indien.

Ganzabâra: einer der Schatzmeister des Darius

Gäspe: alter Ausdruck für zwei gefüllte Hände

Glas: Aus technischen Gründen gehörte halbwegs transparentes Glas, als Becher, Schale usw. in der »verlorenen Form« gegossen, zu den Raritäten und wurde mit Silber und Gold aufgewogen. Glas existierte meist nur als fadenartige Umspinnung von Gefäßen aus anderen Materialien.

Guggul: Baumharz aus Indien; hauptsächlich für Räucheropfer und Räucheröfen gegen schlechten Geruch in Innenräumen; als Bestandteil von Salben und Tränken auch medizinisch gebraucht.

H

Hagmatâna: »Stätte des Versammelns«, gr. *Ekbatana*, heute Hamadan, 1850 m ü.d.M.; am Fuß des 3500 m hohen Alvandgebirges im iranischen Hochland.

*Hamarâdha: ein Heerführer (»Hazarapati«) des Darius

**Hazarapati: eigentlich *Hazarapâtish*, Anführer einer Tausendschaft, Heerführer, gr.: *chiliarchos*

Hellespontos: Dardanellen, verbindet(n) das Marmarameer (Propontis) mit dem Ägäischen Meer; 65 km lang, 5-7 km, an der schmalsten Stelle 1,3 km breit.

Histios von Miletos: Tyrann (etwa Vorsteher, Oberbürgermeister) von Miletos; zwielichtige Gestalt während des sog. Ionischen Aufstandes. Aristagoras heiratete seine Tochter Andrachle.

Hoplit: schwer gerüsteter hellenischer Kämpfer, bewaffnet mit langem Schwert, Schild und Lanze. Die Angriffe erfolgten im Laufschritt.

Huza: Die Stadt Susa (heute bei Schush im Iran), im Tiefland der Euphrat-Tigris-Schwemmebene gelegen, Residenzstadt schon des elamischen Reiches, seit ca. 3400 v. Chr. besiedelt

Hymaies: Dariuvahushs Schwiegersohn, Heerführer; persischer Name nicht ermittelbar.

K

**Kambushya*: eigentlich *Kambûjiya*

Kampher: aromatisches Keton aus dem Holz eines südostasiatischen Baumes, von brennendem, danach kühlendem Geschmack, medizinisch verwendet.

Karapatish: Karawanen-Anführer

Karashna: pârsischer Schreiber der Skylax-Expedition auf dem Indus und zur Erkundung des Seeweges zur Euphratmündung

Kârataka: »Heeresläufer«; die jungen Fürstensöhne besonders der Pârsa wurden vom 15. bis zum 25. Lebensjahr einem geradezu friderizianisch-»ledernackenmäßigem« Drill unterworfen; von 25 bis 50 waren alle Männer zur Kriegsfolge verpflichtet. Als »Pagen« waren sie bis zum 16. Lebensjahr – wie auch Darius – zu jeder Art »niederer« Dienstleistung verpflichtet.

Königsstraße: Die sog. Königsstraße verlief zunächst von Sardeïs (Sardes), später von Ephesos über Sardeïs durch Kappadokien, mit Furten und Brücken über den oberen Euphrat, den Tigris, den Großen und Kleinen Zab und die Diyâla, mit 111 Stationen bis nach Huza (Susa) und von Huza später nach Pârseï, mit 22 Stationen. Sie war 2684 km = 450 Parasangen lang; 111 Herbergen und Pferdewechselstationen, also durchschnittlich alle 24 km, sorgten für die Reisenden und die sog. Königsboten, deren Botschaften durch häufigen Pferde- (und Boten-) wechsel bis zu 300 km/Tag schnell waren. Ca. 10 Tage brauchte eine Botschaft für die Strecke, auf der eine Karawane ca. drei Monde lang unterwegs war.

Eine andere »Heeresstraße« verlief von Râga (Rhages) über Hagmatâna, Kermanshah, Bagastâna und Arman (Sarpol) nach Bagdad und bis Babylon (Babairu). Sie schloß an die sog. Straße der tausend Tage an, die über den heutigen Khaiberpaß nach Gandhara führte und über die Teile der späteren Seidenstraße verliefen.

Die Straße zwischen Pârseï und Susa/Huza hatte 22 Stationen; auch auf ihr, wie auf allen Königsstraßen sorgten *Dâtimâra,* »Straßenwächter« für reibungslosen und brunnengestützten Verkehr.

**Kshatrapan: eigentlich *Khschassapavan* oder *Khsathrapâvan*; gr.: *Satrap*; »Schützer/Hüter des Reiches« – ausschließlich vom Großkönig eingesetzte (und abgesetzte) Verantwortliche für die Satrapie, deren innere Ordnung und die Zuverlässigkeit der Tribute.

Kyphi: ägyptische Salböl-Duftmischung aus vielen Bestandteilen, u.a. auch Blütenextrakten von Kreta.

L

Lorme: seltsames indisches Schnitzwerk, etwa handgroß, dessen Verwendung rätselhaft ist.

Löwe: elamisches Symbol-Tier für Sommer; besiegt den Winter-Stier.

M

Mandrokles von Samos: Architekt u. Schiffbaumeister, errichtete für das Heer des Darius eine Schiffsbrücke über den Bosporos (beim heutigen Rumili Hisa, wo die Meerenge nur 550 m breit und zwischen 30 und 70 m tief ist).

Meeresrabe: Kormoran

Meleagros von Chios: siehe u. Proktokrites

Mesopotamien: das uralte Kulturland im riesigen Schwemmgebiet des *Urudu/Uruttu/Buranun*, gr. *Euphrates*, und des *Idigna/Idiglat*, gr. *Tigris*, schon von den Hellenen Mesopotamien oder nach der Hauptstadt Babairu (gr. *Babylon*) auch Babylonien genannt; seit den Vorgängern Hammurabis durch Anlegen von Deichen und Kanälen von legendenhafter Fruchtbarkeit, Handelsmetropole.

Musik, Musiker: Zur Zeit der Achaimeniden, von deren Dichtung – falls sie überhaupt existierte – uns nichts überliefert ist, gab es drei Klassen Musiker. Verständlicherweise durften nur die ausgewählten Spitzenmusiker am Hof des Darius spielen: Den Pârsa waren selbstverständlich die Musikinstrumente Ägyptens und Babyloniens bekannt, sicher auch die der Griechen: Leier, Kithara und *Aulos*, eine Art Klarinette mit einem oder zwei Rohren, die gleichzeitig geblasen wurden. Aus den Tontäfelchen und wenigen Bildnissen kennen wir u.a.: Laute, eine Art Gitarre, die Zither, Flöten und Naj-Flöten (wie Querflöte angeblasen, aber senkrecht gehalten), ein oboenähnliches Instrument, Handtrommeln, Pauken, Bekken.

Myrrhe: Harz der Pflanze *Commiphora abessynica*, wächst bis 2000 Meter Höhe beiderseitig des Roten Meeres und auf der Arabischen Halbinsel. Entzündungshemmender Bestandteil vieler Kosmetika, begehrtes Handelsgut, verwendet auch für Räucheropfer.

N

Nearchos: Heerführer Alexander III., des Großen, fuhr mit einem Teil des Alexander-Heeres als »Admiral« (gr. *Nauarch)* 325 v. Chr. genau auf dem Kurs des Kapitäns Skylax indusabwärts bis nach Babylon; von wenigen prominenten Landmarken abgesehen, sind die Stationen beider Fahrten heute kaum mehr nachvollziehbar.

*Nefermerit: betörend schöne dunkelhäutige Sklavin aus Kushiya, erzogen in Men-Nefer/Memphis, im Gefolge des Kambushya ca. 13/14jährig in die Frauengemächer des Gaumâta gelangt; dort wird Dariuvahush auf sie aufmerksam.

Nourouz: Neujahrestag, jeweils 21. März

P

Pairidaeza: gr. *paradeisos*; ummauerter, von Bächen durchzogener Garten voller Obstbäume, oft mit Zierteich und Pavillon im Zentrum, mitunter mit exotischen Pflanzen und Tieren. Nach pârsischer Lebensart »Gärten des Nichtstuns, frei schwebender Gedanken, ohne Nutzen und Zwang«; von dem Begriff und der Vorstellung leitet sich unser *Paradies* ab.

Parasange: altpersisches, achaimenidisches Wegemaß, »der Stundenweg«; 30, 40 oder 60 griechische Stadien lang, Längenmaß zwischen 6,5 und 9 km. Je nach Schwierigkeit des Weges war die Parasange länger oder kürzer.

Pârseï: gr. *Persepolis*, 43 km Luftlinie, ca. 85 km Landstraße von Pasargadai entfernt, in 2000 Meter Höhe ü.d.M.; von Darius als steingewordener Traum der Hauptstadt seines Weltreichs gegründet, aber nicht vollendet; von Xerxes und dessen Nachfolgern erweitert und fertiggestellt; von Alexander III. in Brand gesetzt.

Pâthragada: gr. *Parsagadai*; »Räuberschutz« oder »Feld der Pârsa«, Hauptstadt und neben Persepolis die einzig bedeutende Stadtgründung schon der beiden ersten Herrscher, Kyros des Großen und Kambyses II.

Patshooly: indischer pflanzlicher Duftstoff; für Räucheropfer und als Bestandteil von Salben und Körperölen

Plethron: griechisches Längenmaß; 30-33 m = 1/6 Stadion zu 180 m

Pithos, pl. *Pithoi*: hellenischer Ausdruck für »Krug« unterschiedlichen Inhalts

Podagra: alte Bezeichnung für »Gicht«

*Proktokrites von Chios: Baumeister *(tekton)* und Steinmetz, stellvertretend für viele Hellenen, die ins pârsische Reich emigrierten, um dort unter besseren Lebensbedingungen arbeiten zu können.

Pylon: hellenischer Ausdruck für Pfeiler

Pythagoras von Samos: Der Gelehrte, der ein sphärisches, von Harmonie und harmonischer Musik erfülltes Sonne-Mond-Planeten-Weltbild entwarf, flüchtete von Samos nach Ägypten, wurde von Kambyses nach Babylon verbracht und durfte unter Darius nach Griechenland heimkehren.

R

Râga, Racha: Ort an der »Straße der tausend Tage«, heute Rhages, südlich von Teheran

*Rashurda: als Anführer einer Hundertschaft Bogenschützen erlangt er durch Mut und besonnenen Einsatz das Vertrauen des Königs; Königswohltäter

Rautâ: pârs: Strom, z.B. Hapi-Rautâ = Nil

Roxan(a)e: griechischer Frauenname für pers. *Rauchjshma,* »die Strahlende, Leuchtende«

S

Sandarak-Harz: Räucherharz aus Gandhara, auch zu zahlreichen medizinischen Zwecken verwendet.

Sarmaten: auch *Sauromanten*; kriegerischer Reiter-Volksstamm der Saken (Skythen) am Westrand des Schwarzen Meeres

Schatzwart: Das Schatzhaus beschäftigte nicht nur bürokratische Verwalter, sondern auch viele Hunderte Handwerker. Aus der Regierungszeit des Darius kennen wir Schatzwarte namens: *Karkish* und *Shutayanda*, später *Baratkâma*. Sie waren für Geschenke, Silber und Gold in heute kaum vorstellbaren Mengen verantwortlich.

*Satâspa: pârsischer Tausendführer, »militärischer« Begleiter der Skylax-Expedition; Vertrauter des Darius

Schreibleder, Schreibhaut: Frühform von Pergament; gegerbte, gebleichte und gekalkte (Esels-)Lederhäute, auf denen seit ca. 3000 v. Chr. mit Tusche geschrieben wurde.

Shvadaitshaya: Stadt offenbar in Sichtweite von Pârseï-Persepolis, deren Anlage bis heute nicht aufgefunden (und ausgegraben) werden konnte.

Silphion: Blätter und eingedickter Wurzelsaft des Silphion-Strauches aus Kyrene

Sisamakes: Schwiegersohn und wie Hymaies u. Daurises Heerführer im yaunischen Krieg; pârsische Namen unbekannt

Skylax von Karyanda in Karien: Kapitän aus Karyanda, einer Stadt nahe Bargylia bei Halikarnassos, heute Bodrum in der Türkei. Skylax' *Periplous* sind leider verschollen. Herodotos scheint Auszüge davon gekannt zu haben. Nachdem Skylax zu seiner Umseglung des Pontos Euxeinos (= Schwarzes Meer) aufgebrochen war, verloren sich seine geschichtlichen Spuren ebenso wie die der Mannschaft der *Unsterblichen Schneide: *Telamon, Strattis, Astraios, Bion und Deinias.

Stadion: »das in die Länge gezogene«; griechisches Längenmaß: 6 Plethren = 600 Fuß, also 177,6 Meter, oder auch 185 Metrer; 32,5 Stadien = durchschnittlich 1 Parasange. Das »olympische Stadion« hat 192,3 Meter.

Stier: elamisches Symbol für Winter; wird vom Sommer-Löwen besiegt.

*Sykashta: persischer Fürst, ehemaliger, älterer Freund des Darius' im Heer des Kambyses; sprachenkundiger Kundschafter des Großkönigs

T

Tagwächter: pârs. Bezeichnung für Henker

Tatshara: Wohnpalast der pârsischen Könige

Triere: »Dreiruderer«; Schiffstyp, dessen Riemen und Ruderbänke in drei Ebenen übereinander angeordnet waren. Hoch manövrierbares, bei den Hellenen mit Freiwilligen bemanntes Kriegsschiff mit Rammsporn.

**Tshissa Vahush: Tshissavahush, Pârsa, Farnakas (s.d.) Vertreter, seine rechte Hand

X

**Xayarsha: eigentlich Chshayarshâ, Khschaiyarscha etc.; gr. Xerxes, ältester von vier Söhnen Darius' und Hutaûthas

Y

Yojana: indisches Wegemaß; zwischen 3 und 14 km lang

Z

Zeder: Gattung Cedrus der Kieferngewächse, bis 40 m hoch und 4 m dick, immergrün, mit Fruchtzapfen, einst in riesigen Wäldern im heutigen Libanon, Taurus und Antitaurus: Länge und Festigkeit von Zedernbalken prädestinierten sie für antike Dachkonstruktionen von beträchtlicher Spannweite. Das hellgelb/rötliche Holz enthält wohlriechendes Zedernöl, ein beliebtes Mittel gegen Mücken und Insekten. Verwandt mit der Zeder sind Wacholder, Zypresse.

Zhivaka: babylonischer Arzt des Darius

*Zimakka: abtrünniger Satrap von Thatguyia (Sattagydien), heute Pandschab

Zitterweh: altertümlicher Ausdruck für Fieber

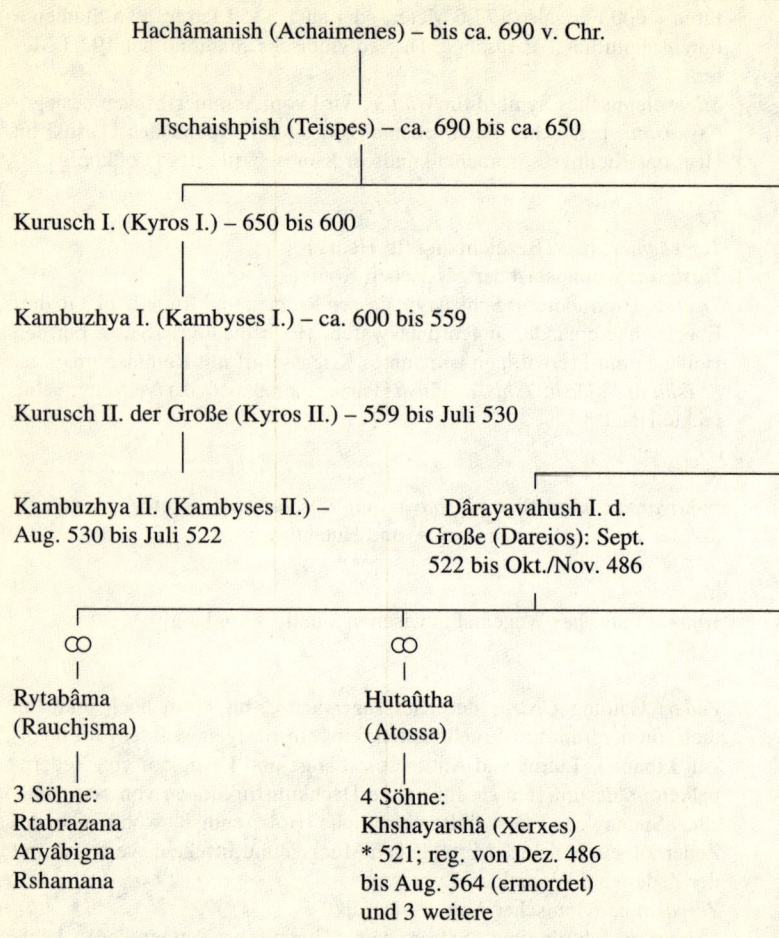

STAMMTAFEL DARIUS DES GROSSEN:

Hachâmanish (Achaimenes) – bis ca. 690 v. Chr.

Tschaishpish (Teispes) – ca. 690 bis ca. 650

Kurusch I. (Kyros I.) – 650 bis 600

Kambuzhya I. (Kambyses I.) – ca. 600 bis 559

Kurusch II. der Große (Kyros II.) – 559 bis Juli 530

Kambuzhya II. (Kambyses II.) – Aug. 530 bis Juli 522

Dârayavahush I. d. Große (Dareios): Sept. 522 bis Okt./Nov. 486

∞ Rytabâma (Rauchjsma)

3 Söhne:
Rtabrazana
Aryâbigna
Rshamana

∞ Hutaûtha (Atossa)

4 Söhne:
Khshayarshâ (Xerxes)
* 521; reg. von Dez. 486 bis Aug. 564 (ermordet) und 3 weitere

weitere (insges. 12?) Söhne. (Gesichert): Hachamânish, Dariuvahush, gr. Masistes (?)

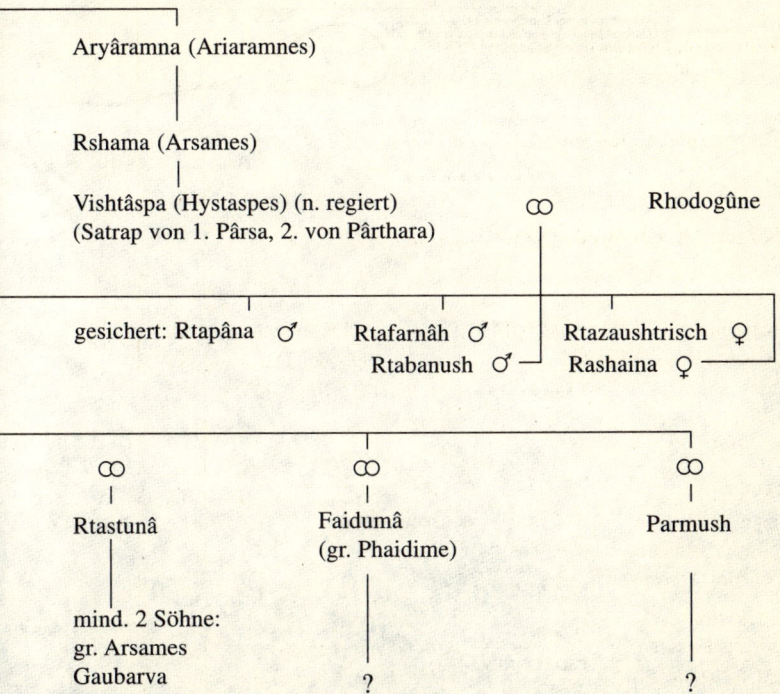

Aryâramna (Ariaramnes)

Rshama (Arsames)

Vishtâspa (Hystaspes) (n. regiert)   ∞   Rhodogûne
(Satrap von 1. Pârsa, 2. von Pârthara)

gesichert: Rtapâna ♂   Rtafarnâh ♂   Rtazaushtrisch ♀
                             Rtabanush ♂   Rashaina ♀

∞   ∞   ∞
Rtastunâ   Faidumâ   Parmush
                     (gr. Phaidime)

mind. 2 Söhne:
gr. Arsames
Gaubarva   ?   ?

Töchter (gesichert): *Rtazaushtrish* (verh. mit Gaubarvas Sohn, dem Feldherrn Mardunya (gr. Mardonios); *Faidumâ*, verheiratet mit Feldherr Hutana; weitere (7-12?) Töchter, deren Namen unbekannt sind, jedoch waren
sie verheiratet mit D.s Schwiegersöhnen: (alle gr. Namen): Amorges, Sisamakes, Daurises, Hymaies, Atochmes (lt. Herodotos)

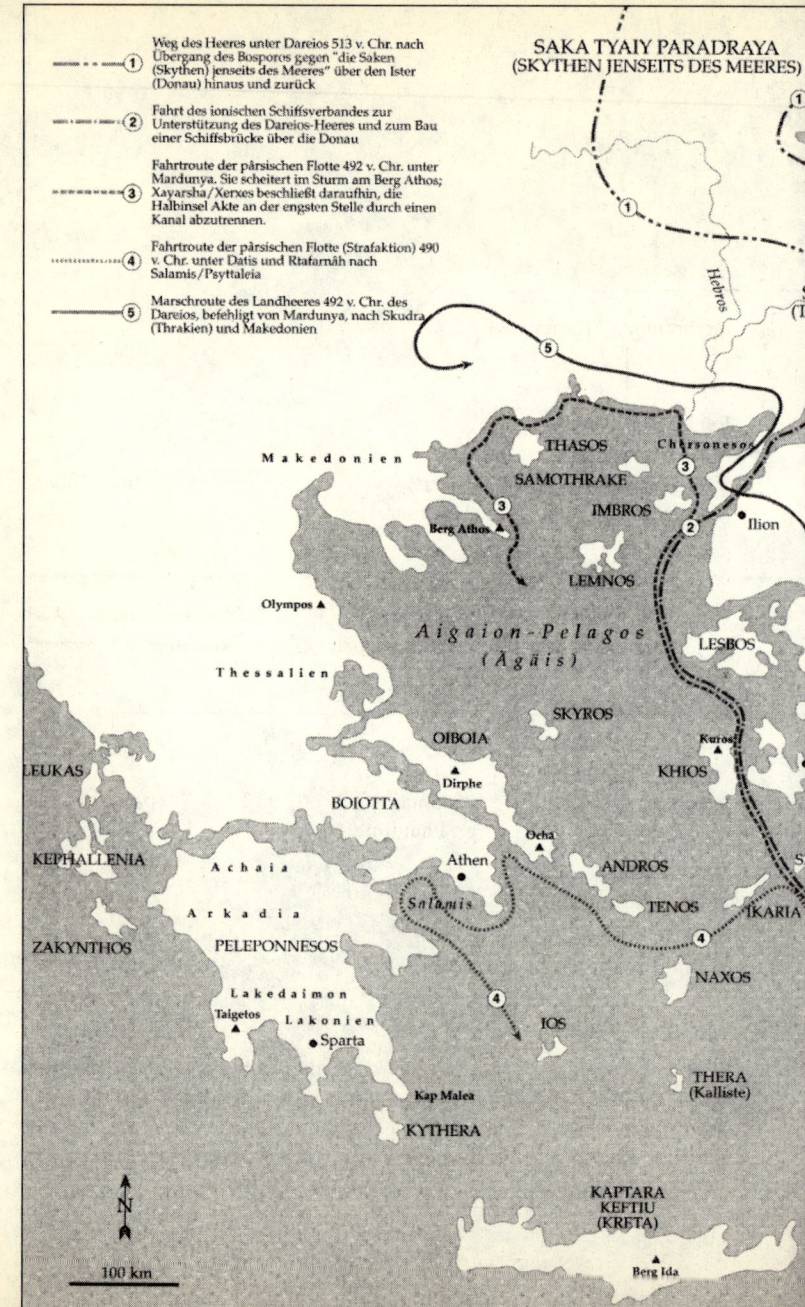

① Weg des Heeres unter Dareios 513 v. Chr. nach Übergang des Bosporos gegen „die Saken (Skythen) jenseits des Meeres" über den Ister (Donau) hinaus und zurück

② Fahrt des ionischen Schiffsverbandes zur Unterstützung des Dareios-Heeres und zum Bau einer Schiffsbrücke über die Donau

③ Fahrtroute der pârsischen Flotte 492 v. Chr. unter Mardunya. Sie scheitert im Sturm am Berg Athos; Xayarsha/Xerxes beschließt daraufhin, die Halbinsel Akte an der engsten Stelle durch einen Kanal abzutrennen.

④ Fahrtroute der pârsischen Flotte (Strafaktion) 490 v. Chr. unter Datis und Rtafarnâh nach Salamis/Psyttaleia

⑤ Marschroute des Landheeres 492 v. Chr. des Dareios, befehligt von Mardunya, nach Skudra (Thrakien) und Makedonien

SAKA TYAIY PARADRAYA
(SKYTHEN JENSEITS DES MEERES)

Hebros

Makedonien

THASOS
Chersonesos
SAMOTHRAKE
IMBROS
Ilion
Berg Athos ▲
LEMNOS

Olympos ▲

Aigaion-Pelagos
(Ägäis)

LESBOS

Thessalien

SKYROS
Kuros
KHIOS

OIBOIA
Dirphe ▲
Ocha ▲

BOIOTTA
Athen
Salamis
ANDROS
TENOS
IKARIA

Achaia
Arkadia
PELEPONNESOS

NAXOS

LEUKAS

KEPHALLENIA

ZAKYNTHOS

Lakedaimon
Taigetos ▲
Lakonien
● Sparta

IOS

THERA
(Kalliste)

Kap Malea
KYTHERA

KAPTARA
KEFTIU
(KRETA)

Berg Ida ▲

N

100 km

⣏⣏⣏⣏ ①-③	Reiserouten des Kapitäns Skylax
——	Verlauf der wichtigsten Reichsstraßen

Oxos-Meer
(Aral-See)

Jaxartes (Syr Darya)

SAKA TIGRAKHAUGA
(SPITZHELMIGE SAKEN/
SKYTHEN)

kanisches Meer
spisches Meer)

HUVARAZMYA
(CHORASMIEN)

Marakanda
(Samarkand)

Kuruschkata (Kyropolis)

Marakanda
(Samarkand)

SUGUDA
(SOGDIANA)

HINDUKUSCH

Oxos (Amu Darya)

HYRKANIEN

Margu
(Merw)

BAKHTRISH
(BAKTRIEN)

Zadrakarta

Susia/Nosan
(Maschhad)

Balch
(Balk)

Kabul

ADA
DIEN)

PARTHARA
(PARTHIEN)

MARGUSCH
(MARGIANA)

Margos

Pushkalavati

Taxila

Râga (Rhagai)

matana/Ekbatana
madan)

Kaspische Tore

PAROPAMESADAE
(GANDHARA)

na)

Wüste
Kavir

HAREIWA
(AREIA)

Arios

HARUHAWATI
(ARACHOSIEN)

ASPADANA

THATGUYIA
(SATTAGYDIA)

Huza
(Susa)

Aspadana Gabai
(Isfahan)

Kandahar

①

Kasyapapura
(Multan)

HINDUSCH
(HIND (SIND))

Pârsa

PÁRSA

ASAGATA
(SAGARTIEN)

Schiras

Pâthragada (Pasargadei)
Persei (Persepolis)

Wüste
Lut

ZRANKA
(DRANGIANE)

Sindhu (Indus)

Ochos-Berg
3285 m ▲

Persischer Golf
Inneres Meer)

②

MAKA MACIYA (MAKRĀN)

(GEDROSIEN)

Harim-Berg
2500 m ▲

Ichthyophagoi (Fischesser)

①

s t e

Südmeer
(Indischer Ozean)

②

Im Jahre 1194 wird am zweiten Weihnachtstag auf dem
Marktplatz von Jesi ein Kind geboren: Friedrich, der Sohn
des Kaisers Heinrich und seiner Frau Konstanze. Wild und
ungebändigt wächst der Junge in den Gassen von Palermo
auf, regiert später als Friedenskaiser das Römisch-
Deutsche Reich und stirbt 1250 nach einem erfülltem
Leben – und jahrelanger Auseinandersetzung mit dem
Papst.
Im Jahre 1284 verkündet ein würdiger alter Mann mit
schneeweißem Haar auf dem Marktplatz von Köln: »Ich bin
Friedrich der Staufer. Ich bin nicht, wie ihr glaubt, vor vielen
Jahren gestorben, sondern nach einer langen Pilgerfahrt
aus dem Heiligen Land zurückgekehrt, um Frieden zu bringen.« Die Zuhörer sind erstaunt, welche Einzelheiten aus
dem Leben des Kaisers der Unbekannte kennt. Der Mann
kann kein Betrüger sein! Aber wer ist er dann?

ISBN 3-404-14431-7

Der Portugiese Ferdinand Magellan nimmt in der
Geschichte der Seefahrt einen besonderen Platz ein.
Als er im Oktober 1516 König Manuel den Glücklichen in Lissabon um das Kommando auf einer der
königlichen Karavellen bittet, lehnt der Regent dieses
Ansinnen schroff ab. Magellan kehrt seiner Heimat
den Rücken und wendet sich nach Spanien. Bei
König Karl I. findet er Gehör: Nicht südöstlich über
den Indischen Ozean, sondern südwestlich über den
Atlantik will er die sagenhaften Gewürzinseln der Mo-
lukken erreichen. 1519 bricht Magellan mit fünf Schiffen von Sevilla auf. Damit nimmt die größte Seereise
der Geschichte ihren Anfang.

ISBN 3-404-14441-4

BASTEI
LÜBBE

EMMANUIL
ROIDIS

PÄPSTIN
JOHANNA

HISTORISCHER ROMAN ÜBER DIE
SAGENHAFTE PÄPSTIN

Im Jahre 818 wird Johanna als Tochter eines in der
Sachsenmission tätigen englischen Priesters und
dessen Frau in Deutschland geboren. Früh verliert sie
beide Eltern und sucht Zuflucht in einem Frauenklo-
ster. Dort lernt sie den Mönch Frumentius kennen, der
sie dazu überredet, ihm als Mann verkleidet in sein
Kloster Fulda zu folgen. Sie werden jedoch bald entdeckt, und Johanna begibt sich nach Italien. Als
»Pater Johannes« gelingt ihr am päpstlichen Hof ein
spektakulärer Aufstieg, an dessen Ende die Papst-
krönung steht. Doch als sich die junge Frau in einen
Mönch aus ihrem Gefolge verliebt, nimmt das Schicksal seinen Lauf ...

ISBN 3-404-14446-5

BASTEI
LÜBBE